Dominik Burkard/Jacob Tonner

Reformationsgeschichte katholisch

Dominik Burkard/Jacob Tonner

Reformationsgeschichte katholisch

Genese und Rezeption von Joseph Lortz' „Reformation in Deutschland" (1940–1962)

HERDER

FREIBURG · BASEL · WIEN

www.herder.de
Umschlaggestaltung: Finken & Bumiller, Stuttgart
Satz: SatzWeise, Bad Wünnenberg
Herstellung: Těšínská Tiskárna a.s., Český Těšín
Printed in the Czech Republic
ISBN 978-3-451-38496-7

Inhaltsverzeichnis

Vorwort

Nach dem Hype des Jubiläumsjahres 2017 noch ein weiteres Buch über Luther und die Reformation? Ja. Und nein. Ja, denn die Reformation und ihre herkömmliche Deutung wurden durch Joseph Lortz (1887–1975) auf den Prüfstand gestellt. *Die Reformation in Deutschland* gilt als *die* große Wende in der katholischen Lutherforschung. Zu Recht, denn der Verfasser zeichnete ein Bild, das durchaus neu war und die Sichtweise der Katholiken auf Luther und die Reformation nachhaltig veränderte. Bewegung kam aber auch in die Selbstsicht des Protestantismus. Die Entwicklung der „Ökumene", die noch in den 1940er Jahren auf breiter Ebene einsetzte, ist ohne das Werk von Joseph Lortz schwer vorstellbar.

Und doch auch: Nein. Unsere Studie handelt zwar vom deutschen Reformator, aber es geht vor allem um ein spannendes Kapitel der jüngeren Wissenschaftsgeschichte. Denn das zweibändige Werk *Die Reformation in Deutschland* machte bei seinem Erscheinen im Jahr 1940, kurz nach Ausbruch des Zweiten Weltkriegs, erhebliches Aufsehen und war bereits nach wenigen Monaten vergriffen. Das Echo, das sich in zahllosen Rezensionen artikulierte, war immens und doch nicht einheitlich. Der Verfasser avancierte in der Folge zum gefragten Redner, der sich landauf, landab den Fragen und Einwürfen in Rede und Gegenrede stellte.

War es für Lortz schon kein leichtes Unterfangen gewesen, für die erste Auflage die – damals vorgeschriebene – kirchliche Druckgenehmigung, das sogenannte *Imprimatur*, zu erhalten, so konnte die zweite Auflage 1941 nur unter ganz erheblichen Schwierigkeiten erscheinen; Rom schaltete sich ein, von bevorstehender Indizierung war die Rede. Auch alle weiteren Neuauflagen stießen auf Vorbehalte der Römischen Kurie. Noch am Vorabend des Zweiten Vatikanischen Konzils sollte ein Wiederabdruck unbedingt verhindert werden. 1982 – über 40 Jahre später – erschien *Die Reformation in Deutschland* ein letztes Mal.

Vorliegende Studie geht den Spuren des Werkes nach, identifiziert hemmende und treibende Kräfte, Befürworter und Gegner. Ebenso die Motivlagen: Welche Gründe spielten in den teils erbitterten Auseinandersetzungen um das Werk eine Rolle? Aus vielen Puzzlesteinen bislang unbekannter und unbenutzter archivalischer Überlieferungen ersteht die Geschichte eines Buches und dessen Schicksals im Dritten Reich, in der Nachkriegszeit und am Vorabend des Konzils. Dabei fallen ausgesprochen spannende, weil unerwartete Blicke auf manchen Akteur der neueren Kirchengeschichte, der erst allmählich in den Fokus der historischen Forschung rückt.

Sein Entstehen verdankt der vorliegende Band einer bereits längeren Vorgeschichte. Bei der systematischen Sichtung von Imprimaturakten des Erzbischöflichen Ordinariats Freiburg war ich in den Jahren 1999/2001 erstmals auf jene Schwierigkeiten aufmerksam geworden, die das Werk von Lortz Anfang der 1940er Jahre behinderten. Doch die seriellen Akten des Ordinariats erwiesen sich als zu spärlich, um eine größere Untersuchung ratsam erscheinen zu lassen. Später erfuhr ich gelegentlich eines Rombesuchs, beim obligatorischen Caffè im Anschluss an die sonntägliche Messe in Santa Maria della Pietà in Camposanto aus dem Mund von Oriol Schaedel, wie sehr der „Fall Lortz" den Verlag Herder immer wieder beschäftigt hatte: Schaedels Vater, der die Libreria Herder an der Piazza Montecitorio führte, sowie der Chef des Verlags hätten vielfach bei Pater Leiber, dem Geheimsekretär Pius' XII., vorstellig werden müssen, um eine „Freigabe" des Werkes zu erlangen. Die römischen Akten jedoch waren – und sind bis heute – gesperrt. Der Literatur, vor allem den Äußerungen von Lortz selbst und aus seinem engeren Umfeld waren vereinzelt Bemerkungen über derartige Schwierigkeiten zu entnehmen, aber sie ergaben doch kein Bild von dem, was sich damals tatsächlich abspielte.

Der entscheidende Hinweis kam dann von Frau Dr. Gabriele Lautenschläger, die 1987 mit ihrer Würzburger Dissertation die bislang gültige Biographie von Lortz vorgelegt hatte und mir für mein Großprojekt „Katholische Theologie im Nationalsozialismus" großzügig jenen Nachlassteil von Lortz zur Verfügung stellte, der ihr von Verwandten übergeben worden war. Sie machte mich auch darauf aufmerksam, dass es ihr seinerzeit nicht gelungen war, Einsicht in einen weiteren Nachlassteil von Lortz zu erhalten, der sich mutmaßlich im Mainzer „Institut für Europäische Geschichte" befinde. Sie riet mir, mich um die dortigen Akten zu kümmern. Die Direktoren des IEG, Frau Kollegin Irene Dingel und Herr Kollege Johannes Paulmann, gewährten mir unbürokratisch Zugang zu ihrem Archiv, das ich dann bei mehreren Besuchen in Mainz sichtete. Es zeigte sich, dass hier tatsächlich das gesuchte Material lagerte. Damit rückte eine historiographische Untersuchung über *Die Reformation in Deutschland* in greifbare Nähe.

Erneute Recherchen im Erzbischöflichen Archiv Freiburg förderten dann – jenseits der seriellen Zensurakten – eine umfängliche Sonderakte über den „Fall Lortz" zutage, die weiteres hochspannendes Material enthielt. Dazu waren über die Jahre hinweg kleinere Funde in anderen Archiven gekommen: im Nachlass von Augustin Bea SJ sowie im zwischenzeitlich ebenfalls zugänglich gewordenen Nachlass von Robert Leiber SJ – auch wenn sich erstaunlicherweise in beiden Nachlässen nicht das fand, was ich erwartet hatte. Vermutlich landeten die umfangreichen Akten zum „Fall Lortz" im päpstlichen Staatssekretariat sowie im Archiv der Glaubenskongregation. Sie sind – aufgrund der Sperrfristen – allerdings bislang nicht zu konsultieren. Leider keinen Zugang erhielten die Verfasser auch zum Privatarchiv der Verlegerfamilie Herder, doch übermittelte Herr Archivar Matthias Bergediek einige wenige Dokumente. Auch der einstige Lortz-Schüler Boris Ulianich stellte uns freundlicherweise einige unbekannte Dokumente aus seinem Privatbesitz zur Verfügung. So glauben die Verfasser den „Fall Lortz" – trotzdem zwei zentrale Überlieferungen noch nicht zur Verfügung standen – mit Hilfe eines ansonsten reichen Materials doch glücklich rekonstruiert zu haben.

Dank sei an dieser Stelle allen gesagt, die Türen öffneten und auf die eine oder andere Weise zum Gelingen dieser Studie beitrugen: Herrn Matthias Bergediek (Privatarchiv Herder), Herrn Dr. Clemens Brodkorb (Archiv der Deutschen Jesuitenprovinz München), Frau Dr. Gabriele Lautenschläger (Würzburg), Herrn Prof. Fr. Martín María Morales SJ (Archiv der Gregoriana Rom), Herrn Fr. Markus Pillat SJ (Bibliothek des Collegium Germanicum Rom), Herrn Prof. Dr. Wolfgang Reinhard (Freiburg), Herrn Oriol Schaedel (Rom), Herrn Dr. Christoph Schmider (Erzbischöfliches Archiv Freiburg), Herrn Dr. Herman H. Schwedt (Salsomaggiore/Parma), Herrn Prof. Dr. Boris Ulianich (Neapel) sowie Frau Prof. Dr. Irene Dingel, Herrn Prof. Dr. Johannes Paulmann und den Mitarbeiterinnen der Bibliothek des Instituts für Europäische Geschichte (Mainz).

Gedankt sei dem Verlag Herder in Freiburg, in dem sämtliche Auflagen der *Reformation in Deutschland* erschienen sind, sowie seinem Lektor Herrn Dr. Bruno Steimer. Er hat diese Studie, die ja auch ein Stück „Verlagsgeschichte" darstellt, nicht nur ins Verlagsprogramm aufgenommen, sondern musste bei der Realisierung auch Geduld beweisen – wenn auch nicht so viel, wie einst sein Vorgänger im Lektorat bei der Entstehung der *Reformation in Deutschland*.

Mein besonderer Dank gilt meinem studentischen Mitarbeiter und Mitautor Herrn Jacob Tonner. Er hat sich von dem Thema faszinieren lassen und meine Idee eines gemeinsam zu erarbeitenden Bandes aufgegriffen. Durch seinen Eifer, sein Geschick und seinen hohen persönlichen Einsatz kommt ihm ein großer Anteil an dieser Studie zu. Die vielen Diskussionen und Gespräche mit ihm über Lortz und die spezifischen Probleme der *Reformation in Deutschland* haben Freude gemacht.

Bleibt zum Schluss noch ein technischer Hinweis: Um die eigentlich nötigen, zahlreichen Querverweise in den Fußnoten zu vermeiden, wurden die Biogramme der wichtigsten Akteure nicht wie üblich bei ihrer jeweils ersten Nennung in den Anmerkungsapparat eingefügt, sondern gesammelt und alphabetisch geordnet in einem eigenen biographischen Anhang zusammengestellt. Dort lassen sich die Informationen vom Leser bei Bedarf oder Interesse gezielt abrufen.

Würzburg, im Februar 2019   *Dominik Burkard*

11

Abkürzungsverzeichnis

AAS	Acta Apostolicae Sedis
ADPSJ	Archiv der Deutschen Provinz der Jesuiten, München
AHVNRh	Annalen des Historischen Vereins für den Niederrhein
AKZG	Arbeiten zur Kirchlichen Zeitgeschichte
AmrhKG	Archiv für mittelrheinische Kirchengeschichte
APUG	Archivio della Pontificia Università Gregoriana, Rom
BBKL	Biographisch-Bibliographisches Kirchenlexikon
CIC	Codex Iuris Canonici
DB	Denzinger-Bannwart (Enchiridion Symbolorum, hg. von Clemens Bannwart, [10]1908 ff.)
DH	Denzinger-Hünermann (Enchiridion Symbolorum, hg. von Peter Hünermann, [37]1991 ff.)
DM	Deutsche Mark
EAF	Erzbischöfliches Archiv, Freiburg
EB	Erzbischof
EO	Erzbischöfliches Ordinariat
FDA	Freiburger Diözesan-Archiv
FSÖTh	Forschungen zur systematischen und ökumenischen Theologie
HH	Hochwürdigster Herr
HJ	Historisches Jahrbuch
HZ	Historische Zeitschrift
IEG	Institut für Europäische Geschichte, Mainz
KLK	Katholisches Leben und Kirchenreform im Zeitalter der Glaubensspaltung
LThK	Lexikon für Theologie und Kirche

NDB	Neue Deutsche Biographie
NF	Neue Folge
NL	Nachlass
NS	Nationalsozialismus
ORPB	Oberrheinisches Pastoralblatt
QFW	Quellen und Forschungen zur Geschichte des Bistums und Hochstifts Würzburg
RGG	Religion in Geschichte und Gegenwart
RM	Reichsmark
RQ	Römische Quartalschrift für Christliche Altertumskunde und Kirchengeschichte
SIM	Studia Instituti Missiologici Societatis Verbi Divini
SKNZ	Studien zur Kirchengeschichte der Neuesten Zeit
ThLZ	Theologische Literaturzeitung
ThQ	Theologische Quartalschrift
TRE	Theologische Realenzyklopädie
VIEG	Veröffentlichungen des Instituts für Europäische Geschichte Mainz
VKZG	Veröffentlichungen der Kommission für Zeitgeschichte
WDGBl	Würzburger Diözesangeschichtsblätter
ZAGV	Zeitschrift des Aachener Geschichtsvereins
ZKG	Zeitschrift für Kirchengeschichte
ZRGG	Zeitschrift für Religions- und Geistesgeschichte
ZWLG	Zeitschrift für Württembergische Landesgeschichte

A. Einleitung

I. *Die Reformation in Deutschland* – Wendepunkt des katholischen Lutherbildes

Das Urteil über die *Bedeutung* von Joseph Lortz und seiner *Reformation in Deutschland*[1] für das katholische Lutherbild und die Lutherforschung überhaupt scheint ungeteilt zu sein. Fast unisono wird dem Werk „erhebliche Innovationskraft" bescheinigt, weil hier ein Katholik Luther als *homo religiosus* schilderte, „dessen Anliegen von seiten der kirchlich Verantwortlichen hoffnungslos verkannt worden war". Dadurch wurde das Werk „die einflußreichste katholische Darstellung" im weiteren Verlauf des 20. Jahrhunderts (Thomas Kaufmann, 2009)[2]. *Die Reformation in Deutschland* führte „zum Durchbruch eines neuen katholischen Lutherbildes" und hat „überdies Stichwörter geliefert, die heute sozusagen Gemeingut geworden sind und bis in die offiziellen Verlautbarungen rezipiert wurden" (Jos E. Vercruysse, 2004)[3]. So gilt das Werk „zu Recht als epochemachend", weil es „als erstes aus katholischer Sicht das theologische Anliegen des Wittenbergers anerkannte und in einen Entwicklungskontext setzte, der die spätmittelalterlich-katholische Verwurzelung des frühen reformatorischen Denkens würdigte. [...] Frei von vordergründiger antilutherischer Polemik schuf Lortz von katholischer Seite die Voraussetzung für eine von der Konfessionsbindung unabhängige Diskussion der Entstehungs- und Wirkungsgeschichte der Reformation" (Olaf Mörke, 2005)[4]. Indem es eine „Abkehr von einem polemischen Lutherbild" war, markiert es den „Wendepunkt in der kath. Reformationsdeutung" und wurde so zum „Klassiker", dessen Wirkungsgeschichte nicht hoch genug eingeschätzt werden kann, zumal es der Ökumenischen Bewegung „als historisches Rüstzeug gedient und das Ökumenismusdekret des II. Vaticanums

---

[1] Joseph LORTZ, Die Reformation in Deutschland, 2 Bde., Freiburg i. Br. 1939/40. ²1941, ³1949, ⁴1962, ⁵[1965]. Unveränderte Neuausgabe in einem Band ⁶1982. Sofern nicht gesondert angegeben, wird stets nach der 1. Auflage zitiert.

[2] Thomas KAUFMANN, Geschichte der Reformation in Deutschland, Berlin 2016, 762.

[3] Jos E. VERCRUYSSE, Katholische Lutherforschung im 20. Jahrhundert, in: Rainer VINKE (Hg.), Lutherforschung im 20. Jahrhundert. Rückblick – Bilanz – Ausblick (VIEG.B 62), Mainz 2004, 191–212, hier 204.

[4] Olaf MÖRKE, Die Reformation. Voraussetzungen und Durchsetzung, München ³2017, 74.

maßgeblich befördert" hat (Hubert Wolf, 2003)[5]. Diesen nachgerade hymnischen Stimmen könnten weitere hinzugefügt werden.

Aber selbst dort, wo kritische Skepsis vorherrscht, wird das ‚Andere‘, ‚Neue‘ bei Lortz durchaus anerkannt: „Epochemachend wurde die große Darstellung [...]. Lortz hatte schon mancherlei kleinere Vorarbeiten zu Luther veröffentlicht; hier jedoch begegnete ein völlig neues, zugleich gut fundiertes Lutherbild. Ohne die Erfahrungen des Kirchenkampfes mit der gemeinsamen Front gegen das Dritte Reich wäre es vielleicht nicht zu dieser Sicht gekommen. So aber konnte Lortz sich das Ziel setzen, sowohl die Größe Luthers als auch seine Einseitigkeit und seine Grenzen aufzuzeigen. Lortz übte jedoch vor allem schonungslose Kritik an der spätmittelalterlichen Kirche mit ihrer Ablaßpraxis, ihren Mißständen in der Frömmigkeit, ihrer kaum befriedigenden theologischen Arbeit und nicht zuletzt ihrem ungeistlichen Gehabe in der römischen Kurie. Seine These lautete, daß Luther sich gegen einen Katholizismus gewandt habe, der nicht mehr voll katholisch gewesen sei. [...] Freilich erhob Lortz trotzdem den Vorwurf, daß Luther den christlichen Glauben einseitig ausgelegt habe. Luther sei kein ‚Vollhörer‘ der Hl. Schrift gewesen. [...] Die Ursache dafür liege in Luthers ‚Subjektivismus‘: Luther habe nicht von dem Sein der Kirche her gedacht, sondern habe seine, obschon tiefe, Glaubenserkenntnis absolut gesetzt. [...] So sei die Reformation zwar Erneuerung und Bereicherung, aber zugleich auch Ursache der Kirchenspaltung. Lortz hat damit die ältere moralische Kritik an Luther durch eine theologische Kritik ersetzt" (Bernhard Lohse, 1981)[6].

Dies war eine Spur, der andere folgten: „Der aus Luxemburg gebürtige Kirchenhistoriker Joseph Lortz (1887–1975) steht für eine Aufgeschlossenheit der katholischen Forschung für einzelne Anliegen der Reformation. Mit seiner Kritik an bestimmten Erscheinungsformen spätmittelalterlicher Frömmigkeitskultur, kirchlicher Praxis und theologischer Theoriebildung sprach er manchen Einwürfen der Reformatoren eine historische Berechtigung zu. Zugleich prangerte er deren Verhalten an: Ein geduldiges Ausharren und Abwarten sichtbarer Reformen hätte die Kirchenspaltung vermeiden lassen [...]" (Thomas Kaufmann, 2017)[7]. Und: „Bis dato hatten die gewichtigsten Lutherforscher auf katholischer Seite sich als gelehrte Polemiker hervorgetan [...]. Eine solche konfessionalistische Haltung entsprach nach 1945 nicht mehr dem Gestus katholischer Forscher, und es kam zu einer fast voll-

---

[5] Hubert Wolf, Art. Die Reformation in Deutschland, in: Michael Eckert u.a. (Hg.), Lexikon der theologischen Werke, Stuttgart 2003, 622–623.
[6] Bernhard Lohse, Martin Luther. Eine Einführung in sein Leben und sein Werk, München ³1997, 216. – Vgl. auch Ders., Die bleibende Bedeutung von Joseph Lortz' Darstellung „Die Reformation in Deutschland", in: Rolf Decot/Rainer Vinke (Hg.), Zum Gedenken an Joseph Lortz (1887–1975). Beiträge zur Reformationsgeschichte und Ökumene (VIEG.B 30), Stuttgart 1989, 337–351.
[7] Thomas Kaufmann/Martin Kessler (Hg.), Luther und die Deutschen. Stimmen aus fünf Jahrhunderten, Stuttgart 2017, 230 (unter der Überschrift „Joseph Lortz – neue Impulse der katholischen Reformationsforschung").

ständigen Umbewertung der Reformation durch Joseph Lortz und Erwin Iserloh. Grundgedanke war, daß das späte Mittelalter, das Luther bekämpft habe, gar nicht wirklich katholisch gewesen sei. Damit war eine eigenartige Ehrenrettung Luthers verbunden: Wenn Luther gegen ein unkatholisches Mittelalter gekämpft hatte, konnte man im Umkehrschluß ihm selbst wenigstens über weite Strecken einen guten Katholizismus zubilligen, der nur durch die gegebene historische Situation antirömisch geworden war. […] Die Kirchenspaltung war mithin ihrem Ursprung nach obsolet geworden, und das Festhalten daran konnte nur aus einer Überspitzung sekundärer Entwicklungen innerhalb der protestantischen Kirchen resultieren. Die ausdrückliche Anerkennung bedeutete also selbstverständlich alles andere als eine Aufgabe römisch-katholischer Positionen, aber sie stellte gleichwohl eine bemerkenswerte Annäherung an Luther dar, die sich dem allgemeinen Aufbruch der römisch-katholischen Kirche in den fünfziger und sechziger Jahren des vergangenen Jahrhunderts verdankte" (Volker Leppin, 2005)[8].

Umso erstaunlicher, dass ausgerechnet der jüngst erschienene Band *Der katholische Luther* (Daniela Blum, 2016) auf ein eigenes Kapitel über Lortz gänzlich verzichtet. Hier werden nach Cochlaeus nur Joseph Ignaz von Döllinger, Heinrich Denifle und Otto Hermann Pesch vorgestellt. Gleichwohl wird Lortz im Kapitel über den Letztgenannten dann doch – und auch hier ganz im bekannten Duktus – gestreift: „Wie kein anderer veränderte der Theologe Joseph Lortz (1887–1975) das katholische Bild Luthers im 20. Jahrhundert. Seine These vom ‚katholischen Luther' schlug hohe Wellen, denn sie besagte, dass Luther im 16. Jahrhundert gegen einen Katholizismus angetreten war, der nicht katholisch war. Insbesondere durch den Ockhamismus war dieser Katholizismus eine Deformation des Katholischen – und Luthers Kritik an dieser Deformation dadurch gerechtfertigt, ja geradezu zwingend. Otto Hermann Pesch konnte mit diesem biographisch-psychologischen Zugang zu Luther nichts anfangen"[9]. Für eine inhaltliche Auseinandersetzung reicht es dann allerdings nicht mehr; *Die Reformation in Deutschland* wird nicht genannt, nicht einmal in einer Fußnote.

Vielleicht ist auch diese Beobachtung symptomatisch[10]. Einerseits ist Lortz fast durchweg ‚präsent', in katholischen wie in protestantischen Darstellun-

---

[8] Volker Leppin, Lutherforschung am Beginn des 21. Jahrhunderts, in: Albrecht Beutel (Hg.), Luther-Handbuch, Tübingen 2005, 19–34, hier 26 f. – Interessant ist, dass Lortz hier nur zusammen mit Iserloh gesehen und zudem in die Nachkriegszeit verschoben wird.
[9] Daniela Blum, Der katholische Luther. Begegnungen – Prägungen – Rezeptionen, Paderborn 2016, 171. – Sowie kurz im folgenden Epilog; die einzige Fußnote verweist auf: Wolfgang Thönissen, Art. Katholische Lutherforschung, in: Volker Leppin/Gury Schneider-Ludorff (Hg.), Das Luther-Lexikon, Regensburg 2014, 338–341, hier 339.
[10] Bernd Moeller, Deutschland im Zeitalter der Reformation (Deutsche Geschichte 4), Göttingen ⁴1999, 188 nennt die Lortzsche Reformationsgeschichte nur im Literaturverzeichnis (fälschlich ⁵1982 statt ⁶1982), mit dem Kommentar: „bahnbrechende kath. Darstellung". Luise Schorn-Schütte, Die Reformation. Vorgeschichte, Verlauf, Wirkung, München ⁵2011, 99 erwähnt Lortz – zusammen mit Jedin – nur beiläufig (und ohne Werk-

gen. Andererseits scheinen nur wenige, die Lortz nennen, *Die Reformation in Deutschland* tatsächlich auch gelesen oder gar sich intensiver mit ihr beschäftigt zu haben. Erschöpft sich die Präsenz also darin, im Rahmen des üblichen name dropping Stereotype zu sein? Und: Ist damit ein Verschwinden von Inhalten verbunden? Ein Verschwinden auch der Auseinandersetzung mit diesen Inhalten? Oder hat sich Lortz einfach überlebt, vielleicht weil – was nicht der schlechteste Grund wäre – der ‚Plot‘ seiner Forschungen zum Gemeingut wurde? Oder aber, weil das Bild, das er zeichnete, doch nicht gar so glänzend, innovativ und im letzten ‚attraktiv‘ war, als dass es in jedem Falle festgehalten werden müsste?

Geht man ein wenig zurück, in die zweite Hälfte des 20. Jahrhunderts, und damit in die Zeit, in der Lortz mit seinem bereits etablierten Buch auftrat, lässt sich erkennen, dass die wesentlichen Züge einer Einschätzung seines Beitrags zur Luther- und Reformationsdeutung – in der positiven Gesamtwürdigung wie in der grundsätzlichen Kritik – damals bereits festgezurrt waren.

Auch hier steht an erster Stelle nahezu stets ein Lob: Das Werk war „die entscheidende Voraussetzung" dafür, die Reformation ruhig und fruchtbar erörtern zu können. Mit Lortz war „die Höhe von dem erreicht, was von streng-katholischer Haltung aus zum Problem Luther gesagt werden kann". Gleichwohl traute man ihm nie ganz: Er verlangte von seiner Kirche lediglich eine Revision ihres Geschichtsbilds, nicht ihres dogmatischen Urteils über die Reformation. In seiner Sachlichkeit war es „das würdigste katholische Buch über die Reformation", zugleich aber „auch der ernsteste Angriff auf Luther und sein Werk", womit Lortz nicht nur dem interkonfessionellen Gespräch, sondern auch seiner Kirche „einen großen Dienst" getan hat (Heinrich Bornkamm, 1950)[11]. Eine Sicht, die durchaus noch schärfer gefasst werden konnte: „Dieses Buch war und ist ein bahnbrechendes Werk. Sein Verfasser hat Mut bewiesen". Aber eben auch: „Das Buch von Lortz ist im Grunde viel gefährlicher als die Arbeiten von Denifle und Grisar, die die Diskussion der vorangegangenen Generation beherrschten. Es wird kaum einen ernsthaften evangelischen Christen und Theologen gegeben haben, der sich von Denifle oder Grisar verwirren ließ. Die Tendenz war zu deutlich, um nicht abzuschrecken. Das ist bei Lortz anders. Unsere Generation ist grundsätzlich für eine katholische Betrachtungsweise aufgeschlossener als die vorangegangene. Das ist bestimmt ein Vorzug, kann aber auch zur Schwäche werden. Man ist heute in gewissen Kreisen allzu leicht bereit, nur das Positive

---

titel) im Kapitel „Aspekte und Wirkungen": „Luthers Anliegen wurde vor allem als ein geistliches anerkannt, das im Kern dem ursprünglich katholischen Gottesverständnis entsprochen habe".

[11] Heinrich Bornkamm, Luther zwischen den Konfessionen. Vierhundert Jahre katholische Lutherforschung, in: Festschrift für Gerhard Ritter zu seinem 60. Geburtstag, Tübingen 1950, 210–231, hier 211.

auf der anderen Seite herauszuhören und das Negative zu übersehen oder nicht ernst zu nehmen. An sich ist das gewiss eine erfreuliche Haltung, wenn sie nur nicht zu bedenklichen Unklarheiten führt. Dazu verleitet aber den unkritischen Leser die Methode, mit der Lortz arbeitet. Hier liegt das eigentlich Versuchliche seines Buches. Es ist eine christliche und eine wissenschaftliche Tugend, daß Lortz die historische Simplifizierung, die Schwarz-Weiß-Malerei, zu vermeiden sucht und jeweils das Für und Wider zur Geltung bringt. Aber damit verbindet sich in seiner Argumentation etwas Schillerndes und allzu Elastisches, das einer klaren, nüchternen Erfassung Schwierigkeiten bereitet" (Walther von Loewenich, 1955)[12].

Lortz hat den nachfolgenden katholischen Lutherstudien „Impulse verliehen, die bis in die Gegenwart wirksam" sind (Otto Hermann Pesch, 1966)[13]. Das Werk war zur Zeit seines Erscheinens „ein äußerst kühner Vorstoß"[14], es handelte sich um einen „genialen Wurf" (Walther von Loewenich, 1967)[15]. Lortz hat „historische Barrikaden aus dem Wege geräumt" (Heinrich Bornkamm, 1970)[16]. Mit seinem Werk hat sich „eine neue Gesprächsbasis" ergeben. „Die gewaltige Wirkung seines Werkes" erklärt sich daraus, „daß es Lortz gegeben war, mit sicherer Intuition den Kairos zu erfassen, die bisherigen Ansätze zusammenzuschauen und in seiner weitausholenden und tiefergrabenden Gesamtdarstellung der Reformation zu überbieten, so daß alles Vorangehende durch ihn in das Stadium der Vorläufigkeit gerückt zu sein scheint" (Walther von Loewenich, 1970)[17].

Auf die besorgte evangelische Frage, ob das Buch von Lortz denn den katholischen Standpunkt wiedergebe[18], hieß es auf katholischer Seite freilich: „Das Buch eines einzelnen Autors gibt niemals *die* katholische Auffassung wieder; das ist bei uns Sache des Lehramtes. Es gibt *eine*, allerdings heute von vielen Katholiken, auch Theologen angenommene Sicht Luthers wieder. […] Aber man darf heute ruhig sagen: Es war ein Glück für den ökumenischen Gedanken, daß das Buch von Lortz damals nicht ins Italienische oder Französische übersetzt wurde; denn dann hätte man fürchten müssen, daß es bei der kirchlichen Zensurbehörde auf Schwierigkeiten gestoßen wäre. […] Entscheidend bleibt die Tatsache, daß Lortz *nicht* zensuriert worden ist. So

---

[12] Walther von Loewenich, Der moderne Katholizismus. Erscheinung und Probleme, Witten 1955, 340f.

[13] Otto Hermann Pesch, Zwanzig Jahre katholische Lutherforschung, in: Lutherische Rundschau 16 (1966), 392–406, hier 392.

[14] Walther von Loewenich, Evangelische und katholische Lutherdeutung der Gegenwart im Dialog, in: Luther Jahrbuch 34 (1967), 60–89, hier 68.

[15] Ebd., 66.

[16] Heinrich Bornkamm, Luther im Spiegel der deutschen Geistesgeschichte. Mit ausgewählten Texten von Lessing bis zur Gegenwart, Göttingen ²1970, 185.

[17] Walther von Loewenich, Der moderne Katholizismus vor und nach dem Konzil, Witten 1970, 317.

[18] Auf evangelischer Seite verneinte dies in heftiger Weise: Erwin Mülhaupt, Lortz, Luther und der Papst, in: Materialdienst des Konfessionskundlichen Instituts 7 (1956), 101–110.

konnte die ökumenische Welle, die Lortz mit hervorgebracht hatte und die ihn jetzt trug, breiter und höher werden und sogar über ihn hinausführen, nämlich zur theologischen Auseinandersetzung mit Luther durch die systematischen Theologen, die seit dem Durchbruch ökumenischer Gesinnung im Pontifikat Johannes' XXIII. nunmehr die ganze Kirche erfaßt hat" (Hubert Jedin, 1966)[19].

Stimmt dies? Unser Band wird zeigen, dass Hubert Jedin den Sachverhalt keineswegs richtig wiedergibt – obwohl er ihn sehr wohl näher gekannt haben dürfte. Tatsache ist: Lortz stieß mit seinem Werk durchaus „bei der kirchlichen Zensurbehörde auf Schwierigkeiten", nicht nur einmal, sondern bei jeder Auflage aufs Neue. „Man muß sich aber auch die schwierige kirchliche Situation vergegenwärtigen, in der sich der Verfasser eines solchen Buches befand. Man lese daraufhin das Vorwort des ersten und das Schlußwort des zweiten Bandes. Dogmatisch-kirchliche Korrektheit war die Voraussetzung für die Möglichkeit der Veröffentlichung. Die Druckerlaubnis war wahrhaftig keine Selbstverständlichkeit. Man muß es den damaligen zuständigen kirchlichen Instanzen danken, daß sie sich nicht von ihr abschrecken ließen. Noch vor Erscheinen der vierten Auflage kam es zu erneuten Schwierigkeiten. Die junge reformfreudige Theologengeneration von heute darf nicht vergessen, wieviel Mut ihre Väter aufbringen mußten. Das Bemühen, mindestens im deutschen Katholizismus, zu einer positiven und gerechten Würdigung der Reformation und des Reformators zu gelangen, hat seit dem bahnbrechenden Werk von Lortz einen sichtbaren Aufschwung genommen. Daß sich seine Grundgedanken durchsetzen würden, war durchaus nicht sicher vorauszusehen. Heute können wir urteilen: Es hat reiche Frucht getragen. Die in ihm eingeschlagene Richtung ist durch das Vatikanum II offiziell bestätigt, und man kann sich trotz mancher erneut aufziehender dunkler Wolken schwer vorstellen, daß es noch einmal ein Zurück hinter die schwer erkämpfte Position geben sollte" (Walther von Loewenich, 1970)[20].

II. Joseph Lortz – Biographisches

1. Herkunft, Bildung und Ausbildung

Wer war der Verfasser der *Reformation in Deutschland?*[21] Joseph Adam Lortz wurde am 13. Dezember 1887 im luxemburgischen Grevenmacher geboren. Das zweitjüngste von sieben Kindern einer katholischen Kaufmanns-

---

[19] Hubert JEDIN, Wandlungen des Lutherbildes in der katholischen Kirchengeschichtsschreibung, in: Karl FORSTER (Hg.), Wandlungen des Lutherbildes, Würzburg 1966, 79–101, hier 96.

[20] LOEWENICH, Der moderne Katholizismus [1970], 323 f.

[21] Zum Überblick vgl. Erwin ISERLOH, Joseph Lortz – Leben und ökumenische Bedeutung, in: Rolf DECOT/Rainer VINKE (Hg.), Zum Gedenken an Joseph Lortz (1887–1975). Beiträge zur Reformationsgeschichte und Ökumene (VIEG.B 30), Stuttgart 1989, 3–11.

familie besuchte das Gymnasium in Echternach
und studierte seit 1907 als Priesteramtskandidat
des Erzbistums Luxemburg am Collegium Germanicum in Rom Philosophie und Theologie[22].
1911 wechselte Lortz nach Freiburg in der
Schweiz, um dort sein Studium fortzusetzen[23]. In
die Freiburger Zeit fällt die Begegnung mit seinem
luxemburgischen Landsmann Johann Peter Kirsch
(1861–1941)[24], der dort Professor für Patrologie
und christliche Archäologie war und Lortz zum
Förderer und Freund wurde[25]. Nach Abschluss
seiner Studien wurde Lortz 1913 in Luxemburg
zum Priester geweiht und ging anschließend zu
Promotionsstudien nach Bonn[26], wo er Kontakt
zu den Kirchenhistorikern Heinrich Schrörs
(1852–1928) und vor allem Joseph Greving
(1868–1919) fand. An letzteren erinnerte sich
Lortz später: „Er war geistig nicht überragend.
Aber er wurde sozusagen mein Schicksal. Denn
… sein Arbeitsgebiet war die Reformationsgeschichte. […] Greving gründete damals das
‚Corpus Catholicorum' (Werke katholischer
Schriftsteller im Zeitalter der Glaubensspaltung);
er suchte einen wissenschaftlichen Sekretär. […]
Und also kam ich in intensive Berührung mit
Quellen und Problemen der Reformationsgeschichte"[27].

Abb. 1: Joseph Lortz
(1887–1975), ca. 1910.

Seit 1917 wirkte Lortz als wissenschaftlicher Sekretär am *Corpus Catholicorum* mit[28]. Noch lagen die Interessen jedoch auf einem anderen Gebiet. Mit
einer Studie über *Tertullians Apologie des religiösen Lebens der Christen* wurde Lortz 1920 promoviert – drei Jahre nach Einreichen des Promotions-
gesuchs[29]. Gleichwohl: Bei Greving – der schon 1901 formuliert hatte: „Luthers gewaltige Persönlichkeit hat auf mich schon als Studenten mächtig

[22] Vgl. Gabriele LAUTENSCHLÄGER, Joseph Lortz (1887–1975). Weg, Umwelt und Werk
eines katholischen Kirchenhistorikers (SKNZ 1), Würzburg 1987, 8 f., 13.
[23] Vgl. ebd., 33.
[24] Zu Kirschs Anteil am Entstehen von Lortz' Reformationsgeschichte vgl. unten.
[25] Vgl. LAUTENSCHLÄGER, Lortz, 37 f.
[26] Vgl. ebd., 46.
[27] Joseph LORTZ, Mein Umweg zur Geschichte. Ein besinnlicher Rückblick auf der Journée des Anciens d'Echternach 10. Oktober 1959, Wiesbaden 1960, 19 f.
[28] Vgl. LAUTENSCHLÄGER, Lortz, 75 f.
[29] Vgl. ebd., 52. – Gedruckt wurde die Studie erst sieben Jahre später: Joseph LORTZ,
Tertullian als Apologet, 2 Bde. (Münsterische Beiträge zur Theologie 9/10), Münster
1927/28.

eingewirkt; gerade die Verschiedenheit des Urteils über diesen Mann, der mit solcher Wucht und solchem Erfolge in die Schicksale der Christenheit eingegriffen hat, reizte meinen Forschungstrieb, ein möglichst wahres, ungetrübtes Bild von ihm zu gewinnen"[30] – wurde Lortz erstmals, aber nachhaltig, mit der Thematik Reformationsgeschichte konfrontiert. Da Greving aber noch vor seiner Promotion starb, musste sich Lortz nach einem neuen wissenschaftlichen Mentor umsehen. Die Hoffnung, diesen in Albert Ehrhard (1862–1940) zu finden, der 1921 die Nachfolge Grevings in Bonn antrat, schwand je länger je mehr. Ehrhard hatte nicht nur seine eigenen Schüler aus Straßburg mitgebracht – eine unliebsame Konkurrenz für Lortz –, sondern es kam offenbar zu handfesten Zerwürfnissen zwischen ihm und Lortz[31]; zu unterschiedlich waren diese beiden Typen.

So war Lortz froh, als ihm der Würzburger Kirchenhistoriker Sebastian Merkle (1862–1945)[32] anbot, bei ihm zu habilitieren[33]. Nach einigen Jahren in Würzburg als Privatdozent – und zugleich als Studentenseelsorger – erhielt er 1929 einen Ruf als Professor für Kirchengeschichte an die Staatliche Akademie Braunsberg, wo er Kollegen traf oder (aus alter Bonner Zeit) auch wiedertraf, die später noch wichtig werden sollten[34]: den Kanonist Hans Barion (1899–1973) und den Dogmatiker Karl Eschweiler (1886–1936).

2. Der akademische Werdegang – „Umweg" zur Kirchengeschichte[35]

Ein Coup gelang Lortz dann 1932 mit seiner *Geschichte der Kirche in ideengeschichtlicher Betrachtung*[36]. Ursprünglich zwischen 1929 und 1931 in vier

---

[30] Zit. nach Lautenschläger, Lortz, 65 f.

[31] Vgl. Lautenschläger, Lortz, 89 f.

[32] Vgl. auch die von Lortz gehaltene Gedächtnisrede anlässlich Merkles 100. Geburtstag 1962: Joseph Lortz, Sebastian Merkle, in: Theobald Freudenberger (Hg.), Sebastian Merkle. Ausgewählte Reden und Aufsätze. Anläßlich seines 100. Geburtstags in Verbindung mit dem Sebastian-Merkle-Institut der Universität Würzburg (QFW 17), Würzburg 1965, 57–94.

[33] Wahrscheinlich hatte einer der Bonner Freunde Merkles – Fritz Tillmann oder Adolf Dyroff – auf Lortz aufmerksam gemacht. – Vgl. Lautenschläger, Lortz, 112 f.

[34] Vgl. Dominik Burkard, Die Theologische Fakultät der Staatlichen Akademie Braunsberg, in: Ders./Wolfgang Weiss (Hg.), Katholische Theologie im Nationalsozialismus, Bd. 1/2: Institutionen und Strukturen, Würzburg 2011, 24–123, hier 30 f.

[35] Vgl. den Titel von Lortz' Erinnerungen: *Mein Umweg zur Geschichte*. – In einem Vortrag unter dem gleichen Titel stellte Lortz 1970 fest: „Es gibt Menschen, von denen man sagen darf, sie seien geborene Historiker; das konnte ich z. B. später am Werdegang meines Habilitationsvaters Sebastian Merkle studieren; er war schon vom Gymnasium an ein *historisch* Denkender, auch mit der Spürnase des historisch Suchenden ausgestattet ... So war es bei mir nicht. Vielmehr läßt sich mein Weg zur Geschichte geradezu definieren als die erst sehr allmählich und etwas schwerfällig erfolgende Entdeckung der historischen Dimension". Zit. nach Lautenschläger, Lortz, 247. – Zu Merkle vgl. unten.

[36] Joseph Lortz, Geschichte der Kirche in ideengeschichtlicher Betrachtung. Eine Sinndeutung der christlichen Vergangenheit in Grundzügen, Münster 1932. ²1933, ³1934,

Teilen als Schulbuch für die Oberstufe[37] erschienen, erlebte das Werk in neuer Gestalt zahlreiche Auflagen. Die letzte, 20. Auflage, erschien praktisch unverändert 1959[38].

Mit diesem Abriss der gesamten Kirchengeschichte beabsichtigte Lortz, dem damals modernen ideengeschichtlichen Ansatz folgend[39], eine Darstellung der „Geschichte selbst, in ihrem vielfältigen Aufbau und ihrer komplizierten Schichtung, ihren Haupt-, Neben- und Gegenströmungen (in der Begrenzung auf die Grundzüge), aber so, daß die Ideen als die herrschenden Kräfte heraustreten"[40]. Die hier von Lortz selbst angedeutete Auffassung von Kirchengeschichte und Geschichte überhaupt ist für das Verständnis seines Wirkens entscheidend. Lortz' Begriff von Geschichtsschreibung war vor allem auf die ‚Ideen‘ gerichtet, die großen Linien, Zusammenhänge und Deutungen, im Gegensatz zu einem bloßen Sammeln von ‚Fakten‘ als Selbstzweck[41]: „Das Material der Tatsachen ist das Fundament für alles andere, unentbehrlich; aber eben doch nur Fundament und Voraussetzung. Wenn man es isoliert, ist es Sache nicht des Historikers, sondern des Antiquars. Das ist oft höchst interessant und dazu amüsant. Aber ein Leben setzt man nicht an das Interessant-Amüsante"[42]. Lortz vertrat hingegen eine Auffassung, die die Kirchengeschichte als Heilsgeschichte betrachtete. Besonders zwei Grundmotive tauchen in dieser Geschichtstheologie immer wieder auf: Zum einen das Konzept der „felix culpa", wodurch eigentlich negative Entwicklungen in der Geschichte in der nachträglichen Deutung am Ende doch noch einen rechtfertigenden, tieferen „Sinn" erhalten[43]; zum anderen die

---

[4]1936, [5/6]1937. Mit neuem Untertitel: Eine geschichtliche Sinndeutung der christlichen Vergangenheit [7/8]1940, [9/10]1941, [11–14]1948, [15/16]1950, [17/18]1953, [19]1958, [20]1959. Völlige Neubearbeitung in zwei Bänden [21]1962/64, [22/23]1965.

[37] Joseph LORTZ, Geschichte der Kirche. Für die Oberstufe höherer Schulen. Unter Mitwirkung von Franz Xaver Seppelt und Otto Koch, 4 Teilbde., Münster [1/2]1929–31, [3/4]1933–35.

[38] Vgl. LAUTENSCHLÄGER, Lortz, 239. – Eine zweibändige Neubearbeitung erschien in zwei weiteren Auflagen 1962–65.

[39] „Lortz entsprach mit seinem ideengeschichtlichen Ansatz jenen Richtlinien zur Neugestaltung des kirchengeschichtlichen Unterrichts, wie sie in den zwanziger Jahren entwickelt wurden. ‚Heldentum – Kultur – Idee‘, das waren die Stichworte, die der Theorie einer geistes- und ideengeschichtlichen Behandlung des Lehrstoffes ihre Prägung gaben. Die Begeisterungsfähigkeit und der Heroismus der Jugend sollten geweckt werden, um die psychologischen Voraussetzungen eines darauf aufbauenden Erlebnisunterrichtes zu schaffen und durch die Darstellung idealer Führerpersönlichkeiten Emotionen zu wecken". Ebd., 239 f.

[40] Joseph LORTZ, Geschichte der Kirche in ideengeschichtlicher Betrachtung. Eine Sinndeutung der christlichen Vergangenheit in Grundzügen, Münster [4]1936, V f. [Vorwort zur 1. Aufl.].

[41] Vgl. auch Victor CONZEMIUS, Joseph Lortz – ein Kirchenhistoriker als Brückenbauer. Vom leichtfertigen Umgang mit Ideengeschichte und theologischer Geschichtsdeutung, in: Geschichte und Gegenwart 9 (1990), 247–278, hier 252.

[42] LORTZ, Umweg, 17.

[43] „Ein erster Ansatzpunkt, wenn ich mich recht erinnere, war die Idee der ‚felix culpa‘,

Wichtigkeit einer über bloße „Korrektheit" hinausgehenden, lebendigen „Wahrheit", die es zu erfassen gilt[44]. Dass ein solches Verständnis vom Wesen und Sinn der Geschichte auch zu einem gewissen ‚missionarischen' Impetus in der Geschichtsschreibung führen kann, zeigt sich nicht zuletzt an Lortz' sprachlichem Stil, dem es grundsätzlich weniger auf den abstrakten Inhalt ankommt als auf die konkrete Wirkung. Der Leser soll durch eine bildhafte, anschauliche Darstellungsweise unmittelbar angesprochen werden[45].

Während Lortz selbst überzeugt war vom höheren Wert einer solchen Geschichtsdeutung im Gegensatz zum bloßen ‚Faktensammeln', wurde er von anderen mitunter als ‚Popularisierer' wahrgenommen, der ‚journalistisch', aber nicht wissenschaftlich arbeitete[46]. Wie problematisch ein solch heilsgeschichtlicher Deutungsansatz war, zeigte sich, als Lortz versuchte, die ideengeschichtliche ‚Sinndeutung' der Vergangenheit bis in die Gegenwart zu verlängern, also auch in den Zeitströmungen der Gegenwart die richtungsweisenden ‚Ideen' zu erkennen und richtig zu interpretieren – nach der ‚Machtergreifung' der Nationalsozialisten 1933.

3. Lortz im Nationalsozialismus – eine Karriere nach 1933

Lortz' Verhalten während der Herrschaft des Nationalsozialismus in Deutschland ist ein vielschichtiger Komplex, der einer differenzierten Analyse bedarf – nicht zuletzt, um auch die Hintergründe seiner in diesen Jahren entstandenen Reformationsgeschichte besser zu verstehen. Eine solche Analyse kann hier nicht geleistet werden, doch sind einige Bemerkungen unerlässlich[47].

---

die mir seit den Kollegsjahren aus dem heiß geliebten ‚Exsultet' […] im Bewußtsein saß. – Dann ging mir auf, daß es in der Geschichte nicht wenige und keineswegs unerhebliche *Fehlentwicklungen* gegeben hatte, die aber trotzdem voller Sinn waren". Ebd., 29.

[44] „Korrektheit ist nicht Wahrheit. Korrektheit: das ist die nicht geöffnete ‚formule', ist nur das Fehlen von Fehlern. So wichtig Korrektheit ist, sie ist nicht Leben. Wahrheit aber ist Leben – oder sie ist nicht". Ebd., 10.

[45] „Es sind weniger die auf logischer Analyse basierenden Aussagen als eine, an Bildern und Metaphern reiche, pragmatische Sprachebene, der er sich bediente. Seinem populären Stil, der Anschaulichkeit und Unmittelbarkeit, dem Einfühlsamen seiner Sprache scheint es oftmals weniger um die differenzierte Exaktheit des gebotenen Sprachinhaltes als um die Wirkung auf den Leser zu tun. Lortz will ansprechen, beeinflussen, erziehen, missionieren, und er weiß instinktiv um die Bedeutung der Beziehungsebene für jedweden Lernprozeß". LAUTENSCHLÄGER, Lortz, 252.

[46] „Ebenso wie er unbarmherzig über die historischen Kärrner zu spotten beliebte, die bienenfleißig geschichtliche Quellen und Untersuchungen zutage fördern, zahlten diese es ihm heim, indem sie ihn als unseriösen ‚Journalisten' und ‚Schwätzer' abstempelten". Ebd., 83.

[47] Zum Überblick vgl. Gabriele LAUTENSCHLÄGER, Neue Forschungsergebnisse zum Thema: Joseph Lortz, in: Rolf DECOT/Rainer VINKE (Hg.), Zum Gedenken an Joseph Lortz (1887–1975). Beiträge zur Reformationsgeschichte und Ökumene (VIEG.B 30), Stuttgart 1989, 293–313.

Unmittelbar nach der ,Machtergreifung' 1933 trat Lortz in die NSDAP ein[48]. Noch im selben Jahr veröffentlichte er eine Broschüre mit dem programmatischen Titel *Katholischer Zugang zum Nationalsozialismus*[49], in der er sich – wie auch in diversen Zeitungsartikeln[50] – für eine positiv-konstruktive Positionierung der Katholiken gegenüber dem neuen Staat aussprach[51]. Zudem fügte er seiner *Geschichte der Kirche* (1933–1936) einen neuen Abschnitt „Nationalsozialismus und Kirche" bei, den er allerdings ab der fünften Auflage (1937) wieder strich[52]. 1936 wirkte Lortz außerdem mit an der Herausgabe des *Sendschreibens katholischer Deutscher an ihre Volks- und Glaubensgenossen*[53], das demselben Ziel einer Versöhnung von Katholizismus und Nationalsozialismus dienen sollte.

Man wird davon ausgehen dürfen, dass Lortz in seiner politischen Haltung maßgeblich von seinen Braunsberger Kollegen Eschweiler und Barion beeinflusst wurde. So befürwortete Eschweiler etwa in einem Gutachten die eugenische Zwangssterilisation, während Barion staatskirchenrechtliche Auffassungen im Sinne des Nationalsozialismus vertrat bzw. aus pragmatischen Gründen die Nähe zum Regime suchte[54]. Beide wurden im August 1934 von Rom suspendiert und erst nach entsprechenden Unterwerfungserklärun-

---

[48] Ebenso wie seine Kollegen Barion und Eschweiler; vgl. Burkard, Braunsberg, 33.

[49] Joseph Lortz, Katholischer Zugang zum Nationalsozialismus. Kirchengeschichtlich gesehen (Reich und Kirche), Münster 1933. ²1934. Mit einem Nachtrag ³1934. – Der Untertitel „Kirchengeschichtlich gesehen" entfiel ab der 2. Auflage.

[50] Zum Beispiel: Joseph Lortz, Katholisch und doch nationalsozialistisch, in: Germania, 28. Januar 1934; Ders., Katholischer Zugang zum Nationalsozialismus. Ideologie – oder Wirklichkeit?, in: Germania, 4. Februar 1934; Ders., Unser Kampf um das Reich, in: Germania, 6. Mai 1934.

[51] Vgl. Burkard, Braunsberg, 60.

[52] Zur Geschichte dieses Abschnitts vgl. Wilhelm Damberg, Kirchengeschichte zwischen Demokratie und Diktatur. Georg Schreiber und Joseph Lortz in Münster, in: Leonore Siegele-Wenschkewitz/Carsten Nicolaisen (Hg.), Theologische Fakultäten im Nationalsozialismus (AKZG, B 18), Göttingen 1993, 145–167, hier 151. – Trotz Dambergs Korrekturen einiger Versehen bei Lautenschläger und Conzemius bleiben Unstimmigkeiten. Unstrittig ist, dass der Nachtrag zunächst auf einem vierseitigen Beiblatt erschien, später dann in den Text eingearbeitet wurde. Dass die Umarbeitung erst 1935 erfolgte, geht aus Lortz' Vorwort zur 4. Auflage 1936 hervor (datiert auf Oktober 1935) sowie aus Korrespondenz mit Kirsch (vgl. unten). In dieser Auflage findet sich im Schlusskapitel § 116 der neue Abschnitt „V. Nationalsozialismus und Kirche" (Teil IV, 87–93) – von der Einfügung zeugt noch der folgende „V. [sic] Ausblick". Somit lag der ursprüngliche Nachtrag offenbar noch der 3. Auflage 1934 bei (von Damberg fälschlich wie die 4. auf 1936 datiert), ebenso wie auch schon der 2. Auflage 1933 (woraus Damberg zitiert). Möglicherweise ist die Beigabe des Anhangs aber nicht ganz einheitlich gewesen, so dass er in manchen (Bibliotheks-)Exemplaren fehlt; freilich ist eine nachträgliche Entfernung (nach 1945) denkbar oder gar wahrscheinlich.

[53] Kuno Brombacher/Emil Ritter (Hg.), Sendschreiben katholischer Deutscher an ihre Volks- und Glaubensgenossen. Im Auftrage eines Arbeitskreises katholischer Theologen und Laien, Münster 1936. – Zur Entstehung und zu Lortz' Mitwirkung vgl. Lautenschläger, Lortz, 310–321.

[54] Vgl. Burkard, Braunsberg, 60f.

gen im September 1935 rehabilitiert[55]. Erstaunlich ist, dass über Lortz trotz seiner öffentlichen Stellungnahmen keine solch schwerwiegende Disziplinarmaßnahme verhängt wurde. Aber auch er geriet durch seine Vermittlungsversuche kirchlicherseits in Misskredit[56]. Ende 1934 fand er die „Atmosphäre" in Braunsberg nach dem „Fall" Eschweiler und Barion so „zum Arbeiten gänzlich vergiftet", dass er fortan nach Möglichkeiten suchte, von Braunsberg weg an eine andere Universität zu kommen: „Dieses Kaff möge gedeihen, aber ohne mich"[57].

Hoffnungen, in Würzburg die Nachfolge Merkles antreten zu können, scheiterten am bischöflichen Einspruch[58], doch eröffnete sich Lortz durch seinen Einsatz für eine positive Deutung des Nationalsozialismus eine neue akademische Wirkungsmöglichkeit, als er 1935 einen Ruf an die Universität Münster erhielt[59]. Die Hintergründe dieser Berufung sind bezeichnend für die damaligen Verhältnisse in Deutschland: Das am 21. Januar 1935 erlassene „Gesetz über die Entpflichtung und Versetzung von Hochschullehrern aus Anlass des Neuaufbaus des deutschen Hochschulwesens" bot die Handhabe, für Lortz einen Platz in Münster freizuräumen[60].

Offiziell sollte Lortz in Münster die Nachfolge des Kirchenhistorikers Josef Schmidlin (1876–1944)[61] antreten, der bis 1934 die Professur für Missionswissenschaft innehatte. De facto kam er jedoch als Ersatz für Georg Schreiber (1882–1963), den Inhaber des Lehrstuhls für Kirchengeschichte und ehemaligen Zentrumspolitiker, der aus politischen Gründen „abgesägt"[62] werden sollte[63]. Schmidlin hatte ein Jahr zuvor ein ähnliches Schicksal erlitten: Seine unverhohlene Ablehnung des Nationalsozialismus hatte zu einer Reihe von Konflikten mit der Universität geführt, die 1934 schließlich in seiner Emeritierung und Pensionierung mündeten[64]. Dass 1935 bei der Nachfolge

---

[55] Vgl. ebd., 63–65.

[56] So war neben Eschweiler und Barion auch Lortz im Juni 1934 bischöflicherseits „jede schriftliche oder mündliche Erörterung" weltanschaulicher und kirchenpolitischer Fragen verboten; vgl. ebd., 61.

[57] Lortz an Foerster, 21.12.1934; zit. nach Lautenschläger, Lortz, 302.

[58] Vgl. Wolfgang Weiss, Die Katholisch-Theologische Fakultät Würzburg, in: Dominik Burkard/Wolfgang Weiss (Hg.), Katholische Theologie im Nationalsozialismus. Bd. 1/1: Institutionen und Strukturen, Würzburg 2007, 277–326, hier 297 f.

[59] Vgl. Damberg, Kirchengeschichte, 155.

[60] Vgl. Thomas Flammer, Die Katholisch-Theologische Fakultät Münster, in: Dominik Burkard/Wolfgang Weiss (Hg.), Katholische Theologie im Nationalsozialismus, Bd. 1/1: Institutionen und Strukturen, Würzburg 2007, 199–216, hier 206.

[61] Über Schmidlins Rezension zu Lortz' Reformationsgeschichte vgl. unten.

[62] Barion an Lortz, 29.09.1934; zit. nach Lautenschläger, Lortz, 300.

[63] Vgl. Damberg, Kirchengeschichte, 155.

[64] Vgl. dazu: Karl Müller, Josef Schmidlin (1876–1944). Papsthistoriker und Begründer der katholischen Missionswissenschaft (SIM 47), Nettetal 1989, 273–279; Flammer, Münster, 204. – Konkreter Anlass war wohl vor allem Schmidlins beharrliche Verweigerung des Hitlergrußes; nach einer entsprechenden Anzeige eines Kollegen war ihm Anfang 1934 bereits der Reisepass entzogen worden. Angesichts solcher Verhältnisse – und um einer Entlassung zuvorzukommen – bot Schmidlin schließlich selbst seine Emeritie-

Schmidlins (bzw. faktisch Schreibers) die Wahl dann auf Lortz fiel, war keineswegs Zufall, sondern dem Einsatz seiner einflussreichen Braunsberger Kollegen zu verdanken. Eschweiler, mittlerweile Rektor der Braunsberger Akademie[65], hatte am 15. Januar 1935 in einem Schreiben an das Reichserziehungsministerium nicht bloß die faktische Ersetzung des missionswissenschaftlichen Lehrstuhls in Münster durch die Professur für Kirchengeschichte empfohlen, sondern auch gleich Lortz als geeigneten Kandidaten ins Spiel gebracht: „Bei dieser Gelegenheit muß ich wieder auf den Braunsberger Kirchenhistoriker aufmerksam machen … Lortz ist nun sechs Jahre hier im Osten tätig, hat sich seit der Umwälzung offen und unter manchen Opfern zum Nationalsozialismus in Wort, Schrift und Tat bekannt"[66].

So kam Lortz am 1. April 1935 nach Münster – zunächst offiziell als Professor für „Missions- und allgemeine Kirchengeschichte", doch wurde die Professur schon nach einigen Wochen in „allgemeine Kirchengeschichte mit Berücksichtigung der Missionsgeschichte" umgewandelt. Schreiber hingegen wurde am 2. April nach Braunsberg versetzt, ohne freilich dort tatsächlich aufzuschlagen[67]. Zu seinen Braunsberger Freunden hielt Lortz weiterhin engen Kontakt. Von ihnen wurde er auch vertraulich auf dem Laufenden gehalten. So schrieb ihm Barion etwa am 5. April 1935 nach Münster:

„Da Schreiber dort nicht mehr lesen wird, wie ich annehme, und da Sie den Lehrstuhl auch für K[irchen]G[eschichte] haben, ist es klar, daß Sie an Schreibers Stelle rücken. Die Missionssache soll […] nur ein mehr dekorativer Schnörkel sein, dem mit einem Nebenkolleg vollauf gedient ist. Die Hauptsache ist die K[irchen]G[eschichte]; für die sind Sie nach Münster gekommen. […] Es ist ja nicht daran gedacht, nun etwa Schreiber noch einen besonderen Nachfolger zu geben, oder Ihnen, wenn Sie seine Aufgaben übernehmen, nun einen weiteren Missionsfritzen an die Seite zu stellen: es soll vielmehr am Schluß die Vereinigung der K[irchen]G[eschichte] mit der Missionsgeschichte stehen […]. Das Min[isterium] rechnet da etwas auf Ihre geschickte Art sich durchzusetzen;

---

rung an, der zum 30. April 1934 auch entsprochen wurde. Als Emeritus nahm er zunächst weiterhin am Leben der Fakultät teil, etwa an Fachschaftssitzungen, doch schon bald kam es zur Untersuchung weiterer „Vorwürfe" gegen ihn – z.B. angebliche Äußerungen über die „Berliner Saubande" sowie v.a. seine erneute öffentliche Ablehnung des „deutschen Grußes". Daher wurde am 14. Juli 1934 auf Antrag des Rektors (Hubert Naendrup) Schmidlins Emeritierung in eine Entlassung bzw. Pensionierung umgewandelt, um ihm vollends „jede Möglichkeit zur Einwirkung auf die Studenten abzuschneiden". Naendrup an Oberstaatsanwalt, 05.08.1934; zit. nach MÜLLER, Schmidlin, 277. Noch im November 1934 verwarnte der Rektor Schmidlin, dass er nach seiner Pensionierung „kein Recht" mehr zum Betreten der Universität habe, ansonsten drohe ihm „Strafantrag wegen Hausfriedensbruchs". Naendrup an Schmidlin, 10.11.1934; zit. nach MÜLLER, Schmidlin, 279.

[65] Vgl. BURKARD, Braunsberg, 36.

[66] Eschweiler an Reichserziehungsministerium, 15.01.1935; zit. nach Rudolf MORSEY, Georg Schreiber, der Wissenschaftler, Kulturpolitiker und Wissenschaftsorganisator. Aus Anlaß der Wiederkehr seines 100. Geburtstags am 5. Januar 1982, in: Westfälische Zeitschrift 131/132 (1981/82), 121–159, hier 146.

[67] Er erreichte seine Emeritierung und blieb in Münster. Vgl. FLAMMER, Münster, 206 f.

es will keinen Krach, keine ,grundsätzlichen' Auseinandersetzungen, sondern wünscht und hofft, daß Sie pian-piano diese skizzierte Position sich zu schaffen wissen"[68].

Lortz sollte sich in der Tat in Münster „durchsetzen" – unter faktischem Verzicht auf die Missionswissenschaft behielt er seine kirchengeschichtliche Professur bis 1945[69]. In seiner Münsteraner Zeit erschien 1939/40 auch sein Hauptwerk: *Die Reformation in Deutschland*.

4. Lortz und der Nationalsozialismus – inhaltliche Annäherungen

In seiner Schrift *Katholischer Zugang zum Nationalsozialismus* räsoniert Lortz: „1. Der Nationalsozialismus ist heute nicht nur die rechtmäßige Gewalt in Deutschland, er ist zum großen Teile Deutschland selbst: doppelte Gewissensverpflichtung, zu ihm ein volles ,Ja' zu sprechen; 2. entweder reißt diese Bewegung hindurch zur Rettung, oder wir landen im Chaos. Niemand leugnet mehr diese unerbittliche Konsequenz. Das Chaos aber wäre die Vernichtung der Nation und der Ruin der deutschen Kirche. Das schließt die Diskussion. Nicht die Diskussion über viele Einzelheiten, über die Art der Mitarbeit, über den Schutz unabdingbarer Rechte der Kirche. Wohl aber über die Frage, ob der Katholik es sich erlauben dürfe, dem nationalsozialistischen Staat sein ,Ja' zu verweigern"[70].

Um dieses „Ja" zu untermauern, versucht Lortz, eine innere „Verwandtschaft" zwischen Katholizismus und Nationalsozialismus aufzuzeigen. Er beklagt, „daß die verschiedenen Disziplinen katholischen Denkens von einem blutleeren, nur abstrahierenden und daher geistlosen Intellektualismus" nicht verschont geblieben, sich dadurch aber weit von „den schöpferischen Meistern des katholischen Gedankens" entfernt hätten. Dagegen erhebe der Nationalsozialismus die „Forderung eines geistigen Lebens, das aus dem Konkreten, der eigentlichen und einzigen Wirklichkeit, erwächst, das den ganzen Menschen, dieses geist-seelisch-körperliche Wesen, füllt" – eine Forderung, die „wunderbar" zusammentreffe mit den „Prinzipien des klassischen katholischen Denkens". Eine ähnliche „Verwandtschaft" sieht Lortz bei der „typisch katholischen Art der Frömmigkeit, die nichts von *einseitigem*, nur innerlichem und damit so leicht lebensfremdem und blassem Beten weiß, sondern den konkreten, also den ganzen Menschen und noch die ganze Natur dazu aufruft zum Mitbeten und Mitpreis Gottes"[71]. Der Nationalsozialismus ist für Lortz „elementare Welle des Lebens, ist unbeirrbares Wachsen (so sehr auch das bewußte Tun und Machen in ihn eingebrochen

---

[68] Barion, Braunsberg, an Lortz, [Münster], 05.04.1935. Teilnachlass Lortz (im Privatbesitz Lautenschläger). Zit. bei LAUTENSCHLÄGER, Lortz, 305f.
[69] Vgl. LAUTENSCHLÄGER, Lortz, 325, 388.
[70] Joseph LORTZ, Katholischer Zugang zum Nationalsozialismus. Mit einem Nachtrag, Münster [3]1934, 30.
[71] Ebd., 18.

ist), ist Aufbruch des Lebens in seiner ganzen Breite". Dass er dabei „*Erfüllung* der tiefsten Strebungen der Zeit in einem ganz ungewöhnlichen Sinn" sei, drücke ihm „unzweideutig das Zeichen der Berufung" auf – selbst dann, wenn mitunter auch „Trübes, Unechtes, Härte mit an die Oberfläche" trete[72].

Diese Darlegungen dürften freilich weniger über den Nationalsozialismus aussagen, als über die Vorstellungen von Lortz, wie sie andeutungsweise bereits charakterisiert wurden. Zum Ausdruck kommt ein pathetisch-mitreißender Tonfall, den wir bereits als wesentliches Merkmal der Lortzschen Auffassung von (Ideen-)Geschichte kennenlernten. Es ist derselbe ‚Vitalismus', den die Betonung des ganzheitlich-lebendigen Charakters im Gegensatz zu einem nur abstrakten Intellektualismus unterstreicht. Lortz' Begeisterung für die Kategorie des ‚Erlebnismäßigen' zeigt sich auch in seinem Idealbild eines schöpferisch-lebensnahen Katholizismus – wobei er solche Werte nun ebenfalls in seiner ‚Idee' des Nationalsozialismus wiederzufinden meint. Dadurch scheint dieser auf einmal eine erstaunliche Übereinstimmung, ja „Verwandtschaft" mit dem Katholizismus aufzuweisen, was Lortz sogleich zu einer geschichtstheologischen Deutung führt, die für ihn offensichtlich keinen anderen Schluss zulässt, als dass im Nationalsozialismus die Zeit tatsächlich zur „Erfüllung" kommt. Lortz beansprucht also, nicht bloß in der Vergangenheit, sondern auch in der Gegenwart die ‚Zeichen der Zeit' richtig erkannt und gedeutet zu haben. Dies legitimiert ihn, die Katholiken zur „Gewissensverpflichtung" der so zeitgemäßen „Mitarbeit" am nationalsozialistischen Staat zu ermahnen[73].

Im Abschnitt „Nationalsozialismus und Kirche" seiner *Geschichte der Kirche* fasst Lortz in knapper Form die wesentlichen Gedanken seiner ausführlicheren Broschüre zusammen. Zunächst als Anhang auf einem gesonderten

---

[72] Ebd., 28. – Gegenüber diesen äußerst positiven Worten aus dem Jahr 1933 gibt sich der im Mai 1934 ergänzte „Nachtrag zur dritten Auflage" bereits etwas zurückhaltender: Lortz stellt fest, dass seine bisherigen Ausführungen zwar schon auf „Spannungen grundsätzlicher und praktischer Art […] zwischen Nationalsozialismus und katholischer Kirche" hinwiesen, insgesamt aber doch „von einer optimistischen Beurteilung" getragen waren. Jedoch: „Die praktische Entwicklung hat diesem Optimismus bisher nicht recht gegeben. Die Spannungen zwischen Kirche und NS sind vielmehr heute bedeutend stärker als zu der Zeit, als ich diese Broschüre erstmals ausgehen ließ [Oktober 1933]. Manchmal kann man die Lage nicht anders als geradezu erschütternd nennen". Ebd., 31. – Dabei verweist Lortz auf die zunehmenden antichristlichen Tendenzen, etwa die „Wiederbelebung rein naturalistischer und vielfach heidnisch-germanischer Religiosität" durch die sog. „Deutsche Glaubensbewegung", besonders der „Propagierung einer dogmenlosen Religiosität", wie sie Alfred Rosenberg in seinem *Mythus des 20. Jahrhunderts* vertrete, was „heute *Millionen* Deutscher beider Konfessionen vom notwendigen innern Anschluß an den NS abhält". Ebd., 31 f. – Doch trotz solcher Probleme in der Praxis hält Lortz grundsätzlich an seinen Auffassungen fest und fordert umso eindringlicher katholisches Engagement für den NS-Staat, um den antichristlichen Kräften nicht das Feld zu überlassen. Vgl. ebd., 40–44.

[73] Zur Interpretation von Lortz' „Brückenbauerschrifttum" vgl. auch CONZEMIUS, Lortz, 257–261.

Blatt beigegeben, integrierte Lortz den Abschnitt in der vierten Auflage von 1936 in den Text. Darin heißt es unter anderem:

„Kurz, die Schicksalsfrage ist an uns gestellt: ob in dem durch Adolf Hitler *endlich erreichten, gottgewollten* Aufbruch der Deutschen zu einer Nation das Christentum die Grundlage bleibt, oder ob Achristliches und Antichristliches die Führung übernimmt. Ob uns wirkliche *Religion* Gottes erhalten bleibe, oder ob menschliche *Religiosität* diesem historischen Geschehen größten Stils nur eine Pseudo-Weihe geben soll. [...] Von hier aus zeichnet sich nun die Aufgabe des Katholizismus näher ab. Sie ist eine *positive* im umfassenden Sinn. Nie kann sie sich im noch so berechtigten Negativen erschöpfen. Rechthaben ist nicht entscheidend, sondern aufbauen. [...] Dazu ist erforderlich: a) ein tief religiöses Bewußtsein unserer, durch göttliches und natürliches Gesetz gegebenen *strengen Verpflichtung* der rechtmäßigen staatlichen Autorität gegenüber. Diese Verpflichtung ist mit nur ‚korrekter‘ Loyalität keineswegs erfüllt. Wir sind mitverantwortlich für Sein und Gedeihen des Staates. Seine Lage verlangt heute sogar einigermaßen *heroische* Liebe von uns. [...] Nicht zuletzt ist hier von uns als Katholiken aufgerufen der Einsatz des *ausdauernden Gebetes* und des *Opfers*, damit ‚zu uns komme Dein Reich‘, und damit entstehe die Volksgemeinschaft in wahrer Bruderliebe. [...] Der geschichtliche Grundbegriff der ‚felix culpa‘ tritt hier wieder einmal in seine Rechte. Keine noch so schweren Schatten könnten, dürften die Tatsache verdunkeln, daß jenes Umpflügen, also der deutsche Aufbruch zur Nation, gottgewollt ist: denn er ist die natürliche Vollendung unserer von Gott geschaffenen Natur. So muß auch in ihm alles betrachtet werden im Lichte des christlichen Zentralbegriffs der Vorsehung"[74].

Hier finden sich die wesentlichen Merkmale des ideengeschichtlich-theologischen Grundkonzepts von Lortz wieder, ebenso seine damit vermischte ‚idealistische‘ NS-Deutung, die letztlich kaum voneinander zu trennen sind. Besonders deutlich wird dies am verwendeten Vokabular: Typische nationalsozialistisch besetzte Begriffe wie „Schicksalsfrage" und „Volksgemeinschaft" treten in einen scheinbar christlichen Kontext des „Gebetes" und „Opfers". Christliche Elemente wiederum werden in die Nähe nationalsozialistischer Interpretationen gerückt, etwa wenn vom „gottgewollten" Aufbruch zur deutschen Nation die Rede ist oder „heroische Liebe" gefordert wird. Sowohl die Geringschätzung bloß „korrekter" Loyalität als auch die Idee der „felix culpa" tauchen hier auf; am Ende bleibt der Begriff der „Vorsehung" in der Schwebe zwischen christlicher Bedeutung und nationalsozialistischer Vereinnahmung.

Lortz blieb nicht unwidersprochen[75]. Auch die vierte Auflage seiner Kirchengeschichte erhielt zwar das bischöfliche Imprimatur, doch war Lortz noch während der Umarbeitung des betreffenden Abschnitts von seinem alten Freund Kirsch aus Rom gewarnt worden: Schon bei der letzten Auflage des Buches seien wegen der Darlegungen über den Nationalsozialismus „in Vatikanischen Kreisen Bedenken entstanden":

---

[74] Lortz, Geschichte der Kirche, Teil IV, 90–92.
[75] Vgl. oben.

„Wenn Du in der neuen Auflage diese Darlegungen so veröffentlichen würdest wie der Wortlaut war, den Du mir im Satz geschickt hattest, würdest Du sicher vonseiten des Vatikans grosse Schwierigkeiten finden und es wäre mit einer Verurteilung durch das Sacrum Officium zu rechnen. S.E. [Alois] Hudal hat mir direkt gesagt, ich möge Dir das mitteilen, in Deinem Interesse [...]. Wenn Du darum diesen ‚Anhang‘ nicht glaubst weglassen zu können, müsstest Du eine Darstellung suchen, bei der Du keine Gefahr läufst, im Vatikan Schwierigkeiten zu finden. Es gibt ja tatsächlich, auch abgesehen von R[osenberg], in den vom Nat[ional]-Soz[ialismus] vertretenen Grundsätzen Dinge, z.B. über ‚Rasse u[nd] Blut‘ und was damit zusammenhängt, die wirkliche Häresien enthalten"[76].

Bemerkenswert ist weniger, dass Lortz durch seine ‚Brückenbau-Versuche‘ in Rom bereits in Misskredit geraten war, sondern vor allem, dass für Kirsch – wie für Alois Hudal (1885–1963), Konsultor des Heiligen Offiziums[77], – die wesentlich unchristlichen Grundlagen der NS-Ideologie ganz eindeutig auf der Hand lagen, während Lortz auf diesem Auge blind gewesen zu sein scheint. Einige Monate später betonte Kirsch gegenüber Lortz noch einmal, der Nationalsozialismus weise nicht bloß in praktischer Hinsicht bestimmte Missstände auf, sondern vertrete bereits in seiner Theorie grundlegend problematische Tendenzen:

„Ich habe in Rom Deinen Text Prof. [Heinrich] Finke gezeigt; er ist ebenfalls, wie ich, der Ansicht, es sei das beste unter den jetzigen Umständen und bei den Vorgängen der jüngsten Zeit, Du liessest den Abschnitt weg. Wenn Du aber absolut darauf bestehst, etwas über die Sache zu bringen, so müsstest Du, scheint mir, die Ausführungen vereinfachen und einzelnes ändern. Auch Kollege Finke ist durchaus dieser Ansicht. So z.B. wird doch die heidnisch-germanische, antichristliche und katholikenfeindliche Tendenz immer mehr zu einem wesentlichen Teil der n[ational]s[ozialistischen] Bestrebungen, ohne dass von der Leitung des NS ihr irgendwie entgegen getreten würde. Dann ist die ganze, rein materialistische Auffassung und Vertretung des Grundsatzes von ‚Rasse und Blut‘ mit ihren Folgen völlig antichristlich. Der Vergleich zwischen Katholizismus und NS scheint mir auf keiner berechtigten Grundlage zu beruhen, besonders angesichts der Art und Weise wie sich der NS tatsächlich in Theorie und Praxis entwickelt hat"[78].

Kirsch sah also in der Bewertung des Nationalsozialismus deutlich klarer als Lortz – möglicherweise Folge einer unterschiedlichen Geschichtsauffassung. Kirsch äußerte sich nämlich in diesem Zusammenhang auch zur grundsätzli-

---

[76] „Überlege Dir die Sache und suche eine Lösung zu finden, durch die Du Dich keiner Gefahr aussetzest; wenn Du den Anhang weglassen würdest, was Du nach meiner Ansicht gut tun kannst, wärest Du aus allen Schwierigkeiten heraus". Kirsch, Rom, an Lortz, [Münster], 23.04.1935. Teilnachlass Lortz (im Privatbesitz Lautenschläger). Zit. bei LAUTENSCHLÄGER, Lortz, 322f.
[77] Dazu vgl. Dominik BURKARD, Häresie und Mythus des 20. Jahrhunderts. Rosenbergs nationalsozialistische Weltanschauung vor dem Tribunal der Römischen Inquisition (Römische Inquisition und Indexkongregation 5), Paderborn u.a. 2005, insbes. 63–119, 173–222, 252–258, 337–357, 365–372; DERS., Alois Hudal – ein Anti-Pacelli? Zur Diskussion um die Haltung des Vatikans gegenüber dem Nationalsozialismus, in: Zeitschrift für Religions- und Geistesgeschichte 59 (2007), 61–89.
[78] Kirsch, Rheinböllerhütte, an Lortz, [Münster], 15.07.1935. Teilnachlass Lortz (im Privatbesitz Lautenschläger).

chen Frage der theologischen bzw. ideengeschichtlichen Interpretation des Zeitgeschehens:

„Vom wissenschaftlichen Standpunkt aus möchte ich nur bemerken, dass das ‚gottgewollt' für die n[ational]s[ozialistische] Bewegung mir nicht ganz behagt. Im Sinne von ‚Wollen Gottes' *allem* Geschehen gegenüber hat es keinen Zweck, es zu bemerken; und was das Urteil über das ‚besondere Wollen Gottes' in der Leitung der Kirche und der Völker betrifft, so weisst Du so gut wie ich, wie schwer es ist, bestimmte Kriterien dafür in dem historischen Geschehen festzustellen. Abgesehen von der übernatürlichen Leitung der Kirche durch Gott kann man ja in der Regel nur aus dem Ergebnis einer geschichtlichen Bewegung Schlüsse ziehen in diesem Sinne"[79].

Im Gegensatz zu Lortz' geschichtstheologischen Deutungsversuchen empfahl der Historiker Kirsch also nüchterne Zurückhaltung hinsichtlich einer vorschnellen (Über-)Interpretation zeitgeschichtlicher Ereignisse als Werk der göttlichen ‚Vorsehung'. Doch Lortz zeigte sich uneinsichtig: Auch in seinem überarbeiteten Abschnitt sprach er von „gottgewollt" und hielt grundsätzlich an seiner kühnen Deutung der ‚Zeichen der Zeit' fest.

Offenbar ging Lortz 1935/36 noch immer davon aus, dass eine positive Auseinandersetzung im Sinne einer konstruktiven politischen ‚Mitarbeit' den Nationalsozialismus in eine annehmbare Richtung lenken könnte, ein solches Engagement also eine verpflichtende Forderung an alle verantwortungsbewusste Katholiken sei. Erst nach 1936 scheint Lortz erkannt zu haben, dass eine solche ‚Idee' des Nationalsozialismus eine naive Annahme und Täuschung war, dass also die von Anfang an beklagten ‚praktischen' Missstände nicht bloß auf einer unvollkommenen Umsetzung der eigentlichen NS-Ideologie beruhten, sondern tatsächlich deren wirkliches Wesen darstellten.

Aufschlussreich für den allmählichen Wandel seiner Haltung gegenüber dem Nationalsozialismus sind die Erklärungen, die Lortz 1946 im Rahmen des Entnazifizierungs-Verfahrens abgab – auch wenn aufgrund ihres rechtfertigenden Charakters bei der Interpretation Vorsicht geboten ist. So erklärt Lortz zunächst seine Hinwendung zur ‚Idee' des Nationalsozialismus ausdrücklich aus seinen ideengeschichtlichen Auffassungen heraus:

„Als ich 1933 der NS-Partei beitrat, geschah das nur unter ganz bestimmten Voraussetzungen und Bedingungen [...]. Ich kam zum Beitritt aus meinen kirchengeschichtlichen Erwägungen heraus. Diese Arbeit ist allgemein bekannt als in besonderem Maße ‚ideengeschichtlich' orientiert. [...] Es interessierte mich also die ‚Idee' des Nationalsozialismus. [...] *Ich* fand in der NS-*Idee* (auf den eben angegebenen Grundlagen) Elemente, die ich nach Ausweis meiner Geschichte der Kirche [...] 1930 ohne Kenntnis des NS als für die kommende geistig-religiöse Entwicklung maßgeblich gekennzeichnet hatte, nämlich: Wendung zum Objektiven [...], zur Autorität, zur Gemeinschaft und zum Glaubensmäßigen. [...] Es waren Elemente, deren Stärkung einer geistig-religiösen Wiedergeburt sehr erwünscht waren, wenn sie aufrichtig durchgeführt wurden. Ich fand also die NS-

---

[79] Kirsch, Rheinböllerhütte, an Lortz, [Münster], 24.07.1935. Teilnachlass Lortz (im Privatbesitz Lautenschläger). Zit. bei LAUTENSCHLÄGER, Lortz, 323 f.

Idee einer katholischen Deutung fähig. *Für diese so definierte Idee des NS und für diesen so umschriebenen und abgegrenzten NS trat ich damals und in den nächsten Jahren bis zu meiner Absage an den NS ein"* [80].

Es stellt sich freilich die Frage, warum Lortz sich mit dem Nationalsozialismus als „Idee" erst 1933 befasste (1930 noch „ohne Kenntnis des NS") und nicht bereits früher; die politische NS-Ideologie war schließlich auch vorher schon bekannt und diskutiert – von kirchlicher Seite her jedoch offen abgelehnt und verurteilt worden. War Lortz ein ‚Konjunkturritter'? Wollte er sich nach der Machtergreifung mit den faktischen politischen Verhältnissen einfach nur möglichst gut arrangieren? Dann wäre Lortz' Engagement in erster Linie als Opportunismus zu deuten, den er in einem zweiten Schritt geschichtstheologisch zu begründen versuchte (im Sinne einer „Erfüllung" [81] der Zeit etc.). Grundsätzlich scheint Lortz die tatsächliche politische Dimension der nationalsozialistischen Machtergreifung kaum erfasst und nur eine realitätsferne „Idee" in den Mittelpunkt seiner Betrachtungen gestellt zu haben [82].

Die „Absage" an den Nationalsozialismus erfolgte laut eigener Aussage, als sich die NS-Herrschaft in den Jahren nach 1933 immer weiter von Lortz' ursprünglicher „Idee" entfernte:

„Die NS-Praxis geriet in der Folge immer mehr in ein Fahrwasser, das meinen oben kurz skizzierten Voraussetzungen konträr lief, ja diese Praxis wurde allmählich schroff widerspruchsvoll zu meinen Voraussetzungen und Deutungen, ja sie wurde allmählich beleidigend und untragbar. […] Die Kritik wurde also immer nötiger. Ich habe sie in verschiedener Form ausgesprochen, mündlich im Dozentenzimmer der Universität, vor Studenten im Kolleg und im Examen, in seminaristischen Übungen und bei meinen Vorträgen durch ganz Deutschland hin. […] Kurz, die Entwicklung der NS-Praxis widersprach seit Ende 1936 in einem solchen Ausmaß meiner Deutung der NS-Idee und also den Voraussetzungen, unter denen ich mitzuarbeiten entschlossen gewesen war, daß es mir unmöglich erschien, noch mit einer Wendung rechnen zu dürfen, die etwas religiös und kulturell Gutes zum Ergebnis für Kirche und Volk haben konnte. Ich war innerlich zum Gegner des NS geworden" [83].

---

[80] Joseph Lortz, „Erklärung" vom 26. Mai 1946; zit. nach Conzemius, Lortz, 273 f.

[81] Lortz, Zugang, 28.

[82] Dies glaubten 1933 bereits Zeitgenossen feststellen zu können: „Das entscheidende politische Ereignis der Machtergreifung bildet so wenig den Mittelpunkt dieser Schriften [von Lortz u. a.], daß sie von Äußerlichkeiten abgesehen auch schon 1930 hätten erscheinen können; freilich hätte man sie damals entschieden abgelehnt und schnell den Gegenbeweis dafür angetreten, daß dem katholisch-naturrechtlichen Weltbild das Idealbild des Weimarer Volksstaates und der autoritären Demokratie haargenau entspreche. So großzügig läßt sich mit Ideen umgehen". Walter Dirks, Begegnung – oder Ideenverwandtschaft? Drei Schriften über Nationalsozialismus und Katholizismus, in: Rhein-Mainische-Volkszeitung, 19. November 1933; zit. nach Lautenschläger, Lortz, 285. – Vgl. auch ein Schreiben Theodor Legges an Lortz: „Es nützt nichts, wenn man einen idealen Nationalsozialismus konstruiert, wenn dann aber die Bewegung im täglichen Leben ein ganz anderes Gesicht aufweist". Legge an Lortz, 30.01.1934; zit. nach Lautenschläger, Lortz, 292 f.

[83] Joseph Lortz, „Erklärung" vom 26. Mai 1946; zit. nach Conzemius, Lortz, 274 f.

Die Entfernung des Abschnitts „Nationalsozialismus und Kirche" aus seiner *Geschichte der Kirche* ab der fünften Auflage 1937 erklärt Lortz damit, die Machthaber hätten eine Beseitigung der dort enthaltenen (dezenten) Kritik gefordert[84]. Die innere Abkehr vom Nationalsozialismus ab 1937 führte bei Lortz allerdings nicht zum ‚Widerstand'; er bewegte sich mit seiner Kritik stets in einem Rahmen, in dem er ungefährdet seine akademische und öffentliche Stellung behalten konnte. Dies unterstreicht nicht zuletzt die Tatsache, dass er seine zweibändige Reformationsgeschichte selbst nach Ausbruch des Zweiten Weltkrieges noch in mehreren Auflagen publizieren durfte[85].

Im Hinblick auf Lortz' Beschäftigung mit dem Thema Reformation ist sein Engagement für den Nationalsozialismus alles andere als irrelevant. In seinem *Zugang zum Nationalsozialismus* berührte er 1933 auch die konfessionellen Fragen in Deutschland und deren (vermeintliche) Lösung durch die NS-Herrschaft: „Der endlich erreichten politischen Einheit wird zweifellos nach Möglichkeit die kirchliche Einheit folgen. Die äußere Zusammenfassung der evangelischen Kirchen ist ja soeben bereits vollendet worden. [...] Die tiefste Wunde, an der Deutschland leidet, ist der konfessionelle Riß. Zum ersten Male seit 1517 taucht nun durch den Nationalsozialismus die Möglichkeit auf, daß dieser Riß wenigstens praktisch überbrückt werde", und zwar durch „das nationale Bewußtsein als solches", so dass „zur praktischen Betätigung im politischen und wirtschaftlichen Leben nicht mehr die Zugehörigkeit zu einer Konfession"[86] entscheidend ist. Damit wird die „Voraussetzung für die ferne Möglichkeit einer geistig-religiösen Beseitigung der Glaubensspaltung" geschaffen, die freilich „nicht durch Verschleiern der Gegensätze, sondern nur durch Vertiefung des religiösen Besitzes, des Betens"[87] erreicht werden kann. Stärkere konfessionelle Spannungen hingegen gefährden „eine Erfüllung des Wesens des Nationalsozialismus"[88].

Hier wird deutlich: Bei ökumenischen Fragestellungen im nationalsozialistischen Deutschland konnten keineswegs nur religiöse Beweggründe eine Rolle spielen, sondern auch national motivierte Ambitionen. Inwieweit solche Motive auch in Lortz' Reformationsgeschichte auftauchen, wird später

---

[84] Vgl. ebd., 276: „Ich hatte meiner ‚Geschichte der Kirche' im Anhang der 3. und 4. Auflage einen Abschnitt über NS und Kirche eingefügt, der im Grundriß den oben kurz skizzierten Auffassungen entsprach (und also neben dem Positiven auch die Kritik enthielt). Als im Jahre 1937 eine neue Auflage dieses Buches nötig wurde, verlangte die Partei, es müsse in diesem Abschnitt über NS und Kirche die Kritik am NS wegbleiben. [...] Ich antwortete damit, daß ich kurzer Hand den *ganzen* Abschnitt strich".
[85] Nach dem ersten Erscheinen 1940 folgte bereits 1941 die 2. Auflage. Zwar soll das Werk ca. 1942 „auf Rosenbergs sogenannten Kleinen Index gesetzt" worden sein, wie Lortz im Vorwort zur 4. Auflage 1962 behauptet; allerdings sei nach „längeren Verhandlungen" dann doch noch „das Papier für einen Neudruck bewilligt" worden, der aber „nur im Ausland verkauft werden" sollte. Ein Bombenangriff vernichtete jedoch sämtliche Lagerbestände dieser 3. Auflage. Vgl. Lortz, Reformation (⁴1962) I, VII.
[86] Lortz, Zugang, 20–22.
[87] Ebd., 22.
[88] Ebd., 23.

zu zeigen sein[89]. Vorerst gilt es, deren Entstehungskontext näher zu beleuchten.

III. Lutherdeutung im Fahrwasser Sebastian Merkles?

1. Merkle als ökumenischer „Eisbrecher"

Dass Lortz 1923 den Weg nach Würzburg und zu Sebastian Merkle gefunden hatte, kann für seine weitere Arbeit – und damit auch für seine Reformationsgeschichte – als providenziell bezeichnet werden. Zwar stieß Lortz nicht erst hier auf sein Lebensthema, aber der weithin bekannte, ja berüchtigt unerschrocken-kämpferische Charakter Merkles dürfte dem jungen Wissenschaftler, der noch in Bonn nur Hindernisse vor sich gesehen hatte, mächtig den Rücken gestärkt haben. Und: Lortz traf in Merkle eine Autorität, die gerade im Hinblick auf die Ökumene längst ‚Pflöcke' eingeschlagen hatte[90].

Dabei war Merkle in Sachen Ökumene alles andere als ein prinzipienloser Vermittler. Noch in seiner eigenen Tübinger Studentenzeit hatte er sich in einer Rezension auf das Feld der protestantischen Kirchengeschichtsschreibung begeben und dabei eine durchaus konfessionell-kämpferische Haltung an den Tag gelegt. Weil er durch die penetrante Überheblichkeit protestantischer Geschichtsschreibung das Gebot der Wahrhaftigkeit verletzt sah, unterzog er unter dem sarkastischen Pseudonym „Synesius Expertus, Lutheropolis" die 1893 erschienene *Württembergische Kirchengeschichte* einer beißenden Kritik. Er sprach von „Pastorenfanatismus" und „stinkendem Pharisäis-

Abb. 2: Sebastian Merkle
(1862–1945).

---

[89] Stilistisch änderte sich Lortz' Grundhaltung kaum: „Lortz schrieb aus einem Sendungsbewußtsein, das nicht nur in diesen Broschüren, sondern auch in seinen anderen größeren Werken auftaucht. Realitätsferner Idealismus, katechetische Verzweckung und missionarischer Eifer gehen bei ihm eine Symbiose ein, die freundlich als Wille zur Verkündigung, weniger freundlich als seichter Moralismus gedeutet werden kann". CONZEMIUS, Lortz, 263.
[90] Vgl. Klaus WITTSTADT, Von der Polemik zur Ökumene. Der Beitrag Würzburger Theologen zu einem positiven Lutherbild, in: Würzburger Diözesangeschichtsblätter 45 (1983), 219–228, hier 225f.; Klaus GANZER, Der Beitrag Sebastian Merkles zur Entwicklung des katholischen Lutherbildes, in: Historisches Jahrbuch 105 (1985), 171–188, hier 179–186.

mus", „pietistischer Gleißnerei" und „altprotestantischen Urheuchlern", kritisierte das durchgängig zu beobachtende „Messen nach zweierlei Maß" und spottete nicht zuletzt über den „Geist echt evangelischen Christenthums und der davon unzertrennlichen Toleranz", die er lustvoll konterkarierte. Sein Schlussurteil:

„Daß, wer den confessionellen Fanatismus im Bilde darstellen wolle, nur den richtigen Altwürttemberger zu porträtieren brauche, das wissen innerhalb der schwarzrothen Grenzpfähle längst alle, die nicht selbst zu dieser famosen Menschenrasse gehören. Die ‚grünen Hefte' und Leistungen wie vorliegende ‚Kirchengeschichte' verhelfen dieser zu deutschem, bald zu europäischem Rufe. Wenn so durch den Titel ‚Württembergische Kirchengeschichte' (der Sprachgebrauch steht dafür, sonst müßte er wohl heißen ‚Kirchengeschichte Württembergs') die Art, wie das ihn tragende Buch geworden, und der Standpunkt, auf welchem besonders dessen letzter Abschnitt geschrieben ist, als etwas specifisch Württembergisches bezeichnet werden will, dann muß man zugeben, daß der Titel nicht übel gewählt ist und jedenfalls zum Besten am ganzen Buche gehört. Nomen et omen habent. […] Wäre es zum ‚Katholischwerden' gewesen, wenn diese vier ‚Evangelisten' auch einem Katholiken ihr Elaborat vor dessen Drucklegung vorgelegt hätten, wenn sie nicht im Stande sind, katholisches Wesen zu verstehen? Dies wäre um so leichter gegangen, als der Tübinger katholische Kirchenhistoriker[91] ein Mann ist, dessen Name in der ganzen wissenschaftlichen Welt besten Klang hat und dem sie gewiß nicht confessionelle Einseitigkeit vorwerfen können. So lange unsere Protestanten in Württemberg solche Leistungen über sich bringen, mögen sie nur keinen Katholiken der Einseitigkeit, Engherzigkeit, Intoleranz zeihen. Wer den ‚Aberglauben' bekämpfen will, sollte nicht selbst dem allerwunderlichsten Aberglauben huldigen, daß altes Christentum und Altwürttembergerthum dasselbe sei"[92].

Es waren wohl seine Forschungen zur inneren Geschichte des Trienter Konzils und zur Entstehung seiner Dekrete, die Merkle dazu führten, sich intensiver auch mit der Reformation und vor allem mit Martin Luther zu beschäftigen. Einen ersten äußeren Anlass zur publizistischen Äußerung gab allerdings die Tagespolitik: der ‚Fall Berlichingen', der kurz nach der Jahrhundertwende großes Aufsehen erregte. Von Herbst 1902 an hatte Freiherr Adolf von Berlichingen (1840–1915), ein Exjesuit, im Schrannensaal der Stadt Würzburg über ein halbes Jahr, Woche für Woche, populärhistorische Vorträge über die Reformation gehalten[93]. Diese waren leidenschaftlich-polemisch aufgezogen, enthielten maßlose Übertreibungen und Verallgemeinerungen und erschienen schließlich auch noch im Druck. Während Berlichingen auf katholischer Seite als Redner und Gelehrter gefeiert wurde, regte sich auf evangelischer Seite Empörung und Widerspruch. Mit dem protestantischen Lehrer Jakob Beyhl (1862–1927)[94], der eine Widerlegung der „ultra-

---

[91] Merkle meint hier seinen Lehrer Franz Xaver Funk (1840–1907).

[92] [Sebastian MERKLE], Rez. zu: Württembergische Kirchengeschichte, in: Historisch-politische Blätter für das katholische Deutschland 113 (1894), 206–219, 265–277.

[93] Adolf von BERLICHINGEN, Populär-historische Vorträge über Reformation – Revolution und 30jährigen Krieg. Gehalten im großen Schrannensaal zu Würzburg 1902–1903, Würzburg 1903.

[94] „Wenn Beyhl im Jahre 1903 gegen die mit ganz unzulänglicher Vorbereitung unter-

montanen Geschichtslügen" Berlichingens wagte[95], kam es nicht nur zur publizistischen Kontroverse, in deren Verlauf Berlichingen behauptete, nicht Beyhl sondern ein Hintermann habe die Schrift verfasst, und den Vorwurf der Lüge und Verleumdung erhob. Beyhl versicherte, wirklich der Verfasser zu sein und forderte Berlichingen auf, seine beleidigenden Äußerungen zurückzunehmen. Dieser lehnte ab mit dem Hinweis, Luther habe „eine gute starke Lüge" zugunsten seiner Kirche für erlaubt erklärt und so werde Herr Beyhl begreifen, dass ein Katholik einem Anhänger Luthers keine Wahrheitsliebe zutrauen könne. Daraufhin stellte Beyhl Beleidigungsklage.

In dem daraufhin beim Würzburger Amtsgericht anhängigen Prozess wurde auch Merkle als Sachverständiger zugezogen. Dieser bestätigte in einem umfangreichen Gutachten, daß Beyhl in den betreffenden Fragen wissenschaftlich richtig orientiert, seine Stellungnahme berechtigt war.

Dieses Gutachten Merkles löste in katholischen Kreisen und in der katholischen Presse einen Sturm der Entrüstung aus. Dass ein katholischer Theologieprofessor ‚Luther verteidigte', galt als Skandal. Monatelang musste sich Merkle als Kryptoprotestant, Apostat, Verräter an der katholischen Sache und Glaubensleugner beschimpfen lassen. Diese Hetze und eine Menge anonymer Zuschriften veranlassten Merkle schließlich, sein Gutachten unter dem Titel *Reformationsgeschichtliche Streitfragen. Ein Wort zur Verständigung aus Anlaß des Prozesses Beyhl – Berlichingen* zu veröffentlichen[96] – und die Presse damit zum Schweigen zu bringen. Merkle konnte zeigen, wie bodenlos leichtfertig Berlichingen gearbeitet hatte, und vertrat in seinem Schlusswort die Ansicht, es sei für die Kirche ein Gebot von Wahrhaftigkeit, Gerechtigkeit und Klugheit, Leute wie Berlichingen abzuschütteln:

---

[95] nommenen reformationsgeschichtlichen Vorträge des Exjesuiten Freiherrn Adolf von Berlichingen in eigener Broschüre auftrat, so war dabei konfessionelle Engherzigkeit ebenso wenig im Spiele, wie bei dem katholischen Theologen [Merkle], der als Sachverständiger bei dem darob entstandenen Prozesse die Unwissenheit und Leichtfertigkeit auf Seite seines Glaubensgenossen feststellen und dem protestantischen Volksschullehrer fast in allen Punkten recht geben mußte. Es war bei letzterem nicht der Furor protestanticus, der ihn in den Kampf trieb, sondern die Entrüstung über die Entstellung der Geschichte. Wie in diesem Falle, so war es in anderen Fehden die Überzeugung von der unbedingten Ehrlichkeit und Selbstlosigkeit Beyhls, die auch dem Gegner Achtung abnötigte selbst da, wo der leidenschaftliche Kämpfer in der Hitze des Gefechtes, ohne es zu wollen, einseitig und ungerecht wurde". Sebastian MERKLE, Jakob Beyhl, in: Blätter zur Bayerischen Volkskunde 11 (1927), 71f.
[95] Jakob BEYHL, Ultramontane Geschichtslügen. Ein Wort der Abwehr und Aufklärung gegenüber den Angriffen des Jesuiten von Berlichingen auf Luther und die Reformation, Würzburg ²1903. – Zum Beyhl-Berlichingen-Streit vgl. Wolfgang WEISS, Modernismuskontroverse und Theologenstreit. Die Katholisch-Theologische Fakultät Würzburg in den kirchenpolitischen und theologischen Auseinandersetzungen zu Beginn des 20. Jahrhunderts (QFW 56), Würzburg 2000, 67–79.
[96] Sebastian MERKLE, Reformationsgeschichtliche Streitfragen. Ein Wort zur Verständigung aus Anlaß des Prozesses Beyhl – Berlichingen, München 1904.

„Höher als alles kurzsichtige Interesse soll die Wahrheit stehen, und es ist ein gutes Zeichen, daß katholische Wissenschaft, soweit sie diesen Namen verdient, einstimmig Front macht gegen den Dilettantismus [Paul] Majunkes, welcher mit mehr Eifer als Methode an der Fabel von Luthers Selbstmord festhielt; nur von dilettantisierenden Geschichtsklitterern ward N[ikolaus] Paulus verdächtigt, als er gegen Majunke auftrat. Der Meinung ängstlicher Gemüter, es stehe einem katholischen Geistlichen schlecht an, Luther zu verteidigen, setze ich meine Überzeugung entgegen, daß jeder Mann, der noch eine Spur von Wahrheits- und Gerechtigkeitsliebe hat, auch den Gegner in Schutz nehmen muß, wenn dieser zu Unrecht angegriffen wird. Durch Schmähung Luthers wird der katholischen Kirche und dem katholischen Volke ebenso wenig genützt, als der Protestantismus an religiöser Kraft zu gewinnen vermag durch Hetze gegen Rom; durch solche Manöver werden nur die Leidenschaften genährt"[97].

Es klang hier dasselbe Motiv an, das Merkle schon 1893 veranlasst hatte, gegen pharisäischen Hochmut und Geschichtsklitterung – damals auf evangelischer Seite – anzugehen.

Das Gutachten Merkles machte damals Aufsehen wie wenige. Fand es auf protestantischer Seite fast allgemein lauten Beifall, so entrüsteten sich die Katholiken selbst in den entlegensten Zeitungen und Blättchen. Gezwungen, sich intensiver mit Luther zu beschäftigen und insbesondere die katholische Polemik gegen den Reformator zu überprüfen, bekam Merkle bald aufs Neue Gelegenheit, für eine gerechte Betrachtung der Reformationsgeschichte in die Bresche zu springen. 1904 erschien mit Heinrich Denifles *Luther und Luthertum in der ersten Entwicklung*[98] erstmals seit langem wieder eine umfangreichere katholische Untersuchung über den deutschen Reformator. Dem ersten, mächtigen Band folgten bis 1906 zwei weitere nicht weniger mächtige. Der Dominikaner Heinrich Suso Denifle (1844–1905), Unterarchivar des Archivio Segreto Vaticano und ein exzellenter Kenner der Patristik, des Mittelalters, der Mystik und des mittelalterlichen Hochschulwesens, hatte insbesondere den Nachweis geführt, dass Luthers Polemik gegen die Scholastik großenteils auf dessen mangelhafter Kenntnis der Scholastik beruhte, dass seine Verunglimpfung der alten Kirche die Folge falscher Verallgemeinerungen war, dass die Angaben des späteren Luther über seine eigene innere Entwicklung nicht zu glaubwürdigeren Nachrichten passten, und dass deshalb eine Revision bisheriger Darstellungen angezeigt sei. Zudem war ihm die Aufdeckung von teilweise unglaublichen Irrtümern und Versehen der protestantischen Lutherforscher gelungen.

Weil das Buch ob seiner pointierten Thesen und seiner Sprache die konfessionelle Eintracht zu gefährden schien, sollte in der *Deutschen Literaturzeitung* ein Katholik dagegen aufgeboten werden[99]. Zunächst war die Bespre-

---

[97] Ebd. 75.

[98] Heinrich DENIFLE, Luther und Luthertum in der ersten Entwickelung, 3 Bde., Mainz 1904–06.

[99] Denifle wandte sich später in der Einleitung seines Werkes *Luther in rationalistischer und christlicher Beleuchtung* scharf gegen die *Deutsche Literaturzeitung*, die „sich heuch-

chung Nikolaus Paulus (1853–1930), einem katholischen Fachmann für das Reformationszeitalter, angeboten worden. Paulus hatte schon in der *Kölnischen Volkszeitung* von einer „verblüffenden Rücksichtslosigkeit" Denifles gesprochen[100]. Doch Paulus lehnte ab, ebenso der Papsthistoriker Ludwig von Pastor (1854–1928), aus dessen Erinnerungen wir jedoch wissen, welche Tendenz die Rezension in der *Deutschen Literaturzeitung* hätte haben sollen. Nichts weniger war verlangt, als Denifles Werk „abzuschlachten"[101].

Merkle scheute sich nicht, die verlangte Rezension zu übernehmen[102],

---

lerisch in den frommen Schein unerschütterlicher Objektivität hüllte, bei verschiedenen katholischen Gelehrten um eine Besprechung bettelnd herumging und zugleich durch die Blume andeutete, wie diese gewünschte Besprechung eines Buches, das den Frieden störe, zu verstehen sei". Herausgeber Paul Hinneberg (1862–1934) erklärte daraufhin, diese Behauptung sei „in allen wesentlichen drei Stücken" „unzutreffend", und kündigte eine Besprechung „aus fachmännischer katholischer Feder" – eben Merkles – an. Vgl. *Ad P. Heinrich Denifle*, in: Kölnische Volkszeitung 45 (1904), Literarische Beilage Nr. 19, 151 f.

[100] Gemeint ist: Nikolaus PAULUS, Denifle über Luther, in: Kölnische Volkszeitung 44 (1903), Nr. 936.

[101] „Ich erhielt eine Aufforderung der ‚Deutschen Literaturzeitung', ich möchte als katholische Autorität das Werk von Denifle abschlachten! Ich würde mir natürlich eher die Hand abhauen, als Denifle in einem solchen Organ angreifen. Wenn ich auch mit seinem Ton nicht immer ganz einverstanden bin, so bin ich es doch sachlich vollständig. Ich habe heute der Redaktion der ‚Deutschen Literaturzeitung' ablehnend geantwortet". Ludwig von PASTOR, Tagebücher – Briefe – Erinnerungen (1854–1928), hg. von Wilhelm WÜHR, Heidelberg 1950, 423 (Eintrag vom 22. November 1903). – Ähnlich auch August Hagen (1889–1963): „Die Schriftleitung hegte wohl die geheime Absicht, den Katholiken Denifle durch einen Katholiken vernichten zu lassen. Merkle merkte diese Absicht, aber es fiel ihm gar nicht ein, sich nach den Absichten der Schriftleitung zu richten. Diese Absichten enthüllte er offen und sprach es aus in der Besprechung. Diese ist objektiv und sucht auch Denifle gerecht zu werden. Doch bedauert er einen heftigen Ton und lehnt es ab, immer die schlechteste Deutung für die Person Luthers anzunehmen. Muss denn alles Lüge gewesen sein? Warum nicht auch Irrtum und Selbsttäuschung? Auch die protestantische Lutherforschung, die bei Denifle schlecht wegkommt, nimmt Merkle in Schutz und will nicht übertriebene Anforderungen an sie stellen. Allerdings sagt Merkle auch bittere Wahrheiten und speziell gewissen Lutherforschern wie [Wilhelm] Walther. Er gönnt gewissen Herrn von der protestantischen Seite die Lektion, die Denifle ihnen erteilte. Diese Herrn meinte[n], die Wissenschaft sei protestantisch und ausserhalb des Protestantismus gebe es keine Wissenschaft. Merkle hat vor dem Wissen und Können Denifles die grösste Hochachtung und ebenso vor seinem edlen Charakter; sein persönliches Wohlwollen hat er dankbar erfahren. Das Werk Denifles bedeutet nach ihm in der dogmengeschichtlichen Würdigung Luthers einen unleugbaren Fortschritt. Wenn Denifle es verstanden hätte, Mass zu halten, hätte er weniger Gegner gehabt und viel mehr Anerkennung gefunden. Dabei gibt es natürlich bei Merkle auch Seitenhiebe auf die Zionswächter auf kath[olischer] Seite. Wer nicht durch dick und dünn mit einer Partei gehe, werde als Verräter angesehen". August HAGEN, „Dossier Merkle". Abgedr. in: Dominik BURKARD, Sebastian Merkle (1862–1945). Leben und Werk des Würzburger Kirchenhistorikers im Urteil seiner Zeitgenossen (QFW 67), Würzburg 2014, 14–159, hier 146.

[102] Sebastian MERKLE, Rez. zu: Heinrich Denifle, Luther und Luthertum in der ersten Entwickelung/Ders., Luther in rationalistischer und christlicher Beleuchtung, in: Deutsche Literaturzeitung 25 (1904), 1226–1240.

mühte sich jedoch *sine ira et studio* um ausgleichende Gerechtigkeit und wirkte tatsächlich nach beiden Seiten hin klärend. Seine Besprechung wurde „von Fachleuten zu dem besten gerechnet, was über diesen Gegenstand geschrieben" wurde[103]. Merkle lehnte zwar die ungezügelt derb-aggressive Sprache Denifles ab und beanstandete, dieser habe in Luthers Persönlichkeit fast nur Schatten, Unkenntnis und Lüge, in seiner Rechtfertigungslehre die Folgen dieser seiner Charakterfehler gesehen. Aber er ließ auch den großen Leistungen Denifles Gerechtigkeit widerfahren, indem er die unbestreitbaren Verdienste des Werkes hervorhob. Insbesondere wies er auf die Fortschritte hin, die das Werk brachte, so in der Kritik an der Weimarer Luther-Ausgabe, im Nachweis, dass die späteren Aussagen Luthers über seine Frühzeit auf Selbsttäuschung beruhten, und dass Luther nur die Verfallszeit der Scholastik gekannt habe. Damit trat er auch dem Lutherbild des Protestantismus und der evangelischen Entrüstung über Denifles Werk entgegen[104].

Lortz sollte diese Rezension später als „Quintessenz" der Auffassung Merkles und zugleich als „deren klassische Anwendung" bezeichnen – und dürfte damit auch einen Kommentar zu seiner eigenen (von vielen verkannten) Vermittlungsarbeit geliefert haben: Merkle habe hier den bündigen Beweis dafür erbracht, dass diejenigen seine kritische Haltung zu Unrecht als „liberal" verdächtigten, die behaupteten, seine kritische Haltung wende sich einseitig gegen die *katholische* Vergangenheit. „Nein, mit der ganzen, bewundernswerten Unabhängigkeit, die Merkles eigentliche Stärke ausmacht, tritt er dort der protestantischen Entrüstung über Denifle entgegen. Wenn man auf die Kirchlichkeit des Standpunktes exemplifizieren will: eine vorbildliche Einlösung des apologetisch-kritischen Programms eines ‚Lutherforschers' des 16. Jahrhunderts, des großen Kardinals Contarini, der rücksichtslos die Schäden in der eigenen Kirche preisgab, mit Nachdruck die ungenügenden Leistungen

---

[103] *Die „Denifle-Frage"*, in: Kölnische Volkszeitung 45 (1904), Literarische Beilage Nr. 26, 201 f. – Der Beitrag ist im Grunde ein knappes Referat bzw. eine Besprechung der Rezension Merkles. Hier heißt es u. a.: „Der 14 Spalten füllende Aufsatz des Würzburger Gelehrten gehört zu dem Besten, was über den Gegenstand geschrieben worden ist und ist im allgemeinen sehr geeignet, die erregte Diskussion auf einen ruhigeren Ton zu stimmen. Allerdings mit einer Einschränkung. Auch Prof. M[erkle] gehört zu den ‚temperamentvollen Menschen' und ‚impulsiven Naturen', und sein Aufsatz enthält einige persönliche Ausfälle und sonstige kräftige Wendungen, die man gerne vermissen würde. [...] Abgesehen von einigen Entgleisungen des Ausdrucks ist Merkles Aufsatz ein Muster, wie man solche Fragen sachlich behandeln soll. [...] Ohne jedes Wort Merkles zu unterschreiben, empfehlen wir seinen von treffenden Bemerkungen und schlagenden kritischen Details wimmelnden Aufsatz nicht bloß den Fachgenossen, sondern jedem, der mit konfessionellen Fragen zu schaffen hat. Seine Bedeutung geht weit über den zunächst zur Frage stehenden Gegenstand, Denifles Buch und Antikritik, hinaus. Die allgemeinen, übrigens durch Einzelheiten belegten Erörterungen werden hoffentlich die in der religiösen Polemik so bedauerlich hervortretende ‚Illusion' beseitigen helfen, daß stets ‚das absolute Recht auf der einen, das absolute Unrecht auf der anderen Seite sich finde'".
[104] Vgl. Andreas Bigelmair, Sebastian Merkle, in: Historisches Jahrbuch 62–69 (1949), 944–958. Wieder abgedr. bei Burkard, Sebastian Merkle, 227–242, hier 238.

katholischer Kritiker des Protestantismus und mit verstehendem Einfühlen zwar, doch mit Festigkeit (mit einer Ausnahme, der damals noch nicht definierten Materie der Rechtfertigung) den Gegner zurückwies"[105].

In einem Nachruf auf den noch 1905 unerwartet verstorbenen Denifle wiederholte Merkle im Übrigen seine Wertschätzung für dessen Arbeit. Es seien dies doch „Verdienste, welche auch der missgünstigste Kritiker dem gelehrten Dominikaner für die Dauer nicht wird absprechen können, und welche allein schon seinem Namen ebenso Unsterblichkeit sichern würden, wie sie ihn in den weitesten Kreisen populär oder verhaßt gemacht haben". Auch jetzt wies Merkle aber ebenso auf „empfindliche Mängel" des Werkes hin: Seine „Leidenschaftlichkeit, welche dem Reformator nur alle ungünstigen, niemals die günstigen Aussagen über sich selbst glauben will und darum vielfach das Urteil irreführt", sowie „eine Heftigkeit und Gereiztheit der Sprache, wie sie glücklicherweise in *wissenschaftlichen* Werken katholischer Autoren vergeblich ihresgleichen suchen dürfte". Aus persönlicher Kenntnis glaubte Merkle allerdings beteuern zu können, Denifle sei zwar ein temperamentvoller Mann, jedoch „von aller Unwahrhaftigkeit, auch von konfessioneller Borniertheit und Gehässigkeit" frei gewesen. Er verwies auf dessen persönliche Freundschaft mit vielen „selbst links stehenden" protestantischen Forschern, auf die Auszeichnungen zahlreicher gelehrter Körperschaften, Fürsten und Regierungen. Seine dem Protestantismus ungünstige Schilderung sei allerdings auch eine „Reaktion des Wahrheitsfreundes und des seine Kirche liebenden Katholiken gegen die Verleumdungen und Verunglimpfungen" gewesen, „womit man dem Rufe ‚Los von Rom!' Gehör und Erhörung im Reiche der Habsburger" habe verschaffen wollen. Dass Denifle aus seinem Herzen nie eine Mördergrube machte, habe ihm „viele Feinde, aber auch warme Freunde und Anhänger" verschafft. Als großen Mangel bezeichnete Merkle allerdings, dass Denifle kein „wirklich psychologisches Verständnis von Luthers Charakter" gehabt habe[106].

Auch später – noch immer aber bevor Lortz überhaupt den Würzburger Kirchenhistoriker persönlich kennenlernte – sah Merkle sich gezwungen, für eine gerechte Beurteilung Luthers auf katholischer Seite in die Bresche zu springen oder zumindest eine vermittelnde Position einzunehmen. So als der Jesuit Hartmann Grisar (1845–1932) 1911/12 seine dreibändige Lutherbiographie[107] vorlegte. Zufrieden konstatierte Merkle am Ende seiner Rezension unter dem Titel *Wiederum das Lutherproblem:*

„Wir freuen uns, bei allen gemachten Einschränkungen in Grisars ‚Luther' ein Dokument katholischen Fortschritts erblicken zu dürfen, und wir können aus ihm allen widrigen Anzeichen zum Trotz die tröstliche Gewissheit schöpfen, daß nach und nach eine würdi-

---

[105] Joseph Lortz, Versuch einer Bilanz der katholischen Kirchengeschichtsschreibung in Deutschland. Sebastian Merkle zum 70. Geburtstag, in: Hochland 29/II (1932), 570–576, hier 571 f.

[106] Sebastian Merkle, Nachruf Denifle, in: Hochland 2/II (1905), 614–617.

[107] Hartmann Grisar, Luther, 3 Bde., Freiburg i. Br. 1911/12.

gere Auffassung von der Aufgabe der katholischen Wissenschaft sich durchsetzt, welche nicht den für den besten Katholiken hält, der in einseitiger, schlechthiniger Verdammung der Gegner und in ebenso einseitiger Verhimmelung auch weniger erfreulicher Erscheinungen im Katholizismus seinen Glauben zu zeigen, das Ansehen seiner Kirche in den Augen Außenstehender zu heben glaubt"[108].

Wie sehr Merkle der konfessionelle Friede am Herzen lag, zeigte sich in seinem 1914 erscheinenden Beitrag über *Konfessionelle Vorurteile im alten Deutschland*[109]. Ähnlich 1916, mitten im Ersten Weltkrieg und ein Jahr vor dem großen Reformationsjubiläum von 1917[110], als er eine Lanze brach für *Die nationale Aufgabe des Geschichtsunterrichts gegenüber der konfessionellen Spaltung*[111]. Merkle sprach hier von einem (freilich brüchigen) „Burgfrieden" zwischen den Konfessionen im gegenwärtigen Krieg. Auch wenn eine Vereinigung der christlichen Kirchen auf absehbare Zeit, und möglicherweise für alle Zukunft, ein „Sommernachtstraum" bleibe, müsse doch wenigstens herbeigeführt werden „eine Verständigung der Konfessionen, die Erkenntnis und das Zugeständnis, daß die religiöse Spaltung das Ergebnis geschichtlicher Entwicklung ist; daß jeder von uns, ohne vorher befragt zu werden, in eine Konfession hineingeboren wurde; daß jedes Lehrsystem genügend Gründe anzuführen vermag, um weitaus die Mehrzahl der so ihm Zugefallenen von seiner Richtigkeit zu überzeugen; daß jede christliche Religion den Geist Christi auszuprägen bestrebt ist und darum, wenn ihren Satzungen gemäß gelebt und gehandelt wurde, gute Christen und ehrenwerte, verträgliche Staatsbürger erziehen könnte; daß endlich keine der beiden Hauptkonfessionen nur Verdienste, keine nur Mißverdienste um unser Volk aufzuweisen habe"[112]. Der „Gegensatz der Auffassung" setze nicht etwa erst bei der Reformationsgeschichte ein, vielmehr kämen die Meinungsverschiedenheiten

---

[108] Sebastian MERKLE, Wiederum das Lutherproblem, in: Hochland 9/II (1912), 228–238. Wieder abgedr. bei FREUDENBERGER, Sebastian Merkle, 199–211, hier 211.
[109] Sebastian MERKLE, Konfessionelle Vorurteile im alten Deutschland, in: Süddeutsche Monatshefte 12/I (1914), 390–406.
[110] Das Lutherjubiläum von 1917 war durch die Zeitumstände getrübt. Vgl. Günter BRAKELMANN, Lutherfeiern im Epochenjahr 1917 (Studienreihe Luther 16), Bielefeld 2017. Außerdem: Peter LÜNING, Ungesicherte Identität des Luthertums. Ein kritischer Überblick über die geschichtlichen Reformationsjubiläen, in: Catholica 66 (2012), 143–150; Michael BASS, Luthers Geschichtsverständnis und dessen Rezeption im Kontext der Reformationsjubiläen von 1817 und 1917, in: Lutherjahrbuch 69 (2002), 47–70; Dorothea WENDEBOURG, Reformationsjubiläen des 19. und 20. Jahrhunderts, Leipzig 2017; Werner KLÄN, Reformationsjubiläen und Kulturprägungen des Luthertums. Eine selbstkritische Betrachtung, in: Lutherische Theologie und Kirche 40 (2016), 230–273.
[111] Sebastian MERKLE, Die nationale Aufgabe des Geschichtsunterrichts gegenüber der konfessionellen Spaltung, in: Vergangenheit und Gegenwart 6 (1916), 12–33. – Wiederholt nahm Merkle in den folgenden Jahren Position, etwa gegen die gegen Denifle und Grisar gerichtete Studie *Luthers theologische Quellen* des zum Protestantismus konvertierten ehemaligen Dominikaners Alphons Victor Müller (1867–1930). Vgl. Sebastian MERKLE, Luthers Quellen, in: Süddeutsche Monatshefte 16/II (1919), 143–152. Wieder abgedr. bei FREUDENBERGER, Sebastian Merkle, 212–223.
[112] MERKLE, Die nationale Aufgabe, 13.

schon bei der Beurteilung viel früherer Zeiträume zur Geltung: „Jede Bewegung ist die Kritik eines Zustandes, gegen den sie sich erhebt, und darum nur aus diesem heraus zu verstehen. Daneben ist natürlich von nicht geringerer Bedeutung, die führenden Persönlichkeiten in ihrer Eigenart und den auf sie wirksamen Einflüssen kennen zu lernen. Je gründlicher daher die Kenntnis jener Zeitverhältnisse und dieser Persönlichkeiten ist, um so vollkommener wird das Verständnis der Bewegung, um so zutreffender und unparteiischer das Urteil über sie sein. Nach beiden Seiten hin befinden wir uns heute in einer Lage, die ganz unvergleichlich günstiger ist, als jene nach dem Deutsch-Französischen Kriege. Die letzten Jahrzehnte haben über die abendländische Kirchenspaltung und ihre Urheber ein so reiches Quellenmaterial zutage gefördert und so tiefgreifende Forschungen geleistet, daß die Auffassung von Luther und seinem Werk, wie sie noch vor einem Menschenalter namentlich in populären Werken gang und gäbe war, heute wenigstens unter Männern der Wissenschaft als veraltet gelten darf" [113].

Damit hatte Merkle der historischen Wissenschaft eine zentrale Aufgabe bei der Verständigung zwischen den Konfessionen zuerkannt, die Geschichtswissenschaft zur Leitwissenschaft erhoben. Nichts habe – so Merkle – einer für beide Konfessionen annehmbaren Beurteilung von Person und Werk Luthers mehr geschadet als die unhistorische Betrachtung ohne Berücksichtigung der geschichtlichen Entwicklung. „Je populärer eine Lutherbiographie war, um so greller der Kontrast zwischen dem Lichte des ‚teuren Gottesmannes' und den Schatten der Zeit, die er vorfand. Das Menschliche, Allzumenschliche in ihm trat fast völlig zurück, so daß der temperamentvolle, derbe Reformator einem byzantinischen Heiligenbild glich, nur mit dem Unterschiede, daß dieses auf Goldgrund, jenes auf scheußlichstem Grau gemalt war" [114].

Mit Grisar sah Merkle eine neue Zeit anbrechen, weil dieser – als katholischer Forscher – neben den Schattenseiten auch die Lichtseiten Luthers nicht verschwieg. „Da wird die warme Frömmigkeit und das Gottvertrauen, die Einfachheit, Arbeitsamkeit und Genügsamkeit, die Tüchtigkeit als Prediger, Katechet und Seelsorger, als Bibelübersetzer usw. an Luther anerkannt. […] Es liegt etwas Tröstliches in dieser Tatsache, daß, je tiefer die Forschung gräbt, und von je verschiedeneren Standpunkten die Forscher ausgehen, die sich an der Arbeit beteiligen, um so größere Klarheit nicht nur, sondern auch um so weitergehende Übereinstimmung erzielt wird. Nicht zwar in dem Sinne, als ob sich nun die Anhänger beider Kirchen etwa in der Annahme von Luthers Schriftprinzip oder seinem Fiduzialglauben begegneten, oder als ob sie einen gemeinsamen Lobeshymnus auf den Reformator anstimmten. Das wird kein vernünftiger Protestant erwarten und kein überzeugter, charaktervoller Katholik tun. Wohl aber wird das Ineinandergreifen des Räderwerks, aus dem sich schließlich die Loslösung des europäischen Nordens von der

---

[113] Ebd., 14.
[114] Ebd., 15

alten Kirche ergab, immer klarer und damit diese selbst verständlicher werden, mag gleich der eine sie beklagen, der andere begrüßen. Ein ruhigeres Urteil über ihren Haupturheber und ein Verzicht auf alle Gehässigkeit gehen damit Hand in Hand"[115].

Merkle gab sich keinen Illusionen hin, dass die skizzierte Aufgabe des Geschichtslehrers doch „außerordentlich schwierig" war, aber deshalb „nicht weniger reizvoll für jeden, der in der Überwindung von Schwierigkeiten den Beruf des Forschers und des Lehrers sieht". Gründliches Studium lehre, „immer auch die *gegen* eine Auffassung sprechenden Tatsachen" zu kennen, und Überzeugungstreue bewahre „vor voreiligem Absprechen, während der Bequeme und weniger Gewissenhafte irgend einem Handbuch sich anvertraut und sich auf die Seite einer Partei schlägt"[116]. Hatte Merkle damit nicht bereits jenes Programm vorformuliert, das sich gut zehn Jahre später Lortz zu Eigen machte?

Ausgerechnet 1923, in jenem Jahr, in dem Lortz in Würzburg habilitierte, ließ Merkle – mit zehn Jahren Verspätung und also wohl nicht ohne Grund – eine Rezension auch des dritten Bands des Grisarschen *Luther* folgen. Auch hier wiederholte Merkle – programmatisch – seine frühere Ansicht:

„Daß Luther objektiv unrecht hatte, sind wir Katholiken überzeugt; aber subjektiv ihn zu verstehen, bleibt die Aufgabe des Psychologen und Historikers. Und da könnte wohl auf katholischer Seite noch manches geschehen, ohne daß man seinem Standpunkt auch nur das Geringste zu vergeben brauchte. Es kann weniger darauf ankommen, Luthers Lehre an der heutigen katholischen Dogmatik zu messen, als vielmehr darauf, sie aus jener Zeit, aus den Schultraditionen und -gegensätzen, vor allem aus der kirchlichen Praxis zu erklären". Und er fuhr fort: „Ich teile darum Grisars Optimismus, daß auch ein Katholik einen Luther objektiv beurteilen könne, ohne daß er vorher lutherisch werden müßte, so wenig als nur ein Mohammedaner über Mohammed schreiben dürfte, und sein Standpunkt scheint mir viel weitherziger als der seines verstorbenen Ordensgenossen [Theodor] Granderath, der seine Befähigung zum Geschichtsschreiber des Vatikanums mit der Erklärung zu erweisen meinte, der katholische Standpunkt sei für Beurteilung eines Konzils der einzig richtige, ja unumgänglich notwendige, da ein allgemeines Konzil eine katholische Veranstaltung sei und nach katholischen Grundsätzen beurteilt sein wolle. Was der Mann wohl über die Behandlung des Jansenismus, eines Pombal, eines Voltaire, eines Goethe durch Jesuiten dachte, was er für Folgerungen über Grisars Luther ziehen würde? Aber was einem Scholastiker möglich ist, sollte einem Historiker doch gelingen. Und jene Protestanten, die einem Katholiken die Zuständigkeit für eine Reformationsgeschichte absprechen, wären daran zu erinnern, daß sie selbst oder ihre Glaubensgenossen keinen Anstand nehmen, über katholisches Lehren und Wesen vor und in der Zeit Luthers im Tone des Meisters abzusprechen"[117].

Angesichts der gewaltigen Fortschritte der letzten Jahre zur Reformationsgeschichtsschreibung sei man allerdings weit von einem einheitlichen Luther-

---

[115] Ebd., 18.
[116] Ebd., 32.
[117] Sebastian MERKLE, Das Lutherbild in der Gegenwart, in: Hochland 20/I (1923), 541–551. Wieder abgedr. bei FREUDENBERGER, Sebastian Merkle, 224–235, hier 226 f.

44

bild entfernt. „Nicht nur katholische und protestantische Auffassung des Reformators stehen sich schroff gegenüber; innerhalb des Protestantismus selbst stehen scharfe Gegensätze in der Beurteilung seines Stifters [...]. Gleichwohl darf die Hoffnung nicht aufgegeben werden, daß wenigstens über die Tatsachen, wenn auch nicht über deren Beurteilung noch einmal bis zu einem gewissen Grade Übereinstimmung erzielt werden wird"[118].

In diesem Zusammenhang wies Merkle im Übrigen auf einen Vortrag des „biederen und maßvollen" protestantischen Kirchenhistorikers Walther Köhler (1870–1946)[119] über das katholische Luther-Bild der Gegenwart hin. Köhler hatte zwar „teilweise nur zu berechtigte Klagen über die Behandlung Luthers durch katholische Darsteller" ausgesprochen, sich dann aber ganz Merkles Ansicht vom Hochmut als dem schlimmsten Feind der Wahrheit und der Verständigung angeschlossen. Auch hatte Köhler die Tatsache lobend erwähnt, dass am *Corpus Catholicorum* selbst Protestanten mitarbeiten konnten, und in dem 1917 erschienenen Aufsatz *Martin Luthers religiöse Psyche*[120] des ehemaligen Würzburger Dogmatikers Franz Xaver Kiefl (1869–1928) hatte er die von Merkle schon früher erhobene Forderung erkannt, man müsse Luther auf katholischer Seite wenigstens subjektiv zu verstehen suchen.

2. Ökumenische Ansätze und römische Marschroute

Um Merkle als (sicher nicht einzigen, aber doch wichtigen) Wegbereiter der später von Lortz entworfenen Sicht auf Luther gerecht zu werden, ist es wichtig, sich klarzumachen, wie verhärtet damals die Fronten waren. Stand auf der einen Seite etwa der „Evangelische Bund", der keine Gelegenheit ausließ, gegen die Katholiken den Stachel zu löcken, so waren auch auf katholischer Seite die Grenzen eng gezogen. Abweichungen wurden nicht goutiert, sondern durch Schmähung „bestraft", wie Merkle selbst erfahren musste. „Ökumenische" Ansätze gar waren quasi lehramtlich verboten[121]. 1919 bestätigte die römische Congregatio Sancti Officii ihr 1864 erlassenes Verbot für Katholiken, an Versammlungen zur Förderung der Einheit der Christen

---

[118] Ebd., 233.
[119] Über Köhlers Kontakt mit Lortz in den 1920er Jahren vgl. LAUTENSCHLÄGER, Lortz, 140–152.
[120] Franz Xaver KIEFL, Martin Luthers religiöse Psyche, in: Hochland 15/I (1917), 7–28.
[121] Vgl. dazu auch die knappen Skizzen von Heinz-Günther STOBBE, Lernprozess einer Kirche. Notwendige Erinnerung an die fast vergessene Vorgeschichte des Ökumenismus-Dekrets, in: Peter LENGSFELD (Hg.), Ökumenische Theologie. Ein Arbeitsbuch, Münster 1980, 71–123; Thomas SARTORY, Die Ökumenische Bewegung und die Einheit der Kirche. Ein Beitrag im Dienste einer ökumenischen Ekklesiologie, Meitingen 1955, 87–99. – DH bietet ein verzerrendes Bild. Hier fehlen die abwehrenden Stellungnahmen des Lehramts gegen die ökumenische Bewegung aus der ersten Hälfte des 20. Jahrhunderts. Wer sie sucht, muss die offiziellen Mitteilungen des Heiligen Stuhls *(Acta Apostolicae Sedis)* bemühen.

teilzunehmen. Rom reagierte damit auf die nach dem Ersten Weltkrieg in den internationalen Bewegungen „Life and Work" und „Faith and Order" aufkeimenden Bestrebungen, die christlichen Kirchen und Gemeinschaften stärker zusammenzuführen[122]. Dasselbe geschah 1927 noch einmal[123] im Umfeld der großen Konferenzen von Stockholm[124] und Lausanne[125].

In Berlin hatte sich außerdem 1918 die „Hochkirchliche Vereinigung"[126] gegründet als innerprotestantischer Versuch, „katholische Elemente" (die Vorstellung von der göttlichen Einsetzung der Hierarchie, die apostolische Sukzession, der objektive Charakter der Sakramente und die reale Anwesenheit Christi in der Eucharistie) zu rezipieren. Bejaht wurden auch Volksmissionen, Ohrenbeichte, Kirchenbesuch, Klosterleben und Brevier. Trotz ihrer katholisierenden Neigungen grenzte sich die Hochkirchliche Vereinigung durch die Gleichstellung der Confessio Augustana mit den alten ökumenischen Bekenntnissen entschieden gegen die römisch-katholische Kirche

---

[122] AAS 11 (1919), 309–316. – Für die Interpretation des Dekrets ist zweierlei bedeutsam: Zunächst, dass eine einfache Anfrage beim Heiligen Offizium nicht – wie üblich – in Form eines „Dubium", sondern eines Dekrets beantwortet wurde, wodurch der Beschluss eine größere Bedeutung erhielt. Außerdem, dass die ursprünglich auf eine Teilkirche (die englische) und auf eine einzige Gesellschaft (die „Association for Promoting the Unity of Christendom") beschränkte Entscheidung weltweit und auf alle ähnlichen Bestrebungen *ausgedehnt* wurde.

[123] AAS 19 (1927), 278.

[124] Dazu Friedrich Siegmund–Schultze, Die Weltkirchenkonferenz in Stockholm. Gesamt-Bericht über die Allgemeine Konferenz der Kirche Christi für Praktisches Christentum, Berlin-Steglitz 1925; Adolf Deissmann, Die Stockholmer Kirchenkonferenz. Vorgeschichte, Dienst und Arbeit der Weltkonferenz für Praktisches Christentum 19.–30. August 1925. Amtlicher Deutscher Bericht, Berlin 1926; Ders., Die Stockholmer Bewegung. Die Weltkirchenkonferenzen zu Stockholm 1925 und Bern 1926 von innen betrachtet, Berlin 1927; Max Pribilla, Um kirchliche Einheit. Stockholm, Lausanne, Rom. Geschichtlich-theologische Darstellung der neueren Einigungsbestrebungen, Freiburg i. Br. 1929.

[125] Dazu Friedrich Siegmund–Schultze, Die Weltkirchenkonferenz in Lausanne (vom 3. bis 21. August 1927). Ein Schritt zur Einigung der Kirche Christi in Glaube und Verfassung. Erster Gesamtbericht, Berlin-Steglitz 1927; Justus Ferdinand Laun, Die Konferenz von Lausanne. Berichte, Ergebnisse, Aufgaben (Für die Einheit der Kirche 2), Gotha 1928.

[126] Vgl. dazu: *Was will die Hochkirchliche Vereinigung? Eine Erläuterung ihrer Grundsätze, ein Wort zur Aufklärung und Verständigung*, Berlin 1922; Albrecht Volkmann (Bearb.), Vierzig Jahre hochkirchliche Bewegung in Deutschland und in Nachbarländern, München 1958; Helmut Martin Niepmann, Chronik der Hochkirchlichen Vereinigung Augsburgischen Bekenntnisses e. V. Über die ersten 50 Jahre ihres Bestehens 1918–1968 (Eine Heilige Kirche NF 2), Bochum 1988; Theodor Hauf (Hg.), Siebzig Jahre Hochkirchliche Bewegung (1918–1988). Hochkirchliche Arbeit. Woher? Wozu? Wohin? (Eine Heilige Kirche NF 3), Bochum 1989; Reinhard Mumm, Hochkirchliche Bewegung in Deutschland, in: TRE 15 (1986), 420 f. (dort weitere Lit.). – Die Hochkirchliche Vereinigung e. V. gab von 1919 bis 1933 die Monatsschrift *Die Hochkirche* (Berlin) heraus, zeitweilig unter Leitung von Friedrich Heiler (1892–1967) und Paul Schorlemmer (1886–1962). Vom 16. Jahrgang an trägt die Zeitschrift den Titel *Eine heilige Kirche. Zeitschrift für ökumenische Einheit.*

ab. Diese Distanzierung betrachtete ein Teil der Mitglieder als Verrat an der ökumenischen Idee, spaltete sich ab und gründete 1924 den „Hochkirchlich-Ökumenischen Bund"[127]. Explizit wandte sich dieser gegen den „protestantische[n] Erbfehler des Subjektivismus"[128]. Die feste Grundlage eines „Objektiven"[129], auf dessen Boden sich Evangelische und Katholiken treffen könnten, suchte und fand man in der alten, ungeteilten Kirche; das „Echte" und „Ursprüngliche" solle neu zum Leuchten gebracht werden. Trotz der gemeinsamen Grundlage solle niemand verpflichtet werden, sich von Weitergehendem, konfessionell Spezifischem loszusagen. Zum Beitritt eingeladen waren alle im Protestantismus, die das objektive Moment der Religion, also das Wesen der „Kirche", vermissten, aber auch alle Katholiken, die bereit waren, den christlichen Geist aus konfessionalistischer Enge und partikulärer Abschließung in die Weite wahrhafter „Katholizität" zu führen[130]. Die „Enge des offiziellen Katholizismus" wurde ebenso verurteilt wie der Fanatismus des Evangelischen Bundes[131]. Der Hochkirchlich-Ökumenische Bund verstand sich so nicht als Annäherungsbewegung, sondern als Umfassungsbewegung. Später präzisierte man: Die „una sancta catholica ecclesia" und ihre Wahrheit sei nach dem orientalischen Schisma nicht mehr allein in *einer* Kirche und in *einer* sichtbaren Gemeinschaft existent, sondern in den verschiedenen getrennten Kirchen „unter Einschluß der späteren Reformationskirchen mit ihren Teilwahrheiten"[132].

Von 1925 an gab der Hochkirchlich-Ökumenische Bund eine eigene Zeitschrift mit dem beredten Titel *Una Sancta. Monatsschrift des Hochkirchlich-Ökumenischen Bundes* heraus, für die der als Kultursoziologe berühmt gewordene Protestant Alfred von Martin (1882–1979) verantwortlich zeichnete. Mit dem Jahrgang 1926 änderte die Zeitschrift nicht nur Aufmachung, Format und Verleger, sondern erhielt nun auch den programmatischen Untertitel: *Ein Ruf an die Christenheit.* Damit trat das Unternehmen aus dem

---

[127] *Was wir wollen*, in: Una Sancta. Zeitschrift des Hochkirchlich-Ökumenischen Bundes 1 (1925), 1–2.

[128] Vgl. A. E. Burn, Mitteilungen des Hochkirchlich-Ökumenischen Bundes. Genehmigt in der Versammlung vom 18.12.24, in: Una Sancta. Zeitschrift des Hochkirchlich-Ökumenischen Bundes 1 (1925), 13–14, hier 13.

[129] Es handelte sich hierbei um ein verbreitetes Zeitgefühl in den Jahren nach dem Ersten Weltkrieg. Vgl. etwa Heinz Hürten, Deutsche Katholiken 1918–1945, Paderborn u. a. 1992, 64–66.

[130] Vgl. *Grundsätze des Hochkirchlich-Ökumenischen Bundes [beschlossen in der Versammlung vom 18. Dezember 1924]*, in: Una Sancta. Zeitschrift des Hochkirchlich-Ökumenischen Bundes 1 (1925), 3.

[131] Man wollte – wie Friedrich Heiler es ausdrückte – „die wahre, reine und vollständige Katholizität" befördern und damit die römische Hierarchie zwingen, „aus ihrer Isolation heraus zu kommen". Friedrich Heiler, Gesammelte Aufsätze und Vorträge, Teil 1: Evangelische Katholizität, München 1926, 248.

[132] Vgl. F. K. Has, Pressestimmen zur Gründung des Hochkirchlich-Ökumenischen Bundes, in: Una Sancta. Zeitschrift des Hochkirchlich-Ökumenischen Bundes 1 (1925), 65–67.

evangelischen Kontext heraus. Von nun an gehörte zu den Mitherausgebern auch ein katholischer Laie: Hermann Platz (1880–1945)[133], Kulturphilosoph und Lehrbeauftragter für französische Geistes- und Kulturgeschichte an der Universität Bonn.

Dass ausgerechnet Platz als Mitherausgeber der *Una Sancta* zeichnete, dürfte alles andere als ein Zufall sein. Vielmehr führen auch von ihm Linien nach Würzburg und zu Sebastian Merkle. In der Stuttgarter Verwandtschaft von Platz verkehrte Merkle nämlich seit Jahrzehnten wie ein Familienmitglied. Und dort hatte Platz schon als Kind „Onkel Merkle" kennengelernt[134]. Zu Merkle war er dann auch gegangen, als er 1900 das Studium der Philosophie und Theologie aufnahm – war allerdings in Würzburg in eine religiös-seelische Krise geraten, aus der ihn auch Merkle nicht hatte herausführen können[135].

1926, als Platz in den Herausgeberkreis der *Una Sancta* eintrat, war diese Krise längst überwunden. Nach Bonn, wo Platz inzwischen lehrte, hatte Merkle wiederum beste Beziehungen[136]. Da erschien mit Datum vom 11. April 1927 ein Schreiben des Heiligen Offiziums an die deutschen Bischöfe[137], das im Kern ein strenges Verbot für alle Katholiken enthielt, sich in irgendeiner

---

[133] Zum Kreis um Platz und seinen Freund Theodor Abele (1879–1965) gehörten auch Heinrich Brüning (1885–1970), Robert Schuman (1886–1963), Alois Dempf (1891–1982) und Paul Simon (1882–1946). Der Kreis hatte wesentlichen Anteil auch an der Liturgischen Bewegung unter Leitung von Ildefons Herwegen OSB (1874–1946) und an der Begründung des Katholischen Akademikerverbands. Erst durch Platz kam Romano Guardini (1885–1968) zum Quickborn (Jugendbewegung). Neben der *Una Sancta* gab Platz auch die Zeitschriften *Abendland* (1925–1929) und *Das Wort in der Zeit* (1933–1938) sowie die Schriftenreihe *Studien zur abendländischen Geistes- und Gesellschaftsgeschichte* (1929–1937) heraus.

[134] Die Familie des Stuttgarter Juristen Wilhelm Platz war mit Merkle eng befreundet. Hermann Platz berichtet in seiner Autobiographie über die Stuttgarter Verwandtschaft und erwähnt auch Merkle, der in der Familie oft verkehrte. „Die Familien besuchten sich gerne, namentlich die Kinder, die Stuttgarter um des Landes und der Urwüchsigkeit, die Dorfkinder um der Stadt und der Bildung willen. […] Schön war es, wenn wir ins Cannstätter Sommertheater gingen und ,Charleys Tante' sahen; schön, wenn wir in die ,Silberburg' gingen und ich nicht zu tanzen wagte; schön, wenn wir z. B. mit Onkel Merkle in die unendlichen Wälder ausflogen". Hermann PLATZ, Die Welt der Ahnen. Werden und Wachsen eines Abendländers im Schoße von Heimat und Familie, dargestellt für seine Kinder, hg. von Rudolf PLATZ, Nürnberg 1948, 27 f.

[135] Platz berichtet: „Ich schreckte auch vor der Einfügung in Konvikt- und Seminarerziehung zurück. Der Trost Merkles: ,Die Wissenschaft wird Dir helfen' verfing nicht. Ich sah darin so wenig einen Weg oder Ausweg wie in der Theosophie des Stuttgarter Onkels". PLATZ, Welt, 67.

[136] Zu nennen ist vor allem Fritz Tillmann (1874–1953). – Über seinen Kontakt zu Merkle vgl. etwa August HAGEN, „Dossier Merkle", in: BURKARD, Sebastian Merkle, 14–159, hier 65, 74, 80.

[137] Es erschien nicht in den *Acta Apostolicae Sedis*, wurde jedoch im vollen Wortlaut abgedruckt im *Archiv für katholisches Kirchenrecht*. Vgl. *Kirchenrechtliche Chronik*, in: Archiv für katholisches Kirchenrecht 107 (1927), 348–350.

Weise im „Hochkirchlich-Ökumenischen Bund"[138] zu betätigen oder an der *Una Sancta* mitzuarbeiten. Die Bischöfe wurden angewiesen, Gläubige und Priester vor diesen Häresien und den Machenschaften der „Hochökumenischen Kirche" zu schützen, katholische Beiträge in der Zeitschrift *Una Sancta* zu verhindern sowie Sympathisanten und Mitarbeiter, Priester und Laien, nachdrücklich zum Rückzug aufzufordern. Tatsächlich wurde Platz gezwungen, am Ende des dritten Heftes der *Una Sancta* eine kurze Erklärung und sein Ausscheiden aus dem Herausgeberkollegium bekanntzugeben[139].

Damit war das zentrale Anliegen des Bundes, die Öffnung der ökumenischen Bewegung auf die katholische Kirche hin, gescheitert. „Die Zeitschrift ‚Una Sancta' ist tot: es ist unmöglich, immer mit ausgestreckter Hand dazustehen, wenn dem anderen befohlen ist, in starrer Reserve zu verharren, wenn ihm verboten ist, die ausgestreckte Hand je zu ergreifen", ließ der Hauptherausgeber der Zeitschrift, Alfred von Martin, verkünden[140].

Unmittelbar nach dem von Rom erzwungenen Ende der *Una Sancta*[141] initiierte von Martin einen Sammelband über *Luther in ökumenischer Sicht*, der 1929 erschien[142]. Und es dürfte wiederum kein Zufall sein, dass es Merkle war, den er um einen Beitrag bat[143]. Merkle lieferte diesen unter dem provozierenden Titel *Gutes an Luther und Übles an seinen Tadlern*. Wieder anerkannte Merkle das Berechtigte an Luthers Kritik: Zweifellos hätten Luther selbst sowie altprotestantische Lutherbiographien und Reformationshistoriker die veräußerlichte spätmittelalterliche Frömmigkeit und die kirchlichen

---

[138] Verbittert stellte von Martin in seiner Replik fest: „Indem also das Dekret – unter der Spitzmarke ‚Hochkirchliche Bewegung'! – die Teilnahme römischer Katholiken am ‚Hochkirchlich-Ökumenischen Bund' untersagte, verbot es die Beteiligung an einem Bund, der schon gar nicht mehr existierte!!" Alfred von MARTIN, Katastrophe oder Krisis? Zu dem römischen Vorgehen gegen die Zeitschrift „Una Sancta", in: Una Sancta. Ein Ruf an die Christenheit 3 (1927), 527–540, hier 538.

[139] „In den kirchlichen Amtsblättern der meisten Diözesen (z. B. in dem der Diözese Rottenburg vom 20. Mai 1927, Erlaß Nr. 4772) wird den römischen Katholiken, Klerikern wie Laien, jede weitere Mitarbeit an der Zeitschrift ‚Una Sancta' verboten. Die römisch-katholischen Autoren sind daher mit Abschluss von Heft 2 aus der Mitarbeit und die Unterzeichneten aus dem Herausgeberkollegium bzw. aus der Schriftleitung ausgeschieden. Soweit im vorliegenden Heft noch kleinere Beiträge römisch-katholischer Mitarbeiter abgedruckt sind, handelt es sich um solche, die in Heft 2 nicht mehr unterzubringen waren". Heinrich GETZENY/Hermann PLATZ, Erklärung, in: Una Sancta. Ein Ruf an die Christenheit 3 (1927), 395.

[140] MARTIN, Katastrophe, 537 f.

[141] Ausführlich nahm der Hauptherausgeber der *Una Sancta* im folgenden Heft zum römischen Vorgehen Stellung: MARTIN, Katastrophe. Vgl. auch eine knappe Notiz in: Die Hochkirche 10 (1928), 25.

[142] Alfred von MARTIN (Hg.), Luther in ökumenischer Sicht, Stuttgart 1929.

[143] Demgegenüber scheint August Hagen daran zu zweifeln, dass es Merkle tatsächlich um die „Una Sancta" ging. Vgl. August HAGEN, „Dossier Merkle", in: BURKARD, Sebastian Merkle, 14–159, hier 99: „Von Ehrhard wird gesagt, die Richtung seiner Geschichtsschreibung sei das große Versöhnungswerk der Una sancta für alle drei großen christlichen Kirchen unter sich und mit der neuen Geistesentwicklung gewesen (S[eite] 176). Bei Merkle?"

Missstände „stark übertrieben und unberechtigt verallgemeinert", zweifellos aber seien „solche Missbräuche in reicher Fülle" vorhanden gewesen. Wieder betonte Merkle aber auch, der Ausgangspunkt Luthers sei ein religiöser gewesen, womit er noch einmal den zentralen Gedanken markierte, den Lortz später übernehmen und entfalten sollte. Selbst „Männer von der kühlen Religiosität eines Erasmus und Crotus Rubeanus", aber „auch wahrhaft religiöse Geister jener Zeit, wie ein Wimpfeling, ein Cochläus, der damals kein gutes Haar mehr an Luther ließ", hätten Luthers „edlen Beweggründe"[144] anerkannt:

„In der Tat: In die Gedankengänge des Gegners sich vertiefen, den Weg, auf dem er zu ihnen gekommen, erforschen, das Wahre an ihnen auszusondern, das ist mehr, das erfordert angestrengtere Arbeit und ernstere Selbstüberwindung, als einfaches Absprechen und Verdammen in Bausch und Bogen. [...] Es wäre ein trauriges Armutszeugnis für die katholische Wissenschaft, das sie sich sehr entschieden verbitten darf, wenn man den Anschein aufkommen ließe, als ob sie mit sachlichen Gründen der protestantischen Rivalin gegenüber sich nicht behaupten könnte und darum zu unwürdigen persönlichen Verdächtigungen herabsteigen müsste. Gegen solche Kampfesweise möchte man die Worte brauchen, mit denen der gut katholische Herzog Georg von Sachsen dem Versuche entgegentrat, die Leipziger Disputation zu hintertreiben: ‚Können diese Gelehrten solcher Disputation nicht widerstehen, alsdann wären uns lieber alte Weiber an ihrer Statt, die da sängen und spännen ums Lohn'. Schmähung der Person statt Bekämpfung der Sache nimmt sich hässlich genug aus im politischen Kampfe; ernste Wissenschaft sollte sie unter ihrer Würde halten. [...] Die Tatsache, daß an Luthers Namen sich die Zerreißung der religiösen Einheit unseres Volkes knüpft, daß er der katholischen Kirche so tiefe Wunden geschlagen, kann das Verbot falschen Zeugnisses und übler Nachrede ihm gegenüber nicht aufheben, sintemalen der, der die Lunte ins Pulverfass wirft, die Schuld an der Explosion mit denen teilt, die Generationen hindurch allen Warnungen zum Trotze den Zündstoff anhäuften. [...] Der Wahn, als ob der der beste Katholik wäre, der das höchste in Verunglimpfung Luthers leistet, wäre ein Hohn auf den christlichen Glauben und die christliche Liebe zugleich. Wer sich – auch in der Auseinandersetzung mit dem Protestantismus – nicht von diesen beiden Sternen leiten lässt, der wirft ein übles Licht auf seine eigene Kirche und vertieft die Kluft zwischen den Konfessionen, statt sie zu überbrücken"[145].

3. Lortz und Merkle – Nähe und Distanz

In Lortz' Reformationsgeschichte selbst gibt es nur wenige explizite Bezüge auf Merkle. Neben der Widmung des ersten Bandes wird Merkle in seiner Bedeutung für das katholische Reformationsverständnis von Lortz allein im Vorwort erwähnt[146]. Dennoch hat Hubert Jedin, der *Die Reformation in*

---

[144] Sebastian MERKLE, Gutes an Luther und Übles an seinen Tadlern, in: MARTIN, Luther, 9–19. Wieder abgedr. bei FREUDENBERGER, Sebastian Merkle, 236–243, hier 238.
[145] Ebd., 242 f.
[146] Vgl. LORTZ, Reformation I, IX. – Im Text selbst taucht Merkle lediglich an zwei nebensächlichen Stellen auf. Vgl. ebd. II, 37, 100. Im Literaturverzeichnis erwähnt Lortz im Rahmen der „Herausarbeitung grundsätzlicher Fragestellungen" auch Merkles

Deutschland – mit kaum vernehmbarer Ironie – als einen sprachlich meister-haften, in seiner Öffentlichkeitswirksamkeit unerreichten „großen Essay über den Reformator"[147] bezeichnete, nachdrücklich darauf hingewiesen, dass Lortz nicht ohne Vorgänger gewesen sei, zu denen er neben Denifle und Grisar vor allem Merkle zählt: „Ohne ihn ist Lortz nicht denkbar"[148].

Lortz selbst war allerdings der Ansicht, in seinem Lutherverständnis weit über Merkle hinausgegangen zu sein: „Merkle sah noch ungenügend das Pro-blem des katholischen Luther, bzw. wieviel Katholisches in Luther und be-sonders in seiner theologia crucis enthalten sei"[149]. Dies ist bestimmt richtig. Und doch dürfte stimmen, was Klaus Ganzer feststellte: Lortz hat „in viel stärkerem Maße aus Merkle geschöpft, als er es wahrhaben will"[150].

Ein Beispiel: Zu den zentralen Gedanken von Lortz gehört die Vorstellung, dass das späte Mittelalter, das Luther bekämpfte, gar nicht wirklich ‚katho-lisch' war: „Luther rang in sich selbst einen Katholizismus nieder, der nicht katholisch war"[151]. Dahinter steckt die Einsicht, dass Luther und die Refor-mation vor allem als Reaktion wahrgenommen werden müssen, und dass es dann keineswegs mehr so leicht fällt, Licht und Schatten eindeutig zu ver-teilen. Ein gedankliches Grundmuster, das stark an Merkle erinnert, der die-ses Muster immer wieder und mit Erfolg anwandte. Etwa – besonders ein-drücklich, weil polemisch – in seiner bekannten Auseinandersetzung über die Beurteilung des Aufklärungszeitalters: „Es war einmal eine Schule voller Musterknaben, die waren außergewöhnlich reich an Talent und Wissen, dabei immer brav und folgsam, fromm und fleißig, und spielten gar schöne, erbau-liche Spiele. Da kam auf einmal ein Haufe[n] arg böser Knaben, die waren in allem das Gegenteil von jenen guten, verspotteten sie beständig und machten ihnen das Leben sauer, so daß sie lange Zeit ihre schönen Spiele gar nicht mehr ungestört spielen konnten, bis endlich Eltern und Lehrer die bösen Knaben verjagen halfen"[152]. Solche Sätze sind charakteristisch für Merkle. Er wollte damit deutlich machen, nach welch primitivem, ob seiner Einfachheit so be-liebten Schema sich der Kampf zwischen den Aufklärern des 18. Jahrhun-derts und der alten Richtung abgespielt hätte, wenn man seinen Kritikern

---

Schrift: Reformationsgeschichtliche Streitfragen. Ein Wort zur Verständigung aus Anlaß des Prozesses Beyhl – Berlichingen, München 1904. Vgl. ebd. II, 312.

[147] JEDIN, Wandlungen, 79. Das implizierte, abwertend gemeinte Urteil über diese essay-istische Methode von Lortz erhält lediglich dadurch Kontur, dass Jedin ihm die „minu-tiöse Untersuchung" (ebd., 80) Adolf Hertes zur Seite stellt: Adolf HERTE, Das katho-lische Lutherbild im Bann der Lutherkommentare des Cochläus, 3 Bde., Münster 1943. – Zu Hertes Werk vgl. Jörg ERNESTI, Ökumene im Dritten Reich (Konfessionskundliche und kontroverstheologische Studien 77), Paderborn 2007, 159–166.

[148] Ebd., 91.

[149] LORTZ, Merkle, 86.

[150] GANZER, Beitrag, 188.

[151] LORTZ, Reformation I, 176.

[152] Sebastian MERKLE, Rez. zu: Johannes Baptist Sägmüller, Kirchliche Aufklärung am Hofe des Herzogs Karl Eugen von Württemberg, in: Deutsche Literaturzeitung 30 (1909), 1221–1227, hier 1221.

glauben müsste. Demnach wäre alles in bestem Zustand und in schönster Harmonie gewesen, bis „plötzlich eine Anzahl ebenso geistig defekter wie sittlich verkommener Abenteurer auf der Bildfläche erschienen, die bisher vorhandene schöne Ordnung störten und mit ihrem Prinzip der Verneinung mutwillig alles Bestehende bekämpften"[153]. Konnte, ja musste das Konterkarieren solcher Denkmuster nicht auch auf andere Epochen übertragen werden? Lortz hat genau dies getan.

Eine ausführliche Reaktion Merkles auf die *Reformation in Deutschland* hat sich leider nicht erhalten – Merkles Nachlass ging 1945 in den Flammen der Bombardierung Würzburgs zugrunde. Eine Rezension, die er zugesagt hatte[154], erschien nie. Dies muss zunächst nichts bedeuten, Merkle war mit Schreibschulden notorisch überlastet, viele Rezensionen, die er übernommen hatte, erschienen erst mit langem Abstand. Gleichwohl: Das Verhältnis Merkle – Lortz war nicht ungetrübt. So rechnete August Hagen, der von 1935 in Würzburg das Kirchenrecht lehrte, Lortz zwar zum engen „Freundeskreis" Merkles, der treu zusammenhielt, notierte allerdings auch – ohne dies näher auszuführen – beide seien „nicht ohne Kritik" aneinander gewesen[155]. Und an anderer Stelle: Merkle habe über Lortz „eine Zeitlang maßlos" geschimpft. Woran lag diese zeitweilige Entfremdung? War Merkle etwa pikiert, dass Lortz einfach seine Ideen übernommen, ihn gewissermaßen ,ausgeschrieben' hatte? Noch 1933 hatte er sich selbst das Verdienst an die Brust geheftet, Lortz eine fruchtbare Auseinandersetzung mit der protestantischen Seite überhaupt ermöglicht zu haben: „Als ich vor dreißig Jahren in einer Rezension von Denifles ,Luther' und in einem Gerichtsgutachten über einen fanatischen Volksredner den feindlichen Brüdern ihr Unrecht vorhielt, da stand ich noch allein auf weiter Flur und mußte heftige Anfechtungen über mich ergehen lassen. Meine späteren Kundgebungen im gleichen Sinne blieben unbehelligt, und inzwischen ist die ob ihrer Wärme viel beachtete Würdigung Luthers durch F. X. Kiefl (Hochland 1917) sowie die entgegenkommende Auseinandersetzung von J. Lortz mit O. Scheel (Historisches Jahrbuch 1933) möglich geworden. Solche Stimmen werden nunmehr leichter durchdringen, seitdem der Tagespresse auf beiden Seiten die Möglichkeit genommen ist, die Atmosphäre weiter zu vergiften"[156].

Freilich muss man auch sehen, dass die ideengeschichtliche Methode, nach der Lortz Kirchengeschichte trieb, sich doch grundlegend von der historischen Methode Merkles unterschied. „Merkle war es um Tatsachen zu [tun] und ihre Erforschung, nicht um die geistesgeschichtl[ichen] Zusammen-

---

[153] Ebd., 1221.
[154] Vgl. Herder, Freiburg, an Lortz, Münster, 17.02.1940. IEG, NL Lortz [1477]. – Eine öffentliche Äußerung Merkles zu Lortz' Reformationsgeschichte ist nicht bekannt, lediglich eine private Mitteilung, dass er das Werk „hoch schätzt"; vgl. Herder, Freiburg, an Lortz, Münster, 13.01.1939. IEG, NL Lortz [1233].
[155] August HAGEN, „Dossier Merkle", in: BURKARD, Sebastian Merkle, 14–159, hier 65.
[156] Sebastian MERKLE, Katholische Wissenschaft und Lutherbild, in: Germania, Nr. 319, 19. November 1933 (4. Beilage).

52

hänge"[157], stellte schon August Hagen fest. War Merkle in seinen eigentlichen Studien der akribische Forscher, Entdecker und Analytiker, der von den Quellen her arbeitende ‚Positivist', so liebte Lortz die ‚Synthese', die Darstellung und vor allem die Deutung. Sein ideengeschichtlicher Ansatz war die Sache Merkles nicht. Wenn Lortz behauptet, Merkle sei zwar „wirklich Theologe" gewesen, habe die Kirchengeschichte aber nicht als Theologie getrieben, so ist damit Wesentliches gesehen. Wenn er ihn mehr als „Bibliothekar", denn als Theologe charakterisiert, so klingt dabei etwas Despektierliches mit, der Vorwurf einer nur ‚antiquarischen' Geschichtsbetrachtung. Die „Kenntnis des Historischen an sich" sei Merkle „Bedürfnis und Freude" gewesen, hinter der er her war „wie der Jagdhund hinter dem Wild". Es war vor allem die Lust am Wissen, an der Erkenntnis. Es ging ihm aber nicht – wie Lortz – um die Entdeckung eines theologischen Sinns, um die „Frage der Verwirklichung des eigentlich Heilsgeschichtlichen"[158].

Auch Jedin betonte den methodisch andersgearteten Ausgangspunkt von Lortz und Merkle. Die Stellung des letzteren zu Luther sei „ausschließlich durch seine wissenschaftlichen Grundsätze und nicht durch irgendwelche ökumenischen Gesichtspunkte bestimmt" gewesen. „Für ihn war und blieb Luther Gegenstand der historisch-kritischen Forschung"[159]. Aber Merkle habe durch seine kirchenhistorische Forschung, wie er sie trieb, ein Tor geöffnet für jene, die historische Gerechtigkeit mit liebendem Verstehen zu verbinden suchten. Das Verdienst von Lortz bestehe nun darin, „daß er, sich über jahrhundertealte Vorurteile erhebend, Luther wirklich zu verstehen gesucht hat. Er steht auf Merkles Schultern, aber er erhebt sich in eine neue, eben die ökumenische Sphäre"[160].

---

[157] August HAGEN, „Dossier Merkle", in: BURKARD, Sebastian Merkle, 14–159, hier 108.
[158] LORTZ, Merkle, 75.
[159] JEDIN, Wandlungen, 91. – Es mag auch auffallen, dass Jedin Merkle nur als „Freund", nicht als Lehrer von Lortz bezeichnet. Ebd., 94. Als solchen betrachtete er vielmehr sich selbst.
[160] JEDIN, Wandlungen, 95 f.

B. Im Nationalsozialismus:
Die erste und zweite Auflage (1939–1941)

I. *Die Reformation in Deutschland* –
Von der Konzeption zur Publikation

1. *Die Entstehungsgeschichte – eine „Historia Calamitatum"?* [1]

War Lortz erstmals 1917 als Mitarbeiter am *Corpus Catholicorum* in Bonn mit dem Thema „Reformation" in Kontakt gekommen, so ging er offenbar schon 1922 – wie wir aus einem Brief Walther Köhlers wissen [2] – mit Plänen zu einem Lutherbuch um. Überhaupt publizierte er 1922 und 1923 mehrere Zeitungsartikel zur Reformationsgeschichte [3], 1926 sogar einen längeren Aufsatz über die Leipziger Disputation von 1519 [4]. Seit etwa 1930 wandte er sich

---

[1] Vgl. Peter MANNS, „Lortz, Luther und der Papst". Zur Neuausgabe der „Reformation in Deutschland" [Nachwort], in: Joseph LORTZ, Die Reformation in Deutschland. Unveränderte Neuausgabe. Mit einem Nachwort von Peter Manns, Freiburg/Basel/Wien ⁶1982, 353–391, hier 356 – in Anspielung auf Peter Abaelards Autobiographie. – Manns äußerte sich seinerzeit freilich nur andeutungsweise zur Entstehungsgeschichte des Lortzschen Werkes, „da es bei dieser ‚Historia Calamitatum' nicht nur um den verstorbenen Autor, sondern auch um fremde Wunden geht, die heute noch schmerzen, und da schließlich die ganze Geschichte nur im Rahmen einer ausführlichen Untersuchung und nach gründlichem Studium bisher noch nicht voll zugänglicher Quellen behandelt werden kann". Ebd.
[2] „Das Thema, einen Luther vom katholischen Standpunkt zu schreiben, ist sehr schön und sehr dankenswert, und Sie sollten es gewiss im Auge behalten, nur fragt es sich, ob es klug ist, wenn Sie damit als junger Privatdozent heraustreten, denn das Thema ist sehr heikel und wird sicher auf gewisser Seite Anstoss erregen. Sind Sie einmal Professor, so kann man etwas derartiges sicherer schreiben, man schreibt es dann auch ruhiger, als in dem Sturm und Drang des Privatdozenten. Ich rede da aus eigener Erfahrung, da ich in einem ähnlichen Falle Oben sehr starken Anstoss erregte. Es ist aber besser, wenn man, namentlich in der jetzigen, so schwierigen Zeit, zunächst ein wenig zurück hält; aber das müssen Sie schliesslich selbst wissen. Ich erinnere Sie aber daran, wie schwer Merkle und auch Kiefl um ihre Selbstbehauptung kämpfen mussten und vielleicht auch noch müssen". Köhler, Zürich, an Lortz, [Bonn], 15. 12. 1922. Teilnachlass Lortz (im Privatbesitz Lautenschläger). Abgedr. bei LAUTENSCHLÄGER, Lortz, 472–474.
[3] Joseph LORTZ, Ein friedvoller Polemiker des 16. Jahrhunderts, in: Kölnische Volkszeitung, Nr. 494, 28. Juni 1922; DERS., Eine Autobiographie Ecks, in: Neue Zürcher Nachrichten, Nr. 5/6, 21. April 1923; DERS., Aus der Polemik des 16. Jahrhunderts, in: Neue Zürcher Nachrichten, Nr. 9/10, 16. Juni 1923.
[4] Joseph LORTZ, Die Leipziger Disputation 1519, in: Bonner Zeitschrift für Theologie und Seelsorge 3 (1926), 12–37.

diesem Gebiet dann in Aufsätzen und Vorträgen verstärkt zu[5]. In dieser Zeit beginnt auch die lange Vorgeschichte seiner *Reformation in Deutschland*, die von einem ursprünglich geplanten Halbband schließlich zum zweibändigen Großwerk führte.

Als erster konkreter Anfang lässt sich ein bereits 1929/30 abgeschlossener Vertrag mit dem Herder-Verlag über einen Beitrag zu der von den Historikern Heinrich Finke (1855–1938), Hermann Junker (1877–1962) und Gustav Schnürer (1860–1941) herausgegebenen neuen Reihe *Geschichte der führenden Völker* festmachen. Der ambitionierte Plan dieser Reihe sah insgesamt 30 Bände vor, welche die Geschichte der bedeutendsten Länder und Kulturen der europäischen und außereuropäischen Welt behandeln sollten[6]. Seit Ende 1929 verhandelte der Schriftleiter der Reihe, Fritz Streicher SJ (1881–1965), mit Lortz über die Übernahme des Teils zur Reformationszeit. Am 28. Oktober 1929 fragte Streicher bei Lortz an, ob er „nun definitiv" den Halbband *Deutsche Geschichte im Zeitalter der Glaubensspaltung (bis 1555)* übernehmen wolle; acht bis zehn Bogen stünden zur Verfügung, Abgabetermin sei spätestens „Ende 1931"[7]. Zur großen Freude Streichers griff Lortz zu. Und offenkundig war er auch der ausgesprochene Wunschkandidat der Herausgeber: Man habe an keine andere Persönlichkeit gedacht, „der diese bedeutsame, in gewisser Beziehung heikle Periode anvertraut werden könnte", teilte ihm Streicher samt näherer formaler Einzelheiten mit[8]: So war eine Anzahl Bildtafeln vorgesehen, Lortz erhielt eine Musterseite und Richtlinien für die

---

[5] Zum Beispiel: Joseph LORTZ, Confessio Augustana. Grundsätzliches zum Rundfunkvortrag von Univ.-Prof. Dr. R. Seeberg, in: Germania, Nr. 320, 13. Juli 1930; Nr. 322, 15. Juli 1930; Nr. 323, 15. Juli 1930; DERS., Um Luther (Zum 450. Geburtstag am 10. November 1933), in: Zeitschrift für den katholischen Religions-Unterricht an höheren Lehranstalten 10 (1933), 193–206; DERS., Zum Menschbild Luthers, in: Theodor STEINBÜCHEL/Theodor MÜNCKER (Hg.), Das Bild vom Menschen. Beiträge zur theologischen und philosophischen Anthropologie (FS Fritz Tillmann), Düsseldorf 1934, 58–68. – Auch ein Entwurf zum Artikel „Reformation" für das Lexikon *Der Große Herder* findet sich in Lortz' Nachlass. Vgl. Joseph LORTZ, „Reformation für ‚Grosser Herder'", 7. April 1934. IEG, NL Lortz [1445]. Doch zeigt der tatsächlich veröffentlichte Artikel (ohne Verfasserangabe) keine Ähnlichkeit mit Lortz' Entwurf. Vgl. Art. Reformation, in: Der Große Herder 9 (1934), 1535–1538.

[6] Vgl. dazu die entsprechenden Verlagsankündigungen, die sich in manchen Werken Herders dieser Zeit finden (z. B. am Ende von: Josef SPIELER (Hg.), Lexikon der Pädagogik der Gegenwart, Bd. 2, Freiburg i. Br. 1932; Der Große Herder, Bd. 9, Freiburg i. Br. 1934). Tatsächlich erschien letztendlich nur etwa die Hälfte der geplanten Bände der Reihe, die schließlich im Zuge des Zweiten Weltkrieges endgültig aufgegeben wurde. Vgl. Herder, Freiburg, an Lortz, Münster, 17. 02. 1940. IEG, NL Lortz [1477]: „Die Reihe ‚Geschichte der führenden Völker' existiert ja nicht mehr, wir führen die Bände nurmehr einzeln".

[7] Streicher, München, an Lortz, [Braunsberg], 28. 10. 1929. IEG, NL Lortz [1477]. – Auffällig ist hier noch die traditionell-katholische Rede von der „Glaubensspaltung", während der ‚protestantische' Terminus „Reformation" vermieden wird. Vor diesem Hintergrund erweist sich der spätere Titel von Lortz' „Reformation in Deutschland" als eine umso bemerkenswertere terminologische Akzentverschiebung (vgl. unten die entsprechenden Vorbehalte gegenüber dem Begriff „Reformation" bei Veit und Schmidlin).

[8] Streicher, München, an Lortz, [Braunsberg], 16. 11. 1929. IEG, NL Lortz [1477].

Literaturangaben, wurde auch noch einmal an das Limit von maximal zehn Bogen Umfang erinnert. Der Abgabetermin war allerdings bereits um zehn Monate auf 1. Oktober 1932 verschoben worden. Lortz erhielt zugleich den von Streicher am 16. November unterschriebenen Mitarbeitervertrag[9], den Lortz am 23. Dezember gegenzeichnete; Herders Unterschrift folgte schließlich am 15. Januar 1930[10].

Gerade die Frage des Abgabetermins blieb offenbar umstritten. So fällt bereits am Vertrag selbst auf, dass an der dafür vorgesehenen Stelle („Letzter Termin der druckreifen Manuskript-Ablieferung") kein fixes Datum eingetragen wurde. Hierauf nahm auch der Herder-Verlag Bezug, als er sich am 16. Januar erstmals persönlich an Lortz wandte[11]: Man habe „mit Befriedigung erfahren", dass Lortz den betreffenden Halbband in der *Geschichte der führenden Völker* übernehme; anbei erhalte er eine „Ausfertigung des Vertrags". Der „genaue Ablieferungstermin" werde ihm später noch durch die Redaktion mitgeteilt. Diese (Streicher) wandte sich aber erst im Juni 1930 wieder an Lortz[12]: Man sei von Herder darauf aufmerksam gemacht worden, dass Lortz im Vertrag „noch keinen bestimmten Termin angegeben" habe, bis zu dem er das Manuskript liefern könne. Mit den ersten drei Bänden (1, 3 und 6) werde „nun Weihnachten dieses Jahres das Erscheinen des Werkes" beginnen, so dass die Mitarbeiter darauf achten müssten, „den M[anu]-sk[ript-]Ablieferungstermin genau einzuhalten, um die Kontinuation des Erscheinens des Gesamtwerkes nicht zu unterbrechen". Somit komme für Lortz „als äußerster Termin der 1. Januar 1933 in Frage". Falls eine frühere Abgabe möglich sei, werde auch früher mit dem Satz begonnen. Für den zweiten Teilband (bis 1648) sei der Historiker Götz Freiherr von Pölnitz (1906–1967) vorgesehen.

Allerdings schritt die Reihe nicht so rasch voran wie geplant: Im Februar 1931 teilte Herder mit, soeben seien die ersten beiden Bände (2 und 4) er-

---

[9] Herder & Co., „Vertrag" zur Mitarbeit an „Herders Geschichte der führenden Völker": J. Lortz, „Deutsche Geschichte im Zeitalter der Glaubensspaltung (bis 1555)", Freiburg, 15. Januar 1930. IEG, NL Lortz [1477].

[10] Am 9. Januar schickte Streicher Lortz auch einen „Prospekt von Herders Geschichte der führenden Völker nebst einigen Richtlinien". Es handelte sich zum einen um eine Übersicht über die geplanten Bände der Reihe, ähnlich der späteren gedruckten Verlagsankündigungen, zum anderen um eine Auflistung der formalen Richtlinien für die Bandgestaltung; beides maschinenschriftlich, datiert auf den 7. Januar 1930. Außerdem bat Streicher um „Zusendung des dreifach ausgefertigten Mitarbeitervertrags". Aufgrund der von nun an kontinuierlich erscheinenden Bände der Reihe sei es empfehlenswert, wenn Lortz „den überaus wichtigen Abschnitt der deutschen Reformationsgeschichte recht bald in Angriff nehmen" würde. Streicher, München, an Lortz, [Braunsberg], 09.01.1930. IEG, NL Lortz [1477].

[11] Herder, Freiburg, an Lortz, Braunsberg, 16.01.1930. IEG, NL Lortz [1477]. – Die geschäftliche Korrespondenz des Verlags wurde bis in die 1950er Jahre üblicherweise ‚anonymisiert' mit „Herder & Co." unterzeichnet, nur selten mit namentlicher Angabe des Verantwortlichen.

[12] Streicher, München, an Lortz, [Braunsberg], 08.06.1930. IEG, NL Lortz [1477].

schienen, Band 1 folge gegen Ostern des Jahres[13]. Doch erst im September konnte Herder berichten, dass nun „in kurzem" der erste Band erscheinen werde und zwei weitere im Druck seien[14]. Zudem bat Herder angesichts der „veränderten wirtschaftlichen Zeitverhältnisse" um Zustimmung zu einer Änderung der Auszahlungsweise des Honorars[15]. Weitere Nachrichten zum Fortschritt der Reihe erhielt Lortz dann im März 1932 von Streicher[16]: Der Verlag wolle „in diesem Jahr nur drei Bände herausgeben", weshalb es wohl auch möglich sei, „den Termin für die Ablieferung Ihres Manuskriptes zu verlängern, aber nur bis 1. Januar 1934". Da Lortz ja nur zehn Bogen zu liefern habe, wofür ihm noch fast zwei Jahre zur Verfügung stünden, gehe man von der Einhaltung dieses verlängerten Termins aus.

Doch auch dieser neue Termin reichte Lortz nicht aus. Einer handschriftlichen Notiz zufolge schlug er am 14. Oktober 1932 Streicher „nochmals 1.1.35" vor, doch Streicher bestand auf dem 1.1.1934[17]: „Bei Ihrer literarischen Fruchtbarkeit dürfte es Ihnen doch nicht schwer fallen, diesen Halbband binnen Jahresfrist zu liefern. Was ich Ihnen schon früher in Würzburg gesagt: ich lege großen Wert darauf, daß Sie diese wichtige Periode behandeln, weil ich der Ueberzeugung bin, daß Sie Gediegenes liefern werden". Doch Lortz gab nicht auf. Am 12. Januar 1933 schlug er laut einer weiteren Notiz nochmals den 1.1.1935 vor und versuchte auch die Herausgeber Finke und Schnürer auf seine Seite zu ziehen. Schnürer versuchte daraufhin offenbar zu vermitteln. Am 4. Februar schrieb er, Pölnitz sei „mit seiner Arbeit schon ungefähr fertig", und versuchte Lortz zu einer weniger skrupulösen Gangart zu bewegen: „Stellst Du Dir die Arbeit nicht zu schwer vor? [...] Die Hauptkunst besteht in der knappen, scharf charakterisierenden Zusammenfassung. Vielleicht könntest Du bei dem Verlage noch eine Hinausschiebung auf 6 Monate erreichen, wenn Du sagen kannst, dass Du mit der Arbeit begonnen habest"[18]. Letztlich blieb Lortz mit seiner Beharrlichkeit jedoch erfolgreich; am 12. Mai 1933 stimmte Streicher der Verschiebung der Abgabefrist zu[19]: „Nur mit schwerem Herzen erkläre ich mich mit der Verlängerung des Termins einverstanden; hoffe aber, daß es bei diesem bleibt, sonst käme ich als Schriftleiter in die größten Verlegenheiten".

Die ab 1935 (nach Ablauf der Abgabefrist!) wieder einsetzende Korrespondenz mit Herder zeigt freilich, dass es ,hinter den Kulissen' keineswegs glatt lief. Denn im Zuge der Bearbeitung des Lortzschen Beitrags ergaben sich

---

[13] Herder, Freiburg, an Lortz, Braunsberg, 06.02.1931. IEG, NL Lortz [1477].
[14] Herder, Freiburg, an Lortz, Braunsberg, 04.09.1931. IEG, NL Lortz [1477].
[15] Die Auszahlung der zweiten Hälfte sollte erst nach Verkauf der halben Auflage erfolgen. Lortz vermerkte dazu handschriftlich: „nicht beantwortet".
[16] Streicher, München, an Lortz, [Braunsberg], 13.03.1932. IEG, NL Lortz [1477].
[17] Streicher, München, an Lortz, [Braunsberg], 08.01.1933. IEG, NL Lortz [1477].
[18] Schnürer, Freiburg/Schweiz, an Lortz, [Braunsberg], 04.02.1933. Teilnachlass Lortz (im Privatbesitz Lautenschläger). Zit. bei LAUTENSCHLÄGER, Lortz, 350f.
[19] Streicher, München, an Lortz, [Braunsberg], 12.05.1933. IEG, NL Lortz [1477].

neue Probleme, diesmal hinsichtlich des Umfangs des Teilbandes, der Lortz unter der Hand immer weiter anschwoll. Eine von Lortz vorgeschlagene „Verdoppelung des Umfangs" lehnte Herder am 6. Februar 1935 jedoch unter Verweis auf die Disposition der Gesamtreihe ab[20]. Eine Verschiebung innerhalb des Bandes durch Verzicht von Pölnitz auf zwei Bogen seines zweiten Teils zugunsten von Lortz wies wiederum Pölnitz als unzumutbar zurück, sah hier vielmehr den Verlag in der Pflicht[21]. Letztlich stimmte Herder im April einer Erweiterung von Lortz' Teil von zehn auf zwölf Bogen zu, bei entsprechend erhöhtem Gesamtumfang des Bandes[22]. Da Lortz auf diese Offerte nicht antwortete, erkundigte sich der Verlag schließlich im November 1935 noch einmal vorsichtig nach dem Stand der Dinge[23]: „Es würde uns nun sehr interessieren, nach langer Zeit über den Stand Ihrer Arbeit zu hören. Wäre es möglich, – was uns *sehr erwünscht* wäre – dass wir schon bald auf das Manuskript rechnen könnten?" Doch wieder kam es zu Verzögerungen: Noch im März 1936 bat Herder Lortz „vor dem nahen Abschluss der Ausarbeitung" um nähere Abstimmung mit Pölnitz[24], zeigte sich dann im Juni aber „sehr unangenehm überrascht" von Lortz' Nachricht über weitere Schwierigkeiten, da man fest damit gerechnet hatte, „den Band wenigstens zu Ende des Jahres herausbringen zu können"[25]. Man verkenne „die grossen Schwierigkeiten der Arbeit gerade dieses Zeitalters" gewiss nicht, hoffe nun aber doch sehr, dass Lortz selbst – angesichts seines guten Namens – alles daran setze, „den Band so rasch und so gut als möglich fertig zu stellen".

Der Verlag setzte Lortz nun eine Frist bis „1. Oktober, allerspätestens 1. November" 1936: „Sicherlich geben Ihnen die Grossen Ferien am besten Gelegenheit, tüchtig voranzukommen, und vielleicht können Sie im Winter-

---

[20] Herder, Freiburg, an Lortz, Braunsberg, 06.02.1935. IEG, NL Lortz [1477].

[21] „Bei dem für jeden sehr eng bemessenen Raum ist es ausgeschlossen, daß einer allein zwei Bogen entbehren kann; allein wenn man – um ein irgendbeliebiges Beispiel zu nennen – an der Bearbeitung Südamerikas einen Bogen einspart und einen weiteren an einem andern Thema, das unsere deutsche (!) Leserschaft weniger berührt, so scheint mir das besser am Platz, als wenn ein deutscher Verlag das bei einem deutschen Werk gerade an einem Teil der deutschen Geschichte versucht". Pölnitz, München, an Lortz, [Braunsberg], 10.03.1935. Teilnachlass Lortz (im Privatbesitz Lautenschläger). Zit. bei Lautenschläger, Lortz, 351 f.

[22] Herder, Freiburg, an Lortz, Münster, 06.04.1935. IEG, NL Lortz [1477].

[23] Herder, Freiburg, an Lortz, Münster, 27.11.1935. IEG, NL Lortz [1477]. – Auffällig ist, dass in diesem Schreiben auf einmal von Lortz' Beitrag als „Deutschland zur Reformationszeit" (statt „im Zeitalter der Glaubensspaltung") die Rede ist; vermutlich handelt es sich dabei aber eher um eine ungenaue Ausdrucksweise im Briefverkehr als um eine tatsächliche Titeländerung des geplanten Halbbandes.

[24] Herder (Julius Dorneich), Freiburg, an Lortz, Münster, 21.03.1936. IEG, NL Lortz [1477].

[25] Herder (Julius Dorneich), Freiburg, an Lortz, Münster, 19.06.1936. IEG, NL Lortz [1477]. – Wie sehr Lortz bereits im Verzug war, zeigen hier auch die höflichen, aber nachdrücklichen Ermahnungen Herders: „Anderseits möchten wir Ihnen gern entgegenkommen und eine Freude machen; eine freundlich gelöste seelische Stimmung kommt gewiss auch Ihrer Arbeit an der Reformationsgeschichte zugute".

semester Vorlesungen ankündigen, deren Vorbereitungen Sie weniger belasten"[26]. Zugleich zeichnete sich hier jedoch bereits ein entscheidender Wendepunkt ab. Denn Lortz hatte offenbar jetzt erstmals die Idee zu einem eigenständigen „grosse[n] Werk über die Reformationszeit" ins Spiel gebracht. Daraus sollte schließlich die zweibändige *Reformation in Deutschland* werden. Für das Angebot eines solchen Werkes zeigte der Verlag zwar grundsätzlich Interesse, drängte aber, zuvor den ursprünglichen Beitrag fertigzustellen[27]: „Wir glauben Ihnen gern, dass Sie alles daran setzen werden, um möglichst bald mit Ihrem Halbband für die ‚Geschichte der führenden Völker' fertig zu werden. […] Das Erscheinen des Bandes möchten wir in jeder Weise fördern, denn gerade auf diesen Band hatten wir grosse Hoffnungen gesetzt". Die von Lortz ins Spiel gebrachte Idee, „die beiden Halbbände getrennt herauszubringen", lehnte Herder ab: „Es sind ja keine auseinanderliegenden Themen, sondern beide im engsten Anschluss, sodass es schon für den Leser vorteilhaft ist, die gesamte Zeit der Glaubensspaltung zusammenzuhaben".

Schon bald folgte für Herder eine neue „grosse Enttäuschung". Nachdem Lortz offensichtlich über den – mittlerweile wohl aussichtslosen – Stand seines Beitrags berichtet hatte, stellte der Verlag im Oktober 1936 resigniert fest[28]: „Auf diesen wichtigen Band der Geschichte der führenden Völker warten wir nun schon lange dringend, und statt dem Ziele näher zu kommen, scheinen wir uns immer weiter davon zu entfernen". Man wolle nun jedoch „alle eigenen Wünsche zunächst zurückstellen und ganz unvoreingenommen Ihren anderen Plan prüfen" – also Lortz' ‚große' Reformationsgeschichte – und „alles reiflich überlegen". Um sich „einen möglichst umfassenden Eindruck" verschaffen zu können, erbat sich der Verlag von Lortz die Zusendung seiner „beiden Kapitel über Luther"[29] und zog – trotz der dringenden Bitte von Lortz um Vertraulichkeit – im Dezember auch einen Lektor[30] des Verlags sowie den Freiburger Historiker Heinrich Finke – als Herausgeber der *Geschichte der führenden Völker* – hinzu[31].

Die Prüfung der drei eingesandten Kapitel zur ‚großen' Reformationsgeschichte fiel ambivalent aus[32]: Grundsätzlich zeigte man sich nun überzeugt, dass es von Lortz' „Standpunkt aus richtiger" sei, zuerst „den grösse-

---

[26] Ebd.

[27] Herder (Julius Dorneich), Freiburg, an Lortz, Münster, 24.06.1936. IEG, NL Lortz [1477].

[28] Herder, Freiburg, an Lortz, Münster, 29.10.1936. IEG, NL Lortz [1477].

[29] Am 17. November musste man noch einmal um die beiden Lutherkapitel bitten. Herder, Freiburg, an Lortz, Münster, 17.11.1936. IEG, NL Lortz [1477].

[30] Wahrscheinlich bereits Robert Scherer, der seit Juni 1937 explizit genannt wird (vgl. unten).

[31] Herder, Freiburg, an Lortz, Münster, 11.12.1936. IEG, NL Lortz [1477]. – Dazu handschriftliche Anmerkung von Lortz: „einverstanden, wenn diese Herren ihre Kenntnis des M[anu]s[kripts] nicht weiter über Herder hinaus äussern".

[32] Herder, Freiburg, an Lortz, Münster, 28.12.1936. Privatbesitz Ulianich.

ren Band zu schreiben und dann erst später eine kürzere Bearbeitung daraus als Halbband der Geschichte der führenden Völker zu machen". Lob erhielten die Probekapitel vor allem für die „besondere Zielsetzung", auf der einen Seite „dogmatisch korrekt die Situation vom Theologischen her aufzuzeigen", auf der anderen Seite aber „die Zeitströme in ihrer ganzen Breite und Fülle, Luther als den Auslöser und zugleich Kraftquell der Reformation zu zeigen und ihm im Menschlichen seine Bedeutung zu lassen". Dies scheine „in heutiger Zeit wirklich ein fruchtbarer Weg einer katholischen Erkenntnis Luthers" zu sein. Gleichwohl berge ein solcher „Doppelweg" auch „mancherlei Gefahren" in sich. So sei etwa die Rede von Luthers „Demut" problematisch, da in Wirklichkeit „gerade Luthers Demut seine Grund-Selbsttäuschung gewesen sei". Auch Lortz' Anliegen, „Luther verstehend nahekommen und ihm auch als Katholik und Historiker gerecht werden" zu wollen, sei grundsätzlich „sehr sympathisch", gehe mitunter aber zu weit: „Doch hat Sie diese menschlich-sympathische Haltung gelegentlich zu sehr mitfortgerissen und eine Häufung bewundernder Beiwörter gebracht, die vielleicht doch noch einmal überprüft und gedämpft werden sollten. Ausdrücke wie ‚großartig‘, ‚grandios‘, ‚wundersam‘, ‚profund‘, ‚seltene Großartigkeit‘, ‚kühne Großartigkeit‘ usw. häufen sich doch zu sehr". Insgesamt zeigte Herder allerdings „volle Anerkennung" und „grundsätzliche Bereitwilligkeit, dieses Buch in Verlag zu übernehmen". Als Titel wurde vorgeschlagen: „Deutschland im Zeitalter der Reformation". Man hoffte auf baldige „Fertigstellung des Manuskripts", möglichst noch für 1937. Aus einem weiteren Schreiben des Verlags geht hervor, dass Lortz als Titel „Die Reformation in Deutschland" bevorzugte, womit Herder sich „gerne einverstanden" zeigte, zumal dieser Titel „mehr dem Inhalt dieses Buches" entsprach und eine „Verwechslung mit dem künftigen Band" der *Geschichte der führenden Völker* vermied[33].

Den erhofften Abgabetermin bis April konnte Lortz jedoch – wieder einmal – nicht einhalten: Am 15. Juni 1937 dankte Herder Lortz für die Mitteilung, „dass Ihre Arbeiten voranschreiten und Sie vor allem auch auf eine gründliche Durchsicht mit dem Ziele der ‚Kürzung‘ bedacht sein wollen". Als Format fasste der Verlag „wohl zwei Bände" auf insgesamt etwa „800 Seiten hin" ins Auge und bat Lortz dringend, „gleich von Anfang an" mitzuhelfen, dass diese „Raumgrenze" unbedingt gewahrt bleibe, um die „Verkäuflichkeit des Werkes" nicht zu erschweren. Als Erscheinungstermin wurde nun „Anfang 1938 in Aussicht genommen"[34].

---

[33] Voraussetzung für ein Erscheinen des Werkes noch in diesem Jahr – „was wir selbst *sehr* wünschen" – sei eine Ablieferung des Manuskripts „schon bis spätestens 1. April": „Denn gerade solche Werke müssen mit äusserster Sorgfalt hergestellt werden und brauchen erfahrungsgemäß mehrere Monate bis zur Ausgabe". Herder, Freiburg, an Lortz, Münster, 07.01.1937. IEG, NL Lortz [1477].

[34] „Wir würden dann das Manuskript für den ersten Teil nach Ihren Herbstferien erwarten. Um alles sorgsam erledigen zu können, bedarf auch die Herstellung eines gemessenen Zeitraumes". Schließlich freue man sich sehr, dass der Lektor „Herr Dr. Scherer einen so

Doch wieder dauerte alles länger als geplant: Erst im Oktober 1937 kam es zu Verhandlungen mit Herder über einen ersten Vertragsentwurf[35], an dem Lortz allerdings noch einiges auszusetzen hatte[36]. So lehnte er etwa gleich Artikel 1, der die inhaltliche Zielsetzung des Werkes zu formulieren versuchte, als „nicht recht eindeutig, im Uebrigen aber auch überflüssig" ab. Der Artikel lautete:

„Ziel des Werkes ist, eine zusammenfassende, wissenschaftlich unterbaute, leicht lesbare Darstellung der Voraussetzungen und der Entwicklung der Reformation in Deutschland zu geben, das religiöse Anliegen und die Kraft des Durchbruchs bei Luther verständlich zu machen, wie seine dogmatische Schwäche und die Gefahren bei der Weiterentwicklung des Protestantismus klar aufzuzeigen. Es soll also dem Katholiken Verständnis für die Reformation und ihre besondere Bedeutung für das deutsche Schicksal, dem Protestanten Erkenntnis in die falsche dogmatische Situation Luthers und deren Folgen geboten werden".

Auch mit anderen Bestimmungen des Vertrags war Lortz unzufrieden. Er wünschte „ein grösseres Format" der Bände sowie ein höheres Honorar von 15 % (10 % „nehme ich natürlich nicht an"), lehnte außerdem Artikel 3 ab, in dem Herder sich vorbehielt, „das Manuskript zu überprüfen und sich spätestens zwei Monate nach Empfang des ganzen Manuskripts endgültig über die Annahme bzw. notwendig erscheinenden Änderungen zu entscheiden"[37]. Einverstanden zeigte sich Lortz hingegen mit 1. Dezember 1937 als Ablieferungstermin für den ersten Band, denn dieser sei bereits „bis auf Weniges druckfertig". Eine abschließende Bemerkung zeigt ferner, wie sehr Lortz schon zu dieser Zeit von der Bedeutung seines Werkes überzeugt war: „Sie werden freilich mit mir immer wieder berücksichtigen, dass es sich um etwas katholisch Neues und doch wohl recht Wichtiges handelt".

Die Antwort Herders vom 8. November 1937 – im Hinblick auf die in Artikel 3 geäußerten Vorbehalte des Verlags – wirft ein bezeichnendes Licht auf die damalige Publikationssituation in Deutschland und artikuliert erstmals auch die Notwendigkeit politischer Rücksichtnahmen[38]:

---

guten Eindruck bei Ihnen hinterlassen hat". Herder, Freiburg, an Lortz, Münster, 15.06.1937. IEG, NL Lortz [1477].

[35] Herder & Co., „Verlags-Vertrag" [Entwurf]: J. Lortz, „Die Reformation in Deutschland", Freiburg, [30. September 1937]. IEG, NL Lortz [1477].

[36] Lortz, Grevenmacher, an Herder, Freiburg, 10.10.1937. IEG, NL Lortz [1477]. Anbei der vorläufige „Verlags-Vertrag" von Herder (mit Lortz' Streichungen der monierten Bestimmungen). – Lortz hatte zuvor bereits sachkundige Freunde um Rat zu den Vertragsbedingungen gefragt; vgl. einen Brief seines Bonner Kollegen Fritz [Tillmann] an Lortz, 07.10.1937. IEG, NL Lortz [1477]; ebenso ein Schreiben des Verlagsleiters Kurt Lohse (Trowitzsch & Sohn, Frankfurt/Oder) an Lortz, 09.10.1937. IEG, NL Lortz [1477].

[37] Ein solcher Artikel „kann natürlich nicht bestehen bleiben. Sie kennen den Geist, aus dem das Werk geschrieben ist, Sie kennen die Disposition. Sie müssen sich also schon für die Annahme des Werkes oder seine Ablehnung entscheiden".

[38] Herder, Freiburg, an Lortz, Münster, 08.11.1937. IEG, NL Lortz [1477].

„Wir müssen uns heute besonders bei geschichtlichen und kirchengeschichtlichen Werken die Freiheit der letzten Entscheidung wahren, auch wenn wir die volle Absicht zur Verlagsübernahme haben. Sie wissen, verehrter Herr Professor, dass, sei es von der Reichsschrifttumskammer oder von anderen Stellen des Staates und der Partei, *alle* Neuerscheinungen dieser Art sehr unter die Lupe genommen werden, und es ist dabei üblich, dass in erster Linie der Verlag zur Rede gestellt wird, wenn irgendwelche Dinge, sei es selbst in kleinen Einzelformulierungen, Anlaß zur Kritik geben. [...] Es kommt hinzu, dass Ihr Thema eine sowohl in der deutschen wie in der Kirchengeschichte äußerst schwierige Zeit darstellt, eine religiöse Revolutionsepoche, die ungemein verschieden beurteilt wird. Und wenn wir uns darauf freuen, dass Sie nach allem, was wir gesehen haben, ein neues Bild dieser Epoche zeichnen werden, so dürfen Sie es uns gewiss nicht verübeln, wenn wir bei einem so delikaten Thema, das nicht nur wissenschaftlich, sondern auch mit seinen Rückwirkungen auf die Leser und die breitere Öffentlichkeit zu beachten ist, auch unsererseits ein gewisses Maß von Mitwirkung, wenigstens in letzterer Beziehung, wünschen".

In den übrigen monierten Punkten zeigte sich der Verlag teils entgegenkommend, teils noch auf nähere Erklärungen von Seiten Lortz' hoffend (nicht zuletzt in der Honorarfrage). Lortz antwortete am 10. November[39]. Bezüglich des in Artikel 3 Genannten gab er das „Prekäre der heutigen Lage" durchaus zu; er selbst „habe darin einige Erfahrung"[40]. Nachdrücklich anerkannte Lortz auch den Anteil „eines wirklichen Verlegers", der die Verantwortung mittrage. Deshalb müssten die gegenseitigen Bedenken mit „derselben Gewissenhaftigkeit" geprüft werden. „Aber, so wie ich mich mit dem Vertrag binde, müssen auch Sie es tun. Das heisst, Sie müssen die Uebernahme des Werkes als Ganzes bindend erklären".

Zu den anderen umstrittenen Punkten finden sich ebenfalls aufschlussreiche Bemerkungen, die weiteres Licht auf die Konzeption des ganzen Werkes werfen. So hielt Lortz nach wie vor eine konkrete Umschreibung der Zielsetzung im Vertrag für „überflüssig", präzisierte allerdings seine eigenen inhaltlichen Vorstellungen: „Ziel des Werkes ist einfach, aus aufgeschlossener katholischer Sicht die Dinge einmal zu sehen, wie sie wirklich waren. Alles andere ist nur Ergebnis dieses Zieles. Dass dabei die dogmatische Situation Luthers sich als falsch erweist, ist natürlich; aber, es ist nicht gerade das Ziel des Werkes, das nachzuweisen. Im Gegenteil zu Janssen[41] lehne ich ja eben jede vorgefasste ‚programmmässige' apologetische Tendenz ab. Ich glaube auch nicht, dass es klug wäre, in einem Vertrag so etwas wie eine Widerlegungstendenz gegen Luther zum Ausdruck zu bringen. Ueberdies gehört

---

[39] Lortz, Münster, an Herder, Freiburg, 10.11.1937. IEG, NL Lortz [1477].

[40] Entweder eine Anspielung auf Lortz' *Geschichte der Kirche*, deren Abschnitt „Nationalsozialismus und Kirche" er in der 5./6. Auflage 1937 wieder gestrichen hatte – angeblich auf Druck der Partei, welche die darin enthaltene Kritik beanstandet hatte (vgl. oben) –, oder eine Anspielung auf Lortz' Mitwirkung am *Sendschreiben katholischer Deutscher*.

[41] Gemeint ist: Johannes JANSSEN, Geschichte des deutschen Volkes seit dem Ausgang des Mittelalters, Bd. 3: Allgemeine Zustände des deutschen Volkes seit dem Ausgang der socialen Revolution bis zum sogenannten Augsburger Religionsfrieden von 1555, Freiburg i. Br. [1-6]1881.

zum Inhalt des Buches auch die Schilderung des kirchenpolitischen und des politischen Ablaufs". Auch eine breitere Zielgruppe des Werkes wurde von Lortz veranschlagt: „Sie dürfen, glaube ich, immerhin einkalkulieren, dass weite Kreise auf ein Buch wie dieses warten, in beiden Konfessionen. Sicherlich beansprucht das Buch, wissenschaftlich zu sein, und stellt an den Leser Anforderungen. Anderseits vermeidet es absolut jeden fachwissenschaftlichen Ballast, ebenso jede betont fachwissenschaftliche Art. Es wendet sich bewusst und in allen Teilen an alle Kreise der Gebildeten, so weit sie Interesse für geschichtliche und geistige Auseinandersetzungen von betontem Gegenwartswert besitzen".

Umstritten blieben lange vor allem die Honorarvorstellungen. Von Seiten Herders kam diesbezüglich am 18. Dezember 1937 ein „letzter" Kompromissvorschlag[42], den Lortz schließlich akzeptierte. Diskussionen gab es auch noch um das Format und die Gestaltung des Satzes, zumal davon Umfang und Kosten abhingen. So bat der Verlag um „ein paar Seiten des Manuskripts (vielleicht von der Einleitung)", um eine Satzprobe machen zu können[43]. Diese lag Mitte Januar 1938 vor[44]. Aufgrund des nunmehr größeren Formats waren die ursprünglich vorgesehenen 800 Seiten auf 650 Seiten geschrumpft[45]. Zu denken gab dem Verlag allerdings der äußere Zustand des handschriftlichen Manuskripts: „Das Manuskript für das Einleitungskapitel brachte uns wegen der vielen Korrekturen einen ziemlichen Schrecken. Wir haben errechnet, dass laut Tarif dem Setzer auf ein solches Manuskript 12½ % Zuschlag gewährt werden müssen. Das wäre ganz untragbar!" Zwar sei das restliche „Manuskript des Bandes wesentlich besser", enthalte „aber doch auch noch recht zahlreiche Korrekturen". Lortz wurde dringend gebeten,

---

[42] So wurde nun „zunächst eine Auflage von 3000 Stück in Aussicht genommen", wobei Lortz ein Honorar von 12 % „für die ersten Tausend Stück und vom zweiten Tausend ab von 15 %" erhalten sollte. Außerdem wurde vereinbart, dass Lortz nach Ablieferung des kompletten Manuskripts 2000 RM ausbezahlt bekomme, „den Rest der Honorarsumme" dann „nach Absatz der ersten tausend Stück". Der Verlag versicherte, 15 % Honorar seien „für uns eine ganz ungewöhnliche Ausnahme", zu der man sich aufgrund der langen Erfahrung „nur sehr schwer entschliessen" könne und auch nur im Hinblick auf den erwarteten außergewöhnlichen Erfolg des Werkes. Lortz wurde gebeten, „diesen Honorarvorschlag durchaus vertraulich zu behandeln mit Rücksicht auf das besondere Entgegenkommen, das wir Ihnen machen". Der Abgabetermin „des ganzen Manuskripts" wurde nun auf den 1. April 1938 festgesetzt. Herder, Freiburg, an Lortz, Münster, 18. 12. 1937. IEG, NL Lortz [1477].
[43] Herder, Freiburg, an Lortz, Münster, 23. 12. 1937. IEG, NL Lortz [1477].
[44] „Es ist eine halbfette Wallau, die recht kräftig und doch nicht so wie eine volle Antiqua wirkt, dagegen auch dem Ausländer lesbar ist". Herder, Freiburg, an Lortz, Münster, 15. 01. 1938. IEG, NL Lortz [1477]. – Für das endgültige Druckbild wurde im Juni 1938 schließlich jedoch eine reine Antiqua-Schrift gewählt (vgl. unten).
[45] Gemäß dieser „Satzprobe" hatte man nun auch das inzwischen erhaltene Manuskript des ganzen ersten Bandes „berechnen lassen": „Es werden ungefähr 438 Seiten sein, das wären 27½ Bogen [...]. Wir würden dann für den wesentlich geringeren zweiten Band, einschließlich Titel und Register, 17 Bogen vorsehen und kämen damit auf eine Gesamtbogenzahl von 45 Bogen für das gesamte Werk". Ebd.

„doch sehr darauf zu sehen, dass das Manuskript so glatt wie möglich ist und auch nachher im Satz Korrekturen vermieden werden". Auf eine Bebilderung glaubte der Verlag „doch eher verzichten" zu sollen, um „eine gute Preisberechnung herauszubekommen"[46]. Lortz zeigte sich am 18. Januar größtenteils einverstanden[47], sträubte sich aber gegen eine vertragliche Fixierung der geplanten Bogenanzahl und behielt sich grundsätzlich vor, „im Interesse der geistigen Aussprache [...] über den vorgesehenen Umfang hinauszugehen". Ähnlich bei den Korrekturen, die er freilich auf „das Unerlässliche" beschränken wolle[48].

So konnte Herder am 10. Februar 1938 Lortz schließlich den neugefassten „Verlagsvertrag" zukommen lassen[49]. Ferner teilte der Verlag mit, dass Heinrich Finke darum gebeten hatte, in das Werk „Einblick nehmen zu dürfen" und damit „schon ziemlich weit gediehen" sei. Man hoffe, „das Manuskript in Bälde zurück zu erhalten", um sich selbst „in die Lektüre vertiefen [zu] können". Am 11. Februar 1938 unterzeichnete Lortz schließlich den definitiven Vertrag[50], der von Herder am 15. Februar gegengezeichnet wurde. Lortz hatte sich mit seinen Forderungen weitgehend durchgesetzt: Im Vergleich zum ersten Vertragsentwurf von 1937 waren die bisherigen Artikel 1 und 3 ersatzlos gestrichen, die übrigen Bestimmungen zum Teil modifiziert worden (z.B. Kompromiss in der heiklen Honorarfrage). Die Auflage war mit 3000 Stück angesetzt, mit zusätzlichen 250 Werbestücken, davon 25 Freiexemplare für den Autor. Das gesamte druckfertige Manuskript sollte nun bis zum 1. April 1938 abgeliefert werden[51] – ein Termin, den Lortz diesmal offenbar tatsächlich einhalten konnte[52].

---

[46] Herder spielte dabei auch auf die von Lortz durchgesetzte höhere Honorarforderung an: „Es ist ja so, dass wir vom Honorar her bei diesem Band höhere Kosten haben als sonst bei ähnlichen Werken". – Später entschied man sich allerdings doch noch für Abbildungen.

[47] Lortz, Münster, an Herder, Freiburg, 18.01.1938. IEG, NL Lortz [1477].

[48] „Anderseits setze ich auch hier voraus, dass das Haus Herder nicht hinter der Grosszügigkeit anderer Verleger zurückbleiben wird, wenn die Rücksicht auf den innern Wert des Buches einen grösseren Eingriff doch nötig erscheinen lassen sollte. Ich habe in meinem Leben noch keinen Pfennig an Korrekturen zu zahlen gehabt".

[49] „Manche Punkte, wie Ihre Bereitwilligkeit, auf notwendig erscheinende Änderungen im Text einzugehen, sind jetzt nicht mehr als Vertragspunkte aufgenommen, dafür aber in der Korrespondenz niedergelegt". Herder, Freiburg, an Lortz, Münster, 10.02.1938. IEG, NL Lortz [1477].

[50] Herder & Co., „Verlags-Vertrag": J. Lortz, „Die Reformation in Deutschland", Freiburg, 15. Februar 1938. IEG, NL Lortz [1233].

[51] Am 17. Februar dankte Herder für die Zusendung des Vertrags und stellte nochmals fest, dass gemäß Lortz „der angegebene Umfang des Werkes und der Umfang der Korrekturen richtungweisend sein soll, ohne dass wir Sie auf den Buchstaben genau darauf festlegen wollen". Man bat Lortz aber trotzdem, „sich doch nach aller Möglichkeit in diesen Grenzen zu halten". Schließlich wurde noch die Anzahl der Freiexemplare für Lortz auf 30 Stück erhöht. Herder, Freiburg, an Lortz, Münster, 17.02.1938. IEG, NL Lortz [1477].

[52] Über den Abschluss der Arbeit berichtet Peter Manns: „Er schrieb wie ein Besessener,

Es ist offenkundig: Herder sah echtes Potential in Lortz' Vorschlag einer eigenen Reformationsgeschichte, die dieser früh als ambitionierte ‚Neuausrichtung' der katholischen Reformationsgeschichtsschreibung attraktiv präsentiert hatte – trotz des nunmehr faktisch aufgegebenen Beitrags für die *Geschichte der führenden Völker* und ungeachtet bereits ähnlicher Verlagsprojekte[53]. Zudem war Herder sich aber durchaus bewusst, dass die Übernahme eines solchen Werkes gerade in der Zeit des Nationalsozialismus ein keineswegs risikoloses Unternehmen darstellte.

Mit dem Vertragsabschluss sollte jedoch erst das beginnen, was Lortz später als den „Kampf um ein Buch"[54] bezeichnete: das Tauziehen mit den kirchlichen Zensoren um die benötigte kirchliche Druckerlaubnis, das „Imprimatur".

2. Änderungen aufgrund der Vorzensur? Das Imprimaturverfahren für Band 1

2.1 Keine Probleme mit der kirchlichen Zensur?

Inzwischen hatte der Herder-Verlag das Manuskript des ersten Bandes bereits dem Erzbischöflichen Ordinariat Freiburg zur Zensur vorgelegt. Offenbar hatte Erzbischof Conrad Gröber (1872–1948) selbst sich „persönlich dafür interessiert und das Manuskript sogar selbst gelesen", wie der Verlag Lortz im März 1938 mitteilte[55]: „Er fand das Buch vorzüglich geschrieben und rühmte vor allem die zusammenfassende historische Schau. Das Buch habe ihm selbst viel Wertvolles und manche neuen Erkenntnisse gegeben. Einige Bedenken hatte er wegen mancher vielleicht überspitzter Formulierungen, wie sie sich bei der so farbigen und lebhaften Darstellungsweise leicht ergeben. Sowohl die dargestellte Zeit war eine äußerst kritische wie auch

---

wodurch sich die ungewöhnliche Dichte der Darstellung erklärt, die später […] jede Überarbeitung seines Hauptwerkes unmöglich machte. Als das Opus vollendet war, soll Seb[astian] Merkle dem Jubilar erklärt haben: ‚Und nun Bubele, machst Du erst einmal Ferien …' Lortz, der genialisch faulenzen konnte, befolgte den Rat seines Freundes". Vgl. Peter Manns, Joseph Lortz zum 100. Geburtstag: Sein Luther-Verständnis und dessen Bedeutung für die Luther-Forschung gestern und heute, in: Rolf Decot/Rainer Vinke (Hg.), Zum Gedenken an Joseph Lortz (1887–1975). Beiträge zur Reformationsgeschichte und Ökumene (VIEG.B 30), Stuttgart 1989, 30–92, hier 40.

[53] Etwa die seit 1930 von Johann Peter Kirsch neu herausgegebene vierbändige *Kirchengeschichte*.

[54] Manns, Nachwort, 356. – Gegenüber Boris Ulianich äußerte Lortz später, der Ausdruck habe von Erzbischof Gröber gestammt. Vgl. Boris Ulianich, Zwischen italienischer Geschichtsschreibung und Vatikanischer Zensur, in: Rolf Decot/Rainer Vinke (Hg.), Zum Gedenken an Joseph Lortz (1887–1975). Beiträge zur Reformationsgeschichte und Ökumene (VIEG.B 30), Stuttgart 1989, 141–196, hier 157.

[55] Herder, Freiburg, an Lortz, Münster, 18.03.1938. IEG, NL Lortz [1445].

unsere Gegenwart. Und so ist außer der rein historischen Betrachtungsweise auch Bedacht zu nehmen auf die Wirkung auf den Leser der verschiedensten Kreise". Der Erzbischof hatte das Manuskript außerdem „einem seiner Zensoren[56] übergeben, dessen ruhiges, besonnenes Urteil er besonders schätzt". Dabei habe er geraten, „dass der Zensor sich nicht *allein* auf die dogmatische Seite beschränke, sondern uns auch eben im Hinblick auf die Aufnahme im Publikum berate". Von Heinrich Finke wusste Herder zu berichten, auch er habe die Darstellung „sehr gut und packend, manchmal vielleicht etwas zu überspitzt" gefunden. „Die Betrachtungsweise von bestimmten Gesichtspunkten und die Zusammendrängung weiter Zeiträume bringen es wohl mit sich, dass z. B. bei der Darstellung der Schäden in der Kirche die Verhältnisse etwas ‚verfinstert' erscheinen"[57].

Mit diesen Informationen suchte der Verlag Lortz wohl bereits sanft darauf vorzubereiten, dass – aus kirchlicher oder historischer Sicht – Änderungen vorgenommen werden müssten. Am 25. April 1938 hatte der Zensor seine Begutachtung zwar noch nicht abgeschlossen, allerdings „bereits in einigen Punkten Notizen gemacht und Wünsche geäussert"[58]. Am 13. Mai lag der Bericht des Zensors dann endlich vor. Es handelte sich „im ganzen doch nur um Geringfügigkeiten"[59]; Näheres wollte Herders Lektor Robert Scherer (1904–1997) mündlich mit Lortz besprechen. Das Treffen verlief offenbar in einvernehmlicher Atmosphäre, jedenfalls dankte Herder am 4. Juni „für das Verständnis", das Lortz „den Wünschen des Zensors entgegengebracht" habe[60]. Da Lortz zudem angekündigt hatte, „im Vorwort eine Reihe von Punkten erwähnen [zu] wollen, die Missverständnissen bei der Lektüre des Werkes vorbeugen sollen", bat Herder um baldige Zusendung dieses Vorwortes, um auch dieses dem Zensor übergeben zu können.

Am 18. Juni 1938 wurden die „ersten Korrekturen von Band I" per Eilboten an Lortz geschickt, ein weiterer Abzug ging an Lortz' Schwester Julie Merker-Lortz in Grevenmacher (Luxemburg)[61]; später wurden die Korrekturabzüge nicht mehr nach Grevenmacher, sondern an den Astronomen Jo-

---

[56] Es handelte sich vermutlich bereits um den Freiburger Dogmatiker Jakob Bilz, der später in einem Schreiben des Ordinariats genannt wird; vgl. EO (Burger), Freiburg, an Herder, Freiburg, 28. 07. 1938 [Abschrift]. IEG, NL Lortz [1445]. Auch in einem späteren Schreiben Herders wird „Herr Professor Bilz als Zensor […] für den ersten Band" erwähnt. Vgl. Herder, Freiburg, an Gröber, Freiburg, 04. 08. 1939. EAF B2–43–69.

[57] Konkrete Änderungswünsche Finkes übermittelte Herder in einem späteren Schreiben vom 10. November 1938 (vgl. unten).

[58] Herder, Freiburg, an Lortz, [Münster], 25. 04. 1938. IEG, NL Lortz [1233].

[59] Herder, Freiburg, an Lortz, [Münster], 13. 05. 1938. IEG, NL Lortz [1445].

[60] Herder, Freiburg, an Lortz, Münster, 04. 06. 1938. IEG, NL Lortz [1233].

[61] Herder, Freiburg, an Lortz, Münster, 18. 06. 1938. IEG, NL Lortz [1477]. Man hatte sich übrigens nun in Abweichung von der früheren Vereinbarung für eine andere Schrift („eine reine Antiqua") entschieden, die auch „beim Lesen die Augen weniger anstrengt".

seph Plassmann (1859–1940)[62] in Münster geschickt[63], neben den noch einmal später der Historiker Carl Arnold Willemsen (1902–1986) trat[64]. Die Korrekturen selbst machten zunächst keine Probleme[65]. Im Vorwort wurde vom Verlag allerdings eine Passage gestrichen, in der Lortz erklärt hatte, „das Buch soll von jedem geistig Interessierten, der die deutsche Sprache versteht, mit Nutzen gelesen werden können"[66]. Herder gab zu bedenken: „Einmal wird das Buch von selbst einen weiten Leserkreis finden, dann soll aber auch das Werk von gewissen Kreisen nicht als Popularisierung ausgedeutet werden können". Auch an einer anderen Stelle des Vorwortes nahm der Verlag „eine leichte Retuschierung" vor. Hatte Lortz ursprünglich geschrieben: „Janssens überragendes und noch immer unentbehrliches Werk ist als Deutung des reformatorischen Phänomens von einer heute unmöglichen Einseitigkeit", so wurde folgende Abschwächung dieses vernichtenden Urteils vorgeschlagen: „ist als Deutung des reformatorischen Phänomens heute als zu einseitig anzusehen". Mit der ersten Änderung zeigte sich Lortz einverstanden, über die zweite wollte er „erst im Zusammenhang des ganzen Textes entscheiden"[67].

Am 13. Juli wandte sich der Verlag dann mit einem anderen – ‚zeitgemäßen' – Anliegen an Lortz[68]: Angesichts „der Wichtigkeit und Exponiertheit Ihres Werkes als einer Geschichte der Reformation in Deutschland" habe man die Bogen nachträglich noch einmal gelesen und dabei vor allem darauf geachtet, „dass dem Empfinden des *deutschen* Lesers in jeder Hinsicht Rechnung getragen" werde. Man wisse zwar, dass Lortz „dies in hervorragendem Maße schon getan" habe, und sehe darin „ein besonderes Verdienst" seiner Arbeit. Es komme dem Verlag aber darauf an, „dass jeder deutsche Leser, der nicht

---

[62] Vgl. Clemens PLASSMANN, Ahnen und Enkel des Astronomen Joseph Plassmann. Ein Gedenkblatt zum hundertsten Jahrestage seiner Geburt. Mit einem Geleitwort von Friedrich Becker, o.O. 1959, 15, wo ausdrücklich Plassmanns Mitarbeit an Lortz' Reformationsgeschichte erwähnt wird: „Joseph Plassmann hat die Register des Werkes hergestellt, dessen Entstehen von ihm mit lebendiger Anteilnahme verfolgt wurde". – Bei Herder schien man Plassmann zunächst für einen theologischen Kollegen von Lortz gehalten zu haben; so bat Lortz bald darauf den Verlag, bei der Zusendung der Korrekturen an Plassmann die irrtümliche Adressierung als „Hochwürden" zu streichen: „Trotz seinen vielen theologischen Sympathien und Kenntnissen ist er dem ordo clericorum bis jetzt – er ist nun 79 Jahre alt – noch nicht beigetreten". Lortz, Münster, an Herder, Freiburg, 16.07.1938. IEG, NL Lortz [1445].

[63] Herder, Freiburg, an Lortz, Münster, 13.07.1938. IEG, NL Lortz [1445].

[64] Herder, Freiburg, an Lortz, Grevenmacher, 27.07.1938. IEG, NL Lortz [1477].

[65] Lortz, Münster, an Herder, Freiburg, 21.06.1938. IEG, NL Lortz [1477]. Lortz war mit den formalen Änderungen weitgehend einverstanden: „Die neu gewählte Schrift ist nicht so apart wie die in Aussicht genommene Antiqua, mir aber lieber, weil klarer".

[66] Herder, Freiburg, an Lortz, Münster, 25.06.1938. IEG, NL Lortz [1477].

[67] Lortz, Münster, an Herder, Freiburg, 28.06.1938. IEG, NL Lortz [1445]. – Tatsächlich entspricht die endgültige Fassung weitgehend der von Herder vorgeschlagenen Formulierung: „Janssens überragendes, bahnbrechendes und noch immer unentbehrliches Werk ist als Deutung des reformatorischen Phänomens heute allgemein als zu einseitig erkannt". LORTZ, Reformation I, VIII.

[68] Herder, Freiburg, an Lortz, Münster, 13.07.1938. IEG, NL Lortz [1445].

katholisch ist, jeden Satz dieses Werkes so versteht, dass er ihn nach menschlicher Möglichkeit nicht missverstehen oder missdeuten kann". Dazu teilte der Verlag elf „in der Formulierung fraglich erscheinende Stellen" mit, die Lortz „im obigen Sinn nochmals überlegen und entsprechend berücksichtigen" solle. Bezeichnend für die Ausmaße solcher zeitgeschichtlich notwendig gewordenen Rücksichten auf den Nationalsozialismus ist bereits die erste dieser Stellen, wo Lortz im Zusammenhang mit einer „Auflösung oder Verdunkelung der Idee des Katholischen" u. a. von „verschiedenen häretischen oder häretisierenden Formen der Apokalyptik, des Spiritualismus, des *Sozialismus*" spricht. Herder bemerkte dazu: „Nachdem dem Worte ‚Sozialismus' heute eine ganz bestimmte Bedeutung zugemessen wird, sollte man überlegen, ob hier statt ‚Sozialismus' nicht besser ‚Kommunismus' eingesetzt werden sollte. So würde das Wort ‚Sozialismus' nicht eindeutig mit Häresie in Verbindung gesetzt, was wir unbedingt vermeiden sollten. [...] Es scheint uns nur, dass das Wort ‚Sozialismus' vermieden werden sollte". Entsprechend sei auch eine spätere Formulierung „sozialistisch-revolutionäre" nochmals zu überdenken. Ebenfalls bedenklich erschien Herder u. a. die „Kennzeichnung jedes Adogmatismus als Liberalismus schlechthin", die Rede von den „Erfurter Gottlosen" („in Anbetracht der heutigen Wortbedeutung") sowie von „Minderwertigen" im Kontext mit „Heidnischen".

Lortz zeigte sich kompromissbereit, da der Frage ein „nur allzu reales, beinahe entscheidendes Gewicht" zukomme[69]. Er schlug vor, den Begriff „Sozialismus" durch „kommunistischen Sozialismus"[70] zu ersetzen, verteidigte aber den Zusammenhang von „sozialistisch" und „revolutionär", der „doch gerade heute sehr erwünscht" sei. Auch „die Kennzeichnung des Adogmatismus als Liberalismus" sei eine seiner „Zentralthesen", die er „schon an vielen Stellen, auch gegen Rosenberg vertreten habe". Die Erfurter „Gottlosen" ließ er allerdings durch die Bezeichnung „Radikale" ersetzen, die „Minderwertigen" streichen.

Insgesamt gingen Lortz die Satzarbeiten offenbar nicht schnell genug. Er bat um „Beschleunigung", wollte die Ferien zum Korrekturlesen nutzen[71]. Doch Herder bremste: schließlich müsse „das Abgesetzte erst gelesen, dann korrigiert und nochmals nachgesehen werden" – zudem sei Ferienzeit eben auch „Ferienzeit bei den Korrektoren!"; man habe allerdings Anweisung gegeben, die *Reformation in Deutschland* vorrangig zu behandeln[72]. Inzwischen war auch die Frage der Bebilderung wieder virulent, die eigentlich bereits ad acta gelegt worden war[73]. Kurz nach dem 22. Juli 1938 konnte – nach Eintreffen des bestellten Papiers – der Druck beginnen. Herder erwog eine Erhöhung der Auflage von 3000 auf 5000 Exemplare, um einen günstigeren

---

[69] Lortz, Münster, an Herder, Freiburg, 16.07.1938. IEG, NL Lortz [1445].
[70] So auch die endgültige Formulierung. Vgl. LORTZ, Reformation I, 15.
[71] Lortz, Münster, an Herder, Freiburg, 28.06.1938. IEG, NL Lortz [1445].
[72] Herder, Freiburg, an Lortz, Münster, 07.07.1938. IEG, NL Lortz [1477].
[73] Herder, Freiburg, an Lortz, Münster, 13.07.1938. IEG, NL Lortz [1445].

Ladenpreis und eine größere Verbreitung zu erzielen[74]. Auch die Zahl der Freistücke wurde von insgesamt 250 auf 300 erhöht; Lortz sollte hiervon anstelle der ursprünglich 30 nun 50 Exemplare erhalten[75].

2.2 Unerwartete Schwierigkeiten mit dem Imprimatur

Schien bis dahin also alles seinen üblichen Gang zu gehen, sollten nun erst die eigentlichen Schwierigkeiten mit der kirchlichen Zensur beginnen. Am 28. Juli 1938 erhielt Herder wie aus heiterem Himmel eine knappe Mitteilung des Erzbischöflichen Ordinariats, unterzeichnet von Weihbischof Wilhelm Burger (1880–1952): Der ehemalige Freiburger Dogmatikprofessor Jakob Bilz (1872–1951), der vom Verlag die Probedrucke zur üblichen Vorzensur erhalten hatte, moniere beim fünften Bogen „auf S. 80 den Inhalt der Zeilen 14–21" und könne deshalb die Erteilung des Imprimaturs nicht empfehlen[76]. Bei der inkriminierten Stelle handelte es sich um eine Passage über Papst Leo X. (1475–1521), in der Lortz die Durchsetzung einer „Gesamtentwicklung" – die er zuvor als falsche „Gesamteinstellung zum Weltlichen, zum Recht, zur Politik, zum Genuß" kritisiert hatte – am Beispiel von Leos „Possesso" illustrierte: „wo eine *sakramentale* Prozession zur Prunkschaustellung des Papstes und seines Hofes wurde und der Papst, unter nackten Götterstatuen durchziehend, Inschriften lesen konnte wie diese: ‚Einst herrschte Venus [= Alexander VI.], dann Mars [= Julius II.]; nun führt das Zepter Pallas Athene.'"[77] Die Reaktion des Freiburger Ordina-

Abb. 3: Jakob Bilz (1872–1951).

riats war – angesichts der wenigen Zeilen – von ungewöhnlicher Härte: „Wir erhalten auf diese Weise davon Kenntnis, daß die Herausgabe dieses Werkes dortseits unternommen wird. Bei dem uns bekannten Gesamtcharakter des Buches vermögen wir nicht unser Imprimatur damit zu verbinden, sondern verweisen Sie zur Erlangung der kirchlichen Druckgenehmigung an den Hl. Stuhl". Damit war praktisch eine Verweigerung des Imprimaturs – und ein Scheitern des Projekts – ausgesprochen.

Es dauerte fast drei Wochen, bis Herder Mitte August über genauere Infor-

---

[74] Herder, Freiburg, an Lortz, Münster, 22.07.1938. IEG, NL Lortz [1445].

[75] Herder, Freiburg, an Lortz, Grevenmacher, 27.07.1938. IEG, NL Lortz [1477].

[76] EO (Burger), Freiburg, an Herder, Freiburg, 28.07.1938 [Abschrift]. IEG, NL Lortz [1445].

[77] LORTZ, Reformation I, 80 (eckige Klammern im Original).

mationen verfügte und diese – eben war der Satz des ersten Bandes abgeschlossen – auch an Lortz weitergab[78]. Demnach war Erzbischof Gröber bei der Imprimaturentscheidung über „gewisse Bedenken" nicht hinweggekommen, wobei es sich diesmal „weniger um Bedenken gegenüber einzelnen Stellen" handle, die im Zuge von Korrekturen ausgeräumt werden könnten, als vielmehr um „Bedenken allgemeiner Art gegenüber dem Gesamtcharakter des Werkes, wie er in wichtigen Einzeldarstellungen zum Ausdruck kommt". In einer „persönlichen Unterredung", die man seitens des Verlages daraufhin suchte, hatte sich Gröber allerdings kooperativ gezeigt: Er wolle das Manuskript noch einem „von ihm selbst auszuwählenden Kirchenhistoriker" vorlegen, sei außerdem bereit, gegebenenfalls auch mit Lortz selbst „über die ganze Angelegenheit" zu sprechen.

Wenig später milderte Gröber das Schreiben des Ordinariats vom 28. Juli in seiner Bedeutung sogar etwas ab, wenngleich nur telefonisch[79]. Ein kleiner Lichtblick! Der Verlag bat Lortz deshalb, den Erzbischof umgehend um eine „schriftliche Bestätigung" dieser günstigen „Interpretation des Ordinariatsschreibens" zu ersuchen, weil letzteres ansonsten „wohl nur als eine Verweigerung des Imprimaturs und eine Verweisung an das Offizium in Rom aufgefasst werden" könne. Es müsse insbesondere „zum Ausdruck kommen, dass eine Verweigerung des Imprimatur noch nicht vorliegt und dass eine Verweisung nach Rom im Sinne einer Sondierung bei einer vom Herrn Erzbischof zu benennenden Stelle aufzufassen ist".

Am 2. September 1938 wandte sich Lortz selbst an Gröber[80]. Zunächst erinnerte er an das Telefonat vom 20. August, in welchem der Erzbischof erklärt habe, dass von seiner Seite „in keiner Weise eine Verweigerung des Imprimaturs […] vorliege. Es solle vielmehr das Manuskript des Buches deswegen noch von einem römischen Sachverständigen begutachtet werden, um in Rom zu sondieren, damit nicht später von dort Schwierigkeiten kommen könnten". Angesichts des anderslautenden Schreibens des Ordinariats vom 28. Juli bat Lortz um eine Bestätigung der mündlichen Aussage des Erzbischofs und nutzte gleichzeitig die Gelegenheit, dem Erzbischof für die Begutachtung „eine römische kirchengeschichtliche Kapazität ersten Ranges" vorzuschlagen: Johann Peter Kirsch (1861–1941), den langjährigen Leiter des Historischen Instituts der Görres-Gesellschaft in Rom und seit 1925 Direktor des Päpstlichen Instituts für Christliche Archäologie in Rom. Außerdem verteidigte Lortz die von Bilz beanstandete Passage seines Werkes: „Ich darf einfach ergebenst darauf aufmerksam machen, dass der dort kurz skizzierte Possesso Leos X in allen Einzelheiten aus Pastors Geschichte der Päpste[81] stammt; dass ausserdem diese – wie alle andern – Nennung damaliger kirchlicher Zersetzungserscheinungen in meinem Buche klar und betont sich

---

78 Herder, Freiburg, an Lortz, Grevenmacher, 18.08.1938. IEG, NL Lortz [1445].
79 Herder, Freiburg, an Lortz, Grevenmacher, 31.08.1938. IEG, NL Lortz [1445].
80 Lortz, Grevenmacher, an Gröber, Freiburg, 02.09.1938. IEG, NL Lortz [1445].
81 Gemeint ist: Ludwig von PASTOR, Geschichte der Päpste seit dem Ausgang des Mittelalters, Bd. 4: Geschichte der Päpste im Zeitalter der Renaissance und der Glaubensspal-

als ein Bekenntnis im Sinne Adrians VI in Nürnberg 1523[82] geben und zudem das Wort Leos XIII für sich haben ‚nichts als die Wahrheit, die ganze Wahrheit!'"[83] Schließlich bedauerte Lortz, dass es zu keiner persönlichen Aussprache gekommen sei, um den „Geist" zu erläutern, aus dem seine „Stellungnahme zu kirchengeschichtlichen Fragen" erfolgt sei: Diese Stellungnahme sei für ihn „so selbstverständlich ein Dienst an der Kirche", eine „Aussprache (auch und gerade die kritisierende) *für* sie", dass er sich von einer Besprechung mit Gröber eine unmittelbare Klärung der Lage und die „Wegräumung der mich so sehr überraschenden Bedenken" erhoffe. Abschließend verwies Lortz auf die auch dem Verlag in seiner derzeitigen Lage erwünschte „Beschleunigung der Herausgabe" und bat seinerseits den Erzbischof um „eine freundlich beschleunigte Antwort".

Gröber zeigte sich tatsächlich entgegenkommend, suspendierte Mitte September den Erlass vom 28. Juli 1938 und war auch damit einverstanden, „daß Prälat Kirsch das Manuskript liest und in Rom sondiert, ob gegen das Erscheinen des Buches Schwierigkeiten entstehen könnten". Laute Kirschs Urteil günstig, so sei das Werk ans Freiburger Ordinariat zurückzusenden, „um das Imprimatur zu erlangen"[84].

Die Nominierung von Kirsch zum neuen römischen Zensor war für Lortz und das weitere Imprimaturverfahren von entscheidender Bedeutung. Kirsch war als Luxemburger Lortz nicht nur landsmannschaftlich verbunden; Lortz durfte sich von seinem alten Fribourger Lehrer und Freund in jeder Hinsicht Unterstützung erhoffen. Tatsächlich hatte Kirsch – von Lortz noch vor dem Schreiben Gröbers über die vom Ordinariat verlangte Hinzuziehung eines römischen Zensors in Kenntnis gesetzt – Lortz Anfang September geschrieben[85]: „Die Angelegenheit mit Deinem neuen Werk scheint doch, nach der bestimmten und nachdrücklichen Erklärung des hochw[ürdig]sten Erzbischofs von Freiburg zu schliessen, dass es sich in keiner Weise um Verweigerung des Imprimatur handle, keine besondere prinzipielle Bedeutung zu haben". Bei dem Zensor in Rom glaube er nicht, dass es sich – wie Lortz offenbar vermutet hatte – „um Exz[ellenz] Bischof [Alois] Hudal handelt; ich möchte eher an einen der deutschen Professoren der Kirchengeschichte an der Gregoriana denken, etwa P. [Robert] Leiber S.J., der ja Badenser ist". Wenn ein „deutscher Fachgenosse in Rom" mit der Zensur beauftragt werde,

---

tung von der Wahl Leos X. bis zum Tode Klemens' VII. (1513–1534). Abt. 1: Leo X., Freiburg i. Br./Rom [1–4]1906.

[82] Gemeint ist das am 3. Januar 1523 auf dem Reichstag verlesene Schuldbekenntnis Hadrians VI. (1459–1523).

[83] Vermutlich Anspielung auf das berühmte Wort Leos XIII. (1810–1903) im Rahmen der Öffnung des Vatikanischen Archivs: „Nichts Falsches berichten, aber auch nichts Wahres verschweigen". (Vgl. Cicero, De oratore II, 62.)

[84] Gröber, Freiburg, an Lortz, [Grevenmacher?], 14.09.1938. IEG, NL Lortz [1445].

[85] Kirsch, Rheinböllerhütte, an Lortz, [Grevenmacher?], 04.09.1938. IEG, NL Lortz [1445].

was sicher der Fall sei, werde die Sache „wohl keine Schwierigkeit haben". „Dein Buch erscheint ja nicht in italienischer Sprache. Und es bliebe Dir ja noch immer der Weg, von Dir aus ein Gutachten einzuholen. Sollte irgend eine Schwierigkeit kommen, so schreibe mir nur darüber und wir können dann sehen, wie es am besten zu machen ist. Die kleine Verzögerung im Erscheinen musst Du in den Kauf nehmen. Da der erste Band ja schon abgesetzt ist, kann ja nach Regelung der Zensurfrage rasch gedruckt werden".

Angesichts der Hilfsbereitschaft von Kirsch sowie des dann erfolgenden Einverständnisses Gröbers war es kein Wunder, dass Lortz nun auch tatsächlich die Möglichkeit nutzte, Kirsch als – erwartungsgemäß wohlwollenden – Gutachter einzuspannen. Am 29. Oktober 1938 konnte Herder berichten[86]: „Herr Prälat Kirsch war persönlich hier und hat sich bereit erklärt, ein Gutachten zum Manuskript auszuarbeiten, das er mitgenommen hat". Zwar sei „eine Veröffentlichung des ersten Bandes vor Weihnachten" damit nicht mehr möglich, wohl aber auf Ostern kommenden Jahres. Man hoffe zuversichtlich, dass die Schwierigkeiten bis dahin behoben seien. Auch von Kirsch kam schon drei Tage später ein positives Signal[87]:

Abb. 4: Johann Peter Kirsch (1861–1941).

„Nach meiner Auffassung liegt kein Grund vor zu befürchten, dass in Rom der Inhalt und die Darstellung beanstandet werden könnte; das habe ich in meinem Brief an den hochw[ürdig]sten Herrn Erzbischof dargelegt. Ich habe den I. Band genau durchgenommen und auch Korrekturen gemacht. An einzelnen Stellen habe ich Bemerkungen gemacht, an solchen Stellen nämlich, wo einzelnes etwas gemildert werden könnte. Die scharfe Verurteilung der römischen Kurie wird nach meinem Empfinden zu oft wiederholt; hier könnten gewisse Einschränkungen gemacht werden, ohne dass dem Inhalt irgendwie geschadet würde. Es muss wohl der Schein vermieden werden, als ob irgendwie eine Animosität besonderer Schärfe gegen die Kurie vorhanden sei. Auch einzelne Ausdrücke, wie ‚Papstkirche', ‚Meßpfaffen' sollten besser vermieden werden. Dann möchte ich den Gedanken vorlegen, ob es nicht besser wäre, den II. B[an]d mit dem ersten zugleich herauszugeben, weil dadurch das Gesamtbild besser zum Ausdruck und zur Wirkung kommt. [...] Das Werk von Prof. Lortz ist wirklich sehr originell, lehrreich, interessant und auf streng wissenschaftlichem Quellenstudium aufgebaut".

Am 10. November erhielt Lortz die Bogen mit den vom Erzbischof gebilligten Verbesserungsvorschlägen[88]. Herder berichtete außerdem, dass Gröber

---

[86] Herder, Freiburg, an Lortz, Münster, 29.10.1938. IEG, NL Lortz [1445].

[87] Kirsch, Rom, an [Herder-Dorneich, Freiburg], 01.11.1938 [Abschrift]. IEG, NL Lortz [1445].

[88] Erzbischof Gröber habe mitgeteilt, dass Kirschs „Korrekturwünsche ganz in seinem

auch Heinrich Finke[89] um seine Meinung gebeten habe. Dessen „kleines, recht positives Gutachten" enthalte folgende Änderungswünsche:

„Die Einleitung Seite 1 muss *unbedingt anders formuliert werden*. Die Orthodoxie (der Ostkirche) war lange vor Luther; ‚eine *wesentliche* Aufspaltung' genügt mit dem ‚wesentlicher' als Unterschied nicht. […] Verfasser muss es ändern oder deutlicher formulieren.
‚Papstkirche' ist kein katholischer Ausdruck. Haben wir nicht jetzt auch eine Papstkirche? Der Ausdruck wird durchaus als nicht katholisch empfunden.
S. 15, Ende des 1. Absatzes […] ist statt des ‚treukatholisch' ein anderer Ausdruck zu nehmen. Dieser Ausdruck ist eine Anspielung auf politischen Katholizismus der Jetztzeit.[90]
S. 107; Absatz 1: Das in der Klammer muss unbedingt weg. Alanus hatte so viel schönes. Warum eine Andeutung, die nur vorsichtig gemacht wird?[91]
S. 109, Zeile 10; bitte ich zu fragen: Was heisst: Man las Messen für Verdammte. Ist das die Form einer Erleichterung usw., so wäre es doch nur ein Mitleidsirrtum".

Mit der Durchführung der entsprechenden Korrekturen glaubte man „die Hauptschwierigkeiten überwunden" zu haben. Doch hatte man sich zu früh gefreut. Es folgten weitere Änderungswünsche des Erzbischofs, weil Lortz in seiner Überarbeitung auf Seite 216 „die gewünschte Korrektur von Herrn Prälaten Kirsch, die übrigens einzige entscheidende von seinen Vorschlägen, nicht berücksichtigt" hatte[92]. Herder berichtete: „Man ist mit Ihnen der Ansicht, dass die Verschleppung des Lutherprozesses tatsächlich schlimme Folgen gehabt hat. Hingegen verwirft man Ihr richtendes Urteil über die Kurie, was bei weitem übertrieben sei. Man streitet es dem Historiker ab, überhaupt über die Schuldfrage ein Urteil zu fällen, umsomehr, als in der damals gegebenen Situation die Folgen gar nicht abgesehen werden konnten. Seine Exzellenz wünscht unbedingt, […] dass zwar die Folgen der Verschleppung des Prozesses zugegeben werden, nicht aber daraus schlechthin der Schluss gezogen werde, als habe die Kurie unmittelbar der Kirche eigenste dogmatische Lebensinteressen aus politischer Berechnung geschädigt". Auch dem Verlag erschien die bisherige abschwächende Formulierung („Die Kurie leistet dabei Hilfsdienste") nicht ausreichend. Lortz wurde eindringlich gebeten, der verlangten Änderung zu entsprechen, da der Erzbischof „das Imprimatur nur von der Änderung dieses Abschnittes abhängig" mache. Im Übrigen werde man „alles daran setzen", Lortz' Wunsch zu erfüllen, schon „einige Freiexemplare zu Weihnachten zu bekommen".

Lortz machte sich daraufhin „sofort an die Arbeit" und sandte Herder am 19. November das Ergebnis[93]: „Ich denke, Sie werden mir zugestehen, dass ich alle Wünsche berücksichtigt habe, dies aber konnte, ohne meine These zu

---

Sinne seien, weshalb er Sie bittet, dieselben voll und ganz zu berücksichtigen". Herder, Freiburg, an Lortz, Münster, 10.11.1938. IEG, NL Lortz [1445].
[89] Finke starb bald darauf am 19. Dezember 1938.
[90] Lortz notierte dazu handschriftlich: „bleibt".
[91] Lortz notierte dazu handschriftlich: „ist geändert".
[92] Herder, Freiburg, an Lortz, Münster, 18.11.1938. IEG, NL Lortz [1445].
[93] Lortz, Münster, an Herder, Freiburg, 19.11.1938. IEG, NL Lortz [1445].

ändern". Eingehend auf die von Herder übermittelte Bemerkung, dem Historiker stehe es nicht zu, „über die Schuldfrage überhaupt ein Urteil zu fällen", replizierte Lortz: „Die Schuldfrage als subjektive, private Schuld vor Gott scheidet natürlich aus. An mehreren Hauptstellen habe ich das eigens betont. Es geht um die richtige oder falsche bzw. schädliche zeitgeschichtliche Struktur. Deshalb illustriere ich z. B. das Problem der kirchlichen Missstände, wie Sie sich erinnern werden, nicht so sehr an dem nach allgemeinem Urteil wohl auch persönlich-moralisch schuldigen Alexander VI, sondern an dem persönlich korrekten Leo X. Im Bereiche dieser objektiven Schuld ist natürlich die von dort übermittelte Verweigerung des Rechtes der Urteilfällung so grotesk, dass eine Diskussion nicht möglich ist. Sollen etwa über Schuld oder Nichtschuld, über historische Verursachung also, Leute richten, denen weder der historische Tatbestand genügend (darauf kommt es an) bekannt ist, und die noch weniger über die unentbehrliche Uebung in der schweren Kunst des geschichtlichen Denkens verfügen? Die Urteilsproben, die ich s[einer] Z[ei]t von dem dortigen dogmatischen Zensor las, illustrieren [das] mehr als genügend".

Die Hoffnung, „nun wirklich" den letzten Stein des Anstoßes beseitigt zu haben, erfüllte sich allerdings wiederum nicht. Am 24. November 1938 wurde Lortz vom Verlag mitgeteilt, der Erzbischof sei nun zwar bereit, „das Imprimatur für den ersten Band" zu erteilen, allerdings erst nach einigen weiteren Veränderungen[94]. So müsse der Satz „Die Entscheidung fällt zu Gunsten der Reformation" ebenso gestrichen werden wie der Satz „Zum ersten Mal hat hier die Kurie der Reformation wichtige, vielleicht entscheidende Hilfsdienste geleistet". Eine weitere Beanstandung bezog sich auf folgende Stelle: „Auch nicht daran, dass die Tatsache der Verschleppung und damit jener Schädigung ursächlich mit zurückgeht auf eine gewisse, längst von treuesten, auch von heiligmässigen Dienern der Kirche gerügte Politisierung der Kirchenverwaltung. Politische Belange gegenüber den religionsgeschichtlichen ...". Hier wurde verlangt, „Politisierung" und „Politische" durch „Verweltlichung" und „Weltliche" zu ersetzen.

Herder ging zwar von der Gutheißung der Änderungen durch Lortz aus – „da wir sonst nicht zum Ziel kommen" –, erbat sich aber trotzdem eine umgehende Bestätigung, die auch erfolgte[95]. Damit glaubte man „die Zensurfrage endgültig geregelt"[96]. Und tatsächlich konnte Herder am 10. Dezember

---

[94] Herder, Freiburg, an Lortz, Münster, 24.11.1938. IEG, NL Lortz [1445].
[95] Lortz vermerkte dazu handschriftlich: „einverstanden. Meine Ansicht kennen Sie".
[96] Der Verlag dankte Lortz für die kooperative Zusammenarbeit, außerdem für die Mitteilung eines Schreibens von Kirsch, das „interessiert und gefreut" habe: „Vielleicht haben wir einmal Gelegenheit, davon Gebrauch zu machen". Ebd. – Dies bezieht sich vermutlich auf Kirschs grundsätzliche Hilfsbereitschaft, bei eventuellen späteren Problemen wiederum vermittelnd (als Gutachter) zu helfen; vielleicht sind hier aber auch konkrete (positive) Äußerungen in dem uns unbekannten Brief Kirschs gemeint, die sich bei weiteren Schwierigkeiten als hilfreich erweisen könnten. Kirsch hatte am 1. November ange-

1938 endlich die langersehnte Nachricht vom erteilten Imprimatur[97] für den ersten Band verkünden[98]: „Das vom Ordinariat ausgefüllte Approbations-Formular für Ihr Buch ist nun in unseren Händen, sodaß unverzüglich mit dem Druck begonnen werden kann, sobald die Bogen von Ihnen zurückkommen". Auch mit dem Satz des zweiten Bandes werde man schon „Ende nächster Woche oder spätestens Anfang übernächster Woche beginnen können". Nur die Vorausexemplare bis Weihnachten seien wohl leider nicht mehr zu schaffen.

In den folgenden Wochen wurde „emsig" am ersten Band der Reformationsgeschichte gearbeitet[99]. Auch der zweite Band, der ja unbedingt gemeinsam mit dem ersten erscheinen sollte, wurde weiter vorbereitet. So erbat der Verlag von Lortz Vorschläge zu dessen Bebilderung. Am 29. Dezember erhielt Lortz schon einige Vorausexemplare des ersten Bandes, doch gab der Verlag zu bedenken, „daß beide Bände Ihres Werkes zusammen erscheinen sollen, und es in der Öffentlichkeit nicht bekannt werden darf, daß der erste Band schon fertig ist"[100]. Dies sei zu beachten, wenn Lortz einige Exemplare „an eine Reihe von Ihnen bekannten Persönlichkeiten weiter geben" wolle. Lortz solle „nur möglichst wenige Stücke" abgeben und auch „nur an solche Persönlichkeiten, von denen Sie wissen, daß sie in der Öffentlichkeit von der Fertigstellung des Bandes nicht sprechen werden". Es folgten u. a. noch Ausführungen zu Fragen des Einbandes, der Bebilderung und der Versendung der Korrekturen. Mitte Januar 1939 war auch der Satz des zweiten Bandes abgeschlossen[101].

Zu Beginn des Jahres 1939 machte also alles – nach den Turbulenzen um die Zensur des ersten Bandes – den Eindruck eines reibungslosen Ablaufs. Man rechnete nunmehr mit einer raschen Fertigstellung auch des zweiten Bandes. Doch der Schein trog.

---

kündigt, er werde Lortz „in den nächsten Tagen antworten". Kirsch, Rom, an [Herder-Dorneich, Freiburg], 01.11.1938 [Abschrift]. IEG, NL Lortz [1445].

[97] Aus einem späteren Brief Herders an den Freiburger Erzbischof gehen die genauen Daten hervor: „Am 2. Dezember 1938 gab Herr Professor Bilz als Zensor sein Nihil obstat für den ersten Band. Das Imprimatur ist am 6. Dezember 1938 gezeichnet". Herder, Freiburg, an Gröber, Freiburg, 04.08.1939. EAF B2–43–69.

[98] Herder, Freiburg, an Lortz, Münster, 10.12.1938. IEG, NL Lortz [1445].

[99] Herder, Freiburg, an Lortz, Münster, 20.12.1938. IEG, NL Lortz [1477].

[100] Herder, Freiburg, an Lortz, Münster, 29.12.1938. IEG, NL Lortz [1477].

[101] Inzwischen hatte der Verlag schon eine wichtige Rückmeldung erhalten, und zwar eine Karte „von Herrn Geheimrat Merkle", worin dieser „um weitere Zusendung der Aushängebogen" bitte. Der Verlag zeigte sich hocherfreut über die Hochschätzung des im Buchhandel noch nicht erhältlichen Werkes. Herder, Freiburg, an Lortz, Münster, 13.01.1939. IEG, NL Lortz [1233]. – Weitere Äußerungen Merkles zu Lortz' Reformationsgeschichte sind nicht bekannt; eine beabsichtigte Rezension erschien nie (vgl. unten).

3. Gefährdung des Werkes? Das Imprimaturverfahren für Band 2

3.1 Neue Bedenken – Spekulationen über ein mysteriöses Gutachten

Anlässlich einer Besprechung im Freiburger Ordinariat erfuhr Herder Ende Januar 1939 von „Bedenken", die sich nun auch gegen die „Erteilung der kirchlichen Druckerlaubnis für den zweiten Band" erhoben[102]. Weil beide Bände ja als „geschlossenes Ganzes" veröffentlicht werden sollten, der erste Band aber bereits gedruckt in den Kellern lagerte, war der Verlag ob dieser erneuten Verzögerung – und womöglich Gefährdung des ganzen Unternehmens – aufs Höchste alarmiert. Zunächst ging es darum, „in allen Fällen die Hinausgabe von Einzelbänden [zu] vermeiden", um einen Imageschaden zu verhindern. Sodann wurde Lortz gebeten, zur Klärung der „Einzelheiten der bestehenden Schwierigkeiten" zu einer mündlichen Besprechung nach Freiburg zu kommen: „Eine ganz ruhige und sorgfältige Behandlung aller Einzelheiten scheint uns ein Erfordernis zu sein. Wir sind begreiflicherweise selbst tief betroffen, erkannten aber aus den Besprechungen überall das volle und reine Interesse an der Sache selbst". Man wolle nun „gerne noch einige Tage die Angelegenheit nach den verschiedenen Seiten hin überlegen" und dann nochmals berichten.

Auch Lortz zeigte sich betroffen von der „mehr als überraschende[n] Mitteilung", die er bis zur weiteren Information Herders zunächst einmal nur „zur Kenntnis" nehme[103]. Wie heftig ihn die Nachricht allerdings bewegte, zeigt seine implizite Drohung, notfalls alle Rechtsmittel auszuschöpfen, um das Erscheinen seines Werkes durchzusetzen: Eine „Stellungnahme" behalte er sich vor, denn das Kanonische Recht auferlege den Autoren nicht nur Pflichten, sondern gebe auch Rechte, „insbesondere gar dann, wenn das Imprimatur rite und abschliessend für einen Band bereits in aller Form erteilt ist". Abgesehen davon versuchte sich Lortz jedoch in einem Zweckoptimismus, um die Bedenken des Verlages zu zerstreuen und diesen schon einmal prophylaktisch auf eine Verteidigungsargumentation einzuschwören: „Im Uebrigen bin ich überzeugt, dass man das Imprimatur geben wird. Ein Buch, das so sehr aus dem Zusammengehörigkeitsbewusstsein mit der Kirche und dem Bewusstsein der Verantwortung für sie geschrieben ist, kann bei gerecht und kenntnisreich urteilenden Männern nicht auf unüberwindbaren Widerstand stossen. Schliesslich kommen doch im 2. Band keine andern Auffassungen zum Ausdruck als im ersten. Wohl aber erscheinen die langsam, langsam aufsteigenden katholischen Kräfte in einer proportional genommen sehr starken Nachdrücklichkeit[104]. Die Auffassung des ganzen Verlaufs der Reformation und ihre Bewertung ist in nuce bereits in meiner Geschichte der Kirche

---

[102] Herder, Freiburg, an Lortz, Münster, 01.02.1939. IEG, NL Lortz [1233].
[103] Lortz, Münster, an Herder, Freiburg, 03.02.1939. IEG, NL Lortz [1445].
[104] Vgl. dazu später nochmals Lortz' Schreiben an Herder vom 21. Februar 1939.

zu lesen[105]. Und doch hat diese Auffassung nicht nur seit Jahren immer wieder das Imprimatur, wurde nicht nur ausdrücklich von Bischof [Maximilian] Kaller als besonders warm kirchlich gelobt, es wurde ihm in einer sicherlich ungewöhnlich hohen Anzahl von Besprechungen das sentire cum ecclesia in und durch die unbestechliche Wahrhaftigkeit bescheinigt". Und nicht zuletzt berief sich Lortz auf das Zeugnis des römischen Zensors: „Prälat Kirsch schrieb mir noch kürzlich abermals, dass er meine Auffassungen der Kritik *für* die Kirche so ganz teile"[106].

Herder war sich des Ernstes der Situation allerdings sehr bewusst und deshalb auch „ernstlichst bedrückt über die jetzt noch entstandene Schwierigkeit"[107]. Dazu kam, dass es zunächst offenbar nicht gelang, ein „genügend klares Bild, namentlich in Bezug auf Einzelheiten der bestehenden Bedenken" zu gewinnen. Man konnte lediglich in Erfahrung bringen, dass der erzbischöfliche Zensor, der das Nihil obstat für den ersten Band erteilt hatte[108], den Wunsch ausgesprochen habe, „für den zweiten Band von seiner Aufgabe entbunden" zu werden. Bilz war also vom Erzbischöflichen Ordinariat durch „einen anderen Herrn" ersetzt worden[109], der aber „nun seinerseits Bedenken über die Möglichkeit der kirchlichen Druckerlaubnis für das Werk ausgesprochen" habe. Diese Bedenken beträfen anscheinend wiederum „die Grundhaltung des Werkes und den aus dem Ganzen sich ergebenden Gesamteindruck".

Neben dem Bemühen, Einzelheiten zu erfahren, studierte man im Verlag aber auch von sich aus „noch einmal eingehend" das Werk, besonders aber die „Ergänzung am Schlusse des zweiten Bandes". Dabei ergab sich – wie man Lortz im selben Schreiben mitteilte – folgender „Gesamteindruck".

1. Lortz bemühe sich um gerechte Beurteilung beider Seiten, sowohl des Positiven auf Seiten Luthers und der Reformation als auch des Negativen auf Seiten der katholischen Kirche, gehe dabei aber mitunter auch etwas zu weit:

„Sie sind bestrebt, unter allen Umständen gerecht zu urteilen und bei Luther und seinen Anhängern ja nicht das Positive zu verschweigen. Umgekehrt decken Sie unnachsichtlich alle Schwächen auf unserer Seite auf. Vielleicht sind Sie eher zurückhaltend in der Anerkennung des Positiven auf unserer Seite. […] Man kann sogar auch soweit gehen und sagen, Sie haben in christlicher Nächstenliebe die Fehler wenigstens beim Gegner im besseren Sinn zu deuten gesucht. Vielleicht hätten Sie dies auch bei den Fehlern auf unserer Seite tun dürfen, ohne deshalb beschönigen und vertuschen zu wollen. Es ist manchen der

---

[105] Vgl. LORTZ, Geschichte der Kirche, Teil III, 45–102 – dort unter der Überschrift: „Das Zeitalter der Glaubensspaltung".
[106] Das betreffende Schreiben Kirschs ist unbekannt.
[107] Herder, Freiburg, an Lortz, Münster, 17.02.1939. IEG, NL Lortz [1233].
[108] Gemeint ist Jakob Bilz, der am 2. Dezember 1938 sein *Nihil obstat* gegeben hatte. Vgl. Herder, Freiburg, an Gröber, Freiburg, 04.08.1939. EAF B2–43–69.
[109] Es handelte sich um den Freiburger Kirchenhistoriker Ludwig Andreas Veit, dessen Gutachten zum zweiten Band scharf negativ ausfiel (vgl. unten).

Leser aufgefallen, wie gern Sie zu wiederholten Malen auf bestimmte Fehler der Kurie hinweisen, ohne dass ein offensichtlicher Grund dazu vorliegt".

2. Angesichts einer solch schonungslosen Bewertung der katholischen Seite bestünden Bedenken gegenüber der nötigen Urteilsfähigkeit der (katholischen) Leser, an die Lortz mit seinen ungewohnt ‚kritischen' Urteilen (zu) hohe Ansprüche stelle:

„Sie haben wohl selbst den Eindruck gehabt, dass Ihre Schilderungen manchen Leser stark aus dem gewohnten Geleise werfen würden[110]. Sie haben das vielleicht auch beabsichtigt, und man kann dieser Absicht eine gewisse Berechtigung nicht absprechen. Sie haben deshalb im Vorwort des ersten Bandes [...] den Leser dringend [davor] gewarnt, an einzelnen Stellen hängen zu bleiben, um ja nur aus dem Gesamtzusammenhang heraus ein letztes Wort zu sprechen. Damit stellen Sie freilich an den Leser sehr hohe Anforderungen, zumal bei einem so umfangreichen Werk und bei einem so heiklen Thema. Es scheint uns, als ob die Zensoren vor allem diesen Gesichtspunkt vor Augen hätten, wenn sie sich zur Gewährung des Imprimaturs noch nicht entschliessen konnten. Sie trauen Ihren Lesern [...] eine Urteilskraft zu, die sie nicht besitzen können, geben Ihnen aber nicht den letzten Schlüssel, um zu einem sicheren Urteil zu gelangen. Hier scheint uns denn auch die schwache Stelle Ihres an sich so schönen, so lehrreichen und so wahrheitsliebenden Werkes zu sein".

3. Besonders wichtig erscheine die abschließende Behandlung der historischen ‚Schuldfrage', in der „in gewisser Weise der ‚absolute' dogmatische Maßstab der Kirche zu kurz komme". Daraus ergäbe sich wiederum Unklarheit für den Leser:

„In Ihrem Schlusswort kommen Sie noch einmal auf die Frage der Schuld zu sprechen. Sie geben selbst zu, dass diese Frage an das Tiefste des für uns in der Reformation geschichtlich Fassbaren nicht herankommt. Und doch schien es so, als suchten Sie in Ihrem ganzen Werk den Anteil an Schuld beiderseitig gerecht verteilen zu wollen. [...] Damit erhebt sich aber die Frage, ob nicht ein Tieferes als das Bemühen um Gerechtigkeit in geschichtlicher und psychologischer Wertung in Ihrem Werk zu kurz gekommen ist. [...] Gewiss, Sie waren sich der dogmatischen Fragen wohl bewusst und haben sie auch ständig vor Augen gehabt. Es ist Ihnen ja auch von keiner Seite her [unseres Wissens][111] ein dogmatischer Fehler vorgeworfen worden. Aber eine andere Frage ist die, ob man, losgelöst vom Dogma, besser noch, ob man, wenn man von der Glaubenswirklichkeit, wenn auch nur methodisch, für einen Augenblick sozusagen absieht, ein gerechtes geschichtliches und psychologisches Urteil fällen kann[112]. Es ist u[nseres] E[rachtens] in Ihrem Werk zu wenig deutlich geworden, wo eigentlich Luther vom Glauben aus gesehen steht, wie sehr eigentlich der Protestantismus Christus verkleinert hat usw. Der Leser sieht wohl, dass er abgefallen ist von der Kirche, dass auch viel Unrechtes auf Luthers Seite war. [...] Wo bleibt aber dann der absolute Wertmaßstab oder wo wird das herrliche Bild der Kirche in Ihrem Werke sichtbar, das den Leser in Begeisterung versetzen soll, wenn auch diese Begeisterung gedämpft sein mag durch die vielen Sünden der Glieder dieser Kirche, welche Sünden ja heute noch auf uns lasten".

---

[110] Lortz vermerkte dazu handschriftlich: „natürlich!"
[111] Handschriftliche Ergänzung Herders am Rand.
[112] Lortz markierte diesen Satz handschriftlich mit „!!".

Gestützt auf diese Vermutungen schlug der Verlag vor, Lortz solle in einem ausführlichen Schlusskapitel noch einmal ausdrücklich Klarheit in diesen Punkten schaffen durch eine eindeutige Beurteilung vom katholischen Standpunkt aus: „Wir haben uns nun überlegt, ob diesem Mangel vielleicht auf diese Weise abgeholfen werden könnte, dass Sie in einem umfassenden Schlusskapitel den gesamten historischen Vorgang sozusagen rekapitulierten und ihm von Christus her, wie er in seiner Kirche lebt, den festen Standort zuwiesen. Damit wäre garantiert, dass der Leser des Werkes nicht mehr seinem eigenen unsicheren Urteil überlassen bliebe, sondern auch von Christus her die Dinge sähe. […] Allerdings müssten Sie dann auch noch im Vorwort zum ersten Band diesen Gesichtspunkt sehr klar herausarbeiten. Wie schön könnte z. B. Herr Dr. [Robert] Grosche so etwas entwickeln“. Man bat Lortz, sich diese Überlegungen, in denen „nur die Meinung des Verlages“ zum Ausdruck komme, „durch den Kopf gehen zu lassen“. Im Übrigen erwog Herder, noch einmal Kirsch um „Mithilfe in bezug auf die Lösung von einzelnen Schwierigkeiten“ zu bitten, da wohl „auf diesem Wege noch am ehesten eine befriedigende Lösung erreicht werden“ könne.

Lortz gab sich in seiner Antwort vom 21. Februar 1939 keinerlei Mühe, seine Emotionen, die sich nun auch gegen den Verlag selbst richteten, zu unterdrücken[113]: Es sei ihm „schleierhaft, wieso der erst gewählte Zensor zuerst das ganze Werk im Manuskript lesen konnte und mit Ausnahme von einigen Kleinigkeiten als unbeanstandbar passieren lassen kann und dann nach erfolgtem Satz mit seinen Schwierigkeiten kommt“. Hinsichtlich der „dogmatischen Korrektheit“ – „der Sie in Ihrem Brief vorsichtshalber ein handschriftliches ‚unseres Wissens‘ beifügten“ – sei „bisher von keiner Seite eine derartige Beanstandung“ an ihn gelangt. Noch deutlicher verwahrte sich Lortz gegen den Vorwurf, es in seinem Bemühen um eine gerechte Beurteilung sowohl der katholischen als auch der protestantischen Seite übertrieben zu haben: „Ich versuche Verständnis dafür aufzubringen, dass Sie rebus sic stantibus mir in einer solchen Art schreiben, die mich veranlassen könnte, eine möglichst heilsame Gewissenserforschung anzustellen darüber, ob ich nicht doch in der Schilderung kirchlicher Schwächen zu weit gegangen sei […]. Ich muss aber sagen, dass Sie darin wohl etwas zu weit gingen“. Insbesondere wehrte sich Lortz schließlich gegen die Zumutung, eine historische Darstellung an dogmatischen Vorgaben zu messen: „Das Wichtigste ist aber wohl, dass Sie meine Aufgabe mit der eines Dogmatikers einigermassen verwechseln. Ich beanspruche, dass Kirchengeschichte, wie ich sie gebe, Theologie ist, aber nicht Dogmatik. Herr Dr. Grosche, auf den Sie hinweisen als denjenigen, der die von Ihnen als wünschenswert bezeichneten Ausführungen so schön zu liefern im Stande wäre, ist nicht Kirchenhistoriker sondern eher Dogmatiker. Es ist etwas ganz anderes, ob ich kirchengeschichtliches Material benutze, um dogmatische Schlussfolgerungen daraus zu

---

[113] Lortz, Münster, an Herder, Freiburg, 21. 02. 1939. IEG, NL Lortz [1233].

gewinnen, oder ob ich einen kirchengeschichtlichen Bestand beschreibe, auch wenn ich das vorzugsweise nur ideengeschichtlich und in den Grundzügen tue, und die theologische Erkenntnis dabei nicht zu kurz kommen lassen möchte".

Im Hinblick auf Herders Vorschlag eines klärenden Schlusskapitels stellte Lortz fest, er habe „von vornherein" ein solch wertendes Schlusskapitel geplant gehabt, eine erste Fassung auch bereits geschrieben, dann aber darauf verzichtet, „um den Umfang des Werkes nicht noch weiter" zu vergrößern. Nun habe er aber begonnen, „eine Reihe von Gedanken dieses Kapitels, teilweise unter Benutzung Ihrer geäusserten Fragezeichen, neu zusammenzustellen, teilweise neu zu formulieren". Gleichwohl habe er bei der Ausarbeitung das „bedrückende Gefühl" gewonnen, „dass nicht einmal eine so nachdrückliche Erklärung meines katholischen Standpunktes, wie ich sie im Vorwort zum ersten Bande gab (sicher in dieser Betonung etwas nicht Gewöhnliches in der wissenschaftlichen Literatur!)", genüge, „um den Kleingläubigen genügend Zutrauen zum Verfasser abzugewinnen". Der heute „notwendiger denn je gewordene Wagemut" fehle den „Wächtern doch in erschreckendem Maße". Sodann ging Lortz auf die einzelnen Punkte des Verlagsschreibens näher ein.

1. Gegenüber Herders Eindruck einer zu strengen Beurteilung der katholischen Seite sei zu bemerken, dass dieses Urteil „und noch mehr die Andeutung der Stellungnahme von der christlichen Nächstenliebe" unzutreffend sei:

„Ich darf Ihnen sagen, dass ich mit besonderer Begierde nach wirklichen, grossen, hinreissenden Aeusserungen auf unserer Seite gesucht habe. Leider sind sie so selten. Das, was ich fand, habe ich, um einer Forderung der ausgleichenden Gerechtigkeit zu genügen, viel ausführlicher dargestellt (2. Bd., 3. Buch), als es ihm proportional zum andern gleichzeitigen Geschehen zukommen würde[114]. Wenn es manchem Leser aufgefallen ist, dass ich gern zu wiederholten Malen auf bestimmte Fehler der Kurie hinweise, ohne dass ein offensichtlicher Grund dafür vorliegt, so handelt es sich um *Grund*zersetzungen. Derartiges muss gewogen, nicht nur genannt werden. Und nur ein gründlicher Kenner des Materials kann entscheiden, ob nicht jeweils mehr als genügender Anlass vorlag, auf gewisse Zersetzungen zurückzukommen".

2. Gegen die Befürchtung Herders, durch die komplexen Bewertungen das Urteilsvermögen der Leser zu stark zu beanspruchen, setzte Lortz die Notwendigkeit eines „christlichen Wagemut[s]":

„Die ewige Angst, den Schultern der Gläubigen zu viel aufzuladen, möglicherweise nicht ganz verstanden zu werden, ist es, die uns so viel in die Mittelmässigkeit hat hineinschlid-

---

[114] Vgl. später die ähnlichen Formulierungen in Lortz' Schlusswort: Er habe „mit besonderer Begierde gerade nach Äußerungen der fortdauernden *Treue* zur angestammten Kirche geforscht" und „außerdem, um einer Forderung ausgleichender Gerechtigkeit Genüge zu tun, das hierbei Festgestellte ausführlicher behandelt, als es ihm proportional zu dem andern gleichzeitigen Leben eigentlich zugekommen wäre". Lortz, Reformation II, 295.

dern lassen. Und nur, wenn man Anforderungen stellt, kann man über ein weitausgreifendes, wichtiges und heikles Thema ernst reden. Sollte man aus meinem Text, so wie er vorliegt, nicht sehr ernst genommenes Verantwortungsgefühl, Ernst im Dienst der Seelen, und beides als Diener der Kirche unbedingt herausspüren, dann freilich, wüsste ich nicht, was ich noch zu sagen hätte".

3. Gegenüber dem Vorwurf einer zu negativ gezeichneten sichtbaren Kirche stellte Lortz noch einmal nachdrücklich den Unterschied zwischen Kirchengeschichte und Dogmatik heraus:

„Der Schluss dieses Absatzes (S. 1 von Blatt 2) beruht auf einer besonders schlimmen Verwechslung des Historischen mit dem Bereich des Glaubens. Die Herrlichkeit der Kirche war historisch zu Anfang des 16. Jahrhunderts eben nicht mehr vorhanden. Alle Zeitgenossen, die ihr die Treue hielten, taten es nicht, weil ihnen aus der sichtbaren Gestalt der Kirche Herrlichkeit, Gesundheit und Kraft entgegentrat, sondern trotzdem sie bekannten, dass sie ein verunstaltetes Gesicht etc. etc. zeigte. Aber sie *glaubten* an die wesensmässige Heiligkeit der Kirche mit der übernatürlichen Tugend des Glaubens. Nicht anders kann die Haltung des heutigen Katholiken gegenüber den Zuständen der Kirche im 16. Jahrhundert sein. Besonders, da nicht einmal in wirklich glorreichen Zeiten der Kirche deren Herrlichkeit sich wesentlich im historisch Fassbaren darstellt und also von da aus ,erwiesen' werden kann".

Die vom Verlag genannten Bedenken habe er im Übrigen auch mit Joseph Plassmann besprochen: „Nun kennen Sie wohl Herrn Professor Plassmann zur Genüge, um zu wissen, dass er kein umstürzlerischer Brausekopf ist, sondern ein sehr milder, längst abgeklärter, sehr kirchlicher Mann. Er konnte zu meiner Freude Ihren Bedenken in keiner, aber auch in gar keiner Form zustimmen". Dem entspreche völlig der Eindruck seiner Schwester Julie Merker-Lortz, die bereits „die Druckbogen mitgelesen" hatte: „Sie ist streng kirchlich, und in nichts ,aufklärerisch', dabei nicht kritisch geschult: bis jetzt kam auch nicht die leiseste Andeutung, dass hier dem Katholiken zu viel oder zu Schweres zugemutet würde, dass zu schwarz das Katholische, das Gegenüber aber etwas zu vorteilhaft geschildert sei". Eine erneute „Begutachtung durch Prälat Kirsch" sei vielleicht tatsächlich am ehesten geeignet, „den dortigen Stellen" – gemeint war das Freiburger Ordinariat – den „Mut" zu stärken[115].

Herder zeigte sich angesichts der für den Verlag „nicht ganz leichten Situation" erleichtert über die offenbar noch als glimpflich empfundene Reaktion von Lortz[116]. Man gehe nun mit „um so grösserer Zuversicht an die weitere Entwicklung dieser schweren Angelegenheit" und übernehme „das Amt des ehrlichen Maklers" gern, wenn man wisse, dass die eigenen Bemühungen „richtig aufgefasst" würden. Darin schwang freilich auch eine gute Portion Kritik mit. Inhaltlich etwa legte man den Finger durchaus auf eine verwund-

---

[115] Mit Süffisanz fügte Lortz hinzu: „Zu Ihrer Entlastung notiere ich ausdrücklich, dass diese Formulierung von mir stammt und in Ihrem Brief nicht vorkommt".
[116] Herder, Freiburg, an Lortz, Münster, 27.02.1939. IEG, NL Lortz [1445].

bare Stelle, wenn man Lortz auf Inkonsequenzen seiner Geschichtstheologie hinwies: „Sie meinen nun, wir würden Ihre Aufgabe mit der eines Dogmatikers einigermassen verwechseln. Wir haben dies aber bestimmt nicht in dem Sinne gemeint, dass Sie nun eine grossangelegte Theologie der Kirche in Ihrem Werk entfalten sollten. Wenn aber Kirchengeschichte Theologie ist, kann sie der theologisch dogmatischen Hintergründe nicht entraten. Wir hatten deshalb gemeint, Sie sollten diese Hintergründe ein wenig stärker zum Ausdruck kommen lassen".

Den ‚beiläufigen‘ Hinweis auf den Kölner Diözesanpriester Robert Grosche (1888–1967) verteidigte der Verlag im Übrigen damit, man habe vermutet, Lortz sei „mit dessen Kontroverstheologie durchaus eines Sinnes". In diesem Zusammenhang wies Herder auch auf einen Aufsatz in der von Grosche gegründeten und im Sinne der ‚Una Sancta‘ wirkenden Zeitschrift *Catholica* hin, in dem das Werk *Chrétiens désunis*[117] des französischen Theologen Yves Congar OP (1904–1995) besprochen worden war[118]. Als „sehr interessant" bezeichnete Herder im Hinblick auf Lortz' Reformationsgeschichte, dass heute „in der Bewertung Luthers selbst in romanischen Ländern ein Wandel vor sich" gehe: „Es liegt einer heutigen Beschäftigung mit Luther nahe, den theologischen Ertrag einer solchen Auseinandersetzung, wie sie in der Reformation war, zusammenzufassen. Darauf gehen ja die ganzen Bemühungen Grosches und Congars hinaus. Die Kirchengeschichte sollte irgendwie, gerade weil sie Theologie ist, diese Gesichtspunkte wenigstens ständig zum Bewusstsein bringen, ohne dass sie sie ausdrücklich zur Darstellung bringen braucht. Deswegen dürfte der Vorschlag eines Schlusskapitels, den Sie ja zustimmend aufnehmen, noch zum Nachdruck dieses Gesichtspunktes beitragen". Vor einer erneuten Begutachtung durch Kirsch wollte man nun allerdings doch erst „eine endgültige Stellungnahme von Seiten des hiesigen Ordinariates" abwarten. Der zweite Band werde dort neuerdings geprüft.

3.2 Hinter den Kulissen: Das Gutachten von Ludwig Andreas Veit

Was hatte es mit dieser neuen Prüfung des zweiten Bandes von Seiten der kirchlichen Zensur auf sich? Von wem stammte das mysteriöse Gutachten, das neue ‚Bedenken‘ hervorgerufen hatte – und worin bestanden diese Bedenken eigentlich?

Unklar ist, weshalb der Dogmatiker Bilz, der Zensor des ersten Bandes,

---

[117] Yves Marie-Joseph CONGAR, Chrétiens désunis. Principes d'un „oecuménisme" catholique (Unam Sanctam 1), Paris 1937. – Möglicherweise war dieser Hinweis der Anlass für Lortz, am Ende seines neuen Schlusswortes ein Zitat aus Congars Werk anzuführen (vgl. unten). Vgl. LORTZ, Reformation II, 308. – Zu *Chrétiens désunis* vgl. ERNESTI, Ökumene, 134–136.

[118] Ludwig LAMBINET, Kontroverstheologische Perspektiven, in: Catholica 7 (1938), 150–164. – Dieser Aufsatz sowie Congars Werk selbst finden sich auch in Lortz' Literaturverzeichnis. Vgl. LORTZ, Reformation II, 321.

nicht auch die Zensur des zweiten Bandes übernommen hatte. Möglich, dass ihm die Arbeit an Lortz' Reformationsgeschichte einfach zu viel geworden war, möglich auch, dass ihm die dogmatische Beurteilung des historischen Themas zu heikel erschien – nicht zuletzt hinsichtlich seiner eigenen (kirchlichen) Position. Vielleicht war er über die Nachgiebigkeit des Ordinariats erbost, fühlte sich in seiner Kompetenz angegriffen, nachdem Lortz seinen ersten Band, den Bilz in seiner Gesamttendenz kritisiert hatte, durch kleinere Änderungen ‚freibekommen' hatte.

Es überrascht jedenfalls nicht, dass das Freiburger Ordinariat – vielleicht auch um neuen Schwierigkeiten nach Möglichkeit aus dem Weg zu gehen – sich nunmehr an den nächstgelegenen ‚Experten' wandte, den Freiburger Ordinarius für Kirchengeschichte. Ludwig Andreas Veit (1879–1939) erhielt am 25. Januar 1939 „die Probedrucke des zweiten Bandes" mit Bitte um „Begutachtung zwecks Erteilung des Imprimatur"[119]. Tatsächlich erstellte Veit innerhalb nur weniger Tage das erbetene Gutachten[120]. Dass Bilz von sich aus seinen (ehemaligen) Kollegen Veit ins Spiel gebracht hatte, dürfte eher unwahrscheinlich sein, konnte ein Kirchenhistoriker in den Augen eines Dogmatikers das doch gerade nicht adäquat leisten, wozu sich der Dogmatiker berufen fühlte: über Fragen der Glaubenslehre – und darum schien es bei der Reformationsgeschichte ja nicht zuletzt zu gehen – zu entscheiden. Möglich ist freilich auch, dass Veit selbst Interesse gezeigt hatte an einer (kritischen) Begutachtung von Lortz' Werk, zumal dessen Entstehungsprozess in Freiburg anscheinend ein ‚offenes Geheimnis' war[121].

Erstaunlicherweise jedoch urteilte der Kirchenhistoriker Veit ganz ähnlich wie zuvor schon der Dogmatiker Bilz, womit sich doch der Verdacht der Absprache aufdrängt. Denn auch Veit lehnte die Reformationsgeschichte von Lortz ebenso vehement wie kategorisch ab. Und wieder war es „die Grundhaltung des Werkes", die diese „grundsätzliche" Ablehnung motivierte. Der Verfasser sei – so Veit – durch seinen früheren Aufsatz „Zugang zu Luther"[122] hinreichend bekannt: „Nun haben die Protestanten ihren Zugang zu L[uther]. Die gläubigen Katholiken benötigen einen solchen nicht, denn sie wissen, was sie von Luther und seinem ‚Werk' zu halten [haben]". Die Hauptkritik Veits zielte im Übrigen auf den unkritischen Gebrauch des Be-

---

[119] EO (Reinhard), Freiburg, an Veit, Freiburg, 25.01.1939. EAF B2–43–69.

[120] Ludwig Andreas VEIT, Gutachten zu J. Lortz, Die Reformation in Deutschland, Bd. 2, Freiburg, 29. Januar 1939. EAF B2–43–69 (abgedruckt im Anhang dieses Bandes). – Veit starb schon bald darauf am 25. April 1939.

[121] So spricht Veit in seinem Gutachten davon, dass „schon seit Monaten urbi erzählt wird von einem glänzenden Werk über die ‚Reformation', das der Verlag [Herder] herausbringe".

[122] Von Lortz ist kein Aufsatz mit diesem Titel bekannt. Möglicherweise handelt es sich um eine – gewollte? – Verwechslung mit dem Titel von Lortz' Schrift *Katholischer Zugang zum Nationalsozialismus*. Thematisch passen könnte am ehesten: Joseph LORTZ, Um Luther (Zum 450. Geburtstag am 10. November 1933), in: Zeitschrift für den katholischen Religions-Unterricht an höheren Lehranstalten 10 (1933), 193–206.

griffs „Reformation"[123] bei Lortz, denn dieses „aus der protestantischen Münze stammende Kennwort" bedeute in Wirklichkeit „Revolution, Neuerung und Spaltung" und sei daher aus katholischer Sicht gänzlich abzulehnen: „Es tut nichts zur Sache, dass die katholischen Profanhistoriker sich in den Begriffen ‚Reformation', ‚Vorreformation', ‚vorreformatorisch' und dergl[eichen] wohl fühlen [...]. Das kommt mehr auf das Konto der katholischen Weichheit und der charakterlich nicht gerade schönen Kompromisselei. Dass aber ausgerechnet jetzt, wo wir uns gegen eine totale Geschichtsklitterung schlimmsten Ausmasses erwehren müssen, ein katholischer Kirchenhistoriker buchmässig das Thema ‚Die Reformation' behandelt und dafür einen katholischen Verlag gefunden hat, gibt zu denken".

Der Vorwurf der „Geschichtsklitterung schlimmsten Ausmasses" fällt auf – was war damit gemeint? Aufschluss geben die weiteren Ausführungen Veits, in denen er energisch betont, „dass wir Katholiken nicht nötig haben, uns die geschichtliche Terminologie von Protestanten vorschreiben zu lassen", um so „die uns nachgesagte Weichheit nicht bis zur Charakterlosigkeit zu treiben". Im Gegensatz zu Lortz suche man in den früher bei Herder erschienenen „Standardwerken" – Janssen, Pastor, Grisar – den Begriff „Reformation" vergeblich: „Ich wüsste nicht, dass sich seitdem die Verhältnisse so geändert haben könnten, den katholischen Weg zu verlassen und gerade jetzt, wo uns eine völkische Geschichtsauffassung aufgezwungen werden soll, unserem katholischen gebildeten Volk die ‚Herrlichkeiten' der ‚Reformation' zu schildern". Veit wendet sich also ausdrücklich gegen eine „völkische Geschichtsauffassung", d. h. gegen eine von der nationalsozialistischen Ideologie bestimmte – antikatholische – Geschichtsdeutung (bzw. „Geschichtsklitterung"). Offenbar sah er in dieser Hinsicht allzu ‚versöhnliche' Tendenzen in Lortz' Werk – und womöglich auch mit Blick auf Lortz selbst, wenn man etwa an dessen Engagement für einen ‚katholischen Zugang zum Nationalsozialismus' noch vor wenigen Jahren denkt[124]. Freilich beteuert Veit in seinem Gutachten, er schreibe „nicht aus Animosität, sondern aus dem innern Widerspruch, den ich gegen diese Verwaschung und Verwässerung unseres geschichtlichen Gutes durch einen katholischen Kirchenhistoriker und Verlag empfinde", ebenso „im Auftrage der grossen Verstorbenen, die sich gegen diese Verunglimpfung durch den eigenen Verlag nicht wehren können". Doch kommt er sogleich wieder auf die Zeitumstände zurück: Er erhebe Einspruch auch deswegen, „weil wir wahrhaftig unsere eigenen Bezirke wahren müssen, da eine traditionslose Bewegung sich bemüht, ihr Geschichtsbild der Umwelt total aufzuzwingen".

Im Übrigen sah Veit nicht nur im Blick auf die Vergangenheit des Verlags, sondern auch hinsichtlich der gegenwärtigen kirchengeschichtlichen Publikationen Herders durch die Übernahme des Begriffes „Reformation" einen

---

[123] Diese grundsätzliche Kritik am Begriff „Reformation" findet sich später nur noch in der Rezension von Josef Schmidlin wieder (vgl. unten).
[124] Vgl. oben Lortz' Biographie.

äußerst problematischen Konflikt entstehen: Wie könne es der Verlag Herder fertigbringen, „den Verfasser des 3. Bandes der Kirchengeschichte von Kirsch, der ‚das Zeitalter der Glaubensspaltung und der kath[olischen] Reform' behandeln soll, dadurch grundsätzlich festzulegen, dass er hier dieselbe Zeit unter dem Stichwort ‚Die Reformation' vorlegt"? Offenbar fühlte sich Veit als Verfasser des vierten Bandes dieses Werkes persönlich betroffen[125]. Eher nebensächlich bis kleinlich erscheint hingegen der Vorwurf Veits, Lortz verwende so viele Fremdwörter, dass das Lesen „mitunter eine Qual" sei[126]. Im Hinblick auf das Zensurverfahren erklärte er schließlich, angesichts seiner grundsätzlichen Ablehnung für eine etwaige weitere Prüfung des Werkes auf die „sachlichen Beanstandungen" hin nicht zur Verfügung zu stehen. Da es sich allerdings um „recht erhebliche" Beanstandungen „sehr wichtiger Art" handle, müsste Lortz' Werk gegebenenfalls „nochmals durch einen anderen theologischen Prüfer auf seine dogmatische Korrektheit" hin durchgesehen werden.

Der weitere Fortgang des Verfahrens lässt sich nur grob rekonstruieren. So notierte Domkapitular Wilhelm Reinhard (1880–1975), der im Ordinariat als Sachbearbeiter der Imprimaturangelegenheiten zuständig war, am 18. Februar 1939 in einer handschriftlichen „Aktennotiz": „Prof. Dr. J[akob] Bilz teilt heute mündlich mit, dass Prälat Dr. Kirsch das Manuskript gelesen u[nd] es als historisch zulässig beurteilt habe. Einzelne wenige Beanstandungen wur-

---

[125] Herder hatte bereits die von Kirsch seit 1930 neu herausgegebene vierbändige *Kirchengeschichte* (ursprünglich von Joseph Hergenröther) im Programm, wovon zu dieser Zeit erst die Bände I und IV erschienen waren. Bd. IV stammte von Veit: Ludwig Andreas VEIT, Die Kirche im Zeitalter des Individualismus. 1648 bis zur Gegenwart, 1. Hälfte: Im Zeichen des vordringenden Individualismus. 1648–1800, Freiburg i. Br. 1931; 2. Hälfte: Im Zeichen des herrschenden Individualismus. 1800 bis zur Gegenwart, Freiburg i. Br. 1933. – Als Bearbeiter des III. Bandes über die „Geschichte der Kirche vom beginnenden 14. Jahrhundert bis 1648" war ursprünglich der Würzburger Kirchenhistoriker Andreas Bigelmair (1873–1962) vorgesehen. Vgl. dazu Kirschs Vorwort zu Bd. I: Johann Peter KIRSCH, Die Kirche in der antiken griechisch-römischen Kulturwelt, Freiburg i. Br. 1930, VI; ebenso die Verlagsankündigung der Reihe am Ende des Bandes. – 1935 berichtete Kirsch in einem Brief an Lortz über den aktuellen Stand: Nach unvorhergesehenen Verzögerungen sollte Bd. III nun aufgeteilt werden zwischen Bigelmair und dem Paderborner Kirchenhistoriker Adolf Herte (1887–1970), mit dem Herder bereits verhandelt habe; Kirsch hatte hingegen gehofft, einen Teil des Bandes Lortz zuweisen zu können. Vgl. Kirsch an Lortz, 23.04.1935; zit. nach LAUTENSCHLÄGER, Lortz, 352 f. – Letztendlich kam es nie zum Erscheinen des (Halb-)Bandes über die Reformationszeit; stattdessen erschienen nur noch Bd. II/2 (Johannes HOLLNSTEINER, Die Kirche im Ringen um die christliche Gemeinschaft. Vom Anfang des 13. Jahrhunderts bis zur Mitte des 15. Jahrhunderts, Freiburg i. Br. 1940) sowie Bd. III/2 (Karl EDER, Die Kirche im Zeitalter des konfessionellen Absolutismus. 1555–1648, Freiburg i. Br. 1949).

[126] Angeführt wurden an die 30 Beispiele (mit Seitenangabe), darunter Wörter wie: „Situation", „Struktur", „Problematik", „konzentrieren", „Funktion", „Formulierung", „garantiert".

den verbessert"[127]. Doch wie konnte Bilz – der seine Zensorentätigkeit doch eigentlich niedergelegt hatte – nun auf einmal von einem positiven Urteil Kirschs berichten? Und das, obwohl Herder noch am 27. Februar Lortz berichtete, sich in dieser Sache vorerst noch nicht an Kirsch zu wenden?

Offenbar blieb – vorausgesetzt, Reinhard wollte nicht durch eine falsche oder falsch verwendete Information das Verfahren offen halten – Bilz weiterhin über den Stand der Dinge informiert, auch über Veits scharfe Ablehnung, und stand möglicherweise auch noch von den Verhandlungen zum ersten Band her mit Kirsch in Kontakt. Handelte es sich etwa gar nicht um eine neue Stellungnahme, sondern schlichtweg um eine frühere Äußerung Kirschs zum „Manuskript" (Veit hatte bereits „Probedrucke" erhalten!), die Bilz jetzt neu ins Spiel brachte, und zwar – aber weshalb? – als Gegengewicht zu Veits negativem Gutachten? Über die näheren Hintergründe und Motive lässt sich aufgrund der vorliegenden Quellenlage nur spekulieren.

Fest steht jedenfalls, dass Veits Gutachten beim Ordinariat für ernste Bedenken sorgte, weil es in der ohnehin heiklen Frage der Druckerlaubnis extrem gefährlich werden konnte. Dazu kam, dass Veit als Gutachter im weiteren Zensurprozess nicht zur Verfügung stand, dass also wiederum ein neuer Zensor gefunden werden musste. Dass der Zensurprozess in diesem Stadium überhaupt weitergehen konnte, das Imprimatur also nicht von vornherein im Sinne der von Veit so strikt abgelehnten „Grundhaltung" des Werkes verweigert wurde, dürfte nicht zuletzt dem (von Bilz übermittelten) günstigen Urteil Kirschs zu verdanken sein.

3.3 Der weitere Zensurprozess: Die Gutachten von Reinhard und Kirsch

Über diese Vorgänge im Ordinariat waren zu diesem Zeitpunkt Verlag und Autor allerdings noch völlig uninformiert. Lortz hatte inzwischen seine ‚Hausaufgaben' erledigt, denn am 1. März 1939 bestätigte Herder den Eingang des neuen Nach- bzw. Schlusswortes zum zweiten Band, das als „sehr wichtige Ergänzung" bezeichnet wurde[128]. Man wolle es sofort in den Satz und dann ans Ordinariat geben, setzte man doch große Hoffnungen darauf[129]. Im Übrigen blieb aber die Auslieferung „weiterer Exemplare der Reindruckbogen" des ersten Bandes gestoppt, damit in der derzeitigen Situation „nicht mehr Exemplare des ersten Bandes draußen sind, als nun eben schon der Fall ist"[130].

---

[127] VEIT, Gutachten, 29. Januar 1939. EAF B2–43–69; Aktennotiz Reinhard, 18.02.1939.

[128] Herder, Freiburg, an Lortz, Münster, 01.03.1939. IEG, NL Lortz [1233].

[129] „Es rückt manches Mißverständliche in klarere Beleuchtung und gestattet einen Gesamtrückblick", wie Herder bald darauf mitteilte, als man vom fertigen Satz des Schlusswortes sowie vom ausstehenden Versand der Korrekturbogen berichten konnte. Herder, Freiburg, an Lortz, Münster, 11.03.1939. IEG, NL Lortz [1233].

[130] Zu diesem Punkt notierte Lortz handschriftlich am Rand: „Nochmals dringend angefordert". Weiter unten vermerkte er: „Hinweis auf *Bitte* des EB: = nicht ein Recht!"

Neue Informationen gab es Ende März. Theophil Herder-Dorneich (1898–1987), seit 1937 Verlagsleiter, informierte Lortz in einem Schreiben über eine eben erfolgte Romreise, bei der er gemäß „der Intention des hiesigen Herrn Erzbischof" auch mit Kirsch konferiert hatte[131]. Gröber sei inzwischen über das Gespräch informiert worden und wolle „nunmehr das Werk im Zusammenhang (z. T. nochmals)" selbst lesen. „Erst dann könne er zu einer endgültigen Entschliessung kommen". Der Verlag bemühe sich „hier mit vieler Geduld aber ohne Nachlassen die Sache zu fördern"; auch Lortz möge sich in Geduld üben[132].

Was Lortz allerdings nicht erfuhr: Bei seinem Romaufenthalt hatte Herder-Dorneich nicht nur Kontakt mit Kirsch aufgenommen, sondern auch mit Robert Leiber SJ (1887–1967), dem aus Baden stammenden persönlichen Sekretär des neugewählten Papstes Pius XII.[133]. Dies geht aus zwei Briefen im Nachlass Leibers hervor. Demnach sandte Herder-Dorneich am 15. März an Leiber „[w]ie besprochen [...] die Bogen" von Lortz' Reformationsgeschichte und dankte „für alle Bemühungen"[134]. Außerdem wollte er sich vor seiner Rückreise nach Freiburg „verabredungsgemäss" noch einmal erkundigen, ob Leiber „zur besprochenen Angelegenheit schon etwas mitzuteilen" habe, falls er nicht zuvor „über Herrn Schädel"[135] etwas erfahre. Leiber, von Haus aus selbst Kirchenhistoriker, war also ebenfalls involviert. Doch auf wessen Veranlassung? Am 18. März berichtete Herder-Dorneich Leiber dann von seinem zwischenzeitlich erfolgten Besuch bei Kirsch, „der sich ja in besonderer Weise für das Werk von Lortz interessiert und verwendet" habe[136]:

„In Berücksichtigung der Vertraulichkeit Ihrer Stellungnahme habe ich Herrn Prälaten Kirsch von meinem Besuch bei Ihnen nicht gesprochen. Herr Prälat Kirsch hat jedoch von sich aus mich gebeten, die ganze Angelegenheit einmal mit Ihnen zu besprechen und Ihren Rat zu erbitten. [...] Herr Prälat Kirsch würde es sehr begrüssen, wenn Sie – wenigstens im Umfang von Stichproben – in das Werk Einblick nehmen könnten. Er würde dann gern mit Ihnen darüber sprechen und bittet Sie, ihn wissen zu lassen, wann das geschehen kann. [...] Da ich nicht weiss, ob dieser Vorschlag des Herrn Prälaten, in dieser Weise Stellungnahme zu erbitten, Ihnen genehm ist, so beschränke ich mich auf diese Vermittlung".

Ob es sich tatsächlich so verhielt, wie Herder-Dorneich es schilderte? Oder ob man Leiber auf diese Weise zwingen wollte, in eine Sachdiskussion einzutreten und also ‚die Karten auf den Tisch zu legen'? Unklar ist auch, ob

---

[131] Herder-Dorneich, Freiburg, an Lortz, Grevenmacher, 31.03.1939. IEG, NL Lortz [1233].

[132] Lortz bemerkte dazu handschriftlich: „Gewartet bis 15.5.39. Dann ganz dringend fordernd geschrieben".

[133] Eugenio Pacelli (1876–1958), zuvor Kardinalstaatssekretär, wurde am 2. März 1939 als Pius XII. zum Papst gewählt.

[134] Herder-Dorneich, Rom, an Leiber, Rom, 15.03.1939. APUG, NL Leiber [Fondo 4].

[135] Anton Schaedel (1898–1991), Leiter der Herderschen Buchhandlung in Rom.

[136] Herder-Dorneich, Rom, an Leiber, Rom, 18.03.1939. APUG, NL Leiber [Fondo 4].

Leiber daraufhin tatsächlich mit Kirsch konferierte[137]; weitere direkte Nachrichten dazu sind nicht überliefert, wären Lortz aber von Kirsch vielleicht doch übermittelt worden[138].

Es dauerte weitere eineinhalb Monate, bis Herder-Dorneich sich Mitte Mai erneut – und nur auf eine (nicht überlieferte) Nachfrage – bei Lortz meldete[139]. Aus dem Schreiben geht hervor, dass sich Lortz „über die Belastung, die das Hinauszögern des Erscheinens" des Werkes bedeutete, beklagt und den Verlag um Beschleunigung der Sache gebeten hatte. Herder-Dorneich konnte aber nur selbst „die schweren Nachteile" bedauern, die dem Verlag durch die Verzögerung entstanden. Dann bot er allerdings doch noch einige wenige Sachinformationen: „Zur Orientierung: Der hochwürdigste Herr Erzbischof von Freiburg hat inzwischen das ganze Manuskript selbst gelesen. Er hat auch eine inzwischen eingegangene weitere Stellungnahme von Herrn Prälaten Kirsch vor sich und wollte eine Romreise zu einer nochmaligen Rücksprache mit Herrn Prälaten Kirsch benutzen. Diese Romreise ist Mitte letzter Woche erfolgt. Der Herr Erzbischof befindet sich zur Zeit in Rom. Wir erwarten seine Rückkehr voraussichtlich zu Pfingsten". Man bitte Lortz, „diese Rückkehr des Herrn Erzbischof abzuwarten", wolle Gröber aber sofort nach seiner Rückkehr besuchen und Lortz wieder berichten.

Was war in der Zwischenzeit im Freiburger Ordinariat geschehen, und was hatte es mit dieser neuen „Stellungnahme" von Kirsch auf sich? Nach Veits Weigerung, die Begutachtung der Lortzschen Reformationsgeschichte fortzusetzen, hatte kurzerhand Domkapitular Wilhelm Reinhard selbst die Aufgabe des Zensors übernommen. In seinem Gutachten vom 1. April 1939 stellte er als Ergebnis seiner Lektüre des zweiten Bandes (inklusive Schlusswort) fest, er habe „nur folgende kleinere Beanstandungen, welche auf dem Boden des Dogmas liegen"[140]:

---

[137] Erinnert sei hier allerdings daran, dass Kirsch in einem Brief an Lortz bereits am 4. September 1938 Leiber als einen der möglichen römischen Zensoren für die *Reformation* erwähnt hatte, bevor Kirsch dann selbst diese Aufgabe übernahm (vgl. oben). In der sonstigen Korrespondenz aus dieser Zeit taucht Leiber jedoch nicht mehr auf – im Gegensatz zu den späteren Vorgängen ab der 2. Auflage (vgl. unten). Doch dürfte Leibers Urteil über *Die Reformation in Deutschland* schon jetzt nicht positiv ausgefallen sein.

[138] Denkbar ist freilich auch ein besonderes Secretum, zu dem Kirsch möglicherweise verpflichtet wurde. Jedenfalls machen seine gutachterlichen Äußerungen zum zweiten Band einen ausgesprochen apodiktischen Eindruck. Man darf in diesem Zusammenhang auch nicht vergessen: Leiber war zeitweise Mitarbeiter des Papsthistorikers Ludwig von Pastor (1854–1928) gewesen. Nach dessen Tod sollte Leiber im Auftrag seines Ordensoberen die *Geschichte der Päpste* fortsetzen und wurde deshalb zum Studium der Geschichte nach Berlin geschickt, wo er jedoch rasch von Nuntius Pacelli in Beschlag genommen wurde. Man wird vermuten dürfen, dass Leiber die bei Pastor gegebene Darstellung – zumindest was die Wertungen betrifft – als normativ betrachtete.

[139] Herder-Dorneich, Freiburg, an Lortz, [Grevenmacher?], 17.05.1939. IEG, NL Lortz [1445].

[140] Reinhard, Freiburg, an EO, Freiburg, 01.04.1939. EAF B2–43–69.

„1.) Auf S. 192 ist die Rede von einem ‚berechtigten christlichen Relativismus'. Um Miss-verständnisse zu vermeiden wäre etwa zu setzen: ‚für das Entwicklungsfähige in der christliche[n] Glaubenslehre'.

2.) Auf S. 270, letzte Zeile möchte ich das Wort ‚Reformation' ersetzt wissen durch ‚Haeresie', weil dieses dem ganzen Zusammenhang nach mehr dem Sinne entsprechen dürfte.

3.) Auf S. 287 f. kommt mir bedenklich vor, dass behauptet wird, die Reformation habe durch Beseitigung des Kaisertums im Sinne des alten Reiches ‚dem Klerikalismus in der Kirche zur Vollendung verholfen' und damit der Vollendung dieses Klerikalismus im Vaticanum die Wege geebnet. Dadurch entsteht der Eindruck, als ob der Verfasser die Lehrdefinitionen des Vaticanums über die Kirche und auch schon die diesbezügliche praktische Haltung des Tridentinums für ungesund und unglücklich ansehe.

4.) Auf S. 295 behauptet der Verfasser, die göttliche Herrlichkeit der Kirche gebe sich ‚nie, nicht einmal in den nach aussen glorreichsten kirchlichen Zeiten, wesentlich im His-torischen kund', sondern sei nur ‚Sache des Glaubens'. Das dürfte nicht harmonieren mit Vatic[anum] cap. 3 der Sess. III (DB 1794[141]) und einer späteren Argumentation des Ver-fassers selbst, indem er auf S. 301 selbst ‚einen geschichtlichen und geschichtlich weit-gehend nachprüfbaren Erweis übernatürlicher Kraft der Kirche gibt'".

Dies waren alle „Bedenken" Reinhards gegen den Band; sie glaubte er „durch wenige Änderungen" ausräumbar. Selbst Lortz' „bisweilen scharfe Kritik an den leitenden und verantwortlichen Stellen der Kirche und die rückhaltlose Enthüllung von Übelständen" – die Reinhard durchaus sah – überschreite „nicht[142] das Mass des vom Boden des Glaubens aus Zulässigen". Zudem werde dies durch eine „nicht minder scharfe Kritik an der reformatorischen Bewegung" sowie durch eine „sehr günstige Würdigung der Gegenreforma-tion" und durch das klärende Schlusswort „durchaus befriedigend aufgewo-gen". Nach Änderung der genannten dogmatischen Beanstandungen habe er „keine Bedenken, dem Buche das Imprimatur zu erteilen". Im Übrigen hielt Reinhard – korrekt – fest, es liege „nicht in der Zuständigkeit des Zensors", zu urteilen, ob „die historischen Urteile immer richtig" seien, „insbesonders die von Pastor abweichende, günstigere Beurteilung der Haltung Karl V ge-genüber der Reformation"[143].

---

[141] Vgl. DH 3013–3014.

[142] Handschriftliche Verbesserung, ursprünglich: „kaum".

[143] Diese Spitze gegen den Papsthistoriker Ludwig von Pastor – der offenbar als unantast-bar betrachtet wurde – erinnert an die Kritik eines anderen aus dem Erzbistum stammen-den Kirchenhistorikers, Karl August Fink (1904–1983). Ausgerechnet Veit hatte 1935 in seinem Gutachten über die Habilitationsschrift Finks angemerkt, dieser solle sich in sei-ner Kritik an Pastor „einer höflicheren Form bedienen". Vgl. Dominik BURKARD, „… ein ebenso rabiater Kirchenmann wie Nationalist …"? Der Kirchenhistoriker Karl August Fink (1904–1983) und Rom, in: Michael MATHEUS/Stefan HEID (Hg.), Orte der Zuflucht und personeller Netzwerke. Der Campo Santo Teutonico und der Vatikan 1933–1955 (Römische Quartalschrift, Supplementband 63), Freiburg/Basel/Wien 2015, 457–559, hier 470. Zum Habilitationskolloquium, in dem ebenfalls Pastor thematisiert wurde, vgl. Claus ARNOLD, Die Katholisch-Theologische Fakultät Freiburg, in: BURKARD/WEISS, Theologie I/1, 147–166, hier 161 f. – Fink, der immer wieder für längere Zeit in Rom weilte, stand mit Reinhard gut, und sicher hatte dieser auch das Habilitationskolloquium besucht. Als Reinhard im September 1938 nach Rom kam, nutzte er die „Gelegenheit",

Auf der Grundlage dieses durchaus günstigen Gutachtens richtete Generalvikar Adolf Rösch (1869–1962) am 3. April 1939 schließlich ein offizielles Schreiben an Herder[144]. Der Verlag wurde aufgefordert, im zweiten Band die Änderung der vier von Reinhard benannten Monita vorzunehmen[145]. Auch hier wurde hinzugefügt, die beanstandeten Sätze ließen sich „durchweg leicht mit einigen klärenden Worten und Wendungen ändern".

Wenige Tage später lag auch ein neues Schreiben von Kirsch mit Datum vom 12. April 1939 vor: die von Herder-Dorneich erwähnte „Stellungnahme". Kirsch hatte auf Herder-Dorneichs Wunsch hin den zweiten Band „durchgesehen und besonders das ‚Schlusswort' genauer studiert"[146]. Einige „grundsätzliche Ausführungen" müssten, so Kirsch, „prinzipiell schärfer gefasst werden", um Missverständnisse von vornherein zu vermeiden.

Abb. 5: Wilhelm Reinhard (1880–1975).

Außerdem empfahl er die Einfügung einzelner ergänzender Bemerkungen, „um dem unverfälschten und klaren katholischen Standpunkt gerecht zu werden". Konkreten Verbesserungsbedarf sah Kirsch ebenfalls in vier Punkten.

1. Es müsse jeder Anschein vermieden werden, als ob „das Auftreten Luthers und sein religiöses Wirken für das wahre Christentum als etwas positiv Gutes" betrachtet werde:

„Im Gegenteil hat Luthers ganze religiöse Heiligkeit nur die Wirkung gehabt, dass eine Reihe der wesentlichsten Stücke der übernatürlichen Offenbarung zerstört wurden und dass die übernatürlichen, für das Heil wesentlichen Gnadenmittel des hl. Messopfers und

---

mit Fink „einiges zu parlieren". Ob auch über die Beurteilung der Reformation? Vgl. Fink, Rom, an Wildemann, Wehr, 18.12.1938. Abgedr. in: Dominik BURKARD, „… trete beiseite und laß sie vorbeiziehen, die Oberaffen und ihr Gefolge …" (1943). Aus dem Briefwechsel des Kirchenhistorikers Karl August Fink mit dem Wehrer Stadtpfarrer Stephan Wildemann, in: Freiburger Diözesan-Archiv 136 (2016), 115–206, hier 178.

[144] EO (Rösch), Freiburg, an Herder, Freiburg, 03.04.1939. EAF B2–43–69.

[145] Mit kleineren Abweichungen im Detail bzw. anderen Formulierungen: So wurde in Punkt 2 als Alternative für „Reformation" neben „Häresie" noch „Irrlehre" vorgeschlagen; in Punkt 3 wurde präzisiert, dass zum einen der Ausdruck „Klerikalismus" unglücklich erscheine, vor allem aber der Eindruck bedenklich sei, „es wollte der durch den Verlauf des Tridentinums und gar durch die Lehrdefinitionen des Vaticanums über die kirchliche Lehrgewalt geschaffene Zustand der Kirche als ungesund und unglücklich, wenn nicht gar als irrig bezeichnet werden"; in Punkt 4 wurde die angeführte Entscheidung des Vaticanums näher charakterisiert als „die Kriterien der Göttlichkeit der Kirche, also ein fundamentaltheologisches Argument" betreffend.

[146] Kirsch, Rom, an [Herder-Dorneich, Freiburg], 12.04.1939 [Kopie]. IEG, NL Lortz [1445].

der meisten Sakramente den Christen vollständig enthalten wurden. Direkt und positiv hat Luther für das wahre Christentum nichts Gutes geschaffen. Bloss indirekt, wie alles Übel bei einem in sich gesunden Organismus Reaktion hervorruft, dass sein Auftreten mit Anstoss gegeben hat zur innerkirchlichen katholischen Reform des 16. Jahrhunderts".

2. Ebenfalls deutlicher hervorgehoben werden müsse die wesentliche Vollkommenheit des Christentums in der katholischen Kirche:

„Die Geschichte von Luthers Abfall vom wahren katholischen Glauben hat wieder gezeigt, dass die vollkommene, unversehrte übernatürliche Offenbarung, die in Christus den Menschen gegeben wurde, nur die von ihm begründeten und eingesetzten übernatürlichen Heilsmittel zur Rechtfertigung den Menschen in ihrem vollen Umfang und Auswirkung nur in der katholischen Kirche erhalten wurden. Diese hat sich als die einzige wahre Gestalt der von Christus der Welt gebrachten Erlösung bewährt. Daher kann nur im Glauben und im übernatürlichen Leben der katholischen Kirche der ‚ganze Jesus Christus‘ gefunden werden. Dies scheint mir eine notwendige Ergänzung für den Schlussabschnitt".

3. Eindeutig herauszustellen sei hinsichtlich des ökumenischen Anliegens die katholische Position (im Sinne einer ‚Rückkehr-Ökumene‘):

„Das Wirken nach Wiedervereinigung der im 16. Jahrhundert von der katholischen Kirche abgefallenen Christen kann nicht durch ein ‚Begegnen in der Mitte‘ erreicht werden, als ob die Kirche auch nur ein Stück des in ihr niedergelegten übernatürlichen Offenbarungsgutes preisgeben könnte. Die Wiedervereinigung ist nur möglich durch Aufgeben ihrer Irrtümer und falschen Auffassungen vonseiten der Protestanten und in der vollständigen Annahme der übernatürlichen Glaubenswahrheiten wie der wesentlichen aus ihnen sich ergebenden sittlichen und religiösen Gesetze und Lebensregeln für das persönliche religiöse Leben. Auch dieser Grundsatz sollte, scheint mir, schärfer formuliert werden".

4. Auch die Darstellung der katholischen Erneuerung müsse insgesamt einen positiveren Gesamteindruck hinterlassen:

„Um das kirchengeschichtliche Gesamtbild zu vervollständigen, könnte vielleicht kurz hingewiesen werden auf die zahlreichen Elemente, die sich im 16. Jahrhundert zeigten für die wahre katholische innerkirchliche Reform, wie sie im Trienter Konzil grundgelegt und von den zahlreichen hervorragenden Heiligen in Klerus und Volk dann durchgeführt wurde. Der Eindruck des Schlusswortes sollte kein pessimistischer, sondern ein optimistischer sein bezüglich der wahren katholischen Reform im kirchlichen Leben und Wirken für die katholische wahre Kirche Christi. Dann tritt der Gegensatz zu den endlosen Spaltungen im gesamten Protestantismus aller Richtungen noch klarer hervor und es ergibt sich desto mehr, dass nur in der Rückkehr zur ganzen übernatürlichen katholischen Wahrheit die Einheit im Christentum und in Jesus Christus wiederhergestellt werden kann".

Alle vier Bemerkungen wurden nicht nur sehr pointiert vorgetragen, sondern machen geradezu den Eindruck eines ‚Diktats‘. Sie waren – so scheint es – als nicht verhandelbar zu betrachten. Man wird, nicht zuletzt angesichts der früher so wohlwollend-beschwichtigenden Art von Kirsch an seiner (alleinigen) Urheberschaft zweifeln dürfen. Waren sie etwa das Resultat von (möglicherweise doch stattgefundenen) Besprechungen mit Leiber?

Davon freilich ließ Kirsch nichts verlauten. Er bat den Verlag aber, die Gedanken seinem „lieben Landsmann Prof. Lortz" zu unterbreiten: „Ich möchte, dass sein schönes Werk nach allen Seiten hin unanfechtbar sei und bei allen ernst und objektiv urteilenden Lesern gute Wirkungen hervorbringe, und für ernstes Nachdenken [sorge] über die Art und Weise, die kirchliche Einheit unter den Menschen zu fördern".

3.4 Auf dem Weg zum Imprimatur – letzte Änderungen

Während Lortz also im April und in der ersten Maihälfte 1939 ungeduldig auf Neuigkeiten wartete, hatte Herder das Schreiben des Ordinariats mit den Änderungswünschen von Reinhard erhalten, ebenso wie die neuen Verbesserungsvorschläge von Kirsch. Gröber selbst war Anfang Mai nach Rom gereist, um noch einmal persönlich mit Kirsch über die Angelegenheit zu sprechen, nachdem er bereits dessen schriftliche Stellungnahme erhalten hatte.

Nach Gröbers Rückkehr erhielt Herder-Dorneich sogleich eine bischöfliche Audienz und konnte am 26. Mai Lortz endlich berichten[147]. Zunächst informierte er noch einmal über seinen eigenen Rombesuch von Ende März, bei dem er „die Druckbogen zum zweiten Band" an Kirsch übergeben hatte. Vom seinerzeit angekündigten Gutachten Kirschs erhielt Lortz eine Fotokopie. Kirsch wolle „Wege suchen, die zu einer Bereinigung der Angelegenheit beschritten werden" könnten. Das Gutachten sei deshalb auch Erzbischof Gröber vorgelegt worden, der aber gewünscht habe, es nicht sofort an Lortz weiterzuleiten, weil er selbst „ergänzend zu diesem Schreiben seine eigenen Wünsche präzisieren" wolle. Diese beabsichtige Gröber nun persönlich mit Lortz zu besprechen. Lortz dürfe dabei vom Wohlwollen des Erzbischofs ausgehen, der betont habe, dem Werk nur „dienen" zu wollen und „in seiner Sorge um künftige Schwierigkeiten den geeigneten Weg" zu suchen. Das Werk als Ganzes habe „ihn sehr beeindruckt und ihn auch persönlich bereichert". Herder-Dorneich zeigte sich überzeugt, dass Gröber die Sache ein „grosses und persönliches Anliegen" sei. Lortz solle also Anfang Juni zum Gespräch nach Freiburg kommen. Außerdem berichtete Herder-Dorneich über einen Besuch des Jesuiten und früheren Rektors des Germanicum, Constantin Noppel (1883–1945), der ihm „Mitteilungen" von Lortz überbracht habe. Noppel habe sich nach dem Gespräch ebenfalls „bereitgefunden, mitzuhelfen", soweit dies von Lortz erwünscht sei. Da Noppel – wie Herder-Dorneich wusste – das Vertrauen des Erzbischofs „in hohem Masse" genoss, könne er „gewiss mindestens durch seinen Rat in der weiteren Entwicklung der ganzen Sache" wertvolle Dienste leisten[148].

---

[147] Herder-Dorneich, Freiburg, an Lortz, Grevenmacher, 26.05.1939. IEG, NL Lortz [1445].
[148] Angesichts dieser Aussichten zeigte sich Herder-Dorneich nun hoffnungsvoll: „Es ist mein herzlicher Wunsch, es möge nun gelingen, die noch verbliebenen Schwierigkeiten in einer Weise zu überwinden, die sowohl die Sorge des in seinem Amt verantwortlichen

Abb. 6: Conrad Gröber (1872–1948).

Tatsächlich verlief die persönliche Besprechung zwischen Gröber und Lortz Anfang Juni[149], an der offenbar auch Pater Noppel (möglicherweise von Leiber instruiert) teilnahm, zufriedenstellend. Am 9. Juni 1939 erhielt Lortz vom Verlag ein Exemplar der beiden Bände seines Werkes, „damit jetzt möglichst wenig Zeit verlorengeht"[150]. Allerdings habe man „bei der Besprechung über den zweiten Band drei Stellen" übersehen, auf die der Zensor „besonderen Wert" gelegt habe. Es handelte sich um drei der vier Änderungswünsche Reinhards, die das Ordinariat am 3. April 1939 dem Verlag mitgeteilt hatte[151]. Aus dem entsprechenden Schreiben wurden nun die Punkte 2, 3 und 4 – größtenteils wörtlich – angeführt. Nur die dort unter Punkt 1 genannte Stelle war bereits mündlich besprochen, dann aber anders als vom Zensor vorgeschlagen geändert worden[152]. Am 12. Juni 1939 meldete Lortz nach Freiburg, alle Änderungswünsche seien erledigt[153]: „Ich habe sämtliche Stellen, die besprochen worden oder moniert worden waren, in der Richtung einer noch unmissverständlicheren dogmatischen Korrektheit umgestaltet. Auch Herr P. Noppel hatte die Güte, mich noch auf einige Dinge aufmerksam zu machen. Bis auf einen Fall konnte ich [alles] ändern".

Ausführlich äußerte sich Lortz über die bedeutsamen Veränderungen im Vorwort: „Besonders habe ich das Vorwort ausgestaltet. Und zwar in dem

Bischofs als auch die geistige Freiheit und Würde des Autors respektiert. Der Verleger muss sich hierbei in der Funktion des helfenden Dieners an der Sache bescheiden".

[149] Lortz selbst erwähnt in einem späteren Brief an Erzbischof Gröber die „freundlichen Unterhaltungen, die wir am 6. Juni zusammen führten". Lortz, Münster, an Gröber, Freiburg, 27.06.1939. EAF B2–43–69. Herder spricht später von „einer längeren Besprechung" am 7. Juni 1939. Herder, Freiburg, an Gröber, Freiburg, 04.08.1939. EAF B2–43–69. Dies könnte sich allerdings auch auf ein anderes Gespräch von Lortz mit dem Ordinariat bzw. dem Verlag beziehen, etwa mit Domkapitular Rauch (vgl. unten). Der genaue Inhalt der Besprechung(en) ist nicht bekannt.

[150] Herder, Freiburg, an Lortz, Münster, 09.06.1939. IEG, NL Lortz [1445].

[151] Vgl. EO (Rösch), Freiburg, an Herder, Freiburg, 03.04.1939. EAF B2–43–69.

[152] Den Satz „Das Verständnis für den berechtigten christlichen Relativismus geht ihm ab" (S. 192) wollte Lortz ersetzt wissen durch „Das Verständnis für das, was man berechtigten Relativismus nennen kann, geht ihm ab", während Herder nun – der Formulierung des Zensors entsprechend – vorschlug: „Das Verständnis für das Entwicklungsfähige in der christlichen Glaubenslehre geht ihm ab", und fragte: „Würde Ihre Intention damit nicht besser ausgedrückt"? Lortz vermerkte dazu handschriftlich: „nein!" – Tatsächlich hieß es dann auch in der endgültigen Fassung: „Das Verständnis für das, was man berechtigten Relativismus nennen könnte [...]". LORTZ, Reformation II, 192.

[153] Lortz, Münster, an Herder, Freiburg, 12.06.1939. IEG, NL Lortz [1445].

Sinne, dass wiederholt und grundsätzlich der Unterschied einer systematisch-dogmatischen Beurteilung hervorgehoben wird von einer historischen Bewertung, die selbstverständlich den Belangen der dogmatischen kirchlichen Korrektheit peinlich gerecht werden muss. Ich bin der Meinung, dass ich das von Anfang an war. Ich habe es jetzt deutlicher gesagt und die Formulierung entsprechend mit mehr Warnungen umgeben. Ich habe vor allem herausgestellt, dass es mir um die Bewertung des subjektiv, also menschlich-teilweise Wertvollen, geht, nicht um die absolute, dogmatisch-ontische Wertigkeit, wie P. Noppel es ausdrückt; dass ich also gegebenenfalls von Luthers Gläubigkeit und seiner Demutshaltung reden will, nicht vom Glauben, der eine übernatürliche Tugend ist, zusammenstehend mit der gratia infusa".

Verzichtet hatte Lortz darauf, das Schlusswort „in das Vorwort hinüberzunehmen". Er habe im Vorwort vielmehr einiges mitangedeutet und dort auch ausdrücklich auf das Schlusswort hingewiesen, in dem er außerdem „noch einen Gedanken von Prälat Kirsch" verwendete[154]. Im Großen und Ganzen habe er möglichst darauf geachtet, die Änderungen so an den vorhandenen Platz anzupassen, „dass der Neusatz sich auf ein Minimum beschränkt".

Schließlich kam Lortz auf die wichtige Frage der Rezensionen zu sprechen. Auch hier sollte Kirsch miteinbezogen werden: „Ich sprach Ihnen schon davon, dass P. Noppel sehr empfahl, dass Herr Prälat Kirsch möglichst eine der ersten Rezensionen oder noch besser die erste Rezension überhaupt im Osservatore [Romano] erscheinen lassen möchte[155]. Wenn Sie, wie ich wohl annehmen darf, diesen Vorschlag begrüssen, würde es sich empfehlen, demnächst, […] nach vorheriger Verständigung des Herrn Prälaten, ihm jeweils die Druckbogen zuzusenden, damit er die Rezension erscheinen lassen kann, ehe die Bände im Buchhandel zu haben sind".

Herder bestätigte am 19. Juni 1939 mittels Telegramm den Erhalt der Änderungen[156]. Tags darauf wurde auch das Freiburger Ordinariat informiert[157]. Herder prüfte, ob alle Stellen, die seinerzeit bei der Besprechung zwischen Domkapitular Wendelin Rauch (1885–1954) und Lortz – vermutlich am 7. Juni – behandelt wurden, von Lortz berücksichtigt worden waren. Der Verlag konnte nur anerkennen, der Verfasser habe „bereitwillig und gewissenhaft den Beanstandungen stattgegeben" und „darüber hinaus im Vorwort – das dadurch allerdings etwas schwunglos und an manchen Stellen verklausuliert erscheint – Verdeutlichungen und Einschränkungen angebracht". Nur

---

[154] Gemeint ist wahrscheinlich die Formulierung „Begegnung in der Mitte" (vgl. unten).
[155] Kirsch veröffentlichte später tatsächlich die ‚Pilotrezension' im *Osservatore Romano* (vgl. unten).
[156] Herder, Freiburg, an Lortz, Münster, 19.06.1939 [Telegramm]. IEG, NL Lortz [1477].
[157] Es handelt sich dabei um eine größtenteils wörtliche Wiedergabe der betreffenden Passagen aus Lortz' Schreiben vom 12. Juni – allerdings ohne Erwähnung Noppels. Herder, Freiburg, an [EO, Freiburg], 20.06.1939. EAF B2–43–69.

wenige Stellen (Band 1, Seiten 79, 106 und 108) seien unverändert geblieben. Dort habe sich Lortz vermutlich nicht entschließen können, „die Offenheiten über Mißstände zu ändern". Auch auf den Seiten 186 und 187 waren keine Änderungen angebracht worden, doch schienen diese Stellen „durch den Einschub im Vorwort unschädlich gemacht".

Am 22. Juni wurde Lortz über den Vollzug in Kenntnis gesetzt. Man habe den Eindruck gewonnen, der Wunsch nach Beschleunigung der Sache sei im Ordinariat „freundlich aufgenommen" worden[158]. Wenig später wurde noch über die Bebilderung der Bände verhandelt[159]. Gleichwohl ließ es sich Lortz nicht nehmen, am 27. Juni 1939 noch persönlich an den Erzbischof zu schreiben[160]. Anknüpfend an das gemeinsame Gespräch in Freiburg gab er seiner Hoffnung Ausdruck, der Bischof habe sich „mit Zufriedenheit" davon überzeugt, „dass so gut wie alle vorgebrachten Desiderata, selbst nebensächliche, erfüllt werden konnten". Tatsächlich sei es ja, wie Gröber in der gemeinsamen Besprechung mit P. Noppel formuliert habe, meist darum gegangen, Lortz' eigene Auffassung „unmissverständlicher auszudrücken, d. h. einer missverständlichen Auslegung zuvorzukommen". Dies sei in den Einzelkorrekturen ebenso wie in der ausführlicheren Fassung des Vorworts versucht worden.

Einmal mehr unterstrich Lortz die Bedeutung des lang erwarteten Werkes, nicht nur für ihn persönlich, vielmehr für die Kirche insgesamt: „Wie Sie aus dem Buch wissen, ist es mir mit ihm um viel mehr zu tun als nur um eine wissenschaftliche Leistung. Es möchte vielmehr in einer wichtigen Angelegenheit der Kirche einen unmittelbaren Dienst tun. Einen nicht ganz leichten und nur angenehmen Dienst; vielmehr einen solchen, der auch schmerzt. Aber gerade darum einen echten Dienst, getragen von dem Bekenntnis zu ihr und von der Liebe zu ihr. Ich weiss auch, dass sehr viele in der Kirche auf das Buch oder auf ein Buch dieser Art warten. Die Stunde ist überreif. Und das verpflichtet". Ob solche missionarischen Töne von Gröber tatsächlich nur positiv aufgenommen wurden? Wenige Jahre später sollte sich Gröber in seinen „Beunruhigungen" doch deutlich ablehnend gegenüber dem Anliegen der Ökumene äußern[161].

Noch aus einem anderen Grund drängte Lortz den Erzbischof, die Herausgabe seines Werkes möglichst nicht noch weiter zu verzögern: „Wenn wir etwa unglücklicherweise durch das Ausland in einen Krieg verwickelt würden, würde wohl die Drucklegung ziemlich prompt sistiert werden. Und das wäre für mich die teilweise Vernichtung eines wichtigen Stückes meiner Lebensarbeit. Diese Möglichkeit bewegt mich sehr. Aus ihr heraus bitte ich Ew. Exzellenz, meinem Buche, nachdem es nunmehr so durch und

[158] Herder, Freiburg, an Lortz, Münster, 22.06.1939. IEG, NL Lortz [1233].
[159] Herder, Freiburg, an Lortz, Münster, 26.06.1939. IEG, NL Lortz [1477].
[160] Lortz, Münster, an Gröber, Freiburg, 27.06.1939. EAF B2–43–69.
[161] Vgl. Hubert WOLF, Einleitung, in: Karl RAHNER, Theologische und philosophische Zeitfragen im katholischen deutschen Raum (1943), hg., eingeleitet und kommentiert von Hubert WOLF, Ostfildern 1994, 24.

durch gearbeitet wurde, Ihrerseits positiv Freund zu sein und seine Fertigstellung mit aller Ihnen möglichen Beschleunigung zu ermöglichen. Die
freundlichen Unterhaltungen, die wir am 6. Juni zusammen führten, haben
mir den Eindruck hinterlassen, dass ich mit meinen Zeilen keine Fehlbitte
tue".

Die Lortzschen Korrekturen wurden vom Verlag Anfang Juli übrigens
„auf ausdrücklichen Wunsch" des Erzbischofs diesem „persönlich übergeben", da er die Angelegenheit „selbst weiter behandeln" wolle. Man fürchtete
allerdings, Gröber könnte die Korrekturen Domkapitular Rauch überlassen,
bei dessen bekannter Akribie „eine unliebsame Verzögerung der ganzen Angelegenheit" zu erwarten stand[162]. Anfang August wurde deshalb Verlagsdirektor Max Welte noch einmal beim Erzbischof vorstellig und am 4. August
1939 erinnerte Herder auch schriftlich an die „Aussprache, die Herr Direktor
Welte vor einigen Tagen mit Euerer Exzellenz haben durfte". Die von Lortz
korrigierten Bogen würden dem Erzbischof wunschgemäß nun noch einmal
vorgelegt, „damit das Imprimatur […] erteilt werden könne"[163].

Interessanterweise notierte Domkapitular Reinhard – wohl zur Information des Erzbischofs – auf dem Schreiben ein kurzes Urteil über die von Lortz
vorgenommenen Änderungen:

„Die von mir in dem unter 3. April d[ieses] J[ahres] Nr. 5254 beanstandeten Stellen sind in
den Punkten 1, 2 u[nd] 4 m[eines] E[rachtens] befriedigend geändert. In Punkt 3 ist der
frühere Sinn, als ob durch die abendländische Kirchenspaltung in der Kathol[ischen]
Kirche eine dogmat[ische] Fehlentwicklung eingeleitet worden wäre, zwar gemildert,
aber doch nicht ganz geschwunden. Ob man sich begnügen kann, muss ich dem Urteil
hoher Behörde überlassen. Ich für meine Person bin der Ansicht, dass *in diesem Zusammenhang* Tridentinum u[nd] Vaticanum nicht genannt sein sollten"[164].

Dass Erzbischof Gröber sich tatsächlich damit begnügte, geht aus einer anderen, ebenfalls vom 7. August datierenden Aktennotiz hervor, die Generalvikar Rösch auf dem Ordinariatsschreiben vom 3. April machte: „Imprimatur für Bd. I und II wurde heute nach Rücksprache mit Excellenz erteilt"[165].

---

[162] Herder, Freiburg, an Lortz, Münster, 08.07.1939. IEG, NL Lortz [1445].
[163] Herder, Freiburg, an Gröber, Freiburg, 04.08.1939. EAF B2–43–69. – Besonders interessant ist an diesem Schreiben, dass Herder darin noch einmal den Verlauf der Imprimaturverhandlungen rekapituliert: „Am 2. Dezember 1938 gab Herr Professor Bilz als
Zensor sein Nihil obstat für den ersten Band. Das Imprimatur ist am 6. Dezember 1938
gezeichnet. Am 3. April 1939 erhielten wir zum zweiten Band des Werkes den in Abschrift beiliegenden Bescheid. Dieser Bescheid stützte sich auf das Gutachten von Herrn
Prälaten Reinhard, der Zensor des zweiten Bandes war. Auf Grund eines grösseren Gutachtens von Herrn Prälaten Kirsch zu beiden Bänden sah Euere Exzellenz genötigt,
im Sinne dieses Gutachtens in beiden Bänden um weitere Änderungen zu ersuchen, wozu
Herr Professor Lortz nach Freiburg geladen wurde. Am 7. Juni 1939 wurden in einer
längeren Besprechung die gewünschten Korrekturen mit dem Verfasser besprochen".
[164] Herder, Freiburg, an Gröber, Freiburg, 04.08.1939. EAF B2–43–69; Aktennotiz
Reinhard, 07.08.1939.
[165] EO (Rösch), Freiburg, an Herder, Freiburg, 03.04.1939. EAF B2–43–69; Aktennotiz
R[ösch], 07.08.1939. – Mit diesem Datum wird das Imprimatur auch offiziell in den ver-

Einen kleinen Haken gab es dabei allerdings doch noch. So erfuhr Herder, der Erzbischof sei zwar bereit, „das Imprimatur für das ganze Werk neu zu erteilen", doch müsse dafür „ein Satz im Vorwort gestrichen" werden[166]: Es handelte sich um den auf Seite VIII im Anschluss an die Erörterung über Denifle und Grisar beginnenden Satz: „Es ist eine katholische Darstellung notwendig, die aus grösserer innerer Freiheit und vertiefter Auffassung des Opus Dei in der Geschichte die Reformation unbefangen würdigt"[167]. Rauch hatte dem Verlag diese Mitteilung mündlich überbracht; es sollte nicht der Eindruck erweckt werden, früheren Darstellern habe es „an der inneren Freiheit gefehlt"[168].

Endlich, am 17. August 1939, konnte Herder an Lortz die langersehnte Nachricht weitergeben: „Das Imprimatur ist jetzt da"[169]. Dass Kirsch sich bereiterklärt hatte, „die in Aussicht genommene Rezension" im *Osservatore Romano* zu übernehmen, steigerte die Freude. Damit befand sich Lortz' Werk endlich auf der Zielgeraden. Umgehend machte sich der Verlag an die Ausführung der Korrekturen. Lortz und Plassmann, der das Register erstellte, erhielten Korrekturbogen mit dem Umbruch[170].

3.5 Verzögerungen durch den Kriegsausbruch

Mit dem Ausbruch des Zweiten Weltkrieges im September 1939 drohte dem ganzen Unternehmen neues Ungemach. Lortz hatte zwar sämtliche Korrekturen zum zweiten Band nach Freiburg geschickt, aber zugleich erhielt der Verlag Besuch von P. Noppel, der von Lortz – angeblich – den Wunsch übermittelte, die Herausgabe des Werkes „bis auf günstigere Zeiten" zu verschieben[171]. Doch Herder zeigte sich entschlossen, das Werk trotz allem herauszubringen: „Wir können jetzt noch nicht übersehen, ob wir augenblicklich das Werk zum Abschluss bringen können, würden aber, wenn es sein müsste, alles tun, was in unseren Kräften steht, um das Erscheinen zu ermöglichen".

öffentlichten Bänden angegeben: „Imprimatur. – Friburgi Brisgoviae, die 7 Augusti 1939. – Rösch, Vic. Gen.". Lᴏʀᴛᴢ, Reformation I/II, [IV].

[166] Herder, Freiburg, an Lortz, Münster, 07.08.1939. IEG, NL Lortz [1445].

[167] Tatsächlich fehlt dieser Satz im veröffentlichten Vorwort; möglicherweise stand er anstelle der folgenden Formulierung: „Heute ist nun eine katholische Darstellung der deutschen Reformationsgeschichte fällig, die dem Geist und den Erkenntnissen so vieler katholischer Einzeläußerungen zu diesem Thema konform ist [...]". Lᴏʀᴛᴢ, Reformation I, IX.

[168] Möglicherweise kommt hier auch eine Rücksichtnahme auf den ehemaligen Pastor-Mitarbeiter Leiber zum Ausdruck.

[169] Herder, Freiburg, an Lortz, Stromberger Neuhütte, 17.08.1939ᵃ. IEG, NL Lortz [1477]. – Das Imprimatur war offiziell bereits am 7. August erteilt worden (vgl. oben).

[170] Herder, Freiburg, an Lortz, [Stromberger Neuhütte], 17.08.1939ᵇ. IEG, NL Lortz [1445].

[171] Herder, Freiburg, an Lortz, Münster, 07.09.1939. IEG, NL Lortz [1477]. – Handschriftlich notierte Lortz dazu: „nein, sondern Abwägung des für & gegen von dortseits erbeten. 9.9.39".

Am 13. September dankte Herder für den Erhalt der „Korrekturen der nachträglichen Änderungen von Band I", so dass man diesen nun fertigstelle, selbst wenn die Herausgabe im Moment „nicht günstig" erscheine. Nach Möglichkeit – inzwischen war bereits „eine Anzahl Mitarbeiter einberufen" worden – wollte man dann auch schon an „die Druckherstellung des II. Bands" gehen[172].

Trotz des Krieges wurden die Bemühungen um die Veröffentlichung fortgesetzt. Am 20. September 1939 bestätigte Herder den Empfang einer weiteren Sendung von Lortz für die Setzerei (dabei u. a. ein „Nachtrag zum Literaturverzeichnis")[173]. Kurz darauf ging der Verlag in einem Schreiben an Lortz ausführlicher auf die Frage nach der Herausgabe des Werkes ein[174]: Man habe sich nach eingehender Beratung über die gegenwärtige Situation dazu entschlossen, das komplette Werk erst „nach Weihnachten auszugeben". Im Moment sei die Situation noch zu unübersichtlich, man wolle außerdem vermeiden, „daß dieses umfangreiche gewichtige Werk in der Vorweihnachtszeit etwa in den Hintergrund gedrängt würde". Die Bindearbeiten ließen sich wohl so einrichten, „daß beide Bände dann Anfang nächsten Jahres fertig sind und die Ausgabe erfolgen könnte".

Wie aus dem nächsten Schreiben Herders hervorgeht, scheint Lortz allerdings eine Herausgabe *vor* Weihnachten deutlich bevorzugt zu haben[175]. Neben dem obligatorischen Dank „für die Einsendung der letzten Teile zu Band II" beteuerte der Verlag, alles tun zu wollen, um das Werk „so rasch als möglich erscheinen zu lassen", in jedem Fall aber daran festzuhalten, „dass die beiden Bände zusammen herauskommen". Die „nach München in Sicherheit" gebrachten „Matrizen für den ersten Band" seien zwar mittlerweile wieder in Freiburg, doch könne man angesichts des reduzierten Personals nicht versprechen, es bis Weihnachten zu schaffen. Auch die „Freiexemplare des ersten Bandes auf dem schwereren Papier" könnten noch nicht zugeschickt werden, weil „die Buchbinderarbeiten noch nicht soweit" seien. „Es tut uns sehr leid, dass Ihr Werk durch eine unglückliche Verkettung von Missgeschicken in seiner Fertigstellung immer wieder verzögert wird. Wollen Sie doch bitte versichert sein, dass wir nichts versäumen, Ihnen entgegenzukommen, dass wir aber gegenwärtig mit sehr viel Schwierigkeiten zu rechnen haben und so dadurch die Arbeiten nicht so fördern können, wie wir es selbst wünschten".

---

[172] Nach einigen weiteren Mitteilungen zum Stand der Dinge (Freiexemplare auf dickerem Papier, Literaturverzeichnis von Lortz angekündigt, „Bilderfrage zum zweiten Band ist ganz in Ordnung" etc.) dankte Herder abschließend für die „freundlichen Wünsche für unsere Arbeiten": „In diesen Tagen bedürfen wir des Schutzes Gottes in besonderem Maße. Auch wir wünschen Ihnen alles Gute". Herder, Freiburg, an Lortz, Münster, 13.09.1939. IEG, NL Lortz [1477].

[173] Herder, Freiburg, an Lortz, Münster, 20.09.1939. IEG, NL Lortz [1477].

[174] Herder, Freiburg, an Lortz, Münster, 23.09.1939. IEG, NL Lortz [1477].

[175] Herder, Freiburg, an Lortz, Münster, 28.09.1939. IEG, NL Lortz [1477].

Lortz setzte gleichwohl noch einmal alle Hebel in Bewegung, um die Herausgabe vor Weihnachten zu erzwingen. Der Verlag versuchte zunächst nochmals Verständnis zu wecken und wies am 14. Oktober – neben kurzen Mitteilungen zu Sonderdrucken (Kapitel „Der junge Luther") und zu Korrekturen (Register) – noch einmal auf die tatsächlichen Probleme hin[176]: „Wir verstehen sehr wohl Ihren Wunsch, dass das Werk unbedingt noch vor Weihnachten herauskomme. Soeben trifft noch ein Schreiben von Herrn Dr. [Josef] Höfer ein, der uns im gleichen Sinne rät, die Herausgabe der ‚Reformation' zu beschleunigen[177]. Wir schrieben Ihnen ja bereits, dass wir alles Mögliche tun wollten, dies zu erreichen. Wenn wir aber sehen, wie von Woche zu Woche immer mehr Arbeiter eingezogen werden und wenn wir jetzt schon vor der Tatsache stehen, dass einige Maschinen stillstehen müssen, so werden Sie begreifen, daß all unsere Dispositionen gründlich über den Haufen geworfen werden. Nach Lage der gegenwärtigen Situation sehen wir einfach keinen Weg, die Aufgabe in der noch verbleibenden kurzen Zeit technisch zu bewältigen. Wir bitten Sie sehr, doch dieser ungewöhnlichen Umstände Rechnung tragen zu wollen".

Am 8. November meldete Herder dann, die Druckerei sei „augenblicklich mit dem Reindruck des [zweiten] Bandes beschäftigt"[178], und am 30. November, die Druckerei werde den Druck des zweiten Bandes „etwa Mitte nächster Woche" beenden. Die Buchbinderei wolle dann „alles versuchen, um einige wenige Exemplare bis gegen 15. Dezember fertigzustellen", damit Lortz diese als Weihnachtsgeschenk verwenden könne[179]. Es folgten detailliertere Angaben zur Ausstattung der Bände und zur geplanten Auslieferung an den Buchhandel: „Die für die Auslieferung benötigten Stücke wird die Buchbinderei dann in der zweiten Hälfte des Dezember und Anfang Januar binden, sodass die Ausgabe des kompletten Werkes im Januar wohl erfolgen kann. Eine Auslieferung noch vor Weihnachten lässt sich beim besten Willen nicht mehr erzwingen". Besonderen Wert legte Herder darauf, dass Lortz „von der Fertigstellung des Werkes *vor* der offiziellen Auslieferung noch nicht sprechen" solle, damit von Seiten der Buchhändler keine „Reklamationen" und „Unannehmlichkeiten" entstünden. „In diesem Sinne wollen Sie bitte auch den Persönlichkeiten, denen Sie ein Exemplar als Weihnachtsgeschenk zugedacht haben, ein Wort sagen". Vorgesehen war im Übrigen auch ein gebundenes Exemplar für Plassmann, der beim Register geholfen hatte, während Kirsch „Aushängebogen" des zweiten Bandes erhalten sollte, um seine „Besprechung für den ‚Osservatore [Romano]' vorbereiten" zu können. Die

---

[176] Herder, Freiburg, an Lortz, Münster, 14.10.1939. IEG, NL Lortz [1477].

[177] Möglicherweise hatte Lortz seinen Freund, den Paderborner Theologen Josef Höfer (1896–1976), der sich damals gerade als ‚freier' theologischer Berater des deutschen Botschafters beim Hl. Stuhl in Rom aufhielt, selbst darum gebeten, bei Herder ‚Druck' zu machen. – Höfer spielte (nach dem Tod Kirschs Anfang 1941) eine wichtige Vermittlerrolle in Rom bei den Verhandlungen zu den weiteren Auflagen.

[178] Herder, Freiburg, an Lortz, Münster, 08.11.1939. IEG, NL Lortz [1477].

[179] Herder, Freiburg, an Lortz, Münster, 30.11.1939. IEG, NL Lortz [1477].

Deckblätter und der neue Titelbogen des ersten Bandes waren bereits an Kirsch abgegangen.

Es folgten diverse Mitteilungen Herders, so etwa zu Lortz' Frage nach „einer verbilligten Abgabe des Werkes" für seine studentischen Hörer. Herder wollte auf Vorlage eines Hörerscheins beim Buchhändler 20 % Nachlass auf entsprechende „Hörerexemplare" gewähren. Die schon frühere Anfrage von Lortz nach den Kosten für die Herstellung von 100 Sonderdrucken des Kapitels „Der junge Luther" hatte man „nicht vergessen", doch war die Berechnung noch nicht erfolgt, da „aus dem technischen Büro leider alle Fachkräfte eingezogen" waren[180]. Die von Lortz verlangte nachträgliche Einfügung zweier zusätzlicher Literaturangaben war aufgrund der fortgeschrittenen Druckarbeiten „nicht mehr möglich"[181].

Am 6. Dezember teilte Herder mit, man habe die Buchbinderei beauftragt, eine Anzahl von Exemplaren nach den besonderen Angaben von Lortz – offenbar hochwertiger – zu binden; diese könnten noch an alle von Lortz vorgesehenen Persönlichkeiten geschickt werden[182]. Eventuell werde Lortz selbst bereits „fünf Exemplare des kompletten Werkes vor Weihnachten" erhalten; die Buchbinderei habe die Ablieferung der insgesamt „wahrscheinlich mehr als 24 Exemplare" für 15. Dezember versprochen. Infolge der nachträglichen Korrekturen werde man die Lortz bereits früher zugesandten Exemplare des ersten Bandes nicht auf die Anzahl seiner Freistücke anrechnen. Die Freistücke würden, wie von Lortz gewünscht, auf „schwereres Papier" gedruckt. Die Kosten für die 100 Sonderdrucke des Kapitels „Der junge Luther" (S. 145–192) waren nun auf etwa 176 RM kalkuliert.

Am 16. Dezember schließlich die Nachricht: „Nun liegt das gewichtige Werk – wenigstens in ein paar gebundenen Exemplaren – vor uns, und wir möchten Ihnen zur Vollendung unsere aufrichtigsten Wünsche aussprechen". Die Freiexemplare seien bereits nach den Angaben von Lortz versandt worden, so dass sie „hoffentlich noch rechtzeitig vor dem hl. Weihnachtsfest, sowohl bei Ihnen wie den anderen Empfängern eintreffen". In den kommenden Wochen werde man weiter mit den Bindearbeiten beschäftigt sein, um dann im Januar „eine genügend große Anzahl fertig zu haben", um mit der Auslieferung an den Buchhandel zu beginnen. „Im nächsten Jahr wird es

---

[180] Auch weitere beiläufige Bemerkungen lassen die Auswirkungen des im Hintergrund stehenden Zweiten Weltkriegs erkennen: So dankte der Verlag Lortz für die beabsichtigte Widmung eines Exemplars der Neuauflage (7./8. Auflage 1940) seiner *Geschichte der Kirche* – stellvertretend für Theophil Herder-Dorneich, „der sich bei der Truppe befindet". Am 8. Januar 1940 übermittelte der Verlag dessen Dank: „Wir haben uns nicht nur über die Gabe gefreut, sondern auch über die Tatsache, dass dieses Werk eine so hohe Auflage erreichen durfte. Hoffen wir, dass auch Ihre ‚Geschichte der Reformation' eine ebenso freundliche Aufnahme findet, woran wir gar nicht zweifeln". Herder, Freiburg, an Lortz, Münster, 08.01.1940. IEG, NL Lortz [1477].
[181] Für Band 2, Seite 310, am Ende des Abschnittes II (Quellen). Man wollte die Angaben aber „für einen evtl. Neudruck" zurücklegen bzw. bat Lortz, sie sich selbst vorzumerken.
[182] Darunter befand sich jetzt auch „Universitätsprofessor [Walther] Köhler in Heidelberg". Herder, Freiburg, an Lortz, Münster, 06.12.1939. IEG, NL Lortz [1477].

unser Bemühen sein, Ihrer ‚Reformation' den Weg zu bereiten. An unseren Verlagsaufgaben wollen wir dann mit allen Kräften weiter arbeiten zum Segen unseres Volkes und der Kirche"[183].

3.6 Letzte Hürden: Korrekturkosten und Preisbestimmung

Neue Informationen zum Stand der Sache enthielt ein Schreiben Herders vom 11. Januar 1940[184]: „Das Werk ist nun fertig; die Buchbinderei ist eifrig daran, größere Vorräte zur allgemeinen Versendung bereitzustellen". Im Hinblick auf die „Preisbestimmung" hatte der Verlag allerdings weniger erfreuliche Nachrichten: „Die Zusammenstellung des Aufwandes für spätere Korrekturen ist einigermaßen erschreckend. Wir hatten ohnehin mit einer beträchtlichen Summe gerechnet, sehen aber nun, daß die Kosten für die Korrekturen (nachträgliche Setzerlöhne), dann die Durchführung des Nachdrucks der Einzelblätter für den 1. Band einen Aufwand von RM 1568" betragen (2. Band: „RM 481"). „Größer noch ist der Aufwand für die Mehrkosten der Buchbinderarbeit, der durch das Herausnehmen und Einkleben der Einzelblätter entstand" („rund RM 3500"). Der Verlag sah sich nicht in der Lage, diese außergewöhnlichen Kosten ganz zu tragen und schlug Lortz vor, die Hälfte der Summe mit dem Honorar zu verrechnen[185]. Dies schien vertretbar, um der „abnormen Mehrkosten" wegen den Ladenpreis nicht erhöhen zu müssen[186]; man fürchtete ansonsten negative Folgen für die Verkäuflichkeit des Buches.

Es überrascht nicht, dass Lortz sich auf eine solche Reduzierung seines Honorars nicht einlassen wollte. Wie schon in den Vertragsverhandlungen Ende 1937 zog Lortz auch jetzt wieder seinen Freund Direktor Kurt Lohse vom Verlag Trowitzsch & Sohn zu Rate. Dieser antwortete „Josy" am 16. Januar, die genaue Prüfung des Schreibens von Herder habe bei ihm „einen recht eigenartigen Eindruck" hinterlassen. Nach eigenen – deutlich niedriger ausgefallenen – Berechnungen empfahl er Lortz, sich nicht auf eine „Beteiligung an Korrektur- und Änderungskosten" einzulassen, sondern dem Ver-

---

[183] Herder, Freiburg, an Lortz, Münster, 16.12.1939. IEG, NL Lortz [1477]. – Ein letztes Schreiben Herders im Jahr 1939 folgte am 23. Dezember: „Wir sind sehr froh, dass Ihr Werk nun fix und fertig vorliegt, wenigstens in einigen Exemplaren, auch darüber, dass die Durchgestaltung Ihren Beifall gefunden hat. Gleich nach Weihnachten und Neujahr werden wir alle Vorbereitungen für die Versendung treffen". Weitere Mitteilungen betrafen u. a. die Verbesserung der von Lortz kritisierten Rückenprägung der Bände, den Abdruck der Bildtafeln sowie die Widmungsexemplare (u. a. an Plassmann und Kirsch). Herder, Freiburg, an Lortz, Münster, 23.12.1939. IEG, NL Lortz [1477].

[184] Herder, Freiburg, an Lortz, Münster, 11.01.1940. IEG, NL Lortz [1477].

[185] Vertraglich vereinbart war ein Honorarsatz von 12 % (für die ersten 1000 Stück = 1/5 der Auflage) bzw. 15 % (für 4000 Stück = 4/5), d. h. insgesamt 14,4 %. Bei einer Auflage von 5000 Stück und einem Ladenpreis von 19 RM (ungebunden) ergibt sich somit (aus 95000 RM Umsatz) ein Gesamthonorar von 13680 RM.

[186] So sollte der Preis für die beiden – nur zusammen erhältlichen – Bände 19 RM für das ungebundene Exemplar, 25 RM für das gebundene betragen.

lag stattdessen vorzuschlagen, „das Autorenhonorar nach dem Betrag fest-
zusetzen, in dem die Korrekturen [...] nicht enthalten sind"[187]. Auf eine weitere Anfrage von Lortz[188] ergänzte Lohse: Selbst unter anderen Voraussetzungen komme er „auch bei grosszügigster Berechnung längst nicht auf den
Preis, den *Herder* annimmt", wozu noch einmal einzelne Berechnungen folgten. Sein Fazit blieb dasselbe: „Nach allem kann ich Dir nur empfehlen, die
ganze Auseinandersetzung über die Preise dadurch zu umgehen, dass Du
Dein Honorar nach der Summe berechnen lässt, in der die nachträglichen
Änderungen und Korrekturen nicht enthalten sind"[189].

Während Lortz die Meinung seines Freundes einholte, wartete Herder un-
geduldig auf Antwort[190]. Man sei – so ließ man Lortz am 24. Januar („Durch
Eilboten!") wissen – nun „in Verlegenheit wegen der endgültigen Preisbestimmung" des Buches, fürchtete größere Probleme[191]: „Gerne hätten wir
Genaueres gehört über diese Ihre Bedenken, möchten aber nun doch keine
Zeit mehr verlieren, weil alle Vorbereitungen für die Versendung schon im
Gange sind. Eine genaue Preisfestsetzung dazu ist nötig". Es folgten noch
einmal genauere Ausführungen zu Herders Vorschlag vom 11. Januar, „der
auch bei nochmaligem Durchdenken und Durchrechnen uns als berechtigt
erscheint". Um angesichts der Lortzschen Bedenken aber „möglichst rasch
zu einem Definitivum zu kommen", machte der Verlag den Vorschlag, „ein
Gesamthonorar von RM 12000 für die erste Auflage von 5000 Stück" fest-
zusetzen, das in mehreren Raten ausgezahlt würde.

Tatsächlich hatte Lortz den Eilbrief Herders vom 11. Januar „schlecht ver-
daut". Am 26. Januar verfasste er ein Schreiben an den Verlag, in dem er seiner
Empörung Luft verschaffte[192]: Während der ganzen Monate zuvor sei von
Seiten Herders „auch nicht die leiseste Andeutung über eine möglicherweise
eintretende Belastung meinerseits durch die Mehrkosten [...] aus den nachträglichen Änderungen" gekommen. „Und dann, ja ich hatte den Eindruck,
überfallen Sie mich mit einem auch im Inhalt (gegen Schluss) drängenden Eilbrief. Und dann der Inhalt. Sie muten mir zu, an der Mehrbelastung genau so
beteiligt zu werden wie Sie". Inzwischen habe er Erkundigungen eingezogen,
bei „einer Grossbinderei" sowie bei „einem Freunde, der zugleich Ihrem
Hause befreundet ist", und habe nur Erstaunen gefunden. Bei einem persönlichen Gespräch mit Herder-Dorneich „nach Pfingsten vorigen Jahres in

---

[187] Es folgten noch einige Ratschläge zur „Einkommenssteuererklärung". Lohse, Frank-
furt/Oder, an Lortz, [Münster], 16.01.1940. IEG, NL Lortz [1477].

[188] Handschriftlicher Vermerk von Lortz: „Neue Anfrage an Kurt am 19.1.40".

[189] Lohse, Frankfurt/Oder, an Lortz, Münster, 23.01.1940. IEG, NL Lortz [1477].

[190] Am 19. Januar erhielt Lortz eine ‚Erinnerung' per Telegramm: „Erbitte Nachricht
zum Eilbrief 11. Januar Preisbestimmung dringlich". Herder, Freiburg, an Lortz, Münster, 19.01.1940 [Telegramm]. IEG, NL Lortz [1477].

[191] Herder, Freiburg, an Lortz, Münster, 24.01.1940. IEG, NL Lortz [1477]. – Vermutlich wartete Lortz noch auf die Antwort auf seine zweite Anfrage an Lohse vom 19. Januar.

[192] Lortz, Münster, an Herder, Freiburg, 26.01.1940. IEG, NL Lortz [1477].

Freiburg"[193] sei „auch die viele Mehrarbeit" aufgrund der nötigen Änderungen zur Sprache gekommen: „Herr Dr. Herder[-Dorneich] sagte mir damals, ‚Wir sind bereit alles zu tun, was verlangt wird, um das Buch heraus zu bringen. Wenn nötig würden wir es ganz neu drucken.'" Nicht im Entferntesten habe es „irgend eine Anspielung auf eine Beteiligung des Verfassers" an den Mehrkosten gegeben. Dann präsentierte Lortz seinen eigenen – offensichtlich auf Lohse zurückgehenden – Vorschlag: Sein Honorar solle nach jenem Betrag berechnet werden, in dem die Änderungskosten nicht enthalten seien. Bei einem Honorarsatz von insgesamt 14,4 % ergäbe sich für die Unkosten von 5500 RM ein Anteil von genau 792 RM. Abgezogen von der ursprünglichen Honorarsumme (13680 RM) bliebe damit ein Honorar von 12888 RM übrig, das von Lortz auf 12800 RM abgerundet wurde[194].

Erst am 3. Februar antwortete der Verlag mit einer ausführlichen Stellungnahme auf das Schreiben von Lortz, das ebenfalls „allerhand Verdauungsbeschwerden verursacht" habe[195]. Nach nochmaliger Prüfung aller Unterlagen wurden beiderseits Fehler festgestellt. So war Lortz von einer halb so großen Anzahl auszutauschender Einzelblätter ausgegangen, während im Verlag bei der komplizierten Berechnung der Kosten (durch eine Ersatzkraft für die zum Heeresdienst eingezogenen Kalkulatoren) die falsche Summe von 5500 RM statt 3960 RM herausgekommen war. Der Honorarvorschlag von Lortz wurde deshalb angenommen[196]. Doch jetzt war Lortz angesichts der nunmehr niedriger ausgefallenen Änderungskosten mit der zuletzt verhandelten Honorarsumme (12800 RM) nicht mehr einverstanden und bestand auf einer genauen Berechnung des prozentualen Anteils der tatsächlichen Mehrkosten an seinem ursprünglichen Honorar (13680 RM)[197]. Die neue

---

[193] Wahrscheinlich zur selben Zeit, als Lortz zur Besprechung mit Erzbischof Gröber in Freiburg war, also wohl am 6. oder 7. Juni 1939 (vgl. oben).

[194] Lortz schloss seinen Brief: „Ich habe Ihnen ganz offen geschrieben. Ich hoffe, dass wir auf der angegebenen Basis jetzt einig sind, und dass diese Angelegenheit keine Trübung in unseren Beziehungen herbeiführt. Das täte mir leid".

[195] Herder, Freiburg, an Lortz, Münster, 03.02.1940. IEG, NL Lortz [1477].

[196] „Vielleicht erübrigt es sich, auf die einzelnen Punkte Ihres Schreibens noch näher einzugehen. Im Schlußsatz legen Sie nahe, daß Sie es nicht wünschen, daß diese Angelegenheit eine Trübung in unseren Beziehungen herbeiführe. Diesen Wunsch teilen wir in vollem Umfang". Es folgten noch „einige Gedanken" zur weiteren Erklärung („unendlich viele Mühen und Kosten" aufgrund des Krieges, „auch unsere geschäftliche Situation aufs stärkste berührt", Herder-Dorneich „seit Kriegsbeginn bei der Truppe" etc.). Abschließend betonte Herder noch einmal: „Wir haben den angelegentlichen Wunsch, daß diese Aussprache für vollen Klärung führen möchte und daß ein bitterer Nachgeschmack nicht zurückbleibe; es wäre uns dies außerordentlich leid. Das Werk selbst war uns von Anfang an ein großes inneres Anliegen und auch jetzt werden wir alle unsere Kräfte einsetzen, um auch den zweiten Teil der Aufgabe des Verlegers: die Verbreitung aufs bestmögliche zu erfüllen". Ebd.

[197] Lortz' Antwort vom 6. Februar ist nicht erhalten, der Inhalt lässt sich jedoch aus seinen handschriftlichen Anmerkungen (inkl. ausführlichen Berechnungen) auf Herders Schreiben entnehmen. – Ausgehend vom vertraglich vereinbarten Honorarsatz von knapp 15 % errechnete er für die Unkosten von 3960 RM einen – entsprechend geringe-

Abb. 7: Die Reformation in Deutschland, 1. Auflage 1939/40 (Einbände).

Honorarforderung von 13000 RM wurde von Herder schließlich am 17. Februar akzeptiert[198].

Nach über einem Monat zäher Verhandlungen war man sich am Ende also auch über die finanziellen Fragen einig geworden. Anfang Februar konnten die Bände endlich ausgeliefert werden. Bereits Ende Januar waren die ersten Besprechungsexemplare an diverse katholische wie evangelische Zeitschriften und Zeitungen gegangen[199]. Die wichtige Rezension im *Osservatore Romano*, zu der Kirsch sich bereiterklärt hatte, konnte nach einigen krankheitsbedingten Verzögerungen[200] endlich am 22. Februar 1940 erscheinen[201]. Eine enorme öffentliche Resonanz folgte[202], schon bald trat die Frage einer zweiten

---

ren – Anteil von rund 570 RM, so dass vom ursprünglichen Honorar jetzt noch 13110 RM übrig blieben; davon forderte Lortz schließlich nur 13000 RM – also am Ende gerade einmal 200 RM mehr als die zuletzt diskutierten 12800 RM. Ferner bestand Lortz noch auf einer (wohl steuerlich günstigeren) jährlichen Auszahlung von höchstens „3500 RM *und* Abzug evtl. Werbungskosten".

[198] Herder, Freiburg, an Lortz, Münster, 17. 02. 1940. IEG, NL Lortz [1477].
[199] Vgl. Herder, Freiburg, an Lortz, Münster, 30. 01. 1940. IEG, NL Lortz [1477].
[200] Vgl. Herder, Freiburg, an Lortz, [Münster], 07. 02. 1940. IEG, NL Lortz [1477].
[201] Johann Peter Kirsch, Uno studio profondo sulla vera e la falsa Riforma in Germania, in: L'Osservatore Romano, Nr. 43, 22. Februar 1940. – Zum Inhalt vgl. unten.
[202] Vgl. unten die Auswertung der Rezeption.

Auflage ins Blickfeld[203]. *Die Reformation in Deutschland* schien ein voller Erfolg zu sein.

4. Das Vorwort zur ersten Auflage – zwischen Selbstdeutung und Rechtfertigung

Wir hatten bereits darauf hingewiesen, welch zentrale Rolle von allen Seiten dem ausführlichen Vorwort[204] zugedacht wurde, das Lortz seinem Werk voranstellte, und wie sehr er bemüht war, seine Interpretation nach allen Seiten hin abzusichern. Von daher mag das Vorwort wichtigen Aufschluss geben sowohl über das Selbstverständnis von Lortz als auch über die Richtung, in die er die Deutung des Publikums zu lenken suchte. Angesichts des schwierigen Entstehungsprozesses des Werkes wundert es nicht, dass sich Lortz hier in besonderer Weise bemühte, Missverständnissen und Fehlinterpretationen – zumal auf katholischer Seite – von vornherein durch ‚sichernde Bemerkungen‘ zu begegnen. Wie geschildert, erforderten die Beanstandungen während des kirchlichen Zensurverfahrens von Lortz immer wieder Umformulierungen und tiefergehende Veränderungen, so dass die endgültige Gestalt des Vorwortes schließlich merklich ‚konstruierte‘ Züge aufwies[205]. Trotz seiner insgesamt ‚apologetischen‘ Tendenz ist das Vorwort ein entscheidender Bestandteil des Werkes, der – wie wir noch sehen werden – tatsächlich die Aufnahme des Bandes bei den Lesern entsprechend beeinflusste.

Lortz beginnt sein Vorwort mit einer Abgrenzung: „Dieses Buch ist keine Geschichte Deutschlands im Zeitalter der Glaubensspaltung. Es will das engere Thema der Reformation in Deutschland behandeln". Die Reformation sieht Lortz einerseits bestimmt „durch die religiös-theologischen Anschauungen Luthers und durch die Kirchenspaltung", die „nicht nur ein kirchlicher, sondern auch ein politischer und allgemein-kultureller Vorgang" gewesen sei; andererseits durch „beträchtliche Teile" des „katholischen Erbe[s]", das sich bei Luther noch finde – „Luther hat nicht *nur* Häretisches ausgesprochen". Besonders betont Lortz dabei den „Gesamtumfang" der Reformation: Diese bestehe nicht nur aus Luthers Ideen – „über die Reform der Kirche, über ihre Lehre, ihre Sakramente, ihr Priestertum usw." – oder Luthers „Abfall von der Kirche", sondern sie sei „ein außerordentlich vielgestaltiges, verschieden geschichtetes, oft Widersprüche bergendes historisches Gefüge und ein komplizierter historischer Ablauf". Dieser „bunte geschichtliche Ablauf"

---

[203] Vgl. Herder, Freiburg, an Lortz, Münster, 09.05.1940. IEG, NL Lortz [1445].

[204] LORTZ, Reformation I, VII–XIII (abgedruckt im Anhang dieses Bandes).

[205] Vgl. Herder, Freiburg, an [EO, Freiburg], 20.06.1939. EAF B2–43–69: Lortz habe „bereitwillig und gewissenhaft den Beanstandungen stattgegeben" und auch im Vorwort zusätzliche „Verdeutlichungen und Einschränkungen angebracht", wodurch dieses nun „allerdings etwas schwunglos und an manchen Stellen verklausuliert erscheint".

lasse sich „nicht in einer erschöpfenden einheitlichen Definition fassen", vielmehr müsse man das „Nebeneinander von Widerspruchsvollem [...] adäquat beschreiben (das ist etwas anderes als bejahen)"[206]. Es gehe ihm mehr um „die *innere* Geschichte" und „die treibenden Kräfte" der Reformation, anstatt „das Episodische auszubreiten", woraus sich auch die deutlich umfangreichere Darstellung „der schöpferischen Periode" bis ca. 1525 ergebe, entsprechend der größeren „Dichte des Geschehens" (VII f.).

Die „Rechtfertigung" einer neuen Darstellung der Reformationsgeschichte sieht Lortz hauptsächlich darin, „daß diese von einem Katholiken, und zwar von einem Kirchengeschichtler, geschrieben ist". Sie sei also vor allem „eine theologische Leistung". „Wir besitzen bis heute keine katholische Gesamtdarstellung der deutschen Reformationsgeschichte, die nicht betont konfessionell eingestellt wäre. Und eben deshalb keine, der es gelungen wäre, gerade aus ungebrochen und betont katholischer Haltung heraus sowohl zu einer fruchtbaren Aufgeschlossenheit für die religiösen Anliegen der Reformation wie zu einer tiefer greifenden, nicht polemischen, historischen Kritik an ihr zu gelangen" (VIII).

Lortz geht dann vor allem auf drei seiner Vorläufer ein, bei denen er Lob und Tadel gerecht zu verteilen sucht. Janssens „überragendes, bahnbrechendes und noch immer unentbehrliches Werk" sei hinsichtlich der Reformation „heute allgemein als zu einseitig erkannt", ebenso wie die Lutherdarstellungen von Denifle und – „allerdings in einem ganz andern Sinn" – von Grisar. Die beiden Letztgenannten hätten jedoch die Lutherforschung auf ihre Weise entscheidend vorangebracht, Denifle besonders hinsichtlich der Bezüge Luthers zur mittelalterlichen Theologie, während Grisar „in ruhiger Sicherheit die katholische Lutherforschung von unsachlichen Nebeninteressen" abgezogen habe. Daraus ergebe sich Lortz' eigene Aufgabe: „Heute ist nun eine katholische Darstellung der deutschen Reformationsgeschichte fällig, die dem Geist und den Erkenntnissen so vieler katholischer Einzeläußerungen zu diesem Thema konform ist, wie wir sie von Sebastian Merkle, Joseph Greving und vielen andern bis zu der theologischen Vertiefung in Grosches ‚Catholica'[207] besitzen. Es ist fällig ein einigermaßen zusammenfassender katholisch-reformationsgeschichtlicher Beitrag zu der gerade heute so wichtigen christlichen Aufgabe: die Lösung der ökumenischen Frage vorzubereiten" (VIII f.).

---

[206] Die auffällig betonte Differenzierung zwischen „beschreiben" und „bejahen" lässt vermuten, dass Lortz hier auf einen von kirchlicher Seite vorgebrachten Kritikpunkt reagiert.

[207] Catholica. Vierteljahresschrift für Kontroverstheologie, hg. von Robert GROSCHE, Paderborn 1932 ff. In seinem Literaturverzeichnis charakterisiert Lortz die Zeitschrift näher als „positiv arbeitendes Aussprachorgan auf katholischer Seite von vorbildlich kritischer und sachlich irenischer Haltung". LORTZ, Reformation II, 321. – Die *Catholica* musste 1939, kurz vor der Veröffentlichung von Lortz' Werk, ihr Erscheinen einstellen und konnte erst nach dem Zweiten Weltkrieg wieder neu herausgegeben werden. Vgl. Robert GROSCHE, Zum Wiedererscheinen der Catholica, in: Catholica 9 (1953), 1–3.

Diese Aufgabe erfordere nun aber, wie „längst erkannt" sei, „die Überwindung der gar zu ausschließlich gewordenen *heutigen* ‚gegenreformatorischen' Sicht und Haltung", denn man empfinde gegenwärtig „wieder unmittelbar" das „Unchristliche der christlichen Spaltung". Hier aber müsse jede „taktische Überlegung ausscheiden. Nur harte Wahrheit darf reden". Es sei also eine sachliche Darstellung nötig, die von evangelischer Seite „auch dann nicht ganz abgelehnt" werde, wenn sie „ungeschminkt" auch die ebenfalls „dunklen Seiten der Reformation" aufzeige und den bleibenden „echten Glanz der alten Kirche durch alle Zersetzung hindurch", ohne jede „Beweismacherei" zur Geltung bringe. Eine „christlich-religiös vertiefte Gewissenserforschung gegenüber der katholischen Vergangenheit" verpflichte im Übrigen dazu, „in aller Öffentlichkeit und mit Nachdruck" sein „mea culpa" zu bekennen. Dies sei – trotz allem „christkatholischem Freimut" bei der Schilderung der „kirchlichen Mißstände des 15. und 16. Jahrhunderts" – keine Kritik gegen, sondern „*für* die Kirche"[208]. Dieser Freimut sei auch keine „neue Erfindung", sondern ein „Erbe des letzten deutschen Papstes, Adrians VI., und der Reformkardinäle Pauls III., das in so vollgültiger, wagemutiger und fruchtbarer Weise durch den großen Papst Leo XIII. uns neu zum Besitz gemacht wurde" – gemeint war die Öffnung der Vatikanischen Archive im ausgehenden 19. Jahrhundert. Mit Leos „magna charta der historischen Wahrhaftigkeit" müsse man Ernst machen. Lortz verweist an dieser Stelle auch auf sein Schlusswort zum zweiten Band. Dort werde er auf weitere „für die Art der katholischen Reformationsgeschichtsschreibung wichtige und drängende Fragen" eingehen[209] (IX f.).

Im Folgenden wendet sich Lortz dann seiner Lutherdeutung zu, wobei er sich zunächst von beiden Extremen abgrenzt: Von denen, die aus Luther ein „Idol" zu machen, und von jenen, die ausschließlich „vernichtende Kritik" an ihm zu üben suchten. Beides sei „oft genug" unternommen worden. „Aber weder das eine noch das andere liefert ein Bild des wahren Luther. Luther, der so Einfache, ist auch eine complexio oppositorum, wenn es je eine solche gegeben hat. Wenn man ihn historisch voll sehen will, muß man fähig sein, die scharfen, ja die wilden Gegensätze so zu umspannen, daß weder dem einen noch dem andern Pol auch nur ein weniges von seiner ungestümen Wirklichkeit genommen wird. Man muß dies auch in dem Sinne können, daß man zu gleicher Zeit ungebrochene, starke Bewunderung für diesen Großen der Geschichte zu empfinden und zugleich, ohne etwas von jener Bewun-

---

[208] Vgl. Lortz, Münster, an Herder, Freiburg, 03.02.1939. IEG, NL Lortz [1445]: „Prälat Kirsch schrieb mir noch kürzlich abermals, dass er meine Auffassungen der Kritik *für* die Kirche so ganz teile".

[209] Bei diesem Verweis handelt es sich wahrscheinlich um einen späteren Zusatz, um Forderungen der Zensur zu genügen. Vgl. Lortz, Münster, an Herder, Freiburg, 12.06.1939. IEG, NL Lortz [1445]: „Ich habe darauf verzichtet, das Nachwort in das Vorwort hinüberzunehmen. Ich habe jedoch einiges im Vorwort mitangeklungen und ausdrücklich auf das Nachwort verwiesen".

derung zurückzunehmen, schärfste Kritik gegen ihn auszusprechen vermag. Diese Kunst ist bisher selten" (X).

Allerdings sei diese Aufgabe „von innern und auch von äußern Schwierigkeiten arg und gefährlich belastet". Manche Auffassungen seien „besonders katholischen Lesern zunächst neu". Er bitte daher „alle, die verantwortlich urteilen wollen", seine „Ausführungen *ganz* zu lesen". Es genüge nicht die Lektüre des ersten Bandes, um seine Auffassung über „Art, Schwäche und Stärke der katholischen Kräfte in der ersten Hälfte des 16. Jahrhunderts" zu verstehen[210]. Eine Auffassung sei auch noch nicht deshalb falsch, „weil sie weniger bekannt ist". Er habe versucht, „Luther in seiner konkreten Farbigkeit und historischen Fülle zu belassen" und bitte daher besonders die katholischen Rezensenten, „die einzelnen Urteile recht häufig an der genauen Lektüre der Originaltexte nachzuprüfen". Zudem stellt Lortz klar: Seine Reformationsgeschichte sei „keine Lutherbiographie". Deshalb müsse er auch nicht „gleichmäßig alle Fragen der Lutherischen Theologie und des Lebens des Reformators" behandeln, etwa das Thema „Ehelosigkeit", bei dem Denifle einst „angesetzt und voller Freude die Ergiebigkeit des Ansatzes gepriesen" habe. Dieser Ansatz sei „gründlich verfehlt" gewesen und habe Denifle vor allem „eine gerechte Auswertung seines bedeutenden neuen Materials" unmöglich gemacht (X f.).

Besonders nachdrücklich differenziert Lortz zwischen einer historischen und einer dogmatischen Betrachtungsweise, eine notwendige Unterscheidung, auch wenn sie, wie er meint, Dogmatikern mitunter schwer falle: „Meine Lutherkapitel sind *vor allem keine dogmatischen Traktate*. Sie beschreiben historisches Neben- und Nacheinander. […] Sie sprechen nicht von dogmatisch-absoluter Vollkommenheit, sondern von Teilwertigkeit, wie sie im subjektiven Streben der Menschen dem Historiker faßbar wird. Unseren Dogmatikern macht es ihre Denk- und Sprechweise nicht selten schwer, die Beschreibung eines historisch tatsächlich gegensätzlichen Befundes unbefangen entgegenzunehmen. Da es ihre wichtige Aufgabe ist, nach der dogmatischen Korrektheit oder Unkorrektheit einer Lehre zu fragen, haben recht viele von ihnen weniger Übung darin, neben der dogmatisch-systematischen Beurteilung noch volle Kraft einzusetzen für die historische und psychologische Bewertung" (XI).

Freilich: Es könne „nur *einen* letzten sachlichen ‚Standpunkt' geben", man dürfe „*letztlich* in keiner Bewertung des Christlichen vom dogmatischen Standpunkt absehen". Deshalb habe er sich auch dort, wo er „über die Beschreibung zur Bewertung weiterschreite", um „peinliche Korrektheit" be-

---

[210] Möglicherweise reagierte Lortz hiermit auf eine konkrete Beanstandung bzw. Empfehlung während des Zensurverfahrens. Vgl. Kirsch, Rom, an [Herder-Dorneich, Freiburg], 01.11.1938. IEG, NL Lortz [1445]: Die beiden Bände sollten gleichzeitig herausgegeben werden, damit „das Gesamtbild besser zum Ausdruck und zur Wirkung kommt".

müht[211]. Und doch: Auf der einen Seite stehe „eine dogmatisch-systematische Betrachtung", auf der anderen „eine historische und psychologische Betrachtung, die die Forderungen der dogmatischen Wahrheit im Auge behält und ihnen gerecht wird". Die erste (dogmatische) Sichtweise könne Reformation „*nur* als die Summe der von der katholischen Wahrheit abweichenden Lehren Luthers, also als Luthers Abfall" fassen; sie könne „Ausdrücke wie ‚Glaube', ‚Demut' usw. *nur* im objektiven und objektivierten Sinne nehmen, als übernatürliche Tugenden". Die zweite (historische) Sichtweise aber frage etwa, was „jenen Begriffen an subjektiver Haltung der Gläubigkeit, der demütigen Gesinnung usw. entspricht". Das heißt: „Wenn ich also von Luthers Glauben oder seiner Demut spreche, so will ich sprechen von der glaubenden und demütigen Seelenhaltung Luthers"[212] (XIf.).

Allerdings sei es unmöglich, „lebendig über einen Befund zu referieren, wenn man jedesmal, insonderheit bei jeder warmen Anerkennung, die – für einen Katholiken doch selbstverständlichen – dogmatischen Vorbehalte wiederholt". So werde etwa „ein Gebet Luthers nicht dadurch weniger wirklich, daß ihm Auffassungen zur Seite treten, die die Kirche als häretisch verurteilen mußte". Auch „die Feststellung tiefer Demutshaltung bei Luther" schließe nicht im geringsten aus, „daß aus andern Texten […] sein ungebändigter Stolz festzustellen ist". Lortz betont: „Geschichtliche Vielfältigkeit ist etwas anderes als die Einheit des absolut Gültigen, Feststellung der geschichtlichen Komplexität etwas anderes als ein dogmatisches Urteil". Grundsätzlich handle es sich bei alledem um „Fragen und Schwierigkeiten", die „nach einer über die Darstellung des historischen Verlaufs hinausgehenden, abschließenden Bewertung" verlangten. Dies wolle er in seinen Ausführungen „am Ende des zweiten Bandes" leisten, der „von selbst zu einer Gesamtbesinnung einlädt" (XII).

Lortz weist darauf hin, dass auch die Protestanten wenig geneigt seien, Kritik anzunehmen, etwa eine Kritik Luthers, „wenn sie von einem Katholiken ausgesprochen wird". Von protestantischer Seite gebe es aber gleichwohl

---

[211] Die auffällige Häufung von absichernden Klauseln lässt hier vermuten, dass es sich dabei um einen besonders umkämpften, grundsätzlichen Kritikpunkt von kirchlicher Seite handelte. Allerdings scheint das von Lortz zuvor implizierte Unverständnis der Dogmatiker für eine solche Differenzierung mitunter erst recht kritische Reaktionen provoziert zu haben; vgl. unten die unveröffentlichte Rezension von Engelbert Krebs.

[212] Eine solche Differenzierung z.B. zwischen objektiver „Demut" und einer bloß subjektiven „demütigen Seelenhaltung" erscheint als eine fast kleinliche Absicherung. Auch hiermit reagiert Lortz offensichtlich auf konkrete Vorbehalte der Zensur. Vgl. Lortz, Münster, an Herder, Freiburg, 12.06.1939. IEG, NL Lortz [1445]: Er habe sein Werk „in der Richtung einer noch unmissverständlicheren dogmatischen Korrektheit umgestaltet" und dabei besonders im Vorwort grundsätzlich den „Unterschied einer systematisch-dogmatischen Beurteilung hervorgehoben […] von einer historischen Bewertung", so dass er „gegebenenfalls von Luthers Gläubigkeit, und seiner Demutshaltung reden will, nicht vom Glauben, der eine übernatürliche Tugend ist". – Allerdings war auch dies für manche katholische Rezensenten noch immer nicht genug; vgl. unten die Rezensionen von Hugo Rahner.

derartige Kritik an Luther. So habe etwa Reinhold Seeberg mit Freimut festgestellt: „Die Ungerechtigkeit und Einseitigkeit seiner (Luthers) Polemik, die lodernde Leidenschaftlichkeit und das ungeheure Selbstbewußtsein seiner Persönlichkeit, die furchtbare Wucht und brutale Gewalt seines Hasses, wer kann sie ableugnen?"[213] (XII).

Im Übrigen sichert sich Lortz am Ende seines Vorworts auch historiographisch noch einmal ab, indem er auf sein Literaturverzeichnis verweist[214] und hinsichtlich „der *politischen* Entwicklungen der Reformation" ausdrücklich seine Abhängigkeit von der Literatur erklärt. Er beanspruche hier nicht, „die Wissenschaft zu fördern"[215]. Ferner dankt er seinem „lieben Kollegen und Freund Univ.-Prof. Dr. Joseph Plaßmann[216], Münster" für „treues Mitlesen der Korrekturen" sowie die Erstellung des Registers. Lortz schließt mit einem Verweis auf die Widmung des ersten Bandes, die „Dank und Bekenntnis zugleich" sei (XII f.). Sie lautet: „Sebastian Merkle[217] und Fritz Tillmann[218] zu eigen"[219].

Insgesamt zeigt sich also in Lortz' Vorwort an zahlreichen Stellen deutlich der Einfluss des kirchlichen Zensurverfahrens, wodurch sich Lortz' Versuch einer Selbstdeutung zu einer umfassenden Rechtfertigung gegenüber katholischen Beanstandungen ausweitete. Auf mögliche protestantische Vorbehalte ging Lortz hingegen kaum ein – obwohl sich das Werk gerade auch an die evangelische Seite richtete. Wohl auch dies ein Hinweis auf die erheblichen

---

[213] Das (von Lortz nicht näher nachgewiesene) Zitat wirkt an dieser Stelle etwas deplatziert und wie eine spätere Hinzufügung – offenbar um entsprechenden Vorwürfen von protestantischer Seite zuvor zu kommen. Der plötzliche Perspektivenwechsel zu den protestantischen Adressaten fällt hier umso mehr auf, als das gesamte Vorwort ansonsten praktisch nur Rechtfertigungen gegenüber der katholischen Seite beinhaltet.
[214] Vgl. Lortz, Reformation II, 310–321.
[215] Besonders hebt Lortz in diesem Zusammenhang „das wunderbare Buch von Karl Brandi über Karl V." hervor: Karl Brandi, Kaiser Karl V. Werden und Schicksal einer Persönlichkeit und eines Weltreiches, München 1937. Es sei „ein wahrhaft klassisches Werk, in dem der Autor aus meisterlicher Beherrschung des Materials und der (großenteils eigenen) Forschung das Geschichtliche selbst sich nüchtern und hinreißend aussprechen läßt". – In Lortz' Literaturverzeichnis findet sich dazu noch eine weitere (etwas kritischere) Bemerkung: „In diesem wundervollen Werk (s. Bd. 1, S. XIII) ist für den Kirchenhistoriker dies die Hauptschwäche, daß der Wert der dogmatisch ein für allemal unveränderlichen Lehre nicht gesehen, aber seine Negierung oder Bedrohung auch kaum als Problem empfunden ist". Lortz, Reformation II, 317.
[216] Plassmann starb bald nach dem Erscheinen des Werkes am 23. August 1940.
[217] Zu Merkles Bedeutung vgl. oben.
[218] Lortz schilderte später selbst Tillmanns besondere Bedeutung für ihn: „Hier kann ich nur mit Ergriffenheit reden. Denn diese ungewöhnliche Persönlichkeit [...] wurde mir Vater und Bruder ... Daß ich bis zu seinem Tode [1953] zum engsten Kreis der großen familia Tillmanniana gehören durfte, betrachte ich als den größten Glücksfall meines Lebens. [...] Tillmann war die reichste und freieste Persönlichkeit, die ich in meinem Leben kennenlernte". Lortz, Umweg, 18 f.
[219] Der zweite Band war „Meinem Bruder Prosper und meinen Schwestern" gewidmet.

innerkirchlichen Widerstände, die Lortz zur Zeit des Erscheinens seiner Reformationsgeschichte zu überwinden hatte. Man wird also in dieser Hinsicht durchaus von einem Wandel bzw. sogar Bruch mit der bisherigen katholischen Reformationsforschung sprechen können. Inwieweit dieser Eindruck auch inhaltlich gerechtfertigt ist, soll die folgende Untersuchung des Schlusswortes zeigen.

5. Das Schlusswort zur ersten Auflage – am Ende wieder alles beim Alten?

Lortz hatte bereits im Vorwort an mehreren Stellen auf sein Schlusswort[220] verwiesen und dessen engen Zusammenhang mit den im Vorwort angeschnittenen Fragen betont. In dem umfangreichen, in sechs Abschnitte gegliederten Text möchte Lortz „noch einige klärende, genauere Hinweise" geben in Bezug auf „weitere Fragen der Bewertung der Reformation"[221] (294).

1. Lortz räumt ein, dass die Kirchengeschichte im 16. Jahrhundert „alles in allem genommen, dem Katholiken ein wenig erhebendes Schauspiel" biete, vielmehr „ein vor allem niederdrückendes Gefühl". Wieder rekurriert er jedoch auf die „Mahnung Leos XIII. (nichts als die Wahrheit zu sagen, und die Wahrheit ganz zu sagen, auch dann, wenn sie für die Kirche und das Papsttum belastend sein sollte)". Dieser „Wahrheitsmut Leos XIII." sei „noch lange nicht überall zur selbstverständlichen praktischen Richtschnur des Urteilens und der Aussprache geworden". Daher könnten „kleingläubige und mit dem Quellenbefund ungenügend vertraute katholische Leser" fragen, ob Lortz „nicht die katholischen Schwächen mit einer gewissen Vorliebe geschildert", die Gegenseite dagegen zu positiv dargestellt habe[222]. Demgegenüber stellt Lortz klar: „Der in dieser Frage vielleicht schlummernde Verdacht wäre falsch und seine etwaige Bejahung eine Ungerechtigkeit". Unter Verweis auf sein Vorwort[223] betont er noch einmal, „daß Auffassungen noch nicht deswegen falsch zu sein brauchen, weil sie neu oder ungewohnt sind". Über den Tatbestand der Missstände selbst sei „nicht mehr zu diskutieren" aufgrund der „massenhaften Zeugnisse treukirchlicher Katholiken" – deren Klagen „übrigens ziemlich lückenlos auch bei Janssen und Pastor" dokumentiert seien. Daher sei „jeder Versuch einer lohnenden Beschönigung ein aussichtsloses und der Kirche schädliches Unternehmen". Die damaligen Missstände

---

[220] Lortz, Reformation II, 294–308 (abgedruckt im Anhang dieses Bandes).
[221] Die Gestalt des Schlussworts war offenbar maßgeblich durch den Zensurprozess bestimmt. Vgl. Lortz, Münster, an Herder, Freiburg, 21.02.1939. IEG, NL Lortz [1233]: Lortz hatte ursprünglich ein ausführliches Schlusskapitel „Bewertung" geplant, dann wieder darauf verzichtet; doch auf Herders „jetzige Anregung" hin wollte er „nunmehr eine Reihe von Gedanken dieses Kapitels, teilweise unter Benutzung Ihrer geäußerten Fragezeichen, neu zusammenstellen".
[222] Ein Vorwurf, der auch Merkle gemacht wurde.
[223] Vgl. Lortz, Reformation I, X.

seien eine „historische Belastung", auch wenn sie nach katholischer Überzeugung an „der wesenhaften Heiligkeit der Kirche" nichts änderten. Zwar
habe Lortz „mit besonderer Begierde gerade nach Äußerungen der fortdauernden *Treue* zur angestammten Kirche geforscht" und „das hierbei Festgestellte ausführlicher behandelt", als ihm proportional zu „dem andern
gleichzeitigen Leben" eigentlich zugekommen sei, trotzdem bleibe „das Resultat für den Katholiken, alles in allem genommen, so bedrückend"[224]
(294 f.).

2. Lortz stellt explizit die Frage, ob „etwa am Ende der Katholik dem Reformator Luther recht geben" müsse, dass er sich „gegen die Kirche erhob?"
Hinsichtlich seines „persönlichen Standpunkts" verweist Lortz nachdrücklich auf sein Vorwort[225]: „Es wäre peinlich und unwürdig, wenn es so aussehen könnte, als ob man solche Bekenntnisse, die unmittelbar an die persönliche Ehre und Wahrhaftigkeit, und dies in der Lebensarbeit und im
Lebensberuf, gebunden sind, die unmittelbar an die Wurzeln der geistigen
Existenz rühren, immer wieder des langen und breiten wiederholen müßte.
Die hier vorliegende Darstellung der Reformation ist das Buch eines Katholiken, eines katholischen Priesters. Ich muß es dem Verantwortungsbewußtsein des katholischen Lesers überlassen, jenes Bekenntnis, das ich dem
1. Band voransetzte, in seinem ganzen Ernst aufzunehmen, und ich muß
ihm die Kraft zutrauen, es bei der Lektüre auch jener Partien des Buches im
Bewußtsein zu behalten, die mit seinem gewohnten Bild der Reformationsgeschichte nicht harmonieren"[226] (295 f.).

Lortz fragt daraufhin „nach einem absoluten, grundsätzlichen Maßstab, an
dem sich Wert und Recht oder Unwert und Unrecht" der Reformation messen lasse. Im Hinblick auf Christentum und Kirche im absoluten Sinne der
Offenbarung könne „es irgendeine Berechtigung des Aufstandes, eines Aufstandes im Wesentlichen, nie geben". Dieser Ansicht sei übrigens auch Luther
noch 1519 gewesen. Die sichtbare Herrlichkeit der Kirche sei hingegen „*als
historisch erkennbarer* Zustand in der zu schildernden Epoche zum größten
Teil einfach nicht mehr vorhanden" gewesen, jedenfalls aber „historisch unsichtbar geworden". Doch auch das ändere „an der substantiellen, im Göttlichen wurzelnden Herrlichkeit der Kirche nicht das geringste". Die Kirche
zeige sich ja niemals „erschöpfend im Historischen", sondern sei „vor allem
Sache des Glaubens". Dies sei auch „die Haltung der katholischen Streiter des
16. Jahrhunderts" gewesen, die trotz aller Zerfallserscheinungen an die Herr-

---

[224] Vgl. ganz ähnlich Lortz, Münster, an Herder, Freiburg, 21.02.1939. IEG, NL Lortz
[1233]: „Ich darf Ihnen sagen, dass ich mit besonderer Begierde nach wirklichen, grossen,
hinreissenden Äusserungen auf unserer Seite gesucht habe. Leider sind sie zu selten. Das,
was ich fand, habe ich, um einer Forderung der ausgleichenden Gerechtigkeit zu genügen,
viel ausführlicher dargestellt (2. Bd., 3. Buch), als es ihm proportional zum andern gleichzeitigen Geschehen zukommen würde".
[225] Vgl. Lᴏʀᴛᴢ, Reformation I, VIII f.
[226] Diese eindringliche Betonung des katholischen Standpunkts entfiel in der 2. Auflage
(vgl. unten).

lichkeit der alten Kirche glaubten[227]. Auf katholischer Seite gelte stets der Grundsatz: „Trennung von Person und Amt im kirchlichen Bereich". Dass Luther hingegen „durch die Zerfallserscheinungen hindurch die unangetastete Substanz der katholischen Kirche" nicht zu erkennen vermochte, sei einer seiner „Grundfehler" gewesen (296–298).

3. Lortz schildert sodann, dass infolge der Reformation bald auch von evangelischer Seite gewisse negative Folgen der Reformation beklagt wurden (sittlicher Niedergang etc.), und führt zum Beleg Zitate Luthers und der anderen Reformatoren an. Eine grundsätzliche Schwierigkeit bei der Beurteilung stelle Luthers „Grobianismus" dar: „Luther läßt sich durch gewisse Zersetzungserscheinungen im eigenen Lager genau so zu ungenauen, ja unmäßig übertriebenen Superlativen verleiten wie gegenüber den ‚Papisten'". Gleichwohl könne man solchen Klagen eine „breite Tatsachenunterlage" nicht absprechen. Die Evangelischen nähmen gegenüber innerprotestantischen Zersetzungen allerdings eine ähnliche Haltung ein wie manche Katholiken gegenüber den innerkirchlichen Missständen der damaligen Zeit; man habe sie „nur selten voll ins Bewußtsein und in die geschichtlichen Darstellungen eingehen lassen". Dies sei heutzutage nicht mehr zu rechtfertigen, auch nicht „als Reaktion gegen die nach der andern Seite übersteigernden Einseitigkeiten von Döllinger und von Janssen". Für eine derartige „taktisch-ausbalancierende Behandlung" der Geschichte sei die Zeit vorbei: „Die Reformation ist für uns alle in Kirche, Volk und Staat ein Schicksal ohnegleichen geworden. Ein Schicksal, das noch lange nicht bewältigt ist. Derartiges kann und darf nur mit allseitiger, man darf vielleicht sagen heiliger Wahrhaftigkeit und in letztem sachlichem Ernst behandelt werden"[228] (298–300).

4. Lortz erinnert daran, dass Luther seine Absage an die Kirche immer wieder durch die kirchlichen Missstände zu rechtfertigen suchte. Wären also die Missstände auf protestantischer Seite nicht auch „eine tödliche Anklage" gegen die Berechtigung des Lutherischen „Umsturzes", der ja eigentlich eine

---

[227] Vgl. Lortz, Münster, an Herder, Freiburg, 21.02.1939. IEG, NL Lortz [1233]: „Die Herrlichkeit der Kirche war historisch zu Anfang des 16. Jahrhunderts eben nicht mehr vorhanden. Alle Zeitgenossen, die ihr die Treue hielten, taten es nicht, weil ihnen aus der sichtbaren Gestalt der Kirche Herrlichkeit, Gesundheit und Kraft entgegentrat […]. Aber sie *glaubten* an die wesensmässige Heiligkeit der Kirche mit der übernatürlichen Tugend des Glaubens", wobei „nicht einmal in wirklich glorreichen Zeiten der Kirche deren Herrlichkeit sich wesentlich im historisch Fassbaren darstellt".
[228] In Bezug auf die Positionierung Lortz' und seiner Reformationsgeschichte zum Nationalsozialismus lassen diese Formulierungen hellhörig werden: Die Rede von „Kirche, Volk und Staat" sowie der Begriff „Schicksal" lassen sich hier zwar auch im religiösen Kontext verstehen, das Mitschwingen gewisser deutsch-nationaler Konnotationen ist vor dem damaligen zeitgeschichtlichen Hintergrund aber unvermeidlich. Solche Anklänge sind wohl kaum zufällig oder unbewusst entstanden, sondern vielmehr absichtlich, nämlich mit Blick auf die hauptsächlich deutsche Zielgruppe der Leser. Dabei muss dieses Kalkül nicht (nur) auf Lortz selbst zurückgehen; auch der Verlag hatte ja darum gebeten, „dem Empfinden des *deutschen* Lesers in jeder Hinsicht Rechnung" zu tragen. Vgl. Herder, Freiburg, an Lortz, Münster, 13.07.1938. IEG, NL Lortz [1445].

Besserung hatte bringen wollen? Es geht hier nochmals um die grundsätzliche Frage nach der Berechtigung des Abfalls Luthers von der Kirche. Lortz gibt zu bedenken, dass für die Reformatoren selbst „die angestrebte Reinheit der Lehre zusammenfiel mit der *Einheit* der Lehre", was allerdings nicht erreicht worden sei. Ebenso wenig sei ein anderes „ihrer großen Kampfziele", die „Beseitigung der Verpolitisierung des Kirchlichen und Christlichen", gelungen. Stattdessen sei das „Landeskirchentum im Sinne des fürstlichen Summepiskopates" erstanden: „Das Heidnische des ‚Cuius regio, eius religio' vollendete seinen Durchbruch gründlich" (300 f.).

5. Lortz hält fest, am Ende des 16. Jahrhunderts sei „die Kirche, deren Pest und Tod Luther hatte sein wollen, die totgesagte, totgeglaubte katholische Kirche, wieder neu und neuschaffend" dagestanden. Ihre religiösen Kräfte hätten gezeigt, „daß sie an *christlicher* Hingabe das Reich Gottes in sich und in ihrer Umwelt stärker ausprägten und vorwärtstrugen" als etwa der Calvinismus. Dabei habe die Kirche damals die schwerste Krise ihrer gesamten Geschichte überstanden: „Die moralische Vergiftung des Renaissancegeistes in allen Schichten des Klerus, die theologische Gefährdung durch den von Vertretern der Kirche stark geförderten adogmatischen und antidogmatischen Humanismus, der religiöse und dann der kirchenpolitische Ansturm der Reformation waren nun aber zweifellos die schwerste, unmittelbar lebensbedrohende Krisis, welche die Kirche je zu bestehen hatte". Angesichts dieser Krisis meint Lortz sogar: „Wenn es irgend einmal einen *geschichtlichen* und geschichtlich weitgehend nachprüfbaren Erweis übernatürlicher Kraft der Kirche gibt, einen Erweis großen Stils, dann erbringt ihn das 16. und 17. Jahrhundert". Und doch warnt Lortz sogleich vor „billiger Rhetorik" und einem „allzu populär-apologetischen Kurzschluss". Es gehöre „Wagemut" dazu, „mit der Feststellung jener bis an die Wurzeln des Lebens reichenden inner- und außerkirchlichen Bedrohungen Ernst zu machen". Man müsse erst das wirkliche Ausmaß der kirchlichen Missstände anerkennen, um dann die wahre Bedeutung der nachfolgenden Erneuerung ermessen zu können: „Ein innerlich gesunder und von außen nicht bedrohter Organismus mag leicht weiterleben. Aber die Überwindung einer tief wurzelnden Krankheit stellt die Kräfte des Organismus unter Beweis"[229] (301 f.).

---

[229] Das Motiv der Kirche als gesunder bzw. kranker „Organismus" findet sich interessanterweise auch in Kirschs Gutachten zum zweiten Band (vgl. oben), woraus Lortz später noch explizit eine weitere Formulierung in sein Schlusswort übernimmt. Während bei Lortz allerdings der bereits erkrankte Organismus „Kirche" wieder gesund und sich dadurch beweist, ist bei Kirsch konstant von einem „in sich gesunden Organismus" die Rede. Vgl. Kirsch, Rom, an [Herder-Dorneich, Freiburg], 12.04.1939. IEG, NL Lortz [1445]: „Direkt und positiv hat Luther für das wahre Christentum nichts Gutes geschaffen. Bloss indirekt, wie alles Übel bei einem in sich gesunden Organismus Reaktion hervorruft, dass sein Auftreten mit Anstoss gegeben hat zur innerkirchlichen katholischen Reform des 16. Jahrhunderts". Das Bild wird bei Lortz also gewissermaßen umgekehrt – mit einer für die Kirche trotzdem positiven Stoßrichtung.

6. Was habe Luther auf der Gegenseite erreicht? Wie habe sein Werk in den folgenden Jahrhunderten fortgewirkt? Lortz bedauert generell den „religiös-christlichen Substanzschwund irgend eines Teiles der Christenheit", zumal in „der heutigen, von Christus so verhängnisvoll weit sich entfernenden Welt". Er wolle in Luther und seinem Werk alles bestehen lassen, „was eine unbestechliche Forschung an Werten des Betens, Opferns und sonstigen christlichen Gestaltens ihnen zuschreiben darf", und dies sei „wahrhaftig unendlich viel". Doch: „Aufs Ganze gesehen, auf die durch die Reformation angelegte Linie hin betrachtet, wurde durch Luthers Werk das Reich Christi im christlichen Volke ausgebaut, wurde der Glaube gemehrt? oder hat nicht vielmehr der revolutionäre Angriff gegen die alte Kirche im Namen des im Worte gebundenen Gewissens mit korrekter Logik den *Subjektivismus (also das Menschliche)* im christlichen Raume wachsen lassen [...] und so *im Gesamt* der Entwicklung dazu beigetragen, das Eigentümliche des Christentums als einer Gnaden- und Erlösungsreligion der Auflösung preiszugeben?" Lortz will nur einige Hinweise zu diesem „umfassenden und heiklen Thema" geben. Er konstatiert „die gewaltige Minderung unmittelbar religiösen Lebens, religiöser Betätigung, die Minderung des Betens der neuen Kirchen", ebenso eine über „das allgemeine Nachlassen religiösen Lebens in der Neuzeit" hinausgehende „Erschlaffung" auf protestantischer Seite. Dazu gehöre auch die „Verflachung von Luthers gewaltiger Kreuzestheologie zu einem nicht sehr tiefen Moralismus humanistischer oder kantianischer Prägung". Hinzu komme „der Verzicht auf die Häufigkeit des Gottesdienstes", die „Abschaffung der Messe", „der Verzicht auf die Ohrenbeicht" sowie „auf die Marien- und Heiligenverehrung", obwohl Luther persönlich daran festgehalten habe. Dies sei arrogant „die Überwindung der katholischen oder mittelalterlichen Reste" genannt worden, „deren Beseitigung Luther nicht gelungen" sei. Angesichts dessen fragt Lortz, „ob die protestantische Abspaltung, ob der protestantische Subjektivismus, ob die protestantische Vereinseitigung des Offenbarungsbestandes nach dem Zeugnis der Geschichte maßgeblich mitbeteiligt und mitschuldig sind am unchristlichen Dasein der modernen Kultur? ob die religiöse Verarmung des heutigen Protestantismus sich konsequent aus den Grundhaltungen der reformatorischen Lehre ergab?" (302–304)

Zentral sei wohl „die neue Predigt von der *Freiheit*" gewesen, verbunden mit der „Ablehnung eines lebendigen Lehramtes": „Was Luther als Kirche, der Willkür des einzelnen entzogen, festhalten *wollte*, steht von vornherein in grundsätzlicher Spannung zu seinem Subjektivismus und Spiritualismus". Die notwendige Konsequenz daraus sei eine bis heute immer stärkere „innerprotestantische Aufspaltung". Zwar lasse „in Teilen der modernen protestantischen Theologie sich eine wichtige Rückwendung zu dem Objektiven in Luthers Christentum" feststellen, doch „was bedeutet das für das Ganze?" Lortz antwortet: „Luther wollte die Offenbarung sichern, für einen Großteil der Protestanten kam der Rationalismus. Er wollte den Glauben schützen, das ‚Wort' rein erhalten, es kam ein sich selbst auflösender Kritizismus. Luther wollte durchaus Vertreter des Alten sein, des ursprünglichen Christentums, sein Werk wurde zweifellos kirchliche Revolution auch in jenem weiteren Sinne, daß etwas wesentlich Neues entstand". An der Entwicklung des modernen Protestantismus zeige sich: „Die Auswahl, die Luther aus dem Gesamtbestand der Offenbarung getroffen hatte, und deren bestechender einseitiger Einfachheit er zu einem guten Teil den Sieg seiner Sache zu verdanken hatte, führte wirklich in beträchtlichem, ja maßgeblichem Umfang zum Rückschlag ins Gegenteil"[230]. Luther habe letztendlich unbeabsichtigt einem seiner „Todfeinde, der humanistischen Säkularisierung (aufgeklärte Bildung und Moralismus statt Kreuzesreligion)" zur Macht verholfen, und damit: „Rationalismus, Moralismus, Relativismus, ethische[r] Autonomie", der „Entfesselung des Subjektes". Und: „Luther zerstörte die Einheit". Denn „gerade in und aus *seiner* Gemeinschaft und aus seinen Grundanschauungen" habe sich „jene verhängnisvolle innerprotestantische Aufspaltung" entwickelt, die bis heute andauere – „Aufspaltung gehört zum *Wesen* des von Luther Geschaffenen" (304–307).

Erst am Ende eröffnet Lortz seine ökumenische Perspektive, von der nur an einer Stelle im Vorwort[231] die Rede war: „Wenn etwas tiefstes Anliegen dieses Buches ist über seine wissenschaftliche Aufgabe hinaus (oder besser: durch sie hindurch), dann dies, daß es teilhaben möchte am Gespräch zwischen den Konfessionen, oder auch, daß es diesem Gespräch neue Möglichkeiten geben möchte"[232]. Lortz hofft, mit seiner Reformationsgeschichte zu einer Atmosphäre beizutragen, „in der allein ein solches Gespräch fruchtbar werden kann". Denn die Vorstellung, eine „Bagatellisierung der Lehrsätze" könne bei der „Verständigung der Konfessionen" weiterhelfen, sei im Protestantismus inzwischen verschwunden. „Die Wahrheitsfrage wird jetzt in den ökumenischen Verhandlungen der protestantischen Kirchen klar *vor* die Einheitsfrage gestellt". Dies komme „auch dem Gespräch zwischen Protestanten und Katholiken zugute". Denn „das Mißtrauen gegen eine solche (dogmatisch intolerante) Gesprächshaltung und gegen den [katholischen] Gesprächspartner" werde dadurch abgebaut. Abschließend stellt Lortz noch einmal klar: „Die Einheit kann nicht durch eine ‚Begegnung in der Mitte‘ erreicht werden. Die volle Wahrheit ist Voraussetzung, und ihre Unnachgie-

---

[230] An dieser Stelle wird in der 2. Auflage ein zusätzlicher Absatz eingefügt, der die Argumentation nochmals verschärft, u. a. heißt es dort: „Die katholische Kirche darf heute umgekehrt mit Recht für sich in Anspruch nehmen, wichtige Anliegen der Reformation besser gehütet zu haben und heute zu vertreten als ein großer Teil, ja als der größte Teil reformatorischer Gemeinschaften". LORTZ, Reformation (²1941) II, 305 f.

[231] Vgl. LORTZ, Reformation I, IX.

[232] Zu diesem Punkt fügte Lortz in der 2. Auflage eine Anmerkung hinzu, in der er erklärt, er sei keineswegs schon mit einer solchen ökumenischen Absicht an die Darstellung herangegangen, sondern diese habe sich erst im Nachhinein aus dem „Befund der Tatsachen" ergeben: „Weder hat eine solche Absicht meine Untersuchungen veranlaßt, noch hat sie mich während der Ausarbeitung des Buches, soviel ich das feststellen kann, begleitet und beeinflußt". LORTZ, Reformation (²1941) II, 307. – Eine solche ökumenische ‚Voreingenommenheit‘ bei Lortz kritisierte etwa Hugo Rahner (vgl. unten).

bigkeit hat den unbedingten Primat"[233]. Dass Rom „gerade *diese* Lehre" immer wieder betone, sei „nicht Ausfluß ‚römischer Starrheit und Härte', sondern [...] eigentlicher Ausdruck der echten, nämlich seinsgerechten Liebe, die nur in der vollen Wahrheit und durch sie Verwirklichung finden kann"[234]. Letztlich komme es aber nicht „auf die *Betonung* der notwendig intoleranten Lehre" an, sondern auf deren Vertiefung. „Es gibt aber keinen andern (also tieferen) Grund, als der gelegt ist, Christus Jesus (1 Kor. 3,11)" (307 f.).

Im Verlauf seines umfangreichen Schlusswortes zeichnet Lortz also einen weiten Bogen – beginnend mit einer Rechtfertigung gegenüber dem konkreten Vorwurf, die Reformation zu positiv, die katholische Seite dagegen zu negativ dargestellt zu haben[235]. Seine katholische Grundhaltung betonend entwickelt Lortz in diesem Rahmen eine ausführliche Hermeneutik, um im Anschluss an die historische Darstellung zu einer Bewertung der Reformation aus heutiger Sicht zu gelangen. Am Ende zieht er ein äußerst skeptisches Fazit über die Reformation und ihre Folgen für das Christentum. Angesichts der äußerst umfangreichen Begründung dieser Auffassung verwundert der abrupte Übergang zum anschließenden – und abschließenden – Abschnitt, in dem vergleichsweise knapp noch einige positive ökumenische Überlegungen angestellt werden. Am Schluss bleibt eine eher ernüchternde Perspektive: Der katholische Standpunkt ist die eindeutig definierte und unverhandelbare „Wahrheit", die von protestantischer Seite vollständig angenommen werden muss – ohne „Begegnung in der Mitte". Wenn er es auch nicht expressis verbis ausspricht: Lortz vertritt hier – dem Rat Kirschs fol-

---

[233] In dem bereits eben erwähnten Gutachten Kirschs (vgl. oben) findet sich zu dieser Stelle eine auffällige Parallele. Vgl. Kirsch, Rom, an [Herder-Dorneich, Freiburg], 12.04.1939. IEG, NL Lortz [1445]: „Das Wirken nach Wiedervereinigung [...] kann nicht durch ein ‚Begegnen in der Mitte' erreicht werden", sondern „ist nur möglich [...] in der vollständigen Annahme der übernatürlichen Glaubenswahrheiten". Zudem äußerte Lortz später sogar explizit, er habe im Schlusswort „noch einen Gedanken von Prälat Kirsch verwendet"; vgl. Lortz, Münster, an Herder, Freiburg, 12.06.1939. IEG, NL Lortz [1445]. Gemeint ist wahrscheinlich diese Stelle.

[234] Dazu führt Lortz noch (ohne Seitenangabe) ein Zitat aus Yves Congars *Chrétiens désunis* an: „In keinem Moment stellt sich die ‚Konversion' unserer getrennten Brüder als eine Verminderung oder gar als eine Vernichtung dessen dar, was sie schon besitzen; es bedarf nur der Bereinigung des Negativen und der Vollendung aller positiven Werte". – Auf Congars Werk aufmerksam geworden war Lortz vermutlich durch Herders Hinweis vom 27. Februar 1939 auf die Besprechung in der *Catholica* (vgl. oben). Tatsächlich findet sich das von Lortz angeführte Zitat so auch fast wörtlich in der betreffenden Rezension, offensichtlich vom Rezensenten selbst übersetzt; vgl. LAMBINET, Perspektiven, 160. Das französische Original lautet: „A aucun moment la ‚conversion' de nos frères séparés, que nous désirons, ne se présente comme un amoindrissement ou comme une destruction de ce qu'ils tiennent déjà; il n'en faut nier que les négations et apporter à toutes les valeurs positives un accomplissement". CONGAR, Chrétiens désunis, 297.

[235] Ein Vorwurf, wie ihn Josef Schmidlin in seiner Rezension tatsächlich erhebt (vgl. unten).

gend – doch klar und deutlich die traditionelle katholische Linie einer ‚Rückkehr-Ökumene'[236].

Wie fiel nun – nach dieser ‚offiziellen' Selbstdeutung – das Echo aus, das die *Reformation in Deutschland* fand?

II. PR und Rezensionspolitik von Autor und Verlag

1. Widmungsexemplare und Rezensentengewinnung zur Entschärfung der Lage

Während Lortz im Januar 1940 mit Herder noch in Sachen Korrekturkosten verhandelte, war die Werbeabteilung des Verlags bereits eifrig mit der Planung der Rezensionspolitik beschäftigt, d. h. konkret vor allem mit den möglichen Adressaten von Rezensions- und Widmungsexemplaren der *Reformation in Deutschland*. Schon am 23. September 1939 hatte Herder Lortz auf seinen Wunsch hin eine „uns früher zur Versendung Ihrer Freistücke eingesandte Liste" zurückgeschickt und nach Ergänzung um erneute Zusendung „für den späteren Versand" gebeten[237]. Am 8. November bestätigte der Verlag die gewünschte Streichung zweier Adressaten von Freiexemplaren[238]; am 6. Dezember kam als zusätzlicher Empfänger der mit Lortz befreundete evangelische Kirchenhistoriker Walther Köhler (1870–1946) in Heidelberg hinzu[239]. Am 23. Dezember erwähnte Herder „Widmungsexemplare für die Herren Professor [Joseph] Plassmann und cand. theol. Siegel" in Münster und bestätigte den Empfang der Bände durch Johann Peter Kirsch in Rom[240].

Kirsch hatte sich bereits im August 1939 zu einer Rezension im *Osservatore Romano* bereit erklärt[241]. Am 11. Januar 1940 machte Herder Druck: Es sei „an der Zeit, daß die Rezension des Herrn Prälaten Kirsch im ‚Osservatore Romano' erscheine"; man wolle Kirsch „in diesem Sinne" schreiben und ihn

---

[236] Inwieweit ein solches abschließendes Fazit von Lortz selbst tatsächlich gewünscht war, muss fraglich bleiben. Möglich wäre durchaus, dass Lortz von sich aus die Interpretation lieber ‚offener' gehalten hätte – gerade auch im Hinblick auf das von ihm so erwünschte „Gespräch zwischen den Konfessionen". Vgl. dazu später die evangelischen Rezensionen, die eine solche ‚Rückkehr-Ökumene' klar ablehnten. Für diese Deutung spricht auch, dass Lortz überhaupt erst im Laufe der Zensurverhandlungen die Idee eines klärenden Schlusswortes aufgegriffen hatte (vgl. oben).

[237] Herder, Freiburg, an Lortz, Münster, 23.09.1939. IEG, NL Lortz [1477]. – Diese Liste scheint nicht erhalten zu sein; es existiert jedoch eine spätere Aufstellung aller versandten Freiexemplare vom 21. Februar 1940 (vgl. unten).

[238] Es handelte sich um den Verlag Aschendorff (Münster) – dort erschien Lortz' *Geschichte der Kirche* – und Prof. Carl Arnold Willemsen (Braunsberg). Herder, Freiburg, an Lortz, Münster, 08.11.1939. IEG, NL Lortz [1477].

[239] Herder, Freiburg, an Lortz, Münster, 06.12.1939. IEG, NL Lortz [1477].

[240] Herder, Freiburg, an Lortz, Münster, 23.12.1939. IEG, NL Lortz [1477].

[241] Vgl. Herder, Freiburg, an Lortz, Stromberger Neuhütte, 17.08.1939[a]. IEG, NL Lortz [1477].

bitten, „seine Besprechung möglichst rasch" erscheinen zu lassen[242]. Völlig einverstanden war der Verlag mit dem Vorschlag von Lortz, „den katholischen Rezensenten jeweils einen Abdruck der Besprechung" Kirschs beizufügen. Damit erhielt die Kirsch'sche Rezension tatsächlich Pilotcharakter.

Während es sich bei den bisherigen Empfängern von Widmungsexemplaren wahrscheinlich hauptsächlich um Bekannte und Freunde von Lortz handelte, die möglichst rasch (zum Weihnachtsfest!) eines der ersten Exemplare des Werkes erhalten sollten, begann spätestens mit dem neuen Jahr 1940 eine eindeutig auf Werbezwecke abzielende Zusammenstellung von Adressaten. So nannte Herder Lortz am 13. Januar eine Reihe „evangelische[r] Blätter", mit denen man gute Erfahrungen gemacht habe[243]. Konkret handelte es sich um:

„Christliche Welt, Leipzig
Blätter für innere Mission in Bayern, Nürnberg
Deutsches Pfarrerblatt, Essen
Ev. Gemeindeblatt für Ostpr[eußen], Königsberg
Ev. Jahresbriefe ([Walter] Uhsadel), Hamburg
Pastoralblätter f[ür] Pred[igt], Seels[orge] u[nd] kirchl[iche] U[nterweisung], Kassel
Pfarramtspraxis ([Verlag] Ungelenk), Dresden
Theologisches Literaturblatt, Leipzig
Wartburg, Berlin
Zeitschrift f[ür] Kirchengeschichte, Stuttgart (Verl[ag] Kohlhammer)
Eckart, Berlin"

Außerdem plante man, an eine Reihe bekannter evangelischer Theologen Dedikationsexemplare „mit der Bitte um Besprechung in der ihnen nahestehenden Presse" zu schicken, so etwa an Pfarrer Wilhelm Stählin (1883–1975), der später im katholisch-evangelischen Gespräch („Jaeger-Stählin-Kreis") wichtig werden sollte, Friedrich Heiler (1892–1967), Walter Uhsadel (1900–1985), Professor Gustav Entz (1884–1957) in Wien, Adalbert Alexander Zinn (1880–1941) und an Gertrud Bäumer (1873–1954). Außerdem wollte man „auch an den Eckart- und Furche Verlag und deren Zeitschriften, sowie an deren Mitarbeiter Exemplare senden". Den Kölner Pfarrer Robert Grosche (1888–1967) hatte man zudem „um Angabe von bedeutenden evangelischen Persönlichkeiten gebeten". Und auch Lortz selbst sollte „möglichst in Bälde weitere Persönlichkeiten aus evangelischen Kreisen angeben". Lortz meldete daraufhin[244] das von dem einflussreichen Historiker Gerhard Ritter (1888–1967) herausgegebene *Archiv für Reformationsgeschichte*, Ricarda Huch (1864–1947), die *Theologische Literaturzeitung*, Gerhard Kittel (1888–1948), Eduard Spranger (1882–1963), Theodor Litt (1880–1962) und Karl Brandi (1868–1946)[245].

---

[242] Herder, Freiburg, an Lortz, Münster, 11.01.1940. IEG, NL Lortz [1477].
[243] Herder, Freiburg, an Lortz, Münster, 13.01.1940. IEG, NL Lortz [1477].
[244] Wie aus Lortz' handschriftlichen Notizen auf der Rückseite des Schreibens hervorgeht.
[245] Brandi fällt als Katholik hier allerdings aus dem Rahmen.

Am 17. Januar erhielt Lortz Durchschläge verschiedener „Brieftypen", die Herder an die Schriftleitungen schicken wollte, um sie vorher kritisch gegenzulesen[246]. Man habe sich „bemüht, bei allen recht vorsichtig im Ausdruck zu sein". Ferner wurde „eine Liste jener Zeitungen" beigelegt, denen diese Schreiben geschickt werden sollten. Bei den „Brieftypen" handelt es sich um Musteranschreiben an I. Katholische Blätter, II. „Allgemeine neutrale Blätter", III. Evangelische Blätter und IV. an Einzelpersonen, von denen eine Besprechung zu erwarten war.

Sämtliche Musterbriefe begannen mit einer fast identischen Einleitung, man lasse dem Empfänger ein Besprechungsexemplar (I-III) bzw. Widmungsexemplar (IV) von Lortz' soeben erschienener *Reformation in Deutschland* zugehen. Wenig variiert wurde auch der Schlussabsatz: Man freue sich, wenn das Buch Beifall finde und eine „ausführliche Besprechung" erhalte („Wir sind auch gespannt auf Ihr Urteil"). Bei den katholischen Adressaten (I) war die Bitte um Rezension etwas drängender formuliert („möglichst baldige ausführliche Besprechung") – möglicherweise wurde besonderes Gewicht auf positive Zeugnisse von katholischer Seite gelegt, um gegenüber kirchlichen Bedenken (vielleicht auch schon im Hinblick auf spätere Auflagen?) die ‚dogmatische Korrektheit' des Werkes zu bestätigen. Deutlichere Differenzen zeigt hingegen der jeweilige Mittelteil der Briefe. So hieß es im Schreiben an die *katholischen* Schriftleitungen (I)[247]: „Wir glauben, daß eine so klare und in jeder Hinsicht objektive und gründliche Schilderung der Reformation in Deutschland, wie die von Professor Lortz, für weite Kreise Bedeutung haben wird. Selten wird ein Werk so viele Vorurteile beseitigen können und so viele grundlegende Auffassungen bieten".

Im Unterschied zu dieser eher knappen und wenig verbindlichen Beschreibung wird das Anliegen des Werkes gegenüber den *„neutralen"* Blättern (II)[248] deutlich schärfer charakterisiert: „Dieses sicherlich aussergewöhnliche Werk stellt einen energischen Beitrag zu einem fruchtbaren Gespräch zwischen den Konfessionen dar. Besonders die Gestalt Luthers wird hier in einer solchen[249] Weise behandelt wie dies von katholischer Seite her noch nicht geschehen ist. In seiner Haltung der Überwindung des Konfessionalismus dürfte dieses klare und in jeder Hinsicht objektive und gründliche Werk gerade für die geistigen deutschen Belange von Bedeutung sein".

---

[246] Herder, Freiburg, an Lortz, Münster, 17.01.1940. IEG, NL Lortz [1477].

[247] Hier *Theologie und Glaube* (Paderborn). – Eine Rezension zu Lortz' Werk ist dort jedoch nicht erschienen.

[248] Hier *Deutsche Rundschau* (Berlin). – Dort erschien zu Lortz' Werk: Paul FECHTER, Um Luther, in: Deutsche Rundschau 66 (1940), 13–16. – Herder konnte am 2. März berichten, dass die *Deutsche Rundschau* Paul Fechter (1880–1958) gebeten habe, „diese bedeutsame Neuerscheinung in einem eigenen Aufsatz zu besprechen". Die Zeitschrift wolle „die früher eröffnete Debatte über die Überwindung der Fremdheit zwischen den Konfessionen mit diesem grundlegenden Aufsatz" fortsetzen. Herder, Freiburg, an Lortz, Münster, 02.03.1940. IEG, NL Lortz [1445].

[249] Handschriftliche Verbesserung von Lortz, ursprünglich: „so vornehmen".

Auffällig ist hier zum einen die explizit genannte ökumenische Ausrichtung, die gegenüber den katholischen Adressaten verschwiegen wurde, zum anderen aber die angedeutete deutsch-nationale Tendenz, mit welcher das ökumenische Anliegen in Zusammenhang gebracht wird. Noch deutlicher wird dies in der abschließenden Grußformel, für die hier – im Gegensatz zu allen anderen Schreiben – „Mit Deutschem Gruss" gewählt wurde.

Auch im Anschreiben an die *evangelischen* Schriftleitungen (III)[250] wird erwartungsgemäß das ökumenische Anliegen betont, nun freilich ohne nationalistische Untertöne: „Dieses Buch stellt einen energischen Beitrag zu einem fruchtbaren Gespräch zwischen den Konfessionen dar. Hier wurde in einer so gründlichen Art ein Zugang zu Luther gefunden, wie es bisher im katholischen Bereich noch nicht geschehen ist. Wir glauben, dass dieses Werk in seiner vornehmen und objektiven Haltung gerade *auch*[251] für evangelische Kreise von grossem Interesse sein wird".

Gewissermaßen eine Mischung aus den Formulierungen für katholische und evangelische Adressaten bietet schließlich das Schreiben an Einzelpersonen (IV)[252]: „Eine so klare und in jeder Hinsicht objektive und gründliche Schilderung der Reformation in Deutschland, wie die von Professor Lortz, wird für weite Kreise Bedeutung haben. Selten wird ein Werk so viele Vorurteile beseitigen können und so viele grundlegende Auffassungen bieten. Dieses Buch ist auch ein energischer Beitrag zu einem fruchtbaren Gespräch zwischen den Konfessionen. Besonders zu der Gestalt Luthers wird vom katholischen Bereich her ein Zugang gefunden, wie dies bisher noch nicht geschehen ist".

Die dem Schreiben Herders vom 17. Januar außerdem beiliegenden Listen bestanden dann aus drei Seiten, deren erste mit „Versendung von Besprechungs-Exemplaren von Lortz ‚Die Reformation in Deutschland'" überschrieben ist. Darunter wurden zunächst einige Namen von Personen aufgelistet, die Exemplare erhalten sollten:

„[Robert] Grosche, Brühl-Vochem (Bez. Köln)
[Hans] Rost, Westheim bei Augsburg
[Kurt] Lohse, Frankfurt a. d. Oder, Wieckestrasse 6
[Anton] Betz, Düsseldorf, Zietenstrasse 61

---

[250] Hier *Die Wartburg* (Evangelischer Bund, Berlin). – Dort erschien zu Lortz' Werk: Heinrich BORNKAMM, Wende in der katholischen Reformationsforschung?, in: Die Wartburg. Deutsch-evangelische Monatsschrift 39 (1940), 125–136.
[251] Handschriftlicher Zusatz von Lortz.
[252] Hier Pfarrer i. R. Josef Thomé (Betzdorf/Sieg). – Josef Thomé (1891–1980) wurde später bekannt für sein 1955 indiziertes Buch *Der mündige Christ* (1949); darin würdigte er auch Lortz' Reformationsgeschichte als ein „Muster für überkonfessionelle kirchengeschichtliche Forschung", das „eine wahre Leidenschaft zur objektiven Wahrheit" offenbare. Vgl. Josef THOMÉ, Der mündige Christ. Katholische Kirche auf dem Wege der Reifung, Frankfurt a. M. 1949, 109. – Eine Rezension Thomés zu Lortz' Werk ist nicht bekannt.

[Joseph] Eberle, Wien, Nusswaldgasse 14 *Schönere Zukunft*'[253]
[Hans] Heiser, ‚Rheinisch-Westfälische Zeitung', Essen"

Darauf folgt unter der Überschrift „Ev. Theologische Blätter" eine Liste von evangelischen Zeitschriften:

„Schriftleitung Zeitschrift für Kirchengeschichte | Verlag W. Kohlhammer, Stuttgart
Schriftleitung ‚Die Wartburg' (Evangelischer Bund) | Berlin W 35
Schriftleitung Theologisches Literaturblatt (Pfarrer [Wilhelm] Laible) | Leipzig C 1
Schriftleitung ‚Pfarramtspraxis' Verlag C. Ludw. Ungelenk | Dresden A 27
Schriftleitung ‚Die christliche Welt', Verlag L. Klotz | Leipzig C 1
Schriftleitung Blätter für innere Mission in Bayern, | Pfarrer [Julius] Weichlein, Nürnberg – A.
Schriftleitung Pastoralblätter für Predigt, Seelsorge und | kirchliche Unterweisung (Dr. E[rich] Stange), Kassel
Schriftleitung Evangelische Jahresbriefe (Pastor [Walter] Uhsadel) | Hamburg 24
Schriftleitung Ev. Gemeindeblatt für Ostpreussen | Königsberg / Ostpr.
Schriftleitung Deutsches Pfarrerblatt (Direktor P. Lic. [Ludwig] Seiler) | Essen / Ruhr"

Als letzte Angabe auf der Seite findet sich etwas abgesetzt noch eine katholische Zeitschrift:

„Schriftleitung ‚Hochland' | Herrn Professor Dr. Karl Muth, München 2 SW. Kaiser-Ludwig-Platz 6"

Auf der zweiten Seite geht es weiter mit einer ganzen Reihe an katholischen Publikationen, unter der Überschrift „Katholische Theologie":

„Franziskanische Studien, Paderborn
Katechetische Blätter, München 2 M
Kirche und Kanzel, Köln
Klerusblatt, Eichstätt
Oberrheinisches Pastoralblatt, St. Peter
Ostdeutsches Pastoralblatt, Breslau
Pastor bonus, Trier
Paulus, Wiesbaden
Sanctificatio Nostra, Münster
Scholastik, Valkenburg / Niederlande
Schweizerische Kirchenzeitung ([Viktor von] Ernst), Luzern
Seelsorge, Die, Freiburg / Breisgau
Studien und Mitteil[ungen] Abtei St. Bonifaz, München
Theologie und Glaube, Paderborn
Theologisch-praktische Quartalsschrift, Linz a. D.
Wissenschaft und Weisheit, München – Gladbach
Zeitschrift für katholische Theologie, Wien
Zeitschrift f[ür] Schweiz[erische] Kirchengeschichte ([Louis] Waeber), Freiburg
Schildgenossen — Stimmen der Zeit[254]"

Etwas abgesetzt folgen noch weitere handschriftliche Ergänzungen Herders:

---

[253] Handschriftlicher Zusatz von Herder.
[254] Handschriftliche Ergänzung von Herder.

123

„Schweizer Rundschau
Vaterland (Luzern)
sowie die von Ihnen angegebenen Luxemburger + Schweizer + ausländ[ischen] Zeitschriften."

Auf der dritten Seite schließlich findet sich eine Liste mit der Überschrift „Allgemeine Zeitungen":

„Frankfurter Zeitung
Kölner Zeitung
Kölnische-Volkszeitung
Deutscher Kulturwart, Recklinghausen
Deutsche Rundschau, Berlin
Die Pause, Wien
Der Türmer, Haus Welbergen
Velhagen und Klasings Monatshefte, Berlin
Zeitwende, München
Bücherwurm
Die Literatur, Berlin ([Theodor] Kappstein)
Historisches Jahrbuch ([Johannes] Spoerl)
Vergangenheit und Gegenwart
Geistige Arbeit[255]"

Darunter stehen noch einige weitere handschriftliche Ergänzungen von Lortz selbst, mit dem Kommentar „dazu gemeldet": *Deutsche Literaturzeitung, Archiv für Reformationsgeschichte*, „dänische, holländische, norwegische, spanische Z[ei]t[ungen]", *Theologische Revue, Literarisches Zentralblatt, Theologische Quartalschrift, Theologisches Literaturblatt, Revue d'histoire ecclésiastique, Römische Quartalschrift, Philosophisches Jahrbuch der Görresgesellschaft*, „Seelsorge, Hildesheim?", „Seele?", „Dortmunder Zentrale[256] durch Jos[ef] Pieper", *Benediktinische Monatsschrift, Ephemerides theologicae Lovanienses*, „Kirchenblätter", „[Matthias] Laros", „FAZ"[257].

Ein Schreiben Herders vom 30. Januar 1940 enthielt neben einer weiteren Liste mit Kirchenzeitungen auch einige Antworten auf Anfragen von Lortz[258]. So teilte der Verlag mit, dass man die Rezension des *Osservatore Romano* (von Kirsch) jetzt noch nicht mitschicken konnte, „aus dem einfachen Grund, weil sie uns noch nicht vorlag und wir den Versand nicht zu

---

[255] Handschriftliche Ergänzungen von Herder.
[256] Gemeint ist vermutlich die Dortmunder Zentralstelle des „Instituts für neuzeitliche Volksbildungsarbeit" (ab 1938 „Katholisches Bildungswerk"), an dem der Philosoph Josef Pieper (1904–1997) 1932–1940 tätig war. Vgl. Josef PIEPER, Über meine Mitarbeit am „Institut für Neuzeitliche Volksbildungsarbeit" (Dortmund) 1932–1940, in: 60 Jahre Katholische Erwachsenenbildung in Dortmund. Dokumente – Reflexionen – Perspektiven, hg. vom Vorstand des Katholischen Bildungswerkes, Dortmund 1988, 19–22.
[257] Es kann sich hierbei nicht um die *Frankfurter Allgemeine Zeitung* handeln, die es damals noch gar nicht gab; der Vorgänger *Frankfurter Zeitung* stand bereits weiter oben auf der Liste.
[258] Herder, Freiburg, an Lortz, Münster, 30.01.1940. IEG, NL Lortz [1477].

lange hinauszögern wollten". Die Rezension könne ja „später immer noch verwertet werden" und werde für den Prospekt noch „gute Dienste tun". Man wollte nun auch „an die bekanntesten und bedeutendsten Kirchenblätter Besprechungsstücke" senden, den Versand allerdings noch solange zurückstellen, bis das Urteil des *Osservatore Romano* vorliege. Ferner berichtete der Verlag, dass man an den Trierer Geistlichen Matthias Laros (1882–1965), der sich stark in der Una-Sancta-Bewegung engagierte[259], bereits ein Besprechungsexemplar geschickt habe, ebenso an die *Deutsche Literaturzeitung* und das *Archiv für Reformationsgeschichte* sowie an „die übrigen Zeitschriften, die Sie uns angegeben haben", darunter die *Seelsorge* in Hildesheim („identisch mit der ‚Seelsorge' in Freiburg"). Die Zeitschrift *Seele* sowie die *Benediktinische Monatsschrift* hingegen hatten bereits „im Zuge der Papierersparnismassnahmen ihr Erscheinen einstellen müssen". Hinsichtlich der „ausländischen Presse" habe man Lortz' „Anregungen an die Auslandsabteilung" des Verlags weitergegeben.

Die beiliegende Liste mit der Überschrift „Besprechungsexemplare von Lortz ‚Die Reformation in Deutschland' an die katholischen Kirchenzeitungen" enthält folgende Angaben:

„St. Georgsblatt, Limburg
St. Heinrichsblatt, Nürnberg
St. Konradsblatt, ([Hermann] Ginter) Karlsruhe
Schweizer kath. Sonntagsblatt, Wil ([Verlag] Gegenbauer)
Sonntagsblatt f[ür] d[ie] katholische Familie, München
Wiener Kirchenblatt, Wien I (Das große Kirchenblatt)
Würzburger Bistumsblatt (Pfarrer [Leo] Wolpert)
Kirchenanzeiger der Liebfrauenkirche, Zürich Pfr. Dr. [Ferdinand] Matt
Luxemburger Sonntagsblatt, Ospern (Pfarrer [Theodor] Zenner) *am 4. II. zu schicken empfohlen.*[260]
Münchener kath. Kirchenzeitung, München 2 M
Bistumsblatt der Erzdiözese Breslau, Breslau
Kath. Kirchenblatt, Hildesheim
Kath. Kirchenblatt f[ür] d[ie] östl[ichen] Dekanate d[er] Erzdiöz[ese] Paderborn ([August Heinrich] Berning)
Kath. Kirchenzeitung, Aachen
Kath. Kirchenzeitung, Frankfurt a. M.
Kath. Kirchenwoche, Stuttgart[261]"

Ergänzend dazu berichtete Herder am 5. Februar, „dass auch unsere Auslandsabteilung eine tiefgreifende Werbung im neutralen Ausland bei Katho-

---

[259] Auch Laros war ein „Schüler" Merkles und übernahm 1944 als Nachfolger von Max Josef Metzger (1887–1944) die Leitung der Una-Sancta-Bewegung und die Herausgabe der Rundbriefe der *Una-Sancta-Einigung*. 1935 war er in der *Schöneren Zukunft* mit dem Artikel hervorgetreten: Matthias LAROS, Um den schöpferischen Frieden der Konfessionen, in: Schönere Zukunft 10 (1934/35), 1073–1075.
[260] Handschriftliche Anmerkung von Lortz.
[261] Handschriftliche Ergänzung von Herder.

liken und Protestanten" durchführen werde[262]. Unterschieden wurden drei Gruppen: (a) Die wichtigsten Fachorgane (23), die das Werk sofort zur Besprechung zugeschickt erhielten, (b) andere wichtige Blätter (20), bei denen man nicht ohne weiteres annehmen durfte, dass das Werk dort auch besprochen werde[263], (c) eine größere Anzahl (118) von Zeitschriften und Zeitungen, deren Schriftleitungen und Leser an dem Werk voraussichtlich reges Interesse hatten und denen das Werk zu einem Vorzugspreis angeboten wurde. Zudem wurde etwa 50 katholischen und protestantischen „Buchhandlungen des neutralen Auslands" durch Brief und Übersendung eines „Musterheftes" nahegelegt, sich für die Verbreitung des Werkes nachdrücklich einzusetzen. Lortz erhielt hierfür zur Kontrolle eine umfangreiche Liste aller ausländischen Zeitschriften (acht Seiten)[264] sowie einen Durchschlag fünf verschiedener Begleitschreiben[265].

Sämtliche Anschreiben beginnen mit einem ähnlichen Hinweis auf das soeben erschienene Werk von Lortz und bieten auch im Mittelteil weitgehend identische Ausführungen, die sich lediglich im letzten Satz – je nach angesprochener Konfession – geringfügig unterscheiden:

„Eine Reformationsgeschichte zu schreiben, ist wohl eine interessante, aber keine leichte Aufgabe. Es war des Verfassers Bemühen, den heiklen Stoff ganz in ökumenischer Sicht zu behandeln, gegensätzliche Auffassungen zu verstehen und, *vom Standpunkt des katholischen Theologen ausgehend und*[266] nur die objektive Wahrheit suchend, alle Einseitigkeit und Polemik zu vermeiden. Das Buch dürfte in hohem Masse geeignet sein, zwischen den beiden grossen Konfessionen Brücken zu schlagen, denn selten wird ein Werk so viele Vorurteile auf beiden Seiten wegräumen können und so viele grundlegende Auffassungen bieten, wie eben die ‚Reformation' von Lortz".

Nr. 1 und 3 (katholisch) fahren fort: „So wird dieses Buch nicht nur in katholischen, sondern auch in protestantischen Kreisen Verständnis und freundli-

---

[262] Herder, Freiburg, an Lortz, Münster, 05.02.1940. IEG, NL Lortz [1477]. Anlagen: IEG, NL Lortz [1233].
[263] Diesen wurde ein Rezensionsexemplar gratis angeboten, also erst auf zustimmende Antwort hin zugesandt.
[264] Eine Wiedergabe sämtlicher angegebener Zeitschriften würde hier den Rahmen sprengen, zumal der Fokus dieser Studie auf der deutschsprachigen Rezeption der Lortzschen Reformationsgeschichte liegt. Da die Liste innerhalb der drei Gruppen jeweils nach Ländern sortiert ist, bietet es sich allerdings an, wenigstens diese einmal komplett aufzuführen: (a) Belgien, Dänemark, Irland, Italien, Niederlande, Schweden, Amerika; (b) Bulgarien, Dänemark, Jugoslawien, Litauen, Niederlande, Norwegen, Schweden, Rumänien, Amerika; (c) Belgien, Dänemark, Griechenland, Italien, Jugoslawien, Litauen, Niederlande, Rumänien, Schweden, Spanien, Ungarn, China, Amerika (USA und Südamerika).
[265] Von diesen fünf nummerierten Musteranschreiben – mit diversen Verbesserungen und Ergänzungen, anscheinend bereits von Seiten Herders – sind Nr. 1 und 2 jeweils an katholische bzw. protestantische Adressaten der Gruppe a gerichtet, ebenso Nr. 3 und 4 an die entsprechenden Adressaten der Gruppe b; nur zu Gruppe c findet sich lediglich das Anschreiben Nr. 5 an die katholische Presse (das allerdings nach den dort vorgenommenen Korrekturen letztendlich für beide Konfessionen gedacht gewesen sein könnte).
[266] Jeweils spätere maschinenschriftliche Ergänzung.

126

che Aufnahme finden". Nr. 2 und 4 (protestantisch) hingegen: „So wird das Buch auch bei Protestanten starke Beachtung finden und auf Verständnis sowie freundliche Aufnahme rechnen dürfen". Nr. 5 scheint beide Konfessionen gleichermaßen ansprechen zu wollen: „So wird dieses Buch sowohl in katholischen, wie auch in protestantischen Kreisen Verständnis und freundliche Aufnahme finden".

Nach diesem Mittelteil folgt in den Schreiben 1–4 nur noch ein kürzerer Absatz mit der ausgesprochenen Hoffnung auf „eine ausführliche Besprechung" (1–2) bzw. auf Anforderung eines Besprechungsexemplars „gegen eine eingehende Rezension" (3–4). Auch das Schreiben Nr. 5 hatte ursprünglich einen ähnlichen kurzen Absatz (Besprechungsexemplar „zum Presse-Vorzugspreis von RM 10.–" etc.); dieser wurde jedoch gestrichen und durch einen ausführlicheren Teil ersetzt, der offensichtlich noch stärker das allgemeine Interesse an Lortz' Werk wecken sollte:

„Nach Anlage und Durchführung ist das Werk von Lortz zwar als wissenschaftliche Arbeit zu werten und wendet sich in erster Linie an Historiker und Theologen beider Konfessionen. Der behandelte Gegenstand ist aber von so allgemeinem Interesse und die Sprache bei aller Kraft und Geschlossenheit so klar und leicht verständlich, dass das Buch auch weite Kreise der Gebildeten in seinen Bann ziehen wird. […] Beim Umfang und Preis desselben kann jedoch nur eine beschränkte Anzahl von Fachzeitschriften für ein unberechnetes Besprechungsstück in Betracht kommen. Um ‚Die Reformation' aber auch anderen Schriftleitungen zugänglich zu machen und die Kenntnis von dem neuen Buch in weite Kreise zu tragen, haben wir uns entschlossen, den Schriftleitungen einer Auswahl guter Organe, dabei auch Ihnen, ein gebundenes Exemplar zum Pressevorzugspreis von RM 10.– (statt RM 25.–) zu überlassen".

Während der Versand der Besprechungsexemplare im In- und Ausland also in vollem Gange war, konnte Herder am 7. Februar 1940 leider hinsichtlich der Rezension im *Osservatore Romano* „keine erfreuliche Nachricht" geben. Kirsch hatte diese nämlich „infolge einer schwereren Erkrankung" noch nicht fertigstellen können[267]. Die besondere Bedeutung, die man dieser römischen ‚Pilotrezension' beimaß, zeigte sich nicht zuletzt darin, dass Herder auch dem kranken Kirsch keine Ruhe ließ. Selbst der Verlagsvertreter in Rom (Schaedel) wurde in Bewegung gesetzt, „er möchte sich für eine beschleunigte Veröffentlichung des Artikels verwenden". Auch Lortz wurde gebeten, noch einmal persönlich an Kirsch zu schreiben.

---

[267] Herder, Freiburg, an Lortz, [Münster], 07.02.1940. IEG, NL Lortz [14/7]. – Dabei zitierte Herder auch aus Kirschs Brief an den Verlag vom 2. Februar: „Die beiden Bände des Werkes von Professor Dr. Lortz ‚Die Reformation in Deutschland' habe ich richtig erhalten. Ich hoffe, daß ich in nächster Zeit dazu kommen werde, die Besprechung für den ‚Osservatore Romano' zu machen; jedenfalls werde ich alles tun, um sie zu besorgen. Ich bekam nämlich leider zu Beginn Januar einen nervösen Zusammenbruch, der mich an jeder größeren Tätigkeit hinderte und seit mehr als acht Tagen bin ich in der Klinik der Schweizer[ischen] Kreuzschwestern, um durch Ruhe und Pflege mich wieder zu erholen. Hoffentlich gelingt es mit Gottes gütiger Hilfe".

Zehn Tage später zeigte sich Herder sehr erfreut, dass das Werk „gerade in Münster" so „viel verlangt" werde, und sprach die Hoffnung aus, „daß es überall solch guten Anklang finde, zumal wenn einmal die bedeutenderen Stimmen sich zu Wort gemeldet haben werden"[268]. Konkret ging es dann vor allem um Besprechungen in der von Joseph Eberle (1884–1947) herausgegebenen Zeitschrift *Schönere Zukunft:* „Es ist gut, daß Herr Dr. Eberle Ihren eigenen Aufsatz[269] angenommen hat. Wir haben ihm nochmals geschrieben, er möchte trotzdem noch einen weiteren Artikel bringen, zumal Herr Geh[eimer] Rat Merkle sich bereit erklärt hat, für die ‚Schönere Zukunft' oder für die Gelben Hefte eine Rezension[270] zu schreiben. Herr Dr. Eberle kann ja deswegen seine Freistücke doch behalten". In einem Nachtrag zum Schreiben teilte Herder mit, Eberle habe zugesagt, „eine weitere Besprechung von Herrn Professor [Hans] Eibl[271] zu übernehmen". Vielleicht sei es deshalb besser, wenn Merkle mit seiner Besprechung noch etwas warte. Die Befürchtung von Lortz, man habe dem *Osservatore Romano* ein eigenes Besprechungsexemplar geschickt, das möglicherweise in falsche Hände gelange, konnte Herder ausräumen. Man habe „nach Italien außer an Herrn Prälaten Kirsch absichtlich kein Rez[ensions]-Exemplar geschickt".

Am 20. Februar kündigte Herder auf eine Nachfrage von Lortz eine „noch in Bearbeitung" befindliche „Dedikations-Liste" an, die eine vollständige Aufstellung aller Empfänger enthalte[272]. Namentlich genannt wurden bereits Artilleriegeneral Friedrich Dollmann (1882–1944) sowie Geheimrat Karl Brandi (1868–1946), Göttingen; zudem die Münsteraner Professoren Michael Schmaus (1897–1993), Wilhelm Stählin (1883–1975), Hans Erich Stier (1902–1979) und Carl Arnold Willemsen (1902–1986).

Die angekündigte Liste folgte bereits einen Tag später, zusammen mit einigen weiteren Informationen Herders[273]. Die Liste dokumentierte den Ver-

---

[268] Herder, Freiburg, an Lortz, Münster, 17.02.1940. IEG, NL Lortz [1477].

[269] Joseph LORTZ, „Die Reformation in Deutschland". Eine Selbstanzeige, in: Schönere Zukunft 15 (1939/40), 263–265. – Zum Inhalt vgl. unten.

[270] Eine Besprechung Merkles zu Lortz' Reformationsgeschichte ist weder in der *Schöneren Zukunft,* noch in den *Gelben Heften* erschienen. Letztendlich scheint sich Merkle tatsächlich nirgendwo öffentlich zum Werk geäußert zu haben. An privaten Mitteilungen ist lediglich die von Herder übermittelte Äußerung bekannt, „daß Herr Geheimrat Merkle Ihr Buch so hoch schätzt". Herder, Freiburg, an Lortz, Münster, 13.01.1939. IEG, NL Lortz [1233].

[271] Hans EIBL, Reformationsgeschichte und Wiedervereinigungsfrage, in: Schönere Zukunft 15 (1939/40), 462 f., 483–485.

[272] Herder, Freiburg, an Lortz, Münster, 20.02.1940. IEG, NL Lortz [1477].

[273] Herder, Freiburg, an Lortz, Münster, 21.02.1940ª. IEG, NL Lortz [1477]. Anlage: IEG, NL Lortz [1233]. – So hatte Merkle den ihm vor Weihnachten zugesandten zweiten Band zurückgegeben und gebeten, ihm auch diesen Band in losen Bogen zu überlassen, „damit er das Exemplar nach seinen eigenen Wünschen binden lassen kann". Von den (insgesamt 50) Freistücken stünden Lortz „jetzt noch 21 Exemplare zur Verfügung", die man von der Buchbinderei umgehend fertigstellen lassen werde, nachdem bisher nur 30 Exemplare der für Lortz auf dickerem Papier hergestellten Exemplare gebunden worden

sand von Lortz' Freiexemplaren „an die von Ihnen angegebenen Persönlichkeiten", einschließlich derjenigen, „die auf Ihrer früheren Liste[274] standen". Das doppelseitig beschriebene Blatt trägt den Titel „Betr. Versendung der Autorenfreistücke von ,Lortz, Die Reformation in Deutschland' 2 Bände" und ist ebenfalls auf den 21. Februar 1940 datiert. Nach der Überschrift „Im Auftrag des Verfassers haben Freistücke vom Verlag Herder erhalten" werden folgende Personen aufgezählt:

„H.H. Professor Dr. Josef Lortz, je 5 Ex.
je 1 Ex. Frau Julie Merker-Lortz und | Fr. Therese Lortz, Grevenmacher/Luxemburg
Herrn Architekt Prosper Lortz | Grevenmacher/Luxemburg
Herrn und Frau J. P. Schock-Weber | Grevenmacher/Luxemburg
Herrn Prof. Dr. Fritz Tillmann | Rhöndorf bei Königswinter/Rhein
Herrn und Frau Dr. Paul Kirsch-Puricelli | Stromberger Neuhütte (über Bingen/Rh.)
Herrn und Frau Professor DDr. H[enri] Legras | Freiburg/Schweiz, 2 Avenue du Moléson
Frau Ruth Elvers, | Würzburg, Friedenstrasse 27
Herrn und Frau Professor Dr. B[ernhard] Laum | Marburg, Ockershäuser Allee 9a
Frl. Dr. M. Schäfer | Eisenach, Am Ofenstein 9
Herrn und Frau Verlagsdirektor Kurt Lohse | Frankfurt / Oder, Wieckestr. 6
S.H. Herrn Univ.-Prof. DDr. Hans Barion | Bonn/Rhein, Kaiserstr. 105
Herrn und Frau Direktor A. Anders | Basel-Riehen/Schweiz | Äussere Baselstrasse 227
Dr. W[alther] Köhler | Heidelberg, Rudolf-Stratz-Weg 17
Univ.-Professor Dr. Th[eodor] Steinbüchel | München 2 NW, Türkenstr. 15/II
Univ.Prof. Dr. [Theodor] Mün[c]ker | ~~Krefeld / Uerdingen, Linnerstr. 10~~ | *Freiburg / Brsg.*[275]
S.H. Univ.-Prof. Dr. K[arl] Bihlmeyer | Tübingen, Hausserstr. 21
Schwester Ernestine Meyer | Münster i. W., Frauenstr.
Prof. Dr. [Gottfried] Buschbell, Krefeld | Friedrichstr. 18
Verlag Aschendorff | Münster i. W., Gallitzinstr.
Bischof Dr. Alois Hudal, Roma[276]
S.H. Univ.-Prof. Dr. F[ranz] X[aver] Seppelt | Breslau, Am Dom
Prälat Dr. J[ohann] P[eter] Kirsch | Roma
P. Const[antin] Noppel, | Freiburg i. Br., Sebastian-Kneipp-Str. 13

---

waren. Nachgetragen wurde noch der Versand eines Rezensionsexemplars an Pfarrer Joseph Hurt (1892–1962) in Luxemburg-Hamm.

[274] Gemeint ist vermutlich (neben anderen?) die von Herder am 23. September 1939 erwähnte – nicht erhaltene – Liste (vgl. oben).

[275] Handschriftliche Verbesserung.

[276] In Lortz' Nachlass findet sich ein handschriftliches Dankschreiben Hudals „für die liebenswürdige Widmung Ihres bedeutenden Werkes, das mich an das Wort Berdiajew's erinnert hat, der gelegentlich des russischen Umbruchs geschrieben hat: ,Revolutionen werden in der Geschichte *christlicher* Völker zum Gericht auch über die Christen selbst u[nd] über ihre Abirrungen von der Wahrheit Christi'. Im einzelnen müsste natürlich eine mündliche Aussprache manches noch klarer zeigen. Ganz von selbst kommen mir bei der Lektüre Zusammenhänge zur Gegenwart, die schliesslich nur in anderen Formen ein ,Gericht' ist. Vielleicht haben Sie zufällig von meinem Buch ,Die Grundlagen [des Nationalsozialismus]' gehört". Hudal, Rom, an Lortz, [Münster], 02.03.1940. IEG, NL Lortz [1446].

Univ.-Prof. Dr. K[arl] Willemsen, | Braunsberg, Ostpreuss. Akademie
Herrn Geh.Rat Univ.-Prof. DDr. S[ebastian] Merkle | Würzburg, Schellingstr. 27[277]"

Ebenfalls am 21. Februar konnte Herder endlich auch Neues aus Rom zum Stand der Rezension von Kirsch berichten[278]. Demnach hatte Kirsch inzwischen seine Vorlesungen wieder aufgenommen, wenn auch sein Gesundheitszustand noch „nicht befriedigend" war. Das Wichtigste jedoch: Kirsch hatte seine Besprechung für den *Osservatore Romano* fertiggestellt und zwecks Überprüfung des Italienischen Monsignore Belvedere übergeben. Es sei damit zu rechnen, dass sie bald erscheine. Auf Kirschs Rat hin sei nun sofort ein Freiexemplar an die Redaktion des *Osservatore Romano* geschickt worden, ebenso an den Dominikaner Angelus Walz (1893–1978)[279] vom Angelicum, was Josef Höfer empfohlen hatte.

Tatsächlich erschien bereits einen Tag nach Herders Mitteilung, am 22. Februar 1940, Kirschs Rezension im *Osservatore Romano*[280]. Trotz der unvorhergesehenen Verzögerungen war der Plan einer echten ‚Pilotrezension' also gelungen[281] – es handelte sich wirklich um die erste Besprechung der *Reformation in Deutschland*, abgesehen von einer ganz kurzen Anzeige des ersten Bandes Anfang Januar in der *Schöneren Zukunft*[282]. Damit begann nun auch die eigentliche, sehr intensive Phase der Rezeption des Lortzschen Werkes.

Zunächst folgten noch diverse Mitteilungen des Verlags, die sich auf die Widmungs- und Besprechungsexemplare bezogen[283]. Von Bedeutung war

---

[277] Darunter folgt noch die Angabe: „Zusammen 29 Exemplare versandt. Das Exemplar an Geheimrat Merkle, das wir ihm auf seinen Wunsch in losen Bogen geschickt haben, ist in obiger Aufstellung nicht enthalten. Dieses Exemplar übernehmen wir aus unseren Exemplaren".

[278] Herder, Freiburg, an Lortz, [Münster], 21.02.1940[b]. IEG, NL Lortz [1445].

[279] Seine (lateinische) Rezension: Angelus WALZ, Rez. zu: J. Lortz, Die Reformation in Deutschland, in: Angelicum 17 (1940), 308–310.

[280] Johann Peter KIRSCH, Uno studio profondo sulla vera e la falsa Riforma in Germania, in: L'Osservatore Romano, Nr. 43, 22. Februar 1940. – Zum Inhalt vgl. unten.

[281] Womöglich sogar dank der unfreiwilligen ‚parallelen' Verzögerung des Erscheinens, nachdem sich die Verhandlungen von Herder und Lortz in Sachen Korrekturkosten etc. noch bis Februar hingezogen hatten.

[282] Gregor UHLHORN, Vom Büchermarkt. Das religiöse Buch in der Jahresarbeit des Herder-Verlages 1939, in: Schönere Zukunft 15 (1939/40), 189 f., hier 189. – Zum Inhalt vgl. unten.

[283] So war das Dedikationsexemplar an Hubert Jedin (1900–1980) zurückgekommen, weil dieser seit Ende 1939 in Rom lebte; vgl. Hubert JEDIN, Lebensbericht. Mit einem Dokumentenanhang, hg. von Konrad Repgen (VKZG.Q 35), Mainz 1984, 100 f. Man sandte Jedin das Exemplar unter Berufung auf Lortz nach. Herder, Freiburg, an Lortz, Münster, 24.02.1940. IEG, NL Lortz [1477]. – Willemsen habe trotz doppelter Nennung in den Listen „keine Doppelsendung bekommen". Lortz selbst erhielt „drei weitere Autorenfreistücke" („auf dem dickeren Papier"), außerdem noch ein „Ersatzstück", nachdem er Plassmann bereits von sich ein Exemplar übergeben hatte, sowie ein „Exemplar für Herrn Siegel". Die „Versendung des Werkes" sei „im vollen Gange, auch an die Presse". Herder, Freiburg, an Lortz, Münster, 02.03.1940. IEG, NL Lortz [1445].

ein Abzug einer im Verlag angefertigten Übersetzung der italienischen Rezension von Kirsch, den Lortz mit der Bitte erhielt, Vorschläge zu deren „Auswertung" zu machen[284]. Lortz markierte die wichtigsten Stellen der Besprechung, die italienisch und in deutscher Übersetzung nachgedruckt wurde[285]. Herder beabsichtigte diese Rezension überall dort hinzuschicken, „wo Zweifel oder Widerstand gegen das Werk angenommen" wurde. Im Satz war außerdem „eine dreiteilige Karte" für den Buchhandel, nachdem „die Buchhändler ja von Anfang an einen einseitigen Prospekt gehabt" hatten[286]. Im Übrigen wollte man mit weiteren Schritten abwarten, bis „die Diskussion mehr in Gang gekommen" war. Einige Wirkung erhoffte man sich auch von der „Selbstanzeige", die Lortz für die *Schönere Zukunft* geschrieben hatte – neben Kirschs ‚Pilotrezension' die zweite wichtige Veröffentlichung, um die öffentliche Diskussion im gewünschten Sinne zu lenken.

2. Ein erstes Echo: Die Anzeige in der Schöneren Zukunft

Anfang 1940 erschien *Die Reformation in Deutschland*. Die bereits seit längerem geplante ‚Pilotrezension' im *Osservatore Romano* konnte aufgrund der Erkrankung Kirschs erst verspätet erscheinen. Bereits am 7. Januar 1940 war aber eine andere – soweit feststellbar die erste – Reaktion auf Lortz' Werk publiziert worden: eine Anzeige von Gregor Uhlhorn[287] im Rahmen einer Bücherschau („Das religiöse Buch in der Jahresarbeit des Herder-Verlages 1939") in der katholischen Wochenschrift *Schönere Zukunft*[288]. Wie zu erwarten, handelte es sich dabei um keine eigentliche Rezension, sondern um eine – wohl an die Verlagswerbung angelehnte – kurze Anzeige des Lortzschen Werkes. Auffällig ist zunächst die Beschränkung auf Band 1, ganz offenkundig hatte Band 2 zum Zeitpunkt der Abfassung noch nicht vorgelegen. Uhlhorn spricht von einem „Geschichtswerk von überragender Bedeutung". Bemerkenswert ist, dass Heinrich Finke mit der Äußerung zitiert wird, Lortz mache die Vorgänge um 1520 „verständlicher als irgendeine Darstellung vorher". Da Finke bereits am 19. Dezember 1938 gestorben war, konnte er das Werk nur aus seiner Lektüre des Manuskripts kennen[289]. „Die-

---

[284] Herder, Freiburg, an Lortz, Münster, 02.03.1940. IEG, NL Lortz [1445].

[285] Herder, Freiburg, an Lortz, Münster, 09.03.1940. IEG, NL Lortz [1445].

[286] Weder Karte noch Prospekt konnten ausfindig gemacht werden.

[287] Dr. Gregor Uhlhorn, Wien, erscheint als Verfasser diverser Beiträge für die *Schönere Zukunft*. Tatsächlich handelt es sich um ein Pseudonym der Zeitschrift – möglicherweise angelehnt an den evangelischen Theologen Gerhard Uhlhorn (1826–1901) –, das von verschiedenen Redakteuren genutzt wurde. Vgl. Peter EPPEL, Zwischen Kreuz und Hakenkreuz. Die Haltung der Zeitschrift „Schönere Zukunft" zum Nationalsozialismus in Deutschland 1934–1938 (Veröffentlichungen der Kommission für Neuere Geschichte Österreichs 69), Wien/Köln/Graz 1980, 372.

[288] Gregor UHLHORN, Vom Büchermarkt. Das religiöse Buch in der Jahresarbeit des Herder-Verlages 1939, in: Schönere Zukunft 15 (1939/40), 189f., hier 189.

[289] Auch eine spätere Rezension (Wendelin MEYER, Rez. zu: J. Lortz, Die Reformation in

ses Ergebnis" – so das Fazit der Anzeige – „erreicht Lortz durch eine erhellende Darlegung der jahrhundertelangen Vorgeschichte und der unmittelbaren Anlässe der Reformation, durch unbestechlichen Freimut und unbeugsame Sachlichkeit, durch Hervorhebung einzelner bisher weniger beachteter Tatsachen und Zusammenhänge, durch Streben nach geschichtlicher Gesamtschau, vor allem aber durch eine grundsätzlich religiöse Betrachtungsweise, die allein geeignet ist, religiöse Beweggründe und kirchengeschichtliche Tatsachen wesensgerecht zu erfassen. Lortz hat dieses Werk als Deutscher, als katholischer Christ und als Freund der kirchlichen Wiedervereinigung geschrieben und er wird jeder Verantwortung, die sich daraus ergibt, gerecht".

Im Hinblick auf die Zeitumstände fällt aus heutiger Sicht die Bemerkung auf, Lortz habe sein Werk „als Deutscher" geschrieben – ähnliche Anklänge werden sich noch in vielen Rezensionen finden, mit unterschiedlichen Konnotationen. Insgesamt bietet die Anzeige eine erste positive, wenngleich oberflächliche Stellungnahme aus katholischer Sicht zur Reformationsgeschichte von Lortz[290].

3. Die Pilotrezension von Johann Peter Kirsch im Osservatore Romano

Die erste ausführliche Besprechung des Werkes war dann die Rezension von Johann Peter Kirsch im *Osservatore Romano* vom 22. Februar 1940[291]. Als

---

Deutschland, in: Sanctificatio nostra 11 (1940), 156) zitiert explizit eine Äußerung Finkes zum Manuskript: „Lortz übt eine sehr starke Wirkung auch auf *den* Leser aus, der wie ich mit dem Gegenstand der Darstellung seit langen Jahren vertraut ist". Möglicherweise gehörten die Äußerungen Finkes zu einer von Herder zu Werbezwecken zusammengestellten Sammlung positiver Stimmen. Dass Finke das Manuskript studiert hat und mit Herder darüber in Kontakt stand, geht auch aus der Korrespondenz von Herder an Lortz hervor, vgl. oben die Schreiben vom 18. März 1938 (Finke „interessiert", obwohl manches „vielleicht etwas zu überspitzt") sowie vom 10. November 1938 (diverse Änderungswünsche Finkes).

[290] Interessant ist in diesem Zusammenhang, dass einige Zeit später in der *Schöneren Zukunft* (Nr. 29/30 vom 14. April 1940 sowie Nr. 31/32 vom 28. April 1940, jeweils vorne im Werbeteil) auch eine Werbeanzeige der „Versandbuchhandlung Franz Erdelmann" zu finden war, deren ähnlicher Grundtenor wohl ebenfalls auf Herder zurückgeht: „Dieses Werk bemüht sich um eine aus nationaler, katholisch-kirchlicher, ökumenischer Verantwortung heraus gegebene Darstellung, die in aller Wahrhaftigkeit dem reformatorischen Geschehen des 16. Jahrhunderts in Deutschland gerecht werden will. Dabei bleibt die Kritik frei von jeder Gehässigkeit, bleibt unnachgiebig im Sachlichen. Das Werk, das auf gründlicher historischer Arbeit baut, ist so fließend und spannend geschrieben, daß es einen größeren Leserkreis leicht erreichen wird: Interessenten: alle Geistliche u[nd] alle gebildeten Stände".

[291] Johann Peter KIRSCH, Uno studio profondo sulla vera e la falsa Riforma in Germania, in: L'Osservatore Romano, Nr. 43, 22. Februar 1940. – Eine Abschrift der von Herder angefertigten deutschen Übersetzung befindet sich in Lortz' Nachlass: „Besprechung des Werkes von Lortz über die Reformation im ‚Osservatore Romano' vom 22. Februar 1940 durch Johann Peter Kirsch". IEG, NL Lortz [1445]. Mit handschriftlichen Korrek-

‚Pilotrezension' gedacht, und zwar bewusst im offiziösen Organ des Vatikans, sollte sie die Diskussion eröffnen und gewissermaßen den Ton vorgeben. Wie schon während des Zensurprozesses konnte Lortz auch jetzt auf Kirschs volle Unterstützung zählen – in diesem Fall also auf eine positive Besprechung, die allen möglichen (römischen) katholischen Bedenken zuvorkommen sollte[292].

Tatsächlich fällt auf, dass Kirsch die katholisch-kirchliche Korrektheit der Lortzschen Reformationsgeschichte besonders herausstreicht, zugleich aber auch deren wissenschaftliche Objektivität rühmt[293]: „Das neue Werk von Professor Lortz weist eine große Objektivität und Unparteilichkeit in Benutzung der zeitgenössischen geschichtlichen Quellen auf [...] wie auch durchaus einen echt katholischen und priesterlichen Ton, der eingegeben ist von einer lebendigen Liebe zur Kirche Christi". Auf den Nachweis, dass Lortz eine einwandfreie katholische Haltung habe, legte Kirsch besonderen Wert. So hebt er etwa hervor, dass Lortz „jene wissenschaftliche Linie" fortsetze, „die in klassischer Weise in den von Leo XIII. aufgestellten Regeln für geschichtliche Studien festgelegt" worden sei[294] und sich in der katholischen Reformationsforschung bislang „in den Werken von Janssen, Denifle, Pastor, Grisar, Paulus, Greving" finde. Die Herstellung einer Kontinuität zwischen Lortz und seinen Vorgängern fällt auf. Sie findet sich so nur bei Kirsch und steht in gewisser Weise sogar in Kontrast zur Selbstsicht von Lortz[295]. Gleichwohl macht Kirsch insofern eine vorsichtige Einschränkung, als er erklärt, die „grundlegende Arbeit" der bisherigen Reformationsforscher fordere eine Fortsetzung, die „mit noch mehr Geistesanstrengung in die Untersuchung der inneren Gründe eintreten würde, die zur häretischen Bewegung in Deutschland führten". Diese Fortsetzung biete Lortz.

Im Einzelnen geht Kirsch dann ein auf die Bewertung der Reformation und ihrer Kerngestalt Luther. Aufgrund seines klaren katholischen Maßstabs sei

---

turen, vermutlich von Robert Scherer. – Alle folgenden Zitate aus Kirschs Rezension stammen aus dieser Übersetzung (abgedruckt im Anhang dieses Bandes).

[292] Vgl. oben. – Boris Ulianich charakterisiert Kirschs Besprechung treffend als „eine intelligente, diplomatische Präsentation, durch die Kirsch mit seiner Autorität die Römer hören lassen wollte, was sie im Stande waren, ohne negativ zu reagieren, zu verstehen" – eine Rezension, „die das Letzte des Lortzschen Werkes absichtlich nicht entdeckte". Vgl. ULIANICH, Geschichtsschreibung, 165.

[293] Vgl. auch Kirsch, Rom, an [Herder-Dorneich, Freiburg], 01.11.1938 [Abschrift]. IEG, NL Lortz [1445]: „Das Werk von Prof. Lortz ist wirklich sehr originell, lehrreich, interessant und auf streng wissenschaftlichem Quellenstudium aufgebaut".

[294] Vgl. auch Lortz' eigene legitimierende Verweise: Zum einen im Vorwort auf „den großen Papst Leo XIII." und die „Aufforderungen seiner katholischen magna charta der historischen Wahrhaftigkeit". LORTZ, Reformation I, X. Zum anderen im Schlusswort auf die „Mahnung Leos XIII. (nichts als die Wahrheit zu sagen, und die Wahrheit ganz zu sagen, auch dann, wenn sie für die Kirche und das Papsttum belastend sein sollte)". Ebd. II, 294.

[295] Vgl. etwa Lortz im Vorwort: Janssen, Denifle und Grisar seien „heute allgemein als zu einseitig erkannt". LORTZ, Reformation I, VIII.

Lortz in der Lage gewesen, „die Teile des katholischen Erbes, die von Luther bei seinem Abfall noch gerettet wurden, genau zu bestimmen und objektiv zu bewerten". Zugleich übe Lortz „strenge Kritik an der Entwicklung der Lutherischen Lehre, die ein unvollständiges Christentum darstellt und damit das wahre Christentum zerstört", das nur „der ganze Christus" sein könne[296]. Die Bedeutung des Lortzschen Werkes fasst Kirsch folgendermaßen zusammen: „Die Schlußfolgerungen, zu denen der Verfasser bei seinen kritischen Untersuchungen gelangt, und die sachliche, unparteiische Art […] sind derart, daß sie auch in ernsthaften protestantischen Kreisen Eindruck machen und ein Ansporn sein werden, die Frage zu untersuchen, ob die von Luther unternommene und vorwärtsgetriebene Reformation wirklich gerechtfertigt war. Man erkennt sofort, welche Bedeutung für das kirchliche Leben im Deutschland unserer Tage eine derartige religiöse und geschichtliche Richtung haben kann".

Bemerkenswert ist hier am Ende der Bezug auf „das kirchliche Leben im Deutschland unserer Tage" – mit ganz ähnlichen Worten hatte Kirsch bereits die Rezension begonnen: „Die religiöse Lage in Deutschland hat neues Interesse an den großen geschichtlichen Fragen über die Ursachen und Anfänge der Reformation in Deutschland im 16. Jahrhundert hervorgerufen". Dabei ist zunächst der Kontext zu bedenken: Kirsch schaute aus ‚römischer' Perspektive auf die deutschen Verhältnisse. Seine Andeutungen in Bezug auf die aktuelle „religiöse Lage" und das „kirchliche Leben" in Deutschland könnte man somit verstehen als kritische Referenz auf die Bedrohung des Christentums durch die nationalsozialistische Weltanschauung. Die starke gemeinsame Stellung der beiden großen christlichen Konfessionen in Deutschland bekäme damit besondere Bedeutung und wäre dann der Anlass für „neues Interesse" an der Frage, ob die „Reformation wirklich gerechtfertigt war". Zu beachten ist allerdings, dass die Formulierungen Kirschs so vorsichtig gewählt sind, dass auch eine entgegengesetzte, aus deutscher Perspektive ,unverfängliche' Interpretation möglich ist. Dann ließe sich die aktuelle Relevanz einer stärkeren konfessionellen Einheit für das „Deutschland unserer Tage" auch darin sehen, dass eine Überwindung der religiösen Trennung zu einem größeren nationalen Zusammenhalt des gesamten Deutschen Volkes führen würde – Ambivalenzen, die sich so noch in vielen Rezensionen wiederfinden werden[297].

Dergestalt auf den Weg gebracht, trat die *Reformation in Deutschland* nun ihren Gang in die öffentliche Diskussion an, wo sie rasch ein gewaltiges Echo hervorrief. Für Kirsch hingegen bildete die Rezension seine letzte Beteiligung

---

[296] Vgl. Kirsch, Rom, an [Herder-Dorneich, Freiburg], 12.04.1939. IEG, NL Lortz [1445]: „Daher kann nur im Glauben und im übernatürlichen Leben der katholischen Kirche der ‚ganze Jesus Christus' gefunden werden".
[297] Allerdings scheint Kirsch die Gefährlichkeit des Nationalsozialismus durchaus realistisch gesehen zu haben, wie seine Briefe an Lortz aus dem Jahr 1935 zeigen, als es um den Abschnitt zum Nationalsozialismus in Lortz' *Geschichte der Kirche* ging (vgl. oben).

an Lortz' Werk und gleichsam das Vermächtnis an seinen Landsmann und Schüler; er starb ein knappes Jahr später, am 4. Februar 1941.

4. Die „Selbstanzeige" als Interpretationshilfe und Lenkungsversuch

Bereits wenige Tage nach Kirschs ‚Pilotrezension' – am 3. März 1940 – erschien auch die „Selbstanzeige" von Lortz in der *Schöneren Zukunft*[298]. Den einleitenden Bemerkungen zufolge war er von der Schriftleitung darum gebeten worden: „im Sinne des Autors selbst nicht etwa als abschließende Würdigung, sondern als Einleitung zu einer Diskussion". Die Zeitschrift werde, so wurde angekündigt, „auf das Thema zurückkommen"[299].

Die Tatsache einer Selbstanzeige ist an sich schon in mehrerer Hinsicht bedeutsam. Zum einen ergibt sich auf diese Weise die Möglichkeit eines Vergleichs mit Lortz' offiziellen Ausführungen im Vorwort und Schlusswort: Welche Gemeinsamkeiten und Unterschiede lassen sich in den jeweiligen (Selbst-)Deutungsversuchen feststellen – nicht zuletzt angesichts der erheblichen Beeinflussung des Vor- und Schlussworts durch den kirchlichen Zensurprozess? Zum anderen stellte die Selbstanzeige für Lortz eine weitere Einflussmöglichkeit auf Rezensenten dar, insofern sie diesen einen zusätzlichen Anknüpfungspunkt der Beurteilung bot. Es ließe sich also fragen, inwieweit sich die eigene Deutung als ‚Muster' auch in den Rezensionen wiederfindet.

Abb. 8: Joseph Lortz (1887–1975), ca. 1940.

Gleich zu Beginn der Selbstanzeige führt Lortz ein Zitat aus dem Schlusswort seines Werkes an, um dessen besondere „Zielsetzung" zu charakterisieren: „Wenn etwas tiefstes Anliegen dieses Buches ist, über seine wissenschaftliche Aufgabe hinaus (oder besser: durch sie hindurch), dann dies, daß es teilhaben möchte am Gespräch zwischen den Konfessionen, oder auch, daß es diesem Gespräch neue Möglichkeiten geben möchte"[300]. Von diesem „Ziel" ausgehend wendet sich Lortz zunächst der

---

[298] Joseph LORTZ, „Die Reformation in Deutschland". Eine Selbstanzeige, in: Schönere Zukunft 15 (1939/40), 263–265 (abgedruckt im Anhang dieses Bandes).

[299] So etwa Josef Schmidlin mit seiner Rezension vom 14. April 1940 (vgl. unten).

[300] Ein Zitat aus: LORTZ, Reformation II, 307. – Lortz stellt in seiner Selbstanzeige also die ökumenische Zielsetzung ganz bewusst an den Anfang, im Unterschied zu seinem Schlusswort, wo er später noch weiter relativierte, die ökumenische Absicht habe sich gleichsam erst im Nachhinein ergeben. Vgl. die zusätzliche Anmerkung in der 2. Auflage: LORTZ, Reformation (²1941) II, 307.

dem Werk zugrundeliegenden „geistig-seelische Haltung" zu. Seine Darstellung soll keine weitere bloße *„Erzählung"* des äußeren Verlaufs der Reformation sein. Eine solche ist nicht nötig. Vielmehr geht es um deren *„innere Geschichte"* und die ihr innewohnenden „Grundkräfte". Es sei Zeit für eine neue Reformationsgeschichte auf dem neuesten Stand der katholischen Forschung, die seit Beginn des 20. Jahrhunderts „eine bedeutende Entwicklung" und „in Wichtigem eine Umstellung" durchgemacht habe: „Von Janssen und Denifle über Grisar ist ein weiter Weg zu der theologisch vertieften Betrachtungsart in Grosches Zeitschrift ‚Catholica'". Noch vor wenigen Jahrzehnten hätten Auffassungen, wie sie etwa „der unbeirrbare Sebastian Merkle als erster aussprach", auf katholischer Seite Misstrauen erregt[301]. „Was ausstand, war eine katholische *Gesamt*darstellung der deutschen Reformationsgeschichte, die nicht betont konfessionell oder gar konfessionalistisch eingestellt wäre. Eine Darstellung, die, in innerer christlicher Freiheit geschrieben, gerade aus ungebrochen und betont katholischer Haltung heraus zu einer fruchtbaren Aufgeschlossenheit für die religiösen Anliegen der Reformation und zu einer vertieften, nicht polemischen, sondern echt historischen Kritik an ihr kommen würde. Diese Lücke will mein Buch ausfüllen"[302].

Von der evangelischen Seite fordert Lortz „die Überwindung der einseitig protestierenden Haltung", von katholischer Seite hingegen „die Überwindung einer einseitig gegen-reformatorischen Sicht". Ausdrücklich geht Lortz dabei auf Distanz zu den Werken von Janssen, Denifle und Grisar, die „heute mit Recht als zu einseitig erkannt" seien, obwohl „bahnbrechend" und immer noch in mancher Hinsicht „unentbehrlich"[303]. Das ökumenische Anliegen habe besondere Aktualität: „Niemals seit 1517 gab es eine so tief gegründete Möglichkeit eines echten Gesprächs über den riesigen Aufspaltungsprozeß der Reformation wie heute. Und dies, weil endlich weithin erkannt ist, daß […] nur die harte Wahrheit uns frei machen kann. Diese Wahrheit freilich ergriffen ohne alle triebhafte oder veräußerlichende Polemik und ‚Widerlegungskunst', in einer ehrfürchtigen Vertiefung der Probleme, im verpflichtenden Bewußtsein des gemeinsamen nationalen und kirchlichen Schick-

---

[301] Vgl. Lortz' Vorwort: „Heute ist nun eine katholische Darstellung der deutschen Reformationsgeschichte fällig, die dem Geist und den Erkenntnissen so vieler katholischer Einzeläußerungen zu diesem Thema konform ist, wie wir sie von Sebastian Merkle, Joseph Greving und vielen andern bis zu der theologischen Vertiefung in Grosches ‚Catholica' besitzen". Lortz, Reformation I, IX.

[302] Vgl. Lortz' Vorwort: „Wir besitzen bis heute keine katholische Gesamtdarstellung der deutschen Reformationsgeschichte, die nicht betont konfessionell eingestellt wäre. Und eben deshalb keine, der es gelungen wäre, gerade aus ungebrochen und betont katholischer Haltung heraus sowohl zu einer fruchtbaren Aufgeschlossenheit für die religiösen Anliegen der Reformation wie zu einer tiefer greifenden, nicht polemischen, historischen Kritik an ihr zu gelangen". Lortz, Reformation I, VIII.

[303] Vgl. Lortz' Vorwort: „Janssens überragendes, bahnbrechendes und noch immer unentbehrliches Werk ist als Deutung des reformatorischen Phänomens heute allgemein als zu einseitig erkannt. Ähnliches gilt von der Lutherdarstellung Denifles und, allerdings in einem ganz andern Sinn, von der Grisars". Lortz, Reformation I, VIII.

sals"[304]. Diese Aufgabe verbiete „jede taktische, außersachliche Rücksichtnahme" bei der Darstellung; etwa in Bezug auf die damaligen Missstände in der katholischen Kirche, die evangelischen „Fehlzeichnungen katholischer Lehren", die Religiosität Luthers oder die fortbestehende „objektive Heiligkeit der alten Kirche durch alle Zersetzung hindurch". Methodisch bedürfe es hier „der seltenen Kunst des *harten* ‚Sowohl – als auch'", um den starken Gegensätzen der vorreformatorischen Zeit gerecht zu werden, insbesondere hinsichtlich „des geradezu unvorstellbar engen Ineinanders von Veräußerlichung und christlicher Vertiefung" sowie bei der Schilderung des „*ganzen Luther*", des „so Einfachen, der doch ein Meer von harten, ja wilden Spannungen in sich birgt"[305].

Nach diesen eher grundsätzlichen Erwägungen – mit weitgehenden Parallelen zu seinem Vorwort – wendet sich Lortz dann der eigentlich inhaltlichen Seite seiner Darstellung zu, die er zusammenfassend referiert. Als wesentliches Problem der Reformationsgeschichte erkennt er „das Rätsel des so *plötzlichen* Umbruchs": Wie ist zu erklären, dass in der damaligen, noch ganz kirchlich geprägten Zeit auf einmal „die reformatorische Frage entstand, ob diese römische Kirche wirklich die legitime Darstellung der von Jesus Christus gestifteten Kirche sei"? Grundlegender Ansatzpunkt für das Verständnis der Reformation und ihrer historischen Berechtigung ist für Lortz also „die Frage nach den *Ursachen der Reformation*". In ähnlicher Weise „historisch und dann psychologisch" erfolgt der Zugang zur Gestalt Luthers: „Wie *wurde* Luther zum Reformator?" Eine entscheidende Ursache sei die Luther bekannte Form der katholischen Theologie gewesen, die in der Gestalt des damals vorherrschenden „nominalistischen Okhamismus" ein besonders charakteristisches Merkmal der spätmittelalterlichen „theologischen Unklarheit" darstellte. Verbunden „mit der stark erlebnismäßigen Art des Sündengefühls und des Verlangens nach Rechtfertigung" habe dies dazu geführt, dass Luther schließlich aufbegehrte „gegen nur angeblich katholische Anschau-

---

[304] Vgl. die ökumenische Zielsetzung in Lortz' Vorwort: „Es ist fällig ein einigermaßen zusammenfassender katholisch-reformationsgeschichtlicher Beitrag zu der gerade heute so wichtigen christlichen Aufgabe: die Lösung der ökumenischen Frage vorzubereiten. Dazu gehört, wie längst erkannt ist, die Überwindung der gar zu ausschließlich gewordenen heutigen ‚gegenreformatorischen' Sicht und Haltung. […] Weil wir nämlich, Gott sei es gedankt, wieder unmittelbar empfinden das Unchristliche der christlichen Spaltung. Hier muß taktische Überlegung ausscheiden. Nur harte Wahrheit darf reden". LORTZ, Reformation I, IX. – Bezüglich des „nationalen und kirchlichen Schicksals" vgl. auch Lortz' Schlusswort: „Die Reformation ist für uns alle in Kirche, Volk und Staat ein Schicksal ohnegleichen geworden. Ein Schicksal, das noch lange nicht bewältigt ist". LORTZ, Reformation II, 300. Vor dem Hintergrund der NS-Zeit erhalten solche Formulierungen durchaus einen ambivalenten Beigeschmack (vgl. oben).

[305] Vgl. Lortz' Vorwort: „Luther, der so Einfache, ist auch eine complexio oppositorum, wenn es je eine gegeben hat. Wenn man ihn historisch voll sehen will, muß man fähig sein, die scharfen, ja die wilden Gegensätze so zu umspannen, daß weder dem einen noch dem andern Pol auch nur ein weniges von seiner ungestümen Wirklichkeit genommen wird. […] Diese Kunst ist bisher selten". LORTZ, Reformation I, X.

ungen, die aber tatsächlich nicht genuin katholisch waren": „In harter, aber in singulär vereinseitigender Konsequenz stieß Luther hier durch und entdeckte – alten katholischen Besitz für sich häretisch neu. Muß man die Tragweite der Feststellung noch unterstreichen? [...] Luther wuchs absichtslos aus der Kirche heraus; er stand dogmatisch voll außerhalb, ehe er, längst ehe er darum wußte".

Entscheidend ist für Lortz, „die lebendige Fülle Luthers einzufangen und wiederzugeben", ihn also ohne Einseitigkeit in all seinen oft gegensätzlichen Facetten darzustellen. Dazu zähle einerseits etwa Luthers „unerhörtes Selbstbewußtsein" und „zerstörender Trotz", die „grobianistische Polemik" und „subjektivistische Einseitigkeit (die formale Grundstruktur!)" sowie seine „Fehlzeichnung katholischer Dinge"; andererseits gebe es bei Luther aber auch Werte wie „das Demütige, das Gottvertrauen, das Gottverbundensein, das Beten, die Gewissenstreue, den verantwortungsbewußten Mut". In ähnlicher Ambivalenz zeige sich bei Luther auf der einen Seite der „Einbruch revolutionären Subjektivismus in das Christentum", auf der anderen Seite wiederum sei dieser Subjektivismus bei ihm „allerstärksten dogmatisch-objektiv gebunden". Dabei sei im Vergleich zum modernen Protestantismus grundsätzlich „das Katholische in Luthers Besitz" erheblich stärker zu veranschlagen.

Hinsichtlich der Bewertung der Reformation und ihrer Folgen will Lortz sich an Luthers eigenen Maßstab halten, „daß sein Werk nur religiös-christlich gemessen werde". Von diesem Maßstab her fällt sein Fazit allerdings ernüchternd aus: Bei den verantwortlichen Obrigkeiten „triumphierte äußere politische und wirtschaftliche Berechnung über das als innere Verpflichtung gefaßte Bekenntnis", mit nur wenigen Ausnahmen auch auf katholischer Seite, bis hin zu Kurie und Päpsten. Anstatt entschieden „mit *religiösen* Mitteln" gegen den reformatorischen Angriff vorzugehen, habe die katholische Kirche weitgehend aus „politischen Erwägungen" gehandelt und mit „politisch-diplomatischen Mitteln und Mittelchen" reagiert. Gleichwohl betont Lortz, dass „der religiöse Besitz der Kirche damals bei weitem nicht so gering" zu veranschlagen sei, wie die reformatorische Kritik es vermuten lasse. Trotz mancher neuerer Forschungen fehle noch immer ein entsprechendes Bewusstsein für den „Bestand der katholischen Kräfte des 16. Jahrhunderts". Dem möchte Lortz in seiner Darstellung mit einem eigenen Teil über die katholische Erneuerung abhelfen: „Hier liegt eine objektive Fehlzeichnung des Kräftespiels der Reformationszeit vor. [...] Gewiß fehlt im katholischen deutschen Bestand das genialisch Große. Aber es fehlt nicht eine Fülle von Werten, die das heilige Erbe treu hüteten in ungebrochenem Zusammenhang mit der Kirche, bis aus ihm Neuschöpfung großen Stils werden konnte: Klöster, Pfarrherrn, die katholische Theologie, auch einige Bischöfe haben an dieser Treue ihren Anteil".

Abschließend stellt Lortz die Frage „nach einer letztgültigen Bewertung" und „nach dem *Sinn* der Reformation". Nach über 400 Jahren der getrennten Geschichte sei es „schlechterdings unmöglich anzunehmen, die reformatorische Aufspaltung der Christenheit [...] könne im Heilsplane Gottes ohne positive Zielsetzung sein"[306]. Exemplarisch nennt Lortz die Gefährdung der Kirche durch den damaligen Humanismus: „Erasmus von Rotterdam war mit seinem Adogmatismus und Antidogmatismus nichts weniger als eine wirkliche Lebensgefahr für die wahre Lehre", ohne dass ihm dabei innerhalb der Kirche Einhalt geboten worden wäre. Von dieser Gefahr des drohenden „Relativismus" und „Moralismus" sei die Kirche dann jedoch befreit worden „durch Luthers kompromißlos religiöse Forderung der freilich übersteigerten theologia crucis". Hinsichtlich „einer solchen letztgültigen Bewertung" verweist Lortz ausdrücklich auf die weiteren Ausführungen im Schlusswort zu seiner Reformationsgeschichte.

Als vorläufiges Fazit hält Lortz fest: „Die Reformationsgeschichte ist für beide Teile ernster Anlaß zu einer Gewissenserforschung". Der Augsburger Religionsfriede von 1555 zeige, dass die Reformation letztlich „ihr Ziel nicht erreicht" habe; ihre grundlegenden Anliegen hätten im Laufe von 400 Jahren in letzter Konsequenz sogar vielfach zu einer Verkehrung ins Gegenteil geführt. Die wesentlichen reformatorischen Anliegen („Heilige Schrift; kein Verdienst ohne Gottes Gnade; Rechtfertigung; der unwiederholbare Opfertod des Herrn am Kreuz die einzige Ursache unserer Erlösung") seien erwiesenermaßen in der damaligen katholischen Kirche genügend erfüllt gewesen, „um die durchaus fällige Reform großen Stils *in ihr* durchzuführen". Daraus ergebe sich „die Berechtigung und Notwendigkeit, wesentliche reformatorische Positionen einer erneuten und vertieften Überprüfung zu unterziehen": „Daß wir in der Lage sind, heute eine solche Überprüfung zu versuchen, ohne im geringsten uns mit der Rolle des Ketzerrichters zu begnügen, auch dafür möchte mein Buch einen Beleg abgeben. Reformationsgeschichte, in ihrer Tiefe erfaßt, trennt nicht, sondern einigt".

Vergleicht man die Selbstanzeige mit den Vor- und Schlussworten, so zeigen sich insgesamt also klare Gemeinsamkeiten, aber auch deutliche Unterschiede. Die grundsätzlicheren Ausführungen im ersten Teil der Selbstanzeige weisen bis hin zu einzelnen Formulierungen deutliche Parallelen zum Vorwort auf, auch wenn die Selbstanzeige etwas freier und weniger ‚apologetisch' erscheint als das Vorwort, das ja maßgeblich von seiner Rechtfertigung gegenüber den kirchlichen Zensoren bestimmt war. Es liegt nahe, in den ‚offeneren' Ausführungen der Selbstanzeige die ursprünglichen Intentionen von Lortz zu sehen. Bemerkenswert ist auch die deutlich betontere ökumenische Ausrichtung, mit der Lortz die Selbstanzeige eröffnet – bezeichnenderweise mit einem Zitat aus dem Schlusswort, wo die entsprechenden Erwägungen erst ganz am Ende auftauchen. Auch im Vorwort wird das ökumenische Anliegen zwar prinzipiell erwähnt, allerdings keineswegs so entschieden als Zielsetzung des Werkes betont. Der größte Unterschied der Selbstanzeige liegt je-

---

[306] Zu Lortz' geschichtstheologischer Grundkonzeption der „felix culpa" vgl. oben seinen Werdegang.

doch in ihrem zweiten Teil, der eine Zusammenfassung des Inhalts der Reformationsgeschichte bietet. Dieser geht über die grundsätzlichen Ausführungen im Vorwort hinaus. Auch zum Schlusswort finden sich sonst keine Parallelen in der Selbstanzeige, bis auf den expliziten Verweis am Ende, wo es um die Weiterführung der „letztgültigen Bewertung" der Reformation geht – die dann im Schlusswort in einer kritischen Darstellung der weiteren Entwicklung des Protestantismus mündet[307]. Das Fehlen einer solchen expliziten ‚Verfallsgeschichte' der Reformation – samt faktischer ‚Rückkehr-Ökumene' – in der Selbstanzeige lässt vermuten, dass Lortz selbst an einer eher ‚offeneren' Deutung seines Werkes gelegen war.

III. Das Echo auf die erste Auflage

1. Methodisches Vorgehen

Die Reformation in Deutschland hat nach ihrem ersten Erscheinen Anfang 1940 ein außergewöhnlich breites öffentliches Echo in der zeitgenössischen Presse beider Konfessionen gefunden: Allein für die Jahre zwischen 1940 und 1942 ließen sich über 70 deutschsprachige Rezensionen ermitteln – die Dunkelziffer dürfte noch einmal höher liegen. Es handelt sich dabei nicht nur um Rezensionen im strengen Sinne, sondern auch um kürzere Anzeigen (z. B. im Rahmen einer Bücherschau), bis hin zu eigenständigen Aufsätzen, die sich mit bestimmten Aspekten von Lortz' Werk auseinandersetzen. Um einen aussagekräftigen Einblick in die damalige Rezeption und Diskussion zu gewinnen, werden diese Besprechungen im Folgenden systematisch in chronologischer Abfolge untersucht, wobei der berücksichtigte Zeitraum 1940–45 grob in sieben Phasen gegliedert ist[308].

Die erste Phase (Januar – März 1940: UHLHORNS Anzeige, KIRSCHS Pilotrezension, LORTZ' Selbstanzeige) ist als ‚Vorphase' der eigentlichen Rezeption anzusehen und wurde bereits oben im Rahmen der Rezensionspolitik ausgewertet (Teil B.II). In den folgenden Abschnitten (2–7) wird eine möglichst repräsentative Auswahl[309] von 27 Rezensionen ausführlich analysiert, pro Rezension jeweils in einem eigenen Unterabschnitt[310]. Alle übrigen erfassten Rezensionen, die nicht im Detail ausgewertet wurden, werden an der betref-

---

[307] Vgl. LORTZ, Reformation II, 302–307.
[308] Vgl. die entsprechende chronologische Übersicht im Anhang.
[309] Vgl. etwa die Darstellung der Rezeption bei LAUTENSCHLÄGER, Lortz, 357–387, wo lediglich 15 Rezensionen berücksichtigt werden, ohne diese Auswahl näher zu begründen: Bihlmeyer (1940), Böminghaus (1940), Bornkamm (1940), Merz (1940), Rahner (1940), Ritter (1940), Sasse (1940), Sauer (1942), Schmidlin (1940), Simon (1940), Smolka (1940), Vincke (1940), Wendorf (1941), Wolf (1940), Zoepfl (1940).
[310] Bei Querverweisen zwischen diesen Rezensionen wird hier zur besseren Übersicht meist nur der VERFASSER angegeben; mehrere Rezensionen desselben Autors werden ggf. durch (I) und (II) unterschieden.

fenden Stelle kurz in den Anmerkungen charakterisiert, um trotzdem das chronologische Gesamtbild wiederzugeben (sie erscheinen am Ende aber nicht im Literaturverzeichnis). In einem abschließenden Fazit (8) wird dann eine zusammenfassende Gesamtschau der Rezeption versucht mit Blick auf grundlegende Gemeinsamkeiten und Unterschiede in den Argumentationsrichtungen.

2. Die ersten Rezensionen – hauptsächlich katholisch (März – April 1940)

2.1 Robert Jelke in den Badischen Pfarrvereins-Blättern

Einige Wochen nach der Lortzschen Selbstanzeige erschien am 28. März 1940 dann die erste ‚echte' Rezension, zudem die erste aus evangelischer Perspektive: die Besprechung des Heidelberger Systematikers Robert JELKE (1882–1952) in den *Badischen Pfarrvereins-Blättern*[311]. Grundsätzlich anerkennend, im Einzelnen aber auch kritisch, liegt der Fokus der Rezension – mit dem Titel: „Ein neues Lutherbuch" – auf Lortz' Lutherdeutung. Jelke sieht bei Lortz einen deutlichen Kontrast zu früheren katholischen Autoren wie Janssen, Denifle oder Grisar, deren viel zu einseitige Sichtweise die Objektivität ihrer Darstellung beeinträchtigt habe. Lortz hingegen sei nun erfreulicherweise von der Absicht geleitet, „mit solchen Versuchen gründlich aufzuräumen". Ausführlich widmet sich Jelke „Lortz' Auffassung vom historischen Werden der reformatorischen Grundeinstellung Luthers", die entscheidend für das Verständnis und die Bewertung von Lortz' Lutherdeutung insgesamt sei; zu diesem Zweck folgt eine ausführliche Wiedergabe der Lortzschen Darstellung. Dabei zeigt sich Jelke in zwei Punkten zunächst zustimmend. Zum einen betrifft dies die „absolut starke Subjektivität Luthers", die Luther erst mit der Zeit auch die wirkliche Bedeutung des „objektiven Worte[s] Gottes" erfassen ließ. Zum anderen sei Luthers Turmerlebnis in der Tat nicht aus seiner späteren Rückschau von 1545 zu interpretieren, sondern aus seiner Sicht im Jahr 1518 (was „auf protestantischer Seite bereits seit längerem vertreten" werde). An anderen Punkten übt Jelke jedoch deutliche Kritik. So lehnt er entschieden Lortz' These ab, „daß Luther sich nicht mit dem wirklichen, sondern mit einem falschen Katholizismus", nämlich mit dem Ockhamismus, auseinandergesetzt habe: „Nein, Luther überwand nicht eine eingebildete katholische, sondern die wirkliche katholische Lehre vom Verhältnis des Menschen zu Gott". Ferner sei aus Lortz' Sicht „Luthers Heilsgewißheit ein Gipfel seines paradoxalen Denkens" und „mit dem Paradox des Römerbriefes im Wesentlichen abgeschlossen" – doch „Luther ringt weiter", so dagegen Jelke. Trotz dieser Kritik wird aber insgesamt Lortz' aufrichtige

---

[311] Robert JELKE, Ein neues Lutherbuch, in: Badische Pfarrvereins-Blätter 48 (1940), 24–30.

interkonfessionelle Absicht anerkannt. Es gehe heute „weithin nicht mehr um die Person Luthers (wie hart und wie bissig war dieser Kampf), sondern um seine Sache, sein heiliges Anliegen". Jelke schließt mit einer ausdrücklichen Leseempfehlung gerade auch für Protestanten: „Vielleicht daß mein Hinweis auf dieses hochwichtige Werk manchen Amtsbruder veranlaßt, das Werk zu studieren. Gewinn wird er davon haben".

Insgesamt zeigt die Besprechung Jelkes – trotz einiger Besonderheiten – bereits einige typische Charakteristika evangelischer Rezensionen, wie sich im Folgenden immer wieder zeigen wird. Dazu gehört auf der einen Seite die Anerkennung des aufrichtigen ökumenischen Anliegens, womit Lortz sich von der früheren katholischen Polemik unterscheidet; auf der anderen Seite stehen aber auch konkretere inhaltliche Vorbehalte, etwa in Bezug auf Lortz' Lutherdeutung (‚Missverständnis' des Katholizismus). So ergibt sich aus protestantischer Sicht letztendlich, bei aller Würdigung, ein eher ambivalentes Bild, das zugleich die Grenzen des neuen Ansatzes bei Lortz aufzeigt.

2.2 Karl Brandi in *Vergangenheit und Gegenwart*

Eine weitere frühe Rezension, wahrscheinlich ebenfalls noch im März 1940 erschienen, ist die Besprechung des Göttinger Historikers Karl BRANDI (1868–1946) in *Vergangenheit und Gegenwart*[312], die damit als die erste katholische Rezension (abgesehen von Kirsch) angesehen werden kann[313]. Im Rahmen einer Bücherschau bespricht Brandi – selbst Verfasser einer Darstellung der Reformationszeit[314] – das Lortzsche Werk äußerst anerkennend, wenngleich die Rezension in inhaltlicher Hinsicht eher allgemein gehalten ist und recht knapp ausfällt, mit viel Inhaltswiedergabe. Lortz' Reformationsgeschichte biete eine „neue sehr bemerkenswerte Darstellung", der aufgrund ihres Verfassers eine „ungewöhnliche Bedeutung" zukomme: Ein katholischer Theologe, der nicht bloß über hervorragende „Kenntnis der Literatur,

---

[312] Karl BRANDI, Neue Bücher. Renaissance, Reformation und Gegenreformation, in: Vergangenheit und Gegenwart 30 (1940), 143–151, hier 147–149.

[313] Etwa zur selben Zeit, möglicherweise sogar früher, erschienen auch zwei Anzeigen aus katholischer Sicht, die inhaltlich allerdings nicht als vollwertige Rezensionen gelten können. Ebenfalls im März ist dabei zu verorten: Hans BERGER, Aus Vergangenheit und Gegenwart. Aus den Tagen der Reformation, in: Gelbe Hefte. Historische und politische Zeitschrift 16 (1939/40), 190 f. Hierbei handelt es sich um eine ganz kurze, positiv gehaltene Anzeige, in der zugleich eine spätere ausführliche Besprechung angekündigt wird; eine solche ist jedoch vor Einstellung der *Gelben Hefte* zum 30. Dezember 1941 nicht mehr erschienen. – Vermutlich ebenfalls in dieser Zeit erschienen ist: Oskar VASELLA, Anzeige zu: J. Lortz, Die Reformation in Deutschland, in: Das neue Buch. Zeitschrift für Neuerscheinungen auf dem Büchermarkt 2 (1939/40), 74. Dabei handelt es sich um eine kurze, positive Würdigung, die inhaltlich nichts Neues bietet („wahrhaft katholische Darstellung", „sehr wesentliche[r] Fortschritt katholischer Forschung", „ernsthaft vorgetragene Mahnung zum Abbruch einer falschen und schädlichen Apologetik hinsichtlich der vorreformatorischen Verhältnisse").

[314] Karl BRANDI, Deutsche Reformation und Gegenreformation, 2 Bde., Leipzig 1927/30.

der Stimmungen und Erschütterungen verfügt, aus denen Luther hervor-gegangen ist", sondern ebenfalls "über den methodisch geschulten und mit der Kraft des Wortes begabten Willen zu seinem wirklichen Verständnis". Brandi hebt ebenfalls Lortz' neuartigen Stil hervor, dieser habe "wenig von konfessioneller Polemik oder Apologetik, und wenn schon, dann nur auf der höchsten Stufe". Dabei sei "das Buch urkatholisch und im ganzen mehr argumentierend als erzählend". Aus seiner "im Kern religiösen, unpolitischen" inneren Grundhaltung heraus gewinne Lortz ein "tiefes Verständnis für Luther" und dessen echt religiösen Antrieb, ebenso wie eine "unerschrockene, eben aus dem reinen Christentum strömende Beurteilung der spätmittelalterlichen Kirche und eine durchaus überlegene Einstellung zu der säkularisierten Religiosität auch der Besten unter den Humanisten". Abschließend weist Brandi noch auf den aktuellen Bezug des Lortzschen Werkes hin: "Das entscheidende an dem ganzen Buche aber bleibt überall die nachdenkliche, sehr ernsthafte und dazu sehr präzise Auseinandersetzung in bezug auf Fragen, die noch die Gegenwart unmittelbar berühren".

Somit zeigen sich anhand der Besprechung Brandis – wie schon bei Kirsch – einige typische Gesichtspunkte vieler katholischer Rezensionen, ohne hier jedoch wirklich Eigenständiges zu bieten. Dazu gehört etwa die Betonung des eindeutig katholischen Standpunkts bei Lortz, trotz seiner Abkehr von der früheren katholischen Polemik sowie seiner schonungslosen Schilderung der vorreformatorischen kirchlichen Missstände. Darüber hinaus ist allerdings der Verfasser der Rezension besonders interessant aufgrund seiner Beziehung zur Lortzschen Reformationsgeschichte. Lortz hebt nämlich in seinem Vorwort unter allen Werken, auf die er sich in Bezug auf den äußeren Verlauf der Reformation gestützt habe, ein einziges ausdrücklich hervor: "das wunderbare Buch von Karl Brandi über Karl V.: ein wahrhaft klassisches Werk, in dem der Autor aus meisterlicher Beherrschung des Materials und der (großenteils eigenen) Forschung das Geschichtliche selbst sich nüchtern und hinreißend aussprechen läßt"[315]. Angesichts eines solchen expliziten Lobes von Seiten Lortz' ließe sich fragen, ob Brandi womöglich – bewusst oder unbewusst – diese Wertschätzung durch seine Rezension erwidern wollte. Denkbar wäre auch, dass Brandi von Lortz selbst um eine Besprechung gebeten wurde[316]. In jedem Fall ist die Rezension von deutlichem Wohlwollen gegenüber Lortz' Werk getragen, bleibt inhaltlich jedoch eher an der Oberfläche.

---

[315] LORTZ, Reformation I, XIII. – Gemeint ist: Karl BRANDI, Kaiser Karl V. Werden und Schicksal einer Persönlichkeit und eines Weltreiches, München 1937.

[316] Zumindest findet sich Brandis Name unter den Empfängern von Widmungsexemplaren der *Reformation* (vgl. oben).

2.3 Josef Schmidlin in der *Schöneren Zukunft*

Einen deutlichen Kontrast markiert dagegen die Rezension, die der ehemalige Münsteraner Missionswissenschaftler[317] Josef SCHMIDLIN (1876–1944) am 14. April 1940 in der *Schöneren Zukunft* veröffentlichte[318] – einen Kontrast besonders auch zu Lortz' Selbstanzeige, mit der die Diskussion in derselben Zeitschrift am 3. März eröffnet worden war. Durchweg negativ gehalten, übt Schmidlin in seiner Besprechung fast ausschließlich Kritik an Lortz' Werk, obwohl er gleich zu Anfang betont, dadurch „die vielen Werte des Lortzschen Werkes nicht in Abrede stellen" zu wollen, „die es zu einer höchst beachtenswerten Leistung machen". Im Gegensatz zu vielen anderen katholischen Rezensenten argumentiert Schmidlin völlig eigenständig, allerdings handelt es sich oftmals um eher kleinliche bzw. konstruierte Kritikpunkte (auffällig ist dabei die häufige Verwendung von Floskeln wie „m. E.", „nach meiner Überzeugung", „für mein Empfinden" etc.). Konkret sieht Schmidlin etwa die „Stellung Luthers im Gesamtzusammenhang der Reformationsgeschichte bei Lortz nicht völlig zutreffend umschrieben"; hinsichtlich der Ursachen der Reformation stehe Luther zu stark im Vordergrund, verantwortlich seien auch „ganz andere, zum Teil äußere Faktoren". Schmidlin verweist auf Grisar, der „Luthers Entwicklung allseitiger schildert als Lortz und der wohl den Vorwurf der Einseitigkeit[319], der vielleicht auf die Polemiker Denifle und Janssen zutrifft, nicht verdient". Bezüglich Luthers „Schwächen" bedeute Lortz' Werk sogar einen Rückschritt, diese seien „von protestantischer Seite schon viel rückhaltloser zugegeben worden".

Abb. 9: Josef Schmidlin (1876–1944).

Ein weiterer Kritikpunkt besteht darin, dass Lortz die vorreformatorischen kirchlichen Missstände überschätze – „so sehr, daß die Reformation mit ihren unleugbaren Mißbräuchen fast besser wegkommt als die katholische Kirche" – und dagegen „den entscheidenden Einfluß materieller Motive und physischer Machtentfaltung" unterschätze.

Besonders bezeichnend für Schmidlins Art der Kritik ist die Beanstandung, „daß Lortz von seinem katholischen Standort aus keine Vorbehalte gegen den Ausdruck ‚Reformation' anmeldet, wenigstens nicht mit genügender Deut-

---

[317] Zu Schmidlins Zwangspensionierung 1934 sowie der offiziellen Übernahme seines Lehrstuhls durch Lortz vgl. oben Lortz' Werdegang.

[318] Josef SCHMIDLIN, Zur Reformationsgeschichte von Joseph Lortz, in: Schönere Zukunft 15 (1939/40), 342–344.

[319] Vgl. Lortz' Vorwort: LORTZ, Reformation I, VIII.

lichkeit" – ein Punkt, der bei keinem anderen Rezensenten auftaucht[320]. Ferner habe Lortz „die Mißbräuche der neuen evangelischen Kirche" zu wenig herausgestellt, denn „während die vorreformatorischen katholischen Übelstände auf mehr als 70 Seiten beschrieben sind, werden die protestantischen Mißstände auf bloß einer Seite abgehandelt". Hierbei handelt es sich allerdings um einen Vorwurf, gegen den sich Lortz in seinem Schlusswort ausdrücklich verteidigt[321] – worauf Schmidlin nicht eingeht. Zuletzt stellt Schmidlin fest, man werde die „providentielle Rolle" der Reformation „nicht in ‚positiven Werten' suchen müssen, sondern darin, daß sie mächtiger Anlaß zur Gewissenserforschung war und so den Anstoß zu der katholischen Reformbewegung gab, deren Größe und Herrlichkeit Lortz selbst mit so erhebenden Worten bedenkt"[322].

Höchst aufschlussreich ist noch die abschließende Fußnote der Rezension, in der Schmidlin auf weitere seiner Arbeiten zur Reformation verweist[323]; hier nennt Schmidlin u. a. „die von mir stammende ‚Einleitung' zu Denifles Luther und den gleichfalls von mir geschriebenen größeren Teil seiner Abwehrschrift gegen Harnack-Seeberg (beides ohne Kennzeichnung meiner

---

[320] Umso auffälliger ist, dass sich eben dieser Kritikpunkt auch im Gutachten von Ludwig Andreas Veit zu Lortz' Werk vom 29. Januar 1939 findet (vgl. oben). Dort stellte Veit seine Kritik in Zusammenhang mit dem Nationalsozialismus, gegen dessen „völkische Geschichtsauffassung" die katholische Kirchengeschichte ihre „eigenen Bezirke wahren" müsse. Denkbar wäre eine gegenseitige Bekanntschaft Veits und Schmidlins, womöglich sogar ein wechselseitiger Austausch über solche Punkte (soweit es sich nicht einfach um traditionelle katholische Vorbehalte handelte). Nicht zuletzt in der Ablehnung des Nationalsozialismus scheinen sich beide offensichtlich einig gewesen zu sein, so dass auch hierin ein Grund für die Kritik an Lortz' zu ‚versöhnlicher' Haltung liegen könnte.

[321] Vgl. LORTZ, Reformation II, 294–296. Konkret bezeichnet Lortz hier den Verdacht, „ob nicht die katholischen Schwächen mit einer gewissen Vorliebe geschildert, der Tadel gegen die Neuerung dagegen eher zurückhaltend" formuliert worden sei, als „falsch" und „eine Ungerechtigkeit"; über den gut dokumentierten Tatbestand selbst sei „nicht mehr zu diskutieren", vielmehr sei „jeder Versuch einer lohnenden Beschönigung ein aussichtsloses und der Kirche schädliches Unternehmen". Darüber hinaus gibt Lortz sogar zu, er habe „mit besonderer Begierde gerade nach Äußerungen der fortdauernden *Treue* zur angestammten Kirche geforscht" und dabei „das hierbei Festgestellte ausführlicher behandelt, als es ihm proportional zu dem andern gleichzeitigen Leben eigentlich zugekommen wäre".

[322] Vgl. ganz ähnlich Kirsch, Rom, an [Herder-Dorneich, Freiburg], 12.04.1939. IEG, NL Lortz [1445]: „Direkt und positiv hat Luther für das wahre Christentum nichts Gutes geschaffen. Bloss indirekt, wie alles Übel bei einem in sich gesunden Organismus Reaktion hervorruft, dass sein Auftreten mit Anstoss gegeben hat zur innerkirchlichen katholischen Reform des 16. Jahrhunderts".

[323] Darunter: Josef SCHMIDLIN, Der Weg zum historischen Verständnis des Luthertums, in: Vereinsschrift der Görres-Gesellschaft 3 (1909), 32–45. Dieser Titel taucht auch in Lortz' Literaturverzeichnis im Kontext der „Herausarbeitung grundsätzlicher Fragestellungen" auf; vgl. LORTZ, Reformation II, 312. Zuletzt kündigt Schmidlin sogar eine „noch ungedruckte Monographie über ‚Die religiöse Wiedergeburt des deutschen Katholizismus nach der Glaubensspaltung'" an, „die voraussichtlich bald erscheinen wird"; dazu kam es jedoch nicht mehr.

Autorschaft erschienen)". Schmidlin behauptet hier also die Mitarbeiter- bzw. sogar Mitautorschaft an Denifles Lutherwerk – eine bis dahin wohl unbekannte Tatsache[324]. Auf diese Weise stellt sich Schmidlin – wohl ganz bewusst – in die alte Tradition der kontrovers-polemischen Lutherdeutung, die Lortz in seiner Reformationsgeschichte gerade zu überwinden beabsichtigte, was nochmals Schmidlins grundsätzliche Ablehnung des neuen Ansatzes bei Lortz unterstreicht. Generell stellt sich freilich die Frage, ob angesichts der auffallend negativen[325] Besprechung noch weitere Motive eine Rolle spielten als rein inhaltliche Differenzen. Schmidlins Charakter und Biographie, insbesondere seine ablehnende Haltung gegenüber dem Nationalsozialismus[326], lassen hier Raum für mancherlei Spekulation; vielleicht sah Schmidlin Lortz' konfessionell ‚versöhnlichere' Haltung auch unter dem Aspekt einer gefährlichen Begünstigung nationalsozialistischer Tendenzen[327] – etwa im Sinne einer Überwindung der konfessionellen Differenzen mit dem Ziel eines vereinten ‚deutschen Volkes'. In anderen Rezensionen finden sich dann auch tatsächlich manche Andeutungen bezüglich der ‚zeitgemäßen' Be-

---

[324] Wie später etwa Heinrich BORNKAMM bemerkt (vgl. unten). – Unbestimmter äußerte sich Schmidlin dazu in seiner Autobiographie von 1927: „Ähnlich trug mir die aus Gefälligkeit und zur Mäßigung übernommene Mitarbeit an Denifles Lutherwerk und Abwehrschrift nur einige Grobheiten des ursprünglichen Tirolermönches ein". Josef SCHMIDLIN, [Autobiographie], in: Erich STANGE (Hg.), Die Religionswissenschaft der Gegenwart in Selbstdarstellungen, Bd. 3, Leipzig 1927, 167–191, hier 174.

[325] Worauf auch einige spätere Rezensenten ausdrücklich hinweisen, so Gerhard RITTER und Hugo RAHNER (II).

[326] Schmidlins geradlinige, schroff-temperamentvolle Persönlichkeit kannte dabei keine diplomatischen Rücksichten; so schrieb er etwa 1935 dem Papst persönlich äußerst freimütig seine Ansicht über das Verhalten Roms angesichts der Lage in Deutschland: „Die geradezu diabolischen und hassstrotzenden antichristlichen Angriffe und Hetzreden, die sich in letzter Zeit von offizieller deutscher Seite häufen, werden Ew. Heiligkeit nicht mehr darüber im Zweifel lassen, das von [sic] nationalsozialistischen und neuheidnischen Lager her alles zum Kampf drängt. […] Wie kann auch die Kurie den Bischöfen vorwerfen, daß sie zu viel nachgeben und nicht hinreichend die katholischen Interessen verteidigen, wenn sie selbst darin mit dem übelsten Beispiel vorangeht? Als Papsthistoriker darf ich wohl behaupten, daß die Geschichte dereinst über dieses Versagen (um nicht mehr zu sagen) sehr scharf urteilen wird. […] Falls nun ohnehin ein tatkräftiger Abwehrkurs einsetzt, soll es mir umso lieber sein; wenn man aber alle Warnungen in den Wind schlägt und sich lieber mit dem Teufel abfinden will, dann habe ich wenigstens alles dagegen versucht und mein Gewissen entlastet". Schmidlin an Pius XI., 05.08.1935; zit. nach FLAMMER, Münster, 205.

[327] Dass Schmidlin – abgesehen von persönlichen Animositäten gegenüber seinem Münsteraner ‚Nachfolger' – Lortz offenbar durchaus unter diesem Gesichtspunkt wahrgenommen hat, bezeugt ein Schreiben aus dem Jahr 1935 an den Bischof von Münster, Clemens August von Galen. Darin wirft Schmidlin diesem u. a. vor, versäumt zu haben, „den Verräter Lortz als meinen Nachfolger abzulehnen, was Sie nicht nur wegen seiner schändlichen Broschüre [*Katholischer Zugang zum Nationalsozialismus*] gekonnt hätten, sondern auch weil damit die […] Missionswissenschaft entgegen den Vorschlägen der Fakultät unbesetzt blieb". Schmidlin an Galen, 19.04.1935; zit. nach MÜLLER, Schmidlin, 357.

deutung von Lortz' Werk für die Gegenwart, bislang allerdings mit eher unbestimmter bis positiver Konnotation[328].

2.4 Anton Betz in der *Frankfurter Zeitung*

Am selben Tag wie die Rezension Schmidlins, am 14. April 1940, erschien auch eine Besprechung des katholischen Publizisten Anton BETZ (1893–1984) im Literaturblatt der *Frankfurter Zeitung*[329]. Auffallend ist dabei zunächst die Veröffentlichung in einer allgemeinen Tageszeitung; Lortz' Werk erschien also offensichtlich nicht nur für Fachzeitschriften bzw. eine spezielle Zielgruppe von Interesse, sondern auch für breitere Kreise. Dazu passt auch, dass in der Rezension eigens Lortz' verständlicher Stil erwähnt wird: er schreibe „nicht professoral", sondern bediene sich „in überlegener Weise der Sprache unserer Zeit". Die Besprechung selbst ist anerkennend-positiv, wenngleich eher allgemein gehalten. Betz charakterisiert zunächst den Wandel der katholischen Reformationsforschung, die seit etwa 1900 immer weniger konfessionell polarisierend, sondern auf der Suche nach dem „Gesamtbild", nach „Wahrheit und Lösung" sei; diesem Bedürfnis entspreche auch Lortz' Werk, das „die Reformationsforschung fürs erste sogar abschließen dürfte". Lortz wolle nicht „widerlegen", sondern strebe „harte Wahrheit" und „sachliches Verständnis" an. Die geschichtlichen Ursachen der Reformation sehe er in der damals stark ausgebreiteten „Unkirchlichkeit der Kirche", die er in aller möglichen Konsequenz schildere. Lortz würdige einerseits Luthers „religiöse Motive" und verteidige ihn „gegen viele landläufige katholische Unterstellungen", wobei aber andererseits Luther „wiederholt nicht die echte Glaubenslehre, sondern eine vermeintliche These angreift und also auf Grund falscher Voraussetzungen argumentiert". Abschließend betont Betz nochmals: „Lortz sucht die Wahrheit. Er will neue Möglichkeiten fruchtbarer wissenschaftlicher Aussprache schaffen. Diese werde nicht durch eine dilettantische ‚Begegnung in der Mitte', sondern nur durch die ‚volle, harte Wahrheit' angebahnt"[330].

Obwohl die Besprechung an sich wenig Eigenes oder Neues bietet, ist sie bedeutsam als erste Rezension einer deutschen Tageszeitung. Zudem ist sie nach Schmidlin ein weiteres – wenngleich ganz anderes – Beispiel für einen Verfasser, der biographisch mit dem Nationalsozialismus in Konflikt geraten

---

[328] Vgl. oben in KIRSCHS Rezension die „Bedeutung für das kirchliche Leben im Deutschland unserer Tage" oder in UHLHORNS Anzeige: „Lortz hat dieses Werk als Deutscher […] geschrieben". Im Folgenden werden sich noch deutlichere Beispiele zeigen, so etwa die Rezension von Karl HOEBER.

[329] Anton BETZ, Die Reformation, in: Frankfurter Zeitung und Handelsblatt, Literaturblatt, Nr. 15, 14. April 1940. – Bemerkenswert ist, dass Betz eigens ein Besprechungsexemplar erhielt (vgl. oben). Möglich wäre eine persönliche Bekanntschaft Lortz' mit Betz.

[330] Vgl. Lortz' Schlusswort: LORTZ, Reformation II, 307.

war[331]. Im Gegensatz zu Schmidlins scharfer Kritik ist Betz' Rezension allerdings inhaltlich eher ‚unauffällig', wobei er möglicherweise sogar mit Absicht jegliche Gegenwartsbezüge und Andeutungen zur aktuellen Situation in Deutschland vermied.

2.5 Karl Hoeber in der *Kölnischen Volkszeitung*

Anders verhält es sich mit der folgenden Rezension, die nur wenige Tage später in einer anderen deutschen Tageszeitung erschien: der katholischen *Kölnischen Volkszeitung*, wo Lortz' Werk am 27. April 1940 von ihrem ehemaligen Chefredakteur Karl HOEBER (1867–1942) besprochen wurde[332]. Auch diese Rezension ist grundsätzlich positiv und anerkennend gehalten, ohne dabei viel Eigenes zu bieten. Ein entscheidender Unterschied zur Besprechung von Betz besteht allerdings darin, dass Hoeber keineswegs vor expliziten Bezügen zur Gegenwart zurückschreckt, bis hin zu deutsch-nationalen Anklängen. Bereits eingangs betont Hoeber die Aktualität des Lortzschen Werkes, das „nicht außer Verbindung mit den geistigen und konfessionellen Bedürfnissen unserer Zeit" stehe, sondern „durch den gegenwärtigen wissenschaftlichen Stand der Kirchengeschichte in Deutschland gefordert und bedingt" sei – auffällig ist schon hier die Betonung der Kirchengeschichte in „Deutschland". Inhaltlich wird wiederum der Wandel der katholischen Reformationsforschung gesehen, die heute weniger konfessionell-apologetisch eingestellt, sondern vielmehr auf das „Einigende und Verbindende" gerichtet sei. Interessant ist dabei die Nennung Grisars als Beispiel für eine solche Haltung der „Achtung und Liebe", die auch von protestantischen Kritikern anerkannt worden sei; wobei Grisars Darstellung aber ohnehin „so beweiskräftig und zwingend ist, daß ein Widerspruch dagegen sinnlos wäre". Lortz habe „seine wissenschaftliche Aufgabe" in einer „Gesamtdarstellung"[333] der bisher erschienenen Einzeluntersuchungen gesehen; bemerkenswert sei dabei sein Verzicht auf die „Rolle des Ketzerrichters"[334], wie sich auch sonst keinerlei „rohe Polemik" oder „Grobianismus" mehr in Lortz' Werk finde. Hoeber hegt nun nicht bloß die Hoffnung, dass auf dieser Grundlage „das wissenschaftlich Erarbeitete beiderseits rückhaltlos und freudig […] angenommen wird", sondern auch, „daß sich aus dieser Lage und Stimmung heraus eine innere Bereitschaft entwickelt, das Gefühl der einheitlichen Volksgemeinschaft zu behaupten und zu verstärken" – eine nationalis-

---

[331] Betz, zuvor Verlagsdirektor in München, erhielt 1933 Berufsverbot, konnte zeitweise noch am Literaturblatt der *Frankfurter Zeitung* mitarbeiten. Vgl. Peter HENKEL, Dr. Anton Betz (1893–1984). Ein Verleger in vier Epochen, in: Geschichte im Westen 20 (2005), 49–63, hier 55.

[332] Karl HOEBER, Ein neues Werk über die Reformation in Deutschland, in: Kölnische Volkszeitung und Handelsblatt, 27. April 1940.

[333] So auch Lortz' eigene Beschreibung. Vgl. LORTZ, Reformation I, VIII f.; LORTZ, Selbstanzeige, 263.

[334] Eine Formulierung aus: LORTZ, Selbstanzeige, 265.

tische ‚Instrumentalisierung' der Ökumene, die sich so explizit bei Lortz selbst nicht findet; der ideologisch besetzte Begriff „Volksgemeinschaft" etwa kommt bei ihm nicht vor[335]. Abschließend verweist Hoeber noch auf das Vor- und Schlusswort mit Lortz' „persönlichen Bekenntnissen", worin er etwa „auf die Frage nach der Bewertung der Reformation" eingehe, ebenso wie auf den Vorwurf, er „habe katholische Schwächen zu nachdrücklich hervorgehoben". Lortz' Werk wolle vor allem der kirchlichen Einheit dienen: „In diesem Sinne möchte er auch mittels der Wissenschaft und durch sie hindurch teilnehmen am Gespräch zwischen den Konfessionen und eine Atmosphäre zu schaffen versuchen, in der allein ein solches Gespräch fruchtbar werden kann"[336].

Die Besprechung Hoebers kann somit als die erste Rezension gelten, in der dem Lortzschen Werk ausdrücklich eine positiv-nationalistische Tendenz zugesprochen wird, trotz bereits einiger früherer Anklänge in dieser Richtung[337]. Bemerkenswert ist dabei, dass sich eine solche Deutung ausgerechnet in der dezidiert katholischen *Kölnischen Volkszeitung* findet, während die *Frankfurter Zeitung* auf solche Andeutungen völlig verzichtete[338]. Im Falle der *Frankfurter Zeitung* mag dafür auch die Biographie des Verfassers Betz verantwortlich sein; es bleibt jedoch fraglich, inwieweit auf Seiten der *Kölnischen Volkszeitung* und ihres Autors Hoeber tatsächlich persönliche Überzeugungen zum Ausdruck kamen. Es ließe sich – ähnlich wie bei Lortz selbst – vielleicht auch ein bewusstes politisches Kalkül annehmen: dass auf solche Weise also absichtlich immer wieder ‚Linientreue' demonstriert werden sollte, um sich (als katholische Zeitung) im nationalsozialistischen Deutschland überhaupt weiterhin publizistisch behaupten zu können. In jedem Fall tauchen solche deutsch-nationalen Tendenzen auch im weiteren Verlauf der Rezensionen immer wieder auf[339].

---

[335] Gleichwohl bleibt Lortz' eigene Sicht in diesem Punkt ambivalent; so finden sich durchaus manche Formulierungen, die eine Interpretation in dieser Richtung – beim entsprechend geneigten (deutschen) Leser – zumindest nicht ausschließen, z. B.: „Die Reformation ist für uns alle in Kirche, Volk und Staat ein Schicksal ohnegleichen geworden". LORTZ, Reformation II, 300.

[336] Eine Paraphrase aus Lortz' Schlusswort: „Wenn etwas tiefstes Anliegen dieses Buches ist über seine wissenschaftliche Aufgabe hinaus (oder besser: durch sie hindurch), dann dies, daß es teilhaben möchte am Gespräch zwischen den Konfessionen, oder auch, daß es diesem Gespräch neue Möglichkeiten geben möchte". LORTZ, Reformation II, 307.

[337] Vgl. oben.

[338] Zur Haltung der *Frankfurter Zeitung* in dieser Zeit vgl. Günther GILLESSEN, Die Frankfurter Zeitung im Dritten Reich, in: Bernd HEIDENREICH/Sönke NEITZEL (Hg.), Medien im Nationalsozialismus, Paderborn 2010, 295–308.

[339] Ganz anders dagegen eine protestantische Besprechung vom April 1940: Paul FECHTER, Um Luther, in: Deutsche Rundschau 66 (1940), 13–16. Diese bietet keine „kritische Auseinandersetzung", sondern allgemeinere Betrachtungen zur gewandelten katholischen Haltung („neue Grundlage der Gemeinsamkeit"); dabei werden auch Parallelen gesehen zwischen der Reformationszeit („Bemühungen um die echte Form eines gemeinsamen Christentums") und der Gegenwart: „Die Stellung der christlichen Bereiche in der Welt hat sich so verändert, daß sie sich den Luxus einer feindlichen Haltung gegeneinan-

3. Hauptphase – überwiegend positiv, erste Bezugnahmen
(Juni – August 1940)

Die bisherigen Rezensionen bis etwa April 1940 fielen in die erste Zeit unmittelbar nach Veröffentlichung der Lortzschen Reformationsgeschichte; sie sind somit (abgesehen von Kirschs ‚Pilotrezension‘) als die frühesten Besprechungen des Werkes bedeutsam, die noch nicht oder kaum auf andere Stimmen reagieren konnten und vielmehr selbst eine erste Richtung der Rezeption vorgaben. Mit den folgenden Rezensionen ab etwa Juni 1940 beginnt insofern eine neue Phase, als sich jetzt die ersten expliziten Bezüge auf frühere Besprechungen finden, von nun an also nicht mehr nur Lortz' Werk selbst, sondern auch die bisherige Rezeption berücksichtigt wird.

3.1 Gabriel M. Löhr in der
Zeitschrift für Schweizerische Kirchengeschichte

Zeitlich an erster Stelle zu nennen ist die Rezension des Fribourger Kirchenhistorikers Gabriel Maria Löhr OP (1877–1961), die vermutlich zwischen April und Juni 1940 in der Zeitschrift für Schweizerische Kirchengeschichte veröffentlicht wurde[340]. Die Besprechung ist aus katholisch-neutraler Sicht verfasst, grundsätzlich anerkennend, aber auch mit einzelnen Kritikpunkten – Löhr verweist dabei explizit auf Lortz' „Selbstanzeige", die ja „als Einleitung zu einer Diskussion dienen" sollte[341]. Lortz' Werk sei „ein Buch, das zum Nachdenken einladet, das man nicht im Fluge lesen kann, sondern überdenken muß". Dabei weist Löhr ausdrücklich Schmidlins Vorwurf zurück, dass die katholischen Missstände vor der Reformation unverhältnismäßig ausführlich dargestellt seien: „Da galt es, die Mißstände in ihrer ganzen Tiefe aufzuzeigen, um überhaupt eine Erklärung für diesen plötzlichen Umschwung zu geben". Unabhängig davon sei es freilich eine andere Frage, „ob nicht Lortz später auch die protestantischen Mißstände hätte eingehender schildern sollen" – hier klingt also bereits leichte Kritik an, wie auch im Folgenden. Bei Lortz' Schilderung der Entwicklung Luthers dürfe „man doch

---

der nicht mehr leisten können" – wohl eine Anspielung auf die Bedrohung des Christentums durch die antichristlichen politischen Ideologien. – Aus evangelischer Sicht weniger Neues bietet hingegen: Karl Aé, Die Reformation in Deutschland, in: Sächsisches Kirchenblatt NF 4 (1940), 62 f. – Ferner fällt in diese Zeit eine inhaltlich nicht weiter relevante, nur wenige Zeilen umfassende Anzeige vom 30. April 1940: Alfred Römer, Anzeige zu: J. Lortz, Die Reformation in Deutschland, in: Literarisches Zentralblatt für Deutschland 91 (1940), 272.

[340] Gabriel M. Löhr, Zu einer neuen Reformationsgeschichte Deutschlands, in: Zeitschrift für Schweizerische Kirchengeschichte 34 (1940), 143–151. – Interessant sind die Herausgeber der Zeitschrift: Johann Peter Kirsch, Oskar Vasella, Louis Waeber. Sowohl Kirsch als auch Vasella hatten sich selbst bereits an anderer Stelle positiv zum Lortzschen Werk zu Wort gemeldet – wohl kein Zufall, dass auch in der von ihnen herausgegebenen Zeitschrift eine Rezension erscheint.

[341] Vgl. Lortz, Selbstanzeige, 263.

hie und da ein Fragezeichen setzen", mitunter sähe hier „der Ordensmann Grisar schärfer". Auch bezüglich der Deutung von Luthers „Subjektivismus" als Ausgangspunkt seiner Lehre bemerkt Löhr: „Ist das nicht wesentlich dasselbe, was Denifle mit den Worten ausgedrückt hat: ‚Luthers trauriges Innere der Mittelpunkt seiner Theologie'?" Löhr sieht bei diesen Punkten also wenig Fortschritt in der Lortzschen Darstellung gegenüber seinen Vorgängern Denifle und Grisar. Anerkennung wird hingegen Lortz' Vorwort gezollt, das „sehr lesenswert und für das Verständnis bzw. die Beurteilung des Buches unerläßlich" sei; Lortz formuliere hier „sehr vorsichtig" und versuche „jedes Mißverständnis, vor allem bei katholischen Lesern, von vornherein auszuschließen". Weniger positiv sieht Löhr dagegen Lortz' Antwort auf die „Frage nach dem Sinn, dem historischen Auftrag der Reformation". Hier wird nochmals auf SCHMIDLIN verwiesen, diesmal allerdings zustimmend: Die Bedeutung der Reformation sei wohl „mehr negativ", wie praktisch bei allen „Häresien", insofern die katholische Kirche dadurch „zu einer ernsten Gewissenserforschung geradezu gezwungen" worden sei. Anerkennend wird wiederum das Schlusswort kommentiert, in dem Lortz eine „Bewertung" und „gerechte Bilanz der Reformation" versuche, die insgesamt „nicht günstig" ausfalle („Substanzschwund"[342]). Lortz' ökumenische Absicht wird vor allem darin gesehen, dass „Luthers Fehlzeichnungen" der katholischen Lehre „verschwinden müssten", um „zu einem bessern gegenseitigen Verstehen" zu gelangen. Löhr schließt seine insgesamt ausgeglichene Rezension: „Ob man nun Lortz in allem zustimmen wird oder nicht, eines ist sicher: man wird auf Schritt und Tritt angeregt und lernt die Dinge anschaulich und vielleicht anders sehen".

3.2 Hugo Rahner (I) in den *Stimmen der Zeit*

Die folgende Rezension stammt vom seinerzeit in Sitten (Schweiz) lehrenden Kirchenhistoriker Hugo RAHNER SJ (1900–1968) und wurde im Juni 1940 in der jesuitischen Zeitschrift *Stimmen der Zeit* veröffentlicht[343]. Es handelt sich um eine in Sprache wie Inhalt gänzlich eigenständige Besprechung, die insgesamt trotz ihrer Vielschichtigkeit grundsätzliche Kritik an Lortz' Ansatz übt. Rahner betont zunächst den katholischen Standpunkt von Lortz: „Wir legen hohen Wert auf diese einleitende Feststellung vom grundkatholischen Herzschlag dieses Buches. [...] Nur so werden wir das wissenschaftliche und christliche Recht haben, bei der Auskultation das Mitschwingen des einen oder anderen Herztones festzustellen, der uns weniger gefallen mag". Dazu stellt Rahner im Folgenden „zwei grundsätzliche Überlegungen" an: (1) „zur *Rechtfertigung*" und (2) „zur *historiographischen Methode*".

---

[342] Eine Formulierung aus: LORTZ, Reformation II, 303.
[343] Hugo RAHNER, Ökumenische Reformationsgeschichte. Zur Reformationsgeschichte von Joseph Lortz, in: Stimmen der Zeit 137 (1940), 301–304.

(1) Rahner konstatiert bei Lortz einen „Frontenwechsel": „Nicht mehr die satte Selbstsicherheit der einstigen protestantischen Kirche, der nicht nur der naturwüchsige Denifle, sondern auch der behutsamere Grisar seine Luther-forschung entgegenhielt, ist hier die Adresse der Rechtfertigung" – denn die evangelische Kirche ringe gegenwärtig selbst „um die christliche Substanz" –, sondern vielmehr „ein immer noch konfessionell verschlossener Kreis des katholischen Denkens". Rahner bezweifelt jedoch, dass es sich dabei tatsächlich „heute noch um Restspuren einer apologetisch verengten und den ge-schichtlichen Tatsachen gegenüber nervösen Haltung handelt", wie Lortz meint. Stattdessen handle es sich bei diesen Katholiken „vielmehr um Men-schen, die aus einer neu zu durchdenkenden, geschichtstheologischen Auf-fassung heraus Zweifel hegen an dem Versuch, durch vollkommen ausgewo-gene und nach allen Seiten hin irenische […] Darstellung der Geschichte etwas für die Zukunft *wesentlich* Förderndes zur Unionsfrage beizutragen". Rahner meldet hier also indirekt grundlegende Skepsis an Lortz' Hauptanlie-gen an, durch seine historische Darstellung der Reformation einen Beitrag zur Ökumene leisten zu können[344]. Auch die Art und Weise der Lortzschen Darstellung wird im Vergleich zu seinen katholischen Vorgängern keines-wegs als bahnbrechend und neuartig empfunden: Zwar erkennt Rahner den „vollendet vornehmen Geist" in Lortz' Werk durchaus an, allerdings habe ein solcher „doch auch schon das Gesamtwerk Grisars durchwaltet"; daher sei die von Lortz angestrebte Haltung eigentlich bereits „ein weitgehend erreich-tes Ideal" und „die dagegen aufgestellte Kategorie ‚konfessionell-polemisch' heute etwas überholt".

(2) Für Rahner ist die Lortzsche Darstellungsweise zum einen „organisch", zum anderen „komplexiv". Unter ersterem versteht Rahner Lortz' Fähigkeit, „den Geschichtsprozeß in Analogie zu den Vorgängen im organischen Leben aufzufassen" – d.h. die „Sprengkeime kommender Entwicklung erahnen und aufzeigen inmitten des „noch unbestritten und unreflektierten Geistesbesit-zes" –, was etwa „Luthers unheimliche Durchschlagskraft" erkläre. In dieser Hinsicht habe Lortz „den für das Heute der ökumenischen Sehnsucht wert-vollsten Beitrag beigesteuert: nur die lebendige Begeisterung für das ganze Wahre zeugt neues Leben und ruft eine religiöse Antwort heraus". Als „kom-plexiv" bezeichnet Rahner die von Lortz herausragend geleistete „Erfassung der lebendigen Polaritäten"; solch eine „aufspaltende Herausstellung der Ge-gensätzlichkeiten" sei „viel erkenntnistreibender als eine geglättete Abrun-dung". Allerdings habe diese Methode „auch ihre *Gefahren*", nämlich „daß die Teile, die sich der spaltende Geist auseinanderlegt, unter der beschreiben-den Hand des Historiographen verabsolutieren und bei der Synthesis nicht mehr zusammenpassen". Rahner sieht also die Tendenz einer zu starken Be-tonung der herausgearbeiteten Gegensätze und Widersprüche, bis sie letzten

---

[344] Ähnliche Zweifel äußerte später auch Engelbert KREBS (II) in der *Schöneren Zukunft* (vgl. unten).

Endes womöglich gar kein konsistentes Gesamtbild mehr ergeben[345] – ohne
dass es hier bei Lortz freilich zu irgendeiner dogmatischen „Relativierung"
komme. Doch erscheine Lortz etwa in seiner „psychographisch oft ungemein
treffsicheren Beschreibung des religiösen […] Luther zu sehr beeinflußt von
der Grundthese seines ganzen Werkes: etwas Förderliches auszusagen zum
Gespräch zwischen den Konfessionen"[346]. Insbesondere sieht Rahner bei
Lortz eine zu unkritisch-positive religiöse Beurteilung Luthers und nennt
auch konkrete Kritikpunkte:

> „Wenn etwa (I, S. 233) die Schrift ‚Von der Freiheit eines Christenmenschen' als erfüllt
> von ganz ungewöhnlicher christlicher Kraft bezeichnet, als restlos groß gewertet wird,
> so kann ich dabei eben nicht vergessen, daß Luther zu diesem Werk die Widmung an
> den Papst verfaßt hat, die diesem alle Seligkeit in Christo Jesu wünscht mit dem gleichen
> Atemzug, der unsägliche Verwünschungen ausstieß. […] Und darf man wirklich von
> ‚Charisma der Berufung für die Stunde'[347] (I, S. 225) sprechen, wenn man die umstürzen-
> de Gewalt des reformatorischen Aufbruchs von 1520 umreißen will?"[348]

Angesichts dessen meint Rahner, es müsse „doch Worte und Wertungen geben, die nur dem objektiv Wahren vorbehalten sind, auch wenn es nicht so
begeisternd in die Welt tritt wie Luthers Bewegung"[349]. Am Ende schließt
Rahner seine Besprechung zwar durchaus versöhnlich, erneuert zugleich aber
nochmals seine grundlegende Kritik an Lortz' ganzem Ansatz:

> „Was läge uns ferner als mit dem orthodoxen Notizblock und kritisch gespitztem Stift
> durch die reiche Fülle dieser Bände zu wandern? Nicht auf dies und jenes kommt es uns
> an, sondern auf das klare Herausstellen des grundlegenden Problems reformatorischer
> Geschichtsschreibung, zu dem dieses wahrhaft schöne Werk anregen mußte […]: ob aus
> dem feinsinnig differenzierten Verständnis der Vergangenheit, also aus ‚Geschichte' über-
> haupt, Leben entbunden werden kann für die Gestaltung der kirchlichen Zukunft. Ob der
> Genius der heutigen Sehnsucht nach kirchlicher Einigung eine lebensgebärende Antwort
> gibt auf die noch so beglückende, noch so köstlich reich und belesen dargestellte Darle-
> gung des Geschichtsschreibers: ‚So und nicht anders ist es gewesen.'"

---

[345] Eine solche Tendenz zu Gegensätzen bzw. Widersprüchen bei Lortz kritisierte ebenfalls Engelbert KREBS (I) in seiner unveröffentlichten Rezension (vgl. unten).

[346] Gegen diesen Kritikpunkt, Lortz habe seine Darstellung von vornherein auf die Förderung des ökumenischen Anliegens abgestellt, wird sich Lortz in der 2. Auflage mit
einer neuen Anmerkung im Schlusswort ausdrücklich verteidigen. Vgl. LORTZ, Reformation (²1941) II, 307.

[347] Rahner zitiert hier nicht ganz korrekt. Tatsächlich ist bei Lortz nicht von „Berufung",
sondern vom „Charisma der Berufenheit für die Stunde" die Rede; vgl. LORTZ, Reformation I, 225. Auf dieses falsche Zitat Rahners stützen sich später noch Jakob Bilz sowie
Robert Scherer im Zuge der Änderungen der 2. Auflage (vgl. unten).

[348] Tatsächlich wurden alle diese Punkte in der 2. Auflage geändert (vgl. unten).

[349] Dies geht wohl in die Richtung einer Kritik, wie sie er in seinem Vorwort zurück-
weist unter Hinweis auf die Unterscheidung zwischen dogmatischer und historischer
Sichtweise: „Wenn ich also von Luthers Glauben oder seiner Demut spreche, so will ich
sprechen von der glaubenden und demütigen Seelenhaltung Luthers". LORTZ, Reformation I, XIf. – Diese Differenzierung schien Rahner wohl nicht auszureichen; vgl. später
auch den nochmals wiederholten Kritikpunkt bei RAHNER (II).

Rahner veröffentlichte im März 1941 noch eine weitere Rezension in der *Schweizerischen Rundschau*[350], die im Gegensatz zur ersten Besprechung deutlich negativer wahrgenommen wurde und für ernste Diskussionen bei den Imprimaturverhandlungen zur zweiten Auflage von Lortz' Werk sorgte. Hierauf wird im Folgenden noch gesondert eingegangen.

3.3 Walther Köhler (I) in der *Neuen Zürcher Zeitung*

Neben einigen kürzeren, weniger bedeutsamen Rezensionen[351] erschien am 30. Juni und 2. Juli 1940 in zwei Teilen eine äußerst umfangreiche Besprechung des mit Lortz befreundeten[352] Reformationshistorikers Walther Köhler (1870–1946) in der *Neuen Zürcher Zeitung*[353]. Aus protestantischer Sicht zwar durchaus anerkennend gegenüber Lortz' ökumenischem Grundanliegen, äußert sich Köhler – der 1916 selbst eine Schrift über Luther und die Reformation[354] verfasst hatte – insgesamt doch vielfach kritisch und bleibt letztendlich eher skeptisch.

(1) Köhler betont zunächst den ganz vom katholischen Standpunkt geprägten Charakter des Lortzschen Werkes; es sei „in stärkstem Maße aufgebaut auf Raisonnement, nicht im Sinne einer Ideengeschichte, wie sie Lortz in seiner viel beachteten ‚Geschichte der Kirche in ideengeschichtlicher Betrachtung' vorgeführt hatte, sondern als bewußt katholische Reflexion". Es handle sich keinesfalls „um ein irgendwie modernistisch angehauchtes Werk", sondern „vielmehr redet der papsttreue Priester, der im Vaticanum die legitime Fortsetzung des Tridentinums der Reformationszeit und in dem Meßopfer das unvergleichliche religiöse Heiligtum seiner Kirche sieht". Hier klingt indirekt bereits die historische Kritik Köhlers an Lortz' Geschichts- und Kirchenbild an, die später noch deutlicher zum Ausdruck kommt. In der Tradi-

---

[350] Hugo RAHNER, Kritik an Lortz?, in: Schweizerische Rundschau 40 (1940/41), 658–663. – Zum Inhalt vgl. unten.

[351] Aus evangelischer Perspektive wenig Neues bieten: Theodor KAPPSTEIN, Rez. zu: J. Lortz, Die Reformation in Deutschland, in: Die Literatur. Monatsschrift für Literaturfreunde 42 (1939/40), 389f.; O., Rez. zu: J. Lortz, Die Reformation in Deutschland, in: Protestantische Rundschau 17 (1940), 101f. – Ein Aufsatz aus katholischer Sicht nimmt Lortz' Werk lediglich zum Anlass für eigene Reflexionen: Hans EIBL, Reformationsgeschichte und Wiedervereinigungsfrage, in: Schönere Zukunft 15 (1939/40), 462f., 483–485.

[352] Mit Köhler verband Lortz seit etwa 1920 eine langjährige, brieflich dokumentierte Freundschaft, die allerdings Mitte der 30er Jahre unter zunehmenden Differenzen über die wissenschaftliche Auseinandersetzung mit Luther zu leiden schien, anscheinend bis hin zu einer mehrjährigen ‚Funkstille'. Vgl. LAUTENSCHLÄGER, Lortz, 166f. – Etwa 1942 reagierte Lortz dann auf Köhlers Rezension mit einem scharfen Brief, auf den Köhler wiederum antwortete (vgl. unten).

[353] Walther KÖHLER, Die Reformation in Deutschland, in: Neue Zürcher Zeitung und schweizerisches Handelsblatt, Nr. 938, 30. Juni 1940; Nr. 946, 2. Juli 1940.

[354] Walther KÖHLER, Martin Luther und die deutsche Reformation (Aus Natur und Geisteswelt 515), Leipzig 1916. – Der Titel findet sich auch in Lortz' Literaturverzeichnis; vgl. LORTZ, Reformation II, 315.

tion der katholischen Reformationshistoriker bilde Lortz zunächst zwar nur ein „weiteres Glied einer langen Kette" (Cochläus, Janssen, „der Döllinger der Frühzeit", Denifle, Grisar, Pastor), doch sei mit Lortz dieser „Kette ein Glied von so starkem Eigengepräge eingefügt worden, daß man von einem Neuanfang sprechen" müsse, von einer neuen „Epoche", welche „hoffentlich nicht Episode wird, sondern sich ausweitet und dauernde wissenschaftliche Grundlage bleibt". Lortz' Werk stelle den ersten Versuch von katholischer Seite dar, Luther und der deutschen Reformation gerecht zu werden"; auch „der ökumenische Gedanke leuchtet transparent durch [...] als ernstes, persönliches Anliegen des Verfassers". Daher werde der Protestantismus „an dem Buche nicht vorübergehen können, und für den Einzelnen ist es auf alle Fälle lehrreich und zur Selbstprüfung anregend, Werden und Wachsen der Reformation [...] einmal unter dieser Beleuchtung zu sehen" – denn „das eigentlich Reizvolle ist die Beobachtung des Unterschiedes des katholischen Scheinwerfers vom protestantischen und der Eigenart seiner Konstruktion".

Köhler zeigt sich erfreut, dass Lortz entgegen der bisherigen katholischen Tradition „unmittelbar von einer schuldvollen Beteiligung der Kirche an der allgemeinen Auflösung" rede, gleichwohl sehe freilich „der Katholik in manchen Dingen Zersetzung, wo der Nicht-Katholik verheißungsvolle Anfänge eines Neuen zu sehen geneigt ist". So übe Lortz etwa an allem Kritik, „was nach Subjektivismus und Individualismus schmeckt und der objektiven kirchlichen Grundlage ‚gefährlich' zu werden droht" (z.B. Nominalismus und Humanismus) – „es ist seltsam, aber nicht zufällig, wie oft der Ausdruck ‚gefährlich' für eine Erscheinung oder Zeittendenz begegnet, er ist die Geste gleichsam, die nicht ganz verneinen will und doch nicht bejahen kann". Vorbehaltlos anerkennend äußert sich Köhler über Lortz' Darstellung der führenden katholischen Gestalten der Reformationszeit, bei deren Analyse und Charakterisierung er „eine wesentlich neue und völlig selbständige Arbeit geleistet" habe, ohne dabei in „eine kritiklose Verherrlichung" zu verfallen. Bezüglich der Behandlung der „Schattenseiten" auf protestantischer Seite unterscheide sich Lortz allerdings nicht wesentlich vom „traditionell-katholischen" Bild, wenngleich „mit dem großen Unterschied, daß er es nicht zur Tendenz werden läßt". Grundsätzlich positiv sieht Köhler wiederum Lortz' Darstellung von Luthers echt religiösem Anliegen: „Alle die Anklagen auf Trunksucht, unüberwindliche sexuelle Begierde – wie hatte Denifle damit gearbeitet! –, Lügenhaftigkeit und dergleichen sind in dieser neuen katholischen Reformationsgeschichte fortgefallen". Lortz' Anerkennung reiche sogar „bis in die Einzelheiten von Luthers Theologie hinein", so stehe für ihn z.B. Luthers Schrift *Von der Freiheit eines Christenmenschen* dem Katholischen noch am nächsten. Jedoch meint Köhler: „Es wäre ein leichtes, zu zeigen, daß diese Schrift die reformatorischste Schrift Luthers ist, und dann haben wir eine eigenartige Berührung der Extreme, die im Grunde diese ganze positive Würdigung Luthers von seiten des Katholiken durchzieht. Gebieterisch aber stellt sich die Frage: Wenn die Einheit so weit, bis ins Herz geradezu, geht, wo liegt dann die Differenz?"

(2) Auf diese ‚Differenzen‘ geht Köhler im Folgenden stärker ein. So erhielten die bei Luther noch verbliebenen katholischen Anschauungen (z. B. objektivierter Sakramentsbegriff) von Lortz zwar „ein Lob, sind aber doch schon Kritik, sofern sie der Bewußtheit entbehren". Ferner liege für Lortz Luthers „Grundfehler" in seinem „Subjektivismus", wodurch er die eigentliche kirchliche Substanz vor lauter Missständen nicht mehr gesehen habe: „Er rang in sich einen Katholizismus nieder, der nicht katholisch war. Also war im letzten Grunde die Reformation ein großes ‚Mißverständnis‘. Ist das richtig?" Laut Köhler habe Luther vielmehr den fundamentalen Gegensatz zur katholischen Auffassung von „verdienstlichen Werken" etc. ganz richtig erfasst:

„Der Mensch hat Gott gegenüber keinen Anspruch, geschweige denn ein Verdienst. Das ist eine ganz neue Religionsauffassung und wahrlich weit mehr als ein Mißverständnis. Den entscheidenden Punkt, daß nach dem Katholizismus des Menschen Werk Faktor, Wertfaktor im Heilsprozeß ist, hat Luther durchaus richtig gesehen, ohne Fälschung. Daß die Gnade *auch* mitwirkt, ändert nicht das Mindeste daran, daß die Werke als Verdienstleistung unentbehrlich sind. Darauf hat Luther mit dem allerstärksten Nachdruck den Finger gelegt. Hier liegen unvereinbare Gegensätze, aber keine Mißverständnisse und Fälschungen".

Köhler geht nun auch näher auf Lortz’ Geschichts- und Kirchenverständnis ein. Gegenüber Luthers „Subjektivismus" bleibe für Lortz letztlich nur die Lösung durch das „objektive" Lehramt der Kirche: „Die Möglichkeit, etwa von der Geschichte her in humanistischer Kritik eine objektive Norm zu gewinnen, kommt für Lortz weiter nicht in Frage; es ist auffallend, daß die Macht der Geschichte, die in Luthers Kampf gegen den Katholizismus eine eminente Bedeutung hat, kaum gestreift wird. Lortz rekurriert auf das Dogma: das kirchliche Lehramt hat zu entscheiden, ‚das lebendige, unfehlbare Lehr- und Hirtenamt‘". Aus protestantischer Sicht sei dieses Lehramt allerdings bloß „eine historische Zufälligkeit, keine göttliche Setzung", der protestantische Kirchenbegriff stehe somit in der Tat im Gegensatz zum katholischen. Lortz’ Kirchenverständnis sei grundlegend unhistorisch, könne „höchstens im Zeitbewusstsein unklar werden, aber gleichberechtigte Meinungsverschiedenheiten als historische Entwicklungsstufen gibt es nicht". Dagegen müsse man jedoch historisch fragen, „was denn damals ‚katholisch‘ war", wenn Lortz etwa Luthers Ockhamismus als „wesenhaft unkatholisch" bezeichnet oder seine 95 Thesen „unter das Verdikt der Unkirchlichkeit" fallen, obwohl es damals „noch kein unfehlbares Lehramt gab". Lortz’ Maßstab ist für Köhler letztlich anachronistisch: „die Reformation wird nicht historisch gesehen als eine Entwicklungsphase des Christentums, die schließlich zur Spaltung führte, sondern dogmatisch als Ungehorsam gegen die Kirche". Abschließend äußert sich Köhler noch einmal anerkennend über „das ganz lehrreiche und wertvolle Buch von Lortz", bleibt in ökumenischer Hinsicht jedoch skeptisch: „Wir begrüßen lebhaft den erzielten wissenschaftlichen Fortschritt katholischer Reformationsforschung [...], aber an eine Union, die nach Lage der Dinge doch nur eine Unterwerfung unter ‚das kirchliche

Lehramt' sein könnte, glauben wir nicht. Dazu ist das trennende Wasser zu tief".

Aus Anlass von Köhlers Rezension entstand 1942/43 ein kurzer Briefwechsel zwischen den alten Freunden Köhler und Lortz. Wie aus einer Postkarte Köhlers vom 17. Oktober 1943 hervorgeht, hatte Lortz ein Jahr zuvor einen Brief an Köhler geschrieben – offenbar in solch scharfem Tonfall, dass Köhler dazu bemerkte: „er hat mich geärgert oder besser: mir weh getan"[355]. Lortz scheint Köhler eine ungerechte Kritik in seiner Besprechung vorgeworfen zu haben, wogegen sich Köhler verwahrte: „Sie tun mir Unrecht: ich habe Sie nicht ‚von oben herunter behandelt', sondern *unter vollster Anerkennung* des großen Wertes Ihres Buches einige kritische Bedenken in *streng sachlicher* Form vorgebracht, wie das doch wohl erlaubt ist (übrigens Bornkamm[356] u. a. prot[estantische] Rezensenten es auch taten)".

Nach einer – offensichtlich versöhnlicheren – Antwort von Lortz erläuterte Köhler am 27. Oktober ausführlicher einige Hintergründe seiner Kritik[357]. Grundsätzlich zeigte sich Köhler entgegenkommend, die „kleine Differenz" zwischen ihm und Lortz „für immer zu begraben"; „schriftliche Erläuterungen" könnten in solchen Fällen den anderen ja doch nicht überzeugen. Stattdessen wolle er Lortz „nur einen Einblick in meine Reflexionen geben":

„Gewiss stammte der Ausdruck: ‚von Oben herunter behandeln' von Smolka[358], aber Sie hatten in Ihrem Briefe die Richtigkeit dieses Ausdruckes ausdrücklich bestätigt, ja dieselbe noch dadurch zu stützen gesucht, dass Sie mir unterstellten, ich hätte mit Rücksicht auf die katholikenfeindliche Stimmung in Zürich mein Urteil geformt. Das wäre aber doch eine Schufterei aller ersten Ranges, und ich hoffe doch sehr, dass Sie mir eine solche nicht zutrauen. Ich hatte Ihnen erzählt[359], dass angesichts dieser Stimmung das Lob Ihres Buches nicht zu überreichlich fliessen könne, aber von da aus bis zu dem Gedanken: also musst Du das Buch abkanzeln, ist doch ein sehr weiter Schritt, und ich habe das Lob doch wirklich sehr reichlich und aus vollem Herzen ausgesprochen".

---

[355] Köhler, Heidelberg, an Lortz, Grevenmacher, 17.10.1943 [Postkarte]. Teilnachlass Lortz (im Privatbesitz Lautenschläger). Abgedr. (mit Abweichungen) bei LAUTENSCHLÄGER, Lortz, 508.

[356] Zur Rezension Heinrich BORNKAMMS vgl. unten.

[357] Köhler, Heidelberg, an Lortz, [Münster], 27.10.1943. Teilnachlass Lortz (im Privatbesitz Lautenschläger). Abgedr. (mit Abweichungen) bei LAUTENSCHLÄGER, Lortz, 509–511.

[358] Lortz hatte sich wohl auf die spätere Rezension Georg SMOLKAS berufen, der sich so zwar nicht wörtlich, wohl aber sinngemäß über Köhlers Besprechung in der *Neuen Zürcher Zeitung* äußerte: „In ihrer gönnerhaften Überheblichkeit, der peinlich verzerrenden Wiedergabe der katholischen Rechtfertigungslehre und der intransigenten Verteidigung der Persönlichkeit Luthers selbst gegen den leisesten, von Lortz vorgebrachten Einwand verrät sie eine Haltung, die dem Geiste dieses Buches denkbar unangemessen ist". SMOLKA, Rez. (1940), 168.

[359] Offenbar vor Lortz' scharfem Brief an Köhler von 1942 – möglicherweise schon bald nach Köhlers Rezension 1940 – entweder mündlich oder in einem nicht erhaltenen Schreiben (1935–42 sind keine Briefe zwischen Lortz und Köhler überliefert).

Allgemein äußerte sich Köhler zu Lortz' neuem Ansatz anerkennend, aber auch grundsätzlich kritisch: „Ich sehe tatsächlich die nicht hoch genug zu schätzende Bedeutung Ihres Buches in der Zerstörung eines bisherigen im katholischen Lager üblichen Verketzerungsurteils über Luther und in dem voll und ganz ernsten Versuch Luther gerecht zu werden. Dass dann positiv dieser Versuch allenthalben geglückt sei, darin weiche ich von Ihnen ab, und mit mir die gesamte protestantische Kritik Ihres Buches. Das kann auch bei näherer Überlegung gar nicht anders sein, hier werden sich immer die konfessionellen Verschiedenheiten geltend machen". Genauer erläuterte Köhler dabei die grundlegende sachliche Kritik an Lortz' katholisch-dogmatischem Beurteilungsmaßstab:

„Was Sie als das Neue Ihres Buches jetzt herausheben, fällt unter die Kritik der Anlegung eines m. E. nicht richtigen Maßstabes. Sie betonen immer, Erasmus oder auch Karl V. ,am Dogma' gemessen zu haben. Ja, gerade das beanstandet die protestantische Kritik, mit der Begründung, dass es ,das Dogma' ja damals überhaupt noch nicht gab. Gewiss geben Sie die Unklarheit des Katholizismus am Ausgange des Mittelalters zu, aber wenn Sie Luther ein Mißverständnis zuschreiben, so ist das zwar sehr erfreulich gegenüber dem bisherigen Vorwurf der superbia, richtet sich aber nicht sowohl an der damaligen Zeit als vielmehr an ,der Kirche' aus, wie sie dogmatisch festliegt. Das ist in Ihrem Buche immer wieder zu spüren. Luther hat ganz gewiss einseitig gesehen, aber nicht ,mißverstanden', in dem Sinne, wie Sie es meinen. Erasmus liegt Ihnen ganz und gar nicht, im letzten Grunde aber auch wieder aus dogmatischem Motiv".

In diesem Zusammenhang wies Köhler nebenbei noch auf Nikolaus von Kues hin, der nach Lortz' Auffassung dann wohl „auch den Katholizismus ,mißverstanden' haben" müsste, wenn er als Kardinal „unangefochten ,Ketzereien' der schlimmsten Art aussprechen" habe können, wie „z.B. den Gedanken, den Luther nie hatte, dass alle Wahrheit relativ ist und in jeder Religion sich nicht *die* Wahrheit, wohl aber ein Stück Wahrheit repräsentiere". Angesichts dessen fragte Köhler nochmals: „Wie kann man da von Lehre der Kirche und Mißverständnis sprechen?" Persönlich zeigte sich Köhler nach dieser Aussprache mit Lortz am Ende versöhnlich: „Doch nun genug, ich reiche Ihnen herzlich die Hand, ,darum keine Feindschaft nicht'".

Vor diesem Briefwechsel mit Lortz hatte Köhler Anfang 1942 noch eine zweite, kürzere Rezension in der *Historischen Zeitschrift*[360] veröffentlicht; diese wird weiter unten an der entsprechenden Stelle ausgewertet.

3.4 Karl Buchheim in *Eckart*

Im Juli 1940 erschienen noch eine Reihe weiterer Besprechungen von protestantischer Seite, so etwa die Rezension des freien Schriftstellers und His-

---

[360] Walther KÖHLER, Rez. zu: J. Lortz, Die Reformation in Deutschland, in: Historische Zeitschrift 165 (1942), 378–380. – Zum Inhalt vgl. unten.

torikers Karl Buchheim (1889–1982) in der Zeitschrift *Eckart*[361]. Ein „neuer Ton" herrsche in Lortz' Werk, in dem dieser ein „umfassendes Bekenntnis der historischen Schuld des Papsttums gegenüber der deutschen Reformation" ablege. Auch von evangelischer Seite müsse man „vor allem den guten christlich-ökumenischen Willen von Lortz würdigen". Interessanterweise sieht sich der Protestant Buchheim – der allerdings 1942 zur katholischen Kirche konvertierte – dabei zu einer „Berichtigung" veranlasst, „die zwar die Päpste der Reformationszeit in keiner Weise rechtfertigt, aber doch ein wenig vorbeugt, daß der kirchliche Primat als solcher zu sehr in ein schiefes Licht gezogen werden könne": Lortz' Kritik an der „Zurücksetzung der religiösen Aufgabe des Papsttums hinter ‚politische' Gesichtspunkte" sei nämlich „eine geschichtliche Ungenauigkeit, und die Ausdrucksweise ist deswegen nicht sachgerecht, weil sie eine Abwertung des Politischen in seinem Verhältnis zum Christlich-Religiösen nahelegt". Stattdessen sei den Päpsten vielmehr „ihre hausmächtliche Selbstsucht vorzuwerfen, die vor den wahren politischen Forderungen der Kirche versagte", insofern „gerade für den christlichen Glauben das Religiöse im Bereiche der Freiheit oberhalb der massiven Bindungen rein irdischer Interessen mit dem wahren Politischen" zusammenhänge. Lortz' positivere Lutherdeutung sieht Buchheim grundsätzlich anerkennend, wenngleich ihm der vermeintliche „Subjektivismus" Luthers „auch durch die Ausführungen von Lortz noch nicht ausreichend bewiesen" erscheint; hier sei trotz allem „noch immer eine gerechtere Würdigung der letzten Beweggründe des Reformators möglich und notwendig", um Luther mehr „zeitgerecht als einen Menschen [zu] begreifen, der wurzelhaft katholisch war, aber aus Sorge um die Seele sorglos wurde um die Kirche".

Bemerkenswert ist schließlich Buchheims Ausblick auf die aktuelle Bedeutung von Lortz' Werk: „Wir stehen längst vor einer ganz anderen Lage, als Luther sie vorfand, und haben nicht die geringste Entschuldigung mehr, sorglos vor der Zerreißung des Leibes Christi zu sein". Buchheim hält gerade auch in der evangelischen Kirche eine neue Selbstbesinnung für notwendig – so müsse z. B. „das Amt des Priesters wieder als echtes Priesteramt am Wort aufgefaßt werden", trotz aller vermeintlichen „Schrecken der Klerikalisierung" („Da sind andere Sorgen weit dringender!"). Lortz' Darstellung mache bewusst, „daß es bei dem Thema nicht um eine konfessionelle Angelegenheit, sondern um ‚die Kirche in Deutschland' geht": „Um des Heiles der Seelen willen mußte sie vor Jahrhunderten die Spaltung auf sich nehmen, aber die Seelen selbst werden nicht endgültig zur Ruhe kommen, bis sogar die Trennung noch fruchtbar wird und ein vertieftes Bewußtsein der Gliedschaft her vorbringt". Angesichts der Biographie Buchheims – der nach 1933 auf eigenen Antrag aus dem staatlichen Schuldienst ausschied – lässt sich durchaus annehmen, dass er hier auf die akute Bedrohung des Christentums im natio-

---

[361] Karl Buchheim, Die Glaubensspaltung, in: Eckart. Blätter für evangelische Geisteskultur 16 (1940), 191–195.

nalsozialistischen Deutschland anspielt, die umso dringender ein geschlossenes Zusammenstehen der Kirchen erforderte.

3.5 Otto Clemen in *Geistige Arbeit*

Neben anderen Rezensionen aus dieser Zeit[362] sticht die Besprechung des
evangelischen Reformationsforschers Otto CLEMEN (1871–1946) heraus, die
am 20. Juli 1940 in der Zeitschrift *Geistige Arbeit* erschien[363]. Obwohl er sich
insgesamt kurz fasst, bringt Clemen in einigen scharfsinnig-prägnanten Formulierungen wesentliche Merkmale der Lortzschen Reformationsgeschichte
auf den Punkt. „Die Bedeutung und der Wert dieses Werkes besteht darin,
daß es verfaßt ist von einem katholischen Kirchengeschichtler", d. h. sowohl
von einem „Historiker" als auch von einem „Katholiken"[364]. Als Historiker
leiste Lortz „eine historische und psychologische Darstellung und Bewertung Luthers", ohne dabei ständig „störend unterbrechende und aufhaltende
Vorbehalte und Einschränkungen" machen zu müssen. Dass Lortz zugleich
katholischer Priester ist, zeige sich wiederum vor allem darin, „daß seine historische und psychologische Charakterisierung Luthers eine unübersteigliche Schranke hat: die göttliche Autorität des Papsttums, der Hierarchie,
des Priestertums, der Sakramente, kurz all dessen, was Lortz als Substanz
des katholischen Glaubens unerschütterlich feststeht". Trotz Anerkennung
der guten Absichten Lortz' könne ein Protestant die Lortzsche Deutung
von Luthers „Subjektivismus" letztlich nicht mittragen, doch mindere dies
keineswegs den Wert des Werkes: „In der Aufrichtung dieser Schranke sollte

---

[362] Grundsätzlich anerkennend, letztlich aber skeptisch zeigt sich: Hermann SASSE, Die
katholische Kirche der Gegenwart und die Reformation, in: Zeitwende. Kultur, Kirche,
Zeitgeschehen 16 (1940), 306–310. Als problematisch erscheint ihm – ähnlich wie bereits
KÖHLER (I) – vor allem Lortz' anachronistischer Maßstab: „Der Standpunkt, von dem aus
Lortz mit großer, für unser Empfinden allzu großer Sicherheit die spätmittelalterliche
Kirche, Luther und die Reformation beurteilt, ist der moderne, durch die Rückkehr zu
Thomas von Aquino und durch das Konzil von Trient bestimmte Katholizismus. Aber zu
Luthers Zeit war der Thomismus nun einmal noch nicht *der* Katholizismus". Hier stoße
Lortz' aufrichtiges ökumenisches Anliegen schließlich an seine Grenzen: „Das Werk als
Ganzes ist ein außerordentlich anregender Versuch, ein Gespräch zwischen katholischen
und evangelischen Theologen über die Reformation und ihre Bedeutung für die Chris-
tenheit einzuleiten. Mehr als eine Einleitung allerdings kann es nicht sein. Denn gerade in
seinem ganz ehrlichen Bemühen, Luther und die Reformation zu verstehen, zeigt Lortz,
wie weit auch der moderne Katholizismus noch von einem wirklichen Verständnis Luthers und der evangelischen Kirche entfernt ist". – Eine andere, zeitgleich erschienene
Rezension äußert sich hingegen nur kurz und oberflächlich zu Lortz' Werk: Bernhard
MARTIN, Rez. zu: J. Lortz, Die Reformation in Deutschland, in: Die neue Schau. Monatsschrift für das kulturelle Leben im deutschen Haus 10 (1940/41), 91.
[363] Otto CLEMEN, Die Reformation in Deutschland, in: Geistige Arbeit. Zeitung aus der
wissenschaftlichen Welt 7 (1940), 5 f.
[364] Vgl. Lortz' selbst im Vorwort zur „Rechtfertigung" einer neuen Reformationsgeschichte: „Ich sehe sie zum größeren Teil darin, daß diese von einem Katholiken, und
zwar von einem Kirchengeschichtler, geschrieben ist". LORTZ, Reformation I, VIII.

aber der protestantische Leser keinen Mangel, sondern einen Vorzug des Werkes sehen. Es klärt restlos die Lage auf und reinigt die Luft nicht nur von giftigen Sumpfgasen, sondern auch von den hin und her ziehenden den Blick verwirrenden Nebelschwaden". So bilde Lortz' Reformationsgeschichte einen „ungeheuren Fortschritt" gegenüber Janssen, Denifle und Grisar: denn „unvergleichlich schöner und reiner strahlt der Wahrheitssinn bei L[ortz] auf – auch, wo er das übertriebene ‚Selbst- und Sendungsbewußtsein' Luthers, seinen ‚unbändigen Stolz' und seinen ‚Grobianismus' schildert". Besonders treffend erfasst Clemen schließlich Lortz' Bemühen um eine nach allen Seiten abgesicherte Formulierung seiner Bewertungen[365]: „Es hat geradezu etwas Ergreifendes, wie L[ortz] sich selbst auf Schritt und Tritt überwacht, um nicht zu viel, aber auch nicht zu wenig zu sagen, um nicht über's Ziel hinauszuprellen, aber auch nicht auf halbem Wege stehen zu bleiben".

3.6 Gerhard Ritter im *Archiv für Reformationsgeschichte*

Ungefähr zur selben Zeit erschien Mitte 1940 – neben anderen Besprechungen[366] – auch eine weitere bedeutsame Rezension zu Lortz' Werk: die ausführliche und eigenständige Besprechung des Freiburger Historikers Gerhard RITTER (1888–1967) in dem von ihm selbst herausgegebenen *Archiv*

---

[365] Vgl. oben Lortz' zahlreiche Schwierigkeiten mit der kirchlichen Zensur im Rahmen der 1. Auflage.

[366] Zur selben Zeit erschien auch eine äußerst begeisterte Rezension mit deutlich ideologischem Einschlag: Paul HÜBNER, Die Reformation in Deutschland. Ein Kampf um die echte Form des Christentums, in: Der Neue Wille. Wochenzeitschrift für katholische Deutsche, Nr. 29, 21. Juli 1940; Nr. 30, 28. Juli 1940. Lortz' Werk könne „innerhalb der katholischen Literatur schlechthin nicht überschätzt werden" und überrage „in seinem monumentalen Schwung bei feingliedrigster Einzeluntersuchung wohl das gesamte katholische Schrifttum zur Gesamtschau der Reformation". Sein Erscheinen sei „mehr als ein Lichtblick in der wiederum an einem Wendepunkt angelangten Kirche in Deutschland". Mit dem Anliegen des ökumenischen Gesprächs stehe „die Arbeit trotz ihrer so eindringlich objektiv wägenden und abermals wägenden Vorsicht ganz auf dem Boden der Geschichtsschreibung unserer Zeit". Neben der überwiegend positiven Rezeption fehlten „leider auch nicht die üblichen kurzsichtigen, aus einer überholten und völlig unfruchtbaren Sicht herkommenden Einwände und ängstlichen Vorbehalte", wie etwa bei SCHMIDLIN. Am Ende steht hier eine rein nationalistisch motivierte Ökumene: „Ein neues Europa unter der nationalsozialistischen deutschen Führung bringt auch für alle aus der Reformation stammenden ungelösten Probleme neue Voraussetzungen. Die christliche Spaltung wird mehr und mehr ein Unding. Alle christlichen Bekenntnisse müssen sich rüsten, die Forderung der auf Einheit gerichteten nationalen Revolution zu erfüllen. Sie müssen ans Werk gehen, wollen sie nicht neue Schuld auf sich laden". – Auch eine andere, kürzere katholische Rezension betont Lortz' aktuelle Relevanz in ähnlichem Sinne: Johannes VINCKE, Rez. zu: J. Lortz, Die Reformation in Deutschland, in: Historisches Jahrbuch 60 (1940), 350. Lortz' Werk behandle „von einer katholischen Sicht her die Reformation als Anliegen des heutigen deutschen Menschen ohne Unterschied des christlichen Bekenntnisses", es wolle „die Reformation nicht zeichnen, weil sie war, sondern weil sie noch auf ihre deutsche Erfüllung harrt".

für Reformationsgeschichte[367]. Vom Standpunkt des protestantischen Historikers – der 1925 selber eine Lutherbiographie[368] vorgelegt hatte – grundsätzlich anerkennend, kommt gleichwohl auch differenzierte Kritik zur Sprache, wobei Ritter explizit auch auf einige frühere Rezensionen Bezug nimmt.

Lortz' Darstellung „kreist ganz und gar um die Persönlichkeit und das Werk Luthers; ja sie kann geradezu als eine zeitgeschichtlich erweiterte Biographie des Wittenberger Mönchs gelten". Trotz dieser gewissen „Einseitigkeit" gegenüber den anderen Reformatoren handle es sich bei Lortz' Werk um den „bedeutendsten Beitrag" von katholischer Seite seit Denifle und Grisar, ja es leite „geradezu seine Existenzberechtigung aus Erwägungen ab, die in ausgesprochenem Gegensatz zu der aggressiven Haltung jener älteren Polemiker stehen". Ritter würdigt Lortz' aufrichtiges Anliegen: Über die Arbeit von Vorgängern wie Merkle, Greving, Grosche hinaus erfolge hier „eine grundsätzliche Auseinandersetzung mit dem Geist der lutherischen Reformation, die sich an den Kern der Entscheidung, an die religiösen Gewissensfragen selbst herantraut". Dabei biete Lortz in seinem Werk kaum eine „eigentliche Geschichtserzählung", sondern „er setzt Leser voraus, die mit dem Stoff einigermaßen vertraut sind und sucht nur überall neu zu beleuchten, zurechtzurücken, […] mehr in der Form der Erörterung als der Darstellung, in lebendiger, eigenwilliger Sprache".

Grundsätzlich bestehe „der eigentliche seelische Antrieb des Lortzschen Buches" in der nötigen Auseinandersetzung mit der neuen Lage „seit der Selbstbesinnung der modernen evangelischen Theologie", wodurch sich „die ehemals üblichen Argumente der Kritik verschieben"; dadurch sei etwa die früher verbreitete katholische Auffassung von der Reformation als „bloßer Subjektivismus der persönlichen Gewissensentscheidung an Stelle einer verpflichtenden Offenbarungsgläubigkeit" nicht mehr möglich. Bei Lortz stehe auf der einen Seite z. B. die negative Beurteilung des Humanismus (im Gegensatz zu Janssen oder Pastor), auf der anderen dagegen die positive Würdigung des religiösen Ernstes Luthers – die sich „fern von den groben Verdächtigungen Denifles wie von den feineren Grisars" halte –, wobei Lortz auch viele „Errungenschaften der neueren protestantischen Forschung" berücksichtige.

Ritter erkennt ausdrücklich an, dass von Lortz „hier das äußerste geleistet ist, was von einem glaubenseifrigen und kirchentreuen katholischen Priester erwartet werden darf". Freilich zeigten sich hier umso deutlicher „auch die Grenzen der Verständigungsmöglichkeit". So sehe Lortz etwa das Verhältnis von „objektivem Heilsgeschehen und subjektiver Gesinnung" im Protestantismus einseitig übersteigert in Bezug auf das subjektive Gewissen, unter Ablehnung des objektiven Lehramts der sichtbaren Kirche. Die protestantische Theologie dagegen erkenne hierin gerade die eigentliche religiöse Errungenschaft der Reformation, die als objektive Norm lediglich das geoffenbarte

---

[367] Gerhard Ritter, Deutsche Reformationsgeschichte in ökumenisch-katholischer Sicht, in: Archiv für Reformationsgeschichte 37 (1940), 61–76.
[368] Gerhard Ritter, Luther. Gestalt und Symbol, München 1925 u. ö.

Gotteswort anerkenne: „Und so wird denn auch der Gegensatz im Verständnis der lutherischen Gewissenskämpfe nach wie vor nicht zu überbrücken sein". Hinsichtlich Luthers vermeintlichem „Mißverständnis" des Ockhamismus als Katholizismus bemerkt Ritter: „Daß aber welterschütternde Bewegungen wie die Reformation in ihrem Kernstück aus einem bloßen ‚Mißverständnis' hervorgehen könnten, dagegen wird sich nicht bloß die protestantische Historie zur Wehr setzen". Somit kommt Ritter an dieser Stelle zu einem eher ernüchternden Urteil: „Ich glaube also nicht, daß an diesem Kernpunkt die Bemühungen unseres Autors um eine ‚ökumenische Verständigung' zu praktischem Erfolg führen können" – diese Versuche seien ja auch schon in der Epoche der Reformation „immer wieder gescheitert". Doch besitze Lortz' Darstellung trotzdem erheblichen Wert, nicht zuletzt durch ihre Anregungen für die evangelische Seite:

„Aber wieviel ist doch schon damit gewonnen, daß eine für die Geschichte des Christentums und der deutschen Nation so zentrale Gestalt wie die Luthers nun auch von katholischer Seite wenigstens in ihrem religiösen *Anliegen* verstanden, nicht bloß im Lichte des ‚Erzketzers' gesehen wird! […] Die Lortzsche Darstellung bedeutet eine Aufforderung an die protestantische Theologie und Kirchenhistorie, sich ihre Aufgabe nicht zu leicht zu machen. […] Und seine eingehende, nach allen Seiten hin abschattierende Schilderung, wie die Reformation sich ausbreitet in einem wirren Durcheinander geistlicher und höchst weltlicher Motive, verdient auf der protestantischen Seite sorgfältigste Beachtung".

Eigens geht Ritter auch auf die bisherige Rezeption des Werkes ein: „Zunächst darf man gespannt sein, welche Aufnahme es im katholischen Lager selbst finden wird. Der Verfasser selbst scheint ihr nicht ganz ohne Sorge entgegenzusehen, wie seine immer wiederholten Beteuerungen korrekt-kirchlicher Grundhaltung zeigen". Dabei verweist Ritter auf der einen Seite auf die Rezensionen von KIRSCH und RAHNER; diese seien „nicht unfreundlich, teilweise sogar bewundernd, wenn auch eine gewisse Besorgnis vor allzu weitgehender katholischer Selbstkritik und Anerkennung des von der Reformation Geleisteten dabei mitschwingt". Auf der anderen Seite habe SCHMIDLIN das Werk „[v]om Standpunkt intransigenter katholischer Polemik aus […] angegriffen. Sch[midlin] bekennt sich selbst als ehemaligen Mitarbeiter und Mitverfasser der Lutherschriften Denifles[369] – es handelt sich also wohl um eine Stimme aus der Vergangenheit". Letztendlich hegt Ritter daher die Hoffnung auf eine allmähliche Veränderung des ‚Klimas' auf katholischer Seite: „Sollte das Erscheinen dieses Buches mehr bedeuten als den Vorstoß eines Einzelgängers, wäre es als Symptom zu verstehen, so wäre damit ein wichtiger Schritt geschehen: ein Anfang wäre gemacht zur Auflockerung altverhärteter Gegensätze, die den Angehörigen der beiden Kirchen lange genug das gegenseitige Verständnis und damit die Gewinnung eines einheitlichen nationalen Geschichtsbewußtseins erschwert haben".

---

[369] Vgl. oben die Rezension SCHMIDLINS.

3.7 Heinrich Bornkamm in *Die Wartburg*

Eine weitere ausführliche Besprechung aus evangelischer Perspektive veröffentlichte im Juli/August 1940 der Leipziger Kirchenhistoriker Heinrich
Bornkamm (1901–1977) in der Zeitschrift *Die Wartburg*[370]. In der Grundhaltung ähnlich wie die Rezension Köhlers, würdigt Bornkamm zwar das
aufrichtige ökumenische Anliegen von Lortz, bleibt im Einzelnen aber
durchaus kritisch. Lortz' Werk sei „zweifellos ein Ereignis": „Seit 400 Jahren
die erste würdige umfassende Auseinandersetzung mit Luther und der Reformation von katholischer Seite" – trotz Vorläufer wie etwa Franz Xaver Kiefl
oder „der verehrungswürdige Sebastian Merkle". Lortz' Werk sei „ebenso
entschieden katholisch wie menschlich anständig und vom Willen zur Gerechtigkeit erfüllt", im Gegensatz zu seinen Vorgängern (u. a. Döllinger, Janssen, Denifle, Grisar). Sein Fortschritt bestehe „in der runden Anerkennung
der gewaltigen und echten religiösen Kraft, die Luther getrieben hat, und in
dem Übergang von der moralischen Kritik an seiner Person zur theologischen Kritik an seinem Werk". Dabei sei Lortz' Buch aber eigentlich „keine
Reformationsgeschichte, sondern ein zweibändiger Essay über die Reformation" – darin liege z. B. auch „die Gefahr, oft etwas schulmeisterlich Lob und
Tadel zu verteilen"; letztlich sei eine „straffe historische Darstellung" zu be-
vorzugen. Ausdrücklich anerkennend äußert sich Bornkamm hingegen über
Lortz' klare Beurteilung der vorreformatorischen Missstände in der Kirche.

Als geschichtlich unzutreffend zurückgewiesen wird jedoch Lortz' zentrale These, Luther habe im Ockhamismus letztlich eine Theologie bekämpft,
die eigentlich gar nicht katholisch gewesen sei. Ebenso übt Bornkamm Kritik
an der Lortzschen Auslegung von Luthers 95 Thesen, in denen es „um viel
Größeres als nur um den Ablaß" gegangen sei, nämlich „um das Herzstück
der katholischen Frömmigkeit, die Buße und das Bußsakrament". Für Bornkamm zeigt sich hier exemplarisch ein „schmerzlicher Gegensatz des Verstehens, eingebettet in einen Versuch der Würdigung". Hinsichtlich Lortz'
Deutung von Luthers „Subjektivismus" als „Grundübel der Reformation"
bemerkt Bornkamm: „Hier unterscheidet sich Lortz zwar in Tonart und Methode, aber kaum in der Sache von seinen polemischen Vorläufern". Doch sei
es lehrreich, sich diesen alten Kritikpunkt „in der jeweils gegenwärtigen
Form immer wieder klarzumachen, um den unüberwindlichen Graben zwischen evangelischem und katholischem Glauben zu sehen". Das Gegenstück
zu Luthers „Subjektivismus" bilde für Lortz „die sakramentale Objektivität
und das unfehlbare Lehramt" der katholischen Kirche, wobei hier aber
„Lortz' Mahnung an das unfehlbare Lehramt doch als ein nachvatikanischer
Anachronismus" erscheine[371]. Auch der Nachweis dieses Subjektivismus falle
„überaus dürftig" aus: So mache sich Lortz „nicht einmal die Mühe, einen

---

[370] Heinrich Bornkamm, Wende in der katholischen Reformationsforschung?, in: Die
Wartburg. Deutsch-evangelische Monatsschrift 39 (1940), 125–136.
[371] Vgl. oben den entsprechenden Kritikpunkt bei Köhler (I).

geschlossenen Abriß von Luthers Anschauungen auch nur zu versuchen", sondern biete „nur ein Bündel ziemlich zusammenhangloser, mit ständiger Auseinandersetzung durchwobener Lehrstücke". Hier zeige sich wiederum die „unhistorische Anlage des Buches" – ein hartes Urteil gegenüber Lortz als Kirchenhistoriker[372].

Trotz einigen weiteren Kritikpunkten – etwa die „harte Ungerechtigkeit" des Lortzschen Urteils über „die evangelischen Fürsten, die Religionsfragen im wesentlichen zu materiellem und politischem Vorteil mißbraucht zu haben" – erneuert Bornkamm schließlich nochmals seinen „Dank [...], den wir Lortz für die echte Bereitschaft zum Verstehen und zur maßvollen Gerechtigkeit schulden". Noch sei die „wahre Wirkung von Lortz' Darstellung auf die katholische Forschung (und zwar nicht nur auf die deutsche)" nicht abzusehen – als kritische Stimme wird hier SCHMIDLINS Rezension angeführt[373] –, doch bestehe Hoffnung auf „den Anfang einer neuen Beurteilung und Behandlung von katholischer Seite". Allerdings werde im „warmherzigen Schlußwort" deutlich, dass Lortz unter Wiedervereinigung letztendlich doch die Rückkehr der Protestanten zur katholischen Kirche verstehe, so dass die „Wege zur Einheit" aus Sicht der beiden Konfessionen „einander diametral entgegengesetzt" seien. Um nicht an diesem „Schlagbaum" zu enden, sollte das ökumenische Gespräch daher besser ansetzen an „der bescheideneren, aber verheißungsvolleren Aufgabe der Bemühung um ein wahres und gerechtes Verständnis des großen geschichtlichen Vorganges der Reformation", wozu „Lortz einen sehr fruchtbaren und dankenswerten Beitrag gegeben" habe.

3.8 Friedrich Zoepfl in der *Theologischen Revue*

Nach den zuletzt überwiegend evangelischen Rezensionen folgen für den Rest des Zeitraums Juli/August 1940 hauptsächlich noch einige katholische. Als erstes ist hier zu nennen die Besprechung des Dillinger Kirchenhistorikers Friedrich ZOEPFL (1885–1973) in der *Theologischen Revue*[374]. Grundsätzlich positiv gehalten, enthält sie auch einige anschaulich formulierte Kritik, besonders an Lortz' Wertungen und Sprache. Lortz versuche in seinem Werk die „herzhaft und freimütig" aufgeworfenen Fragen ebenso „offen und ungeschminkt" zu beantworten – „offen und unverfärbt" werde „der reformationsgeschichtliche Tatbestand vor dem Leser ausgebreitet", wobei Lortz auf beiden Seiten „kein Blatt vor den Mund" nehme: „Der Leser erhält ein allseitiges, tatsachengetreues Bild der Reformation [...]. Man findet nicht

---

[372] Vgl. später auch die ähnliche Kritik bei KÖHLER (II).

[373] In einer Anmerkung zeigt sich Bornkamm überrascht von Schmidlins „Mitteilung, daß die Einleitung zu Denifles Lutherbuch und der größere Teil von dessen Abwehrschrift gegen Harnack und Seeberg, die in der Ich-Form gehalten sind, ohne Namensangabe von ihm verfaßt seien. Von diesem ungewöhnlichen Tatbestand wußte man bisher nichts". Vgl. oben auch die Bemerkung RITTERS.

[374] Friedrich ZOEPFL, Rez. zu: J. Lortz, Die Reformation in Deutschland, in: Theologische Revue 39 (1940), 156–159.

leicht, weder auf katholischer noch auf protestantischer Seite, ein so offenherziges Buch über die Reformation". Kritisch sieht Zoepfl allerdings Lortz' durchgängig wertende Darstellung: „Er hält selbst die Waage in der Hand, kritisiert die Taten und Absichten, polemisiert, rechnet den leitenden Persönlichkeiten scharf ihre Torheiten und Sünden vor, wertet, urteilt, urteilt sehr viel, fast zu viel für einen Historiker, fast zu leidenschaftlich, zu impressionistisch, zu persönlich. Beinahe wie ein unerbittliches Klaglibell für eine ‚dies irae' scheint das Werk geschrieben". Auf Kritik stößt auch der Stil von Lortz' Sprache: „Sie ist sehr persönlich, stark bewegt, manchmal stürmisch, mitunter beinahe propagandistisch, nicht ganz frei von Wendungen, die man lieber Versammlungsrednern und Presseleuten überläßt [...]. Die Wirkung des Wortes wäre manchmal noch kräftiger, wenn der behandelte Gegenstand nicht so gerne zerredet, so übermäßig in die Breite gezogen würde". Lortz' Beurteilungen selbst seien oft zutreffend (z. B. Karl V.), mitunter aber auch fragwürdig (z. B. Erasmus): „Vielleicht wird sich's das Werk mit seinen vielen Hieben nach rechts und links auf beiden Seiten verderben. [...] Aber jedenfalls werden die freimütigen Urteile des Verf[assers] das Gute haben, ‚das Gespräch zwischen den Konfessionen' über die Ursache der Zerspaltung wiederum in Gang zu bringen. Und das ist ja eine der Hauptabsichten des Werkes". Insgesamt bringe Lortz' Darstellung für die eigentliche Reformationsforschung zwar „nicht viel Neues", sei aber „doch reich an guten Beobachtungen, treffenden Kennzeichnungen (etwa der Persönlichkeit Luthers), klugen Deutungen und fruchtbaren Anregungen". So lautet Zoepfls abschließender Eindruck: „Stärker als auf den Verstand wird der Eindruck auf Gemüt und Gewissen sein, vor allem beim (gebildeten) Laien, in dessen Hände Lortz das Werk ja ebenfalls wünscht".

3.9 Georg Smolka in *Die Schildgenossen*

Eine weitere katholische Besprechung aus dieser Zeit stammt von dem freien Publizisten und Historiker Georg SMOLKA (1901–1982) und erschien in der Zeitschrift *Die Schildgenossen*[375]. Lortz' Darstellung dürfe „in vielfacher Weise als Fortführung und zugleich als eine neue Wendung der katholischen Geschichtsschreibung der Reformation" bezeichnet werden: „So ist ein Werk entstanden, das bei streng wissenschaftlicher Objektivität von tief religiösem Verantwortungsbewußtsein getragen ist, und das gerade durch die Verbindung dieser beiden Elemente religiös wirksam werden könnte, wenn es in gleicher Gesinnung aufgenommen würde". Hauptsächlich zustimmend referierend, äußert Smolka aber auch „einige Einwände", die „weder die wissenschaftliche Bedeutung noch den bekenntnishaften Gehalt des Werkes im geringsten abschwächen" sollen. So könne etwa der falsche Eindruck entstehen, „daß die Selbstkritik des Lortzschen Buches vorwiegend oder gar einseitig

---

[375] Georg SMOLKA, Die Reformation in Deutschland, in: Die Schildgenossen 19 (1940), 164–170.

auf katholischer Seite Mißdeutungen ausgesetzt wäre"; denn „die von Lortz als ‚gegenreformatorisch' charakterisierte Haltung dürfte heute in katholischen Kreisen sehr viel seltener sein als eine ‚protestantische' Haltung auf der anderen Seite, die vom reformatorischen Ideengut vornehmlich den antikatholischen Affekt beibehalten hat"[376]. Tatsächlich sei bei vielen Protestanten immer noch „eine erstaunliche Unkenntnis in wesentlichen Punkten festzustellen". In einer Fußnote führt Smolka dazu als Beispiel eine Rezension in der *Neuen Zürcher Zeitung* an – gemeint ist die Besprechung KÖHLERS – und kritisiert diese u. a. scharf wegen „ihrer gönnerhaften Überheblichkeit, der peinlich verzerrenden Wiedergabe der katholischen Rechtfertigungslehre und der intransigenten Verteidigung der Persönlichkeit Luthers"[377].

Grundsätzlich weist Smolka noch auf bestimmte Gefahren von Lortz' historischer Methode hin, was die Herausarbeitung von Gegensätzen betrifft[378]. Lortz werde zwar „nicht müde, den komplexen Charakter des historischen Geschehens zu betonen und in seiner Darstellung zu veranschaulichen", allerdings komme er dann tatsächlich „zu einem seiner Absicht fast entgegengesetzten Schluß, den man vulgär so ausdrücken könnte, daß die Reformation kam, weil sie kommen mußte". Für Smolka scheint es, „als ob mit der starken Hervorhebung dieser ‚beinahe absoluten Notwendigkeit' der Bogen überspannt sei", denn gerade „der christliche Historiker" müsse deutlich machen, „daß die Geschichte zum Raume der menschlichen Freiheit gehört" – zumal, „weil diese Wahrheit nahezu in Vergessenheit geraten" sei. Trotz allem sei man Lortz insgesamt sehr „für sein gedankentiefes, aufrichtiges und in jeder Hinsicht bereicherndes Werk verpflichtet", für „die so lange fällige katholische Darstellung der Reformationsgeschichte aus solchem Geiste und auf so hohem ethischen und wissenschaftlichen Niveau" – die sich nun hoffentlich auch als fruchtbar „im Sinne der Überwindung der Glaubensspaltung" erweise.

Mit einigen weiteren Besprechungen[379] endet diese etwa bis August 1940 reichende ‚Hauptphase' der Rezeption.

---

[376] Vgl. später den ähnlichen Kritikpunkt in der Rezension von Ernst BÖMINGHAUS.

[377] Auf dieses Urteil Smolkas scheint sich Lortz dann gegenüber Köhler berufen zu haben; vgl. oben ihren Briefwechsel 1942/43.

[378] Vgl. oben die entsprechende Kritik an Lortz' „Methode" bei RAHNER (I).

[379] Als relativ substanzlos erweist sich eine katholische Rezension, die hauptsächlich KINGGIIG Fagit sowie eine Äußerung von Heinrich Finke wiedergibt: Wendelin MEYER, Rez. zu: J. Lortz, Die Reformation in Deutschland, in: Sanctificatio nostra. Monatsschrift des katholischen Klerus 11 (1940), 156. – Deutlich mehr Gehalt aus katholischer Sicht bietet im August 1940: Paul SIMON, Die Geschichte der Reformation als ökumenische Aufgabe, in: Hochland 37 (1939/40), 425–435. Im Vordergrund stehen vor allem grundsätzliche Erwägungen über die Schwierigkeiten der Reformationsdeutung: „Wenn die Kirche wirklich dazu berufen ist, der Wahrheit Zeugnis zu geben, so muß gerade der Katholik mit größtem Freimut und echtem religiösen Ernst dieses für das Abendland weitaus wichtigste Ereignis begreifen und auch darstellen können". Lortz' Werk wird anerkennend beurteilt, trotz kleinerer Kritikpunkte („der leidenschaftliche Wille des Ver-

4. Vermehrt kürzer und weniger eigenständig
(September – Dezember 1940)

Etwa im letzten Drittel des Jahres 1940 lässt sich eine weitere Phase der Rezeption feststellen, insofern nun hauptsächlich eine zunehmende Anzahl kürzerer, wenig Neues bietender ‚Pflichtrezensionen' in solchen Publikationen erschien, die bisher noch keine Besprechung veröffentlicht hatten bzw. zu deren inhaltlicher Ausrichtung Lortz' Reformationsgeschichte weniger passte. Unter diesen zahlreichen Rezensionen[380] werden im Folgenden drei bedeutendere herausgegriffen.

---

fassers, allen gerecht zu werden, löst im Leser ein zwiespältiges Gefühl aus, weil die Bilder, allzu schnell und grell belichtet, sich nicht ganz aneinanderfügen"). Lob erfährt besonders die „meisterhafte" Darstellung Luthers sowie Lortz' „heiße Liebe zur Kirche und sein leidenschaftliches Streben zur gerechten Beurteilung aller einzelnen Personen" (wenngleich es „scheint, daß Lortz – aus Liebe zur Kirche – manchmal zu hart über die Gegner Luthers urteilt"). Echte Wahrhaftigkeit auf katholischer Seite fördere letztlich auch die Ökumene: „Wäre sich aber jeder Katholik bewußt, daß die im 16. Jahrhundert aufstehende Frage an die Kirche in der Form einer religiösen ‚Gemeinschaft' immer noch mitten unter uns lebendig ist, so würde er eher die Verpflichtung fühlen, in seinem Glauben und Leben Antwort darauf zu geben. Eine absolut wahrhaftige Haltung der Katholiken kann nicht ohne Einfluß auf die Revision des Geschichtsbildes auf der anderen Seite sein". – Auf protestantischer Seite erschien zur selben Zeit: Hans SCHLEMMER, Rez. zu: J. Lortz, Die Reformation in Deutschland, in: Protestantenblatt. Wochenschrift für den deutschen Protestantismus 73 (1940), 397–399. Auch hier wird Lortz' Werk anerkennend gewürdigt, wenn auch in eher allgemeiner Form. Dabei wird besonders die ökumenische Haltung hervorgehoben, auch unter Hinweis auf Lortz' Vorgänger Merkle (der allerdings „seinem Schüler an Weite des Blicks und Entschiedenheit erheblich überlegen ist, und der […] eine innere Freiheit bekundet, wie sie L[ortz] nirgends erreicht"). Das Imprimatur für Lortz' Werk zeige, „was – nicht bei einem Außenseiter, sondern – in der katholischen Kirche selbst an Verständnis für Luther und sein Werk möglich ist". Am Ende klingen noch nationale Töne an: „daß über alle Gegensätze hinweg zwischen den Katholiken und uns eine Gemeinsamkeit des christlichen Hoffens, nationalen Fühlens und wissenschaftlichen Forschens möglich ist, das hat das große Werk von L[ortz] in erfreulichster und nachdrücklichster Weise gezeigt".

[380] Zunächst erschien im September 1940 eine sachlich-allgemeine, konfessionell unbestimmte Würdigung in einer Tageszeitung: Karl BECKER, Die Reformation in Deutschland, in: Kölnische Zeitung. Mit Wirtschafts- und Handelsblatt, Nr. 458, 8. September 1940. – Auf katholischer Seite sind dann zu nennen: Hermann GINTER, Rez. zu: J. Lortz, Die Reformation in Deutschland, in: Freiburger Diözesan-Archiv 67 [= NF 40] (1940), 254–256; Hubert REINARTZ, Rez. zu: J. Lortz, Die Reformation in Deutschland, in: Krankendienst. Zeitschrift für kath. Krankenhäuser, Sozialstationen und Rehaeinrichtungen 21 (1940), 191. – Aus evangelischer Sicht bringt eine kurze Würdigung: Wilhelm STÄHLIN, Rez. zu: J. Lortz, Die Reformation in Deutschland, in: Evangelische Jahresbriefe 10 (1940/41), 32. – Etwas ausführlicher äußert sich im Oktober 1940: Leonhard THEOBALD, Rez. zu: J. Lortz, Die Reformation in Deutschland, in: Theologisches Literaturblatt 61 (1940), 163–166. Neben grundsätzlicher Würdigung wird hier auch Kritik geübt, besonders an Lortz' Lutherdeutung: „Die Ansichten, die Lortz über Luther äussert, klaffen auseinander. War Luther, wie er einerseits charakterisiert wird, der in Gott lebende Mann, so kann er nicht so gewesen sein, wie er andererseits geschildert wird, der Mensch des übermässigen Selbstbewusstseins, der den Schein der Wirklichkeit vorzog". Auch das

4.1 Otto Iserland in der *Schweizerischen Rundschau*

Zunächst verdient eine Rezension des zur katholischen Kirche konvertierten Fribourger Publizisten Otto ISERLAND (* 1898) vom November 1940 in der *Schweizerischen Rundschau*[381] nähere Beachtung[382]. In seiner grundsätzlich positiven Würdigung stellt Iserland zunächst fest, dass bislang „auf katholischer Seite wenig wirkliches Verstehen des von der Reformation tatsächlich und im christlichen Sinne Gemeinten zu finden" gewesen sei. Die bisherige katholische Reformationsforschung habe zum einen in Bezug auf den *„erlebnismäßigen"* Bereich versagt, d. h. hinsichtlich der ernsthaften Betrachtung der eigenen kirchlichen Missstände „in ihrer Bedeutung für das damalige kirchliche Leben und für das Seelenheil der damals lebenden Christen"; zum anderen in Bezug auf den freien Blick „für die *religiöse* Persönlichkeit der Reformatoren, für das echt christliche Ringen in ihnen, für das genuin Christliche". Denn, so fragt Iserland: „Können uns Protestanten Glauben schenken, [...] daß sie in der katholischen Kirche den *ganzen* Reichtum Christi finden, so lange unser Nicht-Sehen des genuin Christlichen in den Reformatoren" sie das Gegenteil vermuten lassen müsse? Gerade dies sei aber z. B. bei Denifle und Grisar der Fall gewesen. Demgegenüber habe Lortz'

Fazit bleibt bei aller Anerkennung ambivalent: „Freilich, soll es zu einem friedlichen Beieinander und Miteinander kommen, so muss [...] katholischerseits noch mehr von Janssen und Denifle abgerückt werden, es muss die Beurteilung Luthers noch eine viel positivere werden, als es in diesem Werke geschehen ist. Voraussetzung dazu ist die Beiseitelassung des Anspruchs der katholischen Kirche, das unfehlbare Lehramt zu besitzen". – Ähnlich fällt eine andere, zur selben Zeit erschienene Rezension aus: Karl HEUSSI, Ein neues katholisches Werk zur Geschichte der Reformation, in: Die christliche Welt. Protestantische Halbmonatsschrift 54 (1940), 469 f. Trotz dankbarer Anerkennung des besseren Verständnisses stehe bei Lortz am Ende doch wieder die ‚Rückkehr-Ökumene': „Aber ganz so einfach liegen die Dinge nicht. Es gibt doch auch einen fruchtbaren, einen schöpferischen Irrtum, eine ‚List der Idee', und ‚zurück' zur katholischen Kirche können wir Protestanten wohl ebensowenig, wie der Schmetterling sich zur Puppe zurückentwickeln kann". – Im November 1940 erschien noch eine umfangreichere Würdigung: Erich DAHLGRÜN, Zum Gespräch über die Reformation, in: Allgemeine evangelisch-lutherische Kirchenzeitung 73 (1940), 478–480, 489–492. Ein eigener Akzent liegt hier im Fazit, das nach einer neuen „Synthese" fragt: „Das heißt: ob ein Weg gefunden werden kann, der zwischen den Polen hindurch einem Neuen entgegenführt, der Weg einer katholisch-evangelischen Angleichung und Ausgleichung, einer echten Synthese?" Darüber hinaus erfordere die Zukunft „neuen missionarischen Einsatz": „Unsere Zeit ist nicht, wie die vor vierhundert Jahren, kirchlich gesättigte, sondern kirchlich entleerte Zeit. [...] Muß nicht eine gespaltene Christenheit den Anspruch auf religiöse Führung in den Augen einer Welt unglaubwürdig machen, die nach so vielen Leiden der Unordnung nach fester Ordnung sich sehnt und ganz neu der christlichen Durchdringung bedarf?"
[381] Otto ISERLAND, Reformationsgeschichte als Beitrag zum ökumenischen Gespräch, in: Schweizerische Rundschau. Monatsschrift für Geistesleben und Kultur 40 (1940/41), 444–449.
[382] Nicht zuletzt, da Hugo Rahner im März 1941 auf diese allgemein-positive Besprechung mit einer weiteren, deutlich kritischeren Rezension in derselben Zeitschrift reagierte (vgl. unten).

Werk nun „die beiden genannten Schwierigkeiten voll überwunden" – besonders im Hinblick auf das Luther-Verständnis: „Hier ist es einem Katholiken endlich gelungen, die Gestalt Luthers – seine religiöse Gestalt – in ihrer echten Größe sichtbar zu machen", so dass Lortz' Darstellung „für die katholische Beurteilung Luthers wohl eine Art ‚Revolution'" bedeuten werde. Dabei äußert sich Iserland zustimmend referierend zu Lortz' Darlegungen; lediglich in Bezug auf den „Mißbrauch mit der Regierungsgewalt der kirchlichen Hierarchie" sei es überraschend, dass Lortz überhaupt nicht die Frage berühre, „ob ein direkter machtpolitischer, d. h. letztlich militärischer Einsatz der Kurie grundsätzlich überhaupt statthaft ist". Insgesamt würdigt Iserland vor allem Lortz' ökumenisches Anliegen einer gerechten Beurteilung der durchaus widersprüchlichen Person Luthers: „Um der Wahrheit wie auch um der Wiederherstellung der christlichen Einheit willen ist es aber notwendig, von katholischer Seite aus nicht nur das Negative, sondern auch das christlich Positive an der Gestalt Luthers in vollem Umfang zu sehen und anzuerkennen".

4.2 Karl Bihlmeyer in der *Theologischen Quartalschrift*

Bemerkenswert ist ferner eine äußerst positive Rezension des Tübinger Kirchenhistorikers Karl BIHLMEYER (1874–1942), die etwa zur gleichen Zeit Ende 1940 in der *Theologischen Quartalschrift* erschien[383]. Regelrecht begeistert äußert sich Bihlmeyer – nach „sorgfältiger Prüfung der zwei starken Bände" – über die „hervorragende Leistung moderner Kirchengeschichtsschreibung": Lortz' Darstellung bedeute „in gewissem Sinne eine Krönung und einen vorläufigen Abschluss der seit Döllinger-Janssen-Denifle-Grisar betriebenen katholischen Luther- und Reformationsforschung" und führe „sie um einen bedeutenden Schritt weiter". Auffällig sind gleich zu Beginn gewisse Andeutungen, wonach das Erscheinen des Lortzschen Werkes – das mit der Reformation „ein ungemein wichtiges und immer noch aktuelles Forschungsgebiet deutschen Schicksals" behandle – „inmitten eines ungeheuren, noch unabsehbaren völkisch-staatlich-weltanschaulich-religiösen Gärungs- und Umwandlungsprozesses" geradezu „providentiell" sei: „Selten ist ein so bedeutendes Buch aus dem Herderschen Verlag hervorgegangen!" Hierbei handelt es sich zweifellos um eine Anspielung auf die gegenwärtigen politischen Verhältnisse, wobei die Stoßrichtung von Bihlmeyer wohl absichtlich einigermaßen offen gehalten ist, d. h. sowohl *für* als auch *gegen* die nationalsozialistische Ideologie gedeutet werden kann. Inhaltlich sieht Bihlmeyer als Charakteristika der Lortzschen Darstellung „ein energisches Anpacken der Probleme und eine tiefbohrende theologische Erörterung bis zur Klärung" sowie eine „Verbindung der historischen mit der theologischen Kritik aus ungebrochener katholischer Haltung heraus bei aller Offenheit und allem Freimut".

---

[383] Karl BIHLMEYER, Rez. zu: J. Lortz, Die Reformation in Deutschland, in: Theologische Quartalschrift 121 (1940), 248–251.

Lortz' „Stil ist klar, beschwingt, männlich und charaktervoll; an mancher Stelle erhebt er sich zur Höhe sententiöser Eindringlichkeit"; man lese das Werk „mit Genuß und steigender Anteilnahme an dem eminent tragischen Stoffe, der in tiefster Seele erregt und erschüttert". Besonders bei der Luther-deutung zeige sich die „bohrende Gründlichkeit, theologische Tiefe, der Wahrheits- und Gerechtigkeitssinn des Verf[assers]". Schließlich hofft Bihl-meyer auf eine wohlwollende Aufnahme von Lortz' Absicht, „einen Beitrag zur religiösen Überwindung der Glaubensspaltung zu geben und zu einem ökumenischen Gespräch zwischen den christlichen Konfessionen anzu-regen". Dabei wird nochmals in ambivalenter Weise auf die aktuellen Zeit-verhältnisse angespielt: „Jede Irenik, zumal in so turbulenten Zeiten, hat ihre Bedenken und Gefahren [...]; aber es ist ebenso bedenklich und gefährlich, sich dem drängenden Rufe der Gegenwart nach Einigung der Christen zu entziehen".

4.3 Ernst Böminghaus in *Scholastik*

Schließlich erweist sich aus derselben Zeit noch eine Rezension des Valken-burger Kirchenhistorikers Ernst BÖMINGHAUS SJ (1882–1942) in der jesuiti-schen Zeitschrift *Scholastik*[384] als bedeutsam[385]. Die grundsätzlich anerken-nende Besprechung hält gleich zu Beginn fest: „Das große Werk ist für die Kirchengeschichte ein Ereignis". Angesichts der sich jeder Generation neu stellenden Aufgabe, sich mit der Tatsache der Kirchenspaltung auseinander-zusetzen, sei es „viel, wenn wir zu sagen wagen: L[ortz] hat für uns heute diese Aufgabe in weitem Umfange gelöst". Im Folgenden zeigen sich dann im Einzelnen allerdings auch kritischere Töne. So könne etwa „das Bemühen, sich ,ins ökumenische Gespräch' von heute einzuschalten, unmerklich die Gesamtdarstellung beeinflussen" – die „ökumenische Sicht" sei keineswegs „schon eine Bürgschaft für das reinere geschichtliche Verstehen". Insgesamt habe Lortz es „vorbildlich" verstanden, „geschichtliche Wahrhaftigkeit, of-fenes Verständnis der Gegenseite und echte Liebe zur Kirche zu vereinen"; freilich müsse er auch „damit rechnen, daß andere aus dem gleichen gewußten Tatbestand ein etwas anders getöntes Bild der Zustände und der Vorgänge entwerfen werden". Trotz Lortz' „Ernst, Offenheit und klugem Abwägen" erscheine etwa „sein einigermaßen abschließendes Endurteil" über die kirch-lichen Zustände vor der Reformation „zu ungünstig" und z.B. „die innere Unsicherheit der *Theologie* vor dem Tridentinum übertrieben". In Bezug auf Luther wiederum werde zwar mittlerweile auch in katholischen Kreisen „seine menschliche Wucht und Tiefe und seine religiöse Echtheit unbefan-gen" anerkannt, doch seien seine „zerstörerischen Kräfte" wohl „noch erns-

---

[384] Ernst BÖMINGHAUS, Rez. zu: J. Lortz, Die Reformation in Deutschland, in: Scholastik 15 (1940), 589–592.
[385] Zumal sie später im Zuge der Imprimaturverhandlungen der 2. Auflage von römischer Seite explizit als eine kritische Stimme gegen Lortz angeführt wird (vgl. unten).

ter" zu nehmen (ein „Hauptanliegen" Grisars). Auch werde von Lortz „die Bedeutung der *Propaganda*" bzw. „die Macht der jungen Presse" für die Sache der Reformation nicht genügend betont, ebenso wenig wie „die *Gewalttätigkeit* der Machthaber aller Grade bei Einführung des Neuglaubens". Besonderes Lob findet hingegen Lortz' Kapitel über die Erneuerung der katholischen Kirche: „Da hat der Verf[asser] echte katholische und wissenschaftliche Geschichtsschreibung geleistet". Im Hinblick auf das „hohe Ziel" von Lortz, mit seinem Werk einen Beitrag zum „Gespräch zwischen den Konfessionen" zu leisten, zeigt sich Böminghaus abschließend zwar prinzipiell zustimmend, sieht hier jedoch eher die Gegenseite in der Pflicht: In Anbetracht so mancher ernüchternder „Erscheinungen protestantischer Literatur" sei „an ein friedliches Sichverständigen nicht zu denken", solange „die damalige ‚Barbarei der Polemik' [...] heute noch selbst bei den besten Protestanten nachwirkt"[386].

Zur selben Zeit (Ende 1940) erschienen auch noch weitere kürzere, zumeist unverbindlich-anerkennende Besprechungen[387], die nichts wesentlich Neues mehr bieten und diese Phase der Rezeption abschließen.

---

[386] Vgl. oben den ähnlichen Kritikpunkt Smolkas.

[387] Kurze katholisch-positive Würdigungen bringen: Eduard Hartmann, Rez. zu: J. Lortz, Die Reformation in Deutschland, in: Philosophisches Jahrbuch 53 (1940), 499 f.; Karl Eder, Rez. zu: J. Lortz, Die Reformation in Deutschland, in: Theologisch-praktische Quartalschrift 93 (1940), 338 f. – Aus evangelischer Perspektive äußert sich zunächst: Ernst Forsthoff, Rez. zu: J. Lortz, Die Reformation in Deutschland, in: Archiv für evangelisches Kirchenrecht 4 (1940), 419–421. „Den Eingang des Werkes bildet ein Engpaß salvatorischer Klauseln, durch den sich der eine oder andere protestantische Leser mit einigem Unbehagen hindurchwinden mag"; die folgende Darstellung überzeuge jedoch durch ihr aufrichtiges Anliegen, trotz mancher sachlicher Differenzen. Tatsächlich stelle Luther in seiner „traditionsbildenden Kraft" heute eine ebenso legitime „urtümliche Ausgangsposition" wie die katholische dar, wohingegen Lortz einfach „die dogmatischen Grundpositionen seiner Kirche *undiskutiert* ins Treffen" führe: „Damit wird sozusagen das Essentielle der Glaubensspaltung auf das Feld des historischen Verstehens eingegrenzt". – Auf eigene Überlegungen zu Lortz' Lutherdeutung konzentriert sich: Gerhard Kuhlmann, Geistesgeschichte und Theologie, in: Luthertum 51 (1940), 161–174. Das Fazit fällt hier letztlich skeptisch aus: „Luther ist mit den Mitteln der Geisteswissenschaft und der Geistesgeschichte in dem, was er zu innerst wollte, überhaupt nicht zu begreifen", sondern werde so von Lortz vielmehr missverstanden. Ebenfalls abgelehnt wird allerdings auch eine mögliche Sicht Luthers etwa „als völkischen Helden oder als gemütsträchtigen Deutschen". – Ähnlich skeptisch äußert sich bei aller Anerkennung: Georg Merz, Realität der Kirche oder singuläres Geschichtsphänomen? Zur katholischen Betrachtung der evangelischen Reformation, in: Beth-El. Blicke aus Gottes Haus in Gottes Welt 32 (1940), 124–129. Lortz rede zwar „nicht als Kriminalist und nicht als Psychiater", sondern suche „das Große an Luther aufrichtig anzuerkennen". Doch habe es „seinen guten Grund, daß sich Lortz bei seiner Bemühung, Luther auf der einen Seite als einen bedeutenden Zeugen tiefsinniger katholischer Frömmigkeit zu erfassen, auf der anderen Seite als einen eigenwilligen Individualisten, in Widersprüche verwickelt". Letztlich bleibe Lortz „dieses Grundphänomen lutherischer Theologie ein Rätsel, das er nur so erklären kann, daß er das eine Stück als katholisches Erbe, das andere Stück als subjektive

5. Übergangsphase – erste Gesamtschau, mehr Kritik (Ende 1940 – Anfang 1941)

Nach der Vielzahl an kürzeren ,Pflichtrezensionen' lässt sich etwa um den Jahreswechsel 1940/41 eine neue Phase in den Besprechungen feststellen, die nun eher zu eigenständigeren und grundlegenderen Auseinandersetzungen mit Lortz' Reformationsgeschichte – auch unter Einbeziehung der bisherigen Rezeption – neigen.

5.1 Ernst Wolf in *Verkündigung und Forschung*

Der evangelische Kirchenhistoriker Ernst WOLF (1902–1971) veröffentlichte Ende 1940 eine umfangreiche Rezension zu Lortz' Werk, die im identischen Wortlaut in zwei verschiedenen Zeitschriften zugleich erschien: zum einen in *Unsere Kirche in Geschichte und Gegenwart*, zum anderen in *Verkündigung und Forschung*[388]. Wolf würdigt insbesondere Lortz' Beitrag in Richtung einer „echten Kontroverstheologie", wozu er das Werk zunächst umfassend im größeren Kontext der katholischen Reformationsforschung verortet. Diese habe in jüngster Zeit einen starken Wandel durchgemacht, nachdem sie bisher „stets durch polemische und apologetische Tendenzen, durch verschiedengestaltige kirchliche und kirchenpolitische Motive mitbestimmt" worden sei (z.B. Döllinger, Janssen, Denifle, Grisar). Mittlerweile habe sich jedoch ein „spürbarer Wandel" vollzogen (z.B. Merkle, Kiefl), so dass heute „auch katholischerseits eine umfassende und recht ertragreiche Reformations- und Lutherforschung" stattfinde. Lortz' mache mit seiner Reformationsgeschichte nun einen ersten – und „höchst beachtlichen" – Versuch „zu einer Zusammenfassung eines Teilgebietes des Zieles jener Studien". Wolf gliedert seine Besprechung in vier Teile.

(1) *„Die Absicht":* Lortz versuche eine „Gesamtdarstellung, die zugleich über das bloß Historische hinaus zu einem theologisch vertieften Urteil vorstoßen kann" und „dem anhebenden Gespräch zwischen den Konfessionen

---

Vereinseitigung erklärt". So sei er in der Folge auch „genötigt, die Reformation geschichtsphilosophisch zu erklären. [...] Die theologische Frage aber und der in ihr beschlossene kirchliche Aufruf bleiben". – Aus katholischer, aber eher allgemein-historischer Sicht äußert sich schließlich noch: Theodor SCHIEFFER, Rez. zu: J. Lortz, Die Reformation in Deutschland, in: Forschungen zur Brandenburgischen und Preußischen Geschichte 52 (1940), 371–374. Die klare Darlegung der kirchlichen Missstände lasse das Imprimatur geradezu als „großzügig" erscheinen: „Vermutlich wird Lortz es [sich] mit den ,Unentwegten' beider Lager verderben – darin läge nicht die schlechteste Empfehlung seines Werkes".

[388] Ernst WOLF, Neue Wege katholischer Reformationsgeschichtsschreibung, in: Unsere Kirche in Geschichte und Gegenwart 19 (1940), 1–16; DERS., Die Reformation in katholischer Sicht, in: Verkündigung und Forschung. Theologischer Jahresbericht [1] (1940), 88–104. Die zweite Veröffentlichung – in der von Wolf selbst herausgegebenen Zeitschrift – wurde lediglich durch zwei Fußnoten erweitert; nach dieser Fassung wird im Folgenden zitiert.

neue Möglichkeiten geben" möchte. Auf der einen Seite stehe dabei der „Freimut zur historischen Wahrhaftigkeit" (ohne „gegenreformatorische" Tendenzen), auf der anderen die „Betonung voller dogmatischer Korrektheit dort, wo von der Beschreibung zur Bewertung übergegangen wird".

(2) „Die Erkenntnisse": Wolf identifiziert und kommentiert kritisch drei Vorwürfe von Lortz gegen Luther. Laut Lortz stütze sich Luther „einseitig auf die Symptome des Zerfalls" der vorreformatorischen Kirche – in Wirklichkeit sei jedoch Luthers Anliegen gerade „die Rettung jener kirchlichen Substanz aus ihrer radikalen Bedrohung durch das Papsttum gewesen". Ferner sehe Lortz den „Schwund an kirchlich-christlicher Substanz" seit der Reformation als Folge der „Ablehnung eines lebendigen Lehramts", was „Subjektivismus und Spiritualismus" begünstigt habe – tatsächlich stütze sich jedoch „der Subjektivismus der Moderne" zu Unrecht auf Luthers Gewissensbegriff; eigentlich sei der moderne (Neu-)Protestantismus sogar eher eine „Radikalisierung der in katholischer Anthropologie dem Menschen als solchem zugesprochenen persönlichen, sittlichen Freiheit". Schließlich habe Luther nach Lortz die „Einheit der Kirche" zerstört – jedoch bestehe diese Einheit „nach reformatorischer Anschauung eben nicht kraft des Primats [...], sondern als eine in Christus und mit ihm in Gott verborgene Einheit". Am Ende steht für Wolf also „auch hier wiederum theologischer Satz gegen theologischen Satz", doch habe Lortz gerade dadurch „das Gespräch der Konfessionen" in Richtung einer „echten Kontroverstheologie" vorbereitet.

(3) „Die historische Behandlung des Stoffes": Diese sei „in den einzelnen Teilen des Buches von unterschiedlicher Eindrücklichkeit und Verläßlichkeit, wenn man sie am gegenwärtigen Stand der Forschung" messe. Am besten seien die „Ursachen der Reformation" behandelt sowie der Abschnitt über „Katholisches Leben, Zerfall und Erneuerung". Besondere Kritik übt Wolf dagegen an „der m. E. im Vergleich mit dem Stand der Forschung völlig unzureichenden Behandlung des Augsburger Reichstags wobei u. a. wieder einmal Schmalkaldener und Schwabacher Artikel verwechselt werden (!)". So erkläre sich auch „das überraschende, aber unhaltbare Urteil über die C[onfessio] A[ugustana]" als vom Humanismus geprägt, was „den dogmatischen Gehalt der C[onfessio] A[ugustana] und besonders der Apologie einfach ignoriert". Auf der anderen Seite sei jedoch das kritische Gesamturteil über den Humanismus „ein besonderes Verdienst von Lortz" und einer „der ganz wesentlichen Fortschritte" in der katholischen Reformationsforschung. Hingegen erscheine z. B. die Bewertung des Bauernkrieges „heute nicht mehr haltbar", und auch das Urteil über „evangelische Säkularisation" sei wohl „mehr Folge des dogmatischen Standpunkts als des historischen Befunds".

(4) „Das Lutherbild": Für Lortz bilde Luther das Zentrum der deutschen Reformation: „Luther selbst erscheint zunächst in einer Fülle von ähnlichen Formulierungen als ‚ein Urphänomen schöpferischer Eigenart und Kraft', dessen religiös-sittlicher Ernst – z. T. direkt gegen Denifle – häufig stark betont wird. Daher ist es eine notwendige und zugleich schwierige Aufgabe, sich dieses Phänomens historisch-psychologisch zu bemächtigen. Daß es

nicht von vornherein unter dem Gesichtswinkel des Psychiaters geschieht, unterscheidet Lortz vorteilhaft von Grisar". Dabei werde Luther als grundlegend „subjektivistisch" gedeutet, ohne jedoch einen gewissen „Objektivismus" zu übersehen – dies sei „eine wichtige Korrektur am katholischen Lutherbild!" Aus Lortz' Sicht habe Luther letztlich den Ockhamismus mit dem Wesen der katholischen Lehre verwechselt und diese dann erst wieder „häretisch entdeckt":

> „Hier hat die eigentliche Auseinandersetzung mit Lortz einzusetzen; sie hat sich nicht nur danach zu erkundigen, was den kritischen Maßstab von Lortz, sein ‚wesenhaft Katholisches' eigentlichst ausmache, sondern hier werden unsere eingangs bei der Beurteilung der Absicht des vorliegenden Werks angedeuteten Fragen auf ihre Mitte geführt, hier wird die Grundfrage aller Kontroverstheologie laut: die Frage nach der Wahrheit und Echtheit des Christuszeugnisses in der Verkündigung der Kirchen".

(5) Als Fazit hält Wolf zum einen Lortz' „Verdienst" fest: Er habe die Reformation auch positiv-religiös gewürdigt, den Humanismus klar als „Bedrohung" des Christentums erkannt, ferner die „geschichtsmächtige Erscheinung" Luthers als eine auch für Katholiken lohnende Beschäftigung herausgestellt. Zum anderen betont Wolf aber auch die „Grenzen": So sehe Lortz den Neuprotestantismus zu sehr als logische Konsequenz der Reformation („Subjektivismus" etc.), außerdem werde Luthers theologische Leistung nicht unabhängig genug von seiner Person beurteilt, was ein gewisses Ausweichen „vor der eigentlichen kontroverstheologischen Auseinandersetzung" bedeute. „Trotzdem sind nicht wenige Hindernisse für eine solche dem Wesen der Reformation als des Ringens mit der Kirche ihrer Zeit um die wahre Kirche gemäße und unaufgebbare Auseinandersetzung durch Lortz wirklich beseitigt worden. Man wird ihm das aufrichtig zu danken haben" [389].

---

[389] Anfang 1941 äußerte sich Wolf nochmals zu Lortz im Rahmen eines kirchenhistorischen Literaturberichts: Ernst WOLF, Aus der Werkstatt der Kirchengeschichte (vornehmlich zur Reformationszeit). II., in: Theologische Blätter 20 (1941), 46–61, hier 46–49. Lortz' Werk sei zwar nicht „epochemachend" – z.B. habe Denifles Lutherwerk wirklich die Forschung befördert, während Lortz „gleichsam eine erste Zusammenfassung" biete –, es habe jedoch „überraschende Beachtung und erstaunlichen Erfolg" erlangt wegen der Durchsetzung „einer ‚ökumenischen' Wertung der Reformation" auf katholischer Seite. Dies zeige auch das große Echo auf beiden Seiten (selbst „wenn man da und dort ein wenig oberflächlich begrüßt oder bezweifelt, daß dieses Werk seiner Ansicht gemäß wirklich geeignet sei, die für ein neues Gespräch zwischen den Konfessionen erforderliche ‚Atmosphäre' zu schaffen"). „Echte kontroverstheologische Auseinandersetzung hat es noch kaum entbunden", aber dass „Lortz zu echter Auseinandersetzung hinstrebt, das gibt seinem Buch jene Bedeutung, die die Gemüter mit Recht in Bewegung bringt". Trotz einzelner Kritikpunkte: „Es genügt festzustellen, daß seit langem kein Werk über die deutsche Reformationsgeschichte oder über Luther in so weitgreifender und zugleich ernster Weise gewirkt und zur Neubesinnung gerufen hat, wie dieses Buch".

5.2 Engelbert Krebs (I) – eine unveröffentlichte Rezension

Ende 1940 verfasste auch der Freiburger Dogmatiker Engelbert KREBS (1881–1950) eine ausführliche, detailliert kritische Rezension[390] mit dem Titel „Grundsätzliches zur Lortzschen Reformationsgeschichte", bei der es sich allerdings um einen Sonderfall handelt, da sie auf Anordnung des Freiburger Erzbischofs Gröber nicht veröffentlicht werden durfte[391]. Krebs selbst beabsichtigte ausdrücklich keine ausgeglichene „*Besprechung*" des Werkes, die „seinen *ganzen* Inhalt würdigen, vor allem seine *guten* Seiten hervorheben" müsste, sondern stattdessen „eine *grundsätzliche* Aussprache", damit die nächste Auflage „ein anderes Gesicht" bekäme, „das seinem *Hauptanliegen*

Abb. 10: Engelbert Krebs (1881–1950), 1937.

mehr entspricht". Zu diesem Zweck zitiert und referiert Krebs ausgiebig Passagen aus Lortz' Werk und kommentiert diese kritisch.

Als grundlegend neu wird dabei „*nicht* die Schilderung der Mißstände im kirchlichen Leben jener Zeit" gesehen – die „mehrfachen Verwahrungen von Lortz in dieser Hinsicht sind ganz abwegig": „Neu ist die ‚Bewunderung', die ‚ungebrochene, starke Bewunderung für Luther, diesen Großen der Geschichte' (I S. X), die Lortzens Buch durchzieht, und die er [...] mit ‚schärfster Kritik gegen ihn' zu vereinbaren sucht. ‚Diese Kunst ist bisher selten' (ebd.), und die Frage ist, ob man, ohne in Selbstwidersprüche und Widerspruch mit der Wahrheit zu geraten, diese ‚Kunst' üben kann". Tatsächlich sieht Krebs in einer solchen Haltung die Gefahr „zum innerlichen Selbstwiderspruch und damit zum Widerspruch gegen die Wahrheit", was für die „Atmosphäre" eines sachlichen Gesprächs über die „Wahrheitsfrage zwischen den Konfessionen" nicht gerade förderlich sei: „Dann erscheint der Meister in dieser Kunst auch dem protestantischen Mitunterredner verdächtig, und wenn diese neue Kunst gar die Haltung der katholischen Leser bestimmend neu gestalten sollte, so würde damit der Wahrheitserkenntnis nicht der Weg gebahnt, sondern verbaut".

---

[390] Engelbert KREBS, Grundsätzliches zur Lortzschen Reformationsgeschichte [Ende 1940, unveröffentlicht]. EAF Na 78/4 [NL Krebs] (abgedruckt im Anhang dieses Bandes).

[391] Zu den Vorgängen im Rahmen der 2. Auflage vgl. unten. – Unklar ist, in welcher Zeitschrift Krebs' Beitrag überhaupt erscheinen sollte. Eine Möglichkeit wäre das *Oberrheinische Pastoralblatt*, für das Krebs an anderer Stelle eine Rezension zu Lortz' Werk ankündigte (vgl. unten).

Angesichts der etwas belehrenden Differenzierung zwischen historischer und dogmatischer Darstellungsweise in Lortz' Vorwort[392] fühlt sich der Dogmatiker Krebs nun herausgefordert, „Grundsätzliches zur Lortzschen Darstellung vorzubringen" und dabei besonders den indirekten Wertungen durch die „Beiwörter" bei Lortz nachzugehen: „Bewertung geschieht in der Sprache nicht nur durch ausdrückliche Werturteile, wie sie in den ganz verfehlten Gesamturteilen über Denifles und Grisars Forschungen von Lortz ausgesprochen werden, sondern auch durch die Beiwörter, mit der die Schilderung von Tatbeständen beleuchtet wird", denn gerade an diesen zeige sich „der Standpunkt und Wertmaßstab des Schilderers". Besonders hinsichtlich der Demut Luthers sieht Krebs in Lortz' Darstellung eine problematische Widersprüchlichkeit zwischen direkter und indirekter Bewertung:

> „Wenn also von *tiefer* Demut gesprochen wird, dann handelt es sich nicht um ein mehr oder minder erfolgreiches subjektives Ringen um Demut, auch nicht um eine subjektive Selbsttäuschung über das Wesen der Demut, sondern um wahre, die Haltung eines Menschen aus der Tiefe seines Inneren bestimmende Demut. Lortz legt nun […] aber Luther Taten und Haltungen bei, die mit echter, in der Tiefe wirksamer Demut schlechthin unvereinbar sind, wenn auch nicht mit gelegentlichem Ringen um Demut und nicht mit falscher sich selbst täuschender Scheindemut".

Aufgrund dieser Widersprüche lehnt Krebs Lortz' Urteil über Luthers „Demut" ab – hier sei *„Denifles* Bezeichnung der Dinge", der diese klar beim Namen nenne, „echter und wahrer": „Demut ist innerste Wahrhaftigkeit, Stolz ist innerste Unwahrhaftigkeit. Wenn also Denifle die aus innerstem Impuls des Stolzes fließenden Fehlzeichnungen der katholischen Lehre bei Luther und die aus demselben Impuls kommende Fehlzeichnung seiner eigenen Entwicklung Lüge nennt, so steht er der historischen Wahrheit näher als Lortz, der den Ausdruck Lüge hier ablehnt. Es gibt auch ein Sichselbstbelügen aus Stolz, weil Stolz innerste Unwahrhaftigkeit ist". Bei einer solchen Grundhaltung „muß man mit dem Ausdruck ‚Demut' und gar ‚tiefer Demut' und damit der Behauptung ‚echter' Demut viel vorsichtiger sein, als Lortz es tut"[393].

In ähnlicher Weise wird auch Lortz' Gebrauch der Begriffe „Fülle" und „schöpferisch" in ihrer Anwendung auf Luther kritisiert, da dies zu offensichtlichen Widersprüchen führe: „Man darf nicht den Worten ihren Sinn

---

[392] Vgl. LORTZ, Reformation I, XIf.: „Unseren Dogmatikern macht es ihre Denk- und Sprechweise nicht selten schwer, die Beschreibung eines historisch tatsächlich gegensätzlichen Befundes unbefangen entgegenzunehmen. Da es ihre wichtige Aufgabe ist, nach der dogmatischen Korrektheit oder Unkorrektheit einer Lehre zu fragen, haben recht viele von ihnen weniger Übung darin, neben der dogmatisch-systematischen Beurteilung noch volle Kraft einzusetzen für die historische und psychologische Bewertung".

[393] Trotz aller absichernder Differenzierungen zwischen objektiver „Demut" und einer bloß subjektiven „demütigen Seelenhaltung" in Lortz' Vorwort; vgl. LORTZ, Reformation I, XIf. – Vgl. auch die ähnliche Kritik bei RAHNER (I): „Es müßte, glaube ich, doch Worte und Wertungen geben, die nur dem objektiv Wahren vorbehalten sind". RAHNER, Rez. (1940), 304.

gleichzeitig nehmen und geben, geben und nehmen. Sonst riskiert man das Vertrauen des Lesers, des protestantischen und des katholischen". Nachdrücklich warnt Krebs vor der durch solche widersprüchlichen Bewertungen entstehenden „Unklarheit": „Man darf bei aller Schilderung der historischen Mannigfaltigkeit eines Phänomens die ‚Teilwertigkeit' dieses Phänomens nicht mit Ausdrücken und Beiwörtern herausheben, die mit dem Endurteil unvereinbar sind. Sonst gerät man in Gefahr, bei den Lesern jene theologische Unklarheit zu erzeugen, die Lortz selbst als einen Hauptgrund des raschen Erfolges Luthers bezeichnete". Ein weiteres Beispiel für eine solche „Unklarheit" sieht Krebs bereits in den ersten Sätzen des Werkes (nach dem Vorwort):

> „‚Ein gespaltenes Christentum ist ein Widerspruch in sich selbst. Dies aber ist die Lage des Christentums seit der Reformation. Eine wesentliche Aufspaltung also der allein wahren Religion besteht seit 400 Jahren' (I S. 3). – Ein Widerspruch in sich selbst hat keinen historischen Bestand. Die allein wahre Religion ist die der Kirche, die der Gottmensch gestiftet hat. Sie kann nicht wesentlich aufgespaltet werden und ist nie aufgespalten worden. Aber von ihr hat es immer *Abfälle* gegeben von den Tagen der Apostel an"[394].

Schließlich geht Krebs noch auf zwei „für den Kenner der bisherigen Reformationsforschung besonders peinlich[e]" Beispiele für Lortz' „Unbekümmertheit in der Wahl der wertenden Ausdrücke" ein: „Es ist das Lortzens Einschätzung der Arbeiten unserer großen Forscher und Darsteller Janssen, Denifle, Pastor und Grisar, und es ist die Behandlung der katholischen Gegner Luthers in seiner Zeit. Auf beides ist schon in anderen Besprechungen aufmerksam gemacht worden", namentlich von SMOLKA und RAHNER. Entschieden zurück weist Krebs ferner Lortz' Kritik an Erasmus: „‚Es genügt nicht, um echt christlicher Theolog zu sein, nichts direkt Unkatholisches zu sagen. Korrektheit ist nicht Wahrheit'[395] (I S. 132). Und das sagt derselbe Autor, der für Luther die oben angeführten überschwenglichen Wertungen hat". Letztendlich sieht Krebs in der Widersprüchlichkeit der Lortzschen Urteile das Hauptproblem der Darstellung, die auf diese Weise gerade das Gegenteil ihres ökumenischen Anliegens erreiche:

> „Man ist als nachdenklicher Leser oft geradezu zurückgestoßen von den ungleichen Wertmaßstäben, die Lortz an die katholischen Gegner Luthers und an Luther selbst anlegt, und von den in sich widerspruchsvollen Sätzen und Teilwertungen, mit denen er seine Darstellung durchwirkt. Das muß die theologische Unklarheit fördern, statt sie zu beheben, wie es Aufgabe eines Historikers jener turbulenten Zeit ist. Theologische Unklarheit aber ist die schlimmste Gefahr für das von Lortz gewünschte Gespräch zwischen den Konfessionen".

---

[394] Tatsächlich wurde dann in der 2. Auflage die Formulierung des dritten Satzes leicht verändert: „Ein gespaltenes Christentum ist ein Widerspruch in sich selbst. Dies ist aber die Lage des Christentums seit der Reformation. Vom Schisma der Ostkirche einmal abgesehen, besteht also eine wesentliche Aufspaltung der früher *einen* Christenheit seit 400 Jahren". LORTZ, Reformation (²1942) I, 3.

[395] Eines der Grundmotive in Lortz' Geschichtsdeutung; vgl. oben seinen Werdegang.

Insgesamt übt Krebs in seiner unveröffentlichten Rezension also grundlegende Kritik an Lortz' ‚widersprüchlicher' Darstellungsweise, wie sie besonders in den unvereinbaren Werturteilen über Luther (etwa dessen „Demut") zum Ausdruck komme[396]. Das bischöfliche Veröffentlichungsverbot zeigt, dass die Folgen dieser Kritik durchaus ernst genommen wurden; wir werden die Hintergründe später im Kontext des Imprimaturprozesses der zweiten Auflage näher beleuchten.

5.3 Engelbert Krebs (II) – ein Aufsatz in der *Schöneren Zukunft*

Krebs musste die Unterdrückung seiner umfangreichen Rezension ‚schlucken'. Im Januar/Februar 1941 äußerte er sich allerdings noch einmal öffentlich zu Lortz, und zwar im Rahmen allgemeinerer Betrachtungen zur gegenwärtigen ökumenischen Lage in einem Beitrag für die *Schönere Zukunft*[397]. So hält Krebs etwa „korporative" Einigungsversuche für illusorisch und empfiehlt stattdessen das „Apostolat des Gebetes", des „Lebens" und des „Wortes", wobei er die Chancen des letzteren jedoch eher skeptisch sieht: „Aber große Erfolge sind von Kontroversschriften nicht zu erwarten. Ob das ‚Gespräch zwischen den Konfessionen' […] viel wirkliche Heimkehr hervorrufen wird, ist noch sehr ungewiß". Dabei geht Krebs auch kurz auf Lortz' Reformationsgeschichte ein, die zu diesem Gespräch einen „besonderen Beitrag" liefern wolle:

„Inwieweit das Lortz gelungen ist, darüber habe ich vor, an anderer Stelle (im Oberrheinischen Pastoralblatt) mich grundsätzlich zu äußern[398]. Manch einem Protestanten, der schon auf dem Weg zur katholischen Kirche ist, mag die umsichtige Darstellung von

---

[396] In einer Anmerkung kritisiert Krebs ferner noch Lortz' ungenaue Zitationsweise: „Es wäre auch für Lortz empfehlenswert, in einer künftigen Auflage seines Werkes die vielen Lutherzitate mit der Sorgfalt auf ihre Fundstellen nachzuweisen, wie dies Holl, aber auch Grisar und Denifle getan haben. Nur dann kann man Lortz's eigene Forderung erfüllen: ‚Die katholischen Rezensenten besonders bitte ich, die einzelnen Urteile recht häufig an der genauen Lektüre der Originaltexte nachzuprüfen' (I S. Xf.)".

[397] Engelbert KREBS, „Daß sie in Uns Eins seien!" Tatsachen, Fragen und Aufgaben gegenüber der Wiedervereinigungs-Frage, in: Schönere Zukunft 16 (1940/41), 193–195, 220–222, hier 221.

[398] Eine entsprechende Veröffentlichung ist jedoch nicht zu ermitteln. Dies lässt zwei Deutungsmöglichkeiten zu: Falls Krebs zum Zeitpunkt der Abfassung seines Aufsatzes für die *Schönere Zukunft* noch keine Kenntnis vom bischöflichen Publikationsverbot seiner Rezension hatte, ließe sich der Hinweis als reguläre Vorankündigung seiner Besprechung verstehen, die dann offensichtlich von vornherein für das *Oberrheinische Pastoralblatt* bestimmt war; da die Zeitschrift dem Freiburger Ordinariat unterstellt war, würde dies auch die vorzeitige Kenntnisnahme der Druckfahnen von Seiten des Erzbischofs erklären (auch das Druckbild passt zur Zeitschrift). Es wäre allerdings auch denkbar, dass der Aufsatz in der *Schöneren Zukunft* chronologisch bereits eine Reaktion Krebs' auf das Verbot seiner Rezension darstellte und er nun beabsichtigte, seine Besprechung erneut in anderer Form zu publizieren; entweder handelte es sich beim *Oberrheinischen Pastoralblatt* dann nochmals um den ursprünglich geplanten Erscheinungsort, oder es war als alternative Publikationsmöglichkeit angedacht.

Lortz eine Hilfe bedeuten, und darum sollen wir für solche Leser des Lortzschen Buches besonders innig beten und so dem Verfasser helfen, sein Ziel zu erreichen. Im Ganzen aber halte ich das Apostolat des Wortes gegenüber dem des Gebetes und des Lebens für das am wenigsten aussichtsvolle gerade angesichts des Mißtrauens, das, wie früher gezeigt wurde, Rom und der katholischen Kirche gegenüber bei getauften Andersgläubigen viel mehr besteht, als bei den im dumpfen Heidentum Befangenen".

Krebs artikuliert hier zwar keine konkreten inhaltlichen Kritikpunkte an Lortz, umso deutlicher äußert er sich aber zu dem seiner Meinung nach mehr als zweifelhaften Erfolg des Lortzschen Anliegens, durch eine historische Darstellung einen fruchtbaren Beitrag zum ökumenischen Gespräch liefern zu können[399].

5.4 Hermann Löffler in *Germanien*

Von gänzlich anderem Standpunkt geprägt ist eine im Februar 1941 erschienene Besprechung des SS-Historikers Hermann LÖFFLER (1908–1978) in der Zeitschrift *Germanien*[400]. In diesen „Monatsheften für Germanenkunde" der „Forschungsgemeinschaft Deutsches Ahnenerbe" bringt Löffler so unverhohlen die nationalsozialistische Ideologie zum Ausdruck wie keine andere Rezension. So gibt er einleitend selbst zu, es scheine „ein eigenartiges Beginnen", in einer solchen Zeitschrift das Werk eines „katholischen Kirchenhistorikers [...] über einen Zeitabschnitt wie die Reformation" zu besprechen. „Aber es scheint nur so; denn gerade das Ereignis der Reformation und die Gestalt ihres Schöpfers, Luther, ist für die Gestaltung und den Verlauf unserer Geschichte von entscheidender Bedeutung". Dabei würdigt Löffler grundsätzlich Lortz' Bemühen um ein inneres Verständnis der Reformation und Luthers: „Mit feinem Gefühlsvermögen geht Lortz den Stimmungen und Erschütterungen nach, die Luther zum Reformator gemacht haben, wenn er auch dabei verschiedentlich zu Ergebnissen kommt, die nicht unsere Zustimmung finden können". Insbesondere in einer Hinsicht genügt Lortz' Bild nicht Löfflers Ansprüchen: „Luther wird zu einseitig als religiöser Mensch und zu wenig als Deutscher gesehen; denn neben allem Religiösen ist doch der eigentliche Antrieb stark im Völkischen zu suchen".

Auch bei der Würdigung der „Wandlung des katholischen Lutherbildes" werden die ideologischen Spuren Löfflers sichtbar: „Mit welchem abgrundtiefem Haß und welcher Böswilligkeit hat z. B. Denifle Luther als den germanischen Zerstörer römischer Universalität gezeichnet". Lortz hingegen versuche eine konfessionell verengte Sichtweise auf beiden Seiten zu überwinden – offensichtlich auch für Löffler ein positives Ziel, wenngleich wohl eher aus

---

[399] Auch RAHNER (I) hatte bereits ähnliche grundsätzliche Zweifel ausgesprochen: „ob aus dem feinsinnig differenzierten Verständnis der Vergangenheit, also aus ‚Geschichte' überhaupt, Leben entbunden werden kann für die Gestaltung der kirchlichen Zukunft". RAHNER, Rez. (1940), 304.
[400] Hermann LÖFFLER, Rez. zu: J. Lortz, Die Reformation in Deutschland, in: Germanien. Monatshefte für Germanenkunde 13 [= NF 3] (1941), 38–40.

Gründen der deutsch-nationalen Einheit. So wendet er sich auch scharf gegen kritische Stimmen wie SCHMIDLIN, die einer solchen Förderung der Einheit entgegenstehen: „Leider ist dies vorerst nur ein frommer Wunsch; denn der bekannte Papsthistoriker Schmidlin beeilt sich […], das Werk von Lortz einer eingehenden Kritik geradezu vom gegen-reformatorischen Standpunkt zu unterziehen. […] Schmidlin bedauert es allgemein, daß die Reformation im Buche von Lortz fast besser wegkomme als die katholische Kirche. Aber genug davon!"

Lortz selbst enthalte sich „jeder unfruchtbaren Polemik und Apologetik" und versuche, „von seiner Weltanschauung her die Dinge zu erfassen, wie sie waren". Doch dürfe „man nicht annehmen, daß der Verfasser sich etwa von der strengen Grundlinie des Katholizismus, bzw. des Dogmas, entfernt oder sogar dagegen verstößt. Im letzten und höchsten ist auch dieses Buch ur-katholisch". Insgesamt schließt Löffler seine Rezension durchaus anerkennend, unter Andeutung der großen aktuellen Relevanz für Deutschland auch über die Konfessionen hinaus: „Über die sachlichen Ergebnisse hinaus ist die Reformationsgeschichte von Lortz aber ein fruchtbarer Beitrag zur geschichtlichen und religiösen Aussprache über eine wesentliche Epoche unserer inhaltsreichen Geschichte, die mehr als eine andere in unsere heutige hineinragt und die nicht nur die Konfessionen angeht"[401].

Zwei weitere, weniger Neues bietende Rezensionen[402] beschließen diese ‚Übergangsphase' der Rezeption zwischen 1940/41.

---

[401] Etwa zur selben Zeit äußerte sich Löffler zu Lortz auch in einem internen Vortrag über „Die Lage in der deutschen Geschichtswissenschaft" (17. März 1941), worin Löffler verschiedene Gruppen von Historikern vor und nach 1933 auf ihre politische ‚Zuverlässigkeit' hin beurteilt. So sei die katholische Geschichtsschreibung nach 1933 zunächst zurückhaltend gewesen, jedoch „seit 1937 wieder äußerst rührig geworden. Auf deutschen Lehrstühlen sitzt noch heute eine Reihe konfessionell gebundener Vertreter einer klerikal bestimmten Geschichtswissenschaft, die, sachlich betrachtet, z.T. gute Könner ihres Faches, aber in ihrer Grundhaltung Gegner der nationalsozialistischen Weltanschauung sind. So nenne ich hier z.B. das Werk des katholischen Kirchenhistorikers in Münster, Josef Lortz: ‚Die Reformation', 2 Bände, Freiburg 1939, das einen sehr beachtlichen wissenschaftlichen Leistungswert hat. Es war ein weiter Weg für die katholische Geschichtsschreibung, von Janssen über Grisar und Deifle [sic] zu diesem Werk vorzustoßen. Man täusche sich aber nicht: das Buch ist in seiner Grundhaltung urkatholisch". Zit. nach: Joachim LERCHENMUELLER, Die Geschichtswissenschaft in den Planungen des Sicherheitsdienstes der SS. Der SD-Historiker Hermann Löffler und seine Denkschrift „Entwicklung und Aufgaben der Geschichtswissenschaft in Deutschland" (Archiv für Sozialgeschichte, Beiheft 21), Berlin 2001, 256.
[402] In dieser Zeit erschienen noch zwei evangelische Äußerungen zu Lortz, zunächst: Paul ALTHAUS, Luthers evangelische Sendung an die ganze Kirche [Predigt am Reformationsfeste 1940 in der Neustädter Kirche zu Erlangen], in: Die Wartburg. Deutsch-evangelische Monatsschrift 40 (1941), 21–25, hier 22f. In seiner Predigt erwähnt Althaus auch Lortz' Werk, das in Bezug auf die damalige Kirche „diese ungeheuren Schäden und Mißbräuche offen zugibt und von da aus sogar von einem Rechte der Reformation spricht. Das ist für uns Evangelische eine Genugtuung und Hoffnung". Zudem habe Lortz sogar

6. Zunehmend spezieller und detailliert-kritischer
(März – Dezember 1941)

Im weiteren Verlauf des Jahres 1941 finden sich zum einen wieder mehr kürzere, wenig eigenständige ‚Pflichtrezensionen‘; zum anderen verstärkt sich jedoch auch der Trend zu umfassenderen und zugleich kritischeren Besprechungen von Lortz' Werk, von denen hier drei näher betrachtet werden.

6.1 Hugo Rahner (II) in der *Schweizerischen Rundschau*

Ein dreiviertel Jahr nach seiner ersten Rezension in den *Stimmen der Zeit*[403] veröffentlichte Hugo RAHNER im März 1941 eine weitere Besprechung in der *Schweizerischen Rundschau*[404], die im Vergleich zur ersten weitaus deutlicher Kritik an Lortz' Reformationsgeschichte übte. Zu den Hintergründen dieser neuen Rezension sowie den dadurch entstandenen Problemen für den Imprimaturprozess der zweiten Auflage später mehr.

In dieser neuen Besprechung – mit dem Titel „Kritik an Lortz?" – nimmt Rahner zunächst Bezug auf die bisherige Rezeption des Werkes. Lortz habe „ein Aufsehen erregt, das nicht so sehr vom Inhalt als viel mehr von der Gestaltung, der Wertung, der Zielsetzung dieses Buches bestimmt wird", d.h. von der ökumenischen Ausrichtung. Bislang sei das Echo überwiegend positiv: „Wenn man heute den vielstimmigen Chor der gedruckten und der mündlich umlaufenden Beurteilungen überblickt, so überwiegen zweifellos noch die dankbar anerkennenden, die erlöst aufatmenden, die begeistert kritiklosen Stimmen". So bilde etwa KIRSCH mit seiner Rezension im *Osservatore Romano*, „die auf den ersten Blick etwas von dem eindrucksvollen Hauch des Offiziösen an sich hatte, den Chorführer der restlos Anerkennenden". Ausdrücklich bezieht sich Rahner auch auf die zuvor im November 1940 ebenfalls in der *Schweizerischen Rundschau* erschienene Rezension ISER-

---

„an Luther etwas verspürt" von seinem echten „Eifer um Gottes Gottheit, um Christi Ehre" etc. Trotz allem herrsche in der katholischen Kirche aber immer noch eine „Gefangenschaft durch politisches Wesen und politische Ansprüche des päpstlichen Kirchentums", so dass eine schlichte Rückkehr „in den Schoß der Papstkirche" unmöglich sei. – Eine ausführliche theologische Auseinandersetzung mit Lortz bietet: Robert FRICK, Luther und die Reformation in katholischer und evangelischer Sicht, in: Junge Kirche. Unterwegs für Gerechtigkeit, Frieden und Bewahrung der Schöpfung 9 (1941), 36–51. Grundsätzlich anerkennend, geht Frick mit umfangreichen eigenen Ausführungen auf diverse konfessionelle Streitfragen ein (z. B. das unterschiedliche Verständnis von Gnade und Glauben, Schrift und Tradition etc., Luthers „Subjektivismus", die Entwicklung der katholischen Kirche seit Tridentinum und Vatikanum). Letztendlich zeige sich bei Lortz in den theologischen Gegensätzen „die Grenze seiner Betrachtung", so dass weiterhin „auf eine Union wenig Hoffnung" bestehe.

[403] Hugo RAHNER, Ökumenische Reformationsgeschichte. Zur Reformationsgeschichte von Joseph Lortz, in: Stimmen der Zeit 137 (1940), 301–304. – Zum Inhalt vgl. oben.

[404] Hugo RAHNER, Kritik an Lortz?, in: Schweizerische Rundschau 40 (1940/41), 658–663.

LANDS. Der Autor habe „seine lebhafte Zustimmung ausgesprochen für zwei grundlegende Feststellungen" des Lortzschen Werkes: „die katholisch freimütige Bloßlegung der vorreformatorischen Schäden in der Kirche, und die echt christliche Anerkennung des genuin Religiösen in Luthers Wesen und ursprünglichem reformatorischen Anliegen". Allerdings fänden sich mittlerweile auch immer mehr an „vorsichtig abwägenden Stimmen", wobei sich Rahner aber entschieden von SCHMIDLINS Rezension in der *Schöneren Zukunft* abgrenzt („fast wieder im Stil von Denifle polternde Ablehnung").

Rahner knüpft nun an seine erste Rezension an, in der er versucht habe, „Für und Wider gerecht und einfühlend zu verteilen und bei aller Anerkennung doch auf gewisse Unstimmigkeiten hinzuweisen, die entweder deutlich ausgesprochen oder doch im Ansatz das Werk von Lortz durchziehen". Dabei sei er allerdings auf verschiedene Weise missverstanden worden: „Dieser meiner Kritik ist indessen ebenfalls in diametralem Sinn widersprochen worden[405]: man hielt sie für eine in ihrer Höflichkeit um so vernichtendere Ablehnung, man bezeichnete sie als Lobhudelei, die um des Panegyrikus auf die Jesuiten willen, den Lortz im zweiten Band anstimme, das ‚Grundkatholische' dieses gefährlichen Werkes zum Schaden der echt katholischen Grundsatztreue anerkenne". Somit bestehe Anlass für eine erneute Auseinandersetzung mit Lortz' Werk.

Rahner betont als erstes wiederum dessen „katholischen Herzschlag", fügt aber hinzu, dieser beinhalte doch auch gewisse „Herztöne"[406]:

„Und wir müssen es hier, genau so wie früher, bekennen, daß uns im Ganzen des Lortzschen Buches vieles mitzuschwingen scheint, was mit der emphatischen Versicherung seines Willens zu restlos katholischer Beurteilung wohl durchaus persönlich, nicht aber geschichtlich quellenmäßig vereinbar scheint. Das ‚ungute Gefühl', dessen man sich auch nach gewissenhaftester Lesung des Buches nicht recht erwehren kann, soll auf seine dokumentarische Berechtigung geprüft werden".

Rahner verweist zunächst auf seine früheren „kritischen Bemerkungen zu der von Lortz gegebenen Apologie seiner neuen Auffassung und zu seiner Methode der Geschichtsschreibung", die hier nicht nochmals wiederholt werden

---

[405] Es ist unklar, worauf Rahner hier anspielt. In den erfassten Rezensionen zu Lortz' Werk finden sich keine solchen kritischen Bezüge auf Rahners erste Besprechung (vgl. etwa RITTER). Möglicherweise handelte es sich um Äußerungen in anderem Kontext; denkbar wären auch die von Rahner selbst erwähnten „mündlich umlaufenden Beurteilungen". Diese unklare Adresse, gegenüber der sich Rahner nun zu rechtfertigen beansprucht, bestärkte Lortz dann wiederum in seiner Vermutung, es habe sich bei Rahners zweiter Rezension schlichtweg um eine römische ‚Bestellung' gehandelt. Vgl. unten die Vorgänge im Rahmen der 2. Auflage.

[406] Vgl. die entsprechenden Formulierungen bei RAHNER (I): „Wir legen hohen Wert auf diese einleitende Feststellung vom grundkatholischen Herzschlag dieses Buches. [...] Nur so werden wir das wissenschaftliche und christliche Recht haben, bei der Auskultation das Mitschwingen des einen oder anderen Herztones festzustellen, der uns weniger gefallen mag". RAHNER, Rez. (1940), 301.

müssten[407]. Stattdessen solle nun „mehr von sachlich quellenmäßigen Belangen aus einiges vorgelegt werden, was zur ruhig abwägenden Einschätzung des Lortzschen Werkes dienlich sein kann", wobei Rahner mit seiner Kritik explizit an die beiden von ISERLAND herausgestellten Fragen anknüpft: (1) „die Beurteilung der vorreformatorischen Schäden in der Kirche" und (2) „die Beurteilung der Frömmigkeit Luthers".

(1) Zum ersten Punkt stellt Rahner grundsätzlich fest: „[A]ufs Ganze gesehen, also über die für Lortzens Darstellungskunst so typische Aufspaltung hinaus, ist der Ertrag seiner Rechnungsstellung entschieden zu negativ", so dass man hier doch wieder Gefahr laufe, „das Phänomen ‚Reformation' allzurasch auf die vorreformatorischen Mißstände zurückzuführen". Da helfe es auch nichts, wenn Lortz „mit Nachdruck auf die vielen Belege der spätmittelalterlichen Glaubenstreue, Frömmigkeit, Kunst" hinweise: „Das *Material* liegt erfreulich vollständig beisammen, aber die *Form* hat sich der Materie nicht ganz bemächtigt – der Herzschlag hat nicht ausgereicht". Nach einigen im Einzelnen beanstandeten Details in Lortz' Darstellung der damaligen Kirche hält Rahner fest:

„Kleinigkeiten, wird man sagen. Mit Recht: aber sie machen den Ton, und wenn solche Worte gefallen sind, wird man auch verletzt bleiben, wenn erhabene und heroische Sätze geprägt werden. Endlich: in der ganzen Darstellung der vorreformatorischen Schäden vermisse ich die Ausgeglichenheit, die so über dem Quellenbefund steht, daß sie aus ihm nichts zitiert zur Zeichnung eines Tatbestands, was nicht wirklich Tatsache war".

Im Anschluss an einige weitere Beispiele bei Lortz führt Rahner dazu näher aus: „Da nützt es nichts mehr, wenn am Ende der jeweiligen Darlegungen in theoretisch unanfechtbaren Sätzen wieder halb zurückgenommen oder scheinbar ausgeglichen wird, was vorher mit der beißenden Schärfe der geschichtlichen Tatsache Zug um Zug aneinandergereiht erscheint". Denn „jede scheinbar ‚rein historische' Einzeltatsache hat in einer Gesamtdarstellung wesentlich auch ‚symbolische', stellvertretende Funktion für das Ganze, das sie kennzeichnen soll, und ist somit der ‚Ton, der die Musik macht'. Und an der Instrumentierung, am Kontrapunktischen fehlt es der Lortzschen Darstellung der vorreformatorischen Kirchengeschichte – will uns scheinen". Rahners Kritik richtet sich hier also gegen die faktische Wertung, die in Lortz' Darstellungsweise der historischen Tatsachen zum Ausdruck kommt und letztlich in einem gewissen Gegensatz zu seinen betont positiv-kirchlichen grundsätzlichen Stellungnahmen zu stehen scheint.

(2) Auch bei der zweiten Frage, der „Beurteilung der Frömmigkeit Luthers", stellt Rahner einen Widerspruch zwischen Lortz' grundsätzlichen Aussagen zu Luther und seiner tatsächlichen Darstellung fest:

„Allein, so richtig seine Theorie ist, so sehr hat man das lebhafte Gefühl, daß ihm diese Grundsätze im Eifer, Luther um jedes Haares Breite gerecht zu werden, entschwinden. Es

---

[407] Vgl. oben bei RAHNER (I) die beiden Abschnitte „zur Rechtfertigung" und „zur historiographischen Methode".

will uns vorkommen, als sei Luther selbst der erste gewesen, der kein Verständnis aufgebracht hätte für diese nervöse Feinfühligkeit, mit der hier dem Genialen, dem Himmelstürmenden, dem heimlich echt Christlichen in seinem Werk nachgespürt wird".

Ausdrücklich wendet sich Rahner gegen Lortz' Deutung, „die Häresie des Luther sei weitgehend doch nur Betonung der ‚einen Seite der katholischen Synthese', sei häretisch nur durch die Einseitigkeit, mit der Grundkatholisches ausgesprochen wird". So lehnt Rahner auch „das unbegreifliche Urteil" bei Lortz ab, wonach *Von der Freiheit eines Christenmenschen* Luthers „christlichste" Schrift sei: „Ich kann nicht vergessen, daß der angeblich so tief christlichen Schrift ‚Von der Freiheit eines Christenmenschen' der erschütternd unchristliche Brief an den Papst, die Absage Luthers an seine alte Kirche, vorangeschickt wird" [408]. Laut Rahner „ist und bleibt diese Schrift das klassische Dokument einer unchristlich subjektiv gewordenen, vielleicht scheinbar ‚heroischen', […] aber trotzdem wurzelhaft unchristlichen, weil unkatholischen Theologie. Da gibt es kein theologisches Niemandsland". Daraus folge auch die „Ablehnung all jener Werturteile, die Lortz dem Wesen und dem Werk Luthers zugesteht – wir haben das bereits früher unzweideutig ausgesprochen [409] – die man schlechthin nur einem objektiv christlichen Anliegen zubilligen kann". Auch hier sei es „wiederum der Ton, das Mitschwingen von Ungesagtem, das übersteigernde Fehlgreifen in der Instrumentierung, was uns die ganze Psychographie Luthers, wie sie uns Lortz vorzeichnet, als unstimmig erscheinen lassen will":

„Gewiß, Lortz betont ehrlich die Nachtseiten in Luthers Seelengefüge, die so bestimmend auf den Gang der Reformation eingewirkt haben. Und Iserland betont es ebenso. Aber ist es nicht doch so, daß man die (fast wieder nachträglich angebrachten) Korrekturen zu überhören geneigt ist, wenn man vorher dem vollen Chor des Lobpreises gelauscht hat? Und daß Luther doch vor uns steht als herrlich genialer Christenmensch, dessen tiefstes Anliegen unverstanden blieb und den eben dieser Unverstand erst in die Kirchenfeindschaft getrieben hat?"

Rahner bekräftigt hier also nochmals seinen Eindruck, dass Lortz auch bei Luther letztlich miteinander unvereinbare Wertungen zusammenzubringen

---

[408] Vgl. denselben Punkt bei RAHNER (I): „Wenn etwa (I, S. 233) die Schrift ‚Von der Freiheit eines Christenmenschen' als erfüllt von ganz ungewöhnlicher christlicher Kraft bezeichnet, als restlos groß gewertet wird, so kann ich dabei eben nicht vergessen, daß Luther zu diesem Werk die Widmung an den Papst verfaßt hat, die diesem alle Seligkeit in Christo Jesu wünscht mit dem gleichen Atemzug, der unsägliche Verwünschungen ausstieß". RAHNER, Rez. (1940), 304. – Tatsächlich änderte Lortz diese Formulierung in der 2. Auflage: Statt als „christlichste" wird sie nun als „die frömmste aller Schriften der Reformators" bezeichnet. Zudem weist Lortz in einer neuen Anmerkung eigens darauf hin, diese Beurteilung trenne natürlich „scharf zwischen dem Buch selbst und dem ihm vorgesetzten Brief Luthers an Papst Leo X.". Vgl. dazu auch die Erklärungen in Robert Scherers Stellungnahme zu Rahners Kritik im Kontext der Änderungen der 2. Auflage.
[409] Vgl. RAHNER, Rez. (1940), 304: „Es müßte, glaube ich, doch Worte und Wertungen geben, die nur dem objektiv Wahren vorbehalten sind".

versuche[410]. Am Ende bleibe dabei – trotz aller gegenteiligen Aussagen – ein zu weitgehend positives Lutherbild.

Abschließend kommt Rahner „zum tiefsten Ansatzpunkt dieser Kritik": Lortz' Absicht, „einen längst fälligen, bisher noch nie verwirklichten Beitrag zum ‚ökumenischen Gespräch' zu liefern", was auch Iserland „mit warmen Worten" begrüßt habe. Er selbst – so Rahner – habe schon in seiner früheren Kritik „mit vorsichtigem Zweifel ausgesprochen", was er davon halte[411]:

> „Fragen wir uns doch ehrlich, was war bis jetzt ‚ökumenisches Gespräch'? Zwischen wem wird es denn gepflogen? Klingt das nicht doch stark nach eben jener ‚Begegnung in der Mitte', die Lortz selbst so grundsatzklar ablehnt (II, S. 307 f.)? Ich meine, bisher war noch immer jegliche Konversion zur Kirche kein Gespräch, sondern einfach ein Hören und ein Lehren. Und so wird es immer sein. Mit dem feinfühligsten Abhorchen des gemeinchristlichen Besitzes in Luther wird man niemals eine Begegnung erzielen. Die Hingabe an die volle christliche, das heißt aber immer an die katholische Wahrheit wird nie bloß durch Besinnung auf früheren, historisch gewordenen, gemeinsamen Besitz an christlicher Substanz gefördert [...] sondern ist der von der Gnade getragene, über allem Historischen sich vollziehende Sprung in das ganz Andere der als Ganzes aufleuchtenden Offenbarung der christlichen Wahrheit"[412].

Seine Kritik sei – so Rahner – nicht bloß „unfruchtbares Nörgeln an einem trotz allem so bedeutsamen Werk", sondern vielmehr „nötig angesichts der merkwürdig schwankenden Beurteilung, die das Buch gefunden hat – ein Schwanken, das letztlich in der Zielsetzung und der Gestaltung des Werkes seinen Ursprung hat".

6.2 Justus Hashagen in *Luther*

Etwa zur selben Zeit erschien – neben weiteren Rezensionen[413] – auch eine umfangreiche Besprechung des protestantischen Hamburger Historikers Justus Hashagen (1877–1961) in der Zeitschrift der Luthergesellschaft

---

[410] Krebs (I) äußerte ähnliche Kritik, etwa bezüglich Lortz' Aussagen zu Luthers Demut (vgl. oben).

[411] Vgl. am Schluss von Rahner (I) die grundsätzlichen Zweifel, „ob aus dem feinsinnig differenzierten Verständnis der Vergangenheit, also aus „Geschichte" überhaupt, Leben entbunden werden kann für die Gestaltung der kirchlichen Zukunft". Rahner, Rez. (1940), 304.

[412] Vgl. oben die ähnliche Skepsis bei Krebs (II), was das „Apostolat des Wortes" angeht.

[413] Am 6. März 1941 erschien zunächst eine kurze Rezension: Friedrich Märker, Rez. zu: J. Lortz, Die Reformation in Deutschland, in: Die Hilfe. Zeitschrift für Politik, Wirtschaft und geistige Bewegung 47 (1941), 79 f. Aus evangelisch-neutraler Perspektive grundsätzlich anerkennend, wird allerdings Lortz' negatives Urteil über Erasmus kritisiert: „In dieser Annäherung des Luthertums an humanistische Ideen liegt der Weg nach vorne: zu einer überkonfessionellen Versöhnung der Konfessionen, während Lortz den Weg zurückgehen will – zur Wiederherstellung der einen, der katholischen Konfession". – Aus katholischer Sicht erschien etwa zeitgleich: W. Greve, Rez. zu: J. Lortz, Die Reformation in Deutschland, in: Franziskanische Studien 28 (1941), 63 f. Die kurze, äußerst positive Besprechung konzentriert sich v. a. auf Details zur „Stellung der franziskanischen

Luther[414]. Die ganz eigenständige, detailliert kritische Rezension erkennt zunächst an, dass Lortz' Werk „die bisherige katholische Forschung weit hinter sich läßt: in dem ernsthaften Bemühen um ein besseres Verständnis, in dem Streben nach Sachlichkeit und nach Wahrheit (II 294), und nicht zuletzt in dem auf Versöhnlichkeit gestimmten Ton". Bemerkenswert sind dabei Hashagens Bezüge auf die gegenwärtige Zeit und die klare Ablehnung jeglicher nationalistischer Deutungsversuche, die bei Lortz erfreulicherweise nicht zu finden seien:

> „Es mußte wohl erst die sonstige Wiederannäherung der Konfessionen unter dem Druck der Gegenwart erfolgt sein, ehe ein Katholik es wagte, diesen Weg zu beschreiten. Auch von modernen Übertreibungen außerhalb der konfessionellen Fragestellungen hält sich Lortz fern. Insbesondere lehnt er die christliche Überschätzung des heute verhätschelten ‚Brauchtums' und die Triumphgesänge der religiösen Volkskunde durchaus ab […]. Auch modischen Lutherthemen wie dem heute oft verzeichneten Deutschtum Luthers macht Lortz keine Zugeständnisse".

Der „Druck der Gegenwart" lässt sich hier durchaus kritisch verstehen, insofern der antichristliche Nationalsozialismus die Konfessionen zu stärkerem Zusammenhalt zwang; wenngleich die Formulierung – wohl bewusst – so gewählt ist, dass auch eine NS-konforme Lesart möglich wäre, etwa im Sinne eines ‚nationalen' Zusammenwirkens der Konfessionen. Dabei zeigt sich auch in Hashagens Rede von „modernen Übertreibungen", etwa des „heute verhätschelten ‚Brauchtums'", sowie von „modischen" Themen wie dem „Deutschtum Luthers" eine bemerkenswert kritische Distanzierung von zeittypischen ‚deutsch-nationalen' Tendenzen[415] – die demnach also auch nicht in Lortz' Reformationsgeschichte zu finden sind.

Im Folgenden übt Hashagen dann zunächst formale Kritik, wobei er sich nicht zuletzt an Lortz' sprachlichem Stil stößt. Im Gegensatz zum „peinlichen Rückschritt" von Janssen, Denifle und Grisar – allein schon in der

---

Ordensfamilie zum Umbruch", wo immer noch erhebliche „Lücken der Spezialforschung" zu beklagen seien. – Schließlich folgte noch eine Rezension in einer Tageszeitung: Hermann SCHNEIDER, Die Reformation in Deutschland. Zu einem neuen Werke über das reformatorische Zeitalter, in: Magdeburgische Zeitung. Anhalter Anzeiger, 10. April 1941. Sachlich-neutral, grundsätzlich anerkennend, aber konfessionell unbestimmt, wird hier auch eine aktuelle Bedeutung von Lortz' Werk gesehen: „Wir wissen, daß die Beseitigung der Politisierung des Christlichen und Kirchlichen eines der großen Kampfziele der Reformation war. Dieses Ziel wurde nicht erreicht. Es wurde auch nicht erreicht das Ziel der nationalen Einheit. Dazu bedurfte es späterer Zeiten, im Grunde erst der Gegenwart".

[414] Justus HASHAGEN, Neue katholische Reformationsforschung, in: Luther. Mitteilungen der Luther-Gesellschaft 23 (1941), 37–47.
[415] Was angesichts von Hashagens Biographie nach 1933 allerdings nicht verwundert: Der mit kritischen Äußerungen über den Nationalsozialismus wenig zurückhaltende Hashagen war nach einer Denunziation 1935 zunächst beurlaubt, dann seines Lehrstuhls enthoben worden, 1939 schließlich zwangspensioniert. Vgl. Peter BOROWSKY, Justus Hashagen, ein vergessener Hamburger Historiker, in: Zeitschrift des Vereins für Hamburgische Geschichte 84 (1998), 163–183, hier 176–180.

„Formgebung" – sei Lortz' Werk zwar zweifellos eine Verbesserung; doch „zu einem eigenen ‚Stil‘ ist auch er nicht gelangt, er wäre denn die Anlehnung an die Sprechweise des Kollegs. Das Charisma des Wortes ist ihm nicht verliehen worden. Wenn ihm auch gewiß immer wieder glückliche Formulierungen gelingen, so fehlt es doch auch nicht an recht geschraubten Sätzen und an einer leisen Neigung zum Schwulst, auch nicht an Überflüssigem und Selbstverständlichem und an zahlreichen Wiederholungen"[416]. Ferner zielt Hashagens Kritik auf Lortz' Literaturverzeichnis, auf das „nicht die nötige Sorgfalt verwandt" worden sei. So finde man dort einen „Mangel der Ungleichheit" und „zahllose Lücken" vor, etwa zu wenig Zeitschriftenliteratur und zu viele katholische Autoren, während im Text wiederum kaum Belege angegeben seien. Auch der „Aufbau des Textes" selbst wird kritisiert: Dieser habe keine „klare Periodisierung" und leide unter mangelnder „Ausgeglichenheit", es fehle „an einer letzten Durcharbeitung, Abstimmung und Schlußredaktion". Ferner zeige sich eine „wissenschaftliche Verschiedenwertigkeit der einzelnen Kapitel" – z. B. gäbe es „trotz überflüssiger Breite" kaum Neues in politischer und sozialer Hinsicht –, wobei Lortz zum Teil auch nicht „auf der Höhe der Forschung" sei[417]. „Doch sind dies alles und manches andere vielleicht nicht viel mehr als Schönheitsfehler, und man könnte leicht in den Ruf eines Beckmessers kommen, wollte man länger dabei verweilen".

Den Vorzug von Lortz' Werk sieht Hashagen in der Konzentration auf das Wesentliche der deutschen Reformation; trotz der „Kompositionsmängel" sei die Darstellung „ausgesprochen thematisch". Dabei wird die realistische Zeichnung der damaligen kirchlichen Zustände grundsätzlich anerkannt, aber auch Kritik an gewissen „apologetischen" Zügen geübt, z. B. bei der Gebets- und Ablasspraxis. Die Beurteilung von Erasmus sei insgesamt „zu ungünstig". Dagegen werde Luther zwar „mit großem Ernste und sehr ausführlich behandelt", doch auch hier herrschten letztlich „geteilte Gefühle": „Jeder Freund Luthers, welcher Richtung er auch angehören möge, wird zunächst sympathisch berührt durch das voll gerüttelt Maß von unverhüllten und anscheinend uneingeschränkten Lobsprüchen, mit denen Lortz den Reformator beinahe verschwenderisch überschüttet", etwa in Bezug auf Luthers echte Religiosität und die objektive biblische Grundlage seines Glaubens. Zugleich fühle Lortz aber „offenbar das lebhafte und dringende Bedürfnis, vor dem von ihm mit so viel Anerkennung bedachten Reformator auch die

---

[416] Dazu führt Hashagen im Einzelnen etliche Beispiele für monierte „Lieblingsausdrücke", „Modewörter" sowie sonstige „stilistische Entgleisungen und seltsame Wortbildungen" bei Lortz an. Letztlich fehle „es seinem Stil an Gleichmaß und Ebenmaß, an Ausgeglichenheit, an einer letzten Feile. Angesichts der heutigen Verwahrlosung der deutschen Sprache müßten sich wenigstens die Wissenschaftler in strengste Zucht nehmen".

[417] Hashagen verweist dazu auf sein eigenes Buch: Justus Hashagen, Staat und Kirche vor der Reformation. Eine Untersuchung der vorreformatorischen Bedeutung des Laieneinflusses in der Kirche, Essen 1931. Dieses stehe zwar in Lortz' Literaturverzeichnis (vgl. Lortz, Reformation II, 313), sei von ihm „aber nicht ausgewertet" worden.

nötigen Warnungstafeln aufzurichten", denn: „So weit sich sein Lutherbild von dem seiner Vorgänger entfernt, so wenig wird ihm von seiner verheerenden, auf katholischer Seite schon immer hervorgehobenen Wirkung etwas Wesentliches genommen" – besonders im Hinblick auf Luthers angeblichen „Subjektivismus", dessen Folgen Lortz geradezu für „verheerend" halte.

„Lortz ist tief erschüttert davon und hält es für seine heilige Pflicht, bei ihrer Schilderung alle Register zu ziehen", so etwa hinsichtlich Luthers angeblicher Verwechslung der kirchlichen Mißstände mit dem Wesen des Katholizismus. „Hier erkennt man auch leicht, daß Lortz aus der rücksichtslosen Kritik an seiner eigenen Kirche für die Beurteilung von Luthers Angriff und Abfall nicht die nötigen Folgerungen gezogen hat". Daneben habe Lortz „aber noch einen anderen Pfeil in seinem Köcher", nämlich Kritik an Luther als Theologe: „Eine Seelen- und Geistesverfassung wie die Luthers konnte über die wesentlichen Punkte nie zu eindeutiger Klarheit gelangen" (Neigung zu Paradoxien etc.) – d. h. „Luther dachte nicht theologisch! Das ist wirklich des Verfassers Meinung. Als Theologen kann er ihn beim besten Willen nicht gelten lassen".

Im Folgenden übt Hashagen dann noch grundsätzlicher Kritik. Im Allgemeinen habe Lortz die Schriften Luthers und anderer nicht gründlich genug analysiert, sei mitunter nicht auf dem aktuellen Forschungsstand[418]. So weist Hashagen etwa Lortz' Bewertung der Confessio Augustana als geprägt vom „humanistischen Relativismus" scharf zurück:

„[E]s zeigt sich nun leider bei dieser völligen Verkennung der Augustana, daß der Verfasser eine Hauptpflicht jedes Reformationshistorikers, mit deren Erfüllung Ranke schon als junger Student begonnen hat, nicht zur Genüge erfüllt hat: das Studium der Schriften Luthers und der lutherischen Bekenntnisschriften und des sonstigen protestantischen Materials, und zwar durchaus auf den sachlichen Inhalt hin und nicht nur, um daraus das Pro und Contra in bezug auf Luther und die Reformatoren zu sammeln".

Zu Lortz' Lutherbild sei „zusammenfassend zu sagen, daß es viele leere Flecken zeigt und auch deshalb nur mit Vorbehalt angenommen werden kann". Doch trotz aller Kritik: „In allem Bisherigen liegt nicht der wissenschaftliche Schwerpunkt des Werkes. Diesen bemerkt man vielmehr erst in den Kapiteln über die reformatorische Bewegung und die Alte Kirche". Hier werden von Hashagen diverse Punkte positiv gewürdigt. So schließt die Rezension mit einem durchaus ambivalenten Fazit: „Der vorstehende Bericht hat wohl gezeigt, daß sich die Beschäftigung mit Lortz lohnt. Andererseits liegt der hohe

---

[418] Vgl. Lortz' eigene Bemerkungen in seinem Literaturverzeichnis angesichts der zahllosen Untersuchungen zu Luther: „Ich möchte nun meinen Lesern nicht etwa halb verlegen mitteilen, daß es mir ‚beinahe' unmöglich war, die Lutherforschung ganz und in allen Einzelheiten zu verfolgen. Ich betone vielmehr eindeutig, daß so etwas meine Kräfte weit übersteigt, aber auch, daß ich bezweifle, ob es heute überhaupt noch einen Menschen gibt, der diese Arbeit neben dem Durcharbeiten der Quellen – der schon an sich unübersehbaren! – auch nur von ferne zu leisten imstande ist". Lortz, Reformation II, 315.

Wert seines Werkes nicht zuletzt darin, daß es manche Lücke der Luther- und der Reformationsforschung von neuem sichtbar macht"[419].

6.3 Hermann Wendorf in der
Zeitschrift für deutsche Geisteswissenschaft

Nach einigen anderen Rezensionen[420] erschien etwa im September 1941 eine weitere ausführliche Besprechung aus protestantischer Sicht durch den Leipziger Historiker Hermann WENDORF (1891–1965) in der *Zeitschrift für deutsche Geisteswissenschaft*[421]. Die letztlich kritische Rezension entwickelt zum Teil ganz eigene Ideen zur Zukunft des Christentums, wobei auch deutschnationale Tendenzen zum Ausdruck kommen. Nach einer grundsätzlichen Würdigung des neuen Ansatzes von Lortz' Werk folgt schnell die Einschränkung: „Und doch läßt sich nicht übersehen, daß der Fähigkeit zum Verstehen

---

[419] Hashagen nahm auch in einem späteren Literaturbericht noch einmal Bezug auf Lortz: Justus HASHAGEN, Kritische Betrachtungen zur Lutherforschung, in: Archiv für Reformationsgeschichte 39 (1942), 256–273, hier 266. Dort heißt es u. a., dass der Historiker sich auf „den Errungenschaften der bisherigen Lutherforschung [...] nie behaglich ausruhen" dürfe, sondern „das Werkzeug gewissenhafter Selbstkritik immer wieder in die Hand" nehmen müsse. Dabei sei es „besser, wenn er es selbst und selbsttätig handhabt, als wenn es ihm von verständnislosen Feinden aufgedrängt wird"; und in einer Anmerkung dazu: „Auch Joseph Lortz, Die Reformation [...] gibt zu denken". Kurz darauf heißt es, im Kontext von Denifles Vorwürfen gegen Luther: „Erst neuerdings ist Lortz, zwar kein Mönch, aber ein Priester, vornehmlich von dieser Art von Polemik abgerückt", wobei Hashagen hier auf seine eigene Besprechung sowie diejenige RITTERS verweist.

[420] Mitte 1941 erschienen noch zwei kleinere katholische Rezensionen, zum einen: M., Rez. zu: J. Lortz, Die Reformation in Deutschland, in: Zeitschrift für katholische Theologie 65 (1941), 119f. Hierbei handelt es sich um eine neutrale, letztlich eher kritische Würdigung der bisherigen Rezeption. Lortz habe nicht bloß die einzelnen kirchlichen Missstände offengelegt, sondern die ganze damalige „Kirchen- und Geistesentwicklung" in grundsätzlichen Zusammenhang „mit dem großen Kulturbruch am Beginn des 16. J[ahr]h[underts]" gebracht. „Anderseits wurde aber auch die Grenzen dieses ökumenischen Werbens mit Nachdruck vom Feind und auf die ebenfalls bestehenden Schwächen vom Freund hingewiesen"; insgesamt versuche Lortz offenbar „das Trennende nach Möglichkeit zu übersehen". Dazu wird auf „die ausgezeichnete Besprechung" von BÖMINGHAUS verwiesen. Als „der beste Kritiker auf der Gegenseite" wird RITTER erwähnt. – Zum anderen erschien eine kurze, anerkennende Besprechung aus seelsorgerlicher Perspektive: Osmund LINDEN, Rez. zu: J. Lortz, Die Reformation in Deutschland, in: Kirche und Kanzel 24 (1941), 131f. Es sei „kaum zu übersehen, daß durch die geistige Welt unserer Zeit ein starker Zug zur Einheit geht", auch in religiöser Hinsicht. „Das aber ist sicher ein großer Erfolg, daß der Verfasser durch seine Schau der historischen Tatsache die Möglichkeit geschaffen hat zu einem fruchtbaren Gespräch. Möge aus dem nun neu entfachten Interesse wirklich das entstehen, was des Verfassers größtes Anliegen ist: die *Una sancta!*" – Zu erwähnen ist ferner noch eine weitere Rezension in einer Tageszeitung: Heinrich GRIMM-BALKOW, Neudeutung der deutschen Reformation, in: Deutsche Allgemeine Zeitung, Nr. 271/72, 8. Juni 1941.

[421] Hermann WENDORF, Bewertungsgrundlagen der Reformationsgeschichte. Eine Auseinandersetzung mit Joseph Lortz, in: Zeitschrift für deutsche Geisteswissenschaft 4 (1941/42), 11–31.

des anderen bei Lortz ihre mitunter engen Grenzen gesetzt sind. Sie sind in den Bewertungsmaßstäben des Katholizismus gegeben", wie z. B. hinsichtlich Luthers vermeintlichem „Subjektivismus". Letztlich sei „nämlich auf beiden Seiten eine ganz verschiedene Vorstellung von Gott am Werke, die die jeweilige Auffassung aus sich hervortreibt", wozu Wendorf nähere eigene Gedanken entwickelt. Einen besonderen Wert legt Wendorf dabei auf die „Anerkennung der Eigenständigkeit der Religiosität Martin Luthers", die „unabdingbar für jedes wirkliche Verstehen des reformatorischen Geschehens" sei. Dies falle aber gerade „der katholischen Kirche mit ihrem Absolutheitscharakter so unendlich schwer", da es ihr von ihrem Grundverständnis her unmöglich sei, „neben sich eine andere Form der Gottesverehrung als grundsätzlich gleichberechtigt anzuerkennen". Vor diesem Hintergrund sei es allerdings „erstaunlich, wie weit das Einfühlungsvermögen Lortz' geht, ohne den Rahmen des strengen Katholizismus zu überschreiten".

Abgesehen von konkreter Kritik, etwa an Lortz' negativem Urteil über Erasmus und den Humanismus oder an seiner Sicht auf Karl V., sieht Wendorf bei Lortz grundsätzlich „die Unmöglichkeit, bei Erfülltheit mit lebendiger Katholizität einen unbefangenen Blick für die vortridentinische Kirche zu besitzen. Und so komme Lortz zu dem überraschenden Schluß, Luthers Angriff sei im Grunde gar nicht gegen die katholische Kirche gerichtet gewesen", da Luther den Ockhamismus mit der eigentlichen katholischen Lehre verwechselt hätte. „Wie sehr dies unter dem Gesichtswinkel der nachtridentinischen Kirche geschaut ist, zeigt die Erwägung, wie sich denn Luther eine ‚richtige' Vorstellung von der Kirche hätte bilden sollen, wenn man die ganze Scholastik nach Thomas als unkatholisch ausscheidet". Wendorf sieht hier also bei Lortz eine historisch unzulässige, anachronistische Perspektive auf die katholische Kirche zu Luthers Zeit von ihrer späteren, nachtridentinischen Entwicklung her[422], wobei er sogar von „Rückwärtsprojizierung" spricht: „Für den unbefangenen Betrachter kann es keinem Zweifel unterliegen, daß die katholische Kirche im Ausgang des Mittelalters diejenige feste Geschlossenheit noch keineswegs besessen hat, mit der sie aus den Beschlüssen des Reformkonzils von Trient hervorgegangen ist. [...] Es bedeutet daher eine nicht zu billigende Rückwärtsprojizierung seiner Ergebnisse, wenn man Menschen und Verhältnisse einer weiter zurückliegenden Zeit an den dort aufgestellten Maßstäben mißt und wertet".

Schließlich führt Wendorf als „lehrreiches" Beispiel aus der Kirchengeschichte „das aus dem gleichen Motive der Nachfolge Christi geflossene Auftreten des Petrus Valdes und des Franz von Assisi" an und zieht hieraus Parallelen zu Luther und der Reformation, die auch anders hätte verlaufen können: „Bedenkt man die scharfe Kritik, die von Franz von Assisi ausging, und die keinen geringen Gegensatz gegen das offizielle Kirchentum seiner Zeit in sich schloß, so kann man es sehr wohl für möglich halten, daß eine ähnliche Weite des Geistes, wie sie Innozenz III. und seine Nachfolger be-

---

[422] Vgl. oben die ähnliche Kritik bei KÖHLER (I) und BORNKAMM.

wiesen, einen Weg hätte finden können, der das Verbleiben des Luther von 1517 in der Kirche zugelassen hätte". Zudem sei auch die katholische Kirche keineswegs überall gleich: Angesichts der „typischen Formen, die die einzelnen Völker je nach ihrem inneren Angesprochensein von den christlichen Wahrheiten als ihrer seelischen Haltung entspringende Antworten ausgebildet haben", wäre es „auch von dieser Seite betrachtet nichts Befremdliches, sich das deutsche Volk als mit der eigentümlichen Frömmigkeit des Luther von 1516/17 erfüllte Sonderform der Kirche vorzustellen" – eine Sichtweise, die sich deutlich in Richtung einer völkisch-nationalen ‚deutschen' Kirche bewegt. Wendorf geht dabei in der Entwicklung seines eigenen Geschichtsbildes noch weiter: So bestehe insgesamt, trotz Lortz' anerkennenswerter Vorarbeit, immer noch die Notwendigkeit einer wirklich „objektiven" Reformationsgeschichtsschreibung, um den drei grundlegenden religiösen „Prinzipien" gerecht zu werden. Diese seien die „katholische" und die „protestantische" Richtung sowie jene Strömungen, die „den Weg zu Gott neben Kirche und Schrift aus eigenen, in ihnen selbst liegenden Quellen der Erkenntnis zu finden" versuchten (Spiritualisten, Täufer etc.) – hier stehe „die Forschung noch vor entscheidenden Aufgaben".

Zuletzt erwähnt Wendorf noch explizit „das Problem Germanentum und Christentum, näher Deutschtum und Christentum": „Erst wenn man das Werk Martin Luthers in diesen weiten Zusammenhang hineinstellt und als einen besonders eindringlichen Sonderfall des Ringens des deutschen Geistes mit dem Christentum auffaßt, wird man den Standort gefunden haben, der zum wahren Verständnis des reformatorischen Geschehens hinführt". In eindeutiger Weise beansprucht Wendorf hier eine nationalistische Interpretation Luthers als Paradebeispiel des „deutschen Geistes" im Christentum, wobei er sogar noch darüber hinausgeht und Bezüge bis in die Gegenwart herstellt: „In Luther hat ja das Ringen des deutschen Menschen mit dem Geist des Christentums keineswegs seinen Abschluß erreicht, es ist weiter fortgegangen und hat gerade in der Gegenwart wieder die Form einer besonders eindringlichen Auseinandersetzung angenommen". Wendorf lässt offen, was ihm hier genau vorschwebt. Insgesamt passen seine Ausführungen jedoch gut zu NS-ideologisch geprägten Deutungsmustern eines deutsch-national geprägten Christentums. Dass er gerade in diesem Punkt bei Lortz noch Desiderata anmeldet, spricht wiederum für das Fehlen solcher Elemente in Lortz' Werk[423].

Mit einigen weiteren, weniger bedeutsamen Rezensionen[424] kommt Ende 1941 schließlich auch diese Phase der Besprechungen zum Abschluss.

---

[423] Wie zuvor auch schon HASHAGEN festgestellt hatte.

[424] Ende 1941 folgten noch einige kürzere Rezensionen, zuerst aus katholischer Sicht: Karl SCHREMS, Rez. zu: J. Lortz, Die Reformation in Deutschland, in: Katechetische Blätter 67 [= NF 42] (1941), 211f. Die positiv-allgemeine Würdigung zitiert dabei auch ein Urteil des Tübinger Dogmatikers Karl Adam (1876–1966) über Lortz' Werk („mit überlegener Sachlichkeit und reifem geistesgeschichtlichen Verständnis geschrieben"), ohne jedoch eine Quelle dieser Äußerung anzugeben; eine etwaige Rezension Adams ließ

7. Ausführlich-kritische Auseinandersetzungen – rein evangelisch (1942–1944)

Mit Beginn des Jahres 1942 lässt sich eine letzte Phase der Rezeption abgrenzen, als nur noch wenige Veröffentlichungen zu Lortz' Reformationsgeschichte erschienen bzw. – aufgrund der kriegsbedingten Publikationseinschränkungen – erscheinen konnten. Die wenigen bis 1945 noch publizierten Rezensionen waren – abgesehen von kleineren Anzeigen[425] anlässlich des Erscheinens der zweiten Auflage Ende 1941 – ausnahmslos umfangreichere, theologisch-kritische Auseinandersetzungen mit Lortz' Werk aus evangelischer Perspektive.

---

sich nicht ermitteln. – Von evangelischer Seite erschien zunächst: Rudolf HERMANN, Unser bleibendes Bekenntnis zu Luther. [Bericht über einen Vortrag von Prof. D. Hermann, Greifswald. Von Marie Louise Henry, Hamburg], in: Luther. Mitteilungen der Luther-Gesellschaft 23 (1941), 74–77. Der referierte Vortrag stellt in Auseinandersetzung mit Lortz' Werk das konfessionell gegensätzliche Verständnis von „Autorität, Lehramt und Dogma" heraus: „An der sola fides scheiden sich die Wege". – Eine ausgewogene Besprechung bietet: Ernst REFFKE, Rez. zu: J. Lortz, Die Reformation in Deutschland, in: Zeitschrift für Kirchengeschichte 60 (1941), 517–520. Neben grundsätzlicher Anerkennung für Lortz' Werk („daß es auf die Zeichen der Zeit aufmerksam gehört hat und Tendenzen zum Ausdruck bringt, die sich bereits am Rande der Probe, die die christliche Religion in der Gegenwart zu bestehen haben wird, abzeichnen"), steht die Kritik, dass Lortz „die Basis der Aussprache der Konfessionen auf das Gebiet der Frömmigkeit verlegt und damit die dogmatischen Gegensätze zu neutralisieren sucht". Dies begrenze „die Tragweite seiner Argumente", die letztlich „mit einer historischen Erfassung der in Luther aufgebrochenen Urgewalt nichts zu tun haben und denen daher auch die geschichtliche Wirkung selber versagt bleiben wird". – Eine positive Würdigung mit Konzentration auf Details der württembergischen Geschichte enthält: Julius RAUSCHER, Rez. zu: J. Lortz, Die Reformation in Deutschland, in: Blätter für württembergische Kirchengeschichte NF 45 (1941), 124 f. – Schließlich erschien noch eine katholische Rezension mit besonderem Blick auf die nordischen Länder: Peter LOUIS, Die Reformation, ein Kampf um die echte Form des Christentums?, in: Christi Reich im Umkreis des Nordpols. Berichte über die Kirchen des Nordens [6] (1941), 85–87.

[425] Jeweils im Rahmen der Bücherschau erschienen zwei kurze Würdigungen, zum einen im März 1942: Edwin KÜNZLI, Neuerscheinungen theologischer und religiöser Literatur. I., in: Schweizer Monatshefte. Zeitschrift für Politik, Wirtschaft, Kultur 21 (1941/42), 668–670, hier 669 f. – Zum anderen im Jahr 1943: Thomas BRACKHEIM [= Theodor Heuss], Europäische Umschau. Reformationszeitalter, in: Europäische Revue 19 (1943), 217–219, hier 218 f. Beim Autor handelt es sich um den unter Pseudonym schreibenden späteren Bundespräsidenten Theodor Heuss (1884–1963). – Heuss verfasste später auch ein Grußwort für Lortz' Festschrift: Theodor HEUSS, [Grußwort], in: Erwin ISERLOH/ Peter MANNS (Hg.), Festgabe Joseph Lortz, Bd. 1: Reformation. Schicksal und Auftrag, Baden-Baden 1958, 1–3. Dass Heuss offenbar durchaus ernsthaft an Lortz' Werk und der Thematik interessiert war, geht auch aus einem späteren Schreiben von Josef Höfer an Lortz hervor: „Ich wollte auch den Herrn Bundespräsidenten [Heuss] aufsuchen [...]. Er antwortete postwendend und teilte mit, wie sehr ihn das zu hören interessiert hätte und wie sehr er am Neuerscheinen Deiner Arbeit Anteil nimmt". Höfer, Rom, an Lortz, Stromberger Neuhütte, 05.08.1959. IEG, NL Lortz [732].

7.1 Hermann Sauer in der *Theologischen Literaturzeitung*

Als erstes erschien im Januar/Februar 1942 eine ausführliche Rezension des evangelischen Pfarrers und Publizisten Hermann SAUER (1902–1959) in der *Theologischen Literaturzeitung*[426]. Es handelt sich um eine insgesamt kritische Besprechung mit längeren eigenständigen Ausführungen, u. a. zur Entwicklung einer eigenen „ökumenischen" Geschichtsdeutung. Zunächst geht Sauer auf die bisherige Rezeption ein: Lortz' Werk habe „eine schöne Aufnahme gefunden", die es „durch seine irenische Grundhaltung verdient" habe. Allerdings könne es kaum als ein katholischer „Aufbruch zu Luther" bezeichnet werden, da auch Lortz „das innerste Verständnis für den ganzen Luther und vor allem das reformatorische Schicksal nicht erreicht". Unter Verweis auf die wichtigsten Besprechungen auf beiden Seiten[427] stellt Sauer fest: „So droht dem Gespräch, das L[ortz] über die Reformation beschwört, die Gefahr jener Pseudosachlichkeit, die Begriffe über die Sache hinweg und zutiefst Gespräche auf Kosten der Sache ermöglicht. An diesem Punkte scheint das Gespräch von L[ortz]'s Buch her angelangt zu sein". Näherhin führt Sauer aus: „Denn Gespräch will Verantwortung; Gespräch ist Wissensrede zum Ziele der Gewissensbewegung, nie sich selbst suchende Unterhaltung in sich selbst ruhender Dialektik. Das gilt gerade von L[ortz]'s Ansatz, der von einem historischen Problem (Luther) ausgeht, weil er der ökumenischen Frage *von heute* und morgen dienen will"[428]. Trotzdem betont Sauer seine grundsätzliche Anerkennung von Lortz' Werk: „Wir beglückwünschen den Katholizismus zu diesem Lutherbuch. Wir verkleinern diesen Dank nicht, sondern meinen ihn zu vergrößern, indem wir sein innerstes Anliegen ernst nehmen und über den toten Punkt der Pseudosachlichkeit hinauszuführen versuchen".

Im Folgenden entwickelt Sauer dazu eine eigene komplexe Hermeneutik: „Der legitime Einwand gegen L[ortz] geht hier auf die *methodische* Unterlassung, als Anhänger eines katholisch statisch-kirchlichen Begriffes der Ökumene nicht den *dynamischen Ein- und Durchbruch ökumenischen Glaubens und Wesens* in Luthers Schicksal erfaßt und als *pneumatische Objektivität der Frühreformation* dargestellt zu haben". Hierzu folgen noch längere eigenständige Gedankengänge, ausgehend von Luthers Begriff von „Christenheit", „Sakrament" etc. Schließlich stellt Sauer seine eigene „ökumenische" Geschichtsdeutung gegenüber Lortz dar: „Im letzten Grunde erscheint seine wohlwollende Darstellung dem Protestanten doch nicht gelöst zu sein von dem katholischen Grunddogma, daß Reformation Vorsehung im Sinne der

---

[426] Hermann SAUER, Die Verantwortung des ökumenischen Gesprächs. Zu Joseph Lortz: „Die Reformation in Deutschland", in: Theologische Literaturzeitung 67 (1942), 1–12.

[427] *Evangelisch:* Bornkamm (1940), Merz (1940), Ritter (1940), Sasse (1940), Wolf (1940), Wendorf (1941). – *Katholisch:* Rahner (1940), Schmidlin (1940), Smolka (1940), Simon (1940).

[428] Ein Aspekt, der auch von RAHNER (I) und KREBS (II) eher skeptisch gesehen wurde (vgl. oben).

Zulassung, im Grunde also *doch nicht* ‚Vorsehung' sei". Im Unterschied dazu
„wäre darzulegen, wie Reformation *immer* ein pneumatisches Ereignis der
Christenheit – *vor und nach* der Reformation darstellt!" Sauer versteht hier
„Reformation" als „Umbruchs- und Neubruchszeit zu einer neuen Epoche
der Christenheit", wovon es bisher drei „Epochen" gegeben habe: „die erste –
nach Cluny, die zweite mit und nach der Reformation, die dritte mit Spener,
dem *Pietismus und der Aufklärung*". Dazu folgen noch weitere eigene Überlegungen Sauers[429], ohne konkreten Bezug zu Lortz.

7.2 Walther Köhler (II) in der *Historischen Zeitschrift*

Im März/April 1942 erschien eine weitere Besprechung von Walther KÖHLER
– der bereits 1940 eine ausführliche Rezension in der *Neuen Zürcher Zeitung*
veröffentlicht hatte[430] – in der *Historischen Zeitschrift*[431]. Entsprechend der
Ausrichtung der Zeitschrift legt Köhlers zweite, kürzere Rezension nun den
Schwerpunkt mehr auf die geschichtswissenschaftlichen Aspekte. Lortz'
Werk sei „in einer historischen Zeitschrift unter doppeltem Blickpunkt zu
würdigen: einmal in seiner Bedeutung für die Geschichte der katholischen
Geschichtsschreibung, sodann von der Frage nach der Übermittlung neuer
allgemeiner historischer Erkenntnisse aus". Besonders im ersten Punkt liege
„die Hauptbedeutung dieser Darstellung" von einem katholischen Priester:
„Sie darf hier mit bestem Rechte den Anspruch nicht nur einer originalen,
sondern auch antitraditionellen, eine neue Epoche verheißenden Leistung erheben". Im Gegensatz zu seinen katholischen Vorgängern Denifle und Grisar
zeige Lortz „den energischen Willen, den Ketzerprozeß, der Luther gemacht
zu werden pflegte, [...] zu überwinden zugunsten einer Wertung der subjektiven Intention des Reformators" – wobei Köhler hinzufügt: „Ob das immer
gelungen ist, bleibt eine andere Frage, es war bisher überhaupt nicht gewollt
worden".

Zur zweiten Frage nach neuen historischen Erkenntnissen bei Lortz bemerkt Köhler zunächst, „daß die Darstellung nicht eine streng chronologische Entwicklung der Gesamtgeschichte bietet, sondern essaiartig angelegt
ist, den historischen Faden mitunter auflockert und immer wieder reflektie-
rend Luther umkreist; sie ist mehr für den Kenner der Reformationsgeschichte geschrieben, dem sie neue Sicht bieten möchte, als daß sie in sie einführt".
Obwohl Luther im Mittelpunkt stehe, könne „man nicht sagen, daß L[ortz]
neue Lutherstudien gemacht und etwa zu dem immer noch strittigen Bild des
‚jungen Luther' einen neuen Beitrag geliefert hätte". Stattdessen lege Lortz

---

[429] Auch mit Hinweis auf sein eigenes Buch: Hermann SAUER, Abendländische Entscheidung. Arischer Mythus und christliche Wirklichkeit, Leipzig 1938.
[430] Walther KÖHLER, Die Reformation in Deutschland, in: Neue Zürcher Zeitung und
schweizerisches Handelsblatt, Nr. 938, 30. Juni 1940; Nr. 946, 2. Juli 1940. – Zum Inhalt
vgl. oben.
[431] Walther KÖHLER, Rez. zu: J. Lortz, Die Reformation in Deutschland, in: Historische
Zeitschrift 165 (1942), 378–380.

„allen Nachdruck auf die Beurteilung", wobei allerdings „der bei ihr angelegte Maßstab, ganz objektiv gesehen, ein Verstoß gegen die Gesetze historischen Erkennens ist und nicht etwa nur die subjektive Voraussetzung, ohne die kein Historiker arbeiten kann". Köhler übt hier also schwerwiegende Kritik an Lortz' historischer Methode, besonders aufgrund der unhistorischen Auffassung des katholischen Lehramts: Nach Lortz habe z. B. Luther durch die damaligen Mißstände die „unangetastete Substanz" der Kirche nicht erkannt, womit für Lortz „das kirchliche Lehramt gemeint ist, das es in dieser maßgebenden Form aber damals noch nicht gab. Ein solcher Anachronismus des Maßstabes ist historisch unzulässig"[432]. Dies verführe Lortz dann auch dazu, „doch entgegen der eigenen Intention (s. o.) den ketzerischen Hochmut an Luther zu finden und ihm das Ideal des heiligen Canisius vorzuhalten (I 426, II 148) – wie wenn man etwa Franz von Assisi an der militärischen Tüchtigkeit eines deutschen Soldaten messen wollte!"

Anderen Aspekten in Lortz' Darstellung spendet Köhler jedoch durchaus Anerkennung: „[H]istorisch fruchtbar ist die Heraushebung traditionell-katholischer Momente bei Luther, wie etwa in der Abendmahlslehre oder in der Stellung zur Hl. Schrift [...]. Auf diesem Gebiete der Traditionsverbundenheit Luthers kann die katholische Forschung, da sie gemeinhin die Tradition der katholischen Kirche besser zu kennen pflegt als der Nicht-Katholik, erkenntnisfördernd wirken". Auch „der umfangreiche erste Teil des ersten Bandes: am Vorabend einer neuen Zeit" sei eine „gute selbständige Leistung" von Lortz; „die schon oft dargestellte Zeitenwende erfährt nicht als Ganzes, aber durch manche Einzelzüge, namentlich nach der Seite des religiösen Lebens hin, neue Beleuchtung". Lob erhält ferner das Kapitel, das sich den „theologischen Gegenspielern Luthers" widmet, sowie die gelungene Darstellung Karls V. als „Gegenspieler Luthers".

7.3 Ernst Kohlmeyer in den
Lehrbriefen der Evangelisch-theologischen Fakultäten

Die allerletzte Rezension zu Lortz' Reformationsgeschichte, die vor 1945 feststellbar ist[433], ist die Besprechung des Bonner Kirchenhistorikers Ernst KOHLMEYER (1882–1959) die im Juni 1944 in den *Lehrbriefen der Evangelisch-theologischen Fakultäten der Universitäten Bonn und Leipzig an ihre bei der Wehrmacht stehenden Kommilitonen* veröffentlicht wurde[434]. Es han-

---

[432] Vgl. die ähnliche Kritik bereits bei KÖHLER (I), ebenso wie bei BORNKAMM und WENDORF.

[433] Im September 1943 erschien noch: Paul ALTHAUS, Einheit und Einigung der Kirche römisch-katholisch und lutherisch gesehen, in: Luthertum 54 (1943), 65–85. Es handelt sich hierbei jedoch nicht um eine eigentliche Rezension, sondern vielmehr um eine grundlegende Auseinandersetzung mit dem Problem der konfessionellen Spaltung; beim detaillierten Vergleich der Positionen wird hier gelegentlich auch Lortz zitiert.

[434] Ernst KOHLMEYER, Luther und sein Werk in neuester katholischer Beleuchtung, in: Lehrbriefe der Evang.-theologischen Fakultäten der Universitäten Bonn und Leipzig an

delt sich um eine sehr ausführliche, grundsätzlich anerkennende, insgesamt jedoch detailliert-kritische Auseinandersetzung mit Lortz' Werk, dessen Anliegen gleich zu Beginn gewürdigt wird. „Es ist ein weiter Weg von den Vorgängern, Denifle und Grisar, bis zu Lortz", bei dem man „auf eine ausgesprochen andere, ja gegensätzliche Einstellung" treffe: „Sein Werk soll eine wichtige christliche Aufgabe, *die Lösung der ökumenischen Frage*, vorbereiten" und dazu „auf *beiden* Seiten Licht und Schatten mit Freimut und mit Verständnis für das dem evangelischen Christen Heilige gerecht verteilen". Dabei wird auch bemerkt, wie Lortz seine Darstellung gegenüber den katholischen Lesern abzusichern bemüht ist: „Der Verfasser salviert sich freilich peinlichste dogmatische Korrektheit für seine Werturteile, ist aber nicht ganz ohne Sorge, ob nicht trotzdem seine Schilderungen des Zerfalls in der mittelalterlichen Kirche manchen Katholiken befremden werden". Kohlmeyer stellt dazu fest:

„Denn ein rücksichtsloser Wahrheitsernst zeichnet das umfangreiche Gemälde aus, das Lortz mit großer Belesenheit und aus hundert Einzelzügen von den religiösen und kirchlichen Zuständen vor Luthers Auftreten entwirrt [sic]. Gewiß, es fehlen einige der dunkelsten Pinselstriche in diesem Bilde. Es wird sogar versucht, dem Ablaß eine dogmatische Korrektheit aufzuprägen [...]. Aber sein Gesamtbild gereicht auch dem protestantischen Historiker zu hoher Befriedigung: endlich ein Bereich der geschichtlichen Arbeit, auf dem über die konfessionellen Gegensätze hinweg eine fast völlige Übereinstimmung nahe scheint, was die *Schattenseiten* und die *lichten Seiten* des großen Gemäldes angeht".

Doch trotz „allem ehrlichen, wahrhaftigen Eingeständnis" der Fehler der damaligen Kirche „fehlen, ja müssen vielleicht fehlen die letzten Erkenntnisse, die den Bruch der Zeiten reifen ließen". So bleibe „es für die Darstellung von Lortz [...] letztlich ein Rätsel, daß so große Volksmassen sich durch Luthers grobe Mißdeutungen der katholischen Frömmigkeit (denn auf die wird es nach Lortz hinauslaufen) verführen lassen, darauf einzugehen".

Auch in Bezug auf Luther sieht Kohlmeyer zunächst den gewaltigen Fortschritt in Lortz' „Würdigung der Persönlichkeit, der religiösen Anlage und Kraft, der reinen religiösen Motive" – doch zugleich habe Luther nach Lortz „in seiner Lehre schwere theologische Schnitzer begangen" (z.B. Sündenbegriff) und dabei „die katholische Lehre verzerrt und diesen selbstgeschaffenen Popanz dann bekämpft" (Ockhamismus etc.). Diesen theologischen Differenzen widmet Kohlmeyer noch weitere detaillierte Ausführungen. Grundsätzlich werde hier „das allgemeinste Problem der Reformation" sichtbar: der „Zusammenstoß einer neuen religiösen Epoche mit einer jahrtausendalten, reichgestalteten religiösen Organisation" – der katholischen Kirche, aus der „fast mehr ein religiös-*soziologischer*, praktisch bestimmter Organismus als ein theologisches System" geworden sei, in einem quasi abgeschlos-

---

ihre bei der Wehrmacht stehenden Kommilitonen [3] (1944), 21–34. – Zu berücksichtigen ist allerdings, dass nach eigener Angabe der Aufsatz erstmals bereits im Januar 1943 erschienen war, aufgrund drucktechnischer Mängel jedoch eine erneute Veröffentlichung gewünscht worden sei.

senen „Entwicklungsstadium". Dies zeige sich besonders an Lortz' Schilderung der katholischen Erneuerung – eine „für die Historiker beider Konfessionen höchst dankenswerte Aufgabe, der Lortz bewußt mit unerreichter Sorgfalt und Ausführlichkeit nachgegangen" sei. Lortz' Darstellung „klärt das Gesamtbild durch das, was sie zu Tage fördert und – vermissen läßt. So vielfältig die Äußerungen kirchlicher Frömmigkeit um 1500 waren, gegenüber dem alle Dämme sprengenden Strom der Reformation sind sie sehr wenig auffällig" und ohne vergleichbare geistige „Produktivität und Dynamik".

Im weiteren Verlauf geht Kohlmeyer auf einige konkrete Punkte bei Lortz ein, so etwa auf den Vorwurf des „Subjektivismus" bei Luther: „Der Vorwurf geht tief. Mancher Protestant steht ihm mit Seufzen gegenüber. Und der Vorwurf greift weit. Er spricht das Verdikt aus über das ganze moderne Geistesleben [...]; die konsequente katholisch-kirchliche Anschauung muß hier das Reich des Subjektivismus finden. Ist Luther dessen Wegbereiter? Wir sagen nein". Hierzu folgen noch nähere Ausführungen. Eine positive Anregung sieht Kohlmeyer hingegen durch die „ebenso schwere wie ernste Frage", die Lortz aufwerfe in Bezug auf *die praktische Auswirkung der Reformation* auf das kirchliche und sittliche Leben". Denn „mit der Ausräumung dieses Allzuvielen, allzu Naiv-sinnfälligen bekam das reiche kultische Leben einen Stoß. Der Erfolg ist ‚Minderung des Gebetslebens'". Hier treffe Lortz tatsächlich einen wichtigen Punkt: „die Frage bleibt für den Protestanten ernst. Denn ihm droht zweifellos die entgegengesetzte Gefahr, alles droht einzuschlafen". Zwar „ist dieser Mangel ein Versagen nicht Luthers, aber des Luthertums. [...] Die katholische Darstellung hat uns hier etwas zu sagen, sie stammt aus einer Kirche des Gebets". Dagegen weist Kohlmeyer einen anderen Vorwurf von Lortz zurück, nämlich „daß die Reformation mit ihrer Freiheitsethik der *Sittlichkeit schwersten Schaden zugefügt habe*", d. h. „daß mit der Lösung von der alten kirchlichen Disziplin und der streng gewahrten Sitte auch die Sittlichkeit sich aufgelöst habe in Willkür und Zuchtlosigkeit". Dass Lortz dies nun als „eine tödliche Anklage gegen einen solchen Versuch des Umsturzes" interpretiere, sei allerdings „merkwürdig", insofern „die katholischen Kritiker in diesem Fall eine ausgesprochen kurzsichtige Brille aufsetzen": Denn nach der zuvor so „weitsichtig" konstatierten „Entwicklung des Subjektivismus und der Aufklärung aus der Reformation" sei der Blick nun plötzlich „auf die erste Generation der Reformationszeit" beschränkt. Demgegenüber meint Kohlmeyer, „daß durch die Jahrhunderte hin und bis auf den heutigen Tag die protestantische Sittlichkeit den Vergleich mit der katholischen nicht zu scheuen braucht", trotz einer zunächst notwendigen Zeit des „Umbruchs" – zumal angesichts der auch von Lortz selbst zugegebenen, noch lange fortdauernden Schäden auf katholischer Seite. Insgesamt zeige sich an „Lortz' eigenem Material, daß durchgreifende Vereinheitlichungen in der Charakterisierung ganzer Zeitperioden, großer Menschenmengen meistens Vorsicht erfordern", besonders auch bei *den Motiven der Ausbreitung der Reformation"; dazu folgen nähere Ausführungen zur damaligen religiös-politischen Situation. Deutliche Kritik übt Kohlmeyer hier an Lortz'

Urteil, das wirklich religiöse Motiv habe dabei an letzter Stelle gestanden – was als „kategorische Aburteilung auf einem so ungeheuer differenzierten Gebiet, auf dem der Verfasser selbst eine Fülle *religiöser* Mißstände zugegeben hat, etwas schwer Begreifliches" sei. Auch hierzu bringt Kohlmeyer noch weitere Ausführungen.

Schließlich möchte Kohlmeyer nach „den Einzelheiten zum Abschluß auf das Ganze" blicken, das er zunächst noch einmal anerkennend würdigt: „Ein Werk reichen Inhalts, zügiger Darstellung, lebhaftester Anteilnahme, das größte Beachtung durch unleugbare Fortschritte über seine Vorgänger verdient!" Doch zeigten sich auch bald „empfindliche Schranken des Urteils", besonders bei der Lutherdeutung: „Die ganze Zeichnung Luthers durch Lortz zeigt eine klar erkennbare Linie: unumwundene Anerkennung der religiösen, prophetischen Anlage, beschränkt auf das psychologisch-menschliche Gebiet; Abrückung von der eigentlichen theologischen Sphäre der übernatürlichen Tugenden! Luthers Glaube und Demut zählt also nur als glaubende und demütige ‚natürliche' Seelenhaltung Luthers"[435]. So werde auch „der Charakter Luthers in der Folge durchaus nicht überwiegend günstig beurteilt" (Hochmut etc.). „Jedenfalls ist die abschließende weltgeschichtliche Beurteilung Luthers die herkömmliche: die des Aufrührers, der die Kirche gespalten hat". Dabei sei es „ein auffallender Zug in Lortz' Darstellung, daß er die schwersten Verfallserscheinungen seiner Kirche [...] offen zugibt, daß dann aber bei den Versuchen, offene Schäden zu heilen, jene Schilderung der eigenen Schuld plötzlich vergessen ist und mit bewundernswerter Kühnheit alle Schuld den Reformatoren zugeschoben wird. Der Verf[asser] hat die Konsequenzen seines 1. Buches leider nicht gezogen" – ein durchaus schwerwiegendes Urteil Kohlmeyers über die Inkonsistenz der Bewertung bei Lortz.

Abschließend fasst Kohlmeyer seine Kritik an Lortz' Werk noch einmal zusammen:

„Wir erkennen das ehrliche Bemühen und die dem Verfasser vorschwebende irenische Absicht des bedeutenden Werkes an. Aber wir fragen: Konnte Lortz für Luther überhaupt ein objektiver Beurteiler sein? Konnte er es aus seiner ganz anderen Grundeinstellung heraus? Der erste Eindruck seines Buches wird bestimmt durch jenes für einen katholischen Forscher ganz neue Einschätzen und Werten der religiösen Genialität Luthers. Aber Lortz beschränkt diese Darstellung sehr bestimmt auf das psychologische und historische Niveau; *dogmatisch* gelten alle anerkennenden Urteile über Luther nicht [...]. Und späterhin drängen sich fast unter der Hand wieder jene absprechenden, verdammenden Urteile über Luthers Charakter und Motive ein, so daß sie weithin das Bild bestimmen und wir glauben, Grisar oder stellenweis auch Denifle zu hören. Man hat das eine Pseudosachlichkeit[436] genannt. Vielleicht ist es eher eine zweischichtige Beurteilung, de-

---

[435] Ein ausdrücklicher Beleg dafür, dass diese – aus katholischer Rücksicht – notgedrungene Differenzierung bei Lortz hier aus evangelischer Sicht als wesentliche Einschränkung des positiven Urteils über Luther empfunden wurde – während sie für manche Katholiken doch nicht genug war (vgl. RAHNER und KREBS).

[436] Ein Verweis auf SAUER: „So droht dem Gespräch, das L[ortz] über die Reformation

ren erste, günstige Seite den Protestanten besticht, über der er jedoch keinesfalls die zweite übersehen darf. Die zweite ist die maßgebende".

So bleibe schließlich die „große Frage: Kann Lortz seiner so sympathischen ökumenischen Absicht mit seinem Reformationswerk wirklich dienen?" Kohlmeyers Fazit fällt am Ende skeptisch aus: *„Die Einheit kann nicht durch eine Begegnung in der Mitte erreicht werden. Die volle Wahrheit* (und wir wissen, was Lortz darunter versteht) *ist Voraussetzung, und ihre Unnachgiebigkeit hat den Primat*"[437]. Das ist die Pax Romana".

Mit der Besprechung Kohlmeyers endet auch die letzte Phase der Rezeption von Lortz' Reformationsgeschichte bis 1945.

8. Fazit: „Katholische", „protestantische" und „nationale" Argumentationsmuster

Die Gesamtschau der Rezensionen zu Lortz' *Reformation in Deutschland* zwischen 1940 und 1945 macht – trotz der notwendigen Beschränkung der detaillierten Analyse auf eine Auswahl – eine Vielzahl von Facetten des Werkes und seiner Rezeption sichtbar. Dabei kann und soll die oben versuchte zeitliche Gliederung in einzelne ‚Phasen' nur eine grobe Orientierung hinsichtlich gewisser Grundtendenzen leisten, nicht jedoch allen Aspekten sämtlicher Rezensionen gerecht werden. Im Folgenden soll nun als Ergebnis der Auswertung der einzelnen Rezensionen ein zusammenfassendes Fazit gezogen werden.

8.1 Januar – März 1940

Eindeutig abgrenzen lässt sich die erste Phase (Januar – März 1940), welche die frühesten Veröffentlichungen zu Lortz' Werk umfasst, die noch auf Initiativen des Verlags und Autors selbst zurückgehen[438]. Bereits anhand der ersten kurzen Anzeige UHLHORNS in der *Schöneren Zukunft* (B.II.2) lässt sich erkennen, wie sich Lortz' Reformationsgeschichte praktisch ‚zwischen allen Stühlen' zu platzieren versuchte: Lortz habe sein Werk „als Deutscher, als katholischer Christ und als Freund der kirchlichen Wiedervereinigung"[439] verfasst. Hieraus lassen sich drei ‚ideologische' Zielgruppen ablesen, um die sich das Werk (zumindest nach außen hin) als Adressaten bemühte – mit

---

beschwört, die Gefahr jener Pseudosachlichkeit, die Begriffe über die Sache hinweg und zutiefst Gespräche auf Kosten der Sache ermöglicht". SAUER, Rez. (1942), 1 f.
[437] Ein Zitat aus Lortz' Schlusswort: „Die Einheit kann nicht durch eine ‚Begegnung in der Mitte' erreicht werden. Die volle Wahrheit ist Voraussetzung, und ihre Unnachgiebigkeit hat den unbedingten Primat". LORTZ, Reformation II, 307.
[438] Zu dieser ‚Vorphase' der Rezeption vgl. oben.
[439] UHLHORN, Rez. (1939/40), 189.

durchaus fließenden Übergängen und Überschneidungen. Offenkundig ist zunächst die *ökumenische* Zielsetzung, um vor allem (aber nicht nur) die evangelische Konfession anzusprechen. Umgekehrt sollte die Betonung des *Katholischen* wohl entsprechende Bedenken der katholischen Leserschaft zerstreuen, die einem solchen ‚Ökumenismus' weniger aufgeschlossen gegenüberstand. Besonders bemerkenswert – wenngleich zeitgeschichtlich wenig überraschend – ist schließlich die Dimension des *Deutschen:* Hier wird bereits deutlich, dass im nationalsozialistischen Deutschland die konfessionelle Frage nicht bloß unter religiösen, sondern mehr noch unter nationalen Gesichtspunkten gesehen wurde, insoweit es dabei um die Teilung bzw. Einigung der ‚Volksgemeinschaft' ging. Nicht zuletzt in diesem religiös-nationalen Spannungsfeld wird sich auch die Rezeption von Lortz' Reformationsgeschichte immer wieder bewegen, mitunter bis in Richtung einer nationalistischen ‚Instrumentalisierung' des ökumenischen Anliegens[440]. Freilich würde eine zu stark ‚nationalisierte' Ökumene wiederum auf Kritik von Seiten der beiden religiös-konfessionellen Zielgruppen stoßen, die trotz aller ‚zeitgemäßen' Rücksichten als die Hauptadressaten von Lortz' Werk anzusehen sind – ohne dass der Autor bzw. der Verlag (deutscher Absatzmarkt!) es sich jedoch hätten leisten können, die deutsch-nationale Zielgruppe von vornherein zu verprellen. Offensichtlich versuchte Lortz also die größtmögliche Balance zwischen allen drei Gruppen anzustreben, was sich in mancherlei Hinsicht auch in den zahlreichen Rezensionen widerspiegelt, in denen neben den konfessionellen Differenzen auch immer wieder die nationalistischen Aspekte auftauchen – wenngleich oft nur angedeutet, ohne eindeutige Stoßrichtung.

Auch in der ‚Pilotrezension' J. P. Kirschs im *Osservatore Romano* (B.II.3) finden sich solche Anspielungen auf die aktuelle Situation der Kirche in Deutschland, jedoch eher ambivalent. Diese Zurückhaltung passt allerdings zur ‚offiziösen' Funktion der (italienischen) Rezension, die sich hauptsächlich an die (römisch-)katholischen Adressaten richtet und diesen das Lortzsche Werk möglichst ‚unproblematisch' präsentieren will: Kontinuität statt Bruch mit der bisherigen katholischen Reformationsforschung, kaum ökumenische Tendenzen, klarer katholischer Standpunkt. – Ausgeglichener gibt sich Lortz in seiner eigenen „Selbstanzeige" (B.II.4): Diese richtet sich zwar ebenfalls vorwiegend an die katholische Seite, zugleich jedoch auch an die deutsche. Entsprechend deutlicher wird das ökumenische Anliegen betont, ebenso die Abgrenzung von Janssen, Denifle und Grisar sowie die religiöse

---

[440] Grundsätzlich schwierig sind dabei jedoch konkrete Rückschlüsse auf Lortz' eigene und eigentliche Intention. Die veröffentlichten Rezensionen stammen überwiegend selber aus dem deutschsprachigen Raum, sind damit auch den entsprechenden Publikationsbedingungen ausgesetzt (ebenso wie Lortz' Werk selbst). Somit muss auch stets damit gerechnet werden, dass auffällige Äußerungen in deutsch-nationaler Stoßrichtung nicht unbedingt aus persönlicher bzw. sachlicher Überzeugung erfolgen, sondern auch taktische Zugeständnisse an den ‚Zeitgeist' sein können (je nach Situation des Autors bzw. der Publikation).

Würdigung Luthers. Zentral sind dabei die Thesen vom „Subjektivismus" Luthers und von seinem Kampf gegen einen missverstandenen Pseudokatholizismus (Ockhamismus); besonders an diesen Punkten wird sich im Folgenden immer wieder die protestantische Kritik entzünden.

8.2 März – April 1940

Als zweite Phase (März – April 1940) lassen sich die ersten eigenständigen Rezensionen betrachten, die noch nicht auf frühere Veröffentlichungen reagieren konnten. Die erste Besprechung aus evangelischer Sicht von Robert Jelke (2.1)[441] zeigt bereits einige typische Merkmale der protestantischen Kritik: grundsätzliche Anerkennung von Lortz' ökumenischer Absicht und seinem Bruch mit der bisherigen katholischen Reformationsforschung, zugleich aber Ablehnung wesentlicher Thesen der Lortzschen Lutherdeutung (z. B. Kampf gegen Pseudokatholizismus). – Unter den weiteren, durchweg katholischen Rezensionen in dieser Phase ist die Besprechung Karl Brandis (2.2) wenig bemerkenswert[442]. Die positiv-unverbindliche Besprechung bleibt inhaltlich weitgehend im Fahrwasser der u. a. von Lortz' Selbstanzeige vorgegebenen Themen (unpolemischer Stil, katholischer Standpunkt, religiöses Verständnis Luthers), kann so jedoch auch als Prototyp vieler katholischer ‚Pflichtrezensionen' gelten, wie sie vermehrt in der vierten Phase (September – Dezember 1940) auftreten.

Als deutlich interessanter erweist sich die Rezension Josef Schmidlins (2.3), die in ihrer grundsätzlich negativen Kritik ein Unikum darstellt. Die zahlreichen, mitunter kleinlichen Kritikpunkte (darunter singulär bereits der bloße Begriff „Reformation") ließen Schmidlin in der weiteren Rezeption jedoch schnell zum Außenseiter werden („Stimme aus der Vergangenheit"[443]); im Hintergrund der scharfen Kritik an Lortz könnten allerdings auch persönliche Motive wie Schmidlins Ablehnung des Nationalsozialismus stehen[444]. – Einen ähnlichen biographischen Hintergrund als Gegner des Nationalsozialismus hatte Anton Betz, der in seiner Rezension in der *Frankfurter Zeitung* (2.4) gleichwohl wie Schmidlin sämtliche Anspielungen auf das Zeitgeschehen vermied. Ansonsten geht seine Besprechung eher in Richtung Brandis, als positiv-allgemeine, wenig eigenständige Würdigung von Lortz' Werk. – Inhaltlich ähnlich oberflächlich, doch mit ganz anderer ‚zeitgemäßer' Tendenz präsentiert sich dagegen Karl Hoebers Rezension in der *Kölnischen Volkszeitung* (2.5). So hofft Hoeber etwa, dass Lortz' ökumenisches Anliegen letztlich auch das „Gefühl der einheitlichen Volksgemein-

---

[441] Alle folgenden Abschnittsverweise beziehen sich auf den vorangehenden Rezensionsteil B.III.

[442] Abgesehen von Brandis Autorschaft der von Lortz hochgelobten Biographie Karls V. (vgl. oben).

[443] Ritter, Rez. (1940), 76.

[444] Vgl. oben die Diskussion.

schaft" stärken möge – das erste deutliche Beispiel einer nationalistischen ‚Instrumentalisierung' der Ökumene in der bisherigen Rezeption[445].

8.3 Juni – August 1940

Eine dritte Phase (Juni – August 1940) lässt sich mit dem Beginn der ersten Bezüge auf frühere Rezensionen abgrenzen; zeitlich wie inhaltlich kann sie zugleich als ‚Hauptphase' der Rezeption von Lortz' Werk angesehen werden. Bereits die erste katholische Rezension von Gabriel M. Löhr (3.1) nimmt Bezug auf Schmidlin: zum einen ablehnend (gegen Schmidlins Kritik, die vorreformatorischen Zustände fielen bei Lortz zu negativ aus), zum anderen zustimmend (gegen Lortz' Ansicht, die Reformation habe einen ‚positiven Sinn'). Im Unterschied zu den meisten bisherigen katholischen Besprechungen ist Löhrs Rezension deutlich eigenständiger, trotz grundsätzlicher Anerkennung aber auch kritischer – etwa in seiner Skepsis gegenüber Lortz' angeblichem Fortschritt gegenüber der früheren katholischen Reformationsforschung (Luthers „Subjektivismus" sei im Wesentlichen bereits bei Denifle geschildert, Luthers Entwicklung z.T. bei Grisar „schärfer" gesehen). – Noch eigenständiger und vielschichtiger, letztlich aber auch noch kritischer, ist die Rezension Hugo Rahners (I) in den *Stimmen der Zeit* (3.2). Trotz des „grundkatholischen Herzschlag[s]" von Lortz' Werk sieht Rahner auch die Gefahr manch eines „Herztones". So hält er etwa die von Lortz als „konfessionell-polemisch" anvisierte katholische Zielgruppe bereits für überholt bzw. in ihrem eigentlichen Anliegen missverstanden. Grundlegende Skepsis meldet Rahner besonders am tatsächlichen ökumenischen Potential einer noch so „irenischen" Reformationsgeschichte an; dabei erscheint ihm auch die Darstellung selbst z.T. zu sehr geprägt von Lortz' ökumenischer Absicht – so etwa bei der aus objektiv-katholischer Sicht unangemessen positiven religiösen Beurteilung Luthers. Diese Kritikpunkte werden später von Rahner (II) in der *Schweizerischen Rundschau* noch vertieft (vgl. 6.1).

Unter den folgenden evangelischen Rezensionen nimmt die detail- und kenntnisreiche Besprechung Walther Köhlers (I) in der *Neuen Zürcher Zeitung* (3.3) eine herausragende Stellung ein[446]. Bei Köhler zeigt sich exemplarisch die typische Ambivalenz der protestantischen Kritik: grundsätzliche Anerkennung der gewandelten katholischen Reformationsforschung und des aufrichtigen ökumenischen Anliegens bei Lortz, jedoch Ablehnung seiner konkreten historisch-theologischen Deutungsversuche. So weist Köhler insbesondere – trotz Lortz' allgemeiner Würdigung von Luthers Religiosität – die zentralen Thesen von Luthers vermeintlichem „Subjektivismus" und missverstandenem Pseudokatholizismus entschieden zurück. Ein besonders

---

[445] Ungeachtet der tatsächlichen persönlichen Überzeugungen Hoebers, dessen Biographie kaum eine wirkliche Identifizierung mit der nationalsozialistischen Ideologie nahelegt (vgl. oben).
[446] Unabhängig von Köhlers persönlicher Freundschaft mit Lortz (vgl. oben).

grundlegender Kritikpunkt Köhlers zielt ferner auf Lortz' unhistorischen Maßstab des katholischen Kirchenbegriffs, etwa in der anachronistischen Annahme eines unfehlbaren Lehramts zur Zeit Luthers – eine ernste Kritik an Lortz als Historiker, die später von KÖHLER (II) in der *Historischen Zeitschrift* nochmals aufgegriffen wird (vgl. 7.2). Letztlich bleibt Köhlers Fazit skeptisch: Trotz allen Fortschritts von katholischer Seite stehe am Ende faktisch immer noch eine 'Rückkehr-Ökumene'. – Positiver, wenngleich mit ganz anderem Schwerpunkt, fällt hingegen die kürzere Besprechung des späteren Konvertiten Karl BUCHHEIM (3.4) aus. Trotz ähnlicher sachlicher Vorbehalte – etwa gegenüber Luthers vermeintlichem „Subjektivismus" – gehen für Buchheim von Lortz' Werk vor allem wichtige Anfragen an das Christentum der Gegenwart aus: Gerade angesichts der aktuellen Lage der „Kirche in Deutschland" müsse die historische Trennung umso dringender zu einer neuen christlichen Selbstbesinnung (gerade auch der evangelischen Kirche) führen – offensichtlich eine Anspielung des NS-kritischen Buchheim auf den notwendigen Zusammenhalt der Kirchen gegenüber dem antichristlichen nationalsozialistischen Regime in Deutschland[447]. – Keine solchen Gegenwartsbezüge finden sich wiederum in der kurzen, aber scharfsinnigen Rezension von Otto CLEMEN (3.5). Clemen weist auf die beiden Seiten Lortz' als „Historiker" und zugleich „Katholiken" hin, insofern sein konfessioneller Standpunkt zwar eine „unübersteigliche Schranke" beim Verständnis Luthers bedeute (z. B. vermeintlicher „Subjektivismus"), positiv gesehen aus protestantischer Sicht aber auch „restlos die Lage" kläre. In Lortz' Bruch mit der bisherigen katholischen Reformationsforschung sieht Clemen einen „ungeheuren Fortschritt", wobei er besonders treffend erfasst, wie Lortz „sich selbst auf Schritt und Tritt überwacht, um nicht zu viel, aber auch nicht zu wenig zu sagen" – ein Beleg für Lortz' durchaus auffälliges Bemühen um möglichst umsichtige Absicherung nach allen Seiten.

Die ausführliche Rezension Gerhard RITTERS (3.6) ist – ähnlich KÖHLER (I) – ein weiteres Beispiel für eine differenzierte, historisch-theologisch fundierte Kritik aus protestantischer Perspektive. Grundsätzlich anerkennend hinsichtlich Lortz' Bruch mit Denifle und Grisar und seinem besonderen Fokus auf die religiösen Zusammenhänge, sieht Ritter Lortz' starke Konzentration auf die Gestalt Luthers eher kritisch; konkret abgelehnt wird besonders Lortz' Annahme eines „Mißverständnis" des Katholizismus bei Luther. Letztlich liegen auch für Ritter die „Grenzen der Verständigungsmöglichkeit" in Lortz' katholischem Maßstab, so dass er auch hinsichtlich der praktischen ökumenischen Perspektive eher skeptisch bleibt, trotz grundsätz-

---

[447] Dazu passt auch Buchheims ansonsten kuriose Verteidigung des Papsttums gegenüber Lortz' Vorwurf einer zu starken 'Politisierung', insofern „gerade für den christlichen Glauben das Religiöse im Bereiche der Freiheit oberhalb der massiven Bindungen rein irdischer Interessen mit dem wahren Politischen" zusammenhänge. Dass die Kirche zur Entfaltung ihrer religiösen Sendung gerade auch der politischen Freiheit bedarf, ist angesichts der gegenwärtigen Situation in Deutschland gewiss nicht nur rein historisch zu verstehen.

licher Hoffnung auf weiteren Klimawandel auf katholischer Seite. Ausdrücklich Bezug nimmt Ritter auf die bisherige katholische Rezeption in Gestalt von KIRSCH, RAHNER (I) sowie SCHMIDLIN (letzterer hoffentlich nur eine „Stimme aus der Vergangenheit"). – Einen ganz ähnlichen Charakter zeigt die Besprechung Heinrich BORNKAMMS (3.7). Auch Bornkamm würdigt grundsätzlich den Wandel der katholischen Reformationsforschung bei Lortz, insbesondere die schonungslose Zeichnung der vorreformatorischen Zustände sowie die Anerkennung der religiösen Persönlichkeit Luthers. Sachliche Grenzen des Verständnisses sieht Bornkamm hingegen wiederum in Lortz' Thesen von Luthers „Subjektivismus" sowie seinem Kampf gegen einen Pseudokatholizismus. Wie bereits KÖHLER (I), so kritisiert auch Bornkamm Lortz' katholischen Kirchenbegriff mit einem unfehlbaren Lehramt als einen „nachvatikanische[n] Anachronismus". In ökumenischer Hinsicht steht am Ende – trotz mancher Skepsis (mit Hinweis auf die Kritik SCHMIDLINS) – die Hoffnung auf eine neue Haltung im Katholizismus insgesamt.

Die bisherigen evangelischen Rezensionen mit ihren vergleichbaren sachlich-kritischen Ausführungen zeigen bereits, wie ernst die umfassende Auseinandersetzung mit Lortz' Werk von protestantischer Seite genommen wurde. Aus katholischer Perspektive sind in dieser Zeit noch zwei kürzere Rezensionen bemerkenswert. Die Besprechung von Friedrich ZOEPFL (3.8) ist grundsätzlich positiv gegenüber Lortz' Anliegen und Darstellungsweise eingestellt, kritisiert dabei jedoch seine mitunter zu persönlichen Beurteilungen der historischen Akteure, ebenso wie seine sehr individuelle, nicht immer sachliche Sprache. Doch werde Lortz' Werk in jedem Fall wieder das interkonfessionelle Gespräch anregen, nicht zuletzt auch bei den Laien. – Die Rezension Georg SMOLKAS (3.9) würdigt sowohl die Fortsetzung als auch den Wandel der katholischen Reformationsforschung durch Lortz' Werk. Mit seinem Streben nach Objektivität und religiöser Verantwortung lasse es auch auf fruchtbare ökumenische Wirkung hoffen. Fragwürdig erscheint Smolka jedoch Lortz' „Selbstkritik" gegenüber den mutmaßlichen katholischen Adressaten: Ähnlich wie RAHNER (I) sieht Smolka weniger die Gefahr einer ,gegenreformatorischen' Haltung auf katholischer Seite als vielmehr einen „antikatholischen Affekt" auf protestantischer – beispielhaft wird dazu auf die Rezension KÖHLERS (I) verwiesen mit ihrer „gönnerhaften Überheblichkeit" etc.

8.4 September – Dezember 1940

Die vorherige Phase kann als ‚Kern' der Rezeption von Lortz' Reformationsgeschichte gelten, insofern hier in kurzem zeitlichen Abstand zahlreiche inhaltlich bedeutsame Rezensionen erschienen, in denen die wichtigsten Paradigmen der beiden konfessionellen Deutungen vertreten sind. Der Übergang zur nächsten Phase (September – Dezember 1940) ist fließend und lässt sich nur annäherungsweise bestimmen, insoweit etwa im letzten Drittel des Jahres 1940 eine Häufung kürzerer, wenig eigenständiger ‚Pflichtrezensionen' festzustellen ist. Exemplarisch zu nennen ist zunächst die Besprechung des Konvertiten Otto ISERLAND in der *Schweizerischen Rundschau* (4.1), auf die Hugo RAHNER (II) später in derselben Zeitschrift reagieren wird (vgl. 6.1). Es handelt sich um eine inhaltlich wenig bemerkenswerte, positiv-allgemeine Würdigung der durch Lortz gewandelten katholischen Reformationsforschung: Diese habe bis dahin weder die „erlebnismäßigen" Auswirkungen der damaligen kirchlichen Missstände erkannt, noch die genuin christliche Religiosität der Reformatoren – laut Iserland ein schwerwiegendes Hindernis für die Glaubwürdigkeit in der Ökumene. Dagegen sei Lortz' Werk hinsichtlich einer gerechten katholischen Beurteilung Luthers nun geradezu eine „Revolution". – Ein weiteres Beispiel für diese Phase ist die kurze Rezension Karl BIHLMEYERS (4.2), die in ihrer inhaltlich oberflächlichen, jedoch auffällig begeisterten Art nicht zuletzt auf gewisse ‚zeitgemäße' Aspekte von Lortz' Werk Bezug nimmt. Bihlmeyer lobt allgemein den Fortschritt und die „Krönung" der katholischen Reformationsforschung durch Lortz und würdigt dabei etwa das Bemühen um Verständnis Luthers, die Objektivität sowie das ökumenische Anliegen. Zugleich betont Bihlmeyer aber auch besonders die große Zeitgemäßheit des Werkes: Sein Erscheinen sei geradezu „providentiell" angesichts des derzeitigen „völkisch-staatlich-weltanschaulich-religiösen Gärungs- und Umwandlungsprozesses", wobei auch vom „drängenden Rufe der Gegenwart nach Einigung der Christen" die Rede ist – offenkundig Anspielungen auf die gegenwärtigen Verhältnisse im nationalsozialistischen Deutschland, wenngleich ohne eindeutige Stoßrichtung. Wie bereits in manchen früheren Rezensionen wird hier – zumindest andeutungsweise – wieder die deutsch-nationale ‚Zielgruppe' von Lortz' Werk thematisiert; die unbestimmte Ausdrucksweise lässt dahinter allerdings eher eine ‚opportunistische' Motivation vermuten. – Ferner fällt in diese Zeit noch eine Besprechung des Jesuiten Ernst BÖMINGHAUS (4.3), die trotz grundsätzlicher Würdigung des Lortzschen Werkes durchaus kritische Töne enthält[448], etwa angesichts einer zu sehr von der beabsichtigten ‚ökumenischen' Tendenz beeinflussten Darstellungsweise des historischen Geschehens. So erscheint Böminghaus auch die Beurteilung des Zustands der vorreformatorischen Kirche und Theologie bei Lortz zu negativ, wohingegen die allzu positive Charakterisierung Luthers dessen Schattenseiten verharmlose. Trotz mancher Anerkennung – etwa für Lortz' Darstellung der katholischen Erneuerung – ist Böminghaus letztendlich skeptisch, was den Nutzen des Werkes für das interkonfessionelle Gespräch angeht; hier sieht er – ähnlich wie bereits SMOLKA – das Problem vielmehr auf protestantischer Seite, wo noch heute die damalige „Barbarei der Polemik" nachwirke.

---

[448] Zur Bedeutung dieser Kritik im Zuge des Imprimaturprozesses der 2. Auflage vgl. unten.

8.5 Ende 1940 – Anfang 1941

In gewisser Hinsicht lässt sich um den Jahreswechsel eine Art ‚Übergangs-phase' (Ende 1940 – Anfang 1941) feststellen, insofern nach den zuletzt über-wiegenden ‚Pflichtrezensionen' nun auch wieder größere eigenständige Besprechungen erscheinen. Im Unterschied zu den ausführlichen Bespre-chungen in der früheren ‚Hauptphase' kommt nun jedoch der zeitliche wie inhaltliche ‚Rückblick' auf die gesamte bisherige Rezeption dazu; es lässt sich eine gewisse Tendenz zu einer ersten ‚Gesamtschau' bzw. zu grundsätzliche-ren Erwägungen erkennen. Hauptsächlich zu nennen ist dabei die umfang-reiche evangelische Besprechung von Ernst WOLF (5.1), die sich noch einmal umfassend historisch-theologisch mit Lortz' Werk auseinandersetzt und die-ses auch im größeren Kontext einer „echten Kontroverstheologie" zu ver-orten versucht. Grundsätzlich kommen auch bei Wolf die typischen Ge-sichtspunkte der protestantischen Kritik zur Sprache: So lobt Wolf zunächst das Lortzsche Werk als erste „Zusammenfassung" des Wandels der katho-lischen Reformationsforschung in eine ökumenischere Richtung, besonders in seinem Streben nach historischer Objektivität trotz des katholischen Be-wertungsmaßstabs. Anerkennung findet zwar auch Lortz' allgemeine Würdi-gung von Luthers Religiosität, in den theologischen Einzelfragen zeigen sich jedoch deutlich die konfessionellen Differenzen. Dabei sieht Wolf gerade in der These von Luthers Kampf gegen einen Pseudokatholizismus Potential für eine fruchtbare kontroverstheologische Auseinandersetzung mit Lortz: Wie kann man einen eigentlichen „kritischen Maßstab" für das „wesenhaft" Ka-tholische gewinnen? Abgelehnt wird allerdings Lortz' Versuch, den Neupro-testantismus auf einen ursprünglichen „Subjektivismus" der Reformation zu-rückzuführen.

Einen Sonderfall bildet auf katholischer Seite die unveröffentlichte[449] Rezension von Engelbert KREBS (I) über „Grundsätzliches zur Lortzschen Reformationsgeschichte" (5.2). Krebs konzentriert seine Kritik auf ein Grundproblem, das er in Lortz' Werk sieht: die indirekten Bewertungen durch gewisse „Beiwörter", wie etwa die von Luther ausgesagte „Demut". Solche (positiven) Wertungen passen jedoch laut Krebs nicht zum objektiven Gesamturteil – eine ähnliche Kritik wie bereits bei RAHNER (I). Die Folge sei eine gefährliche „theologische Unklarheit" bis hin zum „Selbstwiderspruch", was gerade auch das von Lortz beabsichtigte ökumenische Gespräch keines-wegs fördere. Ähnlich kritisiert wird ferner Lortz' negative Charakteri-sierung seiner Vorgänger (Janssen, Denifle, Pastor, Grisar) sowie der katho-lischen Gegenspieler Luthers, unter Hinweis auf die früheren Rezensionen von SMOLKA und RAHNER (I). – In einem in der *Schöneren Zukunft* ver-öffentlichten Aufsatz (5.3) mit allgemeineren Überlegungen zum Stand der Ökumene spricht KREBS (II) noch einen anderen Aspekt an: So sieht er grundsätzlich den Erfolg von „Kontroversschriften" (wie etwa Lortz' Refor-

---

[449] Zu den Hintergründen im Rahmen der 2. Auflage vgl. unten.

mationsgeschichte) im Hinblick auf die „Heimkehr" von Protestanten eher skeptisch – ähnlich wie schon RAHNER (I). Statt dem „Apostolat des Wortes" empfiehlt Krebs in dieser Hinsicht eher das „Apostolat des Gebetes" und des „Lebens".

Bemerkenswert ist in dieser Phase schließlich noch die Rezension Hermann LÖFFLERS in *Germanien* (5.4) für ihre ungewöhnlich deutlich ausgeprägte nationalsozialistische Ideologie. Löffler gibt sich zwar grundsätzlich anerkennend, etwa im Hinblick auf Lortz' Bemühen um Objektivität und Verständnis Luthers, kritisiert jedoch unverhohlen, dass Luther dabei „zu einseitig als religiöser Mensch und zu wenig als Deutscher gesehen" werde. Lortz' ökumenisches Anliegen wird letztlich nur insoweit gewürdigt, als es der nationalen Einheit förderlich erscheint – hier zeigt sich also wieder eine ausgesprochene ‚Instrumentalisierung' der Ökumene. Konfessionell-kritische Stimmen dagegen werden am Beispiel SCHMIDLINS scharf abgetan. Ungeachtet allen Wandels der katholischen Reformationsforschung und des Verzichts auf „Polemik und Apologetik" bleibe jedoch auch Lortz' Werk letztlich „urkatholisch" – aus Löfflers ideologischer Perspektive wohl kaum ein positives Merkmal.

8.6 März – Dezember 1941

Nach dieser ‚Übergangsphase' lässt sich ungefähr der Rest des Jahres als eine weitere Phase (März – Dezember 1941) zusammenfassen. Über ein Jahr nach der Veröffentlichung von Lortz' Reformationsgeschichte erscheinen immer noch etliche neue Besprechungen: neben weiteren ‚Pflichtrezensionen' (wie bereits in der vierten Phase) auch diverse detaillierte Auseinandersetzungen mit einer gewissen Tendenz zu einer zunehmenden Spezialisierung der Kritik. Am Bedeutsamsten[450] ist zweifellos die erneute Stellungnahme von Hugo RAHNER (II) in der *Schweizerischen Rundschau* (6.1) zu „Kritik an Lortz". Rahner konstatiert zunächst eine bislang überwiegend kritiklos-positive Rezeption – neben KIRSCH kürzlich auch ISERLAND –, zunehmend aber auch „abwägendere" Stimmen (trotz Abgrenzung von SCHMIDLIN). Zur Klärung seiner angeblich missverstandenen ersten Rezension in den *Stimmen der Zeit* (vgl. 3.2) möchte Rahner nun vor allem die kritischen Punkte vertiefen. Grundsätzlich sieht er einen Widerspruch zwischen Lortz' selbsterklärtem katholischen Bewertungsmaßstab und seiner tatsächlichen Darstellung des historischen Materials. Konkret stellt Rahner einerseits eine insgesamt zu negative Zeichnung der „vorreformatorischen Mißstände" fest, andererseits eine zu positive „Beurteilung der Frömmigkeit Luthers". Hier schwingt eine ähnliche Kritik an Lortz' Werturteilen mit, wie sie auch KREBS (I) in seiner unveröffentlichten Rezension festgestellt hatte. Als „tiefsten Ansatzpunkt" seiner Kritik führt Rahner schließlich nochmals seine grundlegende Skepsis

---

[450] Nicht zuletzt wegen ihrer Folgen für den Imprimaturprozess der 2. Auflage (vgl. unten).

gegenüber dem ökumenischen Potential von Lortz' Ansatz ins Feld (ähnlich wie KREBS (II) in der *Schöneren Zukunft*). Insgesamt erscheinen die beiden Rahner-Rezensionen im Vergleich also nicht per se als unvereinbar oder widersprüchlich, sondern lassen sich durchaus als gegenseitige Ergänzung mit unterschiedlichen Schwerpunkten verstehen – ungeachtet möglicher Hintergründe (bzw. Hintergedanken) ihrer Entstehung[451].

Unter den weiteren wichtigeren – überwiegend evangelischen – Rezensionen in dieser Phase fällt die umfangreiche, detailliert-kritische Besprechung des Historikers Justus HASHAGEN auf (6.2), besonders hinsichtlich der klaren Ablehnung jeglicher nationalistischer Tendenzen in der Lutherdeutung. So begrüßt es Hashagen etwa ausdrücklich, dass bei Lortz keine Zugeständnisse gegenüber „modischen Lutherthemen" wie z. B. dem „Deutschtum Luthers" zu finden seien – ein wichtiger Hinweis auf das Fehlen solcher expliziten Konzessionen an die deutsch-nationale ,Zielgruppe' in Lortz' Werk selbst[452]. Allgemein würdigt Hashagen grundsätzlich den Wandel der katholischen Reformationsforschung, etwa in Form von Lortz' ernsthaftem Bemühen um Sachlichkeit sowie um Verständnis Luthers und seiner Religiosität. Ausführlich kritisiert wird dagegen Lortz' sprachlicher Stil sowie seine Darstellungsweise; auch seine Schilderung der vorreformatorischen Zustände habe immer noch manche „apologetischen" Züge. Ungeachtet seiner sympathischeren Grundhaltung gegenüber Luther sei Lortz' Interpretation im Ergebnis kaum zutreffend; insbesondere lehnt Hashagen – wie fast alle protestantischen Kritiker – Lortz' Thesen von Luthers „Subjektivismus" und seinem Kampf gegen einen vermeintlichen Pseudokatholizismus ab.

Ganz im Unterschied zu Hashagen zeichnen sich in der Rezension Hermann WENDORFS (6.3) wiederum eindeutige deutsch-nationale Tendenzen ab, die im Rahmen einer eigenwilligen christlichen Geschichtsdeutung entwickelt werden. Auch Wendorf würdigt zunächst grundsätzlich den Bruch mit der bisherigen katholischen Reformationsforschung: Trotz des streng katholischen Standpunkts wird Lortz ein hohes „Einfühlungsvermögen" attestiert, besonders in seinem Bemühen um Verständnis von Luthers innerer Entwicklung; so schaffe das Werk eine geeignete Grundlage zur Weiterführung der interkonfessionellen Diskussion. Insgesamt überwiegt aber auch bei Wendorf die Kritik: Gerade Lortz' absoluter katholischer Maßstab bilde letztlich die Grenze des möglichen Verständnisses, etwa hinsichtlich eines vermeintlichen „Subjektivismus" Luthers oder eines von ihm missverstandenen Pseudokatholizismus. Ähnlich wie KÖHLER (I) sieht Wendorf hier eine

---

[451] Auch bei Annahme einer ,Beauftragung' (etwa von Rom über die Jesuiten) betrifft dies nicht unbedingt den konkreten Inhalt der Kritik selbst, sondern vor allem das Faktum einer solchen erneuten Stellungnahme Rahners überhaupt – selbst bei Vorgabe einer ,kritischen' Stoßrichtung. Vgl. dazu ausführlicher unten.

[452] Ungeachtet der zumindest geduldeten, wenn nicht sogar beabsichtigten Offenheit des Werkes für solche Deutungen – wie auch immer wieder entsprechende Anklänge in diese Richtung in der Rezeption zeigen, etwa im Hinblick auf die ,zeitgemäße' Förderung der (konfessionellen wie nationalen) Einheit in Deutschland.

unhistorische „Rückwärtsprojizierung" von Lortz' nachtridentinischem Kirchenverständnis. Letztendlich fehle es immer noch an einer wirklich „objektiven" Reformationsgeschichte, wozu Wendorf ein eigenes religiöses Geschichtsverständnis entwirft – einschließlich des Desiderates einer noch nötigen Auseinandersetzung mit dem „Problem Germanentum und Christentum", insofern Luthers „Ringen des deutschen Menschen mit dem Geist des Christentums" bis in die Gegenwart hineinreiche. Auch Wendorf bezeugt somit indirekt das Fehlen derartiger Elemente in Lortz' Werk selbst, das ihm jedoch offensichtlich auch nicht völlig inkompatibel mit solchen Deutungsversuchen erscheint.

8.7 1942–1944

Die verbliebenen Jahre bis Kriegsende lassen sich schließlich in einer letzten Phase der Rezeption (1942–1944) zusammenfassen. Mittlerweile zwei Jahre nach der ursprünglichen Publikation von Lortz' Werk – sowie mitten im Zweiten Weltkrieg – erscheinen nur noch wenige neue Rezensionen; ein Teil davon wiederum bloß kurze Anzeigen infolge der Veröffentlichung der zweiten Auflage Ende 1941. Die übrigen Besprechungen in dieser Zeit stellen allerdings durchweg umfangreiche, theologisch-kritische Auseinandersetzungen von evangelischer Seite dar – ein Zeichen, dass die protestantische Kritik die Anfragen durch Lortz' Werk auch weiterhin durchaus ernst nahm. Zunächst ist hier die Rezension Hermann SAUERS (7.1) zu nennen, die zwar allgemein den Wandel der katholischen Reformationsforschung durch Lortz' Werk anerkennt, letztendlich aber auch bei ihm kein wirkliches Verständnis für Luther und die Reformation erreicht sieht. So drohe auch dem von Lortz beabsichtigten ökumenischen Gespräch die Gefahr einer „Pseudosachlichkeit", wie die bisherige Rezeption zeige. Im Kontext umfassender eigenständiger Ausführungen in Richtung eines speziellen „ökumenischen" Geschichtsverständnisses identifiziert Sauer als ein Grundproblem bei Lortz den statischen katholisch-kirchlichen Begriff von Ökumene: Mit diesem lasse sich die „pneumatische" Dynamik des reformatorischen Ereignisses nicht erfassen, so dass in einer solchen Sicht Reformation letztlich doch nur „Zulassung" statt wirkliche „Vorsehung" bleibe.

Besonders bedeutsam ist noch die weitere Rezension von Walther KÖHLER (II) in der *Historischen Zeitschrift* (7.2), die rund zwei Jahre nach seiner ersten ausführlichen Besprechung in der *Neuen Zürcher Zeitung* erscheint (vgl. 3.3). Inhaltlich grundsätzlich ähnlich, konzentriert sich Köhler in seiner neuen, kürzeren Rezension allerdings mehr auf die für den Historiker relevanten Aspekte. Allgemein wird wiederum Lortz' Bruch mit der früheren katholischen Reformationsforschung gewürdigt, etwa sein Bemühen um echtes Verständnis der religiösen Intention Luthers (trotz gewisser Grenzen) sowie seine ökumenische Absicht; diese komme letztlich auch der Geschichtswissenschaft zugute. Insgesamt bleibt Köhler jedoch nach wie vor skeptisch: Insbesondere richtet sich seine Kritik erneut gegen Lortz' anachronistischen Bewertungsmaßstab des katholisch-kirchlichen Lehramts – für Köhler „ein Verstoß gegen die Gesetze historischen Erkennens".

Die vermutlich letzte publizierte Rezension vor 1945 ist schließlich die Besprechung von Ernst KOHLMEYER (7.3), die sich noch einmal ausführlich-kritisch mit Lortz' Werk auseinandersetzt. Wie in der bisherigen protestantischen Kritik wird der bedeutende Wandel der katholischen Reformationsforschung in eine ökumenischere Richtung anerkannt, insbesondere Lortz' Streben nach Wahrheit und Objektivität (etwa hinsichtlich der vorreformatorischen Missstände) sowie seine Würdigung der religiösen Persönlichkeit Luthers. Doch trotz mancher neuer Anregungen für die evangelische Seite überwiegen auch für Kohlmeyer letztendlich die Kritikpunkte: Abgelehnt werden Lortz' Thesen von Luthers „Subjektivismus" sowie von seinen vermeintlichen „Mißdeutungen" des Katholizismus; so bleibe Luther am Ende auch für Lortz in der Rolle des kirchenspaltenden „Aufrührers". Letztlich sieht Kohlmeyer Lortz' katholischen Maßstab als Ursache für die Ambivalenz seiner Beurteilungen – auf den ersten Blick (psychologisch-historisch) zwar positiv, im Grunde (katholisch-dogmatisch) aber negativ. So fällt schließlich auch das ökumenische Fazit bei Kohlmeyer – und exemplarisch für die überwiegende protestantische Rezeption – skeptisch aus: Am Ende steht auch bei Lortz de facto das alte Prinzip der ‚Rückkehr-Ökumene'.

8.8 Ergebnis

Die gesammelte Betrachtung der Rezeption von Lortz' Reformationsgeschichte in den Jahren 1940–45 zeigt eine Vielzahl an einzelnen Rezensionen unterschiedlichster Art, wobei diverse gemeinsame Linien und Interpretationsmuster erkennbar sind, die eine Einteilung in verschiedene Grundrichtungen ermöglichen. Wenig überraschend lassen sich deutliche konfessionelle Differenzen in der Beurteilung feststellen; die meisten katholischen und evangelischen Rezensionen weisen jeweils bestimmte gemeinsame Grundmotive auf.

Am Eindeutigsten zeigt sich dies in den ausführlicheren *protestantischen* Besprechungen mit ihrer meist detaillierten historisch-theologischen Kritik: Grundsätzlich anerkannt wird Lortz' neuer Ansatz im Unterschied zur bisherigen konfessionell-polemischen katholischen Reformationsforschung, insbesondere sein Bemühen um Objektivität und Verständnis des religiösen Luther. Konkret abgelehnt werden dagegen besonders Lortz' Thesen von Luthers „Subjektivismus" sowie seinem Kampf gegen einen Pseudokatholizismus (Ockhamismus). Allgemein wird die Grenze von Lortz' Verständnisbemühungen in seinem katholischen Bewertungsmaßstab gesehen, mit dem er letztlich dem reformatorischen Anliegen Luthers theologisch nicht gerecht werden könne. Insbesondere wird dabei auch Lortz' katholischer Kirchenbegriff als unhistorischer Maßstab kritisiert, insofern etwa die Annahme eines ‚unfehlbaren Lehramts' zu Luthers Zeiten ein Anachronismus sei. Am Ende bleibt schließlich – trotz aller Würdigung von Lortz' ehrlichem ökumenischen Ansinnen – das ernüchternde Fazit einer faktischen ‚Rückkehr-Ökumene' von katholischer Seite wie bisher.

Bei den Rezensionen aus *katholischer* Sicht handelt es sich im Allgemeinen um weniger ausführliche Auseinandersetzungen als bei den protestantischen, zudem ist die Grundhaltung in den meisten Fällen deutlich positiver und tendenziell unkritischer. So ist etwa bezüglich der grundlegenden Beurteilung des Werkes häufig eine Orientierung an Lortz' eigenen Deutungsmustern – etwa im Vor- und Schlusswort sowie in seiner Selbstanzeige – zu erkennen. Dazu gehört ein grundsätzlich positiv gesehener ‚Fortschritt' der katholischen Reformationsforschung – trotz möglichster Anerkennung der früheren Leistungen Denifles und Grisars – in Richtung einer objektiv-unpolemischen, um interkonfessionelles Verständnis bemühten Geschichtsschreibung. Zentral ist dabei der Versuch einer gerechteren Würdigung Luthers und seines religiösen Anliegens von katholischer Seite, allerdings abgemildert durch Lortz' ‚kritische' Thesen von Luthers ‚Subjektivismus' sowie seinem ‚missverstandenen' Pseudokatholizismus. Der dabei von Lortz allgemein angelegte katholisch-dogmatische Bewertungsmaßstab wird von den katholischen Rezensenten positiv anerkannt. Kritisch gesehen werden mitunter jedoch Lortz' Bewertungen im Detail – einerseits zu ‚positive' in Bezug auf Luther bzw. andere Reformatoren, andererseits zu ‚negative' hinsichtlich der vorreformatorischen Zustände der Kirche als Ursache der Reformation.

Sowohl unter den evangelischen als auch unter den katholischen Rezensionen tauchen immer wieder Hinweise auf die Aktualität bzw. ‚Zeitgemäßheit' von Lortz' Werk auf. Solche mehr oder weniger deutlichen Bezüge auf die gegenwärtige Situation in Deutschland finden sich mit unterschiedlichen Konnotationen, allerdings selten über Andeutungen hinausgehend. Im Allgemeinen geht es um das Verhältnis von konfessioneller und (deutsch-)nationaler Einheit – entweder im Sinne einer Förderung der nationalen Einheit durch die konfessionelle (bis hin zu einer nationalistischen ‚Instrumentalisierung' der Ökumene) oder im Sinne eines stärkeren Zusammenrückens der Kirchen gegen den antichristlichen Nationalsozialismus. Auffällig ist jedoch, dass solche Aspekte in den Besprechungen nur gelegentlich – und je nach Rezensent mit unterschiedlicher Stoßrichtung – auftauchen, also keineswegs als integrale Elemente von Lortz' Werk erscheinen (ungeachtet gewisser ‚opportunistischer' Tendenzen). Auch das Fehlen etwa einer ‚germanischen' Lutherdeutung o.ä. bei Lortz wird von mehreren Rezensenten ausdrücklich bemerkt. Insgesamt konzentriert sich die zeitgenössische Rezeption der Lortzschen Reformationsgeschichte also durchaus auf die religiös-konfessionelle Seite; die nationalistisch-ideologischen Untertöne fallen angesichts der Zeitlage eher gering aus – was wiederum auf ein weitgehendes Fehlen solcher Konzessionen an den ‚Zeitgeist' in Lortz' Werk selbst hinweist.

IV. Römisches Verbot einer zweiten Auflage?

1. Neuauflage mit Hindernissen: Rezensionen und ihre Folgen

1.1 Notwendigkeit einer zweiten Auflage – Auswertung der Rezeption

Nach der ausführlichen Untersuchung des Echos auf die Lortzsche Reformationsgeschichte gilt es im Folgenden den weiteren ‚Werdegang' des Werkes zu beleuchten. Obwohl noch im Jahr 1944 eine letzte Rezension erschien, war doch der allergrößte Teil der über 70 Besprechungen bereits zwischen 1940 und 1942 veröffentlicht worden. Angesichts dieser außerordentlichen Reaktion auf Lortz' Werk nimmt es nicht wunder, dass schon wenige Monate nach dem Erscheinen der ersten Auflage eine Neuauflage notwendig wurde.

Aus einer Mitteilung Herders an Lortz erfahren wir, dass der Verlag Anfang Mai 1940 zwar noch 900 Exemplare im Lager hatte, jedoch damit rechnete, dass „in wenigen Monaten, vielleicht sogar noch früher", nachgedruckt werden müsse. Lortz solle bereits jetzt „notwendige Korrekturen" vorbereiten, soweit solche „dringlich" seien[453]. In diesem Zusammenhang wies der Verlag auch auf eine große Rezension des Jesuiten und Kirchenhistorikers an der Päpstlichen Theologischen Fakultät Sitten (Schweiz), Hugo Rahner (1900–1968), hin. Der für die *Stimmen der Zeit*[454] bestimmte Artikel befinde sich im Satz und sei „in der Haltung wie im Ton äußerst wohlwollend", ohne deshalb jede Kritik zu unterdrücken. Die Rezension werde Lortz umgehend zur Verfügung gestellt, damit er die dort gegebenen Anregungen für die Neuauflage verwerten könne[455].

Ein weiteres Schreiben vom 20. Mai zeigt, dass Lortz auch persönlich bereits werbend unterwegs war und in Berlin „einen Vortrag über die Reformation" angekündigt hatte. Der Verlag wies unterstützend die Berliner Buchhandlungen auf den Vortrag hin, damit sie die Bände in die Auslage stellten[456]. Hinsichtlich der Neuauflage kündigten sich erste (kriegsbedingte) Schwierigkeiten der Papiergenehmigung an[457]. Auch beim Einband standen materialbedingte Einsparungen an: „Wenn wir von Berlin das beantragte holzhaltige Papier für die Neuauflage genehmigt erhalten, wollen wir uns auch um eine Leinengenehmigung für die Exemplare der Neuauflage bemühen. Die schö-

---

[453] Herder, Freiburg, an Lortz, Münster, 09.05.1940. IEG, NL Lortz [1445].
[454] Hugo RAHNER, Ökumenische Reformationsgeschichte. Zur Reformationsgeschichte von Joseph Lortz, in: Stimmen der Zeit 137 (1940), 301–304. – Zum Inhalt vgl. oben.
[455] Tatsächlich wurden mehrere Kritikpunkte Rahners in der 2. Auflage aufgegriffen (vgl. unten).
[456] „So hoffen wir auf einen recht guten Erfolg, insbesondere auch für Ihren Vortrag". Herder, Freiburg, an Lortz, Münster, 20.05.1940. IEG, NL Lortz [1233].
[457] „Wir haben uns vor allen Dingen auch gleich um die Beschaffung des notwendigen Papieres bemüht; seit einiger Zeit müssen solche Aufträge nach Berlin zur Genehmigung gehen. Hoffentlich erhalten wir von dort recht bald Bescheid, damit die Papierfabrik das Papier herstellen kann. Längere Lieferfristen sind zur Zeit allerdings nicht zu vermeiden, wir hoffen aber doch, daß wir recht bald zu einem guten Ergebnis kommen".

nen Leinenbände bisher müssen nun vielfach Halbleinenbänden weichen. [...] Auch andere Verleger sind aus den Zeitumständen heraus zur gleichen Handlungsweise wie wir gezwungen. [...] Die in Betracht kommenden Käufer des Werkes werden heute schon verstehen, daß nicht alle Wünsche hinsichtlich der Ausstattung berücksichtigt werden können". Schließlich kündigte Herder an, „in den nächsten Tagen zwei Abzüge" der großen Besprechung Rahners zu schicken.

Nachdem die beiden Exemplare am 4. Juni an Lortz abgegangen waren, hoffte der Verlag darauf, Lortz werde sein Werk gegen bestehende Vorbehalte weiter immunisieren[458]: „Sie wissen ja, daß es uns recht ist, wenn das Werk nach jeder Seite hin vervollkommnet wird, wo ein ernster Einwand sich geltend machen könnte. Selbstverständlich soll das nicht heißen, daß möglichst viel geändert wird, was u[nseres] E[rachtens] auch gar nicht nötig sein dürfte". So habe etwa Leo Ueding SJ (1893–1959), Professor für Kirchengeschichte an der Philosophisch-Theologischen Hochschule Sankt Georgen in Frankfurt, dem Verlag mitgeteilt, „daß er Ihr Werk sehr hochschätze und auch nur anerkennende Urteile gehört habe überall da, wo er das Werk ausgeliehen hätte. Er meinte, wenn auch die von Schmidlin[459] geäußerten Bedenken und gebotenen Ergänzungen sicher wertvoll seien, setzten sie den Wert des Werkes nicht herab". Neben diesen positiven Mitteilungen nahm Herder jedoch auch auf eine Unterredung mit dem Rottenburger Bischof Joannes Baptista Sproll (1870–1949) Bezug, der „darauf aufmerksam gemacht" habe, dass nach neueren Untersuchungen „die kirchlichen Mißstände im Reich nicht überall so negativ gewesen seien, als zuweilen angenommen wird" – eine Bemerkung, die der Verlag als gegen Lortz gemünzt betrachtete. „Es wurden auch einige Einzeluntersuchungen genannt, deren Name und Titel uns leider entfallen sind. Wir teilen Ihnen dies nur mit, damit Sie Gelegenheit haben, auf diesen Punkt nochmals zu achten. Wir selbst hatten nicht den Eindruck, daß Sie in Ihrem Werk die Zerrüttung der kirchlichen Zustände in Deutschland vor der Reformation verallgemeinert hätten". Einverstanden zeigte sich Herder mit dem Vorschlag von Lortz, den Bänden eine Zeittafel beizugeben und das Bild Leos X. gegen eines von Erasmus von Rotterdam auszutauschen.

Im Juni 1940 legte Lortz dem Verlag Abschriften von Äußerungen über das Werk vor, die Lortz brieflich zugegangen waren; Herder sicherte „Diskretion" zu[460]. Außerdem gab es Neuigkeiten in Sachen Papiergenehmigung:

---

[458] Herder, Freiburg, an Lortz, Münster, 05.06.1940. IEG, NL Lortz [1445].

[459] Zur Rezension Josef Schmidlins vgl. oben.

[460] Herder, Freiburg, an Lortz, Münster, 25.07.1940. IEG, NL Lortz [1445]. – Um was für Äußerungen es sich handelte und von wem, ist unbekannt. In Lortz' Nachlass findet sich aus dieser Zeit etwa ein handschriftlicher Brief von Ferdinand Ehrenborg SJ (1862–1941): „Für eine Woche erhielt ich dieser Tage leihweise Ihre Reformationsgeschichte. Wenn man auch im Verlauf der Jahre Pastor, Janßen, Denifle, Hergenröther, Grisar schon als Tischlesung gehört, ist es doch schwer über ein so inhaltreiches Werk in so kurzer Zeit sich ein klares Urteil zu bilden. Aber das habe ich klar gesehen, das Buch hat und zeigt Friedenswillen. Trotz sehr vieler harter und scharfer Abgrenzungen finden Sie immer

„Wegen Beschaffung von Papier für die Neuauflage haben wir uns heute neuerdings an die zuständigen Stellen in Berlin gewandt; wir haben darauf hingewiesen, daß das Werk in großem Umfang auch ins Ausland geliefert worden ist. Unseren besonderen Bemühungen ist es gelungen, einen schweizerischen Buchhändler zur Bestellung von 150 Exemplaren zu gewinnen. Auch diese Tatsache melden wir nach Berlin und hoffen daraufhin auf Genehmigung unseres Antrages". Unterdessen hatte der Verlag – wie aus dem nächsten Schreiben vom 7. August hervorgeht – bereits Mitte Juli erfahren, „dass nunmehr die letzten Stücke Ihrer ‚Reformationsgeschichte' hier ausgeliefert worden sind", die Lagerbestände also endgültig erschöpft waren[461]. Doch die „wiederholten Bemühungen" um Papiergenehmigung waren nicht sogleich von Erfolg gekrönt. Immer wieder musste der Verlag darauf zurückkommen[462].

Am 4. Oktober endlich die erlösende Nachricht: „Das Papier ist uns erst vor kurzem genehmigt worden und wird nun von der Fabrik für uns hergestellt. Normalerweise sind die Lieferfristen heute drei bis vier Monate und noch darüber. Wir hoffen aber, dank unserer guten Beziehungen das Papier vielleicht in sechs Wochen zu erhalten. Es wurde uns für 7000 Stück Papier

---

einen vermittelnden Gedanken ohne Grundsätze zu verletzen und auch ohne auf zwei Schultern zu tragen. Das Werk wird nach meiner Meinung recht gut wirken. Die feilende Durcharbeit ist dem Ganzen zu Gute gekommen. Meine Freude über das, was ich in der Eile beobachten konnte, wollte ich Ihnen doch eben zum Ausdruck bringen. Der Erstandene segne Ihre Feder und besonders Ihre Lehrtätigkeit!" Ehrenborg, Schwarzwaldfreiburg, an Lortz, [Münster], 17.03.1940. IEG, NL Lortz [1445]. – Lortz kannte Ehrenborg offensichtlich aus seiner Studienzeit am Germanicum in Rom, wo Ehrenborg 1904–14 Spiritual war, 1914–19 dann Rektor.

[461] Herder, Freiburg, an Lortz, Münster, 07.08.1940. IEG, NL Lortz [1445].

[462] „Wir sind nun neuerdings wieder in Berlin vorstellig geworden und haben einen weiteren Antrag eingereicht und die Situation ausführlich dargelegt. Wir haben bis jetzt noch keinen Bescheid von Berlin erhalten. Vielleicht gelingt es uns doch noch, für die Neuauflage ein holzfreies Papier zu beschaffen. Wir tun jedenfalls alles, was in unseren Kräften steht". Ebd. – „Wir haben erfahren, daß aus skandinavischen Ländern wieder holzfreies Papier hereinkommt und haben deshalb mit größtem Nachdruck unsere Bitten wiederholt. Unser Geschäftsführer in Berlin ist dauernd darum bemüht. Auch von hier aus haben wir schon alles getan; so ist es uns gelungen, kürzlich noch von einem ausländischen Geschäftsfreund eine Bestellung auf 150 Stück zu erhalten. Auch dies haben wir sofort an die zuständige Berliner Stelle gemeldet". Herder, Freiburg, an Lortz, Stromberger Neuhütte, 09.08.1940. IEG, NL Lortz [1445]. – Am 14. Oktober konnte Herder Lortz dann endlich die erfolgreiche Klärung der Papierfrage melden: „Bei dem kürzlich genehmigt bekommen Papier für die zweite Auflage handelt es sich um ein holzfreies. Wir haben dieses nach monatelangem Bemühungen Gott sei Dank genehmigt erhalten, nachdem uns ein früherer Antrag auf holzfrei und holzhaltig abgelehnt worden war". Zudem teilte der Verlag mit, dass man nach Möglichkeit „die Freistücke der zweiten Auflage wiederum auf ein dickeres Papier herstellen" wolle, derzeit allerdings „noch mit der Prüfung dieser Frage beschäftigt" sei. Zur „Herstellung des Manuskriptexemplares für die zweite Auflage" wurde Lortz nun ein broschiertes „Exemplar der ersten Auflage" aus dem „eisernen Bestand" des Verlages zur Verfügung gestellt. Herder, Freiburg, an Lortz, Münster, 14.10.1940. IEG, NL Lortz [1477].

genehmigt, und wir möchten auch soviel drucken". Damit stand nun auch für Lortz die Vorbereitung der Neuauflage an: „Die nächste Aufgabe wird also sein, das Manuskript für die Neuauflage herzurichten. Wir haben Sie ja schon gebeten, alle Rezensionen daraufhin durchzusehen und haben Ihnen auch alle zugesandt, die in unserem Besitz waren. Wir legen Ihnen heute noch einige bei, die Sie uns bitte zurückschicken wollen"[463].

Bemerkenswert sind die nun folgenden ersten Andeutungen einer bestimmten „Kritik" an Lortz' Werk, die später noch weitreichendere Konsequenzen für das Imprimaturverfahren der zweiten Auflage haben sollte. Gemeint war wohl – wie der Kontext zeigt – Kritik von höherer kirchlicher (römischer) Stelle: „Herr Dr. [Josef] Höfer weilt gerade hier, sodaß wir mit ihm über unsere Sorgen uns unterhalten konnten, die bedingt sind durch eine gewisse Kritik, die von gewisser Seite sehr nachdrücklich gegen Ihr Buch geführt wird. Wir sind nicht der Meinung, daß man einfachhin darüber hinwegsehen sollte, sondern glauben, daß es im Interesse der Sache angebracht erscheint, nach Möglichkeit dieser Kritik den Wind aus den Segeln zu nehmen. Herr Dr. Höfer wird in allernächster Zeit Sie aufsuchen und mit Ihnen die Möglichkeiten besprechen, wie dies geschehen könnte. Alsdann wollen Sie bitte so rasch als möglich das Manuskript fertig herrichten". Hinsichtlich des Erscheinungstermins gab man sich freilich keinen Illusionen hin[464].

1.2 Vorbereitung der Drucklegung – letzte Änderungen – Imprimatur?

Die Vorbereitung des Manuskripts der Neuauflage erfolgte offenbar kontinuierlich im Laufe der nächsten zwei Monate. Am 10. Dezember 1940 konnte Herder „den Empfang des Restteiles Ihrer Geschichte der Reformation" bestätigen: „Nun ist also alles da. Wir haben uns vor allem über die neue Fassung im Vorwort gefreut. Sie dürfte in dieser Form vielen Einwänden zuvorkommen. Wir wünschen Ihnen, daß auch die zweite Auflage recht viel Segen stiften möchte"[465]. Nachdem die „Korrekturen" bereits „in Satz gegeben" waren, zeigten sich jedoch weitere Hürden: „Mit dem Druck konnten wir allerdings noch nicht beginnen, einmal, weil wir erst zuvor die Approbation einholen müssen, freilich nur für die Änderungen, dann aber, weil wir trotz aller Bemühungen keine Druckerei finden konnten, die die Arbeit übernehmen könnte. Unsere eigene Druckerei ist nämlich zur Zeit voll besetzt, sodass wir uns bei auswärtigen Druckereien umsehen müssen. Dieser Tage noch

---

[463] Herder, Freiburg, an Lortz, Münster, 04.10.1940. IEG, NL Lortz [1445]. – Um welche Rezensionen es sich genau handelte, ist nicht mehr festzustellen.

[464] Im Hintergrund standen einmal mehr die kriegsbedingten Einschränkungen (z.B. Einziehung der Mitarbeiter): „Wir fürchten zwar, daß es nicht mehr reichen wird, das Buch bis vor Weihnachten herauszubringen, was wir selbst sehr bedauern. Aber Sie sehen ja selbst, daß wir daran nichts ändern konnten. Auch fehlen uns soviele Kräfte, daß wir schon jetzt mit unserer Weihnachtsproduktion sehr ‚im Druck' sind".

[465] Herder, Freiburg, an Lortz, Münster, 10.12.1940. IEG, NL Lortz [1445]. – Letztendlich wurde das Vorwort dann jedoch vollständig ersetzt (vgl. unten).

erhielten wir eine Reihe von Aufträgen zurück, da eine grosse Druckerei infolge Einberufung einer grösseren Anzahl von Drucker[n] dieselbe nicht ausführen konnte. Sie können sich denken, daß wir selbst das größte Interesse haben, die neue Auflage möglichst rasch herauszugeben. So werden wir alles tun, Ihre Arbeit sobald als möglich unterzubringen".

Angesichts der kriegsbedingten Schwierigkeiten schien die erneut erforderliche kirchliche Druckerlaubnis offensichtlich das kleinere Problem zu sein. Und tatsächlich schritten die Vorbereitungen der Neuauflage vorerst weiter gut voran[466]. Anfang Januar 1941 erhielt Lortz bereits die Korrekturstreifen[467]. Außerdem bat man ihn „um recht baldige Zusendung der noch ausstehenden Zeittafel". Man wollte diese bei der Neuauflage einheften, aber auch eine größere Anzahl separat drucken, um sie gegebenenfalls an Käufer der ersten Auflage nachzuliefern. Interessant ist zudem eine Äußerung Herders zu den *Thesen als Handreichung bei ökumenischen Gesprächen*, die Lortz 1940 im Verlag der Una-Sancta-Bewegung in Meitingen veröffentlicht hatte[468] und durch die er seinem großen Werk zusätzlich den Boden zu bereiten suchte: „Sie dürften ihre Wirkung erreicht haben, und wir meinen, man sollte den Gedanken nicht zu sehr forcieren, um nicht unnötigerweise Gegner gegen Ihre ganze Arbeit mobil zu machen". Auf welche „Mitteilung" von Lortz Herder sich bezog, ist unbekannt. Möglicherweise ging es um die Frage einer Neuauflage der *Thesen*[469], vielleicht auch um die Einfügung eines Hinweises auf dieselben in der Neuauflage der *Reformation;* in jedem Fall er-

---

[466] Am 16. Dezember ging Herder ausführlicher auf den Wunsch von Lortz ein, seine Autorenexemplare wieder auf dickerem Papier zu erhalten: „Bei der ersten Auflage haben wir – nach Erhöhung der Auflage von 3000 [...] auf 5000 Exemplare – Ihre Autorenfreistücke auf 50 Exemplare erhöht. [...] Für die zweite Auflage haben wir nun Papier für 7000 Exemplare bestellt, dazu für 250 Freistücke. Wir haben nun von der (erhöhten) zweiten Auflage des Werkes für Sie wiederum 50 Autorenfreistücke vorgesehen. Wie wir allerdings feststellten, wird das von uns bereitgestellte *dickere* Papier nur für 40 Exemplare reichen". Herder, Freiburg, an Lortz, Münster, 16.12.1940. IEG, NL Lortz [1477]. Lortz vermerkte handschriftlich auf Herders Schreiben: „Bestehe auf 1 % = 70 Freistücke". – Die Frage der Freiexemplare wurde wieder zur zähen Verhandlungssache. „Bei der zweiten Auflage ist die Situation nun so: wir haben Papier für insgesamt 7250 Exemplare genehmigt erhalten, wollten also nur 250 Freistücke bei 7000 Auflagenhöhe drucken. Diese Zahl wird aber nicht reichen. Wir werden nun bei der zweiten Auflage 6 % der Auflagenhöhe als Freistücke herstellen. Nun reicht aber das vorhandene Papier nicht für 7000 Exemplare plus Freistücke. Wir können daher jetzt nur 6800 Exemplare drucken, dazu kommen dann die Freistücke, von denen Sie 1 % = 68 Exemplare erhalten". Ferner konnte Herder mitteilen, dass man nun doch vorhabe, „die Exemplare der zweiten Auflage in Ganzleinen zu binden, vorausgesetzt daß wir die benötigten Leinenmengen erhalten". Herder, Freiburg, an Lortz, Grevenmacher, 04.01.1941. IEG, NL Lortz [1233].

[467] Herder, Freiburg, an Lortz, Grevenmacher, 04.01.1941. IEG, NL Lortz [1233].

[468] Joseph Lortz, Die Reformation. Thesen als Handreichung bei ökumenischen Gesprächen, Meitingen 1940. Eine (kaum veränderte) zweite Auflage der Broschüre erschien 1946. – Zu diesen *Thesen* vgl. Ernesti, Ökumene, 157–159.

[469] Vgl. Herder (Scherer), Freiburg, an Lortz, Münster, 20.06.1941. IEG, NL Lortz [1233].

schien es Herder wohl opportun, jeglichen Hinweis auf die – explizit auf das ökumenische Gespräch ausgerichteten – *Thesen* zu vermeiden, um den angedeuteten „Gegnern" keine zusätzliche Angriffsfläche zu bieten[470]. Ob damit jene Besprechungen in einem engeren Zusammenhang standen, die der Verlag mit Höfer geführt hatte, der wohl über neue römische Informationen verfügte?[471]

Trotz der gebotenen Vorsicht gegenüber potentiellen ‚Gegnern' war zu dieser Zeit von ernsthafteren Problemen im Hinblick auf die kirchliche Zensur noch nichts zu spüren. Auch ein von Herder am 24. Januar („Durch Eilboten!") mitgeteilter „Bescheid" des Freiburger Ordinariats zu den Änderungen des ersten Bandes ließ – ungeachtet zweier Beanstandungen – noch keine ungewöhnlichen Schwierigkeiten erwarten[472]:

„1) Auf S. 18 erscheint uns der Ausdruck ‚Nationalkirchen' und zwar hier unter dem Gesichtspunkte als einer für die religiösen Belange günstigen Tatsache bedenklich, insbesonders angesichts der kirchlichen Zeitlage. Wir geben zu erwägen, ob nicht der von dem Verfasser beabsichtigte Gedanke zweckmässiger und weniger missverständlich in der Weise ausgesprochen werden könnte, daß formuliert wird, die nationalen Interessen auf kirchlichem Gebiete wurden in Deutschland nicht rechtzeitig wie in Spanien, Frankreich und England und zwar unter Gutheissung der Päpste und unter Wahrung der kirchlichen Einheit wahrgenommen und infolgedessen war eine Entladung der vorhandenen Spannungen ohne Trennung erschwert[473].

2) Auf S. 124, Z. 10 v. o. ist das Wort ‚Allein' hinter ‚mit eigenen Werken' stehen zu lassen, da bei der nunmehrigen Streichung die Meinung entstehen kann, als ob eigene Werke für den Himmel völlig belanglos wären[474].

---

[470] Vgl. später auch die in diesem Sinne neu eingefügte ‚abschwächende' Fußnote im Schlusswort der 2. Auflage: Lortz, Reformation (²1941) II, 307.

[471] Man habe, so ließ Herder wissen, „eine Reihe von Fragen bezüglich Ihres Werkes besprochen", das Ergebnis der „Verhandlungen" werde Höfer Lortz „persönlich mitteilen". Lortz notierte dazu: „Vgl. Höfer an mich um diese Zeit". Ein entsprechendes Schreiben Höfers ließ sich im Nachlass jedoch nicht ermitteln. – Zu vermuten ist, dass es um die bereits früher angedeutete Richtung der ‚Kritik' bzw. ‚Gegner' ging, die Lortz' *Reformation* grundsätzlich ablehnend gegenüberstand. Höfer wird hier (wie auch bei den späteren Auflagen) wohl versucht haben, vermittelnd bzw. beratend zu wirken, um die potentiellen Angriffsflächen möglichst zu minimieren – nicht zuletzt durch seinen Einsatz bei Bischof Galen in Münster (dazu vgl. unten).

[472] Herder, Freiburg, an Lortz, Münster, 24.01.1941. IEG, NL Lortz [1445]. – Zu dem von Herder zitierten Ordinariatsschreiben vom 21. Januar 1941 vgl. unten.

[473] Tatsächlich wurde der gesamte Absatz in der 2. Auflage im angegebenen Sinne weitreichend umformuliert und abgeschwächt, wobei nun in jedem Fall der Ausdruck „Nationalkirchen" vermieden wurde. Vgl. Lortz, Reformation (²1941) I, 18.

[474] Herder fügte hinzu: „Den zweiten Punkt haben wir von uns bereits korrigiert. Im ersten Punkt möchten wir Ihnen nicht vorgreifen und senden Ihnen deshalb die Seite 18 zu mit der Bitte, uns dieselbe umgehend korrigiert zurückzuschicken, damit wir endlich mit dem Druck beginnen können". – In der Tat hieß es dann in der 2. Auflage weiterhin wie bisher: „als ob man mit eigenen Werken allein den Himmel verdienen könnte". Vgl. Lortz, Reformation (²1941) I, 124. Zu seiner Rechtfertigung notierte Lortz handschriftlich auf Herders Schreiben: „Streichung des ‚allein' ist vorgenommen worden, um das Urteil der Katholiken vor aller Möglichkeit einer Uebertreibung möglichst zu bewah-

Die Erteilung des Imprimatur kann erst erfolgen, wenn diese Beanstandungen ausgeräumt sind".

Lortz akzeptierte diese Wünsche, womit er und der Verlag die Imprimaturfrage für erledigt hielten. Lektor Robert Scherer kommentierte zufrieden: „Nun ist ja die zweite Auflage Ihres Buches in Ordnung. Es ist gut, daß man allmählich eine dicke Haut bekommt, sonst müsste man sich zuviel ärgern über manches, was man kaum mehr verstehen kann"[475]. Doch in Wirklichkeit waren die Schwierigkeiten mit der kirchlichen Zensur keineswegs überwunden, sondern hatten tatsächlich gerade erst begonnen, wie der folgende Blick ‚hinter die Kulissen' des Freiburger Ordinariates zeigt.

2. Eine Denunziation aus Freiburg? Der Fall Engelbert Krebs

2.1 Indizierungsgerüchte – erstes Imprimatur der Neuauflage

In Freiburg stand seit Ende 1940 Erzbischof Conrad Gröber in Kontakt mit dem Ortsordinarius von Lortz, dem Münsteraner Bischof Clemens August von Galen (1878–1946). Dieser hatte Gröber am 30. November über gewisse „Gerüchte" informiert:

„Das Buch hat ziemlich großes Aufsehen erregt und, soweit ich unterrichtet bin, von Seiten der katholischen Kritiker eine durchweg anerkennende Beurteilung gefunden.
Nunmehr sind mir Gerüchte zugetragen, daß das Werk von Lortz beim hl. Offizium in Rom angezeigt und zur Indizierung vorgeschlagen sei. Von einer Seite wurde behauptet, die Anzeige sei von Freiburg aus und zwar durch Herrn Prof. Dr. Engelbert Krebs veranlaßt worden.
Ich kann es eigentlich nicht glauben, daß diese Gerüchte auf Wahrheit beruhen. Immerhin beunruhigt mich die Befürchtung, daß sie wahr sein könnten.
Es ist nicht meine Sache, ein Urteil darüber abzugeben, ob gewisse Teile des Textes eine Indizierung begründen und rechtfertigen würden. Vielleicht könnte jemand mit guten Gründen die Ansicht vertreten, es wäre besser, wenn das Buch nicht erschienen wäre. Aber nachdem es einmal erschienen ist und eine derartig günstige Beurteilung seitens der zuständigen katholischen Wissenschaftler gefunden hat, nachdem es auch in weiten Laienkreisen bekannt geworden und gelesen ist, fürchte ich, daß die Indizierung des Buches für nicht wenige eine größere Gefahr herbeiführen würde, als die Lektüre des Buches.
Sollten die Gerüchte auf Tatsachen beruhen und tatsächlich die Gefahr einer Indizierung bestehen, so werden Euer Exzellenz gewiß von mir darüber Nachricht erhalten haben, mir eine entsprechende Benachrichtigung zukommen zu lassen? Ich denke daran, gegebenenfalls mich mit einem persönlichen Schreiben an den Hl. Vater zu wenden, um

---

ren". – Merkwürdigerweise fehlt das „allein" dann aber in der 4. Auflage 1962. Ob es sich dabei um Absicht handelt oder bloß um ein Versehen aufgrund des Herstellungsverfahrens, bei dem alle Änderungen seit der 1. Auflage neu rekonstruiert werden mussten, bleibt offen (vgl. unten).
[475] Scherer, Freiburg, an Lortz, Münster, 29.01.1941. IEG, NL Lortz [1445].

ihn zu bitten, ad majora mala vitanda einer etwaigen Indizierung des Werkes von Lortz die Zustimmung zu versagen"[476].

Gröber war alarmiert, zog umgehend nähere Erkundigungen ein und konnte schon am 16. Dezember nach Münster melden: „Es bestätigt sich, dass Gefahr vorliegt. Mit dem Verlag habe ich bereits gesprochen. Aber den Herrn, den Sie vermuten, dass [er] dahinter steckt" – also den Freiburger Dogmatiker Engelbert Krebs (1881–1950) – „konnte ich noch nicht herausbringen. Auf jeden Fall hat er einen Artikel[477] geschrieben, der bereits gedruckt ist, aber das Heft der Zeitschrift[478] ist noch nicht herausgegeben. Ich werde den Artikel erhalten und versuchen, ihn zu inhibieren. Glücklicherweise ist die erste Auflage schon vollständig verkauft. Die Neuauflage bringt eine längere Einleitung und verschiedene Verbesserungen. Schon damit würde ein römisches Verdict verhindert werden können. Ich werde von hier aus alles tun, namentlich deswegen, weil mir zuverlässig bekannt geworden ist, dass eine Verurteilung des Werkes starke Konsequenzen, auch im politischen Leben, nach sich ziehen würde. Die Gelegenheit zum Losschlagen gegen die Konfessionen muss vermieden werden. Sobald ich Weiteres erfahre, gebe ich Ihnen wieder Nachricht"[479]. Zwei Tage später bat Gröber in einem Nachtrag Galen, von Lortz vorerst dringend die Einstellung seiner Vorträge „über die bekannte Persönlichkeit" – gemeint war Luther – zu erwirken: „Er soll in Tübingen in Anwesenheit der gesamten anderen Fakultät gesprochen und grossen Beifall geerntet haben. Ausserdem wurde mir eben mitgeteilt, dass auch katholischerseits, namentlich bei jungen Theologen die Meinung sich verbreitet, die Kirche habe eine Fehlentwicklung genommen. Auch dafür beruft man sich auf L[ortz]. Ich bin nach wie vor ein Gegner der Indizierung des Buches, aber ich halte es doch für notwendig, dass L[ortz] das Vorwort zur Neuauflage abändert und seinen Gegnern auch diese Waffe aus der Hand nimmt"[480].

Was hatte es mit diesen „Gerüchten" über eine Anzeige beim Heiligen Offizium auf sich? Und welche Rolle spielte Engelbert Krebs dabei? Genauere Informationen fehlen. Immerhin war Krebs tatsächlich auf Lortz' Reformationsgeschichte aufmerksam geworden und hatte eine deutlich kritische Re-

---

[476] „Euer Exzellenz sende ich diese Bitte durch Boten in Rücksicht auf die zur Zeit bestehenden Postverhältnisse. Einer gütigen baldigen Beantwortung durch Briefpost dürften wohl keine Bedenken entgegenstehen, wenn Euer Exzellenz dafür die kurze, für mich hinreichend verständliche Form wählen wollten: ‚Zu einer Eingabe liegt kein Anlaß vor' oder ‚Eine Eingabe wird empfohlen'". Galen, Münster, an Gröber, Freiburg, 30.11.1940. EAF B2–1945/1022. – Wie aus einem späteren Brief hervorgeht, hatte Galen dann tatsächlich am 23. Dezember 1940 an den Papst geschrieben, jedoch keine Antwort erhalten. Vgl. Galen, Münster, an Gröber, Freiburg, 06.02.1941. EAF B2–1945/1022. In jedem Fall wurde dadurch aber noch einmal zusätzlich die Aufmerksamkeit in Rom auf Lortz gelenkt.

[477] Engelbert KREBS, Grundsätzliches zur Lortzschen Reformationsgeschichte [Ende 1940, unveröffentlicht]. EAF Na 78/4 [NL Krebs]. – Zum Inhalt vgl. oben.

[478] Wahrscheinlich das *Oberrheinische Pastoralblatt* (vgl. oben).

[479] Gröber, Freiburg, an Galen, Münster, 16.12.1940. EAF B2–1945/1022.

[480] Gröber, Freiburg, an Galen, Münster, 18.12.1940. EAF B2–1945/1022.

zension verfasst, deren Veröffentlichung dann von Gröber jedoch verhindert wurde. Ob nun Krebs wirklich für die Weiterungen und insbesondere für eine Anzeige beim Heiligen Offizium verantwortlich war oder nicht: Für die Annahme, dass die Sache Lortz in irgendeiner Form an eine offizielle römische Stelle herangetragen wurde, spricht viel. Erst diese „Gefahr" dürfte Gröber dazu bewogen haben, die Krebs'sche Besprechung zu unterdrücken und so zu verhindern, dass den „Gegnern" neues Material gegen die *Reformation* in die Hand gespielt wurde. Wie sich im Folgenden zeigen wird, nahm sich Rom der ganzen Angelegenheit im weiteren Verlauf tatsächlich nur ‚offiziös' an – vermutlich aus Rücksicht auf etwaige politische Folgen für die Kirche in Deutschland. Die *Reformation in Deutschland* sollte unterdrückt oder wenigstens korrigiert werden, ohne zu einer (propagandistisch ausschlachtbaren) formellen Indizierung greifen zu müssen[481]. Trotzdem – oder gerade deshalb – war die drohende Indizierung, die im Raum stand, ein wirksames Druckmittel, um eine Neuauflage der unliebsamen *Reformation* entweder ganz zu verhindern oder zumindest durch entsprechende Umarbeitung ‚unschädlich' zu machen.

Vor diesem Hintergrund[482] nimmt nicht wunder, dass in Freiburg nun erhöhte Wachsamkeit herrschte und das Ordinariat, nachdem der Verlag am 24. Dezember 1940 offiziell die Änderungen der zweite Auflage vorgelegt hatte, diese besonders aufmerksam prüfte[483]. Während Herder und Lortz im Januar 1941 lediglich das Ergebnis dieser Prüfung in Form der noch zu ändernden zwei Beanstandungen erhielten, lassen die ‚internen' Gutachten des Ordinariates eine deutlich kritischere Einschätzung von Lortz' Werk insgesamt erkennen.

Interessanterweise wurde der erste Band wiederum – wie bei der ersten Auflage – dem emeritierten Dogmatikprofessor Jakob Bilz zur Zensur übergeben. Dieser legte am 18. Januar 1941 ein ausführlicheres Gutachten über die Änderungen vor[484]. Sein Urteil: Soweit es sich „nicht lediglich um Verbesserung von Druckfehlern oder stilistischen Mängeln" handle, stellten die meisten Korrekturen, bei denen größtenteils nur einzelne Worte oder Wendungen ersetzt wurden, „eine Milderung gegenüber zu scharfen oder zu sehr

---

[481] Dies entsprach übrigens ganz den Vorstellungen, die eine Gruppe von Theologen in Rom verfolgte. Vgl. Dominik BURKARD, Augustin Bea als Konsultor des Sanctum Officium. Annäherungen an ein komplexes Thema, in: Clemens BRODKORB/Dominik BURKARD (Hg.), Der Kardinal der Einheit. Zum 50. Todestag des Jesuiten, Exegeten und Ökumenikers Augustin Bea (1881–1968) (Jesuitica 22), Regensburg 2018, 191–227, hier insbes. 226–228.
[482] Auch Herder hatte Lortz bereits im Oktober 1940 von „Sorgen" berichtet „durch eine gewisse Kritik, die von gewisser Seite sehr nachdrücklich gegen Ihr Buch geführt wird", und geraten, „nach Möglichkeit dieser Kritik den Wind aus den Segeln zu nehmen". Vgl. Herder, Freiburg, an Lortz, Münster, 04.10.1940. IEG, NL Lortz [1477].
[483] Vgl. Herder, Freiburg, an EO, Freiburg, 24.12.1940. EAF B2–1945/1022.
[484] Bilz, Freiburg, an EO, Freiburg, 18.01.1941. EAF B2–1945/1022.

zugespitzten Formulierungen" dar[485]. Mit diesen Veränderungen könne man einverstanden sein. „Eine wirkliche Verbesserung" sei es, wenn etwa (Seite 410, Zeile 9 von unten) anstelle der Wendung „für Luthers christliche Demut eine geradezu furchtbare Belastung" die Formulierung „für eine wirkliche christliche Demut" etc. gebraucht werde. Gleichwohl sei damit „die Fragwürdigkeit der übrigen Äußerungen über Luthers Demut" nicht aufgehoben. Keine wirkliche Verbesserung sei eine andere, „offenbar auf eine Beanstandung von Rahner" in den *Stimmen der Zeit* zurückgehende Änderung, wo gefragt werde, ob man wirklich vom „Charisma der Berufung für die Stunde"[486] reden dürfe (Seite 225). Da heiße es jetzt: „daß sie das Charisma der Berufenheit für die verhängnisvollen Möglichkeiten der Stunde an sich tragen". Nach Ansicht von Bilz sollte überhaupt nicht von einem „Charisma" die Rede sein, wenn man das Wort „in seinem theologischen Sinn" nehme. Die Rahnersche Beanstandung der Wendung „so herrlich-hart" (Seite 405, Absatz 3) sei durch die Änderung in „so hart" gut gelöst. „Aber von den andern epitheta ornantia, die sonst so reichlich zugunsten Luthers verwendet werden und von denen Rahner meint, sie sollten nur dem objektiv Wahren vorbehalten bleiben", seien die allermeisten eben doch stehen geblieben. Keine Verbesserung, sondern eine Verschlechterung stelle die Änderung (Seite 124, Zeile 10 von oben) dar, wenn hier das Wort „allein" weggelassen wird: „Als ob man mit eigenen Werken [allein] den Himmel verdienen könne". Vorher sei noch ein einigermaßen „erträglicher Sinn gegeben" gewesen; jetzt aber scheine es, „als ob den eigenen Werken überhaupt kein verdienstlicher Wert zukomme, wie auch sonst gelegentlich schiefe Äußerungen über die ‚Werkheiligkeit' begegnen"[487]. Gelegentlich der kleinen Korrektur „Kirche" statt „Papstkirche" (Seite 18, Zeile 5 von oben) war Bilz außerdem „die Fragwürdigkeit der dortigen Äußerungen über die ‚Nationalkirchen' in Spanien, Frankreich und England und den Mangel einer ‚nationalen Kirche' in Deutschland" aufgefallen. Eine Sache, die aber wohl „eher den Historiker als den Zensor" angehe[488]. Das Schlussurteil: „Im Ganzen gesehen erscheinen

---

[485] So werde zum Beispiel S. 75 „eine ungeheure, akute Säkularisation" durch „zu einem bedeutenden Teil eine akute Säkularisation" ersetzt, oder S. 80 „Die Zersetzung vollzog sich damals nicht nur in einem bewußt lasterhaften Leben etc." durch „in einem da und dort lasterhaften Leben".

[486] Bilz übernimmt hier das falsche Zitat aus Rahners Rezension (vgl. oben). Tatsächlich war bereits in der 1. Auflage nicht von „Berufung", sondern vom „Charisma der Berufenheit für die Stunde" die Rede; vgl. LORTZ, Reformation I, 225. Derselbe Fehler findet sich später auch in Robert Scherers Gutachten vom 10. Juli 1941 (vgl. unten).

[487] So etwa S. 158: „Über L[uther]'s Klosterleben steht also als Devise nicht Werkheiligkeit, sondern die feierliche Absage an das eigene Werk etc., das Gegenteil dessen, was er später wahrhaben wollte". Werkheiligkeit müsste hier – so Bilz – eigentlich in Anführungszeichen stehen, um anzuzeigen, dass es sich um Lortz' „subjektive Meinung" handle. „Vgl. dazu I, 175, wo auf Okhams Lehre & Luthers Auffassung gut hingewiesen ist. Ferner I, 391; II, 197 (gut)". So der handschriftliche Zusatz am Rand.

[488] Hier der handschriftliche Zusatz: „(vgl. dazu S. 8, wo nationalkirchl[iche] Bestrebungen unter den Ursachen der Reform[ation] genannt)".

also die Änderungen als Verbesserungen. Falls nach in Rom[489] erhobener Beanstandung nicht noch andere Anstöße zu beseitigen wären, könnte m[eines] E[rachtens] die Druckgenehmigung erteilt werden. Die Ergänzungen im Vorwort S. XI–XIII unterliegen keiner Beanstandung"[490].

Der zweite Band wurde – ebenfalls wie bei der ersten Auflage – von Domkapitular Wilhelm Reinhard geprüft, der dazu in einer Aktennotiz vom 15. Januar 1941 aber lediglich festhielt, Lortz habe „keine Veränderungen vorgenommen, welche Veranlassung gäben, das der ersten Auflage dieses Bandes erteilte Imprimatur zurückzuziehen. Die Änderungen liegen nicht selten in der Linie des Imprimatur u[nd] sprechen für dasselbe"[491]. In einem Zusatz vom 17. Januar wurde dann vermerkt, dass Erzbischof Gröber aufgrund des (mündlich vorgetragenen?) Gutachtens seine Zustimmung zum Imprimatur des zweiten Bandes erteilt habe.

So folgte am 21. Januar die bereits bekannte Mitteilung an Herder, dass nach Verbesserung der beiden Beanstandungen im ersten Band (Seiten 18 und 124) das Imprimatur erteilt werden könne[492], sowie die Antwort, Lortz habe die Änderungen im vorgeschlagenen Sinn übernommen; man sehe der Erteilung des Imprimatur entgegen[493]. Auf diesem Schreiben des Verlags hielt Generalvikar Adolf Rösch am 3. Februar in einer Aktennotiz fest: „S[einer] Excellenz vorgetragen. Zustimmung zur Erteilung des Imprimatur gegeben"[494].

Damit glaubte man in Freiburg der drohenden Gefahr für die *Reformation in Deutschland* erfolgreich ausgewichen zu sein: Die Veröffentlichung der negativen Kritik von Krebs war verhindert, das Anstößige und Missverständliche im Werk durch diverse Änderungen in der Neuauflage beseitigt worden. Doch der ‚Fall Krebs' war nur ein erster Vorgeschmack auf jene weitreichenderen Schwierigkeiten mit Rom selbst, die schon bald folgen sollten.

---

[489] Handschriftlicher Zusatz „in Rom".
[490] Dazu kamen noch einige konkrete „Vorschläge": „S. 225: daß man sieht: sie wachsen aus dem unbeirrbaren Glauben an seine Berufenheit für die Stunde und passen daher so genau auf die Zeit. S. 124 das Wort „allein" stehen lassen, oder eine andere Formulierung wählen, die das Mißverständnis ausschließt. S. 158 als Devise nicht ‚Werkheiligkeit'. S. 18 wegen Gefährlichkeit des Ausdrucks von den ‚Nationalkirchen'. Ob nicht besser gesagt werden könnte: daß in Deutschland die nationalen Belange nicht rechtzeitig wie in Spanien, Frankreich, England und zwar dort unter Gutheißung der Päpste und unter Wahrung der Einheit mit dem apostolischen Stuhle zur Geltung kamen, und so ein Mittel gegen die allgemein drohende Sprengkraft etc gefunden wurde".
[491] Aktennotiz Reinhard, 15.01.1941. EAF B2–1945/1022.
[492] Vgl. EO (Reinhard), Freiburg, an Herder, Freiburg, 21.01.1941 [Entwurf]. EAF B2–1945/1022. Mit Aktennotiz: „Nach Vortrag b[ei] S[einer] Excellenz u[nd] gemäss Entscheidung". – Zu Herders Übermittlung dieser Änderungswünsche an Lortz am 24. Januar 1941 vgl. oben.
[493] Herder, Freiburg, an EO, Freiburg, 31.01.1941. EAF B2–1945/1022.
[494] Herder, Freiburg, an EO, Freiburg, 31.01.1941. EAF B2–1945/1022; Aktennotiz R[ösch], 03.02.1941.

2.2 Beunruhigende Nachrichten aus Rom – Rücknahme des Imprimaturs

Einen Tag, nachdem das Imprimatur erteilt, der Druck also freigegeben worden war, wurde der Beschluss sistiert. Dies geht hervor aus einer Aktennotiz Reinhards auf den Imprimatur-Formularen: „*Cessat*' bis auf weiteres auf Anordnung S[einer] Excellenz des Herrn Erzbischof [Gröber]. 4. II. 1941"[495]. Was war geschehen?

Verlagslektor Scherer resümierte später aus Sicht Herders über die Vorgänge: „Nach Empfang des Imprimaturs für die zweite Auflage des zweiten Bandes erwarteten wir Mitte Januar 1941 das Imprimatur für die zweite Auflage des ersten Bandes. Das Nihil obstat war schon erteilt. Doch zögerte im letzten Augenblick der Erzbischof, das Imprimatur für den ersten Band freizugeben, vermutlich beunruhigt durch verschiedene Gerüchte[496] namentlich auch in Zusammenhang mit der Lesung des Aufsatzes von Professor Krebs, der aber auf besonderen Wunsch des Erzbischofs nicht erscheinen durfte. Der HH Erzbischof entschloss sich deshalb, sich in Rom selbst zu erkundigen. Herr Dr. Herder-Dorneich, der damals gerade in Freiburg weilte, wollte ihn besuchen und ihm von diesem Schritt abraten, der aber inzwischen, wie sich nachträglich herausstellte, schon geschehen war, und zwar beim Abtprimas von Stotzingen"[497].

Die (von Scherer zitierte) Antwort des Abtprimas' der Benediktiner, Fidelis von Stotzingen (1871–1947), lautete wie folgt:

„Sobald ich wieder ausgehen konnte, habe ich gesucht, mich über die Sache, für die Euer Exzellenz sich interessieren, zu erkundigen. Es war nicht leicht; aber ich glaube *nicht*, daß jetzt eine Gefahr vorhanden ist. Freilich unter einer Bedingung, daß nämlich keine neue Auflage erscheint, bevor das Werk vollständig umgearbeitet ist. Es genügt nicht, einzelne Stellen zu korrigieren. Jedenfalls wird es dann sehr genau geprüft werden müssen, bevor das Imprimatur erteilt wird. Es würde mich freuen, wenn ich mit dieser Auskunft einen kleinen Dienst erweisen kann"[498].

Und Scherer weiter: „Diese Antwort bestärkte den Erzbischof in seinem Zögern, zumal, weil er vermuten musste, daß diese Auskunft von höchster Stelle stammte. Er war von da ab geneigt, das Imprimatur in Rom einzuholen. Am 7. 2. 41 teilte uns der Erzbischof telefonisch mit, er habe den Abtprimas um

---

[495] EO Freiburg, Imprimatur-Formular zu J. Lortz, Die Reformation in Deutschland, Bd. 1 (2. Auflage), Freiburg, 3. Februar 1941. EAF B2–1945/1022; Aktennotiz Re[inhard], 04.02.1941.

[496] Lortz bemerkte dazu handschriftlich: „in Münster wurden anscheinend Gerüchte über Indizierungsgefahr verbreitet. Davon hörte Bischof Galen durch einen Domherrn. Darauf schrieb Galen dann an EB Gröber [30.11.1940], um alle Gefahren möglichst zu beseitigen".

[497] Robert SCHERER, Gutachten („Betr. Imprimatur zur 2. Auflage von Lortz, Reformation in Deutschland"), 9. April 1941. IEG, NL Lortz [1445]. Mit handschriftlichen Anmerkungen von Lortz.

[498] Gleichlautend zitiert in: Höfer, Münster, an [Galen, Münster], 13.02.1941. IEG, NL Lortz [1811]. – Auf diese Weise lenkte Gröber freilich auch einmal mehr die Aufmerksamkeit Roms auf Lortz.

nähere Erläuterungen gebeten, habe gleichzeitig den Bischof [Galen] von Münster orientiert und ihn um Rat gebeten, was am besten zur Förderung des Werkes geschehen könnte".

Die Mitteilung des aus der Nähe von Konstanz stammenden Abtprimas' von Stotzingen war vermutlich gerade am 4. Februar eingetroffen – an diesem Tag zog Gröber dann das Imprimatur zurück und schrieb außerdem über den neuen Stand der Dinge an Galen: „Ew. Exzellenz haben sich in Sachen L[ortz] an den hl. Vater gewandt[499]. Darf ich vielleicht anfragen, ob eine Antwort bisher eingegangen ist oder nicht. Die Sache ist in ein neues Stadium eingetreten, weil man in Rom der Meinung ist, eine zweite Auflage würde nur dann gefahrlos erscheinen können, wenn das Buch ganz umgearbeitet würde"[500]. Daraufhin teilte Galen nur mit, auf seinen Brief an den Papst vom 23. Dezember 1940 bislang keine Antwort erhalten zu haben[501].

Unterdessen mühte sich auch der Paderborner Josef Höfer, bei Galen „Unterstützung zur beschleunigten Drucklegung des Werkes" zu erhalten, wie Scherer weiter berichtete. Um diese Bemühungen „möglichst nicht von außen stören zu

Abb. 11: Clemens August Graf von Galen (1878–1946).

lassen", ging Höfer „sehr diskret" vor. Aus Berlin erfuhr Herder-Dorneich außerdem, dass der Kardinal von Breslau, Adolf Bertram (1859–1945), „sich für Lortz ausgesprochen habe"[502]. Näheres über Höfers Tätigkeit lässt sich einem Schreiben desselben an Galen entnehmen. Höfer hatte dieses Schreiben Lortz überlassen[503] und ihn darum gebeten, „beiliegenden Brief durch *Boten* im [bischöflichen] Palais einwerfen zu lassen", da ihm selbst „die Zeit zum Umweg" fehle[504]. Darin nahm Höfer Bezug auf seine „Vorsprache" bei Galen, dem er nun „noch den Wortlaut der besprochenen Mitteilung zur Verfügung stellen" wolle; dieser scheine ihm „auszuschliessen, dass die zuletzt massgebliche Stelle befragt wurde". Bei der von Höfer nachfolgend zitierten „Mitteilung" handelte es sich – laut handschriftlicher Randbemerkung von Lortz – um den bereits angeführten „Brief von Abtprimas Stotzing[en] –

---

[499] Vgl. Galen, Münster, an Gröber, Freiburg, 30.11.1940. EAF B2–1945/1022.

[500] Gröber, Freiburg, an Galen, Münster, 04.02.1941. EAF B2–1945/1022.

[501] Galen, Münster, an Gröber, Freiburg, 06.02.1941. EAF B2–1945/1022.

[502] Scherer, Gutachten, 9. April 1941. IEG, NL Lortz [1445].

[503] Spätestens zu diesem Zeitpunkt war also auch Lortz über die Schwierigkeiten informiert.

[504] Höfer, Münster, an [Galen, Münster], 13.02.1941. IEG, NL Lortz [1811]. Mit handschriftlicher Notiz Höfers an Lortz sowie Randbemerkungen von Lortz.

Rom an B[ischof] Gröber Freib[ur]g, der daraufhin sein Imprimatur zum 3. × zurückzog!"

Während Höfer in Münster anscheinend noch die Strategie verfolgte, die Bedeutung der ‚inoffiziellen‘ und wenig konkreten Mitteilung des Abtprimas' möglichst klein zu halten, kündigten sich in Freiburg bereits neue Probleme mit Rom an – nunmehr in deutlich ‚offiziellerer‘ Form: in Gestalt eines Schreibens der Apostolischen Nuntiatur an Gröber.

3. Die Jesuiten als verlängerter Arm des Heiligen Offiziums?

3.1 Hinweise der Nuntiatur auf eine rätselhafte Rezension

War Gröber bereits durch die Mitteilungen des Abtprimas' aus Rom beunruhigt, so steigerte sich dies Anfang Februar noch durch ein vom 31. Januar 1941 datiertes Schreiben der Berliner Nuntiatur, in dem Nuntius Cesare Orsenigo (1873–1946) den Erzbischof auf eine Rezension in der *Schweizerischen Rundschau* (Heft 8, 1940) hinwies: „Der Rezensent beanstandet nicht nur verschiedene ungenaue und historisch falsche Behauptungen, sondern auch solche, die für den Katholizismus und den Hl. Stuhl beleidigend sind. Da eine Neuauflage dieses Werkes in Bälde zu erwarten ist, möchte ich Exzellenz bitten, in der Ihnen geeignet erscheinenden Art und Weise beim Verleger dahin zu wirken, daß in der neuen Auflage die nötigen Verbesserungen angebracht werden"[505]. Möglicherweise durch Gröbers Erkundigungen über den Abtprimas veranlasst, erfolgte nun also über den Weg der Nuntiatur ein ‚offiziöser‘ Hinweis Roms auf Problematisches in der *Reformation in Deutschland*, wobei man sich – scheinbar ganz objektiv – auf eine ‚unabhängige‘, öffentliche Rezension berief, nicht etwa auf ein offizielles, amtliches Gutachten[506]. Um welche Rezension es sich genau handelte, blieb freilich vorerst offen.

Eine solche Nachricht Roms, mit der ausdrücklichen Bitte um entsprechende Änderungen in der Neuauflage, dürfte Gröber auf jeden Fall in seinem Entschluss bestärkt haben, das Imprimatur bis auf Weiteres zurückzustellen. Am 14. Februar ließ er den Nuntius wissen, dass er „schon seit längerer Zeit im Sinne des Schweizerischen Referenten tätig" sei – also bereits von sich aus für entsprechende Korrekturen gesorgt habe. Der Verlag sei informiert und er hoffe, dass auch dieser auf Lortz entsprechend wirke. Im Übrigen glaube er, dass sich die Herausgabe der zweiten Auflage „aus verschiedenen Gründen verzögern" werde[507]. Ganz offensichtlich versuchte Gröber zunächst eher ausweichend zu antworten, um Zeit zu gewinnen. Ver-

---

[505] Nuntiatur (Orsenigo), Berlin, an Gröber, Freiburg, 31.01.1941. EAF B2–1945/1022.
[506] Es wäre durchaus denkbar, dass zuvor auch schon die Rezension Krebs' in ähnlicher Weise von Rom ‚instrumentalisiert‘ worden wäre, wenn Gröber nicht ihr Erscheinen verhindert hätte (vgl. oben).
[507] Gröber, Freiburg, an Nuntiatur (Orsenigo), Berlin, 14.02.1941. EAF B2–1945/1022.

lagslektor Scherer rekapitulierte die Vorgänge später folgendermaßen: „Etwa am 14.2.41 gab uns der hochwürdigste Herr von Freiburg Kenntnis, daß die Apostolische Nuntiatur in Berlin ihn auf die Rezension in der Schweizerischen Rundschau aufmerksam gemacht hätte. […] Gleich am 15.2.41 haben wir Herrn Dr. Höfer in Paderborn davon Kenntnis gegeben, weil wir annahmen, daß dies besser in mündlicher Aussprache mit dem Verfasser behandelt würde"[508].

Höfers Vermittlung bei Bischof Galen in Münster dürfte es dann auch zu verdanken gewesen sein, dass Galen sich am 24. Februar persönlich mit einem handschriftlichen Brief an Lortz wandte: „Ich bin in der Lage, in einer wichtigen Sache Ihnen eine Mitteilung zu machen. Ich bitte Sie daher, vielleicht am Freitag zwischen 5 u[nd] 7 Uhr oder am Samstag zwischen 9 und 11 Uhr, bei mir vorzusprechen"[509]. Bei seinem Besuch am 28. Februar erhielt Lortz von Galen einen handschriftlichen Text überreicht, wie Lortz in einer Notiz auf der Rückseite festhielt: „Dieses Blatt mit umstehendem Text wurde mir am 28.II.41 von Bischof v. Galen in seinem Palais als vorläufig vertraulich zu behandeln überreicht"[510]. Der Wortlaut:

„Ich möchte die Aufmerksamkeit Ew. Exz[ellenz] auf die Rezension des Buches ‚Die Reformation in Deutschland' von Prof. Jos[eph] Lortz hinweisen, die in Heft 8, 1940 der Schweizerischen Rundschau (Benziger, Einsiedeln) erschienen ist. Der Rezensent beanstandet nicht nur verschiedene ungenaue und historisch falsche Behauptungen, sondern auch solche, die für den Katholizismus und den Hl. Stuhl beleidigend sind. Da eine Neuauflage dieses Werkes in Bälde zu erwarten ist, möchte ich Ew. Exzellenz bitten, beim Verfasser dahin zu wirken, dass in der neuen Auflage die nötigen Verbesserungen angebracht werden".

Es fällt auf, dass es sich hierbei um fast exakt den gleichen Wortlaut handelt wie im Nuntiaturschreiben an Gröber vom 31. Januar 1941 – der einzige Unterschied besteht darin, dass Gröber darum gebeten worden war, „in der Ihnen geeignet erscheinenden Art und Weise beim Verleger dahin zu wirken", dass die Korrekturen ausgeführt werden, während hier die Rede davon ist, „beim Verfasser dahin zu wirken". Dies lässt zwei Erklärungsmöglichkeiten zu: Denkbar wäre, dass es letztlich nur das eine Schreiben an Gröber gab, das – von diesem an Galen übermittelt – in der Abschrift für Lortz leicht im Wortlaut modifiziert wurde. Wahrscheinlicher ist jedoch die Annahme, dass die Nuntiatur tatsächlich an beide Bischöfe zwei grundsätzlich identische Schreiben schickte, zum einen an den Ortsordinarius des Verlegers (Herder in Freiburg), zum anderen an den des Verfassers (Lortz in Münster), wodurch sich die potentielle Einflussmöglichkeit auf die unliebsame Neuauflage verdoppelte. Dafür spricht, dass man in Freiburg anscheinend gar nicht so genau informiert war, welche Mitteilungen aus Rom eigentlich gerade in Münster

---

[508] SCHERER, Gutachten, 9. April 1941. IEG, NL Lortz [1445].

[509] Galen, Münster, an Lortz, Münster, 24.02.1941. IEG, NL Lortz [1811].

[510] [Nuntiatur, Berlin, an Galen, Münster, 31.01.1941?] [Abschrift]. IEG, NL Lortz [1811]. Mit handschriftlichen Notizen von Lortz auf der Rückseite.

vorlagen (man sich also wohl auch nicht über den exakten Inhalt des Nuntiaturschreibens ausgetauscht hatte), wie dem späteren Bericht Scherers zu entnehmen ist: „Inzwischen hat HH EB [Gröber] noch vom Bischof [Galen] von
Münster Nachricht bekommen, daß dort genauere Weisungen über die Behandlung der Neuauflage eingetroffen und schon mit dem Herrn Verfasser
besprochen seien. Genaues darüber scheint man hier in Freiburg nicht zu
wissen, vielmehr erwartet man nun Näheres vom Verfasser vermutlich in
Form von weiteren Änderungen"[511].

Es scheint allerdings zweifelhaft, ob diese „genauere[n] Weisungen", die
mit Lortz in Münster besprochen wurden, überhaupt über die eher knappen
Hinweise der Nuntiatur auf die kritische Rezension hinausgingen. Zwar teilte Galen seinem Freiburger Kollegen am 1. März über sein Gespräch mit
Lortz mit, er sei in der Lage gewesen, Lortz „eine genauere Information darüber zu geben, welche Änderungen man in der 2. Auflage seines Werkes zu
finden erwartet". Lortz habe diese Information „sehr dankbar angenommen"
und werde versuchen, „den Wünschen zu entsprechen"[512]. Zu diesem Schreiben – ebenfalls im späteren Bericht Scherers zitiert – bemerkte Lortz jedoch
handschriftlich: „Dieser Brief ist eine sehr euphemistische Wiedergabe des
Tatbestandes. Nämlich: B[ischof] Galen verwies mich auf die Besprechung
der Schw[eizerischen] R[und]sch[au], gleichzeitig u[nd] in Uebereinstim-
mung mit mir ausdrückend, daß man sich erst äussern könne, wenn der Wortlaut der Rez[ension] bekannt sei"[513].

Unterdessen hatte sich Herder um die Beschaffung der ominösen Rezension
bemüht und diese Anfang März auch endlich erhalten, wie man Lortz am
6. März mitteilte: „Soeben erhalten wir den Aufsatz aus der Schweizerischen
Rundschau, Augustheft[514] 1940. Wir hatten aus der Mitteilung aus Berlin geschlossen, dass es sich hier um eine stark ablehnende Kritik handle. In Wirklichkeit ist der ganze Artikel aber eine sehr sympathische Zustimmung, und
die Bedenken sind vielleicht so zu verstehen, daß gerade diese rückhaltlose
Billigung beanstandet worden ist. – Jedenfalls freuen wir uns über die Anerkennung, die in dem Schweizerischen Blatte dem Werke gezollt wurde.
Dem HH EB [Gröber] haben wir auch zwei Abschriften davon zugehen
lassen und bemerkt, ob er das Duplikat vielleicht nach Berlin schicken
wolle"[515].

Wie sich jetzt herausstellte, handelte es sich bei der angegebenen Rezension
in der *Schweizerischen Rundschau* um die – tatsächlich durchaus positive –

---

[511] SCHERER, Gutachten, 9. April 1941. IEG, NL Lortz [1445].
[512] Galen, Münster, an Gröber, Freiburg, 01.03.1941. EAF B2–1945/1022. – Gleichlautend zitiert in: SCHERER, Gutachten, 9. April 1941. IEG, NL Lortz [1445].
[513] SCHERER, Gutachten, 9. April 1941. IEG, NL Lortz [1445]; handschriftliche Anmerkung von Lortz.
[514] Gemeint ist die Novemberausgabe (Verwechslung wohl aufgrund der Heftnum-
mer 8).
[515] Herder, Freiburg, an Lortz, Münster, 06.03.1941. IEG, NL Lortz [1811].

Besprechung von Otto Iserland[516]. Scherer fasste später zusammen: „Nach Eintreffen der Rezension aus der Schweizerischen Rundschau, August-Heft[517] 1940, waren wir verwundert über deren Auslegung von seiten der Nuntiatur und berichteten darüber dem Erzbischof, der eine Abschrift dieser Rezension nach Berlin und nach Münster schickte"[518]. In seinem Schreiben an die Nuntiatur bemerkte Erzbischof Gröber, „dass die Besprechung des Dr. Otto Iserland in Freiburg i. Schweiz durchaus anerkennend ist, was mich überrascht"[519]. Ferner teilte er mit: „Inzwischen ist mir auch zur Kenntnis gekommen, daß Herr Prof. L[ortz] durch eine bischöfliche Mittelsperson [= Galen] erfahren hat, was der Hl. Stuhl an seinem Werk aussetzen muss. L[ortz] soll sich ohne Weiteres bereit erklärt haben, die geforderten Korrekturen vorzunehmen. Ich selbst habe das Imprimatur für die druckbereite zweite Auflage zurückgestellt bis die Verbesserungen ausgeführt sind". Offenbar hoffte Gröber, auf diese Weise den Nuntius bzw. Rom soweit zufriedenzustellen.

Die neue Sachlage führte auch zu einer erneuten Besprechung zwischen Lortz und Galen in Münster, wie Lortz in einer handschriftlichen Notiz vom 10. März (auf dem bereits erwähnten Blatt mit der Abschrift des Nuntiaturschreibens) festhielt: „Heute, am 10. III. 41 erklärte mir Bischof Galen, daß meine Vermutung richtig sei, daß umstehende Mitteilung vom Nuntius aus Berlin stamme u[nd] ihm als vertraulich mit der Auflage, mich in geeigneter Form zu unterrichten, von dort zugegangen sei. Diese Mitteilung machte B[ischof] Galen mir eben als ich ihm die inzwischen eingegangene Rezension der Schw[eizerischen] Rund[schau] vorlegte, die – nur Zustimmung enthält"[520].

Am 29. März erkundigte sich Erzbischof Gröber bei Galen in Münster nach dem Stand der Dinge: „Es würde mich und den Verlag sehr interessieren, wie die Sache Lortz sich weiter entwickelt hat, und ob er die Korrektur des Buches in dem verlangten Sinne vorzunehmen gewillt ist. Beim Verlag wird das Buch immer und immer wieder bestellt. Für Ihre Tätigkeit in der Sache danke ich Ihnen von Herzen. Lortz selber bin ich durch eine Besprechung in Freiburg nahe gekommen, und ich möchte wünschen, dass die ganze Angelegenheit sich ruhig und reibungslos löst"[521]. Bischof Galen antwortete umgehend, er habe „schon am 11. 3. der zuständigen Stelle [= Nuntiatur] eine Antwort" gegeben, die seines Erachtens genüge, „um alle Schwierigkeiten zu beseitigen". Er warte aber noch auf „die doch wohl erforderliche Bestätigung

---

[516] Otto ISERLAND, Reformationsgeschichte als Beitrag zum ökumenischen Gespräch, in: Schweizerische Rundschau 40 (1940/41), 444–449. – Zum Inhalt vgl. oben.
[517] Gemeint ist wieder November.
[518] SCHERER, Gutachten, 9. April 1941. IEG, NL Lortz [1445].
[519] Gröber, Freiburg, an Nuntiatur (Orsenigo), Berlin, 07.03.1941. EAF B2–1945/1022.
[520] [Nuntiatur, Berlin, an Galen, Münster, 31.01.1941?] [Abschrift]. IEG, NL Lortz [1811]; handschriftliche Notiz von Lortz auf der Rückseite.
[521] Gröber, Freiburg, an Galen, Münster, 29.03.1941. EAF B2–1945/1022.

der Richtigkeit meiner Auffassung von jener Stelle" und habe soeben erneut schriftlich darum gebeten. „Hoffentlich entschließt man sich bald zu einer Antwort. Ich gebe gegebenenfalls sogleich Nachricht"[522].

3.2 Kritik am „antirömischen Komplex" – Änderungen – zweites Imprimatur

Dass damit die Angelegenheit einfach erledigt gewesen wäre, wagte wohl niemand ernsthaft zu hoffen. Doch ebenso wenig konnte wohl irgendjemand ahnen, welche Wendung die Sache plötzlich nahm, als Herder – vermutlich Ende März – unerwartet Informationen aus erster Hand in Rom bekam, wie Robert Scherer in seinem Rückblick vom 9. April 1941 berichtet: „Nachdem uns diese verschiedenen Schreiben bewiesen hatten, daß etwas nicht klar sei, beschlossen wir, Herrn Dr. Höfer nochmals um seine Vermittlung beim Bischof von Münster zu bitten, um nunmehr endlich die Druckerlaubnis zu erwirken. Herr Dr. Scherer fuhr in diesem Sinne nach Paderborn. Kurz darauf gab es sich, daß Herr Dr. Julius Dorneich nach Rom musste, wo er den bekannten Bescheid bei Herrn P. Leiber erfuhr. Damit erübrigten sich die weiteren Schritte"[523].

Was hatte es mit diesem „Bescheid" aus Rom auf sich, den der Jesuit Robert Leiber (1887–1967), Privatsekretär von Pius XII. und Kirchenhistoriker an der Gregoriana, an Julius Dorneich (1897–1979), den Leiter von Herders Auslandsabteilung, übermittelte? Scherer hatte sich in einem Gutachten vom 1. April bereits ausführlich mit der von Leiber mitgeteilten Kritik an Lortz' Werk auseinandergesetzt und entsprechende Korrekturvorschläge erarbeitet[524]. Den Inhalt dieser Kritik fasste Scherer dort zusammen als den Vorwurf, „daß die Gesamteinstellung des Werkes wegen ihres *antirömischen Komplexes* nicht gefalle": „Der Eindruck, den das Werk hinterlasse, sei der, daß alles auf Kosten der Kirche gehe. Man müsse sich doch vor Augen halten, daß Luther Millionen um die Eucharistie gebracht habe. In seiner Persönlichkeit liege etwas Anormales, das Lortz nicht sehen wolle". Einige handschriftliche Notizen von Lortz geben noch näheren Aufschluss über die – offenbar nur mündlich weitergegebenen – Äußerungen Leibers:

„Die folgenden Ausführungen von Herder – Scherer sind gefasst auf Grund der Mitteilungen, die P. Leiber S.J. in Rom Herrn Dr. Julius Dorneich machte. *Er* sprach von antiröm[ischem] Affekt etc. Er gab seine Meinung als die von Pius XII [aus], der selbst meine Ref[ormation] gelesen habe. Er verwies auch auf die Rezension Böminghaus[525] in

---

[522] Galen, Münster, an Gröber, Freiburg, 31.03.1941. EAF B2–1945/1022.
[523] SCHERER, Gutachten, 9. April 1941. IEG, NL Lortz [1445].
[524] Robert SCHERER, Gutachten („Betr. Lortz, Reformation in Deutschland. Verbesserungsvorschläge zur 2. Auflage"), 1. April 1941. IEG, NL Lortz [1445]. Mit handschriftlichen Anmerkungen von Lortz.
[525] Ernst BÖMINGHAUS, Rez. zu: J. Lortz, Die Reformation in Deutschland, in: Scholastik 15 (1940), 589–592.

Abb. 12: Julius Dorneich (1897–1979).

der [Zeitschrift] Scholastik. Er erklärte jedoch auch, dass eine Indizierung nicht in Frage komme"[526].

Wieder fällt auf: Jede *offizielle* Stellungnahme einer amtlichen römischen Stelle wurde vermieden. Leiber übermittelte seine Kritik abermals[527] lediglich mündlich und scheinbar ,unverbindlich', gleichwohl unter Berufung auf die (ebenfalls ,inoffizielle') Meinung der höchsten kirchlichen Autorität, d. h. des Papstes, zugleich aber auch wieder unter Hinweis auf eine Rezension von dritter Seite[528]. Offen bleibt, auf wen diese Kritik bzw. ihre Mitteilung letztlich zurückging – womöglich auf Leiber selbst? Auffallend auch die ausdrückliche Erklärung gegen eine Indizierung. Ist dies ein möglicher Beleg für die Deutung, dass der ,offizielle' Weg einer Indizierung von Lortz' Werk absichtlich (aus Rücksicht auf die politischen Verhältnisse in Deutschland) vermieden wurde?

Eine offene Konfrontation mit Rom kam für Lortz, den Herder-Verlag und die involvierten Bischöfe freilich nicht in Frage. Auch die bloß ,offiziöse'

---

[526] Scherer, Gutachten, 1. April 1941. IEG, NL Lortz [1445]; handschriftliche Anmerkung von Lortz.

[527] Vgl. oben die Korrespondenz Leibers mit Herder-Dorneich im März 1939 bezüglich der 1. Auflage.

[528] Dass nicht nur Leiber, sondern auch der Rezensent Böminghaus Jesuit war, sei hier nur am Rande erwähnt – mit Blick auf den im Folgenden noch dazukommenden Rezensenten der *Schweizerischen Rundschau*.

Kritik an der *Reformation in Deutschland* musste ernst genommen werden. Sachlich nahm Scherer zu den römischen Vorwürfen nun wie folgt Stellung[529]:

„Vielleicht ist dieser Eindruck mehr ein Scheineindruck, der durch ein tieferes Eindringen in das Werk aufgehoben wird. Man wird zwar gerechterweise nicht leugnen können, daß das Werk auf Grund mancher Eigenarten zu diesem Eindruck Anlass geben kann. Diese Eigenarten lassen sich wohl am besten darin charakterisieren, daß der Verfasser *gegen* eine bestimmte Art der Geschichtsdarstellung schreibt, nämlich *gegen die konfessionelle*. Diese Gegentendenz verleitet ihn zu einer, man möchte fast sagen, übertriebenen Wahrhaftigkeit, die sich besonders zur Aufgabe macht, die eigenen Fehler in betonter Weise ungeschminkt zuzugeben und die positiven Seiten des Gegners besonders hervorzuheben. Die *Betonung* dieser Dinge vor allem in thetischer Form wie etwa in der Einleitung und im Schlußkapitel des ersten Bandes erweckt tatsächlich den Eindruck einer tendenziösen Vereinfachung des Tatbestandes der Reformation. Es ist auf die Besprechung von Böminghaus in der ‚Scholastik‘ verwiesen worden, die gerade den Vorwurf dieser Einseitigkeit bei Lortz erhebt und auf andere Aspekte hinweist, die um der Gerechtigkeit willen hätten auch berücksichtigt werden müssen. Dieser Vorwurf wird angesichts der tatsächlichen Ausführungen des Verfassers Lügen gestraft; denn es ist seiner historisch wie psychologisch fein analysierenden wie höchst komplexen Darstellung in Wirklichkeit keiner dieser Gesichtspunkte entgangen (wie etwa die Psychologie der Revolution, der Faktor des Zwanges und der Gewalt, die Rolle der jungen Presse usw.[530]). Immerhin bleibt bestehen, daß es dem Verfasser nicht restlos gelungen ist, den Ausgleich zu finden zwischen dieser so bewundernswerten historischen Schau einer höchst verwickelten Zeit und einem gewissen Anti-Affekt gegen die konfessionelle Geschichtsschreibung, die ihn immer wieder dazu verleitet, unmerklich die eigene Partei strenger zu beurteilen als die gegnerische. Dieser Eindruck (geschichtliche Größe Luthers gegen geschichtliches Versagen der Kirche als Formel der Reformation) wird vor allem in den programmatischen Teilen des Werkes erweckt. Ferner in manchen Ausdrucksweisen, die aber leicht verbessert werden können. Unter die programmatischen bzw. die sozusagen in Theseform gefassten Teile rechne ich besonders das Vorwort und das Schlußkapitel des ersten Bandes. Das Vorwort sollte, so wie es da steht, am besten ersetzt werden durch ein neues, in dem kurz hingewiesen würde auf die verschiedenen Rezensionen, deren sorgfältige Prüfung bei der Schwierigkeit des Themas längere Zeit in Anspruch genommen hätte, weshalb die Neuauflage erst so spät erscheine[531]. Der Wortlaut des Vorwortes zur ersten Auflage, der im wesentlichen bedingt war durch die Einwände der Zensoren, hat durch seine Rechtfertigungsversuche gerade das noch betont, was den obengenannten Vorwurf hervorgerufen hat. Auch das Lutherkapitel trägt dazu bei, zu diesem Vorwurf aufzureizen, weil psychologisch dieses Kapitel den End- und Gesamteindruck des ersten Bandes bestimmt. Notwendig erweist sich dieses Kapitel eigentlich nur, so weit die Theologie Luthers darzustellen versucht wird. Dabei wirkt es verwirrend, daß das Bild Luthers dazwischen eingefügt wird. Dieses Bild wirkt aber viel weniger überzeugend als in der laufenden geschichtlichen Darstellung der vorausgehenden Kapitel, weil es das, was historisch hintereinander möglich ist, hier in einer Art systematischen Zusammenschau einfassen möchte. Darum stören die vielen Entschuldigungsversuche, die immer wieder die Werte der Persönlichkeit Luthers herausstellen wollen. Außerdem wird so der Anschauung der Protestanten

---

[529] SCHERER, Gutachten, 1. April 1941. IEG, NL Lortz [1445].
[530] Vgl. BÖMINGHAUS, Rez. (1940), 591.
[531] Das Vorwort der 1. Auflage wurde später in der Tat vollständig ersetzt (vgl. unten).

Vorschub geleistet, daß Luthers religiöser Protest berechtigt war, sie somit Luther nicht preisgeben brauchen. Das aber ist gerade das, was man in Rom nicht haben will. Die noch so großen Mißstände in der Kirche rechtfertigten nur eine innerkirchliche Reform, nicht aber Luther, den Reformator. Darum wäre es besser, statt den Band mit dem belastenden Kapitel ‚Luther‘ mit einer Art Gesamtbilanz des ersten Bandes abzuschließen, in der die einzelnen geschichtlichen Werte in dem Prozess der Reformation von höchster Warte aus nochmals abgewogen würden[532].

Was den antirömischen Komplex betrifft, so verweise ich noch auf das Wort ‚Kurialismus‘, das in dem Werk so oft vorkommt, daß es den Eindruck eines Schlagwortes machen könnte. Es wird sich vielleicht empfehlen, dieses Wort gelegentlich durch ein anderes sachlich ebenbürtiges zu ersetzen".

An seine Ausführungen schloss Scherer noch eine detaillierte Auflistung von einzelnen Korrekturvorschlägen bzw. Überprüfungshinweisen zu verschiedenen Stellen der *Reformation* an. Exemplarisch seien hier die wichtigsten aufgeführt[533] – zunächst zu Band 1, auf den mit 33 Stellen (davon allein 15 zum Lutherkapitel S. 381 ff.) der größte Teil entfiel:

„*S. IX, Z. 19 ff.:* ‚Überwindung der gar zu ausschließlich gewordenen *heutigen* ‚gegenreformatorischen‘ Sicht und Haltung in der Betrachtung des 16. Jahrhunderts‘. Die vordergründige Herausstellung dieses Zieles kann nicht das Wichtigste sein, erweckt im übrigen Misstrauen.

S. X, Z. 19 ff.: Diese Ausführungen nehmen Bezug auf das Schlußkapitel über Luther und lenken dadurch die Aufmerksamkeit des Lesers viel zu stark auf dieses Thema, als sei Luther das zentrale Problem der Reformation. Dies sollte vermieden werden.[534]

S. 3, Z. 2: ‚Eine wesentliche Aufspaltung also der allein wahren Religion …‘ besser: ‚Eine wesentliche Aufspaltung der Christenheit, von der jede Partei den Anspruch erhebt, die allein wahre Religion zu sein‘.[535] […]

S. 22, Z. 6 v. u.: ‚als es sich im Schisma verneinte‘ (nämlich das Papsttum) falsch laut P. Leiber: Gregor XII. hat 1415 in aller rechtlichen Form vor dem Konzil abgedankt und dem Konzil den Auftrag zur Regierung der Kirche und zur Wahl eines neuen Papstes gegeben.[536]

S. 55, Z. 20 ff.: positive Seiten der scholastischen Theologie zur Zeit des Humanismus vielleicht hier schon stärker hervorheben, nicht erst im zweiten Band! Wenigstens Hinweis darüber im Gesamtüberblick am Schluß des ersten Bandes; denn so negativ kann es

---

[532] Tatsächlich fügte Lortz in der 2. Auflage eine solche kurze ‚Zwischenbilanz‘ auf einer zusätzlichen Seite am Ende des ersten Bandes ein; vgl. Lortz, Reformation (²1941) I, 437.
[533] Die daraus resultierenden konkreten Änderungen zwischen der 1. und 2. Auflage werden in den Anmerkungen gegenübergestellt.
[534] Ungeachtet seiner Empfehlung, das alte Vorwort komplett zu ersetzen, machte Scherer jetzt also trotzdem noch Verbesserungsvorschläge dazu.
[535] I, 3 – *1. Auflage:* Beginn des ersten Kapitels: „Ein gespaltenes Christentum ist ein Widerspruch in sich selbst. Dies ist aber die Lage des Christentums seit der Reformation. Eine wesentliche Aufspaltung also der allein wahren Religion besteht (von Schisma der Ostkirche einmal abgesehen) seit 400 Jahren". – *2. Auflage:* Änderung des dritten Satzes: „Vom Schisma der Ostkirche einmal abgesehen, besteht also eine wesentliche Aufspaltung der früher *einen* Christenheit seit 400 Jahren".
[536] I, 22 – *1. Auflage:* „[…] als es sich im Schisma selbst verneinte […]". – *2. Auflage:* „[…] als es sich jahrelang im Schisma selbst zu verneinen schien […]".

mit der Theologie vor Luther nicht gestanden haben, wie wäre sonst das Tridentinum erklärlich? [...]

S. 74–82: Überprüfung des Abschnitts über Kurialismus. [...]

S. 136/37, bes. Abschnitt 8: Ist das Moment der theologischen Unklarheit innerhalb der katholischen Theologie so wesentlich für das Verständnis der Reformation? Böminghaus und Leiber bestreiten es. Meines Wissens hebt auch Grisar diesen Punkt hervor. [...]

S. 205–206: Die theologische Unklarheit der Zeit: überprüfen. [...]

S. 253 ff.: Kapitel über die Kurie revidieren. [...]

S. 381: Kap. Luther, Z. 1: Luther ist die deutsche Reformation? Sollte man diese Formulierung nicht besser fallen lassen?[537] [...]

S. 395, Z. 4: statt souverän = selbstherrlich.[538] [...]

S. 404, Z. 8: ,das den Mut (?) hatte', besser ,Tollkühnheit'.[539]

S. 407, Z. 16: ,Heroismus' ?[540]

S. 410, Z. 11 f. v. u.: ,geradezu vorbildliche Aussprüche' ... ,tief christliche Hingegebenheit' hier unmöglich![541]

S. 413, Z. 10 v. u.: ,er durfte also und mußte hart zupacken' besser streichen.[542] [...]

S. 426: Das Kapitel über die Demut überprüfen".

Im Vergleich dazu hatte Scherer zu Band 2 lediglich 9 überwiegend weniger konkrete Vorschläge bzw. Hinweise, von denen die meisten auf das Schlusswort S. 294 ff. entfielen:

„*S. 3:* Politik als Zentralproblem der Reformation schon im Schlußkapitel von Band I anklingen lassen.

S. 35 ff.: ,Päpstliches Versagen' überprüfen.[543] [...]

---

[537] I, 381 – *1. Auflage:* Beginn des Lutherkapitels: „Wir kehren zu unserer Ausgangsthese zurück: Luther ist die deutsche Reformation; die deutsche Reformation in Luther. In dem Sinne [...]". – *2. Auflage:* Abschwächung des einleitenden Satzes („Wir kehren zu einem unserer Ausgangspunkte zurück"), Verdeutlichung der folgenden Einschränkung durch Sperrdruck *(„In dem Sinne")*.

[538] I, 395 – *1. Auflage:* „[...] wie souverän, ganz allein aus eigener Kenntnis und Deutung der Bibel, Luther über die Kirche hinwegschreitet". – *2. Auflage:* „[...] wie selbstherrlich [...]".

[539] I, 404 – *1. Auflage:* „Angesichts dieses Schwankens, das den Mut hatte, das säkulare System der Kirche ersetzen zu wollen [...]". – *2. Auflage:* „[...] das die Verwegenheit besaß [...]".

[540] I, 407 – *1. Auflage:* „Die Berufung auf das eigene Gewissen [...] ist im Heroismus der Tage von Worms das Wahrzeichen Lutherischer Haltung geworden". – *2. Auflage:* „[...] ist in den Tagen von Worms [...]".

[541] I, 410 – *1. Auflage:* „Bis ans Ende seines Lebens finden sich bei dem Reformator geradezu vorbildliche Aussprüche dieser Demutshaltung, eines tief christlichen Hingegebenseins in den Willen des Vaters. Sogar in einem der Bücher, die für Luthers christliche Demut eine geradezu furchtbare Belastung bilden [...]". – *2. Auflage:* „[...] finden sich bei dem Reformator bedeutungsvolle Äußerungen dieser Demutshaltung, eines christlichen Hingegebenseins [...]. Sogar in einem der Bücher, die für eine wirklich christliche Demut [...]".

[542] I, 413 – *1. Auflage:* „Und als dieses rächenden Zornes Medium hat Luther sich gefühlt; er durfte also und mußte hart zupacken". – *2. Auflage:* Streichung des ganzen Nachsatzes.

[543] II, 35 – *1. Auflage:* Lebender Kolumnentitel: „Päpstliches Versagen". – *2. Auflage:* „Versagen Klemens' VII.".

S. 294, Z. 14: ‚nicht wenig Wertvolles'. Dieses Wertvolle ist zu distinguieren im Hinblick auf den großen Unwert der Reformation.[544]

S. 294/95: Verweis auf Vorwort streichen.

S. 295, Z. 1 v. u.: ‚viel Wertvolles bei Luther': unterscheiden!

S. 296, Z. 4, 11 f.: Verweis auf Vorwort streichen.[545]

S. 307, Mitte: ‚Wenn etwas tiefstes Anliegen dieses Buches ...' das ökumenische Anliegen sollte nicht zu stark in den Vordergrund treten. Die historische Wahrheit muß für sich selbst im ökumenischen Sinne wirken"[546].

Angesichts der Beanstandungen aus Rom hatte Lortz nun keine andere Wahl, als die meisten dieser Änderungen zu akzeptieren, um endlich das Imprimatur zu erhalten. Wie die Sache ausging, fasste Lortz in einer weiteren Anmerkung zu Scherers Gutachten zusammen: „Die wenigen Änderungen der 2. Aufl[age] verfasste ich nach Rücksprache über obige Notizen des Verlags mit Dr. Jul[ius] Dorneich, Herrn Welte, Dr. Scherer, Dr. Hoefer in Freiburg (am 8. April) ebendort am 9. April. Am 9. 4. besuchte ich dort den EB [Gröber] & erreichte die Zusage der Druckerlaubnis, die wenig später erteilt wurde"[547]. Herder übersandte am 22. April dem Freiburger Ordinariat die neuen Verbesserungen und Ergänzungen aufgrund der aus Rom mitgeteilten Korrekturwünsche und bat um Approbation der zweiten Auflage[548]. In diesem Zusammenhang verwies der Verlag auch auf die Besprechung zwischen Lortz und Gröber am 9. April, wo die Korrekturen bereits vorgelegt worden wa-

---

[544] II, 294 – *1. Auflage:* Beginn des Schlusswortes: „Die Kirchengeschichte des endenden 15. Jahrhunderts und der ersten Hälfte des 16. Jahrhunderts bietet, alles in allem genommen, dem Katholiken ein wenig erhebendes Schauspiel; [...] aus dem Kampf derer, die sich von der alten Kirche trennten, ist umgekehrt nicht wenig Wertvolles und vor allem viel Erfolg zu berichten". – *2. Auflage:* Hinzufügung eines positiveren Satzes zu Beginn, leichte Umformulierungen im Folgenden: „Wir haben gerade in diesem zweiten Bande gesehen, wie die Kirche seit dem Ende des 15. Jahrhunderts und in der ersten Hälfte des 16. Jahrhunderts aus eigener Mitte einer Neuschöpfung zustrebte. Trotzdem bietet die Kirchengeschichte dieser Zeit [...]".

[545] II, 296 – *1. Auflage:* „Über meinen persönlichen Standpunkt habe ich mich im Vorwort zum 1. Bande (S. VIII f.) ausgesprochen". – *2. Auflage:* Streichung des ganzen – Lortz' katholische Haltung stark betonenden – Absatzes (13 Zeilen, bis „nicht harmonieren").

[546] II, 307 – *1. Auflage:* „Wenn etwas tiefstes Anliegen dieses Buches ist [...], dann dies, daß es teilhaben möchte am Gespräch zwischen den Konfessionen, oder auch, daß es diesem Gespräch neue Möglichkeiten geben möchte". – *2. Auflage:* Hinzufügung einer abschwächenden Fußnote: „[...] Es ist nämlich nicht so, als ob ich an die Darstellung der Reformation herangegangen wäre aus dem Wunsch heraus, der Annäherung der Konfessionen zu dienen. [...] Ohne Nebenabsicht meinerseits hat der Befund der Tatsachen mich zu den Feststellungen und Beurteilungen geführt, die ich in diesen Bänden vorlegte. Sie allerdings verlangten dann entschieden, am ökumenischen Gespräch teilzunehmen. In *diesem Sinne wurde* jene Teilnahme für mich tiefstes Anliegen, als ich mein Buch hinausgab".

[547] SCHERER, Gutachten, 1. April 1941. IEG, NL Lortz [1445]; handschriftliche Anmerkung von Lortz.

[548] Herder, Freiburg, an EO, Freiburg, 22. 04. 1941. EAF B2–1945/1022.

ren. Am 26. April 1941 wurde dann schließlich – einmal mehr – das Imprimatur für die Neuauflage erteilt[549].

3.3 Eine neue Rezension Hugo Rahners – Kritik des römischen „Anonymus"

Doch wieder währte die Freude nicht lange: Am 15. Mai 1941 erhielt Gröber ein neues Schreiben von Nuntius Orsenigo aus Berlin, der – diesmal im Auftrag des Kardinalstaatssekretärs[550] – noch einmal auf Lortz zurückkommen musste[551]: „Es wird jetzt nicht mehr Bezug genommen auf die Novembernummer der ‚Schweizerischen Rundschau' vom vorigen Jahr […], sondern auf die Märznummer dieses Jahres derselben Zeitschrift, in der Professor Dr. Hugo Rahner ‚falsche oder wenigstens ungenaue und unglücklich formulierte Behauptungen im genannten Werke beanstandet, und historische Tatsachen dagegen geltend gemacht hat'". Der Kardinalstaatssekretär wünsche, dass Lortz durch den Erzbischof auf diese Kritik aufmerksam gemacht werde und jene Verbesserungen vornehme, „zu denen er sich in lobenswerter Weise grundsätzlich bereit erklärt hat".

Dieser nun doch ‚offizielle' Schritt Roms wirft Fragen auf, über die angesichts der Quellenlage nur spekuliert werden kann. Anzunehmen ist jedenfalls, dass auch bereits das erste Nuntiaturschreiben vom 31. Januar 1941 den ‚offiziellen' Weg vom Staatssekretariat über die Nuntiatur genommen hatte. Die Frage bleibt allerdings, in wessen Auftrag die Mitteilungen des Staatssekretariates erfolgten. Immerhin hatte Leiber sich bezüglich der Kritik am ‚antirömischen Komplex' zuvor bereits auf den Papst selbst berufen[552]. Dass Pius XII. persönlich ein solches Interesse an Lortz' Reformationsgeschichte zeigte (zumal mitten im Zweiten Weltkrieg), erscheint aber doch eher unwahrscheinlich; näher liegt schon die Annahme, dass Leiber – als Kirchenhistoriker – hier eine wesentliche Rolle spielte. Möglich wäre weiterhin, dass seit den Gerüchten um eine offizielle Anzeige in Rom Ende 1940[553] zudem das hierfür ja auch zuständige Heilige Offizium involviert war, das aus Rücksicht auf die Lage in Deutschland aber kein formelles Zensurverfahren betrieb, sondern vielmehr hoffte, den Fall Lortz still auf ‚offiziösem' Wege erledigen zu können.

Zur Deutung der möglichen Hintergründe sollten später noch weitere Anhaltspunkte hinzukommen; vorerst war jedoch bereits mit diesem Schreiben der Nuntiatur eine neue Sachlage gegeben, die eine erneute Überprüfung des Lortzschen Werkes nahelegte. Dabei wurde nun – nach dem ganz offenkundig irrtümlichen Hinweis auf die Rezension Iserlands – auf eine andere Re-

---

[549] Vgl. Herder (Scherer), Freiburg, an EO, Freiburg, 02.08.1941. EAF B2–1945/1022.
[550] Luigi Maglione (1877–1944), seit 1939 Kardinalstaatssekretär.
[551] Nuntiatur (Orsenigo), Berlin, an Gröber, Freiburg, 15.05.1941. EAF B2–1945/1022.
[552] Laut Lortz' Notiz auf Scherers Gutachten (vgl. oben).
[553] Vgl. oben (der ‚Fall Krebs').

zension in der *Schweizerischen Rundschau* durch Hugo Rahner verwiesen[554], der im Juni 1940 aber bereits eine grundsätzlich anerkennende Besprechung in den *Stimmen der Zeit* veröffentlicht hatte[555]. Doch noch bevor diese neue Besprechung Rahners überhaupt vorlag[556], verschärfte sich die Situation noch einmal erheblich, als Gröber am 10. Juni ein weiteres Schreiben des Nuntius erhielt. Dieser teilte dem Erzbischof mit, er sei beauftragt, anliegende Ausführungen eines Fachmanns über das Buch von Lortz zu übersenden[557]:

„In denselben wird ein neuer Gesichtspunkt hinsichtlich einer eventuellen Verbesserung dieses Werkes hervorgehoben. Wenn die durch Anführungszeichen als wörtliche Zitate gekennzeichneten Stellen nicht mit dem Wortlaute des Verfassers übereinstimmen, so ist zu berücksichtigen, daß es sich dabei um eine Rückübersetzung ins Deutsche handelt, bei der das Original nicht zu Rate gezogen werden konnte.

Ich halte es nicht für nötig hinzuzufügen, daß, wenn auch das Imprimatur gegeben wird, dies unter der ausschließlichen Verantwortung des Ordinarius geschieht und nur nach einer sorgfältigen und vollständigen Verbesserung.

Die vorstehende Bemerkung bedeutet ebensowenig wie die früheren eine stillschweigende Zustimmung des Hl. Stuhles oder der Apostolischen Nuntiatur für eine neue Auflage".

Bei den beiliegenden Ausführungen handelte es sich um ein anonymes, aus dem Italienischen übersetztes Gutachten, das sechs maschinenschriftliche Seiten umfasst und in 16 Punkten eine scharfe Kritik gegen die *Reformation in Deutschland* richtet[558]. Dem Verfasser geht es in seiner Beurteilung nicht um einzelne Details, sondern um die grundlegende Frage, „ob die Tendenz des Ganzen annehmbar ist oder nicht" (1). Lortz' Bemühung um gegenseitiges Verständnis der Konfessionen wird als „ein grundsätzlicher Irrtum" kritisiert: Lortz stelle „Katholiken und Protestanten gewissermassen als zwei sich bekämpfende Parteien hin, die durch einen unparteiischen Richter auf einem Mittelwege versöhnt werden könnten" (2). In Ablehnung eines solchen Kompromisses wird eine klare ‚Rückkehr-Ökumene' gefordert: „Eine Versöhnung ist nur möglich, wenn der Teil, der sich losgetrennt hat, seinen Irrtum einsieht und bedingungslos zur wahren Kirche zurückkehrt. Diesen Schritt kann man beim besten Willen den Protestanten nicht ersparen" (3). Im Hinblick auf gewisse ‚bedenkliche' Äußerungen z. B. über die „Religiosität Luthers" (5) betont der ‚Anonymus', dies seien keineswegs „nur gelegentliche rednerische Entgleisungen" von Lortz: „Man hat sogar den Eindruck,

---

[554] Hugo RAHNER, Kritik an Lortz?, in: Schweizerische Rundschau 40 (1940/41), 658–663. – Zum Inhalt vgl. oben.

[555] Hugo RAHNER, Ökumenische Reformationsgeschichte. Zur Reformationsgeschichte von Joseph Lortz, in: Stimmen der Zeit 137 (1940), 301–304. – Zum Inhalt vgl. oben.

[556] Erst Anfang Juli konnte man einen Abzug der Rezension beschaffen; vgl. Herder, Freiburg, an Lortz, Münster, 05.07.1941. IEG, NL Lortz [1445].

[557] Nuntiatur (Orsenigo), Berlin, an Gröber, Freiburg, 10.06.1941. EAF B2–1945/1022.

[558] [N.N.], Gutachten zu J. Lortz, Die Reformation in Deutschland, [Rom, Juni 1941]. EAF B2–1945/1022 (abgedruckt im Anhang dieses Bandes). – Die nachfolgenden Nummern im Text beziehen sich auf die betreffenden Punkte des Gutachtens.

daß er mit Vorbedacht seine Sätze verklausuliert und einschränkt, da er sich
der Schwäche seines theologischen Standpunktes bewußt ist" (6). Die differenzierte Beurteilungsweise von Lortz wird gedeutet als seine „Eigenheit,
früher mit Nachdruck vorgetragene Behauptungen nachträglich einzuschränken oder zurückzunehmen. Diese Gewohnheit, die sich als Objektivität ausgibt, macht in Wirklichkeit den Eindruck geringer Aufrichtigkeit
und erschwert das Urteil über seine Arbeit" (8). Auch die mitunter „leidenschaftlichen Auslassungen Lortz' gegen den Kurialismus" seien „nicht nur
pietätslos, sondern auch vom rein geschichtlichen Standpunkt aus oberflächlich und anfechtbar" (10). Bei „all diesen Deklamationen gegen die Päpste
und die Kurie" zeige sich, dass Lortz „selber nicht weiß, wie man es hätte
anders machen können", was wiederum den Eindruck erwecke, „daß die Kirche von damals als so heillos verdorben betrachtet wird, daß eine Heilung
unmöglich war" (11). Auch sehe Lortz die Ursachen der Glaubensspaltung
– sowie die Schuld der Kirche – einseitig mit Blick auf Deutschland: Wenn die
Spaltung aber tatsächlich so „unvermeidlich" war, warum ist sie dann „in
anderen katholischen Ländern" ausgeblieben? (12) Ferner erscheine Luther
bei Lortz als „religiös ganz aufrichtig" und als „ein vollständig normaler
Mensch". Der unkritische Leser komme so leicht zur Überzeugung, „daß
dann die katholische Kirche eine große Verirrung ist", während der „nachdenkliche Leser" sich kaum mit der Lortzschen Darstellung abfinden werde,
„Luther habe mit einer an Anormalität grenzenden Leidenschaftlichkeit eine
katholische Kirche bekämpft, die an sich gar nie existiert hat". Demgegenüber
hätten „die früheren katholischen Lutherforscher […] die Frage nach der persönlichen Auffassung Luthers ernster und vollständiger behandelt" (13).
Schließlich kommt der Verfasser zu seinem Fazit: „Im allgemeinen kann
man sagen, daß das Werk Lortz' sehr viele richtige und wahrheitsgemäße
Gedanken enthält; seine Grundtendenz ist aber geeignet, falsche Auffassungen über die Konfessionen, den konfessionellen Frieden, die Religion, das
Wesen des Christentums und damit schließlich über die Kirche aufkommen
zu lassen. Ausserdem verletzt er vielfach die katholische Pietät" (14). Aufgrund dieser „Grundtendenz" erscheine eine Verbesserung des Werkes bei
einer Neuauflage unmöglich. „Durch Vermehrung der Einschränkungen
und Betonung des katholischen Standpunktes – woran es der Verfasser schon
jetzt nicht fehlen lässt – würde nur der Eindruck der Unaufrichtigkeit verstärkt, den man jetzt bei der Lektüre des Buches gewinnt. Die Folge wäre,
daß die ungehinderte (und deshalb stillschweigend gebilligte) Verbreitung
des Buches in etwas geänderter Form nur einen noch schlimmeren Eindruck
machen würde" (15). Auch die von Lortz gegebene Darstellung der vorreformatorischen kirchlichen Missstände sei im Grunde nichts Neues, aber
tadelnswert sei „das Deklamatorische und Pietätslose seiner Darstellung
und die trügerische Hoffnung, es könnten die Protestanten dadurch gewonnen werden, daß man gegen die katholische Vergangenheit anrennt" (16).

Zur Identität des Verfassers dieses Gutachtens fehlen jegliche Anhaltspunkte, abgesehen davon, dass er wohl Kirchenhistoriker und das Gutachten ursprünglich italienisch war. Doch ergeben sich immerhin einige Hinweise aus der Tatsache, dass sich der Inhalt der Punkte 12 und 13 auch noch in einem weiteren Dokument findet, das in den Freiburger Ordinariatsakten ebenfalls als Anlage zum Nuntiaturschreiben vom 10. Juni überliefert ist. Das betreffende Blatt ist datiert auf den 26. Mai 1941 und enthält ebenfalls keine Verfasserangabe; aus dem Originalschreiben[559] sowie einer späteren Bezugnahme[560] geht jedoch hervor, dass es von Robert Leiber stammte. Unter der Überschrift „Allgemeine Bemerkungen" hieß es[561]:

„1. Die Frage, warum es zur Glaubensspaltung kam, beantwortet L[ortz] mit einseitigem Blick auf die germanische Welt, auf Deutschland. Wenn die Missstände, das Versagen, vor allem das Versagen der kirchlichen Zentrale, des Hl. Stuhles, so waren, dass die fast naturnotwendig zur Spaltung führten – und man bekommt bei L[ortz] den Eindruck, dass die Reformation kaum zu vermeiden war – so fragt man sich, warum diese Glaubensspaltung in anderen katholischen Ländern eben ausgeblieben ist. Die Berücksichtigung dieser Frage hätte auch im Falle Deutschland die Schuldfrage wohl etwas anders beantworten lassen.

2. Für die Entwicklung Luthers stellt L[ortz] zwei Voraussetzungen hin: 1) Luthers religiöse Entwicklung geht von einer unbedingten, ganz grossen Hingabe an Gott aus. Luther ist religiös durchaus echt. 2) Luther ist ein ganz normaler Mensch. Die Entwicklung endet mit dem Abfall von der Kirche und mit der Leugnung gerade der gnadenvollsten Geheimnisse der christlichen Offenbarung, wie der Eucharistie. Man denke an Luthers wüsten Kampf gegen die Messe.

Der kritiklose Leser wird da leicht zur Auffassung kommen: Dann ist eben die katholische Kirche ein grosser Irrtum. Vom denkenden Leser wird L[ortz] selbst nicht verlangen, dass er sich mit seiner Darstellung abfindet, besonders wenn man noch die sehr sonderbare Erscheinung hinzunimmt, dass Luther mit einer Leidenschaft, die ans Anormale grenzt, eine katholische Kirche bekämpft, die überhaupt nie bestanden hat. Da haben die früheren katholischen Lutherforscher, über die L[ortz] so souverain zur Tagesordnung übergeht, die Frage nach der persönlichen Verfassung Luthers doch viel tiefer, ernster und allseitiger behandelt".

Unklar ist, ob dieses Schreiben Leibers bereits im Juni 1941 mitgeschickt worden war oder den Freiburger Akten erst später hinzugefügt wurde[562].

---

[559] Abgedr. bei ULIANICH, Geschichtsschreibung, 177.

[560] Vgl. Tardini, Rom, an Leiber, Rom, 07.05.1950. Abgedr. bei ULIANICH, Geschichtsschreibung, 176. – Darin nimmt Domenico Tardini (1888–1961) darauf Bezug, dass Leiber sein Gutachten vom 26. Mai 1941 im Auftrag der „Sacra Congregazione degli Affari Ecclesiastici Straordinari" (deren Sekretär Tardini seit 1937 war) an Giacomo Martegani SJ (1902–1981), den Direktor der Zeitschrift *Civiltà Cattolica*, übergeben habe. Denkbar wäre also, dass Martegani bzw. Mitarbeiter der *Civiltà Cattolica* für das anonyme Gutachten verantwortlich waren.

[561] [Robert LEIBER], Gutachten („Zu Joseph Lortz, Die Reformation in Deutschland. Allgemeine Bemerkungen"), 26. Mai 1941. EAF B2–1945/1022.

[562] Als weitere Anlage findet sich nämlich auch noch ein Gutachten, das auf die Neuauflage von 1949 (!) Bezug nimmt, also offenkundig erst nachträglich dem Nuntiaturschreiben zugeordnet wurde: [N.N.], Gutachten zu J. Lortz, Die Reformation in Deutschland,

Möglicherweise wurde es erst Anfang 1942 von der Nuntiatur übersandt, als Gröber noch einmal das anonyme Gutachten in neuer Übersetzung und leicht veränderter Anordnung erhielt, wobei die „Allgemeinen Bemerkungen" nun „vorausgehen", was sich auf den gesonderten Text Leibers beziehen könnte[563]. In jedem Fall scheint die Autorschaft Leibers (zumindest damals) nicht bekannt geworden zu sein, genauso wenig wie die Identität des ‚Anonymus'. Leibers Kritikpunkte bildeten aber offensichtlich die Vorlage für die entsprechenden Punkte im anonymen Gutachten, zunächst auf Italienisch verfasst, dann wieder ins Deutsche zurückübersetzt[564]. Ob und inwieweit womöglich auch die übrigen Punkte von Leiber inspiriert waren, muss offen bleiben, ebenso wie die Beziehung des Verfassers zu Leiber bzw. sonstigen römischen ‚Auftraggebern'. Viel scheint jedenfalls dafür zu sprechen, dass es sich auch in diesem Fall um kein offizielles Gutachten einer amtlichen Stelle handelte, sondern von Seiten Roms einmal mehr eine scheinbar objektive, ‚unabhängige' Stellungnahme gegen Lortz angeführt wurde – im Unterschied zu den bisherigen Rezensionen jedoch in Form einer unveröffentlichten, anonymen Äußerung. Nicht zuletzt die Tatsache, dass in diesem Gutachten auch die Kritikpunkte Leibers stillschweigend verwertet wurden, wirft kein gutes Licht auf die vermeintliche Unvoreingenommenheit des anonymen ‚Fachmanns', sondern legt nahe, dass es sich um eine ‚Auftragsarbeit' handelte[565].

[ca. 1950]. EAF B2–1945/1022. – Zu den möglichen Hintergründen dieses Gutachtens vgl. unten die Diskussion im Rahmen der 3. Auflage.

[563] Vgl. Gröber, Freiburg, an Nuntiatur (Orsenigo), Berlin, 16.02.1942. EAF B2–1945/ 1022. – Vgl. dazu unten.

[564] Die sprachlich mangelhafte Rückübersetzung könnte ebenfalls ein Grund dafür gewesen sein, warum Leibers Kritikpunkte 1942 noch einmal separat im deutschen Original übersandt wurden.

[565] Nicht auszuschließen ist freilich, dass es sich bei dem anonymen Schreiben letztlich sogar um ein offizielles Gutachten des Heiligen Offiziums handelte – etwa im Rahmen eines tatsächlich in Gang gebrachten Indizierungsprozesses –, das dann jedoch (da dem besonderen Secretum unterworfen) nach außen lediglich als scheinbar inoffizielles, ‚privates' Gutachten nach Freiburg weitergegeben wurde. Aber selbst wenn es sich bei dem Gutachten an sich um eine amtliche Stellungnahme gehandelt haben sollte, scheint die konkrete Verwendung von Seiten Roms (über die Nuntiatur) doch weiterhin konsequent die Linie verfolgt zu haben, den ‚Fall Lortz' möglichst ohne Aufsehen rein ‚offiziös' zu erledigen (aus Rücksicht auf die politischen Zeitverhältnisse etc.). Zumindest faktisch wurde jetzt auch dieses Gutachten von Rom dazu eingesetzt, die unliebsame Neuauflage eben nicht auf amtlich-rechtlichem Wege zu verhindern, sondern (neben den mündlichen Mitteilungen Leibers sowie der neuen Rezension Rahners) durch eine weitere, scheinbar rein sachlich begründete Kritik an Lortz' Werk – wenngleich immer mit dem zusätzlichen ‚Druckmittel' eines im Hintergrund *möglicherweise* (mehr wusste man in Freiburg offenbar auch nicht!) drohenden Indizierungsverfahrens.

4. Entgegnung auf die römische Kritik?
Die Stellungnahmen Robert Scherers

4.1 Reaktion auf die anonyme Kritik aus Rom –
Scherers erste Stellungnahme

Wie reagierte man nun in Freiburg auf diese konkrete schriftliche Kritik aus Rom? Von Seiten des Ordinariats bzw. des Erzbischofs ist keine unmittelbare Stellungnahme überliefert; vermutlich beriet man sich zunächst über das geeignete weitere Vorgehen, versuchte auch erst die Rezension Rahners zu beschaffen, um die Sachlage besser beurteilen zu können[566]. Aus einem Schreiben Herders an Lortz vom 20. Juni 1941 ist zu schließen, dass auch der Verlag vorerst nicht informiert worden war oder aber Lortz noch nichts darüber mitteilen durfte[567].

Doch schon bald darauf, am 29. Juni, verfasste Lektor Robert Scherer ein 13 Seiten umfassendes Gutachten, in dem er ausführlich zu den „Beanstandungen […] auf Grund der beiden Schreiben der Apostolischen Nuntiatur" Stellung nahm[568]. Spätestens jetzt also hatte das Ordinariat den Verlag von der neuen Kritik aus Rom in Kenntnis gesetzt und die entsprechenden Dokumente zur Verfügung gestellt, wohl auch um eine Stellungnahme gebeten. Scherer erklärt zunächst, dass eine Stellungnahme zum Verweis der Nuntiatur auf die neue Rezension Rahners „vorerst nicht erfolgen" könne, da der Wortlaut noch nicht vorliege; angesichts der „bisherigen Erfahrungen mit zitierten Besprechungen" (vgl. Iserland) müsse man „begreiflicherweise zurückhaltend mit irgend einer Stellungnahme" sein. Hingegen sei eine Auseinandersetzung mit den vorliegenden anonymen „Ausführungen eines Fachmannes" möglich, da in diesen die Einwände gegen das Werk ausdrücklich formuliert würden:

---

[566] Vgl. Herder, Freiburg, an Lortz, Münster, 05.07.1941. IEG, NL Lortz [1445]: Man werde Erzbischof Gröber „einen Abzug des Artikels zustellen, weil er auch schon lange danach gefragt hat".

[567] Neben diversen Nachrichten – u. a. zur Erstellung eines „Prospekttextes" aus „Rezensionsmaterial" – berichtete Herder auch, dass die *Reformation* „vor Beendigung des Druckes" stehe, die „Buchbindereiarbeiten" jedoch „noch beträchtliche Zeit beanspruchen" würden, „sodass ein Erscheinen vor August nicht in Frage kommt". Herder (Scherer), Freiburg, an Lortz, Münster, 20.06.1941. IEG, NL Lortz [1233]. – Ferner ging Herder – wohl auf eine Anfrage von Lortz hin – auf die derzeit schwierige Situation des Verlagswesens ein: „Die entscheidende Frage bei einer Neuauflage der ‚Thesen' [vgl. oben Herders Schreiben vom 4. Januar 1941] ist die Papiergenehmigung. Seit drei Monaten schon ist uns für jedes religiöse Buch das Papier abgelehnt worden. Die Aussichten für eine Neuauflage sind somit äußerst gering. Wir haben unterdessen auch schon für eine weitere Neuauflage der ‚Reformation' Papier beantragt. Wir wollen sehen, ob dieser Antrag genehmigt wird".

[568] Robert SCHERER, Gutachten („Betr. Beanstandungen zu Lortz ‚Die Reformation in Deutschland' auf Grund der beiden Schreiben der Apostolischen Nuntiatur in Berlin vom 15.5. und 10.6.41"), 29. Juni 1941. IEG, NL Lortz [1446]. Ebenfalls in: EAF B2–1945/1022 (abgedruckt im Anhang dieses Bandes).

Abb. 13: Robert Scherer (1904–1997).

„Es wird darauf hingewiesen, daß in denselben ein neuer Gesichtspunkt hinsichtlich einer eventuellen Verbesserung dieses Werkes herausgearbeitet worden sei. Da ich nun selbst am 1.4.41 zum Zwecke der Erlangung des Imprimaturs für die zweite Auflage Grundsätze und einzelne Vorschläge für die Verbesserung des Werkes ausgearbeitet habe, die einer eingehenden Besprechung mit dem Verfasser des Werkes zugrundegelegt und von diesem auch in großzügiger Weise grundsätzlich angenommen wurden, liegt es nahe, die neuen Einwände dahin zu überprüfen, ob sie Anlaß zu weiteren Verbesserungen geben oder nicht, bzw. ob auf Grund derselben eine Überprüfung des Imprimaturs erforderlich ist, das auf Grund der zuletzt erfolgten Änderungen erteilt wurde. Es soll dabei nicht außer acht gelassen werden, daß bereits vor dieser Überarbeitung des Werkes sehr zahlreiche Einzelkorrekturen vorgenommen worden waren".

Im Folgenden untersucht Scherer dann im Einzelnen – der dortigen Nummerierung folgend – die 16 Kritikpunkte des römischen Gutachtens an Lortz' *Reformation*. Angesichts der Absicht des ‚Anonymus', „festzustellen, daß die Tendenz des Werkes vom Standpunkt der katholischen Lehre unannehmbar sei", unternimmt Scherer nun die Prüfung, „ob und wie weit dieser ungeheuerliche Vorwurf richtig ist" (1). Dabei nimmt Scherer die grundlegende Kritik, dass Lortz' Werk „eine ökumenische Einstellung und Absicht zugesprochen" wird, „die vom Standpunkt der katholischen Lehre unannehmbar sei", sehr ernst: „Diese Behauptung ist in der Tat so schwerwiegend, daß, falls sie zuträfe, das Werk von Lortz sich außerhalb der Kirche stellen würde. Dieser Vorwurf wurde bisher noch von keiner Seite erhoben. Mit ihm scheint denn auch der neue Gesichtspunkt gemeint zu sein, der für eine eventuelle Verbesserung berücksichtigt werden solle. Mit ihm dürfte auch jene Tendenz gemeint sein, die sich laut Punkt 1 durch das ganze Werk durchziehe. Wenn diese Behauptung richtig wäre, würde es mir unmöglich scheinen, durch irgendwelche Korrekturen oder Auslassungen das Werk kirchlich annehmbar zu machen, es müsste völlig neu geschrieben werden. Nach meiner Kenntnis des Werkes muß ich diese Behauptung aber auf das Schärfste zurückweisen" (2).

Nachdrücklich verweist Scherer dazu auf die von Lortz selbst angeführte Differenzierung zwischen *dogmatischer* und *historischer* Betrachtungsweise: „Dogmatisch gesehen" lasse sich zwar „nicht daran rütteln, daß Luther ein Häretiker war", doch der „Historiker" könne sich „mit dieser dogmatischen Einsicht nicht begnügen": „Die Fülle des Lebens Luthers lässt sich geschichtlich nicht mit der Aussage erschöpfen, daß er ein Häretiker war". Und: „Das dogmatische Urteil über die häretische Qualifikation der Lehre eines Menschen besagt ja auch nichts über die persönliche Bewertung eines Menschen".

Hinzu komme die veränderte Situation der Konfessionen heute: „Im Verhältnis zur Zeit von Grisar hat sich das protestantische Lutherbild jedenfalls wesentlich verschoben. Gleichzeitig hat sich, geschichtlich gesehen, eine Annäherung zwischen Protestanten und Katholiken begeben, dadurch, daß die Protestanten in der Theologie auf vorreformatorische Positionen zurückgriffen, weiter dadurch, daß beide Konfessionen sich heute im Glauben an Christus geeint wissen gegenüber dem antichristlichen Ansturm, der beiden gilt". Daher fühle „sich Lortz verpflichtet, seine geschichtlichen Urteile so zu wägen und zu betonen, daß die heute vorliegende Bereitschaft zum gegenseitigen Verstehen nicht durch Herausstellen alter geschichtlicher Gegensätze unnötig gestört, sondern gefördert wird" – dies sei „ein Gebot christlicher Nächstenliebe, das gerade auf diesem Gebiet der Kirchengeschichte besonders gilt".

Im Folgenden stellt Scherer in Bezug auf die Religiosität Luthers fest, dass der Begriff Religiosität dogmatisch „mehrdeutig" sei und deshalb „einer genaueren Unterscheidung bedürfte". Dies sei bei Lortz aber durchaus der Fall, „sodass jeder Leser, der das Buch richtig liest, hernach genau weiss, dass Luther nicht im objektiven, sondern nur im subjektiven Sinn religiös war". Zudem verweist Scherer darauf, dass „der sprachliche Ausdruck in der Erfassung geschichtlicher religiöser Tatbestände oft Schwierigkeiten bereitet", weshalb für die zweite Auflage „das ganze Lutherkapitel sorgfältig auf den sprachlichen Ausdruck hin überprüft" worden sei (5). Der weitere Vorwurf, Lortz verklausuliere seine Sätze, da er sich der Schwäche seines theologischen Standpunktes bewusst sei, könne Lortz nur dann gemacht werden, wenn man ihm „apriorisch die unter Punkt 2 gemeinte Haltung" unterschiebe. Mit der „Widerlegung dieser Unterschiebung" aber breche der Vorwurf in sich zusammen (6).

Gegenüber dem Vorwurf, Lortz tadle „die Päpste der damaligen Zeit und die Kurie" und wiederhole ständig das negativ gebrauchte Wort „Kurialismus", stellt Scherer fest, dass der ‚Anonymus' selbst – gemäß Punkt 16 – an einer sachlichen Kritik nichts aussetzen könne. Falls es aber nur um den „Ton" der Kritik gehe, so trete Lortz „für ein mannhaftes und herzhaftes mea culpa ein, wo er es historisch für gerechtfertigt hält". Aufgrund solcher Missverständnisse werde in der zweiten Auflage aber „das Wort Kurialismus möglichst vermieden". Ferner bemängelt Scherer in diesem Zusammenhang das grundsätzliche „Übel beim Zitieren von Sätzen von Lortz" aus der italienischen Rückübersetzung, was „für eine gerechte Beurteilung des Werkes äußerst verhängnisvoll" sich auswirke (9). Auch den Vorwurf, Lortz kritisiere die Päpste und Kurie von damals, ohne selbst eine bessere Lösung zu haben, lässt Scherer nicht gelten: Denn „ein Arzt kann nachträglich feststellen, daß eine Behandlung falsch war, ehe er selbst noch weiß, welche Behandlung die richtige sei". Obwohl es „nicht Sache des Historikers" sei, „diese Frage zu lösen", habe „Lortz namentlich in seinem zweiten Band sehr anschaulich dargestellt, wie die Kirche sich von innen heraus reformiert hat und dadurch bewiesen, daß die Behauptung des Kritikers, Lortz stelle die Kirche von damals als so heillos verdorben dar, daß eine Heilung unmöglich gewesen wäre, unbegründet, ja in sich selbst unsinnig ist" (11).

Zur Kritik, Lortz sehe die Ursachen der Reformation mit einseitigem Blick auf Deutschland, bemerkt Scherer, dass nach Lortz „nicht die Mißstände in der Kirche die Ursache der Reformation sind, sondern Luther selbst", entsprechend der Aussage: „Luther ist die deutsche Reformation" (12). Die Folgerung, „daß die katholische Kirche eine grosse Verirrung sei", wenn Luther „religiös aufrichtig" sowie „seelisch normal" gewesen sei und „seine Entwicklung ihn zum Abfall von der Kirche führte", lässt sich nach Scherer nicht nachvollziehen. Denn das ganze Werk von Lortz sei „nichts anderes als der Nachweis der Widersprüche in Luther", woraus hervorgehe, dass Luther „zwar nicht unbedingt anormal", aber eben doch „wenigstens höchst labil" war. Zudem habe Lortz „nachgewiesen, daß Luther eine katholische Religiosität bekämpft hat, die gar nicht mit der objektiven katholischen Religiosität übereinstimmt", und ferner „ganz ausdrücklich den Abfall Luthers von seinen eigenen früheren Idealen, seinen Umbruch geschildert" (13).

Resümierend hält Scherer fest: „Es wurde in allen Punkten bewiesen, wie unbegründet die Vorwürfe gegen Lortz sind; damit erledigt sich die Behauptung von der Grundtendenz von Lortz, die falsche Auffassungen über das Wesen der Konfessionen, der Religion, der Kirche usw. aufkommen lasse, von selbst. Die etwaigen Ausdrücke, die als pietätslos empfunden werden könnten, hat Lortz in der zweiten Auflage getilgt und ersetzt" (14). Gegen die Behauptung des ‚Anonymus', eine „Verbesserung sei unmöglich", müsse festgehalten werden, dass eine Neuauflage „durchaus berechtigt" sei, da sich die Einwände „als sämtlich hinfällig" erwiesen hätten. Deswegen sei auch „nach doppelter eingehender Überprüfung und Überarbeitung der ersten Auflage" das Imprimatur erteilt worden. Es sei „wirklich das Äußerste an Sorgfalt aufgewandt" worden (15).

Nach dieser ausführlichen Zurückweisung der einzelnen Kritikpunkte zieht Scherer abschließend ein – für den ‚Anonymus' – vernichtendes Fazit:

„Aus den kritisch vorgenommenen Ausführungen geht hervor, daß der Verfasser dieser Ausführungen Lortz mit Voreingenommenheit gelesen hat; sonst könnte er nicht solche verletzende Behauptungen geäußert haben. Es fehlt ferner der Blick für das Geschichtliche und vielleicht auch ein wenig Nächstenliebe. Es liegt dem Verlag fern, sich mit jedem Satz von Lortz zu identifizieren. Solche Haltung ist bei kaum einem Werk möglich; aber von der Rechtgläubigkeit dieses Werkes ist der Verlag doch überzeugt, sonst hätte er sich nicht dafür eingesetzt. Wenn Lortz in diesem oder jenem geschichtlichen Urteil sich geirrt hat, dann mögen die Historiker sich in der Kritik zu Worte melden. Sollte Lortz ferner um der Wahrheitsliebe und um der Liebe zu den verirrten Brüdern willen gegen die fehlenden Vertreter der eigenen Kirche das eine oder andere mal zu streng gerichtet haben, so dürfte dies noch kein Grund sein, seine Rechtgläubigkeit anzuzweifeln. Man lese das Werk von Lortz, wie es von ihm selbst gemeint ist, dann wird man nie zu solchen Fehldeutungen kommen wie die vorliegende, die ich um der Gerechtigkeit willen als falsch ablehnen muß".

4.2 Reaktion auf die neue Rezension Rahners – Scherers zweite Stellungnahme

In der Zwischenzeit hatte auch Lortz von der neuen Rezension erfahren: Nachdem er am 10. März 1941 Bischof Galen die positive Rezension Iserlands vorgelegt hatte, die von Galen wiederum an die Nuntiatur weitergeleitet wurde, erhielt Lortz etwa „Ende Mai" telefonisch durch Galen die Mitteilung der Nuntiatur, „es handle sich um ein Versehen, es handle sich um die Rezension im März Heft"[569]. Daraufhin fragte Lortz selber bei der *Schweizerischen Rundschau* nach und erhielt folgende Antwort: „Auf Ihre Anfrage vom 12. d[iese]s [Monats] teilen wir Ihnen mit, dass der Artikel von P. H[ugo] Rahner ‚Kritik an Lortz' im März-Heft (Nr. 12) der Schweizerischen Rundschau 40. Jahrgang 1940/41 enthalten ist. Ausgegeben wurde die Nummer am 21. März 1941"[570]. In handschriftlichen Notizen hielt Lortz einige Beobachtungen fest: Die erste „Mitteilung" zur Rezension an Lortz erfolgte „am 28.II.41" durch Bischof Galen; Herder wurde „etwa am *14.2.41*" durch Erzbischof Gröber auf die Rezension „hingewiesen", der Erzbischof selbst war bereits „von der Berl[iner] Nuntiatur unterrichtet (s. Zusammenstellung Herder – Scherer vom 9.4.41)"[571]. Die dem Historiker auffallende Diskrepanz zwischen dem Erscheinungsdatum

Abb. 14: Hugo Rahner SJ (1900–1968).

der Zeitschrift und den deutlich früheren Hinweisen auf die darin enthaltene Besprechung führte Lortz nun zu der naheliegenden Vermutung, dass man in Rom offensichtlich schon im Voraus über die neue Rezension Rahners informiert war – ja, sie womöglich sogar selbst in Auftrag gegeben hatte[572].

Die Beschaffung der Rezension gestaltete sich kriegsbedingt offenbar schwierig. Herder berichtete am 5. Juli an Lortz: „Wir haben dieser Tage endlich die Rezension von Hugo Rahner aus dem März-Heft 1941 der ‚Schweizerischen Rundschau' erhalten und sie sofort abschreiben lassen. Wir fügen eine Abschrift hier bei. Die Besprechung hat uns viel zu denken gegeben, nicht nur aus dem eigenen Wortlaut, sondern auch aus etwaigen sonstigen

---

[569] [Nuntiatur, Berlin, an Galen, Münster, 31.01.1941?] [Abschrift]. IEG, NL Lortz [1811]; handschriftliche Notiz von Lortz auf der Rückseite.
[570] Verlagsanstalt Benziger, Einsiedeln, an Lortz, Münster, 17.06.1941. IEG, NL Lortz [1811]. Mit handschriftlichen Notizen von Lortz.
[571] Vgl. oben. Die erste Mitteilung der Nuntiatur stammte bereits vom 31. Januar 1941.
[572] Vgl. das folgende Schreiben Herders an Lortz vom 5. Juli 1941. – In einem späteren Briefentwurf sprach Lortz seine Vermutungen über die Hintergründe der Rezension noch deutlicher aus (vgl. unten).

Zusammenhängen. Die Vermutung, die Sie selbst aussprechen bezüglich der verschiedenen Daten, ist vielleicht so zu erklären, daß der Artikel schon früher gesetzt war und daß Korrekturabzüge schon vor der eigentlichen Veröffentlichung an verschiedene Adressen gegangen waren. Wir haben lange die ‚Schweizerische Rundschau' gehalten, bis die Einfuhr nach Deutschland offenbar verboten wurde. Das Blatt hat immer eine recht interessante Rubrik gehabt: ‚Vatikanische Notizen'[573]. Unser Herr EB [Gröber] ist zur Zeit verreist. Wir werden auch ihm nach seiner Rückkehr einen Abzug des Artikels zustellen, weil er auch schon lange danach gefragt hat"[574].

Doch noch immer fiel gegenüber Lortz kein Wort von den beiden Nuntiaturschreiben mit der neuesten Kritik aus Rom und der entsprechenden Gefährdung der Neuauflage. Stattdessen berichtete der Verlag vom üblichen Fortschreiten der Arbeiten: „Eben in diesen Tagen sind die letzten Bogen der neuen Auflage reingedruckt worden, und der Buchbinder beginnt nun seine Arbeit. Freilich sind wir gerade auch in diesem Teil unseres technischen Betriebs durch viele Einziehungen, zumal in letzter Zeit, gehemmt und es wird nicht so rasch vorangehen können wie wir alle wünschen. Es ist uns sehr erwünscht, zu wissen, wie viele Exemplare über die Autorenfreistücke hinaus wir für Sie reservieren sollen. Die Zahl der Vormerkungen ist in der Tat sehr groß. Ins Feld wird man die Bände broschiert verschicken können, notfalls aufgeteilt. Die Höchstgewichtsgrenze ist ein Kilogramm (einschließlich Verpackung)".

Unterdessen setzte sich Scherer mit der nun vorliegenden Rezension Rahners in der *Schweizerischen Rundschau* auseinander und verfasste am 10. Juli 1941 eine weitere, zehn Seiten umfassende Stellungnahme zu der dort enthaltenen „Kritik an Lortz"[575]. Ausführlich antwortete er hier auf die grundsätzlichen und konkreten Kritikpunkte Rahners an Lortz und sprach sich noch einmal nachdrücklich für die Berechtigung der Druckerlaubnis aus.

Scherer beginnt mit (I.) „Zwei Vorbemerkungen":

(A) Zum einen richte sich Rahners Kritik „offenbar in erster Linie gegen die Besprechung Iserlands in derselben Zeitschrift (und damit indirekt gegen alle voll zustimmenden Besprechungen des Lortzschen Werkes)" und betrachte das Lortzsche Werk „beinahe ausschließlich unter diesem Blickpunkt". Dies finde Ausdruck namentlich darin, dass Rahner Lortz unterstelle, er habe sein Werk „in erster Linie im Dienste des ökumenischen Gesprächs geschrieben" und leiste durch Missbrauch des Wortes „christlich" der Meinung Vorschub, „als solle bei diesem Gespräch eine Begegnung in der

---

[573] Lortz zog handschriftlich einen Pfeil von „verschiedene Adressen" zu „Vatikanische Notizen" und notierte dazu: „von dort bestellt?"

[574] Herder, Freiburg, an Lortz, Münster, 05.07.1941. IEG, NL Lortz [1445].

[575] Robert SCHERER, Gutachten („Zur Kritik von Prof. Dr. Hugo Rahner an ‚Lortz, Die Reformation in Deutschland' in ‚Schweizerische Rundschau', März-Heft 1941"), 10. Juli 1941. IEG, NL Lortz [1446]. Ebenfalls in: EAF B2–1945/1022 (abgedruckt im Anhang dieses Bandes).

Mitte möglich sein". Dagegen betont Scherer: „Lortz hat in Wirklichkeit die Forderung des ökumenischen Gesprächs nie in erster Linie intendiert. Der von vielen Kritikern mißverstandene Satz vom ‚tiefsten Anliegen des Werkes‘ im Schlußwort des II. Bandes (übrigens der einzige[576] Hinweis auf das ökumenische Problem) hat Lortz veranlaßt, die Zielsetzung seines Werkes in einer Anmerkung richtigzustellen. Nachträglich hat Lortz freilich durch zahlreiche Vorträge sein Werk in den Dienst der Wiedervereinigung gestellt, wodurch er dem objektiven Anliegen des Werkes vielleicht geschadet hat".

(B) Zum anderen könne Rahners Besprechung auch „aus einem zweiten Grunde Lortz gegenüber nicht unvoreingenommen sein, weil sie bewußt oder unbewußt eigentlich auf eine Selbstrechtfertigung vor den Kritikern der 1. Besprechung in den ‚Stimmen der Zeit‘ hinausläuft", wie Rahner selbst zugebe. In einem ausführlichen Vergleich der beiden Rezensionen erscheint Scherer die erste deutlich positiver als die zweite. Auch widerrufe Rahner „seine erste Anerkennung ausdrücklich" und beurteile das „Werk von einem voreingenommenen Standpunkt aus". So sieht Scherer etwa einen „Widerspruch" zwischen Rahners jeweiligen Ausführungen zum „katholischen Herzschlag des Werkes", insofern in der zweiten Rezension nun „ungute Herztöne" hinzukämen, „die in der ersten Besprechung noch keine Rolle spielten"[577]. Insgesamt ist damit für Scherer „die Notwendigkeit erwiesen, die neue Besprechung Rahners mit der nötigen Zurückhaltung zu betrachten"[578].

Im Folgenden geht Scherer dann (II.) auf „Die sachliche Seite der Einwände Rahners" ein:

(A) In der „allgemeinen" Auseinandersetzung mit Rahners inhaltlichen Kritikpunkten verteidigt Scherer Lortz zwar grundsätzlich, erkennt jedoch viele Beanstandungen im Kern auch als berechtigt an. In Bezug auf Lortz' angeblich zu negative „Rechnungsstellung der vorreformatorischen Schäden" in der Kirche fordert Scherer zwar, „den zweiten Band neben dem ersten sich gegenwärtig zu halten" und „einzelne Aussagen, die durch andere ergänzt werden, nicht gegen das ganze Werk" auszuspielen. Er gibt jedoch eine teils zu starke Betonung der Schäden bei Lortz zu: „Gewiß hat Lortz zuweilen, aus der Gewissenhaftigkeit heraus, ja nicht die Schuld im eigenen Lager

---

[576] Tatsächlich erwähnte Lortz auch schon im (alten) Vorwort den „Beitrag zu der gerade heute so wichtigen christlichen Aufgabe: die Lösung der ökumenischen Frage vorzubereiten". LORTZ, Reformation I, IX. Und noch deutlicher sprach Lortz in seiner Selbstanzeige von „der besonderen Zielsetzung meiner Darstellung". LORTZ, Selbstanzeige, 263.

[577] Allerdings sprach Rahner auch bereits in seiner ersten Rezension vom „Mitschwingen des einen oder andern Herztones". RAHNER, Rez. (1940), 301.

[578] Grundsätzlich müssen die beiden Rezensionen Rahners jedoch keineswegs so gegensätzlich gelesen werden, wie Scherer es hier tut. Vielmehr ist auch bei Scherer die (verständliche) Grundtendenz einer Rechtfertigung gegenüber den bischöflichen Bedenken zu spüren, weshalb er neben der sachlichen Erwiderung auch von vornherein Rahners „Voreingenommenheit" herausstellt. – Eine Zuspitzung dieser Sichtweise findet sich später noch in einem Briefentwurf von Lortz, worin Rahners zweite Rezension regelrecht als römische ‚Auftragsarbeit‘ diskreditiert wird (vgl. unten).

zu vertuschen, manches so ausgedrückt, daß es übertrieben klingt. Bei der zweimaligen sorgfältigen Überprüfung des Werkes zum Zwecke der Erlangung des Imprimatur für die zweite Auflage, sind solche Stellen korrigiert worden". Dies gelte überhaupt „für Unausgeglichenheiten im Ausdruck und im Ton einzelner Sätze des Werkes", wie auch für „die Werturteile über Luthers Person und Werk", die aber „in der 2. Auflage ganz besonders unter die Lupe genommen und korrigiert" worden seien. Gegenüber der grundsätzlichen Kritik Rahners am ökumenischen Nutzen einer rein historischen Betrachtung[579] räumt Scherer ein, eines solche sei zwar *letzten Endes* für die Bekehrung eines Protestanten zur katholischen Kirche nicht entscheidend", könne dabei jedoch durchaus Vorarbeit leisten, „zumal wenn eine solche historische Besinnung wie bei Lortz im Geiste christlicher Nächstenliebe dargestellt ist, sodaß sie das Herz des Protestanten leichter für die Wahrheit öffnet".

(B) Schließlich geht Scherer dann noch auf einzelne Stellen ein, die Rahner in seinen beiden Rezensionen beanstandet hatte. Besonders aufschlussreich sind zunächst Scherers Ausführungen zum Vorwort: „Die Einwände gegen einzelne Punkte der langen Vorrede der ersten Auflage erledigen sich durch den Wegfall der Vorrede in der 2. Auflage. Die darin enthaltenen Richtlinien zum rechten Verständnis des Werkes konnten den einen oder andern Leser durch ihre zu starke Betonung mißtrauisch und voreingenommen machen, was manche Besprechung denn auch bewiesen hat. Deshalb hat sich Lortz entschlossen, die Vorrede wegzulassen und das Nachwort entsprechend umzuarbeiten, damit das Werk sachlich durch sich selbst wirke"[580]. Scherer gibt hier also offen zu, dass das umfangreiche Vorwort zur ersten Auflage, das infolge des komplizierten Zensurprozesses eine äußerst ‚apologetische' Tendenz erhalten hatte[581], nun aus eben diesem Grund entfallen musste, da die vielfältigen Absicherungen gegen ‚Missverständnisse' auf katholischer Seite offensichtlich gerade das Gegenteil bewirkt hatten. Letztendlich wurde also im Rahmen der Imprimaturverhandlungen zur zweiten Auflage bloß das rückgängig gemacht, was die Auflagen der Zensur bei der ersten Auflage überhaupt erst verursacht hatten.

Unter den sonstigen (zwölf) konkreten Beanstandungen Rahners seien hier exemplarisch die drei Stellen herausgegriffen, die für Scherer selbst am Ende

---

[579] Vgl. etwa in Rahners erster Rezension die abschließenden Zweifel, „ob aus dem feinsinnig differenzierten Verständnis der Vergangenheit, also aus ‚Geschichte' überhaupt, Leben entbunden werden kann für die Gestaltung der kirchlichen Zukunft". RAHNER, Rez. (1940), 304.

[580] Dies hatte Scherer bereits unabhängig von Rahner infolge der Kritik Leibers am ‚antirömischen Komplex' empfohlen: „Das Vorwort sollte, so wie es da steht, am besten ersetzt werden durch ein neues [...]. Der Wortlaut des Vorwortes zur ersten Auflage, der im wesentlichen bedingt war durch die Einwände der Zensoren, hat durch seine Rechtfertigungsversuche gerade das noch betont, was den obengenannten Vorwurf hervorgerufen hat". SCHERER, Gutachten, 1. April 1941. IEG, NL Lortz [1445].

[581] Vgl. oben.

als die einzig relevanten übrig blieben, „da all die übrigen Punkte schon berücksichtigt wurden oder für das Imprimatur ohne Belang sind"[582]. Es handelt sich im ersten Band der *Reformation* um die „drei Seiten I 225, 232, 233", unter denen allerdings gleich die erste Stelle einige Rätsel aufgibt:

„I 225. Den Satz ‚daß sie (*Luthers Programmschriften von 1520*) *das Charisma der Berufung für die verhängnisvollen Möglichkeiten der Stunde an sich tragen …*' hat Rahner mit Recht beanstandet. Dieser Satz ist in der 2. Auflage abgeschwächt worden, indem Berufung durch Berufenheit ersetzt wurde. Vielleicht stört aber das Wort Charisma noch. ‚Charisma' sollte besser nur im echt christlichen Sinn angewandt werden. Das kann im Jahre 1520 für Luther nicht mehr zutreffen".

In Wirklichkeit lautet jedoch das betreffende Zitat bei Rahner: „Charisma der Berufung für die Stunde"[583]; von „verhängnisvollen Möglichkeiten" ist nicht die Rede. Laut Scherer sei hier nun das Wort „Berufung" in der zweiten Auflage durch „Berufenheit" ersetzt worden – doch zeigt ein Vergleich mit der tatsächlichen Stelle in der ersten Auflage, dass es dort bereits geheißen hatte: „daß sie das Charisma der Berufenheit für die Stunde an sich tragen"[584]. Wie ist dies zu interpretieren? Offensichtlich zitierte Rahner die Stelle in seiner Rezension nicht ganz korrekt, was wohl dann von Scherer so übernommen wurde[585]. Woher kommen dann aber die „verhängnisvollen Möglichkeiten der Stunde" in Scherers Satz, die sich weder in Rahners Zitat noch in der ersten Auflage finden? Tatsächlich handelte es sich dabei um eine der frühesten Änderungen der zweiten Auflage, die Lortz Ende 1940 bereits eigenständig aufgrund der Kritik in Rahners (erster) Rezension vorgenommen hatte[586]. Anscheinend zitierte Scherer schon nach dieser geänderten Stelle, die er aber nicht mehr eigens mit der ersten Auflage verglich, so dass er nun – angesichts von Rahners Beanstandung – irrtümlich das Wort „Berufung" für den Stein des Anstoßes hielt, obwohl tatsächlich in beiden Auflagen bereits „Berufenheit" stand. Anders verhält es sich jedoch mit der von Scherer neu vorgeschlagenen Änderung des Wortes „Charisma": Diese Korrektur wurde in der Tat noch umgesetzt, so dass es in der endgültigen zweiten Auflage nun heißt:

---

[582] In einem nachträglichen Zusatz empfahl Scherer auch noch, den folgenden Satz zu Beginn des ersten Kapitels „deutlicher zu fassen" oder lieber ganz „weg[zu]lassen": „Und es entsteht auch die Aufgabe, die Einlösung des im 16. Jahrhundert ungenügend verwirklichten reformatorischen Anliegens – des ursprünglichen! – heute neu vorzubereiten". LORTZ, Reformation I, 3. – Tatsächlich entfiel dieser Satz in der 2. Auflage dann komplett.

[583] RAHNER, Rez. (1940), 304.

[584] LORTZ, Reformation I, 225.

[585] Wie bereits von Jakob Bilz in seinem Gutachten vom 18. Januar 1941 (vgl. oben). – Denkbar wäre auch, dass es sich hier um eine bereits vor der 1. Auflage umstrittene Stelle handelte, die im letzten Moment zu „Berufenheit" geändert wurde, so dass Scherer eventuell noch die ursprüngliche „Berufung" im Kopf hatte.

[586] Vgl. oben. – Zum Beleg der so geänderten Stelle vgl. Bilz, Freiburg, an EO, Freiburg, 18.01.1941. EAF B2–1945/1022.

„daß sie das Zeichen der Berufenheit für die verhängnisvollen Möglichkeiten der Stunde an sich tragen"[587].

Zuletzt schlägt Scherer noch folgende Verbesserungen der beiden übrigen Stellen vor:

„I 232f. Der Satz „Von der Freiheit eines Christenmenschen' ist die christlichste aller Schriften des Reformators' war von Rahner in den beiden Besprechungen abgelehnt unter Hinweis auf den sehr unchristlichen Begleitbrief Luthers an den Papst. Diesen Brief hat Lortz freilich nicht übersehen. Man wird hier trotz allem Rahner recht geben müssen, daß das Wort ‚christlich' stört. Darum sollte das Wort ‚christlichste' durch ‚frömmste' und S. 233, Zeile 14 ‚ungewöhnliche christliche Kraft' durch ‚ungewöhnliche religiöse Kraft' ersetzt werden".

In der Tat änderte Lortz diese Stellen in der zweiten Auflage dann zu „frömmste aller Schriften" sowie „ungewöhnliche religiöse Kraft"[588] und fügte außerdem noch eine zusätzliche Fußnote mit Hinweis auf das Begleitschreiben an den Papst ein[589]. Abschließend empfiehlt Scherer nachdrücklich, „diese drei kleinen Vorschläge schnellstens durchzuführen und mit dem Erscheinen des Werkes nicht mehr zu säumen, da ein Nichterscheinen des festangekündigten Werkes nach außen einen für die Kirche sehr üblen Eindruck machen würde".

5. Eine „neue Sachlage"?
Die Notwendigkeit eines neuen Imprimaturs

5.1 Information und Reaktion von Lortz – neue Änderungen – drittes Imprimatur

Erst am 22. Juli 1941 wurde Lortz selbst über die neuen Schwierigkeiten aus Rom informiert. Man habe – so schrieb Herder – die Buchbinderarbeiten leider wieder unterbrechen müssen, da „aus Rom neue Schwierigkeiten" gemeldet worden seien[590]. Erzbischof Gröber habe über die Nuntiatur im Auftrag des Kardinalstaatssekretärs zwei Briefe erhalten und den Verlag gebeten, diese Lortz mitzuteilen. Der Erzbischof stehe auf dem Standpunkt, „daß durch die beiden Schreiben der Nuntiatur eine neue Sachlage gegeben sei

---

[587] LORTZ, Reformation (²1941) I, 225. – In der 4. Auflage 1962 ist dann allerdings auf einmal wieder vom „Charisma der Berufenheit" die Rede (vgl. oben).

[588] LORTZ, Reformation (²1941) I, 232f. – Auch diese Änderung wurde in der 4. Auflage 1962 plötzlich wieder ‚rückgängig' gemacht, so dass es dort nun wieder heißt: „ungewöhnliche christliche Kraft" (die Änderung in „frömmste aller Schriften" blieb jedoch bestehen).

[589] Die neue Anmerkung lautet: „Diese Beurteilung trennt natürlich, wie es allein dem Inhalt und dem geschichtlichen Entstehungsprozeß entspricht, scharf zwischen dem Buch selbst und dem ihm vorangesetzten Brief Luthers an Papst Leo X.". LORTZ, Reformation (²1941) I, 232.

[590] Herder, Freiburg, an Lortz, Stromberger Neuhütte, 22.07.1941. IEG, NL Lortz [1445]. – Dem Schreiben beigegeben waren die beiden Gutachten Scherers.

und deshalb das Imprimatur neu erbeten werden müsse". Man habe daraufhin Scherer beauftragt, sich mit den beiden Kritiken zu befassen und wolle den Antrag auf Imprimatur erneut stellen. Gröber habe sich mit den Ausführungen Scherers „im ganzen einverstanden" erklärt und sei bereit, das Imprimatur neu zu erteilen, wenn im ersten Band auf den Seiten 3, 225, 232 und 233 die vier Sätze geändert würden. Gröber wünsche außerdem, dass der Verlag in seinem neuen Gesuch „auf die vielfachen, bereits durchgeführten Änderungen" hinweise, die ja zum großen Teil „schon die Erfüllung der in den Kritiken ausgesprochenen Wünsche" darstellten. „Es tut uns leid, daß wir Sie nochmals bemühen müssen; wir sind selbst betroffen gewesen über die neue Schwierigkeit, doch haben wir die Hoffnung, daß der Fall sehr bald geklärt wird. Wir wären Ihnen dankbar, wenn Sie uns raschestens Ihre Stellungnahme mitteilen wollten, damit wir auf Grund Ihres Einverständnisses den Antrag zur Erteilung des Imprimaturs erneuern können".

Lortz nahm „die gewünschten Korrekturvorschläge" an, bat Herder aber, dem Erzbischof aus seinem Brief an den Verlag vom 30. Juli Folgendes mitzuteilen[591]:

„1. Ich bin mit den vorgeschlagenen Änderungen auf S. I, 3.225.232 f. einverstanden […]. 2. Ich gebe meiner tiefen Entrüstung Ausdruck über die Leichtfertigkeit, mit der der ‚Anonymus' glaubt, meinen katholischen Glauben anzweifeln zu dürfen. Und ich verhehle nicht, daß es einen bittern Eindruck hinterlässt, wenn ich feststellen muß, wie das Staatssekretariat des Vatikans solches Elaborat anscheinend ohne ersichtliche Bedenken als vollwichtigen Zeugen annimmt gegen einen Mann, der immerhin darauf verweisen kann, daß seine Arbeit für die Kirche nicht erst von gestern stammt, der auf seine ‚Geschichte der Kirche' hinweisen darf, dem auch von bischöflicher Seite[592] mit besonderer Betonung das sentire cum ecclesia bescheinigt wurde. Und auch darauf darf ich hinweisen, daß die erdrückende Mehrzahl aller Besprechungen dem Buch eine *grund-* und *ur-*katholische Substanz *laut* anerkannt haben. Verschwinden die Urteile von Mgr. J. P. Kirsch im Osservatore Romano und das Urteil von P. H[ermann] Krose SJ[593] und so viele andere vor dem so ungewöhnlich schwachen Elaborat des Anonymus, oder vor dem beschämenden Selbstwiderspruch von Rahner I und Rahner II? Ist den Herren wirklich unbekannt, dass die gesamte Darstellung meiner Reformation von A bis Z beruht auf der

---

[591] Herder, Freiburg, an Gröber, Freiburg, 02.08.1941. EAF B2–1945/1022.

[592] Gemeint ist der Bischof von Ermland, Maximilian Kaller (1880–1947). Vgl. Lortz, Münster, an Herder, Freiburg, 03.02.1939. IEG, NL Lortz [1445].

[593] In Lortz' Nachlass findet sich eine Postkarte von Hermann Krose SJ (1867–1949) von Anfang Januar: „Wir haben hier Ihre Reformationsgeschichte in vollem Umfang als Tischlesung kennen gelernt. Sie hat allgemeine Bewunderung und Zustimmung erregt. Da haben Sie wirklich etwas ganz Großes geschaffen und sich mit einem Schlage einen Platz neben unsern großen Reformationshistorikern erobert, deren Einseitigkeiten Sie glücklich vermieden haben. Sehr freut es mich, dass es sobald schon zu einer 2. Auflage kommen soll. Mit Recht haben Sie auch das viele Gute hervorgehoben, das in der vorreformatorischen Zeit vorhanden war". Krose, Valkenburg, an Lortz, Münster, 02.01.41. IEG, NL Lortz [1445]. Ebenfalls Abschrift in: IEG, NL Lortz [1446]. – Offenbar legte Lortz besonderen Wert auf die positive Meinung eines Jesuiten (als Gegenstimme zu Leiber, Böminghaus und Rahner?); vgl. bereits ein Jahr zuvor die private Mitteilung von Ferdinand Ehrenborg SJ (vgl. oben).

für einen Katholiken selbstverständlichen Voraussetzung des unantastbaren katholischen Dogmas, wie es vom römischen Papsttum gehütet und ausgesprochen wird? wirklich unbekannt, wie meine wissenschaftliche Arbeit in Schrift und Vortrag die Persönlichkeiten und die Arbeit der Päpste Pius IX. bis zu Pius XII. herausstellt[594]? Es ist mein fundamentales Recht, daß niemand leichthin meinen Glauben als nicht voll katholisch verdächtige. Und ich bestehe mit allem Nachdruck auf diesem heiligen Recht".

In einem weiteren Schreiben vom 2. August wandte sich Herder dann auch offiziell an das Freiburger Ordinariat, um in aller Form das Imprimatur neu zu erbitten[595]:

„Nachdem durch die beiden Schreiben der Apostolischen Nuntiatur in Berlin vom 10.5. [sic] und 10.6.41 eine erneute Prüfung des Lortzschen Werkes dem hochwürdigsten Herrn Erzbischof nahegelegt und damit das bereits erteilte Imprimatur vom 26. April 1941 fraglich geworden ist, hat uns Seine Exzellenz, der hochwürdigste Herr Erzbischof von Freiburg, beauftragt, den Herrn Verfasser zu unterrichten und ihm die Durchführung einer Reihe von weiteren Änderungen im bereits gedruckten Text, so wie sie in einer Ausarbeitung des Herrn Dr. Scherer vorgeschlagen wurden, zu empfehlen und bei Zustimmung des Verfassers erneut und unter Darlegung der in der 2. Auflage vorgenommenen Änderungen die Bitte um die kirchliche Druckerlaubnis einzureichen.

Bei der Vorbereitung der zweiten Auflage hat der Verfasser, soweit uns die Beurteilung zusteht, sorgfältig und gewissenhaft die nach Erscheinen der ersten Auflage in der Presse und privatim geäußerten Beanstandungen geprüft und daraufhin eine erhebliche Zahl von Korrekturen vorgenommen. Nach Rücksprache mit römischen Kreisen und mit sonstigen Fachleuten entschloss sich Seine Exzellenz, den Verfasser zu weiteren einschneidenderen Korrekturen zu veranlassen und manche Teile noch tiefer zu überarbeiten. Herr Professor Lortz wurde nach Freiburg gebeten, und die fraglichen Abschnitte und Stellen wurden in Gegenwart eines weiteren Theologen[596] gründlich durchbesprochen und geändert. Dies geschah im April dieses Jahres, woraufhin das Imprimatur erteilt wurde. Wesentlich an dieser Korrektur war die Abfassung eines neuen Vorwortes und die Streichung des alten, Modifizierungen in der Beurteilung der vorreformatorischen Theologie, Umarbeitungen im Schlußkapitel und vor allem auch Änderungen im Lutherkapitel. Daneben wurde weiter eine ganze Reihe von Einzelkorrekturen vorgenommen an den Stellen, die irgendwie mißverständlich hätten genommen werden können.

Mit diesen Änderungen war u[nseres] E[rachtens] im wesentlichen bereits das geschehen, was in den beiden Schreiben der Apostolischen Nuntiatur gefordert wird. Trotzdem wurde das Werk nochmals im Hinblick auf die neue Rezension von Professor Dr. Hugo Rahner und unter Beratung mit einem Fachmann[597] geprüft, wobei weitere Korrekturen

---

[594] Vgl. später auch eine neue Passage im Schlusswort der 2. Auflage: „Aber man vergleiche doch einfach einmal das, was in der Gegenwart unter Pius X., Pius XI. und Pius XII. die römische Kurie ist, mit dem, was wir als ‚Kurialismus' des 15./16. Jahrhunderts zu beschreiben hatten!" LORTZ, Reformation (²1941) II, 306.

[595] Herder (Scherer), Freiburg, an EO, Freiburg, 02.08.1941. EAF B2–1945/1022.

[596] Mit dem „weiteren Theologen" ist wohl Josef Höfer gemeint; vgl. Lortz' Notizen über sein Gespräch „mit Dr. Jul[ius] Dorneich, Herrn Welte, Dr. Scherer, Dr. Hoefer in Freiburg (am 8. April)". SCHERER, Gutachten, 1. April 1941. IEG, NL Lortz [1445]; handschriftliche Anmerkung von Lortz.

[597] Die „Beratung mit einem Fachmann" könnte sich auf die Kritik des römischen ‚Anonymus' beziehen, mit der Scherer sich – neben der Kritik Rahners – auseinandergesetzt hatte. Vgl. SCHERER, Gutachten, 29. Juni 1941. IEG, NL Lortz [1446].

an vier Stellen im ersten Band: S. 3, 225, 232 und 233 vorgemerkt wurden, die wir unter Gutheißung und im Auftrag des hochwürdigsten Herrn Erzbischofs dem Verfasser vorgelegt haben. Der Verfasser hat sich mit Schreiben vom 30.7.41 bereit erklärt, die vorgeschlagenen Korrekturen anzunehmen. Wir legen sie in beiliegenden Bogen vor und bitten das hochwürdigste Ordinariat, das Imprimatur neu zu erteilen".

Lortz selbst nahm – wohl kurz nach seinem Schreiben vom 30. Juli 1941 an Herder – in einem nicht abgesandten, 10-seitigen Briefentwurf eingehend zur Kritik Rahners Stellung[598]. Obwohl er „nicht gerade mit allen Einzelheiten" einverstanden sei, lobt Lortz zu Beginn ausdrücklich „die Ausführungen des Herrn Dr. Scherer", die „so gründlich und vortrefflich sind, dass sie im allgemeinen als der Ausdruck meiner eigenen Auffassung, als authentische Wiedergabe des Inhalts meines Buches ‚Die Reformation in Deutschland' gelten können".

In Ergänzung zu Scherers Ausführungen äußert sich Lortz sodann zunächst (I.) „Zur Geschichte der Kritik von Prof. Rahner, bzw. zu ihrer Verwendung durch die kurialen Behörden". Er rekapituliert, er sei am 28. Februar 1941 erstmals durch Bischof Galen auf die Rezension in der *Schweizerischen Rundschau* hingewiesen worden, die sich dann als Besprechung Iserlands herausstellte, worauf er etwa im Mai den Hinweis auf die Ende März erschienene Rezension Rahners erhalten habe. Aufgrund dieser Diskrepanz zwischen dem ersten Hinweis im Februar und der im März veröffentlichten Rezension stellt Lortz fest:

„Es bleibt nur offen die Möglichkeit, dass die kurialen Instanzen den Rahnerschen Artikel bereits gekannt hätten, ehe er in der Oeffentlichkeit erschien. Da der Artikel von Herrn Professor Rahner in der Schweizerischen Rundschau eine ungewöhnliche Belastung seines wissenschaftlichen Ansehens darstellt (denn die Widersprüche zu seiner Besprechung in den Stimmen der Zeit sind allzu offenbar, ich komme darauf noch zurück, verweise im Uebrigen auf die Ausführungen von Dr. Scherer), ist es nicht sehr wahrscheinlich, dass er dieses Harakiri mit besonderer Freude und aus eigenster Initiative verübt habe. Es wird also zum mindesten wahrscheinlich, dass der Artikel auf Veranlassung von kurialen Stellen, vielleicht auf dem Umweg der Kurie der Gesellschaft Jesu (Rahner ist formell aus der Gesellschaft ausgeschieden), verfasst wurde. Dann ständen die Ausführungen von Rahner von vornherein unter einem bestimmten Druck, sie wären verfasst im Dienste einer bestimmten Auffassung und können nicht mehr ganz gelten als die nur der Sache dienende Analyse. Die unglaublichen Widersprüche zwischen der Besprechung von Rahner in den Stimmen der Zeit und in der Schweizerischen Rundschau machen das noch mehr wahrscheinlich".

Es sei „natürlich das gute Recht der Kurie, durch Veranlassung von Besprechungen in die Diskussion über ein Buch eingreifen zu lassen"; die „verschiedenen Aussagen" der Nuntiatur ließen jedoch „Zweifel zu an der vollen Sachlichkeit der Stellungnahme in der vorliegenden Angelegenheit".

---

[598] Joseph Lortz, Briefentwurf („nicht abgesandt"), [Ende Juli 1941]. IEG, NL Lortz [1446]. – Die in diesem – wahrscheinlich in höchster Erregung verfassten – Schreiben äußerst zahlreichen Tippfehler wurden stillschweigend korrigiert.

Im Folgenden bezieht Lortz dann ausführlich und scharf Stellung (II.) „Zur Kritik von Hugo Rahner in der Schweizerischen Rundschau". Zunächst verteidigt er sich grundsätzlich gegen die Kritik am „ökumenische[n] Anliegen" seines Werkes, das „ohne jeden bewussten Zusammenhang mit diesem Anliegen" entstanden sei: „Meine rein wissenschaftlichen Studien über die Reformationszeit, die ich im Dienste des ‚Corpus catholicorum' begann, liessen mich den Herausgebern der im Verlag Herder erscheinenden ‚Geschichte der führenden Völker' als geeignet erscheinen, die Darstellung der Reformation in Deutschland zu übernehmen". Vielmehr stellt Lortz fest: „Belastend könnte der nachträgliche Einsatz meines Buches und seiner Ergebnisse für das ökumenische Anliegen nur dann sein, wenn dieses ökumenische Anliegen von mir in einer dogmatisch unzulässigen Weise erstrebt würde. Das ist nicht der Fall. Ich muss hier Rahner wie dem Anonymus den schweren, sehr schweren Vorwurf machen, dass sie in wichtigster Angelegenheit gegen mich urteilen, ohne sich die Ausführungen meines Buches genügend zueigen gemacht oder genügend präsent gehalten zu haben". So sei etwa seine ganze Kritik am Subjektivismus Luthers „nichts anders als die Realisierung derselben Grundforderung des Primats des Dogmas". Es sei in keiner Weise entschuldbar, dass man „so Grundlegendes" übersehe oder vergesse und doch sich verurteilend über seinen „kirchlichen Sinn" ausspreche. Auch aus der Verwendung des Begriffs „Christen" für die Protestanten den Schluss zu ziehen, Lortz verwende diesen Ausdruck „als Genusbegriff für beide christlichen Konfessionen", sei „einfach unzulässige Verdrehung".

Im Einzelnen geht Lortz mit Rahners Rezension sodann hart und auch polemisch ins Gericht: „Um das ganze Versagen von Hugo Rahner in seiner Besprechung in der Schweizerischen Rundschau zu empfinden, braucht man sie nur neben seiner Besprechung in den Stimmen der Zeit zu lesen". Zur Art der Rahnerschen Besprechung in der *Schweizerischen Rundschau* sei insgesamt zu sagen, „dass sie auffällig viel operiert mit unbewiesenen Behauptungen, und mit rein subjektiven Eindrücken", etwa im Hinblick auf angeblich auffällig schwankende Beurteilungen der *Reformation in Deutschland*. „Wenn etwa in mündlichen Gesprächen in Kreisen, die zufällig Herrn Rahner nahestehen, solche sich widersprechende Aufnahme zu konstatieren war, so reicht das natürlich absolut nicht aus, um die Aussage zu rechtfertigen, die Aufnahme sei überhaupt eine zwiespältige. Ich wiederhole, *sie war und ist in erfreulichem Sinn eine einheitliche*". Damit falle „aber nichts weniger als eine Gesamtvoraussetzung der Rahnerschen Kritik dahin".

Lortz kommt dann auf Rahners konkrete Kritikpunkte zu sprechen. Auch hier fällt immer wieder der polemische Tonfall auf, mit dem Rahner ein grundlegendes Missverstehen bzw. Missverstehenwollen unterstellt wird[599].

---

[599] Vgl. etwa Wendungen wie: „Hier wird so im Handumdrehen mein Gedanke in einer Weise radikalisiert, die einer Fälschung gleichkommt". – „Diese Insinuierung ist so ungeheuerlich, dass es genügt sie tiefer zu hängen". – „Eine ähnliche unberechtigte Verabsolutierung von Elementen, die bei mir neben andern stehen [...]". – „Aber Herr Rahner

Hinsichtlich der „Ursachen der Reformation" weist Lortz darauf hin, Rahner selbst habe in den *Stimmen der Zeit* „ausgerechnet die Darstellung der Ursachen der Reformation besonders gerühmt", was er in der *Schweizerischen Rundschau* durch „ein sehr vorsichtiges, angehängtes ‚– will uns scheinen'" abzuschwächen suche. Auch in Rahners Kritik an seiner „Lutherdarstellung" komme wieder „Rahners Lust am Gefühl und am ‚will uns vorkommen' zum Ausdruck". Die Behauptungen Rahners, Luther selbst wäre mit einer so „feinfühligen Analyse seiner Frömmigkeitshaltung" nicht einverstanden gewesen und die Lortzsche Bewertung der Schrift *Von der Freiheit eines Christenmenschen* sei falsch, weist Lortz einfach „als nicht schliessend" zurück, um sich weiter zu echauffieren:

„Dann folgt wieder eine jener unsauberen Schlussfolgerungen, die man nur in demagogischen Ergüssen sonst zu finden bereit ist. Nachdem nämlich in diesem ganzen Zusammenhang S. 661 und 662 nur die zwei besprochenen Kritiken von R[ahner] vorgebracht wurden [...], fährt R[ahner] fort: ‚Daraus folgt endlich unsere Ablehnung all jener Werturteile, die Lortz dem Wesen und dem Werk Luthers zugesteht ...'. Diese angebliche ‚Folgerung' ist eine Ungeheuerlichkeit. Und was noch schlimmer ist, nachdem R[ahner] dann drei (drei ganze!) Ausdrücke in meinen zwei Bänden [...] abgelehnt hat, sieht er sich selbst gezwungen zurückzuziehen: ‚Damit sollen all diese Eigenschaften Luthers noch nicht geleugnet sein'. Also doch? Und dann kommt wieder eine jener unfassbaren Allgemeinheiten, mit denen man nichts anfangen kann: ‚Aber es ist wiederum der Ton, das Mitschwingen von Ungesagtem, das übersteigernde Fehlgreifen in der Instrumentierung, was uns die ganze (!!) Psychographie Luthers, wie sie uns Lortz vorzeichnet, als unstimmig erscheinen lassen will'. Nein, Herr Prof. R[ahner], solche umfassenden Anwürfe müssen bewiesen werden. Ihr subjektives Empfinden, und ‚erscheinen lassen' und Ihr Gefühl, reicht da als Basis nicht aus. Um so weniger, je schneller Sie sich seit Ihrer Besprechung in den Stimmen [der Zeit] in diesem Gefühl etc. gewandelt haben, ohne dafür auch nur annähernd die Berechtigung auch nur von ferne glaubhaft machen zu können".

Auch mit der weiteren Kritik Rahners an seiner Lutherdarstellung rechnet Lortz scharf ab:

„Dann freilich folgt noch eine offene Falschmeldung. Ich soll nämlich L[uther] so dargestellt haben, dass der Eindruck entsteht, sein tiefstes Anliegen sei nicht verstanden worden. Jawohl, Wichtiges in L[uther]s Anliegen wurde damals nicht oder nur ungenügend verstanden. Dass aber L[uther]s häretische Lehren, die von der katholischen Lehre abwichen, verurteilt werden mussten, dass Luthers Lehre subjektivistische Vereinseitigung der Kirchenlehre war etc. etc., das alles bildet so sehr Kernstück meines Buches, dass ich es unerhört nennen muss, dass R[ahner] jene Insinuation wagt. Das ist üble Falschmünzerei".

Zuletzt geht Lortz dann noch auf die „Ueberraschung" ein, dass Rahner „als den tiefsten Ansatzpunkt seiner Kritik seine von der meinigen abweichende

---

entlässt offenbar prompt aus seinem Gedächtnis [...]". – „Wer zuviel beweist, beweist nichts. Und die rhetorisch erschmuggelte Zustimmung, die so auf einmal in den Ausführungen des Herrn Professor Rahner steht [...] gebe ich durchaus nicht zu". – „Herr Professor Rahner muss meine Bände wirklich nicht gründlich im Kopf haben, wenn er das übersieht [...]".

Auffassung vom ‚ökumenischen Gespräch'" nenne: Dadurch gebe Rahner selbst zu, „dass es ihm nicht primär um den Inhalt meines Buches geht, sondern um dessen Funktion beim ökumenischen Gespräch" (die zudem „falsch" verstanden worden sei). Doch handle es sich dabei um Dinge, die sein Buch direkt überhaupt nicht berührten. Hingegen sei es „nichts weniger als ein unerlaubtes und unsauberes Unterschieben, wenn R[ahner] sich erlaubt (wieder mit einem seiner kautschukartig unbestimmten Ausdrücke: ‚Klingt das nicht doch stark nach …') mich in die Nähe einer ‚Begegnung (der Konfessionen) in der Mitte' zu rücken, die ich nicht etwa nur ausdrücklich ablehne, sondern deren Ablehnung die Voraussetzung ist vieler und ausgedehnter Abschnitte meines Buches". Lortz beendet seine Ausführungen zu Rahners Rezension mit der Feststellung: „Dass nun R[ahner] am Schluss doch wieder mein Buch ‚trotz allem' und ‚zweifellos' ‚ein so bedeutsames Werk' nennt, macht nichts besser, sondern ist höchstens eine Selbstsicherung des Kritikers, der seine so peinliche Frontschwenkung lieber nicht allzu krass offenbaren möchte".

Was veranlasste Lortz zu einer derart scharfen Reaktion gegen Rahner? Aus römischer Sicht diente Rahners Rezension maßgeblich zur Rechtfertigung der Ablehnung der *Reformation in Deutschland* als ‚unkatholisch' etc., war also wesentlich für die Verweigerung des Imprimaturs verantwortlich und drohte somit die ganze Neuauflage zu gefährden. Lortz sah offenbar nur eine Chance: Es reichte nicht aus, die Kritik Rahners bloß inhaltlich zurückzuweisen, wie Robert Scherer es in seiner Stellungnahme getan hatte; sie musste vielmehr als – sachlich unhaltbare – römische ‚Auftragsarbeit' diskreditiert werden.

Allerdings scheint Lortz tatsächlich auf der richtigen Spur gewesen zu sein: Auch bei objektiverer Betrachtung spricht durchaus einiges für die Annahme einer Auftragsrezension[600]. So liegt es durchaus auf einer Linie mit dem bisherigen Vorgehen Roms, den offiziellen Weg eines formellen Zensurverfah-

---

[600] Ohne dass damit per se schon etwas über die inhaltliche Qualität der Rezension – etwa im Sinne eines rein opportunistischen ‚Machwerks' – ausgesagt wäre. Obwohl Scherer (und natürlich Lortz selbst) ein sichtbares Interesse daran hat, neben der sachlichen Zurückweisung der Kritik von vornherein auch Rahners ‚Voreingenommenheit' herauszustellen (vgl. oben), ist eine solche Lesart – im Sinne eines offenkundigen Widerspruchs zwischen beiden Besprechungen – keinesfalls zwingend: So finden sich die Kritikpunkte Rahners in Ansätzen auch durchaus bereits in seiner ersten Rezension; der Inhalt der Kritik selbst muss also keineswegs als gegen Rahners Willen bzw. seine eigentliche Überzeugung angesehen werden. Eine andere Frage ist freilich die Tatsache der Veröffentlichung der zweiten Rezension als solche: Hätte Rahner von sich aus eine derartige ‚verdeutlichende' Wiederaufnahme seiner (angeblich) ‚missverständlichen' ersten Besprechung überhaupt für nötig bzw. angebracht erachtet? Wahrscheinlicher ist wohl eher die Annahme, dass Rahner die differenzierte Ausgewogenheit seiner ersten Rezension durchaus beabsichtigt hatte, die neue Veröffentlichung in ihrer kritischen ‚Einseitigkeit' hingegen wesentlich auf Druck von außen zustande kam.

rens zu vermeiden (aus Rücksicht auf die Situation in Deutschland) und stattdessen den ‚offiziösen' Weg über eine scheinbar ‚von außen' mitgeteilte Kritik
Dritter zu gehen – wie bereits geschehen mit den mündlichen Beanstandungen Leibers (‚antirömischer Komplex') sowie den schriftlichen Vorwürfen
des anonymen ‚Fachmanns' aus Rom. Zur Frage, wer bzw. was Rahner zur
Veröffentlichung der neuen Rezension veranlasste, können nur Vermutungen
angestellt werden. Rahner selbst macht in dieser Hinsicht einige Andeutungen: So sei seine ausgewogene erste Besprechung in den *Stimmen der Zeit* „in
diametralem Sinn" aufgenommen bzw. missverstanden worden – einerseits
als „eine in ihrer Höflichkeit um so vernichtendere Ablehnung", andererseits
als eine „Lobhudelei" (aus Rücksicht auf das positive Jesuitenbild bei Lortz),
die „das ‚Grundkatholische' dieses gefährlichen Werkes zum Schaden der
echt katholischen Grundsatztreue anerkenne"[601]. Gegenüber der letzten Auffassung rechtfertigte Rahner sich nunmehr durch die erneute Klarstellung
bzw. Verdeutlichung seiner Kritik an Lortz. Allerdings lässt sich eine öffentliche Äußerung einer solchen Reaktion auf Rahners erste Besprechung (etwa
in anderen Rezensionen zu Lortz) nicht feststellen, so dass vielmehr anzunehmen ist, dass es sich um persönliche Mitteilungen an Rahner handelte
– etwa von seinen Oberen im Jesuitenorden[602]. Tatsächlich scheint es ein damals durchaus übliches Vorgehen Roms gewesen zu sein, sich für derartige
inoffizielle Stellungnahmen gerade der Jesuiten zu bedienen. Hinzu kam in
diesem Fall, dass Rahner, damals im Schweizerischen Exil, sich außerhalb von
Deutschland quasi ‚neutral' zur Sache äußern konnte – wodurch auch eine
mögliche Einflussnahme von deutschen Bischöfen (nach Art der Unterdrückung der kritischen Rezension von Krebs) entfiel.

Wohl nur auf diese Weise ließe sich auch erklären, warum die Nuntiatur
(bzw. das Staatssekretariat) schon so frühzeitig Kenntnis von einer ‚kritischen' Rezension in der *Schweizerischen Rundschau* hatte[603], die tatsächlich
noch gar nicht erschienen war, stattdessen irrtümlich auf eine andere, in derselben Zeitschrift veröffentlichte Rezension (Iserland) verwies: Man wusste
offenbar lediglich, dass sich jemand in der betreffenden Zeitschrift im ge-

---

[601] RAHNER, Rez. (1941), 659.

[602] So schreibt Lortz 20 Jahre später an Josef Höfer: „Hugo Rahner möchte an seine auf
Bestellung geschriebene zweite Rezension als an ‚eine Jugendsünde' lieber nicht erinnert
werden". Lortz, [Mainz], an Höfer, Rom, 06.02.1961. IEG, NL Lortz [1233]. – Nach
Lortz' Mitteilung an Boris Ulianich habe Rahner später selbst behauptet, dass seine zweite Rezension „von Rom gewollt und verlangt" worden sei. Ferner befinde sich „im Nach-
laß von H. Rahner in Innsbruck eine ‚reprimenda' des Jesuitengenerals wegen der ersten
in ‚Stimmen der Zeit' erschienenen Besprechung". Vgl. ULIANICH, Geschichtsschreibung, 163. – Vgl. auch die Charakterisierung Rahners durch Herbert Vorgrimler: „Hugo
war weithin ein ‚traditioneller Jesuit' mit einem ausgeprägten Sinn für Gehorsam und
Konformität, vorbehaltlos mit der hierarchischen Kirche identifiziert". Herbert VOR-
GRIMLER, Persönliche Erinnerungen an Hugo Rahner, in: Zeitschrift für katholische
Theologie 122 (2000), 157–163, hier 157.

[603] Vgl. Nuntiatur (Orsenigo), Berlin, an Gröber, Freiburg, 31.01.1941. EAF B2–1945/
1022.

wünschten (kritischen) Sinne zu Lortz äußern werde, und nahm daher an, dass es sich um die dort bereits erschienene Rezension Iserlands handelte; erst nach Bekanntwerden der Verwechslung wurde später dann auf die – mittlerweile veröffentlichte – Besprechung Rahners verwiesen[604]. Auch dies würde dafür sprechen, dass die eigentliche ‚Beauftragung' Rahners keineswegs ‚offiziell' von Rom ausgegangen war, sondern vielmehr auf dem ‚Umweg' über die Jesuiten erfolgt war – womöglich auf Veranlassung Leibers[605]? Wie auch immer die tatsächlichen Hintergründe waren: In jedem Fall diente Rahners neue Rezension Rom als ein weiteres Druckmittel, die gewünschten Änderungen in der Neuauflage von Lortz' Reformationsgeschichte zu erreichen.

Seinen äußerst polemischen Briefentwurf sandte Lortz nicht ab; er war wohl entweder für Herder oder für das Freiburger Ordinariat gedacht. Letztendlich schickte er ein anderes – uns unbekanntes – Schreiben an Herder. Der Verlag dankte am 6. August 1941 zunächst für das frühere Schreiben vom 30. Juli, für das man „vollstes Verständnis" habe[606]: „Wir haben die beiden Punkte Seiner Exzellenz mitgeteilt und auch den Antrag für das Imprimatur erneuert. Wir können uns nicht denken, daß weitere Schwierigkeiten bestehen. Doch müssen wir nach allen bisherigen Erfahrungen abwarten, bis wir die Druckerlaubnis wirklich in Händen haben". Anschließend ging Herder auf Lortz' Schreiben vom 1. August ein:

„Wir entnehmen daraus, daß Sie sich offenbar eine falsche Vorstellung vom Charakter der Schreiben an den Erzbischof machen, die der hochwürdigste Herr uns mündlich und vertraulich bekanntgab. Wesentliches steht unserer Erinnerung nach auch nicht darin, nur daß dem Erzbischof nahegelegt wird, auf Grund des Ihnen bekannten anonymen Schreibens und der Kritik von Hugo Rahner die neue Auflage vor Erteilung des Imprimaturs zu prüfen. Die beiden Schreiben sind zweifellos lediglich für den Erzbischof bestimmt, der uns nur den Auftrag gab, Ihnen das anonyme Gutachten und die Kritik Rahners im Sinne der Schreiben der Apostolischen Nuntiatur zu übersenden. Daß die Kurie mit diesem Schreiben den Weg der Diskussion öffnen wolle, scheint uns ausgeschlossen. Wir bitten Sie daher im Interesse der Sache, das Schreiben des Anonymus vertraulich zu behandeln. An sich stünde nichts im Wege, sich mit der Kritik von Professor Rahner auseinanderzusetzen, da diese ja öffentlichen Charakter trägt. Trotzdem empfehlen wir auch hier Zurückhaltung, vor allem, solange die Neuauflage noch nicht erschienen ist, da vielleicht angenommen werden kann, daß die Kritik Rahners im Auftrag geschehen ist und die Auftraggeber eine Gegenkritik als gegen sich gerichtet empfinden würden".

---

[604] Vgl. Nuntiatur (Orsenigo), Berlin, an Gröber, Freiburg, 15.05.1941. EAF B2–1945/1022.

[605] Vgl. auch ein (undatiertes) Schreiben Rahners an Leiber: „Haben Sie vielleicht meine Rezension von Lortz in der ‚Schweizerischen Rundschau' gelesen? Da habe ich wirklich wieder gut zu machen versucht, was in der Stimmen-Besprechung manchen weniger gelungen zu sein schien". Rahner an Leiber, undatiert. APUG, NL Leiber [Fondo 8].

[606] Herder (Scherer), Freiburg, an Lortz, Stromberger Neuhütte, 06.08.1941[a]. IEG, NL Lortz [1445].

Anscheinend hatte Lortz also erwogen, sich öffentlich zur römischen bzw. Rahnerschen Kritik zu äußern – womöglich sogar in ähnlicher Form wie in seinem Briefentwurf. Vielleicht waren Herders Bedenken auch der Grund, warum dieser Entwurf dann doch nicht abgesandt wurde.

Noch am gleichen Tag (6. August 1941) konnte Herder Lortz „die freudige Nachricht" von der soeben erfolgten Druckerlaubnis weitergeben. Die Korrekturen und das Binden des Werkes würden nun so rasch als möglich durchgeführt[607]. Mit diesem dritten und endgültigen Imprimatur, das auch offiziell auf den 6. August 1941 datiert wurde[608], war nach allen Verzögerungen nun endlich der Weg frei für die zweite Auflage der *Reformation in Deutschland*.

5.2 Nach dem Imprimatur – Nachricht vom Papst – Erscheinen der zweiten Auflage

Ein Tag später, am 7. August 1941, berichtete Erzbischof Gröber dem Nuntius von seiner Erteilung der Druckerlaubnis[609]. Das ganze Schreiben ist von dem Bemühen geprägt, den Heiligen Stuhl davon zu überzeugen, dass ein weiterer Eingriff gegen das Werk – ob in Form einer Indizierung, ob in Form eines Verbots der zweiten Auflage – falsch wäre. Die Überlegungen Gröbers verdienen einen vollständigen Abdruck:

„Heute[610] habe ich das Imprimatur der zweiten Auflage des Buches: ‚Die Reformation in Deutschland' von Prof. Lortz erteilt. Ich habe lange gezögert und alles unternommen, um das Bedenkliche innerhalb des Buches entfernen oder abschwächen zu lassen. Im Einzelnen wurden die Beanstandungen der literarischen Kritik tunlichst berücksichtigt. Vor allem aber habe ich dafür gesorgt, daß Herr Prof. Lortz, soweit es bei dem fertigen Druck überhaupt noch möglich war, jene Stellen geändert hat, die von römischer Seite mißbilligt worden sind. Ich kann es offen gestehen, daß mir kein anderes Buch von den zahllosen, die uns zur kirchlichen Zensur vorgelegt worden sind, so viele Sorgen und Mühen bereitet hat, bis wir uns zum Imprimatur entschlossen, als gerade dieses. Ich verhehle es mir nicht: Trotz aller Korrekturen wird das Buch in seiner zweiten Auflage von verschiedener Seite als eine unerfreuliche Erscheinung bewertet werden. Andererseits wird es, was schon bei der ersten Auflage der Fall war, auch manches Gute stiften. Ich bin davon überzeugt, daß Lortz durchaus kirchlich gesinnt ist, ein Zeugnis, das ihm auch sein Bischof ausstellt. Wer das Buch als Ganzes betrachtet, wird sich auch der Einsicht nicht verschliessen können, daß zuletzt Luthers Person und Werk mit klarer Entschiedenheit und Beweiskraft abgelehnt werden. Freilich: die Schilderung der Ursachen der sog[enannten] Reformation und die häufig sehr günstige Charakterisierung Luthers und seiner Anhänger und Absichten fällt namentlich jenen, die unter dem Eindruck der gediegenen alten Werke Janssens,

---

[607] Herder (Scherer), Freiburg, an Lortz, [Stromberger Neuhütte], 06.08.1941[b]. IEG, NL Lortz [1445].

[608] Der entsprechende Eintrag in den veröffentlichten Bänden lautet: „Imprimatur. – Freiburg im Breisgau, 6. August 1941. – i.V.: Jauch". LORTZ, Reformation (²1941) I/II, [IV]. – Es handelte sich wohl um Domkapitular Bernhard Jauch (1880–1945).

[609] Gröber, Freiburg, an Nuntiatur (Orsenigo), Berlin, 07.08.1941. EAF B2–1945/1022.

[610] Der Brief wurde vermutlich bereits am Vortag geschrieben bzw. begonnen.

Denifles, Grisars und Pastors stehen, schmerzlich auf. Aber auch bei objektivster Betrachtung der kirchlichen Verhältnisse am Ende des 15. und bis in die Mitte des 16. Jahrhunderts kann der Historiker dem Tatsachenmaterial sich nicht verschliessen, das die Kirche jener Zeit in ihrer irdischen Gestalt als die aus vielen Wunden blutende Braut Christi erweist. Allerdings spricht bei Lortz noch die Textgestaltung mit, die zum guten Teil eine Sache des Temperamentes ist. Ich selber hätte sicher mich einer anderen Darstellungsform und sehr häufig auch anderer Ausdrücke bedient. Aber Lortz ist eben Lortz und man muß ihn so nehmen, wie er ist. Auch von ihm gilt: Seine Vorzüge sind auch seine Fehler. Ganz wesentlich ist, daß der hl. Stuhl das Buch nicht auf den Index gesetzt hat, so unbequem und unangenehm auch namentlich in römischen Kreisen sein Erscheinen sein mag. Da andererseits der verstorbene Prälat Kirsch beim Erscheinen des Buches Pate gestanden hat, so ist damit, bei der Stellung Kirsch's zum hl. Stuhl, eine begreiflich starke Entlastung des Buches selber gegeben. Wenn nachträglich das Werk dennoch der römischen Zensur verfallen sollte, so würde ich das, trotz meiner eigenen, oft trauererfüllten Kritik am Buch, als ein Unglück bezeichnen. Soweit mir bekannt ist, würde sich daran nicht bloß eine Kontroverse, sondern eine Romhetze anschliessen, die sich bei der jetzigen kirchenpolitischen Lage verheerend auswirken müßte. Das wäre dann Wasser auf die Mühle unserer Feinde. Schon das Nichterscheinen der zweiten Auflage hat Aufsehen erregt und den Gegnern der Kirche Anlass zu eindeutigen Bemerkungen gegeben. Nach meiner Auffassung ist die Toleranz des hl. Stuhles dem Werke gegenüber für den hl. Stuhl selber weiser, wertvoller und wirksamer als eine etwaige öffentliche autoritative Ablehnung und Indizierung. Man vergesse nicht: Die wenigsten Herren an der römischen Kurie kennen die deutschen Verhältnisse so genau, daß sie die Tragweite der Indizierung gerade dieses Werkes abzuschätzen vermöchten. Daneben spielt auch der Gedanke an den Verfasser eine Rolle, der einen Wandel vollzogen hat[611] und nach meiner eigenen Erfahrung zwar bereitwillig auf verlangte Änderungen eingegangen ist, aber es doch auch durchblicken liess, wieviel Selbstbeherrschung diese Korrekturen ihm auferlegten. Auch hier gilt: Man darf den Bogen nicht überspannen. Endlich würde eine ablehnende Stellungnahme des hl. Stuhles zu dem Buch die der Kirche aus verschiedenen Gründen näher gekommenen Protestanten an den Kopf stossen und die so notwendige christliche Front in Deutschland schwächen. Selbst wenn Herder übrigens von der Herausgabe der zweiten Auflage des Buches Abstand genommen hätte, wäre das Buch damit vom Büchermarkt doch nicht verschwunden. Dutzende von Verlagen hätten sich geradezu darum gerissen, das Verlagsrecht zu erhalten, womit jeder weitere Einfluss auf das Buch und seine künftige Gestaltung ausgeschlossen gewesen wäre.

Das waren die Hauptgründe, die mich veranlasst haben, das Imprimatur nicht zu verweigern. Es trat endlich noch die Erwägung hinzu, daß der Hauptreiz, den das Buch ausgelöst hat, mit der ersten Auflage bereits erschöpft ist und daß die zweite Auflage

---

[611] Auf welchen „Wandel" Gröber hier genau anspielt, ist unklar. Denken lässt sich an Lortz' Einstellung zum Nationalsozialismus, die sich nach seinen anfänglichen ‚Brückenbauer'-Versuchen etwa seit 1937 zu einer ernüchterten Ablehnung entwickelt hatte (vgl. oben). Gerade mit seiner Haltung zum Nationalsozialismus war Lortz auch in Rom ‚bekannt' geworden, zunächst in Braunsberg (Fall Eschweiler und Barion), später dann mit seinen öffentlichen Stellungnahmen zum Nationalsozialismus, u. a. dem Nachtrag zu seiner *Geschichte der Kirche*, bis hin zum *Sendschreiben katholischer Deutscher*. Angesichts anderer Fälle, in denen deutsche Katholiken sich im Konflikt mit der Kirche von Rom abwandten statt unterwarfen, erscheint es durchaus denkbar, dass man auch bei Lortz (in Anbetracht seiner ‚Vorgeschichte') etwas Ähnliches befürchtete, falls man ihn zu sehr ‚auf die Probe' stellte – etwa durch drastische Maßnahmen zur Unterdrückung seiner Reformationsgeschichte.

Abb. 15: Conrad Gröber (1872–1948), 1946 in seinem Schlaf- und Arbeitszimmer.

mit ihren Änderungen manche Bedenken gegen die erste Auflage beseitigen oder wenigstens mildern werde. Der ganze Tenor des Buches freilich ist nicht auszumerzen. Die Berechtigung der ,Reformation' ist noch in keinem katholischen Buch so niederschmetternd zum Ausdruck gebracht worden, wie gerade hier. Um so glänzender steht die Kraft der Kirche da, die auch diese gefährlichste Krise überstand. Noch eines ist zu sagen: Wenn ich noch jung wäre, würde ich mit unbändigem Eifer nachprüfen, ob die Milieuschilderungen Lortzens wirklich zutreffend sind oder nicht. Was ich selber nicht mehr tun kann, das werden gewiss junge Kräfte übernehmen, um damit die zu grellen Lichter und zu dunklen Schatten auf ihr richtiges Maß zurückzubringen. Durch Lortz ist nicht das letzte Wort über Luther gesagt".

Eine offizielle Antwort erhielt Gröber auf dieses Schreiben nicht. Stattdessen erreichte ihn am 10. September 1941 ein Brief des Innsbrucker Bischofs Paul Rusch (1903–1986). Dieser berichtete von einer „Audienz beim hl. Vater", der ihn „beauftragt" habe, Gröber Nachfolgendes zu übermitteln:

„Das Buch über den Protestantismus von Lortz (bezw. über die Reformation) wird *nicht* auf den Index kommen. Daran sei nicht gedacht gewesen. Es hätten nur einige kirchliche Historiker den Eindruck gehabt, daß Lortz die irenische Haltung gelegentlich zum Schaden der geschichtlichen Tatsachen betrieben habe. Man begrüßt es aber, wenn eine Neuauflage mit einigen Änderungen erscheint"[612].

---

[612] Rusch, Innsbruck, an Gröber, Freiburg, 10.09.1941. EAF B2–1945/1022. Ebenfalls zitiert in: Rauch, Freiburg, an Nuntiatur (Muench), Kronberg, 27.03.1950. EAF B2–1945/1022.

Diese Nachricht gab Gröber dem Herder-Verlag bekannt, der wiederum eine weitgehend wörtliche Abschrift an Lortz weiterreichte[613]. Dieser selbst hatte jedoch von Rusch persönlich bereits eine entsprechende mündliche Mitteilung erhalten[614]. So konnte also Ende 1941 die zweite Auflage der *Reformation in Deutschland* erscheinen, deren Weg zum Imprimatur – entgegen allen Erwartungen – wiederum zu einem ,Hindernislauf' geworden war.

6. Abwendung der Gefahr durch (un)auffällige Revisionen der Neuauflage?

6.1 Änderungen der zweiten Auflage – Revision von Vor- und Schlusswort

Der (unfreiwillig) lange Entstehungsprozess der zweiten Auflage hatte dazu geführt, dass auch die Änderungen am Text in mehreren Stufen erfolgten[615]: (1) Als erste Phase ist der reguläre Überarbeitungsprozess zu nennen, bei dem Lortz vor allem die öffentliche Rezeption auswertete. Diese Änderungen fanden ihren Niederschlag in der Fassung, die Ende Januar 1941 zum ersten Imprimatur der Neuauflage im Freiburger Ordinariat eingereicht wurde. (2) Im Anschluss an die Rücknahme dieses ersten Imprimaturs erfolgte dann eine weitere gründliche Durchsicht auf Grundlage der von Scherer im April erarbeiteten Korrekturvorschläge, die in Reaktion auf die durch Leiber übermittelte Kritik (,antirömischer Komplex') entstanden waren. (3) Die letzten Änderungen erfolgten schließlich im Juli aufgrund der durch die Nuntiatur übermittelten römischen Beanstandungen des ,Anonymus' sowie insbesondere der neuen Rezension Rahners.

Insgesamt handelte es sich überwiegend um kleinere, ,kosmetische' Änderungen von einzelnen Wörtern oder Formulierungen, die darauf abzielten, mögliche Missverständnisse oder Anstößigkeiten im Hinblick auf katholisch-kirchliche ,Sensibilitäten' zu vermeiden. Wie besonders die Verbesserungsvorschläge Scherers in der zweiten Phase zeigen[616], lag der Schwer-

---

[613] Vgl. Herder (Welte), Freiburg, an Lortz, [Münster], 15.09.1941 [Abschrift]. IEG, NL Lortz [1446]: „Seine Heiligkeit Papst Pius XII. hat (durch Exzellenz Bischof Paul Rusch, Innsbruck) den hochwürdigsten Herrn Erzbischof Dr. Gröber wissen lassen, daß das Buch von Lortz über die Reformation *nicht* auf den Index kommen werde […]" (Rest wörtlich).

[614] So berichtete Lortz jedenfalls rückblickend: „Das Einzige was ,offiziell' aus Rom an mich, Prof. Lortz, kam, war eine mündliche, später privat vom Verlag Herder an mich bestätigte Mitteilung von Bischof Rusch von Innsbruck. Ich traf ihn zufällig in Muenchen in der Buchhandlung Herder". Joseph LORTZ, Entwurf („nicht verwertet"), Rom, Oktober 1950. IEG, NL Lortz [732]. – Später ließ sich Lortz diese mündliche Mitteilung sogar noch einmal von Rusch persönlich bestätigen; vgl. Lortz, [Mainz], an Rusch, Innsbruck, 12.05.1960. IEG, NL Lortz [732].

[615] Vgl. oben.

[616] Vgl. SCHERER, Gutachten, 1. April 1941. IEG, NL Lortz [1445].

punkt eindeutig auf dem ersten Band, dort wiederum auf dem abschließenden Lutherkapitel, wo grundsätzlich die zu positive Würdigung Luthers – z. B. seiner echt christlichen Religiosität oder Demut – ein Dorn im Auge war. Eine deutliche Änderung war auch die ganz neu hinzugefügte Seite am Ende des ersten Bandes mit einer ‚Zwischenbilanz‘, die nach den ‚Zumutungen‘ des Lutherkapitels einen ‚reibungsloseren‘ Übergang zum – aus katholischer Sicht positiveren – zweiten Band gewährleisten sollte: Als Gegengewicht zu der starken Würdigung des Religiösen bei Luther verwies Lortz nun bereits auf die weitere Entwicklung im Protestantismus – hier „mischten sich für und für Kräfte ein, die dem programmatisch verkündeten Religiösen gegenüber als peripher, ja sogar als gegensätzlich empfunden werden". So zeige sich etwa die Antwort der Nation auf Luther „nicht entfernt nur als freie Zustimmung aus Glauben"; vielmehr erweise sich das „Landeskirchentum" als die Macht, die „oft genug in unreligiöser, in egoistischer Weise, in der Art des Zwanges […] die anhebende oder entstandene Reformation zum Siege führen wird". Auch die „Mittel der Propaganda" sowie die „Großmacht der Buchdruckerkunst" stünden „oft genug weit von dem ab, was man Wachsen einer religiösen Überzeugung nennen könnte"[617].

Die wohl auf den ersten Blick auffälligste Änderung stellt jedoch die komplette Ersetzung des ursprünglichen Vorwortes der ersten Auflage dar, während die Revisionen im Schlusswort in der zweiten Auflage deutlich weniger ins Auge fallen. Wie im Entstehungsprozess der Neuauflage ersichtlich wurde, hatte das Vorwort zur ersten Auflage – trotz (oder gerade wegen) der überdeutlichen Bemühung um Klärung und Rechtfertigung – offenbar die Missverständnisse keineswegs beseitigt, sondern eher zu neuen geführt[618]. Möglicherweise war Lortz ohnehin unzufrieden mit dieser Fassung des Vorwortes, das seine endgültige Gestalt – mit den immer neuen Absicherungen und Betonungen des dogmatisch ‚korrekten‘ katholischen Standpunktes – ja erst nach zahlreichen ‚Verbesserungswünschen‘ von Seiten der Zensur gefunden hatte und somit von vornherein einen Kompromiss darstellte[619]. In der neuen Auflage wurde nun auf das alte Vorwort vollständig verzichtet – von außen betrachtet ein überraschendes und auffälliges Vorgehen, besonders an-

---

[617] Lortz, Reformation ([2]1941) I, 437. – Ähnliche Punkte finden sich in der Rezension von Böminghaus, auf die Leiber ja im Zuge der Kritik am ‚antirömischen Komplex‘ ausdrücklich verwiesen hatte (vgl. oben); dort wird ebenfalls die gewaltsame „Einführung des Neuglaubens" auch mit Hilfe der „Propaganda" sowie der „Macht der jungen Presse" betont. Vgl. Böminghaus, Rez. (1940), 591.

[618] Vgl. Scherer, Gutachten, 10. Juli 1941. IEG, NL Lortz [1446]: „Die darin enthaltenen Richtlinien zum rechten Verständnis des Werkes konnten den einen oder andern Leser durch ihre zu starke Betonung mißtrauisch und voreingenommen machen, was manche Besprechung denn auch bewiesen hat".

[619] Vgl. Scherer, Gutachten, 1. April 1941. IEG, NL Lortz [1445]: „Der Wortlaut des Vorwortes zur ersten Auflage, der im wesentlichen bedingt war durch die Einwände der Zensoren […]".

gesichts des durchaus bedeutsamen und umfangreichen Inhalts dieses Vorwortes. Stattdessen stellte Lortz der zweiten Auflage ein völlig neues, bloß zwei (statt sieben) Seiten umfassendes Vorwort[620] voran, das kaum mehr auf konkrete inhaltliche Probleme oder grundsätzliche Fragen der Reformationshistorie eingeht, sondern hauptsächlich eine kurze Zusammenschau der bisherigen Rezeption bietet.

Lortz erklärt zunächst, die erste Auflage seines Werkes habe „ein erfreulich starkes Echo gefunden" und eine „beträchtliche Anzahl von Rezensionen in katholischen und evangelischen Blättern". Es habe sich eine „historische und eine theologische Diskussion" angebahnt, über die zu einem späteren Zeitpunkt zu berichten sei – auch hinsichtlich seiner „Grundthese von der vorreformatorischen theologischen Unklarheit", die er als wesentlich auf die damalige Situation *in Deutschland"* bezogen verteidigt. Als „Grundton" der bisherigen Besprechungen hält Lortz zweierlei fest: Zum einen „die streng katholische Haltung", die „immer wieder herausgehoben" worden sei, oft auch „mit ungewöhnlich starker Betonung bzw. Anerkennung"; zum anderen „der unbedingte Wille zur historischen Sachlichkeit und die dadurch erreichte historische Zuverlässigkeit"[621]. Beide Punkte würden „schon in sich schwer genug" wiegen, hätten jedoch „für das Anliegen des Buches noch besondere Bedeutung". Es sei „nämlich in maßgeblichen Rezensionen und in der recht weit greifenden mündlichen Aussprache" festgestellt worden, dass seine Darstellung „durch ihre Bereinigung *historischer* Schwierigkeiten eine Reihe wichtiger Hindernisse beseitigt habe, die bisher für ihr Teil einer *grundsätzlichen* Diskussion über die Reformation und das reformatorische Anliegen im Wege standen". Lortz gibt hier zu, dass „auch eine Reihe Beanstandungen erhoben" worden seien, die er „gewissenhaft geprüft und, soweit sie sich als stichhaltig erwiesen, berücksichtigt" habe – ohne jedoch konkret zu werden. Er müsse allerdings „mit allem Nachdruck eine wesentliche Forderung neu aussprechen", die er bereits im alten Vorwort geäußert habe: „Wer über dieses Buch verantwortlich urteilen will, muß es *ganz* lesen, muß es *genau* lesen; es darf nur als *Ganzes* beurteilt werden"[622]. Die behandelten Vorgänge seien „ungewöhnlich komplex; im gleichzeitigen Nebeneinander wie in der zeitlichen Abfolge". So hätten etwa „einige katholische Rezensen-

---

[620] Lortz, Reformation (²1941) I, VII–VIII (abgedruckt im Anhang dieses Bandes).

[621] Ebd., VII. – Interessanterweise führt Lortz zum ersten Aspekt explizit einige Rezensionen als Nachweis an, zum zweiten jedoch nicht. Dies lässt vermuten, dass er auf die Bestätigung seines katholischen Standpunkts von Seiten der Rezensenten besonderen Wert legte, wohl auch als Gegengewicht zu den Beanstandungen bzw. Befürchtungen von kirchlicher Seite. Hierin ist auch ein weiterer Grund für den Wegfall des ersten Vorwortes zu sehen, das mittlerweile seinen ‚apologetischen' Zweck erfüllt hatte und nunmehr unnötig defensiv und übervorsichtig erschien – und dadurch womöglich umso mehr Zweifel an der so vehement verteidigten Rechtgläubigkeit wecken könnte (vgl. oben).

[622] Ebd., VIII. – Vgl. Lortz, Reformation (¹1939/40) I, X: „Da es sich um so wichtige und in einem bestimmten Sinne heikle Dinge handelt, muß ich alle, die verantwortlich urteilen wollen, bitten, meine Ausführungen *ganz* zu lesen".

ten" eine Anzahl „wichtiger Betrachtungspunkte" vermisst, während für andere Rezensenten gerade „die angeblich fehlenden Gesichtspunkte zu scharf betont" gewesen seien. Er habe nun „durch einige neu eingefügte Hinweise versucht, ein solches Mißverständnis in Zukunft nach Möglichkeit zu verhindern". Damit schließt Lortz sein neues Vorwort.

Im Schlusswort[623], das in der zweiten Auflage – allerdings nur auf den ersten Blick – unverändert scheint, finden sich neben zwei neuen Fußnoten jedoch beim genaueren Vergleich durchaus Veränderungen, die sich keineswegs auf gelegentliche Umformulierungen und kleinere Ergänzungen beschränken. Neben den beiden neuen Anmerkungen wurde ein ganzer Absatz völlig neu hinzugefügt, während an anderer Stelle ein alter Absatz restlos entfiel. Getilgt wurde im zweiten Abschnitt die gesamte Passage über den „persönlichen Standpunkt" von Lortz[624] – u.a. aufgrund der expliziten Verweise auf das nicht mehr vorhandene alte Vorwort (ein solcher Hinweis im ersten Abschnitt wurde ebenfalls entfernt). Konkret spielte hier aber wohl auch die zu forcierte Verteidigung der katholischen Haltung eine Rolle, die auch in inhaltlicher Hinsicht eng an das Vorwort anknüpfte (das ja aus eben diesem Grund getilgt wurde).

Der neu ergänzte Absatz findet sich im sechsten Abschnitt, im Kontext des immer weiter sich aufspaltenden, bibel- und dogmenkritischen Protestantismus, der Luthers Anliegen geradezu ins Gegenteil verkehrt habe[625]. Lortz fügt hier nun hinzu, dass „schon die rein historische Entwicklung die Jahrhunderte hindurch zu einer Rechtfertigung für die Zurückhaltung und Ablehnung der katholischen Kirche gegenüber dem reformatorischen Geschehen" werde: „Ja, die katholische Kirche darf heute umgekehrt mit Recht für sich in Anspruch nehmen, wichtige Anliegen der Reformation besser gehütet zu haben und heute zu vertreten als ein großer Teil, ja als der größte Teil reformatorischer Gemeinschaften". Damit einher gehe „die katholische innere Reform": Der kritisierte „Kurialismus" vor und während der Reformationszeit habe keineswegs einfach weiter fortbestanden – „man vergleiche doch einfach einmal das, was in der Gegenwart unter Pius X., Pius XI. und Pius XII. die römische Kurie ist, mit dem, was wir als ‚Kurialismus' des 15./ 16. Jahrhunderts zu beschreiben hatten!" So unterstreicht dieser neue Absatz noch einmal scharf die im Schlusswort entwickelte Sicht des Protestantismus als ‚Niedergang', der dem ursprünglichen reformatorischen Anliegen – ganz im Gegensatz zur (heutigen) katholischen Kirche – nicht mehr gerecht werde. Von den beiden zusätzlichen Fußnoten betrifft eine jenen Abschnitt, in

---

[623] LORTZ, Reformation (²1941) II, 294–308 (abgedruckt im Anhang dieses Bandes).

[624] Vgl. LORTZ, Reformation (¹1939/40) II, 296: Es „wäre peinlich und unwürdig", wenn „man solche Bekenntnisse […] immer wieder des langen und breiten wiederholen müßte". Das vorliegende Werk sei „das Buch eines Katholiken, eines katholischen Priesters". Dies müsse dem katholischen Leser auch bei solchen Stellen bewusst sein, „die mit seinem gewohnten Bild der Reformationsgeschichte nicht harmonieren".

[625] Vgl. LORTZ, Reformation (²1941) II, 305f.

dem Lortz die kirchlichen Missstände gerade auch als von katholischen Zeugnissen belegt schildert (wie bei Janssen und Pastor nachzulesen)[626]. Dazu bemerkt Lortz nun, er wolle dies „natürlich nicht falsch verstanden wissen", er spreche hier „von den Mißständen im engeren sittlichen bzw. religiös-sittlichen Bezirk". Das für ihn Entscheidende sei jedoch „das *theologische* Problem (die ‚theologische Unklarheit')" und anderes, was „bei Janssen und Pastor überhaupt nicht" oder „nur sehr wenig gesehen" werde. Lortz reagierte hier also offensichtlich auf Vorwürfe, er nehme die Autorität von Janssen und Pastor in Belangen in Anspruch, die bei diesen gar keine Rolle spielten. Die zweite neue Anmerkung befindet sich ganz am Schluss im letzten Abschnitt, wo Lortz das ökumenische Anliegen seines Werkes formuliert, dass es nämlich das „Gespräch zwischen den Konfessionen" befördern möge[627]. Hier fügt Lortz nun hinzu, dies sei „nicht ganz eindeutig formuliert" und habe „denn auch einige Rezensenten zu einer erheblichen Fehldeutung verleitet". Keineswegs habe er seine Darstellung aus dem Wunsch heraus begonnen, eine Annäherung der Konfessionen zu erreichen. „Weder hat eine solche Absicht meine Untersuchungen veranlaßt, noch hat sie mich während der Ausarbeitung des Buches, soviel ich das feststellen kann, begleitet und beeinflußt". Seine Absicht sei vielmehr allein gewesen, „die ‚harte Wahrheit' (oben Bd. I S. IX)[628] zu fassen". Nur „der Befund der Tatsachen" habe ihn zu „Feststellungen und Beurteilungen geführt", die ihn dann allerdings dazu drängten, „am ökumenischen Gespräch teilzunehmen". „In *diesem Sinne wurde* jene Teilnahme für mich tiefstes Anliegen, als ich mein Buch hinausgab". Lortz wendet sich mit dieser Anmerkung also gegen Anschuldigungen, seine historische Darstellung sei von vornherein unter einer vorgefassten ‚ökumenischen' statt objektiven Perspektive entstanden[629].

6.2 Nachklänge – erneute Nuntiaturschreiben – Vorbereitung einer dritten Auflage

Nachdem die zweite Auflage von Lortz' *Reformation* Ende 1941 endlich erschienen war, blickte Herder zum Jahresende in einem Schreiben an Lortz noch einmal auf die glücklich überstandenen Schwierigkeiten zurück:

„Kurz vor dem Weihnachtsfest und ehe das Jahr zu Ende geht, wollten wir Ihnen durch einen Brief unsere Verbundenheit zum Ausdruck bringen. Das vergangene Jahr hat so-

---

[626] Vgl. LORTZ, Reformation (^{2}1941) II, 295.

[627] Vgl. LORTZ, Reformation (^{2}1941) II, 307.

[628] Bezeichnend ist an dieser Stelle der Verweis auf eine Seite im Vorwort, die in der 2. Auflage gar nicht mehr vorhanden ist – ein eindeutiger Bezug auf das Vorwort der 1. Auflage. Dies bestätigt, dass bei der Vorbereitung der 2. Auflage ursprünglich das alte Vorwort gar nicht restlos wegfallen, sondern nur durch das neue ergänzt werden sollte (vgl. oben). Im Zuge der neuen Schwierigkeiten mit der Zensur wurde dann schließlich das erste Vorwort ganz gestrichen und alle Hinweise darauf im Schlusswort getilgt, wobei offensichtlich diese Fußnote übersehen wurde.

[629] Vgl. etwa die Kritik in Rahners erster Rezension: RAHNER, Rez. (1940), 303.

wohl für Sie wie für uns in bezug auf die Neuauflage Ihrer Reformationsgeschichte manches Unangenehme gebracht. Wir möchten Ihnen heute nochmals besonders danken für Ihre Geduld und für das Verständnis, das Sie uns bei all den schwierigen Verhandlungen entgegenbrachten. Es wäre ja schön, wenn wir im nächsten Jahr die Freude erleben könnten, das Papier für eine dritte Auflage genehmigt zu bekommen. Aber Sie wissen ja, wie die Situation ist. Vorerst müssen wir uns freuen, daß die zweite Auflage nun die wohlverdiente Verbreitung finden darf. Sie wissen ja, daß wir gern eine höhere Auflage gedruckt hätten, falls es uns möglich gewesen wäre"[630].

Während man im Verlag also mit der Sache abgeschlossen hatte und bereits Pläne für die nächste Auflage ins Auge fasste, wurde das Freiburger Ordinariat zu Beginn des neuen Jahres noch einmal unangenehm an die alten Probleme erinnert: Am 29. Januar 1942 übersandte der Berliner Nuntius Erzbischof Gröber erneut kritische Bemerkungen zur *Reformation in Deutschland*, die ihm „aus Rom zugegangen" waren, und bat um Kenntnisnahme und Rücksendung, weil er dieselben „auch an eine andere Stelle schicken" müsse[631].

Aus dem Schreiben in den Freiburger Ordinariatsakten geht nicht hervor, um welche Beilagen es sich handelte, doch lassen sich aus Gröbers Antwort einige Hinweise dazu entnehmen. Zunächst dankte Gröber dem Nuntius für sein Schreiben, um dann kurz auf die Kritik an Lortz einzugehen[632]:

„Die Beilagen habe ich gelesen. Das Urteil des mir unbekannten Verfassers deckt sich ziemlich mit dem, was ich selber an L[ortz]'s Buch auszusetzen hatte. Manches ist in der zweiten Auflage verbessert. Die Gutachten selber stammen aus einer Zeit, in der die zweite Auflage in Rom, allem Anschein nach, noch nicht vorlag, was ein Vergleich einzelner Zitate mit dem Text der zweiten Auflage beweist. Mein Urteil ging immer dahin, daß das Buch wohl zensuriert werden könnte, daß aber die Zensur in der gegenwärtigen Zeit der Kirche mehr schadet, als das Buch selbst. Ich habe in Reformationsgeschichte selber gearbeitet[633] und darf mir deswegen schon ein Urteil zutrauen. Vieles, was mißfällt, ist auf die Art der Darstellung zurückzuführen. Mir hat der Hl. Vater persönlich mitteilen lassen, daß das Buch keine Zensurierung erfahre[634]. Ich selber habe mir, zusammen mit anderen, alle Mühe gegeben, um sowohl bei dem ersten als auch bei der zweiten Auflage das Bedenkliche auszumerzen. Im übrigen berufe ich mich auf das, was ich in dieser Sache Ew. Exzellenz früher schon geschrieben habe[635]. Jetzt scheint die Begeisterung für das Buch schon stark im Abflauen begriffen zu sein. Auch die wissenschaftliche Kritik hat bereits stark eingesetzt. Größerer Schaden wird also wohl kaum mehr entstehen. Aber daß das Buch schon bei Katholiken Verwirrung angerichtet hat, ist leider nicht zu bestrei-

---

[630] Herder, Freiburg, an Lortz, Münster, 19.12.1941. IEG, NL Lortz [1445].

[631] Nuntiatur (Orsenigo), Berlin, an Gröber, Freiburg, 29.01.1942. EAF B2–1945/1022. – Welche „andere Stelle" gemeint war, ist unbekannt – womöglich das Ordinariat in Münster?

[632] Gröber, Freiburg, an Nuntiatur (Orsenigo), Berlin, 07.02.1942. EAF B2–1945/1022.

[633] Vgl. etwa Conrad GRÖBER, Die Reformation in Konstanz von ihrem Anfang bis zum Tode Hugos von Hohenlandenberg (1517–1532), in: Freiburger Diözesan-Archiv 46 (1919), 120–322.

[634] Vgl. Rusch, Innsbruck, an Gröber, Freiburg, 10.09.1941. EAF B2–1945/1022.

[635] Vgl. Gröber, Freiburg, an Nuntiatur (Orsenigo), Berlin, 07.08.1941. EAF B2–1945/1022.

ten. [...] Darf ich die Beilagen noch etwas zurückbehalten und dem Verlag Herder unterbreiten? Ohne Ihre ausgesprochene Erlaubnis wage ich es nicht".

Am 16. Februar 1942 dankte Gröber dem Nuntius erneut für seine beiden Briefe[636] und teilte sodann mit[637]: „Die Gutachten über Lortz habe ich gelesen. Sie gehen beiliegend an Sie zurück. Beim ersten Referat konnte festgestellt werden, daß es sich genau um denselben Text handelt, der mir letztes Jahr mit Schreiben vom 10.6. zugegangen ist[638]. An einzelnen Stellen merkt man, daß es sich um eine neue deutsche Übersetzung des zugrundeliegenden Textes handelt. Der einzige Unterschied zum damals vorliegenden Text liegt darin, daß die allgemeinen Bemerkungen, die hier vorausgehen, dort am Schlusse des Referates stehen, ausserdem fehlte im damaligen Referat ein kleiner Abschnitt, der im letzten Teil des vorliegenden Referates steht". Damit erwies sich das eine ‚neue‘ Gutachten also lediglich als neue Übersetzung und Anordnung der früheren anonymen Kritik aus Rom[639].

Um welche weiteren Gutachten es sich noch handelte, ist unbekannt. Diese ‚nachträgliche‘ Kritik aus Rom scheint allerdings keine weiteren Folgen mehr nach sich gezogen zu haben, da von der Nuntiatur keine inhaltlich neuen Gesichtspunkte mehr vorgelegt wurden, die betreffende Kritik somit bereits im Vorjahr ‚erledigt‘ worden war, und mit dem Erscheinen der zweiten Auflage nunmehr längst ‚vollendete Tatsachen‘ geschaffen waren.

Über den weiteren Verlauf der Publikationsgeschichte der *Reformation in Deutschland* während des Zweiten Weltkrieges ist wenig bekannt, abgesehen

---

[636] Gemeint ist neben dem Schreiben vom 29. Januar wahrscheinlich die Antwort auf Gröbers Rückfrage vom 7. Februar 1942.

[637] Gröber, Freiburg, an Nuntiatur (Orsenigo), Berlin, 16.02.1942. EAF B2–1945/1022.

[638] Vgl. [N.N.], Gutachten, [Rom, Juni 1941]. EAF B2–1945/1022.

[639] Mit Ausnahme der einen neuen Passage, die Gröber nachfolgend zitierte: „Meine Ansicht ist, daß das Werk von L[ortz] eine kirchliche Zensurierung ohne Zweifel *verdient*. Daß es eine ganze Menge richtiger Sätze und zutreffender Werturteile enthält, kommt dabei nicht in Betracht. Denn seine Grundtendenz ist geeignet, falsche Ansichten über Konfessionen, konfessionellen Frieden, Religiosität, Wesen des Christentums und damit letztlich über die Kirche zu fördern. Ausserdem verletzt es an vielen Stellen die katholische Pietät in unnötiger Weise. – Ob eine kirchliche Zensurierung *opportun* ist und in welcher Form sie zu geschehen hätte, darüber steht mir ein Urteil nicht zu. Ich möchte dafür nur auf zwei Gesichtspunkte hinweisen". – Dieser Absatz stand vermutlich anstelle des bisherigen Punkt 14, von dem er eine erweiterte Fassung darstellt, worauf abschließend wohl wiederum die Punkte 15 und 16 folgten. Vgl. den früheren Wortlaut: „14. Im allgemeinen kann man sagen, daß das Werk Lortz' sehr viele richtige und wahrheitsgemäße Gedanken enthält; seine Grundtendenz ist aber geeignet, falsche Auffassungen über die Konfessionen, den konfessionellen Frieden, die Religion, das Wesen des Christentums und damit schließlich über die Kirche aufkommen zu lassen. Ausserdem verletzt er vielfach die katholische Pietät". [N.N.], Gutachten, [Rom, Juni 1941]. EAF B2–1945/1022. – Bei den „allgemeinen Bemerkungen", die nun „vorausgehen", handelte es sich wahrscheinlich um die bisherigen Punkte 12 und 13 (= Gutachten Leiber), die nun entfielen und wohl in Form des gesonderten Blattes mit dem ‚anonymisierten‘ Text Leibers vorangestellt wurden. Vgl. [LEIBER], Gutachten, 26. Mai 1941. EAF B2–1945/1022.

von einigen Mitteilungen Herders über die Vorbereitung einer neuen Auflage. Bereits am 20. Juni 1941 hatte der Verlag erwähnt, für eine weitere Neuauflage Papier beantragt zu haben[640] und noch einmal am 19. Dezember von seiner Hoffnung auf Papiergenehmigung „für eine dritte Auflage" im nächsten Jahr gesprochen[641]. Über die eigentliche Entstehung dieser Auflage scheinen sich allerdings keine Unterlagen erhalten zu haben; offenbar handelte es sich lediglich um einen unveränderten Nachdruck der zweiten Auflage[642], so dass wohl auch keine weiteren Korrekturen im Zuge eines neuen Imprimaturprozesses nötig waren. Dennoch verzögerte sich die Herstellung kriegsbedingt. Lortz berichtete später im Vorwort zur vierten Auflage 1962 darüber: „1942 (1943?) wurde das Buch auf Rosenbergs sogenannten Kleinen Index gesetzt. Nach längeren Verhandlungen wurde das Papier für einen Neudruck bewilligt, mit der Auflage, daß die Exemplare nur im Ausland verkauft werden dürften. Die Bestände wurden jedoch vor der Auslieferung im Verlagshaus Herder durch einen Bombenangriff vollständig vernichtet"[643]. Auch Robert Scherer bestätigte einige Jahre nach Kriegsende das Schicksal dieser Auflage: „Diese dritte Auflage im Jahre 1943 war für den Export bestimmt, verbrannte dann aber und wurde nicht ausgeliefert und auch in der Bibliographie nicht angezeigt"[644].

Einen unmittelbaren Niederschlag fand die Zerstörung des Freiburger Verlagshauses am 27. November 1944 in einem Schreiben Herders an Lortz – dem wohl letzten vor Kriegsende – vom 21. Dezember 1944: „Inzwischen werden Sie, wie wir hoffen, unsere Nachricht von dem Brand im Verlagshause erhalten haben. Die Ihnen bekannten Herren des Verlages sind alle noch am Leben. Diese grosse Katastrophe muss sich naturgemäss in entscheidender Weise auswirken. Doch wollen wir den Mut nicht sinken lassen. Der uns die Prüfung sandte, gibt uns ja auch den Willen, in Seinem Dienste weiter zu arbeiten. Und das wollen wir mit allen uns zur Verfügung stehenden Kräften, so gut es eben die Umstände erlauben"[645]. Im Folgenden wurde dann auch auf die gerade fertiggestellte dritte Auflage von Lortz' *Reformation* Bezug genommen: „Es ist uns im Augenblick noch unmöglich, über den Stand der uns verbliebenen Bücherbestände etwas zu sagen, da die Unterlagen verbrannt sind und die Herren, die es aus dem Gedächtnis wissen können, kurz zuvor zum Volkssturm eingezogen wurden. Wir müssen freilich befürchten,

---

[640] Vgl. Herder (Scherer), Freiburg, an Lortz, Münster, 20.06.1941. IEG, NL Lortz [1233].

[641] Vgl. Herder, Freiburg, an Lortz, Münster, 19.12.1941. IEG, NL Lortz [1445].

[642] Laut späterer Mitteilung Scherers; vgl. Herder, Freiburg, an Rauch, Freiburg, 30.03.1950. EAF B2–1945/1022.

[643] LORTZ, Reformation (⁴1962) I, VII.

[644] Scherer, Freiburg, an Lortz, Münster, 13.07.1948. IEG, NL Lortz [1477]. – Vgl. auch Herder, Freiburg, an Rauch, Freiburg, 30.03.1950. EAF B2–1945/1022: „Die dritte Auflage, die ein unveränderter Neudruck und für den Export gedacht war, ist bekanntlich nicht erschienen, weil sie verbrannte".

[645] Herder, Freiburg, an Lortz, [Münster], 21.12.1944. IEG, NL Lortz [1445].

dass die Neuauflage Ihres Werkes, die in dieser Zeit in der Buchbinderei lag, mit vernichtet wurde, wie leider Gottes verhältnismässig viele andere Werke, die gerade fertig geworden waren".

C. Von der Nachkriegszeit
bis zum Vorabend des Konzils:
Die dritte und vierte Auflage (1949–1962)

I. Das Bemühen um eine französische Druckgenehmigung

1. Neue Pläne Herders nach Kriegsende

Der Zweite Weltkrieg mit der militärischen Mobilisierung aller Kräfte, mit seiner Mangelwirtschaft und den Zerstörungen vieler Städte – auch Freiburg und Münster waren aufs Schwerste betroffen – brachte auch das wissenschaftliche Leben weitgehend zum Erliegen. Erst langsam erwachten die Universitäten wieder zum Leben, konnten – nach „Epurierung" (Entnazifizierung) des Lehrkörpers – die Fakultäten ihre Arbeit wieder aufnehmen.

Lortz bescherten das Ende des nationalsozialistischen Regimes und die Besatzungszeit zunächst einmal lange und komplizierte Auseinandersetzungen um seine Entnazifizierung, die seine Kräfte banden. Der Kirchenhistoriker und Zentrumspolitiker Georg Schreiber (1882–1963), der 1934 im Zusammenhang mit der Berufung von Lortz nach Münster seinen Lehrstuhl hatte räumen müssen, betrieb seine eigene Reinstallation und übernahm im September 1945 das Rektorat der wiedereröffneten Universität. Lortz wurde zwar als „entlastet" eingestuft, musste seinen Münsteraner Lehrstuhl aber dennoch räumen[1].

Auch der Verlag Herder hatte zunächst alle Hände voll zu tun, um langsam wieder auf die Füße zu kommen. Durch den Bombenangriff auf Freiburg am 27. November 1944 war das „Rote Haus" völlig zerstört worden. Dem Brand war auch die bereits gedruckte dritte Auflage der *Reformation in Deutschland* von 1943 zum Opfer gefallen[2].

Der erste Kontakt zwischen Lortz und Herder seit Kriegsende scheint Ende Januar 1946 von Lortz ausgegangen zu sein. Offenbar suchte er an seine früheren wissenschaftlichen Unternehmungen anzuknüpfen, berichtete von seiner fortgesetzten Vortragstätigkeit im Zuge der Vermittlung seines ‚ökume-

---

[1] Vgl. DAMBERG, Kirchengeschichte, 158–161. Daran hatte u. a. auch Schreiber Anteil, der an das „peinliche Aufsehen" erinnerte, das Lortz' Schriften zum Nationalsozialismus „in weitesten Kreisen" hervorgerufen hätten: „Diese Publikationen haben … den Aufstieg und die Ausbreitung der Nazis positiv begünstigt und erleichtert". Schreiber an Amelunxen, 22.09.1945; zit. nach MORSEY, Schreiber, 152.
[2] Vgl. oben.

nischen' Reformationsverständnisses[3] und brachte wohl auch bereits eine Neuauflage der *Reformation in Deutschland* ins Spiel. Der Verlag begrüßte, „mit welchem Nachdruck" Lortz seine alte Aufgabe (für die Ökumene) wiederaufgreifen wollte, auch wenn hierfür – wie man glaubte – „in breiten Kreisen das nötige Verständnis noch nicht vorhanden" war[4]. Herder selbst berichtete von Plänen, „das Werk"[5] des französischen Theologen Yves Congar OP (1904–1995) zu übersetzen, klagte aber auch über die noch äußerst ungünstigen Verhältnisse. Für umfangreichere Werke sei kein Papier vorhanden. Natürlich sei es ureigenstes Anliegen des Verlags, „vor allem gerade die bedeutenderen Werke wieder herzustellen, die im November 1944 der Katastrophe zum Opfer fielen". Dazu gehöre „mit an erster Stelle" die *Reformation in Deutschland*. Man warte „mit Ungeduld" auf den Augenblick, diese wieder in Druck geben zu können.

Besorgt zeigte sich Herder über Lortz' persönliche Situation: „Wir haben in letzter Zeit sehr oft zum Teil mit Sorgen an Sie gedacht, zumal wir bis jetzt nicht erfahren konnten, ob es Ihnen gelingen konnte, wieder eine Professur zu erhalten. Wir würden es unendlich bedauern, wenn eine Kraft wie Sie der Universität verlorenginge". Den Verlag interessierte, ob Lortz „irgendwelche grössere literarische Pläne für die Zukunft" habe. Früher schon hätte er über „ein grosses kirchengeschichtliches Quellenwerk" gesprochen, aber vielleicht habe er inzwischen „neue Pläne". Herder bat Lortz außerdem um seinen Rat hinsichtlich der von anderer Seite ausgegangenen Anregung, ein „kirchengeschichtliches Lexikon" im Umfang von etwa fünf Bänden nach Art des *Großen Herder* vorzubereiten, in dem „einzelne Themen der Kirchengeschichte im Querschnitt" behandelt werden sollten. Doch zweifelte der Verlag, für ein solches Werk „die genügende Anzahl Mitarbeiter" zu finden, denn: „An Kirchenhistorikern fehlt es doch sehr heute".

---

[3] Diese – schließlich ausgedehnte – Vortragtätigkeit fand ihren Niederschlag dann auch in Buchform: Joseph LORTZ, Die Reformation als religiöses Anliegen heute. Vier Vorträge im Dienste der Una Sancta, Trier 1948. Darin berichtet Lortz im Vorwort, dass er seine Reformationsvorträge als „öffentliche Ansprachen über ganz Deutschland hin […] besonders seit 1934 gehalten" habe, in wechselnder „Form und Auswahl". Ebd., 10. – Peter Manns hält diese publizierten Vorträge für eine „wichtige Quelle" der Lortzschen Reformationsdeutung, „weil Lortz hier im wesentlichen frei von kirchlicher Zensur die Anliegen seines Hauptwerkes darstellt, kommentiert und erheblich vertieft" – die „Verhandlungen zur Erlangung des Trierer Imprimaturs" hätten vermutlich allenfalls „in Gestalt einer Weinprobe in den berühmten Kellern des Priesterseminars stattgefunden". Vgl. MANNS, Joseph Lortz, 50.

[4] Herder, Freiburg, an Lortz, Münster, 06. 02. 1946. IEG, NL Lortz [1477].

[5] Gemeint ist vermutlich das bereits früher erwähnte: Yves Marie-Joseph CONGAR, Chrétiens désunis. Principes d'un „oecuménisme" catholique (Unam Sanctam 1), Paris 1937. – Es wirft ein bezeichnendes Licht auf die schwierige Situation unter französischer Besatzung, dass Herder ganz offenkundig zunächst einmal versuchen musste, über den Druck französischer Literatur ein Vertrauensverhältnis zwischen Verlag und Besatzungsmacht aufzubauen.

Dem offiziellen Schreiben des Verlags folgten mit Datum vom 8. Februar „noch einige persönliche Zeilen" des Verlagsleiters Theophil Herder-Dorneich (1898–1987)[6]. Nachdem er „nun wieder die Leitung des Hauses" übernommen habe, sei es ihm Bedürfnis und besondere Freude, mit Lortz wieder Fühlung aufzunehmen: „Ich habe mir Gedanken gemacht, wie es Ihnen in dieser schwierigen Zeit gehen mag, vor allem, wie ich Ihnen in irgend einer Weise nahe sein könnte. Vielleicht haben Sie selbst Pläne, zu denen wir Ihnen unsere Dienste zur Verfügung stellen könnten. Ich hoffe auf alle Fälle, daß wir den früheren Austausch der Gedanken, die in Ihrem Brief wieder stark anklingen, wie einstens auch jetzt weiter pflegen werden".

Abb. 16: Theophil Herder-Dorneich (1898–1987).

Lortz muss umgehend und ausführlich geantwortet haben. Zwar hat sich in den Lortzschen Unterlagen kein Briefkonzept erhalten, aus dem nächsten Schreiben von Lektor Robert Scherer (1904–1997) lässt sich der Inhalt jedoch einigermaßen erkennen[7]. So hatte Lortz offenbar über die fehlende Akzeptanz seiner Reformationsdeutung in Kreisen des katholischen Klerus geklagt. Scherer entgegnete: „Zunächst kann ich Ihre Ausführungen auf Grund Ihrer letzten Erfahrung nur voll und ganz billigen. Sie wissen aber auch, daß dieser Geist gesunden Fortschritts, bewährt an der lebendigen Überlieferung der Kirche, unser Schaffen beseelt. Wir sind in einem ungeheuren soziologischen Umbruch begriffen, der allerdings die Kreise des Klerus weniger berührt, was sich leider in der von Ihnen beklagten Tatsache äußert, daß von dort her die Zeichen der Zeit nicht genügend begriffen werden. Wir wollen deshalb den Glauben nicht aufgeben. Im übrigen hat das retardierende Element in der Kirche, so wenig wir seine Motive in allem gutheißen mögen, doch auch immer etwas Gutes gehabt. Das läßt sich zwar immer nur rückwirkend feststellen, hat aber doch als Tatsache etwas Tröstliches. Es ist eben letzten Endes dem Willen des Vaters zugeordnet". Scherer selbst ließ Lortz wissen, dass der Verlag wegen einer neuen Auflage der *Reformation in Deutschland* „vorsichtig bei der Zensur vortasten" wolle. Gemeint war vermutlich nicht die kirchliche Zensur, da man sich bei einem Nachdruck ja auf das bereits früher erteilte Imprimatur stützen konnte, sondern die erforderliche Druckerlaubnis der französischen Besatzungsmacht. Ferner unterbreitete Scherer dem anstellungslosen Kirchenhistoriker einige „kirchengeschichtlichen Pläne" des Verlags, konkret

---

[6] Herder-Dorneich, Freiburg, an Lortz, Münster, 08.02.1946. IEG, NL Lortz [1477].
[7] Scherer, Freiburg, an Lortz, Münster, 25.03.1946. IEG, NL Lortz [1477].

wurden ihm die Übernahme eines kirchengeschichtlichen Beitrags zu „Herders Archiv der Zeit", ein „Kirchengeschichtlicher Grundriss", kirchengeschichtliche Artikel „für ein Lexikon" sowie ein „Handbuch der Kirchengeschichte" offeriert.

Doch das Interesse von Lortz an der Mitarbeit an solchen Projekten hielt sich wohl in Grenzen, auch wenn er sich nicht grundsätzlich verweigerte[8]. Offenbar musste er sich zunächst auf seine politische Rehabilitierung und die Wiederaufnahme seiner akademischen Tätigkeit in Münster konzentrieren. Im April 1946 informierte Lortz den Verlag über interessantes „Material" zur aktuellen ökumenischen Situation, woraufhin der Verlag sofort an den Stuttgarter Stadtpfarrer Hermann Breucha (1902–1972) schrieb, um durch dessen Vermittlung herauszufinden, worin das von Lortz erwähnte Material bestehe. Es liege dem Verlag „sehr viel an der Übersicht über den Stand des Gesprächs zwischen den Konfessionen in Deutschland"[9]. Herder seinerseits teilte Lortz die Adressen anderer Geistlicher mit, des Berliner Pfarrers Johannes Pinsk (1891–1957) und des Leipziger Propstes Otto Spülbeck (1904–1970), die sich ebenfalls ökumenisch und im Volksbildungssektor betätigten. Wohl im Hinblick auf die Möglichkeit einer Neuauflage der *Reformation in Deutschland* betonte der Verlag: „Es wäre sehr gut, wenn Sie von der Militärregierung in Münster eine schriftliche Bestätigung bekommen könnten, daß gegen Sie englischerseits nichts vorliegt. Wenn wir diese Bescheinigung bei der Militärregierung in Baden-Baden vorlegen könnten, würde es uns die ganze Angelegenheit wahrscheinlich erheblich erleichtern. Im Augenblick bestehen die alten Schwierigkeiten noch immer weiter fort". Nach deren Beseitigung – gemeint waren wohl die noch immer vorhandenen politischen Bedenken gegen Lortz – komme man gerne auf das Angebot von Lortz zurück, durch einen seiner Bekannten dem Verlag zu Papier zu verhelfen.

Im Mai 1946 schrieb auch Herders Verlagsschriftleiter Hans Rombach persönlich an Lortz, berichtete hauptsächlich über seine Arbeit am „neuen Ein-

---

[8] Jedenfalls finden sich in der erhaltenen Korrespondenz keine Hinweise, dass er auf die Offerten eingegangen wäre. Andererseits erkundigte sich Scherer zwei Jahre später, was denn die „schriftstellerischen Pläne, über die wir uns vor Jahren unterhielten", machten. Scherer, Freiburg, an Lortz, [Münster], 12.07.1948. IEG, NL Lortz [1477]. Etwa zur selben Zeit erinnerte auch Herder-Dorneich Lortz an „Pläne" von 1946, „bei denen wir in einer Weise zusammenkommen wollten, die Sie der äußeren Sorge entheben sollte". Herder-Dorneich, Freiburg, an Lortz, [Münster], 22.09.1948. Privatbesitz Ulianich.
[9] Herder, Freiburg, an Lortz, Münster, 11.05.1946. IEG, NL Lortz [1477]. – Am 4. Juni berichtete Herder dann, man habe inzwischen „von Herrn Josef Drexler" (Stuttgart) ein „Verzeichnis des Materials zu den ökumenischen Fragen", das dieser in Stuttgart gesammelt habe, bekommen und gebe es hiermit an Lortz weiter. Es sei „zwar nicht vollständig", doch wolle Drexler Lortz nach Fertigstellung noch „ein Nachtrag-Verzeichnis zuleiten". Allerdings bestünden „Bedenken wegen der Versendung von Material, da die Post- und Bahnwege ja zweifellos noch etwas unsicher sind", so dass man ggf. „umfangreichere Sendungen" erst „von Stuttgart nach Freiburg" schaffen und „dann von hier aus auf einem sicheren Wege" an Lortz weiterleiten müsse. Herder, Freiburg, an Lortz, Münster, 04.06.1946. IEG, NL Lortz [1477].

heitskatechismus" und sandte Lortz zugleich einen „Probedruck"[10]. Im Rahmen seiner umfangreichen Ausführungen zum Thema Katechismus erwähnt Rombach auch eine von Lortz geführte „Arbeitsgemeinschaft": „Herrlich ist, daß Sie für die dort vorgesehene Arbeitsgemeinschaft auch die Beschäftigung mit dem neuen Katechismus notiert haben"[11]. Rombach teilte außerdem einiges zur aktuellen Lage im Herderschen Verlagshaus mit, in dem „allerhand los" sei: „Man freut sich, zu sehen, mit welchem Optimismus Schritt um Schritt weitergegangen wird. Schon sind die zwei unteren Stockwerke des Hauses wieder so gut wie hergestellt und es pulsiert darin das volle brausende Leben. Das können auch die Schutthügel nicht verhindern, die noch rund herumliegen". Endlich kam Rombach auf die Reformationsgeschichte zu sprechen: „Ich hoffe, daß bald auch wieder die ‚Reformation' durch unsere Pressen gehen kann, denn Ihr Anliegen ist nicht Geschichte, sondern die Gegenwart. Das ist mir ganz stark zum Bewußtsein gekommen an jenem Abend Ihres Vortrags in Bad Driburg. Dann hoffe ich aber auch, daß uns bald jener Heilige beschieden werde, den Sie erwarten zur Verwirklichung der Una sancta"[12].

Einige Tage später folgte ein Brief von Theo Rombach, dem Sohn und Mitarbeiter Hans Rombachs, der sich begeistert über einen von Lortz angeregten ökumenischen Gesprächskreis äußerte[13]: „Grund meines Briefes ist das Gefühl eines grossen Glücks und die Freude, die ich seit gestern Abend empfinde. An diesem Abend hat sich ein Kreis junger Menschen, der unter dem Namen ‚Arbeitsgemeinschaft junger Christen' seit einiger Zeit zusammenfindet, um einen aus ihrem Kreise versammelt, der ein gutes Referat über Ihre ‚Reformationsgeschichte' hielt". Dabei sei es nicht um „ein wissenschaftliches Ziel" gegangen, „sondern wir ergriffen das Thema aus dem Verlangen nach der Wiedervereinigung der beiden Konfessionen". Auch in der anschließenden Diskussion habe man versucht, „im ernsthaften und von der Bedeu-

---

[10] Hans Rombach, Freiburg, an Lortz, Münster, 11.05.1946. IEG, NL Lortz [1477].
[11] Rombach freute sich, dass Lortz die „Katechismusfrage" auch in die Arbeitsgemeinschaft hineintragen wollte, da man „nicht nur von der methodischen oder rein didaktischen Seite", sondern „in erster Linie von der theologischen Gesamtlage ausgehen und auch ein wenig die Geschichte befragen" müsse. Darum habe er Lortz auch „den Katechismus so warm ans Herz gelegt": „Wenn irgend einer dazu berufen ist, zur Frage des Katechismus Stellung zu nehmen, dann ist es der Verfasser der ‚Reformation', nicht nur, weil dieser den nötigen Weitblick hat, sondern weil er auch mutig genug ist, die entscheidenden Schritte zu tun. Auch weil ich weiß, daß sein Wort über ein gutes Stück Welt hin gilt und weil sich ihm nicht so leicht jeder Duodezfürst aus dem Reich der katechetischen Welt entgegenstellen kann". – Möglicherweise gibt es einen Zusammenhang zu jener „Arbeitsgemeinschaft junger Christen", die im folgenden Brief von Theo Rombach erwähnt wird.
[12] In diesem Zusammenhang erfahren wir übrigens auch von einem „Herzkollaps", der Lortz einige Zeit ans Bett fesselte. „Das ist inzwischen alles überwunden; natürlich, wie könnte es bei so viel Begeisterung auch anders sein! Falls ich aber wenigstens zu einem kleinen Teil ein Opfer des Optimismus wäre, dann gute Besserung".
[13] Theo Rombach, Freiburg, an Lortz, Münster, 16.05.1946. IEG, NL Lortz [1477].

tung des Gegenstandes ergriffenen Gespräch, frei von jeder Polemik, sich gegenseitig kennenzulernen und nach Möglichkeiten der Vereinigung zu suchen. [...] Der rote Faden, an dem unsere Diskussion entlang geht, ist Ihr Werk, und ich fühle Dankbarkeit gegen Sie, weil uns das möglich ist und weil es uns so gut hilft".

Konkrete Nachrichten zur anvisierten Neuauflage der *Reformation in Deutschland* erhielt Lortz endlich Anfang November 1946 per Telegramm. Theophil Herder-Dorneich teilte mit, man wolle diese nun „sofort aufgreifen"[14], worauf am 16. November ein ausführlicher Brief folgte. Offenbar war das von Robert Scherer im März angedeutete „Vortasten" bei der (französischen) Zensur nicht nur günstig verlaufen, sondern schien nun auch Erfolg zu versprechen, nachdem Lortz „vollkommen rehabilitiert" war[15]. Herder-Dorneich brachte hierüber zunächst seine Freude zum Ausdruck und meinte, ein Neudruck sei nach Erteilung der „Druckerlaubnis durch die französische Militärbehörde" rasch möglich, weil die „Matern der früheren Auflage" im Verlag noch vorhanden seien. Lortz möge zunächst die entsprechenden Antragsformulare ausfüllen. Durch einen „unveränderten Nachdruck" gewinne er erst einmal Zeit, um „in Ruhe" eine neue Auflage vorzubereiten.

2. Französische Zensur: Das Problem der Papierbeschaffung

Allerdings: Ganz so einfach ließ sich die Sache dann doch nicht an. Auf die ungeduldige Nachfrage von Lortz Anfang Januar 1947, wann es denn so weit sei, antwortete Herder-Dorneich ausweichend, dies sei nur „schwer zu sagen"[16]. Das ganze Verfahren könne durchaus „drei Monate, aber auch bis zu neun Monaten gehen". Im Übrigen seien vor der „Einreichung in die Zensur" noch „einige Fragen" zu regeln, die sich nach erneuter Lektüre des Werkes ergeben hätten. So zeigte Herder-Dorneich Bedenken, „ob die Kapitel, die sich mit den außenpolitischen Verhältnissen des 16. Jahrhunderts befassen, nicht Wendungen enthalten, die die Zensurbehörde wahrscheinlich beanstanden wird". Es handelte sich besonders um Wendungen, die die Rolle des französischen Königs Franz I. sowie sein Verhältnis zu Kaiser Maximilian I. und zum Deutschen Reich betrafen. „Verstehen Sie mich bitte nicht falsch! Es kann sich natürlich nicht darum handeln, geschichtliche Tatsachen umzudeuten, aber es wäre wohl zu überprüfen, ob einige Stellen im Hinblick auf die gegenwärtige Situation nicht eine andere Formulierung erhalten müßten". Angehängt war dem Schreiben eine Auflistung jener Abschnitte, die einer

---

[14] Herder-Dorneich, Freiburg, an Lortz, Münster, [Nov.] 1946 [Telegramm]. IEG, NL Lortz [1477]. (Der genaue Tag ist unleserlich; da eine Mitteilung vom 2. November erwähnt wird, vermutlich bald darauf.)

[15] Herder-Dorneich, Freiburg, an Lortz, Münster, 16.11.1946. IEG, NL Lortz [1477]. – Offensichtlich eine verfrühte Freude, denn der Streit um Lortz' Lehrstuhl in Münster war noch längst nicht ausgestanden.

[16] Herder-Dorneich, Freiburg, an Lortz, Münster, 07.01.1947. IEG, NL Lortz [1233].

Überprüfung und eventuellen Neuformulierung bedurften[17]. Damit ergab sich infolge der Nachkriegszustände die kuriose Situation, dass auch für die dritte Auflage der Reformationsgeschichte aus Zensurgründen Änderungen vorgenommen werden mussten, wenn auch diesmal nicht, um die kirchliche Druckerlaubnis zu erhalten, sondern aufgrund der erforderlichen Genehmigung durch die französische Besatzungsregierung. Vorsorglich wurden alle Stellen abgemildert, die irgendwie eine unvorteilhafte Charakterisierung Frankreichs oder des französischen Königs beinhalteten[18].

Endlich, ein halbes Jahr später, erhielt Lortz im Juni Nachricht, dass Aussicht auf Genehmigung des Neudrucks „durch die französische Militärbehörde" bestehe[19]. Der Verlag hatte auf inoffiziellem Wege durch seinen „Vertreter" in Baden-Baden einen günstigen Bescheid erhalten. Man bereite alles vor, um beim Eintreffen der offiziellen Genehmigung mit den Herstellungsarbeiten beginnen zu können. Leider werde diese „Zwischenauflage" ohne Abbildungen erscheinen müssen, da die alten Bildvorlagen verbrannt[20] seien, eine Neubeschaffung aber zu lange Zeit in Anspruch nehmen würde. Die offizielle Nachricht ließ indes auf sich warten. Am 30. Juni tröstete Robert Scherer immerhin, „die Aussichten für die Genehmigung" seien, wie man höre,

---

[17] Allerdings sollte „durch die Änderungen kein neuer Umbruch verursacht" werden. – Angeführt sind lediglich Seiten- und Abschnittsangaben, mit handschriftlichen Änderungsvorschlägen Lortz' zu den einzelnen Stellen: Bd. I, 21 (Abs. 1), 265 (Abs. 2, 4, 5); Bd. II, 8 (Abs. 4), 12 (Abs. 3, 4), 36 (Abs. 3), 68 (Abs. 4), 69 (Abs. 2, 4, 5), 244 (Abs. 2), 245 (Abs. 6), 259 (Abs. 1), 266 (Abs. 2), 291 (Abs. 4).

[18] Im Einzelnen handelte es sich um folgende Änderungen: statt als „partikularistisch-egoistische Macht" wurde Frankreich nun als „politisch-partikularistische Macht" charakterisiert (I, 21); statt von französischer Seite einen Rechtsanspruch auf die Kaiserkrone „zu konstruieren", hieß es nun „anzumelden" (I, 265); statt „aus Leichtsinn und liederlicher Lebenslust" handelte der französische König Franz I. nun „aus Leichtsinn und starker Lebenslust" (II, 8); statt „Expansionsgelüste" hatte Frankreich nun „Ausdehnungswünsche", statt von einer französischen „Fremdherrschaft" wurde nur von einer „Art der Herrschaft" gesprochen, statt von „seltsam arrogant anmutenden Schreiben Franz' I." von „seltsam genug anmutenden Schreiben" (II, 12); statt „ein Opfer der Täuschungsmanöver Franz' I." zu werden, wurde Klemens VII. nun „von Franz I. mehr als geschickt überspielt" (II, 36); statt seine Aufgabe gegen die Türken „skrupellos vergessen und verraten" zu haben, hatte Franz I. nun an sie „nicht viel Interesse gewendet" (II, 68); statt in „rücksichtslosester und heuchlerischer Weise" handelte der König nun aus „stärkster realpolitischer Einstellung", statt „skrupellos den Frieden" zu brechen, brach er einfach „zum Krieg auf" (II, 69); statt „den Raubzügen" gewährte Franz. I nun bloß „dem Vorgehen" Unterstützung (II, 244); statt „Franzosenkrankheit" stand nun „Syphilis" (II, 245); statt von der „Perfidie Frankreichs" war nun vom „scharfen Tadel gegen Frankreich" die Rede (II, 259); statt „unter Frankreichs Druck" stand Paul III. nun „unter außenpolitischem Druck" (II, 266); die negative Charakterisierung Franz' I. („skrupellos und ohne Ehre") im Gegensatz zu Karl V. entfiel nun komplett (II, 291). – In der 4. Auflage 1962 wurden die meisten dieser Änderungen (absichtlich?) wieder rückgängig gemacht und nur wenige Stellen beibehalten (Bd. I, 21, 265; Bd. II, 245, 259).

[19] Herder, Freiburg, an Lortz, Münster, 20.06.1947. IEG, NL Lortz [1477].

[20] Bei der Zerstörung des Herderschen Verlagshauses in Freiburg am 27. November 1944.

„nicht schlecht"[21]. Außerdem wusste Scherer zu berichten, der Historiker Ernst Walter Zeeden (1916–2011), ein Schüler Gerhard Ritters, habe „eine ausgezeichnete Arbeit"[22] über die protestantische Lutherinterpretation im Laufe der Jahrhunderte geschrieben" und angeregt, bei einer Neuauflage des Lortzschen Werkes diesem „ein systematisches Literaturverzeichnis"[23] beizugeben: „Er empfiehlt, daß den jeweils aufgeführten Werken eine kurze kritische Bemerkung beigefügt würde". Dies lasse sich zwar zeitlich „bei dieser Auflage wohl kaum durchführen", könne aber ja bereits für eine „spätere Auflage" vorbereitet werden[24]. Lortz zeigte sich mit dem Verzicht auf die Abbildungen einverstanden. Er regte auch eine französische Übersetzung seines Werkes an, der Herder zwar „grundsätzlich" positiv gegenüberstand, der man aber im Moment „keine allzu grossen Aussichten auf Genehmigung" einräumen wollte, da sich die französische Militärbehörde bei der Erlaubnis von Übertragungen aus dem Deutschen ins Französische bislang „sehr zurückhaltend" gezeigt habe[25].

Auch die Hoffnung auf einen baldigen Neudruck zerschlug sich jäh, als im November der Verlag einen ablehnenden Bescheid der französischen Zensurbehörde erhielt[26]. Zwar unternahm Herder „nochmals einen Vorstoss in Ba-

---

[21] Scherer, Freiburg, an Lortz, [Münster], 30.06.1947. IEG, NL Lortz [1233].

[22] Es handelte sich um Zeedens Habilitationsschrift, die später gedruckt bei Herder erschien: Ernst Walter ZEEDEN, Martin Luther und die Reformation im Urteil des deutschen Luthertums. Studien zum Selbstverständnis des lutherischen Protestantismus von Luthers Tode bis zum Beginn der Goethezeit, Bd. 1: Darstellung, Freiburg i.Br. 1950. – Herder-Dorneich kam 1949 nochmals auf das im Druck befindliche Werk Zeedens zu sprechen, als er Lortz darum bat, „für unsere Werbearbeit ein Gutachten dazu zu geben". Herder-Dorneich, Freiburg, an Lortz, [Münster], 18.02.1949. IEG, NL Lortz [1477]. „Für das Bekanntwerden dieser Publikation wäre ein so maßgebliches Urteil wie das Ihre begreiflicherweise von großem Gewinn, und ich würde nur ungern darauf verzichten, wenn Sie etwas gutes auszusagen haben". Herder-Dorneich, Freiburg, an Lortz, [Münster], 13.04.1949. IEG, NL Lortz [1477].

[23] Möglicherweise geht hierauf auch der „Zettel bezüglich der Literaturhinweise" zurück, den Scherer einige Jahre später „noch unter meinen Akten" fand und an Lortz übermittelte, dem er „vielleicht bei einer Neuauflage von Nutzen sein könnte". Kritisiert wird dort v.a., dass die bisherige Anordnung „bei ihrem Durcheinander von Quellen u[nd] Lit[eratur], alten und Neuerscheinungen etc., verwirrend und die Benutzung überaus mühsam" sei, da der „bibliograph[ische] Apparat nach anderen Gesichtspunkten und Dispositionen aufgebaut ist als die Darstellung" selbst. Eine entsprechende Angleichung würde dem Leser ermöglichen, „die Quellen- u[nd] Lit[eratur]grundlage des Werkes bei der Lektüre zu verfolgen und systematisch nachzuprüfen". Scherer, Freiburg, an Lortz, [Münster], 23.02.1950. Privatbesitz Ulianich.

[24] Die 4. Auflage 1962 erhielt dann zwar doch kein gänzlich neugestaltetes Literaturverzeichnis, aber zumindest eine Reihe aktueller Nachträge. Vgl. LORTZ, Reformation (⁴1962) II, 321–331.

[25] Herder, Freiburg, an Lortz, Münster, 08.07.1947. IEG, NL Lortz [1233]. – Tatsächlich erschien eine französische Ausgabe erst 1970. Vgl. den Ausblick am Ende.

[26] Herder, Freiburg, an Lortz, Meschede, 10.11.1947. IEG, NL Lortz [1477]. Mit handschriftlicher Anmerkung von Lortz: „Rückfrage am 26.12.47!"

den-Baden", und zwar durch „eine einflussreiche Persönlichkeit"[27], um auf die Wichtigkeit des Werkes aufmerksam zu machen. Auch glaubte man, dass „diese Persönlichkeit mehr ausrichten" könne als der von Lortz wohl ins Spiel gebrachte „Hochwürdigste Herr Erzbischof" (Gröber) oder der als Widerstandsliterat im Nachkriegsdeutschland gehandelte Reinhold Schneider (1903–1958). Man hoffte also, doch noch „die Genehmigung und die nötige Papiermenge"[28] zu erhalten. Offenbar war die *Reformation in Deutschland* „von der Zensurbehörde nur des Papieres wegen abgelehnt" worden. Im Falle einer Papierbeschaffung durch Lortz selbst – so der Verlag unter Bezugnahme auf dessen früheres Angebot – sei die Genehmigung sicher. Könne trotz allem eine Genehmigung nicht erreicht werden, wolle Herder seine Zustimmung zu einer „Lizenzausgabe in einer anderen Zone" geben, vorausgesetzt, man komme mit dem entsprechenden Verlag „zu einer rechten Vereinbarung". Für eine Übersetzung ins Französische sei es „von hier aus ganz unmöglich", etwas zu tun. Die verlegerische Initiative müsse von Frankreich ausgehen, da die Übersetzung deutscher Werke von Baden-Baden nicht unterstützt werde und Herder auch nicht direkt mit französischen Verlagen verhandeln dürfe.

In diese letzte Frage kam Bewegung, als wenig später bei Herder der französische Reformationshistoriker Jacques Vincent Pollet OP (1905–1990) aus Straßburg sein „schon seit langem grosses Interesse" an der Reformationsgeschichte von Lortz artikulierte und sich erbot, „einmal an P. Congar O.P. schreiben und bei ihm anfragen" zu wollen, ob „eine französische Ausgabe in seiner ökumenischen Sammlung[29]" möglich sei[30]. Ferner überlegten Pollet und Herder, „ob es vielleicht möglich wäre, für die *deutsche* Ausgabe Interesse bei den Katholiken der Schweiz zu finden und von dort eventuell Papier zu bekommen". Pollet erbot sich, hierfür „seine Verbindungen mit der Schweiz" nutzen zu wollen.

Ein bemerkenswertes Schlaglicht auf Lortz' eigene Bemühungen um Papier wirft ein Brief von Adalbert Borgers, einem Vorstandsmitglied der Papierfabrik Kabel in Hagen[31]. Borgers gratulierte Lortz Ende Dezember nachträglich zum 60. Geburtstag, verband damit einige Fragen zum aktuellen Stand der Neuauflage, über die er sich bestens informiert zeigte, und erkundigte sich, ob „die legendäre einflußreiche Persönlichkeit" inzwischen etwas erreicht habe. Falls ja, brauche er sich „hier nicht mehr zu bemühen". An-

---

[27] Weiter unten heißt es noch, „die obenerwähnte Persönlichkeit kommt aus Frankreich"; Näheres zur Identität dieser Person war nicht zu ermitteln. Es handelt sich wohl kaum um den im folgenden Schreiben Herders erwähnten Dominikaner Pollet.

[28] „Bei einer Auflage von 5300 Exemplaren benötigen wir insgesamt 11500 kg Papier, Einbandmaterial und Umschlagpapier miteingerechnet".

[29] Gemeint ist die Reihe „Unam Sanctam" des von den Dominikanern geleiteten Verlags *Editions du Cerf* in Paris. Dort war 1937 als erster Band der Reihe auch bereits Congars *Chrétiens désunis* erschienen.

[30] Herder, Freiburg, an Lortz, Meschede, 14.11.1947. IEG, NL Lortz [1233].

[31] Borgers, Hagen, an Lortz, Münster, 22.12.1947. IEG, NL Lortz [1233].

dernfalls müsse man wohl einen Verlag für eine Lizenzausgabe suchen. Die benötigte Papiermenge sei allerdings „respektabel" – „ich muß sagen, ich habe daraufhin etwas den Atem angehalten". Immerhin aber sei es die Sache schon wert, sich noch einmal besonders darum zu bemühen. Er wolle gleich im neuen Jahr versuchen, „die Sache weiterzutreiben"; Lortz möge ihn weiter auf dem Laufenden halten. Offenkundig versuchte also Lortz, seiner Reformationsgeschichte auch mit Hilfe persönlicher Bekanntschaften in der Papierindustrie aufzuhelfen[32].

Zu Beginn des Jahres 1948 meldete sich dann Robert Scherer mit dem aktuellen Stand der Dinge[33]. Zwar könne er leider noch immer nicht die „ersehnte Auskunft über die Neuauflage" geben, Lortz dürfe aber immerhin „mit grosser Wahrscheinlichkeit mit der Genehmigung rechnen". Man habe sich in Baden-Baden interessiert gezeigt und „wäre gern bereit gewesen, das Papier dafür zu bewilligen", wenn nicht „die Papiersituation im Augenblick so schlecht" wäre. Der Verlag beabsichtige nun, einen „Antrag sans papier" zu stellen, also so, dass der Verlag das Papier selbst beschaffen müsse. Nach aller bisherigen Erfahrung sei in diesem Fall mit der Genehmigung zu rechnen. Lortz möge also mit seinen Bemühungen um eine Lizenzausgabe „noch solange" warten. Hatte also die Gefahr, das Werk an einen anderen Verlag zu verlieren, auch den Herder-Verlag noch einmal in Bewegung gesetzt? In Sachen Übersetzung war man in Freiburg allerdings „leider noch nicht weitergekommen". Die von Pollet angefragten *Editions du Cerf* seien „augenblicklich nicht in der Lage", ein so großes Werk herauszubringen. Doch man behalte die Angelegenheit weiter im Auge.

Rund zwei Monate später konnte Herder schließlich den „Erfolg einer ungewöhnlichen Anstrengung" berichten: Die Beschaffung von Papier war erfolgreich, wenngleich „schwierig" gewesen, aber man habe doch „eine im Verhältnis zur heutigen Papierlage ausserordentliche Menge" erhalten[34]. Inzwischen sei auch der Genehmigungsantrag „sans papier", der die Zensur bereits durchlaufen hatte, in Baden-Baden noch einmal erneuert worden. Man rechne „mit einem baldigen Bescheid". Tatsächlich traf am 30. März die Nachricht ein, die Neuauflage sei genehmigt worden[35]. Da die Matern noch vorhanden waren, rechnete man mit einer relativ raschen Produktion.

---

[32] Im Schreiben Borgers' heißt es abschließend noch: „Der Wechsel im Kultusministerium gibt Anlaß zu neuen Kombinationen"; er hoffe, „daß wir so oder so im neuen Jahr Erfolg haben". War die Bemerkung auf das Thema Druckgenehmigung bezogen oder eine Anspielung auf eine erhoffte positive Wendung in den Auseinandersetzungen um den Münsteraner Lehrstuhl?

[33] Scherer, Freiburg, an Lortz, [Münster], 15.01.1948. IEG, NL Lortz [1233].

[34] Herder, Freiburg, an Lortz, Trier, 04.03.1948. IEG, NL Lortz [1477]. – Ob die Papierbeschaffung womöglich auch mit Hilfe von Lortz' Kontakten zur Papierbranche zustande gekommen war, bleibt offen.

[35] Herder, Freiburg, an Lortz, Münster, 30.03.1948. IEG, NL Lortz [1233].

Korrekturen waren „nur in geringem Umfang vorgesehen". Die (französische) „Zensurbehörde" habe „noch zwei Stellen beanstandet"[36].

Verzögerungen ergaben sich dann aber doch noch bis Mitte des Jahres, weil beim Papier „für das Format der Reformation eine Sonderanfertigung notwendig" wurde, die geraume Zeit in Anspruch nahm[37]. Die Papierfabrik versprach Lieferung bis zum 15. Juli 1948. Aufgrund der inzwischen „Wirklichkeit gewordenen Währungsreform[38]" wurde außerdem eine Neukalkulation nötig. Da bei der geplanten „geringen" Auflage – im November 1947 war von 5300 Exemplaren die Rede gewesen – ein Preis erwartet wurde, der „für die jetzigen Verhältnisse kaum tragbar" sei, wollte man versuchen, eine Erhöhung der Auflage zu erreichen. Dadurch wurde das Papierproblem freilich nicht einfacher[39] – zudem klagte Herder über das „besonders hohe Honorar"[40], das mit Lortz vereinbart war, und sich „sehr ungünstig" auf den Buchpreis auswirke[41].

3. Kirchliche Zensur: Rekonstruktion des Textes der letzten Auflage

Zwar musste der pure Nachdruck der Reformationsgeschichte den kirchlichen Zensurprozess nicht erneut durchlaufen, aber die seinerzeitigen Imprimaturprobleme machten es nötig, genau den Text festzustellen, der dem letzten Imprimatur zugrunde lag.

Diese Aufgabe erwies sich als keineswegs einfach, denn es zeigte sich, dass in den erhaltenen Druckvorlagen die Korrekturen der letzten Auflage fehlten, diese nun also aufwändig rekonstruiert werden mussten. Da der Verlag „von den verbrannten Bogen keine Exemplare mehr" besaß, bat man Lortz im Juli dringend um seine – hoffentlich noch vorhandenen – „Bogen für die vorgesehene dritte Auflage"[42]. Doch auch Lortz besaß seine korrigierten Bo-

---

[36] So musste über Kaiser Maximilian I. folgender Satz gestrichen werden: „Er war nicht durch eine Generalstabsschule gegangen" (I, 34). Und im Kontext eines Feldzugs Karls V. gegen Frankreich musste im Satz „Leider unternahm er seinen Versuch mit unzulänglichen Mitteln" das Wort „Leider" gestrichen und der Satz entsprechend umgestellt werden (II, 281). – Beide Änderungen finden sich ebenso auch in der 4. Auflage von 1962.

[37] Herder, Freiburg, an Lortz, Münster, 28.06.1948. IEG, NL Lortz [1477].

[38] Am 20. Juni 1948 hatte in den drei westlichen Besatzungszonen die Deutsche Mark die Reichsmark abgelöst.

[39] Scherer, Freiburg, an Lortz, [Münster], 12.07.1948. IEG, NL Lortz [1477].

[40] Lortz notierte dazu handschriftlich: „Das geschickte Einstricheln dieselbe Tour wie 1938". – Vgl. oben die damaligen Honorarverhandlungen.

[41] Am Schluss seines Briefes erkundigte sich Scherer noch, ob tatsächlich „Aussicht bestünde, daß Sie wieder lesen könnten" (d. h. Vorlesungen halten); zudem nahm er Bezug auf Lortz' „schriftstellerischen Pläne, über die wir uns vor Jahren unterhielten" (vgl. oben Scherers Schreiben vom 25. März 1946). – Der Streit um Lortz' akademische Zukunft war offenbar immer noch nicht ausgefochten und Herder bemüht, Lortz zum Ausgleich Veröffentlichungsmöglichkeiten anzubieten – mit ihm also neu ins Geschäft zu kommen.

[42] „Beim Ausgießen der Matern zur Neuauflage Ihrer Reformation mußten wir nun fest-

gen nicht mehr[43]. Ein Problem. Nach zwei Monaten erfolgloser Bemühungen um die Vorlage wurde Lortz gebeten, nochmals alle Möglichkeiten durchzugehen, um „den Text zu rekonstruieren", vielleicht auch mit Hilfe von Josef Höfer, der damals ja „im Auftrag des Bischofs [Galen] von Münster die entstandenen Imprimaturschwierigkeiten[44] zu glätten sich bemühte"[45]. Auch Herder wollte alles in seinen Kräften Stehende tun, um möglichst bald zum Ziel, also zum ersehnten Nachdruck, zu kommen[46].

Tatsächlich wurden im Verlag die Arbeiten vorangetrieben. Am 28. Oktober 1948 konnte Scherer berichten, die „sehr mühsame Arbeit" eines Ver-

---

stellen, daß beim ersten Band die Korrekturen, die Sie damals für die dritte Auflage machten, nicht mehr vorhanden sind. Diese dritte Auflage im Jahre 1943 war für den Export bestimmt, verbrannte dann aber und wurde nicht ausgeliefert und auch in der Bibliographie nicht angezeigt". Vom zweiten Band waren „sämtliche Unterlagen" erhalten geblieben. Scherer, Freiburg, an Lortz, Münster, 13.07.1948. IEG, NL Lortz [1477].

[43] „Es ist ein wahres Verhängnis, dass es uns trotz aller Bemühungen nicht gelingen will, die so notwendige Vorlage der damals nicht ausgelieferten 3. Auflage des ersten Bandes zu beschaffen". Scherer, Freiburg, an Lortz, Münster, 22.09.1948. Privatbesitz Ulianich.

[44] Um welche Schwierigkeiten es sich hier handelte, ist unklar. Im Gegensatz zu den ausführlich dokumentierten Auseinandersetzungen im Zuge der 2. Auflage von 1941 (vgl. oben) fehlt entsprechendes Quellenmaterial aus der Zeit der 3. Auflage von 1943. – Möglich wäre allerdings auch eine Verwechslung in der Erinnerung, so dass letztlich doch die „Imprimaturschwierigkeiten" der *zweiten* Auflage gemeint ist; dafür scheint auch Scherers Schreiben vom 28. Oktober 1948 zu sprechen (vgl. unten), ebenso wie eine spätere Mitteilung Scherers, worin eben diese dritte Auflage als „unveränderter Neudruck" bezeichnet wird. Vgl. Herder, Freiburg, an Rauch, Freiburg, 30.03.1950. EAF B2–1945/102.

[45] Auch hier ist wohl eher die Beteiligung Höfers im Rahmen der 2. Auflage 1941 gemeint (vgl. oben).

[46] Wie ein persönlicher Brief Herder-Dorneichs zeigt, waren zu dieser Zeit die „Schwierigkeiten" an der Universität Münster noch nicht behoben, vielmehr gerade virulent. Er erinnerte noch einmal an das Angebot von 1946, Lortz über einen finanziellen Engpass durch andere Kooperationen hinwegzuhelfen. Falls erwünscht, sei man auch „gerne bereit, das Reformationswerk in der Form von Vorauszahlungen zu honorieren". Lortz könne ja „mit einem beträchtlichen Honorar rechnen". Falls Lortz „nach den gemachten Erfahrungen des Hochschulbetriebes müde" sei und sich künftig lieber schriftstellerischen Arbeiten widmen wolle, könne man ja die „Pläne" von 1946 wieder aufnehmen. Herder-Dorneich konnte freilich kaum glauben, dass ausgerechnet Lortz, der „zu den von der Partei meistgehaßten Hochschullehrern" gehörte, noch immer solche Schwierigkeiten finde. Hätte er bei seiner letzten Begegnung mit Rudolf Amelunxen (1888–1969) von Lortz' Situation gewusst, so hätte er mit diesem darüber gesprochen. Herder-Dorneich, Freiburg, an Lortz, [Münster], 22.09.1948. Privatbesitz Ulianich. – Lortz' akademische Zukunft kam dann Anfang Februar 1949 wieder zur Sprache: Auf Lortz' Nachfrage, was Herder-Dorneich „denn eigentlich von der hiesigen Lage" höre, berichtete dieser von Nachrichten „aus Universitätskreisen", dass Lortz sein „Ordinariat nicht behalten" könne. Insbesondere Amelunxen sei „ein unbelehrbarer Gegner", durch den „immer wieder Interventionen zu Ihren Gunsten unwirksam gemacht" würden. Er hoffe, dass sich „noch alles zum Guten" wende. „Jedenfalls mögen Sie wissen, daß Sie jederzeit mit meinem anteilnehmenden Gedenken und nach gegebener Möglichkeit mit meiner Hilfe rechnen können". Herder-Dorneich, Freiburg, an Lortz, [Münster], 18.02.1949. IEG, NL Lortz [1477].

gleichs der zuletzt erschienenen Auflage mit der ersten[47] sei nun abgeschlossen und man könne mit dem Satz der Korrekturen beginnen[48]. Seine Anfrage, ob Lortz der dritten Auflage ein neues Vorwort voranstellen wolle, beantwortete dieser negativ. Zur selben Zeit erhielt Lortz auch die Mitteilung, das Freiburger Ordinariat habe die kirchliche Druckerlaubnis erteilt[49]. Die technische Realisierung benötigte noch einige Monate. Im Februar 1949 erhielt Lortz „die gedruckten Aushängebogen"[50], Mitte April lagen beide Bände „ausgedruckt" vor und auch die Bindearbeiten waren schon „ein gutes Stück vorangekommen"[51]. Die Lieferung der fertigen Bücher wurde für Mai erwartet. Herder versprach, mit der Auslieferung gleich beginnen zu wollen, weil das Werk nach wie vor „stark gefragt" werde. Anfang Juni hatte die Buchbinderei dann die ersten Exemplare fertiggestellt[52].

---

[47] Auffällig ist, dass nun auf einmal die Rede von der *ersten* Auflage ist, die mit der „zuletzt erschienene[n]" (d. h. zweiten?) verglichen worden sei; bislang ging es ja um einen Vergleich der (ursprünglichen) dritten mit der zweiten Auflage. – Vermutlich handelte es sich zuvor tatsächlich um eine Verwechslung, so dass also eigentlich die Änderungen der *zweiten* Auflage gemeint waren, die nun erneut in die Druckvorlage der *ersten* eingearbeitet werden mussten. Hierfür scheint auch zu sprechen, dass etliche der in der zweiten Auflage geänderten Passagen nun in der dritten Auflage sichtbar neu gesetzt wurden (mit anderem Zeilenumbruch) – vgl. etwa im 1. Kapitel: Bd. I, 3 (Abs. 3), 7 (Abs. 6), 13 (Abs. 3 u. 4), 14 (Abs. 1), 15 (Abs. 1), 16 (Abs. 2), 17 (Abs. 2). Andererseits wurden vereinzelt kleinere Änderungen der zweiten Auflage wieder ‚rückgängig' gemacht, d. h. hier wurde (wohl versehentlich) der ursprüngliche Text der ersten Auflage belassen – vgl. z. B.: Bd. I, 7 (Abs. 7: „drohende" stehen gelassen), 9 (Abs. 3: „hier" nicht eingefügt).
[48] Scherer, Freiburg, an Lortz, Münster, 28. 10. 1948. IEG, NL Lortz [1233].
[49] Datiert ist das Imprimatur bereits auf den 20. April 1948. Vgl. auch Robert SCHERER, „Regesten zu Lortz", 16. November 1951. Privatarchiv Herder: „Am 28. 10. 1948 schreiben wir Lortz, Weihbischof Burger habe das Imprimatur für die 3. Auflage am 20. 4. 1948 ohne weiteres gegeben". – Entsprechend lautet der Eintrag in den veröffentlichten Bänden: „Imprimatur. – Friburgi Brisgoviae, die 20 Aprilis 1948 | † Burger, Vic. Cap.". LORTZ, Reformation (³1949) I/II, [IV].
[50] Herder-Dorneich, Freiburg, an Lortz, [Münster], 18. 02. 1949. IEG, NL Lortz [1477]. – Lortz war in der Zwischenzeit nicht untätig gewesen, sondern hatte seine reformationsgeschichtlichen Vorträge in einem Band zum Druck gebracht, für dessen Zusendung Herder-Dorneich dankte: Joseph LORTZ, Die Reformation als religiöses Anliegen heute. Vier Vorträge im Dienste der Una Sancta, Trier 1948.
[51] Herder-Dorneich, Freiburg, an Lortz, [Münster], 13. 04. 1949. IEG, NL Lortz [1477].
[52] Lortz wurde zudem um Beantwortung der Fragen eines Werbebogens gebeten, da „beim Brand unseres Hauses alle Unterlagen verloren gingen". Scherer, Freiburg, an Lortz, Münster, 03. 06. 1949. IEG, NL Lortz [1233]. – Anbei erhielt Lortz „die Abrechnung über das Honorar und über die Freistücke" (55 gebundene Freiexemplare; 15 % Honorar = 29700 DM). Genaueres ist dem beiliegenden Schreiben zu entnehmen. Die Auflage betrug insgesamt 5800 Exemplare; abzüglich 300 Freistücke (davon „55 gebundene Exemplare" für Lortz) blieben 5500 „honorarpflichtige Exemplare" übrig. Der Preis betrug 36 DM (broschiert) bzw. 45 DM (Leinwand). Das Honorar belief sich auf „15 % vom Ladenpreis des ungebundenen Exemplares" (5,40 DM × 5500 = 29700 DM) und wurde „entrichtet nach Maßgabe des Absatzes bei jährlicher Abrechnung im Februar". Herder, Freiburg, an Lortz, Münster, 02. 06. 1949. IEG, NL Lortz [1477].

Damit war *Die Reformation in Deutschland* vier Jahre nach dem Ende des Zweiten Weltkrieges endlich wieder neu auf dem Markt[53] – und in der Diskussion.

---

[53] Umstritten war in der Folge die Frage des Preises. Lortz wies den Verlag am 2. März 1950 darauf hin, dass er den derzeitigen Preis seiner *Reformation* (gebunden 45 DM) für „ungewöhnlich hoch" halte, dasselbe ebenso „von Buchhändlern und von vielen, vielen Interessenten gehört" habe, weshalb bislang auch „der Absatz sehr schleppend" gewesen sei. Lortz, Münster, an Scherer, Freiburg, 02.03.1950. Privatbesitz Ulianich. Erst am 11. August 1950 nahm Herder darauf Bezug: „Dies ist von uns aus auch gesehen, aber wir waren der Meinung, daß eine zu frühe Preisherabsetzung Ihrem Werk schaden könnte". Nach Abwarten der „Absatzentwicklung im ersten Halbjahr 1950" habe sich jedoch gezeigt, „daß die Absatzerwartungen nicht erfüllt worden sind und daß wir etwas Besonderes tun müssen, um Ihrem Werk eine neue Chance zu geben". Angesichts der mittlerweile doch sehr gestiegenen „Ansprüche der Leser an die Ausstattung" (das Papier sei „noch holzhaltig" und habe „ein graues Aussehen") halte man aber „nun den Zeitpunkt für gekommen, diesen Gegebenheiten gerecht zu werden", d.h. sich „durch eine Preisherabsetzung der Marktlage anzupassen" in der Hoffnung auf einen höheren Absatz. „Es ist sicher so, daß, je länger das Werk auf unserem Lager liegt, desto schlechter die Verkaufschancen sind. Andererseits bleibt die ‚Reformation' das grundlegende Werk. Diese Tatsache wird durch die eingehenden Urteile und Rezensionen immer wieder bestätigt". Als neuen Preis für die gebundenen Bände habe man nun 36 DM vorgesehen, gültig ab 15.8., womit Lortz hoffentlich einverstanden sei – trotz seines entsprechend niedriger ausfallenden Honorars. Der derzeitige Lagerbestand des Werkes belaufe sich (Stand 30.6.) auf „noch 4392 Exemplare" (von ehemals 5800 bzw. 5500), nicht einbezogen „die unverkauften Exemplare, die draußen im Buchhandel liegen". Herder, Freiburg, an Lortz, Münster, 11.08.1950. IEG, NL Lortz [1477]. – Lortz schien der neue Preis immer noch zu hoch zu sein. Der Verlag sah „aber leider keine Möglichkeit, den Preis noch einmal herabzusetzen, da alle Erwägungen dagegen sprechen". So zeige „die in den letzten Monaten steigende Nachfrage, daß der Preis draußen nicht als zu hoch empfunden wird"; eine weitere „Herabsetzung" wäre wohl nicht „der Verbreitung des Werkes dienlich", wirke vielmehr „psychologisch im abwertenden Sinne auf den Käufer". Zudem könnte eine Preissenkung auf 30 DM „eine weitere Neuauflage für die Zukunft ganz unmöglich machen" angesichts immer weiter ansteigender „Herstellungskosten". Scherer, Freiburg, an Lortz, [Mainz?], 14.12.1950. IEG, NL Lortz [1477]. – Eine Abrechnung Herders vom 28. Februar 1951 gibt genauere Auskunft über den Verkauf des Werkes im Jahr 1950 vor und nach der Preissenkung: Am 1.1.1950 betrug der Bestand noch 4682 Exemplare, am 15.8. (Preissenkung) 4211 Exemplare, am 31.12. dann 4000 Exemplare. Herder, Freiburg, an Lortz, Mainz, 28.02.1951. IEG, NL Lortz [1477].

II. An der kurzen Leine?
Der antiökumenische Kurs Roms und
protestantischer Gruppen

1. Nach der Veröffentlichung der Neuauflage –
Ruhe vor dem Sturm?

Spätestens Ende 1949 stand fest, dass die akademische Zukunft von Lortz nicht in Münster lag, sondern in Mainz[54]. Tatsächlich erhielt Lortz 1950 eine Professur am neubegründeten *Institut für Europäische Geschichte*, die etatrechtlich an die Philosophische Fakultät der Universität Mainz angegliedert war. Im Institut selbst übernahm Lortz die Direktion der *Abteilung für Abendländische Religionsgeschichte*, die er – auch nach seiner Emeritierung 1956 – bis zu seinem Tod 1975 innehatte[55].

Für die wissenschaftliche Ausrichtung von Lortz, der sich seit seiner *Reformation in Deutschland* ganz in den Dienst der „Una sancta", der ökumenischen Bewegung, gestellt hatte, bedeutete es einen tiefen Einschnitt, als das Heilige Offizium am 5. Juni 1948 ein *Monitum* erließ, das in ökumenisch gesinnten Kreisen für einen Aufschrei sorgte[56]. Unter Berufung auf das im CIC von 1917 kodifizierte kanonische Recht[57] erinnerte die Kongregation an die strikte Einhaltung ihres früheren Verbots interkonfessioneller Versammlungen, auf denen Glaubensfragen behandelt wurden[58]. Priestern und Laien wurde das schon 1927[59] und 1928[60] erlassene Teilnahmeverbot an der-

---

[54] Herder-Dorneich sprach am 17. Dezember seine Hoffnung aus, dass der „Mainzer Plan", der den eigenen Intentionen von Lortz entspreche, nun auch „glücklich verwirklicht" werden könne. Herder-Dorneich, Freiburg, an Lortz, [Münster], 17.12.1949. IEG, NL Lortz [1477].

[55] Vgl. LAUTENSCHLÄGER, Lortz, 404–416. Vgl. auch Winfried SCHULZE, „Das Mainzer Paradoxon". Die deutsche Geschichtswissenschaft der Nachkriegszeit und die Gründung des Instituts für Europäische Geschichte, in: DERS./Corine DEFRANCE, Die Gründung des Instituts für Europäische Geschichte Mainz (VIEG.B 36), Mainz 1992, 7–53; Andreas KUNZ (Hg.), Institut für Europäische Geschichte 1950–2000. Festakt zum 50jährigen Bestehen am 6. Mai 2000 im „Kleinen Haus" des Staatstheaters Mainz, Mainz 2000.

[56] Monitum *Cum compertum*, in: AAS 40 (1948), 257. – Vgl. dazu STOBBE, Lernprozess, 71–123; SARTORY, Ökumenische Bewegung, 87–99.

[57] CIC/1917 can. 1325 § 3 bestimmte, die Katholiken sollten sich vor öffentlichen Diskussionen und Konferenzen mit Nichtkatholiken hüten: „Caveant catholici ne disputationes vel collationes, publicas praesertim, cum acatholicis habeant, sine venia Sanctae Sedis aut, si casus urgeat, loci Ordinarii".

[58] Noch weniger – so interpretierte das Monitum – sei es jedoch Katholiken erlaubt, derartige Zusammenkünfte selbst einzuberufen. AAS 40 (1948), 257.

[59] Aktueller Anlass war die Indizierung von Charles Maurras und das Verdikt gegen die Action française gewesen. Vgl. *Die päpstliche Auffassung über Katholische Aktion und Politik*, in: Schönere Zukunft 2 (1926/27), 400.

[60] Enzyklika *Mortalium animos*, in: AAS 20 (1928), 5–15. Abgedr. in: DH 3683.

artigen Versammlungen erneut eingeschärft[61]. Klargestellt wurde, eine Wiedervereinigung sei nur durch Rückkehr zur katholischen Kirche möglich.

Das *Monitum* forderte zwar in der Sache nichts Neues[62], reagierte aber auf eine inzwischen deutlich veränderte Lage: Seit den letzten Kriegsjahren waren in kürzester Zeit zahlreiche „Una-Sancta-Kreise" entstanden, in denen sich die Konfessionen zum Austausch über Glaubensfragen trafen – eine Folge nicht allein der Anfeindungen durch den Nationalsozialismus und der Kriegserfahrungen[63], sondern auch der im Nachkriegsdeutschland durch Vertreibung und Flucht starken konfessionellen Vermischung[64].

Weil das römische Monitum auch in katholischen Kreisen kritisiert wurde und selbst die Bischöfe intervenierten, sah sich das Heilige Offizium gezwungen, im Dezember 1949 noch einmal eine Interpretation in Form einer längeren *Instructio* „Ecclesia catholica" vorzulegen[65]. Auch sie hielt daran fest, eine

---

[61] Ausdrücklich kritisiert wurde die für derartige Zusammenkünfte gewählte Bezeichnung „ökumenisch". Der Terminus war aus römischer Sicht bereits „besetzt" und Epitheton besonderer Autorität. – Auch auf evangelischer Seite wurde die ökumenische Arbeit unter dem Vorwurf „katholisierender Neigungen" immer wieder kritisiert. Wilhelm Stählin antwortete auf derartige Vorwürfe in einem Rundschreiben: „Wer vor katholisierenden Neigungen warnt, muß sich ernsthaft fragen lassen, wogegen er eigentlich kämpft; […] ob er kämpft gegen ein Erbe, das ihm unbekannt geworden ist, vielleicht sogar gegen die echte Substanz des christlichen Glaubens oder der christlichen Kirche, von der er sich so weit entfernt hat, daß er sie für katholisch hält". Zit. nach Christoph MEHL/Jörg THIERFELDER, Ökumene im Krieg. Evangelisch-katholische Gespräche und innerprotestantische Vergewisserungen in der Endphase des „Dritten Reiches", in: Zeitschrift für Kirchengeschichte 108 (1997), 342–375, hier 373.

[62] In einem auf 4. Juli 1919 datierten Dekret hatte die Suprema Congregatio die an sie gerichtete Frage, ob ihr 1864 erlassenes Verbot der Teilnahme von Katholiken an einer in London errichteten Gesellschaft zu Förderung der Einheit der Christen generelle Geltung habe, bejaht. AAS 11 (1919), 309–316. – Die ursprünglich auf eine Teilkirche (die englische) und auf eine einzige Gesellschaft (die *Association for Promoting the Unity of Christendom*) beschränkte Entscheidung wurde weltweit und auf alle ähnlichen Bestrebungen ausgedehnt. 1927 – im Vorfeld der Konferenz von Lausanne – bestätigten Heiliges Offizium und Papst diese Entscheidung noch einmal. AAS 19 (1927), 278.

[63] Vgl. MEHL/THIERFELDER, Ökumene, 342–375; den engeren Schulterschluss der Konfessionen hatte teilweise auch der Heilige Stuhl gesucht. So unterließ der *Osservatore Romano* seit 1936 die zuvor bei Berichten über die Lage der Protestanten üblichen Bemerkungen „über die Schuld der mit Luther vom rechten Weg abgekommenen Christen". Vgl. Fritz SANDMANN, Die Haltung des Vatikans zum Nationalsozialismus im Spiegel des „Osservatore Romano" (von 1929 bis zum Kriegsausbruch) (Diss. phil. Mainz 1965), 202.

[64] Und schließlich sollte wohl auch die (unkontrollierte) Teilnahme römisch-katholischer Visitors an der Weltkirchenkonferenz in Amsterdam verhindert werden. Vgl. Barbara SCHWAHN, Der Ökumenische Arbeitskreis evangelischer und katholischer Theologen von 1946 bis 1975 (FSÖTh 74), Göttingen 1996, 64.

[65] Instructio *De motione oecumenica*, in: AAS 42 (1950), 142–147. – Vgl. dazu Max PRIBILLA, Rom und die ökumenische Bewegung, in: Stimmen der Zeit 75 (1949/50), 37–42. – Die *Instructio* wird in der Literatur mitunter als „Wende" in der römischen Haltung bezeichnet. Vgl. etwa Heinrich PETRI, Die römisch-katholische Kirche und die Ökumene, in: Hans Jörg URBAN/Harald WAGNER (Hg.), Handbuch der Ökumenik, Bd. 2, Paderborn 1986, 95–168, hier 109. – Auch im „Jaeger-Stählin-Kreis" betonte die katholische

Wiedervereinigung könne nur durch Rückkehr der Abgeirrten zur katholischen Kirche, der wahren Kirche, geschehen; Konvertiten brächten durch ihre Rückkehr nichts Substantielles in die Kirche ein. Insbesondere aber warnte das Heilige Offizium vor „falschen Prinzipien" beim ökumenischen Gespräch. Katholiken müssten stets die „vollständige katholische Lehre" vertreten, gerade bei den umstrittenen Themen Rechtfertigung und primatiale Kirchenverfassung. Das Trennende, nicht das Verbindende, sei zu betonen, um nicht falsche, unerfüllbare Hoffnungen zu wecken. Mit besonderer Sorgfalt sollten alle einschlägigen Publikationen überwacht werden[66].

Nicht erst auf dem Hintergrund der zurückliegenden Auseinandersetzungen um die Zensur der *Reformation in Deutschland* bedeutete diese anti-ökumenische Manifestation der römischen Position eine große Gefahr für Lortz. Sie betraf unmittelbar seine ökumenische Vortragstätigkeit, sie betraf aber – auch wenn weder Lortz noch Herder dies zunächst wahrhaben wollten – ebenfalls die Frage nach dem weiteren Schicksal seiner Reformationsgeschichte.

Wir wissen nicht, wie Lortz unmittelbar auf das *Monitum* reagierte. Da er am 18. Februar 1950 von Karlheinz Schmidthüs (1905–1972), dem Chefredakteur und Herausgeber der *Herder-Korrespondenz*, jedoch extra informiert wurde, es sei „ein Dekret des Heiligen Offiziums" zu erwarten, das „im wesentlichen eine Rücknahme des Monitums vom 5. Juni 1948" darstelle – gemeint war die noch nicht publizierte *Instructio* –, darf von einer hochgespannten Stimmung ausgegangen werden[67].

Gleichwohl arbeiteten Lortz und der Verlag weiter am Vorhaben einer regulären Neuauflage der *Reformation in Deutschland*. Am 23. Februar 1950 nahm Robert Scherer Bezug auf einen „Plan" von Lortz, seinem Werk noch einen dritten Band hinzuzufügen, der „Dokumente zur Reformation in Form eines Lesebuches" beinhalten sollte. Herder schien dieser Plan „verlegerisch sehr reizvoll", zumal der Band weniger „für den Gebrauch des Spezialwis-

---

Seite die positiven Aussagen der *Instructio:* vor allem die grundsätzliche Befürwortung ökumenischer Gespräche und der Grundsatz des „par et par agens". Auf dem Hintergrund der durch die *Instructio* bewirkten massiven Verstimmung bei den evangelischen Teilnehmern wird man dies allerdings eher als Beschwichtigung und Versuch zu werten haben, die Existenz des gefährdeten Arbeitskreises zu sichern. Vgl. SCHWAHN, Arbeitskreis, 62–69, insbes. 67–69.

[66] Im Übrigen wurden die interkonfessionellen Zusammenkünfte einer strengen Überwachung und Lenkung unterstellt. Die detaillierten Bestimmungen erinnern stark an die in der Modernismuskrise entwickelten Methoden, bis hin zur Errichtung eines Concilium vigilantia. Die Erteilung der Erlaubnis für ökumenische Zusammenkünfte wurde zum Reservatrecht des Hl. Stuhls erklärt, das den Ordinarien nur jeweils auf drei Jahre delegiert wurde. Über die Auswirkungen dieser Bestimmungen bereitet der Verfasser eine eigene Studie vor.

[67] Immerhin wusste Schmidthüs zu berichten, „Gespräche mit Theologen anderer Glaubensbekenntnisse" sollten „in bestimmtem Umfang zugelassen" werden. Schmidthüs, Freiburg, an Lortz, Münster, 18.02.1950. IEG, NL Lortz [732].

senschaftlers" als für „die geschichtlich aufgeschlossenen Leser" konzipiert war, „die mit Hilfe solcher Dokumente ein recht plastisches Bild der Zeit gewinnen könnten"[68]. Für erhebliche Verunsicherung sorgte dann aber die von Scherer beigefügte Abschrift einer Besprechung der Neuauflage der *Reformation in Deutschland*, die am 5. Februar 1950 im *Osservatore Romano* erschienen war[69]. Es handelte sich um eine recht kurze Anzeige der – als *zweite* Auflage bezeichneten – Neuauflage, die zunächst allgemein-unverbindlich als sehr nützlich für das Verständnis des historischen Geschehens gewürdigt wurde. Dann folgte jedoch handfeste Kritik: Man anerkenne zwar die großen Verdienste des Autors auf dem Gebiet der geschichtlichen Darstellung, könne jedoch einige seiner Beurteilungen nicht billigen. Es war von Verfälschung der historischen Wahrheit die Rede und davon, der Leser könne zu falschen Schlussfolgerungen über die lutherische Bewegung geführt werden. Leider müsse festgestellt werden, dass Lortz in der Neuauflage nicht alles getilgt habe, was der historischen Wahrheit widerspreche und was ihm bereits beim Erscheinen der ersten Auflage mitgeteilt worden sei[70].

Gerade die letzte Bemerkung führte zu einigem Rätselraten. Während Lortz überzeugt war, nie solche Änderungsforderungen erhalten zu haben[71], vermutete Scherer, die Bemerkung könnte „vielleicht mit jener Übermittlung gewisser Wünsche durch Bischof Rusch[72] zusammenhängen", die seinerzeit

---

[68] Scherer warnte allerdings vor dem Überschreiten einer „bestimmte[n] Preisgrenze" (12 DM), womit ein „Höchstumfang von 250 Seiten" markiert war. Scherer, Freiburg, an Lortz, [Münster], 23.02.1950. Privatbesitz Ulianich. – Ein solcher Zusatzband erschien allerdings nie. In seiner Antwort zeigte sich Lortz eher skeptisch, inwieweit man bei einem solchen Umfang „etwas Genügendes wird leisten können". Lortz, Münster, an Scherer, Freiburg, 02.03.1950. Privatbesitz Ulianich.

[69] N.R., Anzeige zu: J. Lortz, Die Reformation in Deutschland, in: L'Osservatore Romano, Nr. 30, 5. Februar 1950. Abgedr. bei Ulianich, Geschichtsschreibung, 179. – Ulianich vermutet hinter dem Kürzel des Verfassers Nicola Rusconi, der möglicherweise jedoch „nur einige Sätze selbst geschrieben" habe: „Die letzten stammen sicher nicht von ihm; sie klingen zu amtlich. Vielleicht sind sie vom Staatssekretariat inspiriert oder sogar diktiert worden (oder vom Heiligen Offizium?)". Ebd., 167.

[70] Vgl. das italienische Original bei Ulianich, Geschichtsschreibung, 179: „[…] Siamo perciò spiacenti di dover constatare che il Lortz, nel fare la seconda edizione dell'opera, non si sia preoccupato di eliminare da essa quanto contrasta con la realtà storica ed alcuni giudizi non affatto corrispondenti con la realtà storica. Tali appunti erano già stati fatti all'Autore alla comparsa della prima edizione della sua opera, per certi aspetti, del resto, veramente notevole".

[71] Auf seiner Abschrift der Rezension notierte Lortz dazu: „stimmt nicht; außer den Diskussionen mit EB Groeber u[nd] seinen Vertretern, mit denen gemeinsam Formulierungen des Buchtexts erarbeitet wurden. Groeber, Galen waren der Meinung, alles sei durchaus in Ordnung".

[72] Scherer bezieht sich hier auf die Herder bekannte Mitteilung von Bischof Rusch an Erzbischof Gröber vom 10. September 1941, die *Reformation in Deutschland* werde laut Pius XII. „*nicht* auf den Index kommen", man begrüße aber „eine Neuauflage mit einigen Änderungen" (vgl. oben). Nähere Angaben zum Inhalt dieser gewünschten „Änderungen" enthielt die Mitteilung jedoch nicht, wie dann auch Lortz in seiner Antwort auf Scherer feststellte (vgl. unten).

nicht mehr berücksichtigt wurden. Er, Scherer, habe „damals einen dicken Faszikel vollgeschrieben über die Geschichte der Auseinandersetzungen mit der Zensur"[73], der aber „leider verbrannt" sei. Dies sei insofern sehr bedauerlich, „weil ich da alles aktenmäßig festgehalten hatte, was aus der früheren Korrespondenz nicht mehr herzustellen ist".

Lortz widersprach Scherer[74]. Die „Wünsche" habe er seinerzeit von Bischof Rusch „lediglich mündlich übermittelt" bekommen, bei einem zufälligen Zusammentreffen „in der Herderschen Buchhandlung in München". Andere Wünsche seien aber bekanntlich „im Zusammenhang mit einem Gutachten"[75] und der zweiten Rezension Rahners[76] vorgetragen worden, „die aus Rom an den Erzbischof von Freiburg und an den Bischof von Münster kamen". Diese Beschwerden habe Scherer seinerzeit persönlich „in einem Gutachten[77] so verarztet", dass Gröber den Druck „ohne weiteres" erlaubt habe. Er selbst habe solch „haltlose" Behauptungen „selbstverständlich" nicht berücksichtigt, ebenso wenig wie „allgemeine Wünsche", die nie konkretisiert wurden – „ein Kunststück, das mir keiner wird vormachen können". Wie auch immer: Lortz war alarmiert, auch wenn er – wider besseres Wissen – versuchte, die Bedeutung der neuen Rezension im *Osservatore Romano* he-

---

[73] Gemeint sind wohl u. a. die diversen Stellungnahmen Scherers zum Imprimaturverfahren der 2. Auflage 1941 (vgl. oben). In seiner Antwort schrieb Lortz, er besitze noch alle ihm zugegangenen „Unterlagen über die Verhandlungen des Imprimaturs". Lortz, Münster, an Scherer, Freiburg, 02.03.1950. Privatbesitz Ulianich. – Scherer bat daraufhin um Zusendung all dieser Unterlagen zur Abschrift („weil es doch wichtig ist, solche Dinge sich gegenwärtig zu halten für die Zukunft"), zweifelte allerdings, ob er Lortz damals auch sein „Memorandum" zugeschickt hatte, wo er schon einmal eigens „die ganzen Vorgänge rekonstruiert" und alles „schön zusammengestellt" hatte. Scherer, Freiburg, an Lortz, [Münster], 16.03.1950. Privatbesitz Ulianich. Ein solches „Memorandum" findet sich in der Tat nicht in Lortz' Nachlass. – Ein Schreiben Scherers aus dem folgenden Jahr gibt schließlich Auskunft über die Rücksendung der inzwischen von Lortz erhaltenen „Unterlagen zur Geschichte des Imprimatur"; er habe darunter jedoch „keine Notiz von der Erklärung des Kardinals von Galen" gefunden und bitte wenn möglich noch um nachträgliche Mitteilung dazu. Scherer, Freiburg, an Lortz, [Mainz], 22.11.1951, IEG, NL Lortz [1233]. – Zum Ergebnis dieser ‚Rekonstruktion' vgl. SCHERER, „Regesten zu Lortz", 16. November 1951. Privatarchiv Herder (abgedruckt im Anhang dieses Bandes).

[74] Lortz, Münster, an Scherer, Freiburg, 02.03.1950. Privatbesitz Ulianich. – Im Übrigen vermutete Lortz hinter der Rezension einen nicht abgestimmten Alleingang des Verlags: „Ich nehme an, dass die Rezension erschien, weil Sie ein Besprechungsexemplar hingesandt hatten. Dies hätte ich an Ihrer Stelle unter keinen Umständen getan. Nachdem wir einmal aus dem Osservatore die Besprechung Kirsch hatten". – In seiner Antwort musste Scherer zugeben, dass tatsächlich von der Auslandsabteilung des Verlags „in guter Absicht" ein Exemplar an den *Osservatore Romano* geschickt worden sei als „natürlich ein Mißgriff und ein Fehler" war, der auf mangelnde Abstimmung im Verlag zurückgehe. Scherer, Freiburg, an Lortz, [Münster], 16.03.1950. Privatbesitz Ulianich.

[75] [N.N.], Gutachten, [Rom, Juni 1941]. EAF B2–1945/1022.

[76] Hugo RAHNER, Kritik an Lortz?, in: Schweizerische Rundschau 40 (1940/41), 658–663.

[77] Zu den betreffenden Stellungnahmen Scherers vgl. oben.

runterzuspielen: Die Meinung des Herausgebers des *Osservatore* oder des Verfassers einer Besprechung sei ja keineswegs „*die* authentische Meinung Roms". Im Übrigen sei seine ‚gut katholische' Haltung unbestritten[78]. Scherer zeigte sich beruhigt. Man müsse tatsächlich nicht jede Besprechung, auch wenn sie im *Osservatore Romano* erscheine, gleich „als die Stimme der Kirche" interpretieren. Er sei überzeugt, dass die „damaligen Diskussionen" in der Gegenwart nicht mehr aufgenommen werden könnten. In vielem arbeite eben doch die Zeit von selbst[79]. – Ein allzu voreiliger Optimismus, wie sich bald herausstellen sollte. Denn die erneute Aufmerksamkeit Roms für Lortz und die *Reformation in Deutschland* sollte angesichts der neu fixierten römischen Haltung im Verhältnis der Konfessionen noch weitreichende Folgen zeitigen.

2. Hinter den Kulissen: Neue Differenzen zwischen Freiburg und Rom

Während Lortz und Herder sich die Lage noch schönredeten, sah sich das Erzbischöfliche Ordinariat in Freiburg schon mit handfesten Schwierigkeiten konfrontiert. Am 15. März 1950 hatte der neue Erzbischof Wendelin Rauch (1885–1954) – Gröber war am 14. Februar 1948 gestorben – ein vertrauliches Schreiben des Apostolischen Visitators für Deutschland, Aloisius Muench (1889–1962), erhalten[80]. Muench nahm Bezug auf die „in jüngster Zeit" erschienene Neuauflage der *Reformation in Deutschland* und teilte unter Verweis auf ein Schreiben des päpstlichen Staatssekretariats vom 18. Februar – also schon bald nach der Rezension im *Osservatore Romano* vom 5. Februar – mit, bereits bei der früheren Veröffentlichung des Werkes habe „eine Mahnung bezüglich des Inhaltes und der Einstellung des Buches" ergehen müssen. Der damalige Nuntius habe „im Sommer 1941" sowohl den Freiburger Erzbischof als auch den Bischof von Münster nicht nur „genau in Kenntnis gesetzt über die Bedenken, die von Rom aus gegen das Buch ergangen sind", sondern auch darüber, „daß der Heilige Stuhl nicht die Absicht habe, die

---

[78] So verwies Lortz darauf, die *Reformation in Deutschland* werde zur Zeit „bei den Klosterfrauen in Bibringen [= Bingen] und in einer zweiten Benediktinerinnen-Abtei, [...] in der eine Nichte des verstorbenen Kardinals von Galen Chorfrau ist, bei Tisch vorgelesen". Er berichtete außerdem von einer persönlichen Rückmeldung, die er nach Vorträgen in der Schweiz über die „Ursachen der Reformation" und die „kath[olische] Gewissenserforschung" erhalten habe: „Einer der führenden evang[elischen] Pfarrer von Zürich" habe zugegeben, „dieses Selbstbekenntnis sei der schärfste Angriff auf die evang[elische] Position, den er bisher habe kennengelernt", und „entziehe ja einfach dem Protestantismus die Existenzbasis". – Bei dem Züricher Pfarrer handelte es sich wohl um den in Lortz' Schreiben an Robert Leiber vom 31. Oktober 1952 genannten Pfarrer Meyer (vgl. unten).
[79] Scherer, Freiburg, an Lortz, [Münster], 16.03.1950. Privatbesitz Ulianich.
[80] Nuntiatur (Muench), Kronberg, an Rauch, Freiburg, 15.03.1950. EAF B2–1945/1022.

Erlaubnis zu einer Neuauflage zu erteilen"[81]. Mit „Verwunderung" habe man nun von einer weiteren Neuauflage erfahren. Das Ordinariat wurde zur Mitteilung aufgefordert, „ob dieses Mal das Imprimatur in Freiburg erteilt wurde"[82] und ob „die Neuauflage in entscheidenden und ehemals beanstandeten Punkten verbessert worden" sei. Im Übrigen bitte man um alle Informationen, die „in dieser Sache zweckdienlich zur Klärung beitragen" könnten.

Erzbischof Rauch, der sich zu dieser Zeit gerade im Krankenhaus aufhielt, aber ja bereits als Domkapitular mit Lortz befasst gewesen war[83], entwarf ein Antwortschreiben an die Nuntiatur, das er mit der Bitte ans Ordinariat sandte, „die Antwort zu prüfen, besonders unter dem Gesichtspunkt, ob

Abb. 17: Wendelin Rauch (1885–1954).

wesentliche, den wahren Sachverhalt aufklärende Gesichtspunkte vielleicht übersehen oder gar Irrtümer in der Darstellung enthalten sind"[84]. Besonders wichtig sei ihm die Nachricht, „ob einem der Herren das Schreiben bekannt wurde, in dem die Beanstandungen des Hl. Stuhles am Werk Lortz's im Einzelnen angegeben waren". Er werde auch den Verlag bitten, „so bald als möglich zu der im Schreiben der Apostol[ischen] Nuntiatur vom 15.3. gegebenen Darstellung sich zu äussern".

Die vom Freiburger Ordinariat überarbeitete Antwort Rauchs an die Nuntiatur verwies zunächst auf die „Schwierigkeiten", die die Beantwortung der Fragen aufgrund der Kriegszerstörungen und des Todes der damals beteiligten Bischöfe von Freiburg und Münster mache[85]. Die Ordinariatsakten seien

---

[81] Gemeint sein können eigentlich nur die Schreiben der Nuntiatur vom 15. Mai und 10. Juni 1941, u.a. mit dem anonymen italienischen Gutachten zu Lortz' Werk (vgl. oben). Zudem hieß es dort, auch eine Erteilung des Imprimaturs durch den Ordinarius („nach einer sorgfältigen und vollständigen Verbesserung") bedeute keine „stillschweigende Zustimmung des Hl. Stuhles" zu einer Neuauflage. Vgl. Nuntiatur (Orsenigo), Berlin, an Gröber, Freiburg, 10.06.1941. EAF B2–1945/1022. – Wie sich im Folgenden zeigen wird, waren nun aber gerade diese Schreiben im Freiburger Ordinariat nicht mehr auffindbar, was im weiteren Verlauf zu diversen Mutmaßungen über deren Existenz und Inhalt führen sollte. – Erst 1961 wurden die Schreiben im Zuge der 4. Auflage wieder aufgefunden; vgl. dazu unten.

[82] Eine Frage, die sich bereits durch einen Blick in die veröffentlichten Bände klären ließe und genauso wie das Folgende vermuten lässt, dass die Nuntiatur über die Sachlage nur wenig informiert war (Berliner Nuntiaturakten vernichtet?). Womöglich ,hoffte' man sogar auf eine ähnlich lückenhafte Kenntnis der Vorgänge in Freiburg bzw. Münster, um so die römischen Interessen besser durchsetzen zu können?

[83] Zudem kannten sich Rauch und Lortz „schon vom Germanicum her" aus der gemeinsamen Studienzeit. Vgl. MANNS, Joseph Lortz, 40. Eine persönliche Freundschaft scheint allerdings nicht bestanden zu haben.

[84] Rauch, Freiburg, an EO, Freiburg, 24.03.1950. EAF B2–1945/1022.

[85] Rauch, Freiburg, an Nuntiatur (Muench), Kronberg, 27.03.1950. EAF B2–1945/1022.

zwar dem großen Angriff auf Freiburg nicht zum Opfer gefallen, „wohl aber die persönlichen Notizen mancher Herren über die geführten Verhandlungen, auch meine eigenen". Auch seien die Akten „leider sehr unvollständig, wohl aus dem Grunde, [...] daß die damaligen Verhandlungen der kirchenpolitischen Lage wegen zum Teil geheim geführt wurden und so auch die Mitglieder des Ordinariates manchmal nur die Entscheidungen selber erfuhren, nicht aber die im Einzelnen gewechselten Schriftstücke zu Gesicht bekamen". Aus diesem Grund seien „die Vorgänge im Einzelnen nicht lückenlos festzustellen". Im Folgenden rekapituliert das Schreiben den Stand der Dinge, soweit bekannt:

„Nach unseren Akten ist das Imprimatur erteilt worden für die erste Auflage, Band I und II, am 7. 8. 1939 von Herrn Generalvikar Rösch.

In unser aller Erinnerung ist noch lebendig, dass der Hochwürdigste Herr Erzbischof selber und die beteiligten Herren vorher vielerlei Bedenken gegen die Erteilung des Imprimatur äusserten. Der Verfasser, Professor Lortz selber, nahm auch immer die verlangten Änderungen an Einzelheiten vor. Vor allem waren die Verhandlungen für die Herausgabe der 2. Auflage langdauernd, eingehend und schwierig. In unseren Akten ist eine Ausfertigung für das Imprimatur der 2. Auflage vom 3. 2. 1941. Sie trägt aber den Vermerk: ‚Cessat bis auf weiteres auf Anordnung Sr. Exzellenz des Hochwürdigsten Herrn Erzbischofs vom 4. 2. 31' [sic]. In allen Teilnehmern ist noch die Erinnerung lebendig an eine Sitzung, die der Hochwürdigste Herr Erzbischof Conrad zur Beratung, wohl im März 1941, einberufen hatte. Es waren dazu erschienen: Vom Verlage Herder der Referent für Theologica Dr. Scherer; Herr Herder-Dorneich nahm auch an der Sitzung teil, wenn auch nicht von Anfang an. Von Geistlichen nahmen teil: Professor Josef Lortz, der Verfasser selber, P. Konstantin Noppel und Domkapitular Wendelin Rauch. Der vom Herrn Erzbischof beauftragte Referent[86] über das Lortzsche Werk erhob schwere Bedenken

---

– Im Vergleich mit Rauchs Entwurf wurde – abgesehen von diversen handschriftlichen Ergänzungen und Korrekturen – lediglich der Abschnitt über die damalige Besprechung mit Lortz in Freiburg durchgestrichen und gänzlich neu formuliert. In der ursprünglichen Darstellung kommt die inhaltliche Kritik an Lortz deutlich ausführlicher und schärfer zum Ausdruck (handschriftliche Ergänzungen kursiv): „Der vom Herrn Erzbischof beauftragte Referent über das Lortz'sche Werk sprach sich gegen die Gewährung des Imprimatur aus, vor allem, weil in diesem Werk die guten Seiten an Luther (seine Gläubigkeit, sein Gebetsgeist, seine Demut) als Vorbild hingestellt waren, aber nicht als subjektive Haltung *u. subj. Wollen* Luthers, sondern objektiv formuliert *und durch Epitheta ohne Einschränkung anerkannt*. Weil aber diese subjektive Haltung in der Formulierung nicht als subjektive Haltung hervortrat, sondern objektiv gewendet erschien, Luther sei der Mann des starken Glaubens, sei der vorbildliche Mann des Gebetes, sei der Mann der Demut, so müsse im Leser ein falsches Bild entstehen. Denn wer glaube wie Luther glaubt, sei nicht mehr katholisch, ebenso wer betet, wie Luther betet, sei nicht katholisch. Diese fast notwendig zu Mißverständnissen führende Rede- und Ausdrucksweise sei ein grosser Fehler des Werkes und lasse sich nicht durch Änderung einzelner Stellen beheben". Rauch, Freiburg, an Nuntiatur (Muench), Kronberg, 23. 03. 1950 [Entwurf]. EAF B2–1945/1022.
[86] Gemeint ist vermutlich Jakob Bilz. In dessen Gutachten zur 2. Auflage war ebenfalls die Rede von „epitheta ornantia", die bei Lortz „so reichlich zugunsten Luthers verwendet werden", ebenso von der „Fragwürdigkeit der übrigen Äußerungen über Luthers Demut". Bilz, Freiburg, an EO, Freiburg, 18. 01. 1941. EAF B2–1945/1022.

gegen die Gewährung des Imprimatur, nicht so sehr wegen zu beanstandender Einzelheiten, sondern weil die ganze Art der Darstellung, besonders in ihren anerkennenden Epitheta, nicht unterscheidet zwischen subjektiv gut gemeinter Haltung und objektiver Richtigkeit und so fast notwendig Anlass zu Missverständnissen gebe. Dieser Fehler des Werkes lasse sich kaum durch Änderung einzelner Stellen beheben.

Die Sitzung dauerte einen ganzen Vor- und einen grossen Teil des Nachmittags. [...] Lortz sei auf die verlangten Änderungen bereitwillig eingegangen; diese Feststellung kehrt auch in Schriftstücken auf anderen Seiten der Verhandlungen des öfteren wieder. Freilich wurden die Schwierigkeiten und Bedenken nie ganz ausgeräumt, zumeist, weil sie nicht nur in Einzelangaben lagen, sondern auch in der oben gezeichneten Darstellungsweise. Das Imprimatur zur 2. Auflage wurde nach all diesen Vorgängen am 26.4.1941 erteilt".

Zu dem von Muench erwähnten Schreiben der Nuntiatur vom Sommer 1941 mit dort enthaltenen römischen Bedenken erklärte Rauch: „Dieses Aktenstück ist bei uns nicht aufzufinden. Es erinnert sich auch keiner der damals beteiligten Herren des Ordinariates, ein konkretes Verzeichnis der von Rom geäusserten Bedenken zu Gesicht bekommen zu haben". Er werde sich weiter um die Aufklärung des Schicksals dieses Schriftstückes bemühen, allerdings sei unklar, wie sich dies zur Mitteilung von Bischof Rusch vom September 1941 verhalte, wonach das Werk nach Aussage Pius' XII. *„nicht* auf den Index komme", „eine Neuauflage mit einigen Änderungen" aber begrüßt werde. Abschließend fasste Rauch die aktuelle Situation wie folgt zusammen: „Änderungen waren schon am Manuskript der ersten Auflage und an der zweiten vorgenommen worden. Auf Grund dessen und des hier bekannten Standes der Dinge glaubte der Hochwürdigste Herr Kapitelsvikar [Wilhelm Burger], das Imprimatur für die 3. Auflage, die nach Mitteilung des Verlags ein unveränderter Abdruck der 2. Auflage war, ohne neue Prüfung erteilen zu können. Es wurde erteilt am 20.4.1948. Von der Vorbereitung einer 4. Auflage ist uns bis jetzt keine Kunde zugekommen".

Wenige Tage später hatte Rauch bereits die Antwort Herders auf seine Anfrage vom 24. März in Händen, ob „Unterlagen im Archiv des Herderschen Verlages enthalten seien, oder ob die damals beteiligten Herren aus ihrer Erinnerung über die Vorgänge noch Auskunft geben können", ferner „ob dem Verlag Herder Bedenken gegen das Buch im einzelnen bekannt gegeben wurden"[87]. Herder konnte nur negativ antworten: Der Verlag besitze leider keine Unterlagen mehr, alles sei beim Brand im November 1944 vernichtet worden. Allerdings könne Lektor Scherer „aus seiner Erinnerung heraus" Folgendes mitteilen:

„Die dritte Auflage des Werkes von Professor Lortz ‚Die Reformation in Deutschland', die im Jahre 1948 erschien, ist ein völlig unveränderter Neudruck der zweiten Auflage vom Jahre 1941. Vor Erscheinen dieser zweiten Auflage war uns durch den hochwürdigsten Herrn Erzbischof Gröber eine Reihe von Bedenken gegen das Werk mitgeteilt worden. Ebenso wurde Herr Professor Lortz, soviel ich mich erinnere, durch den hochwürdigsten Herrn Bischof [Galen] von Münster über die Bedenken unterrichtet. Ich habe

---

[87] Herder, Freiburg, an Rauch, Freiburg, 30.03.1950. EAF B2–1945/1022.

dann persönlich einer Besprechung vorgearbeitet, die mit Euerer Exzellenz [Rauch] selbst im Theologischen Konvikt in Anwesenheit von Professor Lortz stattgefunden hat, indem ich die Wünsche aus Rom in die beiden Bände hineinarbeitete. Diese Korrekturen wurden damals einzeln durchdiskutiert und es kam, wie Euere Exzellenz sich wohl erinnern, zu einer Einigung, zum Teil freilich unter Kompromissen, die den hochwürdigsten Herrn Erzbischof Gröber aber bewegten, das Imprimatur für die zweite Auflage zu erteilen.

Die dritte Auflage [1943], die ein unveränderter Neudruck und für den Export gedacht war, ist bekanntlich nicht erschienen, weil sie verbrannte. In der jetzigen dritten Auflage, die 1948 erschien, wurden nur einige Korrekturen auf Wunsch der französischen Zensur eingefügt. Das ist der Hergang der verschiedenen Neuauflagen. Leider besitzen wir keine Unterlagen mehr. Aber ich kann mich gut an die einzelnen Stadien erinnern".

Aufgrund der noch gesperrten römischen Akten sind wir nicht näher darüber informiert, wie diese Informationen in Rom verarbeitet wurden. Am 7. Mai 1950 wandte sich Domenico Tardini (1888–1961), seit 1937 Sekretär der Kongregation für die außerordentlichen kirchlichen Angelegenheiten, jedoch an den Kirchenhistoriker und Papstsekretär Robert Leiber (1887–1967) und bat diesen um sein Urteil über die dem Schreiben beigelegte Neuauflage der *Reformation in Deutschland*. Leiber habe ja, so hieß es, bereits am 26. Mai 1941 im Auftrag derselben Kongregation ein Gutachten[88] über die erste Auflage verfasst, 1941 sei dann eine zweite Auflage des Werkes erschienen und 1949 dann ein Neudruck dieser Auflage. Man bitte Leiber insbesondere zu prüfen, ob die Neuauflage wesentliche Veränderungen im Vergleich zur ersten Auflage enthalte, ob sie also das Urteil Leibers von 1941 verdiene oder nicht. Sein neues Gutachten möge er bitte in deutscher Sprache verfassen[89]. Eine Antwort Leibers auf Tardinis Anfrage 1950 konnte bislang nicht ausfindig gemacht werden. Angesichts der wenig substantiellen Änderungen in Lortz' Werk steht jedoch zu vermuten, dass sich sein Urteil seit 1941 nicht wesentlich gewandelt hatte.

In diesen Kontext einzuordnen ist aber wohl ein undatiertes und anonymes Gutachten zum „Neudruck (1949) der zweiten Auflage", das sich ebenfalls im Erzbischöflichen Archiv Freiburg fand[90]. Es nimmt Bezug „auf die Aus-

---

[88] [LEIBER], Gutachten, 26. Mai 1941. EAF B2–1945/1022. Abgedr. bei ULIANICH, Geschichtsschreibung, 177. – Leibers kurzes, grundlegend kritisches Gutachten vom 26. Mai 1941 war damals – zusammen mit dem Gutachten des römischen ‚Anonymus' – dem Freiburger Ordinariat zugegangen, allerdings ohne Nennung des Verfassers (vgl. oben).

[89] Vgl. Tardini, Rom, an Leiber, Rom, 07.05.1950. Abgedr. bei ULIANICH, Geschichtsschreibung, 176: „Il 26 maggio 1941 la Paternità Vostra Reverendissima consegnava al Rev.mo Padre Martegani per conto di questo Ufficio il qui unito giudizio sulla prima edizione dell'opera „Die Reformation in Deutschland" […]. Qui allegata mi pregio rimettere alla Paternità Vostra, con preghiera di cortese restituzione, la suddetta ristampa del 1949, pregandoLa di volerla esaminare con la Sua nota competenza e di volermi quindi significare se essa contenga modificazioni più o meno essenziali rispetto alle Iª edizione e se perciò essa si meriti o meno il giudizio espresso da Lei nel 1941. […]".

[90] [N.N.], Gutachten zu J. Lortz, Die Reformation in Deutschland, [ca. 1950]. EAF B2–1945/1022.

stellungen, die ich bei den ersten Auflagen gemacht habe (1939)" und hat folgenden Wortlaut:

„Der Autor erklärt am Ende des Vorwortes zur zweiten Auflage, dass er Erklärungen beigefügt habe, um Missverständnisse seitens der Rezensenten zu vermeiden. Tatsächlich sind jedoch die Texte, die ich in meinem ersten Bericht wörtlich zitiert habe, unverändert in der vorliegenden Auflage erhalten geblieben. Ich habe aber den Eindruck, dass die Aufstellungen ausgeglichen werden durch häufige Reserven und ergänzende Bemerkungen, die sie unschädlich machen. Ein gebildeter Katholik wird nicht getäuscht.

Der Autor gibt sich Mühe, objektiv zu sein und aufzuzeigen, was in der protestantischen Revolution sich an Gutem findet, aber er verschweigt nicht, was zu Ungunsten der Protestanten ist. Ebenso weist er auf die Übel hin, die damals in der katholischen Kirche sich fanden, aber ebenso weist er auch hier auf die günstigen Seiten hin. Der Autor ist katholisch und schreibt im katholischen Sinn, aber er schreibt Geschichte und keine Theologie.

Auf zwei Punkte möchte ich besonders hinweisen:

1) Was der Autor sagt vom christlichen Geiste Luthers, von seiner Liebe zum Kreuz Christi, von seiner Demut. Aber er verschweigt nicht, was sich an Nichtchristlichem und Antichristlichem zeigt in der Art Luthers, zu denken, zu sprechen und zu handeln. Was er von Luthers Demut sagt, wird ergänzt durch den Hinweis auf die Äusserungen masslosen Stolzes und revolutionärer Gesinnung Luthers. Mit andern Worten, der Autor will beschreiben, soweit wie das möglich ist, die verschiedenen Seiten einer so vielseitigen und starken Gestalt, wie dies Luther ist. Er will nicht das theologische und psychologische Problem lösen, ob diese Haltung christlich ist, sondern nur darauf hinweisen, dass diese Haltungen sich unausgeglichen in Luther finden.

2) Die andere Sache, noch problematischer, betrifft die Auffassung des Autors, dass zu Luthers Zeit sich die Kirche nicht erweist – historisch und apologetisch – als das signum elevatum in nationibus, wie das Vaticanum sagt. Hier hat der Autor Unrecht. Auch damals war die Kirche als die Hüterin der Lehre Christi zu erkennen, wenn man auch zugeben muss, dass sie als solche schwieriger zu erkennen war. Diese meine Auffassung gründet sich nicht nur auf theologische Gründe: die Kirche ist immer sichtbar, sondern auch auf historische Gründe. Und der Autor selbst weist darauf hin in den Ergebnissen des zweiten Bandes. Es gab soviel Gutes, neben vielem Bösem, in der Kirche, dass innerhalb der Kirche sich die Abwehr regte gegen den Irrtum. So muss man auch für diese Zeit sagen: Digitus Dei est hic. Der Autor weist darauf hin, dass das für uns heute noch klarer ist, nachdem sich gezeigt hat, welche Veränderungen der Protestantismus erlitten hat.

Um mein Urteil über das ganze Werk kurz zusammenzufassen, möchte ich sagen, dass das Werk mehr vom Geiste einer wahren, kindlichen Ehrfurcht offenbaren möge gegenüber unserer Mutter, der hl. Kirche".

Dieses kurze Gutachten gibt Rätsel auf. Ungeklärt ist zunächst die Verfasserschaft. Auf den ersten Blick könnte man meinen, es sei vielleicht von Domkapitular Wilhelm Reinhard verfasst worden [91]. Anderseits: Warum sollte Reinhard überhaupt ein solches Gutachten verfassen, wenn – wie in Freiburg

---

[91] Vgl. Reinhards früheres Gutachten zum zweiten Band: Reinhard, Freiburg, an EO, Freiburg, 01.04.1939. EAF B2–43–69. Reinhards damaliger Kritikpunkt 4 (Unterbewertung der historisch erkennbaren Herrlichkeit der Kirche bei Lortz) findet sich auch ganz ähnlich im jetzigen Gutachten (vgl. oben Punkt 2), wobei in beiden Fällen ausdrücklich auf das I. Vatikanische Konzil verwiesen wird.

angenommen – die dritte Auflage doch gar keinen neuen Zensurprozess er-forderte? Auch spricht der ganze Duktus eher für die Übersetzung eines nichtdeutschen Textes. Rätselhaft ist das Gutachten aber auch deshalb, weil nicht bloß Name und Datum, sondern auch jegliche sonstige Vermerke des Ordinariats fehlen. Noch mehr Rätsel gibt allerdings der Fundort auf: In den Freiburger Ordinariatsakten wurde das Gutachten nämlich (nachträglich) dem Nuntiaturschreiben vom 15. Mai 1941 als Anhang zugeordnet, nach dem Gutachten des römischen ‚Anonymus' und dem (ebenfalls anonymisier-ten) Gutachten Leibers.

Für den Versuch einer Erklärung muss chronologisch etwas vorgegriffen werden: Bei dem Nuntiaturschreiben handelt es sich ausgerechnet um jenes, das zu dieser Zeit im Freiburger Ordinariat nicht mehr auffindbar war und erst 1961 wieder auftauchte, als es um das Imprimatur der vierten Auflage ging[92]. Möglich ist, dass die dem Schreiben ursprünglich beiliegenden Gut-achten weiterhin fehlten; in jedem Fall erhielt das Freiburger Ordinariat 1962 – im Rahmen der Zensurverhandlungen mit Rom – von der Nuntiatur einige Gutachten in Kopie: zum einen zu früheren Auflagen (wahrscheinlich die anonymen Beanstandungen von 1941), zum anderen aber auch über den „Neudruck der zweiten Auflage", d. h. über die dritte Auflage von 1949[93]. Die Vermutung liegt nahe, dass es sich dabei um das hier fragliche Gutachten handelte – das dann also aus Rom stammte und von jemandem verfasst wor-den war, der bereits „bei den ersten Auflagen" beteiligt gewesen war.

Wer käme hierfür in Betracht? Alles deutet auf Robert Leiber hin: Leiber war nachweislich (wenn auch ‚inoffiziell') bereits 1939 im Kontext der ersten Auflage involviert[94], sodann bei der zweiten Auflage[95]; außerdem wurde er am 15. Mai 1950 von Tardini wieder wegen eines Gutachtens angefragt. Es scheint von daher plausibel, Leiber als Verfasser auch des neuen, nicht näher gekennzeichneten Gutachtens zu betrachten.

3. Ein Paukenschlag und Sondierungen in Rom – Lortz' Romreisen 1950 und 1952

Es vergingen nur wenige Monate, bis ein neues Ereignis die Gefahr für die *Reformation in Deutschland* noch einmal deutlich erhöhen sollte: Am

---

[92] Vgl. dazu unten.
[93] Vgl. Nuntiatur (Bafile), Bad Godesberg, an Schäufele, Freiburg, 25.04.1962. EAF B2-1945/1022: „Parimenti in duplice copia Le invio anche il parere che fu dato circa la ris-tampa della seconda edizione (Allegato N.5)".
[94] Vgl. oben Herder-Dorneichs Schreiben an Leiber im März 1939. – Aufgrund der zeit-lichen Nähe zu Reinhards damaligem Gutachten vom 1. April 1939 ließe sich sogar mut-maßen, dass der gemeinsame Kritikpunkt in den beiden Gutachten auf eine – wie auch immer übermittelte – Anregung Leibers zurückging.
[95] Vgl. oben Leibers Kritik am ‚antirömischen Komplex' sowie sein Gutachten vom 26. Mai 1941.

12. August 1950 veröffentlichte Papst Pius XII. (1876–1958) die Enzyklika *Humani generis*[96]. Sie war nichts anderes als eine umfassende Kritik an verdächtigen zeitgenössischen Trends innerhalb der Theologie. Interessanterweise nahm die Enzyklika auch eine Verhältnisbestimmung von systematischer und historischer Theologie vor. Sie sprach zwar davon, durch das Studium der heiligen Quellen (Schrift und Tradition) verjünge sich die theologische Wissenschaft immer von neuem, wohingegen, wie die Erfahrung lehre, die Spekulation unfruchtbar werde, wenn sie die (historische) Erforschung des Glaubensschatzes vernachlässige[97]. Damit bekräftigte der Papst die fundamentale Notwendigkeit der Kirchengeschichte für die Theologie. Aber er betonte auch, die „positive Theologie" (die Dogmatik) dürfe deshalb nicht einfach mit der Geschichtswissenschaft auf eine Stufe gestellt werden. Das Lehramt war sich des kritischen Potentials kirchengeschichtlicher Forschung bewusst, dies hatte die Warnung der *Instructio* von 1949 gezeigt: die Reformationsgeschichtsschreibung solle sich hüten, Fehler der Katholiken einseitig zu betonen und die Vergehen der Reformatoren zu ignorieren, „Nebensächliches" ans Licht zu zerren und den „Abfall der Protestanten" herunterzuspielen. Deshalb stellte *Humani generis* einmal mehr fest: Neben den Offenbarungsquellen habe Gott seiner Kirche das *lebendige Lehramt* geschenkt. Überall dort, wo die Quellen dunkel oder nicht ausdrücklich sprächen, sei es Sache des kirchlichen Lehramtes, diese zu deuten und zu erläutern. Den Glaubensschatz habe der Heiland eben „weder einzelnen Christgläubigen noch selbst den Theologen zur authentischen Auslegung anvertraut, sondern allein dem Lehramt der Kirche"[98]. Damit war dem Lehramt die Deutungshoheit auch über geschichtliche Probleme vorbehalten.

Für Lortz besonders brisant war nun aber, dass der Papst als gefährlichste Wurzel der modernen Irrtümer das Bestreben bezeichnete, die Lehren des Glaubens abzuschwächen oder durch Neuinterpretation wesentlich zu verändern, um auf diese Weise eine größere Basis für eine Begegnung von Katholiken und Nichtkatholiken zu schaffen[99]. Damit vertiefte die Enzyklika die mit der *Instructio* in alle ökumenischen Bemühungen geschlagene Kerbe noch einmal deutlich. Im Grunde übernahm der Papst den Inhalt der *Instructio* von 1949, in der es hieß: „Es gilt zu vermeiden, daß durch einen heute irenisch genannten Geist die katholische Lehre [...] den Lehren der Andersgläubigen so angeglichen oder angepaßt wird [...], daß dadurch die Reinheit der katholischen Lehre Schaden leidet und ihr ursprünglicher und sicherer Sinn verdunkelt wird"[100].

---

[96] Enzyklika *Humani generis*, in: AAS 42 (1950), 561–578. Abgedr. in: DH 3875–3899.
[97] *Humani generis*, hier DH 3886.
[98] *Humani generis*, hier DH 3886.
[99] *Humani generis*, hier DH 3880f.
[100] Instructio *De motione oecumenica*, in: AAS 42 (1950), 142–147. – Bezeichnenderweise wurden eben jene letzten Worte von *Humani generis* ins Ökumenismusdekret *Unitatis redintegratio* vom 21. November 1964 des Zweiten Vatikanischen Konzils übernommen. Vgl. zum Ganzen auch: Dominik BURKARD, ... Unam Sanctam (Catholicam?). Zur theo-

An dieser – mit hoher Autorität abermals fixierten – Norm gemessen, war die Reformationsgeschichte von Lortz eigentlich nur noch in den Giftschrank zu verbannen. Tatsächlich fand das neue „römische Klima" in der Folge seinen Niederschlag in den strategischen Überlegungen von Lortz. Er beschloss angesichts der jüngsten Entwicklung, in die Offensive überzugehen. Sein Vorschlag im September 1950, seine *Reformation in Deutschland* einigen römischen Persönlichkeiten und auch dem Papst selbst persönlich zu übergeben, stieß beim Verlag jedoch auf Zurückhaltung. Scherer glaubte, „eigentlich nur davon abraten" zu können, besonders „nachdem das Unglück mit dem Osservatore Romano passiert" sei. Natürlich stehe es Lortz frei, bestimmten Persönlichkeiten in Rom ein Exemplar seines Werkes zu dedizieren. Nach allem, was die neue Enzyklika enthalte, scheine der Boden in Rom allerdings doch „immer noch recht ungünstig" zu sein[101].

Anlass der Überlegung von Lortz war offenkundig eine Romreise, die Lortz im Oktober 1950 unternahm. Aufgrund einiger weniger tagebuchähnlicher Aufzeichnungen von Lortz haben wir Kenntnis von diesem Romaufenthalt[102]. Insbesondere hielt Lortz in Grundzügen jene Gespräche fest, die er mit verschiedenen Persönlichkeiten führen konnte, darunter mit Josef Grendel SVD (1878–1951), dem für ökumenische Fragen im Heiligen Offizium zuständigen Konsultor, sodann mit Robert Leiber SJ und schließlich auch mit Alfredo Ottaviani (1890–1979), dem Assessor des Heiligen Offiziums. Anlass dieser Gespräche war – neben Sondierung der römischen Haltung hinsichtlich der *Reformation in Deutschland* – die *Instructio* „Ecclesia catholica", deren Tonfall Lortz als ausgesprochen hinderlich für das ökumenische Gespräch und das interkonfessionelle Verhältnis zu den Protestanten betrachtete.

Wie wir den Aufzeichnungen entnehmen können, traf Lortz sich am 7. Oktober zunächst mit Grendel. Der erste Eindruck schien wenig vielversprechend: „Sehr schwer zum Reden zu bringen. Ich betone immer von neuem, wie wichtig es sei, die Evangel[ischen] religiös gewinnend anzureden. – Immer wieder er: wie leicht das missverstanden werden könnte. Ich betone Wichtigkeit und Fruchtbarkeit des kath[olischen] mea culpa. – Er erzählt von einem Katholiken (einer von unserer Seite), der von ihm schreibend verlangt hätte, daß Rom mea culp[a] sage. Er habe geantwortet: Adrian VI. beweise, wie das schlecht wirke und ausgenutzt werde. – Hier antwortete ich nach-

---

logiegeschichtlichen Verortung des Ökumenismusdekrets „Unitatis redintegratio" aus der Sicht des Kirchenhistorikers, in: Thomas FRANZ/Hanjo SAUER (Hg.), Glaube in der Welt von heute. Theologie und Kirche nach dem Zweiten Vatikanischen Konzil, Bd. 1: Profilierungen (FS Elmar Klinger), Würzburg 2006, 57–109.

[101] Scherer, Freiburg, an Lortz, [Münster?], 12.09.1950. IEG, NL Lortz [1233].

[102] Es handelt sich um eine Reihe loser Blätter unterschiedlichen Formats, von denen 25 Seiten mit Tinte, z.T. mit Bleistift beschrieben sind, überwiegend in Form tagebuchartiger Einträge: Joseph LORTZ, Aufzeichnungen aus Rom, Oktober 1950. IEG, NL Lortz [732]. – Stillschweigend aufgelöst wird „&" als „und", ebenso „X^{tum}" als „Christentum".

drücklich". Daraufhin schlug Grendel vor, „ich solle einmal einen Entwurf[103] senden, wie nach meiner Meinung die instructio hätte lauten sollen". Auf Lortz' Frage, an welche für sein Anliegen geeigneten römischen Gesprächspartner er sich wenden könne: „langes Schweigen". Dann: „er wisse tatsächlich keinen. Denn Marchetti[104] und Ottaviani kämen zur Zeit dafür nicht in Frage". Am Ende des Gesprächs (nach 1 ¼ Stunden) stellte Grendel schließlich fest: „er sei doch froh, aus meinen Darlegungen ein positives Bild der Möglichkeiten […][105] des [ökumenischen] Gesprächs gewonnen zu haben; er stehe ganz wohlwollend dafür u[nd] werde das Seine tun, daß das Anliegen religiös besorgt zu sprechen etc. bei den rechten Leuten bekannt werde".

Das Treffen mit Leiber fand am 14. Oktober in der Gregoriana statt. Leiber selbst war – wie Lortz am folgenden Tag von Wilhelm Klein SJ (1889–1996), dem Spiritual am Collegium Germanicum[106], erfuhr – „sehr an einem Gespräch mit mir interessiert" gewesen. Lortz stellte zuerst den Grund seines Besuches fest: Er komme, weil Erzbischof Jaeger[107] von Paderborn und Bischof Keller[108] von Münster „der Meinung waren, es sei gut wenn ich käme". Er habe zwei Anliegen: Zum einen „zu hören, wie man die Behandlung der Protest[anten] i[n] Deutschl[and] fruchtbarer gestalten könne", und zum anderen „über die Reformation zu reden" – gemeint war die *Reformation in Deutschland*. Das gesamte Gespräch dauerte etwa eine Stunde und drehte sich fast ausschließlich um den ersten Punkt, während der zweite bloß „in 5–8 Minuten am Schluß" abgehandelt wurde.

Das erste Thema eröffnete Lortz zunächst mit der Feststellung des „Faktum, daß [die] Instructio sehr abkühlend, ja zurückstossend gewirkt hat". Es

---

[103] Zu diesem Entwurf von Lortz vgl. unten.

[104] Gemeint ist wohl Ottavio Marchetti SJ (1869–1952), der als Consigliere der Studienkongregation zugehörte. Vgl. *Annuario Pontificio per l'anno 1951*, Città del Vaticano 1951, 839. – Zu ihm: Gualberto GIACHI, Art. Marchetti, in: Charles E. O'NEILL/Joaquín M. DOMÍNGUEZ (Hg.), Diccionario Histórico de la Companía de Jesús. Biográfico-Temático, Bd. 3, Roma/Madrid 2001, 2501.

[105] „(um Asmussen; Marienbuch; ich in Bethel)". Gemeint war offenbar ein Vortrag von Lortz in Bethel und das Buch von Hans ASMUSSEN, Maria, die Mutter Gottes, Stuttgart 1950. – Zu Hans Asmussen (1898–1968) und seinem ökumenisch orientierten Kreis vgl. neuerdings: Dominik BURKARD, Frühe katholisch-evangelische Sondierungen. Augustin Bea und die „Sammlung" ökumenisch orientierter Protestanten, in: Clemens BRODKORB/Dominik BURKARD (Hg.), Der Kardinal der Einheit. Zum 50. Todestag des Jesuiten, Exegeten und Ökumenikers Augustin Bea (1881–1968) (Jesuitica 22), Regensburg 2018, 367–447.

[106] Klein war „ursprünglich Kursgenosse von Lortz im Germanicum", wie Peter Manns berichtet, der zudem „die spannende Korrespondenz der beiden Alten" erwähnt. Vgl. MANNS, Joseph Lortz, 37f.

[107] Lorenz Jaeger (1892–1975), seit 1941 Erzbischof von Paderborn, Referent der Fuldaer Bischofskonferenz für ökumenische Fragen.

[108] Michael Keller (1896–1961), nach dem Tod Galens seit 1947 Bischof von Münster.

dauerte offenbar lange, bis Leiber „zu verstehen schien, daß es nicht auf das Berechtigte dieser Abkühlung ankomme, sond[ern] auf das Faktum". Lortz forderte gegenüber dem Jesuiten, „alles, auch in offiziellen Aktenstücken", immer „auch ex caritate zu sagen", um so die vorhandenen „Möglichkeiten bei d[en] Prot[estanten] zu aktivieren". Ein von Lortz wohl vorgeschlagenes Schuldbekenntnis von katholischer Seite stieß bei Leiber auf völliges Unverständnis: „Das mea culpa wollte er zunächst ganz ablehnen. Niemand von heute sei für das XVI. s[aeculum] verantwortl[ich]". Lortz betonte dagegen, „wir stünden hier […] in viel tieferen Zusammenhängen", zudem sei es „ein Faktum, daß das kath[olische] mea culpa paradoxer Weise auflockert u[nd] die Ev[angelischen] fruchtbar unruhig macht". Doch Leiber blieb anderer Ansicht: „Das mea culpa Adrians VI. halte er, so nobel es gemeint gewesen, für verfehlt. Wie habe es gewirkt!" Lortz hielt dagegen: „Diesen Einwand nehme ich von Ihnen als Historiker nicht entgegen. Denn damals reagierte[n] die *politischen* Kräfte das Geständnis [Adrians] ausnutzend. Wir aber reden im christl[ichen] Raum, wo gemäss Luk 9, Joh 12 der Gewinn durch Verlust kommt". Leiber wandte hiergegen ein, „in Rom sehe man grössere Aufgaben: Russland, Islam, Afrika" (also die Frage der Religionen), worauf Lortz replizierte: „Alle diese Aufgaben werden erfolgreich nur gelöst werden von einem einigen Christentum". Er verwies zum einen auf „das Hohepriesterl[iche] Gebet" Jesu (Joh 17,21), zum anderen darauf, dass bei jeder Verkündigung des Christentums „hemmend im Bewusstsein des Angeredeten das fürchterliche Wissen um die Spaltung, um die Mehrheit der Christentümer" stehe.

Während Lortz rückblickend glaubte, der „religiöse Aspekt" sei Leiber im Gespräch „doch immer etwas klarer" geworden, behielt Leiber doch seine Ansicht bei, „der Papst solle sich überhaupt nicht zu diesen Fragen äussern. Es entstehe zu leicht [ein] schiefer Eindruck". Hier widersprach wiederum Lortz: Der Papst „*müsse* sich äussern", zumal weil „viele Protest[anten] gerade auf *ihn, diesen* Papst, mit seiner differenzierenden Sprechweise" hofften. Als Leiber einwandte, „es gehe um die Wahrheitsfrage, sonst [um] nichts", stimmte Lortz zwar grundsätzlich zu, meinte aber, es gehe doch auch „darum, der Wahrheit zum Sieg zu verhelfen", durch „Hinhorchen auf die besondere Art etc.", und *sein* Eindruck sei eben, dass „derartiges in der Instructio" nicht zu finden sei. „Durch solches Hinhören" wären aber gerade ökumenisch engagierte evangelische Theologen wie „[Hans] Asmussen etc. eher zu aktivieren, auch mancher aus dem Umkreis von [Martin] Niemöller".

Als Leiber sich gegen den von anderen geäußerten Vorschlag aussprach, „daß ein Legat für diese Sachen nach Deutschl[and] komme", meinte Lortz, es genüge, wenn „jemand ohne offiz[ielle] Stellung" aus Rom komme, jemand „der ex caritate spreche", und zwar „nicht für Reden, sondern für intimes wochenlanges Zusammensein", etwa mit Asmussen, und „um auch mit ihm zu beten". Lortz notierte rückblickend: „Das Gespräch wurde sehr eindringlich, nach innen gewendet". Schließlich äußerte Leiber: „Nun, vielleicht gibt sich eine Gelegenheit, daß der Papst ein Wort sagen kann". Lortz erwiderte, „daß man Ihnen im Namen der K[irche] dafür sehr dankbar sein dürfe". Zuletzt fragte Lortz noch, ob er Leiber seine *Geschichte der Kirche* „dedizieren dürfe, was er fr[eun]dl[ich] annahm".

Erst als Lortz „schon aufgestanden" war, fiel ihm ein: „Aber ich habe ja noch den 2. Punkt, der geht mich persönl[ich] an", nämlich die *Reformation in Deutschland*. „Ich knüpfte an an die Rezension im Osservatore [Romano] 1950, wo behauptet wurde, schon früher verlangte Aenderungen seien leider nicht angebracht worden"[109]. Leiber entgegnete, er „habe die Rez[ension] nicht gelesen". Lortz ließ sich dadurch nicht beirren, sondern erklärte: „Ich lege *Wert* auf folgende Feststellung: 1) Galen und Gröber waren der Meinung, daß nach den verschiedenen Verhandlungen auch der letzte Rest von Unklarheit beseitigt sei". Dazu zitierte er Galen[110] und wies auf dessen „Romtreue" hin sowie auf „Gröbers Aenderung nach meinen Vorträgen auf Bericht v[on] Noppel, Rauch und Schäufele"[111]. Sodann erinnerte Lortz 2) an den „Bericht von Bischof Rusch"[112], mit dessen „Allgemeinheiten" er aber „natürlich nichts hatte anfangen können". Als „einzige kathol[ische] kritische Stellungnahme" bleibe 3) lediglich die zweite Rezension von Hugo Rahner[113], doch diese sei „indiskutabel, weil sie sich selbst aufhebt". Daraufhin behauptete Leiber noch einmal: „Die Rezens[ion] kenne ich nicht!!!! Ich hatte mit dem Buch nie amtlich zu tun"[114], schob dann aber nach, dass er mit der „Lutherauff[assung]" von Lortz „nicht ganz mit" gehe: „Wenn ich das letzte Kap[itel] Ihres 1. B[an]des lese, frage ich mich: war L[uther] wirklich so? – Ich finde in seinen Äusserungen über das Sakrament etc. Furchtbares". Als Lortz auf seine Ausführungen zu Luthers

Abb. 18: Robert Leiber SJ (1887–1967). Rechts im Hintergrund: Augustin Bea SJ (1881–1968).

---

[109] N.R., Anzeige zu: J. Lortz, Die Reformation in Deutschland, in: L'Osservatore Romano, Nr. 30, 5. Februar 1950. Vgl. dazu oben.

[110] „Sehen Sie, wenn man seine Gründe sagt, bekommt man *sogar* in Rom recht".

[111] Hermann Schäufele (1906–1977), der spätere Erzbischof von Freiburg. Zu seiner Rolle im Kontext der 4. Auflage vgl. unten.

[112] Gemeint ist Ruschs Mitteilung, die *Reformation in Deutschland* werde laut Pius XII. „*nicht* auf den Index kommen", man begrüße aber „eine Neuauflage mit einigen Änderungen". Vgl. Rusch, Innsbruck, an Gröber, Freiburg, 10.09.1941. EAF B2–1945/1022.

[113] Hugo RAHNER, Kritik an Lortz?, in: Schweizerische Rundschau 40 (1940/41), 658–663. Vgl. dazu oben.

[114] Vgl. jedoch ein undatiertes Schreiben Hugo Rahners an Leiber: „Haben Sie vielleicht meine Rezension von Lortz in der ‚Schweizerischen Rundschau' gelesen? Da habe ich wirklich wieder gut zu machen versucht, was in der Stimmen-Besprechung manchem weniger gelungen zu sein schien". Rahner an Leiber, undatiert. APUG, NL Leiber [Fondo 8].

„Grobianismus" verwies, wohl um zu demonstrieren, dass er auch das Negative bei Luther sehe, fragte ihn Leiber direkt: „Halten Sie eine wirkliche Christentumsliebe b[ei] Luther für möglich"? Lortz bejahte diese „als stark vorliegend" und fügte hinzu: „Darüber müssen wir uns klar sein, diese Frage vor Protestanten auch nur [zu] stellen, macht jede Unterhaltung mit ihnen aussichtslos". Mit einer „Trennung im Guten" fand das Gespräch sein Ende.

Als Lortz am folgenden Tag P. Wilhelm Klein von seiner Unterredung mit Leiber berichtete, kommentierte dieser: „Die Instructio […] enthält nichts vom Hinhorchen auf die bes[ondere] Lage etc. der Protest[anten]; es ist ein kaltes jurist[isches] Stück. Und ich kenne ja einige der Mitarbeiter". Die Behauptung Leibers, er kenne die zweite Rezension Rahners nicht, zauberte bei Klein nur ein „Schmunzeln" ins Gesicht: Leiber werde „irgend eine restrictio[115] angebracht haben, daran ist er notwendiger Weise gewöhnt"; es sei „zu schade", dass er „nicht mit offenem Visier kämpfen könne". Dabei sei freilich zu „berücksichtigen, welche Feinde P. L[eiber] im Vatikan habe, alle die offiz[iellen] Beamten. Am Tage, wo der Papst stirbt, müsse er sich schleunigst davon machen". Klein empfahl, Lortz „solle nun mit Leiber Kontakt halten". Die Tatsache, dass Lortz „so lange nicht in Rom gewesen sei", sei bereits von jemandem „als verdächtig bezeichnet" worden. „Es kommen hier so viele Leute, die immer wieder sich [in] Erinnerung bringen wollen, für M[onsi]g[no]r[e], oder Prälat, oder B[ischofs]-liste …"

Schließlich fand am 20. Oktober auch noch ein Treffen von Lortz mit dem einflussreichen Assessor des Heiligen Offiziums, Alfredo Ottaviani, im „Palazzo del S. Uffizio" statt. Das Gespräch entwickelte sich von Anfang an wenig aussichtsreich. Lortz notierte: „Volle Katastrophe. Er weiss von vornherein alles, und alles besser. Von der evangel[ischen] Realität hat er keinen Schimmer". Dies zeigte sich auch in Ottavianis Meinung zur *Instructio:* „Die Instructio sei voll von pastoraler Wärme. Natürlich müsse der Unterschied zwischen warmer Ansprache und Rechtsedikt genau gewahrt werden". Letztlich schien Ottaviani das Problem in einem Missverständnis der *Instructio* von protestantischer Seite zu liegen: „Der Widerstand der Protest[anten] käme von den Aussichten, die einige Katholiken ihnen in zu iren[ischer] Weise gemacht hätten […][116]. Und sie meinten, die K[irche] müsse irgendwie im Dogma nachgeben. Alles käme daher, dass sie die kath[olische] Lehre nicht genügend kennten. Und also sei es unsere – also meine und der anderen Arbeiter in der Una S[ancta-]Arbeit – Aufgabe, den Prot[estanten] klar zu machen, wie entgegen kommend die Instructio sei, und daß sie bei uns Freiheit, Liebe etc. in Fülle finden würden". Damit war Lortz freilich – ohne dass über

---

115 Vgl. oben Leibers Behauptung, er habe mit Lortz' Buch nie „amtlich" zu tun gehabt.
116 Die hier eingefügte Überzeugung von Lortz, Ottaviani habe „damit wohl sicher mich nicht" gemeint, weil er nach eigener Aussage „weder mich noch meine Bücher" kannte („von letzteren auch weiterhin kein Wort"), dürfte freilich als stark naiv zu werten sein. Ottaviani war sicher bestens über Lortz informiert.

die *Reformation in Deutschland* gesprochen worden wäre – Deutliches ins Stammbuch geschrieben. Entsprechend resigniert notierte Lortz im Rückblick: „Er ließ mich gar nicht zu Worte kommen, er war seiner Sache so sicher, in seinem Besitz so fest. Er gebrauchte die richtige Formel des Papstes revertar in civitate. Aber alle Formeln und Bibelspr[üche] kamen so glatt und gekonnt". Als dann „schließlich doch" noch das Thema „kathol[isches] mea culpa" zur Sprache kam, „hatte er die Generalausflucht: wir wollen nicht G[eschichte?], sondern Zukunft. Wir wollen keinen Streit um Verantwortl[ich]keit. Wenn wir G[eschichte?] werden in diesem Punkt, ist das unausbleiblich. Wenn Glieder einer Familie sich vereinigen sollen, dann vergessen sie alles, schliessen sich in die Arme …" Lortz stellte enttäuscht fest: „Für den religiösen und kirchl[ichen] Wert des mea culpa kein Verständnis. Für die Nöte der Prot[estanten] nicht".

Grendel hatte erwähnt, Lortz möge ihm „einmal einen Entwurf senden, wie nach [s]einer Meinung die instructio hätte lauten sollen". Ein inhaltlich dazu passendes Schriftstück findet sich tatsächlich in Lortz' Nachlass: Es handelt sich um eine undatierte Zusammenstellung ohne Verfasserangabe und trägt die Überschrift „Einige Bemerkungen ueber die Verkuendigung der katholischen Wahrheit in Bezug auf die Protestanten in Deutschland, besonders durch offizielle kirchliche Stellen"[117]. Darin finden sich in 10 Punkten konstruktiv-kritische Vorschläge zur besseren Kommunikation zwischen Katholischer Kirche und Protestantismus, mit manchen Ähnlichkeiten zu dem, was Lortz bereits in den mündlichen Gesprächen mit Grendel und Leiber vorgebracht hatte:

„1. Es gibt in Deutschland keine protestantische *Massen*bewegung zur kathol[ischen] Kirche hin. Aber es ist ein Faktum, dass eine bedeutende Zahl von evangelischen Christen, auch von Theologen der ersten Linie, sich unserer Kirche bedeutend genaehert haben. a) Die Aeusserungen der Kirche werden mit wesentlich groesserer Aufmerksamkeit gehoert (und also auch untersucht), als dies frueher der Fall war. b) Die Auseinandersetzungen mit den Katholiken sind vom frueheren Grobianismus frei. Ein wirkliches *Gespräch* ist moeglich geworden. c) Erhebliche protestantische exegetische und dogmatische Arbeiten zeigen in den Aeusserungen ueber das Amt, ueber die Sakramente klare Hinwendung zu einer Auffassung, die sich der katholischen naehert. *Diese Ansaetze muessen wir pflegen, aktivieren.* Als wichtigstes Einzelbeispiel ist zu nennen Hans Asmussen, Propst in Kiel, mit seinem letzten Buch ueber Maria die Mutter des Herrn.

---

[117] [Joseph Lortz], „Einige Bemerkungen ueber die Verkuendigung der katholischen Wahrheit in Bezug auf die Protestanten in Deutschland, besonders durch offizielle kirchliche Stellen", [Rom, Oktober 1950?]. IEG, NL Lortz [732]. – Ein beidseitig maschinenschriftlich beschriebenes Blatt auf Briefpapier mit aufgedrucktem Briefkopf des „Pontificium Collegium Germanicum et Hungaricum". Der Text zeigt zahlreiche handschriftliche Korrekturen, die auf Lortz als Verfasser hindeuten. Er hatte den Text offenbar noch während seines Romaufenthalts im Oktober 1950 verfasst und auf einer italienischen Schreibmaschine getippt. Ob der Text tatsächlich an Grendel ging, ist ungesichert. Man wird aber davon ausgehen dürfen.

2. Es ist ein Faktum, dass viele (wohl die meisten) dieser protestantischen Brueder (uebrigens auch Konvertiten) sehr hart getroffen wurden und sich von der Kirche zurueckgeworfen fuehlten durch die Instructio ‚Ecclesia catholica‘, und auch durch einige Aeusserungen der Enzyklika ‚Humani generis‘ (etwa die Stelle, wo die Rede ist von den kathol. Theologen, die versuchen, bei den theologischen Formulierungen unter Umgehung der traditionellen systematischen Formeln zu den Formeln der Vaeter und der Bibel zurueckzukehren. Dies ist ein Musterbeispiel: denn der Satz ist fuer den Katholiken klar; fuer den Protestanten weckt er den alten Verdacht auf, wir wollten nichts von der Bibel wissen).

3. Es ist eine Tatsache, dass der wesentliche Teil dieser[118] evangelischen Christen und Theologen verstanden haben, dass sie mit unserer Kirche nur nach der Methode der dogmatischen Intoleranz verhandeln koennen.

4. Aber sie glauben, dass es moeglich sein muesse, die katholische Wahrheit immer in der *Liebe*[119] zu formulieren, in einem *apostolischen* Geist, einem Geist christlicher Vaeterlichkeit; in einer Art des Sprechens, die hinsieht u. hinhorcht auf die besondere geistigseelische und religioese Lage der getrennten Brueder, mit ihren besondern Schwierigkeiten, aber auch hinhorcht auf ihren besondern Reichtum, wie ihn etwa die tiefe Verehrung und ausgebreitete Kenntnis der Hl. Schrift darstellt.

Sie meinen auch, die Kirche sollte die religioesen Werte der Reformation bezw. der Reformatoren anerkennen, im Sinne des Hl. Clemens Maria Hofbauer, der sagte, die Reformation sei gekommen, weil die Deutschen das Beduerfnis hatten, fromm zu sein.

5. In den katholischen Darlegungen über die Ursachen der Reformation und in den darauf fussenden sehr zahlreichen Besprechungen mit Protestanten hat sich die wahrhaft paradoxale Kraft des im Vertrauen auf den Herrn und aus Liebe zur Kirche und als Dienst an ihr ausgesprochenen katholischen ‚mea culpa‘[120] gezeigt. Es macht die evangelischen Christen in weitem Umfang fruchtbar unsicher[121] der Abtrennung von der Mutterkirche gegenueber. Nach diesem ‚mea culpa‘ kann man immer wieder feststellen, wie ganz anders hart und unnachgiebig man die katholische Wahrheit vor ihnen aussprechen darf und diese einen Zugang bei ihnen geoeffnet findet. (Die entgegengesetzte Haltung, wie sie etwa s[einer] Z[ei]t bei Denifle vorgetragen wurde, wirkte genau umgekehrt: nur verhaertend).

6. Die tatsaechliche Wirkkraft des Wortes der Offenbarung ist – wenn man auf den Erfolg sieht – entscheidend geschaedigt worden durch die Spaltung, welche die Reformation hervorgerufen hat. Also kann die volle Wirksamkeit des Wortes Gottes nach aussen, so weit menschliche Mitwirkung in Frage kommt, nur wiedergewonnen werden durch Wiederherstellung der Einheit, also durch die Rueckkehr zur Mutterkirche: *die Wiedervereinigung ist die Kapitalfrage fuer die heutige Kirche.* Sie ist das auch trotz der immensen und zahlenmaessig weit ueberragenden Anliegen, die mit den Namen Afrika, Japan, China, Russland, Islam angedeutet seien. Die Frage der Wiedervereinigung ist schon deshalb die Kapitalfrage, weil es das Hohepriesterliche Gebet des Herrn gibt. In ihm ist die volle Einheit ‚derer, die auf ihr Wort an Mich glauben‘ als Vorbedingung genannt, ‚dass die Welt glauben koenne‘. Und es ist *heute* die Stunde fuer diese Loesung; man muss *diese* Stunde nutzen. Man muss sie nutzen mit apostolischem Mut und Wagemut, den ja niemand so eindringlich seit vielen Jahren von uns verlangt hat als der Hl. Vater.

---

[118] Hier gestrichen: „fuer eine Annaeherung an die Kirche in Frage kommenden“.
[119] Hier griechischer Zusatz: „aletheuein en agape“. Ein Verweis auf Eph 4,15.
[120] Hier gestrichen: „in Bezug auf die Reformation“.
[121] Hier gestrichen: „eben“.

7. Und deshalb[122] sollten die offiziellen kirchlichen Stellen Roms Kontakt nehmen mit der protestantisch-deutschen Wirklichkeit. In Rom weiss man sehr vieles (das multa) vom evangelischen Christentum, aber nicht das multum; man *waegt* wohl doch nicht genuegend die *Wirklichkeit* dieses Protestantismus, wie er sich in vielen,[123] tief frommen, dem Herrn Jesus hingegebenen einfachen Christen und sehr, sehr gelehrten Theologen darstellt.

8. Die Frage des *Welt*protestantismus, also nicht zuletzt des amerikanischen Protantismus (soweit noch christliche Substanz vorhanden ist) wird *in Deutschland* entschieden werden. Von dort kam und kommen die theologisch-dogmatischen Unterlagen oder Zerstoerungen. Es waere fuer die amerikanischen Protestanten (ohne die der uns heute gefaehrliche Niemoeller in Deutschland seine Rolle gar nicht spielen koennte) wie ein Wunder, und eine ueberwaeltigende Bezeugung geistiger Kraft, wenn es der katholischen Kirche gelaenge, in Deutschland, einen Kern einer Unionskirche zu schaffen. (Von der kathol[ischen] Kirche aus gesehen würde ein solcher Kern eine ungeahnte Anziehungskraft entwickeln, wie ein Katalysator wirken).

9. Hierzu ist noetig, dass von Rom aus, in Realisierung des vom Hl. Vater geforderten Wagemutes, wenigstens in einem Minimum, aber in warmem, demütigen, die Herzen oeffnenden Ton, die christlichen Werte der getrennten Brueder anerkannt wuerden. Dieser Ton war z. B. in der Instructio ,Catholica ecclesia' [sic] nicht getroffen, auch nicht in dem Satz, in dem anerkannt war, dass nichts von dem, was die Gnade in den Herzen der getrennten Brueder an Gutem gewirkt haette, verloren gehen sollte. (Uebrigens waere hier zu achten auf den Unterschied zwischen Wesentlich und Lebensfördernd: das Erstere kann die Kirche von den getrennten Bruedern nicht bekommen; sie hat das alles; das Zweite aber kann sie sehr wohl von ihnen lernen). Es waere ein Leichtes, die erwaehnte Anerkennung, auf welche so viele Protestanten *sehnsuechtig warten*, auszusprechen, ohne auch nur den Schatten eines Gedankens aufkommen zu lassen, es werde die dogmatische Intoleranz nicht voll und unnachgiebig aufrecht erhalten.

10. Und also: a) die *Frage:* ob es nicht moeglich werden koennte, die katholischen Positionen gegenueber dem Protestantismus in einem *wesentlich religioesen Ton aus der Liebe heraus* zu formulieren (auch wenn sie in einem juristischen Aktenstueck ausgesprochen werden); b) die *Bitte,* in diesem Sinne den Heiligen Vater (gerade Er ist fuer viele evangelische Brueder eine so grosse Hoffnung) zu unterrichten; c) vor allem die *Bitte,* zur Arbeit an den Protestanten *nach Deutschland* zu kommen. Es muss jemand aus Rom kommen, jemand, von dem man weiss, dass er das volle Vertrauen des Hl. Vaters hat; jemand, der aus der Liebe in der Wahrheit spricht. Es handelt sich nicht um die auch notwendigen und sehr, sehr nuetzlichen Predigten (Deren Funktion ist in diesem Zusammenhang als Vorbereitung der Katholiken für die Unio immens und sogar primaer), sondern darum, dass jemand, dem man voll Vertrauen entgegenkommt, wochenlang fuer fuehrende evangelische Kirchenmänner zur Verfuegung staende".

Aus der Zeit seines römischen Aufenthalts stammt auch ein auf „Rom Okt. 1950" datierter Entwurf von Lortz mit der Notiz „nicht verwertet", in dem er eine kurze Übersicht über einige repräsentative Reaktionen zu seiner Reformationsgeschichte verzeichnet, wohl zur Bestätigung seiner katholischen ‚Rechtgläubigkeit' – vielleicht gegenüber Leiber – angesichts der aktuellen

---

[122] Hier gestrichen: „müssen".
[123] Hier gestrichen ein doppeltes „vielen".

kritischen Haltung aus Rom[124]. Auch hier finden sich manche Parallelen zu dem, was Lortz bereits mündlich gegenüber Leiber geäußert hatte:

„1. Kardinal (damals noch nicht Kardinal) Graf von Galen war der festen Ueberzeugung, dass alle etwaigen Schwierigkeiten betreffs Lortz, Reformation in Deutschland Rom gegenueber behoben seien. Er sagte zu mir (Professor Lortz) wörtlich: Sehen Sie, wenn man seine Gründe sagt, bekommt man auch in Rom recht. Bei der ausgesprochenen peinlichst gehüteten Romtreue von Bischof Galen ist es ganz ausgeschlossen, dass er mir etwa vorliegende Schwierigkeiten verschwiegen hätte.

2. Aehnlich liegt der Fall bei Erzbischof Groeber von Freiburg. Als damals 1940 von Rom Bedenken wegen einer zweiten Auflage geaeussert worden waren, wurden die von Rom gekommenen Texte untersucht. Das Resultat war so, dass EB Groeber sofort das Imprimatur erteilte.

3. Das Einzige was ‚offiziell' aus Rom an mich, Prof. Lortz, kam, war eine mündliche, später privat vom Verlag Herder an mich bestätigte Mitteilung von Bischof Rusch von Innsbruck. Ich traf ihn zufällig in Muenchen in der Buchhandlung Herder. Er sagte mir: Der Hl. Vater lässt Ihnen sagen, es sei nie daran gedacht gewesen, gegen das Buch vorzugehen. Man sei aber dankbar, wenn an einzelnen Stellen die Darstellung geändert würde. (Für den Ausdruck ‚geändert' kann ich nicht garantieren). Auf Grund solch allgemeiner Formulierung wusste ich natürlich nicht, wo und was ändern.

4. Sachlich bleibt als katholische Kritik lediglich (ausser einem kleinen Brummer vom verstorbenen Prof. Schmittlin[sic]) die Rezension von Hugo Rahner in der Schweizerischen Rundschau. Diese Rezension hebt sich selbst auf, da sie im Widerspruch steht zu der günstigen Rezension desselben Verfassers über dasselbe Buch etwa 3 Monate vorher in den von den Jesuiten herausgegebenen ‚Stimmen der Zeit'. Die Art und Weise, wie diese Rezension entstand, mindert ihren Wert weiter[125]. Die kleine Rezension dieses Jahres im Osservatore Romano ist nur eine Anzeige; sie verwechselt uebrigens die 2. mit der 3. Auflage. Sie steht aber in vollem Widerspruch zu der auch im Osservatore Romano von einem Kenner wie M[onsi]g[no]r[e] J[ohann] P[eter] Kirsch erschienen[en] ausführlichen Rezension.

5. Es darf auch hingewiesen werden auf die Hunderten[126] Rezensionen in katholischen Zeitschriften aller Art, in denen dem Buch seine tief katholische Haltung bestätigt wurde. Diese Auffassung deckt sich mit dem Urteil in allen protestantischen Rezensionen.

6. Nicht unerheblich scheint mir zu sein die Wirkung des Buches. Es hat nach ausdrücklichen Bekenntnissen vieler, sehr vieler protestantischer Theologen die Haltung der Protestanten gegenüber der Reformation zu einem nicht unerheblichen Teil erschüttert und nach dem gleichen Geständnis unserer Kirche manchen Weg bereitet.

7. Als die Verhandlungen schwebten, die zu meiner Berufung nach Mainz in die phil[osophische] Fakultät führten, wandte sich der ev[angelische] Prof. der Archäol[ogie] [Roland] Hampe an den evang[elischen] Historiker Prof. [Gerhard] Ritter in Freiburg,

---

[124] Joseph Lortz, Entwurf („nicht verwertet"), Rom, Oktober 1950. IEG, NL Lortz [732]. Der 7. Punkt ist ein handschriftlicher Nachtrag von Lortz. – Diese Aufzeichnungen scheinen (zum Teil) als Grundlage gedient zu haben für ein späteres Schreiben Lortz' an Leiber nach seiner Romreise 1952 (vgl. unten).

[125] Eine Anspielung auf die von Lortz vermutete ‚römische Auftragsarbeit' als Hintergrund der zweiten Rezension Rahners (vgl. oben).

[126] Lortz übertreibt hier offenkundig: Die im Rahmen dieser Studie erfassten katholischen Rezensionen bis 1945 belaufen sich auf etwa 35 Stück (vgl. die Liste im Anhang); selbst wenn die ‚Dunkelziffer' deutlich höher sein sollte (etwa durch Kurzrezensionen in obskureren Zeitschriften etc.) wird die Zahl wohl kaum 50 überschritten haben.

um ein Gutachten über [...] mich zu bekommen. Ritter, der führende ev[angelische] Hist[oriker] antwortete: man müsse sich darüber klar sein, daß dies der gefährlichste Angriff sei, der gegen den Protestantismus gestartet worden sei. – Dies hat mir Koll[ege] [Hans] Instinsky wiederholt versichert; ihm hat es Prof. [Theodor] Schieffer bestätigt. Kollege Instinsky erklärte mir, er sei bereit, mir seine Erklärung schriftlich zu bestätigen"[127].

Zwei Jahre später, im Oktober 1952, unternahm Lortz erneut eine Reise nach Rom, über die wiederum tagebuchartige Aufzeichnungen Aufschluss geben, die Lortz diesmal in Form eines Notizbuches (58 Seiten mit Bleistift beschrieben) festhielt[128]. Im Gegensatz zur Romreise 1950 finden sich diesmal allerdings keine vergleichbar ausführlichen und aufschlussreichen Gespräche zum Thema Ökumene bzw. Reformationsgeschichte. Josef Grendel war bereits 1951 verstorben; immerhin ergab sich auch diesmal aber für Lortz die Möglichkeit eines Treffens mit Robert Leiber. Zudem hatte er sogar Gelegenheit, dem Papst persönlich ganz nahe zu kommen – im Rahmen einer Gruppenaudienz für das Collegium Germanicum in Castel Gandolfo am 9. Oktober. Es gelang Lortz jedoch nicht, sich bei Pius XII. in Erinnerung zu bringen, wie aus seinen Aufzeichnungen hervorgeht: „Papst sehr herzlich, die d[eu]t[sche] Rede gut. Nachher alle ihm vorgestellt. Realisierte aber meinen Namen nicht, ich wiederholte leider statt meines Namens den Namen der Herkunft Mainz. Bewegte sich vollkommen familiär unter der Masse"[129].

Das Gespräch mit Leiber fand am 17. Oktober statt, wiederum in der Gregoriana, war jedoch – zumindest nach Lortz' Notizen zu urteilen – deutlich kürzer und weniger in die Tiefe gehend. Thema war jetzt offenbar ausschließlich die *Reformation in Deutschland*, wie gleich die erste Notiz zum Gespräch zeigt: „Frage nach der Beurteilung meines Buches in Rom". Leiber stellte klar: „L[uther] = der Abfall. (Nebenbei – natürlich habe die hist[orische] Wahrheit den Tatbestand)". Zwar betonte Leiber: „wenn einer mich fragt, ob das Buch katholisch sei [...], sage ich selbstverständlich: es ist katholisch", doch machte er zugleich deutlich, dass Lortz für sein Buch „in Rom nicht auf ein volles Lob rechnen" könne. Lortz rechtfertigte sich, indem er auf das Urteil von protestantischer Seite, besonders von Gerhard Ritter, verwies: sein Buch werde als „der stärkste Angriff" auf Luther empfunden. Das Gespräch wurde von Leiber sodann auf Luthers sittliche Verfehlungen gelenkt: Kardinal Ehrle „habe Denifle recht gegeben: L[uther] sei sexuell in Unordnung gewesen. Und zwar Pollutionist. – Neuerlicher Beleg sei Reiter"[130]. Lortz machte demgegenüber darauf aufmerksam, das Buch von Reiter habe „so gar kein Echo gehabt" und notierte sich: „Notwendig nachzufragen, was die Psychologen sagen und die Psychiater!"

---

[127] Vgl. dazu unten Lortz' Briefe an Leiber aus Mainz 1952.

[128] Joseph LORTZ, Aufzeichnungen aus Rom („Rom-Reise 1952"), Oktober 1952. IEG, NL Lortz [732].

[129] Ein Foto dieser Audienz hat sich in Lortz' Nachlass erhalten; es wird hier im Ausschnitt wiedergegeben (Abb. 19).

[130] Paul J. REITER, Martin Luthers Umwelt, Charakter und Psychose sowie die Bedeutung dieser Faktoren für seine Entwicklung und Lehre, 2 Bde., Kopenhagen 1937/41.

Abb. 19: Audienz des
Collegium Germanicum in
Castel Gandolfo,
9. Oktober 1952.
Rechts hinter Pius XII.:
Joseph Lortz.

Mehr ist vom Inhalt dieses Gespräches mit Leiber nicht überliefert. Später berichtete Lortz wieder seinem Gewährsmann im Germanicum, P. Klein, und notierte sich: „Über manches ist er auch entsetzt. Natürlich besonders über den Versuch, das ganze Lacrimen Luther zu erledigen dadurch, daß man L[uther] zu einem Pollutionisten erklärt". Lortz bemerkte dazu noch: „Übrigens gab P. Leiber ausflüchtend mir ausdrücklich zu, daß solche Naturen besonders religiös seien!!" Ferner notierte er: „Leiber will mir s[eine] Auffassung eingehend schreiben"[131].

Nach Mainz zurückgekehrt, sandte Lortz am 31. Oktober 1952 den Leiber versprochenen Beleg über die durch seinen Mainzer Kollegen Hans Ulrich Instinsky („Konvertit, sehr aktiv, sehr geschätzt") bezeugte Äußerung Gerhard Ritters zur ‚Gefährlichkeit' von Lortz' Werk aus protestantischer Sicht

---

[131] Ein solches Schreiben Leibers an Lortz ist nicht bekannt. Lortz selbst bemerkte dazu einige Jahre später: „Leider hat er *seine* versprochene Deutung bisher nicht niedergeschrieben". Lortz, Mainz, an Höfer, Rom, 07.03.1959. IEG, NL Lortz [732].

nach Rom, die „wohl an Deutlichkeit nichts zu wünschen übrig" lasse[132]. Ein ähnliches Urteil sei ihm persönlich „nicht nur einmal nach meinen Vorträgen von evangelischen Theologen geäußert" worden. Tatsächlich hätten seine beiden Bände „einer nicht unerheblichen Anzahl evangelischen Christen den Weg zu uns geöffnet" und „in weitem Umkreis evangelische Christen und Theologen [...] gegenüber der Reformation unsicher" gemacht. Dafür lasse sich „eine Fülle von Belegen" beibringen[133]. Und schließlich bezeuge ihm „die Masse *katholischer* Rezensionen [...] seine streng katholische Haltung". Eine Woche später sandte Lortz noch einmal einen eben erhaltenen Brief Instinskys hinterher, der sein Zeugnis bekräftigte[134]. Es war dies ein letzter Versuch, Leiber von der Rechtgläubigkeit und zugleich Notwendigkeit seines Werkes zu überzeugen.

4. Horst Michael – römischer Informant und Gegenspieler von Lortz?

Im Rahmen des ersten Rombesuchs von Lortz war Leiber am 6. Oktober 1950 von Grendel auch über Horst Michael (1901–1983) informiert worden, der für die kommenden zwei Jahre Mitarbeiter von Lortz am Institut für Europäische Geschichte in Mainz wurde: „Gestern war Herr Dr. Horst Michael hier bei mir. Er ist mit einem Pilgerzug hier. Am 1. November[135] wird er in einem deutschen Karmel konvertieren"[136]. Michael habe den Wunsch, Leiber „zu sehen und zu sprechen", was hoffentlich möglich sei, außerdem „mehrfache Nachrichten von Interesse, wie z.B. über Prof. Lortz. Daß dieser jetzt in Mainz ist, war mir schon bekannt. Nur hatte ich gedacht, er sei dort an der theologischen Fak[ultät]. Tatsächlich ist dem aber nicht so; im Gegenteil sei er von dieser abgelehnt worden. So sei er jetzt, wenn ich nicht irre, als a.o. Professor, an der Philosophischen Fakultät. Zugleich ist er Leiter eines Instituts, das bis jetzt einen allgemeinen Charakter hatte, jetzt aber in eine Art ökumenisches Institut umgestellt werde. Finanziert wird dieses Institut von den Franzosen; mit ihrem Abzug würde es also wohl von selbst aufhören. Prof. Lortz hat nun Herrn Dr. Michael als seinen Assistenten bestellt. Er hat

---

[132] Lortz, Mainz, an Leiber, Rom, 31.10.1952. APUG, NL Leiber [Fondo 6]. – Seinem Schreiben legte Lortz auch ein Exemplar der soeben erscheinenden Neuauflage (17./18. Auflage 1953) seiner *Geschichte der Kirche* bei.

[133] „Besonders nennen möchte ich das Urteil des gelehrten und frommen Pfarrers Meyer in Zürich, der mir wörtlich sagte: ‚Ihre Ausführungen ziehen mir einfach den Boden unter den Füßen weg'". – Es dürfte sich um denselben Züricher Pfarrer handeln, den Lortz bereits am 2. März 1950 gegenüber Scherer erwähnt hatte (vgl. oben).

[134] Lortz: „Im weiteren Verlauf des Briefes hebt er noch einmal hervor, daß ihm ‚mit aller Bestimmtheit das scharf formulierte Urteil von Gerhard Ritter' mit den Worten ‚der bisher gefährlichste wissenschaftliche Angriff' haften geblieben ist". Lortz, Mainz, an Leiber, Rom, 06.11.1952. APUG, NL Leiber [Fondo 6].

[135] Der Tag der Dogmatisierung der Aufnahme Mariens in den Himmel durch Pius XII.

[136] Grendel, Rom, an Leiber, Rom, 06.10.1950. APUG, NL Leiber [Fondo 3].

ganz bestimmte Arbeitspläne, für die er ihn verwenden will. Der Vertrag ist aber wirklich etwas eigenartig. In seiner scharfen Sicht sieht Dr. Michael auch klar die Schwächen von Prof. Lortz, und gerade darüber möchte er wohl gerne mit Ihnen sprechen, weil er etwas wie eine Hoffnung hegt, ihn von gewissen Dingen abzubringen zu können. Nach allem wird darauf freilich kaum eine Hoffnung bestehen. Lortz selber komme, ich glaube morgen, hier an, wohne im Germanicum und wolle Sie aufsuchen".

Das gewünschte Treffen Michaels mit Leiber hatte gleich am 7. Oktober in der Gregoriana stattgefunden, (mindestens) ein weiteres dann am 11. Oktober in Castel Gandolfo[137]. Wohl infolge dieser Gespräche schrieb Michael am 17. Oktober aus Mainz einen Brief an Leiber, in dem er vor allem über das ökumenische Engagement des evangelischen Theologen Hans Asmussen berichtete[138]:

„Und Asmussen? Wenn man als ‚Römer' seine Bücher liest, wird man sagen: ein unklarer, theologisch nicht durchgebildeter Kopf. Ich empfinde das selber schmerzlich. Aber seine Zielsetzung ist klar – allerdings auch untermischt mit persönlichem Ehrgeiz: er will den Zusammenschluss mit Rom in der Form einer Unionkirche (wie Griechisch-Unierte). Er will den Bruch mit Genf und dem ‚Protestantismus' auf der ganzen Linie, während [Martin] Niemöller der Sturmbock des amerikanischen Protestantismus in Europa geworden ist. Er will einen sehr grossen Teil der Pfarrer gewinnen. Er weiss, dass das lange braucht. Darum pflügt er zunächst den Boden um, macht vor allem klar, dass die theologischen Prämissen des 16. Jahrhunderts weltanschaulich bedingt waren […]. Da man in Rom gewohnt ist, in grossen Zeiträumen zu rechnen, wird man dort diese auf lange Sicht geschehende Arbeit am besten zu schätzen wissen. […] Man wird um so grössere Resultate bei As[mussen] erleben, je gewissenhafter man ihn anspricht und auf ihn eingeht. Lortz ist kein guter Partner für ihn. Er braucht priesterliche Menschen!"

Offenbar wollte Michael sich als ‚Berichterstatter' in Sachen Ökumene profilieren, wohl auch – obwohl er (wie Lortz) für einen sensiblen, ‚religiösen' Umgang mit Asmussen eintrat – als kritischer Beobachter von Lortz aus nächster Nähe. Wie aus einem späteren Schreiben aus dem Jahr 1954 hervorgeht, übermittelte Michael während seiner zweijährigen Mitarbeit am IEG in Mainz jedoch keine weiteren Informationen an Leiber[139]: „Als wir uns am 11. Oktober 1950 in Castel Gandolfo verabschiedeten, stellten Sie mir anheim, Ihnen gelegentlich zu berichten. Ich habe davon keinen Gebrauch gemacht, da ich unmittelbar danach in Mainz eine Tätigkeit übernehmen musste, die mir in zwei Jahren einen Herzfehler eingetragen hat. Über das, was dort getan wurde, zu berichten, hätte das Ende nicht nur meiner, sondern auch der Tätigkeit eines bekannten Mannes" – gemeint ist wohl Lortz – „nach sich gezogen. Ich habe mich gescheut, als Konvertit zum Denunzianten zu werden. Habe seinerzeit die Dinge mit HH P. [Friedrich] Kempf schriftlich

---

[137] Vgl. unten die beiden Schreiben Michaels an Leiber aus dem Jahr 1954.
[138] Michael, Mainz, an Leiber, Rom, 17.10.1950. APUG, NL Leiber [Fondo 7].
[139] Michael, Freiburg, an Leiber, Rom, 20.03.1954. APUG, NL Leiber [Fondo 7].

durchgeklärt und, wie gesagt, mit Rücksicht auf Ihren hohen Einfluß ge-
schwiegen".

Offenkundig im Rahmen der Beschäftigung am IEG entstand ein sechs Seiten
langes „Memorandum" vom 26. Oktober 1950 für Lortz, das laut Unterschrift von Horst Michael stammt und einen Einblick in seine theologischen
und ökumenischen Auffassungen erlaubt[140]. Thema ist „die protestantische
Kritik an der ‚Reformation in Deutschland'", wobei es besonders um Einwände gegen Lortz' These von Luthers ‚Subjektivismus' geht, wozu zunächst
einige kritische Stimmen angeführt werden[141]. „Die vorstehenden Autoren
sind demnach der Ansicht, dass Luther weder die ‚urkatholische Wahrheit'
wiederentdeckt noch dass er willkürlich die Offenbarung ausgewählt, sondern eine vom katholischen Verständnis abweichende neue Weise des Chris-
tusglaubens entdeckt habe, die weder mit der psychologischen Ableitung aus
subjektivistischer Veranlagung noch mit den vom Verf[asser] angewandten
geistesgeschichtlichen Massstäben in ihrer Eigenart erklärt werden kann"[142].
Dieser Auffassung „glaubt Unterzeichneter sich anschliessen zu müssen",
was durch nähere eigene Ausführungen begründet wird. So fragt er: „Sollte
nicht eine Überprüfung der vom Verf[asser] verwendeten Massstäbe weiter-
führen?" Tatsächlich seien „seit Erscheinen der 1. Aufl[age] sowohl auf kat[h]-
[olischer] Seite wie auf evangelischer Seite neue theologische Massstäbe oder
Begriffe bereitgestellt worden" – „ekklesiologische Begriffe", die „rascher zu
einer gemeinsamen theologischen Sprache führen" könnten. Auf Seiten der
evangelischen Theologie wird besonders auf neuere Schriften von Edmund
Schlink, Heinrich Schlier, Hans Asmussen und Wilhelm Stählin rekurriert.
Keiner dieser Autoren finde Luther ‚subjektivistisch', aber jeder entdecke
einen anderen Mangel in seinem Erkennen, „vor allem mangelhaftes Verständnis für das Wesen der Kirche und ihrer Ämter, für das Sakrament, für
das ‚Sein in Christo', für die Erlösung und Heiligkeit des Christenlebens".
Eine katholische „Analyse der Haeresie Luthers" fände auf evangelischer
Seite umso leichter Gehör, je mehr sie sich „der hier entfalteten Massstäbe"
bediene, „da sie ein votum ecclesiae catholica bezeugen".
Ausführlich wird auch auf Luther als „eminent theologisches Phänomen"
eingegangen: Es bestehe die „Gefahr psychologischer oder moralischer Kategorien, wie sie in der ‚Reformation [in Deutschland]' hier und da vorkom-

---

[140] Horst MICHAEL, „Memorandum" („Betr. die protestantische Kritik an der ‚Reformation in Deutschland'"), Mainz, 26. Oktober 1950. IEG, NL Lortz [732]. – Am Ende heißt
es: „Vorschläge zu Referaten im Seminar folgen auf Wunsch".
[141] Genannt werden E. Wolf, R. Frick, H. Bornkamm, G. Ritter, W. Köhler, K. Heussi,
R. Jelke, G. Kuhlmann (vgl. die Liste der Rezensionen im Anhang), zudem eine ungedruckte private Kritik von G. Krüger, Tübingen. Gemeint sein könnte der Philosoph
Gerhard Krüger (1902–1972).
[142] Dazu später nochmals: „Summa: Es besteht keine Möglichkeit zu ökumenischer Verständigung, weil Verf[asser] den Kernpunkt, die neue Form des Christentums, nicht sehe.
(Ritter, auch G. Krüger privat)".

men". Hier sei der berechtigten protestantischen Kritik noch nicht entsprochen. Es müsse eine eigene Darstellung der Theologie Luthers gewagt werden. Luthers theologische Intention sei „ein der urkatholischen Wahrheit strikt entgegengesetzter Versuch, das Problem der Inkarnation durch die sakramentale Kontinuität in der Kirchengeschichte zu leugnen, auf wesentliche Elemente der menschlichen Natur und der biblischen Botschaft von vornherein zu verzichten, vor allem auf das ius divinum, auf die ‚politische' Repräsentation der Offenbarung im apostolischen Amt". Letzten Endes habe Luther „nicht Reform, sondern Durchbruch zu einer neuen spirituellen, radikaleren, unmittelbareren Weise des Christseins" gesucht. Der Kern dessen sei „unkatholisch, und zwar nicht nur persönlich-individuell, sondern wesensmässig, lehrhaft unkatholisch, beruhend auf einem neuen dialektischen Seinsverständnis […], auf einer Art christlichem Existentialismus, der die Geschichtlichkeit des Menschen überspringt". Abschließend wird diese Interpretation noch einmal zusammengefasst: „Luthers Theologie […] ist nicht subjektivistisch, sondern eine Art Existentialismus. Luther zerstört mit der treffsicher gewählten Rechtfertigungslehre als ‚Mitte der Schrift' nicht die ‚katholische Idee', das ‚System der Mitte …', die ‚Synthese zwischen Gott und Mensch', sondern die geschichtliche Repräsentation des Corpus Christi Mysticum und damit die Geschichtlichkeit der Kirche, d. h. der Herrschaft des Christus praesens über die Mächte, die Erlösung an der Welt". Daraus ergäben sich „Folgerungen für das Una-Sancta-Gespräch": Das „katholische Reformprogramm" mit der Mündigkeit der Laien, mit einem allgemeinen Priestertum, der Freiheit eines Christenmenschen, werde heute bei den maßgeblichen Kreisen als „liberal-protestantisch" missdeutet. Es trage also nicht mehr zur Annäherung an die lutherische Erneuerung bei, weil die „katholische" Neubesinnung im lutherischen Bereich auf die Wiederherstellung des apostolischen Amts, der Hierarchie, des besonderen Priestertums, des gültigen Sakramentes, des Gehorsams in der Einheit der Ekklesia und der „himmlischen Liturgie" gerichtet sei.

Michael war also der Ansicht, ein erfolgreiches ökumenisches Gespräch solle von katholischer Seite eher auf die ohnehin ‚katholisierenden' Tendenzen bestimmter protestantischer Strömungen setzen, anstatt selber ‚reformatorisch-liberale' Ansätze zu betonen und dadurch nur das eigene katholisch-kirchliche Profil zu verwässern. Die dabei vorgelegte Lutherdeutung lehnte den Lortzschen Versuch eines ansatzweise ‚katholischen' Luther entschieden ab und betonte stattdessen den grundlegenden religiös-theologischen Bruch des ‚existentialistischen' (statt ‚subjektivistischen') Luther – der damit freilich auch nicht mehr als beidseitig anschlussfähiger interkonfessioneller Gesprächspartner geeignet war[143].

---

[143] In der Tat lehnte Lortz die einige Jahre später um 1960 katholischerseits v. a. von Albert Brandenburg (1908–1978) vertretene ‚existentialistische' Lutherdeutung vehement ab, da sie Luther als gemeinsamen ökumenischen Dialogpartner unmöglich mache. Vgl. dazu unten im Rahmen der 4. Auflage.

Dass die Zusammenarbeit so unterschiedlicher Charaktere wie Lortz und Michael auf die Dauer nicht reibungslos verlaufen konnte, verwundert kaum. Bereits während seines Romaufenthalts im Oktober 1950 hatte sich Michael anscheinend gegen Lortz' Reformationsdeutung ausgesprochen. Jedenfalls notierte sich Lortz am 11. Oktober aus einem Gespräch mit seinem damals im Collegio Teutonico lebenden Schüler Erwin Iserloh (1915–1996): „Nach der Aussage eines Palotiners [sic] habe Dr. Horst Michael dort gesagt, ich sei mit meiner Luther-Auffassung auf dem Holzweg. – Eine törichte, schädliche und unkorrekte Aeusserung, wenn sie stimmt"[144]. Spätestens Anfang 1952 kam es zu ernsthaften Differenzen zwischen Michael und Lortz, die schließlich zum Zerwürfnis führten. Wesentlicher Auslöser scheint ein Aufsatz Michaels gewesen zu sein, der Anfang 1952 – unter dem Pseudonym „Adam Fechter" – in der bei Herder verlegten Zeitschrift *Wort und Wahrheit* erschien[145].

Der Aufsatz mit dem Titel *Die Reformation im ökumenischen Gewissen. Vor neuen Aufgaben einer katholischen Geschichtsschreibung*[146] beginnt mit einer stark kontrastierten Gegenüberstellung der gegenwärtigen Lage der beiden Konfessionen: „In einer Epoche der Weltkatastrophen, da die Kirche Roms in der Besinnung auf den unversiegbaren Strom ihrer Überlieferung eine gewaltige Konzentration missionarischer Kraftentfaltung leistet und ein wachsames Pontifikat das andere ablöst, begräbt der Protestantismus als Gesamtheit – im ‚Weltrat der Kirchen' – wie in den einzelnen Gemeinschaften seine Blütezeit des Liberalismus und widerruft wesentliche Teile seines reformatorischen Erbes: vor allem die kirchliche Aufspaltung und die Verstrickungen mit politischen, sozialen, rassischen und kulturellen, jedenfalls theologisch illegitimen Faktoren, die für die kirchlichen Sonderungen als konstitutiv erkannt sind". Die „protestantischen Gemeinschaften" hätten somit „den Mut und die Demut, das Kranksein ihrer kirchlichen Existenz öffentlich festzustellen und sogar mit den Katholiken darüber zu verhandeln". Eine solche „Gewissensprüfung" stelle nun aber auch die Katholiken vor ihre Verantwortung, die sich fragen müssten: „Öffnen sich hier nicht neue Gesichtspunkte für eine katholische Geschichtsschreibung der Reformation? Nicht etwa, daß man nun wieder mehr die reformatorischen Irrungen herausarbeiten und den Verfall der Kirche samt der katholischen Mitschuld an der Spaltung beschönigen sollte. [...] Freilich kann es auch nicht die Aufgabe

---

[144] LORTZ, Aufzeichnungen aus Rom, Oktober 1950. IEG, NL Lortz [732].
[145] Zum Pseudonym vgl. Rudolf BULTMANN/Friedrich GOGARTEN, Briefwechsel 1921–1967, hg. von Hermann Götz GÖCKERITZ, Tübingen 2002, 187 f. – Michael veröffentlichte zwischen 1950 und 1962 rund 30 Beiträge in *Wort und Wahrheit* (bis 1953 unter dem Pseudonym „Adam Fechter", danach als „J. P. Michael"), neben eigenständigen Aufsätzen vor allem Berichte zum ökumenischen Zeitgeschehen in der Rubrik „Bericht und Kritik" sowie Rezensionen in der Rubrik „Bücher der Zeit".
[146] Adam FECHTER [= Horst Michael], Die Reformation im ökumenischen Gewissen. Vor neuen Aufgaben einer katholischen Geschichtsschreibung, in: Wort und Wahrheit 7 (1952), 11–19.

sein, wieder und wieder das katholische ‚Mea culpa' zu sprechen[147]. [...] Viel hilfreicher ist die Kenntnis der vollzogenen Reform der Kirche, der gelebten Geschichte ihrer Genugtuung, die seit dem Tridentinum einsetzt und heute wieder zu neuer Verwirklichung katholischer Fülle drängt, sicher auch diesmal nicht ohne Anregung protestantischen Lebens" (11 f.).

Konkret plädiert Michael dafür, nicht etwa „abermals die Reformatoren mit den Renaissancepäpsten zu konfrontieren oder die Ausdehnung der Mißstände in der Kirche reichlich abzumessen", denn: „Das Papsttum hat gesühnt, es hat sich gewandelt, und es fährt energisch darin fort, die Kirche zu ihren Quellen zu führen, sogar den getrennten Christen ein Licht zu sein. Das Gegenüber für eine protestantische Besinnung nach Recht und Unrecht der Reformation [...] ist nicht mehr Leo X., sondern Pius XII.". Eine „nur historische Analyse der Reformationszeit" könne den alten Streit von neuem entflammen; dazu dürfe und wolle die katholische Historiographie aber nicht mehr die Hand bieten, wie Hubert Jedins *Geschichte des Konzils von Trient*[148] und die bekannten Vorträge von Lortz über *Die Reformation als religiöses Anliegen heute* zeigten[149] (12 f.).

Im weiteren Verlauf konfrontiert Michael dann seine ‚neue' Herangehensweise kritisch mit der Reformationsdeutung von Lortz, die zunächst grundsätzlich positiv gewürdigt wird: „Es ist Lortz' bleibendes Verdienst, daß er die Reformationsgeschichte einer pastoralen Verpflichtung unterstellt hat: sie soll ein brüderliches Gespräch in der Liebe begründen, trotz ‚dogmatischer Intoleranz' im Ausgangspunkt. [...] Katholische Reformationsgeschichte muß – auch das ist eine Forderung von Lortz – theologisch bestimmt sein, damit der Wahrheitsgehalt reformatorischer Absonderungen entdeckt und in die katholische Fülle überführt werden kann". Kritischer sieht Michael dann allerdings Lortz' Thesen im Einzelnen, z.B. über Luthers ‚Subjektivismus': „Schwierig wird die Lage, wenn etwa über den jungen Luther ein theologisches Gesamturteil als historischer Extrakt gewagt wird, z.B. er habe während seines Durchbruchs ‚in sich selbst einen Katholizismus niedergerungen, der nicht katholisch war' [...]. Solche Thesen, die den Gegenstand von einer bestimmten Seite aufhellen, werden teilweise von katholischen und weitgehend von evangelischen Kennern in Zweifel gezogen". Dem stellt Michael – ähnlich wie in seinem ‚Memorandum' vom 26. Oktober 1950 – seine eigene Sichtweise auf Luther gegenüber: „Diese Sicht ergibt andere Folgerungen. Luthers Ablehnung des ‚Katholischen' wäre durchaus nicht einem ‚Mißverständnis' zu verdanken, das seine Nachfolger heute in besserer Erkenntnis der Dinge widerrufen sollten". Ein solcher Effekt – d.h. Einsicht in „Luthers

---

[147] Vgl. oben die ähnliche Ablehnung des – von Lortz betonten – katholischen ‚mea culpa' von Seiten Grendels, Leibers und Ottavianis während Lortz' Romreise 1950.
[148] Hubert JEDIN, Geschichte des Konzils von Trient, Bd. 1: Der Kampf um das Konzil, Freiburg i. Br. 1949.
[149] Joseph LORTZ, Die Reformation als religiöses Anliegen heute. Vier Vorträge im Dienste der Una Sancta, Trier 1948.

Irrtümer" – sei nämlich keineswegs eingetreten: „Die Lutheraner lehnen die römische Kirche nach wie vor ab und häufen neue Vorwürfe auf den Papst, wenn auch nicht mehr in solcher Vehemenz wie ehedem". Michael zieht daher den Schluss: „Sollte man nicht vermuten, daß Luther das Katholische hinreichend gekannt hat, als er es verwarf, und würde er nicht den hl. Thomas ebenso ablehnen? [...] Also harrt hier vor allem ein theologisches Problem der Auflösung, und diese wird nicht gelingen, ehe nicht jenes objektive Anliegen Luthers vom Opus Dei im Heilsprozeß durchleuchtet ist, das ihm als ‚Subjektivismus' verargt wird, und um dessen willen die Lutheraner meinen, die Trennung aufrechterhalten zu müssen. [...] Für eine solche theologische Aufgabe, um nur diese zu erwähnen, hat eine katholische Geschichtsschreibung genauere Vorarbeit zu leisten, vor allem durch die Interpretation der Texte, die zu sehr protestantischen Forschern überlassen wird" (13–15).

Im Folgenden widmet sich Michael der Frage nach den richtigen Kriterien zur Bewertung der Reformation, wobei er das Anliegen von Lortz grundsätzlich anerkennt: „Eine der vordringlichen Sorgen von Lortz ist die Verwendung sachgemäßer Maßstäbe zur gerechten Beurteilung der Reformation". Darauf folgt jedoch sogleich die Einschränkung: „Diese Maßstäbe sollten nicht erst der tridentinischen Reform der Kirche entnommen werden. [...] Diese Frage der Maßstäbe ist von höchstem Gewicht, und es bedarf einer behutsamen tendenzfreien Methode, um sie aus den zeitgenössischen Lehren zu gewinnen. Da nun die katholische Forschung auch die Gegenseite überzeugen möchte, wäre es geraten, in dieser Frage möglichst gleichen Tritt zu fassen mit der protestantischen Gewissenserforschung über die Ursachen, auch über die sogenannten ‚nicht-theologischen Faktoren' der Glaubensspaltung". In diesem Zusammenhang folgen nähere Ausführungen über „die Ursprünge jenes ekklesiologischen Zwiespalts" zwischen dem katholischen und protestantischen Kirchenverständnis. Diese Differenzen führt Michael wesentlich auf einen „sakramentsfeindliche[n] Spiritualismus des ausgehenden Mittelalters" zurück, den er als „eine Art religiöser Verdrängung" interpretiert, „weil die Kirche als Institution das Mysterium Kirche nicht mehr voll realisierte"; stattdessen sei die „Doktrin der Kirche" den „Kanonisten überlassen" worden, „während die spirituelle Seite der Kirche nicht mitgedacht wurde": „So kam es zu Kreislaufstörungen des sakramentalen Lebens". Unter Berufung auf „hohe Namen" wie Nikolaus von Kues bezeichnet Michael diese Zeitströmung des „Spiritualismus" als ein „katholisches Erzeugnis" und zieht die entsprechende Folgerung, dass „Luthers ‚Subjektivismus' eines der Grunderlebnisse schon des 15. Jahrhunderts ist und hier durchaus nicht als das Ketzerische schlechthin auftritt". In diese Richtung weise schon Lortz (Bd. I, S. 60 ff. und 121 f.). Über Lortz hinaus geht Michael allerdings, wenn er nun den bei Luther konstatierten ‚Subjektivismus' wesentlich auf zeitgenössische Tendenzen zurückführt. So könne man zum einen bereits im Kontext der ‚Devotio moderna' „eine Verschiebung des anthropologischen Koordinatensystems beobachten, das der Schullehre entgegengestellt wird und die Mitte des Menschen von dem scholastischen Begriffspaar Intellekt – Wille

nach Herz und Gemüt rückt" – womit „schon eine Seite von Luthers ‚Subjektivismus' umschrieben" sei: „Man kann aber Luther nicht gut vorhalten, er
sei daran gescheitert, daß er die Gnade fühlen wollte, wenn es doch lange vor
ihm eine ganze Literatur gab, die mit Gerson an der Spitze eine Gefühls- oder
‚Erfahrungserkenntnis durch Gottesliebe' neben der begrifflichen Theologie
lehrte". Zum anderen führt Michael auch die bei Luther festgestellte Vorliebe
für ‚Paradoxien' auf historische Vorläufer zurück, namentlich solche „in der
spekulativen Theologie lange vor Luther, in Anlehnung an die ‚negative
Theologie' des Dionysius Areopagita und der Mystik" (15–17).

Abschließend erhebt Michael für eine „katholische Historiographie der
Reformation und ihrer Vorgeschichte" vor allem die Forderung „einer aus-
gebildeten Theologie der Geschichte": „Was im Bereich der Offenbarung geschieht, gehört in die Heilsgeschichte und hat teil an ihren eigentümlichen
Fristen; und was die Kirche zu bestehen hat, ist im Neuen Testament deutlich
gesagt. [...] Ob man angesichts solcher Perspektiven, die jede Adventszeit
aufreißt, nur von ‚Fehlentwicklungen' sprechen kann, ist fraglich. Und einfach den ganzen Geschichtsverlauf als ‚opus Dei' Gott zuzuschieben, ist vollends bedenklich[150]. Die Weltgeschichte der letzten zwanzig Jahre wäre uns
dann ebenso wie die Gegenwart verschlossen geblieben". Näherhin stellt Michael folgende Aufgaben der katholischen Reformationsgeschichtsschreibung heraus: „Weil heute das ökumenische Gewissen über die Spaltung der
Christenheit so tief erschrocken ist und wieder eschatologisches Denken übt,
sollte eine Gliederung der Reformationsgeschichte neben der Herausarbeitung evangelischer Entdeckungen und Eigenarten ausführlich das Entstehen
und den Verlauf ihrer Zersplitterungen darlegen und transparent machen.
[...] Dabei ließe sich wohl der Fehler vermeiden, den Maßstab für die Einheit
der Kirche dort zu suchen, wo sie weder um 1300 noch um 1500 erfüllt war.
Die Einheit der Institution, wie sie damals vorwiegend juristisch gedacht und
praktiziert wurde, kann keinen gläubigen Protestanten davon überzeugen,
inwiefern seine Väter an der Preisgabe der Leibes Christi schuldig seien, da
sie doch näher und herzlicher zu Christus fanden". Für Michael zeigt sich
hier vielmehr die Notwendigkeit einer erweiterten Perspektive auch zum Osten hin: „Vielleicht ist das der Segen der Reformation, daß die Einheit im
germanischen Reichskirchen- und Herrschaftsrecht endgültig zerbrach, damit die Einheit in Christus wiederhergestellt werden kann. Denn heute geht
es hüben wie drüben um die kirchliche Einheit der ganzen Christenheit, die
auch die Ostkirchen umfaßt. [...] Es wird immer mehr erkannt, daß die Spaltung des 16. Jahrhunderts im Westen eine tiefe Beziehung zu dem großen
Schisma des 11. Jahrhunderts hat". Für Michael ergibt sich daher die Folgerung: „Eine katholische Historiographie müßte demnach aus einer gültigen
und wahrhaft katholischen Ekklesiologie erwachsen, in welcher überdies der
Wirklichkeit der Kirche als ‚Volk Gottes' ein angemessener Platz gebührte.

---

[150] Hier wird offensichtlich angespielt auf Lortz' Vorliebe für geschichtstheologische
Deutungen im Sinne einer ‚felix culpa' etc. Vgl. dazu oben Lortz' Werdegang.

Dann würden uns[151] nicht so vordergründige Urteile entschlüpfen wie dieses: ein Reformkonzil hätte noch 1525 die Glaubensspaltung verhindern können, obwohl alle Voraussetzungen für ein solches Konzil fehlten und der vorzeitige Versuch ein unabsehbares und unheilbares Chaos in der Kirche heraufbeschworen hätte. Hinter dem Zaudern der Päpste mag mehr Heiliger Geist gesteckt haben, als uns einleuchtet". Michael schließt seinen Artikel mit der – wohl auch an Lortz gerichteten – Mahnung: „Auch eine historische Behandlung der Glaubensspaltung muß die Ruhe und Majestät des Herrn ausstrahlen, der die Auferstehung und das Leben ist. Er richtet, – und nicht wir"[152] (18f.).

Insgesamt zeigen sich in Michaels Artikel also durchaus kritische Töne gegen Lortz, die sich allerdings häufig auf Andeutungen beschränken und nur selten explizit in den Vordergrund treten. Dennoch wurde der Artikel damals offenbar als regelrechter ‚Angriff' auf Lortz' reformationshistorische und ökumenische Arbeit wahrgenommen, so dass die Angelegenheit sogar in einem persönlichen Treffen von Lortz mit Theophil Herder-Dorneich und Karlheinz Schmidthüs, dem Mitherausgeber von *Wort und Wahrheit*, besprochen werden musste. Dies lässt sich einem Schreiben Schmidthüs' vom 18. Januar 1952 entnehmen, der gemeinsam mit Herder-Dorneich einen Besuch bei Lortz in Mainz am 23. Januar ankündigte[153]. Obwohl keine weiteren Angaben zum Grund des Besuchs gemacht wurden, hielt Lortz später in einer handschriftlichen Notiz auf dem Brief fest: „Betraf wahrscheinlich den Artikel von Michael in Wort & Wahrheit"[154]. Nähere Informationen zum Inhalt dieses Gesprächs sind nicht bekannt, doch wird wohl diskutiert worden sein, ob und wie Lortz auf Michaels Aufsatz reagieren sollte. Die Folge davon war schließlich die Replik, die Lortz Ende 1952 in derselben Zeitschrift unter dem Titel *„Die Reformation im ökumenischen Gewissen". Eine Erwiderung auf Adam Fechter*[155] veröffentlichte. Diese ist in sechs Abschnitte gegliedert und weist die von Michael geforderte neue Sichtweise der Reformationsgeschichte strikt zurück.

    1. Lortz beginnt mit einigen grundsätzlichen Erwägungen: „Wissenschaftlich-methodische Urteile bedürfen besonders sorgfältiger Prüfung und Formulierung", zumal in Bezug auf „ein so komplexes und heikles Thema wie

---

[151] Wohl wiederum eine Anspielung auf Lortz – besonders auf seine starke Kritik am ‚Versagen' der damaligen Päpste.

[152] Dies dürfte sich wahrschcinlich auf Lortz' (zu) ‚kritische' Beurteilungen der historischen Akteure – v. a. auf katholischer Seite – beziehen.

[153] Schmidthüs, Freiburg, an Lortz, Mainz, 18.01.1952. IEG, NL Lortz [1477].

[154] Einige Jahre später erwähnte Lortz noch einmal diesen Besuch, „als Herr [Herder-]Dorneich und Herr Schmidthues mich hier aufsuchten, um die Angelegenheit des blamablen Artikels in ‚Wort und Wahrheit' zu bereinigen". LORTZ, „Aktennotiz", 6. März 1957. IEG, NL Lortz [725].

[155] Joseph LORTZ, „Die Reformation im ökumenischen Gewissen". Eine Erwiderung auf Adam Fechter, in: Wort und Wahrheit 7 (1952), 847–853.

die Erforschung der Reformation". „Wenn dieser Komplex abermals im Hinblick auf ein so wenig eindeutiges Phänomen betrachtet wird, wie es das heutige ‚ökumenische Gewissen' ist, dann muß man sich des Unterschiedes zwischen Einfall, Hypothese und These besonders präzis bewußt sein und der Versuchung, brillant aussehende Behauptungen aufzustellen, die sich als Elemente eines großen Programms geben, zunächst einmal energisch widerstehen". „Unerläßliche Voraussetzung" ist für Lortz dabei „eine genaue Kenntnis der historischen Tatsachen und der darüber schon geleisteten Forschungsarbeit", denen man nur gerecht werden könne, wenn man „die vielen Seiten des Gesamtkomplexes und entsprechend die vielen Aussagen der Forschung darüber verantwortlich *zusammen*" sehe und neben dem einen das andere nicht vergesse. Freilich müssten auch „die eigenen Deutungsmaßstäbe *einheitlich* sein" und dürften nicht „unter Umständen je nach der gewünschten Opposition wechseln". Diesen Forderungen entspreche der Aufsatz von Adam Fechter allerdings nicht. Anstatt eines umsichtigen Abwägens werde „in hohem Maße Polemik" geboten (847).

2. Auf die Forderung Michaels nach einem dogmatisch klar definierten Begriff des ‚Katholischen' antwortet Lortz, er selbst habe „die dogmatische Intoleranz mit allem Nachdruck vertreten", und zwar in formaler und inhaltlicher Hinsicht. Dies könne natürlich nicht heißen, „daß man nichts katholisch nennen dürfe, außer man führe immer und jedesmal alle Merkmale des Katholischen zugleich an" („Welch einen Bandwurm schlechter Darstellung ergäbe dann jede theologische und kirchengeschichtliche Darstellung!"). Falsch werde eine Darstellung freilich dann, „wenn eine oder mehrere notae des Katholischen ausgeschlossen oder an ihren Ort nicht eingebaut würden". Er kenne jedoch keine katholische Darstellung, auf die dies zuträfe. Anschließend geht Lortz ein auf die Interpretation von Luthers ‚Missverständnis' des Katholischen: „Eine besondere Verzeichnung unterläuft dem Verfasser bei einer These, die vor allem ich vertrete: Luthers Kampf beruhe zu einem wichtigen und sogar entscheidenden Teil auf Mißverständnis [...]. Welcher katholische Historiker der Reformation wäre wohl naiv genug, jenes ungeheure Geschehen des theologischen Kampfes Luthers gegen die Kirche in dem Sinn aufzufassen, daß hier ein paar falsche Begriffe zur Rechtfertigung des Angriffs benutzt worden seien, die man nun (nach 400 Jahren intensivster Ausformung!) sozusagen nur einfach auszuwechseln brauchte? Welch ein ... Mißverständnis!" Es folgen nähere Ausführungen zum tatsächlich gemeinten ‚Missverständnis' Luthers, dem nach Lortz zum einen *theologische*, zum anderen *psychologische* Ursachen zugrunde lagen. Bei ersteren betont Lortz den „schlechthin entscheidende[n] Komplex der theologischen Unklarheit, die Fechter nur nebenher erwähnt". Die entscheidende Frage bei Luther sei ja gerade: „Was verstand er unter ‚katholisch'? Was hatte man ihn als ‚katholisch' gelehrt? Was hatte er sich von den ockhamistisch-nominalistischen Voraussetzungen seiner Zeit her als ‚katholisch' erarbeitet?" Michaels Auffassung, dass Luther Thomas von Aquin ebenso abgelehnt hätte wie die ihm bekannt gewordene nominalistische Theologie, hält Lortz entgegen: „Diese

Überzeugung in Ehren. Sie vergißt aber, den Beweis vorzulegen. Man muß nämlich einigermaßen verständlich machen, wieso dann Luther ,eines Tages' (wie enthüllend!) dazu kam, ,diese Gnade der Messe zu verschmähen'. Mit den Elementen der Theologie des hl. Thomas wird eine solche Erklärung unmöglich". Nach weiteren Ausführungen über Luthers Verhältnis zum Nominalismus wendet sich Lortz dann den *psychologischen* Ursachen für Luthers ,Missverständnis' zu: „Es ist kein genügender Beweis gegen sie, daß sie von manchen evangelischen Kritikern einfach – d.h. weil ,psychologisierend' – abgelehnt werden. Hier fehlt weithin die objektive Begründung für die Ablehnung. Denn die für die Rekonstruktion nötigen (und entscheidend wirkenden) psychologischen Elemente sind am historischen Befund selbst abgelesen". Auch dazu folgen einige genauere Erklärungen, bevor Lortz grundsätzlich auf Michaels Vermischung vom „Ansatzpunkt einer Entwicklung (der werdende Reformator) und Endergebnis" bei Luther eingeht: „Wäre Luther bei seinem ursprünglichen religiösen Anliegen stehen geblieben – es war in der Papstkirche im Wesen bewahrt (s. unten 14), auch damals. Aber die weitere Entwicklung, besonders die theologische, führte zu dem Endergebnis, das man etwa so formulieren kann: ,Die Reformation ist in ihrem religiös-kirchlichen Geschehen die Verneinung der im objektiven Lehramt und im sakramentalen Priestertum verankerten sichtbaren Kirche' (Lortz, Reformation in Deutschland, I, 10). [...] Fechter hätte dies lesen sollen" (847–849).

3. Im nächsten Abschnitt geht Lortz auf die „nicht-theologischen Faktoren" der Reformation ein, deren „Befund viel differenzierter vorliegt, als Fechter es wahrhaben will", etwa hinsichtlich der „Theologie des Herzens". Den Einfluss dieser Zeitströmungen grenzt Lortz scharf von dem bei Luther festgestellten ,Subjektivismus' ab: „Von dem in dieser Frömmigkeit angelegten falschen Spiritualismus, von dem hier *im* Katholischen erwachsenden Subjektivismus ist der Subjektivismus Luthers entscheidend verschieden. Wenn man die Verinnerlichung Luthers, seine Heilserfahrung, sein ,sola gratia' auch nur irgendwie in die Nähe einer wie immer gearteten pantheisierenden ,Herzenstheologie' stellt, die ,das Eigensein der Kreatur aufhebt' (17), so ist man an Luther gründlich vorbei. [...] Wird aber der subjektive Gewissensentscheid Luthers nicht als religiöse Autonomie verstanden, sondern innerhalb der Bindung an ein objektiv Gegebenes: das Wort Gottes, das für Luther unantastbare und absolute Norm war, belassen, so trifft die Abwertung Fechters nicht; seine Beurteilung geht ins Leere" (849f.).

4. Sodann setzt sich Lortz kritisch mit Michaels geschichtstheologischen Ansichten auseinander. „Keine Durchleuchtung der Geschichte kommt ohne große Leitidee aus. Im christlich fundierten Raum heißt das, daß man eine *theologisch* fundierte Geschichtsphilosophie nötig hat (13 und 18). Leider setzt Fechter am verkehrten Punkt an. Das zeigt sich gleich an der Grundlage. ,Einfach den ganzen Geschichtsverlauf Gott als ,opus Dei' zuzuschieben (!), ist vollends bedenklich.' So sagt Fechter. Was bedeutet dann das Wort des Herrn, daß nichts ohne den Vater im Himmel geschieht (Mt 10,29)?" Lortz

hält mit seinem eigenen Konzept dagegen: „Der Begriff der ‚felix culpa‘ ist für eine katholische Auffassung immerhin zentral. Und von welcher Tiefe! Er hebt die paradoxalen Spannungen nicht auf, die uns durch die Tatsache des Bösen in der Welt vorgegeben sind, aber er läßt Gott als souveränen Herrn der ganzen Geschichte stehen; er zeigt uns im verworrenen Gesamt sogar einen Sinn, den wir einmal ‚schauen‘ werden. […] Aber wir bleiben nüchtern und lassen das Tatsächliche des geschichtlichen Ablaufs unangetastet". Lortz fährt fort: „Nach jener Kritik an der Definition der Geschichte als opus Dei leuchtet Fechter die Wirklichkeit des Deus absconditus auf, und er meint z. B.: ‚Hinter dem Zaudern der Päpste […] mag mehr Heiliger Geist gesteckt haben, als uns einleuchtet‘ (19). Diese Selbstverständlichkeit (die eine ungewollte prächtige Zustimmung zu der vorher kritisierten Auffassung vom opus Dei darstellt) zu bestreiten, kann einem Christen nicht gut in den Sinn kommen. Aber diese Behauptung als Rezept einer neuen Historiographie und die angedeutete Schlußfolgerung sind zu einem Teil gewagt genug, zu einem anderen Teil einfach falsch. Denn diese Einsicht erhebt sich bei Fechter aus einer (mit seltsamer Überheblichkeit vorgelegten) Meinung dieses Inhalts: ‚Dann würden uns nicht so vordergründige Urteile entschlüpfen wie dieses: ein Reformkonzil hätte noch 1525 die Glaubensspaltung verhindern können‘ (19)". Im Gegensatz zu dieser vermeintlichen „Vordergründigkeit" betont Lortz nachdrücklich, u. a. durch Verweis auf einen „Kenner wie Jedin", dass damals „das Konzil lebensnotwendig *war*": „In der Kirche gibt es keine Berechtigung zur Diagnose ‚inoperabel‘, wenn es um Wesentliches geht. Und also bleibt es dabei, daß die katholische Historiographie dieses Versagen anzumerken hat, wenn sie nicht eine offenbare Unterlassungssünde begehen will" (850 f.).

5. Lortz äußert sich schließlich noch einmal zur Frage des katholischen ‚mea culpa‘: „Für eine theologische Betrachtung der christlichen Geschichte liefert die Offenbarung die entscheidenden Maßstäbe. Einer davon ist die Forderung nach dem Schuldbekenntnis, wenn Schuld vorliegt. Denn darüber kann es ja wohl keinen Zweifel geben, daß der Begriff der ‚metanoia‘ ein wesentliches Stück ihres Rüstzeuges sein müsse. Wer je im Studium der Quellen erlebt hat, […] welche Gewissensnot seit dem Schisma von dorther wirksam wurde, welche Verworrenheit aus dieser Quelle ins katholische Glaubensbewußtsein getragen wurde; wer dann weiß, wie durchaus aktuell diese Dinge für viele heutige evangelische Christen im Sinne einer schweren Anfechtung sind, der wird kaum so leicht über die Forderung des ‚mea culpa‘ heute hinweggehen, wie Fechter das tut". Näherhin sieht Lortz das entscheidende Problem in einer unzulässigen Vermischung von Geschichte und Gegenwart: „Fechter will die Geschichte der Reformation neu so geschrieben sehen, daß Luther und Calvin und Zwingli nicht mehr mit Alexander VI. und Leo X., sondern mit Pius XII. konfrontiert werden. Das heißt Geschichte schreiben, ohne Geschichte zu schreiben. Und dies dürfte uns wohl an die gefährlichste Fehlerquelle von Fechters Darlegungen führen: Fechter denkt nicht geschichtlich. Sein Artikel ist nicht von einem Historiker geschrieben".

Lortz differenziert: „Die *heutige* Auseinandersetzung, die systematisch-religiöse, hat nicht die Reformation, sondern ihr Erbe mit der heutigen Kirche, und also den heutigen Päpsten zu konfrontieren. Die *historische* Darstellung der Reformation aber und die Aufdeckung ihres Werdens haben es zu tun mit dem 15. und 16. Jahrhundert. Fechter hat hier das Objekt verschoben. Es geht gemäß dem Titel seines Aufsatzes um Geschichtsschreibung. Die hier zu stellende Vorfrage lautet, ob eine historische Darstellung etwas für die heutige Besinnung abzuwerfen vermöge". Lortz bejaht diese Frage, zumal angesichts der Bedeutung der historischen Verhältnisse auch für die heutige „systematische Auseinandersetzung" mit den Protestanten: „Wenn es nicht möglich sein sollte, nachzuweisen, daß auch gegenüber der Kirche der *damaligen* Päpste die Reformation objektiv letztlich im Unrecht war, dann wird es auch nicht gelingen, den evangelischen Christen das Unrecht der Abtrennung von der heutigen Kirche verständlich zu machen. Denn am Wesen der katholischen Kirche hat sich nichts geändert. Ich denke doch, daß Fechter hier zustimmt?" Es zeige sich aber, dass „gerade durch die neuere *historische* Besinnung die Reformation evangelischen Christen [...] zum Problem geworden" sei, dass also „die Konfrontierung der Reformation und des reformatorischen Fragens mit dem Rom der Renaissance wirklich fruchtbar" sei – zumal in Verbindung mit der paradoxen Erfahrung, „daß nichts das Herz der evangelischen Gesprächspartner so aufschließt wie das katholische ‚mea culpa'" (851 f.).

6. In seinem letzten Abschnitt widmet sich Lortz schließlich der Auffassung Michaels von der zu stark ‚institutionalisierten' Kirche im Spätmittelalter: „Fechter warnt davor, die Einheit der Kirche zwischen 1300 und 1500 zu sehr in der Institution zu sehen (18). Wie richtig! Nur daß das Wesen der Institution damals wie heute die sakramentale Hierarchie in der apostolischen Sukzession einschloß". Fechter habe hier seine eigene Position wieder aus den Augen verloren. Hochexplosiv sei der von Fechter ‚riskierte' Satz: „Die Einheit der Institution, wie sie damals (im 14. und 15. Jahrhundert) vorwiegend ‚juristisch' gedacht und praktiziert wurde, kann keinen gläubigen Protestanten davon überzeugen, inwiefern seine Kirche[156] an der Preisgabe des Leibes Christi schuldig sei, da sie doch näher und herzlicher zu Christus fanden". Der ganze Satz beziehe sich letztlich auf die subjektiven oder gar privaten Kategorien. Mit der durchaus möglichen höheren persönlichen ‚Frömmigkeit' des Häretikers sei jedoch die objektive Wahrheitsfrage nicht entschieden (852).

In einem abschließenden Resümee fasst Lortz seine Position noch einmal zusammen:

„Es ist durchaus möglich – und es ist wünschenswert –, eine Deutung der Reformation (nicht eine Beschreibung ihres Ablaufs!) vom heutigen ökumenischen Erkennen und Er-

---

[156] Lortz zitiert hier nicht ganz korrekt (abgesehen von seiner Einfügung der Klammerbemerkung sowie der Anführungszeichen um „juristisch"); im Original heißt es: „inwiefern seine Väter an der Preisgabe der Leibes Christi schuldig seien". Fechter, Reformation, 18.

Abb. 20: Joseph Lortz
(1887–1975), ca. 1950.

leben aus zu geben. Aber höchste Nüchternheit gegenüber den Tatsachen muß die Feder führen. Und Mißtrauen vor den zu schnellen Kombinationen! Je mehr wir in der geistesgeschichtlichen und in der christlich-theologischen Deutung des unmittelbaren Haltes genau umreißbarer Fundamente entbehren (weil wir uns ja darüber erheben, weil wir ihre Hintergründe aufdecken wollen), um so peinlicher müssen wir um die Sauberkeit der Gedankenführung, um einheitliche Durchziehung der Linien bemüht sein. […] Wir sollten uns auch nicht leicht in bezug auf die Möglichkeiten der evangelischen ökumenischen Bewegung einer unrealistisch übersteigernden Auffassung überlassen. Der Rückschlag ist möglich, wie er einmal Tatsache war. Ich sage es mit Trauer. Aber es muß gesagt werden. Unsere Darstellung und Bewertung müssen auch dann noch halten, wenn sie einmal nicht mehr von der ökumenischen Welle getragen werden sollten. Sie müssen auch dort ansprechen können, wo diese Welle nicht hinreicht" (852 f.).

Spätestens nach dieser literarischen Konfrontation dürfte Lortz' Verhältnis zu Michael wohl nachhaltig zerrüttet gewesen sein. Das Fass zum Überlaufen brachten schließlich Nachrichten über gewisse Gerüchte, die Michael über die *Reformation in Deutschland* verbreitet hatte; erste Andeutungen lassen sich den Aufzeichnungen von Lortz während seines Rom-Aufenthalts im Oktober 1952 entnehmen. Es ging um ein bestimmtes Treffen, von dem Lortz auf Wunsch des Mainzer Bischofs Albert Stohr (1890–1961) ausgeschlossen werden sollte. Lortz notierte[157]: „Ich solle unbedingt dabei sein, aber später. Dann wollten sie Michael dabei haben. Da stellte Jedin die Alternative: Wenn Horst Michael kommt, komme ich nicht; denn ich bin Freund mit Lortz. – Die Hemmungen von Stohr gehen wahrscheinlich zurück auf die Mitteilungen Michaels an den B[ischof], daß meine Ref[ormation] nicht mehr gedruckt werden dürfe, auch der 3. Bd. nicht erscheinen dürfe".

Einen näheren Einblick in die vorgefallenen Geschehnisse – zumindest aus Lortz' Sicht – bietet eine Aktennotiz Lortz' vom 13. November 1952[158]:

„Vor meiner Rom-Reise Anfang Oktober 1952, fragte mich Fräulein Dr. Bronisch, ob ich die Absicht hätte, die Frage meiner ‚Reformation in Deutschland' zur Sprache zu bringen. Ich verneinte. Sie trug diese Verneinung einige Tage mit sich herum und eröffnete mir dann Folgendes unter Auferlegung strengster Diskretion, die ich zusagte: Der Bischof [Stohr] von Mainz habe sie gefragt, ob sie etwas davon wisse, daß meine Bücher ‚Die Reformation in Deutschland' nicht mehr gedruckt werden dürfe[n]. Sie habe geantwortet, das wisse sie nicht. Der Bischof gab auf ihr Befragen als Quelle Dr. Michael an. Dr. Michael habe ihm gesagt, daß ich selbstverständlich von dieser Sache auch wisse. […]

---

[157] Lortz, Aufzeichnungen aus Rom, Oktober 1952. IEG, NL Lortz [725].
[158] Joseph Lortz, „Aktennotiz" zu Horst Michael, Mainz, 13. November 1952. IEG, NL Lortz [1829].

In Rom brachte ich bei Pater Leiber meine Angelegenheit zur Sprache mit dem bekannten Ergebnis: 1.) Ich könne nie auf ein volles Lob in Rom rechnen, da man dort immer den Abfall Luthers ganz beherrschend in den Vordergrund rücke. 2.) P. Leiber bestätigte die seinerzeitige Meldung durch Bischof Rusch, daß nie daran gedacht gewesen sei, dem Buch etwas zu tun. 3.) Ich antwortete, mir ginge es nur darum, mit dem Buch wie bisher zu arbeiten.

Nach meiner Rückkehr teilte ich meine Erfahrungen von Rom Frl. Dr. Bronisch mit, die Gelegenheit nahm, sie an den Bischof [Stohr] weiter zu leiten, der offenbar darüber erleichtert war.

Dieselbe Mitteilung wie an den Bischof von Mainz hat Herr Dr. Michael nach Aussagen [...] meiner Sekretärin, (im Januar 52) als es um den Angriff Dr. Michaels in ‚Wort und Wahrheit' ging, geäussert, und dabei zum Ausdruck gebracht, daß ich darüber unterrichtet bin. [...] Infolgedessen ist es wahrscheinlich, daß seit Januar [...] wahrscheinlich auch die andere Abteilung[159] von der Aussage Herrn Dr. Michaels weiß.

Die Konsequenz ergibt nach diesem: Herr Dr. Michael hat, ehe er ins Institut kam, [über m]ich geschrieben, ohne daß ich es wußte. Er hat zu einer Zeit, wo er angeblich wußte, [daß meine][160] Bücher – auch der kommende dritte Band – nicht gedruckt werden sollten, sich für seine Arbeit am 3. Band[161] bezahlen lassen, ohne auch nur einmal anzudeuten, daß eine Hemmung vorläge. Zusammen mit den Zwischenträgereien im Institut und dem Angriff in ‚Wort und Wahrheit' ergibt sich die volle charakterliche Unmöglichkeit dieses Mannes, soweit er sich hier im Institut zu betätigen gedenkt.

Frl. Dr. Bronisch hat mich soeben von der Schweigepflicht entbunden, weil eben Herr Dr. Michael von sich aus die Sachen längst in einen weiteren Kreis getragen habe. Ich werde Gelegenheit nehmen, die Dinge dem Bischof vorzulegen".

Damit war Lortz' Vertrauen zu Michael endgültig zerstört, eine weitere Tätigkeit von Michael im IEG ausgeschlossen[162]. In der Tat geht aus späteren Briefen Michaels aus dem Jahr 1954 hervor, dass er inzwischen bei Herder in Freiburg beschäftigt wurde, unter anderem als Berichterstatter der *Herder-Korrespondenz*[163].

In Sachen Ökumene sah Michael mittlerweile dringenden Handlungsbedarf. Am 20. März 1954 schrieb er Leiber in Rom: „Heute aber muss ich reden, denn nun spitzen sich die Dinge auf dem Gebiet der ‚Una-Sancta-Arbeit' – der ich nicht angehöre, wie Sie wissen – derart zu, dass ein Eingreifen erforderlich wird"[164]. Konkret sah Michael die ökumenische Situation in Deutschland in unguter Weise von Gruppierungen bestimmt, zu denen auch Lortz gehörte: „Da durch die Aktion Asmussen, über die wir im Märzheft der Herder-Korrespondenz berichtet haben, auf der einen und durch den schandbaren Lutherfilm und seine Behandlung durch Bischof D. [Hanns] Lilje auf der anderen [Seite] jetzt eine Entscheidungslage in Deutschland entstanden ist, sollte etwas geschehen, um allen jenen das Handwerk zu legen,

---

159 Gemeint ist wahrscheinlich die „Abteilung für Universalgeschichte" des IEG.
160 Fehlstellen am unteren Rand, aus dem Kontext ergänzt.
161 Vermutlich Materialsammlung o. ä. für den Anfang 1950 angedachten Zusatzband mit Dokumenten zur Reformation (vgl. oben).
162 Neuer Assistent von Lortz wurde 1953 Peter Manns (1923–1991).
163 Vgl. Michael, Freiburg, an Leiber, Rom, 17.05.1954. APUG, NL Leiber [Fondo 7].
164 Michael, Freiburg, an Leiber, Rom, 20.03.1954. APUG, NL Leiber [Fondo 7].

die jetzt Verwirrung stiften und das Dogma erweichen. Es ist allerhöchste Zeit, dass hier etwas geschieht, da sich diese Gruppe mit P. [Christophe-Jean] Dumont OP von der ‚Istina‘ verbindet und auch den Kurs der ‚Konferenz katholischer Ökumenisten‘ bestimmen möchte, in der Congar und Lortz die erste Flöte spielen. Die Konferenz tritt am 21. April wieder zusammen, diesmal in Mainz. Ich habe darüber bereits an HH P. [Charles] Boyer geschrieben".

In einem weiteren Schreiben vom 17. Mai 1954 an Leiber berichtete Michael sodann von ‚romkritischen‘ Äußerungen Josef Höfers[165]: Dieser „erzählte von Rom, seiner neuen Wirkungsstätte: ‚das aktuale Kirchenbewusstsein der römischen Behörden ist rein humanistisch, societas perfecta, die sich selber genügt, ohne jenes eschatologische Bewusstsein‘, daher auch ohne Verständnis für die getrennten Christen. Dazu komme, dass der Hl. Vater ‚ein persönliches Regiment führe‘, ‚Der Wunsch des Hl. Vaters‘ sei eine Formel, die auch in amtliche Akten eingeht. Daher die Misere der Arbeiterpriester, daher der unnötige Krach um die fakultative Zivilehe in Deutschland, der nur daher komme, dass der Papst ein Hobby aus seiner Nuntiaturzeit noch vor seinem Ableben durchbringen wolle. Es sei ein Segen, dass Adenauer einen prot[estantischen] Botschafter ernannt hat, denn ein Katholik könnte derartigen ‚Wünschen‘ des Papstes keinen wirksamen Widerstand entgegensetzen (Las man's nicht so auch in protestantischen Blättern? Und woher hatten die es?!)". Michael betrachtete Höfers Haltung als symptomatisch für eine ganz bestimmte Form des Katholizismus bei den führenden katholischen Vertretern der Ökumene: „Auf den ersten Blick mögen diese Bemerkungen harmlos sein. Aber sie sind mir nachgegangen, und allmählich wurde mir vieles klar. Wie sollten die Verhandlungen, die seit 8 Jahren mit luth[erischen] Theologen gehen, je Fortschritte machen, wenn ausser der merkwürdigen Zusammensetzung auf kathol[ischer] Seite (Prävalenz der ‚Braunsberger Richtung‘!) auch der leitende Mann [= Höfer] so wenig für ein Verständnis des Primats aufbringt, des wirklichen (nicht nur des diplomatischen) Primats. Man hat [Matthias] Laros gern an die Wand gedrückt, um alles von Paderborn aus zu lenken. Hat man besser gelenkt? Wie konnte man sonst 1950 auf den Wahn verfallen, durch Überreichung eines lutherischen Theologengutachtens in Rom gegen die Assumpta (an dem [Gottlieb] Söhngen fest mitgearbeitet hat) die Dogmatisierung zu verhindern".

In diesem Zusammenhang kam Michael auch auf Lortz zu sprechen, der sich gegenüber der Dogmatisierung bzw. deren Begründung kritisch geäußert habe: „Jetzt ist mir klar, warum damals am 7. Oktober 1950 auf der Piazza Barberini – ehe ich abends zu Ihnen in die Gregoriana kam – Prof. Lortz noch guter Hoffnung war und meine Begründung des Dogmas mit der Bemerkung lächerlich machte: ‚Da könnte ja in Patagonien ein Aberglaube entstehen. Erst glaubt auch der Bischof von Patagonien dran, dann die Bischöfe von Südamerika, dann die von Nordamerika und eines Tages macht der Papst ein Dogma

---

[165] Michael, Freiburg, an Leiber, Rom, 17.05.1954. APUG, NL Leiber [Fondo 7].

draus'. Sie fuhren damals hoch und sagten, das könne kein kathol[ischer] Theologe gesagt haben, und ich verweigerte den Namen, weil ich damals noch nicht wusste, dass man mich am Tage vor meiner Conversio kündigen würde!" Michael fühlte sich offensichtlich unfair behandelt und als katholischer ‚Hardliner' ins Abseits gedrängt: „Jetzt wird noch vieles andere klar, u. a. auch, dass meine Schrift gegen die verkehrte Lutherinterpretation von Lortz, die der Herderverlag 1952 angenommen hatte, dann plötzlich nicht erscheinen durfte[166], und warum der Bonifatiusverlag in Paderborn[167], dem ich sie vor 6 Monaten anbot, sich hartnäckig ausschweigt". Handschriftlich fügte er hinzu: „Sie werden ja hoffentlich jenem Antistes [= Höfer?] nicht diesen Brief vorlegen! Dann flöge ich bei Herder und sonstwo und müsste Steine klopfen gehen. In Herder-Korrespondenz Juni habe ich mit Ach und Krach das *theologisch* unterwertige Werk von [Theodor] Schieffer über Bonifatius[168] rezensieren dürfen. Das ist jener Kultur-Katholizismus, wie ihn D. O[skar] Köhler im Verlag verbreitet, u[nd] wer da nicht mitmacht, wird als ‚Integralist' diffamiert".

Trotz seiner vermeintlichen ‚Marginalisierung' scheint Michael auch in den kommenden Jahren unbeirrt seinen Standpunkt vertreten zu haben – neben Berichten und Artikeln in der *Herder-Korrespondenz* sowie in *Wort und Wahrheit* auch in Form von selbstständigen Veröffentlichungen (unter dem Namen J. P. bzw. Johannes Petrus Michael). So erschien etwa 1958 in Herders Taschenbuch-Reihe der Titel: *Christen suchen Eine Kirche. Die Ökumenische Bewegung und Rom*[169]. Neben der Darstellung der gegenwärtigen ökumenischen Situation enthält das Buch – das laut Klappentext „aus der ökume-

---

[166] Näheres zu diesem unveröffentlichten Buch ist nicht bekannt; Michael erwähnt den Vorfall jedoch noch einmal etwas ausführlicher in einem späteren Brief an Augustin Bea: „Lortz bekam fast einen Schlaganfall, erklärte, er müsse seine Professur niederlegen, ich hätte ihn kompromittiert. Er rief Dr. Herder-Dorneich herbei, und man beschloss, die Studie nicht zu drucken! Ausserdem wurde mir anliegender Revers vorgelegt, den ich unterschreiben musste, weil selbst der Bischof von Mainz, der mir gestand, kein Buch von Lortz gelesen zu haben, um des Friedens willen zum Nachgeben riet". Michael an Bea, 05. 11. 1955; zit. nach Saretta MAROTTA, Ökumene von unten. Augustin Bea di fronte alle attività del movimento tedesco Una Sancta, in: Cristianesimo nella Storia 37 (2016), 541–611, hier 563 f. – Zu Bea vgl. unten.
[167] In diesem Verlag (Bonifacius-Druckerei) erschien im selben Jahr: J. P. MICHAEL, Bonifatius und die Frage der apostolischen Sukzession, Paderborn 1954.
[168] Theodor SCHIEFFER, Winfrid-Bonifatius und die christliche Grundlegung Europas, Freiburg i. Br. 1954.
[169] J. P. MICHAEL, Christen suchen Eine Kirche. Die Ökumenische Bewegung und Rom. Mit Dokumenten und soziographischen Beilagen (Herder-Bücherei 10), Freiburg i. Br. 1958. – Eine erweiterte Neuauflage erschien einige Jahre später im Paulus-Verlag: J. P. MICHAEL, Christen glauben Eine Kirche. Wiedervereinigung ohne Rom?, Recklinghausen 1962. – Darüber hinaus veröffentlichte Michael noch diverse Titel v. a. mit biblischen Betrachtungen (1957–62 bei Herder, 1961–65 beim Paulus-Verlag) und verfasste auch einige Artikel für die zweite Auflage des *Lexikon für Theologie und Kirche* (z. B. den Art. Unionsbestrebungen, in: LThK[2] 10 (1965), 504–506).

nischen Berichterstattung der ‚Herder-Korrespondenz' hervorgegangen ist"
– auch ein Kapitel über „Reformatorische Grundlagen" (S. 50 ff.), worin Michael wiederum seine – von Lortz abweichende – historische Deutung der Reformation darlegt. Es ließe sich spekulieren, ob gerade das Erscheinen dieses Buches der Anlass dafür war, dass Lortz in einem Schreiben an Josef Höfer vom 21. März 1958 auf Michael Bezug nahm[170] – das einzige Mal seit 1952 in der überlieferten Korrespondenz. Im Kontext einer aktuellen „Differenz zwischen Asmussen und Schlinck [sic]" schrieb Lortz an Höfer, er hoffe darauf, dass daraus keine „Krise unserer Arbeitskreise" entstehe. Freilich merke man auch hieran wieder, „wie gut es wäre und wie [viel] leichter unsere Position wäre, wenn man in Rom die wirklichen christlich-religiösen Kräfte auf der anderen Seite ganz positiv einschätzte. Aber so lange dann Herr Michael in der Welt herumposaunt, daß das neue Jerusalem keinerlei Weisung, d. h. aber auch dann keinerlei lebensfördernde (freilich nicht lebenswichtige) Wahrheiten oder Anregungen von der anderen Seite erwarten könnte, oder zu erwarten habe, so lange Michael solches in die Welt herausposaunt und viele Leute dann in ihrer reaktionären Haltung noch bestärkt werden, so lange sorgen wir ja selbst auf unserer Seite dafür, daß wir nicht in der eigentlichen inneren Aufweichung des Gegensatzes weiterkommen"[171].

Ob sich die Wege von Lortz und Michael in späteren Jahren noch einmal gekreuzt haben, bleibt offen. Spätestens nach dem Zweiten Vatikanischen Konzil dürfte Michaels Auffassung von Ökumene endgültig in eine bedeutungslose Außenseiterrolle gedrängt worden sein. Bis dahin jedoch spiegelte seine Position durchaus die offizielle ‚römisch-katholische' Realität wider – für die nach wie vor auch die *Reformation in Deutschland* ein Dorn im Auge war.

5. Eine Besänftigung Roms?

Am 8. November 1952 – kurz nach der zweiten Romreise von Lortz – wandte sich der Freiburger Erzbischof Wendelin Rauch in einem persönlichen Brief an den mit ihm befreundeten Jesuiten Augustin Bea (1881–1968), der wie Leiber aus Baden stammte und nach dem Tod von Grendel im Heiligen Offizium die Bearbeitung des Themenkomplexes „Ökumene" übernommen hatte[172]. Als Beichtvater Pius' XII. hatte Bea einen direkten Zugang zum Papst. Rauch teilte nun Bea mit, er habe gehört, der Heilige Vater sei „unzufrieden" darüber, „dass die letzte Auflage des Reformationswerkes von Prof. Lortz nach Kriegsende erscheinen konnte" und man „in Freiburg, sowohl bei

---

[170] Freilich käme dafür ebenso gut irgendeine andere Äußerung Michaels in Betracht, etwa ein Artikel in der *Herder-Korrespondenz*.

[171] Lortz, Mainz, an Höfer, [Rom], 21.03.1958. IEG, NL Lortz [732].

[172] Bea spielte einige Jahre später im Zuge der Bemühungen um die 4. Auflage nochmals eine wichtige Rolle (vgl. unten).

Erteilung des Imprimaturs wie auch beim Entschluss des Verlages, die Auflage zu veröffentlichen, auf diese Seine persönliche Auffassung bewusst keine Rücksicht genommen" hätte[173]. Ähnlich wie bereits in seinem Schreiben an die Nuntiatur vom 27. März 1950 rekapitulierte Rauch noch einmal den bekannten Stand der Dinge: „Eine solche bestimmte Auffassung, eine neue Auflage sei unerwünscht, war in Freiburg nicht bekannt. Auch eine Nachforschung im Ordinariatsarchiv kam zu keinem anderen Ergebnis". Wieder verwies Rauch auf die damals durch Rusch übermittelte Meinung Pius' XII., dass „für das Werk keine Indizierungsgefahr" bestanden habe und eine Neuauflage auch „keine Behinderung erfahren sollte", wenn einige Änderungen vorgenommen würden. Solche Änderungen seien dann „auf ausdrücklichen Wunsch von Erzbischof Gröber vom Verfasser gebilligt und vom Verlag durchgeführt" worden, weshalb dann „auch das Imprimatur der Neuauflage nach Kriegsende" erfolgt sei. Er, Rauch, kenne „die Bedeutung und die Schwächen des Werkes" von Lortz:

„Ich war seinerzeit einer der bischöflichen Zensoren und habe zahlreiche Änderungen im Text veranlasst. Ich weiss auch, dass die Gesamthaltung des Werkes durch solche einzelne Retuschen im Wesentlichen nicht verändert werden konnte und auch nicht verändert worden ist. Ich hatte darum gegen das Werk als Ganzes meine wohlbegründeten Bedenken und machte sie auch geltend. Aber mein Vorgänger, Erzbischof Gröber, hat sich schliesslich um der Bedeutung des Gesamtwerkes willen entschlossen, das Imprimatur zu erteilen. Er stützte sich dabei auf wiederholte Prüfungen durch den verstorbenen Prälaten Kirsch, mit dem er auch in Rom wiederholt darüber verhandelte. Er stützte sich ferner auf ein positives Gutachten des verstorbenen Geheimrats Finke über die kirchengeschichtliche Qualität des Werkes, und er stützte sich schliesslich auf seine eigenen Eindrücke bei der Lektüre des Manuskripts. Er hatte dabei zahlreiche Änderungswünsche, auf die der Verfasser in allem eingegangen ist. Diese Änderungswünsche bezogen sich einem Nuntiaturschreiben entsprechend besonders auf eine Kritik Hugo Rahners in der ‚Schweizerischen Rundschau' sowie auf mitgeteilte Wünsche eines Ungenannten. Bei Erteilung des Imprimaturs selbst zur Neuauflage nach Kriegsende bin ich nicht mehr gehört worden".

Rauch betonte, Herder habe „die Frage des Imprimaturs bei diesem Werk sehr ernst genommen und sich in allem bereitwillig nach den bischöflichen Weisungen gerichtet". Da dem Verlag inzwischen „die Ablehnung des Heiligen Vaters" bekannt geworden sei, wolle er keine neue Auflage mehr veranstalten und habe „auch erst vor kurzem aus diesem Grunde das Erscheinen einer beabsichtigten französischen Auflage verhindert"[174]. Rauch unterstrich besonders nachdrücklich die großen Leistungen des Herder-Verlages „im Dienste der Verkündigung der katholischen Lehre und der Festigung des katholischen Glaubens im Volk", die er „aus nächster Nähe kenne und schätze". Er bezeuge, „dass der Verlag Herder in der Angelegenheit des Werkes von Lortz des besten Glaubens war, mit seinen Massnahmen der katholischen Sache zu dienen. Heute ist in Deutschland Ruhe um dieses Werk, und es

---

[173] Rauch, Freiburg, an Bea, Rom, 08. 11. 1952. EAF B2–1945/1022.
[174] Eine französische Übersetzung erschien erst 1970. Vgl. den Ausblick am Ende.

besteht auch kein Kaufinteresse mehr dafür. Seine Zeit ist vorüber"[175]. Inzwischen stehe der Herder-Verlag „vor neuen grossen Aufgaben", etwa der Neuauflage des Lexikons *Der Große Herder* („ein Unternehmen von ganz grosser Bedeutung für die katholische Sache und von persönlichem Wagemut des Verlegers"). Herder-Dorneich wolle dieser Tage dem Papst den ersten Band des Lexikons persönlich überreichen, deshalb sei Rauch daran gelegen, diese Mitteilungen über den „Fall Lortz" nach Rom zu geben: „Ich bitte Dich, lieber Hochwürdiger Freund, von diesem Bericht den Gebrauch zu machen, den Du für opportun hältst. Ich darf Dir anheimstellen, dem Heiligen Vater bei guter Gelegenheit und in geeigneter Weise davon Kenntnis zu geben".

Offensichtlich kam es Rauch vor allem darauf an, auf den Herder-Verlag keinen Schatten des kirchlichen Ungehorsams fallen zu lassen; aktuelle Projekte sollten nicht gefährdet werden. Deshalb versuchte Rauch zu beschwichtigen und die weitere Wirkung der *Reformation in Deutschland* möglichst klein zu reden. Die Konsequenz einer solchen Strategie war freilich, dass auf dieser Basis eine weitere Neuauflage der Reformationsgeschichte in absehbarer Zeit so gut wie ausgeschlossen war, nachdem gerade einmal eine missbilligende Duldung der bereits im Handel befindlichen Auflage – in Anbetracht ihrer vermeintlichen ‚Bedeutungslosigkeit' – erreicht werden konnte. Immerhin scheint auf dieser Grundlage für die nächsten Jahre tatsächlich ‚Ruhe' um Lortz' Werk gewesen zu sein – zumindest aus römischer Sicht, während es in der deutschsprachigen Diskussion in dieser Zeit keineswegs still blieb.

6. „Interne" Auseinandersetzung mit der literarischen Kritik an Lortz' Werk

In Lortz' Nachlass finden sich etliche Schriftstücke von fremder Hand, die sich mit der Rezeption der *Reformation in Deutschland* sowie der aktuellen ökumenischen Diskussion um das Jahr 1950 herum befassen. Eine umfassendere Auswertung einer größeren Zahl der evangelischen und katholischen Besprechungen findet sich in einem undatierten Dokument mit dem Titel (a) „Zur Kritik an Lortz, Die Reformation in Deutschland"[176]. Die Zusammenstellung umfasst 17 maschinenschriftliche Seiten und trägt die Verfasserangabe „Bronisch", es handelt sich also offenkundig um dieselbe Mitarbeiterin am IEG, die Lortz auch in seiner Aktennotiz vom 13. November 1952 erwähnte („Fräulein Dr. Bronisch"). Dazu kommt als Ergänzung noch ein

---

[175] Mit Blick auf das in einigen Jahren (Ende 1956) vergriffene und weiterhin nachgefragte Werk offenkundig eine Fehleinschätzung (vgl. unten). Auch die fortgesetzte Rezeption und Diskussion der Lortzschen Reformationsdeutung – besonders von protestantischer Seite – in den 1950er Jahren spricht eine andere Sprache.

[176] BRONISCH, „Zur Kritik an Lortz, Die Reformation in Deutschland", [Mainz, 1952?]. IEG, NL Lortz [732].

Blatt mit der Überschrift (b) „Für eine Neuauflage der Reformation in Deutschland"[177], das eine kurze Auflistung einiger v. a. protestantischer Kritikpunkte bietet, sowie eine weitere kürzere Liste mit der Überschrift (c) „Meinem Ermessen nach können sich Beanstandungen in drei Bereichen ergeben"[178], die eher auf Kritikpunkte von katholischer Seite eingeht. Laut Handschrift stammen auch diese beiden Zusammenstellungen von derselben Verfasserin, was auf letzterem Dokument noch ausdrücklich bestätigt wird durch eine spätere Aktennotiz von Lortz: „Pro-Memoria von Frl. Dr. Bronisch vor (oder nach?) meiner Rom-Reise 1952. 28. 1. 1961 JL". Falls Lortz' Datierung zutrifft, wären wohl auch die beiden anderen Schreiben dieser Verfasserin im Jahr 1952 zu verorten.

(a) Die umfangreiche Zusammenstellung der Rezensionen enthält zunächst eine Liste der „wichtigsten Kritiken" auf evangelischer sowie auf katholischer Seite aus den Jahren 1940/41[179]. Diese werden im weiteren Verlauf miteinander verglichen und auf bestimmte Kernpunkte der Lortzschen Reformationsdeutung hin befragt, wobei der Schwerpunkt stärker auf der evangelischen Kritik liegt. „Zur Kritik von katholischer Seite" wird zunächst grundsätzlich bemerkt: „Außerordentlich viel Zeugnisse warmer, z. T. ergriffener und begeisterter Zustimmung, aber wenig die Probleme in ihrer ganzen Tiefe aufnehmende und wirklich weiterführende Kritik. Zum Teil nur referierende Besprechungen". Dabei werden einzelne dieser Rezensionen prägnant charakterisiert, so KIRSCH („restlos anerkennend"), BIHLMEYER („referiert nur – durchaus zustimmend"), KREBS („nimmt die eigentlichen Probleme kaum auf"), SCHMIDLIN („mit seinen unangemessenen Bemängelungen […] wohl kaum ernst zu nehmen"; dazu auch Verweis auf RITTERS Kommentar über Schmidlin: „Stimme aus der Vergangenheit"). Hugo RAHNER sei „erstaunlich" – seine erste Besprechung (1940) sei „wertvoll und fördernd; ernstes Bemühen um Verständnis; auch die vorgebrachten Bedenken sind bedenkenswert"; seine zweite (1941) hingegen, „die, unter Unterschlagung des vorher positiv Gewürdigten, alle Bedenken einseitig ausbaut, erscheint unbegreiflich". Letztlich wird festgestellt: „Wiederholt kommt auch sonst – auch

---

[177] [BRONISCH], „Für eine Neuauflage der Reformation in Deutschland", [Mainz, 1952?]. IEG, NL Lortz [732].
[178] [BRONISCH], „Meinem Ermessen nach können sich Beanstandungen in drei Bereichen ergeben", [Mainz, 1952?]. IEG, NL Lortz [732].
[179] *Evangelisch:* Bornkamm (1940), Buchheim (1940), Frick (1941), Jelke (1940), Köhler (1940), Ritter (1940), Sasse (1940), Wolf (1940). – *Katholisch:* Bihlmeyer (1940), Böminghaus (1940), Eibl (1940), Kirsch (1940), Iserland (1940), Krebs (1940), Löhr (1940), Rahner (1940 und 1941), Schmidlin (1940), Simon (1940), Smolka (1940), Vasella (1940), Zoepfl (1940). (Von den katholischen Rezensionen wurden im weiteren Verlauf allerdings nur noch Bihlmeyer, Böminghaus, Kirsch, Krebs, Rahner und Schmidlin berücksichtigt.) – Bemerkenswert an dieser Auswahl ist v. a. das Vorliegen der unveröffentlichten Rezension von Engelbert Krebs – möglicherweise hatte Lortz diese im Rahmen des Imprimaturprozesses der 2. Auflage 1941 von Erzbischof Gröber erhalten (vgl. oben). – Zu den Rezensionen im Einzelnen vgl. oben die Analyse der Rezeption 1940–45.

bei im ganzen zustimmenden katholischen Kritikern – eine gewisse Besorgnis vor allzu weit gehender katholischer Selbstkritik und zu starker Bewertung des von der Reformation Geleisteten zum Ausdruck" (dazu Verweis auf Bö-MINGHAUS). Bevor dann die eigentliche detailliertere Auswertung der Rezensionen insgesamt beginnt, wirft die Verfasserin zuvor einige grundlegendere Fragen hinsichtlich einer weiterführenden Auseinandersetzung mit Lortz' Werk auf: „Wie ist die angewandte historisch-psychologische Methode zu bewerten? Besteht ein Recht auch zur dogmatischen Beurteilung? Umgekehrt: Ist die historisch-psychologische Betrachtung neben der dogmatischen unerlässlich, um die ganze Wirklichkeit zu erfassen? Wird die theologische Betrachtungsweise zu sehr verkürzt? [...] Sind die entscheidenden Thesen von Lortz tragfähig? Bewähren sie sich? Sind sie fruchtbar? Wird Lortz selbst den Anliegen der Reformation gerecht? Wo werden auch bei *dieser* Darstellung der Reformation letzte (unaufhebbare?) Differenzen zwischen katholischem und reformatorischem Verständnis des Evangeliums sichtbar?"

Im Folgenden werden diese grundsätzlichen Fragen jedoch nicht weiter verfolgt, stattdessen wird nun eine Zusammenschau der verschiedenen Besprechungen im Hinblick auf bestimmte Aspekte von Lortz' Werk versucht, mit zahlreichen Zitaten aus den einzelnen Rezensionen. Insgesamt ergibt sich dabei folgendes Bild:

(I.) „Fast durchweg Zustimmung zu den *Grundintentionen* des Verfassers": 1. „zu einer fruchtbaren Aufgeschlossenheit für die religiösen Anliegen der Reformation wie zu einer tiefer greifenden, nicht polemischen, historischen Kritik an ihr zu kommen"; 2. „teilzuhaben am Gespräch zwischen den Konfessionen oder auch diesem Gespräch neue Möglichkeiten zu geben"[180]. Angeführt werden dazu kritische Äußerungen von RAHNER sowie positivere von WOLF und SASSE.

(II.) „Fast durchweg Anerkennung der *Grundhaltung* des Verfassers": 1. „starker Wille zur Gerechtigkeit – abwägende Gewissenhaftigkeit – vorbildliche Objektivität – rückhaltlose Kritik – keine Tendenz zur Verhüllung oder Beschönigung – zur Apologetik – zur Polemik"; 2. „ungebrochen und betont katholische Haltung"[181] – „also wissenschaftlich unbefangene und kritische und doch im letzten gebundene Haltung". Hierzu werden überwiegend zustimmende Äußerungen von BORNKAMM, SASSE und JELKE sowie von BIHLMEYER, RAHNER und SCHMIDLIN angeführt.

(III.) „Teilweise Zustimmung zu *entscheidenden Thesen* des Verfassers": „Die Reformation ist a) Ergebnis einer seit rund 1300 angelegten Verschiebung und Zersetzung, einer Auflösung, die bis auf die Grundprinzipien und

---

[180] Es handelt sich um zwei (größtenteils wörtliche) Zitate aus Lortz' Vor- bzw. Schlusswort. Vgl. LORTZ, Reformation I, VIII; Reformation II, 307. Dazu wird noch angemerkt, dass „allerdings 1) nicht als von 2) beeinflußt zu denken" sei. Vgl. auch Lortz' eigene erklärende Anmerkung zu dieser Stelle im Schlusswort ab der 2. Auflage.
[181] Wiederum ein weitgehend wörtliches Zitat aus Lortz' Vorwort. Vgl. LORTZ, Reformation I, VIII.

Grundgestalten, die das Mittelalter trugen, reicht – unter schuldvoller Beteiligung der Kirche. b) der andere Teil heisst Luther". Zu a) Lortz' „Beurteilung der *Vorgeschichte der Reformation*" werde von evangelischer Seite „fast allgemein zugestimmt", von katholischer jedoch nur mit „Einschränkungen" (vgl. BÖMINGHAUS, SCHMIDLIN, RAHNER). „Breite Gemeinsamkeit" bestehe allerdings hinsichtlich Lortz' kritischer „Beurteilung des *Humanismus*" (positiver Verweis auf WOLF, dagegen jedoch KREBS). Zu b) „Heiss umstritten" sei „natürlich von beiden Seiten" Lortz' *Lutherbild*, das zunächst im Hinblick auf „wichtige Thesen" diskutiert werde: (1.) „Luther ringt in sich einen Katholizismus nieder, der nicht katholisch war" („Auf katholischer Seite hier vielfach Zustimmung; auf evangelischer Seite fast durchweg Einspruch", vgl. RITTER, BORNKAMM, JELKE, SASSE); (2.) „Luther ist von der Wurzel aus subjektivistisch" („auf katholischer Seite bejaht und unterstrichen, auf evangelischer Seite beachtet, aber sehr in Frage gestellt und überwiegend abgelehnt", vgl. BORNKAMM, RITTER, KÖHLER, JELKE, WOLF); (3.) „Luther scheiterte an seiner Einseitigkeit oder umgekehrt an der katholischen Synthese" („Diese These wird von den Beurteilern verhältnismäßig wenig aufgenommen", vgl. ablehnend RAHNER, FRICK). Ferner diskutiert werde Lortz' „Beurteilung Luthers als Theologe" („Vielfach wird von den evangelischen Kritikern hervorgehoben, der Theologie Luthers sei nicht genügend Aufmerksamkeit geschenkt", vgl. FRICK, BORNKAMM, SASSE) sowie seine „Gesamtauffassung und -bewertung" Luthers („Auf katholischer Seite viel warme Zustimmung, bei den offiziellen Kritikern aber zum Teil starker Einspruch", vgl. BÖMINGHAUS, KREBS; auf evangelischer Seite grundsätzlich ablehnend, vgl. SASSE, BORNKAMM). Abschließend folgt zur Würdigung von evangelischer Seite noch ein längeres zusammenfassendes Zitat von WOLF („Verdienst der Gesamtschau des Buches").

Abgesehen von der Zusammenstellung und Kommentierung der einzelnen Kritikpunkte fehlt letztlich ein eigenständiges abschließendes Urteil über die Rezeption von Lortz' Werk; es scheint sich bei diesem Dokument also eher um eine ‚Bestandsaufnahme' gehandelt zu haben, die Lortz erstellen ließ als Grundlage zu einer vertiefenden Auseinandersetzung über weiterführende Sachfragen.

(b) Das zusätzliche Blatt „Für eine Neuauflage der Reformation in Deutschland" enthält eine kurze Auflistung: „Einzelne Mängel, auf die von den Kritikern hingewiesen wird" („anlässlich der 1. Auflage. Sie sind für die 2. Auflage vielleicht schon bedacht worden"). Es handelt sich um sechs – wohl v. a. von evangelischer Seite stammende – Kritikpunkte:

„1. Die Spätscholastik wird nirgends in ausreichender Weise gekennzeichnet. [...] 2. Es wird nicht versucht, Luthers theologische Anschauungen geschlossen darzustellen. (Im besonderen: eine eingehende Analyse der theologischen Anfänge Luthers und ihrer mittelalterlichen Quellen wird nicht gegeben.) [3.] Der grosse Reichtum der bedeutenden Reformationsgestalten neben Luther fällt fast ganz aus. 4. Der täuferischen Bewegung wird zu geringe Aufmerksamkeit geschenkt. 5. Der Augsburger Reichstag wird unzureichend behandelt. (Verwechselung der Schmalkaldener und Schwabacher Artikel. Unhaltbarkeit des Urteil[s] über die Confessio Augustana). 6. ‚Rücksichtslose Eigensucht der deutschen Territorialherren beherrscht den Ablauf der deutschen Reformation‘ – solche und ähnliche Urteile werden als ‚harte Ungerechtigkeit‘ bezeichnet".

(c) Zuletzt folgt noch eine kürzere Zusammenstellung zur Rechtfertigung gegenüber „Beanstandungen in drei Bereichen" – diesmal offenkundig von katholischer Seite:

„1. Kennzeichnung und Beurteilung der Lage vor der Reformation: das Bild sei zu dunkel gezeichnet; 2. Luther: sei überbewertet; 3. Gesamturteil über die Reformation: die fundamentale Bedeutung des reformatorischen ‚Abfalls‘ sei nicht genügend beachtet und herausgestellt". Anschließend folgen nähere Zurückweisungen der drei Kritikpunkte: Zu 1.) „Die Zeichnung und Beurteilung der vorreformatorischen Lage kann nur dann beanstandet werden, wenn man die gesicherten Ergebnisse unvoreingenommener historischer Forschung ignorieren oder nicht wahrhaben will". Zu 2.) „Der etwaige Eindruck einer Überbewertung der Person und der Leistung Luthers *kann nur* entstehen, wenn man einzelne Stücke der Darstellung isoliert. [...] Luther wird als homo religiosus anerkannt, aber die Grenzen und Fehler seines Charakters und seiner Wesensart werden niemals übersehen und an gehöriger Stelle auch deutlich herausgestellt [...]. Vor allem wird der *häretische* Charakter seiner Theologie und Verkündigung deutlich gekennzeichnet, also die Berechtigung und Notwendigkeit des kirchlichen anathema uneingeschränkt anerkannt". Zu 3.) „Für die Gesamtbewertung der Reformation durch L[ortz] ist es ebenso erforderlich, sich seine grundlegenden Thesen *im Zusammenhang* zum Bewußtsein zu bringen. L[ortz] ist weit davon entfernt, die Reformation etwa als bloßes ‚Mißverständnis‘ zu beurteilen, also das ungeheure Gewicht des reformatorischen Geschehens zu unterschätzen. Er setzt das ‚Mißverständnis‘ als Ausgangspunkt für die Entwicklung Luthers an. Für die vollentfaltete Reformation gibt er die fundamentale Bedeutung des Geschehens als Aufstand gegen die Kirche [...] an".

7. „Externe" Rechtfertigung gegenüber Kritik an Lortz' Arbeit im IEG

Während die genannten Dokumente die Auseinandersetzung von Lortz mit den Kritikern der *Reformation in Deutschland* aus der ‚Innenperspektive‘ seiner Tätigkeit am Institut für Europäische Geschichte widerspiegeln, erlaubt ein anderes Schreiben Rückschlüsse auf die ‚Außenperspektive‘, d.h. wie die damalige Arbeit von Lortz im IEG von protestantischer Seite wahrgenommen wurde. Es handelt sich um einen Briefentwurf Lortz' an den amerikanischen Vizekonsul Hodge (Amerikanisches Generalkonsulat, Frankfurt) vom 16. Juli 1952, in dem Lortz die Objektivität und den ökumenischen Geist seines Instituts gegen entsprechende Angriffe verteidigt[182]. Daraus lassen sich Aufschlüsse über das damalige konfessionelle Klima und die interkonfessionelle Wahrnehmung der Arbeit von Lortz gewinnen.

Lortz kündigte zunächst die Übersendung der beiden Bände seiner Reformationsgeschichte an, mit der spitzen Bemerkung, Hodge habe damit, soweit es seine Zeit zulasse, „Gelegenheit, festzustellen, ob in der Abteilung für Abendländische Religionsgeschichte unseres Instituts unvoreingenommen geforscht wird oder nicht". Selbstverständlich werde ihm hier nichts „von voller ‚Voraussetzungslosigkeit' vorgefabelt. Eine solche Voraussetzungslosigkeit im absoluten Sinne gibt es nirgendwo, weder in der politischen Geschichte noch in der Religion, auch nicht in der Kunst oder sonstwo in der Wissenschaft. Darüber sind sich heute alle Lager, alle Richtungen klar". Offenkundig waren Vorwürfe laut geworden, die Arbeit im Institut von Lortz sei an einseitig katholisch-konfessionelle Voraussetzungen gebunden, die historische Sichtweise dementsprechend voreingenommen.

Zum Beleg für seine ökumenische Haltung führte Lortz zunächst seine Vorträge zum Thema Reformation an: „Ein äusseres Anzeichen für den Geist, mit dem diese beiden Bände geschrieben sind, und aus dem ich meine Abteilung hier führe, mag Ihnen Folgendes sein: Ich habe über diesen Gegenstand Vorträge in Hunderten von Städten gehalten. Die Zuhörer waren immer mehr oder weniger 50:50 Protestanten. Natürlich standen wir oft sachlich in scharfer Auseinandersetzung, aber wir haben uns wirklich gegenseitig gefragt und belehrt. Ich habe etwa diese Vorträge in diesem Geist gehalten an der evangelischen Anstalt Bethel bei Bielefeld. Am 4. Tage hatten wir eine große Diskussion: auf der einen Seite vier protestantische Professoren (Exegeten und Historiker), auf der andern Seite ich. Zufällig war bei dieser Diskussion ein Engländer zugegen. Er sagte nachher: eine derartige freie und offene Aussprache über diese heiklen Probleme sei bei ihnen in England unmöglich".

Sodann rechtfertigte sich Lortz: „Einen umfassenden Beleg für die Objektivität meiner Arbeiten haben Sie in dem Umstand, den ich bei Ihrem Besuch bei mir schon anführte: Nach dem ersten Erscheinen meiner beiden Bände ‚Die Reformation in Deutschland' 1939/40 gab es über sie [eine] auf ganz Europa sich erstreckende intensive Diskussion in Referaten, in Zeitschriften, Zeitungen, Broschüren und Vorträgen. Es darf festgestellt werden, [...] daß zum erstenmal seit 400 Jahren eine so umfassende Diskussion möglich war, in der nicht ‚geschimpft' wurde, in welcher vielmehr von evangelischer Seite mit großem Nachdruck hervorgehoben wurde, wie sehr wir nun endlich miteinander sprechen könnten".

---

[182] Lortz, Mainz, an Vizekonsul Hodge, Frankfurt, 16.07.1952. IEG, NL Lortz [1829]. Mit handschriftlichem Vermerk von Lortz: „Nicht abgesandt. Nur ganz kurzer Extrakt abgesandt". – Es handelte sich vermutlich um Max E. Hodge (1925–1992).

In diesem Zusammenhang führte Lortz auch eine Begebenheit aus dem Sommer 1951 an, nachdem gegen seine Arbeit „unerwarteterweise ein Angriff von evangelischer Seite" erhoben worden sei, und zwar von Dr. Wilhelm Bergér (1891–1975), einem Oberkirchenrat des Kirchenpräsidenten Martin Niemöller (1892–1984); Letzterer hatte zudem die ihm unterstellten Geistlichen angewiesen, die Reformationsvorträge von Lortz in Frankfurt nicht zu besuchen. „Als Erwiderung auf diese Vorträge hat die evangelische Kirchenleitung eine Reihe von Vorträgen arrangiert [...]. Daß der evangelische Propst [Hans] Asmussen meine Arbeit stärkstens bejahte, war nicht verwunderlich. Daß die Aussprache von Prof. [Wilhelm] Maurer sehr objektiv verlief, war ebenfalls zu erwarten gewesen. Das Erstaunliche war, daß der Redner Prof. [Walther] von Löwenich, von dem man sich (nach gewissen Vorgängen) öffentlich eine Attacke gegen mich erwartet hatte, auf der ganzen Linie Anwürfe, die er vorhin erhoben hatte, teils ausdrücklich (eine sehr große Fairneß), teils stillschweigend tatsächlich zurücknahm. Das Resultat ist, daß ein Streit nicht ausbrechen konnte, und das gemeinsame Suchen und Arbeiten weitergehen kann". Lortz wolle zwar nicht den Eindruck erwecken, als ob er „irgendwie" seine „Objektivität verteidigen" müsse. Diese sei für ihn persönlich „das Selbstverständlichste von der Welt". Man dürfe aber nicht verwechseln „Dogma mit Dogmatismus und religiöse Bindung mit Engstirnigkeit". Vielmehr verlange gerade das christliche Dogma nach der Freiheit des Christenmenschen, nach absoluter Wahrhaftigkeit und Liebe, auch in der Wahrheit. „Daß das dogmatisch gebundene Christen (in allen Lagern) sehr oft vergessen, steht fest, ist aber kein Beweis dafür, daß dem immer und bei allen Schriftstellern, katholischer oder evangelischer Prägung, so sein müßte. [...] Das Dogma, richtig verstanden, bindet zur Freiheit, nicht zur Unfreiheit; es befruchtet also die Forschung, es hemmt sie nicht". Bei ihm im Institut arbeite auch ein evangelischer Pfarrer, und die Vorträge, die Lortz in seiner Abteilung veranstalte, seien „mit einer Ausnahme bisher sämtlich von evangelischen Männern gehalten" worden.

Der von Lortz erwähnte „Angriff von evangelischer Seite" durch Wilhelm Bergér hatte übrigens in einem Artikel bestanden, der sich unter dem Titel *Offizielle Gegenreformation heute?*[183] kritisch mit einem zuvor erschienenen Artikel von Lortz über *Das „Institut für Europäische Geschichte" in Mainz* befasste[184]. Lortz hatte darin – als Direktor der Abteilung für Abendländische Religionsgeschichte – gleich zu Beginn die äußerst ‚zeitgemäße' Aufgabe seines Instituts herausgestellt: „Die Gründung des ‚Instituts für Europäische

---

[183] Wilhelm Bergér, Offizielle Gegenreformation heute? Das „Institut für Europäische Geschichte" in Mainz, in: Weg und Wahrheit. Evangelisches Kirchenblatt für Hessen, Nr. 34, 1951, 275 f.

[184] Joseph Lortz, Das „Institut für Europäische Geschichte" in Mainz. Eine weitsichtige kulturpolitische Entscheidung – Zur Pflege des europäischen Gesamtbewußtseins, in: Staatszeitung und Staatsanzeiger für Rheinland-Pfalz, Nr. 25, 24. Juni 1951, 3.

Geschichte' durch die Regierung von Rheinland-Pfalz und die Direction des affaires culturelles Mainz bedarf heute keiner Rechtfertigung mehr. Sie war eine weitsichtige kulturpolitische Entscheidung. An einer Zeitwende, welche die Möglichkeit einer neuen europäischen Gemeinschaft heraufsteigen sieht, war es geboten, der Geschichtsforschung und den Historikern eine Stätte zu geben, von der aus sie der Pflege eines europäischen Gesamtbewußtseins dienen können". Dahinter stand ein spezifisches Geschichtsverständnis: „Das Fundament unserer Arbeit ist die Überzeugung, daß die Geschichte lebendig ist, daß sie in die Gegenwart hineinwirkende Vergangenheit ist, unvollendetes Erbe, das der Erfüllung wartet und unsere Verantwortung herausfordert. Denn es gibt Fehlentwicklungen in der Geschichte, die man weder einfach hinzunehmen braucht noch hinnehmen darf"[185].

Bergér ging in seinem eigenen Artikel ebenfalls kurz auf die Neugründung des Instituts ein, um dann zu fragen, ob dort nun „auch die gesamte europäische Geschichte im Sinne einer bestimmten politischen Grundhaltung gesehen werden sollte". Im Hinblick auf die „Tendenz der kirchengeschichtlichen Untersuchungen" lasse der Artikel von Lortz „aufhorchen"[186]. Aus diesem zitierte Bergér drei längere Passagen, die er am Ende insgesamt kommentierte.

Bergér nahm zunächst daran Anstoß, dass Lortz die Glaubensspaltung des 16. Jahrhunderts als „eigentliche Fehlentwicklungen auf dem Gebiet des *Geistes*", als „dauernde Belastung für eine politische und geistig-kulturelle Erneuerung" und als Ergebnis von „Mißverständnissen unserer Väter" bezeichnet hatte, „die sich heute durchschauen und auflösen" ließen. Die Glaubensspaltung habe „vor allem die tragenden christlichen Fundamente europäischer Einheit unglaubwürdig gemacht", habe „Skepsis, Aufklärung, Individualismus, Apostasie bis hin zum militanten Atheismus mit seiner Entwürdigung des Menschen mitverschuldet": „Die Einheit der abendländischen Völker wird ständig von diesem Spaltpilz angefressen und bedroht; sie fordert eine christliche Solidarität geradezu heraus, die auf gültigen Fundamenten errichtet werden muß"[187].

Kritisch sah Bergér sodann Lortz' Vorstellung, man müsse und könne „das geschichtliche Erbe wieder zur Einheit führen" und durch entsprechende Geschichts- und Schulbücher die heranwachsenden Generationen erziehen – auch mit Blick auf die Reformationsgeschichte[188]. Und schließlich sollte sich

---

[185] Lortz, Institut, 3.
[186] Bergér, Gegenreformation, 275.
[187] Lortz, Institut, 3; vgl. das Zitat bei Bergér, Gegenreformation, 275. – An den von Lortz hier geäußerten Einheitsvorstellungen übte einige Jahre später auch Erwin Mülhaupt deutliche Kritik (vgl. unten).
[188] „Wir sind schon dabei, in Zusammenarbeit mit ausländischen Gelehrten ein Schulbuch für Geschichte vorzubereiten, das ebensosehr im deutschen Raum wie in den verschiedenen anderen europäischen Ländern europäisches Denken fördern könnte. Ihm wird, so steht zu hoffen, eine Reformationsgeschichte zur Seite stehen, die, geschrieben von einem evangelischen und einem katholischen Theologen, den Segen eines evangeli-

Bergér von der Lortzschen Behauptung distanzieren, man entdecke in der weltweiten ökumenischen Diskussion der im „Weltrat der Kirchen" zusammengeschlossenen Glaubensgemeinschaften immer mehr, „daß die Reformationskirchen ihre Entstehung auch theologisch illegitimen politischen Faktoren verdanken, die heute nicht einmal mehr eine politische Daseinsberechtigung haben"[189]. Auch hier habe sich historische Forschung helfend einzuschalten.

Bergér kommentierte abschließend scharf:

„Die mehrfachen Äußerungen des gegenwärtigen Papstes lassen keinen Zweifel daran aufkommen, daß die katholische Kirche nicht gewillt ist, im allergeringsten auf irgendwelche Revision ihrer Auffassung über die Glaubensgrundlagen der Reformation sich einzulassen. Auch das Scheitern der Una Sancta-Hoffnungen sollte uns die Augen öffnen. Was also unter der wiederherzustellenden Glaubenseinheit der abendländischen Völker und der christlichen Solidarität zu verstehen ist, dürfte kein Zweifel sein. Man kann der evangelischen Kirchenhistorie nicht den Vorwurf machen, daß sie es an Wahrheitsliebe hätte fehlen lassen. Das verlangte ‚beherzte Zupacken' kann also nur heißen, mit rücksichtsloser Machtanwendung die eigene Position zu verstärken. Daß es in Rheinland-Pfalz keinen evangelischen Bischof gibt, dessen Segen für das gemeinsame Werk einer neuen Reformationsgeschichte eingeholt werden könnte, sei nur am Rande bemerkt.

Man kann dem europäischen Gedanken keinen schlechteren Dienst tun, als den, daß man ihn belastet mit katholischen gegenreformatorischen Hoffnungen und Absichten. Vom amerikanischen Hochkommissar aber, der das Geld gegeben hat, und von dem Staate Rheinland-Pfalz müssen wir ernsthaft fordern, daß sie sich nicht zu Trägern solcher Absichten machen"[190].

III. Die Notwendigkeit einer neuen Auflage

1. Evangelische Nachfragen –
Gefahr für das kirchliche und politische Klima?

Ende 1956 erschien im *Materialdienst des Konfessionskundlichen Instituts* des Evangelischen Bundes in Bensheim ein Artikel des evangelischen Kirchenhistorikers Erwin Mülhaupt (1905–1996) mit dem Titel: *Lortz, Luther und der Papst*[191]. Darin setzt sich Mülhaupt mit Lortz' Reformations- und Lu-

---

schen wie eines katholischen Bischofs finden sollte. Utopie? Mitnichten! Aber wir brauchen beherztes Zupacken und Wagemut, Mut zur Wahrheit, Mut auch zur unbequemen Wahrheit". LORTZ, Institut, 3; vgl. das Zitat bei BERGÉR, Gegenreformation, 275.

[189] LORTZ, Institut, 3; vgl. das Zitat bei BERGÉR, Gegenreformation, 275 f. – Auch hierzu nahm später Mülhaupt kritisch Stellung (vgl. unten).

[190] BERGÉR, Gegenreformation, 276.

[191] Erwin MÜLHAUPT, Lortz, Luther und der Papst, in: Materialdienst des Konfessionskundlichen Instituts 7 (1956), 101–110. – Im folgenden Jahr auch als Sonderdruck veröffentlicht: Erwin MÜLHAUPT, Joseph Lortz, Martin Luther und der Papst (Aus der Arbeit des Evangelischen Bundes V), Lüneburg 1957. Inhaltlich unverändert, abgesehen von zwei hinzugefügten Anmerkungen (29a und 42a).

therverständnis auseinander, wobei er den „neuen Ton" auf katholischer Seite grundsätzlich würdigt und insgesamt sachlich, wenn auch kritisch, auf die Thesen von Lortz eingeht. Zugleich konstatiert Mülhaupt allerdings einen scharfen Gegensatz zwischen Lortz und dem „maßgebenden päpstlichen Katholizismus", wie er sich nicht zuletzt in den Äußerungen Pius' XII. – etwa gegen falschen „Irenismus"[192] (vgl. *Instructio, Humani generis*) – zeige. Im Vergleich zu dem Bemühen von Lortz um Objektivität (z.B. katholisches Schuldbekenntnis) seien „die Geschichtsbilder der päpstlichen Rundschreiben von einer tendenziösen Einseitigkeit", wie man sie sonst „nur aus billigen Traktätchen oder aus politischen Parteizeitungen" kenne. In seinem Fazit zeigt sich Mülhaupt besorgt: „Je ernster Prof. Lortz seine weithin wohltuend verständnisvollen Sätze vertritt, desto mehr fürchten wir, daß auch er wie schon so viele von diesem maßgebenden päpstlichen Katholizismus zerrieben, um seinen Erfolg gebracht und desavouiert werden wird"[193].

Mülhaupts Artikel sollte für erhebliche Verstimmungen sorgen, wie ein Schreiben von Peter Manns (1923–1991), dem Mainzer Assistenten von Lortz, an Botschaftsrat Josef Höfer (1896–1976) zeigt[194]: „Als erste grosse Sorge des neuen Jahres übersende ich Ihnen heute einen Artikel des ‚Materialdienstes', dessen aufschlussreicher Titel – ‚Lortz, Luther, und der Papst' – genügend über meine Befürchtungen sagt. Was auf den ersten Blick vielleicht als eine verständliche Schwierigkeit des evangelischen Autors gegenüber der Praxis des unfehlbaren Lehramtes erscheinen könnte, stellt sich bei näherer

---

[192] MÜLHAUPT, Lortz, 101.
[193] Ebd., 110. – Weniger wohlwollend gegenüber Lortz klingen allerdings die beiden zusätzlichen Fußnoten Mülhaupts im Sonderdruck, in denen er auf den bereits von Bergér kritisierten Zeitungsartikel von 1951 Bezug nimmt (vgl. oben). An Lortz' dortigen Einheitsgedanken („Die Krankheit, die Europa am meisten bedroht, ist die mangelnde Einheit, die es einst im schöpferischen Sinne besessen hatte") kritisiert Mülhaupt scharf die „gefährlich undifferenzierte, gleichsam chiffrierte Verwendung und Voranstellung des Einheitsbegriffs": „Sollte Prof. Lortz mit dieser Einheit die mittelalterliche Einheit der Christenheit zuzeiten von Thomas von Aquino meinen, die um den Preis von hunderten von Scheiterhaufen, Kreuzzügen und religiösen Bürgerkriegen gewonnen wurde, dann erschiene sie uns keinen Pfifferling mehr wert als die Einheit des Hitlerreiches oder die Einheit des Bolschewismus. Es geht eben in Wahrheit gerade nicht in erster Linie um die Einheit, sondern um eine rechte, redliche und tragfähige Basis für solche Einheit". MÜLHAUPT, Joseph Lortz, 17, Anm. 29a. – Ebenso nahm Mülhaupt Anstoß an Lortz' Behauptung, dass die „theologisch illegitimen politischen Faktoren" im Zuge der Reformation „heute nicht einmal mehr eine politische Daseinsberechtigung" hätten: „Das Problematische dieser Ausführungen besteht nicht nur in dem, was gesagt wird, sondern noch vielmehr in dem, was weggelassen wird. Es fehlt jedes Wort von einem, wenn auch nur relativen Recht des reformatorischen Einspruchs, es fehlt jedes Wort von legitimen theologischen Faktoren bei der Entstehung der Reformation – und dies in programmatischen Ausführungen über ein historisches Institut. Daß dadurch der Eindruck entsteht, die Zielsetzung dieses Instituts sei gegenreformatorisch verdächtig, ist begreiflich. Insofern hat Herr Oberkirchenrat Dr. Bergér [...] nicht mit Unrecht auf das Problematische solcher Geschichtsforschung aufmerksam gemacht". Ebd., 23, Anm. 42a.
[194] Manns, Mainz, an [Höfer, Rom], 08.01.1957 [Entwurf]. IEG, NL Lortz [1837].

Betrachtung als üble Taktik heraus, die ausgerechnet durch die Anerkennung der brüderlichen Gesinnung den Bruder zu denunzieren sucht. Dieses Motiv erhellt nicht zuletzt aus dem Umstand, dass dieser Aufsatz nach zwei Jahren[195] aus der Versenkung gezogen wird, und zwar ausgerechnet vom Konfessionskundlichen Institut, das uns leider durch entsprechende Erfahrungen bekannt ist". Es handle sich um ein „Produkt unfruchtbarer u[nd] verlogener Polemik". Manns bat Höfer um seine „Schutzengeldienste". Er hoffe, die „Rechnung der Redaktion des Materialdienstes" gehe nicht auf. Seine Sorge („Der Herr bewahre uns vor derartigen Komplikationen!") galt wohl zum einen dem ökumenischen Gesprächsklima, das er durch eine solche Gegenüberstellung der offiziellen katholischen Haltung und der Haltung von Lortz belastet sah, zum anderen einer drohenden Verschärfung der ohnehin kritischen Einstellung Roms gegenüber Lortz.

Dass es sich nicht nur bei Mülhaupts Artikel um einen vergifteten ‚Liebesbrief' handelte, wurde Lortz klar, als er im Februar 1957 einen Brief des evangelischen Pfarrers Anton Jongen[196] erhielt, der vormals Generalsekretär des Protestantischen Weltverbandes und Schriftleiter der *Protestantischen Rundschau* gewesen war. Jongen, der nach eigener Auskunft 1940 „die erste evangelische Besprechung" der *Reformation in Deutschland* „für den Evangelischen Bund (!)" verfasst haben wollte[197] – „mehr eilig als gut, aber immerhin voll guten Willens" –, berichtete, es werde derzeit von vielen in- und ausländischen Freunden und auch vom Institut in Bensheim gefragt[198], warum das Werk von Lortz nicht wiederaufgelegt werde. Man warte doch sehr darauf, zumal Grisars *Luther* in Italien neu aufgelegt wurde und werde[199] und nach einem Bericht der *Herder-Korrespondenz* auch „die Franziskaner in ihrem

---

[195] In einer auf den 31.10.1956 datierten Vorbemerkung zum Artikel heißt es: „Die folgenden Ausführungen sind zuerst als Antwort auf einen Luthervortrag von Prof. Dr. Joseph Lortz im evangelischen Vereinshaus Wuppertal-Elberfeld am 18.2.1955 mündlich dargeboten worden und danach in der Zeitschrift ‚Begegnung und Besinnung' des Rheinischen Pfarrvereins Heft 21, 1955 erschienen. Sie sind für diese zweite Veröffentlichung um einige nicht unwesentliche Ergänzungen erweitert, die namentlich auf die neuere Broschüre von Prof. Dr. Lortz ‚Wie kam es zur Reformation' 1955 Bezug nehmen". Mülhaupt, Lortz, 101. – Inwieweit die erweiterte Neuveröffentlichung zu diesem Zeitpunkt tatsächlich (auch) aus taktischen Gründen erfolgte, bleibt offen. Immerhin erschien der Artikel 1957 zusätzlich separat als Sonderdruck (vgl. oben).

[196] Jongen hatte bereits 1942 an Herder eine Anfrage von „zwei wichtigen Kirchenstellen des Auslandes" („von der lutherischen Kirche Frankreichs und von der theologischen Fakultät der Waldenserkirche in Rom") um zwei Exemplare der *Reformation in Deutschland* übermittelt. Jongen, Berlin, an Herder, Freiburg, 23.11.1942. IEG, NL Lortz [1445].

[197] Eine entsprechende Rezension Jongens konnte nicht ermittelt werden. Denkbar wäre immerhin, dass Jongen hinter der Besprechung steckt, die unter dem Kürzel „O" in der *Protestantischen Rundschau* 1940 veröffentlicht wurde (vgl. die Liste der Rezensionen im Anhang), deren Schriftleiter Jongen war; allerdings zeichnete er dort andere Rezensionen mit seinem eigenen Namen.

[198] Allerdings nicht in dem Artikel Mülhaupts.

[199] Vgl. Ulianich, Geschichtsschreibung, 147: „1933 wurde *Luther* von Grisar in italienischer Sprache ediert. Bis 1956 sind fünf Auflagen dieses Werkes in Italien erschienen".

römischen wissenschaftlichen Organ" auf 57 Seiten „nachzuweisen" versuchten, dass „Luther und sein Werk eine Art grösster Schwindel der Weltgeschichte" war[200]. „Luther und der Satan" sei trotz der Publikationen von Herte[201] und Lortz noch immer „ein Mythos, der anscheinend unausrottbare Geschichtsmächtigkeit erweist". Woran liege es eigentlich, „dass Hertes wichtige Arbeit so wenig ins Bewusstsein gedrungen" und vergessen sei? „Ist das Klima anders geworden?" Er bitte Lortz, bald von einer Neuauflage seiner *Reformation* zu berichten.

Zwar wollte Lortz dem Brief Jongens eine ganz andere Absicht zugestehen als dem „offenkundig denunziatorische[n] Artikel des Bensheimer Materialdienstes", doch zeigte er sich über das, was sich auf evangelischer Seite da tat, höchst beunruhigt, wie ein Schreiben an Freund Höfer zeigt[202]: Offenkundig hätten „die feindselig gesinnten [evangelischen] Brüder" genauso wie Gutgesinnte „auf irgendwelchen Wegen von vorliegenden Schwierigkeiten gehört, die einer Neuauflage des Buches im Wege stehen könnten". Die Feindseligen wollten diese Vermutung nun „bis zur Feststellung einer Tatsache" steigern und entsprechend ausnützen, wobei es aber offenbar weniger gegen den Autor gehe, als darum, der antikatholischen „Richtung [Martin] Niemöller und [Wolfgang] Sucker" im Protestantismus Wasser auf die Mühle zu leiten, also „den evangelischen Christen auf breitester Basis Mißtrauen gegen die Katholiken beizubringen". Das betreffende Heft des *Materialdienstes* bestätige, „wohin der Hase läuft". Es handle sich also um „eine gefährliche Sache".

Lortz wäre nicht Lortz, wenn er diese Situation nicht sofort auch als Chance für eine Neuauflage seiner Reformationsgeschichte erkannt hätte, von der er glaubte, dass sie sich – gewissermaßen durch die geschaffene Zwangslage – politisch erzwingen ließ: „Mir selbst war bisher nicht bekannt, daß die Auflage ausverkauft ist. Wenn sie es ist, wird es, so ist mein Eindruck jetzt, nicht lange dauern, bis die feindlich gesinnten Brüder diese Tatsache ausnützen werden. Es wird ihnen nicht schwer fallen, glaubhaft zu machen, daß das Fehlen des Buches auf dem Büchermarkt auf höheren Druck, sc. römische

---

[200] Gemeint ist wohl (trotz der nicht ganz passenden Seitenanzahl): Reinoud Weijenborg, Miraculum a Martino Luthero confictum explicatne eius reformationem?, in: Antonianum 31 (1956), 247–300. Zu diesem Zeitpunkt wahrscheinlich noch nicht erschienen war: Reinoud Weijenborg, Neuentdeckte Dokumente im Zusammenhang mit Luthers Romreise, in: Antonianum 32 (1957), 147–202. – Gegen Weijenborgs Lutherdeutung vgl. Erwin Iserloh, Luther-Kritik oder Luther-Polemik? Zu einer neuen Deutung der Entwicklung Luthers zum Reformator, in: Ders./Peter Manns (Hg.), Festgabe Joseph Lortz, Bd. 1: Reformation. Schicksal und Auftrag, Baden-Baden 1958, 15–42; vgl. auch Franz Lau, Père Reinoud und Luther. Bemerkungen zu Reinhold Weijenborgs Lutherstudien, in: Luther-Jahrbuch 27 (1960), 64–122. – Die Artikel Weijenborgs sowie die Entgegnungen finden sich auch in Lortz' Literaturnachträgen zur 4. Auflage 1962. Vgl. Lortz, Reformation (⁴1962) II, 327.
[201] Gemeint ist: Adolf Herte, Das katholische Lutherbild im Bann der Lutherkommentare des Cochläus, 3 Bde., Münster 1943.
[202] Lortz, Mainz, an Höfer, Rom, 10.02.1957. IEG, NL Lortz [725].

Abb. 21: Josef Höfer (1896–1976).

Verhinderung zurückgeht. Und m[eines] E[rachtens] ist zu befürchten, daß sie daraus einen gefährlichen, *sehr* wirksamen Schlager im politischen Kampf, im Wahlkampf, machen werden". Lortz erinnerte an die Situation von 1941 (!), als „die deutschen Bischöfe der Meinung" waren, „die Christen bzw. die christliche Sache könnten es sich nicht leisten, daß das Vertrauen zu den Katholiken durch irgend eine Aktion gegen das Buch geschädigt werde", um sodann einen Vergleich mit der aktuellen Zeitlage herzustellen: „Nach all dem Mißtrauen, das in den letzten Jahren zwischen den Konfessionen gewachsen ist, bei der entscheidenden Wichtigkeit der bevorstehenden Wahlen[203], scheint die gemeinsame christliche Sache eine Belastung wie die angedeutete ebenso wenig tragen zu können". Lortz bat Höfer um Rat hinsichtlich des weiteren Vorgehens: „Ist es hier nicht an der Zeit und ist hier nicht die Möglichkeit, 1) durch die interessierten deutschen politischen Stellen, 2) je nachdem durch den Beauftragten des deutschen Episkopats, Erzbischof Jäger[204], die vatikanischen Stellen auf die Gefahr aufmerksam zu machen?" Auch Peter Manns meine, dass es beim Bekanntwerden der Verhinderung einer Neuauflage „einen *Skandal* gäbe, über dessen Ausmasse oder Rückwirkungen man sich vor dem Eintreten des Effekts dortseits [in Rom] klar werden sollte". Ob Höfer nicht seinen „deutschen Chef"[205] damit befassen wolle?[206]

Höfer antwortete – allerdings erst zwei Wochen später, weil die Antwort, die er geben musste, Lortz „nicht recht sein" könne[207]: „Eine unveränderte Neuauflage wird hier nicht begrüsst. Es heisst, nach so vielen Jahren sei eine Durcharbeitung des Werkes und die Einarbeitung neuer Forschungsergebnisse unerlässlich. – Nichts wurde mir gesagt über die Möglichkeit, dass eine

---

[203] Gemeint sind die Bundestagswahlen 1957.
[204] Der Paderborner Erzbischof Lorenz Jaeger war seit 1943 Referent der Fuldaer Bischofskonferenz für ökumenische Fragen. Zur Gründung des „Referates für Wiedervereinigungsfragen" vgl. ERNESTI, Ökumene, 337–352.
[205] Da Höfer seit 1954 geistlicher Botschaftsrat war, ist wohl der Chef des Auswärtigen Amtes gemeint, d. h. der deutsche Außenminister – derzeit Heinrich von Brentano.
[206] Auch bat Lortz um Rat, ob und was er Jongen antworten solle. Wegen Mülhaupt habe er bislang „nichts unternommen". Auf das „manomane Skriptum" des holländischen Franziskaners Weijenborg sei eine „katholische Antwort" nötig: „Ich erkenne auch die Berechtigung der Forderung an, daß *ich* sie schreiben müsse. Es könnte aber sehr wohl sein, daß *ich* dies z[ur] Z[ei]t besser unterliesse". – Letztendlich publizierte Lortz' Schüler Erwin Iserloh 1958 eine Entgegnung auf Weijenborg in der Festschrift für Lortz (vgl. oben).
[207] Höfer, Rom, an Lortz, Mainz, 26.02.1957. IEG, NL Lortz [725].

unveränderte Neuauflage etwa zensuriert werden könnte. Das ist ja bisher nicht geschehen, und ich habe den Eindruck, das[s] es auch nicht geschehen würde. Fraglich ist nur, ob ein unveränderter Neudruck wirklich den Dienst leistet, den Du davon zu erwarten scheinst. Die Kombinationen über die Bedeutung eines Neudruckes von Grisar und des Aufsatzes im Antonianum für die Haltung der Kurie gegenüber den Protestanten sind so furchtbar primitiv, dass ich selbst nicht glauben kann, eine solche Einstellung könnte sich so leicht ändern". Vieles, was in ökumenischer Hinsicht in Rom tatsächlich geschehe, widerlege die Einstellung des Evangelischen Bundes. So könne beispielsweise nicht nur Hans Asmussen (1898–1968) nach Rom kommen und „unverblümt seine Meinung sagen", sondern derzeit sei auch der „stellvertretende Direktor der Genfer Zentrale"[208] Hans-Heinrich Harms (1914–2006) in Rom. Kardinal Ottaviani habe neulich erst gesagt, „er wünsche dringend, dass die Gespräche mit den Protestanten weitergingen". In ähnlicher Weise habe Augustin Bea SJ jüngst bei „der Eröffnungsversammlung der neugegründeten Accademia Teologica Romana" erklärt[209], es sei „eine besondere Aufgabe dieser Akademie, sich mit ökumenischen Fragen gründlichst zu befassen".

Diese – freilich ausweichende – Antwort Höfers befriedigte Lortz nicht. Umgehend stellte er klar, es gehe nicht darum, die Einstellung einiger übelgesinnter Protestanten zu ändern, sondern ihnen die naheliegende „Möglichkeit" zu nehmen, „aus der Tatsache des Nichterscheinens" einer Neuauflage seiner *Reformation in Deutschland* „einen hochgefährlichen, im [Bundestags-] Wahlkampf dieses Mal doppelt gefährlichen Schlager zu machen"[210]. Die Frage bleibe, ob er die Sache über ihm zur Verfügung stehende „Verbindungen"[211] nicht Höfers „Chef in Bonn", d.h. dem Außenminister vortragen solle[212].

Ausführlicher äußerte sich Lortz sodann zu der von Rom insinuierten Notwendigkeit einer inhaltlichen Überarbeitung seiner Reformationsgeschichte. Was Höfer ihm mitgeteilt habe, sei nichts als „eine allgemeine Formel", die keinerlei Hinweis gebe, was und weshalb etwas verändert werden müsse:

„Die Durcharbeitung nach allem, was ich bisher neu erarbeitet habe, wird in keinem Punkt das Bild entscheidend ändern. Es wäre notwendig, zu vermerken: 1. daß die Zahl der standhaften Klöster etwas grösser war, als ich annahm; es wäre festzustellen, daß der Satz ‚daß der, der alles tut, was an ihm liegt, von Gott die Gnade erhält', nicht bei Ockham steht. Leider ist das keine Erleichterung der theologischen Unklarheit, sondern eine

---

[208] Gemeint ist der Ökumenische Rat der Kirchen (ÖRK).

[209] Vgl. Augustin BEA, La pontificia accademia teologica romana nel nostro tempo, in: Divinitas 1 (1957), 31–46.

[210] Gemeint war die konfessionelle Spaltung der CDU.

[211] Gemeint ist wohl v.a. der mit Lortz befreundete Minister Alois Zimmer, mit dem Lortz am 6. März 1957 ein Telefongespräch führte, und der später im Januar 1961 noch einmal in Sachen Reformationsgeschichte in Aktion trat (vgl. unten).

[212] Lortz, Mainz, an Höfer, Rom, 28.02.1957. IEG, NL Lortz [725].

Vermehrung. Denn Ockham hat die Gnade auf breitester Basis so sehr zu einer quantité negligeable gemacht, daß sie garnicht mehr gebraucht wird.

Es müsste zweitens bemerkt werden, daß Luther viel mehr katholisch war als bisher erkannt wurde und auch ich zum Ausdruck brachte.

Es müßte[n] drittens zurückgewiesen werden die versuchten Einwände von [Heinrich] Bornkamm dahingehend, daß Luther, als er sich für die Erklärung von der Gerechtigkeit Gottes auf die Lehrer des Mittelalters berief, nicht die Exegeten, sondern die Systematiker gemeint hätte, und seine andere Behauptung, daß ich das Erlebnismäßige bei Luther übersteigert habe.

Der erste Fall ist mehr oder weniger rein theologiegeschichtlicher Art. Meine Antwort gäbe Denifle weiterhin recht. Die zweite Antwort rettet die Wahrhaftigkeit Luthers.

Die Frömmigkeit Luthers, seine Glaubensstärke, die Kraft seines Betens und seines gläubigen Predigens könnte in einer Neuauflage in keiner Weise weniger stark gezeichnet sein als jetzt. Ob man das Triebhafte in Luther, das ja wirklich oft nicht nur bis zu einem Unsympat[h]ischen, sondern bis zum Dämonischen anwächst, stärker betonen müßte, und ob man die groteske Verzerrung der katholischen Lehre gerade in der Rechtfertigung (die Mönchsgelübde 1521) viel stärker betonen sollte als es bis jetzt geschah, ist eine offene Frage.

Aufs Ganze gesehen würde also, wie gesagt, das Bild nicht anders aussehen als jetzt, eher würde der christliche Wert Luthers noch stärker herauskommen. Das wäre also dann eine Durcharbeitung mit der Einarbeitung neuer Forschungsergebnisse".

Lortz schlug angesichts dieses „wissenschaftlich-theologischen" wie des „praktisch-kirchenpolitischen" Tatbestandes – wenig überraschend – vor, als „Zwischenlösung" doch lieber „eine unveränderte Neuauflage jetzt herauszubringen", seinetwegen auch nur in einer kleineren Auflage[213].

2. Negative Signale aus Rom – nun doch eine Indizierung?

Der Druck, den Lortz machte, mag auch damit zu tun gehabt haben, dass er (erst) durch Jongens Mitteilung überhaupt davon erfahren hatte, dass seine *Reformation in Deutschland* inzwischen abverkauft war. Dass er nicht vom Verlag selbst darüber informiert worden war, traf Lortz schwer.

Dies zeigt sich daran, dass er dem Verlag umgehend seinen Besuch in Freiburg ankündigte[214] und über das Gespräch, das am 4. März um 11 Uhr vormittags stattfand, eine ausführliche Aktennotiz anfertigte[215]. Demnach sprach Lortz zunächst mit Lektor Robert Scherer, der – vermutlich durch entsprechende Vorhaltungen von Lortz – unter Rechtfertigungsdruck geriet: „Dr.

---

[213] Der Ton, den Lortz in seinem Schreiben an Höfer anschlug, war gereizt und schulmeisterlich. Ottavianis Wunsch hin oder her, es müsse in Rom auch die Bereitschaft geben, „gegen sich selbst zu denken", was ja nichts mit „gegen die Substanz denken" zu tun habe. Das brauche er Höfer ja nicht erst zu erklären. Im Übrigen malte er noch einmal das Gespenst „eines regelrechten Skandals" an die Wand.

[214] Lortz, Mainz, an Herder, Freiburg, 01.03.1957. IEG, NL Lortz [1233].

[215] Joseph LORTZ, „Aktennotiz" („Besprechungen Prof. Lortz im Verlagshaus Herder in Freiburg i. Br. am 4. März 1957 um 11 Uhr vormittags"), Mainz, 6. März 1957. IEG, NL Lortz [725].

Scherer stellt zunächst fest, daß vor 1/2 Jahr aus der Lagerverwaltung des Verlags die Mitteilung herausgegeben wurde, daß die ‚Reformation in Deutschland' zur Neige gehe. De facto kam der Zettel nicht zu dem Hauptverantwortlichen[216]. Er hat erst jetzt auf Grund der Mitteilung, daß ich nach Freiburg komme, den Tatbestand festgestellt. Er sagt: ‚Es bleibt mir nichts anderes übrig, als mich wegen dieses unmöglichen Versehens zu entschuldigen.'“ Sodann sprach man über die neu entstandene Lage. Lortz informierte Scherer über den Artikel des „Materialdienstes“[217], über den Brief von Pfarrer Jongen sowie über seine Befürchtungen, es könnte sich daraus – zumal im Wahljahr – „eine gefährliche Benachteiligung der Beziehungen der beiden Konfessionen entwickeln“ (nach dem Motto „Roms Doppelzüngigkeit“). Scherer schloss sich allerdings der von Höfer vertretenen Position an, das Beste sei die Herstellung einer neuen Ausgabe der *Reformation in Deutschland*. Werde eine solche präsentiert, sei mit einem Schlag „eine ganz neue Sachlage“ gegeben und Rom könne sich „nicht auf irgendeine alte Position zurückziehen“. Der Einwand von Lortz, durch eine Umarbeitung würden die von Rom so ungern gesehenen Punkte („Gläubigkeit Luthers etc.“) ja nicht beseitigt, konnte Scherer nicht umstimmen, der „immerhin etwas optimistisch“ blieb.

Beim Gespräch, das Lortz anschließend in Anwesenheit Scherers mit Verlagsleiter Theophil Herder-Dorneich führte, zeigten sich deutlichere Konturen. Zunächst lobte Herder-Dorneich – wie Lortz notierte: „zum erstenmal in meiner Gegenwart“ – die *Reformation* „in ungewöhnlicher Weise“, sagte Lortz aber auch, dass man damit viele „Scherereien“ gehabt habe („Ich habe mehr Kummer um das Buch gehabt, als ich Ihnen aussprechen kann“). Das Schlimme sei, dass man derzeit niemanden „in der Hierarchie“ zur Verfügung habe, der „Rückendeckung“ geben könne, oder gar einen „Mitkämpfer“ wie einst Erzbischof Gröber. Nach dem Erscheinen der dritten Auflage 1948 sei an Ordinariat und Verlag der römische Vorwurf gekommen, man habe die Auflage herausgebracht, obwohl Rom eine solche an „Abänderungen“ geknüpft habe. Auf Anraten von Augustin Bea habe sich Erzbischof Rauch entschlossen, in Rom zu intervenieren. Er habe klargestellt, dass die römische Behauptung unzutreffend und „alles korrekt gelaufen“ sei. „Man habe damals das Ordinariat in Freiburg geradezu auf den Kopf gestellt, um eine solche Mitteilung aus Rom zu finden. Es fand sich nichts[218]. Im Hinblick auf eine Neuauflage war Herder-Dorneich mit Lortz der Meinung, „es sei zu überlegen, ob man nicht die durch den Evangelischen Bund und durch den

---

[216] Lortz ergänzte handschriftlich am Rand: „Dr. Scherer“.

[217] Lortz ergänzte handschriftlich am Rand: „E. Mühlhaupt, ‚Lortz, Luther u. der Papst'“.

[218] Lortz betrachtete dies als Bestätigung seiner eigenen Darstellung und der des Bischofs Keller von Münster. Das Ganze sei „ein verhängnisvoller Gedächtnisfehler des jetzigen Papstes“, der ihm durch Bischof Rusch 1941 sagen ließ, „es habe niemals der Plan bestanden, etwas gegen das Buch zu unternehmen, und das käme auch nicht in Frage, es sei aber wünschenswert, wenn hier und da etwas geändert würde“ (vgl. oben).

‚Materialdienst' entstandene Lage benützen solle, um auf diplomatischem Wege in Rom mitteilen zu lassen, daß eine schnelle Neuauflage höchst erwünscht wäre. Eine Umarbeitung für später könne dann immer im Auge behalten werden". Allerdings werde man am derzeitigen Freiburger Erzbischof Eugen Seiterich (1903–1958)[219] „keine rechte Hilfe" haben. Von daher könne Lortz' Vorschlag nützlich sein, das Imprimatur nicht in Freiburg, sondern beim Mainzer Bischof Albert Stohr (1890–1961) zu beantragen[220]; dieser müsse sich aber mit Seiterich verständigen. Außerdem sei Erzbischof Lorenz Jaeger (1892–1975) von Paderborn zu informieren, der – als Ökumenereferent der Bischofskonferenz – in Rom „zuständig" sei und als solcher bei Bedarf „intervenieren" könne[221].

Trotz des Einschwenkens von Herder-Dorneich: Man wird den Eindruck nicht los, als sei die Zurückhaltung des Verlags gegenüber einer Neuauflage der *Reformation in Deutschland* ebenso wenig Zufall gewesen wie die Nichtmitteilung vom Abverkauf der dritten Auflage oder Scherers Meinung, es sei das Beste, doch erst eine Umarbeitung des Werkes vorzunehmen. Denn dies alles bewegte sich ganz im Fahrwasser jener früheren Mitteilung von Erzbischof Rauch an Augustin Bea vom November 1952: Herder wolle, nachdem inzwischen die Ablehnung des Papstes dem Werk gegenüber bekanntgeworden sei, „keine neue Auflage mehr veranstalten" und habe deswegen auch „das Erscheinen einer beabsichtigten französischen Auflage verhindert"[222]. Unterstützte der Verlag, zumal angesichts der nachlassenden Nachfrage, die Position Roms, auch um seine anderen Geschäfte nicht zu gefährden? Dass Herder-Dorneich gegen den von Lortz gemachten Vorschlag, über ein Mainzer Imprimatur einen Nachdruck zu erreichen, nicht vorging, spricht nicht dagegen. Denn der Versuch über den Ortsordinarius des Verfassers und nicht des Verlags unterstrich noch einmal, dass die Initiative nicht vom Herder-Verlag ausging – der damit also auch nicht in Haftung genommen werden konnte.

---

[219] Der Nachfolger von Erzbischof Wendelin Rauch, der am 18. April 1954 gestorben war.

[220] Lortz notierte handschriftlich unter dem Text: „s. Aktennotiz über meinen dann erfolgten Besuch bei B. Stohr, der zusagte, das Imprimatur s.Zt. zu übernehmen". Eine solche Aktennotiz konnte jedoch nicht aufgefunden werden, so dass nichts Näheres über das Gespräch bekannt ist. Das Treffen dürfte am 8. März 1957 stattgefunden haben, wie aus Lortz' Brief an Höfer vom 9. März hervorgeht (vgl. unten).

[221] Lortz: „Auch bei Herder-Dorneich schien mir die Stimmung nicht so pessimistisch zu sein, wie bei einer Aussprache, die ich vor einigen Jahren im Beisein von Dr. Julius Dorneich und Herrn Schmidthues mit Herrn Dr. Herder-Dorneich hatte. Wenn mir hier nicht ein Gedächtnisfehler unterläuft, hat diese Aussprache stattgefunden, als Herr [Herder-] Dorneich und Herr Schmidthues mich hier aufsuchten, um die Angelegenheit des blamablen Artikels in ‚Wort und Wahrheit' zu bereinigen". – Gemeint ist der Besuch bei Lortz in Mainz am 23. Januar 1952 anlässlich des unter Pseudonym erschienenen Artikels von Horst Michael (vgl. oben).

[222] Vgl. Rauch, Freiburg, an Bea, Rom, 08.11.1952. EAF B2–1945/1022.

Nach der Besprechung in Freiburg nach Mainz zurückgekehrt, machte sich Lortz umgehend daran, die „diplomatischen" Kanäle zu bedienen. Am 6. März 1957 führte er ein Telefongespräch mit dem ihm befreundeten rheinland-pfälzischen Innenminister Alois Zimmer (1896–1973), der als Mitglied des Bundestags eine „Verbindung" in die Bonner Politik darstellte. Handschriftliche Notizen von Lortz geben andeutungsweise Aufschluss über den Inhalt dieses Gesprächs[223]: So hatte der Minister „zur Sache" eine „gute Nachricht aus dem Hause Bundespraesident" – gemeint ist Theodor Heuss (1884–1963) – berichtet: „Man wartet sehr auf Fortgang der Arbeit (des Kreises?[224]). Nimmt engen Anteil an Angelegenheit (anscheinend Affaire ‚Materialdienst' & ‚Reformation')". Zimmer werde Heuss in einigen Wochen in Baden treffen und wolle nach Rückkehr des Außenministers Heinrich von Brentano (1904–1964) mit Lortz zu Brentano gehen.

In Mainz erreichte Lortz auch ein Schreiben Höfers mit Antwort auf seinen letzten Brief vom 28. Februar[225]. Höfer bat Lortz, ihm zu ersparen, „die Mitteilung, die ich Dir sandte, näher zu begründen", er könne dies „schriftlich nicht tun". „Alle Argumente, die Du mir mitteilst und in Deinem Brief vom 28. Februar erneuerst, habe ich vorgetragen. Ob ein Schritt von der höchsten Bonner Stelle aus daran etwas ändern würde, kann ich nicht eindeutig beurteilen. Ich vermute nur, dass es trotz etwaiger Konsequenzen für den Wahlkampf als ein Eingriff in innerkirchliche Verhältnisse angesehen würde. Auch ein Schritt durch den Beauftragten des deutschen Episkopats [Jaeger] würde, darüber bin ich leider ganz sicher, nicht gut aufgenommen werden". Auch im Hinblick auf die Beantwortung der Anfrage Jongens wusste Höfer wenig Rat: „Eine Antwort, die den Schreiber beruhigen bzw. befriedigen würde bzw. eine Antwort, die ihm nicht Anlass zu antirömischer Propaganda geben könnte, vermag ich nicht zu finden, falls Du Dich nicht entschliessen kannst mitzuteilen, Du seiest mit der Einarbeitung der letzten Forschungsergebnisse – wie sie auch sein mögen – beschäftigt". Höfer betonte abschließend, ihm bitte zu glauben, dass er in Rom „das Äusserste versucht" habe und es trotzdem „sicher" sei, „dass gegenwärtig eine schlichte Neuausgabe mit höchster Wahrscheinlichkeit zu dem führen würde, was bis jetzt vermieden werden konnte" – gemeint war offensichtlich die Indizierung der *Reformation in Deutschland*[226].

---

[223] Joseph Lortz, Notizen („Tel-Gespräch Lortz – Min. Zimmer 6. III. 57"), 6. März 1957. IEG, NL Lortz [725].

[224] Gemeint ist vermutlich der Ökumenische Arbeitskreis evangelischer und katholischer Theologen (ÖAK) bzw. „Jaeger-Stählin-Kreis", dem Lortz 1946–73 angehörte. Vgl. Stefan Henrich, Der Ökumenische Arbeitskreis evangelischer und katholischer Theologen, in: Kerygma und Dogma 35 (1989), 258–295, hier 283.

[225] Höfer, Rom, an Lortz, [Mainz], 05. 03. 1957. IEG, NL Lortz [725].

[226] Handschriftlich fügte Höfer – im Hinblick auf den Lutherartikel Weijenborgs im *Antonianum* – noch hinzu: „Der Franziskaner verdient keine Antwort. Er ist eine holländische, keine ‚römische' Stimme – hier ohne jeden Einfluß".

Doch Lortz verstand nicht oder wollte nicht verstehen. Er hakte noch einmal nach durch ein sehr ausführliches, drängendes Schreiben[227]. Er wies – nach der Versicherung, er kenne „keine bessere Hilfe und keinen verständnisvolleren Freund" in Rom als Höfer – auf die Differenzen in Höfers Aussagen hin: Habe er in seinem vorletzten Brief (26. Februar) noch mitgeteilt, dass Rom „für den Fall einer Neuauflage eine Zensurierung in irgendeiner Weise nicht angedeutet" habe, so schreibe er jetzt, dass „gegenwärtig eine schlichte Neuausgabe mit höchster Wahrscheinlichkeit zu dem führen würde, was bisher vermieden werden konnte".

Sodann rekapitulierte Lortz das Ergebnis seiner inzwischen in Freiburg gepflogenen Gespräche mit Scherer und Herder-Dorneich, insbesondere auch hinsichtlich der Vorgänge zwischen Rom und Freiburg nach Erscheinen der dritten Auflage[228]; angesichts der in Freiburg nicht auffindbaren Änderungsauflagen aus Rom sprach Lortz auch gegenüber Höfer von einer „Gedächtnistrübung" Roms, wobei freilich die Frage sei, „ob diese Gedächtnistrübung ausgelöscht blieb, oder ob sie wieder auflebte". Lortz berichtete von Herder-Dorneichs Zustimmung zu einer politischen „Intervention der Bonner Stelle und des Episkopats" in Rom – die man ja auch als Bitte formulieren könne – wie auch zu einem Mainzer Imprimatur. Demzufolge habe er gestern Bischof Stohr gesprochen und dort auch vollkommene Bereitschaft gefunden. Nach Höfers letztem Brief habe er Stohr allerdings telefonisch gebeten, „die Sache vorläufig nur für sich zu behalten und ihr insbesondere bei Jaeger keine Folgerung zu geben". Gerne sei er bereit, zu persönlichen Gesprächen mit Höfer oder „entscheidenden Instanzen" nach Rom zu kommen oder auch seinen Assistenten Manns zu schicken.

Im Hinblick auf die von Rom verlangte völlige Umarbeitung der *Reformation in Deutschland* gab Lortz zu bedenken, in diesem Fall würden sicher „die Brüder des Evangelischen Bundes eine Neubearbeitung mit Luchsaugen darauf untersuchen, ob sich darin nicht Änderungen finden, die man (mit ein bißchen bösem Willen) als Rückzieher im ausnützbaren Sinne bezeichnen könnte". Eine Einarbeitung neuerer Ergebnisse in den Text erfordere im Übrigen „eine sehr große Arbeit und sehr viel Zeit". Schneller und leichter sei es, einem Neudruck einfach „eine ausführliche Behandlung der seit 1942 erschienenen Literatur" vorauszuschicken, „was auch eine Mißdeutung des Textes selbst verhindern würde". Dies war von Lortz ein konkreter Vorschlag zur Güte. Und schließlich habe er Jongen inzwischen geantwortet, „daß bis vor kurzem das Buch käuflich erworben werden konnte, und daß erst jetzt – wenn überhaupt – die letzten Exemplare verkauft seien", dass er im Übrigen „mit der Neubearbeitung beschäftigt" sei, die allerdings wegen umfangreicher wissenschaftlicher Neuerscheinungen „nicht von heute auf morgen fertiggestellt" werden könne[229].

---

[227] Lortz, Mainz, an Höfer, Rom, 09.03.1957. IEG, NL Lortz [725].

[228] Vgl. oben die Schilderung in Lortz' „Aktennotiz" vom 6. März 1957.

[229] Was Weijenborg betraf, teilte Lortz die Ansicht Höfers nicht; „nicht deshalb, weil er

Doch Höfers Antwort fiel auf der ganzen Ebene ernüchternd aus[230]: „Auf Deinen Brief vom 9. März hin habe ich die ganze Angelegenheit noch einmal mit den unterrichteten Herren durchgesprochen. Der Eindruck, dass gegenwärtig eine schlichte Neuausgabe mit höchster Wahrscheinlichkeit zu dem führen würde, was bisher vermieden werden konnte[231], hat sich leider ganz und gar bestätigt. Natürlich kann dergleichen nicht mit absoluter Sicherheit vorhergesagt werden. Ganz sicher aber ist, dass eine freundliche Aufnahme eines Neudrucks hier völlig ausgeschlossen ist. Eine Intervention von staatlicher Seite würde als unbefugtes Eingreifen in innerkirchliche Angelegenheiten mit grossem Befremden aufgenommen werden. Ein Schritt von Bischöfen würde dieses Mal kein positives Ergebnis haben wie seinerzeit in der Ära des Nationalsozialismus. Das sind die nackten Tatsachen. Bei den betreffenden Herren fehlt es keineswegs an Verständnis, an Wertschätzung und Hochachtung". Über den Grund der „Schwierigkeit" wollte Höfer Lortz beim nächsten Treffen in Paderborn[232] unterrichten. Schriftlich sah er sich dazu partout nicht in der Lage. Allerdings konnte er auch nicht recht erkennen, weshalb ein „Neudruck bzw. ein Neudruck mit eingearbeiteter Literatur *gerade jetzt*" notwendig sein sollte.

Lortz dankte Höfer für die „vielen und sicher nicht ganz angenehmen Bemühungen in der fraglichen Angelegenheit"[233], mäkelte über römischen „Totalitarismus" und Inkonsequenz, und gab nur zähneknirschend Ruhe[234]. Zu

---

eine römische Stimme wäre, sondern weil ein katholischer Mann so etwas veröffentlicht hat, und er einer der wenigen in Rom ist, die die Texte Luthers kennen". Er sei freilich froh, wenn ihm „eine detailliertere Untersuchung und Zurechtrückung" erspart bleibe.

[230] Höfer, Rom, an Lortz, [Mainz], 15.03.1957. IEG, NL Lortz [725].

[231] Auffällig ist hier die gleiche ‚verhüllte' Formulierung wie schon im Brief vom 5. März 1957 (vgl. oben): Vermied Höfer einfach bewusst, in schriftlicher Form offen von drohender Indizierung zu sprechen – oder stand womöglich noch anderes im Hintergrund als eine solche ‚konkrete' Gefahr?

[232] Vermutlich im Rahmen des Jaeger-Stählin-Kreises, dem Lortz und Höfer angehörten (Höfer als katholischer Wissenschaftlicher Leiter), dessen 18. Tagung vom 8. bis 12. April 1957 in Paderborn stattfand. Vgl. HENRICH, Arbeitskreis, 264.

[233] Lortz, Mainz, an Höfer, [Paderborn], 18.03.1957. IEG, NL Lortz [725].

[234] In der Zwischenzeit kam es zu einem kurzen Austausch mit Robert Scherer: Anlass war eine Anfrage Lortz' an Herder am 19. März 1957 wegen eines Exemplars der *Reformation* für einen spanischen Übersetzer. Lortz, Mainz, an Herder, Freiburg, 19.03.1957. IEG, NL Lortz [1233]. Scherer musste Lortz am 3. April jedoch mitteilen, man befinde sich wegen dieser Bitte „in arger Verlegenheit", da man im Verlag „nurmehr vier Exemplare des Werkes im Eisernen Bestand" habe und diese „natürlich nicht hergeben" wolle; ob Lortz denn „selber kein einziges Exemplar mehr zur Verfügung" habe? Bei dieser Gelegenheit fragte Scherer auch nach dem Stand der Dinge mit Rom: „Haben Sie inzwischen aus Rom Nachricht erhalten im Zusammenhang mit der geplanten Neuauflage? Sie werden mich ja in dieser Sache auf dem Laufenden halten". Scherer, Freiburg, an Lortz, [Mainz], 03.04.1957. IEG, NL Lortz [725]. – Wie aus Scherers nächstem Schreiben hervorgeht, hatte Lortz ihn inzwischen über die aktuelle Lage ins Bild gesetzt: „Vielen Dank auch für Ihre Nachricht aus Rom. Daß die Entwicklung des gegenseitigen Verständnisses nicht stillstehen wird, ist sicher und darauf dürfen wir hoffen". Scherer, Freiburg, an Lortz, [Mainz], 18.04.1957. IEG, NL Lortz [725].

der erhofften Begegnung zwischen Lortz und Höfer in Paderborn im April kam es allerdings nicht, weil Lortz wegen Zahnproblemen nicht zur Tagung kommen konnte, Höfer aber die Rückreise nach Rom „beim besten Willen nicht über Mainz" nehmen konnte. So blieb die von Höfer in Aussicht gestellte mündliche Aufklärung über die Lage in Rom aus; er beließ es bei der Andeutung, die dortige „Schwierigkeit" bestehe „gegenüber dem Werk selbst"[235]. Peter Manns, der mit Höfer wegen der in Arbeit befindlichen Festschrift[236] zu Lortz' 70. Geburtstag Ende 1957 korrespondierte, blieb nichts anderes übrig, als sich in der „ganz grossen Sorge" ohne die mündlichen Informationen Höfers in Geduld zu üben[237].

Neben diese Enttäuschung trat in Mainz noch eine weitere: Höfer musste Manns am 17. Mai schweren Herzens eine Absage seines Beitrags für die Festschrift mitteilen, beteuerte aber, es habe „nichts zu tun mit ‚der Schwierigkeit' – es ist nur eine einzige, die hier besteht!" –, in der sich die *Reformation in Deutschland* befinde. „Ich könnte mit voller Freiheit und ohne selbst das Geringste befürchten zu müssen, an der Festschrift mitarbeiten. Es sind wirklich Schwierigkeiten, die mit den nur 24 Stunden eines Arbeitstages zusammenhängen […] und in der näheren Zukunft von mir nicht gemeistert werden können"[238].

Ob es im weiteren Verlauf des Jahres womöglich doch noch Gelegenheit zu einer mündlichen Aussprache zwischen Lortz und Höfer gab – und mit welchem Ergebnis – bleibt offen; weiterer Briefverkehr in der Sache ist aus dieser Zeit nicht dokumentiert. In jedem Fall dürfte aber auch eine genauere Kenntnis der konkreten „Schwierigkeit" Roms mit Lortz' Reformationsgeschichte wenig daran geändert haben, dass de facto die derzeitige römische Haltung eine Neuauflage unmöglich machte.

Erst rund ein Jahr später, am 21. März 1958, lassen sich einem neuen Schreiben von Lortz an Höfer wieder einige Details zum Stand der Dinge entnehmen[239]. Lortz berichtete zunächst ausführlicher über seine zeitraubende Arbeit im Institut für Europäische Geschichte. Es beweise sich jetzt gerade wieder, dass er „kein freier Mann mehr" sei, seitdem er dieses Institut zu betreuen habe[240]. Anlass für den Brief von Lortz war aber seine ungewisse

---

[235] Höfer, Rom, an Lortz, [Mainz], 17.05.1957. IEG, NL Lortz [725].

[236] Erwin ISERLOH/Peter MANNS (Hg.), Festgabe Joseph Lortz, 2 Bde., Baden-Baden 1958.

[237] „Aber die Sache meines Meisters ist bei Ihnen in so guten Händen, dass ich im Grunde nichts fürchte! Wir müssen halt Geduld haben, um mit der List der Schlange und der dennoch ehrlichen Tauben-Einfalt einen Weg weiterzugehen, für den wir uns auf den Willen des Herrn berufen dürfen". Manns, Mainz, an [Höfer, Rom], 04.05.1957 [Entwurf]. IEG, NL Lortz [1837].

[238] Höfer, Rom, an Manns, [Mainz], 17.05.1957. IEG, NL Lortz [1837].

[239] Lortz, Mainz, an Höfer, [Rom], 21.03.1958. IEG, NL Lortz [732]

[240] „Ich bin zur Zeit geschäftsführender Direktor, der Mitdirektor ist in Ferien, und nun stürmt von den verschiedensten Seiten die Beendigung des Etatsjahres mit allen möglichen Fragen, Feststellungen, Aufstellen des Etats, Rechnungsabschlüsse etc. etc. auf mich

Teilnahme an einer kommenden Tagung in Tutzing[241]. Er habe natürlich gehofft, Höfer in Tutzing sprechen zu können. In diesem Zusammenhang kam
Lortz dann auch wieder auf das Thema *Reformation in Deutschland* zu sprechen: Aus seinem letzten Brief[242] wisse Höfer ja bereits, dass er „beim Präsidenten"[243] gewesen sei und wie dieser ihn aufgenommen habe, dass sich aber
ein konkreter Ansatzpunkt nicht ergeben habe. „Andererseits ist, wie ich Dir
schrieb, die Geschichte immer noch aktuell oder mir immer aktueller, weil
mein Buch immer mehr verlangt wird. Freund [Erwin] Iserloh aus Trier emp-
findet die Lage besonders drückend. Ich weiß nicht, warum, aber es scheint
ihm ausserordentlich notwendig zu sein, etwas zu tun. Er fragt mich, ob er
seinerseits mit P. Leiber etc. einmal anknüpfen soll, um denen zu sagen, wie
die Lage eigentlich ist. Er legt dabei besonderen Wert darauf, daß die evangelische Seite so stark Angst vor dem Buch hat. Ich will Dir das mitteilen, weil
ich weiß, daß Du derjenige bist, der die Lage am besten beurteilen kann, die
Aussichten und die Nicht-Aussichten. Man muß ja sein Pulver nicht jetzt
verschiessen, wenn es wirklich das Ziel erreichen soll".

Außerdem ging Lortz noch auf einige Aspekte der aktuellen Situation der
Ökumene ein: „Hoffentlich kann ich noch in Tutzing aufkreuzen, um an der
Tagung teilzunehmen und dann mit Dir zu sprechen. […] Ich hoffe auch sehr,
daß die Differenz zwischen [Hans] Asmussen und [Edmund] Schlinck [sic]

---

ein. Es ist ein Unsinn, daß der wissenschaftliche Direktor mit diesen Dingen so belastet ist, aber zur Zeit ist es noch so. Es kommt hinzu, daß wir jetzt in ein neues Geschäfts-
verhältnis treten durch die Aufnahme in das Königsteiner Abkommen. Es kommt weiter
hinzu, daß sich eine Möglichkeit aufgetan hat, endlich unser Dachgeschoß für Stipen-
diaten auszubauen. Ich muß deswegen schleunigst mit Leuten in Bonn verhandeln. Ich
muß noch schnell Geld unterbringen, was sich eben jetzt auch erst aufgetan hat: für ein
Lesegerät, für Bücher etc. etc.".
[241] Gemeint ist offensichtlich wieder der Jaeger-Stählin-Kreis, dessen 19. Tagung vom 24.
bis 28. März 1958 in Tutzing stattfand. Vgl. HENRICH, Arbeitskreis, 265.
[242] Der betreffende Brief ist unbekannt.
[243] Gemeint ist wohl der Bundespräsident Theodor Heuss; bereits 1957 hatte der mit
Lortz befreundete Minister Alois Zimmer mitgeteilt, dass der Bundespräsident „engen
Anteil an [Lortz'] Angelegenheit" nehme (vgl. LORTZ, Notizen, 6. März 1957). Später
berichtete auch Josef Höfer Lortz von Heuss' Interesse „und wie sehr er am Neuerscheinen Deiner Arbeit Anteil nimmt". Höfer, Rom, an Lortz, Stromberger Neuhütte,
05.08.1959. IEG, NL Lortz [732]. – Heuss hatte unlängst auch ein Grußwort zu Lortz'
Festschrift beigesteuert: Theodor HEUSS, [Grußwort], in: Erwin ISERLOH/Peter MANNS
(Hg.), Festgabe Joseph Lortz, Bd. 1: Reformation. Schicksal und Auftrag, Baden-Baden
1958, 1–3. Peter Manns berichtete darüber vorab an Höfer: „In Sachen Festschrift kann
ich Ihnen mitteilen, dass der Herr Bundespräsident einen Beitrag in Aussicht gestellt hat,
der in der Form eines vertraulichen Briefes die Lortz'schen Grundthesen würdigen soll.
Ich bin recht froh, dass gerade er eine solche Aufgabe übernimmt! Was einen Theologen
vor so manche Schwierigkeit stellen würde, kann der Herr Bundespräsident leichter sagen. Ich begrüsse daher diese Lösung sehr. Wenn wir auch sicher keine theologische Würdigung erwarten dürfen, so werden seine geistvollen Worte warmer Anerkennung sicher
eine echte Bereicherung der Festschrift sein". Manns, Mainz, an [Höfer, Rom],
08.01.1957 [Entwurf]. IEG, NL Lortz [1837].

bzw. umgekehrt sich richtig einrenkt[244]. Ich meinerseits finde es ganz unkonsequent und eine schwere Belastung, wenn Schlinck meint, Asmussen ausbooten zu sollen, wenn er zu gleicher Zeit den Papst den Antichrist nennt und dann zur selben Zeit nach Moskau zu *diesem* Patriarchen fährt. Auf alle Fälle darf sich Asmussen ja nicht durch eine unangenehme Tonart oder einen gewissen Druck aus seiner Stelle herausbugsieren lassen. Hoffentlich entwickelt sich aus diesem Anlaß nicht eine Krise unserer Arbeitskreise. Freilich merkt man auch hieran wieder, wie gut es wäre und wie [viel] leichter unsere Position wäre, wenn man in Rom die wirklichen christlich-religiösen Kräfte auf der anderen Seite ganz positiv einschätzte. Aber so lange dann Herr Michael[245] in der Welt herumposaunt, daß das neue Jerusalem keinerlei Weisung, d. h. aber auch dann keinerlei lebensfördernde (freilich nicht lebenswichtige) Wahrheiten oder Anregungen von der anderen Seite erwarten könnte, oder zu erwarten habe, so lange Michael solches in die Welt herausposaunt und viele Leute dann in ihrer reaktionären Haltung noch bestärkt werden, so lange sorgen wir ja selbst auf unserer Seite dafür, daß wir nicht in der eigentlichen inneren Aufweichung des Gegensatzes weiterkommen".

Wiederum muss offen bleiben, ob es diesmal zu einem Zusammentreffen von Lortz und Höfer kam – weiterer brieflicher Austausch darüber ist nicht überliefert. Die Einstellung Roms gegenüber Lortz' *Reformation in Deutschland* war jedoch nach wie vor unverändert, eine Neuauflage weiterhin nicht in Sicht. Doch das Jahr 1958 sollte dann doch noch den Wendepunkt in der ganzen Sache bringen: Als am 9. Oktober 1958 Papst Pius XII. starb und am 28. Oktober Johannes XXIII. (1881–1963) als sein Nachfolger gewählt wurde, war eine neue Situation gegeben. Dazu kam, dass schon im März 1958 außerdem Erzbischof Seiterich von Freiburg gestorben war; ihm folgte der mit Lortz befreundete Hermann Schäufele (1906–1977)[246].

IV. Erwachende Hoffnungen auf eine vierte Auflage

1. Neuer Papst in Rom und neuer Erzbischof in Freiburg

Die neue Situation in Rom und Freiburg war Anlass für Lortz, bei Freund Höfer endlich um neue Sondierung der Lage anzufragen. Erst am 4. März 1959 antwortete Höfer auf zwei inzwischen bereits länger zurückliegende

---

[244] Vgl. dazu Schwahn, Arbeitskreis, 83–91. Asmussen schied nach 1958 aus dem Jaeger-Stählin-Kreis aus.

[245] Zu Horst Michael vgl. oben.

[246] Über die komplizierte Nachfolge Seiterichs vgl. Dominik Burkard/Christoph Schmider, Augustin Bea und die Freiburger Bischofswahl von 1958, in: Clemens Brodkorb/Dominik Burkard (Hg.), Der Kardinal der Einheit. Zum 50. Todestag des Jesuiten, Exegeten und Ökumenikers Augustin Bea (1881–1968) (Jesuitica 22), Regensburg 2018, 247–331.

Briefe von Lortz, konnte aber erste Erfolge melden[247]. Er habe „bei den entscheidenden Leuten konkrete Fragen" zur *Reformation in Deutschland* gestellt und nun auch „eine letzte Aussprache mit dem zur Zeit hier weilenden
neuen Erzbischof von Freiburg Dr. Schäufele" gehabt. Das Ergebnis: „Die
für die Bücherzensur maßgebenden Herren erklären nach wie vor, eine neue
Auflage sei nicht nur in der Gefahr der Zensurierung, sondern werde tatsächlich der Zensur verfallen". Persönlich glaube Höfer das aber nicht. Der neue
Papst habe nämlich erkennen lassen, „dass er Zensurierungen nicht gewogen
ist, wenn nicht tatsächlich ganz schwere Irrtümer hinsichtlich des Glaubens
und der Sitten festgestellt werden". Andererseits stehe fest, dass der Herder-
Verlag noch immer „wegen der Geschichte der Reformation Schwierigkeiten" habe, obwohl er an Lortz seine Verlagsrechte zurückgegeben habe. Zwischen Schäufele und Herder bestehe indes ein sichtliches „Vertrauensverhältnis". Der neue Erzbischof habe sich bisher „in einer Weise für den Verlag und
auch für die Persönlichkeit des Chefs eingesetzt, wie keiner seiner letzten
Vorgänger". Doch auch Schäufele habe von einer Neuauflage – „auch ausserhalb des Hauses Herder" – abgeraten, „weil eine solche, falls sie nicht doch
zensuriert würde, sicher manche polemische Rezensionen erfahren würde,
die dem Klima vor dem zu erwartenden Konzil[248] schaden könnte[n]". Die
bisherigen Auflagen hätten bei jenen Leuten, auf die es ankommt, „ihren
Dienst getan". Gleichwohl nehme Schäufele an der Arbeit von Lortz „grossen Anteil". Er sei über die Schwierigkeiten der früheren Auflagen „sehr genau unterrichtet" und habe sich das von Erzbischof Rauch „durchkorrigier-
te" Exemplar vorlegen lassen. „Er sagte mir, es sei keine Seite darin, in der
nicht heftige Beanstandungen notiert wären. Die Zurückstellung seiner
[= Rauchs] Auffassung, als damals Bischof Clemens August [von Galen]
durch mich eingriff[249], ist deshalb wohl noch höher zu bewerten, als wir es
bisher getan haben. Ich habe Erzbischof Schäufele auf seinen Wunsch eingehend sowohl das damalige Einschreiten von Bischof Clemens August auf
Grund seines Briefwechsels mit Papst Pius XII. erzählt wie die Episode, die
sich zwischen Präsident Heuss, Minister v. Brentano und P. Leiber bei dem
Rombesuch des Präsidenten im Grand Hotel abspielte[250]. Erzbischof Schäufele war an dem ganzen Sachverhalt ehrlich und Dir gegenüber freundlich
interessiert". Abschließend deutete Höfer – ähnlich wie bereits Schäufele –

---

[247] Höfer, Rom, an Lortz, [Mainz], 04.03.1959. IEG, NL Lortz [732].
[248] Johannes XXIII. hatte am 25. Januar 1959 den Plan eines Zweiten Vatikanischen Konzils angekündigt.
[249] Zu Höfers Vermittlungtätigkeit im Rahmen der 2. Auflage vgl. oben.
[250] Gemeint ist der Staatsbesuch des Bundespräsidenten im Vatikan am 27. und 28. November 1957. Vgl. dazu Frieder GÜNTHER, Heuss auf Reisen. Die auswärtige Repräsentation der Bundesrepublik durch den ersten Bundespräsidenten, Stuttgart 2006, 112–118.
– Über den Inhalt der „Episode" mit Leiber ist nichts bekannt; möglicherweise kam dabei
auch die – im Hinblick auf die konfessionelle Lage in Deutschland – wünschenswerte
Neuauflage der *Reformation* zur Sprache (im Sinne der von Lortz Anfang 1957 angeregten ,Intervention' aus Bonn, vgl. oben).

Abb. 22: Hermann Schäufele (1906–1977).

an, dass eine neue Auflage also vielleicht gar nicht mehr nötig sei (und der potentielle Konflikt mit Rom somit von vornherein vermeidbar): „Dürfen wir nicht wirklich darauf vertrauen, dass Dein Werk ein Gewicht hat, das seine Wirkung fortgesetzt tut?" Handschriftlich fügte Höfer hinzu: „Mir scheint, Du seiest in Deinen Entschlüssen jetzt freier als bisher. – Eine *Garantie* für den Ausgang eines ev[en]t[uel]l[e]n Neudrucks gibt es natürlich nicht".

Lortz dankte für die Eindrücke aus Rom[251]: „Es ist doch erschütternd. Eine nette Geheime Staatspolizei. Denn es bleibt dabei, daß nie irgendeine konkretisierte Forderung an mich gestellt wurde. Der halb anonyme Vorstoß damals auf Grund der 2. Rezension von Hugo Rahner mit dem beigefügten in keiner Weise offiziellen Gutachten, wurde von Konrad Groeber so bewertet, daß er das Imprimatur, deswegen er mich vorher an Rom verwiesen hatte, ohne Schwierigkeit wieder erteilte". Hinsichtlich der von Höfer geschilderten Haltung Rauchs glaubte Lortz allerdings einige „Aufklärung" leisten zu müssen. Dass Rauch sein Werk ablehnte, habe dieser am Schluss jener Sitzung, „in welcher über das Dutzend Forderungen Groebers verhandelt wurde", offen ausgesprochen[252]. Als Lortz aber 1944 in Freiburg seine „Reformationsvorträge" gehalten habe, sei Rauch mit Constantin Noppel dabei gewesen. „Er sagte mir nachher, daß er nun ganz beruhigt sei. Er habe seinen Leuten im Konvikt gesagt: Sehen Sie, das ist die richtige Weise, K[irchen]G[eschichte] zu treiben". Im gleichen Sinne müsse Rauch, wie auch Noppel, dann an Gröber berichtet haben, denn dieser sei „von da ab in seiner Bewertung meiner Una-Sancta-Arbeit denkbar stark *umgewandelt* (das Wort ist nicht zu stark)" gewesen. Es seien daraufhin mindestens zweimal „Una-Sancta-Veranstaltungen" in der Erzdiözese gestattet worden unter der „ausdrücklichen Bedingung", daß Lortz die Leitung übernehme. Demnach – so die Schlussfolgerung von Lortz – sei doch wohl als wahrscheinlich anzunehmen, „daß Rauch das Urteil über mein Buch, so wie es in seinen Randbemerkungen zum Ausdruck kommt, nicht aufrecht erhalten hätte". War das Zweckoptimismus? Oder Schönrederei?

Im Hinblick auf die aktuelle Sachlage rekapitulierte Lortz noch einmal die

---

[251] Lortz, Mainz, an Höfer, Rom, 07.03.1959. IEG, NL Lortz [732].

[252] Vgl. auch eine spätere Erinnerung von Robert Scherer „an unser früheres Streitgespräch mit dem einstmaligen Prof. Rauch, der nur abstrakt dogmatisch zu sprechen vermochte, und Ihre Sprache, die des Historikers, einfach nicht akzeptieren wollte". Scherer, Freiburg, an Lortz, [Mainz], 14.01.1969. IEG, NL Lortz [1477].

Vorgänge aus seiner Sicht: „Ad rem: ich gestehe mir natürlich ein, daß es ein ideell und material stark ich-bezogenes Denken ist, das mich eine Neuauflage erstreben läßt. Aber es gibt anderes. Die Behandlung beruht letzten Endes auf einem objektiven Gedächtnisfehler grober Art von Pius XII, der mir durch B[ischof] Rusch mit leichtem Vorbehalt ein durchaus positives Urteil zukommen ließ, mündlich[253]. […] Du weißt, daß nach ausdrücklicher Äusserung vom Kardinal, damals noch nur Bischof, Galen *keinerlei* kirchliche Belastung auf dem Buche ruhte. Wörtlich: ‚Sehen Sie, Herr Professor, wenn man seine Gründe sagt, bekommt man sogar (!) in Rom recht.‘ Du weißt ferner, daß nach Erscheinen der 3. Auflage nach dem Krieg Rauch und Keller (Münster) die römische Behauptung zurückwiesen, es seien für eine neue Auflage bestimmte Forderungen gestellt worden. In Freiburg hat man das Generalvikariat auf den Kopf gestellt, um ein entsprechendes Papier zu finden. (Warum legen übrigens die römischen Stellen nicht eine Photokopie jener Forderung vor?)“ Angesichts dessen betrachtete Lortz sich in seinem Anliegen einer Neuauflage vollkommen gerechtfertigt: „Das heißt, es liegt eine nicht leichte Ungerechtigkeit gegen mich vor. Man könnte hier allerdings vom rechtlichen Standpunkt zum religiösen übergehen und sagen: hier ist die Form und die Stelle, wo Du *Dein* Kreuz zu tragen hast. Und das ist wirklich ein Gedanke, den ich nicht abweisen kann“. Dazu komme dann aber doch noch die Frage nach dem sachlichen Wert des Werkes: „Hat E[rz]B[ischof] Schäufele recht, wenn er meint, das Buch habe auf die Maßgeblichen gewirkt, und das genüge? Ich möchte die Wirkung nicht unterschätzen, ich halte sie für sehr groß. Aber für die Sache, und das heißt für die Kirche, muß die Wirkung oder sollte die Wirkung weitergehen. Noch wichtiger: sie darf nicht zerstört werden. Die Tatsache, daß ein Buch, das so verlangt wird, nicht wieder aufgelegt wird, hat längst das Mißtrauen der Evangelischen geweckt. Darf man dem nachgeben?“ Eine vergleichbare Bedeutung sah Lortz im Übrigen bei keinem neueren katholischen Werk gegeben: „Daß von den wichtigen katholischen Neuerscheinungen irgendeine von den Protestanten auch nur annähernd als ein so starker Angriff empfunden werde wie die ‚Reformation‘, ist mir nicht wahrscheinlich. Soll man auf eine solche zusammenbindende Waffe verzichten? Vom Recht des Wissenschaftlers will ich gar nicht reden“. Er wolle in der ganzen Sache „nicht so schnell“ einen Entschluss fassen; doch ein solcher würde erleichtert werden, „wenn es möglich wäre, den maßgeblichen Stellen und sogar dem Papst selbst die Sache darzulegen“[254]. „Denn bisher kenne ich *nur* das Nein; nicht aber die Begründung. Eine Ausnahme macht die Andeutung von Ottaviani 1952 zu mir (ohne Namen zu nennen): es gäbe Leute in

---

[253] Vgl. Rusch, Innsbruck, an Gröber, Freiburg, 10.09.1941. EAF B2–1945/1022.

[254] In einem Nachtrag fügte Lortz noch hinzu: „Kann man den Gedanken nicht realisieren, den ich eben andeutete: den Fall mit den maßgeblichen Leuten und speziell mit dem Papst zu besprechen. Auf dem Hintergrund des Konzilsplans wirkt ja doch die Haltung grotesk“.

Deutschland, die hätten den Protestanten zu viel Hoffnung gemacht[255]; und die zweimalige Äusserung von P. Leiber zu mir: mit meiner Lutherdeutung sei er nicht einverstanden[256]. Leider hat er *seine* versprochene Deutung[257] bisher nicht niedergeschrieben". Lortz hoffte auf ein Wiedersehen mit Höfer in Paderborn[258].

Tatsächlich kam es in diesem Jahr endlich zu einem persönlichen Zusammentreffen von Lortz und Höfer; einige handschriftliche Notizen Lortz' geben Aufschluss über den Inhalt des am 16. März 1959 erfolgten vertraulichen Gesprächs[259]:

„Ich traf Prälat Höfer in Paderborn. Wir besprachen die Sache unter 4 Augen beim kl[einen] Frühstück:
Höfer: Die früheren Berater des Papstes[260] in dieser Angelegenheit sind noch da und in mächtiger Position. Der eigentl[iche] Gegner war der Papst selbst. Beweis für die wachsende Enge seiner Auffassungen war die Behandlung von [Johannes] Pinsk[261]. Der Nachfolger von B[ischof] Westkamp[262] [sic] verwandte sich sofort nachdrücklich bei Ottaviani für Pinsk. Ottaviani stimmte sofort zu, alles d.h. die Akten einfach *abzulegen* und damit de facto zu erledigen. Bei der Abschiedsaudienz erzählt B[ischof] Döpfner freudig die gute Lösung. Der Papst wird richtig zornig: Nein, das wird nicht geschehen. Das S[anctum] Officium wird anders entscheiden. B[ischof] Westkamp war ein *schlechter* Bischof. Und das wiederholte er nochmals; u[nd] ein drittesmal. Als Döpfner dies betreten Ottaviani mitteilte, entschied der: es bleibt dabei; die Sache ist erledigt.
Den eigentlichen Grund der Gegnerschaft fasste Höfer als entscheidend so zusammen: Du hast die Lutherdarstellung der Jesuiten zerstört; das ist der Grund der Gegnerschaft und der Schwierigkeit. Wenn eine Annäherung an Protestanten (Konzil) erfolgt, wäre eine Indizierung des Buches unmöglich".

Höfer hatte hier also endlich die bereits 1957 immer wieder beschworene „Schwierigkeit" Roms mit der Lutherauffassung von Lortz näher bestimmt.

---

[255] Gemeint sein könnte auch eine ähnliche Äußerung in Lortz' Gespräch mit Ottaviani bei seiner Romreise 1950 (!): „Der Widerstand der Protest[anten] käme von den Aussichten, die einige Katholiken ihnen in zu iren[ischer] Weise gemacht hätten". LORTZ, Aufzeichnungen aus Rom, Oktober 1950. IEG, NL Lortz [732].

[256] Vermutlich im Rahmen der Gespräche während Lortz' beiden Romreisen 1950 und 1952. In Lortz' Aufzeichnungen findet sich zwar keine entsprechende wörtliche Äußerung, Leibers Ablehnung kommt jedoch deutlich genug zum Ausdruck (vgl. oben).

[257] Vgl. Lortz' Gespräch mit Leiber bei seiner Romreise 1952: „Leiber will mir s[eine] Auffassung eingehend schreiben". LORTZ, Aufzeichnungen aus Rom, Oktober 1952. IEG, NL Lortz [732].

[258] Anlass war offenkundig einmal mehr der Jaeger-Stählin-Kreis, dessen 20. Tagung vom 16. bis 20. März 1959 wieder in Paderborn stattfand. Vgl. HENRICH, Arbeitskreis, 265.

[259] Joseph LORTZ, Notizen über Gespräch mit Josef Höfer (16. März 1959), 6. April 1959. IEG, NL Lortz [732].

[260] Gemeint sind vermutlich v.a. Leiber und Bea; vgl. unten Höfers Schreiben an Lortz vom 20. Oktober 1960.

[261] Pinsk hatte für seine Schrift *Grundsätzliche und praktische Erwägungen zur christlichen Verkündigung im Marianischen Jahr* (1954) ein Monitum des Heiligen Offiziums erhalten.

[262] Gemeint ist Wilhelm Weskamm (1891–1956), 1951–56 Bischof von Berlin. Weskamms Nachfolger wurde Julius Döpfner (1913–1976).

Nur: was genau meinte Höfer mit der „Lutherdarstellung der Jesuiten"? Handelte es sich um die Lutherdeutung Grisars, die Lortz mit seinem neuen Lutherbild überwunden bzw. „zerstört" hatte? Oder die Darstellung von Pastor, an der die Jesuiten mitgearbeitet hatten? Vermutlich ist in diesem Licht die ablehnende Haltung gerade des Jesuiten Robert Leiber zu sehen (der möglicherweise auch der Initiator der negativen zweiten Rezension Hugo Rahners war). Als Privatsekretär Pius' XII. kommt Leiber jedenfalls maßgeblich als einer der von Höfer erwähnten „früheren Berater des Papstes" in Frage. Wie weit sein Einfluss reichte bzw. inwiefern tatsächlich „der Papst selbst" der „eigentl[iche] Gegner" der Lortzschen Lutherdeutung war, ist freilich eine komplexere Frage, die an dieser Stelle nicht eindeutig beantwortet werden kann.

Weitere Einschätzungen der Lage von Seiten Höfers ergaben sich in den nächsten Monaten. Anfang Mai 1959 hatte Lortz durch Julius Dorneich von Herder zwei Angebote wegen englischer Übersetzungen erhalten[263]. Lortz ersuchte wiederum Höfer um Mitteilung, inwiefern eine solche Übersetzung überhaupt opportun sei. Höfer schwankte[264]: „Die Wirkung der von Dir erwähnten möglichen Übersetzung kann ich von hier aus schwer übersehen. Es drängt sich natürlich sofort auf, dass der englische Episkopat und in etwa auch der amerikanische jede irgendwie günstige Beurteilung der Reformation und der Reformatoren beinahe als Hochverrat betrachtet". Zur neuen Einstellung Roms konnte Höfer noch wenig berichten: „Wie sich der neue Papst selbst gegenüber den Protestanten orientiert, ist zur Zeit noch nicht klar zu erkennen. Er hat sie bisher noch nicht unmittelbar angesprochen. Reine Vermutungen möchte ich nicht aussprechen. Das klingt nun alles wieder sehr negativ. Lass mich noch hinzufügen, dass die Orientierung zu den Protestanten hin hier ein sehr zartes Gebilde ist, das leicht zerquetscht werden kann". Handschriftlich fügte er hinzu: „Hier liegt die Gefahr. Persönlich glaube ich, wie ich schon schrieb, z[ur] Z[ei]t nicht an eine Indizierung".
Am 5. August 1959 ergänzte Höfer seine Nachrichten[265]: Übersetzungen seien wohl „möglich". In Rom gehe im Buchhandel übrigens schon die Nachricht um, „es werde demnächst eine englische Übersetzung erscheinen". Sodann habe er im Juli leider keine Gelegenheit gehabt, Bundespräsident Heuss persönlich die neue „Indexsituation" vorzutragen. Heuss habe postwendend geantwortet, „wie sehr ihn das zu hören interessiert hätte und wie sehr er am Neuerscheinen Deiner Arbeit Anteil nimmt". Heuss habe auch vom Plan einer Übersetzung gehört. Auf die neue „Indexsituation" bezieht sich vermutlich Höfers Andeutung über eine „geplante Revision"[266], die zwar „nicht

---

[263] Lortz, Mainz, an Dorneich, Freiburg, 04.05.1959. IEG, NL Lortz [1233].
[264] Höfer, Rom, an Lortz, Mainz, 16.05.1959. IEG, NL Lortz [732].
[265] Höfer, Rom, an Lortz, Stromberger Neuhütte, 05.08.1959. IEG, NL Lortz [732].
[266] Vgl. dazu Herman H. SCHWEDT, Papst Paul VI. und die Aufhebung des römischen

der Enzyklika" [267] zu entnehmen sei, aber „aus privater Information" stamme, „die ihrer Natur nach noch streng vertraulich" sei. Zuletzt berichtete Höfer von dem geplanten Besuch Kardinal Ottavianis zum „Abschluss der Trierer Wallfahrt" im September: Auf Wunsch des Auswärtigen Amts begleite er Ottaviani wenigstens von Mainz aus. „Das ist mir trotz aller der zutreffenden Dinge, die Du über die Wallfahrt schreibst, recht, weil ich hoffentlich dabei Gelegenheit finde, den Kardinal auf unsere besonderen deutschen Verhältnisse, die er bei der Wallfahrt nur sehr einseitig zu sehen bekommt, hinzuweisen. Lass mich wissen, ob ich Dich um diese Zeit in Mainz antreffe. Es wird sich dann ganz bestimmt Zeit finden zu einem ruhigen Beisammensein, auf das ich schon lange warte".

Das Fehlen weiterer Korrespondenz mit Höfer aus dieser Zeit lässt darauf schließen, dass es tatsächlich zu einem solchen Treffen mit Lortz in Mainz kam. Ein handschriftlicher Brief Höfers vom 3. März 1960 enthält praktisch nichts Neues zur Sache, abgesehen von der Andeutung: „ich tue mehr als nur Geduld üben! Doch das ist noch nicht spruchreif". Ein Verweis auf sein Kommen nach Heidelberg – wiederum die nächste Tagung des Jaeger-Stählin-Kreises [268] – macht eine erneute persönliche Begegnung mit Lortz wahrscheinlich [269].

Lortz ließen die alten Vorgänge und Widersprüche keine Ruhe, vielleicht wollte er jetzt, nachdem Pius XII. gestorben war, auch *seine* Interpretation als die wahre erweisen bzw. letzte Vorbehalte beseitigen. So wandte er sich am 12. Mai 1960 an den Innsbrucker Bischof Paul Rusch (1903–1986) und erinnerte ihn an ihre frühere Begegnung [270]:

„Im Jahre 1941 oder 1942 ließ ich mich in der Herder'schen Buchhandlung in München Ew. Exzellenz vorstellen. Nachdem der Leiter der Buchhandlung meinen Namen genannt hatte, sagten Sie mir: ‚Oh, das trifft sich aber gut. Ich komme gerade von Rom und habe Ihnen etwas vom Heiligen Vater auszurichten. Er läßt Ihnen sagen, es sei nie daran gedacht gewesen, dem Buch (= ‚Die Reformation in Deutschland') etwas zu tun, und das wird auch nicht geschehen. Man sei freilich dankbar, wenn da oder dort etwas geändert werde.' [271] [...] Jedenfalls war der eindeutige Tenor Ihrer Mitteilung, daß das Buch und damit meine Stellung zur Kurie vom Heiligen Vater als vollkorrekt angesehen wurde. – Das stimmte übrigens genau zusammen mit Äußerungen von Erzbischof Groeber (und

---

Index der verbotenen Bücher im Jahr 1965, in: Römische Quartalschrift 98 (2003), 236–278.

[267] Gemeint ist die Enzyklika Johannes' XXIII. *Ad Petri cathedram* vom 29. Juni 1959.

[268] Die 21. Tagung fand vom 4. bis 8. April 1960 in Heidelberg statt. Vgl. HENRICH, Arbeitskreis, 266.

[269] Darüber hinaus erwähnt Höfer Begegnungen mit einigen Personen, die im weiteren Verlauf noch eine wichtige Rolle spielen werden, darunter der neue Assessor des Heiligen Offiziums, Erzbischof Pietro Parente („überraschend zugänglich"), der neuernannte deutsche Nuntius, Corrado Bafile („ist oecumenicis aufgeschlossen"), sowie Kardinal Augustin Bea. Höfer, Rom, an Lortz, [Mainz], 03.03.1960. IEG, NL Lortz [732].

[270] Lortz, [Mainz], an Rusch, Innsbruck, 12.05.1960. IEG, NL Lortz [732].

[271] Vgl. Rusch, Innsbruck, an Gröber, Freiburg, 10.09.1941. EAF B2–1945/1022.

mit dem von ihm erteilten Imprimatur) und mit dem, was mir Bischof Clemens August von Galen gesagt hatte, mit dem ich diese Dinge alle besprach. [...] Jeder weiß, wie peinlich genau Bischof Galen in puncto kirchlicher Korrektheit war".

Lortz bat nun Rusch um Bestätigung, ob bzw. inwieweit die angeführte Mitteilung korrekt sei. Ein „direkter Grund", ihn „gerade jetzt um diese Bestätigung anzugehen", liege nicht vor; doch „einsichtige Leute, wie auch Herr Herder-Dorneich", hätten schon vor Jahren gemeint, „es wäre wichtig, wenn man dieses Zeugnis festhalten würde".

Rusch bestätigte am 17. Mai, Lortz habe seine damalige Äußerung in München „durchaus sinn- und wortgetreu bewahrt", bat zugleich aber um vertrauliche Behandlung[272]: „Das heisst also, die Mitteilung kann ruhig als authentisch Ihrem Verleger usw. bekanntgegeben werden, jedoch würde ich nicht wünschen, dass diese Aeusserung irgendwo im Druck erscheine. Diese relative Einschränkung scheint mir notwendig zu sein, weil ich selbst wohl zur Weitergabe an Sie, Herr Professor, autorisiert war, nicht aber zu einer öffentlich-rechtlichen Mitteilung, also zu einer Veröffentlichung im Buchdruck".

Befriedigt sandte Lortz eine Abschrift der Briefe, durch die er seine Auffassungen „wieder einmal voll bestätigt" sah, nach Freiburg und äußerte die Hoffnung, „daß daraus auch einmal eine Berichtigung der realen Verhältnisse" folge[273]. Herder-Dorneich seinerseits nahm die Korrespondenz zu den Akten und äußerte die Überzeugung, diese Dokumentation werde „auch für die weitere Entwicklung Ihres grossen Werkes von Bedeutung sein"[274].

Im Herbst 1960 konnte Josef Höfer dann mit Neuigkeiten aus Rom aufwarten[275]. Er sei wegen einer Neuauflage der *Reformation in Deutschland* bei Robert Leiber gewesen, der ihm gesagt habe, „der verstorbene Papst [Pius XII.] würde unter keinen Umständen das Erscheinen einer Neuauflage hingenommen haben". Unter anderem hätten Lortz' Ausführungen über Luther „seine strikte Ablehnung gefunden". Was unter dem neuen Pontifikat geschehen werde, könne Leiber nicht sagen. Auch die „nichtgünstige Auffassung über eine Neuauflage des anderen Vertrauensmannes" von Pius XII., Augustin Bea, bestehe weiterhin fort. Höfer persönlich vermutete allerdings, dass eine Indizierung von Johannes XXIII. „kaum gebilligt würde", weil der Papst alles zu vermeiden strebe, „was zu Spannungen und Mißverständnissen zwischen den Bekenntnissen führen könnte". Gleichwohl blieb auch Höfer in Sachen Neuauflage skeptisch: „Der Verlag Herder hat schon ausserordentlich viele Schwierigkeiten zu tragen. Es wäre natürlich für die *Wirkung* des Werkes am besten, wenn eine Neuauflage ohne weiteren Kommentar dort

---

[272] Rusch, Innsbruck, an Lortz, [Mainz], 17.05.1960. IEG, NL Lortz [732].
[273] Lortz, Mainz, an Herder-Dorneich, Freiburg, 19.05.1960. IEG, NL Lortz [732].
[274] Herder-Dorneich, Freiburg, an Lortz, [Mainz], 07.06.1960. IEG, NL Lortz [1233].
[275] Höfer, Rom, an Lortz, [Mainz], 20.10.1960. IEG, NL Lortz [732].

erscheinen könnte. Weil ich aber, wie mit Sicherheit kaum ein anderer, mit den erwähnten Schwierigkeiten vertraut bin – sie gehören durch das Lexikon[276] zu meinem täglichen Brot –, müsste ich vor einer Neuherausgabe im Verlag Herder Bedenken anmelden. Wenn beim Legen eines goldenen Eies das Huhn krank wird, ist das kostbare Ei zu teuer bezahlt".

Diese Mitteilungen versetzten Lortz nun wieder in Rage, glaubte er sie doch für unvereinbar mit früheren Mitteilungen[277]: „Die Auskunft von P. Leiber setzt ihn in unmittelbaren Widerspruch zu dem, was er mir in der Gregoriana 1950 oder 1952 – ich war in beiden Jahren bei ihm[278] – sagte. Ich hatte ihn gefragt, ob irgendwelche Widerstände gegen meine ‚Reformation' im Vatikan bestünden. Er antwortete glatt, ihm sei davon nichts bekannt. Ich machte nach meiner Rückkehr dem Bischof [Stohr] von Mainz davon erfreut Mitteilung. Es ist eine Gedächtnistrübung". Auch von Beas Haltung hatte Lortz selbst einen deutlich positiveren Eindruck: „Auf der Tagung in Gazzada – wo Du leider fehltest – betonte Pater Bea wiederholt, wie notwendig es sei, daß die weite Auffassung der Artikel des ‚Lexikons für Theologie und Kirche' auch in die Lehrbücher übergingen. – Pater Bea äußerte sich ungewöhnlich günstig zu dem Buch von Schütte[279], der in Bezug auf Luther ja nichts anderes tut, als mich auszuschreiben. Es besteht weiter die Tatsache, daß die ganze katholische Literatur Luther nicht anders zeichnet, als er bei mir geschildert ist. […] Die gesamte Auffassung P. Beas in Gazzada war so, daß eine ‚nicht günstige Aufnahme' einer Neuauflage seinerseits *vollkommen* unverständlich sein würde". Wieder brachte Lortz eine neue Romreise in Vorschlag: „Würdest Du es rebus sic stantibus nicht für gut halten, wenn ich – nicht gerade sofort, weil ich keine Zeit habe – einmal persönlich nach Rom komme, um die Dinge zu klären? Schließlich steht der Auffassung Pius XII. aus seinen Spätjahren strictissime die schriftlich niedergelegte Auskunft von Bischof Rusch entgegen und ebenso die von Kardinal Galen […]. Ich glaube nicht, daß man angesichts der latenten Gefahr, die die Situation in sich birgt, die Sache schleifen lassen kann".

---

[276] Höfer war – zusammen mit Karl Rahner – Herausgeber der zweiten Auflage des bei Herder erscheinenden *Lexikon für Theologie und Kirche* (LThK², 10 Bde., 1 Registerbd. und 3 Supplementbde., 1959–68).

[277] Lortz, [Mainz], an Höfer, Rom, 26.10.1960. IEG, NL Lortz [732].

[278] Vgl. oben.

[279] Gemeint ist wahrscheinlich: Heinz SCHÜTTE, Um die Wiedervereinigung im Glauben, Essen 1958. – Vgl. auch Heinz SCHÜTTE, Der ökumenische Gedanke bei Joseph Lortz, in: Rolf DECOT/Rainer VINKE (Hg.), Zum Gedenken an Joseph Lortz (1887–1975). Beiträge zur Reformationsgeschichte und Ökumene (VIEG.B 30), Stuttgart 1989, 12–29.

2. Sondierungen in Rom – im Kontakt mit Augustin Bea

2.1 Erster Briefwechsel mit Kardinal Bea

Tatsächlich war Lortz schon bald in der Lage, die Initiative zu ergreifen. Den Anlass dazu gab die Übersendung eines Exemplars des von Lortz verfassten und ins Italienische übersetzten Buchs *Un Santo Unico*[280], das Lortz Kardinal Bea – Präsident des neu geschaffenen „Sekretariats zur Förderung der Einheit der Christen" – hatte zukommen lassen. In seinem kurzen Dankschreiben Anfang November 1960 antwortete Bea auch – freilich ausweichend – auf die von Lortz offenbar angesprochene Frage nach der *Reformation in Deutschland:* „Über die Frage der Neuauflage Ihres Werkes über die Reformation bin ich leider gar nicht auf dem Laufenden, kann Ihnen daher für den Augenblick nichts darüber sagen. Ich werde aber suchen, mich zu informieren"[281].

Diese Nicht-Antwort scheint Lortz nun wieder sehr beunruhigt zu haben. Er vermutete – wie er Höfer mitteilte – eine Unterredung zwischen Bea und dem Sekretär des Einheitssekretariats, Johannes Willebrands (1909–2006), und fürchtete, dass sich aus der vertraulichen Rückfrage bei Bea eine (ungünstige) „kirchenrechtliche Angelegenheit" entwickeln könnte, weshalb er rasch ein Schreiben an Bea nachschob[282]. Darin legte Lortz – in Erinnerung an das Vertrauen, das er in Gazzada zu Bea gewonnen habe – seine Sicht der Dinge ausführlich dar[283]: Die „Neuedition" seines Werkes sei in der Tat „ein Problem", dessen Lösung „von Tag zu Tag dringlicher" werde. Es seien „keinerlei offizielle Maßnahmen kurialer bzw. bischöflicher Zensurbehörden gegen das Buch ergangen", eine dritte Auflage des Werkes sei im Krieg „mit vollem Einverständnis des Freiburger Ordinariats" erfolgt und das „ohne Bedingung oder Einschränkung erteilte Imprimatur" bisher auch „von keiner Seite angetastet oder widerrufen" worden. Bis auf die Autorenexemplare sei die gesamte dritte Auflage, die von der Reichsschrifttumskammer in Deutschland verboten worden sei, allerdings „in den Lagerräumen des Hauses Herder" verbrannt. Nach dem Krieg sei 1948 deshalb eine neue dritte Auflage erschienen – „wiederum mit dem Freiburger Imprimatur". Alle „denkbar intensiv durchgeführten Nachforschungen", ob gegen das Buch römischerseits ir-

---

[280] Joseph LORTZ, Un santo unico. Pensieri su Francesco d'Assisi, Alba 1958. (Ital. Übersetzung von: Joseph LORTZ, Der unvergleichliche Heilige. Gedanken um Franziskus von Assisi, Düsseldorf 1952.)
[281] Bea, Rom, an Lortz, [Mainz], 02.11.1960. IEG, NL Lortz [732].
[282] Lortz informierte Höfer allerdings erst nachträglich. Ob seine Beteuerung („Ich hätte so gerne vor dem Absenden Deine Ansicht gehört. Das hätte aber einen Zeitverlust bedeutet, den ich vermeiden zu sollen glaubte") stimmt oder ob Lortz nicht ein ‚Verbot' seines Schrittes durch Höfer von vornherein unmöglich machen wollte, sei dahingestellt. „Hoffentlich hältst Du die Formulierung für nützlich, bzw. nicht für schädlich. Ich bin gespannt auf Dein Echo". Lortz, Mainz, an Höfer, [Rom], 10.11.1960. IEG, NL Lortz [1233].
[283] Lortz, Mainz, an Bea, Rom, 10.11.1960. IEG, NL Lortz [732].

gendwelche Änderungswünsche vorlägen, hätten keinerlei Ergebnis gebracht; an keiner Stelle in Freiburg oder Münster habe man von irgendwelchen Beanstandungen gewusst.

„Ew. Eminenz werden darum sicher meine Meinung teilen, daß rebus sic stantibus das Buch und die Situation des Autors als völlig korrekt zu betrachten sind und folglich auch eine eventuelle Neuauflage nicht zum Gegenstand einer förmlichen Anfrage gemacht werden soll.

Beraten durch Botschaftsrat Prälat Prof. Dr. Höfer – mit dem mich eine langjährige Freundschaft verbindet – hielten aber der Verlag und ich trotz der unveränderten Rechtslage ein Abwarten für angebracht. Mit den Jahren wurde und wird der bestehende Zustand jedoch immer unerträglicher und für die Sache gefährlicher. Eminenz kennen die Verhältnisse in Deutschland so gut, daß ich mich hinsichtlich der drohenden Schwierigkeiten mit Andeutungen begnügen kann.

Mein Buch wurde viel gelesen, besprochen und zitiert. Trotz vereinzelter Beanstandungen hat es in beiden Lagern eine unerwartet starke Anerkennung finden können. Der evangelischen Kritik gilt es als der entscheidende Durchbruch zu einem neuen und positiveren Lutherbild. Insofern wurde es (trotz grundsätzlicher Ablehnung wegen seiner immer wieder betonten katholischen Grundhaltung) teils freudig begrüßt; teils wurde vor ihm als dem ‚gefährlichsten Angriff seit 400 Jahren‘[284] gewarnt. […] In der katholischen Historiographie konnte sich meine Darstellung weitgehend durchsetzen, so daß sie als eine Art Wendepunkt des katholischen Urteils über die Reformation gilt. […]

Von evangelischer und katholischer Seite wird daher verstärkt die Frage nach einer Neuauflage, bzw. nach den Gründen der Verzögerung an mich herangetragen. Bisher habe ich mich mit Zeitmangel herausgeredet. Ich muß gestehen, daß meine Erklärungen mehr und mehr den Charakter von Ausflüchten gewinnen und das Mißtrauen sich mit steigendem Interesse immer stärker regt.

Ew. Eminenz werden mich nicht mißverstehen, wenn ich mich angesichts der Lage gedrängt fühle, ganz ernst auf die drohenden Konsequenzen zu verweisen, die ich persönlich in dem bestehenden Zustand nicht mehr abzuwehren vermag.

In diesem Zusammenhang habe ich die an sich bestehende Möglichkeit in Erwägung gezogen, mein Buch in einem anderen Verlag neu herauszubringen. Ich konnte mich jedoch bisher nicht dazu entschließen. Ein Verlagswechsel könnte zu Gerede und damit zu böswilligen antirömischen Angriffen Anlaß geben. Die beste Lösung wäre also, scheint mir, vor wie nach eine Neuauflage im Hause Herder, das ohnedies für mein Buch ungewöhnliche Opfer bringen mußte".

Bea antwortete erst Ende November, äußerte Verständnis für die Lage von Lortz, betonte aber andererseits, er wisse darum, „daß seinerzeit hier in Rom Bedenken gegen das Werk bestanden" hätten[285]:

---

[284] Lortz dürfte sich hier auf eine mündliche Äußerung Gerhard Ritters beziehen, auf die er sich in ähnlicher Weise schon 1950/52 – u.a. gegenüber Leiber – berufen hatte. Vgl. oben.

[285] Bea, Rom, an Lortz, Mainz, 30.11.1960. IEG, NL Lortz [732]. Abgedr. bei ULIANICH, Geschichtsschreibung, 180. – Im Nachlass Beas befindet sich ein Konzept dieses Briefes, das zahlreiche handschriftliche Korrekturen Beas aufweist und wahrscheinlich von einem Mitarbeiter entworfen wurde: ADPSJ, NL Bea [P1/1960]. Lortz' Schreiben vom 10. November fehlt im Nachlass allerdings; denkbar wäre, dass Bea es etwa an eine andere römische Stelle weiterleitete.

„Ob diese heute ausgeräumt sind, entzieht sich meiner Kenntnis, und ich habe auch keine Möglichkeit, mich darüber zu vergewissern. Man kann allerdings auch bemerken, daß das ‚Klima‘ sich seit dem ersten Erscheinen des Werkes in etwa geändert hat, was für die Frage der Neuherausgabe wohl von Bedeutung ist. Im übrigen ist es die Aufgabe des zuständigen Ordinarius – dieser oder wenigstens das Ordinariat wird, wie anzunehmen ist, von den gegen das Werk erhobenen Bedenken wohl unterrichtet sein –, das Werk zu prüfen und festzustellen, ob Aussicht ist, daß er die kirchliche Druckerlaubnis erteilen kann, oder ob dessen Veröffentlichung von vornherein etwas im Wege steht. Daß es in Ihrem eigenen Interesse und im Interesse der Universität und Ihres Instituts liegt, daß das Werk auf den heutigen Stand der Forschung gebracht wird, brauche ich Ihnen gegenüber nicht zu betonen.

Wie Sie sehen, sehr geehrter Herr Professor, gibt es eine Reihe von Gesichtspunkten, die bei Erwägung einer Neuherausgabe in Betracht zu ziehen sind. Eine genauere Kenntnis der Lage und des Gewichtes, das den einzelnen Elementen zukommt, ist mir aber zu meinem Bedauern nicht zur Verfügung. Ich muß mich also darauf beschränken, hier wenigstens auf die wichtigsten Punkte kurz hingewiesen zu haben“.

Lortz ließ diese Antwort Beas auf der ganzen Linie ratlos, wie ein Brief an Höfer zeigt[286]. Insbesondere den „seltsamen Hinweis“ Beas, es sei in seinem eigenen Interesse, das Werk „auf den heutigen Stand der Forschung“ zu bringen, wies er jedoch zurück. Ein solches Buch schreibe man kein zweites Mal, zumal seine Grundthesen in keiner Weise „irgendwie erschüttert“ worden seien. Er halte es allerdings für denkbar, sich in einem „eigenen Band“[287] mit den Rezensionen und der Entwicklung der Forschung auseinanderzusetzen.

Wie ratlos Lortz war, zeigt sich daran, dass er sich nun auch an seinen alten Braunsberger Freund, den Kanonisten Hans Barion (1899–1973) wandte, diesem eine Abschrift der Antwort Beas schickte und um Rat bei der „Interpretation“ bat[288]. Es ging ihm vor allem um vier Punkte:

1. Den Widerspruch zwischen Beas Briefen vom 2. und 30. November: „Daß die damalige Auskunft und die jetzige nicht genau aufeinander passen, ist klar. Was bedeutet Deiner Ansicht nach die neue Stellungnahme, er habe keine Möglichkeit, sich Gewissheit zu verschaffen?“

2. Die Kenntnis des Ordinariats über bestehende Schwierigkeiten: „Tatsächlich haben doch Rückfragen seiner Zeit, d. h. im Jahre 1948, beim Ordinariat in Freiburg, bei Herder und beim Ordinariat in Münster eine runde Null ergeben. Trotz der eifrigsten Nachforschungen“.

3. Die Überarbeitung des Werkes: „An sich hatte ich vor, das Buch so wie es ist, neu drucken zu lassen […]. Ich wollte dem Buch entweder einen Nachtrag beigeben, oder noch besser, einen separaten dünnen Band folgen lassen, in

---

[286] „Vielleicht würdest Du sagen, ich hätte die Sache (über Willebrands in Gazzada) nicht an Bea herantragen sollen. Das scheint mir jetzt beinahe selber so. Aber daran ist nun nichts mehr zu ändern. […] Bitte, mein Lieber, sei so gut und schreibe mir schnell Deine Meinung!“ Lortz, Mainz, an Höfer, Rom, 05.12.1960. IEG, NL Lortz [732].

[287] Entsprechend auch die Ankündigung in Lortz’ Vorwort zur 4. Auflage 1962; vgl. Lortz, Reformation (⁴1962) I, VII. Ein solcher Band ist allerdings nie erschienen.

[288] „Nach der Lektüre wirst Du erst recht, und mit Recht, sagen: Hätte der L[ortz] doch nicht angefragt!“ Lortz, Mainz, an Barion, Bonn, 05.12.1960. IEG, NL Lortz [732].

dem ich zu den Rezensionen und der inzwischen erschienenen Literatur Stellung nehmen wollte".

4. Die Geltungsdauer eines Imprimatur: „Gilt das seinerzeit erteilte Imprimatur auch für das Buch, wenn es ohne Veränderungen neu gedruckt würde?"

Barion antwortete umgehend, sah aber nur zwei gangbare Wege[289]: Entweder eine neue Auflage durch „Einreichung des Manuskripts an den zuständigen Ordinarius zwecks Erteilung des Imprimaturs". Wenn dieses erteilt werde, gebe es „kein Problem mehr". Werde es nicht erteilt, so stehe Lortz vor der Wahl, entweder nachzugeben oder in einen offenen Konflikt einzutreten. Nach dem Brief Beas, des „Plusquamhieronymus", sei aber sehr daran zu zweifeln, dass das Imprimatur erteilt werde. Beas „höchst gewundene Ausdrucksweise" könne jedenfalls kaum etwas anderes bedeuten, als dass „de facto irgendwie Schwierigkeiten zu erwarten" seien[290]. „In summa: wenn Du den Weg des Imprimaturs geh[s]t, wird er vermutlich steinig und dornenvoll sein und läßt Dir keine andere Wahl, als die durchaus mögliche Verweigerung laudabiliter hinzunehmen". Oder aber – die zweite Möglichkeit – Lortz entschließe sich zu einem einfachen Neudruck der letzten, mit Imprimatur versehenen Auflage. Ein solcher sei „als buchstabengetreuer" durchaus möglich. Denn einer neuen Approbatio bedürften kirchenrechtlich laut CIC nur „novae editiones"[291]. Herder könne also die dritte Auflage einfach wieder abdrucken. Falls der Verlag das nicht wolle, könne es auch die Wissenschaftliche Buchgemeinschaft tun – womit sich Lortz dann „in illustrer Gesellschaft" befinde. Wissenschaftlich wäre die Sache insofern „in Ordnung", als Lortz Ergänzungen und Auseinandersetzungen mit der Kritik etc. ohnehin in einem Nachtragsband bringen wolle. Dieser sei dann natürlich der Zensur des zuständigen Ordinarius zu unterbreiten, könne aber „für sich genommen ja wohl kaum auf Schwierigkeiten stoßen".

Barion glaubte deshalb für die zweite Option plädieren zu müssen: Die erste sei nur mit dem Risiko zu haben, dass Lortz zur „subiectio laudabilis" – zur Unterwerfung – gezwungen werde, mit dem ganzen „Skandal", der sich daran anschließe. Bei der zweiten Option werde sich „die betreffende Clique", die gegen das Werk sei, zwar „genasführt vorkommen" und man werde Lortz sicher ein entsprechendes „kirchliches Mißfallen" ausdrücken. Formell aber könne der „Abdruck einer imprimierten Auflage" nicht beanstandet werden. Eine Lösung, die es Lortz erlaube, gleichzeitig „das Wohlwollen der angedeuteten höheren Örter zu bewahren" und die *Reformation*

---

[289] Barion, Bonn, an Lortz, [Mainz], 07.12.1960. IEG, NL Lortz [732].

[290] „Wenigstens sehe ich absolut nicht, warum er sonst so umständlich palavern sollte. Oder kannst Du Dir vorstellen, daß er etwa auf eine entsprechende Anfrage irgend eines unserer Zionswächter [...] ebenso gewunden geantwortet hätte? Ich nicht".

[291] Vgl. CIC/1917 can. 1392 § 1: „Approbatio textus originalis alicuius operis, neque eiusdem in aliam linguam translationibus neque aliis editionibus suffragatur; quare et translationes et novae editiones operis approbati nova approbatione communiri debent".

in Deutschland neu und „ohne Verstümmelung" herauszubringen, gebe es nicht.

Dies waren klare Worte eines erfahrenen Kanonisten. Länger warten musste Lortz hingegen auf eine Antwort Höfers, die erst Ende Dezember kam. Den scheinbaren Widerspruch in Beas Briefen erklärte Höfer damit, dass in Rom inzwischen „Einiges in Bewegung gekommen" war[292]: Erzbischof Pietro Parente (1891–1986), der Assessor des Heiligen Offiziums, hatte am 13. November im Lateran einen furoremachenden Vortrag über die „Necessità del Magistero" gehalten[293], über den am 16. November auch der *Osservatore Romano* berichtet hatte. Mittlerweile habe es – so Höfer – noch mehrere solcher Reden gegeben. „Wenn Kardinal Bea die Gelegenheit für die Neuausgabe Deines Werkes, unter Umständen wieder bei Herder in Freiburg, für günstiger hielt als früher, ist durch diese Aufdeckung der Tendenz des H[eiligen] O[ffiziums] diese Auffassung wieder modifiziert". Es sei nun allerdings die Frage, „ob nicht gerade wegen dieses Rückfalls in eine völlig überwundene Beurteilung Luthers und der Reformation Dein Buch so, wäre es auch als bewusste Herausforderung, erscheinen sollte". Lortz solle sich darüber gründlich mit Bischof Stohr in Mainz besprechen; er selbst fahre im Januar „nach Paderborn und von dort nach Freiburg", wo er die Angelegenheit auch mit Erzbischof Schäufele und Herder-Dorneich „gründlich beraten" werde. Höfer schloss mit einem verhalten optimistischen Ausblick: „Es wäre seltsam, wenn so erfreuliche Ereignisse, wie es der Besuch des Erzbischofs von Canterbury[294] und das Verhalten des Papstes sind, nicht Gegenwirkungen hervorbrächten. Dergleichen ist Dir ja aus der Kirchengeschichte bestens bekannt. Wir müssen uns auf sehr viel Arbeit und Geduld vorbereiten".

Aus handschriftlichen Bemerkungen, die Lortz auf Höfers Brief festhielt, lassen sich einige Details zum weiteren Verlauf der Dinge entnehmen, vor allem in Bezug auf den Mainzer Bischof. Bei einem telefonischen Anruf des Weihbischofs[295] am Heiligabend hatte Peter Manns diesen gebeten, Bischof Stohr noch einmal „eindringlich" klar zu machen, „wie gefährlich die Lage

---

[292] Höfer, Rom, an Lortz, [Mainz], 20. 12. 1960. IEG, NL Lortz [732].

[293] Zu Parentes Vortrag vgl. ULIANICH, Geschichtsschreibung, 159, 164f. – Im Februar 1961 kam Höfer noch einmal auf Parente zurück, der soeben angekündigt habe, „er werde in der Zeitschrift ‚Divinitas' der römischen theologischen Akademie sich gegen den Vorwurf verteidigen, er spräche über Luther, ohne ihn zu kennen, den u. a. die Frankfurter Allgemeine erhoben hatte. Auch aus solchen Rücksichten ist es jetzt einfach notwendig, dass Dein Buch wieder erscheint". Höfer, Rom, an Lortz, [Mainz], 18. 02. 1961. IEG, NL Lortz [732]. Abgedr. bei ULIANICH, Geschichtsschreibung, 188. – Vgl. Pietro PARENTE, Necessità del Magistero, in: Divinitas 5 (1961), 206–217. Zur Kritik an Parentes Vortrag vgl. Josef SCHMITZ VAN VORST, Luther und der Erzbischof. Das Ringen um die Vorentscheidungen für das Konzil, in: Frankfurter Allgemeine Zeitung, 5. Dezember 1960.

[294] Geoffrey Fisher (1887–1972), 1945–61 Erzbischof von Canterbury, besuchte im Dezember 1960 Papst Johannes XXIII. im Vatikan.

[295] Gemeint ist Josef Maria Reuß (1906–1985), 1954–78 Weihbischof in Mainz.

sei, da die röm[ischen] Schwierigkeiten allmählich überall bekannt" seien[296]. Am 10. Januar 1961 fand dann ein Treffen von Lortz und Stohr statt, bei dem der Bischof zusagte, die Angelegenheit Kardinal Bea „wohlwollend" vorzutragen. Den Wunsch von Lortz, das Werk „unverändert ohne neues Imprimatur" wieder zu veröffentlichen, konnte Stohr gut nachvollziehen. Lortz seinerseits bat Stohr, den Freiburger Erzbischof nicht zu informieren – offenbar weil er dem mit Kardinal Bea gut bekannten Schäufele nicht traute[297].

Ende Dezember hatte Lortz auch mit Lektor Robert Scherer korrespondiert, wobei es um die Verlagsrechte an der *Reformation in Deutschland* gegangen war[298]. Offenbar legte Herder Wert darauf, die früher abgetretenen Rechte an dem Werk zu behalten, und auch Lortz betonte zum wiederholten Mal mit Hinweis auf die öffentliche Wahrnehmung, das Buch solle, „wenn nur irgend möglich, *nicht* in einem andern Verlag herauskommen", sondern bei Herder. Er testete außerdem gleich aus, wie die kanonistische Position Barions in Freiburg verfing: „Da die kirchenrechtliche Position des Autors in Bezug auf das Buch vollkommen korrekt ist, weil niemals das Imprimatur angetastet oder zurückgezogen wurde, sehe ich nicht ein, warum wir das Buch nicht einfach neu abdrucken sollen. Es wäre mir interessant, dieserhalb Ihre Meinung zu hören"[299].

2.2 Unerwartete Romreise – Zweiter Briefwechsel mit Kardinal Bea

Eine neue Situation ergab sich, als Lortz im Januar 1961 von seinem Freund, dem Bundestagsabgeordneten Alois Zimmer, erfuhr, dass dieser eine Reise nach Rom gemacht hatte – und dass dabei auch die *Reformation in Deutschland* zur Sprache gekommen sei, wie Zimmer auf Lortz' Nachfrage hin erläu-

---

[296] Dies auch „zuletzt durch [August] Schuchert, der die Angelegenheit mit allen Einzelheiten, auch den Schwierigkeiten des Hauses Herder, beim Jubilaeum, dann der nachträglichen Ordensverleihung an Dr. Herder-Dorneich hier in Mainz erzählte". Ein Zuhörer habe Manns unterrichtet. – Gemeint ist vermutlich das 10-jährige Jubiläum des Instituts für Europäische Geschichte in Mainz, das am 13. November 1950 eröffnet wurde; vgl. SCHULZE, Paradoxon, 13, 27. – Theophil Herder-Dorneich erhielt 1958 den Päpstlichen Gregoriusorden; die Verleihung scheint nachträglich im Dezember 1960 stattgefunden zu haben.

[297] Möglicherweise aufgrund persönlicher Spannungen mit Schäufele, der ja ebenfalls Germaniker gewesen war. Lortz befürchtete vielleicht, dass Schäufele sich dann gleich offiziell an Rom wenden würde – wie es später auch tatsächlich geschah (vgl. unten).

[298] Lortz, [Mainz], an Scherer, Freiburg, 24.12.1960. IEG, NL Lortz [1233].

[299] Einen Monat später erinnerte Lortz Scherer noch einmal daran, „mir Ihre damals erbetene Auffassung mitzuteilen". Lortz, [Mainz], an Scherer, Freiburg, 23.01.1961. IEG, NL Lortz [1233]. – Wenige Tage später erfuhr Lortz bei einem persönlichen Gespräch mit Herder in Freiburg, dass Scherer zwar geantwortet hatte, die Antwort jedoch nie bei Lortz eingetroffen war; vgl. Lortz, Mainz, an Herder-Dorneich, Freiburg, 26.01.1961. IEG, NL Lortz [1233]. Ein von Lortz daraufhin angeforderter Durchschlag ist allerdings nicht aufzufinden.

terte[300]: „In der letzten Sitzung des ‚Augsburger Kreises'[301] wurde diese Reise wohl beschlossen, übrigens ohne mein Zutun und bei meiner Abwesenheit. Ich wurde also aufgefordert mitzufahren". Unter den Teilnehmern der Romreise – die Zimmer hier nicht namentlich nannte, Lortz jedoch bereits bekannt waren[302] – befanden sich auch der evangelische Kirchenhistoriker Peter Meinhold (1907–1981) aus Kiel sowie der katholische Kirchenhistoriker Albert Brandenburg (1908–1978) aus Paderborn. „Der 3. Name, den Du entdeckt hast, war bedeutsam, weil diese Persönlichkeit, legitimiert durch deren obersten Herrn, uns in Rom die entscheidende Tür geöffnet hat". Angespielt wird hier offensichtlich auf Brandenburg und dessen „obersten Herrn", den Paderborner Erzbischof Jaeger. Zum Ergebnis der Reise machte Zimmer nur wenige Andeutungen: „Die Reise war nach meiner Überzeugung sehr erfolgreich. Man könnte von einem Durchbruch sprechen. […] Auch die Angelegenheit der 3. [sic] Auflage Deines Buches ist mit Nachdruck an der hierfür höchsten Stelle zur Sprache gebracht worden. Hierzu wurde eine sehr interessante Gegenbemerkung gemacht. Auch darüber mündlich". Mit der „höchsten Stelle" war Kardinal Bea gemeint, wie aus späteren Schreiben deutlich wird[303].

Lortz war elektrisiert. Umgehend erbat er sich von „Alo" nähere Auskunft[304]: „Abgesehen davon, daß wir uns – d.h. in diesem Fall der ‚Augsburger Kreis' – in einem hohen Prozentsatz der Fälle vergeblich schriftlich an Dich wandten, ist die Angelegenheit der Romreise doch wahrhaftig dazu angetan, uns etwas zu vexieren. Über den guten Ausgang des Vortrags von Meinhold am Radio Vatikan[305] und evtl. Eurer Aussprachen, von denen wir nichts wissen, freuen wir uns natürlich, wie jeder vernünftige Mensch, sehr". Besonders interessierte Lortz, weshalb und wie seine *Reformation* in Rom thematisiert worden war: „Daß, wie Du schreibst, auch die Angelegenheit der 3. (es müßte heissen: 4.) Auflage meines Buches ‚mit Nachdruck an der hierfür höchsten Stelle zur Sprache gebracht wurde', ist eine höchst brisante Sache, und ich verstehe schlechterdings nicht, wer das Recht hatte, diese Angelegenheit zur Sprache zu bringen, es müßte denn sein, daß etwa Kardinal Bea oder sein Sekretär dies von sich aus gemacht haben. Ich brauche Dir, denke ich, den Inhalt des ‚höchst brisant' nicht näher zu erklären. Wenn nun, wie Du schreibst, zu dieser Sache ‚eine sehr interessante Gegenbemerkung

[300] Zimmer, Bonn, an Lortz, Mainz, 18.01.1961. IEG, NL Lortz [732].
[301] Gemeint ist wohl der 1957 gegründete „Augsburger Kreis für christliche Verständigung".
[302] Vgl. Lortz, [Mainz], an Höfer, Rom, 23.01.1961. IEG, NL Lortz [732].
[303] Vgl. Lortz, [Mainz], an Höfer, Rom, 23.01.1961. IEG, NL Lortz [732].
[304] Lortz, Mainz, an Zimmer, Bonn, 20.01.1961. IEG, NL Lortz [732]. Laut Vermerk von Lortz *nicht* abgesandt", da telefonisch erledigt.
[305] Gemeint ist Meinholds Ansprache über Radio Vatikan am 6. Januar 1961 „Die Einheit des Zeugnisses". Abgedr. in: Peter MEINHOLD, Der evangelische Christ und das Konzil (Herder-Bücherei 98), Freiburg/Basel/Wien 1961, 128–132.

gemacht wurde', so möchte ich nun wirklich nicht bis Gott weiß wann auf eine mündliche Unterredung warten, um zu erfahren, was bemerkt wurde. Ich bitte Dich also gütigst, mich darüber zu informieren. Wenn ich Zeit hätte, käme ich sofort nach Bonn, aber ich bin leider vollkommen durch Arbeit immobilisiert". Besorgt zeigte sich Lortz im Übrigen über die Teilnahme Brandenburgs: „Daß der 3. Mann, der auf Eurer Karte stand, mit dabei war, bleibt nach wie vor ein großes Risiko. Ich denke, Du bist der letzte, der dies nicht einsieht. Die Dinge reichen hier noch viel tiefer, als Du und ich aus un[se]rer bisherigen Erfahrung wissen konnten. Es wäre mir von höchster Bedeutung zu wissen, ob dieser Herr etwa auch bei der Aussprache, bei der es um mein Buch ging, mit dabei war. Das würde die Sache in jeder Hinsicht verschlimmern"[306].

Im Hintergrund dieser letzten Andeutungen stand Lortz' kritische Haltung gegenüber einer neueren ‚existentialistischen' Lutherdeutung auf katholischer Seite, wie sie gerade Brandenburg mit seinem Buch *Gericht und Evangelium*[307] vertreten hatte. Lortz sah darin eine entscheidende Gefährdung des ökumenischen Dialogs, denn Luther kam in einer solchen Interpretation nicht mehr als gemeinsamer ‚Gesprächspartner' zwischen den Konfessionen infrage[308].

Telefonisch durch Zimmer näher unterrichtet, informierte Lortz am 23. Januar 1961 auch Josef Höfer über die Romreise[309]. Demnach hatte Meinhold beim Treffen mit Bea die *Reformation in Deutschland* zur Sprache gebracht. „Wieso?, woher?: mir unbekannt. Über die Reaktion von Bea weiß ich nur: 1.) er verwies auf eine Äusserung oder Auffassung des verstorbenen Papstes [Pius XII.], 2.) sprach von der veränderten Atmosphäre, 3.) habe die ganze

---

[306] Auf der Rückseite findet sich noch ein handschriftlicher Nachtrag von Lortz (offenbar vor der Entscheidung, den Brief doch nicht abzusenden): „Das Meiste des Vorstehenden ist ja durch mein Telephonat erledigt. Aber ich möchte ihn doch als Versuch absenden, Dich mal her zu lotsen. Denn auch Meinhold, der gestern, wie wir hörten, in Frankfurt sprach, kam nicht herüber. Und doch hat es mit Neugierde nichts zu tun, wenn wir das Bedürfnis haben, näher orientiert zu werden".

[307] Albert BRANDENBURG, Gericht und Evangelium. Zur Worttheologie in Luthers erster Psalmenvorlesung, Paderborn 1960. – Das Buch findet sich auch in Lortz' Literaturnachträgen zur 4. Auflage 1962. Vgl. LORTZ, Reformation (⁴1962) II, 325.

[308] Näheres dazu führte Lortz im Februar 1961 gegenüber Höfer aus (vgl. unten), ebenso im Vorwort zur 4. Auflage seiner *Reformation in Deutschland* 1962. Dort sprach sich Lortz gegen „die neuerdings stark vorangetriebene existentialistische Interpretation der Theologie des jungen Luther" aus: „Die Frage geht dahin, ob die Ansätze ,existentialen' Denkens bei Luther bis zu existentialistischen Kategorien vorgedrungen sind. Meines Erachtens zwingen uns die Texte zu einer negativen Antwort". LORTZ, Reformation (⁴1962) I, VIII. – Auch im Rahmen der Literaturnachträge nahm Lortz zu diesem Thema Stellung: „Ganz neue Aspekte hat die existentiale Deutung Luthers gebracht, wie sie nach Bultmann *Ebeling* ausgebildet hat und auch katholischerseits *Brandenburg* für einen Teil übernimmt. [...] Personalistisch denken, wie das Evangelium es verlangt, heißt noch nicht existential denken. Die Bemühungen des objektiv-ontologischen katholischen Denkens um ein Verständnis Luthers wären hier blockiert". LORTZ, Reformation (⁴1962) II, 324.

[309] Lortz, [Mainz], an Höfer, Rom, 23.01.1961. IEG, NL Lortz [732].

Sache in einem freundlichen Geist behandelt. Da ich keinen Teilnehmer der Unterredung persönlich gesprochen habe ausser Zimmer kurz am Telephon, ist das Letztere natürlich reichlich vage. Ich wollte Dich nur ins Bild setzen. Weißt *Du* was Neues?"[310]

Am selben Tag wandte sich Lortz auch an Meinhold, um von diesem – ergänzend zu den Mitteilungen Zimmers – genauere Informationen über das Gespräch mit Kardinal Bea während der Romreise zu erhalten und Meinhold gleichzeitig entsprechend zu ‚impfen‘[311]:

„Von Herrn Zimmer erfuhr ich nun auch, daß Sie bei B[ea] meine ‚Reformation‘ zur Sprache brachten. Das ist ja nun eine – wenn ich so sagen darf – hochbrisante Angelegenheit, und Sie werden verstehen, daß ich mich gern mit Ihnen darüber unterhalten würde. Ich bin überzeugt, daß Sie selbst die Angelegenheit in Ihren Kreisen mit äußerster Diskretion behandeln. Das Entscheidende möchte ich Ihnen hiermit schon mitteilen: irgendeine wie auch immer geartete amtliche Zurücknahme oder Einschränkung des erteilten Imprimatur oder ein Verbot des Neuerscheinens liegen nicht vor. Dies wurde seinerzeit nach dem Erscheinen der 3. Auflage [1949] durch das Ordinariat in Freiburg, parallel dazu durch das Haus Herder und durch das Ordinariat Münster in Westf[alen] nach denkbar gründlichem und ergebnislosem Suchen ausdrücklich festgestellt. Dazu paßt die wichtige Tatsache, daß ich die von einem deutschen Bischof [Rusch] unterschriebene Erklärung[312] besitze, die er mir im Auftrag des verstorbenen Papstes [Pius XII.] mitteilte, daß nie daran gedacht gewesen sei, dem Buch etwas zu tun, und daß dies auch nicht geschehen werde. Eine inhaltlich gleiche Erklärung von Bischof von Galen von Münster[313] habe ich leider nur mündlich bekommen.

Kurzum: ich brauche Ihnen mit keinem Wort weiter zu betonen, wie wichtig es mir wäre, genau zu erfahren, was B[ea] zu der Sache sagte, bzw. Ihren Eindruck von der Atmosphäre, in der diese Unterhaltung geführt wurde, geschildert zu bekommen. Vielleicht ist es Ihnen auch möglich, ohne Indiskretion dies schriftlich zu tun".

Wenige Tage später suchte Lortz das Gespräch mit Theophil Herder-Dorneich in Freiburg, offenbar mit dem Ziel, Herder in Bewegung zu setzen, wie aus Lortz' Schreiben im Anschluss an das Gespräch hervorgeht[314]. Darin wies

---

[310] Handschriftlich fügte Lortz auf der Rückseite noch hinzu: „Zur Ergänzung: auf mir unbekannten Kanälen kam die ganze Angelegenheit auch an [August] Schuchert. Er erzählte sie kürzlich in Mainz beim Wein mit allen Einzelheiten. Ein Detail war neu: ‚Herder[-Dorneich] habe nachträglich, weil er sich gefügig gezeigt, dann doch eine Auszeichnung erhalten.‘ Nach Deinen Mitteilungen dürfte dies eine Mär sein?" Vgl. oben die handschriftlichen Notizen von Lortz auf Höfers Schreiben vom 20. Dezember 1960.

[311] Lortz, Mainz, an Meinhold, [Kiel], 23.01.1961. Abgedr. bei ULIANICH, Geschichtsschreibung, 181.

[312] Vgl. Rusch, Innsbruck, an Lortz, [Mainz], 17.05.1960. IEG, NL Lortz [732].

[313] Vgl. Lortz, Mainz, an Höfer, Rom, 07.03.1959. IEG, NL Lortz [732]: „Sehen Sie, Herr Professor, wenn man seine Gründe sagt, bekommt man sogar (!) in Rom recht".

[314] Es ging dabei offenbar um den dringenden Wunsch von Lortz, das Werk wieder bei Herder herauszugeben, auch um die frühere Rechteabtretung hinsichtlich einer möglichen Veröffentlichung bei der Wissenschaftlichen Buchgesellschaft. „Insbesondere fehlt mir der Brief, in dem Sie mir in einer Form, die ich eben jetzt, weil mir die Unterlagen fehlen, nicht mehr genau feststellen kann, Rechte am Buch zurückgaben". Lortz, Mainz, an Herder-Dorneich, Freiburg, 26.01.1961. IEG, NL Lortz [732]. – Am 30. Januar be-

Lortz auch auf die Rede hin, die Bea 1960 bei seinem offiziellen Besuch als Kardinal in Freiburg – und hier auch im Verlag Herder – gehalten hatte: „Darin ist ja nun ein so ungewöhnliches Maß von Vertrauen in der Öffentlichkeit nicht nur so hingesagt, sondern stark betont, daß mir der Gedanke kommt, ob es nicht tunlich sei, daß Sie, wenn möglich, unsern Fall in der angegebenen Weise mit dem Kardinal selbst verhandeln oder vorbereiten sollten. Der vorletzte Absatz der ganzen Rede stellt doch geradezu eine Aufforderung dar, solche Fragen direkt an ihn heranzutragen [...]"[315]. Ich wollte nicht versäumen, Ihnen diesen Vorschlag zu machen".

Zusammen mit diesem Brief sandte Lortz an Herder-Dorneich auch „die Unterlagen, von denen wir sprachen". Es handelte sich um Abschriften seines Briefs an Bea (10.11.1960) sowie dessen Antwort (30.11.1960), um einen Auszug aus Barions Brief (07.12.1960) mit dessen „Gutachten" zur kirchenrechtlichen Bewertung eines Neudrucks, ferner um einen Auszug aus Zimmers Brief (18.01.1961) über die Erwähnung der *Reformation in Deutschland* bei Bea in Rom.

Außerdem wandte sich Lortz – nach zwei Monaten – auch wieder an Bea[316]: „Nachdem ich mich verständlicherweise in Gedanken, und so oft, mit Ihrem Brief vom 30. November 1960 beschäftigt habe, vergaß ich ganz, Ihnen dafür zu danken. Darf ich das hiermit herzlich nachholen". Lortz nutzte die Gelegenheit, den Druck auf Bea zu erhöhen: Er habe davon erfahren, dass ein evangelischer Professor (Meinhold) kürzlich bei Bea das Gespräch auf die *Reformation in Deutschland* gelenkt habe. Er sei darüber nur „vage" informiert. Inzwischen habe sich jedoch das „Raunen" verschiedener Kreise, warum das Buch nicht erscheine, „erheblich verstärkt". Er selbst sei daran allerdings völlig unschuldig. Er wünsche nur sehr, „daß die Angelegenheit meines Buches sich positiv erledigen läßt". Angesichts „der großen An-

---

richtete Lortz auch dem Direktor der WBG in Darmstadt, Ernst Anrich, von seinem Besuch bei Herder: „Die Verhandlungen haben aber erst zu einer sehr vorläufigen Stellungnahme geführt, sodaß ich auf Ihre Anfrage[n], die Sie im Dezember 1959 an Herder richteten, und die, wie ich Ihnen telephonisch mitteilte, jetzt erst zu meiner Kenntnis kamen, noch keine Antwort geben kann. Wenn Sie es mir erlauben, werde ich Ihnen wieder schreiben, sobald eine definitive Stellungnahme in Freiburg erreicht ist". Lortz, Mainz, an Anrich, Darmstadt, 30.01.1961. IEG, NL Lortz [732].

[315] Vgl. [Augustin Bea], Ansprache Kardinal Beas anläßlich seines Besuches im Verlag Herder, in: Anzeiger für die katholische Geistlichkeit, Nr. 1, Januar 1961, 8: „Und wenn der Chef des Verlags vorhin gesagt hat, daß er hoffe, daß er auch in Zukunft mit seinen Sorgen, mit seinen Anliegen zum Kardinal, nicht bloß zum Pater Bea kommen dürfe, so kann ich nur aus ganzem Herzen sagen: er darf nicht nur kommen, sondern er ist immer herzlichst willkommen mit allem. Man hat in Rom an so vielen Stellen Gelegenheit, dieses oder jenes so ganz still ‚in Ordnung zu bringen'. Und wenn man diese Gelegenheiten benutzt, dann weiß ich, daß es eine große Wohltat ist für alle diejenigen, die daran beteiligt sind. [...] Daß ich das auch fürderhin tun darf, ist mir eine große Freude und wird mir stets ein Herzensanliegen sein".

[316] Lortz, [Mainz], an Bea, Rom, 27.01.1961. IEG, NL Lortz [732].

liegen", um die es gehe und die den Anliegen entsprächen, um die sich Beas Sekretariat nach den Direktiven des Papstes mühe, hoffe er, auch fernerhin auf Beas „tatkräftiges Wohlwollen" zählen zu dürfen.

2.3 Bischöfliche Interventionen in Rom

Ende Januar 1961 versuchte Lortz dann auch den Paderborner Erzbischof und Ökumenereferenten Lorenz Jaeger in Bewegung zu setzen, indem er diesen ausführlich über den Stand der Dinge informierte und dann von der Gefahr sprach, die der Ökumene drohe[317]:

> „Inzwischen, und besonders in neuerer Zeit, sind nun durch verschiedene Indiskretionen, an denen auch ein römisch-deutscher Prälat[318] (der nicht zu Ihrer Diözese gehört) beteiligt ist, Einzelheiten soweit herumgetragen, daß ich nicht mehr in glaubwürdigerweise [sic] das Nichterscheinen des Buches erklären kann. So, wie die Dinge liegen, scheint mir Gefahr im Verzug: Gefahr in dem Sinne, daß Leute, die der Kirche nicht wohlgesinnt sind, es leicht haben, eine Art Widerspruch oder gar Unsicherheit zu konstatieren zwischen vielerlei Äußerungen in Rom in Bezug auf die getrennten Brüder und die tatsächliche Behandlung eines Buches, das für das gegenseitige Verständnis sicherlich nicht ohne Bedeutung war und ist. In der Tat ist es schwer [verständlich], zu gleicher Zeit die Thesen, die aus dem Buch in viele andere übergegangen sind, sich frei entfalten zu lassen, sie sogar zu begrüßen, aber aus Gott weiß welchen Gründen das Buch selbst lieber nicht wieder ans Licht treten zu lassen.
>
> Ich persönlich bin nun der Meinung, daß ich lange genug gewartet habe und möchte das Buch möglichst bald wieder herausbringen. Das Imprimatur ist da, und also steht nichts im Wege, das Buch buchstabengetreu etwa abzudrucken.
>
> Seit langem bemüht sich die Wissenschaftliche Buchgesellschaft in Darmstadt um eine Lizenz betr[effend] den Abdruck des Buches. Ich persönlich glaube aber, daß dadurch die erwähnten ,rumores' nicht inhibiert würden. Außerdem möchte ich auch, menschlich gesehen, das Buch wieder lieber bei Herder herausbringen.
>
> Ich habe dieserhalb mit Herder verhandelt. Verständlicherweise möchte er sich absichern und erst beim Erzbischof [Schäufele] von Freiburg als dem zuständigen Ordinarius feststellen, ob er mit einem neuen Abdruck einverstanden sei: sei es, daß er kein neues Imprimatur für nötig erachte, sei es, daß er von sich aus das Imprimatur ausdrücklich erneuere.
>
> Mir scheint, die Sache ist weit über den Kreis der unmittelbar Beteiligten in der Weise ein politikum geworden, daß ich, ohne unbescheiden zu sein, den Versuch machen darf, Sie von meinem Bestreben, die Hilfe einiger deutscher Bischöfe, außer dem Freiburger Ordinarius, für die Sache zu gewinnen, in Kenntnis zu setzen. Ich habe mit meinem hiesigen Ordinarius [Stohr] die Sache besprochen. Er will sie unterstützen. Besonders wichtig wäre es natürlich, wenn der für die Beziehung zwischen den getrennten Brüdern auf der Fuldaer Bischofskonferenz bestellte Erzbischof von Paderborn sich der Sache annehmen wollte.

---

[317] Lortz, [Mainz], an Jaeger, Paderborn, 30.01.1961. IEG, NL Lortz [732]. Abgedr. bei ULIANICH, Geschichtsschreibung, 182–184.

[318] Gemeint sein dürfte der bereits zuvor erwähnte August Schuchert (1900–1962). Vgl. oben.

Dürfte ich Sie, Hochwürdigster Herr, darum bitten, dies zu tun? Wenn Sie in der Lage wären, meine Auffassung zu teilen, so würde das zweifelsohne, nehme ich an, sowohl dem Hochwürdigsten Herrn in Freiburg wie evtl. auch Kardinal Bea in Rom eine nicht unangenehme Hilfe sein".

Jaeger zeigte sich sofort bereit[319]: „Unmittelbar vor der Abreise nach Rom erreicht mich Ihr Brief vom 30.1.1961. Ich kann Ihnen dazu nur sagen, daß ich den Artikel aus dem ‚Osservatore Romano' kenne, der gegen Ihre ‚Reformationsgeschichte' Stellung nahm[320]. Ich habe aber niemals darüber hinaus in Rom Gründe erfahren können, auf die die Ablehnung Ihres Buches sich stützt. Ich werde Ihren Brief zum Anlaß nehmen, ihn mit S.E. Cardinal Bea zu besprechen und, falls es mir gelingt, Cardinal Ottaviani zu erreichen, den Leiter des Hl. Offiziums, selber fragen, was er gegen Ihr Buch hat. Ich will gern ihn darauf hinweisen, welche Bedeutung im gegenwärtigen Augenblick einer Neuauflage zukommen würde, die Sie ja ganz gewiß noch einmal überarbeiten und auf den augenblicklichen Stand bringen würden. Ich werde, so Gott will, am 12. Februar aus Rom zurückkehren und werde Ihnen dann sofort Nachricht geben". In Reaktion auf Jaegers angekündigte Romreise schickte Lortz sofort ein Telegramm an Höfer: „Dein Ordinarius augenblicklich dort, will wegen Reformation interpellieren. Orientiere ihn bitte welche Stelle ev[en]tuell nicht opportun"[321]. Offenbar hatte Lortz Sorge, eine Intervention Jaegers an falscher Stelle (Ottaviani) könnte der Sache mehr schaden als nützen.

Kurz darauf erhielt Lortz auch eine Antwort von Bea, der beteuerte, „etwas Wesentliches" sei bei dem Gespräch mit Meinhold nicht behandelt worden, dieser habe „nur bedauert, daß Ihr Buch bis jetzt keine Neuauflage erhalten hat"[322]. Bea wolle die Angelegenheit gerne „im Auge behalten" und bei sich bietender Gelegenheit empfehlen. „Allerdings in der Annahme, daß Ihr Gesundheitszustand es erlaubt, das Buch auf den jetzigen Stand der Forschung zu bringen".

Am 6. Februar 1961 wandte sich Lortz dann noch einmal an Freund Höfer[323]: „Du wirst mein Telegramm erhalten haben. Vielleicht war es nicht verstümmelt. Inzwischen kennst Du die Zusammenhänge, da Du wohl mit Deinem Ordinarius gesprochen hast; ich wiederhole sie: Nachdem Herder in Aussicht genommen hatte, Schäufele mit dem Problem meiner ‚Reformation' zu be-

---

[319] Jaeger, Paderborn, an Lortz, Mainz, 02.02.1961. IEG, NL Lortz [732].

[320] N.R., Anzeige zu: J. Lortz, Die Reformation in Deutschland, in: L'Osservatore Romano, Nr. 30, 5. Februar 1950. Vgl. dazu oben.

[321] Lortz, [Mainz], an Höfer, Rom, 04.02.1961 [Telegramm-Entwurf]. IEG, NL Lortz [732].

[322] Bea, Rom, an Lortz, Mainz, 02.02.1961. IEG, NL Lortz [732].

[323] „Du bist ja gewöhnt, daß man Dich viel und zu viel in Anspruch nimmt. Aber: ‚Zu wem sollen wir gehen?'" Lortz, [Mainz], an Höfer, Rom, 06.02.1961. IEG, NL Lortz [1233]. Abgedr. bei ULIANICH, Geschichtsschreibung, 185–187.

fassen und angeregt hatte, ich möchte einige deutsche Bischöfe für die Sache interessieren, hatte ich zunächst unsern Bischof Stohr orientiert, der sich bei Bea einschalten wollte; dann hatte ich auch an Jaeger geschrieben. Eine Antwort von ihm kam am Samstagfrüh hier an. Er schrieb (unmittelbar vor seiner Abreise nach Rom), er werde sich der Sache annehmen: 1.) bei Kardinal Bea, 2.) wenn er Ottaviani erreichen könne, auch bei diesem, indem er ihn fragen wolle, was er gegen das Buch hätte. Dies letztere hielt ich für eventuell gefährlich; daher mein Telegramm. Heute morgen kommt ein Brief von Bea vom 2. 2. als Antwort auf meinen verspäteten Dank an ihn. Darin sagt er wieder zu, sich der Angelegenheit einer Neuauflage annehmen zu wollen. Nun fällt mir auf, daß in allen Verlautbarungen über die Angelegenheit immer wieder der Gedanke – man könnte vermuten, die Bedingung – auftaucht, das Buch ‚auf den neuesten Stand zu bringen‘. So stand es im Brief Beas vom 30. November und steht wiederum in dem vom 2. Februar; das Schreiben von E[rz]B[ischof] Jaeger enthält wie nebenbei aber deutlich dasselbe; auch in der Unterredung bei Herder wurde diese Forderung immer wieder zum Ausdruck gebracht. Was steckt dahinter?"

Wieder führte Lortz seine Gründe für einen unveränderten Nachdruck an [324]. Zur sachlichen Vertretbarkeit einer solchen Neuausgabe führte Lortz im Einzelnen aus: „Meine ‚Reformation‘ ist eine Gesamtkonzeption des Gegenstandes aus streng historischer Sicht auf streng katholischer Basis. Sie ist eine direkte Auseinandersetzung mit dem Stoff; sie ist keineswegs ein Widerschein einer besonderen Forschungslage oder gar eine Auseinandersetzung mit den unzähligen Studien zum Gegenstand oder eine Darstellung der verschiedenen Auffassungen. Das Buch ist weithin, ja im Kern, unabhängig davon, ob die Forschung im Einzelnen diese oder jene Deutung vertritt. Zu den Details kann man auf jeder Seite des Buches eine Masse Fragen anmelden und diskutieren. Aber das hängt nicht etwa erst am Vorhandensein neuerer Forschungen. Das liegt im vielfach umstrittenen Gegenstand selbst begründet […]. Zur Zeit ist ausserdem meine ‚Reformation‘ die einzige modern religiös-theologische Gesamtdarstellung des Gegenstandes. Alle anderen Ge-

---

[324] „De facto ist das Buch eine einheitliche Konzeption, die als solche gewirkt hat und noch wirkt, und die manche oder viele Leute gern wieder so haben möchten, wie sie damals auf den Markt kam. Zu diesen gehören etwa [Theodor] Heuß, [Peter] Meinhold (s. unten) und die Wissenschaftliche Buchgesellschaft, Darmstadt, die das Buch tel quel herausbringen möchte. Es gilt für dieses Buch ähnliches, wie [Günther] Franz es für seinen ‚Bauernkrieg‘, das auch von der Wissenschaftlichen Buchgesellschaft unverändert wieder herausgegeben wurde, formulierte: ‚Ein solches Buch schreibt man nicht zweimal.‘ Über den Bauernkrieg sind natürlich inzwischen vielerlei Forschungen erschienen; sie beeinträchtigen nicht den Wert der Gesamtschau von Franz. Was den Fortschritt in Sachen der ‚Reformation‘ angeht, so liegen die Dinge ähnlich. Natürlich liegt eine Unmasse von einzelnen Untersuchungen vor. Es ist aber nirgendwo ersichtlich, daß der Gesamtstandpunkt in der Einschätzung 1.) der Entstehung der Reformation und 2.) des Hauptkomplexes, nämlich Luthers, sich grundsätzlich geändert hätte oder meiner Darstellung in irgendeinem wesentlichen Teil der Boden entzogen worden wäre".

samtdarstellungen (Ritter[325], Brandi[326] u. a.) sind mehr vom Politischen oder Kulturpolitischen her geschrieben. Eben dies hat mir noch dieser Tage Meinhold hier betont und dabei den Wunsch einer unveränderten Neuauflage geäussert. Ausdrücklich meinte er: ‚Was sollte man wohl auch ändern?' Tatsächlich wird man z. B. Erasmus auch anders darstellen können. Ich selbst könnte ihn und seine Rolle mehr abschattieren, als ich es im jetzigen Text tue. Das Gesamtbild und die Gesamtfunktion würde sich kaum ändern. Ähnliches gilt für Luther. Ob man seine Theologie mit der Rechtfertigung beginnen läßt oder nicht: sie bleibt der Mittelpunkt; etc. etc."

Eine weiterführende inhaltliche Stellungnahme zum aktuellen Forschungsstand behielt sich Lortz für eine separate Veröffentlichung vor: „Eine Auseinandersetzung mit der Forschung wäre natürlich an sich nützlich; auch eine Auseinandersetzung mit meinen Rezensenten bleibt eine Pflicht (ich spreche von den evangelischen, denn die zwei katholischen, die kritisch waren, ergeben nichts: Schmittlin [sic] bietet nur eine ‚Stimme [aus] der Vergangenheit'[327]; und Hugo Rahner möchte an seine auf Bestellung geschriebene zweite Rezension als an ‚eine Jugendsünde'[328] lieber nicht erinnert werden). Aber der geschlossene Block der Darstellung ist nicht der Ort, dies zu tun. Eine auch nur einigermaßen tiefer greifende Umarbeitung ist, scheint mir, von der Form des Buches her, nicht vertretbar. Wünschenswert – und entsprechend von mir geplant – scheint Folgendes: a) eine Ergänzung des Literaturverzeichnisses, b) ein Hinweis darauf, daß der Verfasser in einem eigenen Bande sich mit den Rezensenten und der Forschung auseinandersetzen will".

Schließlich sprach Lortz noch ein besonderes Problem an, das möglicherweise für die gegenwärtigen Schwierigkeiten mit Rom verantwortlich sei: „Es bleibt noch ein Einzelfall zu behandeln, der evtl. hier hereinspielen könnte. Er ist vielleicht heikler Natur. Aber Dir gegenüber habe ich natürlich keinerlei Hemmung, ihn zu besprechen: es geht um die Arbeit von [Albert] Brandenburg ‚Gericht und Evangelium', in der er zum großen Teil nicht nur von [Gerhard] Ebeling[329] angeregt ist, sondern auf ihn geradezu hereinfällt. Er zeichnet eine existentialistische Luthertheologie, die dem Befund meines Er-

[325] Gerhard RITTER, Die Neugestaltung Europas im 16. Jahrhundert. Die kirchlichen und staatlichen Wandlungen im Zeitalter der Reformation und der Glaubenskämpfe, Berlin 1950 u. ö. (Erstmals in: Die neue Propyläen-Weltgeschichte, Bd. 3: Das Zeitalter der Entdeckungen, der Renaissance und der Glaubenskämpfe, Berlin 1941.)

[326] Karl BRANDI, Deutsche Reformation und Gegenreformation, 2 Bde., Leipzig 1927/30. Später unter dem Titel: Deutsche Geschichte im Zeitalter der Reformation und Gegenreformation, Leipzig 1941 u. ö.

[327] Ein Zitat von Gerhard Ritter über Josef Schmidlins Besprechung; vgl. RITTER, Rez. (1940), 76.

[328] Zum Problemkomplex der Rahner-Rezension vgl. oben die Diskussion im Rahmen der 2. Auflage.

[329] Gemeint ist wohl: Gerhard EBELING, Evangelische Evangelienauslegung. Eine Untersuchung zu Luthers Hermeneutik, München 1942. – Dieses Werk findet sich auch in Lortz' Literaturnachträgen zur 4. Auflage. Vgl. LORTZ, Reformation (⁴1962) II, 325.

achtens scharf widerspricht. [...][330] Ein derartig existentialistisch ausgehöhlter, wenn auch zunächst nur junger Luther, ist kein Gesprächspartner mehr für die Katholiken. Wenn sich die Auffassung durchsetzen würde, dies sei Luther, so wäre einem echten ökumenischen Gespräch der Boden entzogen. (Dies ist auch die Auffassung von Meinhold, von D. Martin Schmidt (evgl.-theologische Fakultät Mainz) und [Peter] Manns (der in der Sache sehr zu Hause ist.) – Du merkst, wie viel Gefahr hier entstehen kann, je nachdem welcher Regisseur sich der Sache bedient. Frage: Spielt dieser Komplex irgendwie eine Rolle in dem Verlangen, ich solle mein Buch auf den neuesten Stand bringen?"

Abschließend kam Lortz noch einmal auf die Deutung der wiederholten Aufforderungen zur ‚Aktualisierung' seiner *Reformation* zu sprechen: „Bei den Unterhandlungen in Freiburg bei Herder vor zwei Wochen wurde der Forderung einer Neubearbeitung des Buches allerdings noch eine sehr viel harmlosere Deutung gegeben: es handele sich möglicherweise, ja wahrscheinlich nur darum, durch eine kurze Ankündigung eines Ergänzungsbandes und durch eine Erweiterung des Literaturverzeichnisses eine ‚diplomatische' Frisierung zu bieten, um durch sie römischen Stellen ‚eine Brücke zu bauen'? Oder das Gegenstück: will man durch die Forderung, das Buch durch Umarbeitung ‚auf den neuesten Stand der Forschung zu bringen', (eine Bedingung, die ja so überzeugend ‚wissenschaftlich' klingt) mir eine Arbeitslast aufhalsen, die meine physischen Kräfte (auf die Kardinal Bea wiederholt anspielte) übersteigt, und auf diese Weise via facti die Neuerscheinung verhindern? Lieber Freund, das alles rührt mich beträchtlich an und auf. Freilich noch nicht so, wie der Fall der existentialistischen Lutherdeutung Brandenburgs. Was wirst Du mir aber zum Fall ‚Reformation' melden können?"

Am 10. Februar 1961 erhielt Lortz dann einen handschriftlichen Brief von Bischof Stohr, der aus Rom von seinen Bemühungen bei Bea berichtete[331]:

„Soeben Besuch bei Kard[inal] Bea. Meine Frage war *ganz* informell. Der Kard[inal] hält den von Ihnen ins Auge gefaßten Weg: korrekter Abdruck des alten Textes, Hinweis auf nachfolgende Auseinandersetzung mit Kritik & Ergänzungsband für gangbar. Ich hatte vorher mit Prälat Höfer gesprochen & von Ihrer zwischenzeitlichen Korrespondenz mit d[em] Kard[inal] gehört. Ich glaube aber, ich tue Ihnen einen Dienst, wenn ich Ihnen rate

---

[330] „(Daß das Buch in merkwürdiger Form zwischen Zustimmung und katholischen Vorbehalten uneinheitlich verteilt geschrieben ist, ist eine Frage für sich. Diese Äußerung zunächst nur für Dich bestimmt.)" – In einem späteren Brief an Höfer äußerte sich Lortz nochmals kritisch zu Brandenburgs ‚existentialistischer' Lutherdeutung: „Zur Zeit sind wir innerlich und äußerlich durch das Buch von Brandenburg sehr in Anspruch genommen. Ich halte diese bedeutende Leistung für eine verhängnisvolle Einseitigkeit, die uns gerade in der Auseinandersetzung mit römischen Stellen teuer zu stehen kommen könnte". Lortz, Mainz, an Höfer, Rom, 23.02.1961. Abgedr. bei Ulianich, Geschichtsschreibung, 189.

[331] Stohr, Rom, an Lortz, [Mainz], 10.02.1961. IEG, NL Lortz [732].

in Freiburg zu klären, ob das seinerzeit gegebene Imprimatur (1948) noch besteht[332]. Beste Wünsche & Grüße!"

Am 11. Februar folgte ein Schreiben Höfers, das ebenfalls über das Gespräch Stohrs mit Bea informierte[333]: „Gestern waren H.H. Bischof Stohr und ich bei Kardinal Bea. Die Überlegungen über die Neuherausgabe Deiner Darstellung der Reformation in Deutschland kamen zu dem Ergebnis, das ich auf meiner Rückreise von Deutschland in Freiburg bereits mit Herrn Dr. Scherer überlegt hatte: die Bände nämlich mit einem Vorwort herauszugeben, das ankündigt, Literaturnachweise und eine Auseinandersetzung mit der vorliegenden Kritik würden noch erscheinen. – Damit ist der Weg für die Neuherausgabe des Werkes endlich frei". Zur Frage des Imprimaturs habe ihn Scherer darauf aufmerksam gemacht, „das Imprimatur für die dritte Auflage sei zurückgezogen" worden und „müsse daher neu beantragt werden". Demgegenüber habe Stohr ihm gesagt, Lortz gehe davon aus, „das Imprimatur von 1948 bestünde noch". Dies müsse also noch geklärt werden. „Im Übrigen erscheint es mir ratsam zu sein, das Werk ohne Kommentare herausgehen zu lassen. Sie werden schon von selbst kommen und könnten dann in der angekündigten Schrift noch mit berücksichtigt werden"[334].

Aus handschriftlichen Notizen von Lortz auf Höfers Brief lassen sich einige weitere Details rekonstruieren: So betonte er gegenüber Höfer am 15. Februar, ihm sei „von Rücknahme [des] Imprimatur nichts bekannt", und schrieb dasselbe auch an Scherer, deren „Gespräch vor einigen Wochen in Freiburg" ebenfalls „unter dieser Voraussetzung" gestanden habe. Zugleich bat er Scherer um einen Vorschlag, wer die „Initiative" zum Imprimatur in Freiburg am besten ergreife, sowie zum „Termin" des Neudrucks.

Am 14. Februar 1961 berichtete endlich auch Erzbischof Jaeger von seinen römischen Sondierungen[335]: Ottaviani habe er leider nicht sprechen können, aber Bea gebeten, die Frage im Heiligen Offizium zu klären. Bea habe ihm daraufhin jedoch gesagt, „daß seiner Meinung nach nichts zu klären sei, weil kein Verbot Ihres Buches erfolgt sei und keine römische Stelle offiziell etwas gegen Sie unternommen oder gegen Sie verfügt habe. Die Buchbesprechung im Osservatore Romano habe ja keinen amtlichen Charakter gehabt". Interessant sei gewesen, dass Bea erklärte, „die Neuherausgabe des Buches verlange eine derartig intensive und umfassende Durcharbeit, daß Sie sicher zwei Jahre brauchen würden, um damit fertig zu werden. Es seien in den 10 Jahren seit Erscheinen der 1. Auflage bis heute so viele wissenschaftlichen Arbeiten über Luthers Persönlichkeit und den Verlauf der Reformation erschienen, daß Sie diese neuen Erkenntnisse alle nachtragen und verwerten müßten.

---

[332] Lortz vermerkte dazu handschriftlich: „Mir nichts bekannt von Rücknahme".
[333] Höfer, Rom, an Lortz, Mainz, 11.02.1961. IEG, NL Lortz [732].
[334] Höfer hielt das Erreichte offenbar bereits für den entscheidenden Durchbruch: „Ohne auf die zahllosen Umstände einzugehen, die zu berücksichtigen waren, will ich Dir und der Kirche und damit allen Beteiligten nur herzlich zu diesem Ergebnis gratulieren".
[335] Jaeger, Paderborn, an Lortz, Mainz, 14.02.1961. IEG, NL Lortz [732].

Vor allem seien aber auch im kontroverstheologischen Befund so wesentlich[e] Veränderungen durch die wissenschaftliche Arbeit hüben und drüben erzielt worden, daß Sie unmöglich einen einfachen Abdruck der 2. Auflage Ihres Buches genehmigen könnten, wenn Sie nicht Ihren Ruf als Wissenschaftler aufs Spiel setzen wollten. Wie er mir sagte, habe er auf eine Rückfrage Ihrerseits Ihnen im gleichen Sinn bereits geantwortet. Ich hatte ja in meinem letzten Brief Ihnen auch schon meine Ansicht dahingehend dargetan, daß Sie bei einer Neuauflage das Buch auf den derzeitigen Stand der Forschung bringen müßten. Wenn Sie das tun, scheint mir kein Bedenken gegen eine Neuauflage Ihres Buches mehr zu bestehen"[336].

Lortz dankte Jaeger für die „schnelle Benachrichtigung" und wies ihn auf die inzwischen veränderte Lage hin[337]: Nach dem Gespräch mit Stohr und Höfer sei Bea nun doch damit einverstanden, dass „ein unveränderter Abdruck" der *Reformation* erscheine, zusammen „mit der Ankündigung einer eigenen Arbeit, die sich mit der inzwischen erschienenen Literatur und den Rezensionen auseinandersetzt"[338]. Abschließend äußerte Lortz noch einmal seinen Dank „für das Wohlwollen, mit dem Sie mein Anliegen sofort aufnahmen, und die tätige Unterstützung, die Sie mir durch Ihre Intervention bei Kardinal Bea auch jetzt wieder erwiesen haben". Dass Jaeger „nicht zu Kardinal Ottaviani gehen" konnte, schien Lortz dabei „für die Sache eher von Vorteil" zu sein.

2.4 Weg frei für die Neuauflage?

Es folgte in den kommenden zwei Monaten ein intensiver Briefwechsel zwischen Lortz und dem Herder-Verlag. Zunächst berichtete Theophil Herder-Dorneich Mitte Februar von einem Gespräch mit Josef Höfer, der ja stets die Meinung vertreten habe, „das Werk sollte auf den heutigen wissenschaftlichen Stand gebracht erscheinen"[339]. In Bezug auf den neuen Plan einer eigenen ergänzenden Publikation frage es sich, ob Lortz im Neudruck „nicht

---

[336] „Ich wünsche Ihnen Gottes Kraft und Segen für die nicht geringe Mühe und Arbeit, die mit der Neuauflage des Werkes verbunden sind". – Offenkundig hatte die Begegnung Jaeger – Bea vor dem klärenden Gespräch Stohr – Höfer – Bea stattgefunden.

[337] Lortz, [Mainz], an Jaeger, Paderborn, 18.02.1961. IEG, NL Lortz [1233].

[338] Lortz erläuterte noch einmal seine Gründe dafür: „Tatsächlich gibt es eine große Reihe von Interessenten, die das Buch mit unverändertem Text neuaufgelegt wünschen. Dazu gehört z. B. die Wissenschaftliche Buchgesellschaft in Darmstadt. Genau so hat sich auch Altbundespräsident Heuß geäußert. [...] Ich selbst bin ebenfalls der Meinung, daß das Buch in einer solchen Weise eine Gesamtkonzeption darstellt, daß man zwar (von den Quellen und der neueren Forschung her) vielfältigst dazu Stellung nehmen kann und muß – und daß dies auch zu den Pflichten des Autors selbst gehört – daß man aber diese Stellungnahmen nicht in das Buch selbst einarbeiten sollte. Das würde die jetzt gegebene Form doch wohl zu stark sprengen. Bei dieser Regelung bleibt mir auch die sehr erwünschte größere Zeitspanne, das neue Buch mit Ruhe auszuarbeiten, was hoffentlich dem Inhalt zugute kommen wird".

[339] Herder-Dorneich, Freiburg, an Lortz, [Mainz], 17.02.1961. IEG, NL Lortz [732].

wenigstens in einem einleitenden Wort darauf hinweisen" wolle, um „dem Anspruch der wissenschaftlichen Öffentlichkeit wenigstens formal" zu entsprechen. Die von Lortz angeregte „Intervention bei Kardinal Bea" erübrige sich ja inzwischen[340]. Er wolle sich also Mitte März – nach der Rückkehr von einer Auslandsreise – wie besprochen mit Erzbischof Schäufele in Verbindung setzen und diesen bitten, Lortz „zum Zwecke eines inoffiziellen Gespräches" zu empfangen.

Doch Lortz wehrte ab: Unter den „neu gegebenen Umständen" sei sein Besuch bei Schäufele nicht mehr notwendig[341]. Was die von Lortz abgelehnte Überarbeitung der *Reformation in Deutschland* betreffe, so habe er damit lediglich gemeint, dass es ihm unmöglich sei, „die Auseinandersetzung mit der neueren Forschung [...] in den jetzigen Text des Buches einzuarbeiten". Es sei ihm jedoch „selbstverständlich ein Anliegen, in der Öffentlichkeit Rechnung zu legen über das Verhältnis des Buches zu seinen Rezensenten und zur neueren Forschung im allgemeinen". Das sei eine Aufgabe, die „seit langem als fester Punkt" auf seinem „Programm" stehe, also „nicht nur eine formelle Salvatio, sondern ein fester Vorsatz". Er wolle diese „weitere Arbeit" auch im Vorwort der neuen Auflage ankündigen.

Von Lektor Robert Scherer erfuhr Lortz, eine „schriftliche Unterlage" über die „Zurückziehung des Imprimatur von 1948" gebe es nicht[342]. Bis zur Rückkehr Herder-Dorneichs von seiner Reise könne Scherer „die Imprimaturfrage zu Ende abklären"[343]. Inzwischen sei man im Verlag bereits an der „Kalkulation für die Neuauflage".

Nach Herder-Dorneichs Rückkehr Ende März bat Scherer dann um das neue Vorwort; man wolle – nachdem Lortz ein Besuch bei Schäufele offenbar „weniger genehm" sei – das Werk nun dem Erzbischof „zum Imprimatur vorlegen"[344]. Am 14. April 1961 lieferte Lortz endlich und erteilte dem Verlag auch die Genehmigung, etwaige Veränderungen oder Streichungen vor-

---

[340] Ursprünglich hatte Herder-Dornreich beabsichtigt, „bei nächstem Anlass die Angelegenheit mit Kardinal Bea zu besprechen". Im Übrigen erschien ihm Beas Brief vom 30. November 1960 „einer günstigeren Beurteilung wert" als bei Lortz: „Ich glaube sogar, der Kardinal konnte in einem solchen Brief sich gar nicht günstiger ausdrücken".

[341] „Natürlich würde ich mich freuen, den Erzbischof wiederzusehen, aber bei der Überbelastung mit vielerlei Arbeit wäre mir eine Regelung, die mir die Reise nach Freiburg erspart, lieber". Lortz, [Mainz], an Scherer, Freiburg, 20.02.1961. IEG, NL Lortz [732].

[342] „Aber Sie kennen ja die Hintergründe von Rom her. Trotzdem hoffe ich, daß jetzt bald alles klar wird, und daß Ihr Werk wieder erscheinen kann". Scherer, Freiburg, an Lortz, [Mainz], 20.02.1961. IEG, NL Lortz [732].

[343] „Nach allem, was Sie mir mitteilen, ist die Situation jetzt günstig. Sie hören also wieder von mir". Scherer, Freiburg, an Lortz, [Mainz], 27.02.1961. IEG, NL Lortz [732].

[344] Scherer, Freiburg, an Lortz, [Mainz], 27.03.1961. IEG, NL Lortz [1233]. – Lortz sah sich zu der Klarstellung gezwungen, ein Besuch bei Schäufele sei ihm an sich „durchaus angenehm", er halte ihn aber derzeit „nicht mehr für notwendig" und sei zudem „bis Ende April mit Terminarbeit zugedeckt", so dass eine Reise nach Freiburg „sehr ungelegen" käme. Lortz, [Mainz], an Scherer, Freiburg, 28.03.1961. IEG, NL Lortz [1233].

zunehmen[345]. Doch in Freiburg übernahm man das Vorwort ohne Änderung[346]. Nicht nur Scherer war nun optimistisch gestimmt („Ich habe das Werk zum Imprimatur gleich eingereicht, und ich hoffe, daß jetzt alles seinen normalen Gang weitergeht"), auch Lortz zeigte sich gegenüber Freund Höfer in Rom nun in geradezu ‚gelöst'-euphorischer Stimmung: „Hoffentlich geht nun alles gut! […] *Du* bleibe gesund, und der Herrgott erhalte uns den Papst und seinen Geist! Vielleicht könnte er es sogar einrichten (ich meine den lieben Gott), daß von seinem (hier meine ich Dickerchen) Geist etwas auf einige der Potentaten in seiner Umgebung übergehe"[347].

Doch es sollte – wie schon so oft – anders kommen: Bis zum tatsächlichen Erscheinen der Neuauflage verging noch über ein Jahr, weil ein Überbleibsel der alten Imprimaturprobleme mit Rom für neue Schwierigkeiten und Verzögerungen sorgte.

3. Letzte Hürden und ihre Überwindung

3.1 Alte Bedenken aus Rom – neue Probleme für das Imprimatur

Nachdem rund drei Monate ohne neue Informationen zum Stand der Neuauflage vergangen waren, hielt es Lortz nicht länger aus und zog in Freiburg Erkundigungen ein. Dabei brachte er, wie er Höfer am 13. Juli 1961 mitteilte, Folgendes in Erfahrung[348]:

„Erzbischof Schäufele hat, um sich selber ein Urteil zu bilden, die Akten über das Buch durchgesehen. Dabei entdeckte er das so lange gesuchte Schreiben aus Rom, das seinerzeit unter E[rz]B[ischof] Rauch bei der Nachforschung nicht gefunden worden war[349]. Es handelt sich um ein Schreiben der Staatssekretarie, welches dem Gutachten (damals mit

---

[345] „Wenn Sie in der ersten Zeile das ‚einige' anders wünschen, etwa ‚längere Zeit', so bin ich damit einverstanden. Es könnte auch sein, daß die Bemerkung über den ‚katholischen Luther' Ihnen weniger opportun erscheint; dann steht nichts im Wege, daß Sie diese Stelle streichen". Lortz, [Mainz], an Scherer, Freiburg, 14.04.1961. IEG, NL Lortz [1485]. – Das Typoskript entspricht dem gedruckten Text des Vorworts; vgl. Lortz, Reformation (⁴1962) I, VIIf. (abgedruckt im Anhang dieses Bandes). Im gedruckten Vorwort wurde lediglich noch die zweite Fußnote (über die Literaturnachträge) ergänzt, zudem die ursprüngliche Datierung („14.4.1961") in „Sommer 1962" geändert.
[346] Scherer, Freiburg, an Lortz, [Mainz], 18.04.1961. IEG, NL Lortz [732].
[347] Zu den Verzögerungen erklärte Lortz noch: „Während ich auf Nachricht wartete, daß der Neudruck der ‚Reformation' beginnen könne, wartete Herr Scherer auf mein Vorwort. Er orientierte mich telephonisch, daß er das Vorwort zusammen mit dem Antrag auf Imprimatur vorlegen wollte. Ich habe es also expediert, daß er es seit Montag in Händen hat". Lortz, Mainz, an Höfer, Rom, 18.04.1961. IEG, NL Lortz [1233].
[348] Lortz, Mainz, an Höfer, Rom, 13.07.1961. IEG, NL Lortz [732].
[349] Vgl. oben. – Gemeint sind wahrscheinlich beide Nuntiaturschreiben vom 15. Mai und 10. Juni 1941, wie aus dem Nachstehenden hervorgeht. Am 15. Mai erfolgte der Hinweis auf die Rezension Rahners, am 10. Juni lag das anonyme Gutachten bei, zudem finden sich hier die im Folgenden relevanten Äußerungen.

dem Hinweis auf die zweite Rezension von Hugo Rahner) beigelegen hat. Das Schreiben kam von der Nuntiatur Berlin. Diese machte sich indes nicht zum Ausführer des Schreibens der Staatssekretarie oder des darin enthaltenen Wunsches, sondern äusserte sich in einer Form, daß durch genügende Änderungen der Auffassung der Sekretarie wohl Rechnung getragen werden könnte[350]. Diesen Standpunkt der Nuntiatur machte sich also damals Erzbischof Gröber zu eigen, und nachdem er die angeführten Gründe (durch Scherer) hatte untersuchen lassen, erteilte er dann das Imprimatur für eine Neuausgabe.

Der Erzbischof [Schäufele] von Freiburg steht auf dem Standpunkt, daß er über dieses Schreiben der Staatssekretarie, das nun offiziell vorliegt, nicht hinweggehen könne, sondern die Sache nach Rom weiterleiten müsse, was er entweder schon getan hat oder tun wird. Er ist dabei mit Herder der Auffassung, daß 1.) die Situation so verschieden ist, daß die damaligen Bedenken sich erübrigen, und daß 2.) durch die tatsächlich erfolgten Änderungen den Wünschen der Sekretarie Rechnung getragen wurde.

Um dieses Letztere ad oculos zu demonstrieren, hat man jetzt alle vorhandenen Matern zusammengesucht (es soll sich um etwa 1½ m handeln), um mit Hilfe von ihnen die Änderungen seit der ersten Auflage festzulegen. Sie werden eben jetzt in zwei Exemplare (1. und 3. Auflage) übertragen und gehen dann dem Erzbischöflichen Ordinariat zu. Dieses will das Material als Beweis für die Berücksichtigung der römischen Wünsche dann nach Rom befördern. Man hofft, dadurch eine günstige Entscheidung in Rom herbeizuführen.

Dieses hat mir soeben Dr. Scherer am Telephon mitgeteilt, der erst in dieser Woche, wie er mir sagte, durch eine Rückfrage von der Sache erfuhr. Es scheint mir natürlich gut, Dich als den treuen Mentor des Werkes sofort zu benachrichtigen. Ich lege Dir einen Durchschlag zu Deiner beliebigen Verwendung bei"[351].

Lortz hoffte auf ein Gespräch Höfers mit Willebrands und Bea. Wieder machte er auch gegenüber Höfer Druck und wies – mit den alten Argumenten – eindringlich darauf hin, wie wichtig und notwendig gerade jetzt das Erscheinen der Neuauflage sei: „Wenn ich mir vorstelle, es käme von Rom ein negatives Urteil, so wäre das einfach ein katastrophaler Schlag für die Einigungsbestrebungen mit den evangelischen Christen".

Eine (schriftliche) Antwort Höfers scheint nicht erhalten zu sein, ebenso wenig wie weitere Nachrichten in dieser Sache für den Rest des Jahres 1961.

---

[350] Vgl. jedoch den tatsächlichen Wortlaut: „Ich halte es nicht für nötig hinzuzufügen, daß, wenn auch das Imprimatur gegeben wird, dies unter der ausschließlichen Verantwortung des Ordinarius geschieht und nur nach einer sorgfältigen und vollständigen Verbesserung. Die vorstehende Bemerkung bedeutet ebensowenig wie die früheren eine stillschweigende Zustimmung des Hl. Stuhles oder der Apostolischen Nuntiatur für eine neue Auflage". Nuntiatur (Orsenigo), Berlin, an Gröber, Freiburg, 10.06.1941. EAF B2–1945/1022.

[351] Lortz fügte noch hinzu: „Diese neue Wendung war das Letzte, an das ich gedacht habe. Das einzig Gute an der Sache ist dies, daß Pius XII sich also doch nicht einfachhin geirrt hatte, als er sagte, es seien Bedingungen gestellt worden. [...] Es bleibt natürlich doch der Widerspruch bestehen zwischen dem gefundenen Monitum und der Aussage, die mir Bischof Rusch voriges Jahr bestätigte [...]. Und was hat eigentlich die Staatssekretarie mit einer solchen Sache zu tun? Dazu kann ich mir keinen Vers machen". – Obwohl Lortz sich also weiterhin auf die ‚positive' Mitteilung Ruschs von 1941 berief, musste er zumindest sein früheres Urteil über einen „Gedächtnisfehler grober Art von Pius XII" revidieren. Vgl. Lortz, Mainz, an Höfer, Rom, 07.03.1959. IEG, NL Lortz [732].

Anscheinend blieb Lortz in dieser Zeit selbst weitgehend im Dunkeln über die Vorgänge in Freiburg, wie sich aus seiner Korrespondenz ab Anfang 1962 entnehmen lässt. Was war in der Zwischenzeit geschehen?

3.2 Hinter den Kulissen in Freiburg – Verhandlungen mit der Nuntiatur

Am 24. April 1961 hatte der Herder-Verlag die *Reformation in Deutschland* (in Form der dritten Auflage) samt dem neuen Vorwort für die vierte Auflage an das Erzbischöfliche Ordinariat geschickt und um Erteilung des Imprimatur für die – abgesehen vom Vorwort unveränderte – Neuauflage gebeten[352]. Wie aus Lortz' Schreiben an Höfer vom 13. Juli hervorgeht, hatte Erzbischof Schäufele daraufhin selbst die Ordinariats-Akten eingesehen und war dabei auf die bislang verschollenen Mitteilungen Roms bzw. der Berliner Nuntiatur von 1941 gestoßen. Aufgrund dieser neuen Sachlage wandte sich Schäufele nach Bad Godesberg und legte am 19. Mai Nuntius Corrado Bafile (1903–2005) die ganze Angelegenheit vor[353]. Unter Bezug auf das vertrauliche Schreiben der Nuntiatur vom 15. März 1950[354] (anlässlich der dritten Auflage) bat Schäufele insbesondere um Prüfung der Frage, „in welchem Sinne der Antrag weiter behandelt werden soll", und deutete auch vorsichtig an, welche Gründe für eine Erlaubnis der Neuauflage sprachen: „Die gegenwärtige Situation im Gespräch der Kirche mit den Christen anderer Konfession, ferner der Umstand, daß eine unveränderte Neuerscheinung des Werkes in der 4. Auflage kein Aufsehen machen wird, während die Nichterteilung des Imprimatur für die 4. Auflage nicht geheim bliebe, legen vielleicht Überlegungen nahe, die ich nicht allein in meiner Verantwortung entscheiden möchte".

Bafile antwortete am 15. Juni: Man habe die Frage „sorgfältig geprüft" und überlegt, ob es möglich sei, die Neuerscheinung zu genehmigen[355]. „Nachdem der Heilige Stuhl im Jahre 1942[356] und dann wiederum im Jahre 1950 so klar Stellung gegen diese Veröffentlichung genommen" habe, fühle er sich nicht befugt, „etwas zu tun, was nicht im Einklang mit dieser Stellungnahme ist, ohne den Heiligen Stuhl erneut zu fragen". Nach dem Vergleich der Unterlagen im Nuntiaturarchiv mit dem Brief des ehemaligen Erzbischofs Rauch vom 27. März 1950[357] habe er aber den Eindruck gewonnen, „dass

---

[352] Herder, Freiburg, an EO, Freiburg, 24.04.1961. EAF B2–1945/1022.

[353] Schäufele, Freiburg, an Nuntiatur (Bafile), Bad Godesberg, 19.05.1961. EAF B2–1945/1022.

[354] Vgl. Nuntiatur (Muench), Kronberg, an Rauch, Freiburg, 15.03.1950. EAF B2–1945/1022.

[355] Nuntiatur (Bafile), Bad Godesberg, an Schäufele, Freiburg, 15.06.1961. EAF B2–1945/1022.

[356] Gemeint sein dürfte wohl eher 1941 mit den Nuntiaturschreiben vom 15. Mai und 10. Juni (vgl. oben). Aber auch 1942 erhielt Erzbischof Gröber von der Nuntiatur nochmals kritische Mitteilungen aus Rom übermittelt.

[357] Vgl. Rauch, Freiburg, an Nuntiatur (Muench), Kronberg, 27.03.1950. EAF B2–1945/1022.

vor Erteilung des Imprimaturs vom 26. April 1941[358] erhebliche Änderungen im Buche durchgeführt worden sind, um die beanstandeten Stellen zu verbessern". Zur Vermittlung mit Rom empfahl der Nuntius eine Dokumentation dieser Änderungen: „Wenn Eure Exzellenz wünschen, dass ich die Sache dem Heiligen Stuhl wieder unterbreite, würde ich es für sehr angebracht und nützlich halten, wenn man diese etwaigen Änderungen klar hervorhebt, damit die zuständigen Ämter des Heiligen Stuhles die Angelegenheit leichter behandeln und prüfen können. Ich stehe Eurer Exzellenz gerne zur Verfügung, sollte es Ihnen nahegelegen sein, dass ich über die Frage der kirchlichen Druckgenehmigung mit dem Heiligen Stuhl verhandle".

Erzbischof Schäufele zeigte sich einverstanden und veranlasste eine entsprechende Zusammenstellung sämtlicher Änderungen von Seiten Herders. Am 2. August übersandte Generalvikar Ernst Föhr (1892–1976) der Nuntiatur das Ergebnis[359] und bat nun auch offiziell darum, dem Heiligen Stuhl die Frage eines unveränderten Neudrucks zu unterbreiten. In seinem Schreiben fasste Föhr die Sachlage noch einmal zusammen: Die dritte Auflage (1949) sei ein unveränderter Neudruck der zweiten Auflage (1941) gewesen, das Imprimatur dieser zweiten Auflage nach Ausweis der Akten am 26. April 1941 aber erteilt worden, „nachdem das Werk erneut der kirchlichen Zensur vorlag und die beanstandeten Änderungen sowie die im Schreiben der Apostolischen Nuntiatur vom 31. Januar 1941 Nr. 37606 gegebenen Hinweise berücksichtigt wurden. Die geforderten Korrekturen waren vor Erteilung des Imprimaturs mit dem Verfasser in Freiburg besprochen[360] und von ihm akzeptiert worden. Wesentlich an dieser Korrektur war die Abfassung eines neuen Vorwortes, bedeutsame Modifizierungen in der Beurteilung der vorreformatorischen Theologie, eingreifende Umarbeiten im Kapitel über Luther und im Schlußkapitel. Daneben wurden eine ganze Reihe von Einzelkorrekturen mißverständlicher Stellen vorgenommen". Nun wurde auch der weitere Fortgang der Sache rekapituliert: „Die erteilte Druckerlaubnis wurde jedoch kurz darauf sistiert und zuvor die Berücksichtigung der im Schreiben der Apostolischen Nuntiatur vom 15. Mai 1941 Nr. 39782 und im besonderen im Schreiben vom 10. Juni 1941 Nr. 40307 gegebenen Hinweise ‚hinsichtlich einer eventuellen Verbesserung dieses Werkes' und der Beanstandungen gefordert. Im Schreiben vom 7.8.1941 an die Apostolische Nuntiatur stellt Ex-

---

[358] Das Imprimatur vom 26.4.1941 war nach der dann erfolgten neuen Kritik aus Rom von Gröber noch einmal sistiert worden; erst nach weiteren Diskussionen und Änderungen wurde das endgültige Imprimatur schließlich am 6.8.1941 erteilt (vgl. oben).

[359] „Sie haben jedoch einen solchen Umfang, daß der Verlag es für zweckmäßig hielt, die Änderungen gegenüber der ersten Auflage in dem beifolgenden Exemplar zu vermerken. Ein Vergleich mit der ersten Auflage zeigt Umfang und Tiefe der vorgenommenen Korrekturen und Änderungen. Der Verlag bittet ergebenst um gütige Rückreichung des Exemplars nach erfolgter Prüfung". EO (Föhr), Freiburg, an Nuntiatur (Bafile), Bad Godesberg, 02.08.1961. EAF B2–1945/1022.

[360] Am 9. April 1941; vgl. Herder, Freiburg, an EO, Freiburg, 22.04.1941. EAF B2–1945/1022.

cellenz Gröber fest: ‚Heute habe ich das Imprimatur der zweiten Auflage des Buches: ‚Die Reformation in Deutschland‘ von Prof. Lortz erteilt‘[361]. Wir schließen eine unseren Akten entnommene Durchschrift dieses Schreibens an“.

Es dauerte ein halbes Jahr, bis Lortz im Februar 1962 von Höfer beiläufig zum Stand der Dinge hörte, dass die „Entscheidung“ inzwischen „ja wieder in Freiburg“ liege[362]. Offenbar glaubte Höfer, Lortz sei längst darüber informiert[363]. Außerdem wusste Höfer zu berichten, „zwischen dem Verlag und dem bisher sehr wohlwollenden Erzbischof“ sei über das bislang bei Herder erscheinende *Konradsblatt* „eine Spannung entstanden“; das Blatt werde inzwischen von der Diözese selber herausgegeben. Möglicherweise fürchtete Höfer eine Stimmung, die sich ungünstig auch auf die Imprimaturfrage auswirken konnte; er empfahl Lortz jedenfalls, sich einmal bei Domkapitular Robert Schlund (1912–1990) zu erkundigen, „wie man sich dort jetzt zur Erteilung des Imprimatur stellt“.

Doch ganz so einfach lag die Sache dann doch nicht. Auf Lortz’ Anfrage musste Robert Scherer jedenfalls berichten, Schlund behaupte, bei ihm sei noch nichts aus Rom eingetroffen. Wahrscheinlich liege der Akt noch bei der Nuntiatur[364]. Als Lortz Anfang April erneut bei Scherer nachfragte, erhielt er, wie aus handschriftlichen Notizen Lortz’ hervorgeht, nur dieselbe Nachricht[365]. Lortz wandte sich daraufhin wieder an Höfer: „Ist es nun sicher, daß die Sachen von Rom abgegangen sind? Wie kann man dieses feststellen bzw. herausbekommen, wo sie jetzt hängen?“[366]

Eine – negative – Rückmeldung Höfers kam erst am 1. Mai 1962 in Form einer knappen Postkarte: „Dank und Feststellung: ich bin von Fr[ei]b[ur]g aus über nichts unterrichtet. Was ist denn u[nd] von wem geschehen?“[367] Daraufhin fragte Lortz telefonisch selbst bei der Nuntiatur nach, erhielt aber auch da nur die Beteuerung, man „wisse von nichts“, werde aber „sofort nach dem Brief vom vorigen Jahr fahnden“[368]. Gegenüber Höfer gab Lortz seinen Unmut zu erkennen: „Allmählich wird mir die Sache zu dumm. Ich weiß, wenn Du etwas machen kannst, wirst Du es tun. Aber seltsam ist es doch, daß die Sache nach Deiner Mitteilung vom 23.2. hier liegen soll, und es erfolgt

---

[361] Vgl. Gröber, Freiburg, an Nuntiatur (Orsenigo), Berlin, 07.08.1941. EAF B2–1945/1022.

[362] Höfer, Rom, an Lortz, [Mainz], 23.02.1962. IEG, NL Lortz [732].

[363] Tatsächlich lag hier ein weitreichenderes Missverständnis zugrunde, wie sich später herausstellen sollte (vgl. unten).

[364] Scherer, Freiburg, an Lortz, [Mainz], 27.02.1962. IEG, NL Lortz [732].

[365] „Telep[honiert] mit Dr. Scherer 2.4.62, er hat noch keine Nachricht vom EB Ordinariat“. Höfer, Rom, an Lortz, [Mainz], 23.02.1962. IEG, NL Lortz [732]; handschriftliche Notiz von Lortz auf der Rückseite.

[366] Lortz, Mainz, an Höfer, Rom, 02.04.1962. Abgedr. bei ULIANICH, Geschichtsschreibung, 190.

[367] Höfer, Rom, an Lortz, Mainz, 01.05.1962. IEG, NL Lortz [732].

[368] Lortz, [Mainz], an Höfer, Rom, 08.05.1962. IEG, NL Lortz [1233].

nichts. Inzwischen haben sich die Bemühungen aus England (Amerika) und Spanien um eine Übersetzung[369] intensiviert".

Höfer riet Lortz daraufhin dringend von weiteren eigenmächtigen Erkundigungen ab: „Meine Bemerkung vom 23.2. gründete sich auf die mir mitgeteilte Feststellung, daß Schlund die römische Entscheidung ausgegraben habe. Eine *Initiation* – das sage ich interpretierend – muß vom Ordinariat Freiburg, dem für ein Imprimatur zuständigen Offiz ausgehen. Jede Anfrage bzw. Anregung von anderer Stelle löst automatisch Rückfragen in *F[reiburg]* aus – und erregt dort dann kaum Wohlgefallen, weil irgendwer, etwa ich, am zuständigen Ort vorbeihandelte. Also: das Ordinariat Fr[eiburg] müßte das ‚I[mprimatur]' nachsuchen. Anscheinend, nach Scherers Auskunft, hat Fr[eiburg] die Nuntiatur schon mit den Praeliminarien befaßt"[370].

Höfers Antwort gab nun allerdings neue Rätsel auf: Was war mit der „römische[n] Entscheidung" gemeint, die Schlund im Freiburger Ordinariat „ausgegraben" habe? Letztlich scheint hierin die Quelle eines zentrales Missverständnisses zu liegen: Wenn Höfer am 23.2. davon sprach, dass die „Entscheidung" nun wieder in Freiburg „liegt", war offenbar gemeint (wie auch Lortz es verstanden hatte), dass Rom – nach Prüfung der über die Nuntiatur vorgelegten Änderungen – die Entscheidung über das Imprimatur nun wieder dem Freiburger Ordinariat überlasse. Jetzt erklärte Höfer jedoch, dass er seine Mitteilung vom 23.2. selber nur auf die Nachricht gestützt hatte, dass Schlund in Freiburg eine „römische Entscheidung ausgegraben" habe – wobei sich aber herausstellte, dass Schlund selbst von einer solchen ‚Entscheidung' Roms über die Imprimaturfrage gar nichts wusste. Was hatte Schlund dann aber „ausgegraben"? Gemeint sein könnte einfach das Wiederauffinden der Nuntiaturschreiben von 1941 mit den damaligen römischen Beanstandungen, aufgrund derer Schäufele Mitte 1961 den Weg über Rom (vermittelt durch die Nuntiatur) für notwendig erachtet hatte. So würde sich die Sache durch ein doppeltes Missverständnis erklären: Höfer missdeutete die an ihn gekommene Meldung über eine in Freiburg liegende „römische Entscheidung" als Mitteilung über das aktuelle Urteil Roms in Sachen Imprimatur und gab diese Fehldeutung an Lortz weiter – der daraufhin ungeduldig auf das Eintreffen jener ‚Entscheidung' in Freiburg wartete.

Wenn Höfer Lortz nun riet, keine weiteren Nachfragen z.B. bei der Nuntiatur zu stellen, da nur das Freiburger Ordinariat sich in Rom nach dem Imprimatur erkundigen dürfe, so ging er offenbar davon aus, dass Rom die Imprimaturfrage tatsächlich selbst entscheiden würde (im Sinne einer definitiven Antwort für oder gegen die Erteilung). Ein weiterer Blick ‚hinter die Kulissen' zeigt jedoch, dass Rom in Wirklichkeit die ganze Imprimaturfrage zurück an Freiburg verwiesen und die Entscheidung allein dem Freiburger

---

[369] Das Erscheinen von Übersetzungen hätte wohl als zusätzliches Druckmittel zur Erreichung einer Zulassung der deutschen Neuausgabe gewirkt. Eine spanische Ausgabe erschien 1963/64, eine englische allerdings erst 1968. Vgl. unten.
[370] Höfer, Rom, an Lortz, Mainz, 15.05.1962. IEG, NL Lortz [732].

Ordinariat überlassen hatte. So hatte der Nuntius Erzbischof Schäufele bereits am 25. April 1962 darüber informiert, der Heilige Stuhl überlasse die Entscheidung dem Erzbischof; dabei sei das neue ‚Klima‘ zwischen der Kirche und den Nichtkatholiken zu berücksichtigen, aber auch die früher gemachten Bemerkungen zu Lortz' Werk[371]. Im Gegensatz zu Höfers und Lortz' Vermutungen bzw. Befürchtungen war damit der alte Streit mit Rom also auf denkbar einfachste Weise ‚ad acta‘ gelegt worden. Wobei allerdings durchaus fraglich erscheint, ob dazu das von Nuntius Bafile vorgeschlagene aufwendige Vorgehen (Zusammenstellung sämtlicher Änderungen an Rom schicken) überhaupt nötig gewesen war – oder ob der Nuntius sich hier nicht doch eher etwas übereifrig in seiner Vermittlerrolle profilieren wollte.

Doch von alledem wusste Lortz noch nichts, als er zuletzt im Mai mit Höfer korrespondiert hatte. Seine eigenen Erkundigungen hatten nichts ergeben: Zum einen, weil er schlicht zu früh nachgefragt hatte (bereits Ende Februar bzw. Anfang April), als die Mitteilung der Nuntiatur vom 25. April noch gar nicht vorlag; zum anderen, weil er von falschen Voraussetzungen ausgegangen war (definitive Entscheidung Roms über Imprimatur anstelle eigenständiger Entscheidung Freiburgs) und sich wohl auch an die falschen Ansprechpartner – im Ordinariat wie in der Nuntiatur – gewandt hatte, die möglicherweise gar keine solche Auskunft geben konnten bzw. durften.

In jedem Fall war Höfers letzter Brief vom 15. Mai für Lortz „Veranlassung" genug, sich nun schriftlich „direkt an den Erzbischof in Freiburg zu wenden"[372]. In diesem Schreiben[373] rekapitulierte Lortz – auf Grundlage seiner begrenzten Informationen – den ihm bekannten Stand der Dinge[374] und bat

---

[371] Nuntiatur (Bafile), Bad Godesberg, an Schäufele, Freiburg, 25.04.1962. EAF B2–1945/1022. – Wörtlich hieß es: „L'Eccelentissimo Presule, di cui sono ben noti i sentimenti di grande fedeltà alla santa Sede, nel prendere una decisione al riguardo vorrà tener cono non solo del ‚nuovo clima‘ nei rapport tra la Chiesa e le confessioni acattoliche‘ di cui è parola nell'anzidetto Rapporto, ma anche, e sopratutto, delle osservazioni fatte a suo tempo circa le precedent edizioni del libro e che mi pregio di inviarLe qui unite nuovamente, in duplice copia (Allegati N.4). Parimenti in duplice copia Le invio anche il parere che fu dato circa la ristampa della seconda edizione (Allegato N.5)". – Die übersandten Kopien der früheren Gutachten deuten darauf hin, dass man in Freiburg zwar die verschollenen Nuntiaturschreiben von 1941 wiedergefunden hatte, aber eventuell nicht sämtliche Beilagen. Zu den möglichen Hintergründen um das Gutachten zur Neuauflage (von 1949) vgl. oben.

[372] Lortz, [Mainz], an Höfer, Rom, 23.05.1962. IEG, NL Lortz [1233].

[373] Lortz, [Mainz], an Schäufele, Freiburg, 19.05.1962. IEG, NL Lortz [732].

[374] „Unter dem Datum vom 18.4.1961 erhielt ich vom Verlag Herder die Mitteilung, daß man mein oben genanntes Buch beim Erzbischöflichen Ordinariat Freiburg zu einem neuen Imprimatur eingereicht habe. Später wurde mir mitgeteilt, daß sich das so lange gesuchte Schriftstück römischer Behörden gefunden habe, worin gewisse Ausstellungen an dem Buch gemacht worden seien, und daß deshalb das Erzbischöfliche Ordinariat in Freiburg das Imprimatur in Rom beantragen müsse. Der Verlag Herder besorgte daraufhin die Textunterlagen der letzten und der vorletzten Auflage des genannten Buches, die den Beweis erbringen sollten, daß von uns bzw. von mir aus den Wünschen in Rom

Schäufele, nachdem inzwischen über sieben Monate ohne Nachricht verstrichen seien, ihm „über den Stand der Sache Auskunft geben zu lassen" und ggf. „die Sache in Rom beschleunigen zu helfen"[375]. Lortz schloss sein auffallend förmliches – wohl zur Weitergabe an Dritte gedachtes – Schreiben: „Darf ich nun, Hochwürdigster Herr Erzbischof, in vollem Vertrauen auf Ihr Verständnis meinen oben ausgedrückten Wunsch erneuern. Ich denke, daß er ein durchaus billiges Verlangen ausspricht".

Offensichtlich kam es infolge dieses Briefes am 5. Juni zu einer persönlichen Aussprache zwischen Lortz und Schäufele, in deren Verlauf Lortz wohl über die tatsächlichen Verhältnisse rund um die Imprimaturfrage mit Rom aufgeklärt wurde. Es ist typisch für Lortz, dass er nach dem Besuch in Freiburg in einem weiteren – nun deutlich weniger förmlichen – Schreiben an Schäufele noch einmal einige Punkte festhielt[376]:

---

bereits Rechnung getragen sei. Diese Nachrichten des Verlegers, die mir auf meine telephonische Anfrage zugingen, stammen vom 14. Juli 1961. Möglicherweise könnte also der in Frage stehende Antrag des Freiburger Ordinariats etwa im Monat August nach Rom abgegangen sein. Eine Bearbeitung in Rom hätte also etwa ab Anfang Oktober erfolgen können".

[375] Gebetsmühlenhaft wiederholte Lortz auch gegenüber Schäufele seine alten Argumente: „Ich darf dabei auf folgende Punkte hinweisen: 1.) mir selbst war von einer Auflage Roms nichts bekannt; 2.) mir selbst war nicht bekannt, daß das Imprimatur von 1948 (die 3. Auflage des Buches) jemals zurückgezogen worden sei, was ja auch nach allem, was ich höre, anscheinend nicht amtlich geschehen ist; 3.) im Gegenteil: ich hatte die ausdrücklichen Aussagen von Bischof Clemens August von Galen, Münster (dem späteren Kardinal) und von Bischof Rusch, Innsbruck, daß keinerlei Widerspruch vorliege. Bischof Rusch hat mir das noch am 17. Mai 1960 bestätigt. Ich erlaube mir, Ihnen die Abschrift des betreffenden Schriftwechsels beizulegen". Wiederum betonte Lortz die dringende Notwendigkeit der Neuauflage: „Durch das tatsächliche Nichterscheinen (bzw. durch die faktische Verhinderung seines Neuerscheinens) eines Buches, das immer wieder verlangt wurde und verlangt wird, bin ich ideell und materiell erheblich geschädigt worden. Das Nichterscheinen belastet ausserdem an manchen und keineswegs unwichtigen Stellen das Verhältnis der christlichen Konfessionen untereinander nicht unerheblich. Das Mißtrauen evangelischer Stellen wegen des Nichterscheinens des Buches wird immer wieder in der einen oder andern Form geäussert. Dieses Mißtrauen ist besonders vor dem Konzil für die katholische Sache unerwünscht. Die Thesen des Buches sind im großen und ganzen so sehr Allgemeingut der katholischen Reformationsgeschichtsschreibung geworden; sie sind auch so sehr von verschiedenen Büchern übernommen worden, die mit kirchlichem Imprimatur und sogar mit ausdrücklicher kirchlicher *Empfehlung* erschienen, daß ein sachlicher Widerstand gegenüber dem Buch, besonders heute, wohl kaum gerechtfertigt werden kann". Schließlich berief sich Lortz noch auf das Urteil von Schäufeles Vorgänger: „In diesem Zusammenhang darf ich eine Bemerkung einfügen über die Einstellung Ihres lieben verehrten Herrn Vorgängers selig, Erzbischof Dr. Wendelin Rauch. Er war, das hat er mir selbst gesagt, zunächst ein sehr kräftiger Gegner des Buches. Aber nach den Vorträgen, die ich für die Studentengemeinde der Universität Freiburg unter Ihrer Ägide im vorletzten Kriegsjahr hielt, hatte er seine Stellungnahme, was Ihnen ja wohl bekannt sein dürfte, vollkommen geändert".

[376] Lortz, [Mainz], an Schäufele, Freiburg, 06.06.1962. IEG, NL Lortz [732]. Abgedr. bei ULIANICH, Geschichtsschreibung, 191 f.

„Auf Grund der Äußerung von Pius XII, die ich Dir ja in meinem letzten Brief unterbreitete, auf Grund der Zustimmung von Bischof von Galen und von meinem eigenen Bewußtsein her, kann ich mir einfach nicht denken, daß vom katholischen Standpunkt aus ein ernsthaftes Gravamen gegen das Buch vorgebracht werden könnte.

Aber da Du mir sagtest, Du müßtest eine Begründung Deines Entschlusses geben, erlaube ich mir, Dich darauf aufmerksam zu machen, wie die Protestanten das Buch aufgenommen haben. Gewiß – und darüber sind wir wohl beide froh – hat es wirklich zu einem Umbruch mit geholfen in dem Sinne, daß beide Lager echt zusammen über Luther sprechen können. Aber gleichzeitig – und daran möchte ich erinnern – wurde es empfunden als ‚l'attaque la plus dangereuse jamais lancée contre Luther et son oeuvre‘: so der Protestant Richard Stauffer in DOMUS UNIVERSITATIS 24 (1961) Nr. 72 S. 50, wobei er sich bezieht auf Heinrich Bornkamm: ‚Der ernsteste Angriff auf Luther und sein Werk; der einzige, auf den einzugehen sich lohnt‘[377] in ‚400 Jahre katholischer Lutherforschung‘ in: Festschrift für Gerhard Ritter, Tübingen 1950, S. 228. Soviel ich weiß, hat Bornkamm aber auch den Ausdruck gebraucht: ‚gefährlichsten Angriff‘[378]. Die Warnung wurde übrigens protestantischerseits öfters versteckt oder offen vorgebracht (z.B. im Materialdienst des Konfessionskundlichen Instituts des Evangelischen Bundes in Bensheim).

In welcher Form sogar der gütige Landesbischof Wurm glaubte, meine Darlegungen nur als den getarnten Angriff eines Jesuitenschülers gegen Luther begreifen zu können, ersiehst Du aus dem beiliegenden Auszug[379] (wobei Denifle zum Jesuiten wird!)“.

Zur weiteren Untermauerung der ‚gut katholischen‘ Haltung seiner Reformationsgeschichte führte Lortz abschließend noch eine bischöfliche Anekdote dazu an: „Da sie mir eben in den Sinn kommt, füge ich noch eine Erinnerung an Bischof-Kardinal von Galen bei, der in allen catholicis so emp-

---

[377] Vgl. BORNKAMM, Luther zwischen den Konfessionen, 228: „Diese ausgewogene Verbindung der Motive macht die Auseinandersetzung mit dem Buche von Lortz so ersprießlich und zugleich sachlich so nötig. Denn es ist in seiner Sachlichkeit nicht nur das würdigste katholische Buch über die Reformation, sondern auch der ernsteste Angriff auf Luther und sein Werk; der einzige, auf den einzugehen sich lohnt. Lortz hat nicht nur dem interkonfessionellen Gespräch, sondern auch seiner Kirche einen großen Dienst damit getan“.

[378] Möglicherweise eine Verwechslung; früher hatte Lortz eine entsprechende Äußerung immer Gerhard Ritter zugeschrieben, als er sich 1950/52 u. a. gegenüber Leiber darauf berufen hatte (vgl. oben).

[379] Lortz fügte seinem Brief eine Abschrift aus Wurms Erinnerungen bei – vgl. Theophil WURM, Erinnerungen aus meinem Leben, Stuttgart 1953, 209: „Sehr wertvoll war mir das Zusammentreffen mit Professor Lortz, dem Verfasser der großen zweibändigen deutschen Reformationsgeschichte, der besonders der katholischen Forschung neue Wege gewiesen hat. Lortz hat, wie er mir selbst sagte, seine wissenschaftliche Ausbildung im collegium germanicum in Rom erhalten. Also Jesuitenschüler! Von da aus wurde mir der psychologische Hintergrund der großen Schwenkung, die sich in der katholischen Reformationsgeschichtsschreibung vollzogen hat, klar. Jesuiten wie Denifle [sic] und Grisar waren es, die um die Jahrhundertwende Luther als religiöse Persönlichkeit, als Mann des Glaubens und der Kirche vernichten wollten. [...] Das war der Frontalangriff gegen den deutschen Protestantismus gewesen. [...] Der Frontalangriff war gescheitert. Aber eine im Geisteskampf so geschulte Truppe wie der Jesuitenorden läßt sich durch eine solche Niederlage nicht entmutigen. Wenn der Frontalangriff nicht zum Ziel führt, kann man es nicht mit einem Umgehungsmanöver versuchen?“

findlich genau war und auf dessen freundschaftliche Treue ich deshalb einigermassen pochen darf. Nachdem am 10. Oktober 1943 sein Palais in Münster durch Bomben zerstört war, besuchte ich ihn im Priesterseminar, wo er bescheiden zwei kleine Zimmer bezogen hatte. Als ich ihm meine Anteilnahme an seinem Geschick aussprach, schob er das mit folgenden Worten beiseite: ‚Ach, Herr Professor, der liebe Gott weiss schon, was einem gut ist. Ich bin hier ganz gut aufgehoben, habe alles, was ich brauche. Und sehen Sie, ich habe sogar Ihre beiden Bände Reformation, die mir zugrundegingen, schon wieder auf meinem Tisch …‘"

Wie dieses Schreiben von Lortz zeigt, nahm Schäufele seine Verantwortung in der Angelegenheit durchaus ernst und wollte seine Entscheidung in der Imprimaturfrage gegenüber Rom bzw. der Nuntiatur offenbar auch eingehend begründen. Inwieweit die von Lortz angeführten Aspekte ihm dabei allerdings zweckmäßig erschienen, ist fraglich: Gegenüber der Nuntiatur rechtfertigte sich Schäufele am 15. Juni 1962 für seinen Entschluss, das Imprimatur zu erteilen, mit deutlich weniger ‚offensiven‘ Argumenten[380]. So teilte er dem Nuntius nun mit, er habe „nach eingehender Prüfung und reiflicher Überlegung mit Datum vom 15. Juni 1962 Nr. 7556 die kirchliche Druckgenehmigung zur unveränderten vierten Auflage des Werkes von Professor Dr. Lortz ‚Die Reformation in Deutschland‘ erteilt". Dabei seien folgende Gesichtspunkte für ihn bestimmend gewesen:

1. Gegenüber der ersten Auflage sei der Text der zum Abdruck kommenden dritten Auflage „in vielen Punkten unter Berücksichtigung der Schreiben der Apostolischen Nuntiatur vom 10.5. [sic] und 10.6.1941 korrigiert und gegenüber möglichen Mißverständnissen abgesichert worden. Eine noch tiefer greifende Korrektur könnte nur in Form einer völligen Neubearbeitung des Werkes durchgeführt werden. Dazu ist der betagte Verfasser nicht mehr in der Lage".

2. „Gerade die unveränderte Neuauflage wird weder in Kreisen der Fachwissenschaft noch in der Öffentlichkeit grössere Beachtung finden. Denn das Werk ist in zahlreichen Bibliotheken zugänglich. Es ist außerdem nicht auf den Stand der heutigen Forschung gebracht. Wie ich von fachkundiger Seite unterrichtet bin, wird das Werk auch von evangelischer Seite wegen des Fehlens der wissenschaftlichen Belege, die in einem bisher nicht vorgelegten eigenen Band erbracht werden sollten, kritisch beurteilt. Es besteht somit keine Gefahr, daß das Neuerscheinen des Werkes irgendwie von sich reden machen wird".

3. „Umgekehrt aber würde die Verweigerung der kirchlichen Druckgenehmigung zum unveränderten Neudruck ganz sicher Aufsehen erregen und könnte leicht von interessierter Seite zum Schaden des kirchlichen Ansehens

---

[380] Schäufele, Freiburg, an Nuntiatur (Bafile), Bad Godesberg, 15.06.1962. EAF B2–1945/1022.

hochgespielt werden und so zu einer im Augenblick[381] nicht erwünschten Belastung des konfessionellen Klimas führen". Insgesamt sei Schäufele daher im gegebenen Fall die Gewährung des Imprimatur „als das kleinere Übel" erschienen, so dass er sich letztendlich, „wenn auch nicht leichten Herzens", für die Erteilung entschieden habe.

Insgesamt führte Schäufele also auffallend wenig Argumente aus Lortz' Arsenal ins Feld, um die Druckerlaubnis der *Reformation* gegenüber Rom bzw. dem Nuntius als positiv-förderlich für die katholische Sache erscheinen zu lassen – eigentlich nur die Andeutungen zur potentiellen „Belastung des konfessionellen Klimas" bei Verweigerung der Neuauflage. Stattdessen brachte Schäufele einige Punkte an, die so wohl kaum Lortz' Beifall gefunden hätten, etwa die altersbedingte Unfähigkeit des Autors zur Überarbeitung seines Werkes oder die praktische Bedeutungslosigkeit der Neuauflage in der aktuellen Diskussion[382]. Doch wie auch immer der Erzbischof seinen Entschluss offiziell begründete: das Ergebnis war jedenfalls die Druckerlaubnis für die vierte Auflage von Lortz' Reformationsgeschichte.

3.3 Vom Imprimatur bis zur Drucklegung der 4. Auflage

Lortz' Bemühungen waren nun also endlich von Erfolg gekrönt: Am 15. Juni 1962 benachrichtigte das Erzbischöfliche Ordinariat den Herder-Verlag (sowie Lortz) über die Erteilung des Imprimatur für die neue Auflage der *Reformation in Deutschland*[383]. Lortz dankte dem Ordinariat am 19. Juni „ergebenst für die fr[eun]dl[iche] Übersendung des Durchschlags Ihres Briefes an den Verlag Herder"[384] und schrieb am selben Tag auch an Robert Scherer, dass er „heute Durchschlag des Imprimatur" erhalten habe: „Deo gratias!"[385] Zugleich schlug er Scherer eine Aktualisierung des Literaturverzeichnisses in der Neuauflage vor: „Ich denke, daß es für den Absatz des Buches günstig wäre, wenn die Literaturhinweise entsprechend den Bedürfnissen des Buches auf den neuesten Stand gebracht und auf Veröffentlichungen der letzten Jahre ergänzt werden. Ich denke nicht, daß eine teilweise Neugestaltung der Literaturhinweise etwas ändert an der Gültigkeit der kirchlichen Druckerlaubnis,

---

[381] Auch hier dürfte wieder vor allem an das unmittelbar bevorstehende Zweite Vatikanische Konzil gedacht sein.

[382] Letzterer Aspekt war bereits 10 Jahre zuvor vom damaligen Erzbischof Rauch zur Beschwichtigung Roms angesichts der 3. Auflage angeführt worden: „Heute ist in Deutschland Ruhe um dieses Werk, und es besteht auch kein Kaufinteresse mehr dafür. Seinc Zeit ist vorüber". Rauch, Freiburg, an Bea, Rom, 08. 11. 1952. EAF B2–1945/1022. – Womöglich ließ sich Schäufele sogar (u. a.) von diesem Schreiben in den Ordinariatsakten inspirieren?

[383] EO, Freiburg, an Herder, Freiburg, 15. 06. 1962. EAF B2–1945/1022. – Vgl. den offiziellen Vermerk in den veröffentlichten Bänden der 4. Auflage: „Imprimatur. – Freiburg im Breisgau, 15. Juni 1962 | Der Generalvikar: Föhr". LORTZ, Reformation (⁴1962) I/II, [IV].

[384] Lortz, Mainz, an EO, Freiburg, 19. 06. 1962. EAF B2–1945/1022.

[385] Lortz, Mainz, an Scherer, Freiburg, 19. 06. 1962. IEG, NL Lortz [1233].

die erteilt wurde ,für die als unveränderten Neudruck vorgesehene 4. Auflage'".

Scherer teilte Lortz – offensichtlich nach weiterem (eventuell auch mündlichem) Austausch in der Zwischenzeit – am 23. Juli „das Ergebnis unserer Überlegungen" mit, wobei es auch um die Frage einer möglichen Ausgabe als Taschenbuch ging[386]: „Wir sind fürs erste davon abgekommen, das Werk jetzt in der Taschenbuchreihe zu veröffentlichen, was nicht ausschließt, daß wir diesen Plan zu einem späteren Zeitpunkt wieder überlegen. Wir machen also jetzt eine Neuauflage ohne Änderungen, und ich würde vorschlagen, daß Sie die Bibliographie durch einen Literaturnachtrag ergänzen, damit wir keine Zeit verlieren und mit der Herstellung beginnen können. Das hätte auch den Vorteil, daß wir mit dem Umbruch im Literaturverzeichnis keine Schwierigkeiten hätten".

Lortz war einverstanden[387], wies den Verlag zudem noch auf „eine Reihe von kleineren Versehen" in der *Reformation* hin[388]. Zum Stand der Literaturnachträge kündigte er an: „Die Ergänzung zu den Literaturhinweisen ist zur Hälfte fertig. Ich hoffe, daß ich sie doch noch bis Dienstagabend fertig bekomme und Ihnen zuschicken kann". Ferner hatte Lortz noch besondere Wünsche für seine Freiexemplare, die er wieder „auf besonders schwerem Papier und unbeschnitten, gerupft, gebunden" geliefert haben wollte. Am 1. August ließ Lortz Scherer dann die fertigen „Nachträge zu den Literaturhinweisen" zukommen, zusammen mit der Bitte, für ihn und seine Mitarbeiter „ein paar Dutzend Separatabzüge dieser Nachträge mitdrucken zu lassen"[389].

Scherer dankte Lortz am 3. August für seine Mitteilungen und bestätigte den Erhalt der „Literaturnachträge", die gleich „zum Satz gegeben" worden seien[390]. Am 7. August meldete er allerdings hinsichtlich der „Freistücke auf gerupftem Büttenpapier" technische Schwierigkeiten an[391]: „Diese Sonderdrucke wurden damals als Handabdruck gemacht, was möglich war, weil das Werk frisch gesetzt worden war. Bei Offsetdruck können solche Handabzüge nicht gemacht werden. Es gibt wohl die Möglichkeit, Büttenpapier für den Druck zu nehmen und den Rand mit einer Pappschere aufzurauhen, was aber nicht dasselbe ist [...]. Ich wollte Sie gleich auf diesen Umstand auf-

---

[386] Scherer, Freiburg, an Lortz, [Mainz], 23.07.1962. IEG, NL Lortz [1233].

[387] „Mir ist das recht, obschon es vielleicht ein Schönheitsfehler ist, daß der Nachtrag nicht in die Bibliographie eingearbeitet wird". Lortz, [Mainz], an Scherer, Freiburg, 24.07.1962. IEG, NL Lortz [1233].

[388] „Ich nehme an, daß Sie die noch ändern können. Für alle Fälle schicke ich sie Ihnen beiliegend zu". Lortz, [Mainz], an Scherer, Freiburg, 27.07.1962. IEG, NL Lortz [1233]. – Dem Schreiben lag eine handschriftliche Liste mit rund 20 zu korrigierenden Stellen bei (v. a. Druckfehler). Dies betraf allerdings keine bei den früheren Auflagen im Rahmen der Zensur umstrittenen Stellen.

[389] Lortz, [Mainz], an Scherer, Freiburg, 01.08.1962. IEG, NL Lortz [1233].

[390] Scherer, Freiburg, an Lortz, [Mainz], 03.08.1962. IEG, NL Lortz [1233].

[391] Scherer, Freiburg, an Lortz, [Mainz], 07.08.1962. IEG, NL Lortz [1233].

merksam machen und Sie bitten, sich mit dieser Kompromißlösung einverstanden zu erklären"[392].

Weitere Nachrichten zum Fortgang der Sache konnte Scherer dann am 6. September melden[393]: „Wie Sie wissen, haben wir mit der Herstellung der Neuauflage Ihres Werkes ‚Die Reformation in Deutschland' bereits begonnen und zunächst den neuen Text des Vorworts und die nachträglichen Korrekturen abgesetzt. Bevor wir die Druckvorlagen für den Offsetnachdruck schaffen, möchten wir Ihnen noch einmal einen Duplikatabzug dieser nachträglichen Korrekturen, vor allem auch des abgesetzten Vorworts, zusenden". Scherer bat besonders um Mitteilung, „ob wir das Vorwort in dieser abgesetzten Form drucken können"; auch auf Lortz' „Durchsicht des Literaturverzeichnisses", das „in einigen Tagen" nachfolge, werde man „wohl nicht verzichten können".

Lortz antwortete umgehend und sandte Scherer „die Korrekturen zum Vorwort der ‚Reformation' zurück"[394]. Er nehme allerdings an, dass das bisherige Vorwort der zweiten Auflage mit abgedruckt werde. Neben einigen anderen Bemerkungen kam Lortz noch auf eine Besonderheit der Publikationen des Instituts für Europäische Geschichte zu sprechen: „In allen Veröffentlichungen unseres Instituts bringen wir einen Vermerk ‚Aus dem Institut für Europäische Geschichte, Mainz'. Darüber oder darunter ein Signet unserer DOMUS UNIVERSITATIS, ähnlich wie auf unsern Briefumschlägen. [...] Wollen Sie, bitte, das Signet mit dem Text ‚Aus dem Institut für Europäische Geschichte, Mainz' auf der Rückseite des Titelblattes anbringen".

Am 11. September erhielt Lortz dann in Sachen Vorwort Nachricht von einem Stellvertreter Scherers, da dieser zur Zeit „auf einer Geschäftsreise" war[395]: „Was das Vorwort betrifft, so hatten wir daran gedacht, lediglich die Neufassung zur 4. Auflage zu drucken bzw. das Vorwort zur 4. Auflage anstelle des Vorworts zur 2. Auflage zu setzen. Wenn Sie den Abdruck beider Vorworte wünschen, müßten wir entsprechend Raum schaffen und das könnten wir eigentlich nur erreichen, wenn wir auf die Widmung verzichten. Diese Frage möchten wir somit Ihrer Entscheidung überlassen". Lortz stellte daraufhin klar, dass er „auf die Widmung auf keinen Fall verzichten" wolle[396]. Er bescheide sich also damit, dass „die Neufassung des Vorworts zur 4. Auflage" gedruckt werde. Den Text des neuen Vorworts „mit einer ergänzenden Anmerkung"[397] fügte er bei.

Am 3. Oktober 1962 sandte Lortz „den ersten Korrekturabzug der Literaturnachträge" zurück und erklärte sich mit 30 Sonderabzügen einverstan-

---

392 Lortz vermerkte auf dem Schreiben dazu handschriftlich: „ja".
393 Scherer, Freiburg, an Lortz, [Mainz], 06.09.1962. IEG, NL Lortz [1233].
394 Lortz, Mainz, an Scherer, Freiburg, 07.09.1962. IEG, NL Lortz [1233].
395 Herder (i.A. Johna), Freiburg, an Lortz, [Mainz], 11.09.1962. IEG, NL Lortz [1233].
396 Lortz, [Mainz], an Scherer, Freiburg, 13.09.1962. IEG, NL Lortz [1233].
397 Gemeint ist die zweite Fußnote (über die Literaturnachträge), die in Lortz' Typoskript des Vorworts vom 14. April 1961 noch nicht enthalten war (vgl. oben).

den[398]. Außerdem brachte er wie in den ersten Auflagen „Bildbeilagen" ins Spiel und gab ferner zu bedenken: „Wäre es nicht im Interesse des Absatzes wichtig, einigermassen Schritt zu halten mit dem Konzil? Ihm zuvor zu kommen, wird ja nicht mehr möglich sein"[399]. Scherer beteuerte, man sei „noch mit der Ausführung der Korrekturen beschäftigt", suchte aber auch zu erläutern, weshalb alles seine Zeit brauche[400]: „Diese vorbereitenden Arbeiten sind zum Teil recht umfangreich, da wir den Offsetnachdruck nicht von der 3. Auflage [1949] vornehmen können. Das Druckbild dieser 3. Auflage ist sehr schlecht. Wir müssen als Reproduktionsvorlage das bessere Druckbild der 1. Auflage benützen, dabei allerdings alle Korrekturen der folgenden Auflagen in die 1. Auflage einkleben"[401]. Der Verlag sei selbst daran interessiert, das Werk „so bald als möglich vorzulegen", und hoffe, dass dies „noch Ende November, sicherlich aber vor Weihnachten" möglich sei. Die endgültige Auflagenhöhe sei auf 2500 Exemplare und 150 Freistücke festgesetzt.

Auf die wiederholte Nachfrage von Lortz wegen Bebilderung des Werkes[402] antwortete Scherer allerdings negativ: Man müsse darauf verzichten, „um bei der geringen Auflage den Preis nicht noch teurer werden zu lassen"[403]. Am 24. Oktober retournierte Lortz den letzten Korrekturabzug mit dem Klischee („Domus Universitatis"), gab noch einige Hinweise zur besseren Anordnung der Beschriftung und wies eigens darauf hin, er habe das Imprimatur nach dem Brief, den ihm das Ordinariat am 15. Juni 1962 zugeschickt habe, ergänzt[404]. Die Nachfrage, weshalb der Verlag „die Auflage so niedrig angesetzt" habe, beantwortete Scherer mit dem Hinweis, angesichts von drei Auflagen mit insgesamt 18000 Exemplaren könne man die neue Auflage mit 2500 Exemplaren „nicht als niedrig bezeichnen". Es sei heute „natürlich sehr schwer einzuschätzen, wie die Nachfrage sein wird"[405].

Inzwischen nahm die Neuauflage immer konkretere Formen an. So berichtete Scherer am 2. November von einem „neuen Schutzumschlag", dessen „Entwurf" er Lortz zusandte[406]: „Wir haben ihn um das sog. Blindmuster gelegt, so daß Sie sich eine konkretere Vorstellung über das Äußere der Neuauflage machen können. Ich hoffe, daß Sie mit dieser schlichten, sachlichen Lösung einverstanden sind und möchte Sie bitten, mir den Blindband mit dem Schutzumschlag so bald als möglich wieder zurückzusenden, damit wir

---

[398] Lortz, [Mainz], an Scherer, Freiburg, 03.10.1962. IEG, NL Lortz [1233].

[399] Das Zweite Vatikanische Konzil wurde kurz darauf am 11. Oktober 1962 eröffnet.

[400] Scherer, Freiburg, an Lortz, [Mainz], 11.10.1962. IEG, NL Lortz [1233].

[401] Warum als Vorlage nicht die 2. Auflage 1941 gewählt wurde, die fast alle Korrekturen bereits enthielt und ein ebenso gutes Druckbild wie die 1. Auflage bot, ist unbekannt. Möglicherweise stand einfach kein Exemplar zur Verfügung.

[402] Lortz, [Mainz], an Scherer, Freiburg, 20.10.1962. IEG, NL Lortz [1233].

[403] Scherer, Freiburg, an Lortz, [Mainz], 23.10.1962. IEG, NL Lortz [1233].

[404] Lortz, [Mainz], an Scherer, Freiburg, 24.10.1962. IEG, NL Lortz [1233].

[405] Scherer, Freiburg, an Lortz, [Mainz], 25.10.1962. IEG, NL Lortz [1233]. – Allerdings erschien 1965 dann bereits ein weiterer Nachdruck als 5. Auflage, man hatte also wohl doch zu niedrig kalkuliert.

[406] Scherer, Freiburg, an Lortz, [Mainz], 01.11.1962. IEG, NL Lortz [1233].

die Unterlagen an die Druckerei weitergeben können". Wie gut die Kontrolle war, zeigte die Antwort von Lortz[407]: „Ich finde den Umschlag ausgezeichnet, abgesehen von dem einen Fehler: Joseph darf auf keinen Fall und unter keinen Umständen mit ‚f' geschrieben werden. Ich heisse Joseph mit ‚ph'. Das muß unbedingt geändert werden!" Auch mit dem Einband war Lortz noch nicht vollkommen zufrieden: „Den Einband finde ich recht blässlich. Haben Sie nicht eine annähernd kupfer- oder weinrote Farbe, wie wir das früher hatten? Das würde dem Buch besser zu Gesicht stehen". Ansonsten war Lortz schon voller Vorfreude: „Nun warte ich mit Spannung darauf, daß ‚Die Reformation in Deutschland' noch rechtzeitig für den Weihnachtsverkauf verfügbar sein wird".

Diese Freude wurde nur noch einmal etwas getrübt, als Scherer am 12. November das Thema Honorar ansprach[408]: „In letzter Minute entdecke ich mit Schrecken, daß wir unsere Kalkulation auf einem Honorar von 10 % aufgebaut haben, daß Sie aber früher außergewöhnlicherweise 15 % lt. Vertrag erhielten. Das ist mir höchst peinlich und unangenehm, und ich kann Sie nur auf die verheerenden Folgen dieses Versehens aufmerksam machen. Bei 10 % Honorar haben wir einen *ca.-Preis* von DM 75.– für das Gesamtwerk errechnet, bei 15 % Honorar kämen wir auf einen *ca.-Preis* von über DM 90.– für beide Bände zusammen. Weil die 15 % sonst nie üblich sind, war ich gar nicht auf den Gedanken gekommen, daß der frühere Vertrag auf 15 % lautete. Hätte ich das gleich festgestellt, würde ich Ihnen die Neuauflage nicht unter den früheren Bedingungen zusichern können. Was bleibt also zu tun? Sind Sie mir böse, wenn ich Sie darum bitte, sich mit 10 % zufrieden zu geben?"
Lortz zeigte sich erwartungsgemäß wenig begeistert[409]: „Ihre Entdeckung in letzter Minute ist natürlich ein Schrecken, nicht nur für Sie. Auch ganz abgesehen von den Details ist es mir nicht sehr angenehm, Honorarfragen nochmals zu diskutieren. Ich sage nochmals, weil vor Abschluß des Vertrags [1937/38] vielerlei Briefe des Verlags an mich kamen, die mich veranlassen sollten, von meiner Forderung von 15 % auf einen niedrigeren Prozentsatz zurückzugehen"[410]. Mit einem Honorar von 10 % wollte sich Lortz auch jetzt nicht abfinden: „Nun schlagen Sie mir vor, mich mit 10 % zufrieden zu geben. Bei dem angegebenen ca.-Preis von DM 75.– würde ich dann 7.50 DM pro Exemplar (von 2 Bänden) bekommen. Das ist grosso modo das, was ich früher bekam, als das Buch DM 45.– kostete [1949/50]. Das würde also bedeuten, daß alle Beteiligten an den inzwischen leider eingetretenen starken Preiserhöhungen teilhätten, nur der Autor nicht. Ich glaube nicht, daß dies angemessen wäre". Lortz wunderte sich zudem über den hohen Verkaufspreis der Neuauflage: „Ich kenne mich in der Kalkulation von Büchern –

---

[407] Lortz, [Mainz], an Scherer, Freiburg, 05.11.1962. IEG, NL Lortz [1233].
[408] Scherer, Freiburg, an Lortz, [Mainz], 12.11.1962. IEG, NL Lortz [1233].
[409] Lortz, [Mainz], an Scherer, Freiburg, 13.11.1962. IEG, NL Lortz [1233].
[410] Zu den Honorarverhandlungen im Zuge der 1. Auflage vgl. oben.

trotzdem ich damit so viel zu tun hatte und habe – schlecht aus. Ich weiß nicht, wie Ihre Kalkulationsabteilung zu diesem Preis von DM 75.– gekommen ist. Ich gebe immerhin zu überlegen, daß es sich um ein Werk in 4. Auflage handelt und zwar ohne Neusatz. Neue Arbeit machten nur die einzuklebenden Unterschiede zwischen der ersten und dritten Auflage und die hinzugefügten Seite[n] der Literaturhinweise. Ich glaube, die Tatsache [...] muß ja wohl bei der Preisfestsetzung berücksichtigt werden". Lortz machte schließlich folgendes Angebot: „Überlegen Sie, bzw. Ihre Kalkulationsabteilung, ob Sie den ca.-Preis von *höchstens* 75.– DM (mir scheint er zu hoch; 68.– DM wäre besser) beibehalten könnten, wenn Sie mir 12½% Honorar zahlen". Nebenbei erkundigte er sich noch, „wie viel Freiexemplare Sie mir von der vorgesehenen Auflage zur Verfügung stellen können".

Scherer antwortete Lortz am 20. November[411]: „Die Voraussetzungen und die Kosten für die Herstellung einer Neuauflage haben sich seit Erscheinen der letzten (3.) Auflage [1949] so verändert, daß wir mit einem Honoraranteil von 15% keinen vertretbaren Ladenpreis erreichen. Dazu kommt, daß wir die 3. Auflage noch mit über 5.000 Exemplaren drucken konnten. Ich schrieb Ihnen schon, daß wir uns nach gründlichen Überlegungen auch mit den Herren unseres Vertriebs nicht für einen Druck von mehr als 2.500 Exemplaren entschließen konnten. Diese verhältnismäßig niedrige Auflagenhöhe treibt den Verkaufspreis ohnehin schon in die Höhe". Auf Lortz' Rückfrage hin erläuterte Scherer nun auch detaillierter den aufwendigen technischen Herstellungsprozess: „Wenn es sich auch hier um einen nach außen fast unveränderten Nachdruck handelt, so sind die Aufwendungen für einen Offsetdruck immer noch bedeutend, da uns von den früheren Auflagen keinerlei Matern oder Stereoplatten mehr zur Verfügung standen. Gegenüber einem Neusatz haben wir uns für das trotzdem noch billigere Offsetverfahren entschieden, obwohl auch hier im Vergleich zu Offsetnachdrucken neuerer Werke bedeutende zusätzliche Kosten anfielen. [...] [So] mußten wir im Falle der Neuauflage Ihres Werkes zunächst ein Exemplar der 1. Auflage inhaltlich auf den letzten Stand bringen – was bei der Vielzahl der oft nur kleinen Änderungen eine äußerst zeitraubende Arbeit war – und dann beide Bände Seite für Seite fotografieren, um mit den Filmen die Montage vorzunehmen, nach der die Offsetplatten hergestellt werden können. [...] Hier fallen also nicht Erleichterungen für die Gesamtkalkulation an, sondern effektive Erschwerungen, die wir in verschiedenen Vorauskalkulationen und Vergleichen genau erfaßt haben". Schließlich ging Scherer auf den von Lortz angebotenen Kompromiss ein: „Ihren Vorschlag, das Honorar auf 12½% [...] herabzusetzen, habe ich sogleich kalkulatorisch prüfen lassen. Dabei zeigte es sich, daß wir den von Ihnen angestrebten Höchstpreis von 68,-- DM für beide Bände nicht verwirklichen können. Dagegen glauben wir, mit einer äußerst knappen Kalkulation einen Höchstpreis von ca. 75,-- DM für beide Bände bei einem Honorar von 12½% vom ungebundenen Exemplar erreichen zu können [...]. In

---

[411] Scherer, Freiburg, an Lortz, [Mainz], 20.11.1962. IEG, NL Lortz [1233].

diesem Zusammenhang möchte ich, nur um Ihnen Anhaltspunkte für Kostenfaktoren zu geben, erwähnen, daß Ihre auf besonderes Papier gedruckten 25 Freiexemplare einen Mehraufwand von ca. 800,-- DM mit sich bringen". Scherer versicherte zuletzt noch einmal, verschiedene Möglichkeiten für die Durchführung der Neuauflage geprüft zu haben; man habe sich schließlich „für den wirklich billigsten Weg" entschieden.

Zwar schwenkte Lortz nun auf das Kompromissangebot von 12,5 % ein, konnte es aber nicht unterlassen, sich weiterhin über die hohen Herstellungskosten zu wundern[412]: „Erst Ihr jetziger Brief läßt mich an Folgendes denken: Als ich seinerzeit (es war vielleicht im Januar 1960[413]) mit meinem Assistenten Peter Manns in Ihrem Hause wegen der nun fällig werdenden Neuveröffentlichung der ‚Reformation' verhandelte, war die Rede davon, daß Sie ohne weiteres mit dem Druck beginnen könnten, da die Matern (oder Matrizen) noch vorhanden seien. […] Hatte er sich geirrt, oder ist das Vorhandensein dieser Matern jetzt übersehen worden?" Auch hinsichtlich seiner „auf besserem Papier gedruckten 25 Freiexemplare" staunte Lortz über den Mehraufwand: „Liegt da nicht ein Irrtum vor? Das würde ja bedeuten, daß pro Exemplar ein Betrag von sage und schreibe DM 32.-- herauskäme …"

Zwischenzeitlich bestätigte Lortz am 26. November „den Eingang der Aushängebogen" des ersten Bandes[414]. Scherer antwortete am 30. November noch einmal ausführlich auf die von Lortz berührten Fragen der technischen Details[415], konnte jetzt außerdem mitteilen, dass nun „auch der Druck des 2. Bandes abgeschlossen worden" sei und Lortz „in den nächsten Tagen weitere Aushängebogen" erhalte.

---

[412] Lortz, [Mainz], an Scherer, Freiburg, 23.11.1962. IEG, NL Lortz [1233].

[413] Gemeint ist möglicherweise das Gespräch bei Herder am 25. Januar 1961 (!); vgl. Lortz, Mainz, an Herder-Dorneich, Freiburg, 26.01.1961. IEG, NL Lortz [732].

[414] Lortz, [Mainz], an Scherer, Freiburg, 26.11.1962. IEG, NL Lortz [1233].

[415] So habe der hohe Aufwand für Lortz' Freiexemplare „in der Tat seine Berechtigung": „Die größte Unkostenquelle liegt vor allem in der unterschiedlichen Stärke und Beschaffenheit des Papiers. Wenn auch die Kosten für das Papier lediglich ca. 170,-- DM betragen, so fallen vor allem beim Druck zusätzliche Arbeiten bei der Umstellung der Maschine an. Der Drucker muß nach dem Druck der Buchhandelsausgabe die Maschine für den Druck der Freiexemplare umstellen. Dazu braucht er pro Bogen eine Zeit von durchschnittlich 20 Minuten, das ergibt eine Umstellungszeit von insgesamt 17 Stunden oder einen Gesamtbetrag von über 620,-- DM". Auch bei der Neuauflage selbst habe man schon das günstigste Verfahren gewählt: „Als die Frage der Neuauflage Ihres Werkes aktuell wurde, haben wir zunächst auch an einen Nachdruck von Platten gedacht. Eine genaue Vergleichsrechnung zwischen Offset- und Buchdruck zeigte jedoch trotz allem beim Offsetdruck ein günstigeres Ergebnis. […] Wenn uns auch für den Buchdruck Matern zur Verfügung standen, so halten sich die Kosten für das Ausgießen und die Bearbeitung der Druckplatten mit den Kosten für die Herstellung der Offsetplatten in etwa die Waage. […] Die beim Buchdruck schon an sich längere Zurichtezeit wäre überdies noch durch die teilweise schlechten Druckplatten belastet worden. Die Matern, von denen die Druckplatten hätten gegossen werden müssen, sind nämlich schon alt". Scherer, Freiburg, an Lortz, [Mainz], 30.11.1962. IEG, NL Lortz [1233].

Die weiteren Korrekturen machten offensichtlich keine Schwierigkeiten, so dass die Herstellung der Neuauflage endlich planmäßig abgeschlossen werden konnte. Am 17. Dezember 1962 – kurz nach seinem 75. Geburtstag am 13. Dezember – meldete Lortz zufrieden nach Freiburg[416]:

„Die beiden prächtigen Bände der ‚Reformation' kamen, wie abgezirkelt, zum Frühstück des Geburtstages. Sie haben mir und allen an dem Tag Kommenden Freude, mir mächtige Freude, gemacht. Haben Sie herzlichen Dank, auch für Ihre Mitwirkung! [...] Darf ich gleich viele Segenswünsche für Weihnachten und für das Neue Jahr anfügen, und auf noch viele Jahre gemeinsamen Arbeitens!"

V. Ausblick

Lortz konnte die vierte Auflage seiner *Reformation in Deutschland* also an seinem 75. Geburtstag in Händen halten – mehr als 20 Jahre nach dem erstmaligen Erscheinen des Werkes und über 30 Jahre nach den ersten Vorarbeiten zum Thema.

Im Vergleich zu den anhaltenden Problemen im Zuge der bisherigen Auflagen verlief die weitere Publikationsgeschichte der *Reformation* eher unspektakulär. 1965 erschien noch ein unveränderter Nachdruck als fünfte Auflage, was darauf schließen lässt, dass man die Höhe der vierten Auflage letztlich doch zu niedrig angesetzt hatte. Möglicherweise hatte das Zweite Vatikanische Konzil (1962–1965) noch einmal neues Interesse an Lortz' wegweisendem ‚Klassiker' einer ökumenisch orientierten katholischen Reformationsgeschichtsschreibung geweckt. Wie lange es dauerte, bis auch die fünfte Auflage vergriffen war, ist unbekannt; in jedem Fall handelte es sich um die letzte Auflage zu Lebzeiten von Lortz, der 1975 starb. Erst 1982 erschien – aus Anlass des bevorstehenden Luther-Jubiläums (1983) – ein weiterer und bislang letzter Nachdruck als sechste Auflage[417], diesmal einbändig und mit einem Nachwort seines Nachfolgers Peter Manns versehen, der das Werk im Kontext der damals aktuellen Forschungen verortete. Der im (weiterhin abgedruckten) Vorwort der vierten Auflage von Lortz selbst angekündigte Ergänzungsband zur Auseinandersetzung mit der neueren Forschung und kritischen Rezeption wurde allerdings nie veröffentlicht.

Übersetzungen der *Reformation in Deutschland* ließen bis in die 1960er Jahre auf sich warten; es erschienen zunächst eine spanische[418] (1963/64), eng-

---

[416] Lortz, [Mainz], an Scherer, Freiburg, 17.12.1962. IEG, NL Lortz [1233].

[417] Joseph LORTZ, Die Reformation in Deutschland. Unveränderte Neuausgabe. Mit einem Nachwort von Peter Manns, Freiburg/Basel/Wien ⁶1982.

[418] Joseph LORTZ, Historia de la Reforma, 2 Bde., übers. von Lucio García Ortega, Madrid 1963/64.

lische[419] (1968) und französische[420] (1970) Übersetzung, eine italienische[421] ließ sich erst 1979/81 realisieren. Lortz hatte den Übersetzungsvertrag jedoch bereits 1971 abgeschlossen und seinem Schüler Boris Ulianich die Herausgabe übertragen; aus diesem Anlass skizzierte Lortz in einem Brief an Ulianich auch einige Punkte, welche etwa in Form einer Einleitung zur italienischen Ausgabe „die vom Autor inzwischen durchgemachte Entwicklung"[422] andeuten könnten. Letztlich erschien die Übersetzung zwar ohne eine solche Einleitung, doch gibt Lortz' Brief einigen Aufschluss aus erster Hand über gewisse inhaltliche Weiterentwicklungen bzw. Revisionen seiner Auffassungen seit der ursprünglichen Konzeption seiner Reformationsgeschichte[423].

Abb. 23: Joseph Lortz (1887–1975), ca. 1970.

Tatsächlich veröffentlicht wurde hingegen ein Nachtrag, den Lortz selbst auf Betreiben des Verlegers für die englische Ausgabe seiner *Reformation* verfasst hatte, um über sein Schlusswort von 1939/40 hinaus einen Ausblick auf die seitdem stark gewandelte Lage der christlichen Konfessionen in der Welt von heute zu geben, nicht zuletzt mit Blick auf die ökumenische Situation nach dem Zweiten Vatikanischen Konzil. Von diesem „Nachwort zur ‚Reformation in Deutschland' 1967" hat sich ein Typoskript der deutschen Originalfassung in Lortz' Nachlass erhalten; es wird hier im Anhang abgedruckt[424].

Insgesamt wird man – auch am Ende dieses Bandes – festhalten können: Lortz hat mit seiner *Reformation in Deutschland* nicht nur eine geschichtliche Darstellung vorgelegt, sondern selbst ‚Geschichte geschrieben' und einen entscheidenden Beitrag zum Wandel des katholischen Reformations- und Lutherbildes geleistet. Die lange Wirkungsgeschichte des Werkes fiel in eine Zeit einschneidender historischer Umbrüche, sowohl in welt- als auch

---

[419] Joseph Lortz, The Reformation in Germany, 2 Bde., übers. von Ronald Walls, London 1968.

[420] Joseph Lortz, La Réforme de Luther, 2 Bde., übers. von Daniel Olivier und Robert Givord, Paris 1970.

[421] Joseph Lortz, La Riforma in Germania, 2 Bde., hg. von Boris Ulianich, übers. von Gianfranco Ferrarese und Luciano Tosti, Mailand 1979/81.

[422] Lortz, Mainz, an Ulianich, [Neapel], 13.07.1971. Abgedr. bei Ulianich, Geschichtsschreibung, 193–195.

[423] Vgl. dazu Ulianich, Geschichtsschreibung, 170 f.

[424] Joseph Lortz, „Nachwort zur ‚Reformation in Deutschland' 1967". IEG, NL Lortz [1485] (abgedruckt im Anhang dieses Bandes).

kirchenpolitischer Hinsicht: Von der Zeit des Nationalsozialismus und des Zweiten Weltkrieges bis zum Deutschland und Europa der Nachkriegszeit; von Pius XII. bis zu Johannes XXIII. und dem Zweiten Vatikanischen Konzil – das am Ende einen noch weitreichenderen Wandel in der Kirche herbeiführen sollte und gerade auch auf dem Gebiet der Ökumene zu einer Entwicklung ‚über Lortz hinaus' führte. Doch wäre diese Entwicklung wohl kaum so verlaufen ohne die Vorarbeiten, die Lortz auf dem Gebiet einer ökumenisch orientierten und engagierten katholischen Reformationsgeschichtsschreibung leistete.

D. Resümee

1. Wechselwirkungen zwischen Nationalsozialismus und Ökumene?

Es ist unbestritten: Joseph Lortz schrieb mit seiner *Reformation in Deutschland* eine Erfolgsgeschichte. Die insgesamt sechs Auflagen über mehrere Jahrzehnte sowie eine zum Teil bis heute anhaltende Rezeption machten sein Werk zum ‚Klassiker' der katholischen Reformationsgeschichtsschreibung. Es steht als Paradigma für die positive ‚Wende' der katholischen Sicht auf Luther und die Reformation, eine Wende, die mit dem Zweiten Vatikanischen Konzil ‚offiziell' wurde. Doch der Weg dorthin war – dies zeigte unsere Studie – alles andere als geradlinig.

Die aktenmäßige Aufarbeitung der Geschichte der *Reformation in Deutschland* ermöglichte einen Blick hinter die Kulissen. Es war ein langer Weg abzuschreiten, angefangen bei der Entstehungs- über die Publikations- bis hin zur Rezeptionsgeschichte des Werkes, von seiner ersten Auflage von 1939/40 bis zu seiner vierten im Jahr 1962. Überall sahen wir, dass die Lortzsche Darstellung alles andere war als ‚objektive' Wissenschaft im ‚luftleeren Raum'. Sie wurde über eine Zeitspanne von rund 20 Jahren in vielfacher Hinsicht Spiegelbild und Spielball von Wechselwirkungen, die aufs engste mit den enormen politischen, gesellschaftlichen und sozialen Umbrüchen verbunden waren, die Welt und Kirche im 20. Jahrhundert erlebten. Nimmt man die Vorarbeiten von Lortz ab 1929/30 für den ‚bescheiden' konzipierten Halbband der Herderschen Reihe *Geschichte der führenden Völker* hinzu, so erweitert sich dieser Zeitraum noch einmal um gut 10 Jahre.

Lortz war zu diesem Zeitpunkt akademisch etabliert: 1929 hatte er gerade seine erste Professur in Braunsberg erhalten und den ersten Teilband seiner zunächst als Schulbuch gedachten *Geschichte der Kirche in ideengeschichtlicher Betrachtung* veröffentlicht, die ab 1932 als einbändige Ausgabe eine äußerst erfolgreiche Publikationsgeschichte von über 20 Auflagen in 30 Jahren erlebte. In dieser Hinsicht scheint die *Geschichte der Kirche* also das durchaus ‚populärere' Werk gewesen zu sein, ohne freilich je die wegweisende Bedeutung der *Reformation in Deutschland* erreichen zu können. Wahrscheinlich war Lortz' Arbeit an seiner *Geschichte der Kirche* mit verantwortlich dafür, dass sich der Halbband über die Reformation immer wieder verzögerte. Zudem engagierte sich Lortz nach der nationalsozialistischen Machtergreifung als eifriger ‚Brückenbauer' zwischen dem Katholizismus und dem ‚neuen Staat', nicht zuletzt mit seiner Broschüre *Katholischer Zugang zum Nationalsozialismus* sowie dem Nachtrag zu seiner *Geschichte der*

Kirche – auch diese Betätigungen dürften maßgeblich zu Verzögerungen bei-getragen haben. Jedenfalls begannen die konkreten Arbeiten an der zweibän-digen *Reformation in Deutschland* erst Ende 1936, also zu einer Zeit, als Lortz von der Entwicklung des NS-Regimes bereits zunehmend ernüchtert war.

Damit stellt sich eine grundlegende Frage: Welche Rolle spielte die Realität des Nationalsozialismus bei der Entstehung der *Reformation in Deutsch-land?* Bei dieser Frage geht es nicht nur und vielleicht sogar nicht in erster Linie darum, in dem Werk konkrete Spuren nationalsozialistischen Gedan-kenguts zu finden. Bis auf einige wenige ambivalente Formulierungen[1] lassen sich keine solchen Tendenzen nachweisen. Dass Lortz von Verlagsseite gebe-ten wurde, „dem Empfinden des *deutschen* Lesers in jeder Hinsicht Rech-nung"[2] zu tragen, zeigt wohl in erster Linie nur das (unternehmerisch durch-aus berechtigte) Anliegen des Verlags, Beanstandungen von staatlicher Seite oder gar die staatliche Kassierung des Werkes aufgrund ‚missverständlicher‘ Formulierungen zu vermeiden. Zugleich scheint diese Bitte des Verlags da-rauf hinzuweisen, dass Lortz von sich aus keine übermäßige politische Rück-sicht in diesem Sinne genommen hatte, jedenfalls nicht in Form einer bewuss-ten Anpassung seiner Thesen, etwa durch die Herausarbeitung eines ‚deutschen‘ Luther.

Bei unserer Frage geht es auch um weiterreichende Zeitbezüge. Denn das ökumenische Engagement, in dessen Dienst Lortz seine *Reformation* und sich selbst ausdrücklich stellte, lässt sich vor dem Hintergrund der Zeit durchaus mehrdimensional deuten: Einerseits im Sinne eines wesentlich reli-giös motivierten Bedürfnisses nach einer Annäherung der Konfessionen. Einer solchen Annäherung konnte in der damaligen Situation *auch* die Be-deutung eines ‚Schulterschlusses‘ zukommen: also ein Zusammengehen der Christen zur Stärkung der gemeinsamen Front gegen das zunehmend kir-chen- und christentumsfeindliche NS-Regime. Andererseits lässt sich der be-tont ökumenischen Zielsetzung aber auch eine ganz andere Stoßrichtung ge-ben, dann nämlich, wenn sie unter dem Gesichtspunkt einer Förderung der nationalen Einheit – Stichworte „Volkswerdung", „Volksgemeinschaft", „Nation" – die trennenden Gräben des Konfessionellen zuschütten und also *alle* Deutschen unter Ausschaltung religiöser Irritationen nur noch als Ein-heit verstanden wissen wollte. Explizite Aussagen in Richtung dieser letzte-ren Deutung finden sich in dem Werk von Lortz zwar nicht. Und doch ist anzunehmen, dass solche Konnotationen in der damaligen Zeit vom ‚deut-schen Leser‘ immer ‚mitgelesen‘ wurden, dass sie – im Hinblick auf den Publikationserfolg von Autor und Verlag – vielleicht sogar erwünscht und beabsichtigt waren. Tatsächlich bewegte sich denn auch die öffentliche Re-

---

[1] Vgl. etwa den Satz im Schlusswort: „Die Reformation ist für uns alle in Kirche, Volk und Staat ein Schicksal ohnegleichen geworden". LORTZ, Reformation II, 300.
[2] Herder, Freiburg, an Lortz, Münster, 13.07.1938. IEG, NL Lortz [1445].

zeption der *Reformation in Deutschland* im Spannungsfeld dieser gegensätzlichen Aspekte von ‚Ökumene'. Angesichts der Zeitlage kamen solche Be-
zugnahmen allerdings insgesamt seltener vor als erwartet, und selten gingen
sie auch über allgemeinste Andeutungen – etwa hinsichtlich der ‚Zeitgemäßheit' des Werkes – hinaus. Explizite Äußerungen im Sinne einer nationalistischen Instrumentalisierung der Ökumene blieben Ausnahmen. Im Gegenteil:
Es finden sich durchaus immer wieder auch vorsichtige Bemerkungen in die
entgegengesetzte Richtung, Stimmen also, die ein stärkeres Zusammenrücken
der Konfessionen im Sinne einer Abwehr antichristlicher Zeittendenzen (der
NS-Ideologie) begrüßten.

Gleichwohl bleibt das Werk von Lortz in dieser Zeit nach außen hin ambivalent – nicht zuletzt vor dem Hintergrund seiner eigenen, nur wenige Jahre
zurückliegenden ‚Brückenbauversuche', die im Hinblick auf die Ökumene
deutliche Bezüge zwischen der erstrebten nationalen und einer kirchlichen
Einheit herstellten. Es ist von daher auch nicht von der Hand zu weisen, dass
gerade auch diese Ambivalenz eine Rolle spielte bei der Bewertung der *Reformation in Deutschland* aus ‚römisch-katholischer' Perspektive. Die von
Anfang an kritisch-ablehnende Beurteilung von kirchlicher Seite, zumal ab
der zweiten Auflage auch in Form offiziöser Kritik aus Rom, muss sich nicht
allein in dem Antagonismus zur klassisch-konfessionalistischen Reformationsdeutung erschöpfen. Sie gewinnt jedenfalls vor dem Hintergrund der besonderen Zeitsituation im nationalsozialistischen Deutschland eine zusätzliche Dimension. Neben die ohnehin skeptische Beobachtung aller zu
weitgehenden ökumenischen Annäherungsversuche trat womöglich, angesichts eines ideologisch übersteigerten deutschen Nationalbewusstseins, ein
grundlegendes Misstrauen gegenüber den dahinterstehenden (mutmaßlichen)
Motiven. Dies auch insofern, als sich im deutschen Protestantismus früh eine
deutlich stärkere Anlehnung an den Nationalsozialismus gezeigt hatte. Es
stand also nicht allein die Gefahr einer ‚Verwässerung' des katholischen Pro-
fils im Raum, sondern auch die Gefahr einer ‚Gleichschaltung' und damit
Marginalisierung des Religiösen.

Eine betont katholische Grundeinstellung war es denn auch, die man von
kirchlicher Seite an Lortz' Reformationsgeschichte offenbar am meisten ver-
misste, trotz – oder gerade wegen – seiner häufigen und nachdrücklichen Verweise auf seinen ‚dogmatisch korrekten' Standpunkt. Lortz war sich bei der
Konzeption seiner *Reformation* wohl von Anfang an im Klaren darüber, auf
katholischer Seite etwas ganz Neues zu schaffen: Eine zusammenfassende
Gesamtschau des aktuellen Stands der Forschung, aber in ‚zeitgemäßer', bewusst ‚ökumenischer' Darstellung, die auch Protestanten nicht (wie noch
Grisar oder gar Denifle) abstoßen wollte. Zwar behauptete Lortz später –
nach entsprechender römischer Kritik – in einer Fußnote der zweiten Auflage[3], dass ihn das Ergebnis seiner Forschungen erst ‚nachträglich' zu dieser
ökumenischen Zielsetzung geführt habe, doch kann kein Zweifel bestehen,

---

[3] Vgl. LORTZ, Reformation ([2]1941) II, 307.

dass die gesamte Darstellungsweise eine solche Wirkung von vornherein beabsichtigte. Diese grundlegende *Wirkung* dürfte denn auch wesentlich für die enorme Rezeption und Diskussion des Werkes verantwortlich sein, die über die rein sachlichen Thesen (z. B. Luthers ‚Subjektivismus‘) doch weit hinausragte.

2. Ruhe vor dem Sturm? Die erste Auflage

Aus der Rückschau lässt sich wohl sagen: Lortz traf 1940 mit seiner *Reformation in Deutschland* den ‚Nerv der Zeit‘. Nach allen Seiten hin abgesichert, positionierte er sich gleichsam ‚zwischen den Stühlen‘ – verwurzelt in der (katholischen) Tradition auf der einen Seite, zugleich in eine (ökumenischere) Zukunft weisend auf der anderen. Das gewaltige Echo seines Werkes beweist – auch wenn man den enormen werbetechnischen und rezensionspolitischen Aufwand des Herder-Verlags mit einrechnet – sein Zeitgespür. Zwischen 1940 und 1945, also in einer Zeit deutlicher Repression, in der Theologisches nur noch stark eingeschränkt publiziert werden konnte, erschienen über 70 deutschsprachige Rezensionen, die sich in ihrer überwiegenden Zahl eindeutig positiv äußerten. Vor allem auf evangelischer Seite wusste man den neuen ‚Ton‘, den Lortz anschlug, zu schätzen, würdigte sein ernsthaftes Bemühen um ein echtes religiös-theologisches Verständnis Luthers sowie der Reformation. Und doch mussten die letztlich nicht zu überwindenden Differenzen zum ‚katholischen Maßstab‘, den Lortz gleichwohl anlegte, ernüchternd wirken, wurden die Erwartungen an das beschworene ‚Gespräch der Konfessionen‘ nicht unerheblich gedämpft. Auch auf katholischer Seite war die öffentliche Rezeption zum deutlich überwiegenden Teil positiv-anerkennend. Es gab allerdings gewichtige Ausnahmen. Blieb der Kirchenhistoriker Josef Schmidlin eher ein Außenseiter, dessen traditionsverhafteter Ablehnung offenbar wenig Bedeutung beigemessen wurde[4], so hatte die grundsätzliche Kritik der (durch den Freiburger Erzbischof unterdrückten) Rezension von Engelbert Krebs sowie der zweiten Besprechung Hugo Rahners SJ – wohl wegen entsprechender Verbindungen nach Rom – im Zusammenhang mit der zweiten Auflage des Werkes Gewicht. Die Vermutung, dass es sich zumindest bei Rahner, möglicherweise aber auch bei Krebs, um eine römische Auftragsrezension gehandelt haben könnte, ist nicht von der Hand zu weisen oder sogar sehr wahrscheinlich.

Bereits der bischöfliche Zensurprozess zur Erlangung der Druckerlaubnis für die erste Auflage war ein äußerst langwieriger und mühsamer Vorgang, der sich von März 1938 bis August 1939 hinzog. Involviert war von vornherein – aus amtlichen wie aus persönlichen (wissenschaftlichen) Interessen – der Freiburger Erzbischof Conrad Gröber. Während der erste Zensor

---

[4] Vgl. die von Lortz immer wieder zitierte Äußerung Gerhard Ritters: „Stimme aus der Vergangenheit“. RITTER, Rez. (1940), 76.

(Jakob Bilz) zunächst nur geringfügige Änderungen angemahnt hatte, verfestigten sich bald schon „Bedenken allgemeiner Art gegenüber dem Gesamtcharakter des Werkes"[5]. Um spätere Schwierigkeiten zu vermeiden, wollte man die Hilfe eines römischen Fachmanns in Anspruch nehmen. Dass es Lortz hier gelang, seinen alten Lehrer und Freund Johann Peter Kirsch ins Spiel zu bringen, der das Werk von nun an aus Rom wohlwollend förderte und mit seinen Gutachten und Korrekturvorschlägen die Bedenken Gröbers zerstreuen konnte, war ein Glücksfall. Die Druckerlaubnis für den ersten Band wurde erteilt. Neue Schwierigkeiten ergaben sich Anfang 1939 mit dem zweiten Band, offenbar wesentlich verursacht durch das Gutachten eines neuen Zensors (Ludwig Andreas Veit), der das Werk seiner gesamten „Grundhaltung"[6] wegen kategorisch ablehnte. Wieder war es wohl Kirsch, der durch seine Fürsprache und Vermittlung die Sache rettete, so dass im April neben einer weiteren Stellungnahme Kirschs auch das grundsätzlich positive Gutachten eines dritten Zensors (Wilhelm Reinhard) vorlag. Es folgten mündliche Beratungen – in Rom und in Freiburg – unter Hinzuziehung eines weiteren Mittelsmannes (Constantin Noppel SJ). Schließlich einigte man sich auf Modifikationen im Vor- und im Schlusswort, die durch immer neue Sicherungen zur ,apologetischen' Betonung des katholischen Standpunkts erweitert bzw. um eine ,Verfallsgeschichte' des Protestantismus ergänzt wurden. Endlich erteilte im August 1939 Erzbischof Gröber das Imprimatur.

Insgesamt fällt auf, dass sich der Imprimaturprozess zur ersten Auflage – abgesehen von den eher ,privaten' Vermittlungen Kirschs – auf Freiburg beschränkte. Jede ,offizielle' Aufmerksamkeit Roms sollte peinlich vermieden, alles ,Anstößige' vor der Veröffentlichung des Werkes beseitigt werden, um späteren Schwierigkeiten mit Rom von vornherein aus dem Weg zu gehen[7]. Nicht zuletzt eine geschickte Rezensionspolitik – vor allem die ,bestellte' Pilotrezension Kirschs im *Osservatore Romano* – trug ihren Teil dazu bei, der *Reformation* eine offiziöse Anerkennung aus Rom zu verleihen – und damit wiederum eine ,lenkende' Wirkung auf die übrige Rezeption auszuüben. In Wirklichkeit waren die Probleme mit Rom dadurch freilich nur aufgeschoben, wie sich schon bald herausstellen sollte.

---

[5] Herder, Freiburg, an Lortz, Grevenmacher, 18.08.1938. IEG, NL Lortz [1445].
[6] VEIT, Gutachten, 29. Januar 1939. EAF B2–43–69.
[7] Gleichwohl war im März 1939 bereits Robert Leiber SJ – auch im Zusammenhang mit Kirsch – involviert gewesen, über dessen Beteiligung ,hinter den Kulissen' zu dieser Zeit freilich nichts bekannt wurde. In der Folge dieser frühzeitigen Kenntnis (und wohl Ablehnung) der Lortzschen Reformations- und Lutherdeutung spielte Leiber ab der 2. Auflage 1941 jedoch eine entscheidende Rolle bei der ,offiziösen' Kritik Roms an Lortz' Werk.

3. Rom contra Lortz?
Die zweite Auflage als Quelle aller späteren Schwierigkeiten

Bereits im Juli 1940 waren die letzten Bestände der ersten Auflage ausgeliefert – die immerhin 5000 Exemplare der *Reformation in Deutschland* hatten reißenden Absatz gefunden. Im Rahmen der im Mai 1940 begonnenen Vorbereitungen einer zweiten Auflage wurden auch die bislang erschienenen Rezensionen ausgewertet. In dieser Zeit fiel die (erste) Rezension Hugo Rahners auf, die bei aller Anerkennung auch deutliche Kritikpunkte enthielt. Gleichwohl war bis zum Ende des Jahres – abgesehen von kriegsbedingten Einschränkungen (z. B. Papiergenehmigung) – nichts von neuen Problemen zu spüren. Inhaltlich forderte das Freiburger Ordinariat lediglich zwei kleinere Änderungen. Dann jedoch gab es plötzlich in Münster Gerüchte, das Werk sei beim Heiligen Offizium in Rom zur Indizierung angezeigt, angeblich durch den Freiburger Dogmatiker Engelbert Krebs. Sofort kam hektische Betriebsamkeit auf. Der Münsteraner Bischof Clemens August von Galen informierte umgehend Erzbischof Gröber, der zwar eine Anzeige durch Krebs nicht bestätigen konnte, aber offenbar ebenfalls von einer römischen ‚Gefahr‘ ausging. Ob damals tatsächlich – von wem auch immer – eine Anzeige beim Heiligen Offizium erfolgt war? Es ist angesichts des von Lortz gezeichneten neuen Lutherbilds nicht unwahrscheinlich, dass das Heilige Offizium, das über die Reinheit der Lehre zu wachen hatte und also auch für die Buchzensur zuständig war, längst mit der ‚Causa Lortz‘ beschäftigt war. Denkbar auch, dass auf Druck des Staatssekretariats und mit Rücksicht auf möglicherweise gefährliche Konsequenzen für die ohnehin brisante Lage der Kirche in Deutschland jedoch kein förmlicher Schritt – vor allem keine Indizierung – erfolgen sollte. Jedenfalls verblieb die Kritik an der *Reformation in Deutschland* zunächst im durchaus ‚offiziösen‘ Rahmen. So konnte Gröber Anfang 1941 in Rom (über Abtprimas Fidelis von Stotzingen) in Erfahrung bringen, man verlange eine komplette Umarbeitung des Werkes. Mehrfach schaltete sich in den nächsten Monaten die Berliner Nuntiatur ein, um Gröber auf gewisse ‚Beanstandungen‘ an dem Werk hinzuweisen und zu entsprechenden Korrekturen zu drängen. Möglich, dass die von Krebs verfasste Rezension von Seiten Roms als scheinbar ‚neutrale‘ Kritik verwendet worden wäre, hätte Gröber nicht deren Erscheinen verhindert. So konnte die Nuntiatur im Januar 1941 nur auf eine angeblich kritische Rezension in der *Schweizerischen Rundschau* verweisen, die sich allerdings als durchweg positive Besprechung von Otto Iserland herausstellte. Erst später kam heraus, dass die Nuntiatur eine negative (zweite) Rezension Rahners in der *Schweizerischen Rundschau* gemeint hatte, die damals aber noch gar nicht erschienen war.

Ein klarer Fauxpas, der die römische Strategie offenlegte? Während man in Deutschland rätselte, was die Nuntiatur denn gemeint haben könne, gab es Ende März weitere offiziöse Kritik aus Rom – diesmal nicht über die Nuntiatur, sondern als persönliche Mitteilung des Geheimsekretärs Pius' XII. und gebürtigen Badeners, Robert Leiber SJ, an Verleger Julius Dorneich, der sich damals gerade in Rom aufhielt. Der Vorwurf Leibers zielte auf einen „anti-römischen Komplex"[8], der als Gesamthaltung die *Reformation in Deutschland* durchziehe. Leiber berief sich dabei offenbar auch auf Pius XII. selbst, erklärte jedoch zugleich, eine Indizierung komme nicht in Frage. Diese Haltung passt sich in ein Schema ein, das schon in den 1920er Jahren – im Kontext der schwierigen Konkordatsverhandlungen mit Preußen – erkennbar ist: förmliche Indizierungen zurückzustellen, um die gesamtpolitisch gefährliche Lage nicht zu belasten und die herrschende antirömische Stimmung nicht zusätzlich zu befeuern[9]. Mag sein, dass frühere Erfahrungen – man denke an die ‚Fälle' der NS-nahen Theologieprofessoren Hans Barion und Karl Eschweiler in Braunsberg[10] oder an die Schließung der Münchener Katholisch-Theologischen Fakultät durch den nationalsozialistischen Staat als Strafe für lehramtliche ‚Einmischungen'[11] – eine solch zurückhaltende Zensurpolitik nahelegten, zumal auch Rom klar war, dass Lortz jedenfalls nicht auf Konfrontationskurs zum Staat stand. Dies hieße nichts anderes, als dass Rom aus Rücksicht auf die Zeitumstände lediglich indirekt ‚Druck' auf Lortz bzw. den Verlag oder auch nur Erzbischof Gröber auszuüben versuchte. Das Ziel dieses indirekten Drucks war freilich klar: Eine Neuauflage der *Reformation in Deutschland* sollte entweder verhindert oder aber durch umfassende Änderungen unschädlich gemacht werden.

Obwohl daraufhin der unermüdliche Lektor des Herder-Verlags, Robert Scherer, umfassende Korrekturen erarbeitete, torpedierten zwei weitere Nuntiaturschreiben im Mai und Juni 1941 die kooperative Haltung Gröbers. Wieder wies Rom lediglich auf – scheinbar ‚unabhängige' – Fachkritik an Lortz hin. So übersandte man zum einen das Gutachten eines anonymen italienischen ‚Fachmanns', das die *Reformation in Deutschland* in schärfster Weise als ‚unkatholisch' und insofern als nicht verbesserungsfähig angriff. Dass diesem Gutachten – wie ein Vergleich feststellte – zumindest teilweise ein ‚internes' Gutachten Leibers vom 26. Mai 1941 zugrunde lag, wurde von der Nuntiatur verschwiegen. Zum anderen wurde nun noch einmal auf eine Kritik in der *Schweizerischen Rundschau* verwiesen, diesmal die ‚richtige'

---

[8] Scherer, Gutachten, 1. April 1941. IEG, NL Lortz [1445].
[9] Vgl. etwa Dominik Burkard, Ernst Michel und die kirchliche Zensur (1921–1952), in: Josef Hainz (Hg.), Reformkatholizismus nach 1918 in Deutschland. Joseph Wittig (1879–1949) und seine Zeit. Dokumentation des Symposions der „Bibelschule Königstein e. V." am 30./31.03.2001 in Königstein, Eppenhain 2002, 45–72; Dominik Burkard, Joseph Mayer (1886–1967), in: Ders./Wolfgang Weiss/Konrad Hilpert (Hg.), Katholische Theologie im Nationalsozialismus, Bd. 2: Disziplinen und Personen. 1. Teilband: Moraltheologie und Sozialethik, Würzburg 2018, 267–355.
[10] Vgl. Burkard, Braunsberg, insbes. 60–75.
[11] Vgl. Manfred Weitlauff, Die Katholisch-Theologische Fakultät der Universität München und ihr Schicksal im Dritten Reich. Kardinal Faulhaber, der „Fall" des Professors Dr. Hans Barion und die Schließung der Fakultät 1939 durch das NS-Regime. Mit einem Quellenanhang, in: Beiträge zur altbayerischen Kirchengeschichte 48 (2005), 149–373.

neue Rezension Rahners. Abgesehen von den sachlichen Kritikpunkten – die einen zumindest scheinbaren Widerspruch zu der ausgewogeneren ersten Rezension Rahners in den *Stimmen der Zeit* bildeten – fiel freilich auf, dass die Nuntiatur bereits Ende Januar Kenntnis von einer Rezension hatte, die tatsächlich erst Ende März erschien. Hatte Lortz also Recht, wenn er in dieser neuen Rezension Rahners eine römische ‚Auftragsarbeit‘ sah? Tatsächlich spricht einiges für die These, dass Rom den offiziösen Weg über vermeintlich ‚objektive‘ Kritik Dritter – in diesem Fall eines ‚neutralen‘ Jesuiten in der Schweiz – verfolgte. Dazu passen weitere Indizien: Rahner selbst rechtfertigte seine zweite Besprechung damit, dass seiner ersten (zu positiven?) Rezension „widersprochen“ [12] worden sei, was sich durchaus auf private Mitteilungen aus Rom beziehen könnte. Auch teilte der spätere Mitarbeiter von Lortz, Boris Ulianich, mit, in Rahners Nachlass sei eine „reprimenda“ des Jesuitengenerals wegen seiner ersten Rezension gefunden worden [13]. Hinzu kommt ein (undatiertes) Schreiben Rahners an Leiber, in dem er auf seine neue Rezension hinwies, während Leiber 1950 gegenüber Lortz diese Rezension überhaupt ‚nicht kennen‘ wollte. All dies deutet denn doch darauf hin, dass gerade die Rolle Leibers durchaus zentral gewesen sein dürfte. Dem von der Lutherbiographie seines Ordensbruders Grisar geprägten Kirchenhistoriker Leiber, der auch an Pastors Papstgeschichte mitgearbeitet hatte, war das Lortzsche Lutherbild ganz offenkundig ein Dorn im Auge. Dies zeigt Leibers Gutachten vom 26. Mai 1941, dies zeigen aber auch die Äußerungen, die Leiber später tat, etwa gegenüber Lortz bei dessen Rombesuchen in den Jahren 1950 und 1952 oder gegenüber Höfer im Jahr 1960. Wenn Leiber 1950 gegenüber Lortz betonte, er habe mit dem Buch nie „amtlich“ [14] zu tun gehabt, so war dies offensichtlich rein formal zu verstehen, denn ein offizielles „Amt“ hatte Leiber als Privatsekretär Pius’ XII. in Zensursachen tatsächlich nicht. Und doch dürfte wohl wesentlich er für den römischen Druck verantwortlich gewesen sein, der – ob im Auftrag oder nur mit Rückendeckung des Papstes – auf Lortz ausgeübt wurde.

Wie auch immer: Die ausführlichen sachlichen Stellungnahmen Scherers zum anonymen Gutachten sowie zu Rahners neuer Rezension konnten Erzbischof Gröber so weit beruhigen, dass er Anfang August 1941 schließlich die Druckerlaubnis zur zweiten Auflage gab. Gegenüber dem Nuntius rechtfertigte sich Gröber für die Erteilung des Imprimaturs – trotz persönlicher Bedenken – nicht zuletzt mit dem Hinweis auf ernste kirchenpolitische Folgen eines römischen Verbots des Werkes in Deutschland (Stichwort „Romhetze“). Zugleich deutete Gröber an, dass Lortz (aufgrund des ausgeübten Drucks?) zwar einen gewissen „Wandel“ durchgemacht habe, seine Geduld

---

[12] RAHNER, Rez. (1941), 659.
[13] Vgl. ULIANICH, Geschichtsschreibung, 163. Zudem habe Rahner – laut Lortz – später selbst zugegeben, seine zweite Rezension auf Verlangen Roms geschrieben zu haben.
[14] LORTZ, Aufzeichnungen aus Rom, Oktober 1950.

aber nicht überstrapaziert werden dürfe [15]. Ob Gröber mit dieser Bemerkung auf das frühere Verhältnis von Lortz zum Nationalsozialismus anspielte, angesichts dessen man fürchtete, dass ein allzu hartes Durchgreifen Lortz womöglich ins feindliche Lager treiben könnte? Gröber versuchte jedenfalls, Rom zu beschwichtigen – eine Taktik, die auch später bei seinen Nachfolgern wiederholt angewandt wurde, und zwar stets mit demselben Argument: Das öffentliche Interesse an der *Reformation in Deutschland* habe sich doch im Wesentlichen erschöpft; von einer Neuauflage sei keine entscheidende Wirkung mehr zu erwarten. In seinem Entschluss, das Imprimatur zu erteilen, dürfte sich Gröber bestätigt gefühlt haben, als er im September eine Nachricht des Innsbrucker Bischofs Paul Rusch erhielt, über den ihm Pius XII. mitteilen ließ, an eine Indizierung sei nicht gedacht, man begrüße aber „eine Neuauflage mit einigen Änderungen" [16]. Gerade auf diese Mitteilung berief sich Lortz später immer wieder geradezu leierhaft, wenn es um neue Gerüchte einer Indizierungsgefahr ging. Doch bedachte er dabei wohl nicht die entscheidende Rolle der veränderten Zeitumstände. Wollte während der nationalsozialistischen Diktatur und im Weltkrieg eine offizielle Zensur auch inopportun erscheinen, in den ‚braven' 1950er Jahren war dies, unter den gänzlich veränderten Bedingungen der Nachkriegszeit, keineswegs ohne weiteres mehr vorauszusetzen. Tatsächlich lassen sich praktisch alle weiteren Schwierigkeiten mit Rom, die auch die späteren Auflagen der *Reformation in Deutschland* plagten, auf die grundlegenden Probleme der zweiten Auflage zurückführen.

4. Alte Probleme in neuem Kontext – die dritte Auflage der Nachkriegszeit

Bei der Bombardierung Freiburgs kurz vor dem Ende des Zweiten Weltkriegs wurde eine unveränderte dritte Auflage der *Reformation in Deutschland*, die in Herders Verlagshaus lagerte, komplett vernichtet. In der Nachkriegszeit dauerte es zunächst einige Jahre, bis die Verhältnisse soweit konsolidiert waren, dass eine weitere Neuauflage in Angriff genommen werden konnte. Die Vorbereitungen begannen 1947. Obwohl es sich wieder um einen unveränderten Nachdruck der zweiten Auflage handelte, zog sich allein die schwierige Papierbeschaffung bis Mitte 1948 hin. Dazu kam die Zensur der französischen Besatzungsmacht, wofür verschiedene Formulierungen verändert werden mussten. Bedeutende Schwierigkeiten machte sodann die Rekonstruktion sämtlicher Änderungen der zweiten Auflage, die sich nicht in der Druckvorlage erhalten hatten, um die Identität dieser neuen Auflage mit der früher genehmigten – und also das kirchliche Imprimatur – sicherzustellen.

---

[15] Vgl. Gröber, Freiburg, an Nuntiatur (Orsenigo), Berlin, 07.08.1941. EAF B2–1945/1022.

[16] Rusch, Innsbruck, an Gröber, Freiburg, 10.09.1941. EAF B2–1945/1022.

Ein neuer Zensurprozess im eigentlichen Sinne war diesmal nicht nötig, die Druckgenehmigung erfolgte im April 1948 – nach dem Tod Gröbers – durch Kapitularvikar Wilhelm Burger. Mitte 1949 wurde diese dritte Auflage der *Reformation in Deutschland* ausgeliefert.

Zu dieser Zeit war Lortz gerade mit seinem Wechsel nach Mainz beschäftigt, wo er 1950 die Leitung der Abteilung für Abendländische Religionsgeschichte am *Institut für Europäische Geschichte* übernahm. Die aktuelle ökumenische Situation wurde von Rom aus durch ein *Monitum* des Heiligen Offiziums und die nachfolgende *Instructio* „Ecclesia catholica" insoweit beeinträchtigt, als interkonfessionellen Gesprächen damit deutliche Restriktionen auferlegt wurden. In dieser antiökumenischen Atmosphäre erschien nun die neue Auflage der *Reformation in Deutschland*. Dass ein Rezensionsexemplar von Herder versehentlich auch an den *Osservatore Romano* geschickt wurde und dort Anfang 1950 zu einer kritischen Anzeige führte, war ein Zufall. Dass die kurze Rezension an dem Werk allerdings gewisse Punkte bemängeln konnte, die trotz früherer Aufforderungen nicht verbessert worden seien, war kein Zufall, sondern Konsequenz einer offenbar intimen Kenntnis der Vorgänge. Die Aufmerksamkeit Roms war sofort wieder präsent. Der neue Freiburger Erzbischof Wendelin Rauch wurde vom päpstlichen Staatssekretariat via Nuntiatur um nähere Informationen gebeten – die Parallelen zum Vorgehen Roms im Zusammenhang mit der zweiten Auflage sind deutlich. Rauch rekapitulierte in seiner Antwort ausführlich, rechtfertigte auch die Erteilung des neuen Imprimaturs, konnte jedoch in den Ordinariatsakten keine früheren Nuntiaturschreiben mit entsprechenden Änderungswünschen auffinden, auf welche Rom insistiert hatte. Diese ‚Änderungswünsche' (offenkundig waren die Schreiben vom Mai und Juni 1941 mit den Hinweisen auf die anonyme Kritik und die Rezension Rahners gemeint) wurden erst 1961 wiederentdeckt. Zwischenzeitlich mühte man sich in Freiburg um Schadensbegrenzung und berief sich guten Glaubens darauf, alle früher verlangten Änderungen gewissenhaft ausgeführt zu haben. Lortz war ohnehin, da an ihn nie konkrete Forderungen gestellt worden waren, selbstbewusst davon überzeugt, dass die jetzige Aktion auf einem „Gedächtnisfehler"[17] des Papstes beruhe; hatte ihm doch früher schon Pius XII. (via Rusch) mitteilen lassen, dass römischerseits an eine Indizierung nicht gedacht sei, man eine geänderte Neuauflage vielmehr „begrüße".

In Wahrheit dürfte sich das Vorgehen Roms aber wohl ziemlich nahtlos an die früheren Vorgänge anschließen. So war im Nuntiaturschreiben vom Juni 1941 etwa davon die Rede, dass ungeachtet aller Änderungswünsche keinesfalls „eine stillschweigende Zustimmung des Hl. Stuhles"[18] zu einer Neuauflage vorliege. Vor dem Hintergrund der damaligen Rücksichten auf die besonderen Verhältnisse in Deutschland ging man in Rom nun offensichtlich davon aus, dass nach dem Wegfall solcher Rücksichten die offiziöse Ableh-

---

[17] Lortz, Mainz, an Höfer, Rom, 07. 03. 1959. IEG, NL Lortz [732].
[18] Nuntiatur (Orsenigo), Berlin, an Gröber, Freiburg, 10. 06. 1941. EAF B2–1945/1022.

nung weiterer Neuauflagen verstanden und berücksichtigt würde. Angesichts dessen war die Neuauflage von 1949 ein Affront. Daher gingen wohl auch alle sachlichen Erklärungen Rauchs letztlich am Ziel vorbei: Das Problem der Lortzschen Reformationsgeschichte waren nicht einzelne anstößige Formulierungen, sondern der Grundtenor des Werkes, seine *Wirkung*.

Von daher verwundert nicht, dass die Erkundigungen, die Lortz 1950 und 1952 persönlich in Rom einholte, wenig Konkretes ergaben. Freilich hatte sich 1950 durch die *Instructio* sowie die Enzyklika *Humani generis* eine völlig andere Sachlage ergeben. Im Rahmen der nun klarer fixierten Grenzlinien hinsichtlich ökumenischen, irenischen oder auch nur historischen Bemühens um Sachlichkeit war auch die *Reformation in Deutschland* zu sehen. Zwar wollte Leiber sich nicht festnageln lassen, dies ändert aber nichts an der Tatsache, dass er 1941 ein kritisches Gutachten verfasst hatte, im Mai 1950 vom Staatssekretariat abermals um ein Urteil zur Neuauflage gebeten worden war[19] und dass seine Kritik inzwischen quasi ‚amtlich' geworden war. Im Gespräch mit Lortz gab Leiber im Übrigen sowohl 1950 als auch 1952 seinem Unverständnis Ausdruck gegenüber der Lutherauffassung und der Kirchenkritik („mea culpa") von Lortz. Gleichwohl erinnerte sich Lortz später auch daran, Leiber habe behauptet, ihm sei von Widerständen im Vatikan gegen das Werk „nichts bekannt"[20] gewesen.

Die Auseinandersetzung Freiburgs mit Rom um die dritte Auflage kam zu einem vorläufigen Abschluss, als Erzbischof Rauch Ende 1952 gegenüber Augustin Bea SJ – dem Beichtvater Pius' XII. – den Vorwurf zurückwies, man habe bei der Neuauflage auf die „persönliche Auffassung" des Papstes „bewusst keine Rücksicht genommen"[21]. Vor dem Hintergrund, dass Bea bereits zu dieser Zeit in die ‚Causa Lortz' involviert war, muss auch die Rolle gesehen werden, die Bea um 1960 spielte, als es um die vierte Auflage ging. Konnte man sich in Freiburg 1952 gegenüber Rom noch auf einen Irrtum im guten Glauben berufen, da die früheren Schreiben der Nuntiatur nicht mehr vorlagen, so war dies in der Folge nicht mehr möglich. Nachdem die römische Kritik 1952 erneut deutlich zum Ausdruck gebracht worden war, lagen die Dinge von nun an anders: Jetzt war äußerste Vorsicht geboten, um nicht durch eine zu forsche ‚Missachtung' der römischen Ablehnung einen offenen Konfrontationskurs heraufzubeschwören, der nun – nach Wegfall der früher nötigen Rücksichten – durchaus in einer offiziellen Indizierung enden konnte.

Grundsätzlich lässt sich die ‚Causa Lortz' auch in den 1950er Jahren nicht isoliert betrachten, sondern muss innerhalb eines größeren Kontextes von verwickelten Verflechtungen verschiedenster Interessengruppen auf ökume-

---

[19] Vgl. Tardini, Rom, an Leiber, Rom, 07.05.1950. Abgedr. bei ULIANICH, Geschichtsschreibung, 176.

[20] Lortz, [Mainz], an Höfer, Rom, 26.10.1960. IEG, NL Lortz [732].

[21] Rauch, Freiburg, an Bea, Rom, 08.11.1952. EAF B2–1945/1022.

nischem Gebiet gesehen werden. Diese sind noch nicht ohne Weiteres zu durchschauen. Neben den offiziellen Akteuren kirchlicher Instanzen auf katholischer (und evangelischer) Seite zeigt sich auch der (damit durchaus vernetzte) Einfluss anderer Kreise – etwa des Jaeger-Stählin-Kreises, an dem auch Lortz ab 1946 beteiligt war, des Paderborner Johann-Adam-Möhler-Instituts, der publizistischen Una-Sancta-Arbeit sowie der ökumenischen Berichterstattung etwa der *Herder-Korrespondenz* (u. a. mit ihrem Mitarbeiter Horst Michael). Neben der nicht nur auf katholischer Seite in diesen Jahren insgesamt zu beobachtenden zunehmenden ‚Abschottung‘ bzw. konfessionellen Profilierung (u. a. in der Hoffnung auf Konversionsbewegungen), die gegenüber der *Reformation in Deutschland* nicht ohne Einfluss blieb *(Monitum* und *Instructio* des Heiligen Offiziums, Enzyklika *Humani generis),* gab es auch auf protestantischer Seite eine tendenziell kritischere Haltung (z. B. des Evangelischen Bundes) gegenüber allen ökumenischen Bestrebungen. Dies bekam auch Lortz deutlich zu spüren. Im Übrigen zeigte auch der Verlag Herder wenig Bereitschaft, in diesem Klima der schärferen Konturierung die verlagseigenen Projekte und Pläne durch eine zu enge Bindung an Lortz zu gefährden.

5. Nachwehen?
Die vierte Auflage am Vorabend des Konzils

Als Lortz Anfang 1957 eher zufällig erfuhr, dass seine *Reformation in Deutschland* ausverkauft sei, kam ihm ein Artikel von Erwin Mülhaupt durchaus gelegen, der von evangelischer Seite einen scharfen Widerspruch aufmachte zwischen der ökumenischen Einstellung von Lortz und der ‚offiziellen‘ antiökumenischen Haltung Roms[22]. Dieser Widerspruch schien durch das Ausbleiben einer Neuauflage der *Reformation in Deutschland* bestätigt zu werden: offenkundig *dürfe* diese nicht mehr erscheinen und könne deshalb auch nicht als maßgebliche katholische Auffassung gelten.

Es ist klar, dass Lortz sich nun – um diese Behauptung zu widerlegen und Rom zu einer Sanktionierung seiner Darstellung zu zwingen – bemühte, eine vierte Auflage seines Werkes durchzusetzen. Dies war angesichts der Ablehnung Roms aber nicht ohne Weiteres möglich. Die Sondierungen der Lage zogen sich mehrere Jahre hin. Die Funktion eines Mittelsmannes in Rom übernahm Josef Höfer, der 1954 als Botschaftsrat nach Rom gekommen war und bereits bei der zweiten Auflage – damals noch von Paderborn aus – eine vermittelnde Rolle bei Bischof Galen gespielt hatte. Höfer musste inzwischen freilich vielfach Rücksichten nehmen, nicht zuletzt auf seine in jeder Hinsicht wichtigen Gewährsleute in der näheren Umgebung des Papstes, die Jesuiten Leiber und Bea.

---

[22] Vgl. MÜLHAUPT, Lortz, 101.

Zunächst konnte Höfer 1957 über die Lage in Rom nur berichten: Eine unveränderte Neuauflage werde von Rom abgelehnt, man fordere vielmehr eine völlige Umarbeitung des Werkes, um dieses auf den neuesten Stand der Forschung zu bringen. Lortz konnte einer solchen Überarbeitung wenig abgewinnen, zumal er nicht sah, was diese an den ‚anstößigen' Punkten seiner Darstellung (z. B. die Anerkennung der Religiosität Luthers) ändern könnte. Die Zeit drängte, da Lortz – in wohl typischer Überschätzung seiner eigenen Bedeutung – vom Nichterscheinen der Neuauflage Auswirkungen auf das Verhältnis der Konfessionen in der CDU und damit auf den Bundestagswahlkampf befürchtete. Bemerkenswert ist, dass Lortz die Bedeutung dieser potentiellen Belastung für das Verhältnis der Konfessionen in Deutschland allen Ernstes in Analogie zur Lage von 1941 brachte, in der man bischöflicherseits doch auch auf die gemeinsame „christliche Sache"[23] Rücksicht genommen habe. Typisch scheint auch, dass Lortz sofort persönliche Verbindungen nach Bonn spielen ließ (Minister Alois Zimmer, Bundespräsident Theodor Heuss), um durch eine Intervention der deutschen Politik in Rom eine Änderung der dortigen Einstellung seiner *Reformation* gegenüber herbeizuführen. Auch erwog Lortz eine Intervention des Paderborner Erzbischofs Lorenz Jaeger als Beauftragten des deutschen Episkopats für ökumenische Fragen (der später auch tatsächlich eingeschaltet wurde). Höfer, der ja auch als Agent Jaegers fungierte, versuchte zu bremsen: Eine Neuausgabe führe wohl nur zu dem, „was bisher vermieden werden konnte", zur Indizierung. Eine „freundliche Aufnahme" in Rom sei jedenfalls „völlig ausgeschlossen"[24]. Angesichts dessen sprach Lortz von „Totalitarismus"[25]. Welche *einzige* „Schwierigkeit [...]" gegenüber dem Werk selbst"[26] bestand, blieb vorerst das Geheimnis Höfers.

Das Jahr 1958 brachte mit dem Tod Pius' XII., dessen Meinung bisher als maßgeblich für die römische Ablehnung der *Reformation in Deutschland* galt, einen Einschnitt. Mit der Wahl Johannes' XXIII. war eine neue Sachlage gegeben, die sich allerdings erst mit einer gewissen Verzögerung zeigte. Dazu kam Anfang 1959 die Ankündigung des Zweiten Vatikanischen Konzils. Zugleich war in Freiburg mit Hermann Schäufele ein Erzbischof ernannt worden, der wie Lortz das Germanicum durchlaufen hatte und ihm freundschaftlich verbunden war[27]; von ihm erhoffte sich Lortz eine Förderung seines Anliegens. Doch die Nachrichten aus Rom lauteten nach wie vor ungünstig: die „für die Bücherzensur maßgebenden Herren" warnten noch immer vor

---

[23] Lortz, Mainz, an Höfer, Rom, 10.02.1957. IEG, NL Lortz [725].

[24] Höfer, Rom, an Lortz, [Mainz], 15.03.1957. IEG, NL Lortz [725].

[25] Lortz, Mainz, an Höfer, [Paderborn], 18.03.1957. IEG, NL Lortz [725].

[26] Höfer, Rom, an Lortz, [Mainz], 17.05.1957. IEG, NL Lortz [725].

[27] Wendelin Rauch hatte zwar ebenfalls am Germanicum studiert, sogar – im Gegensatz zum jüngeren Schäufele – zur selben Zeit wie Lortz, doch scheint zwischen beiden kein näheres Verhältnis bestanden zu haben. Schäufele wiederum war mit Lortz spätestens seit dessen Reformationsvorträgen in Freiburg 1944 persönlich bekannt, die unter Schäufeles „Ägide" als Studentenseelsorger stattgefunden hatten. Vgl. Lortz, [Mainz], an Schäufele, Freiburg, 19.05.1962. IEG, NL Lortz [732].

einer tatsächlich drohenden Indizierung. Auch Schäufele riet von einer Neuauflage ab, nicht zuletzt aus Rücksicht auf das „Klima vor dem zu erwartenden Konzil" im Hinblick auf potentielle „polemische Rezensionen"[28]. Lortz
ließ jedoch nicht locker und insistierte darauf, persönlich „den maßgeblichen
Stellen und sogar dem Papst selbst" sein Anliegen zu erklären, zumal er bislang nur Andeutungen über den Grund der römischen Haltung erfahren habe[29]. Bei einer persönlichen Begegnung mit Höfer erfuhr Lortz vertraulich
den eigentlichen „Grund der Gegnerschaft und der Schwierigkeit" mit Rom:
Lortz habe „die Lutherdarstellung der Jesuiten zerstört". Zudem seien die
„früheren Berater des Papstes" – gemeint waren vermutlich die Jesuiten Leiber und Bea – nach wie vor „in mächtiger Position". Der eigentliche „Gegner" der *Reformation in Deutschland* aber sei Pius XII. selbst gewesen[30].

Worauf Höfer mit der „Lutherdarstellung der Jesuiten" konkret anspielte,
bleibt unklar. Am naheliegendsten ist wohl Grisars Werk über Luther, doch
ist darüber hinaus sicherlich auch eine grundlegendere Tradition konfessio-
nell-katholischer Geschichtsschreibung gemeint, die auch Janssen, Denifle
und Pastor mit einschließt, deren Tendenz allzu offenkundig in einem Gegensatz stand zu der positiv-ökumenischen Würdigung der Person Luthers und
seines religiösen Anliegens bei Lortz.

Ende 1960 berichtete Höfer dann von einem Gespräch mit Leiber, wonach
Pius XII. „unter keinen Umständen das Erscheinen einer Neuauflage hingenommen" hätte, und zwar vor allem aufgrund seiner „strikte[n] Ablehnung" der „Ausführungen über Luther". Auch von Bea konnte Höfer nur
melden, er stehe einer Neuauflage nicht günstig gegenüber[31]. Doch stellt sich
die Position Beas deutlich komplexer dar als die eher geradlinige Ablehnung
Leibers. Bei Bea stand wohl weniger eine persönliche Kritik an den Auffassungen von Lortz im Hintergrund, wohl aber eine grundsätzliche Zurückhaltung angesichts der ökumenischen Vorgänge in den 1950er Jahren und
seine generelle Vorsicht hinsichtlich vorschneller Festlegungen auf diesem
Gebiet. Nicht zuletzt die Ankündigung des Zweiten Vatikanischen Konzils
und die Rücksicht auf sein – von Alfredo Ottaviani und anderen intransigenten Kurialen abgelehntes – „Sekretariat zur Förderung der Einheit der Christen" dürften Bea diese Zurückhaltung nahegelegt haben[32].

In diesem Kontext muss dann auch das Verhalten Beas gesehen werden, als
er Ende 1960 unmittelbar in die Frage einer Neuauflage der *Reformation in
Deutschland* involviert wurde. Bea nahm auf die Angelegenheit Bezug, nachdem Lortz die Sache offenbar über Beas Sekretär Johannes Willebrands, dann

---

[28] Vgl. Höfer, Rom, an Lortz, [Mainz], 04.03.1959. IEG, NL Lortz [732].

[29] Vgl. Lortz, Mainz, an Höfer, Rom, 07.03.1959. IEG, NL Lortz [732].

[30] Vgl. LORTZ, Notizen über Gespräch mit Josef Höfer (16. März 1959), 6. April 1959.
IEG, NL Lortz [732].

[31] Vgl. Höfer, Rom, an Lortz, [Mainz], 20.10.1960. IEG, NL Lortz [732].

[32] Vgl. etwa die Vorgänge um eine andere (mögliche) Indizierung ökumenischer Annäherungen: BURKARD, ... Unam Sanctam (Catholicam?), 57–109.

aber auch direkt an ihn herangetragen hatte. Seine Antwort blieb – obwohl er auch auf das neue ‚Klima' vor dem Konzil hinwies – eher ausweichend (er könne sich nicht vergewissern, ob die früheren Bedenken Roms heute ausgeräumt seien). Doch setzte er in jedem Fall eine aktualisierende Überarbeitung des Werkes voraus. Zugleich kam es durch die deutlich schärfere Linie des Heiligen Offiziums in Rom (Vorträge von Assessor Pietro Parente) zu einer Kontroverse über die Deutung Luthers. Daraufhin drängte auch Höfer selbst auf ein baldiges Neuerscheinen der Lortzschen Reformationsgeschichte. Anfang 1961 kam Bea erneut ins Spiel, als er bei einer Romreise von Alois Zimmer, Peter Meinhold und Albert Brandenburg mit der Angelegenheit konfrontiert wurde. Eine „höchst brisante"[33] Situation, zumal Brandenburg eine ‚existentialistische' Lutherdeutung vertrat, die nach Ansicht von Lortz ein echtes ökumenisches Gespräch unmöglich machte. Doch Bea beharrte auf seiner Position (Neuauflage nur nach intensiver Überarbeitung), auf die inzwischen auch Jaeger eingeschwenkt war.

Was steckte hinter diesen nachdrücklichen Aufforderungen? Sollte die Sache nur möglichst lange in der Schwebe gehalten werden, weil man die möglichen Auswirkungen einer (unveränderten) Neuauflage auf das ökumenische Gespräch bzw. auf das Ringen der unterschiedlichen kirchenpolitischen Richtungen an der Kurie nicht abschätzen konnte? Erst nach weiteren Vermittlungen Höfers sowie des Mainzer Bischofs Albert Stohr erklärte sich Bea schließlich doch mit einer unveränderten Neuauflage einverstanden, in der aber ein Ergänzungsband zur Auseinandersetzung mit der neueren Forschung und Kritik angekündigt werden sollte. War Bea nun überzeugt worden, dass eine baldige Neuausgabe der *Reformation in Deutschland* für das konfessionelle ‚Klima' gerade in Deutschland die bessere Lösung war? Oder entfalteten die ständigen Hinweise von Lortz auf ‚Gerüchte' über die Gründe des Nichterscheinens, die für das Konzil und die Position Beas gegenüber dem Heiligen Offizium[34] eine Belastung darstellen konnten, endlich ihre Wirkung? Jedenfalls wies Bea auch gegenüber Jaeger noch einmal ausdrücklich darauf hin, dass „keine römische Stelle offiziell"[35] (!) etwas gegen die *Reformation* unternommen habe – weshalb sich auch weitere Erkundigungen beim Heiligen Offizium (Ottaviani) erübrigten!

Mit diesem Stand der Sondierungen schienen nun aber auch die Hindernisse soweit beseitigt, dass man an die konkrete Vorbereitung der Neuauflage gehen konnte, die im April 1961 – samt neuem Vorwort – bei Erzbischof Schäufele in Freiburg zum Imprimatur eingereicht wurde. Doch als Schäufele, der schon im Kontext seiner Wahl zum Erzbischof von Bea auf einen

---

[33] Lortz, Mainz, an Zimmer, Bonn, 20.01.1961. IEG, NL Lortz [732].
[34] Vgl. zu diesem Antagonismus Dominik BURKARD, Augustin Bea und Alfredo Ottaviani. Thesen zu einer entscheidenden personellen Konstellation im Vorfeld des Zweiten Vatikanischen Konzils, in: Franz Xaver BISCHOF (Hg.), Das Zweite Vatikanische Konzil (1962–1965). Stand und Perspektiven der kirchenhistorischen Forschung im deutschsprachigen Raum, Stuttgart 2012, 45–66.
[35] Jaeger, Paderborn, an Lortz, Mainz, 14.02.1961. IEG, NL Lortz [732].

schärferen Zensurkurs festgelegt worden war[36], in den Ordinariatsakten plötzlich die so lange verschollenen Nuntiaturschreiben von 1941 entdeckte, glaubte er sich gezwungen, nun doch noch einmal den Weg über Rom gehen und die Angelegenheit ein für allemal klären zu müssen. Gegenüber Nuntius Corrado Bafile deutete Schäufele im Mai 1961 an, angesichts der aktuellen Situation der Konfessionen sei ein Neuerscheinen der *Reformation in Deutschland* für die Kirche jedenfalls ,unauffälliger' als ein Nichterscheinen. Auf Empfehlung des Nuntius ging dann im August ein umfängliches Dossier sämtlicher früher erfolgten Änderungen nach Rom, um zu beweisen, dass den damaligen Wünschen Roms Rechnung getragen worden war. So erfolgte im April 1962 über die Nuntiatur schließlich der Bescheid, man überlasse dem Erzbischof die Entscheidung über das Imprimatur unter Berücksichtigung des aktuellen ,Klimas' und der früheren Beanstandungen. Letztlich also ,viel Lärm um nichts' seitens des Nuntius, der die Übersendung aller Änderungen nach Rom verlangt hatte? Am 15. Juni 1962 erteilte Schäufele das Imprimatur für die vierte Auflage, die Ende des Jahres – mit neuem Vorwort und Literaturnachträgen – endlich erschien.

Mit dieser vierten Auflage war – bis auf eine unveränderte fünfte Auflage 1965 – das Ende einer langen Publikationsgeschichte der *Reformation in Deutschland* zu Lebzeiten ihres Verfassers erreicht. Das Lortzsche ,Standardwerk' blieb auch während des Zweiten Vatikanischen Konzils durchaus präsent, doch war die Diskussion in den 1960er Jahren über Lortz bereits hinausgegangen – sowohl in kirchenhistorischer als auch in ökumenischer Hinsicht. Im Verlauf von fast drei Jahrzehnten seit Erscheinen der ersten beiden Auflagen 1940/41 hatte sich das Werk selbst praktisch nicht verändert – wohl aber das Umfeld in Kirche und Welt, also sein ,Echoraum'. Nach außen hin nicht erkennbar, lässt sich an den ,inneren' Vorgängen rund um die *Reformation in Deutschland* viel über den Wandel der Zeit ablesen. In den internen Reaktionen aus Freiburg und Rom im Rahmen der kirchlichen Zensur, die das Werk von Anfang an fast durchgehend bei jeder Auflage bis 1962 begleiteten, spiegeln sich auch die Änderungen der äußeren Verhältnisse wider – und zugleich manche Konstanten, wie Roms grundsätzliche Ablehnung der Lortzschen Reformations- und Lutherdeutung. Doch wer war „Rom" und wer war dafür verantwortlich, dass dieser Ablehnung immer wieder offiziös Nachdruck verliehen wurde?

6. „Lortz, Leiber und der Papst"? Rom und die Frage des Indexverfahrens

Einen denkwürdigen Schlusspunkt in dieser Frage setzt eine spätere Korrespondenz von Lortz aus dem Jahr 1969 – damals konnten alle Beteiligten möglicherweise schon etwas ,offener' über die nun weiter zurückliegenden Ereig-

---

[36] Vgl. Burkard/Schmider, Augustin Bea und die Freiburger Bischofswahl, 325.

nisse sprechen bzw. schreiben. So berichtete Lortz Ende Mai 1969 Robert Scherer und Josef Höfer von seinem Kollegen und Landsmann Prof. Jean Schoos in Bonn etwas, was „in krassem Gegensatz zu dem" stehe, „was wir in jenen Jahren um 1950 und nachher über den inneren Widerspruch des Papstes und Roms gegen das Werk erfuhren"[37]. In dem auszugsweise fotokopierten Brief teilte Schoos die folgende Begebenheit mit:

„Der frühere und seit einigen Jahren verstorbene Bonner Studentenseelsorger Prälat [Wilhelm] Tosetti, ein Vetter von Joseph Kardinal Frings, erzählte mir vor langen Jahren, daß er im Jahre 1950 (ich hoffe, daß das Jahr stimmt) zusammen mit dem Kölner Erzbischof bei Papst Pius XII. in Privataudienz gewesen sei. Dabei hätten sich der Papst und der Erzbischof auch über Ihr Werk unterhalten. Pius XII. habe gesagt, er habe das Buch selbst gelesen und könne in keinem Fall die Bedenken vieler deutscher Bischöfe teilen. Seiner Ansicht nach sei doch kaum etwas, ja vielleicht gar nichts einzuwenden. Er wisse gar nicht, was man in Deutschland überhaupt gegen dieses Werk habe und könne auf keinen Fall die Bedenken teilen, die auch der Kölner Erzbischof geäußert habe"[38].

Scherer konnte sich in seiner Antwort an Lortz nur wundern: „Da haben Sie als Historiker sicher gestaunt, wie man Geschichte in der Erinnerung verfälscht! Die Folgen, die wir alle auf Grund der römischen Einsprüche gegen Ihr Werk zu tragen hatten, sprechen allzu deutlich gegen dieses nachträgliche Zeugnis"[39]. Und auch Höfer zeigte sich skeptisch: „Weil der Angriff auf die Reformationsgeschichte seinerzeit wesentlich von Pater *Leiber* ausging, weil andererseits damals Papst Pius ökumenischer Arbeit abgeneigt war, ist es leicht zu erklären, daß wie in vielen anderen Fällen ‚Rom' für die Schwierigkeiten verantwortlich gemacht wurde. Andererseits kann das Eintreten von Bischof *Galen* sehr wohl den Papst veranlaßt haben, sich in einem Gespräch mit einem deutschen Kardinal günstiger zu äußern"[40]. Von Höfer befragt, konnte Frings sich zwar an jene Audienz erinnern, doch sei damals weder von ihm, noch vom Papst die *Reformation in Deutschland* überhaupt zur Sprache gebracht worden; Frings habe die erste Auflage der *Reformation* seinerzeit sogar als Tischlektüre im Priesterseminar vorlesen lassen. So blieb Höfer bei seinem Fazit, „daß ‚Rom' P. Leiber war"[41], was Lortz zu der bitteren Notiz verleitete: „Das Ergebnis für Leiber tut mir eigentlich leid. Warum hat er mich so angelogen?!"[42]

In der Rückschau gab es also durchaus kontroverse Meinungen zum Problemkomplex der drohenden ‚Indizierung' der *Reformation in Deutschland*. Noch 1989 behauptete der langjährige Assistent von Lortz, Peter Manns, es sei sicher gewesen, dass Pius XII. „eine Indizierung des Werkes gewünscht und angeordnet" habe. Gleichwohl habe Lortz „in dem kindlichen Glauben"

---

[37] Lortz, [Mainz], an Scherer, Freiburg, 22.05.1969. IEG, NL Lortz [1477].
[38] Schoos, Bonn, an Lortz, Mainz, 20.05.1969. IEG, NL Lortz [1477].
[39] Scherer, Freiburg, an Lortz, [Mainz], 28.05.1969. IEG, NL Lortz [1477].
[40] Höfer, Rom, an Lortz, Mainz, 30.05.1969. IEG, NL Lortz [1477].
[41] Höfer, Bonn, an Lortz, [Mainz], 29.06.1969. IEG, NL Lortz [1477].
[42] Lortz, [Mainz], an Höfer, Paderborn, 30.06.1969. IEG, NL Lortz [1477].

gelebt, Pius XII. habe „sein Opus angeblich öffentlich gelobt"[43]. Demgegenüber behauptete ein anderer Schüler von Lortz, der Italiener Boris Ulianich, im selben Jahr, „daß in Rom nie ernsthaft damit gerechnet worden ist, etwas offiziell dagegen zu unternehmen, schon gar nicht das Buch auf den Index zu setzen". Es habe lediglich „belanglose Versuche" gegeben, Lortz und sein Werk zu „zähmen", zumal man „in nicht wenigen kurialen Kreisen Roms Lortz gegenüber keine Sympathie empfand". Aber man habe nicht gewagt, Lortz und sein Werk „offen anzugreifen"[44]. Dass Pius XII. nicht nur gegen eine Indizierung war, sondern diese selbst verhindert habe, behauptete auch der protestantische Theologe Karl Bernhard Ritter (1890–1968), Mitbegründer der Evangelischen Michaelsbruderschaft, der über eine Audienz bei Pius XII. am 8. Juni 1943 u. a. berichtete: „Ich sage ihm [dem Papst], welch starken Eindruck es bei uns [den deutschen Protestanten] gemacht hat, daß das Buch von Professor Lortz nicht indiziert worden ist. Er deutet lächelnd an, daß er an diesem Vorgang keineswegs unbeteiligt sei"[45].

Leider lassen die der Forschung bislang verschlossenen Akten des Heiligen Offiziums und des Staatssekretariats noch keine gesicherten Auskünfte zu; Klarheit wird man also erst später erhalten. Doch ist vielleicht an all den angeführten Meinungen etwas Wahres – sofern nur die verschiedenen Ebenen und nicht zuletzt die zeitlichen Phasen berücksichtigt werden.

Zunächst muss wohl klar unterschieden werden zwischen der Situation um 1940 und jener in der Nachkriegszeit. 1940/41 gab es – wie gezeigt – eine besondere Rücksichtnahme auf die politischen Verhältnisse in Deutschland, die eine Indizierung nicht ratsam erscheinen ließen. Darum der Weg Roms, auf offiziöse Weise Druck zu machen, damit Freiburg ‚freiwillig' auf eine Neuauflage verzichtete. Bei alledem stand die *Gefahr* einer Indizierung wohl stets im Hintergrund, war zumindest in Freiburg immer zu befürchten, da man eben nie sicher sein konnte, wie weit die römische ‚Rücksicht' auf die Zeitlage reichte – wann also der Bogen überspannt sein würde und schließlich doch das amtliche Verbot käme. Nach dem Schrecken über die vermeintliche Anzeige beim Heiligen Offizium durch Engelbert Krebs war Anfang 1941 die mündliche Mitteilung Leibers (zusammen mit der Kritik am „antirömischen Komplex"), dass eine Indizierung nicht in Frage käme, eine erste Erleichterung. Hierauf folgte im September die ‚rettende' Nachricht von höchster Stelle, als Bischof Rusch die – wiederum nur mündliche! – Meldung vom Papst überbrachte, dass an eine Indizierung „nicht gedacht gewesen" sei: „Es hätten nur einige kirchliche Historiker [Leiber?] den Eindruck gehabt,

---

[43] Manns, Joseph Lortz, 41.
[44] Ulianich, Geschichtsschreibung, 169.
[45] Karl Bernhard Ritter, Begegnungen mit dem römischen Katholizismus (1956), in: Ders., Kirche und Wirklichkeit. Gesammelte Aufsätze, hg. von Christian Zippert, Kassel 1971, 196–213, hier 211. Es handelt sich um einen zu Lebzeiten Ritters unveröffentlichten Text. – Zitiert bei Ernesti, Ökumene, 156, der glaubt, Robert Leiber, Alois Hudal und Ludwig Kaas für diese Haltung des Papstes verantwortlich machen zu können.

daß Lortz die irenische Haltung gelegentlich zum Schaden der geschichtlichen Tatsachen betrieben habe"; man begrüße es aber, „wenn eine Neuauflage mit einigen Änderungen erscheint"[46].

Gerade dieser letzte Satz war zweifellos (ob aber beabsichtigt?) mehrdeutig: In Freiburg fasste man ihn wohl hoffnungsvoll-naiv auf als eine Billigung
des Werkes, welches nur einzelne Änderungen erfordere, aber keineswegs
insgesamt abgelehnt werde. Tatsächlich war aber wohl eher gemeint, dass eine
Neuauflage *nur* mit derartigen Änderungen erscheinen könne, die quasi einer
völligen Umarbeitung – und damit auch ‚Unschädlichmachung‘ – gleich-
kämen (so jedenfalls der Tenor des anonymen römischen Gutachtens). Und
ohne solche umfassenden Änderungen dann eben gar keine Neuauflage. Ähnlich wurde wohl auch die scheinbar ‚harmlose‘ Mitteilung der Nuntiatur
unterschätzt, die am 10. Juni 1941 zwar eine Neuauflage nach einer „sorgfältigen und vollständigen [!] Verbesserung" mit Freiburger Imprimatur als
möglich erachtete, zugleich aber feststellte, dies bedeute keineswegs „eine
stillschweigende Zustimmung des Hl. Stuhles"[47]. Hier zeigt sich letztlich
doch wieder eine eindeutige Stoßrichtung, Freiburg dazu zu bewegen, von
sich aus ‚freiwillig‘ auf eine Neuauflage zu verzichten oder eben das Werk
komplett umzuarbeiten.

Dies war dann auch die Haltung, die nach 1945 maßgebend wurde – in der
nun gänzlich veränderten äußeren Situation: keine politische Rücksichtnahme mehr auf die deutsche Lage, womöglich sogar eher – mit Blick auf
die Vergangenheit (nationale Einheitsbestrebungen!) – ein stärkeres Misstrauen Roms gegenüber zu ‚versöhnlichen‘ interkonfessionellen Tendenzen.
Insgesamt gab es um 1950 auf jeden Fall eine zunehmende ökumenische
Abgrenzung und Profilierung und in *dieser* Situation dann wieder ‚offiziöse‘
Mitteilungen der Nuntiatur über die „Verwunderung" des Heiligen Stuhls,
dass eine Neuauflage erschienen sei, dazu der Hinweis auf eine frühere „Mahnung bezüglich des Inhaltes und der Einstellung des Buches" und darauf, dass
der Heilige Stuhl „nicht die Absicht habe, die Erlaubnis zu einer Neuauflage
zu erteilen"[48]. Letzteres verweist offenkundig auf die – derzeit in Freiburg
verschollenen – Nuntiaturschreiben von 1941, insbesondere auf den dortigen
Satz über die nicht gegebene „stillschweigende Zustimmung des Hl. Stuhles"
zu einer neuen Auflage.

Diese Stelle scheint es denn auch tatsächlich gewesen zu sein, auf die man
sich nach 1945 von Seiten Roms immer wieder berufen hat – offensichtlich in
der Erwartung, dass man diese Formulierung in Freiburg schon richtig verstanden habe, so dass dort ‚freiwillig‘ auf eine Neuauflage verzichtet würde,

---

[46] Rusch, Innsbruck, an Gröber, Freiburg, 10.09.1941. EAF B2–1945/1022. – Gerade die
Tatsache, dass Rom überhaupt solche ‚beruhigenden‘ Nachrichten in Sachen Indizierung
übermittelte, bestätigt umso mehr, dass die entsprechenden Befürchtungen in Freiburg
keineswegs aus der Luft gegriffen waren, sondern durchaus zu Recht bestanden.
[47] Nuntiatur (Orsenigo), Berlin, an Gröber, Freiburg, 10.06.1941. EAF B2–1945/1022.
[48] Nuntiatur (Muench), Kronberg, an Rauch, Freiburg, 15.03.1950. EAF B2–1945/1022.

ohne dass ein *offizieller* amtlich-rechtlicher Druck nötig wäre. Als dann aber 1949 doch die Neuauflage erschienen war, stand freilich zu befürchten, Rom könne *nun* tatsächlich zu ‚schärferen Waffen‘ greifen. Damit wurde zu dieser Zeit eine Indizierung zu einer realen Bedrohung. Deshalb folgten dann wohl 1952 – der Papst war angeblich weiterhin „unzufrieden“ über die neue Auflage – die ‚Beschwichtigungen‘ von Seiten Rauchs, das Buch habe kaum noch Bedeutung („Ruhe um dieses Werk“, „kein Kaufinteresse mehr“, „seine Zeit ist vorüber“ [49]) – womöglich in der leisen Hoffnung auf künftige ‚bessere Zeiten‘? Eine weitere Neuauflage war unter solchen Umständen jedenfalls völlig ausgeschlossen – noch 1957 befürchtete Höfer in diesem Fall das Eintreten dessen, „was bisher vermieden werden konnte“ [50]: die tatsächliche Indizierung.

Aber wer war nun letztlich in Rom maßgeblich für diese Haltung verantwortlich? Wieviel persönliches Interesse von Pius XII. steckte dahinter? Nach außen hin schien dem Papst durchaus eine zentrale Rolle zuzukommen – allerdings eine widersprüchliche, die daher wohl auch zu solch gegensätzlichen Deutungen führte, wie die von Manns und Ulianich im Jahr 1989, aber ja auch schon bei Lortz selbst, der die Widersprüche durch einen „Gedächtnisfehler“ des Papstes auflösen wollte. Doch bei genauerer Betrachtung liegt das Ganze – immer auch vor dem Hintergrund der zu berücksichtigenden zeitgeschichtlichen Situation vor und nach 1945 – auf einer ziemlich konsequenten Linie. Besonders dann, wenn man die Frage stellt, warum der Papst überhaupt mit dem Thema Lortz konfrontiert wurde, und man darauf mit der mutmaßlichen Rolle Leibers antwortet.

Immerhin behauptete Leiber im Nachhinein (1960), Pius XII. hätte niemals eine Neuauflage hingenommen. Auch Höfer hielt damals den eigentlichen „Gegner“ für den Papst selbst, erklärte später (1969) aber auch, dass der „Angriff“ gegen Lortz seinerzeit wesentlich von Leiber ausgegangen sei – „Rom“ sei damals Leiber gewesen. Hat Leiber also – wie vermutet werden kann – seinen Einfluss bei Pius XII. geltend gemacht, um seine eigene Ablehnung von Lortz ‚amtlich‘ durchzusetzen (vgl. Rusch: „einige kirchliche Historiker“)? Und musste der Papst Leiber womöglich sogar mäßigend ‚bremsen‘ (zumindest 1941 aus Rücksicht auf die Zeitlage)? Dann ließe sich tatsächlich die ‚positive‘ Seite, dass also damals vermutlich kein amtliches Zensurverfahren eingeleitet wurde (oder zumindest nicht weiter verfolgt bis zur offiziellen Indizierung), dem Papst selbst zuschreiben – und würde dann in der Tat die obige Erinnerung Ritters bestätigen (und vielleicht sogar zu einem gewissen Grad auch die spätere Erinnerung Tosettis). Für eine solche Deutung spricht neben der von Ritter geschilderten Audienz bei Pius XII. auch seine Charakterisierung Leibers im Rahmen ihres Vorgesprächs am 6. Juni 1943, in dem Leiber u. a. geäußert habe: „Für die Erkenntnis eigener

---

[49] Rauch, Freiburg, an Bea, Rom, 08. 11. 1952. EAF B2–1945/1022.
[50] Höfer, Rom, an Lortz, [Mainz], 15. 03. 1957. IEG, NL Lortz [725].

Mißstände ist die Kirche doch immer offen gewesen! Sie ist auch stets bereit, sie abzustellen! Warum ist eigentlich das Buch von Lortz ein solches Ereignis gewesen? Was er sagt, haben doch vor ihm schon andere katholische Schriftsteller gesagt!"[51] Ritter hatte „den Eindruck, daß dieser Mann im Grunde nicht verstehen konnte, welche Fragen und Anliegen mich bewegten"[52] – ganz im Gegensatz zum Papst selbst[53].

Allerdings war Pius XII. sich von der Sache her wohl durchaus mit Leiber einig[54], soweit es zu einem wirklichen inhaltlichen Austausch über Lortz überhaupt gekommen ist (laut Leiber hatte der Papst das Buch ja tatsächlich selbst gelesen – oder nur von Leiber präparierte Exzerpte bekommen?). Dass gerade unter Pius XII. in den 1950er Jahren die ökumenischen Bestrebungen eher klein gehalten wurden, passt jedenfalls dazu, dass in dieser Zeit Lortz keineswegs ‚mit offenen Armen' begrüßt wurde, sondern ihm vielmehr ‚jetzt erst recht' (ohne notwendige Rücksichten auf die Zeitsituation) klar gemacht wurde, dass seine Deutung der Reformation und Luthers von Rom keinesfalls erwünscht war. Letztlich offen bleibt freilich, inwieweit in *dieser* Zeit eine wirkliche Indizierungsgefahr bestand und was eigentlich ‚hinter den Kulissen' im Heiligen Offizium tatsächlich vorging. Fest steht wohl, dass die

---

[51] RITTER, Begegnungen, 209.

[52] „Leiber stellte sich wohl ganz bewußt auf den Standpunkt naiver katholischer Frömmigkeit, nach der alles in bester Ordnung ist, und irgendwelche Probleme für die römisch-katholische Kirche nicht existieren […]. Ich hatte das Empfinden, daß Leiber entweder nichts von dem wußte, was im deutschen Katholizismus vor sich geht, oder aber mir gegenüber nichts davon wissen wollte. Ich habe später von katholischen Theologen sehr scharfe kritische Urteile über Leiber gehört". Ebd., 209. So habe der beim Gespräch ebenfalls anwesende Erik Peterson (1890–1960) etwa gemeint, „daß Leiber nur administrativ interessiert sei und für die religiöse Seite der Sache wenig Verständnis besitze". Ebd., 211.

[53] Ritter gewann den Eindruck, dass Pius XII. „sehr viel mehr vom Herzen her und aus einem tiefen religiösen Verantwortungsgefühl lebt und urteilt als mit dem kühlen Kopf des Diplomaten. Er ist in seiner Haltung so ziemlich das genaue Gegenteil von Pater Leiber, sehr warmherzig, voll echter Offenheit und Güte und immer aufs neue bemüht, mir spürbar zu machen, wie sehr er das deutsche Volk liebt und seine Prüfungen mit durchlebt und durchleidet. […] Wir kommen auf die Reformation zu sprechen, und ich betone mit großem Nachdruck, daß für uns unendlich viel darauf ankomme, daß das entscheidende Anliegen Luthers Anerkennung finde. […] Der Papst nimmt diese Bemerkungen mit lebhaftem Interesse und mit Zustimmung entgegen". Ebd., 210f.

[54] Ein interessantes Schlaglicht wirft hier die Beschreibung der ökumenischen Haltung Pius' XII. durch Leiber selbst. Zu der Behauptung, kein anderer Papst habe bisher so sehr das Gemeinsame zwischen den Konfessionen betont und das Trennende gemildert, stellt Leiber fest: „Wenn wir recht verstehen, will die Bemerkung Pius XII. zum entgegenkommenden Ireniker stempeln. Dann ist sie aber abwegig. […] Verwischung oder Verdunkelung der Wahrheitsgrenzen gehörte zu jenen Dingen, die in Pius XII. einen fast physischen Widerwillen erweckten. Wo es sich um Formulierung und Abgrenzung der Glaubenswahrheiten handelte, war sein Wort messerscharf und kristallklar. […] Auch Andersgläubigen gegenüber hätte er es für ein Unrecht gehalten, sie über den Inhalt des katholischen Glaubens irgendwie zu täuschen". Robert LEIBER, Pius XII. †, in: Stimmen der Zeit 163 (1958/59), 81–100, hier 86.

Wahrscheinlichkeit einer Indizierung um 1950 erheblich größer war als um 1940.

Die Beobachtung Ritters über Leiber passt im Übrigen ganz zu jener, die im September 1956 der protestantische Pastor Max Lackmann (1910–2000) bei seinen ökumenischen Sondierungen in Rom machte. Auch er empfand das Gespräch mit Leiber und dessen „kirchenrechtliche" Perspektive als desillusionierend – ganz im Gegensatz jedoch zu den (jetzt) sehr viel verbindlicheren und konstruktiveren „theologischen" Gesprächen mit Bea[55].

Um 1960 sah es dann freilich schon wieder anders aus: Die „früheren Berater" von Pius XII. besaßen nach dessen Tod 1958 zwar nach wie vor großen Einfluss, doch im Vergleich zu Leiber war Bea zu dieser Zeit wohl der wichtigere Akteur, nicht zuletzt mit seinem neuen Einheitssekretariat. Im Gegensatz zur grundsätzlichen inhaltlichen Ablehnung Leibers war das Motiv bei Bea nun aber eher, im Vorfeld des Zweiten Vatikanischen Konzils jegliche potentiellen ‚Verstimmungen' des ökumenischen Klimas zu vermeiden; daher auch die ‚Hinhaltetaktik' einer Umarbeitung auf den Stand der Forschung[56] (ebenso bei Jaeger). Ähnlich zurückhaltend gegenüber einer Neuauflage zeigte sich dann auch Schäufele (konfessionelles Klima vor dem Konzil, das Werk habe seinen Dienst getan etc.). Letztlich scheint jedoch zu *dieser* Zeit – unter Johannes XXIII. – wohl kaum mehr eine wirklich akute Gefahr der Indizierung bestanden zu haben; die ‚Gegner' von Lortz mussten schließlich auf dieses starke Druckmittel verzichten und auf ‚weichere' Methoden ausweichen, die am Ende aber die neue Auflage – zu Beginn des Konzils – nicht mehr verhindern konnten.

7. Joseph Lortz – ökumenischer „Überzeugungstäter" oder doch nur ein geschäftstüchtiger „Konjunkturritter"?

Bleibt zuletzt die Frage, wie es mit Lortz selbst stand. Wie war Lortz zu ‚seinem' Thema *Reformation* gekommen, das schließlich sein Lebenswerk werden sollte? Woher rührte sein auffälliges *ökumenisches* Interesse und Engagement – welche persönlichen oder zeitgeschichtlichen Hintergründe könnten hier eine Rolle gespielt haben?

Ein abschließendes Urteil fällt nicht leicht. Vielleicht war ihm die Ökumene tatsächlich ein echtes Herzensanliegen, das er mit seiner Reformationsgeschichte ausdrücklich fördern wollte. Vielleicht glaubte er wirklich, die

---

[55] Vgl. BURKARD, Sondierungen, 376 f. – Bea selbst bekundete zu dieser Zeit gegenüber dem Eichstätter Theologen Rudolf Graber (1903–1992) seine Überzeugung, das Thema Ökumene dürfe – so wichtig dies auch sei – nicht nur aus der kirchenpolitischen Perspektive betrachtet, sondern müsse auch vom Standpunkt der Pastoral aus behandelt werden. Ebd., 374.

[56] Letztlich hat sich nur der Grund für die nötige Überarbeitung verschoben: Bei den früheren Auflagen war eine Umarbeitung im kirchlich-dogmatischen Sinne gefordert, jetzt ist das Motiv die wissenschaftliche Akzeptanz.

auf diesem Gebiet bestehenden alten Spannungen zwischen den Konfessionen nachhaltig überwinden zu können. Möglicherweise hatte Lortz aber auch, nachdem er eher aus biographischen Zufällen mit der Reformationsforschung in Kontakt gekommen war (*Corpus Catholicorum*, Merkle), die ‚Zeichen der Zeit' erkannt – nicht zuletzt im Kontext des Nationalsozialismus und seinen ‚Einheitsbestrebungen'. War Lortz ein Opportunist, der stets den ‚Zeitgeist' zu treffen suchte? Dann würde sich zugleich die Frage stellen, ob solch ein geschicktes Treffen des Zeitgeistes Lortz womöglich auch besonders *zeitgebunden* gemacht haben könnte – so dass die spätere Rezeption und Forschung bewusst ‚über Lortz hinaus' ging bzw. gehen musste[57]? Inwieweit hat sich die Auffassung von Lortz über die Reformation und über Luther seit dem ersten Erscheinen seiner *Reformation in Deutschland* überhaupt verändert und weiterentwickelt? Und wie ‚fortschrittlich' war sie überhaupt – zumal vor dem Hintergrund des Zweiten Vatikanums und der aus Sicht des alten Lortz durchaus bedenklich ‚progressiven' Entwicklung der nachkonziliaren Kirche[58]?

Die Wahrheit dürfte, wie so oft, in der Mitte liegen. Trotz mancher Ambivalenzen, gerade zur Zeit des Nationalsozialismus, bleibt doch die Tatsache bestehen, dass Lortz sich auch in späteren Jahren, ja bis an sein Lebensende in einer so ausgeprägten Weise der Ökumene widmete – in einer unglaublichen Masse von Vorträgen, in Gesprächskreisen, Diskussionen und schriftlichen Äußerungen –, dass eine rein ‚opportunistische' Beschäftigung mit diesem Gebiet wenig plausibel erscheint. Lortz war zeitlebens von einem ausgeprägten Sendungsbewusstsein erfüllt, betrachtete die Kirchengeschichte nicht zuletzt als Heilsgeschichte. So war er wohl durchaus ernsthaft davon überzeugt, auch in religiös-theologischer Hinsicht die ‚Zeichen der Zeit' – und dahinter das göttliche Wirken – erkannt zu haben, dem ‚zeitgemäßen' Anliegen einer Überwindung konfessioneller Differenzen durch eine ökumenisch-verständnisvolle Geschichtsschreibung dienen zu müssen. Andererseits scheint Lortz, zumal in späteren Jahren, die Bedeutung seines ‚Hauptwerkes' überschätzt und die einmal erlangten Erkenntnisse mehr ‚verwaltet' als wissenschaftlich fortgeführt zu haben (ungeachtet seiner zahlreichen Aufsätze zum Thema bis an sein Lebensende).

Zugleich lässt sich kaum leugnen, dass der faktische Erfolg dem ‚Selbstbewusstsein' von Lortz recht zu geben scheint: Trotz – oder gerade wegen – der in wissenschaftlicher Hinsicht eher ‚populären', essayistischen Darstellungsweise (ohne Anmerkungsapparat) konnte Lortz mit seiner *Reformation in Deutschland* in der öffentlichen Rezeption eine bahnbrechende Wirkung entfalten. So traf er wohl nicht nur den ‚Zeitgeist', sondern bestimmte ihn auch selbst wesentlich mit. Lortz gab der einsetzenden Entwicklung zu einer

---

[57] Vgl. etwa die weiterführende Bestandsaufnahme bei MANNS, Nachwort, 359–379.
[58] Vgl. etwa seine letzte Schrift: Joseph LORTZ, Ökumenismus ohne Wahrheit?, Münster 1975.

größeren ökumenischen Öffnung der katholischen Kirche im 20. Jahrhundert wegweisende Impulse – einer Entwicklung, die mit dem Zweiten Vatikanischen Konzil ihre offizielle kirchliche Bestätigung fand, um aber letztendlich auch über Lortz hinauszugehen.

Dass bis zu einer solchen sachlichen Vertiefung und Weiterführung der Lortzschen Ansätze allerdings ein langer und steiniger Weg ‚hinter den Kulissen' zurückzulegen war, damit *Die Reformation in Deutschland* überhaupt erst – und wiederholt – erscheinen konnte, hat sich im Verlauf dieser Studie eindrucksvoll gezeigt. Die aus ‚nachkonziliarer' Perspektive kaum noch vorstellbaren Schwierigkeiten und Widerstände, die in den drei Jahrzehnten zuvor im „Kampf um ein Buch" zu überwinden waren – und nach vielfältigen Mühen schließlich glücklich überwunden wurden – gehören zur Würdigung des Beitrags, den Lortz dem ökumenischen Anliegen mit seiner Reformationsgeschichte gegeben hat.

Quellen- und Literaturverzeichnis

Ungedruckte Quellen

Archiv der Deutschen Provinz der Jesuiten, München (ADPSJ).
NL Augustin Bea SJ   P1/1960

Archivio della Pontificia Università Gregoriana, Rom (APUG).
NL Robert Leiber SJ   Fondo 3
                        Fondo 4
                        Fondo 6
                        Fondo 7
                        Fondo 8

Erzbischöfliches Archiv, Freiburg (EAF).
B2–43–69   Imprimaturakten
B2–1945/1022   Sonderfaszikel Lortz
Na 78/4   NL Engelbert Krebs

Institut für Europäische Geschichte, Mainz (IEG).
NL Joseph Lortz   725
                    732
                    751
                    1090
                    1233
                    1445
                    1446
                    1458
                    1477
                    1485
                    1502
                    1811
                    1829
                    1837

Privatarchiv der Verlegerfamilie Herder, Freiburg.

Privatbesitz Prof. Dr. Boris Ulianich, Neapel.

Teilnachlass Joseph Lortz, Würzburg (im Privatbesitz Dr. Gabriele Lautenschläger).

Literatur

Ad P. Heinrich Denifle, in: Kölnische Volkszeitung 45 (1904), Literarische Beilage Nr. 19, 151 f.

Annuario Pontificio per l'anno 1951, Città del Vaticano 1951.

ARNOLD, Claus, Die Katholisch-Theologische Fakultät Freiburg, in: Dominik BURKARD/ Wolfgang WEISS (Hg.), Katholische Theologie im Nationalsozialismus, Bd. 1/1: Institutionen und Strukturen, Würzburg 2007, 147–166.

BASS, Michael, Luthers Geschichtsverständnis und dessen Rezeption im Kontext der Reformationsjubiläen von 1817 und 1917, in: Lutherjahrbuch 69 (2002), 47–70.

[BEA, Augustin], Ansprache Kardinal Beas anläßlich seines Besuches im Verlag Herder, in: Anzeiger für die katholische Geistlichkeit, Nr. 1, Januar 1961.

BEA, Augustin, La pontificia accademia teologica romana nel nostro tempo, in: Divinitas 1 (1957), 31–46.

BERGÉR, Wilhelm, Offizielle Gegenreformation heute? Das „Institut für Europäische Geschichte" in Mainz, in: Weg und Wahrheit. Evangelisches Kirchenblatt für Hessen, Nr. 34, 1951, 275 f.

BETZ, Anton, Die Reformation [Rez.], in: Frankfurter Zeitung und Handelsblatt, Literaturblatt, Nr. 15, 14. April 1940.

BEYHL, Jakob, Ultramontane Geschichtslügen. Ein Wort der Abwehr und Aufklärung gegenüber den Angriffen des Jesuiten von Berlichingen auf Luther und die Reformation, Würzburg ²1903.

BIGELMAIR, Andreas, Sebastian Merkle, in: Historisches Jahrbuch 62–69 (1949), 944–958.

BIHLMEYER, Karl, Rez. zu: J. Lortz, Die Reformation in Deutschland, in: Theologische Quartalschrift 121 (1940), 248–251.

BLUM, Daniela, Der katholische Luther. Begegnungen – Prägungen – Rezeptionen, Paderborn 2016.

BÖMINGHAUS, Ernst, Rez. zu: J. Lortz, Die Reformation in Deutschland, in: Scholastik 15 (1940), 589–592.

BORNKAMM, Heinrich, Luther im Spiegel der deutschen Geistesgeschichte. Mit ausgewählten Texten von Lessing bis zur Gegenwart, Göttingen ²1970.

BORNKAMM, Heinrich, Luther zwischen den Konfessionen. Vierhundert Jahre katholische Lutherforschung, in: Festschrift für Gerhard Ritter zu seinem 60. Geburtstag, Tübingen 1950, 210–231.

BORNKAMM, Heinrich, Wende in der katholischen Reformationsforschung? [Rez.], in: Die Wartburg 39 (1940), 125–136.

BOROWSKY, Peter, Justus Hashagen, ein vergessener Hamburger Historiker, in: Zeitschrift des Vereins für Hamburgische Geschichte 84 (1998), 163–183, hier 176–180.

BRAKELMANN, Günter, Lutherfeiern im Epochenjahr 1917 (Studienreihe Luther 16), Bielefeld 2017.

BRANDENBURG, Albert, Gericht und Evangelium. Zur Worttheologie in Luthers erster Psalmenvorlesung, Paderborn 1960.

BRANDI, Karl, Deutsche Reformation und Gegenreformation, 2 Bde., Leipzig 1927/30.

BRANDI, Karl, Kaiser Karl V. Werden und Schicksal einer Persönlichkeit und eines Weltreiches, München 1937.

BRANDI, Karl, Neue Bücher. Renaissance, Reformation und Gegenreformation [Rez.], in: Vergangenheit und Gegenwart 30 (1940), 143–151, hier 147–149.

BROMBACHER, Kuno/RITTER, Emil (Hg.), Sendschreiben katholischer Deutscher an ihre Volks- und Glaubensgenossen. Im Auftrage eines Arbeitskreises katholischer Theologen und Laien, Münster 1936.

BUCHHEIM, Karl, Die Glaubensspaltung [Rez.], in: Eckart 16 (1940), 191–195.

BULTMANN, Rudolf/GOGARTEN, Friedrich, Briefwechsel 1921–1967, hg. von Hermann Götz GÖCKERITZ, Tübingen 2002.

BURKARD, Dominik, Alois Hudal – ein Anti-Pacelli? Zur Diskussion um die Haltung des Vatikans gegenüber dem Nationalsozialismus, in: Zeitschrift für Religions- und Geistesgeschichte 59 (2007), 61–89.

BURKARD, Dominik, Augustin Bea als Konsultor des Sanctum Officium. Annäherungen an ein komplexes Thema, in: Clemens BRODKORB/Dominik BURKARD (Hg.), Der Kardinal der Einheit. Zum 50. Todestag des Jesuiten, Exegeten und Ökumenikers Augustin Bea (1881–1968) (Jesuitica 22), Regensburg 2018, 191–227.

BURKARD, Dominik, Augustin Bea und Alfredo Ottaviani. Thesen zu einer entscheidenden personellen Konstellation im Vorfeld des Zweiten Vatikanischen Konzils, in: Franz Xaver BISCHOF (Hg.), Das Zweite Vatikanische Konzil (1962–1965). Stand und Perspektiven der kirchenhistorischen Forschung im deutschsprachigen Raum, Stuttgart 2012, 45–66.

BURKARD, Dominik, Die Theologische Fakultät der Staatlichen Akademie Braunsberg, in: DERS./Wolfgang WEISS (Hg.), Katholische Theologie im Nationalsozialismus, Bd. 1/2: Institutionen und Strukturen, Würzburg 2011, 24–123.

BURKARD, Dominik, „… ein ebenso rabiater Kirchenmann wie Nationalist …"? Der Kirchenhistoriker Karl August Fink (1904–1983) und Rom, in: Michael MATHEUS/Stefan HEID (Hg.), Orte der Zuflucht und personeller Netzwerke. Der Campo Santo Teutonico und der Vatikan 1933–1955 (Römische Quartalschrift, Supplementband 63), Freiburg/Basel/Wien 2015, 457–559.

BURKARD, Dominik, Ernst Michel und die kirchliche Zensur (1921–1952), in: Josef HAINZ (Hg.), Reformkatholizismus nach 1918 in Deutschland. Joseph Wittig (1879–1949) und seine Zeit. Dokumentation des Symposions der „Bibelschule Königstein e.V." am 30./31.03.2001 in Königstein, Eppenhain 2002, 45–72.

BURKARD, Dominik, Frühe katholisch-evangelische Sondierungen. Augustin Bea und die „Sammlung" ökumenisch orientierter Protestanten, in: Clemens BRODKORB/Dominik BURKARD (Hg.), Der Kardinal der Einheit. Zum 50. Todestag des Jesuiten, Exegeten und Ökumenikers Augustin Bea (1881–1968) (Jesuitica 22), Regensburg 2018, 367–447.

BURKARD, Dominik, Häresie und Mythus des 20. Jahrhunderts. Rosenbergs nationalsozialistische Weltanschauung vor dem Tribunal der Römischen Inquisition (Römische Inquisition und Indexkongregation 5), Paderborn u.a. 2005.

BURKARD, Dominik, Joseph Mayer (1886–1967), in: DERS./Wolfgang WEISS/Konrad HILPERT (Hg.), Katholische Theologie im Nationalsozialismus, Bd. 2: Disziplinen und Personen. 1. Teilband: Moraltheologie und Sozialethik, Würzburg 2018, 267–355.

BURKARD, Dominik, Sebastian Merkle (1862–1945). Leben und Werk des Würzburger Kirchenhistorikers im Urteil seiner Zeitgenossen (QFW 67), Würzburg 2014.

BURKARD, Dominik, „… trete beiseite und laß sie vorbeiziehen, die Oberaffen und ihr Gefolge …" (1943). Aus dem Briefwechsel des Kirchenhistorikers Karl August Fink mit dem Wehrer Stadtpfarrer Stephan Wildemann, in: Freiburger Diözesan-Archiv 136 (2016), 115–206.

BURKARD, Dominik, … Unam Sanctam (Catholicam?). Zur theologiegeschichtlichen Verortung des Ökumenismusdekrets „Unitatis redintegratio" aus der Sicht des Kirchenhistorikers, in: Thomas FRANZ/Hanjo SAUER (Hg.), Glaube in der Welt von heute. Theologie und Kirche nach dem Zweiten Vatikanischen Konzil, Bd. 1: Profilierungen (FS Elmar Klinger), Würzburg 2006, 57–109.

BURKARD, Dominik/SCHMIDER, Christoph, Augustin Bea und die Freiburger Bischofs-wahl von 1958, in: Clemens BRODKORB/Dominik BURKARD (Hg.), Der Kardinal der Einheit. Zum 50. Todestag des Jesuiten, Exegeten und Ökumenikers Augustin Bea (1881–1968) (Jesuitica 22), Regensburg 2018, 247–331.

BURN, A. E., Mitteilungen des Hochkirchlich-Ökumenischen Bundes. Genehmigt in der Versammlung vom 18.12.24, in: Una Sancta. Zeitschrift des Hochkirchlich-Ökume-nischen Bundes 1 (1925), 13–14.

CLEMEN, Otto, Die Reformation in Deutschland [Rez.], in: Geistige Arbeit 7 (1940), 5f.

CONGAR, Yves Marie-Joseph, Chrétiens désunis. Principes d'un „oecuménisme" catho-lique (Unam Sanctam 1), Paris 1937.

CONZEMIUS, Victor, Joseph Lortz – ein Kirchenhistoriker als Brückenbauer. Vom leicht-fertigen Umgang mit Ideengeschichte und theologischer Geschichtsdeutung, in: Ge-schichte und Gegenwart 9 (1990), 247–278.

DAMBERG, Wilhelm, Kirchengeschichte zwischen Demokratie und Diktatur. Georg Schreiber und Joseph Lortz in Münster, in: Leonore SIEGELE-WENSCHKEWITZ/Carsten NICOLAISEN (Hg.), Theologische Fakultäten im Nationalsozialismus (AKZG, B 18), Göttingen 1993, 145–167.

DEISSMANN, Adolf, Die Stockholmer Bewegung. Die Weltkirchenkonferenzen zu Stock-holm 1925 und Bern 1926 von innen betrachtet, Berlin 1927.

DEISSMANN, Adolf, Die Stockholmer Kirchenkonferenz. Vorgeschichte, Dienst und Ar-beit der Weltkonferenz für Praktisches Christentum 19.–30. August 1925. Amtlicher Deutscher Bericht, Berlin 1926.

DENIFLE, Heinrich, Luther und Luthertum in der ersten Entwickelung, 3 Bde., Mainz 1904–06.

Die „Denifle-Frage", in: Kölnische Volkszeitung 45 (1904), Literarische Beilage Nr. 26, 201f.

Die päpstliche Auffassung über Katholische Aktion und Politik, in: Schönere Zukunft 2 (1926/27), 400.

DIRKS, Walter, Begegnung – oder Ideenverwandtschaft? Drei Schriften über Nationalso-zialismus und Katholizismus, in: Rhein-Mainische-Volkszeitung, 19. November 1933.

EBELING, Gerhard, Evangelische Evangelienauslegung. Eine Untersuchung zu Luthers Hermeneutik, München 1942.

EIBL, Hans, Reformationsgeschichte und Wiedervereinigungsfrage, in: Schönere Zukunft 15 (1939/40), 462f., 483–485.

EPPEL, Peter, Zwischen Kreuz und Hakenkreuz. Die Haltung der Zeitschrift „Schönere Zukunft" zum Nationalsozialismus in Deutschland 1934–1938 (Veröffentlichungen der Kommission für Neuere Geschichte Österreichs 69), Wien/Köln/Graz 1980.

ERNESTI, Jörg, Ökumene im Dritten Reich (Konfessionskundliche und kontroverstheo-logische Studien 77), Paderborn 2007.

FECHTER, Adam [= Horst Michael], Die Reformation im ökumenischen Gewissen. Vor neuen Aufgaben einer katholischen Geschichtsschreibung, in: Wort und Wahrheit 7 (1952), 11–19.

FECHTER, Paul, Um Luther, in: Deutsche Rundschau 66 (1940), 13–16.

FLAMMER, Thomas, Die Katholisch-Theologische Fakultät Münster, in: Dominik BUR-KARD/Wolfgang WEISS (Hg.), Katholische Theologie im Nationalsozialismus, Bd. 1/1: Institutionen und Strukturen, Würzburg 2007, 199–216.

FREUDENBERGER, Theobald (Hg.), Sebastian Merkle. Ausgewählte Reden und Aufsätze. Anläßlich seines 100. Geburtstags in Verbindung mit dem Sebastian-Merkle-Institut der Universität Würzburg (QFW 17), Würzburg 1965.

GANZER, Klaus, Der Beitrag Sebastian Merkles zur Entwicklung des katholischen Luther-bildes, in: Historisches Jahrbuch 105 (1985), 171–188.

GETZENY, Heinrich/PLATZ, Hermann, Erklärung, in: Una Sancta. Ein Ruf an die Chris-tenheit 3 (1927), 395.

GIACHI, Gualberto, Art. Marchetti, in: Charles E. O'NEILL/Joaquín M. DOMÍNGUEZ (Hg.), Diccionario Histórico de la Companía de Jesús. Biografíco-Temático, Bd. 3, Roma/Madrid 2001.

GILLESSEN, Günther, Die Frankfurter Zeitung im Dritten Reich, in: Bernd HEIDEN-REICH/Sönke NEITZEL (Hg.), Medien im Nationalsozialismus, Paderborn 2010, 295–308.

GRISAR, Hartmann, Luther, 3 Bde., Freiburg i. Br. 1911/12.

GRÖBER, Conrad, Die Reformation in Konstanz von ihrem Anfang bis zum Tode Hugos von Hohenlandenberg (1517–1532), in: Freiburger Diözesan-Archiv 46 (1919), 120–322.

GROSCHE, Robert, Zum Wiedererscheinen der Catholica, in: Catholica 9 (1953), 1–3.

Grundsätze des Hochkirchlich-Ökumenischen Bundes [beschlossen in der Versammlung vom 18. Dezember 1924], in: Una Sancta. Zeitschrift des Hochkirchlich-Ökume-nischen Bundes 1 (1925), 3.

GÜNTHER, Frieder, Heuss auf Reisen. Die auswärtige Repräsentation der Bundesrepublik durch den ersten Bundespräsidenten, Stuttgart 2006.

HAS, F. K., Pressestimmen zur Gründung des Hochkirchlich-Ökumenischen Bundes, in: Una Sancta. Zeitschrift des Hochkirchlich-Ökumenischen Bundes 1 (1925), 65–67.

HASHAGEN, Justus, Kritische Betrachtungen zur Lutherforschung, in: Archiv für Refor-mationsgeschichte 39 (1942), 256–273.

HASHAGEN, Justus, Neue katholische Reformationsforschung [Rez.], in: Luther. Mit-teilungen der Luther-Gesellschaft 23 (1941), 37–47.

HASHAGEN, Justus, Staat und Kirche vor der Reformation. Eine Untersuchung der vor-reformatorischen Bedeutung des Laieneinflusses in der Kirche, Essen 1931.

HAUF, Theodor (Hg.), Siebzig Jahre Hochkirchliche Bewegung (1918–1988). Hochkirch-liche Arbeit. Woher? Wozu? Wohin? (Eine Heilige Kirche NF 3), Bochum 1989.

HEILER, Friedrich, Gesammelte Aufsätze und Vorträge, Teil 1: Evangelische Katholizität, München 1926.

HENKEL, Peter, Dr. Anton Betz (1893–1984). Ein Verleger in vier Epochen, in: Geschichte im Westen 20 (2005), 49–63.

HENRICH, Stefan, Der Ökumenische Arbeitskreis evangelischer und katholischer Theo-logen, in: Kerygma und Dogma 35 (1989), 258–295.

HERTE, Adolf, Das katholische Lutherbild im Bann der Lutherkommentare des Coch-läus, 3 Bde., Münster 1943.

HEUSS, Theodor, [Grußwort], in: Erwin ISERLOH/Peter MANNS (Hg.), Festgabe Joseph Lortz, Bd. 1: Reformation. Schicksal und Auftrag, Baden-Baden 1958, 1–3.

HOEBER, Karl, Ein neues Werk über die Reformation in Deutschland [Rez.], in: Köl-nische Volkszeitung und Handelsblatt, 27. April 1940.

HÜRTEN, Heinz, Deutsche Katholiken 1918–1945, Paderborn u. a. 1992.

ISERLAND, Otto, Reformationsgeschichte als Beitrag zum ökumenischen Gespräch [Rez.], in: Schweizerische Rundschau 40 (1940/41), 444–449.

ISERLOH, Erwin, Joseph Lortz – Leben und ökumenische Bedeutung, in: Rolf DECOT/Rainer VINKE (Hg.), Zum Gedenken an Joseph Lortz (1887–1975). Beiträge zur Refor-mationsgeschichte und Ökumene (VIEG.B 30), Stuttgart 1989, 3–11.

ISERLOH, Erwin, Luther-Kritik oder Luther-Polemik? Zu einer neuen Deutung der Entwicklung Luthers zum Reformator, in: DERS./Peter MANNS (Hg.), Festgabe Joseph Lortz, Bd. 1: Reformation. Schicksal und Auftrag, Baden-Baden 1958, 15–42.

JANSSEN, Johannes, Geschichte des deutschen Volkes seit dem Ausgang des Mittelalters, Bd. 3: Allgemeine Zustände des deutschen Volkes seit dem Ausgang der sozialen Revolution bis zum sogenannten Augsburger Religionsfrieden von 1555, Freiburg i. Br. 1–61881.

JEDIN, Hubert, Geschichte des Konzils von Trient, Bd. 1: Der Kampf um das Konzil, Freiburg i. Br. 1949.

JEDIN, Hubert, Lebensbericht. Mit einem Dokumentenanhang, hg. von Konrad Repgen (VKZG.Q 35), Mainz 1984.

JEDIN, Hubert, Wandlungen des Lutherbildes in der katholischen Kirchengeschichtsschreibung, in: Karl FORSTER (Hg.), Wandlungen des Lutherbildes, Würzburg 1966, 79–101.

JELKE, Robert, Ein neues Lutherbuch [Rez.], in: Badische Pfarrvereins-Blätter 48 (1940), 24–30.

KAUFMANN, Thomas, Geschichte der Reformation in Deutschland, Berlin 2016.

KAUFMANN, Thomas/KESSLER, Martin (Hg.), Luther und die Deutschen. Stimmen aus fünf Jahrhunderten, Stuttgart 2017.

KIEFL, Franz Xaver, Martin Luthers religiöse Psyche, in: Hochland 15/I (1917), 7–28.

Kirchenrechtliche Chronik, in: Archiv für katholisches Kirchenrecht 107 (1927), 348–350.

KIRSCH, Johann Peter, Die Kirche in der antiken griechisch-römischen Kulturwelt (Kirchengeschichte, Bd. 1), Freiburg i. Br. 1930.

KIRSCH, Johann Peter, Uno studio profondo sulla vera e la falsa Riforma in Germania [Rez.], in: L'Osservatore Romano, Nr. 43, 22. Februar 1940.

KLÄN, Werner, Reformationsjubiläen und Kulturprägungen des Luthertums. Eine selbstkritische Betrachtung, in: Lutherische Theologie und Kirche 40 (2016), 230–273.

KÖHLER, Walther, Die Reformation in Deutschland [Rez.], in: Neue Zürcher Zeitung und schweizerisches Handelsblatt, Nr. 938, 30. Juni 1940; Nr. 946, 2. Juli 1940.

KÖHLER, Walther, Martin Luther und die deutsche Reformation (Aus Natur und Geisteswelt 515), Leipzig 1916.

KÖHLER, Walther, Rez. zu: J. Lortz, Die Reformation in Deutschland, in: Historische Zeitschrift 165 (1942), 378–380.

KOHLMEYER, Ernst, Luther und sein Werk in neuester katholischer Beleuchtung [Rez.], in: Lehrbriefe der Evang.-theologischen Fakultäten der Universitäten Bonn und Leipzig an ihre bei der Wehrmacht stehenden Kommilitonen [3] (1944), 21–34.

KREBS, Engelbert, „Daß sie in Uns Eins seien!" Tatsachen, Fragen und Aufgaben gegenüber der Wiedervereinigungs-Frage, in: Schönere Zukunft 16 (1940/41), 193–195, 220–222, hier 221.

KUNZ, Andreas (Hg.), Institut für Europäische Geschichte 1950–2000. Festakt zum 50jährigen Bestehen am 6. Mai 2000 im „Kleinen Haus" des Staatstheaters Mainz, Mainz 2000.

LAMBINET, Ludwig, Kontroverstheologische Perspektiven, in: Catholica 7 (1938), 150–164.

LAROS, Matthias, Um den schöpferischen Frieden der Konfessionen, in: Schönere Zukunft 10 (1934/35), 1073–1075.

LAU, Franz, Père Reinoud und Luther. Bemerkungen zu Reinhold Weijenborgs Lutherstudien, in: Luther-Jahrbuch 27 (1960), 64–122.

LAUN, Justus Ferdinand, Die Konferenz von Lausanne. Berichte, Ergebnisse, Aufgaben (Für die Einheit der Kirche 2), Gotha 1928.

LAUTENSCHLÄGER, Gabriele, Joseph Lortz (1887–1975). Weg, Umwelt und Werk eines katholischen Kirchenhistorikers (SKNZ 1), Würzburg 1987.

LAUTENSCHLÄGER, Gabriele, Neue Forschungsergebnisse zum Thema: Joseph Lortz, in: Rolf DECOT/Rainer VINKE (Hg.), Zum Gedenken an Joseph Lortz (1887–1975). Beiträge zur Reformationsgeschichte und Ökumene (VIEG.B 30), Stuttgart 1989, 293–313.

LEIBER, Robert, Pius XII. †, in: Stimmen der Zeit 163 (1958/59), 81–100.

LEPPIN, Volker, Lutherforschung am Beginn des 21. Jahrhunderts, in: Albrecht BEUTEL (Hg.), Luther-Handbuch, Tübingen 2005, 19–34.

LERCHENMUELLER, Joachim, Die Geschichtswissenschaft in den Planungen des Sicherheitsdienstes der SS. Der SD-Historiker Hermann Löffler und seine Denkschrift „Entwicklung und Aufgaben der Geschichtswissenschaft in Deutschland" (Archiv für Sozialgeschichte, Beiheft 21), Berlin 2001.

LÖFFLER, Hermann, Rez. zu: J. Lortz, Die Reformation in Deutschland, in: Germanien 13 [= NF 3] (1941), 38–40.

LÖHR, Gabriel M., Zu einer neuen Reformationsgeschichte Deutschlands [Rez.], in: Zeitschrift für Schweizerische Kirchengeschichte 34 (1940), 143–151.

LOEWENICH, Walther von, Der moderne Katholizismus. Erscheinung und Probleme, Witten 1955.

LOEWENICH, Walther von, Der moderne Katholizismus vor und nach dem Konzil, Witten 1970.

LOEWENICH, Walther von, Evangelische und katholische Lutherdeutung der Gegenwart im Dialog, in: Luther-Jahrbuch 34 (1967), 60–89.

LOHSE, Bernhard, Die bleibende Bedeutung von Joseph Lortz' Darstellung „Die Reformation in Deutschland", in: Rolf DECOT/Rainer VINKE (Hg.), Zum Gedenken an Joseph Lortz (1887–1975). Beiträge zur Reformationsgeschichte und Ökumene (VIEG.B 30), Stuttgart 1989, 337–351.

LOHSE, Bernhard, Martin Luther. Eine Einführung in sein Leben und sein Werk, München ³1997.

LORTZ, Joseph, Das „Institut für Europäische Geschichte" in Mainz. Eine weitsichtige kulturpolitische Entscheidung – Zur Pflege des europäischen Gesamtbewußtseins, in: Staatszeitung und Staatsanzeiger für Rheinland-Pfalz, Nr. 25, 24. Juni 1951, 3.

LORTZ, Joseph, Die Reformation als religiöses Anliegen heute. Vier Vorträge im Dienste der Una Sancta, Trier 1948.

LORTZ, Joseph, „Die Reformation im ökumenischen Gewissen". Eine Erwiderung auf Adam Fechter, in: Wort und Wahrheit 7 (1952), 847–853.

LORTZ, Joseph, Die Reformation in Deutschland, 2 Bde., Freiburg i. Br. 1939/40. ²1941. ³1949. ⁴1962.

LORTZ, Joseph, „Die Reformation in Deutschland." Eine Selbstanzeige, in: Schönere Zukunft 15 (1939/40), 263–265.

LORTZ, Joseph, Die Reformation. Thesen als Handreichung bei ökumenischen Gesprächen, Meitingen 1940.

LORTZ, Joseph, Geschichte der Kirche in ideengeschichtlicher Betrachtung. Eine Sinndeutung der christlichen Vergangenheit in Grundzügen, Münster ¹1936.

LORTZ, Joseph, Katholischer Zugang zum Nationalsozialismus. Mit einem Nachtrag, Münster ³1934.

LORTZ, Joseph, Mein Umweg zur Geschichte. Ein besinnlicher Rückblick auf der Journée des Anciens d'Echternach 10. Oktober 1959, Wiesbaden 1960.

LORTZ, Joseph, Ökumenismus ohne Wahrheit?, Münster 1975.

LORTZ, Joseph, Sebastian Merkle [Gedächtnisrede beim akademischen Festakt der Katholisch-Theologischen Fakultät in der Universität Würzburg zur Feier von S. Merkles 100. Geburtstag, gehalten am 11. Dezember 1962], in: Theobald Freudenberger (Hg.), Sebastian Merkle. Ausgewählte Reden und Aufsätze. Anläßlich seines 100. Geburtstags in Verbindung mit dem Sebastian-Merkle-Institut der Universität Würzburg (QFW 17), Würzburg 1965, 57–94.

Lortz, Joseph, Tertullian als Apologet, 2 Bde. (Münsterische Beiträge zur Theologie 9/10), Münster 1927/28.

Lortz, Joseph, Versuch einer Bilanz der katholischen Kirchengeschichtsschreibung in Deutschland. Sebastian Merkle zum 70. Geburtstag, in: Hochland 29/II (1932), 570–576.

Lüning, Peter, Ungesicherte Identität des Luthertums. Ein kritischer Überblick über die geschichtlichen Reformationsjubiläen, in: Catholica 66 (2012), 143–150.

Manns, Peter, Joseph Lortz zum 100. Geburtstag: Sein Luther-Verständnis und dessen Bedeutung für die Luther-Forschung gestern und heute, in: Rolf Decot/Rainer Vinke (Hg.), Zum Gedenken an Joseph Lortz (1887–1975). Beiträge zur Reformationsgeschichte und Ökumene (VIEG.B 30), Stuttgart 1989, 30–92.

Manns, Peter, „Lortz, Luther und der Papst". Zur Neuausgabe der „Reformation in Deutschland" [Nachwort], in: Joseph Lortz, Die Reformation in Deutschland. Unveränderte Neuausgabe. Mit einem Nachwort von Peter Manns, Freiburg/Basel/Wien ⁶1982, 353–391.

Marotta, Saretta, Ökumene von unten. Augustin Bea di fronte alle attività del movimento tedesco Una Sancta, in: Cristianesimo nella Storia 37 (2016), 541–611.

Martin, Alfred von, Katastrophe oder Krisis? Zu dem römischen Vorgehen gegen die Zeitschrift „Una Sancta", in: Una Sancta. Ein Ruf an die Christenheit 3 (1927), 527–540.

Mehl, Christoph/Thierfelder, Jörg, Ökumene im Krieg. Evangelisch-katholische Gespräche und innerprotestantische Vergewisserungen in der Endphase des „Dritten Reiches", in: Zeitschrift für Kirchengeschichte 108 (1997), 342–375.

Meinhold, Peter, Der evangelische Christ und das Konzil (Herder-Bücherei 98), Freiburg/Basel/Wien 1961.

Merkle, Sebastian, Das Lutherbild in der Gegenwart, in: Hochland 20/I (1923), 541–551.

Merkle, Sebastian, Die nationale Aufgabe des Geschichtsunterrichts gegenüber der konfessionellen Spaltung, in: Vergangenheit und Gegenwart 6 (1916), 12–33.

Merkle, Sebastian, Gutes an Luther und Übles an seinen Tadlern, in: Alfred von Martin (Hg.), Luther in ökumenischer Sicht, Stuttgart 1929, 9–19.

Merkle, Sebastian, Jakob Beyhl, in: Blätter zur Bayerischen Volkskunde 11 (1927), 71f.

Merkle, Sebastian, Katholische Wissenschaft und Lutherbild, in: Germania, Nr. 319, 19. November 1933 (4. Beilage).

Merkle, Sebastian, Konfessionelle Vorurteile im alten Deutschland, in: Süddeutsche Monatshefte 12/I (1914), 390–406.

Merkle, Sebastian, Luthers Quellen, in: Süddeutsche Monatshefte 16/II (1919), 143–152.

Merkle, Sebastian, Nachruf Denifle, in: Hochland 2/II (1905), 614–617.

Merkle, Sebastian, Reformationsgeschichtliche Streitfragen. Ein Wort zur Verständigung aus Anlaß des Prozesses Beyhl – Berlichingen, München 1904.

Merkle, Sebastian, Rez. zu: Heinrich Denifle, Luther und Luthertum in der ersten Entwickelung/Ders., Luther in rationalistischer und christlicher Beleuchtung, in: Deutsche Literaturzeitung 25 (1904), 1226–1240.

Merkle, Sebastian, Rez. zu: Johannes Baptist Sägmüller, Kirchliche Aufklärung am Hofe des Herzogs Karl Eugen von Württemberg, in: Deutsche Literaturzeitung 30 (1909), 1221–1227.

[MERKLE, Sebastian], Rez. zu: Württembergische Kirchengeschichte, in: Historisch-politische Blätter für das katholische Deutschland 113 (1894), 206–219, 265–277.

MERKLE, Sebastian, Wiederum das Lutherproblem, in: Hochland 9/II (1912), 228–238.

MEYER, Wendelin, Rez. zu: J. Lortz, Die Reformation in Deutschland, in: Sanctificatio nostra 11 (1940).

MICHAEL, J. P., Bonifatius und die Frage der apostolischen Sukzession, Paderborn 1954.

MICHAEL, J. P., Christen suchen Eine Kirche. Die Ökumenische Bewegung und Rom. Mit Dokumenten und soziographischen Beilagen (Herder-Bücherei 10), Freiburg i. Br. 1958.

MOELLER, Bernd, Deutschland im Zeitalter der Reformation (Deutsche Geschichte 4), Göttingen ⁴1999.

MÖRKE, Olaf, Die Reformation. Voraussetzungen und Durchsetzung, München ³2017.

MORSEY, Rudolf, Georg Schreiber, der Wissenschaftler, Kulturpolitiker und Wissenschaftsorganisator. Aus Anlaß der Wiederkehr seines 100. Geburtstags am 5. Januar 1982, in: Westfälische Zeitschrift 131/132 (1981/82), 121–159.

MÜLHAUPT, Erwin, Joseph Lortz, Martin Luther und der Papst (Aus der Arbeit des Evangelischen Bundes V), Lüneburg 1957.

MÜLHAUPT, Erwin, Lortz, Luther und der Papst, in: Materialdienst des Konfessionskundlichen Instituts 7 (1956), 101–110.

MÜLLER, Karl, Josef Schmidlin (1876–1944). Papsthistoriker und Begründer der katholischen Missionswissenschaft (SIM 47), Nettetal 1989.

MUMM, Reinhard, Hochkirchliche Bewegung in Deutschland, in: TRE 15 (1986), 420f.

NIEPMANN, Helmut Martin, Chronik der Hochkirchlichen Vereinigung Augsburgischen Bekenntnisses e.V. Über die ersten 50 Jahre ihres Bestehens 1918–1968 (Eine Heilige Kirche NF 2), Bochum 1988.

N.R., Anzeige zu: J. Lortz, Die Reformation in Deutschland, in: L'Osservatore Romano, Nr. 30, 5. Februar 1950.

PARENTE, Pietro, Necessità del Magistero, in: Divinitas 5 (1961), 206–217.

PASTOR, Ludwig von, Geschichte der Päpste seit dem Ausgang des Mittelalters, Bd. 4: Geschichte der Päpste im Zeitalter der Renaissance und der Glaubensspaltung von der Wahl Leos X. bis zum Tode Klemens' VII. (1513–1534). Abt. 1: Leo X., Freiburg i. Br./Rom ¹⁻⁴1906.

PASTOR, Ludwig von, Tagebücher – Briefe – Erinnerungen (1854–1928), hg. von Wilhelm WÜHR, Heidelberg 1950.

PESCH, Otto Hermann, Theologische Überlegungen zum „Subjektivismus" Luthers. Zur Frage: Über Lortz hinaus?, in: Rolf DECOT/Rainer VINKE (Hg.), Zum Gedenken an Joseph Lortz (1887–1975). Beiträge zur Reformationsgeschichte und Ökumene (VIEG.B 30), Stuttgart 1989, 106–140.

PESCH, Otto Hermann, Zwanzig Jahre katholische Lutherforschung, in: Lutherische Rundschau 16 (1966), 392–406.

PETRI, Heinrich, Die römisch-katholische Kirche und die Ökumene, in: Hans Jörg URBAN/Harald WAGNER (Hg.), Handbuch der Ökumenik, Bd. 2, Paderborn 1986, 95–168.

PIEPER, Josef, Über meine Mitarbeit am „Institut für Neuzeitliche Volksbildungsarbeit" (Dortmund) 1932–1940, in: 60 Jahre Katholische Erwachsenenbildung in Dortmund. Dokumente – Reflexionen – Perspektiven, hg. vom Vorstand des Katholischen Bildungswerkes, Dortmund 1988, 19–22.

PLASSMANN, Clemens, Ahnen und Enkel des Astronomen Joseph Plassmann. Ein Gedenkblatt zum hundertsten Jahrestage seiner Geburt. Mit einem Geleitwort von Friedrich Becker, o.O. 1959.

PLATZ, Hermann, Die Welt der Ahnen. Werden und Wachsen eines Abendländers im Schoße von Heimat und Familie, dargestellt für seine Kinder, hg. von Rudolf PLATZ, Nürnberg 1948.

PRIBILLA, Max, Rom und die ökumenische Bewegung, in: Stimmen der Zeit 75 (1949/50), 37–42.

PRIBILLA, Max, Um kirchliche Einheit. Stockholm, Lausanne, Rom. Geschichtlich-theologische Darstellung der neueren Einigungsbestrebungen, Freiburg i. Br. 1929.

RAHNER, Hugo, Kritik an Lortz? [Rez.], in: Schweizerische Rundschau 40 (1940/41), 658–663.

RAHNER, Hugo, Ökumenische Reformationsgeschichte. Zur Reformationsgeschichte von Joseph Lortz [Rez.], in: Stimmen der Zeit 137 (1940), 301–304.

RAHNER, Karl, Theologische und philosophische Zeitfragen im katholischen deutschen Raum (1943), hg., eingeleitet und kommentiert von Hubert WOLF, Ostfildern 1994.

REITER, Paul J., Martin Luthers Umwelt, Charakter und Psychose sowie die Bedeutung dieser Faktoren für seine Entwicklung und Lehre, 2 Bde., Kopenhagen 1937/41.

RITTER, Gerhard, Deutsche Reformationsgeschichte in ökumenisch-katholischer Sicht [Rez.], in: Archiv für Reformationsgeschichte 37 (1940), 61–76.

RITTER, Gerhard, Die Neugestaltung Europas im 16. Jahrhundert. Die kirchlichen und staatlichen Wandlungen im Zeitalter der Reformation und der Glaubenskämpfe, Berlin 1950.

RITTER, Gerhard, Luther. Gestalt und Symbol, München 1925.

RITTER, Karl Bernhard, Begegnungen mit dem römischen Katholizismus (1956), in: DERS., Kirche und Wirklichkeit. Gesammelte Aufsätze, hg. von Christian ZIPPERT, Kassel 1971, 196–213.

SANDMANN, Fritz, Die Haltung des Vatikans zum Nationalsozialismus im Spiegel des „Osservatore Romano" (von 1929 bis zum Kriegsausbruch) (Diss. phil. Mainz 1965).

SARTORY, Thomas, Die Ökumenische Bewegung und die Einheit der Kirche. Ein Beitrag im Dienste einer ökumenischen Ekklesiologie, Meitingen 1955.

SAUER, Hermann, Abendländische Entscheidung. Arischer Mythus und christliche Wirklichkeit, Leipzig 1938.

SAUER, Hermann, Die Verantwortung des ökumenischen Gesprächs. Zu Joseph Lortz [Rez.]: „Die Reformation in Deutschland", in: Theologische Literaturzeitung 67 (1942), 1–12.

SCHIEFFER, Theodor, Winfrid-Bonifatius und die christliche Grundlegung Europas, Freiburg i. Br. 1954.

SCHMIDLIN, Josef, [Autobiographie], in: Erich STANGE (Hg.), Die Religionswissenschaft der Gegenwart in Selbstdarstellungen, Bd. 3, Leipzig 1927, 167–191.

SCHMIDLIN, Josef, Der Weg zum historischen Verständnis des Luthertums, in: Vereinsschrift der Görres-Gesellschaft 3 (1909), 32–45.

SCHMIDLIN, Josef, Zur Reformationsgeschichte von Joseph Lortz [Rez.], in: Schönere Zukunft 15 (1939/40), 342–344.

SCHMITZ VAN VORST, Josef, Luther und der Erzbischof. Das Ringen um die Vorentscheidungen für das Konzil, in: Frankfurter Allgemeine Zeitung, 5. Dezember 1960.

SCHORN-SCHÜTTE, Luise, Die Reformation. Vorgeschichte, Verlauf, Wirkung, München ⁵2011.

SCHÜTTE, Heinz, Der ökumenische Gedanke bei Joseph Lortz, in: Rolf DECOT/Rainer VINKE (Hg.), Zum Gedenken an Joseph Lortz (1887–1975). Beiträge zur Reformationsgeschichte und Ökumene (VIEG.B 30), Stuttgart 1989, 12–29.

SCHÜTTE, Heinz, Um die Wiedervereinigung im Glauben, Essen 1958.

430

SCHULZE, Winfried, „Das Mainzer Paradoxon". Die deutsche Geschichtswissenschaft der Nachkriegszeit und die Gründung des Instituts für Europäische Geschichte, in: DERS./ Corine DEFRANCE, Die Gründung des Instituts für Europäische Geschichte Mainz (VIEG.B 36), Mainz 1992, 7–53.

SCHWAHN, Barbara, Der Ökumenische Arbeitskreis evangelischer und katholischer Theologen von 1946 bis 1975 (FSÖTh 74), Göttingen 1996.

SCHWEDT, Herman H., Papst Paul VI. und die Aufhebung des römischen Index der verbotenen Bücher im Jahr 1965, in: Römische Quartalschrift 98 (2003), 236–278.

SIEGMUND–SCHULTZE, Friedrich, Die Weltkirchenkonferenz in Lausanne (vom 3. bis 21. August 1927). Ein Schritt zur Einigung der Kirche Christi in Glaube und Verfassung. Erster Gesamtbericht, Berlin-Steglitz 1927.

SIEGMUND–SCHULTZE, Friedrich, Die Weltkirchenkonferenz in Stockholm. Gesamt-Bericht über die Allgemeine Konferenz der Kirche Christi für Praktisches Christentum, Berlin-Steglitz 1925.

SMOLKA, Georg, Die Reformation in Deutschland [Rez.], in: Die Schildgenossen 19 (1940), 164–170.

STOBBE, Heinz-Günther, Lernprozess einer Kirche. Notwendige Erinnerung an die fast vergessene Vorgeschichte des Ökumenismus-Dekrets, in: Peter LENGSFELD (Hg.), Ökumenische Theologie. Ein Arbeitsbuch, Münster 1980, 71–123.

THÖNISSEN, Wolfgang, Art. Katholische Lutherforschung, in: Volker LEPPIN/Gury SCHNEIDER-LUDORFF (Hg.), Das Luther-Lexikon, Regensburg 2014, 338–341.

THOMÉ, Josef, Der mündige Christ. Katholische Kirche auf dem Wege der Reifung, Frankfurt a. M. 1949.

UHLHORN, Gregor, Vom Büchermarkt. Das religiöse Buch in der Jahresarbeit des Herder-Verlages 1939 [Rez.], in: Schönere Zukunft 15 (1939/40), 189 f., hier 189.

ULIANICH, Boris, Zwischen italienischer Geschichtsschreibung und Vatikanischer Zensur, in: Rolf DECOT/Rainer VINKE (Hg.), Zum Gedenken an Joseph Lortz (1887–1975). Beiträge zur Reformationsgeschichte und Ökumene (VIEG.B 30), Stuttgart 1989, 141–196.

VERCRUYSSE, Jos E., Katholische Lutherforschung im 20. Jahrhundert, in: Rainer VINKE (Hg.), Lutherforschung im 20. Jahrhundert. Rückblick – Bilanz – Ausblick (VIEG.B 62), Mainz 2004, 191–212.

VOLKMANN, Albrecht (Bearb.), Vierzig Jahre hochkirchliche Bewegung in Deutschland und in Nachbarländern, München 1958.

VORGRIMLER, Herbert, Persönliche Erinnerungen an Hugo Rahner, in: Zeitschrift für katholische Theologie 122 (2000), 157–163.

WALZ, Angelus, Rez. zu: J. Lortz, Die Reformation in Deutschland, in: Angelicum 17 (1940), 308–310.

Was will die Hochkirchliche Vereinigung? Eine Erläuterung ihrer Grundsätze, ein Wort zur Aufklärung und Verständigung, Berlin 1922.

Was wir wollen, in: Una Sancta. Zeitschrift des Hochkirchlich-Ökumenischen Bundes 1 (1925), 1–2.

WEIJENBORG, Reinoud, Miraculum a Martino Luthero confictum explicatne eius reformationem?, in: Antonianum 31 (1956), 247–300.

WEIJENBORG, Reinoud, Neuentdeckte Dokumente im Zusammenhang mit Luthers Romreise, in: Antonianum 32 (1957), 147–202.

WEISS, Wolfgang, Die Katholisch-Theologische Fakultät Würzburg, in: Dominik BURKARD/Wolfgang WEISS (Hg.), Katholische Theologie im Nationalsozialismus, Bd. 1/1: Institutionen und Strukturen, Würzburg 2007, 277–326.

Weiss, Wolfgang, Modernismuskontroverse und Theologenstreit. Die Katholisch-Theologische Fakultät Würzburg in den kirchenpolitischen und theologischen Auseinandersetzungen zu Beginn des 20. Jahrhunderts (QFW 56), Würzburg 2000.

Weitlauff, Manfred, Die Katholisch-Theologische Fakultät der Universität München und ihr Schicksal im Dritten Reich. Kardinal Faulhaber, der „Fall" des Professors Dr. Hans Barion und die Schließung der Fakultät 1939 durch das NS-Regime. Mit einem Quellenanhang, in: Beiträge zur altbayerischen Kirchengeschichte 48 (2005), 149–373.

Wendebourg, Dorothea, Reformationsjubiläen des 19. und 20. Jahrhunderts, Leipzig 2017.

Wendorf, Hermann, Bewertungsgrundlagen der Reformationsgeschichte. Eine Auseinandersetzung mit Joseph Lortz [Rez.], in: Zeitschrift für deutsche Geisteswissenschaft 4 (1941/42), 11–31.

Wittstadt, Klaus, Von der Polemik zur Ökumene. Der Beitrag Würzburger Theologen zu einem positiven Lutherbild, in: Würzburger Diözesangeschichtsblätter 45 (1983), 219–228.

Wolf, Ernst, Die Reformation in katholischer Sicht [Rez.], in: Verkündigung und Forschung. Theologischer Jahresbericht [1] (1940), 88–104.

Wolf, Hubert, Art. Die Reformation in Deutschland, in: Michael Eckert u. a. (Hg.), Lexikon der theologischen Werke, Stuttgart 2003, 622–623.

Wurm, Theophil, Erinnerungen aus meinem Leben, Stuttgart 1953.

Zeeden, Ernst Walter, Martin Luther und die Reformation im Urteil des deutschen Luthertums. Studien zum Selbstverständnis des lutherischen Protestantismus von Luthers Tode bis zum Beginn der Goethezeit, Bd. 1: Darstellung, Freiburg i. Br. 1950.

Zoepfl, Friedrich, Rez. zu: J. Lortz, Die Reformation in Deutschland, in: Theologische Revue 39 (1940), 156–159.

Anhang A:
Chronologische Liste der Rezensionen
(1940–1945)

Die folgende Liste bietet ein chronologisches Verzeichnis aller erfassten deutschsprachigen Rezensionen zu Lortz' *Reformation in Deutschland* im Zeitraum 1940–45, entsprechend der Gliederung in Abschnitt B.III. Zusätzliche Angaben betreffen die *konfessionelle* Zuordnung ([K]atholisch bzw. [E]vangelisch, sofern erkennbar) sowie die möglichst genaue *zeitliche* Einordnung, soweit ermittelbar (z. B. durch Datumsangabe, Heftnummern, Querverweise etc.). Rezensionen mit einem Asteriskus (*) wurden oben in einem eigenen Abschnitt ausführlich ausgewertet, die übrigen in den Anmerkungen erwähnt. Die bibliographischen Daten beschränken sich hier zur besseren Übersicht auf die jeweilige *Zeitschrift* bzw. *Zeitung* sowie den *Verfasser*, unter Verzicht auf den exakten Titel. Genaue Nachweise finden sich jedoch an der betreffenden Stelle im Text, im Falle der eigens ausgewerteten Rezensionen zudem im Literaturverzeichnis.

(1) Januar – März 1940

*Schönere Zukunft 15 (1939/40), 189f., hier 189.
[K] Gregor Uhlhorn (7. Januar 1940 [Nr. 15/16])

*L'Osservatore Romano, Nr. 43, 22. Februar 1940.
[K] Johann Peter Kirsch (22. Februar 1940)

*Schönere Zukunft 15 (1939/40), 263–265.
[K] Joseph Lortz (3. März 1940 [Nr. 23/24])

(2) März – April 1940

*Badische Pfarrvereins-Blätter 48 (1940), 24–30.
[E] Robert Jelke (28. März 1940 [Nr. 2])

Gelbe Hefte. Historische und politische Zeitschrift 16 (1939/40), 190f.
[K] Hans Berger (März 1940 [Heft 6])

*Vergangenheit und Gegenwart. Monatsschrift für Geschichtsunterricht und politische Erziehung 30 (1940), 143–151, hier 147–149.
[K] Karl Brandi (März 1940? [Heft 3])

Das neue Buch. Zeitschrift für Neuerscheinungen auf dem Büchermarkt [Luzern] 2 (1939/40), 74.
[K] Oskar Vasella (Anfang/Mitte 1940?)

***Schönere Zukunft** 15 (1939/40), 342–344.
[K] Josef SCHMIDLIN (14. April 1940 [Nr. 29/30])

***Frankfurter Zeitung und Handelsblatt**, Literaturblatt, Nr. 15, 14. April 1940.
[K] Anton BETZ (14. April 1940)

***Kölnische Volkszeitung und Handelsblatt**, 27. April 1940.
[K] Karl HOEBER (27. April 1940)

Literarisches Zentralblatt für Deutschland 91 (1940), 272.
[–] Alfred RÖMER (30. April 1940)

Deutsche Rundschau [Berlin] 66 (1940), 13–16.
[E] Paul FECHTER (April 1940)

Sächsisches Kirchenblatt NF 4 (1940), 62 f.
[E] Karl AÉ (April 1940 [Nr. 16])

(3) Juni – August 1940

***Zeitschrift für Schweizerische Kirchengeschichte** 34 (1940), 143–151.
[K] Gabriel M. LÖHR OP (April-Juni 1940? [Heft 2])

Protestantische Rundschau 17 (1940), 101 f.
[E] O. (April-Juni 1940? [Heft 2])

***Stimmen der Zeit** 137 (1940), 301–304.
[K] Hugo RAHNER SJ (Juni 1940 [Heft 9])

Die Literatur. Monatsschrift für Literaturfreunde 42 (1939/40), 389 f.
[E] Theodor KAPPSTEIN (Juni 1940 [Heft 9])

Schönere Zukunft 15 (1939/40), 462 f., 483–485.
[K] Hans EIBL (23. Juni / 7. Juli 1940 [Nr. 39/40 / Nr. 41/42])

***Neue Zürcher Zeitung und schweizerisches Handelsblatt**, Nr. 938, 30. Juni 1940;
Nr. 946, 2. Juli 1940.
[E] Walther KÖHLER (30. Juni / 2. Juli 1940)

***Eckart.** Blätter für evangelische Geisteskultur 16 (1940), 191–195.
[E] Karl BUCHHEIM (Juli 1940)

Zeitwende. Kultur, Kirche, Zeitgeschehen 16 (1940), 306–310.
[E] Hermann SASSE (Juli 1940 [Heft 10])

Die neue Schau. Monatsschrift für das kulturelle Leben im deutschen Haus 10 (1940/41),
91.
[–] Bernhard MARTIN (Juli 1940 [Nr. 4])

***Geistige Arbeit.** Zeitung aus der wissenschaftlichen Welt 7 (1940), 5 f.
[E] Otto CLEMEN (20. Juli 1940 [Nr. 14])

Der Neue Wille. Wochenzeitschrift für katholische Deutsche, Nr. 29, 21. Juli 1940;
Nr. 30, 28. Juli 1940.
[K] Paul HÜBNER (21. Juli / 28. Juli 1940 [Nr. 29 / Nr. 30])

Historisches Jahrbuch 60 (1940), 350.
[K] Johannes VINCKE (Mitte 1940? [1. Halbbd.])

*Archiv für Reformationsgeschichte 37 (1940), 61–76.
[E] Gerhard RITTER (Mitte 1940? [1. Halbbd.])

Sanctificatio nostra. Monatsschrift des katholischen Klerus 11 (1940), 156.
[K] Wendelin MEYER OFM (Juli/August 1940 [Heft 7/8])

*Die Wartburg. Deutsch-evangelische Monatsschrift 39 (1940), 125–136.
[E] Heinrich BORNKAMM (Juli/August 1940? [Heft 7/8])

*Theologische Revue 39 (1940), 156–159.
[K] Friedrich ZOEPFL (Juli/August 1940? [Nr. 7/8])

*Die Schildgenossen. Katholische Zweimonatsschrift 19 (1940), 164–170.
[K] Georg SMOLKA (Juli/August 1940)

Hochland 37 (1939/40), 425–435.
[K] Paul SIMON (August 1940)

Protestantenblatt. Wochenschrift für den deutschen Protestantismus 73 (1940), 397–399.
[E] Hans SCHLEMMER (August 1940? [Nr. 33])

(4) September – Dezember 1940

Kölnische Zeitung. Mit Wirtschafts- und Handelsblatt, Nr. 458, 8. September 1940.
[–] Karl BECKER (8. September 1940)

Freiburger Diözesan-Archiv 67 [= NF 40] (1940), 254–256.
[K] Hermann GINTER (Mitte/Ende 1940?)

Krankendienst. Zeitschrift für kath. Krankenhäuser, Sozialstationen und Rehaeinrichtungen 21 (1940), 191.
[K] Hubert REINARTZ (Mitte/Ende 1940?)

Evangelische Jahresbriefe 10 (1940/41), 32.
[E] Wilhelm STÄHLIN (Mitte/Ende 1940?)

Theologisches Literaturblatt 61 (1940), 163–166.
[E] Leonhard THEOBALD (11. Oktober 1940 [Nr. 21])

Die christliche Welt. Protestantische Halbmonatsschrift 54 (1940), 469f.
[E] Karl HEUSSI (Oktober 1940? [Nr. 20])

Allgemeine evangelisch-lutherische Kirchenzeitung 73 (1940), 478–480, 489–492.
[E] Erich DAHLGRÜN (1. November / 8. November 1940 [Nr. 44 / Nr. 45])

*Schweizerische Rundschau. Monatsschrift für Geistesleben und Kultur 40 (1940/41), 444–449.
[K] Otto ISERLAND (November 1940 [Heft 8])

*Theologische Quartalschrift 121 (1940), 248–251.
[K] Karl BIHLMEYER (Oktober-Dezember 1940? [Heft 4])

*Scholastik 15 (1940), 589–592.
[K] Ernst BÖMINGHAUS SJ (Oktober-Dezember 1940? [Heft 4])

Philosophisches Jahrbuch 53 (1940), 499f.
[K] Eduard HARTMANN (Oktober-Dezember 1940? [Heft 4])

Theologisch-praktische Quartalschrift 93 (1940), 338 f.
[K] Karl EDER (Oktober-Dezember 1940? [Heft 4])

Archiv für evangelisches Kirchenrecht 4 (1940), 419–421.
[E] Ernst FORSTHOFF (Oktober-Dezember 1940? [Heft 4])

Luthertum 51 (1940), 161–174.
[E] Gerhard KUHLMANN (November/Dezember 1940? [Heft 11/12])

Beth-El. Blicke aus Gottes Haus in Gottes Welt 32 (1940), 124–129.
[E] Georg MERZ (Dezember 1940? [Heft 12])

Forschungen zur Brandenburgischen und Preußischen Geschichte 52 (1940), 371–374.
[K] Theodor SCHIEFFER (Ende 1940? [2. Halbbd.])

(5) Ende 1940 – Anfang 1941

Unsere Kirche in Geschichte und Gegenwart 19 (1940), 1–16.
[E] Ernst WOLF (Ende 1940?)
Inhaltsgleich mit der folgenden Rezension.

*Verkündigung und Forschung. Theologischer Jahresbericht [1] (1940), 88–104.
[E] Ernst WOLF (Ende 1940?)

*[Unveröffentlicht].
[K] Engelbert KREBS (Ende 1940)

Theologische Blätter 20 (1941), 46–61, hier 46–49.
[E] Ernst WOLF (Anfang 1941?)

*Schönere Zukunft 16 (1940/41), 193–195, 220–222, hier 221.
[K] Engelbert KREBS (19. Januar / 2. Februar 1941 [Nr. 17/18 / Nr. 19/20])

*Germanien. Monatshefte für Germanenkunde 13 [= NF 3] (1941), 38–40.
[–] Hermann LÖFFLER (Februar 1941 [Heft 2])

Die Wartburg. Deutsch-evangelische Monatsschrift 40 (1941), 21–25, hier 22 f.
[E] Paul ALTHAUS (Februar 1941? [Heft 2])

Junge Kirche. Unterwegs für Gerechtigkeit, Frieden und Bewahrung der Schöpfung 9 (1941), 36–51.
[E] Robert FRICK (Februar 1941? [Heft 2])

(6) März – Dezember 1941

*Schweizerische Rundschau. Monatsschrift für Geistesleben und Kultur 40 (1940/41), 658–663.
[K] Hugo RAHNER SJ (März 1941 [Heft 12])

Die Hilfe. Zeitschrift für Politik, Wirtschaft und geistige Bewegung 47 (1941), 79 f.
[E] Friedrich MÄRKER (6. März 1941 [Nr. 5])

Franziskanische Studien 28 (1941), 63 f.
[K] W. GREVE (Januar-März 1941? [Heft 1])

Magdeburgische Zeitung. Anhalter Anzeiger, 10. April 1941.
[–] Hermann SCHNEIDER (10. April 1941)

***Luther.** Mitteilungen der Luther-Gesellschaft 23 (1941), 37–47.
[E] Justus HASHAGEN (Januar-April 1941? [Heft 1])

Zeitschrift für katholische Theologie 65 (1941), 119 f.
[K] M. (April-Juni 1941? [Heft 2])

Deutsche Allgemeine Zeitung, Nr. 271/72, 8. Juni 1941.
[–] Heinrich GRIMM-BALKOW (8. Juni 1941)

Kirche und Kanzel 24 (1941), 131 f.
[K] Osmund LINDEN OFM (Juli/August 1941? [Heft 7/8])

***Zeitschrift für deutsche Geisteswissenschaft** 4 (1941/42), 11–31.
[E] Hermann WENDORF (Juli-September 1941? [Heft 1])

Katechetische Blätter 67 [= NF 42] (1941), 211 f.
[K] Karl SCHREMS (September/Oktober 1941? [Heft 5])

Luther. Mitteilungen der Luther-Gesellschaft 23 (1941), 74–77.
[E] Rudolf HERMANN (Mai-Dezember 1941? [Heft 2/3])

Zeitschrift für Kirchengeschichte 60 (1941), 517–520.
[E] Ernst REFFKE (Ende 1941? [2. Halbbd.])

Blätter für württembergische Kirchengeschichte NF 45 (1941), 124 f.
[E] Julius RAUSCHER (Ende 1941?)

Christi Reich im Umkreis des Nordpols. Berichte über die Kirchen des Nordens [6]
(1941), 85–87.
[K] Peter LOUIS (Ende 1941?)

(7) 1942–1944

***Theologische Literaturzeitung** 67 (1942), 1–12.
[E] Hermann SAUER (Januar/Februar 1942 [Nr. 1/2])

Schweizer Monatshefte. Zeitschrift für Politik, Wirtschaft, Kultur 21 (1941/42), 668–
670, hier 669 f.
[E] Edwin KÜNZLI (März 1942 [Heft 12])

***Historische Zeitschrift** 165 (1942), 378–380.
[E] Walther KÖHLER (März/April 1942? [Heft 2])

Europäische Revue 19 (1943), 217–219, hier 218 f.
[E] Thomas BRACKHEIM [= Theodor Heuss] (Mitte 1943?)

Luthertum 54 (1943), 65–85.
[E] Paul ALTHAUS (Juli-September 1943 [Heft 7–9])

***Lehrbriefe der Evang.-theologischen Fakultäten der Universitäten Bonn und Leip-
zig an ihre bei der Wehrmacht stehenden Kommilitonen** [3] (1944), 21–34.
[E] Ernst KOHLMEYER (1./15. Juni 1944 [Nr. 4/5])
Erstmals erschienen im Januar 1943.

Anhang B:
Dokumente zur *Reformation in Deutschland*

I. Lortz' Werk in der Innenperspektive

1. Joseph Lortz, Selbstanzeige zu: Die Reformation in Deutschland (Schönere Zukunft, 3. März 1940)[1]

Die Schriftleitung der „Schöneren Zukunft" bat den Verfasser des Buches „Die Reformation in Deutschland" um eine Selbstanzeige. Sie wird anmit mit Freude veröffentlicht – im Sinne des Autors selbst nicht etwa als abschließende Würdigung, sondern als Einleitung zu einer Diskussion. Unsere Wochenschrift wird auf das Thema zurückkommen. Die Schriftltg.

Der Aufforderung des Herausgebers dieser Zeitschrift, meine soeben erscheinende „Reformation in Deutschland" selbst anzuzeigen, komme ich sehr gerne nach. Abgesehen davon, daß mein Buch sich nicht nur an die Fachgenossen wendet, sondern bewußt auch die breiteren Schichten der Gebildeten ansprechen will, ergibt sich der Grund aus der besondern Zielsetzung meiner Darstellung. Am Schluß des 2. Bandes formuliere ich sie so: „Wenn etwas tiefstes Anliegen dieses Buches ist über seine wissenschaftliche Aufgabe hinaus (oder besser: durch sie hindurch), dann dies, daß es teilhaben möchte am Gespräch zwischen den Konfessionen, oder auch, daß es diesem Gespräch neue Möglichkeiten geben möchte." Für dieses Ziel aber darf ich gerade bei dem Leserkreis der „Schöneren Zukunft" ein besonderes Interesse voraussetzen und von ihm Förderung des gemeinsamen Anliegens erhoffen.

Zur Beurteilung des genannten Zieles wie zur Rechtfertigung der in seinem Dienst neu vorgelegten Darstellung der Reformation kommt Entscheidendes an auf die geistig-seelische Haltung, aus der heraus die Frage nach der Geschichte der Glaubensspaltung gestellt wird.

Zunächst herrscht Einigkeit darüber, daß wir einer abermaligen *Erzählung* des äußeren reformationsgeschichtlichen Ablaufs nicht bedürfen. Daran ist kein Mangel. Es geht mir also um die *innere* Geschichte der Reformation und um ihre Grundkräfte. Die Behandlung dieses Themas gerade von katholischer Seite ist heute fällig. Die Katholiken haben in dem verflossenen halben Jahrhundert eine Fülle von wichtigen Äußerungen und Einzelstudien zur Reformationsgeschichte vorgelegt. Wie die evangelische Forschung, so hat auch die katholische Fachwissenschaft in dieser Zeit eine bedeutende Entwicklung durchgemacht, die in

---

[1] Joseph LORTZ, „Die Reformation in Deutschland." Eine Selbstanzeige, in: Schönere Zukunft 15 (1939/40), 263–265.

Wichtigem eine Umstellung bedeutet. Von Janssen und Denifle über Grisar ist ein weiter Weg zu der theologisch vertieften Betrachtungsart in Grosches Zeitschrift „Catholica". Die fortschreitende historische Forschung (beider Lager) wie die erwähnte theologische Vertiefung haben allmählich Anschauungen zum Sieg verholfen, die noch vor einigen Jahrzehnten (etwa, als sie der unbeirrbare Sebastian Merkle als erster aussprach) vor allem mit Mißtrauen aufgenommen wurden. Was ausstand, war eine katholische *Gesamt*darstellung der deutschen Reformationsgeschichte, die nicht betont konfessionell oder gar konfessionalistisch eingestellt wäre. Eine Darstellung, die, in innerer christlicher Freiheit geschrieben, gerade aus ungebrochen und betont katholischer Haltung heraus zu einer fruchtbaren Aufgeschlossenheit für die religiösen Anliegen der Reformation und zu einer vertieften, nicht polemischen, sondern echt historischen Kritik an ihr kommen würde. Diese Lücke will mein Buch ausfüllen.

Wie wir von der evangelischen Seite die Überwindung der einseitig protestierenden Haltung erwarten, so fordern wir von uns selbst die Überwindung einer einseitig gegen-reformatorischen Sicht. Weil wir uns der Una Sancta verpflichtet fühlen, fragen wir nach dem innern geschichtlichen Auftrag der Reformation. Damit entfernen wir uns bewußt von der Gesamthaltung der genannten Werke von Janssen, Denifle und Grisar. Sie sind heute mit Recht als zu einseitig erkannt. Das besagt nicht, daß diese Bücher nicht große Bedeutung gehabt hätten und noch besäßen. Alle sind sie sogar bahnbrechend gewesen, und alle sind sie noch heute in mehr als einer Hinsicht unentbehrlich. Ohne die Klärung, die sie in positivem Beitrag oder durch die Reaktion, die sie auslösten, dem reformationsgeschichtlichen Fragenkomplex gebracht haben, wäre unsere heutige Fragestellung und die heute versuchte Art ihrer Beantwortung nicht denkbar.

Niemals seit 1517 gab es eine so tief gegründete Möglichkeit eines echten Gesprächs über den riesigen Aufspaltungsprozeß der Reformation wie heute. Und dies, weil endlich weithin erkannt ist, daß – fernab von allem Verkleinern und Verkleistern der Lehrunterschiede – nur die harte Wahrheit uns frei machen kann. Diese Wahrheit freilich ergriffen ohne alle triebhafte oder veräußerlichende Polemik und „Widerlegungskunst", in einer ehrfürchtigen Vertiefung der Probleme, im verpflichtenden Bewußtsein des gemeinsamen nationalen und kirchlichen Schicksals.

Die Lösung der gestellten *geschichtlichen* Aufgabe konnte nur gelingen, wenn die Dinge in ihrer tiefen Verankerung in den mittelalterlichen Jahrhunderten erkannt und ohne jede taktische, außersachliche Rücksichtnahme ausgesprochen wurden. Das mußte verpflichten, ob es sich handelte um jahrhundertealte Mißbräuche in der katholischen Kirche oder um evangelische Fehlzeichnungen katholischer Lehren, um religiösen Reichtum Luthers oder darum, die objektive Heiligkeit der alten Kirche durch alle Zersetzung hindurch festzustellen.

Methodisch handelte es sich darum, gegenüber diesem schwierigen, ungeheuer komplizierten und heiklen Herzstück deutscher Geschichte wirklich Ernst zu machen mit der seltenen Kunst des *harten* „Sowohl – als auch". Die Erfassung des so wesentlich gegensätzlich gebauten vorreformatorischen 15. Jahrhunderts, besonders die Erfassung des geradezu unvorstellbar engen Ineinanders von Veräußerlichung und christlicher Vertiefung in der unmittelbar vorreformatorischen

Frömmigkeit, konnte ebenso nur von dieser Methode christlicher Freiheit bezwungen werden wie die Aufgabe, den *ganzen* Luther zu zeichnen, diesen so Einfachen, der doch ein Meer von harten, ja wilden Spannungen in sich birgt.

Wenn ich in dieser Art streng wissenschaftlich historisch an das reformationsgeschichtliche Material herankommen und dann andere heranführen wollte, mußte Eines zuerst die Aufgabe sein: das Rätsel des so *plötzlichen* Umbruchs, den wir Reformation nennen, zu klären. Es war ja doch nicht selbstverständlich, daß in den ganz von der Kirche geleiteten, ganz von ihr abhängigen Völkern die reformatorische Frage entstand, ob diese römische Kirche wirklich die legitime Darstellung der von Jesus Christus gestifteten Kirche sei. War es doch vielmehr so, daß auch noch 1517 die Kirche das Leben des einzelnen wie der Gemeinschaft ausschlaggebend beherrschte! Und dann: bis gestern wetteiferten die vornehmen Geschlechter Nürnbergs in der Stiftung von Meßpfründen, von wundervollen und kostspieligen Schnitzereialtären und Heiligenstatuen im genuinsten Umkreis mittelalterlicher Frömmigkeit; und heute schon reißen sie ihre Töchter, die sie unter dem Siegel des feierlich verpflichtenden dreifachen Gelübdes der Kirche zu einem Leben besonderer Vollkommenheit anvertraut hatten, heraus aus dem, was sie nun plötzlich als „Menschensatzungen" und „Götzentum" laut schmähen. Was war denn geschehen zwischen gestern und heute? Eine historische Kristallisation riesigen Ausmaßes hatte sich vollzogen. Ein lang schon vorhandener, aber noch *latenter* Riß war plötzlich sichtbar geworden.

Damit war also die Frage nach den *Ursachen der Reformation* als ein für das Wesen der Reformation und ihres historischen Rechtes grundwichtiges Thema erkannt und gestellt. [264] Ich habe mich bemüht, die hier liegenden Verankerungen, die so tief in die katholische Zeit zurückreichen und uns, die Katholiken, belasten, besonders nachdrücklich zu beleuchten, diese Zustände, die auch nach damals weit verbreiteter *kirchlicher* Ansicht irgendeinen radikalen Umbruch in der Kirche unausweichlich zu machen schienen.

Ein ähnlich historisch und dann psychologisch motiviertes Verstehen und Bewerten war das Ziel gegenüber der mächtigen Persönlichkeit des Reformators. Auch hier lautet die wichtigste Frage: Wie *wurde* Luther zum Reformator? Wie wurde aus dem treu katholischen und eifrigen Mönch der von der Kirche verurteilte Irrlehrer? Sehr bezeichnender Weise sind wichtige „Ursachen der Reformation" an diesem Werden beteiligt. Nämlich: Luther wird in seinen theologischen Studien zu einem Teil genährt von einem Katholizismus, der im nominalistischen Okhamismus von höchst fragwürdiger Reinheit der Doktrin geworden war. Vielmehr ist der Okhamismus geradezu die klassische Darstellung des oben erwähnten noch latenten vorreformatorischen Risses und der das Spätmittelalter in einer für uns unvorstellbaren Weise kennzeichnenden „theologischen Unklarheit". Zusammengenommen mit der stark erlebnismäßigen Art des Sündengefühls und des Verlangens nach Rechtfertigung, wurde die geistig-seelische Lage des werdenden Reformators so, daß er seine entscheidenden Klosterkämpfe führte gegen nur angeblich katholische Anschauungen, die aber tatsächlich nicht genuin katholisch waren. In harter, aber in singulär vereinseitigender Konsequenz stieß Luther hier durch und entdeckte – alten katholischen Besitz für sich häretisch neu. Muß man die Tragweite der Feststellung noch unterstreichen? Und ein Zweites, das nur eben erwähnt sei, das uns aber den Zugang zu einem Verständnis der reformationsgeschichtlichen Vorgänge und der Persönlichkeit Martin Luthers sehr erleichtert: Luther wuchs absichtslos aus der Kirche heraus; er stand dogmatisch voll außerhalb, ehe er, längst ehe er darum wußte. –

An dem, was dann Luther aus diesem Anfang entwickelte, hatte die oben angegebene Methode ihre Bewährung nun erst recht zu erweisen. Es mußte gelingen, die lebendige Fülle Luthers einzufangen und wiederzugeben. Sein unerhörtes Selbstbewußtsein, sein zerstörender Trotz, seine rücksichtslos, ja triebhaft grobianistische Polemik, seine subjektivistische Einseitigkeit (die formale Grundstruktur!), seine manchmal entwaffnende Fehlzeichnung katholischer Dinge mußten herausgearbeitet werden; das durfte aber nicht im geringsten dazu führen, das Demütige, das Gottvertrauen, das Gottverbundensein, das Beten, die Gewissenstreue, den verantwortungsbewußten Mut, überhaupt die Werte Luthers weniger eindringlich zu sehen und wiederzugeben. Wenn deutlich wurde, daß Luthers Aufkündigung des Gehorsams an das lebendige Lehramt den Einbruch revolutionären Subjektivismus in das Christentum bedeutete, so mußte nicht weniger stark betont werden, daß für Luther dieser Subjektivismus, dies „im Gewissen gefangen sein" allerstärkstens dogmatisch-objektiv gebunden ist. Wie denn überhaupt das Katholische in Luthers Besitz um so vieles stärker anzusetzen ist, als die Konsequenzen, die der moderne Protestantismus aus Luther zog, das zuzulassen scheinen.

Luther wollte, daß sein Werk nur religiös-christlich gemessen werde. Dieselbe Forderung stelle ich an das Geschehen, das aus seinem Werk hervorging. Und hier geraten wir nun von allen Seiten her in ein für gute Christen höchst betrübliches Dunkel: auf der weltgeschichtlichen Bühne der Reformationszeit, wo über den Riß oder die Einheit entschieden wurde – bei Fürsten und Stadtobrigkeiten – triumphiert äußere politische und wirtschaftliche Berechnung über das als innere Verpflichtung gefaßte Bekenntnis. Die großen Devisen von Gewissen, vom klaren Wort Gottes, vom Glauben usw. werden arg egoistisch gebraucht, verbraucht, gewechselt.

Solcher Verdrehung der Rangordnung der Werte machen sich aber auch in anderer Art die katholischen politischen Mächte schuldig. Innerhalb und außerhalb des Reiches. (Wobei als Einziger, in relativer Reinheit, der Kaiser über seinen sehr viel kleineren Mitspielern steht.) Leider machen davon auch nur wenige katholisch-*kirchliche* Persönlichkeiten eine Ausnahme, seien es die bischöflichen Fürsten in Deutschland, sei es die Kurie und die ihr gebietenden Päpste.

Und damit tritt ein weiteres großes Thema in unseren Gesichtskreis, das Entstehung wie Verlauf der Reformation entscheidend begleitet. Die Reformation war ein Kampf auf Leben und Tod gegen die römische Kirche. Mußten und müssen Christen nicht als selbstverständlich annehmen, daß die Kirche Jesu Christi vorzugsweise mit *religiösen* Mitteln dagegen anging? Die Wirklichkeit zeigt sich als sehr viel anders: Leo X. läßt aus politischen Erwägungen den Prozeß Luthers beinahe zwei Jahre – Jahre des entscheidenden Einwurzelns! – in der Schwebe; die schicksalsschweren Tage von Worms 1521 zeigen die Kurie und ihren Vertreter Aleander in enttäuschendster Weise ganz überwiegend bei der

Anwendung von politisch-diplomatischen Mitteln und Mittelchen. Und wieder sind es die Päpste Klemens VII. und sogar Paul III., die aus nichtreligiösen Überlegungen praktisch sozusagen zu Rettern der Reformation werden.

Trotzdem war andererseits der religiöse Besitz der Kirche damals bei weitem nicht so gering, wie das seit Luthers und Melanchthons Anwürfen nunmehr seit vier Jahrhunderten fast allgemein angenommen wird. Trotz den Feststellungen, die in den letzten Jahrzehnten evangelische und vor allem katholische Forscher gemacht haben, ist der Bestand der katholischen Kräfte des 16. Jahrhunderts noch nicht in einer seiner Bedeutung entsprechenden Proportion in das Bewußtsein der Gebildeten, ja nicht einmal der Forscher eingegangen. Hier liegt eine objektive Fehlzeichnung des Kräftespiels der Reformationszeit vor. Ich habe deshalb ein eigenes „Buch" über den katholischen Neubau meiner Darstellung eingefügt. Gewiß fehlt im katholischen deutschen Bestand das genialisch Große. Aber es fehlt nicht eine Fülle von Werten, die das heilige Erbe treu hüteten in ungebrochenem Zusammenhang mit der Kirche, bis aus ihm Neuschöpfung großen Stils werden konnte: Klöster, Pfarrherrn, die katholische Theologie, auch einige Bischöfe haben an dieser Treue ihren Anteil. Es ist absolut nicht gleichgültig für die Erkenntnis des Gesamtbestandes jener Zeit, ob man zum Beispiel (nach den Forschungen des verstorbenen Kollegen Greven) die in manchem ergreifende Tradition verfolgt, die von der wissenschaftlich und religiös hochstehenden Kölner Kartause über die humanistische „devotio moderna" zu Petrus Kanisius, der hier gebildet wurde, führt.

Eine so verstandene Darstellung ruft über die historische Beschreibung hinaus nach einer letztgültigen Bewertung. Vor allem Interesse an der Einzelfeststellung liegt ja meiner religiösen Themastellung die Frage zugrunde nach dem *Sinn* der Reformation. Ihre Anliegen, ihre Antworten, die Dauer des Risses seit nunmehr 400 Jahren machen es im Angesichte des allmächtigen Gottes, des Vaters Jesu Christi, ohne dessen Willen nicht einmal ein armseliger Spatz vom Dache fällt, schlechterdings unmöglich anzunehmen, die reformatorische Aufspaltung der Christenheit, unter deren Bedingungen seit dem 16. Jahrhundert Millionen und Millionen Christen ihren Weg zur Ewigkeit gehen mußten, könne im Heilsplane Gottes ohne positive Zielsetzung sein. Ich kann auf die einzelnen Inhalte der Antwort hier nicht eingehen. Ich hebe nur zum Zeichen, um was es hier geht, einen Punkt heraus: Erasmus von Rotterdam war mit seinem Adogmatismus und Antidogmatismus nichts weniger als eine wirkliche Lebensgefahr für die wahre Lehre. Dies aber innerhalb der Kirche. Denn die zuständigste Stelle, die Kurie, gebot ihm nicht Halt, wohl aber bot sie ihm Freundschaft und ließ ihm Freiheit des Wortes. Von dieser Gefahr, die aus der festen Lehre einen verschwimmenden Relativismus, und aus der Erlösungs- und Gnadenreligion Christi einen Moralismus und Bildung hätte machen können, wurde die Kirche zu einem entscheidenden Teil befreit durch die Kraft, die den Humanismus aufspaltete: durch Luthers kompromißlos religiöse Forderung der freilich übersteigerten theologia crucis.

Ansätze zu einer solchen letztgültigen Bewertung des reformatorischen Geschehens ergeben sich schon im Verlauf der Darstellung selbst. Soweit solche Gedanken in einem *geschichtlichen* Buche ihren Platz haben können, versuche ich es, sie in einem Schlußwort weiter auszuführen. Die Refor[265]mations-

442

geschichte ist für beide Teile ernster Anlaß zu einer Gewissenserforschung. Der reformatorische Kampf endete 1555 (Augsburger Religionsfriede) mit einem Kompromiß; d.h. die Reformation hat ihr Ziel nicht erreicht. Noch mehr: die von ihr gelegten Grundlagen haben im Ablauf der verflossenen 400 Jahre in wesentlichen Dingen zum Gegenteil dessen geführt, was etwa Luther selbst verwirklichen wollte; und dies in logischer Auswirkung eben jener Grundlagen! Nimmt man hinzu, daß mit aller Klarheit und in Fülle der Nachweis erbracht werden kann, daß die wesentlichen religiösen Anliegen der Reformatoren – Heilige Schrift; kein Verdienst ohne Gottes Gnade; Rechtfertigung; der unwiederholbare Opfertod des Herrn am Kreuz die einzige Ursache unserer Erlösung – in der katholischen Kirche genügend erfüllt waren, um die durchaus fällige Reform großen Stils *in ihr* durchzuführen, dann ergibt sich doch wohl für alle, denen es um das wahre Christentum und seine Einheit geht, die Berechtigung und Notwendigkeit, wesentliche reformatorische Positionen einer erneuten und vertieften Überprüfung zu unterziehen.

Daß wir in der Lage sind, heute eine solche Überprüfung zu versuchen, ohne im geringsten uns mit der Rolle des Ketzerrichters zu begnügen, auch dafür möchte mein Buch einen Beleg abgeben. Reformationsgeschichte, in ihrer Tiefe erfaßt, trennt nicht, sondern einigt.

2. Joseph Lortz, Vorwort zu: *Die Reformation in Deutschland, Bd. 1 (¹1939)*[2]

Vorwort

Dieses Buch ist keine Geschichte Deutschlands im Zeitalter der Glaubensspaltung. Es will das engere Thema der Reformation in Deutschland behandeln.

Die Reformation ist inhaltlich wesentlich bestimmt einerseits durch die religiös-theologischen Anschauungen Luthers und durch die Kirchenspaltung. Diese war aber nicht nur ein kirchlicher, sondern auch ein politischer und allgemeinkultureller Vorgang. Außerdem vollzog er sich nicht ohne wichtige Reaktionen der katholisch bleibenden Kräfte. Und von diesem katholischen Erbe sind anderseits beträchtliche Teile auch in Luthers Werk neben und inmitten seiner Neulehre erhalten geblieben. Luther hat nicht *nur* Häretisches ausgesprochen[3].

---

[2] Joseph LORTZ, Vorwort, in: Die Reformation in Deutschland, Bd. 1: Voraussetzungen. Aufbruch. Erste Entscheidung, Freiburg i.Br. 1939, VII–XIII.
[3] [Anm. Lortz:] Luthers Erklärung des Magnifikat für den jungen Herzog Johann von Sachsen (1520/21), die in neuerer Zeit öfters von katholischer Seite verwendet werden konnte; ist vielleicht für viele ein besonders aufschlußreicher, erster Hinweis. Vgl. etwa B. Bartmann, Maria im Lichte des Glaubens und der Frömmigkeit (Paderborn ³u.⁴1925) S. 413 bis 432, mit dem Zitat aus Luthers Begleitschreiben: „Und nun weiß ich in aller Schrift nichts, das also wohl hie zu dienet, als dieses heilige Lied der hochgebenedeiten Mutter Gottes ... Die selbige zarte Mutter Gottes woll mir erwerben den Geist, der solchen ihren Gesang möge nützlich und gründlich auslegen."

In diesem Gesamtumfang ist ‚Reformation' das Thema des vorliegenden Buches. Ich betone dieses ‚*Gesamt*umfang'. Die Reformation, wie sie hier verstanden wird, ist nicht nur die Idee, die Luther über die Reform der Kirche, über ihre Lehre, ihre Sakramente, ihr Priestertum usw. in sich ausbildete und aussprach; sie ist nicht nur Luthers Abfall von der Kirche. Sie ist vielmehr ein außerordentlich vielgestaltiges, verschieden geschichtetes, oft Widersprüche bergendes historisches Gefüge und ein komplizierter historischer Ablauf.

Wenn ich also sagte, daß die ‚Reformation' inhaltlich *wesentlich* bestimmt sei durch die religiös-theologischen Anschauungen Luthers und durch die Kirchenspaltung, so ist zu beachten, daß ‚wesentlich' hier als historiographischer Begriff und Ausdruck gemeint ist. Der bunte geschichtliche Ablauf läßt sich (wegen der vielfältigen Kontingenz seiner Akte) nicht in einer erschöpfenden einheitlichen Definition fassen. Das ‚Wesen' einer Zeit, das, was sie von andern Zeiten unterscheidend kennzeichnet, bestand sehr oft in einem Nebeneinander von Widerspruchsvollem. Man kann solchen historischen Bestand und Ablauf [VIII] nur dadurch adäquat beschreiben (das ist etwas anderes als bejahen), daß man das Eine und das Andere, die These und deren Widerspruch, den Wert und dessen Einschränkung wiedergibt. Da man jeweils Derartiges nicht in *einem* Begriff fassen und nicht in *einem* Satz ausdrücken kann, ist man darauf angewiesen, den Inhalt durch sich gegenseitig ergänzende oder einschränkende Beschreibung darzulegen.

Die *zeitliche* Abgrenzung mußte nach oben undeutlich bleiben. Denn zu einer Darstellung der Reformation gehört auch das, was man ihre ‚Ursachen' nennt. Die Darstellung greift deshalb weit über den Anfang des 16. Jahrhunderts zurück. Dies aber, wohlbemerkt, nicht, um eine vollständige, also adäquate Geschichte der vorreformatorischen Jahrhunderte zu bieten, sondern nur um sie zu betrachten, *insofern* und *insoweit* sie die Reformation herbeiführen halfen, also auch insoweit sich in ihnen gerade *Zersetzungserscheinungen* feststellen lassen. Als untere Grenze ist der Augsburger Religionsfriede von 1555 gewählt, die Zuerkennung reichsrechtlicher Gleichberechtigung an den neuen Glauben.

Die Betrachtung konzentriert sich vorwiegend auf die *innere* Geschichte und auf die treibenden Kräfte; sie versucht nicht, das Episodische auszubreiten. Eine solche Darstellung der Reformation muß notwendigerweise in zwei ungleiche Hälften zerfallen. Der größere Raum ist der schöpferischen Periode zuzuweisen; sie endet etwa mit 1525. Was folgt, ist in entscheidendem Umfang Fortführung und Sicherung des vorher Erreichten. Die innere Dichte des Geschehens nimmt stark ab. Das erklärt und rechtfertigt den ungleichen Umfang der beiden Bände.

Eine neue umfassende Reformationsgeschichte nach so vielen vorangegangenen Darstellungen bedarf der Rechtfertigung. Ich sehe sie zum größeren Teil darin, daß diese von einem Katholiken, und zwar von einem Kirchengeschichtler, geschrieben ist. Es handelt sich also vor allem um eine theologische Leistung. Wir besitzen bis heute keine katholische Gesamtdarstellung der deutschen Reformationsgeschichte, die nicht betont konfessionell eingestellt wäre. Und eben deshalb keine, der es gelungen wäre, gerade aus ungebrochen und betont katholischer Haltung heraus sowohl zu einer fruchtbaren Aufgeschlossenheit für die religiösen Anliegen der Reformation wie zu einer tiefer greifenden, nicht polemischen, historischen Kritik an ihr zu gelangen.

Janssens überragendes, bahnbrechendes und noch immer unentbehrliches Werk ist als Deutung des reformatorischen Phänomens heute allgemein als zu einseitig erkannt. Ähnliches gilt von der Lutherdarstellung Denifles und, allerdings in einem ganz andern Sinn, von der Grisars. Dabei soll nicht vergessen sein, daß beide in verschiedener Art dazu beigetragen haben, daß der [IX] historische Tatbestand ,Luther' bedeutend klarer faßbar wurde und heute in allen Lagern klarer dargestellt wird, als das vor dem Erscheinen ihrer Bücher der Fall und teilweise sogar möglich war. Denifles Beiträge (sein erster Lutherband erschien 1904, seine ,Quellenbelege' 1905) kamen besonders dem jungen Luther und seinen Zusammenhängen mit der zu Beginn unseres Jahrhunderts besonders auf protestantischer Seite so wenig bekannten mittelalterlichen Theologie zugute. Grisar seinerseits zog in ruhiger Sicherheit die katholische Lutherforschung von unsachlichen Nebeninteressen ab.

Heute ist nun eine katholische Darstellung der deutschen Reformationsgeschichte fällig, die dem Geist und den Erkenntnissen so vieler katholischer Einzeläußerungen zu diesem Thema konform ist, wie wir sie von Sebastian Merkle, Joseph Greving und vielen andern bis zu der theologischen Vertiefung in Grosches ,Catholica' besitzen.

Es ist fällig ein einigermaßen zusammenfassender katholisch-reformationsgeschichtlicher Beitrag zu der gerade heute so wichtigen christlichen Aufgabe: die Lösung der ökumenischen Frage vorzubereiten. Dazu gehört, wie längst erkannt ist, die Überwindung der gar zu ausschließlich gewordenen *heutigen* ,gegenreformatorischen' Sicht und Haltung. Die erkenntnistreibende Liebe bietet dem Katholiken auch die Reformationsgeschichte als würdigen Gegenstand dar. Und wenn je, dann ist auf diesem Gebiet heute ihre Zeit. Weil wir nämlich, Gott sei es gedankt, wieder unmittelbar empfinden das Unchristliche der christlichen Spaltung.

Hier muß taktische Überlegung ausscheiden. Nur harte Wahrheit darf reden. Und deshalb ist fällig eine katholische Darstellung, die wegen ihres sachlichen Verständnisses für das, was den evangelischen Christen heilig ist, das Vertrauen haben darf, von ihnen auch dann nicht ganz abgelehnt zu werden, wenn sie ungeschminkt ebenfalls die dunklen Seiten der Reformation und ihrer Helden, vorab Luthers, herausstellt. Und ebenso, wenn sie in treuer Kirchlichkeit den echten Glanz der alten Kirche durch alle Zersetzung hindurch offenbar macht. Weitab muß alles bleiben, was an Beweismacherei erinnert. Gerade eine christlich-religiös vertiefte Gewissenserforschung gegenüber der katholischen Vergangenheit, gerade die volle Betätigung des Vorsehungsglaubens im Studium und in der Bewertung der geschichtlichen Vergangenheit leitet dazu an, in aller Öffentlichkeit und mit Nachdruck das ,mea culpa' zu bekennen. Wenn aber jemals katholische Kritik an kirchlicher Vergangenheit gegen die Kirche sprach, dies ist nicht unsere Haltung; wir sprechen sie *für* die Kirche aus. Für die Kirche, aus der wir beten; durch deren sakramentales und hierarchisches Priester-, Hirten- und Lehramt wir den christlichen Glauben, die göttliche Gnade, das übernatürliche Leben empfangen haben und für und für entgegennehmen. Für die Kirche, deren *wesentliche* [X] Heiligkeit und Wahrheit durch keine Schwäche ihrer Führer und Glieder, durch keine Zersetzungserscheinungen ihrer Kurien tangiert werden können; auch nicht verletzt werden konnten durch jene kirchlichen Mißstände des 15. und des 16. Jahrhunderts, von denen auf den folgenden Blättern so oft mit christkatholischem Freimut die Rede sein wird.

Keine neue Erfindung, dieser Freimut; sondern Erbe des letzten deutschen Papstes, Adrians VI., und der Reformkardinäle Pauls III., das in so vollgültiger, wagemutiger und fruchtbarer Weise durch den großen Papst Leo XIII. uns neu zum Besitz gemacht wurde. Mit den Aufforderungen seiner katholischen magna charta der historischen Wahrhaftigkeit muß man Ernst machen. (Auch von hier aus erheben sich für die Art der katholischen Reformationsgeschichtsschreibung wichtige und drängende Fragen; ich werde im Nachwort zu Band II darauf eingehen.)

Beides ist leicht: aus Luther ein Idol zu machen oder des Mangelhaften an ihm so viel zusammenzutragen, daß nur die vernichtende Kritik über ihn übrig bleibt. Beides ist oft genug versucht worden. Aber weder das eine noch das andere liefert ein Bild des wahren Luther. Luther, der so Einfache, ist auch eine complexio oppositorum, wenn es je eine solche gegeben hat. Wenn man ihn historisch voll sehen will, muß man fähig sein, die scharfen, ja die wilden Gegensätze so zu umspannen, daß weder dem einen noch dem andern Pol auch nur ein weniges von seiner ungestümen Wirklichkeit genommen wird. Man muß dies auch in dem Sinne können, daß man zu gleicher Zeit ungebrochene, starke Bewunderung für diesen Großen der Geschichte zu empfinden und zugleich, ohne etwas von jener Bewunderung zurückzunehmen, schärfste Kritik gegen ihn auszusprechen vermag. Diese Kunst ist bisher selten. Daß sie nicht dazu zu führen braucht, ein unbestimmt zerfließendes, kraftloses Bild zu liefern, möchte meine Darstellung erweisen.

Die Aufgabe ist von innern und auch von äußern Schwierigkeiten arg und gefährlich belastet. Manche der vorgetragenen Auffassungen werden besonders katholischen Lesern zunächst neu sein. Da es sich um so wichtige und in einem bestimmten Sinne heikle Dinge handelt, muß ich alle, die verantwortlich urteilen wollen, bitten, meine Ausführungen *ganz* zu lesen. Um meine Ansichten über Art, Schwäche und Stärke der katholischen Kräfte in der ersten Hälfte des 16. Jahrhunderts kennen zu lernen, genügt nicht die Lektüre der vorläufigen Bestandsaufnahme im ersten Band; die Darlegungen des dritten Buches im zweiten Band sind dazu unentbehrlich.

Eine Auffassung ist auch noch nicht deshalb falsch, weil sie weniger bekannt ist. Ich habe mich bemüht, Luther in seiner konkreten Farbigkeit und historischen Fülle zu belassen. Die katholischen Rezensenten besonders bitte ich, [XI] die einzelnen Urteile recht häufig an der genauen Lektüre der Originaltexte nachzuprüfen.

Im übrigen ist diese Reformationsgeschichte keine Lutherbiographie. Ich war also nicht verpflichtet, gleichmäßig alle Fragen der Lutherischen Theologie und des Lebens des Reformators zu behandeln, etwa, um nur einen Punkt zu nennen, seine Stellung zur Ehelosigkeit, seine eigene Heirat und sein Familienleben. De-

nifle hat einst an diesem Punkt der Lutherischen Theologie angesetzt und voller
Freude die Ergiebigkeit des Ansatzes gepriesen. Der Ansatz war vielmehr gründlich verfehlt. Nicht zuletzt *er* war es, der Denifle eine gerechte Auswertung seines bedeutenden neuen Materials und seiner neuen Erkenntnisse unmöglich
machte.

Meine Lutherkapitel sind *vor allem keine dogmatischen Traktate.* Sie beschreiben historisches Neben- und Nacheinander. Auch ihre Bewertungen geben keine Behauptungen metaphysischer Absolutheit, sondern sind Wiedergabe des
historisch Kontingenten. Sie sprechen nicht von dogmatisch-absoluter Vollkommenheit, sondern von Teilwertigkeit, wie sie im subjektiven Streben der Menschen dem Historiker faßbar wird. Unseren Dogmatikern macht es ihre Denk-
und Sprechweise nicht selten schwer, die Beschreibung eines historisch tatsächlich gegensätzlichen Befundes unbefangen entgegenzunehmen. Da es ihre wichtige Aufgabe ist, nach der dogmatischen Korrektheit oder Unkorrektheit einer
Lehre zu fragen, haben recht viele von ihnen weniger Übung darin, neben der
dogmatisch-systematischen Beurteilung noch volle Kraft einzusetzen für die historische und psychologische Bewertung. Ich bitte, dieses ‚systematisch' zu beachten. Denn natürlich kann es nur *einen* letzten sachlichen ‚Standpunkt' geben.
Man darf *letztlich* in keiner Bewertung des Christlichen vom dogmatischen
Standpunkt absehen. Wo ich also über die Beschreibung zur Bewertung weiterschreite, war ich selbstverständlich bestrebt, ihm mit peinlicher Korrektheit zu
entsprechen.

Aber ein anderes ist eine dogmatisch-systematische Betrachtung und ein anderes eine historische und psychologische Betrachtung, die die Forderungen der
dogmatischen Wahrheit im Auge behält und ihnen gerecht wird. Eine systematisch-dogmatische Betrachtung könnte z.B. ‚Reformation' fassen *nur* als die
Summe der von der katholischen Wahrheit abweichenden Lehren Luthers, also
als Luthers Abfall; eine historische Darstellung hingegen darf diese Einschränkung nicht vollziehen. Die systematisch-dogmatische Darstellung wird Ausdrücke wie ‚Glaube', ‚Demut' usw. *nur* im objektiven und objektivierten Sinne nehmen, als übernatürliche Tugenden. Eine historische und psychologische
Bewertung aber wird (unter voller Wahrung der kirchlich-dogmatischen Korrektheit) auch und besonders dem nachgehen, was (etwa bei Luther) jenen [XII]
Begriffen an subjektiver Haltung der Gläubigkeit, der demütigen Gesinnung
usw. entspricht.

Historische und psychologische Darstellung und auch Bewertung im angegebenen Sinne ist nun eben hier das Ziel. Wenn ich also von Luthers Glauben oder
seiner Demut spreche, so will ich sprechen von der glaubenden und demütigen
Seelenhaltung Luthers.

Man wird aber wohl zu verstehen vermögen, daß es unmöglich ist, lebendig
über einen Befund zu referieren, wenn man jedesmal, insonderheit bei jeder warmen Anerkennung, die – für einen Katholiken doch selbstverständlichen – dogmatischen Vorbehalte wiederholt. Auch wird ein Gebet Luthers nicht dadurch
weniger wirklich, daß ihm Auffassungen zur Seite treten, die die Kirche als häretisch verurteilen mußte. Oder: die Feststellung tiefer Demutshaltung bei Luther schließt nicht im geringsten aus, daß aus andern Texten mit ungemindertem

und ungeschwächtem Nachdruck sein ungebändigter Stolz festzustellen ist und festgestellt wird. Geschichtliche Vielfältigkeit ist etwas anderes als die Einheit des absolut Gültigen, Feststellung der geschichtlichen Komplexität etwas anderes als ein dogmatisches Urteil.

Die hier angedeuteten Fragen und Schwierigkeiten rufen nach einer über die Darstellung des historischen Verlaufs hinausgehenden, abschließenden Bewertung. Soweit sie meines Erachtens innerhalb eines geschichtlichen Werkes ihren Platz beanspruchen darf, habe ich sie am Ende des zweiten Bandes, der von selbst zu einer Gesamtbesinnung einlädt, geboten. Ich benutze die Gelegenheit, um schon hier darauf zu verweisen.

Zu den großen Schwierigkeiten, die der gestellten Aufgabe entgegenstehen, gehört anderseits, daß Protestanten wenig geneigt sind, eine Kritik Luthers anzuerkennen, wenn sie von einem Katholiken ausgesprochen wird. Reinhold Seeberg möge für uns eintreten: ‚Die Ungerechtigkeit und Einseitigkeit seiner (Luthers) Polemik, die lodernde Leidenschaftlichkeit und das ungeheure Selbstbewußtsein seiner Persönlichkeit, die furchtbare Wucht und brutale Gewalt seines Hasses, wer kann sie ableugnen?‘

Es ist für jeden Kundigen eine Selbstverständlichkeit, daß ein Buch wie dieses vielen Vorgängern zu großem und sehr großem Dank verpflichtet ist. Die Literaturangaben am Schluß des zweiten Bandes (der auch das Register enthält) nennen neben andern auch die Werke, denen ich unmittelbarer verpflichtet bin.

Ganz besonders bin ich als Kirchengeschichtler von der Literatur abhängig in der Darstellung der *politischen* Entwicklungen der Reformation, soweit es sich um den äußern Verlauf, das rein Tatsächliche, handelt. Hier beanspruche ich nicht, die Wissenschaft zu fördern. Aus allen Werken, die hier zu nennen [XIII] wären, darf ich wenigstens eines herausheben, das wunderbare Buch von Karl Brandi über Karl V.: ein wahrhaft klassisches Werk, in dem der Autor aus meisterlicher Beherrschung des Materials und der (großenteils eigenen) Forschung das Geschichtliche selbst sich nüchtern und hinreißend aussprechen läßt.

Für treues Mitlesen der Korrekturen danke ich vor allem meinem lieben Kollegen und Freund Univ.-Prof. Dr. Joseph Plaßmann, Münster (der auch das Register herstellt), und den mustergültigen Hauskorrektoren des Verlags.

Die Widmung ist Dank und Bekenntnis zugleich.

Münster i. W., im Sommer 1939.

Lortz.

3. Joseph Lortz, Vorwort zu:
Die Reformation in Deutschland, Bd. 1 (²1941)[4]

Vorwort zur zweiten Auflage

Die erste Auflage dieses Buches hat ein erfreulich starkes Echo gefunden. Eine beträchtliche Anzahl von Rezensionen in katholischen und evangelischen Blättern hat sich mit meiner Darlegung befaßt. Eine historische und eine theologische Diskussion hat sich angebahnt, über die zu gegebener Zeit im einzelnen zu berichten sein wird[5].

Inzwischen darf als Grundton der Besprechungen, der katholischen wie der evangelischen, ein Doppeltes festgestellt werden: Einmal wurde immer wieder herausgehoben (und nicht selten geschah das mit ungewöhnlich starker Betonung bzw. Anerkennung) die streng katholische Haltung. (Vgl. etwa Osservatore Romano vom 22. Februar 1940; Stimmen der Zeit, Juni 1940; Schildgenossen, Juli/August 1940, Heft 4; Scholastik 1940, Heft 4; Angelicum 1940, Heft 2–3; Freiburger Diözesan-Archiv 1940.) Zweitens wurde anerkannt der unbedingte Wille zur historischen Sachlichkeit und die dadurch erreichte historische Zuverlässigkeit.

Beides wiegt schon in sich schwer genug. Es hat indes für das Anliegen des Buches[6] noch besondere Bedeutung. Es wurde nämlich in maßgeblichen Rezensionen und in der recht weit greifenden mündlichen Aussprache evangelischerseits festgestellt und von Katholiken anerkannt, daß diese katholische Darstellung der Reformation in Deutschland durch ihre Bereinigung *historischer* Schwierigkeiten eine Reihe wichtiger Hindernisse beseitigt habe, die bisher für ihr Teil einer *grundsätzlichen* Diskussion über die Reformation und das reformatorische Anliegen im Wege standen.

Natürlich haben die Besprechungen auf katholischer wie evangelischer Seite auch eine Reihe Beanstandungen erhoben. Sie wurden gewissenhaft geprüft und, soweit sie sich als stichhaltig erwiesen, berücksichtigt. [VIII]

Freilich muß ich hier mit allem Nachdruck eine wesentliche Forderung neu aussprechen, die mit gutem Grunde bereits im Vorwort zur ersten Auflage zu lesen war: Wer über dieses Buch verantwortlich urteilen will, muß es *ganz* lesen, muß es *genau* lesen; es darf nur als *Ganzes* beurteilt werden. Das reformatorische

---

[4] Joseph Lortz, Vorwort, in: Die Reformation in Deutschland, Bd. 1: Voraussetzungen. Aufbruch. Erste Entscheidung, Freiburg i. Br. ²1941, VII–VIII.

[5] [Anm. Lortz:] Dabei wird auch meine Grundthese von der vorreformatorischen theologischen Unklarheit zur Diskussion stehen. Die bisher von der Kritik angemeldeten Bedenken verschwinden in allem Wesentlichen, wenn man nicht vergißt, daß es sich um eine Darstellung der Reformation *in Deutschland* handelt. Die Scholastik war zur Zeit des Humanismus nicht tot, sie war sogar stark. Aber nicht in Deutschland, sondern in Italien (was bedeutet schon allein Kardinal Cajetan, der Vertreter einer höchst lebendigen Thomastradition, dessen Theologie Luther in Augsburg allerdings so wenig verstand!) und Spanien. Die in *diesen* Ländern vorhandene theologische Kraft machte die geistige Arbeit des Tridentinums möglich.

[6] [Anm. Lortz:] Vgl. Bd. II S. 307 die Anmerkung.

Geschehen ist ungewöhnlich komplex; im gleichzeitigen Nebeneinander wie in der zeitlichen Abfolge. Eine Reihe wichtiger Betrachtungspunkte, die einige katholische Rezensenten als für eine gerechte Darstellung der Reformation für unumgänglich erklärten, die sie aber bei mir vermißten, sind nachweislich in gegebener Ausführlichkeit in meinem Buch behandelt. Andere Rezensenten fanden denn auch umgekehrt die angeblich fehlenden Gesichtspunkte zu scharf betont. Ich habe durch einige neu eingefügte Hinweise versucht, ein solches Mißverständnis in Zukunft nach Möglichkeit zu verhindern.

Joseph Lortz

4. Joseph Lortz, Vorwort zu: *Die Reformation in Deutschland, Bd. 1* (⁴1962)[7]

Vorwort zur vierten Auflage

Dieses Buch war einige Zeit vergriffen. Lange gingen die Überlegungen, ob es wieder in der Gestalt vorgelegt werden sollte, in der es vor über 20 Jahren (1939/40) zum erstenmal (und dann unverändert 1942 und 1948)[8] erschien, oder ob eine Umarbeitung in Auseinandersetzung mit der Kritik und der seitherigen Forschung vorzuziehen sei.

Die Entscheidung fiel zugunsten eines unveränderten Abdruckes. Viele, aus verschiedenen Lagern, traten nachdrücklich für diese Lösung ein. Sie wünschten, das Buch möchte weiterhin in jener Gestalt zugänglich sein, in der es seit 1939/40 die Auseinandersetzung über das wichtige Thema, nicht zuletzt im Gespräch zwischen den christlichen Konfessionen, beeinflußte.

Formal liegt der Fall ähnlich, wie ihn Günther *Franz* für seinen „Bauernkrieg" kennzeichnete, der erstmals 1933 (dann 1939 und 1943) erschienen, von der Wissenschaftlichen Buchgesellschaft Darmstadt 1958 unverändert (von Kleinigkeiten abgesehen) herausgebracht wurde: „ein solches Buch läßt sich nur einmal schreiben" (vgl. a. a. O. S. VII). Meine Darstellung bietet in der Weise eine Gesamtkonzeption der Reformation in Deutschland und insbesondere der Gestalt Martin Luthers, daß einerseits ihre Gültigkeit nicht abhängig ist von kleineren Verschiebungen innerhalb einzelner Thesen; daß andererseits das Einarbeiten einer Auseinandersetzung mit der Kritik und der seitherigen Forschung in den jetzigen Text die Form des Buches sprengen müßte.

Selbstverständlich besteht unabhängig davon für den Autor die wissenschaftliche Pflicht, den Gesamttenor des Buches und seine einzelnen Thesen mit dieser

---

[7] Joseph LORTZ, Vorwort, in: Die Reformation in Deutschland, Bd. 1: Voraussetzungen. Aufbruch. Erste Entscheidung, Freiburg i. Br. ⁴1962, VII–VIII.

[8] [Anm. Lortz:] 1942 (1943?) wurde das Buch auf Rosenbergs sogenannten Kleinen Index gesetzt. Nach längeren Verhandlungen wurde das Papier für einen Neudruck bewilligt, mit der Auflage, daß die Exemplare nur im Ausland verkauft werden dürften. Die Bestände wurden jedoch vor der Auslieferung im Verlagshaus Herder durch einen Bombenangriff vollständig vernichtet.

Kritik und Forschung zu konfrontieren. Diese Aufgabe wurde nun einem eigenen Buche vorbehalten[9]. [VIII]

Ich darf dazu bereits hier Folgendes anmerken: so vielfältig die zu diskutieren-
den Dinge sind, so manches ich im einzelnen anders sehe als vor 20 Jahren: die
Grundauffassungen des Buches scheinen mir nicht in Frage gestellt.

Auch die neuerdings stark vorangetriebene existentialistische Interpretation
der Theologie des jungen Luther vermag mich in dieser Überzeugung nicht wan-
kend zu machen. Die Frage geht dahin, ob die Ansätze „existentialen" Denkens
bei Luther bis zu existentialistischen Kategorien vorgedrungen sind. Meines Erachtens zwingen uns die Texte zu einer negativen Antwort. Luther bleibt grundsätzlich dogmatisch gebunden im Sinne der traditionellen Auffassung des Dogmas; denn er bleibt zu einem entscheidenden Teil ein ontologisch Denkender.
Sein religiöses und theologisches Grundanliegen, die Rechtfertigung, läßt sich
trotz der Schwierigkeiten, die besonders Luthers Terminologie der Erklärung
bereiten, mit genügender Sicherheit als eine objektiv-wirkliche Umwandlung
des Menschen durch die Gnade erweisen.

Von hier aus präsentiert sich erneut auch die Frage nach dem „katholischen
Luther" und, wie mir scheint, in einer keineswegs weniger günstigen Position
für meine Auffassung als früher.

All denen, die dem Buch und ihrem Verfasser Interesse entgegenbrachten und
dies vielfältig bekundeten, möchte ich bei dieser Gelegenheit herzlichen Dank
sagen.

Mainz, im Sommer 1962
Domus Universitatis   LORTZ

5. Joseph Lortz, Schlußwort zu:
Die Reformation in Deutschland, Bd. 2 ([1]1940/[2]1941)[10]

Schlußwort

Mit den Begriffen der Tragik und der seelischen Erschütterung ist nun freilich
das letzte Wort noch nicht gesprochen. Den Katholiken vor allem, aber auch sehr
viele heutige Protestanten, bewegen noch weitere Fragen der Bewertung der

---

[9] [Anm. Lortz:] In der vorliegenden Ausgabe wurden nur die Literaturangaben (Bd. 2,
310 ff.) durch Hinweis auf die wichtigsten Neuerscheinungen ergänzt. Die Zusammenstellung besorgte ich gemeinsam mit meinem Mitarbeiter in unserem „Institut für Europäische Geschichte Mainz", Herrn Joseph Schülzle, dem ich herzlich danke.
[10] Joseph LORTZ, Schlußwort, in: Die Reformation in Deutschland, Bd. 2: Ausbau der
Fronten. Unionsversuche. Ergebnis, Freiburg i. Br. 1940 [[2]1941], 294–308. – Hochgestell-
te Buchstaben im Text kennzeichnen Stellen, die sich entweder nur in der 1. Auflage 1940
(A) oder in der 2. Auflage 1941 (B) finden, oder die in beiden Auflagen voneinander
abweichen (dann folgt Variante B in eckigen Klammern). Abweichende Seitenzählungen
der beiden Auflagen werden ebenfalls durch Angabe von A und B unterschieden. (Alle
weiteren Auflagen entsprechen exakt dem Text der 2. Auflage.)

Reformation, deren Beantwortung zwar schon mehr oder minder deutlich auf manchen Seiten dieser beiden Bände angedeutet ist, die aber doch noch einige klärenden, genaueren Hinweise wünschenswert machen.

1. ^ADie Kirchengeschichte des endenden 15. Jahrhunderts und der ersten Hälfte des 16. Jahrhunderts bietet, alles in allem genommen, dem Katholiken ein wenig erhebendes Schauspiel; sie vermittelt ihm ein vor allem niederdrückendes Gefühl. Aus dem Leben seiner Kirche tritt ihm vieles entgegen, das er gemäß den Grundsätzen eben dieser Kirche mit Trauer verurteilen muß; aus dem Kampf derer, die sich von der alten Kirche trennten, ist umgekehrt nicht wenig Wertvolles und vor allem viel Erfolg zu berichten.^A [^BWir haben gerade in diesem zweiten Bande gesehen, wie die Kirche seit dem Ende des 15. Jahrhunderts und in der ersten Hälfte des 16. Jahrhunderts aus eigener Mitte einer Neuschöpfung zustrebte. Trotzdem bietet die Kirchengeschichte dieser Zeit, alles in allem genommen, dem Katholiken ein wenig erhebendes Schauspiel; sie vermittelt ihm ein vor allem niederdrückendes Gefühl. Aus dem Leben seiner Kirche tritt ihm vieles entgegen, das er gemäß den Grundsätzen eben dieser Kirche mit Trauer verurteilen muß; umgekehrt ist trotz allem aus dem Kampf derer, die sich von der alten Kirche trennten, nicht wenig Wertvolles und vor allem viel Erfolg zu berichten.^B] Ich habe diese doppelte Aufgabe, getreu der Mahnung Leos XIII. (nichts als die Wahrheit zu sagen, und die Wahrheit ganz zu sagen, auch dann, wenn sie für die Kirche und das Papsttum belastend sein sollte), in diesem Buche zu lösen versucht.

Nun ist es so, daß man zwar allenthalben den Wahrheitsmut Leos XIII. gerne apologetisch-theologisch bejaht und verwertet, daß aber solcher Wahrheitsmut noch lange nicht überall zur selbstverständlichen praktischen Richtschnur des Urteilens und der Aussprache geworden ist. Infolgedessen könnte der Fall eintreten, daß die im 16. Jahrhundert sich immer erneut häufende Masse der kirchlichen Zersetzungserscheinungen, bzw. deren Schilderung, kleingläubige und mit dem Quellenbefund ungenügend vertraute katholische Leser zu der Frage veranlassen würde, ob nicht die katholischen Schwächen mit einer gewissen Vorliebe geschildert, der Tadel gegen die Neuerung dagegen eher zurückhaltend, das Lob gegenüber ihren Werten sozusagen bereitwilliger formuliert worden sei?

Der in dieser Frage vielleicht schlummernde Verdacht wäre falsch und seine etwaige Bejahung eine Ungerechtigkeit. [^B295]

Leser, die geneigt sein könnten, sich die Frage oder gar ihre Bejahung zu eigen zu machen, bitte ich zunächst nochmals ^A(vgl. Vorwort zum 1. Bande [^A295] S. X)^A zu bedenken, daß Auffassungen noch nicht deswegen falsch zu sein brauchen, weil sie neu oder ungewohnt sind. Die Tatsachen haben sich nicht nach den Auffassungen, auch nicht nach sehr liebgewonnenen und sozusagen als unantastbar gewerteten, zu richten, sondern umgekehrt.

Wenn wir nun einmal von der Bewertung der im reformatorischen Angriff enthaltenen Kraft absehen und die angerührte Frage lediglich am Problem des ‚Menschlichen‘ in der Kirche verfolgen, so ist über den Tatbestand an sich nicht mehr zu diskutieren. Er ist leider, wie öfters gesagt, in allem Wesentlichen durch die massenhaften Zeugnisse treukirchlicher Katholiken, auch durch offiziöse und offizielle Klagen leitender Kirchenmänner so gesichert, daß jeder Versuch einer lohnenden Beschönigung ein aussichtsloses und der Kirche schädliches Unternehmen genannt werden muß. Auch meine vorstehenden Kapitel führen keinen Tadel an, der damals nicht von *treukirchlichen* Zeitgenossen ausgesprochen worden, oder dessen Berechtigung durch ihre Klagen nicht unmittelbar erwiesen wäre. (Man kann sie übrigens ziemlich lückenlos auch bei Janssen und Pastor lesen.) [11]

Freilich, das ewige Problem des Menschlich-Allzumenschlichen in der Kirche ist, soweit seine historische Seite in Betracht kommt, weder mit allgemeinen Redensarten noch mit theoretischem ‚Wissen‘ darum, daß es in der Kirche Zersetzungen gegeben habe, zu lösen. Hier hat nur der ein Recht zu urteilen, der die konkreten Zersetzungen kennt; nur wer den Mut hatte (und das Amt), diese Last auf sich zu nehmen in ihrer ganzen Schwere, kann ihre Belastung abschätzen. Die Überzeugung, daß Mißstände an der wesenhaften Heiligkeit der Kirche nichts mindern, ist für uns Katholiken ᴬwesentlicher Bestandteil unseres Glaubensᴬ [ᴮunveräußerlicher Bestandteil des Glaubensᴮ]. Aber sie besagt gar nichts über bzw. gegen die historische Belastung der Menschen, die damals durch sie hindurch ihren Weg zum ewigen Heil gehen mußten, und nichts über die Macht des Bösen, das in ihnen sich darstellt, fortwirkend auch in fernen Jahrhunderten. –

Jener Verdacht wäre noch von einer andern Seite her falsch. Muß ich doch für mich persönlich gestehen, daß ich mit besonderer Begierde gerade nach Äußerungen der fortdauernden *Treue* zur angestammten Kirche geforscht habe. Ich habe außerdem, um einer Forderung ausgleichender Gerech[ᴮ296]tigkeit Genüge zu tun, das hierbei Festgestellte ausführlicher behandelt, als es ihm proportional zu dem andern gleichzeitigen Leben eigentlich zugekommen wäre (vgl. oben Bd. II, S. 82 ff.). Wenn trotzdem das Resultat für den Katholiken, alles in allem genommen, so bedrückend bleibt, so äußert sich darin leider der tief beklagenswerte Tatbestand.

2. Nun aber: wenn die Zersetzung in der Kirche so weit gediehen war, wenn anderseits sich viel Wertvolles bei Luther findet, muß dann etwa am [ᴬ296] Ende der Katholik dem Reformator Luther recht geben, daß er sich gegen die Kirche erhob?

ᴬÜber meinen persönlichen Standpunkt habe ich mich im Vorwort zum 1. Bande (S. VIII f.) ausgesprochen. Es wäre peinlich und unwürdig, wenn es so aussehen könnte, als ob man solche Bekenntnisse, die unmittelbar an die persönliche Ehre und Wahrhaftigkeit, und dies in der Lebensarbeit und im Lebens-

---

[11] [Anm. Lortz:] ᴮDiese Bemerkung möchte ich natürlich nicht falsch verstanden wissen; sie spricht von den Mißständen im engeren sittlichen bzw. religiös-sittlichen Bezirk. Das für meine Darstellung Entscheidende, das *theologische* Problem (die ‚theologische Unklarheit‘), ist bei Janssen und Pastor überhaupt nicht, die eigentliche Funktion der Aushöhlung des Priesterlichen und Seelsorgerlichen, die Unterbewertung des Religiösen gegenüber der Politik durch führende kirchliche Kräfte, und dann die Fragen nach dem richtigen oder mangelhaften Strukturansatz, nach Fassade und Inhalt nur sehr wenig gesehen.ᴮ

beruf, gebunden sind, die unmittelbar an die Wurzeln der geistigen Existenz rühren, immer wieder des langen und breiten wiederholen müßte. Die hier vorliegende Darstellung der Reformation ist das Buch eines Katholiken, eines katholischen Priesters. Ich muß es dem Verantwortungsbewußtsein des katholischen Lesers überlassen, jenes Bekenntnis, das ich dem 1. Band voransetzte, in seinem ganzen Ernst aufzunehmen, und ich muß ihm die Kraft zutrauen, es bei der Lektüre auch jener Partien des Buches im Bewußtsein zu behalten, die mit seinem gewohnten Bild der Reformationsgeschichte nicht harmonieren. –[A]

Für die Gemeinschaft wichtig wird jene Frage erst, wenn sie (über den persönlichen Einzelfall hinaus) verstanden wird als das Suchen nach einem absoluten, grundsätzlichen Maßstab, an dem man Wert und Recht oder Unwert und Unrecht Luthers und der Reformation messen könne.

Ich nenne das Ausschlaggebende zuerst: Christentum und Kirche reichen über das Geschichtliche hinaus in tiefere oder höhere Regionen. Sie sind Offenbarung, also Objekte und Inhalte des Glaubens. In diesem Bereich aber kann es irgend eine Berechtigung des Aufstandes, eines Aufstandes im Wesentlichen, nie geben. Kein anderer als Luther selbst hat das, wie wir sahen, noch auf der Leipziger Disputation 1519 ausgesprochen (Bd. I S. 222 und 405). –

Angesichts des geschilderten betrüblichen Zustandes der Kirche in der ersten Hälfte des 16. Jahrhunderts stellte dann jemand die Frage, wo denn bei solcher Darstellung das herrliche Bild der Kirche bliebe, das den Gläubigen begeistern solle? Darauf ist zunächst zu bemerken, daß eine kirchen*geschichtliche* Aufgabe sich nicht nach derartigen Überlegungen zu richten hat; sie hat zu schildern, ,wie es war‘. Von *jedem* Leser aber ist zuerst und vor allem andern zu verlangen, daß er zuvörderst einmal den Tatbestand wirklich in sich aufnehme, ehe er sich ein Urteil darüber anmaßt. – Zu antworten aber ist, (1.) daß jene Herrlichkeit der Kirche *als historisch erkennbarer* Zustand in der zu schildernden Epoche zum größten Teil einfach nicht mehr vorhanden war, daß sie, wenn der Ausdruck gestattet ist, historisch unsichtbar geworden war; (2.) daß jedoch diese Tatsache, wie noch vorhin gesagt, an der substantiellen, im Göttlichen wurzelnden Herrlichkeit der Kirche nicht das geringste mindert. *Diese* Herrlichkeit gibt sich ja nicht [A297] einmal in den nach außen glorreichsten kirchlichen Zeiten erschöpfend im Historischen kund. Denn, in seinsmäßiger Heiligkeit und Wahrheit göttlicher Art wurzelnd, ist sie (obwohl in den Kriterien der Göttlichkeit der Kirche durchscheinend) vor allem Sache des Glaubens. Und damit [B297] harmoniert (3.) aufs genaueste die Haltung der katholischen Streiter des 16. Jahrhunderts. All die vielen, die als Urteilsfähige damals der Kirche die Treue hielten und uns über ihre Auffassung unterrichteten, blieben nicht katholisch, weil ihnen aus der sichtbaren Gestalt dieser Kirche Gesundheit, Kraft, Glanz und ,Herrlichkeit‘ eines gesunden Organismus entgegenleuchteten. Sie sprechen es vielmehr tausendfach aus, daß sie im Gesicht ihrer Mutter, der Kirche, beinahe nur Runzeln und in ihrem ganzen Dasein vielfältige Schwäche entdecken, daß sie gar – wie der Kardinal Hosius und ebensogut Paul III. in der Einberufungsbulle des Tridentinums es aussprechen – dem Zerfall und dem Untergang nahe sei. Alle diese Treuen haben in scharfer, und viele in schärfster Form, und manche mit müder Hoffnungslosigkeit eben dies festgestellt, daß aus der *sichtbaren* Kirche ,Gestalt und

Schönheit' geschwunden waren. Aber sie hielten die Treue, weil sie trotz jenen Mißständen an die wesentlich unsichtbare Herrlichkeit der Kirche *glaubten*[12]. Sie verkündeten den *Glauben* an die eine, heilige, katholische und apostolische Kirche unter dem Papst und den Bischöfen und mit einem besondern, sakramentalen Priestertum. Sie *glaubten* unerschütterlich daran – mit der übernatürlichen Tugend des Glaubens –, daß in dieser so zerfallenen Kirche ungemindert die objektive, göttliche Heiligkeit und die unantastbare göttliche Wahrheit wohne, daß – wie wir es von Stanislaus Hosius zitierten – der Herr auch in seinen unwürdigen Bischöfen, wenn auch schlafend, gegenwärtig sei. Sie lebten vom *Glauben*, daß nur in dieser alten Kirche der ganze Christus unverkürzt wohne; daß auch alles Wesentliche, was die Neuerer verlangten – Heilige Schrift und das Heil als freies Gottesgeschenk – in eben dieser Kirche immer vorhanden gewesen und auch jetzt in ihr vorhanden sei, gelehrt und ausgeteilt werde; daß umgekehrt die reformatorische Lehre die Fülle und die Sicherheit der Offenbarung teils unmittelbar, teils mittelbar schädigen und fälschen müsse. In den Bekenntnissen der Charitas Pirkheimer und in einzelnen Gebeten, die wir kennen lernten, spricht sich das ergreifend aus; von Murner, Schatzgeyer, Gropper, den Kartäusern, vor allem von Eck und den Jesuiten hörten wir Bekenntnisse, die randvoll sind von absoluter Festigkeit. Aber selbst bei ihnen stießen wir ab und zu auf eine gewisse Mattigkeit. Und jedenfalls hatte die Überzahl aller Verteidiger der Kirche jenen Glauben lediglich so, daß er ihnen nur [A298] selten die Kraft gab, auch von der *geheimen* Herrlichkeit der Kirche in schöpferisch entflammter, in hinreißender Weise zu künden. [B]Dabei vergessen wir keinen Augenblick die teilweise ergreifenden Zeugnisse kirchlicher Frömmigkeit, wie wir sie etwa besonders in der katholischen Volksfrömmigkeit [B298] (Erbauungsliteratur, religiöse Kunst) der vorreformatorischen und der reformatorischen Zeit geschildert haben.[B]

In keiner andern Haltung als der des *glaubenden* Christen kann auch der heutige Katholik abschließend zur Reformation Stellung nehmen. Und selbstverständlich darf er auch nicht jene katholische Glaubenstreue des 16. Jahrhunderts in unhistorischer Weise als reicher oder begeisterter darstellen, als sie es tatsächlich war.

Anderseits: diese nüchtern-treue, manchmal gar nicht besonders imponierende Haltung genügt durchaus für die Gewinnung eines festen Standpunktes der Beurteilung. Bei allen Ansätzen katholisch-kirchlicher Reform im 16. Jahrhundert stellen wir fest, daß stets als oberstes Gesetz gilt: Trennung von Person und Amt im kirchlichen Bereich. Umgekehrt erweist sich hier an einem zentralen Punkt ein Grundfehler Luthers: er hat die Mißstände der Kirche (nachdem er einmal zu ihrem dogmatischen Gegner geworden war) für und für als wesentliche Rechtfertigung seines Aufstandes empfunden und angeführt. Das heißt: er vermochte nicht durch die Zerfallserscheinungen hindurch die unangetastete Substanz der katholischen Kirche zu erkennen.

3. Bei der Wahl und Begründung ihres Standpunktes kamen den Katholischbleibenden gewisse Auswirkungen der Reformation und gewisse Klagen der Re-

---

[12] [Anm. Lortz:] Vgl. dazu etwa oben Bd. II, S. 126 f.

formatoren selbst über die Anhänger der neuen Lehre zu Hilfe. Wir hörten gelegentlich von Luthers Unmut über den Mißbrauch, der mit seiner ‚geistlichen‘ Freiheit ‚fleischlich‘ getrieben werde, über die Gleichgültigkeit, mit welcher jetzt viele Leute evangelischer Lande das für sie in seiner Reinheit wiederhergestellte Sakrament betrachteten und seinen Genuß versäumten, von der Undankbarkeit des Volkes, das ihn predigtmüde macht. ‚Seit man die reine Lehre des Evangeliums durch das Licht der Aufklärung erleuchtet hat, wird die Welt täglich schlechter.‘ ‚Uneinigkeit (der Fürsten und Stände), Wucher und Geiz, Willkür, Unzucht, Übermut sieht er wie in einer Sintflut also überhandnehmen, daß man mit zehn Konzilien und zwanzig Reichstagen es nicht wird wieder zurechtbringen können.‘

Melanchthon ist erschüttert von dem ‚unmäßigen Freiheitsgebrauch zu unendlicher Willkür aller Begierden‘. Er spricht von einer neuen Barbarei, in der ganz und gar die offenkundige Verachtung der Religion wachse. Mehr Tränen, sagt er, habe er über das Unheil der Reformation geweint, als Wasser in die Elbe fließe.

Wenn Butzer geklagt hatte, daß es in Straßburg fast keine Kirchen, kein Ansehen des ‚Wortes‘, keinen Gebrauch der Sakramente mehr gebe (1532), so schildert sein Freund Capito 1538 viel detaillierter und trostloser: ‚Der Herr zeigt uns nun, wieviel wir durch unser übereiltes Zufahren, durch die [299] unbesonnene Heftigkeit, mit der wir das Papsttum weggeworfen, geschadet haben. Die Menge, an Zügellosigkeit gewöhnt und fast dazu erzogen, ist nun völlig unlenksam geworden. Es ist, als ob wir, indem wir die päpstliche Autorität wegwarfen, zugleich die Kraft des Wortes, der Sakramente und des ganzen seelsorgerlichen Amtes vernichteten. Denn die Leute schreien: ich verstehe das Evangelium gut genug; ich kann ja selber lesen. Wozu bedarf ich deiner Hilfe? Predige denen, die dich hören wollen, und laß ihnen die Wahl, anzunehmen, was ihnen beliebt. Es ist uns eine mühsame Geduld vonnöten in dieser Auflösung, in der wir uns befinden.‘

Bestätigt das nicht Eindruck und Urteil des Willibald Pirkheimer, der sich von Luther wieder abkehrte, weil er nicht eine Verbesserung, sondern eine Verböserung feststellt? weil er den ‚früheren Betrug‘ nicht beseitigt, dafür viel unleidigere eingeführt findet, denen gegenüber jener als ein Scherz erschiene? Auch die katholischen Stände auf den Reichstagen waren in der Lage, den Protestanten diesen Niedergang vorzurücken. In Worms 1545 fragen sie: wo denn noch der Kirchendienst und die Schulen wären? wo die Stiftungen und Spenden für die Armen wie vor zwanzig oder dreißig Jahren? ‚Was man bei den Protestanten Predigen nennt, ist allermeist, als sie selbst klagen, ein Schimpfen und Schelten gegen den Papst und die Klerisei und ein blößliches Anfeinden aller männiglich.‘ Der Predigtstuhl ist schier ein ‚Scheltstuhl‘ geworden.

Ich vergesse in diesem Zusammenhang nicht das, was ich über Luthers Grobianismus gesagt habe und über die Schwierigkeit, die er einer genauen Exegese des Reformators entgegenstellt. Luther läßt sich durch gewisse Zersetzungserscheinungen im eigenen Lager genau so zu ungenauen, ja unmäßig übertreibenden Superlativismen verleiten wie gegenüber den ‚Papisten‘: ‚die Wucherer soll man sterben lassen wie die Hunde, und der Teufel fresse sie mit Leib und

Seele, auch daß man sie rädern und ädern solle und alle Geizhälse verjagen, verfluchen und köpfen alle'. Luther übertreibt auch hier. Aber soll seinen zahlreichen Klagen deswegen die breite Tatsachenunterlage überhaupt abgesprochen werden? Was machen wir außerdem mit den angeführten Feststellungen anderer Reformatoren, die das gleiche Abgleiten bezeugen? Die *Fülle* der Klagen aus dem eigenen und aus dem katholischen Lager verbietet es, in diesen Äußerungen Einzelheiten zu sehen, die für die Lage nicht als kennzeichnend angesprochen werden könnten.

Es ist eher Folgendes festzustellen: Die Evangelischen nehmen gegenüber den eben erwähnten innerprotestantischen Zersetzungen eine ähnliche Haltung ein wie manche Katholiken gegenüber innerkirchlichen Mißständen der damaligen Zeit. Man ,weiß' wohl von jenen verschiedenen Klagen, das eine oder andere Mal werden sie auch ,erwähnt', aber man hat sie auf protestan[300]tischer Seite nur selten voll ins Bewußtsein und in die geschichtlichen Darstellungen eingehen lassen. Wenn man das als Reaktion gegen die nach der andern Seite übersteigernden Einseitigkeiten von Döllinger und von Janssen rechtfertigen wollte, so darf man wohl auf die Zustimmung aller Einsichtigen rechnen, wenn man sagt, daß für eine taktisch-ausbalancierende Behandlung derartig wichtiger Dinge die Zeit vorbei ist. Die Reformation ist für uns alle in Kirche, Volk und Staat ein Schicksal ohnegleichen geworden. Ein Schicksal, das noch lange nicht bewältigt ist. Derartiges kann und darf nur mit allseitiger, man darf vielleicht sagen heiliger Wahrhaftigkeit und in letztem sachlichem Ernst behandelt werden. Das Material Döllingers wird nicht dadurch seines Gewichtes beraubt, daß er das Positive der Reformation und der Reformatoren zu kurz kommen ließ. –

Man muß also der Tatsache einer wichtigen Minderung des Religiösen und des Moralischen im Verfolg der Reformation, die aufgestanden war, um die Reinheit des christlichen Lebens wiederherzustellen, ins Auge sehen und sie in die Gesamtbewertung mit einstellen. Nur so wird sich eine gerechte Bilanz erarbeiten lassen.

4. Es ergeben sich dann freilich aus der so für das 16. Jahrhundert festgestellten Entwicklung wichtige Folgerungen. Ich erinnerte eben schon daran, daß Luther seine Absage an die Kirche und seinen Angriff gegen sie wieder und wieder auch durch die kirchlichen Mißstände als berechtigt zu erweisen versuchte. Wie also, wenn er am Ende zu einem gewichtigen Teile eingestehen müßte, daß seinem ,gereinigten Evangelium' die verlangte und versprochene wesentliche Besserung nicht gelungen sei? Wäre es nicht eine tödliche Anklage gegenüber dem Versuch eines solchen Umsturzes auf solchem Gebiet? Denn wohlgemerkt, nur nach seinen eigenen Kategorien und nach denen seines Werkes, nach jenen Maßstäben, die Luther selbst für schlechthin entscheidend über Zeit und Ewigkeit hielt, darf man ihn und die Reformation messen. Diese von Luther aufgestellten Maßstäbe aber sind nur die religiösen, christlichen; sie wollen bewußt und ausdrücklich jede irgendwie geartete Autonomie des Menschen ausschließen; sie wollen vielmehr das Gegenteil!

Damit sind wir zur entscheidenden Frage zurückgekehrt, ob die Grundsätze Luthers richtig, berechtigt waren und ob sie genügend verwirklicht wurden, so zwar, daß sie seinen Abfall von der Kirche zu rechtfertigen vermöchten?

Ich denke nicht daran, für die Zwecke dieses Zusammenhangs jetzt darüber hinwegzusehen, daß nach Luthers tiefster Auffassung doch noch alles gerettet war, wenn nur der wahre Glaube, wie er ihn formuliert, festgehalten wurde. [301] Ich beabsichtige auch nicht, mit ein paar schnellen Sätzen Luther hier so nebenbei ‚widerlegen' zu wollen.

Aber ich halte es für wissenschaftlich und christlich wichtig, zum Beispiel zu erwägen, daß, im Sinne der zuletzt gestellten Frage, im Wollen der Reformatoren die angestrebte Reinheit der Lehre zusammenfiel mit der *Einheit* der Lehre; sie wurde also in dieser Hinsicht bestimmt nicht erreicht.

Oder: Die Reformation sah eines ihrer großen Kampfziele in der Beseitigung der Verpolitisierung des Kirchlichen und Christlichen. Auch dies wurde im Grunde nicht erreicht. Weder zu Luthers Zeiten, noch später. Das Landeskirchentum im Sinne des fürstlichen Summepiskopates wurde der große Nutznießer der Reformation. Das Heidnische des ‚Cuius regio, eius religio' vollendete seinen Durchbruch gründlich.

5. Uns Heutigen eröffnen sich für die historische Bewertung der Reformation noch weitere Aspekte. Als am Ende des 16. Jahrhunderts die lutherische und die calvinistische Reformation, von der zwinglianischen und den furchtbaren Aufspaltungserscheinungen der Schwärmerei (die natürlich ohne Luthers Aufbruch in dieser Stärke gar nicht denkbar wäre) nicht zu reden, auf dem Festland alles, was sie an Kraft besaßen, aus sich herausgesetzt hatten und in beträchtlichem Maße erstarrten, da stand die Kirche, deren Pest und Tod Luther hatte sein wollen, die totgesagte, totgeglaubte katholische Kirche, wieder neu und neuschaffend da. (Kein Geringerer als Adolf v. Harnack hat sich bekanntlich hiervon aufs tiefste beeindruckt gezeigt.) Sie hatte nicht nur den Zusammenbruch einer ganzen Welt überdauert; sie hatte sich nicht nur in die neue Zeit hinübergerettet. Sondern aus der Vergiftung durch den Renaissancegeist hatte sie sich befreit; den lebenbedrohenden Sturm der Reformation hatte sie überstanden; darüber hinaus hatte sie Kraft genug gehabt, inmitten einer neuen Welt im Abendland und in den Missionen über See großartige Beweise ungeschwächter Lebenskraft zu geben. Eine Musterung religiös vorbildlicher, heroischer, einigermaßen religiös schöpferischer Kräfte in Europa etwa von 1550 bis 1650 zeigt ein doppeltes Jahrhundert der Heiligen in der Kirche, Heiligkeit des Glaubens, Betens, Liebens, Opferns. Wie man auch ihren Wert vom evangelischen Glauben her einschätzen mag, daß sie an *christlicher* Hingabe das Reich Gottes in sich und in ihrer Umwelt stärker ausprägten und vorwärtstrugen, daß sie potenziertere Nachfolge Christi darstellten als die gleichzeitigen Leistungen des Calvinismus, wird sich für Christen ohne Schwierigkeit einsichtig machen lassen. (Übrigens erwuchsen ja auch die Leistungen der organisierten Kampfkirche Calvins wieder aus einem Glauben, der entscheidende Lehren Luthers rundweg ablehnte.) Die moralische Vergiftung des Renaissancegeistes in allen [302] Schichten des Klerus, die theologische Gefährdung durch den von Vertretern der Kirche stark geförderten adogmatischen und antidogmatischen Humanismus, der religiöse und dann der kirchenpolitische Ansturm der Reformation waren nun aber zweifellos die schwerste, unmittelbar lebenbedrohende Krisis, welche die

Kirche je zu bestehen hatte. Aus mancherlei Gründen kann mit ihr weder die Gefahr der Gnosis noch die der Zersetzung des 10. Jahrhunderts verglichen werden. Kein nur natürlicher Organismus hätte diesem vereinten Ansatz innerkirchlicher Zersetzungen (seit Jahrhunderten in die Tiefe und in die Breite gewachsen) und außerkirchlichen Ansturms widerstehen und noch darüber hinaus sich bis zu heroischer Lebensfülle selbst regenerieren können. Wenn es irgend einmal einen *geschichtlichen* und geschichtlich weitgehend nachprüfbaren Erweis übernatürlicher Kraft der Kirche gibt, einen Erweis großen Stils, dann erbringt ihn das 16. und 17. Jahrhundert.

Aber wohlgemerkt: nur dann rettet man diesen Beweis, den man einen ergreifenden Triumph der vordem so tiefgebeugten Kirche nennen darf, vor dem Verdacht billiger Rhetorik oder eines allzu populär-apologetischen Kurzschlusses, wenn man den christlichen Wagemut aufbringt, mit der Feststellung jener bis an die Wurzeln des Lebens reichenden inner- und außerkirchlichen Bedrohungen Ernst zu machen. Nur wenn man die kirchlichen Zersetzungen in Renaissancegeist und Politik nicht nur nennt, sondern als schwere Verwundung der Kirche des Gekreuzigten *wägt*, wenn man etwa wägt (als Christ!) das Ungeheuerliche, daß die Religion in dieser Kirche von einigen ihrer Führer wegen politischer Überlegungen zwar nicht bewußt, aber doch tatsächlich aufs Spiel gesetzt wurde; und wenn man wägt, welch echte Bedrohung die Reformation gerade deswegen für die Kirche darstellte, weil so vieles an der Neuerung tief religiös gemeint war: nur dann kann man einigermaßen ahnen die Fülle der kirchlichen Kraft, und nur dann kann man sie entsprechend wirksam ans Licht stellen. Ein innerlich gesunder und von außen nicht bedrohter Organismus mag leicht weiterleben. Aber die Überwindung einer tief wurzelnden Krankheit stellt die Kräfte des Organismus unter Beweis. Nur wenn man die Länge des steilen Weges und die zu überwindenden Hindernisse wirklich kennt, kann man zutreffend die Kraft abschätzen, die trotz allem den Lauf herrlich vollendete und am Ende erst recht verjüngt zu neuer und reicher Schöpfung ansetzen konnte.

6. Und nun, als Kehrseite, die Entwicklung von Luthers Werk in den folgenden Jahrhunderten! Luther war im Ernst seines christlichen Gewissens aufgestanden, um, wie er meinte, die Offenbarung zu retten, um das reine Wort Gottes wiederherzustellen, um die ‚Hure Vernunft' aus dem Bereich des Glaubens zu vertreiben, um das Menschliche aus dem einmaligen Werk [303] und Verdienst des Christus zu verbannen, um dieses den Menschen voll zugänglich zu machen. Was hat er erreicht?

Inmitten der heutigen, von Christus so verhängnisvoll weit sich entfernenden Welt kann nur ein schlechter Christ sich über religiös-christlichen Substanzschwund irgend eines Teiles der Christenheit freuen. In Luther und seinem Werk lassen wir für seine Zeit und für heute alles bestehen, was eine unbestechliche Forschung an Werten des Betens, Opferns und sonstigen christlichen Gestaltens ihnen zuschreiben darf. Und wenn man überblickt, was sie im Laufe der Jahrhunderte über die Erde hin auf allen Gebieten menschlich-wertvollen Daseins gewirkt haben, wie vielen Millionen Menschen sie als Vermittler der christlichen Botschaft tiefe Kraft zur Bestehung der großen Probe des Lebens und Sterbens bedeuteten, wie fruchtbar bis heute (und selbst in ‚liberal'-protestantischen Kreisen) das Bekenntnis zu Christus dem Herrn sich in Kreisen des Protestantismus dokumentiert in Gläubigkeit und in Werken der Nächstenliebe, so ist das wahrhaftig unendlich viel. Wir haben dieses große Thema hier nicht auszuführen.

Aber dann erhebt sich doch unerbittlich die Frage: Aufs Ganze gesehen, auf die durch die Reformation angelegte Linie hin betrachtet, wurde durch Luthers Werk das Reich Christi im christlichen Volke ausgebaut, wurde der Glaube gemehrt? oder hat nicht vielmehr der revolutionäre Angriff gegen die alte Kirche im Namen des im Worte gebundenen Gewissens mit korrekter Logik den *Subjektivismus (also das Menschliche)* im christlichen Raume wachsen lassen und das Objektive (also das Göttliche der einfach vorgegebenen Offenbarung) geschwächt, das Objektive der Heiligkeit im ‚opus operatum' der Sakramente und das Objektive der Wahrheit im Dogma? und so *im Gesamt* der Entwicklung dazu beigetragen, das Eigentümliche des Christentums als einer Gnaden- und Erlösungsreligion der Auflösung preiszugeben?

Wenn man ein so umfassendes und heikles Thema überhaupt mit einigen Andeutungen behandeln darf, dann kann zunächst die gewaltige Minderung unmittelbar religiösen Lebens, religiöser Betätigung, die Minderung des Betens der neuen Kirchen und die Minderung der Teilnahme des Volkes an diesem Beten genannt werden. Sie hat sich bis heute innerhalb aller protestantischen Kirchen (die lutherische eingeschlossen) *und mit deren Zustimmung* vollzogen. Es handelt sich dabei zunächst nicht nur um das allgemeine Nachlassen religiösen Lebens in der Neuzeit, dem entsprechend auch breite Schichten von Katholiken zum Opfer fielen. Vielmehr waren es die evangelischen Kirchen selbst, die wichtige Hilfsmittel fallen ließen und die an die Betätigung religiösen Lebens immer geringere Anforderungen stellten. Die Verflachung von Luthers gewaltiger Kreuztheologie zu einem nicht sehr tiefen Moralismus [304] humanistischer oder kantianischer Prägung gehört zum Wichtigsten. Dann etwa der Verzicht auf die Häufigkeit des Gottesdienstes an Werk- und Sonntagen, der sich am unmittelbarsten in der Tatsache ausspricht, daß die protestantischen Kirchen tagsüber meist geschlossen sind. Daß die tiefste Ursache gerade dieser Erscheinung, die doch eine Erschlaffung darstellt, die in ihrer ununterbrochen dauernden, stillen Wirkung gar nicht ganz abgeschätzt werden kann, daß, sage ich, die tiefste Ursache dieser Dinge in der Abschaffung der Messe liegt, erbringt auch von hier aus eine scharfe historische Kritik an Luthers theologischem Kampf gegen dieses Zentralstück katholischer Frömmigkeit. – Es wäre dann etwa zu nennen der Verzicht auf die Ohrenbeicht. Luther wollte sie nicht drangeben; sie war ihm ein kostbarer Besitz. Aber wieviel Prozent seiner heutigen Anhänger wissen das und sind darüber unterrichtet, daß er in seinem Katechismus dem gemeinen Mann eine Anleitung für diese private Beicht gegeben hat? Luther verzichtete auch nicht auf die Marien- und Heiligenverehrung und auf die Predigt an ihren Festtagen. Und doch wurde in den folgenden Jahrhunderten dieser Verzicht, der doch ein Beweis christlicher Verarmung ist, innerhalb der protestantischen Kirchen so sehr durchgeführt, daß man sogar stolz darauf war; man nannte es die Überwindung der katholischen oder mittelalterlichen Reste, deren Beseitigung Luther nicht gelungen sei.

Freilich, ebensowenig wie in der katholischen Kirche die private moralische oder religiöse Korrektheit ihrer Glieder letztlich den Ausschlag gibt, sondern allein der richtige (fruchtbare) oder falsche strukturelle Ansatz, ebensowenig im Protestantismus. Und so ist nun *die* Frage gestellt, ob die protestantische Abspaltung, ob der protestantische Subjektivismus, ob die protestantische Vereinseitigung des Offenbarungsbestandes nach dem Zeugnis der Geschichte maßgeblich mitbeteiligt und mitschuldig sind am unchristlichen Dasein der modernen Kultur? ob die religiöse Verarmung des heutigen Protestantismus sich konsequent aus den Grundhaltungen der reformatorischen Lehre ergab?

Die katholischen Gegner der Reformation wie Luther selbst und Melanchthon haben übereinstimmend den gefährlichen Ansatzpunkt genannt, aus dem die Verkehrung der gewollten Reinigung und Bereicherung des Christentums ins Gegenteil kommen konnte bzw. kommen mußte: die neue Predigt von der *Freiheit*. Die Ablehnung eines lebendigen Lehramtes machte es unmöglich, den Inhalt der Offenbarung jeweils und für alle verbindlich genau festzulegen. Die mit Luther spontan aufbrechende innerprotestantische Zersplitterung liefert den eindrucksvollen Tatsachenbeweis. Es gibt eben in der menschlichen Sprache außerhalb des Bereiches der Quantität nichts absolut Eindeutiges. Hosius hat das für die Bibel besonders reich ausgeführt (s. oben Bd. II, S. 193 f.). Tatsächlich hat Luther, der Mann des absolut bindenden [305] Gotteswortes, der Mann der christlichen Gemeinde, doch den Menschen auf sich selbst gestellt oder den Menschen allein vor Gottes Wort. Alle Elemente einer Kirchenidee bei Luther vermögen wenig gegen diese fundamentale Tatsache; *sie* war das Neue, *sie* wurde als das Entscheidende ins Bewußtsein aufgenommen, durch die Generationen weitergereicht und ausgebildet. Was Luther als Kirche, der Willkür des einzelnen entzogen, festhalten *wollte*, steht von vornherein in grundsätzlicher Spannung zu seinem Subjektivismus und Spiritualismus. *Sie* sind die Grundlage; sie mußten das Feste zerstören; mußten – in letzter Konsequenz – jeden zu seiner eigenen Ansicht führen: die ‚Alleiner' siegten. Nach dem Gesetz der innern Dialektik, der Auswicklung der einmal gesetzten Gedanken und Taten gemäß ihrer Eigengesetzlichkeit und Eigenart konnte sich der Fortgang nicht anders vollziehen. Die innerprotestantische Aufspaltung *mußte* immer weiter fortschreiten, und heute erkennen wir leider, in welchem Ausmaß die Entwicklung diesen Weg tatsächlich gegangen ist.

Wir sind froh, feststellen zu können, daß in der neueren protestantischen Lutherrenaissance und in Teilen der modernen protestantischen Theologie sich eine wichtige Rückwendung zu dem Objektiven in Luthers Christentum vollzieht. Aber was bedeutet das für das Ganze? Nur mehr ein erschütternd geringer Prozentsatz von Mitgliedern der protestantischen Kirchen steht auf dem Boden der Lehre, die Luther in voller dogmatischer Intoleranz als unumgängliche Voraussetzung für den Eingang ins ewige Leben forderte. Zugespitzt formuliert, kann man sagen: Luther wollte die Offenbarung sichern, für einen Großteil der Protestanten kam der Rationalismus. Er wollte den Glauben schützen, das ‚Wort' rein erhalten, es kam ein sich selbst auflösender Kritizismus. Luther wollte durchaus Vertreter des Alten sein, des ursprünglichen Christentums, sein Werk wurde zweifellos kirchliche Revolution auch in jenem weiteren Sinne, daß etwas wesentlich Neues entstand.

Die Tatsachen selbst braucht man nicht erst zu beweisen: die bis zum Beginn des 20. Jahrhunderts steigende, geradezu beängstigende Unsicherheit des Protestantismus in der Feststellung dessen, was Christentum sei, die überheblichste Bibel- und Dogmenkritik, die dauernd ihre Positionen revidierte und vom festen Bestand des ‚Wortes' recht wenig übrig ließ, die auch noch für heute von Protestanten [B](gottlob, längst nicht von allen)[B] anerkannte Tatsache, daß ‚jeder aus dem Evangelium herausnimmt, was ihm tunlich erscheint'! Die Auswahl, die Luther aus dem Gesamtbestand der Offenbarung getroffen hatte, und deren bestechender einseitiger Einfachheit er zu einem guten Teil den Sieg seiner Sache zu verdanken hatte, führte wirklich in beträchtlichem, ja maßgeblichem Umfang zum Rückschlag ins Gegenteil.

[B]Hier wird schon die rein historische Entwicklung die Jahrhunderte hindurch [B306] zu einer Rechtfertigung für die Zurückhaltung und Ablehnung der katholischen Kirche gegenüber dem reformatorischen Geschehen. Ja, die katholische Kirche darf heute umgekehrt mit Recht für sich in Anspruch nehmen, wichtige Anliegen der Reformation besser gehütet zu haben und heute zu vertreten als ein großer Teil, ja als der größte Teil reformatorischer Gemeinschaften. Und damit geht ein anderes parallel: die katholische innere Reform, von der wir im zweiten Bande zu handeln hatten. Was ‚Kurialismus' vor der Reformation und während ihrer entscheidenden Jahre im tadelnswerten Sinne war, bestand nicht einfach fort. Zwar gibt es zwischen Reformation, innerer katholischer Reform, Gegenreformation und heute auch noch das ancien régime und seinen kirchlichen Lebensstil. Aber man vergleiche doch einfach einmal das, was in der Gegenwart unter Pius X., Pius XI. und Pius XII. die römische Kurie ist, mit dem, was wir als ‚Kurialismus' des 15./16. Jahrhunderts zu beschreiben hatten![B]

Die radikale Trennung des Geistlichen vom Weltlichen hatte schon bei [A306] Luther selbst zur Folge, daß nur mehr geringste Sparten des nicht-privaten Lebens in den Bereich des Glaubens einbezogen wurden. Luther hat vielmehr die meisten ‚öffentlichen Bereiche, vor allem Geistesleben, Politik und Staat, den profanen Mächten preisgegeben'. Das heißt, die extreme Betonung des Geistlichen führte zu einer Ausbreitung des Weltlichen, also zu einer starken Säkularisierung. Im Raum des geistig-körperlichen Menschen kann eben keine Einseitigkeit die Lösung irgend eines Problems allseitig und auf die Dauer rein darstellen. Tatsächlich wurden jedenfalls diese Folgen der Einseitigkeit nicht gebannt durch Luthers Willen zum radikalen Ernstmachen mit dem eigentlich Christlichen, d. h. mit dem, was er als solches ansah. Und als dann (neben und nach Luther) seine gewaltigen religiösen Kräfte nicht mehr vorhanden waren und als Gegengewicht eingesetzt werden konnten, offenbarte sich der angegebene Rückschlag erst in voller Wucht. Das Resultat war schließlich die moderne autonome Haltung mit dem liberalistischen Grundsatz, daß Religion Privatsache sei. Zweifelsohne eine Auffassung des Christlichen, die das volle Gegenteil von Luthers harten Forderungen darstellt.

Luthers Haltung war in diesem Punkte um so gefährlicher, als sie gegen seinen Willen einem Todfeinde, der humanistischen Säkularisierung (aufgeklärte Bildung und Moralismus statt Kreuzesreligion), Sukkurs brachte und so auf Umwegen diesem Feind, den gerade Luther im Interesse des Gesamtchristentums wirkungsvoll zurückgeschlagen hatte, wieder und dauernd zur Herrschaft verhalf. Denn die Moderne ist sicherlich in maßgeblicher Weise auch durch den Humanismus gebildet worden. Seine Loslösung vom mittelalterlichen Christentum und Kirchentum war, wurde und ist aber in vielem bedeutend radikaler als diejenige des echten Protestantismus irgend einer Färbung, soweit sich nicht, wie bei Zwingli, der Humanismus unmittelbar [B307] der reformatorischen Bewegung verbunden hat. Man braucht nur zu nennen, was ,die' Moderne in ihren bisherigen Ausprägungen mit am schärfsten kennzeichnet, um die Verwandtschaft festzustellen: Rationalismus, Moralismus, Relativismus, ethische Autonomie. Mit alldem hat der Humanismus (im Gegensatz zu seinem großen politischen Gemeinschaftsideal) die Entfesselung des Subjektes herbeigeführt, den Supranaturalismus tödlich getroffen. Und eben in dieser Entfesselung des Subjektes treffen sich Reformation und Humanismus. Daß sie, wie angedeutet, in der gleichen Frage auch todfeindlich gegeneinanderstoßen (rational – irrational; rational – religiös; Willenskraft – Gnade), hebt jenes entscheidend Gemeinsame nicht auf. –

Und weit über das Religiöse und Kirchliche hinaus bedeutsam bleibt immer wieder die Feststellung: Luther zerstörte die Einheit. Man kann diesem für einen Christen vor allem andern ernsten Verdikt nicht dadurch entrinnen, daß man der alten Kirche den Vorwurf macht, nicht mit Luther gegangen zu [A307] sein. Denn es liegt am Tag, daß – einmal abgesehen von Luthers Trennung von der alten katholischen Kirche – gerade in und aus *seiner* Gemeinschaft und aus seinen Grundanschauungen heraus jene verhängnisvolle innerprotestantische Aufspaltung erwachsen ist, als deren Ergebnis wir heute die ,zahllosen' protestantischen Denominationen, die dogmatische Bindungslosigkeit auch wieder innerhalb der einzelnen protestantischen Gruppen vor uns sehen. Soweit Historisches für das Wesen beweisend sein kann, ergibt sich daraus: Aufspaltung gehört zum *Wesen* des von Luther Geschaffenen.

Die Einheit, die absolute Einheit ist das Wesen der Kirche. Eine Haltung und eine Lehre, aus der mit ersichtlicher Konsequenz der Plural ,Kirchen', und diese mit je wesentlich verschiedener Lehre, zum Teil mit völliger Leugnung der Erlösung durch den Gottmenschen, hervorgeht, erhebt gegen sich selbst die gewichtigsten Bedenken, ja kommt in Gefahr, sich selbst zu widerlegen.

∗

Wenn etwas tiefstes Anliegen dieses Buches ist über seine wissenschaftliche Aufgabe hinaus (oder besser: durch sie hindurch), dann dies, daß es teilhaben möchte am Gespräch zwischen den Konfessionen, oder auch, daß es diesem Gespräch neue Möglichkeiten[13] geben möchte. Ist es Selbsttäuschung, wenn ich [B308] an-

---

[13] [Anm. Lortz:] ^BDiese Bemerkung ist nicht ganz eindeutig formuliert. Sie hat denn auch einige Rezensenten zu einer erheblichen Fehldeutung verleitet. Es ist nämlich nicht so, als ob ich an die Darstellung der Reformation herangegangen wäre aus dem Wunsch heraus, der Annäherung der Konfessionen zu dienen. Weder hat eine solche Absicht meine Untersuchungen veranlaßt, noch hat sie mich während der Ausarbeitung des Buches, soviel

nehme, daß eine Behandlung der Reformationsgeschichte, wie ich sie im Vor-stehenden versucht habe, geeignet ist, jene Atmosphäre herstellen zu helfen, in der allein ein solches Gespräch fruchtbar werden kann? Maßgebliche protestan-tische Kreise haben heute jene Haltung überwunden, die meinen konnte, durch Bagatellisierung der Lehrsätze einer Verständigung der Konfessionen zu dienen. Die Wahrheitsfrage wird jetzt in den ökumenischen Verhandlungen der protes-tantischen Kirchen untereinander klar *vor* die Einheitsfrage gestellt. Das kommt auch dem Gespräch zwischen Protestanten und Katholiken zugute. Zunächst ein großer sachlicher Gewinn. Aber auch ein taktischer; denn jene Haltung ist ge-eignet, das Mißtrauen gegen eine solche (dogmatisch intolerante) Gesprächs-haltung und gegen den Gesprächspartner, der sie zu verwirklichen sucht, aus-zuschalten.

Die Einheit kann nicht durch eine ‚Begegnung in der Mitte‘ erreicht werden. Die volle Wahrheit ist Voraussetzung, und ihre Unnachgiebigkeit hat den unbeding-ten Primat.

Daß Rom gerade *diese* Lehre immer wieder verkündet und betont, ist nicht Ausfluß ‚römischer Starrheit und Härte‘, sondern ist – was immer Ungenügen-des der persönlichen Haltung des einzelnen Vertreters der Kurie anhaften mag – eigentlicher Ausdruck der echten, nämlich seinsgerechten Liebe, die nur in der vollen Wahrheit und durch sie Verwirklichung finden kann. [A308]

Aber ebenso muß festgehalten und überdacht werden, was der Dominikaner *M. J. Congar* zu unserer Frage aussprach: ‚In keinem Moment stellt sich die „Konversion" unserer getrennten Brüder als eine Verminderung oder gar als eine Vernichtung dessen dar, was sie schon besitzen; es bedarf nur der Bereinigung des Negativen und der Vollendung aller positiven Werte.‘ [14]

Nicht allein auf die *Betonung* der notwendig intoleranten Lehre kommt es also an, sondern auf ihre Vertiefung. Es gibt aber keinen andern (also tieferen) Grund, als der gelegt ist, Christus Jesus (1 Kor. 3, 11).

---

ich das feststellen kann, begleitet und beeinflußt. Ich war an das Studium der Reformation herangetreten allein in der Absicht, die ‚harte Wahrheit‘ (oben Bd. I S. IX) zu fassen. Ohne Nebenabsicht meinerseits hat der Befund der Tatsachen mich zu den Feststellungen und Beurteilungen geführt, die ich in diesen Bänden vorlegte. Sie allerdings verlangten dann entschieden, am ökumenischen Gespräch teilzunehmen. In *diesem Sinne wurde* jene Teilnahme für mich tiefstes Anliegen, als ich mein Buch hinausgab. [B]
[14] [Anm. Lortz:] Chrétiens désunis (s. unten S. 321).

6. Joseph Lortz, Nachwort zu:
Die Reformation in Deutschland (1967)[15]

Nachwort zur „Reformation in Deutschland" 1967

Es gehört zum Wesen der Geschichte, komplex zu sein. Mit fortschreitender Zeit hellt sich diese Komplexität manchmal auf; wir vermögen den Sinn des Gewesenen tiefer zu durchdringen als Generationen vor uns.

Das bewahrheitet sich in einem bedeutenden Sinn in unseren Tagen an dem Phänomen, das auf den vorstehenden Blättern beschrieben ist.

Keine Frage, daß, aufs Ganze gesehen, die Welt fortfährt, unchristlicher zu werden. Die heutige Menschheit wird nicht durch die Kraft ihres Glaubens an Gott und Jesus Christus gekennzeichnet, sondern durch die wie nie bisher mächtig sich entwickelnde Säkularisierung des Denkens und einer entsprechenden autonomen diesseitigen Kultur.

Vom Schwinden religiöser Kraft werden auch die Kirchen betroffen, die evangelischen wie die katholische. Die Welt ist in eine Glaubenskrise geraten, wie sie so bisher nicht existierte. Im übernatürlichen Sinne glauben zu können, fällt vielen Millionen heute sehr schwer. [2]

In der Kirche, die sich nach Luther nennt, ist diese Entwicklung so weit gediehen, daß auch evangelische Bischöfe in großem Ernst die Frage stellen, ob nicht etwa heute das Erbe der Reformation vertan sei?

Aber es gibt auch einen andern wesentlichen Aspekt. Mitten im Prozeß, der durch Glaubensschwund gekennzeichnet ist, vollzieht sich in allen Kirchen eine religiöse Vertiefung, wie es auch sie lange nicht gab.

Uns interessiert im Zusammenhang mit dem Thema dieses Buches vor allem das, was sich im Raum der reformatorischen Kirchen in unseren Tagen vollzieht. (Ich sage ‚vor allem', weil die zu erwähnenden Phänomene eng zusammenhängen mit Entwicklungen in der katholischen Kirche, oder diese beeinflussen.)

1. Zu oberst steht die an den Namen *Karl Barth* und seines Römerbriefkommentars geknüpfte Überwindung des liberalen Protestantismus, und die Erneuerung eines kirchlich-reformatorischen Denkens, ein Vorgang von ungeheurer Bedeutung. Der aus der Reformation entwickelte Protestantismus des 19. Jahrhunderts hat damit den Beweis erbracht, daß seine authentisch biblisch-christliche Glaubenskraft der Verkündigung des am Kreuze Gestorbenen und von den Toten Auferstandenen Jesus Christus durch die Aufklärung des [3] 18., den Materialismus und den Kritizismus des 19. Jahrhunderts nicht vernichtet wurden.

Diese *Überwindung* des liberalen Protestantismus ist natürlich nicht eine vollkommene. Es gibt den Neuprotestantismus. Und gerade einer seiner führenden Köpfe, Walther von Loewenich, hat den subjektivistischen Ansatz in Luther dahin bestätigt, daß er Luther entgegen seinem Willen aber in logischer Konsequenz der Entwicklung zum Vater des liberalen Protestantismus machte. Aber

---

15 Joseph LORTZ, „Nachwort zur ‚Reformation in Deutschland' 1967". IEG, NL Lortz [1485]. Maschinenschriftlich, 7 Seiten, paginiert.

er hat zugleich in großer Tiefe die ,Theologie des Kreuzes' als Kern lutherischen Glaubens herausgestellt.

2. Die gleiche Rückwendung zur gläubigen Annahme der biblischen Verkündigung führte in der Theologie von Rudolf Bultmann und seiner existentialistischen Schüler allerdings zugleich zu einer Bedrohung der objektiven Heilstatsachen und einer für alle und auf Dauer gültigen, d. h. objektiv verpflichtenden Aussage über sie, wie auch sie in dieser Radikalität noch nie vertreten wurde.

Die Vielfältigkeit der Resultate der großartig entwickelten historisch-kritischen Methode vollendet die innere Aufspaltung der reformatorischen Verkündigung sogar über die Aufsplitterung des 19. Jahrhunderts und der ersten Jahrzehnte des 20. Jahrhunderts hinaus [4] zu einem Zustand, der dem Chaos näher ist als der Schöpfung.

Festes und Verpflichtendes ist in diesem Raum höchst selten geworden. Durch logische Überentwicklung gewisser Ansätze bei Luther wird die Reformation nur mehr wenig als Verkündigung einer Glaubenslehre genommen, sondern vor allem als ein geistiges Prinzip der Entwicklung, die das Formale überbetont. Man kommt dabei zu bewundernswerten Darstellungen der geistigen Gestalt etwa Luthers; aber der Luther des Dekalogs, der altchristlichen Symbole der Kirche, und der Sakramente verliert weithin seine Bedeutung.

Die bedeutsamste Konsequenz zieht diese historisch-theologische Darstellung wohl darin, daß sie die inhaltliche Einheit der Bibel zerbricht, sie jedenfalls nur in einer *äußersten* Reduzierung auf einen nur formal zu bestimmenden Punkt, eine Haltung, eine ,Spitze' (Ebeling) sieht.

Wichtig über das vordem Vorstellbare hinaus ist, daß diese Art des Denkens auch in katholische Theologie und Darstellung der Reformation Eingang gefunden hat, was teils eine Befruchtung, teils eine Bedrohung ihres Wahrheitsgehalts [5] bringt: Befruchtung durch die Vertiefung und Auflockerung einer Reihe von Grundkonzeptionen wie Tradition, Sakrament, Kirchenamt, Einheit, Unfehlbarkeit; – Bedrohung, weil durch Überbetonung aktualistischer und dynamischer Elemente das objektiv Seiende, Statische – wie es auch für Luther noch selbstverständlich und unaufgebbar war – in Gefahr gerät.

3. Während dieser beinahe unübersehbar vielfältiger Entwicklungen hat sich ein anderes Phänomen herausgebildet, das vielleicht noch stärker und zukunftsträchtiger der heutigen kritischen Weltlage den Stempel aufdrückt: der Ökumenismus.

Und zwar der Ökumenismus in seiner zweifachen Gestalt: Einmal drängen die Kirchen der Reformation aus ihrem Gegen- und Nebeneinander zueinander hin. Das bedeutendste Resultat ist hier die Bildung des Weltrates der Kirchen (World Concil of Churches); ohne daß definiert wäre, welche Einheit der Kirche gemäß der Schrift notwendig sei, erkennt und bekennt man, daß das Neben- und Gegeneinander nicht Gottes und Christi Wille entspricht. Die Kirchen drängen möglichst eng zueinander, vertrauend, daß der Hl. Geist den rechten Weg führen werde.

Die Bildung des Weltrates der Kirchen ist ein kirchenhistorisches Ereignis ersten Ranges. [6] Es ist eine großartige Bestätigung der christlichen Kraft der Reformation. Schon Papst Pius XII hat die Katholiken angewiesen, in diesem Zueinanderrücken der reformatorischen Kirchen das Wirken des Hl. Geistes zu sehen.

[a)] Ein großer Schritt voran war der im Jahre ___ erfolgte Beitritt [16] der orthodoxen Kirchen, also einer wesentlich sakramental hierarchisch geformten Kirche, in der die Heiligen und unter ihnen die Gottesmutter und Jungfrau Maria eine wesentliche Funktion ausüben.

b) Der bedeutendste Schritt erfolgte durch eine offensichtliche Schwenkung der römisch-katholischen Kirche in ihrem Verhältnis zum Weltrat der Kirchen unter und durch Papst Johannes XXIII und das von ihm einberufene II Vatikanische Konzil. Während die römisch-katholische Kirche sich bis dahin strikt geweigert hatte, mit dem Weltrat der Kirchen in Kontakt zu treten, bildete Johannes XXIII das einer römischen Kongregation gleichrangige Sekretariat für die Einheit der Christen.

Dieses Sekretariat war dann auch verantwortlich für die Zuziehung protestantischer und orthodoxer Beobachter zum II Vatikanischen Konzil, das dadurch in einem tieferen Sinn ein ökumenisches wurde, als dies vorher je der Fall war. [7] Dieses Konzil hat Luther nicht heilig gesprochen, es hat auch kein Anathema zurückgenommen. Aber es verhalf vielen wichtigen Lehren der Reformation zum Sieg.

Und was besonders wichtig ist: der Ausdruck „Häretiker" erscheint nicht mehr. Stattdessen spricht das Dekret ‚De Oecumenismo' von getrennten Brüdern in christlichen Kirchen und Gemeinschaften, die christliches Erbe bewahrt und in je eigener Weise ausgebildet haben, und in denen der Heilige Geist heilschaffend am Werke ist.

Die Reformation hat hier ihre Berufung in einer bedeutenden Weise von neuem unter Beweis gestellt. Die katholische Kirche hat selbst diesen Beweis geführt.

Der Versuchung zur Spaltung hat der Drang zur „Einheit" begonnen entgegen zu wirken.

---

[16] Handschriftlich verbessert und ergänzt: „Ein großer Schritt voran war *die Mitarbeit* der orthodoxen Kirchen [–] *teils von Anfang an, als letzte trat die russische Kirche 1961 bei* [–], also einer wesentlich sakramental hierarchisch geformten Kirche, [...]".

II. Lortz' Werk in der Außenperspektive

1. Ludwig Andreas Veit, Gutachten zu:
J. Lortz, Die Reformation in Deutschland, Bd. 2 (29. Januar 1939)[17]

Freiburg i. Br. 29. Januar 39

Veit
Betrifft: Lortz: „Die Reformation" 2. Band.
            Nr. 1140

Unter dem Vorbehalt, dass einige recht erhebliche sachliche Beanstandungen bereinigt werden, kann dem vorliegenden Werk das Imprimatur nur unter der Voraussetzung gegeben werden, dass das Hochwürdigste Erzbischöfliche Ordinariat bereit ist, die Grundhaltung des Werkes durch das Imprimatur gutzuheissen. Dazu bin ich nicht zuständig; ich gestatte mir aber, meine Meinung zu äussern.

Der Verfasser ist durch seinen Aufsatz „Zugang zu Luther" bekannt. Nun haben die Protestanten ihren Zugang zu L[uther]. Die gläubigen Katholiken benötigen einen solchen nicht, denn sie wissen, was sie von Luther und seinem „Werk" zu halten [haben]. Dieses „Werk" ist nach ihrer in der Sache begründeten Auffassung nicht „Reformation", sondern Revolution, Neuerung und Spaltung.

Es tut nichts zur Sache, dass die katholischen Profanhistoriker sich in den Begriffen „Reformation", „Vorreformation", „vorreformatorisch" und dergl. wohl fühlen; es besagt auch nichts, dass einige katholische Kirchenhistoriker in den Vorlesungen und, gelegentlich auch publizistisch, von der „Reformation" reden. Das kommt mehr auf das Konto der katholischen Weichheit und der charakterlich nicht gerade schönen Kompromisselei. Dass aber ausgerechnet jetzt, wo wir uns gegen eine totale Geschichtsklitterung schlimmsten Ausmasses erwehren müssen, ein katholischer Kirchenhistoriker buchmässig [[2]] das Thema „Die Reformation" behandelt und dafür einen katholischen Verlag gefunden hat, gibt zu denken.

Seit Döllinger in drei Bänden über „Die Reformation u. s. w." gehandelt hat, hat sich kein katholischer Kirchenhistoriker mehr bereit gefunden, das Zeitalter der Glaubensspaltung unter diesem Kennwort der Reformation vorzunehmen. Übel genug, wenn es wahllos in den Vorlesungen gebraucht wurde und dann dementsprechend auch vom Zeitalter der Gegenreformation gesprochen wird.

Zu dieser Selbstverleugnung haben es die wirklich grossen und grundsätzlichen katholischen Historiker nicht gebracht. Es war eine Tat, als der Mainzer Kirchenhistoriker Kaspar Riffel im Jahre 1844 seine dreibändige „Geschichte der christlichen Kirche der neuesten Zeit vom Anfang der grossen Glaubens- und Kirchenspaltung bis auf unsere Tage" herausgab. Die Ausgabe kostete ihn zwar den Giessener Lehrstuhl der Kirchengeschichte, hatte aber den gewaltigen Er-

---

[17] Ludwig Andreas VEIT, Gutachten zu J. Lortz, Die Reformation in Deutschland, Bd. 2, Freiburg, 29. Januar 1939. EAF B2–43–69. Maschinenschriftlich, 8 Seiten, Unterschrift eigenhändig.

folg, dass man sich katholischerseits darauf besann, das aus der protestantischen Münze stammende Kennwort „Reformation" und „Gegenreformation" aus dem eigenen Sprachgebrauch auszumerzen.

Man wusste ja, dass seit dem Ausgang des 18. Jahrhunderts die Dreiteilung der Kirchengeschichtsperioden auf protestantischer Seite, wie folgt, vorgenommen wurde:

I. Zeitalter: Die Urkirche: Zeitalter der FORMATION
II. Z[eitalter]: Umbiegung des Christentums in die Form der römisch-kath. Kirche seit Ende des 4. Jahrhunderts: Zeitalter der DEFORMA-TION [[3]]
III. Zeitalter: Wiederherstellung des ursprünglichen Christentums durch Luther: Z[eitalter] der REFORMATION

In den Standardwerken von Joh. Janssen, Pastor, Grisar und Hergenröther wird man das Kennwort „Reformation" bzw. Gegenreformation vergebens suchen. Und diese Werke sind bei Herder erschienen. Auch der bei Herder aufgelegte Knöpfler meidet diese Kennzeichnung: alles Beweise, dass wir Katholiken nicht nötig haben, uns die geschichtliche Terminologie von Protestanten vorschreiben zu lassen, und Mahnung an uns, die uns nachgesagte Weichheit nicht bis zur Charakterlosigkeit zu treiben. Ich wüsste nicht, dass sich seitdem die Verhältnisse so geändert haben könnten, den katholischen Weg zu verlassen und gerade jetzt, wo uns eine völkische Geschichtsauffassung aufgezwungen werden soll, unserem katholischen gebildeten Volk die „Herrlichkeiten" der „Reformation" zu schildern. Der Verlag Herder und Co muss merkwürdige Gründe gehabt haben, die ihn veranlasst haben, ein Manuskript in seine Hauswerkstatt zu übernehmen, das seinen Haustraditionen grundsätzlich ins Gesicht schlägt.

Die Janssen, Pastor und Grisar werden sich im Grabe umdrehen, wenn sie erfahren, dass ihre Standardwerke zum „Zeitalter der Glaubensspaltung und der katholischen Reform" im gleichen Verlag durch eine Publikation „Die Reformation" verleugnet werden. Wenn freilich schon seit Monaten urbi erzählt wird von einem glänzenden Werk über die „Reformation", das der Verlag herausbringe, so ist dieses vorzeitige Gerede nur [[4]] ein Zeugnis, wie wenig verantwortungsbewusst jene Stelle im Verlag gehandelt hat, die dem Verlag die Annahme dieses Manuskripts empfahl.

Ich schreibe das nicht aus Animosität, sondern aus dem innern Widerspruch, den ich gegen diese Verwaschung und Verwässerung unseres geschichtlichen Gutes durch einen katholischen Kirchenhistoriker und Verlag empfinde. Ich schreibe dies im Auftrage der grossen Verstorbenen, die sich gegen diese Verunglimpfung durch den eigenen Verlag nicht wehren können; ich erhebe Einspruch auch deswegen, weil wir wahrhaftig unsere eigenen Bezirke wahren müssen, da eine traditionslose Bewegung sich bemüht, ihr Geschichtsbild der Umwelt total aufzuzwingen: die katholische Geschichtsbetrachtung sieht aber in der Spaltung von 1517 das … Heute der Gegenwart.

Fast zur selben Zeit, da Riffel schrieb, brachten die jungen Historisch-politischen Blätter einen glänzenden Aufsatz eines Anonymus, worin er den Reformatismen des 16. Jahrhunderts, wie er die neuen Lehren nennt, die zentrale katholische Reform des Konzils von Trient gegenüberstellte. Für mein eigenes

Kolleg über die Glaubensspaltung und die katholische Reform habe ich daraus ein neues Schema der Darstellung gewonnen: Die Ismen und die Kirche.

Hier die Reformatismen ... drüben die kath. Reform.

Reformatismus Luthers: Lutheranismus.

Reformatismus der deutschen Fürsten: Reichstag zu Speier [sic] 1529: Fürstenreformatismus oder Protestantismus.

Reformatismus Zwinglis: Zwinglianismus.

Reformatismus Kalvins: Kalvinismus. [[5]]

Reformatismus Heinrichs VIII von England: Anglikanismus.

Meine Hörer kennen den Begriff „Reformation" nicht. Wenn ich mich bisweilen absichtlich verspreche und das Wort Reformation gebrauche, so ist es immer eine erfreuende Wahrnehmung, dass sich sofort 100 Füsse in Bewegung setzen, um gegen diese Vergewaltigung der Gewissen zu protestieren. Ich bestätige das jedesmal mit einem besondern Wort der Anerkennung.

Es steht bei der hohen Behörde, diese Feststellungen zur Kenntnis zu nehmen und zu entscheiden, ob der Verlag Herder entgegen seinen Traditionen heute das deutsche katholische Volk mit einer Geschichte der „Reformation", auch wenn der Verfasser katholischer Priester und Kirchenhistoriker ist, überraschen soll! Was Lortz sonst zur Sache zu sagen weiss, haben andere vor ihm besser und grundsätzlich klar geschrieben; ein Bedürfnis für eine neue Geschichte der „Reformation" von katholischer Seite liegt auch nicht vor.

Dazu kommt noch die weitere grundsätzliche Frage, wie der Verlag Herder es fertig bringen kann, den Verfasser des 3. Bandes der Kirchengeschichte von Kirsch, der „das Zeitalter der Glaubensspaltung und der kath. Reform" behandeln soll, dadurch grundsätzlich festzulegen, dass er hier dieselbe Zeit unter dem Stichwort „Die Reformation" vorlegt. Was sind dies für Zustände und wie und womit will der Verlag diesen Einbruch in seine eigene Welt rechtfertigen! Auch deswegen erhebe ich [[6]] Einspruch.

Die sachlichen Beanstandungen stelle ich bis zur grundsätzlichen Entscheidung der hohen Behörde zurück. Wenn sie sich entschliesst, das Imprimatur dennoch und trotz der sehr bedenklichen Grundhaltung zu erteilen, so haben meine sachlichen Beanstandungen keinen Zweck, da ich die Grundhaltung des Werkes beanstande. Für diesen Fall würde ich bitten, das Werk nochmals durch einen anderen theologischen Prüfer auf seine dogmatische Korrektheit nachsehen zu lassen.

Ferner wundert es, daß der Verlag ein Werk annehmen konnte, das derart von Fremdwörtern wimmelt, dass die Lesung mitunter eine Qual ist. Der Verlag ist doch darin sonst sehr genau.

Ich erwähne:

Blatt 3: Situation ... Mechanismus ... Eheprojekte ... disparat ... Struktur ... Problematik ... Kräftekombinationen.

Auf diesem Blatt findet sich das Kennwort: „im Zeitalter der Glaubensspaltung"; offenbar befand sich der Verfasser hier ausnahmsweise einmal im Kielwasser der katholischen Geschichtsbetrachtung. Noch einmal spricht er von der lutherischen Revolution.

Bl. 4: konzentrieren ... avancieren ... Struktur ... labil ... Funktion

Bl. 5:   universal ... konkurrieren ... Konstellation ... Formulierung [[7]]
Bl. 8:   konkret ... Definitivum (zweimal) ... Provisorien ... Revision.
Bl. 10:   Instrument ... Instruktion ... Sukzession
Bl. 13:   Offensivbündnis ... garantiert ... Virtuosität ... verklausurierte Kombinationen ... Konzeptionen ...
          In diesem Stil geht es durch das ganze Werk.
Die sachlichen Beanstandungen sind sehr wichtiger Art. Aber wie gesagt: ich muss ihre Kennzeichnung einem andern überlassen, da ich die Grundhaltung des Werkes grundsätzlich ablehne.

Der Verlag hat schon manchen Neudruck zurückhalten müssen; es wird ihm darum nicht schwer fallen, seiner eigenen Ehre wegen auf die Ausgabe eines Werkes zu verzichten, das ein Mal nichts Neues und dann unter einer Firma bringt, gegen die die Überlieferungen des Verlags beschwörend die Finger heben.

Laien mögen ihre Hände von der Beurteilung kirchengeschichtlicher Manuskripte lassen, die so, wie das vorliegende, den katholischen Leser belasten. Lortz selbst ist dafür der beste Zeuge, wenn er auf Blatt 62 schreibt: „Stellen wir nun die Frage noch in die Nähe jener Definition, in welcher wir die Reformation als eine revolutionäre Reifeerklärung des Kirchenvolkes erkannten! Was wäre geschehen, wenn die Kirche nicht so [[8]] überstark Priesterkirche gewesen wäre, wenn vielmehr auch ihre Idee als eines mitverantwortlichen Kirchenvolkes unter den Theologen lebendig gewesen wäre"!

Und diese Auffassung eines katholischen Priesters und Kirchenhistorikers soll der katholische Leser einfach hinnehmen. Priesterkirche! Kirchenvolk! Diese Begriffe stammen aus dem echten protestantischen Lager. Was Lortz dann noch über den Laienkelch schreibt, wird schon durch die Tatsache abgetan, dass die Katholiken seit dem 16. Jahrhundert, das vorübergehend auch unter ihnen eine Kelchbewegung hervorrief, auf dieses Thema überhaupt nicht mehr zurückgekommen sind. Lortz glaubt an ein Wunder von der Gewährung des Laienkelches in jenem Zeitalter. Die Kirche war die Klügere.

Veit

2. Johann Peter Kirsch, Rezension zu:
J. Lortz, Die Reformation in Deutschland
(Osservatore Romano, 22. Februar 1940)[18]

**Ein tiefgründiges Werk über die
wahre und falsche Reformation in Deutschland.**

Die religiöse Lage in Deutschland hat neues Interesse an den großen geschichtlichen Fragen über die Ursachen und Anfänge der Reformation in Deutschland im 16. Jahrhundert {hervorgerufen}. Damit darf man nicht nur die Entstehung

---

[18] Johann Peter KIRSCH, Uno studio profondo sulla vera e la falsa Riforma in Germania, in: L'Osservatore Romano, Nr. 43, 22. Februar 1940. – Deutsche Übersetzung („Übers.: Dotter"): „Besprechung des Werkes von Lortz über die Reformation im ‚Osservatore

des Protestantismus, der falschen, von Luther begonnenen Reformation verstehen, sondern auch die der wahren katholischen Reformation, die als Gegenwirkung gegen die lutherische Häresie hervorgerufen wurde, und ~~der gesamten~~ {die innere} Erneuerung des religiösen Lebens bei dem der katholischen Kirche treu gebliebenen Teil der Bevölkerung.

Alle diese schwerwiegenden Fragen sind mit Gründlichkeit behandelt in dem neuen Werk von Dr. Josef Lortz, Professor der Kirchengeschichte an der Universität Münster i. Westf.: „Die Reformation in Deutschland" (2 Bde., Freiburg 1939, Herder). Das Werk ist auf dem objektiven und unvoreingenommenen Studium der gleichzeitigen Quellen aufgebaut und im Lichte des positiven und betonten Katholizismus geschrieben mit klarer Hervorhebung der echten Prinzipien der übernatürlichen Offenbarung in Jesus Christus, die in wesentlichen Stücken von Luther geleugnet wurden, indem er sich auf einen falschen religiösen Subjektivismus stützte. Mit aller Konsequenz an diesem Grundsatz festhaltend, verfolgt der Verfasser jene wissenschaftliche Linie, die in klassischer Weise in den von Leo XIII. aufgestellten Regeln für geschichtliche Studien festgelegt wurde und die in den letzten Jahrzehnten gerade für verschiedene Probleme der deutschen Reformation ~~befolgt wurde~~ in den Werken von Janssen, Denifle, Pastor, Grisar, Paulus, Greving {befolgt wurde}. Die grundlegende Arbeit dieser katholischen Gelehrten forderte eine Fortsetzung, die, auf den positiven und sicheren Ergebnissen der geschichtlichen Forschung über die Reformation fußend, mit noch mehr Geistesanstrengung in die Untersuchung der inneren Gründe eintreten würde, die zur häretischen Bewegung in Deutschland führten.

Das tat Prof. Lortz mit seiner wissenschaftlichen Arbeit, deren Ergebnis nun in seinem zweibändigen Werk dargeboten wird. Der I. Band behandelt die der Reformation vorangehende Epoche und einen Teil der Reformation selbst; der II. Band führt die Geschichte der Reformation {bis 1555} zu Ende. Um die wichtige Frage der Ursachen der Bewegung zu klären, die zum Luthertum führten, geht der Verfasser in seinen Untersuchungen auf das Mittelalter zurück und legt die geschichtliche Entwicklung der Kirche, die geistige, theologische, religiöse und politische Lage hauptsächlich am Ende des 15. Jahrhunderts dar. Die Anfänge und die Entwicklung der Reformation selbst bilden den Stoff des zweiten und wichtigsten Teils des Werkes, das sich zeitlich bis zum Jahre 1555 [2] erstreckt. In diesem Jahre stand tatsächlich in endgültiger Weise fest, daß der vollständige Sieg der einen oder der anderen Partei im Reiche nicht mehr möglich war und daß die spätere geschichtliche Entwicklung mit der religiösen Spaltung in den Ländern des Reiches als gegebener Tatsache rechnen mußte.

Romano' vom 22. Februar 1940 durch Johann Peter Kirsch". IEG, NL Lortz [1445]. Maschinenschriftlich, 4 Seiten, paginiert. Mit handschriftlichen Korrekturen, vermutlich von Robert Scherer. – Die Korrekturen werden folgendermaßen gekennzeichnet: ~~Streichung~~, {Zusatz}.

Für diese Zeit vom Anfang bis zur Mitte des 16. Jahrhunderts sind im Lichte der Quellen alle Äußerungen und alle Besonderheiten des kirchlichen, religiösen, geistigen, politischen und sozialen Lebens geprüft, die in irgend einer Weise mit dem Phänomen der Reformation in Verbindung stehen. Dabei ist der erste Platz – und darin ~~besteht~~ {liegt} der besondere Wert des Werkes – der Erforschung und Betrachtung der geistigen, theologischen und religiösen Elemente eingeräumt. Bei der ganzen so verwickelten geschichtlichen Bewegung {dieser Periode} ragt als einzigartige und fundamentale Ursache der Reformation die Person Luthers hervor. Diese hat der Verfasser bei seinen Forschungen in gebührender Weise herausgestellt. Die geschichtliche Zeichnung und die tiefe und eigenartige Charakterisierung der Persönlichkeit Luthers, sowohl in sich selbst wie in seinen Beziehungen zu der damaligen Umwelt, dargeboten auf Grund eines tiefeindringenden Studiums der Quellen, bildet einen der wichtigsten Teile des Werkes. Von diesem Mittelpunkt aus war es möglich, im wahren Lichte alle Elemente aufzuzeigen, die auf die eine oder andere Art zu der Entstehung, dem inneren Entwicklungsgang und der Verbreitung der Reformation in Deutschland beigetragen haben. Ein Beispiel dieser Arbeitsweise finden wir in der Beiziehung der Berichte des päpstlichen Nuntius Aleander über den antirömischen (noch nicht antikatholischen) Geist bei der deutschen Nation in den entscheidenden Jahren 1520 und 1521. Man erkennt in diesen Berichten die Verwirrung in der kirchlichen und religiösen Lage, die von Luther und seinen Anhängern für ihre Bewegung ausgenutzt wurde. Die klare und bestimmte katholische Einstellung des Autors hat es ihm möglich gemacht, ~~genau zu bestimmen und objektiv zu bewerten~~ die Teile des katholischen Erbes, die von Luther bei seinem Abfall noch gerettet wurden, {genau zu bestimmen und objektiv zu bewerten} sowie auch mit scharfsinniger theologischer Kritik den für die wahre christliche Offenbarung wesenhaften Wert der von Luther geleugneten und verworfenen Glaubensbestandteile festzustellen. In dieser Hinsicht sind die bei dem jungen Luther feststellbaren psychologischen und geistigen Elemente von großer Wichtigkeit, und die eingehende kritische Prüfung solcher Elemente zeigt, daß wesentliche Punkte in den religiösen Anschauungen des jungen, noch katholischen Luther nicht mehr katholisch waren. Unter dem psychologischen Gesichtspunkt wird in diesem Sinn hervorgehoben, daß Luther nicht mit schlichtem Glauben die sakramentale Absolution in der Beicht annahm, sondern behauptete, daß er jeweils in der Seele das subjektive Gefühl ~~hatte~~ {habe}, daß er von den Sünden befreit sei. Auch verwechselte er gänzlich die Begierlichkeit mit der tatsächlichen Sünde. Und das wurde einer der wesentlichen Gründe für seine {dogmatischen} Irrtümer beim Aufbau seines religiösen Systems. In geist~~licher~~{iger} [3] Hinsicht sieht man, daß Luther vom Occamismus ausging und keinen Weg zur echten katholischen Lehre fand, wie sie z. B. vom hl. Thomas dargeboten wurde. Das ergibt sich klar aus seiner Theorie der doppelten Wahrheit und der geringen Bewertung der übernatürlichen Gnade. Wenn also Lortz einerseits die Beibehaltung und Bejahung christlicher Lehren durch Luther voll anerkennt, so übt er andererseits, gestützt auf den totalen und integralen Inhalt der übernatürlichen Offenbarung Christi, strenge Kritik an der Entwicklung der Lutherischen Lehre, die ein unvollständiges Christentum darstellt und damit das wahre Christentum zerstört, das nur eine vollkommene Einheitlichkeit sein kann: der ganze Christus. Die große Schuld Luthers besteht darin, daß er durch die verschiedenen und großen Mißbräuche hindurch die wesentliche und unzerstörte Form der Kirche Christi nicht erkannt hat und daß er die vollständige und unversehrte Offenbarung Jesu Christi nicht ~~erkannt~~ {begriffen} und dargeboten hat. Die wahre Reformation des christlichen Lebens hatte ihre Grundlage in den katholischen Kreisen, welche mit Ernsthaftigkeit die Vorschriften des Erlösers und der Kirche betätigten.

Die Schöpfung{en} der religiösen Kunst wie auch die reiche Andachtsliteratur beweisen, daß solche Kreise nicht fehlten. Hauptsächlich im II. Band charakterisiert der Verfasser diese Elemente der Erneuerung und des Wiederaufbaues des religiösen Lebens auf der Grundlage des ganzen und unversehrten Christentums, wie es von der katholischen Kirche ~~dargestellt~~ {geboten} wird. Und hier sieht man auch die grundlegende Wichtigkeit der von der Gesellschaft Jesu in dieser Zeit entwickelten Tätigkeit.

Die Schlußfolgerungen, zu denen der Verfasser bei seinen kritischen Untersuchungen gelangt, und die sachliche, unparteiische Art, mit der er die Fragen des Ursprungs der Reformation in Deutschland darbietet, sind derart, daß sie auch in ernsthaften protestantischen Kreisen Eindruck machen ~~werden~~ und ein Ansporn sein werden, die Frage zu untersuchen, ob die von Luther unternommene und vorwärtsgetriebene Reformation wirklich gerechtfertigt war. Man erkennt sofort, welche Bedeutung für das kirchliche Leben im Deutschland unserer Tage eine derartige religiöse und geschichtliche Richtung haben kann.

Das neue Werk von Professor Lortz weist {eine} große Objektivität und Unparteilichkeit in Benutzung der zeitgenössischen geschichtlichen Quellen auf, Ursprünglichkeit in der Prüfung und Darbietung der Ergebnisse seiner durch Breite und Tiefe bedeutenden Forschungen, weite Schau in der Betrachtung der mit dem komplizierten Geschehnis der Reformation verknüpften Fragen, wie auch durchaus einen echt katholischen und priesterlichen Ton, der eingegeben ist von einer lebendigen Liebe zur Kirche Christi, die die Hinterlage der übernatürlichen Offenbarung trotz der schweren Mißbräuche im kirchlichen Leben der der Reformation unmittelbar vorausgehenden Epoche [4] unverändert bewahrte. Es ist darum von größter Wichtigkeit für die Kenntnis der so unruhigen Zeit Deutschlands vom Ende des 15. bis zur Mitte des 16. Jahrhunderts.

Joh. Peter Kirsch

3. Engelbert Krebs, Rezension zu:
J. Lortz, Die Reformation in Deutschland (Ende 1940, unveröffentlicht)[19]

Grundsätzliches zur Lortzschen Reformationsgeschichte[20]

Was ich in den folgenden Erörterungen biete, will keine Besprechung des Buches von Lortz sein. Eine solche müßte seinen ganzen Inhalt würdigen, vor allem seine guten Seiten hervorheben. Das ist in vielen Zeitschriften (auch im Osservatore Romano) von vielen katholischen und evangelischen Rezensenten getan worden. Auch ich anerkenne die Vielseitigkeit und Lebendigkeit der Schilderung und die gute Absicht des Verfassers. Meine Aufgabe hier aber ist eine andere. Ich will dem Verfasser nützen durch eine grundsätzliche Aussprache, ich will der neuen Ausgabe des Werkes helfen ein anderes Gesicht zu bekommen, das seinem Hauptanliegen mehr entspricht. Und ich darf hoffen, nicht mißverstanden zu werden.

„Wenn etwas tiefstes Anliegen dieses Buches ist über seine wissenschaftliche Aufgabe hinaus (oder besser: durch sie hindurch), dann dies, daß es teilhaben möchte am Gespräch zwischen den Konfessionen, oder auch, daß es diesem Gespräch neue Möglichkeiten geben möchte. Ist es Selbsttäuschung, wenn ich annehme, daß eine Behandlung der Reformationsgeschichte, wie ich sie versucht habe, geeignet ist, jene Atmosphäre herstellen zu helfen, in der allein ein solches Gespräch fruchtbar werden kann?" (II S. 307).

So frägt Lortz am Schluß seines Werkes. Er hat versucht, möglichst allseitig die Frage zu beantworten, wie es möglich war, daß Luther als Einzelner – denn er ist die treibende Kraft – so große Massen von der Kirche losreißen konnte und daß er für einen Großteil der Getauften der begeistert verehrte Führer auf dem religiösen Lebensweg zu werden vermochte. Und Lortz hat als katholischer Historiker zur Beantwortung dieser Frage hingewiesen auf die Sittenverderbnis im Klerus, auf die theologische Unklarheit in den führenden katholischen Kreisen, auf die zersetzenden Geistesmächte des Nominalismus und Humanismus, auf die dynastische Selbstsucht und darum das Reich aufspaltende Haltung der deutschen Fürsten und auf die sozialen Schäden des deutschen Volkskörpers. Es war eine mit Uneinigkeit geladene Luft, in der Luther sein Werk begann. Und da ihm ein außergewöhnliches Maß von Kräften verliehen war und er diese Kräfte in einer unermüdlichen Arbeitsleistung von drei Jahrzehnten wirken ließ zur Zertrümmerung dessen, was er für schlecht hielt, und zum Aufbau dessen, was er für das gereinigte Evangelium hielt, so zog er alle, denen der bisherige Zustand unerträglich schien, an sich, und aus der Reformation wurde die Revolution, die der Kirche den scheinbar tödlichen Schlag versetzte. In Wirklichkeit führte sie die innere Zersetzung und Aufspaltung seiner Gefolgschaft herbei, während die Kir-

---

[19] Engelbert KREBS, Grundsätzliches zur Lortzschen Reformationsgeschichte [Ende 1940, unveröffentlicht]. EAF Na 78/4 [NL Krebs]. Druckfahnen, 4 Seiten.
[20] [Anm. Krebs:] Die Reformation in Deutschland I. Band gr. 8 (XIII und 436 Seiten), II. Band (332 Seiten) mit 11 Bildtafeln. Freiburg i. Br. (Herder) 1939/40. RM 19.–, geb. RM 25.–

che aus göttlichen Kräften sich erneuerte zu ungeahnter Fruchtbarkeit und um so geschlossenerer Einheit.

Lortz glaubt, daß er durch die starke Betonung der tatsächlichen Mißstände im kirchlichen Leben der damaligen Zeit und durch Anerkennung und Bewunderung der positiven Kräfte in der Person Luthers die Atmosphäre herstellen helfe, in der das Gespräch zwischen den Konfessionen fruchtbar werden könne. Denn nur wenn der Andersgläubige sieht, daß der katholische Mitunterredner Achtung hat für das, was dem Andersdenkenden heilig ist (I S. IX) und daß der katholische Historiker den von Leo XIII. geforderten Freimut besitzt, die Schäden des kirchlichen Lebens rückhaltlos zu zeichnen (I S. X), dann wird das Mißtrauen gegen eine dogmatisch intolerante Haltung und gegen den Gesprächspartner, der sie zu verwirklichen sucht, ausgeschaltet werden können (II S. 307).

Neu ist bei dieser Reformationsgeschichte nicht die Schilderung der Mißstände im kirchlichen Leben jener Zeit. Die mehrfachen Verwahrungen von Lortz in dieser Hinsicht sind ganz abwegig. Auf katholischer Seite sind sie von den damaligen Zeitgenossen laut genug beklagt worden und diese Klagen sowie die tatsächlichen Mißstände sind in den katholischen Darstellungen, die uns Janssen, Denifle, Pastor, Grisar und andere gegeben haben, rückhaltlos berichtet und dargestellt. Neu ist die „Bewunderung", die „ungebrochene, starke Bewunderung für Luther, diesen Großen der Geschichte" (I S. X), die Lortzens Buch durchzieht, und die er „zugleich, ohne etwas von jener Bewunderung zurückzunehmen", mit „schärfster Kritik gegen ihn" zu vereinbaren sucht. „Diese Kunst ist bisher selten" (ebd.), und die Frage ist, ob man, ohne in Selbstwidersprüche und Widerspruch mit der Wahrheit zu geraten, diese „Kunst" üben kann. Wenn sie zum innerlichen Selbstwiderspruch und damit zum Widerspruch gegen die Wahrheit führt, dann ist gerade diese Haltung nicht geeignet, die Atmosphäre bereiten zu helfen, in der die Wahrheitsfrage zwischen den Konfessionen leidenschaftslos erörtert werden kann. Dann erscheint der Meister in dieser Kunst auch dem protestantischen Mitunterredner verdächtig, und wenn diese neue Kunst gar die Haltung der katholischen Leser bestimmend neu gestalten sollte, so würde damit der Wahrheitserkenntnis nicht der Weg gebahnt, sondern verbaut.

Lortz fühlt selbst, daß seine „Lutherkapitel" es vor allem sein werden, an denen die katholische Kritik einsetzen wird. Darum sagt er im Vorwort: „Im übrigen ist diese Reformationsgeschichte keine Lutherbiographie. Ich war also nicht verpflichtet, gleichmäßig alle Fragen der Lutherischen Theologie und des Lebens des Reformators zu behandeln, etwa, um nur einen Punkt zu nennen, seine Stellung zur Ehelosigkeit, seine eigene Heirat und sein Familienleben. Denifle hat einst an diesem Punkt der Lutherischen Theologie angesetzt und voller Freude die Ergiebigkeit des Ansatzes gepriesen. Der Ansatz war vielmehr gründlich verfehlt. Nicht zuletzt er war es, der Denifle eine gerechte Auswertung seines bedeutenden neuen Materials und seiner neuen Erkenntnisse unmöglich machte[21]. Meine Lutherkapitel sind vor allem keine dogmatischen Traktate. Sie

---

[21] [Anm. Krebs:] Vom Standpunkt des Geschichtsschreibers der Reformation ist die Auslassung der Stellung Luthers zur Ehelosigkeit um des Reiches Gottes willen eine unbegründete Unterlassung. Luther gab das Losungswort für die Masse der Gelübdebrüche,

beschreiben historisches Neben- und Nacheinander. Auch ihre Bewertungen geben keine Behauptungen metaphysischer Absolutheit, sondern sind Wiedergabe des historisch Kontingenten. Sie sprechen nicht von dogmatisch-absoluter Vollkommenheit, sondern von Teilwertigkeit, wie sie im subjektiven Streben der Menschen dem Historiker faßbar wird. Unseren Dogmatikern macht es ihre Denk- und Sprechweise nicht selten schwer, die Beschreibung eines historisch tatsächlich gegensätzlichen Befundes unbefangen entgegenzunehmen ... Recht viele von ihnen haben weniger Übung darin, neben der dogmatisch-systematischen Beurteilung noch volle Kraft einzusetzen, für die historische und psychologische Bewertung. Ich bitte, dieses ‚systematisch' zu beachten. Denn natürlich kann es nur einen letzten sachlichen Standpunkt geben. Man darf letztlich in keiner Bewertung des Christlichen vom dogmatischen Standpunkt absehen. Wo ich also über die Beschreibung zur Bewertung weiterschreite, war ich selbstverständlich bestrebt, ihnen mit peinlicher Korrektheit zu entsprechen" (I S. XI).

Hier sind wir an dem Punkt, wo wir Grundsätzliches zur Lortzschen Darstellung vorzubringen haben. Bewertung geschieht in der Sprache nicht nur durch ausdrückliche Werturteile, wie sie in den ganz verfehlten Gesamturteilen über Denifles und Grisars Forschungen von Lortz ausgesprochen werden, sondern auch durch die Beiwörter, mit der die Schilderung von Tatbeständen beleuchtet wird. Denn an den Beiwörtern erscheint der Standpunkt und Wertmaßstab des Schilderers. „Das Beiwort ist verräterisch für die geistige Struktur eines Dichters"[22] – und, fügen wir hinzu, auch eines Historikers. Wenn also von tiefer Demut gesprochen wird, dann handelt es sich nicht um ein mehr oder minder erfolgreiches subjektives Ringen um Demut, auch nicht um eine subjektive Selbsttäuschung über das Wesen der Demut, sondern um wahre, die Haltung eines Menschen aus der Tiefe seines Inneren [[2]] bestimmende Demut. Lortz legt nun solchen Wert auf die tiefe Demut Luthers, steht mit solcher Bewunderung vor Luthers Demut, daß er sie nicht nur in seiner Seelenschilderung Luthers ausführlich behandelt (I S. 409 f.), sondern auch im Vorwort ausdrücklich darauf hinweist. Nun legt er aber Luther Taten und Haltungen bei, die mit echter, in der Tiefe wirksamer Demut schlechthin unvereinbar sind, wenn auch nicht mit gelegentlichem Ringen um Demut und nicht mit falscher sich selbst täuschender Scheindemut. Er sagt, daß Luthers Bericht über die Leipziger Disputation in der Schrift gegen Emser „zu wahren Orgien des Stolzes" werde (I S. 221), daß Luther in seinem Kampf Trotz und Unbändigkeit, Hemmungslosigkeit des Hasses und der tumultuarischen Aufreizung zeige (I S. 374), daß er mit zuchtloser Wut gegen das Papsttum vorgehe (I S. 333), daß „in seinem Trotz ein stolzes Selbstbewußtsein lebt, das bei Heiligen nirgends zu finden ist" (I S. 279), daß er „revolutionär" war (I S. 286), daß er seine Worte „ohne alle Zucht und Sicherungen ausgehen" lasse, daß er eine „Flut von Hetzworten" ausschütte und den

---

die nun plötzlich als gut und recht gepriesen wurden. Das ist, wie Denifle gezeigt hat, der *Tiefpunkt* der Sittenverderbnis im damaligen Klerus. Und das gehört in eine *Geschichte jener Zeit* unbedingt hinein.

[22] [Anm. Krebs:] Otto Miller, Der Individualismus als Schicksal, Freiburg i. Br. (Herder) 1933, S. 200.

kommenden Umsturz offen androhe (ebd.), daß die Reformation in Wirklichkeit „als Ganzes eine Revolutionserscheinung" war, „die über jahrhundertealte Ordnungen und Rechte hinwegschritt und sich dafür auf das eigene Bewußtsein als hinreichende Legitimation berief" (I S. 329). Mit solchem Verhalten ist tiefe Demut unvereinbar, oder man muß den Worten ihren Sinn nehmen und damit jede Verständigung und Wahrheitserkenntnis unmöglich machen.

Wie begründet Lortz sein Urteil über Luthers tiefe Demut? Er schreibt: „Luther hat die Demut zu einem Fundament seiner Lehre gemacht, insofern er die Kraft des Menschen vollkommen zerschlägt. Alles im Heilsweg, alles ohne Ausnahme, geschieht durch Gott allein. Noch mehr: der Mensch bleibt aktiver Sünder, auch als Gerechter. Für irgend ein Pochen auf die eigene Kraft bleibt kein Platz. Das Bekenntnis des unnützen Knechtes ist bis zum Exzeß gesteigert ... die Absage an den „sensus proprius" bis zum widerspruchsvollen Quietismus verlangt. Luther hat diese Auffassung auch persönlich geübt. Sowohl die Art, wie er darüber schreibt, wie sein häufig wiederholtes Bekenntnis, daß alle Ehre Gott zukomme ... die Fülle ähnlicher ... ernstester Äußerungen, die seinen Kampf und Sieg ... restlos Gott zuweisen, erheben das über jeden Zweifel. Auch das Bekenntnis zur eigenen Schuld ... gehört hierher ... Bis zum Ende seines Lebens finden sich bei dem Reformator geradezu vorbildliche Aussprüche seiner Demutshaltung, eines tiefchristlichen Hingegebenseins in den Willen des Vaters. Sogar in einem der Bücher, die für Luthers christliche Demut eine geradezu furchtbare Belastung bilden, wie ,wider Hans Worst' finden sich Sätze wie diese: ... Gottes Wort sei so ein herrlich ... Ding, des wir uns allzu unwirdig erkennen, daß durch uns solch groß Ding sollt geredt und getan werden ... Das ist echt, und es ist wahrer Luther" (I S. 409 f.).

Lortz hätte müssen hervorheben, daß alles das zwar echter Luther, aber nicht echte Demut ist. Die vollkommene Zerschlagung aller menschlichen Kräfte ist eine Irrlehre, weil Gott unsere Kräfte uns gegeben hat, damit wir sie gebrauchen. Man denke an das Gleichnis von den Talenten. Es ist eine Flucht vor der sittlichen Verantwortung, aber keine Demut. Die Absage an den Sensus proprius „bis zum widerspruchsvollen Quietismus" ist wiederum eine Irrlehre und keine „echte" Demut. Demut ist Wahrhaftigkeit, verissima vui ipsius cognitio, und dem entsprechendes Verhalten. Demut ist darum auch Anerkennung der eigenen Sündhaftigkeit, aber nicht in der Weise, daß die eigene Sündhaftigkeit durch Leugnung der Willensfreiheit der persönlichen Verantwortung entzogen und der „unwiderstehlichen" Begierlichkeit zugeschrieben wird[23], um schließlich umzuschlagen in jenes vermessene: „Sündige tapfer, aber glaube noch tapferer" und jenes im selben Brief an Melanchthon stehende: „Von der verzeihenden Güte des Gotteslammes wird uns nichts losreißen, auch wenn wir tausendmal an einem Tag huren und morden", oder in jenes an Hieronymus Weller gerichtete Wort: „Man muß bisweilen eine Sünde tun dem Teufel zum Trotz, damit wir ihm keinen Raum lassen, uns über geringfügige Dinge ein Gewissen zu machen"

---

[23] [Anm. Krebs:] Was Lortz über diese verderbliche Lehre von der unbesiegbaren Konkupiszenz I 391 vorbringt, ist allzu dürftig, gemessen an den furchtbaren Folgen, die sie für Luther und die Seinigen hatte.

(I S. 295). Es ist nicht angängig, hier zu sagen, mit dem ersten Satze spreche Luther „etwas Ähnliches aus wie Augustin mit seinem: Ama et fac quod vis. Freilich nur ähnlich! Denn gerade der Unterschied der beiden Sätze ist sehr aufschlussreich." – Nein, es handelt sich nicht um Ähnliches, sondern um das diametrale Gegenteil. Augustin hat das Recht, sich gegen die Nebeneinanderstellung seines gerade der Sünde entgegenwirkenden Grundsatzes und der die Sünde in „waghalsiger Kühnheit" anempfehlenden Sätze Luthers zu verwahren.

Aber vielleicht liegt Luthers Demut in seiner Demut vor Gott? „Der Kern von Luthers religiöser Substanz heißt Gott" (I S. 384). „Luther sucht mit ganzer Kraft nur Einen, Gott, und ihm wird er ganz untertan sein. Nachdem ihm Gott im Wort der Bibel offenbar geworden ist, wird er dem Wort untertan sein. Es ist seine Grundhaltung" (I S. 162) ... „Und trotzdem ist von Anfang an dieses Untertansein etwas vollkommen anderes als das einfache Hinnehmen des schlichten Christen ... der sich so restlos gefangen geben wollte an Gottes Wort, ist doch nie im Vollsinn Hörer gewesen. Wir werden sehen, daß diese Tatsache Luthers Weg bis zum Ende überschattet. Luther ist von der Wurzel her subjektivistisch angelegt" (ebd.). „Die Haltung des Hörerseins – gerade das fehlt bei Luther. Die tiefe Demut (!) vor dem unbekannten Gott, die hinter seiner überheblichen (!) Ablehnung des Aristoteles steht, und die erwähnten Vorbehalte besagen nicht viel gegenüber dem ungestümen Pochen auf die eigene Meinung, die so schnell und so früh zu einer geradezu verwegenen Kritikfreudigkeit im Umkreis des Glaubens wird" (I S. 172). Lortz widmet einen eigenen Abschnitt „Luthers Verzeichnungen der katholischen Lehre" wie auch der „wesentlichen Fehlzeichnung seines eigenen Klosterlebens und der im Kloster empfangenen Anweisungen". Dabei schreibt Lortz: „Wir nennen das alles nicht mehr Lüge wie Denifle" (I S. 419). Aber etwas weiter schreibt er: „Der innerste Impuls, der Luther trieb, sich in der angegebenen übertreibenden Weise" über die Fehler in der katholischen Wirklichkeit und Lehre „zu äußern, ist sein Stolz vielfacher Form, beginnend mit dem frühen Selbstbewußtsein ... gesteigert bis zum mystischen Sendungsbewußtsein, beides ohne die unentbehrlichen christlichen Sicherungen" (I 421). Wer das weiß und schreibt, der darf es nicht als „Grundhaltung" Luthers bezeichnen, daß er Gott und Gottes Wort „ganz untertan" sein wollte, daß er „tiefer Demut" voll war. Der muß jene Flucht vor der Verantwortung, die sich mit der menschlichen Unfreiheit, der Verneinung aller menschlichen Kräfte, der Unwiderstehlichkeit der Begierde, mit der Verzeichnung seines eigenen Vorlebens im Kloster und der unwahrhaftigen Fehlzeichnung der katholischen Lehre, mit der subjektiven Umdeutung des Gotteswortes über die Schwere der eigenen Verantwortung hinwegtäuscht, als das bezeichnen, was sie wirklich ist, als Scheindemut und Selbsttäuschung, als eine der echten Demut geradezu entgegengesetzte Haltung. Er darf nicht diese Tatsache feststellen, daß Luthers innerster Impuls Stolz, vielfacher Stolz war, und dann doch in der Demut eine Grundhaltung Luthers sehen. Da ist Denifles Bezeichnung der Dinge echter und wahrer[24]. Demut ist innerste Wahrhaftigkeit, Stolz ist innerste Unwahrhaftigkeit. Wenn also Denifle die aus innerstem Impuls des Stolzes fließenden Fehl-

---

[24] [Anm. Krebs:] Denifles Vorwort Seite VII: „Erkenne ich etwas als Lüge, so nenne ich

zeichnungen der katholischen Lehre bei Luther und die aus demselben Impuls kommende Fehlzeichnung seiner eigenen Entwicklung Lüge nennt, so steht er der historischen Wahrheit näher als Lortz, der den Ausdruck Lüge hier ablehnt. Es gibt auch ein Sichselbstbelügen aus Stolz, weil Stolz innerste Unwahrhaftigkeit ist. Bei einer Grundhaltung, wie sie somit Lortz zeichnet, muß man mit dem Ausdruck „Demut" und gar „tiefer Demut" und damit der Behauptung „echter" Demut viel vorsichtiger sein, als Lortz es tut. [[3]]

Daß nicht Demut, sondern sich selbst betrügender Stolz Luthers inneres Verhalten zur Wahrheit völlig verbog, geht auch daraus hervor, was Lortz die innere Widerspruchsfülle Luthers nennt. „Luthers Fülle ist nicht die fruchtbare Spannungseinheit von Ja und Ja, sondern das erdrückende Ineinander von Ja und Nein ... erreicht ... durch ein trotziges Zugleich. Der innere Widerspruch flößt Luther keine Furcht ein" (I S. 153). Schon durch das dieses Mal richtig gewählte Beiwort: „ein trotziges" Zugleich, legt Lortz selbst es nahe, daß bewußtes Festhalten am inneren Widerspruch, daß innere Unwahrhaftigkeit nur durch das Gegenteil von Demut, nämlich durch Trotz und Stolz möglich ist. Wenn also Luthers eigentümliche „Fülle" die des stets festgehaltenen inneren Widerspruchs ist, so kann Demut nicht die Grundhaltung desselben Mannes sein.

Indem wir das Wort von „Luthers Fülle" zitieren, kommen wir übrigens an einen anderen Wortmißbrauch bei Lortz. Er schreibt (I S. 206) mit Recht: „Theologische Klarheit besagt Wahrheit. Wahrheit ist Fülle. Nur sie hat Kraft." Dennoch bezeichnet er als „Luthers Fülle" die innere Unwahrhaftigkeit des trotzig festgehaltenen inneren Widerspruchs. Ein andermal schreibt er über die Lehre von der Heilszuwendung bei Luther: „Die Erlösungsmitteilung an den Menschen ist in einer wunderbaren Fülle" – man beachte hier Beiwort und Hauptwort – „zum ganzen Sinn des neutestamentlichen Offenbarungstextes gemacht, aber diese Wendung wird von Luther vollzogen, dem Einseitigen und Subjektivistischen! Und sofort verliert auch die Synthese zu Gunsten der Einseitigkeit und des Subjektivismus" (I S. 185). Also sollen wir bewundern eine Fülle, die Einseitigkeit und Subjektivismus in sich schließt. „Wahrheit ist Fülle" – lasen wir soeben – nur sie verdient auch das Beiwort „wunderbar". Man darf nicht den Worten ihren Sinn gleichzeitig nehmen und geben, geben und nehmen. Sonst riskiert man das Vertrauen des Lesers, des protestantischen und des katholischen. Es gibt bei Karl Holl ein Kapitel über Luthers Demut. Es ist von ganz protestantisch-liberalem Standpunkt aus geschrieben. Aber es führt Texte an, die zeigen, daß es Augenblicke in Luthers Leben gab, wo eine echte Demut sich gegen seine Grundhaltung der Überheblichkeit, des Trotzes, Stolzes und Hasses emporarbeiten sollte: „Wie oft hat meyn Hertz getzappelt, mich gestraft und myr furgeworffen yhr einik sterkist argument: Du bist alleyn klug? Sollten die anderen alle yrren und so eyn lange tzeyt geyrret haben? Wie wenn du yrrest und so viel leut tzum yrrtum verfurest, welche alle ewiglich verdammet würden? Biß so lang, das mich Christus mit seynem eynigen gewissen wort befestiget und bestettiget hat, das mein Hertz nicht mehr tzappelt sondern sich wider die argument

---

es Lüge; erkenne ich etwas als Schalkheit, Falschheit und Fälschung, so bezeichne ich es auch mit diesen Worten."

der Papisten als eyn steynen uffer widder die wellen auflehnt und yr donnern und stürmen verlachet" (Holl, Gesammelte Aufsätze zur Kirchengeschichte I Luther 3 Tübingen 1923 S. 383 aus Weimarer Ausgabe der Lutherwerke VIII 411, 29 ff.)[25]. Hier meldete sich echte Demut – aber sie wurde zurückgedrängt durch die Umdeutung dieser echten Demutsregung in „Anfechtung", sie wurde überwunden durch das subjektiv zur eigenen Meinung gewendete Wort der Schrift. Und so wurde die echte Demut an der Schwelle abgewiesen. Manchmal allerdings rührt uns Luther durch Versuche, in kindlicher Demut sich zu beugen. Er pflegte nämlich, als ein alter Doktor noch zu tun „wie ein Kind, das man den Catechismus leret, und spreche auch von wort zu wort des Morgens und wenn ich zeit habe das Vaterunser, zehn gebot, glaube, Psalmen u. s. w. und muß ein Kind und Schüler des Catechismus bleiben und bleib's auch gerne" (Holl S. 585). Aber wenn er sich hier mit dem Aufsagen des von der Kirche formulierten Glaubensbekenntnisses und der von der Kirche als Hauptlehrstücke überlieferten Bibeltexte des Vaterunser und der zehn Gebote unter die Kirche als Lehrerin in Demut beugt, so hat er anderseits das Lehramt dieser Kirche mit so viel Trotz und Haß angegriffen und seine Autorität in den Herzen vieler so zerstört, daß man sieht, wie wenig tief jene Regungen der echten Demut bei ihm gingen.

Um das Thema der tiefen Demut erschöpfend zu behandeln, ist hier nicht der Platz. Jedenfalls ist echte Demut der Weg zur religiösen Tiefe, während Stolz und Trotz damit unvereinbar sind. Und damit kommen wir zu einer weiteren seltsamen These von Lortz: „Schlechte Deuter der Geschichte sind das, die glauben, daß für den ungeheuren Schlag, der die Kirche zerreißt, ein oberflächlicher Geist ohne religiöse Tiefe genügt hätte. Es wäre eine schwere Anklage gegen die heilige Kirche, wenn das möglich wäre" (I S. 192). Hier erscheinen alle Begriffe vertauscht. Religiöse Tiefe hat derjenige, der in allem Denken, Reden und Tun „vom Geiste Gottes sich treiben läßt" (Röm. 8, 14). Ist es zu glauben, daß der Geist Gottes einen Menschen treibt, das Werk Gottes, die Frucht des Kreuzestodes, die heilige Kirche zu zerreißen? Hat Luther wirklich vom Geiste Gottes getrieben die Kirche zerrissen? Die Kirche ist unzerreißbar. Man kann nur Menschen, die aus eigener oder fremder Schuld die Kirche nicht in ihrer Heiligkeit und Unfehlbarkeit kennen, und Menschen, die aus eigener oder fremder Schuld die Kirche nicht in ihrer Heiligkeit und Unfehlbarkeit kennen, und Menschen, die aus eigener oder fremder Schuld die Mutter Kirche schon hassen, von ihr losreißen. Zu solcher Zerstörungstat gehört aber nicht religiöse Tiefe, gehört nicht die Demut, die dem Heiligen Geist sich öffnet und von seinem Wirken in der Tiefe sich treiben läßt, sondern dazu gehört etwas ganz anderes als religiöse Tiefe: Das haßerfüllte Lärmen über die Mißstände im kirchlichen Leben, das unwahrhaftige Verzeichnen der katholischen Lehre (I S. 359), die Aufhetzung der nach dem

---

[25] [Anm. Krebs:] Es wäre auch für Lortz empfehlenswert, in einer künftigen Auflage seines Werkes die vielen Lutherzitate mit der Sorgfalt auf ihre Fundstellen nachzuweisen, wie dies Holl, aber auch Grisar und Denifle getan haben. Nur dann kann man Lortz's eigene Forderung erfüllen: „Die katholischen Rezensenten besonders bitte ich, die einzelnen Urteile recht häufig an der genauen Lektüre der Originaltexte nachzuprüfen" (I S. X f.).

Kirchen- und Klostergut lüsternen Massen, Stadtobrigkeiten und Territorial-fürsten, der „hemmungslose Ton", durch den Luther „dem Triebhaften, dem Haß, dem Tumult als ein Meister ohnegleichen die Gasse geöffnet hat" (I S. 374), das Appellieren an den aufgehäuften Romhaß – und das alles unter der, in Selbst-täuschung festgehaltenen, Behauptung, daß Gott selbst den Prediger dieses Auf-ruhrs treibe – das genügt, um in solcher Zeit unleugbarer Ärgernisse im Klerus, in einer Zeit der theologischen Unklarheit, Massen loszureißen von der Kirche. Aber religiöse Tiefe im Sinne von Röm. 8, 14 dient nicht zur Zerstörung der kirchlichen Treue in den Seelen, sondern zum Aufbau. Die Menschen von reli-giöser Tiefe im Zeitalter Luthers, die Heiligen des 16. Jahrhunderts, ein heiliger Kajetan von Thiene, ein heiliger Hieronymus Aemiliani, ein heiliger Ignatius von Loyola, ein heiliger Petrus Canisius, ein heiliger Philipp Neri, eine heilige There-sia von Jesus, ein heiliger Johannes vom Kreuz und alle die wahren Reformer haben, vom Geiste Gottes getrieben, die Kirche in ihren Gliedern erneuert, zu-sammengeschlossen, geeinigt. Dazu braucht's religiöse Tiefe, nicht aber, um ge-gen die Kirche einen ungeheuren Schlag zu führen, nicht um ein „Zerstörer der Fundamente" (I S. 227) zu werden, nicht um „das unantastbare Objektive der Religion zu verletzen" (I S. 388) und „Wesentliches des geoffenbarten Inhaltes zu zerschlagen" (ebd.), nicht um als Endresultat seiner „Revolution" gegen die Kirche Christi eine Gefolgschaft zu hinterlassen, in der die grundsätzliche Auf-spaltung mit innerer Notwendigkeit immer weiter schreitet (II S. 304ff.), in der ein dogmatisch aufgelöstes Beieinander unzähliger „Denominationen" (II S. 307) das Kennzeichen ist, in der die „religiöse Verarmung" (II S. 304) deutlich sichtbar ist und von der das Endurteil lauten muß, daß „die protestantische Abspaltung, der protestantische Subjektivismus, die protestantische Vereinseitigung des Of-fenbarungsbestandes nach dem Zeugnis der Geschichte maßgeblich mitbeteiligt und mitschuldig sind am unchristlichen Dasein der modernen Kultur" (ebd.).

Bei einer, von Lortz selbst so gezeichneten Lebensernte darf man auch vom Urheber dieser Verarmung und Auflösung nicht das Modewort „schöpferisch" so oft gebrauchen, wie Lortz es tut. Denn zunächst gilt schöpferisch nur von Gottes Wirken. Wenn es aber übertragen wird auf menschliches Wirken, dann darf es nur sparsam und ehrfürchtig gebraucht werden und zwar zur Wertung einer Gesamtarbeitsleistung, die etwas Großes im Reich des Geistes aufgebaut, nicht aber so vieles niedergerissen und aufgelöst hat. Wenn das Erbe Luthers bei edlen Menschen seiner Gefolgschaft noch lebendiges Christentum geblieben ist und deshalb diese Menschen mit Verehrung gegen Luther erfüllt, so ist es das katholische [[4]] Offenbarungsgut, das Luther, neben seinen Protesten gegen die Kirche, ihnen hinterlassen hat, was dieses lebendige Christsein bei gläubigen evangelischen Christen heute noch bewirkt: es ist die gültig gespendete Taufe, es ist der Glaube an die Gottheit Christi, es ist der geistige Empfang der heiligen Kommunion, es ist das gläubige Lesen der Heiligen Schrift, es ist ein daraus wachsendes Sich-treiben-lassen vom Heiligen Geist. Aber dieses kirchliche Erb-gut hat nicht Luther, sondern Christus geschaffen und gestiftet. Und darum darf jener, der so vieles von diesem Erbe für die Seinen vernichtet hat, nicht ein „Ur-phänomen schöpferischer Eigenart und Kraft" (I S. 147) genannt werden.

Das Beiwort ist verräterisch für die geistige Struktur eines Dichters, hörten wir oben, und wir fügten hinzu, auch eines Historikers. Man darf bei aller Schilderung der historischen Mannigfaltigkeit eines Phänomens die „Teilwertigkeit" dieses Phänomens nicht mit Ausdrücken und Beiwörtern herausheben, die mit dem Endurteil unvereinbar sind. Sonst gerät man in Gefahr, bei den Lesern jene theologische Unklarheit zu erzeugen, die Lortz selbst als einen Hauptgrund des raschen Erfolges Luthers bezeichnete, der, wieder nach Lortz, „kein Theologe war" (I S. 383 und S. 387). Was soll der katholische Leser denken, wenn er Sätze liest wie diesen: „Luther setzt der Reihenfolge: Moralismus – Glauben die richtige Umkehr entgegen. Aber er macht sie falsch, indem er sie radikalisiert" (I S. 294). Die richtige Umkehr müßte lauten: „Der Gerechte lebt aus dem Glauben" (Gal. 3, 11) und wie der Glaube das Fundament ist, so ist die Moral die Probe auf die Echtheit des Glaubens. Denn gerichtet werden wir, nach Christi, des künftigen Richters, eigener Ankündigung, nach der Übung oder Unterlassung moralisch guter Werke; unsere ewige Seligkeit verdienen wir, trotz des Einspruchs gläubiger und liberaler Lutherjünger, nach Christi Worten als einen „Lohn", über den der Hausvater mit uns übereingekommen ist (Mt. 7, 21 ff.; 25, 31 ff.; 20, 1 ff.). Die richtige Umkehr ist es also nicht, die Luther der genannten Reihe entgegenstellt, sondern eine Falschlehre, die den von Christus selbst aufgestellten Wahrheiten und Maßstäben widerspricht. Was soll also ein Leser denken, wenn er zuerst hört, Luther stelle der Reihe die richtige Umkehr entgegen und dann im nächsten Satze diese richtige als falsch gemacht bezeichnet sieht? Das erzeugt theologische Unklarheit.

Dasselbe gilt von den ersten drei Sätzen des ganzen Werkes: „Ein gespaltenes Christentum ist ein Widerspruch in sich selbst. Dies aber ist die Lage des Christentums seit der Reformation. Eine wesentliche Aufspaltung also der allein wahren Religion besteht seit 400 Jahren" (I S. 3). – Ein Widerspruch in sich selbst hat keinen historischen Bestand. Die allein wahre Religion ist die der Kirche, die der Gottmensch gestiftet hat. Sie kann nicht wesentlich aufgespalten werden und ist nie aufgespalten worden. Aber von ihr hat es immer Abfälle gegeben von den Tagen der Apostel an, neben ihr hat es organisierte und zu großer weltlicher Macht gekommene Irrlehren gegeben, so daß zum Beispiel von einer dieser von Staats wegen geförderten Falschkirchen Hieronymus sagen konnte: Ingemuit totus orbis et arianum se esse miratus est (Adv. Lucif. 19). Die wahre Religion war damals so wenig in ihrem Wesen aufgespalten wie heute, obwohl viele Irrgläubige sich als Getaufte neben den Bekennern der wahren Religion zur Christenheit zählten. Der Zustand seit 400 Jahren ist nichts Neues, und er darf mit so völlig irreführenden Worten wie den drei ersten Sätzen nicht bezeichnet werden.

Die Unbekümmertheit in der Wahl der wertenden Ausdrücke ließe sich aus dem Lortzschen Werk noch durch viele Beispiele nachweisen. Ich darf nur noch auf zwei Gebiete den Finger legen, wo sie für den Kenner der bisherigen Reformationsforschung besonders peinlich wirkt. Es ist das Lortzens Einschätzung der Arbeiten unserer großen Forscher und Darsteller Janssen, Denifle, Pastor und Grisar, und es ist die Behandlung der katholischen Gegner Luthers in seiner Zeit. Auf beides ist schon in anderen Besprechungen aufmerksam gemacht worden, so von Smolka in den „Schildgenossen" und von Rahner in den „Stimmen der Zeit". Ich hätte hier vieles zu sagen, beschränke mich aber auf die Bemer-

kung: Erasmus, den zwei heilige Märtyrer jener Zeit ihrer treuen Freundschaft
bis zum Tode würdigten, den der strenge Reformpapst Hadrian VI. zum Kardinal machen wollte (I S. 135, vergleiche Henri Bremond, Thomas Morus, Regensburg 1935, S. 31–63), wird von Lortz immer wieder und wieder als „eine Bedrohung des Christentums und der Kirche" als „die Bedrohung des Dogmas durch
den Relativismus, des Gnaden- und Erlösungsreiches durch christlich veredelten
stoischen Moralismus" (I S. 134) charakterisiert, als „auch theologisch der geborene Relativist", „als der ewig unbestimmte Erasmus" (I S. 132) hingestellt.
„Erasmus ist undogmatisch und Relativist" (I S. 133). „Erasmus war die Drohung der dogmatischen Auflösung innerhalb der Kirche. Luther zwang zum
Bekenntnis, er rüttelte wach" (I S. 136). Das Buch über den freien Willen, mit
dem Erasmus Luthers unchristliche Schrift von dem Verknechteten Willen bekämpfte, wird von Lortz als Zeugnis eines „optimistischen Moralismus" abgetan, „der für Gnade, Sünde und Erlösung nur wenig Raum ließ" (I S. 137). Und
F. X. Funks Urteil über des Erasmus Enchiridion: „Ich fand das Handbuch des
christlichen Streiters so christlich, daß ich nicht einen leisen Grund hätte, es
irgend einem Kirchenvater abzusprechen, wenn es unter einem solchen Namen
auf uns gekommen wäre", beantwortet Lortz mit dem scharfen Wort: „Es genügt
nicht, um echt christlicher Theolog zu sein, nichts direkt Unkatholisches zu
sagen. Korrektheit ist nicht Wahrheit" (I S. 132). Und das sagt derselbe Autor,
der für Luther die oben angeführten überschwenglichen Wertungen hat.

Man ist als nachdenklicher Leser oft geradezu zurückgestoßen von den ungleichen Wertmaßstäben, die Lortz an die katholischen Gegner Luthers und an Luther selbst anlegt, und von den in sich widerspruchsvollen Sätzen und Teilwertungen, mit denen er seine Darstellung durchwirkt. Das muß die theologische
Unklarheit fördern, statt sie zu beheben, wie es Aufgabe eines Historikers jener
turbulenten Zeit ist. Theologische Unklarheit aber ist die schlimmste Gefahr für
das von Lortz gewünschte Gespräch zwischen den Konfessionen.

Ich hätte noch vieles zu sagen, wofür der Raum und die Zeit mir versagt sind.
Aber gerade weil ich dem weit ausholenden Buch eine klärende Wirkung wünsche, möchte ich den Verfasser bitten, es für eine zweite Auflage aufs Sorgsamste
dahin durchzusehen, daß die innerliche Widerspruchsfülle Luthers nicht auf den
ihn beschreibenden Text zu sehr abfärbe und daß die theologische Unklarheit,
die gerade dem Erfolg Luthers die Wege in seine Zeit bahnte, nicht durch die
Unvereinbarkeit der Teilwertungen und Endurteile noch vermehrt werde. Wenn
der Verfasser darauf sorgfältiger achtet, dann – und nur dann – kann seine Reformationsgeschichte für das sachliche Gespräch zwischen katholischen und evangelischen Christen förderlich, weil klärend wirken.

4. Anonymes Gutachten aus Rom zu:
J. Lortz, Die Reformation in Deutschland (Juni 1941)[26]

1. Das Buch will keine eigentliche Forschungsarbeit sein, die neues Material und neue Beziehungen aufdecken soll, sondern es ist nur eine Darstellung des bereits bekannten Materials, begleitet von Reflexionen und Urteilen, was man heute „Synthese" nennt.

Von da muß die Beurteilung ausgehen. Es handelt sich also nicht darum, Einzelheiten kritisch nachzuprüfen oder einzelne Ungenauigkeiten festzustellen, was in einem so umfangreichen Werke leicht möglich ist, sondern es ist festzustellen, ob die Tendenz des Ganzen annehmbar ist oder nicht.

2. Die Absicht des Verfassers geht offenbar dahin, eine Atmosphäre zu schaffen, in der Katholiken und Protestanten sich verstehen und einander näher kommen können. Diese Atmosphäre, so meint der Verf., könnte dadurch hergestellt werden, daß man sich in der Beurteilung geschichtlicher Vorgänge der Vergangenheit gegenseitig Zugeständnisse macht: die Protestanten müssen zugeben, daß Luther eine durchaus falsche Darstellung der wahren katholischen Lehre gegeben hat und daß er in seiner trivialen Polemik zu weit gegangen ist. Andererseits müßten die Katholiken zugeben, daß angesichts der großen Mißstände der Kirche zur Zeit Luthers viele Ideen der Reformatoren gerechtfertigt waren, und daß die Reformation anfänglich, besonders was Luther betrifft, in wirklich religiöser Absicht gewollt war.

Diese Forderungen sind nicht neu, über einige Punkte ließe sich vielleicht auch reden. In der Art jedoch, in der sie von Lortz vorgebracht werden, liegt ein grundsätzlicher Irrtum, er stellt Katholiken und Protestanten gewissermassen als zwei sich bekämpfende Parteien hin, die durch einen unparteiischen Richter auf einem Mittelwege versöhnt werden könnten.

3. Bereits der erste Satz des Buches ist in diesem Sinne bedeutsam: „Ein getrenntes Christentum ist ein innerer Widerspruch; das ist aber das Christentum der Reformation". (In Wirklichkeit ist nicht [2] das Christentum gespalten, sondern ein Teil der Christen hat sich von der wahren Kirche getrennt.) Für die Wiedervereinigung ist es belanglos, ob und in wie weit ein persönliches Verschulden der Trennung vorlag. Eine Versöhnung ist nur möglich, wenn der Teil, der sich losgetrennt hat, seinen Irrtum einsieht und bedingungslos zur wahren Kirche zurückkehrt. Diesen Schritt kann man beim besten Willen den Protestanten nicht ersparen.

4. Für Lortz sind „Christentum", „wahres Christentum", „Religiosität" eine Art Gattungsbegriff, unter welchem Katholizismus und Protestantismus als Arten

---

[26] [N.N.], Gutachten zu J. Lortz, Die Reformation in Deutschland, [Rom, Juni 1941]. EAF B2–1945/1022. Maschinenschriftlich, 6 Seiten, paginiert. – Es handelt sich um eine Übersetzung aus dem Italienischen; auch die Zitate aus Lortz' Werk sind eine Rückübersetzung ins Deutsche.

einbegriffen sind. „Als letzter und einziger Wert des Christentums bleibt nur die beste innere Gerechtigkeit des Evangeliums, die Ganzheit des Mysteriums und die Echtheit der Religion des Gekreuzigten" (S. 101), als ob das, worauf es ankommt, nicht die wirkliche Einverleibung in das sichtbare Reich Gottes wäre.

5. Deshalb betont Lortz immer und immer wieder mit großem Nachdruck die Religiosität Luthers, seine „christliche Religiosität" (S. 383); daß er vor jeder anderen Charaktereigenschaft die einer religiösen Persönlichkeit hatte (ebenda); daß „Luther das Christentum ernst nahm" (S. 385); daß „die Rebellion Luthers vor allem religiös gemeint war" (251).

6. Diese Religiosität findet Lortz aber nicht bei den theologischen Gegnern Luthers und im allgemeinen in der Kirche von damals. „In ihrer äusseren Tätigkeit führten sich die Kurie und die Bischöfe in den meisten Fällen nicht religiös auf" (250). Man hat sogar den Eindruck, daß der Verfasser zwischen den Begriffen „theologisch" und „religiös" einen Gegensatz erblickt: „denn Luther dachte nicht theologisch, sondern dachte und predigte auf religiös-prophetische Weise" (151). Luther „zog der rational theologischen Methode eine nicht scholastische, biblisch-religiöse Methode" vor (387). „Nur [3] jene immer noch weit verbreitete und nicht selten offiziöse Auffassung kommt hier zu einer anderen Schlußfolgerung; sie verwechselt das innerste Wesen der Kirche mit dem aufrichtigen Bekenntnis der christlichen Dogmen" (124).

Solche Wendungen kann man sich in einem richtigen Sinne deuten; man darf aber nicht glauben, daß sie bei Lortz nur gelegentliche rednerische Entgleisungen seien. Er ist in seiner Schrift viel zu bedächtig. Man hat sogar den Eindruck, daß er mit Vorbedacht seine Sätze verklausuliert und einschränkt, da er sich der Schwäche seines theologischen Standpunktes bewußt ist.

7. Der katholische Theologe muß mindestens einen peinlichen Eindruck gewinnen von der Wahl des Titels des zweiten Teiles des ersten Bandes: „Die neue religiöse Form. Kap. I. Die Grundlage: der junge Luther".

8. Der allgemeine Eindruck, den die Lektüre des Buches zurücklässt, ist der, daß die Reformation kommen *mußte*, weil die Kirche und besonders das Papsttum dem Ruin entgegenging und dem religiösen Menschen von damals nicht das geben konnten oder wollten, worauf er Anspruch hatte. Hie und da sagt Lortz, daß er diese Ansicht nicht teile; aber das hängt zusammen mit seiner Eigenheit, früher mit Nachdruck vorgetragene Behauptungen nachträglich einzuschränken oder zurückzunehmen. Diese Gewohnheit, die sich als Objektivität ausgibt, macht in Wirklichkeit den Eindruck geringer Aufrichtigkeit und erschwert das Urteil über seine Arbeit.

9. Die Objektivität Lortz' hat aber sofort eine Grenze, wenn er auf die Päpste und die Kurie von damals zu sprechen kommt. Da sieht er nur Mängel. Wenn er aber wiederholt erklärt, daß für ihn nicht die Verirrungen des Privatlebens der einzelnen Päpste (z. B. Alexanders VI.) entscheidend sind, so verurteilt er doch

das ganze System. Ausserdem machen die ständig wiederholten Ausdrücke „Kurialismus" [4] und „Fiskalismus" im Munde eines katholischen Theologen einen peinlichen Eindruck. Zu Luthers Schrift „An den christlichen Adel" bemerkt er: „Dieses Buch beweist, wie verderblich die Parteilichkeit der Kirchenverwaltung zu gunsten des Klerus gewesen ist" (227).

10. Die zuweilen auch leidenschaftlichen Auslassungen Lortz' gegen den Kurialismus sind nicht nur pietätslos, sondern auch vom rein geschichtlichen Standpunkt aus oberflächlich und anfechtbar. So bedient er sich eines demagogisch aufreizenden Tones (S. 199 über Albrecht von Mainz und den Ablass für den Bau der Peterskirche: „Es ist äusserst symbolhaft, und ein Ausdruck der Nemesis der Geschichte, daß der Sturm der Reformation gerade von hier ausgebrochen ist. Denn das ganze Elend der damaligen Kirche hatte seine Wurzel im Fiskalismus der Kirche, der wurzelhaft mit Simonie befleckt war. Hier vergibt die Kurie gegen Geld eine kirchenrechtlich verbotene Häufung von Benefizien, die weder religiös noch pastoral mit der Hoffnung auf politische Vorteile bei einem wenig geistlichen jungen Manne zu verantworten war. Zudem läßt man es zu, daß der Ablass zum Gegenstand des Warenaustausches wird. Das ausführende Organ dieses Handels zwischen der Verwaltung der durch das Blut Jesu Christi erworbenen Verdienste und einem weltlichen Kirchenfürsten ist eine Bank: Diese Verkehrtheit hätte nicht in schrofferer Form zum Ausdruck kommen können. Höchstens kann man sich noch über katholische Theologen wundern, die heute noch so sehr in ihrem formalistischen Denken verstrickt sind, daß sie die Frage erörtern, ob dieser Handel nach dem Buchstaben des kanonischen Rechts eine eigentliche Simonie ist. Eine solche Frage auch nur zu erheben genügt, um die religiöse Haltung zu erschüttern. Sie Jesus Christus vorzulegen, genügt, um von ihm eine radikale Verurteilung zu bekommen" (NB Weshalb soll eine kirchliche Verwaltungsstelle sich nicht einer Bank bedienen dürfen um Geld zu versenden, selbst wenn das Geld für religiöse Zwecke bestimmt ist?) [5]

11. Vergeblich sucht man in all diesen Deklamationen gegen die Päpste und die Kurie, was nach Lortz die Kirche damals hätte tun sollen, um die Rebellion zu verhindern. Man fragt sich, woher nimmt Lortz das Recht zu so schwerem Tadel, wo er doch selber nicht weiß, wie man es hätte anders machen können. Aber gerade deshalb hat man den Eindruck, daß in diesem Werke nicht bloß vereinzelte Irrungen beanstandet werden, sondern daß die Kirche von damals als so heillos verdorben betrachtet wird, daß eine Heilung unmöglich war.

12. Andererseits beantwortet Lortz die Frage nach der Ursache der Spaltung mit einseitigem Blick auf die deutsche Welt und Deutschland. Wenn Unordnung und Schäden, besonders die Schäden am Mittelpunkt der Kirche, dem Hl. Stuhle, derart waren, daß sie notwendig zur Spaltung führen mußten – und aus der Lektüre von Lortz gewinnt man den Eindruck, daß die Spaltung unvermeidlich war – da fragt man sich, warum die Glaubensspaltung nicht auch in anderen katholischen Ländern eingetreten ist. Auf Grund dieser Frage müßte man auch eine andere Antwort bezüglich der Schuld im Falle Deutschlands gesucht werden [sic].

Bezüglich der Entwicklung Luthers stellt Lortz zwei Voraussetzungen auf:
13. 1.) Die religiöse Entwicklung Luthers geht von einer unbedingten und höchsten Hingabe an Gott aus. Luther ist religiös ganz aufrichtig.
2. Luther ist ein vollständig normaler Mensch. Die Entwicklung endet mit der Trennung von der Kirche und mit der Leugnung der erhabensten Geheimnisse der christlichen Offenbarung, wie der Eucharistie. Man denke an den scharfen Kampf Luthers gegen die Messe.

Ein unkritischer Leser kommt leicht zur Überzeugung, daß dann die katholische Kirche eine große Verirrung ist. Lortz selber wird nicht verlangen, daß der nachdenkliche Leser von seiner Darstellung befrie[6]digt werde, besonders wenn man das äusserst kuriose Faktum annimmt, Luther habe mit einer an Anormalität grenzenden Leidenschaftlichkeit eine katholische Kirche bekämpft, die an sich gar nie existiert hat. Da haben die früheren katholischen Lutherforscher, die Lortz als höherer Mensch nicht beachtet, die Frage nach der persönlichen Auffassung Luthers ernster und vollständiger behandelt.

14. Im allgemeinen kann man sagen, daß das Werk Lortz' sehr viele richtige und wahrheitsgemäße Gedanken enthält; seine Grundtendenz ist aber geeignet, falsche Auffassungen über die Konfessionen, den konfessionellen Frieden, die Religion, das Wesen des Christentums und damit schließlich über die Kirche aufkommen zu lassen. Ausserdem verletzt er vielfach die katholische Pietät.

15. Eine Verbesserung des Werkes bei einer Neuauflage scheint unmöglich. Durch Entfernung einiger besonders anstössiger Abschnitte würde die Grundtendenz des Buches nicht aufgehoben. Durch Vermehrung der Einschränkungen und Betonung des katholischen Standpunktes – woran es der Verfasser schon jetzt nicht fehlen lässt – würde nur der Eindruck der Unaufrichtigkeit verstärkt, den man jetzt bei der Lektüre des Buches gewinnt. Die Folge wäre, daß die ungehinderte (und deshalb stillschweigend gebilligte) Verbreitung des Buches in etwas geänderter Form nur einen noch schlimmeren Eindruck machen würde.

16. Man darf auch nicht glauben machen, als bestänhen die Fehler des Buches darin, daß viele unliebsame Tatsachen, Mißbräuche, Ärgernisse u. s. w. aus dem 15. und 16. Jahrhundert angeführt werden, als ob man die Wahrheit nicht hören wolle, denn all diese Dinge sind schon oft behandelt worden. Lortz geht in der Tat nicht über das Material hinaus, das man schon seit langem bei Janssen, Pastor und anderen katholischen Historikern findet.

Kein katholischer Historiker will diese Dinge verteidigen oder rechtfertigen, keiner will, daß man sie kindischer Weise verheimliche. Tadelnswert aber ist bei Lortz das Deklamatorische und Pietätslose seiner Darstellung und die trügerische Hoffnung, es könnten die Protestanten dadurch gewonnen werden, daß man gegen die katholische Vergangenheit anrennt.

5. Robert Scherer, Gutachten zu:
J. Lortz, Die Reformation in Deutschland (29. Juni 1941)[27]

**Betr. Beanstandungen zu Lortz „Die Reformation in Deutschland"
auf Grund der beiden Schreiben der Apostolischen Nuntiatur in Berlin
vom 15.5. und 10.6.41.**

Eine Stellungnahme zum ersten Schreiben vom 15.5.41, das sich auf eine Besprechung von Prof. Dr. Hugo Rahner im Märzheft 41 der „Schweizerischen Rundschau" bezieht, darin dieser „falsche oder wenigstens ungenaue und unglücklich formulierte Behauptungen im genannten Werke beanstandet, und historische Tatsachen dagegen geltend gemacht hat", kann vorerst nicht erfolgen, da der Wortlaut dieser Besprechung nicht vorliegt. Beachtenswert ist, daß im vorliegenden Schreiben die Behauptung eines Dritten zitiert wird, nicht etwa ein Einwand von Prof. Rahner selbst; ebenso verdient Beachtung die Tatsache, daß Herr Prof. Rahner im Heft 9 der „Stimmen der Zeit" Jahrgang 1939/40 eine im ganzen durchaus positive Besprechung des Werkes veröffentlicht hat, in der solche schwerwiegenden Einwände wie die im vorliegenden Schreiben behaupteten fehlten. Nach den bisherigen Erfahrungen mit zitierten Besprechungen – ich verweise auf die Anführung der Novembernummer der „Schweizerischen Rundschau" des Jahres 40, in der sich eine ablehnende Kritik von Lortz befinden sollte, während sich in Wirklichkeit herausstellte, daß die Kritik höchst wohlwollend und zustimmend war, – wird man begreiflicherweise zurückhaltend mit irgend einer Stellungnahme sein müssen.

Anders verhält es sich mit der Möglichkeit einer Stellungnahme zum Schreiben der Nuntiatur vom 10.6.41, zumal diesem Schreiben die Ausführungen eines Fachmannes beigelegt sind, in denen die Einwände gegen das Werk von Lortz ausdrücklich formuliert werden. Es wird darauf hingewiesen, daß in denselben ein neuer Gesichtspunkt hinsichtlich einer eventuellen Verbesserung dieses Werkes herausgearbeitet worden sei. Da ich nun selbst am 1.4.41 zum Zwecke der Erlangung des Imprimaturs für die zweite Auflage Grundsätze und einzelne Vorschläge für die Verbesserung des Werkes ausgearbeitet habe, die einer eingehenden Besprechung mit dem Verfasser des Werkes zugrundegelegt und von diesem auch in großzügiger Weise grundsätzlich angenommen wurden, liegt es nahe, die neuen Einwände dahin zu überprüfen, ob sie Anlaß zu weiteren Verbesserungen geben oder nicht, bzw. ob auf Grund derselben eine [[2]] Überprüfung des Imprimaturs erforderlich ist, das auf Grund der zuletzt erfolgten Änderungen erteilt wurde. Es soll dabei nicht außer acht gelassen werden, daß bereits vor dieser Überarbeitung des Werkes sehr zahlreiche Einzelkorrekturen vorgenommen worden waren.

---

[27] Robert SCHERER, Gutachten („Betr. Beanstandungen zu Lortz ‚Die Reformation in Deutschland' auf Grund der beiden Schreiben der Apostolischen Nuntiatur in Berlin vom 15.5. und 10.6.41"), 29. Juni 1941. IEG, NL Lortz [1446]. Maschinenschriftlich, 13 Seiten.

Nach diesen Vorbemerkungen schreite ich zu einer Betrachtung der in den beiliegenden Ausführungen enthaltenen einzelnen Punkte.

ad 1) Es wird das Werk von Lortz gewertet als „Darstellung des bereits bekannten Materials, begleitet von Reflexionen und Urteilen, was man heute „Synthese" nennt", nicht als eigentliche Forschungsarbeit. Obwohl diese Bewertung für die Beurteilung der Kirchlichkeit des Werkes unmaßgeblich ist – um diese Frage der Kirchlichkeit allein handelt es sich aber, was nicht genug betont werden kann – kann dieselbe nur Staunen hervorrufen. Überblickt man die gesamte reiche Kritik zu dem Werk, so liest man ständig von der bewundernswerten Beherrschung des so komplexen Stoffes und seiner Quellen, es wird auch ausdrücklich hervorgehoben, daß namentlich der zweite Band neue Einsichten in die Beurteilung der Vorgänge auf katholischer Seite vermittle, die bisher weniger bekannt waren. Aber selbst zugegeben, Lortz habe wirklich nur das vorhandene Quellenmaterial benützt, frägt man sich, welch kleine Auffassung von Geschichte einem solchen beleidigenden Vorwurf zugrundeliegen mag. Wo findet man in einem Werk über die Reformation eine solch überlegene Darstellung des Ineinanders der so verwickelten kirchengeschichtlichen und profangeschichtlichen Vorgänge, wie Lortz es geboten hat? Dies ist von der gesamten Fachkritik, der kirchenhistorischen wie der profanhistorischen, anerkannt worden, der katholischen wie der protestantischen. Eine solche Leistung, die erst den Historiker ausmacht, dessen Aufgabe es ist, nicht Tatsachen sauber aneinanderzureihen, sondern diese aus ihren vielfältigen Gründen, angefangen von den geistigsten bis zu den materiellsten, zu wägen und zu ordnen, um in schöpferischer Weise den Vorgang der Geschichte wieder zu rekonstruieren und so verständlich zu machen, kann man nicht „eine Darstellung des bereits bekannten Materials, begleitet von Reflexionen und Urteilen" nennen, sie ist die dem Historiker gestellte höchste Aufgabe, gewiß eine Synthese, aber keine apriorische, sondern eine, die durch die Quellen angedeutete Wirklichkeit nachvollziehende, dem gegenüber die analytische Sichtung der Quellen reine Handwerksarbeit [[3]] ist, die gewiß Voraussetzung zur höheren Aufgabe des Historikers ist. Wenn solche synthetische Rekonstruktionen der Geschichte nie das Maß von Objektivität erreichen, das wir ersehnen, so gehört dies zum Schicksal aller menschlichen Wissenschaft. Sollte aber mit dem oben genannten herabsetzenden Urteil dem Werk schlechthin die Objektivität abgesprochen werden, so ist das eine Behauptung, die geschichtlich bewiesen werden muß. Im ganzen Aufschrieb findet sich kein einziger solcher Beweis, die gegen das Werk von Lortz erhobenen Einwände sind theologischer Art, wie sich gleich zeigen wird. Sie verzichten darauf „Einzelheiten kritisch nachzuprüfen oder einzelne Ungenauigkeiten festzustellen" im richtigen Bewußtsein, daß dies für die Beurteilung der Kirchlichkeit des Werkes ohne Belang ist, sie beschränken sich darauf festzustellen, daß die Tendenz des Werkes vom Standpunkt der katholischen Lehre unannehmbar sei. Es wird dies in den nächsten Punkten dargelegt. Es ist darum zu prüfen, ob und wie weit dieser ungeheuerliche Vorwurf richtig ist.

ad 2) Es wird dem Werk eine ökumenische Einstellung und Absicht zugesprochen, die vom Standpunkt der katholischen Lehre unannehmbar sei. Lortz behandle die beiden Konfessionen wie zwei sich streitende Parteien, die sich um der Verständigung willen gegenseitig Zugeständnisse machen müssten. Der protestantischen Partei gebe er zu, daß Luther ursprünglich von einer wirklich religiösen Absicht bewegt worden sei, der katholischen Partei müsse die protestantische zugeben, daß die katholische Lehre durch Luther verzerrt wiedergegeben worden sei. So suche Lortz den unparteiischen Richter zu spielen, um beide Parteien sich auf einem Mittelweg versöhnen zu lassen.

Diese Behauptung ist in der Tat so schwerwiegend, daß, falls sie zuträfe, das Werk von Lortz sich außerhalb der Kirche stellen würde. Dieser Vorwurf wurde bisher noch von keiner Seite erhoben. Mit ihm scheint denn auch der neue Gesichtspunkt gemeint zu sein, der für eine eventuelle Verbesserung berücksichtigt werden solle. Mit ihm dürfte auch jene Tendenz gemeint sein, die sich laut Punkt 1 durch das ganze Werk durchziehe. Wenn diese Behauptung richtig wäre, würde es mir unmöglich scheinen, durch irgendwelche Korrekturen oder Auslassungen das Werk kirchlich annehmbar zu machen, es müsste völlig neu geschrieben werden. [[4]]

Nach meiner Kenntnis des Werkes muß ich diese Behauptung aber auf das Schärfste zurückweisen. Abgesehen davon, daß es sich um eine reine Behauptung handelt, die durch nichts bewiesen wird – die hierher gehörigen Beweisversuche in Punkt 3–5 werden nachfolgend zur Sprache kommen – ist das Gegenteil von der gesamten Kritik ausdrücklich hervorgehoben worden unter Hinweis auf das Wohltuende dieser Haltung; überdies aber wird diese Behauptung durch das Werk von Lortz selbst widerlegt. Hermann Sasse hat als Protestant mit Anerkennung einen entscheidenden Satz von Lortz zitiert: „Die Einheit kann nicht durch eine Begegnung in der Mitte erreicht werden. Die volle Wahrheit ist die Voraussetzung, und ihre Unnachgiebigkeit hat den unbedingten Primat" (Bd. II, S. 307). Auf derselben Seite finden sich weitere Sätze, die den klaren Standpunkt von Lortz ganz eindeutig beweisen. Diese Haltung wird durch das ganze Werk hindurch ausdrücklich vertreten. Nun wäre es denkbar, daß durch die Art der Darstellung des Werkes diese Haltung praktisch widerrufen würde – und dies wäre etwas, was den Eindruck der Unaufrichtigkeit hervorrufen würde, wie Punkt 15 sagt – darum muß noch ausdrücklich auf diesen Einwand eingegangen werden.

Lortz selbst, der die Möglichkeit dieses Einwandes gespürt hatte, sagt auf S. XI seines Vorwortes, man möge beachten, daß er keinen dogmatischen Traktat schreibe, sondern ein geschichtliches Neben- und Nacheinander darzustellen habe. Er werde selbstverständlich bei der Bewertung des Geschichtlichen niemals vom dogmatischen Standpunkt absehen, doch bitte er die an die dogmatische Sprechweise gewöhnten Kritiker, auf diese Unterscheidung zu achten. Schon Grisar hatte in der Einleitung zu seinem „Luther" auf diese Unterscheidung aufmerksam machen müssen.

Es scheint mir wichtig, zur rechten Bewertung von Lortz' Darstellung diesen Unterschied näher zu beleuchten. Dogmatisch gesehen lässt sich nicht daran rütteln, daß Luther ein Häretiker war, dessen Werk eines der grössten Unglücke für die abendländische Christenheit bis heute bedeutet. Diese Tatsache bleibt bestehen unabhängig von aller Schuldfrage, gleich auf welcher Seite man sie finden mag. Der Historiker kann sich aber mit dieser dogmatischen Einsicht nicht begnügen; er will wissen, wie es dazu kam, er wird die Fülle der Entscheidungen mit ihren sehr mannigfaltigen [[5]] Motiven sorgsam abwägen und nach den verschiedensten Gesichtspunkten beschreiben. Die Fülle des Lebens Luthers lässt sich geschichtlich nicht mit der Aussage erschöpfen, daß er ein Häretiker war. Dabei dürfte selbstverständlich sein, daß letzteres Urteil kein alleingültiger Maßstab für die menschliche Wertung Luthers sein kann. Gewiß können die geschichtlichen Werturteile nur relative Geltung beanspruchen, sofern sie situationsbedingte Sachverhalte zum Inhalt haben. So gesehen kann ein Mensch demütig und stolz zugleich sein, gewiß nicht im gleichen Sinn, wohl aber in verschiedenen Schichten seines Menschseins und in verschiedenen Situationen. Das historische Urteil, ob ein Mensch demütig sei oder stolz im schlechthinnigen Sinn, dürfte sich überhaupt unserer Einsicht entziehen. Das dogmatische Urteil über die häretische Qualifikation der Lehre eines Menschen besagt ja auch nichts über die persönliche Bewertung eines Menschen. Und selbst wenn ein solcher Mensch sich der Kirche nicht unterwirft, ja sich ihr widersetzt, können wir uns noch kein Urteil über die endgültige Wertung seiner persönlichen Entscheidung, wie sie vor Gott gilt, erlauben. Dies ergibt sich, weil es grundsätzlich möglich und übrigens auch wirklich ist, daß ein Mensch wie Luther auch gute und wertvolle Eigenschaften besitzt, nicht einmal bloß in geistiger Hinsicht, sondern auch in ethischer und religiöser. Lortz hat zur Genüge auch die negativen Seiten an Luther gesehen und betont, als daß man ihm den Vorwurf machen könnte, er habe Luther einseitig in seinen Lichtseiten gezeichnet.

Es kommt aber ein weiteres hinzu, das für die Darstellungsweise von Lortz entscheidend ist. Der Historiker urteilt nicht bloß über lebendige Menschen und Geschehnisse, er spricht zugleich in eine bestimmte geschichtliche Situation hinein. Er kann von seiner eigenen Zeit nicht absehen, muss sich mit ihr auseinandersetzen. Dies gilt von jeder Wissenschaft, am meisten aber von der Geschichte. Im Falle Lortz ist die Situation doch folgende. Der Protestantismus hat zu Luther eine neue Stellung bezogen; Luther ist für die meisten Protestanten nicht mehr der „Kirchenvater", man sucht vielmehr nach den theologischen Grundanliegen der Reformation. Im Verhältnis zur Zeit von Grisar hat sich das protestantische Lutherbild jedenfalls wesentlich verschoben. Gleichzeitig hat sich, geschichtlich gesehen, eine Annäherung zwischen Prote[[6]]stanten und Katholiken begeben, dadurch, daß die Protestanten in der Theologie auf vorreformatorische Positionen zurückgriffen, weiter dadurch, daß beide Konfessionen sich heute im Glauben an Christus geeint wissen gegenüber dem antichristlichen Ansturm, der beiden gilt. Dogmatisch mag dies belanglos sein, da es sich vom Standpunkt der Rechtgläubigkeit nur um völlige Rückkehr der Protestanten in die Kirche handeln kann, soll eine Wiedervereinigung erzielt werden. Immerhin steht dogmatisch fest, daß nicht alles, was die Protestanten lehren, falsch ist. So hat sich eine Situation ergeben, die eine günstigere Atmosphäre des gegenseitigen Achtens und Verstehens der beiden Konfessionen ermöglicht. Aus dieser Situation heraus fühlt sich Lortz verpflichtet, seine geschichtlichen Urteile so zu wägen und zu betonen, daß die heute vorliegende Bereitschaft zum gegenseitigen Verstehen nicht durch Herausstellen alter geschichtlicher Gegensätze unnötig gestört, sondern gefördert wird. Dies ist ein Gebot christlicher Nächstenliebe, das gerade auf diesem Gebiet der Kirchengeschichte besonders gilt. Ich verweise für diesen Punkt auf den Aufsatz von Pribilla im 7. Heft der „Stimmen der Zeit", Jahrgang 40/41, der auf diesem Gebiet eine der ersten Autoritäten ist, und der betont, wie alle Beteiligte an ökumenischen Gesprächen sich bemühen müssten, die Wahrheit in der Liebe zu wirken. Er verweist dabei auf Papst Pius XI. und schreibt wörtlich: „Um aber die Fremdheit und Befangenheit im gegenseitigen Verkehr zu beheben, wird es ersprießlich sein, wenn Katholiken und Protestanten sich auf dem ökumenischen Boden nicht als abwechselnd eingeladene Gäste der andern Konfession begegnen, sondern als gleichberechtigte, aktive Teilnehmer eines völlig paritätisch gestalteten Kreises." Ich nehme an, daß P. Pribilla, dessen Rechtgläubigkeit wohl keiner anzweifeln wird, diese Worte im vollen Bewußtsein niederschrieb, daß, dogmatisch gesehen, keine Rede sein kann von zwei Parteien, die sich auf eine Mittellinie einigen. Er schreibt ganz eindeutig, daß nur eine unbedingte Rückkehr in die Mutterkirche eine Wiedervereinigung ermöglichen würde. Aber im konkreten geschichtlichen Raum liegen die Dinge anders, ohne daß die eben ausgesprochene dogmatische Wesensaussage irgendwie berührt würde. Die wirklich Christus dienenden Protestanten dürften doch nur materialiter Häretiker sein, d. h. daß sie in Wirklichkeit zur Seele der Kirche gerechnet [[7]] werden können. Wenn man hinzunimmt, daß sie getauft und guten Glaubens sind, besteht für einen katholischen Christen keine Veranlassung, einen solchen Protestanten von oben herab zu betrachten. Die christliche Liebe verpflichtet vielmehr dazu, ihn als Christen anzuerkennen, ferner ihm alles zu ersparen, was ihn als edel denkenden Menschen verletzen könnte, ihm alles Gute, was auf seiner Partei liegt zuzugestehen und auch eventuelle Fehler der eigenen Partei offenherzig zuzugeben.

Wenn man das Tendenz nennen will, so ist sie vom christlichen Standpunkt nur gutzuheißen. Ich zitiere dazu die Worte des hl. Ignatius in seinen Exerzitien: „Es muß jeder gute Christ bereiter sein, die Auffassung des andern zum guten zu verstehen, als sie zu verurteilen. Kann er sie nicht zum guten verstehen, so forsche er nach, wie der andere es denn verstehe, und wenn dieser wirklich etwas Irriges in ihr meint, so suche er ihn in Liebe aufzuklären." Eine andere Tendenz wird man im Werke Lortz nicht feststellen können, will man nicht selbst lieblos urteilen.

ad 3) Als Beweis für das Tendenziöse des Werkes von Lortz wird der erste Satz angeführt. „Ein getrenntes Christentum ist ein innerer Widerspruch; das ist aber das Christentum der Reformation." Ich bemerke gleich, daß zur Verdeutlichung dieses Satzes in der neuen Auflage eine Änderung im darauffolgenden Satz angebracht wurde. In der ersten Auflage ging es weiter: „Eine wesentliche Aufspaltung also der allein wahren Religion besteht (vom Schisma der Ostkirche einmal abgesehen) seit 400 Jahren." Dieser Satz ist mißdeutbar und gibt dem vorausgehenden einen schiefen Sinn. Deshalb lautet er jetzt in der neuen Auflage: „Vom Schisma der Ostkirche einmal abgesehen, besteht also eine wesentliche Aufspaltung der früher einen Christenheit seit 400 Jahren." Damit erhält der vorausgehende Satz einen ganz eindeutigen Sinn, zumal im ersten Satz gerade das behauptet wird, was der Kritiker bemängelt, nämlich, daß ein gespaltenes Christentum in sich ein Widerspruch ist. Damit wäre dieser Punkt an sich erledigt. Es liegt aber in diesem Einwand der Vorwurf enthalten, Lortz fasse den Begriff Christentum als Gattungsbegriff zu katholischem und protestantischem Christentum. Dies wird im folgenden Punkt urgiert.

ad 4) Dieser Vorwurf wird einmal sachlich hinfällig durch das, [[8]] was ad 2) ausgeführt wurde. Es ist aber weiter zum Worte Christentum vom Sprachlichen her einiges zu bemerken. Weder das Lateinische, noch die romanischen Sprachen kennen ein entsprechendes Wort. Das französische Wort „Christianisme" etwa deckt sich keineswegs mit dem deutschen Wort Christentum. Dieses meint wie etwa das Wort Islam nicht nur die Lehre (wie christianisme), sondern gleichzeitig die Träger der betreffenden Lehre. Das Wort Christentum ist somit eine Kategorie des lebendigen Daseins und kann daher dogmatisch wohl auf beide Konfessionen bezogen werden, sofern der grössere Teil der Protestanten tatsächlich der Seele der Kirche zugerechnet werden darf. Gewiß ist diese Mehrdeutigkeit des deutschen Wortes ein Mangel vom Standpunkt einer präzisen Begrifflichkeit. Da nun einmal das Werk von Lortz deutsch geschrieben ist, steht es ihm frei, in seinem Sinn davon Gebrauch zu machen. (Der Hinweis auf S. 101 konnte nicht nachgeprüft werden, da er nicht stimmt.)

ad 5) Die Frage, ob Luther Religiosität zugesprochen werden darf, ja selbst christliche Religiosität, ist eine geschichtliche, keine dogmatische Frage. Richtig ist, daß dogmatisch der Begriff Religiosität mehrdeutig ist und deshalb einer genaueren Unterscheidung bedürfte. Diese Unterscheidung wird bei Lortz im Nacheinander seiner geschichtlichen Urteile über die Persönlichkeit Luther tatsächlich getroffen, sodass jeder Leser, der das Buch richtig liest, hernach genau weiss, dass Luther nicht im objektiven, sondern nur im subjektiven Sinn religiös war. Grisar, der dieses Eigenschaftswort für Luther des öfteren gebraucht, pflegt es oft in Anführungszeichen zu setzen. Nach dem Stand der heutigen Erkenntnisse dürfte sich diese Vorsichtsmaßregel erübrigen. Das Religiöse ist gewiß kein Gattungsbegriff für das Christliche, es ist aber auch nicht mit dem Christlichen ohne weiteres identisch, es drückt den objektiven Sachverhalt der Bindung des Menschen an Gott vom Menschen her aus; vollendet wird der Begriff freilich im Christentum. Das christlich Religiöse meint denn auch ausdrücklich nur das subjektiv Christliche bei Luther; daß er objektiv vom Christentum tatsächlich abfiel, wird durch Lortz zur Genüge dargelegt. Aller religiöse gute Glaube Luthers ändert ja nichts an der Tatsache, daß er ein Häretiker war; im übrigen war Luther nicht in jeder [[9]] Hinsicht im guten Glauben, was gleichfalls im Lutherkapitel von Lortz sehr deutlich gesagt wird. Es geht wirklich nicht an, einen einzelnen Satz aus dem Zusammenhang herauszureißen, nur um eine These gegen einen Autoren zu beweisen, zumal, wenn der Zusammenhang ganz deutlich das Gegenteil der These beweist.

Ich mache noch darauf aufmerksam, daß der sprachliche Ausdruck in der Erfassung geschichtlicher religiöser Tatbestände oft Schwierigkeiten bereitet. Es wurde in der zweiten Auflage deshalb das ganze Lutherkapitel sorgfältig auf den sprachlichen Ausdruck hin überprüft.

ad 6) Der in Punkt 6 enthaltene Vorwurf erledigt sich durch das soeben Gesagte. Warum soll es unkirchlich sein, an einem kirchlichen Vertreter zu tadeln, daß er sich nicht religiös aufführe? (Im übrigen konnte ich auch die angeführte Stelle S. 250 nicht nachprüfen, da die Zitation falsch ist).

Weiter wird Lortz zur Last gelegt, er erblicke in den Begriffen „theologisch" und „religiös" einen Gegensatz. Das wohl nicht, aber einen Unterschied, der gewiß objektiv berechtigt ist.

Der weitere Vorwurf, Lortz verklausuliere seine Sätze, da er der Schwäche seines theologischen Standpunktes bewußt sei, kann ihm nur gemacht werden, wenn man ihm apriorisch die unter Punkt 2 gemeinte Haltung unterschiebt. Mit der Widerlegung dieser Unterschiebung bricht der Vorwurf in sich zusammen.

ad 7) Wieso ein katholischer Theologe den Titel des zweiten Teiles des ersten Bandes „Die neue religiöse Form. Kap. I. Die Grundlage: der junge Luther" als peinlich empfinden soll, ist mir bei einem historischen Werk unverständlich. Immer wieder muß festgestellt werden, daß der Kritiker nicht zwischen ideellen und existentiellen Kategorien unterscheiden kann.

ad 8) Die Lektüre des Buches hinterlasse den Eindruck, daß die Reformation habe kommen *müssen*. Dieser Eindruck dürfte m. E. richtig sein, wofern man bedenkt, daß so wie die Situation im Reich und in Rom war, und so wie Luther sich zu Beginn seiner Laufbahn entwickelte, die Lawine zum Rollen kommen musste. Es gibt im gewissen Sinne eine geschichtliche Gesetzmässigkeit, die mit einer relativen Notwendigkeit ihren Weg geht. Die Reformation ist nach Lortz also [[10]] nicht wesensnotwendig. Das wird der unbefangene Leser auch nicht aus seinem Werke entnehmen.

ad 9) Es wird Lortz zum Vorwurf gemacht, daß er die Päpste der damaligen Zeit und die Kurie tadle, daß er das Wort Kurialismus ständig wiederhole und darin das System bekämpfe. Nun will aber der Kritiker im Punkt 16 selbst alles Tadelnswerte in der Kirche beim Namen genannt wissen. Somit kann er gegen die sachliche Kritik von Lortz an den damaligen Päpsten und an der Kurie nichts aussetzen. Vielleicht meint der Kritiker aber weniger das Sachliche an der Kritik von Lortz als den Ton seiner Kritik. Dazu ist zu sagen, daß in der Vergangenheit in dieser Hinsicht in apologetischer guter Meinung zuviel entschuldigt wurde. Lortz tritt für ein mannhaftes und herzhaftes mea culpa ein, wo er es historisch für gerechtfertigt hält. Mit Recht erwartet er davon eine gute Wirkung bei den Protestanten, zumal er an andern Stellen nicht spart mit genau derselben Kritik an den Protestanten, aber auch, namentlich im zweiten Band, das Große und Positive in der katholischen Kirche hervorhebt, wo immer es sich zeigt und sei es auch noch so verborgen. Mit dem Kurialismus und Fiskalismus ist selbstverständlich nicht der Kurialismus schlechthin gemeint, sondern der der damaligen

Zeit. Im übrigen hat Lortz in der zweiten Auflage das Wort Kurialismus möglichst vermieden, um dieses Mißverständnis zu vermeiden.

Es sei hier kurz noch auf ein Übel beim Zitieren von Sätzen von Lortz in den
kritischen Ausführungen hingewiesen, die für eine gerechte Beurteilung des
Werkes äußerst verhängnisvoll sich auswirkt. Im Schreiben der Nuntiatur zu
diesen Ausführungen wird zugegeben, daß die zitierten Sätze nicht ganz mit
dem Original übereinstimmten, da sie ins Deutsche rückübersetzt worden seien.
Man vergleiche also das Zitat in den Ausführungen: „Dieses Buch beweist, wie
verderblich die Parteilichkeit der Kirchenverwaltung zu gunsten des Klerus gewesen ist" mit dem Originalsatz im 1. Band S. 227: „Dieses Buch zeigt, wie un-
heilvoll die einseitige Verwaltung der Kirche zu Gunsten des Klerus sich aus-
gewirkt hatte", um ganz deutlich feststellen zu können, wie sehr sich der Sinn
verschiebt. Diese üble Zitationsweise wiederholt sich. [[11]]

ad 10) Die Auslassungen von Lortz gegen die Kurie namentlich im Falle von
Albrecht von Mainz werden vom rein geschichtlichen Standpunkt als oberflächlich und anfechtbar gerügt. Ich weise demgegenüber auf die Auslassungen Grisars hin im 1. Band seines „Luther" S. 283 ff., die die Auffassung von Lortz nur
unterstreichen. Was den Ton betrifft, so ist er gewiß schärfer als bei Grisar, immerhin spricht auch dieser von einem „üblen Ausweg" und zitiert namhafte katholische Autoren, die den gleichen Vorgang in schärferen Ausdrücken verurteilen („es riecht stark nach Simonie"). Vergleicht man beide Autoren in dieser
Frage, so befriedigt Lortz eher, der die Dinge klar beim Namen nennt, während
Grisar dieselbe Sache etwas verschleiert. Schließlich ist ein scharfer Ton noch
nicht ohne weiteres pietätlos. In welcher Weise der Kritiker bei seiner Verteidigung des Vorgehens der Kurie die Sache verdreht, sieht man in seiner Bemerkung: „Weshalb soll eine kirchliche Verwaltungsstelle sich nicht einer Bank bedienen dürfen, um Geld zu versenden, selbst wenn das Geld für religiöse Zwecke
bestimmt ist?" Es geht hier nicht um die Frage, ob die Kurie sich einer Bank
bedienen darf, – das wird niemand bedenklich finden –, sondern um die ganz
andere Situation, daß die Bank der Fugger die aus dem frommen Eifer der Gläubigen zu erwartenden Opfer wie ein zu erwartendes lukratives Geschäft von
vornherein unter dem Zwang höchstmöglicher geldlicher Ertragssteigerung
stellt.

ad 11) Es wird Lortz entgegengehalten, wie er sich erlauben könne, die damaligen Päpste und die damalige Kurie so zu kritisieren, wo er doch selber nicht
wisse, wie man es anders hätte machen können. Darauf ist zu erwidern, ein Arzt
kann nachträglich feststellen, daß eine Behandlung falsch war, ehe er selbst noch
weiß, welche Behandlung die richtige sei. Es ist ja nicht Sache des Historikers,
diese Frage zu lösen. Und dennoch hat Lortz namentlich in seinem zweiten Band
sehr anschaulich dargestellt, wie die Kirche sich von innen heraus reformiert hat
und dadurch bewiesen, daß die Behauptung des Kritikers, Lortz stelle die Kirche
von damals als so heillos verdorben dar, daß eine Heilung unmöglich gewesen
wäre, unbegründet, ja in sich selbst unsinnig ist. [[12]]

ad 12) Es wird Lortz vorgeworfen, er sehe die Ursache der Spaltung mit einseitigem Blick auf die deutsche Welt; wenn die Kurie so verderbt war, daß die Spaltung kommen mußte, dann hätte sie auch in andern Ländern kommen müssen. Dazu ist zu sagen, daß nach Lortz offensichtlich nicht die Mißstände in der Kirche die Ursache der Reformation sind, sondern Luther selbst, sagt doch Lortz geradezu: „Luther ist die deutsche Reformation."

ad 13) Wenn nach Lortz Luther 1. religiös aufrichtig war, 2. seelisch normal, 3. seine Entwicklung ihn zum Abfall von der Kirche führte, so müsse jeder Leser des Werkes schließen, daß die katholische Kirche eine grosse Verirrung sei.

Darauf muß man erwidern, daß Lortz zum mindesten das erste nicht in dieser eindeutigen Form behauptet hat. Vgl. das oben gesagte zum Begriff des Religiösen unter 5. Weiter ist das ganze Werk von Lortz nichts anderes als der Nachweis der Widersprüche in Luther, woraus hervorgeht, dass er, wenn zwar nicht unbedingt anormal, so doch wenigstens höchst labil war. Lortz hat überdies nachgewiesen, daß Luther eine katholische Religiosität bekämpft hat, die gar nicht mit der objektiven katholischen Religiosität übereinstimmt, sondern in ihm selbst subjektiv so gewachsen war auf Grund seiner Veranlagung und gewisser Umwelteinflüsse. Lortz hat ferner ganz ausdrücklich den Abfall Luthers von seinen eigenen früheren Idealen, seinen Umbruch geschildert. Es ist nicht begreiflich, wie der Kritiker zu solcher Behauptung kommt.

ad 14) Es wurde in allen Punkten bewiesen, wie unbegründet die Vorwürfe gegen Lortz sind; damit erledigt sich die Behauptung von der Grundtendenz von Lortz, die falsche Auffassungen über das Wesen der Konfessionen, der Religion, der Kirche usw. aufkommen lasse, von selbst. Die etwaigen Ausdrücke, die als pietätslos empfunden werden könnten, hat Lortz in der zweiten Auflage getilgt und ersetzt.

ad 15) Eine Verbesserung sei unmöglich, darum dürfe das Werk nicht mehr erscheinen. Nach den ad 2) ausgeführten Darlegungen muß ich eine Neuauflage als durchaus berechtigt betrachten, haben sich doch die Einwände als sämtlich hinfällig erwiesen. Überdies wurde nach doppelter eingehender Überprüfung und Überarbeitung [[13]] der ersten Auflage das Imprimatur erteilt. Es ist wirklich das Äußerste an Sorgfalt aufgewandt worden, sodaß das Erscheinen des Werkes nicht mehr zurückgestellt werden sollte.

ad 16) Es wird gebilligt, daß die Ärgernisse in der Kirche aufgedeckt werden, gleichzeitig aber an Lortz getadelt, daß er durch sein Anrennen gegen die katholische Vergangenheit die Protestanten zu gewinnen hoffe. Es ist zunächst unrichtig, daß Lortz gegen die katholische Vergangenheit anrennt, er scheut sich weder das Gute anzuerkennen, noch das Verderbte in der Kirche zu brandmarken. Selbst wenn der Stil bei Lortz zuweilen etwas deklamatorisch klingen sollte, wäre das allein kein Beweis gegen seine völlig rechtgläubige Haltung. Und um die allein handelt es sich bei der Frage, ob das Werk wieder neu erscheinen kann.

Aus den kritisch vorgenommenen Ausführungen geht hervor, daß der Verfasser dieser Ausführungen Lortz mit Voreingenommenheit gelesen hat; sonst könnte er nicht solche verletzende Behauptungen geäußert haben. Es fehlt ferner der Blick für das Geschichtliche und vielleicht auch ein wenig Nächstenliebe. Es liegt dem Verlag fern, sich mit jedem Satz von Lortz zu identifizieren. Solche Haltung ist bei kaum einem Werk möglich; aber von der Rechtgläubigkeit dieses Werkes ist der Verlag doch überzeugt, sonst hätte er sich nicht dafür eingesetzt. Wenn Lortz in diesem oder jenem geschichtlichen Urteil sich geirrt hat, dann mögen die Historiker sich in der Kritik zu Worte melden. Sollte Lortz ferner um der Wahrheitsliebe und um der Liebe zu den verirrten Brüdern willen gegen die fehlenden Vertreter der eigenen Kirche das eine oder andere mal zu streng gerichtet haben, so dürfte dies noch kein Grund sein, seine Rechtgläubigkeit anzuzweifeln. Man lese das Werk von Lortz, wie es von ihm selbst gemeint ist, dann wird man nie zu solchen Fehldeutungen kommen wie die vorliegende, die ich um der Gerechtigkeit willen als falsch ablehnen muß.

29.6.41

Dr. Scherer.

6. Robert Scherer, Gutachten zu:
J. Lortz, Die Reformation in Deutschland (10. Juli 1941)[28]

Zur Kritik von Prof. Dr. Hugo Rahner an „Lortz, Die Reformation in Deutschland" in „Schweizerische Rundschau", März-Heft 1941

I. *Zwei Vorbemerkungen*

A) Die Rahnersche Kritik im März-Heft der „Schweizerischen Rundschau" richtet sich offenbar in erster Linie gegen die Besprechung Iserlands in derselben Zeitschrift (und damit indirekt gegen alle voll zustimmenden Besprechungen des Lortzschen Werkes). P. Rahner nimmt ausdrücklich Bezug auf diese Besprechung und legt ihre Einteilung (1. freimütige Anerkennung der vorreformatorischen Schäden; 2. Anerkennung des genuin Religiösen in Luther, beides um der Förderung des ökumenischen Gesprächs willen) seiner eigenen Besprechung zugrunde.

Aus dieser Feststellung ergibt sich für die Beurteilung der Besprechung von Rahner, daß sie das Lortzsche Werk beinahe ausschließlich unter diesem Blickpunkt betrachtet. Dies findet Ausdruck namentlich darin, daß Rahner dem Verfasser Lortz unterstellt, er habe sein Werk in erster Linie im Dienste des ökumenischen Gesprächs geschrieben und leiste durch den Mißbrauch des Wortes

---

[28] Robert SCHERER, Gutachten („Zur Kritik von Prof. Dr. Hugo Rahner an ‚Lortz, Die Reformation in Deutschland' in ‚Schweizerische Rundschau', März-Heft 1941"), 10. Juli 1941. IEG, NL Lortz [1446]. Maschinenschriftlich, 10 Seiten, paginiert.

„christlich" der Meinung Vorschub, als solle bei diesem Gespräch eine Begegnung in der Mitte möglich sein.

Dem gegenüber muß festgestellt werden:

1.) Lortz hat in Wirklichkeit die Forderung des ökumenischen Gesprächs nie in erster Linie intendiert. Der von vielen Kritikern mißverstandene Satz vom „tiefsten Anliegen des Werkes" im Schlußwort des II. Bandes (übrigens der einzige Hinweis auf das ökumenische Problem) hat Lortz veranlaßt, die Zielsetzung seines Werkes in einer Anmerkung richtigzustellen. Nachträglich hat Lortz freilich durch zahlreiche Vorträge sein Werk in den Dienst der Wiedervereinigung gestellt, wodurch er dem objektiven Anliegen des Werkes vielleicht geschadet hat.

2.) Die Fassung des Wortes „christlich" als Genusbegriff, dem die Konfessionen zu subsumieren seien, kann vielleicht Iserland zur Last gelegt werden, nicht aber Lortz, was Rahner durch eine Nebenbemerkung in seiner Besprechung auch implicite zugibt. Im übrigen verweise ich zu diesem Punkt, außer auf meine Replik ad 4) zu den anonymen Ausführungen gegen das Werk von Lortz, noch auf den „Katholischen Katechismus" von Kardinal Gasparri. Dort heißt es im 3. Teil „Katechismus für die Erwachsenen" auf die 2. Frage: „Wer heißt und ist ein Christ?": „Ein Christ heißt und ist, wer das Sakrament der Taufe empfangen hat, [2] das die Eingangspforte zur Kirche Christi ist."

Die Antwort auf die dritte Frage: „Wer ist im engeren und vollen Sinn ein Christ?" lautet: „Im engeren und vollen Sinn ist ein Christ, wer getauft ist und zugleich den wahren Glauben Christi voll und ganz bekennt, d. h. der Katholik; wenn er zudem das Gesetz Christi beobachtet, ist er ein guter Christ."

Also wird hier der Gebrauch des Wortes Christ in einem weiteren und engeren Sinn gebilligt, gewiß nicht dasselbe Verhältnis wie genus und species, aber doch in einem Sinn, daß er auf große Teile der Protestanten angewandt werden kann. Dann kann man auch Lortz nicht indirekt den Vorwurf machen, er gebrauche den Ausdruck „Christ" als Genusbegriff für beide Konfessionen.

3.) Jene Begegnung in der Mitte, die beim ökumenischen Gespräch erstrebt werde und die Iserlands Einstellung zugrundezuliegen scheint, wagt auch Rahner nicht Lortz zur Last zu legen. Es ist gefährlich, diese drei eben genannten Gesichtspunkte der Besprechung von Lortz zugrundezulegen, weil sie einem voreingenommenen Standpunkt stärkstens Vorschub leisten. Beweis: die Anlehnung der anonymen Ausführungen gegen Lortz an genau dieselben drei Punkte, deren Haltlosigkeit nachzuweisen oben angestrebt wurde.

B) Die Besprechung Rahners kann aus einem zweiten Grunde Lortz gegenüber nicht unvoreingenommen sein, weil sie bewußt oder unbewußt eigentlich auf eine Selbstrechtfertigung vor den Kritikern der 1. Besprechung in den „Stimmen der Zeit" hinausläuft (vgl. die ganz eindeutigen Sätze des 3. Absatzes der Besprechung in der „Schweizerischen Rundschau").

a) *Rahners Stellung zum Werk von Lortz in den*
„Stimmen der Zeit" ist folgende:

1.) Die Selbstrechtfertigung des Werkes als nicht „konfessionelles", d. h. als nicht apologetisch-polemisches Werk, will Rahner nicht gelten lassen, da diese Einstellung heute längst überwunden sei, auch bei Grisar schon. Er betont aber ausdrücklich, *daß das Werk gerechtfertigt sei* „durch die neue Art der Zusammenschau all der Teilergebnisse, die sich aus der unendlich verzweigten und fleißigen Forscherarbeit der letzten Jahrzehnte, vorab aus den seit Grisar erfreulich gewachsenen Quellenpublikationen und der vor dem Abschluß stehenden monumentalen Ausgabe der Werke Luthers, dem Geschichtsforscher anbieten."

2.) *Höchste Anerkennung und Bewunderung der organischen und komplexiven Geschichtsbetrachtung bei Lortz.* Ich führe Rahner selbst an: „Die Güte (d. h. also die dem wirklichen Leben am nächsten stehende Nachzeichnung) jeder Historiographie erweist [3] sich demnach in der Fähigkeit des lebendig erfaßten Aufspaltens der polaren Gegensätze, aus denen die Lebensfülle quoll, aber ebenso auch in der Fähigkeit, diese aufgespaltenen Elemente in ihrer Besonderung so zu beschreiben, daß sie nicht unter der Hand wieder zu absoluten Größen anschwellen und somit ohne Riß und Naht vom zusammenfügenden Geist als Teile eines lebendigen Ganzen wieder ineinandergefügt werden können.
Lortz' Reformationsgeschichte ist nun, bis hinunter in die Aufteilung seiner Kapitel und deren klar numerierte Unterteile, ohne Abstrich hervorragend in der Erfassung der lebendigen Polaritäten. Ein klassisches Beispiel dafür ist die Darstellung der Ursachen der Reformation (I, 3–144), ebenso die nur in diesem komplexen Denken erfaßbare Darstellung der Eigenart Luthers am Ende des I. Bandes (381–436). *Solch aufspaltende Herausstellung der Gegensätzlichkeiten ist viel erkenntnistreibender als eine geglättete Abrundung, bei der man stets das Gefühl hat, sie wolle in einem Atemhauch zwei Wörter sagen."* Diese ganz eindeutige Anerkennung wird durch den folgenden Satz: „Allein sie hat auch ihre Gefahren" nicht aufgehoben.

3.) Es wird an einzelnen Beispielen gezeigt, daß die glänzende Darstellungsweise von Lortz angeblich im Eifer für den Dienst an der Wiedervereinigung (?) einzelne Teile zu verabsolutieren drohe, sodaß sie nicht mehr in die Synthese passen wollen. (Die einzeln kritisierten Stellen werden später unter II B behandelt.)

4.) „Der hier untersuchten Komplexität von Lortz' Reformationsdarstellung liegt *ein vollkommen korrekter absoluter Maßstab der dogmatischen Wertung* aller geschichtlichen Wandlungen und Polaritäten zugrunde."[29]

---

[29] Anführungszeichen handschriftlich ergänzt. Daneben Randbemerkung von Lortz: „Wörtlich entnommen (S. 303)" – gemeint ist: Hugo RAHNER, Ökumenische Reformationsgeschichte. Zur Reformationsgeschichte von Joseph Lortz, in: Stimmen der Zeit 137 (1940), 301–304.

5.) Rahner zweifelt im übrigen, „ob diese, geschichtlich *ohne Zweifel hervorragend gelungene und heute mehr denn je fällige Darlegung der Reformation in Deutschland* unüberhörbar mitzusprechen hat im ökumenischen Gespräch. Allgemeiner: ob aus dem feinsinnig differenzierten Verständnis der Vergangenheit, also aus Geschichte überhaupt, Leben entbunden werden kann für die Gestaltung der kirchlichen Zukunft."

b) *Rahners Stellung in seiner zweiten Kritik der* „*Schweizerischen Rundschau*" ist folgende:

1.) Rahner ist zwar *überzeugt von dem „katholischen Herzschlag des Werkes"*, d. h. von der Würdigung des lutherischen Reformationsversuches vom katholischen Standpunkt aus. [4]

2.) Trotzdem hört er *„ungute Herztöne"* heraus, die im Gegensatz stehen zu der nahezu aufdringlichen Betonung des katholischen Standpunktes durch Lortz. Rahner verweist auf manche Ansatzpunkte in seiner früheren Kritik für Auffassungen und Urteile, die unhaltbar seien. Das Ungute liegt nach Rahner darin, daß der Herzschlag bei Lortz nicht ausreicht, das ganze Material bis ins letzte mit katholischem Blut zu durchpulsen und so recht zu formen.

3.) *Der Ertrag von Lortz' Rechnungsstellung betr. vorreformatorische Schäden ist zu negativ,* bzw. die Teilkomponenten dieser Abrechnung sind so unverarbeitet, der Ton, mit dem die Posten der Rechnung vorgelegt werden, ist so ungleich abgestimmt, *daß das Ganze doch wieder der verführerisch naheliegenden Gefahr verfällt, das Phänomen „Reformation" allzu rasch auf die vorreformatorischen Mißstände zurückzuführen.*

4.) *Es wird vermißt die Ausgeglichenheit in der ganzen Darstellung der vorreformatorischen Schäden.* „Jede scheinbar ‚rein historische' Einzeltatsache hat in einer Gesamtdarstellung wesentlich auch ‚symbolische' stellvertretende Funktion für das Ganze, das sie kennzeichnen soll" und ist somit der Ton, der die Musik macht.

5.) *Ablehnung all jener Werturteile, die Lortz dem Wesen und dem Werk Luthers zugesteht,* „*die man schlechthin nur einem objektiv christlichen Anliegen zubilligen kann".* Luthers Theologie ist und bleibt wurzelhaft unchristlich.

6.) *Infragestellung des Beitrags am ökumenischen Gespräch.* „Die Hingabe an die volle christliche Wahrheit ... wird nie bloß durch Besinnung auf früheren, historisch gewordenen, gemeinsamen Besitz an christlicher Substanz gefördert ..."

c) *Schlußfolgerung aus der Gegenüberstellung beider Besprechungen*

1.) *Rahner widerruft seine erste Anerkennung ausdrücklich.* (Vgl. a 2 und b 3, 4, 5) Gerade die Kapitel über die Ursachen der Reformation und über Luther

waren rühmlich anerkannt worden. Nun wird aber durch das unter b 4 aus-
gesprochene Prinzip über die Darstellung der historischen Einzeltatsachen als
Funktion für das Ganze die Methode der komplexiven Geschichtsbetrachtung
von Lortz, die Rahner so rühmte, wieder ausgeschlossen. Das geschichtliche
Leben weist eine unübersehbare Fülle von gegensätzlichen Einzeltatsachen auf.
Jede dieser Einzeltatsachen steht, für sich genommen, oft ohne Zusammenhang
mit dem Ganzen, oft [5] sogar scheinbar im Widerspruch zu demselben. Die
Funktion der geschichtlichen Einzeltatsache für das Ganze ist also nicht ohne
weiteres sichtbar. Sie kann überhaupt erst nachträglich aus dem Ganzen gedeutet
werden. Daß nun Lortz diese Deutung nicht apriori vornimmt, sondern sich
bemüht, das wirkliche Leben mit seinen polaren Gegensätzen so getreu wie
möglich nachzuzeichnen (was Rahner unter a 2 anerkennt) und erst nachträglich
jedesmal vom Ganzen her den einzelnen Tatsachen ihren Sinn und Wert zumißt,
wird ihm jetzt zum Vorwurf gemacht. Es ist doch ohnehin nicht möglich, beide
Erkenntnisweisen, die konkret beschreibende und die abstrakt urteilende, „ohne
Riß und Naht" zusammenzufügen, sodaß ein negativ kritisch und rein analytisch
eingestellter Leser leicht Unausgeglichenheiten bei Lortz finden kann. Lortz
fordert darum nicht umsonst, daß der Leser immer das Ganze seines Werkes
vor Augen halten möge, um die beschriebenen, oft scheinbar sich widerspre-
chenden geschichtlichen Einzeltatsachen im rechten Licht zu sehen. Wer sich
diesen Grundsatz der synthetischen Betrachtungsweise nicht zu eigen macht,
kommt in Gefahr, das Werk von einem voreingenommenen Standpunkt aus zu
lesen und so manches mißzuverstehen. Dieser Gefahr ist Rahner bei seiner zweiten Besprechung unterlegen, was aus dem Vergleich der beiden Kritiken ersichtlich wird. Er hat im Gegensatz zur ersten Besprechung, in der er sich von der
Darstellungsmethode von Lortz führen ließ und das Einzelne immer wieder im
Rahmen des Ganzen wertete, einzelne Gesichtspunkte herausgehoben und nach
ihnen das Werk analytisch zergliedert. So kann man Lortz nicht gerecht werden.

2.) *Rahner nimmt im Gegensatz zu seiner ersten Besprechung eine schwer verständliche Haltung bezüglich des „katholischen Herzschlags" des Werkes an.*
(Vgl. a 4 und b 2, die offensichtlich im Widerspruch zueinander stehen.) Es soll
hier noch nicht sachlich zu den Einwürfen Rahners Stellung genommen werden,
sondern vorerst nur aus der Gegenüberstellung der beiden Besprechungen die
Voreingenommenheit Rahners bewiesen werden. „Das ‚ungute Gefühl', dessen
man sich auch nach gewissenhaftester Lesung des Buches nicht recht erwehren
kann", sucht Rahner in seiner zweiten Besprechung ausführlich zu dokumentieren. (Diese Dokumentierung wird im einzelnen noch geprüft werden.) Hier sei
nur einmal darauf aufmerksam gemacht, daß Rahner die Gesichtspunkte für seine Dokumentierung alle aus der Besprechung Iserlands schöpft, statt daß er, wie
in seiner ersten Besprechung, Lortz aus sich selbst zu verstehen sucht. Eben diese
Besprechung Iserlands liefert ihm auch den Anlaß, bestimmte Gefahren im Werke von Lortz zu wittern, [6] die er auch bei dieser Art Betrachtung scheinbar zu
Recht dokumentieren kann. Damit verläßt Rahner die objektive Betrachtungsweise und stützt alle seine Argumente auf einen subjektiven Eindruck von tatsächlichen Gefahren. Die möglichen Gefahren, die er in der ersten Besprechung

vermerken zu müssen glaubte, haben jetzt einen ganz andern Charakter, sie lassen ihn aus dem ganzen Werk jene „unguten Herztöne" hören, die in der ersten Besprechung noch keine Rolle spielten.

Damit ist die Notwendigkeit erwiesen, die neue Besprechung Rahners mit der nötigen Zurückhaltung zu betrachten. Es sei zur Ergänzung gleich vermerkt, daß die protestantische Kritik, im Ganzen gesehen, sich durch hohes wissenschaftliches Niveau auszeichnet, nirgendwo den von Rahner erwähnten Gefahren der Mißdeutung zum Opfer gefallen ist. Im Gegenteil, Lortz' durchaus katholischer Standpunkt wurde immer wieder erkannt, und diese Haltung wurde ihm vielfach hoch angerechnet. Die Protestanten haben z.T. für sich die Lehre daraus gezogen, die vorreformatorischen Zustände nicht mehr in dem nur negativen Lichte zu sehen. Aber auch ernstere und selbst zurückhaltendere katholische Stimmen (es ist kein Zeichen der Stärke seiner Position, daß Rahner nur Schmidlin als warnende Stimme zu zitieren weiß!) wie z.B. Böminghaus haben bei allen Vorbehalten hinsichtlich einzelner Auffassungen nie die Gesamthaltung des Werkes in dem Sinne interpretiert, wie Rahner es in seiner zweiten Kritik getan hat. Man darf zugunsten von Lortz noch hinzufügen, daß der ökumenische Aspekt, der z.Zt. eigentlich mehr in katholischen Kreisen Verwirrung stiftet, bei den Protestanten kaum einen Einfluß auf die Besprechungen gehabt hat. Die zu starke Berücksichtigung dieses Aspektes der Besprechungen auf katholischer Seite dürfte z.T. Schuld tragen an der schwankenden[30] Beurteilung des Werkes in den katholischen Kritiken, die wiederum die zweite Kritik Rahners ausgelöst hat.

II. *Die sachliche Seite der Einwände Rahners*

A) *Im allgemeinen*

(Die Einwände der ersten Kritik in den „Stimmen der Zeit" übergehe ich, weil sie in der zweiten neu aufgenommen und erweitert werden und im übrigen bei den Verbesserungen für die zweite Auflage von Lortz bereits berücksichtigt wurden.)

1.) Der Eindruck Rahners, daß Lortz' Rechnungsstellung der vorreformatorischen Schäden zu negativ sei, schwindet, sobald man sich die Mühe nimmt, [7] den zweiten Band neben dem ersten sich gegenwärtig zu halten. Man muß Lortz das Recht zubilligen, daß sein Werk so gelesen werde, wie er es ausdrücklich fordert und daß man einzelne Aussagen, die durch andere ergänzt werden, nicht gegen das ganze Werk ausspielt. Gewiß hat Lortz zuweilen, aus der Gewissenhaftigkeit heraus, ja nicht die Schuld im eigenen Lager zu vertuschen, manches so ausgedrückt, daß es übertrieben klingt.[31] Bei der zweimaligen sorgfältigen Überprüfung des Werkes zum Zwecke der Erlangung des Imprimatur für die zweite

---

[30] Randbemerkung von Lortz: „nur *sehr* wenige!"
[31] Randbemerkung von Lortz: „?"

Auflage, sind solche Stellen korrigiert worden. Dasselbe gilt für Unausgeglichenheiten im Ausdruck und im Ton einzelner Sätze des Werkes.

2.) Auch die Werturteile über Luthers Person und Werk wurden in der 2. Auflage ganz besonders unter die Lupe genommen und korrigiert. Vorausgesetzt wird hierbei allerdings, daß den Protestanten nicht schlechthin die Eigenschaft „christlich" und „religiös" abgesprochen werden kann, auch[32] vom korrekt dogmatischen Standpunkte aus nicht.

3.) Die Bedeutung des Werkes für die Wiedervereinigung dürfte für dessen Beurteilung vom Standpunkt der kirchlichen Korrektheit her unmaßgeblich sein. Es genügt, nochmals festzustellen, daß Lortz ein ökumenisches Gespräch im Sinne einer Begegnung von Katholiken und Protestanten in der Mitte selbstverständlich ablehnt (II, 307 f.).

Im übrigen darf man Rahner recht geben, wenn die historische Besinnung *letzten Endes* für die Bekehrung eines Protestanten zur katholischen Kirche nicht entscheidend ist. Entscheidend kann sie aber für die Vorbedingung zu einer solchen Bekehrung werden, zumal wenn eine solche historische Besinnung wie bei Lortz im Geiste christlicher Nächstenliebe dargestellt ist, sodaß sie das Herz des Protestanten leichter für die Wahrheit öffnet. In diesem Sinne dürfte Rahner die Aufgabe einer richtig verstandenen „irenischen" Geschichtsschreibung doch unterschätzen. (Man denke etwa an den Weg Newmans bis zu seiner Konversion.) Wie soll ein Protestant im allgemeinen und im wesentlichen anders als durch den historischen Vergleich den Weg zur Kirche finden?

Gewiß hatte schon ein Grisar diese irenische Einstellung. Es gilt jedoch zu bedenken, daß seit Grisar die protestantische Front sich sehr gewandelt hat und daß wir heutigen Katholiken gegenüber unsern „christlichen" protestantischen Brüdern eher frei sind von allem „antiprotestantischen Affekt" als die Katholiken früherer Zeiten. Das erlaubt uns auch, die Schäden der vorreformatorischen Zeit mit unbefangenerem Blick zu sehen. [8] Das wird man auch Lortz als ein Fortschritt ehrlicherweise zubilligen müssen. Dies dürfte vielleicht auch ein Grund sein, weshalb die Darstellung bei Lortz gegenüber früheren Darstellungen in der Wertung der kirchlichen Schäden schärfer und in der Würdigung Luthers milder erscheint.

B) *Im einzelnen*

Es folgen die beanstandeten Stellen aus beiden Besprechungen Rahners.

(Die Einwände gegen einzelne Punkte der langen Vorrede der ersten Auflage erledigen sich durch den Wegfall der Vorrede in der 2. Auflage. Die darin enthaltenen Richtlinien zum rechten Verständnis des Werkes konnten den einen oder andern Leser durch ihre zu starke Betonung mißtrauisch und voreingenommen machen, was manche Besprechung denn auch bewiesen hat. Deshalb hat

---

[32] Statt „auch" verbessert Lortz: „und zwar".

sich Lortz entschlossen, die Vorrede wegzulassen und das Nachwort entsprechend umzuarbeiten, damit das Werk sachlich durch sich selbst wirke.)

Bd. I, 3.[33] Der Satz „Und es entsteht auch die Aufgabe, die Einlösung des im 16. Jahrhundert ungenügend verwirklichten reformatorischen Anliegens – des ursprünglichen! – heute neu vorzubereiten" wird offenbar von Rahner zu eng verstanden, im Sinne, daß erst heute, nach der von Lortz erstmalig erarbeiteten Feinfühligkeit des Lutherverständnisses das reformatorische Anliegen eingelöst werden könne. Man wird m. E. den Satz eher im Sinn von II 302 verstehen müssen, wo Lortz fordert, daß wir den Anteil der Schuld der Christen vor der Reformation nicht nur erkennen, sondern *die Verwundung der Kirche* (auch heute noch!) *wägen* sollten. In diesem Wägen liegt natürlich die Pflicht zu einer Wiedergutmachung einbegriffen und daß man sich nicht mit der Tatsache der Trennung abfinde.

In dem Sinne, daß die Kirche sich erst heute regenerieren müsse, kann man den Satz wohl nicht verstehen, da Lortz ja in seinem II. Bande nachweist, wie die Kirche sich tatsächlich ohne Luther regeneriert hat.

{Um der Klarheit willen empfehle ich den Satz deutlicher zu fassen, da er unbedingt als für das ganze Buch programmatisch betrachtet wird. Andernfalls würde ich den Satz lieber weglassen.}[34]

I 9, 18. Rahner bestreitet, daß die Kirche dem deutschen Volk „nicht genügend Befriedigung der Selbständigkeit" gab. Auf S. 9 ist überhaupt nicht die Rede von der Kirche im Reich, sondern nur allgemein von der allmählich entstandenen Spannung zwischen weltlichem Gemeinwesen und Kirche. Auf S. 18 wird diese These von Lortz tatsächlich vertreten, jedenfalls aber nicht in einem kirchlich zu beanstandenden Sinn. Über die Richtigkeit der einen oder andern Behauptung zu streiten, ist Sache der Historiker.

{Uns scheint, daß die Parallele von Reich, Frankreich und England bezüglich des Nationalkirchlichen nicht stimmt. Denn man darf nicht übersehen, daß das Reich im Verhältnis zur Kirche eine andere Rolle spielte als die anderen Länder.}[35]

I 11, 95. Sehr scharf wendet sich Rahner gegen die Behauptung von Lortz, die Reform sei seit 300 Jahren fällig gewesen. Lortz schreibt: „Die Linie Avignon – Schisma – Renaissance ist, aufs Ganze gesehen, [9] eine Entwicklung der religiösen Schwächung." Das wird wohl auch Rahner nicht bezweifeln wollen, trotz aller Einschränkungen, die selbst Lortz macht. Man lese zum Verständnis solcher Sätze das ganze Kapitel über die „Ursachen der Reformation", insbesondere über den Begriff „Ursache". Rahner selbst hat gerade dieses Kapitel als klassisch bezeichnet. Aus ihm hätte er verstehen können, daß der Satz, die Reform sei seit 300 [Jahren] (zum mindesten seit 200 Jahren, heißt es an einer andern Stelle) fällig gewesen, nicht in dem massiven Sinn gedeutet werden darf, wie ihn Rahner faßt.

---

[33] Zahl „3" handschriftlich ergänzt.
[34] Eingeklebter maschinenschriftlicher Zusatz von Scherer.
[35] Eingeklebter maschinenschriftlicher Zusatz von Scherer.

I 14 (nicht 13!) und 74. Rahner wendet sich gegen die Behauptung, daß der kirchliche Freiheitskampf Gregors VII. die „Klerikalisierung" der Kirche zur Folge gehabt habe und daß demgegenüber die lutherische Bewegung eine „Laienbewegung" gewesen sei. – Zum rechten Verständnis dieses Satzes darf man nicht übersehen, daß Lortz zugleich die zunehmende Entsakralisierung der weltlichen Bezirke schildert, sodaß die Trennung und Spannung zwischen Welt und Kirche oder Klerus und Laien sich im ausgehenden Mittelalter beinahe notwendig ergibt. Lortz ist sich dabei der Überspitzung seiner Formel durchaus bewußt. Vgl. die vorausgehenden Sätze S. 74 zu „Der Klerus war der Nutznießer der Kirche geworden." Vgl. auch den Begriff „Ursache" bei Lortz. Also auch diesen Satz kann man richtig verstehen. Und selbst, wenn Rahner recht hätte, so dürfte Lortz deswegen in seiner kirchlichen Haltung nicht diskriminiert werden. Vgl. im ganzen das gemäßigtere Urteil von Böminghaus.

I 75. „Die Sprache dieser Kurie (während der Regierung der Renaissance-Päpste, insbesondere Alexander VI.) ist mit Selbstverständlichkeit immer noch die der unantastbar gewordenen frommen Formeln, *von salbungsvollem Superlativismus* und mit reichlichen Bibelstellen durchwebt." Dieser Satz wird als unsachlich hingestellt. Wirklich? Luther wird es zugebilligt, für Alexander VI. soll es nicht recht sein? Das erscheint doch kleinlich nörgelnd.

I 88, 91. Einen formellen Gegensatz vermag ich zwischen den beiden Behauptungen nicht herauszulesen. (Berichte über die Klöster in Wismar und Rostock!)

I 221 f., II 91 f. Die Frage, ob Lortz Eck richtig gesehen hat, ist eine Frage, die vor das Forum der Historiker gehört, nicht vor das Urteil der kirchlichen Behörde. Lortz hat Eck nicht grundsätzlich negativ gezeichnet. Vgl. II 80 ff., wo selbst Rahner zugibt, daß Eck sehr sympathisch dargestellt sei.

I 225. Den Satz „*daß sie (Luthers Programmschriften von 1520) das Charisma der Berufung für die verhängnisvollen Möglichkeiten der Stunde an sich tragen …*" hat Rahner mit Recht beanstandet. Dieser Satz ist in der 2. Auflage abgeschwächt worden, [10] indem Berufung durch Berufenheit ersetzt wurde. Vielleicht stört aber das Wort Charisma noch. „Charisma" sollte besser nur im echt christlichen Sinn angewandt werden. Das kann im Jahre 1520 für Luther nicht mehr zutreffen.

I 232 f. Der Satz „Von der Freiheit eines Christenmenschen' ist die christlichste aller Schriften des Reformators" war von Rahner in den beiden Besprechungen abgelehnt unter Hinweis auf den sehr unchristlichen Begleitbrief Luthers an den Papst. Diesen Brief hat Lortz freilich nicht übersehen. Man wird hier trotz allem Rahner recht geben müssen, daß das Wort „christlich" stört. Darum sollte das Wort „christlichste" durch „frömmste" und S. 233, Zeile 14 „ungewöhnliche christliche Kraft" durch „ungewöhnliche religiöse Kraft" ersetzt werden. Damit, glaube ich, wäre der Beanstandung Rahners Genüge getan.

I 405. in der neuen Auflage schon geändert.

I 420 f., 436. Die Deutung Luthers durch Lortz, nach der Luther in erster Linie seinen eigenen falschen „Katholizismus" bekämpft habe, hat Lortz mit viel Überzeugungskraft vertreten. Rahner ist als Historiker nicht überzeugt. Das dürfte aber nicht die Kirchlichkeit des Lortzschen Werkes beeinträchtigen.

II 296. in der neuen Auflage schon geändert.

Abgesehen von den drei Seiten I 225, 232, 233 brauchte nichts mehr geändert zu werden, da all die übrigen Punkte schon berücksichtigt wurden oder für das Imprimatur ohne Belang sind. Ich empfehle, diese drei kleinen Vorschläge schnellstens durchzuführen und mit dem Erscheinen des Werkes nicht mehr zu säumen, da ein Nichterscheinen des festangekündigten Werkes nach außen einen für die Kirche sehr üblen Eindruck machen würde.

10. Juli 1941

Dr. Robert Scherer.

7. Robert Scherer, „Regesten zu Lortz", 1938–1951 (16. November 1951)[36]

Regesten zu Lortz

Am *18. 3. 1938* teilten wir Lortz mit, daß das Werk „Die Reformation in Deutschland" bei der kirchlichen Zensur liege.
Erzbischof Gröber hatte sich persönlich für das Werk interessiert und das Manuskript selbst gelesen. Er hatte einige Bedenken angemeldet.

Am *13. 5. 1938* konnten wir Lortz mitteilen, daß der kirchliche Zensor nur Geringfügigkeiten anzumelden hätte. Im ersten Band waren es 6, im zweiten Band 5 Stellen.

Mitte August 1938 bekam Erzbischof Gröber wieder Bedenken im Hinblick auf den Gesamtcharakter des Werkes, nachdem der erste Band schon abgesetzt war. Er wollte das Werk noch einem Kirchenhistoriker vorlegen und vor allem mit Professor Lortz selber sprechen.

Inzwischen war aber am *28. 7. 1938* eine Mitteilung des Erzbischöflichen Ordinariates bei uns eingelaufen, gezeichnet von Weihbischof Burger, nach der Professor Bilz erklärte, er könne das Imprimatur nicht empfehlen. Ferner hieß es in dieser Mitteilung:

---

[36] Robert SCHERER, „Regesten zu Lortz", 16. November 1951. Privatarchiv Herder. Maschinenschriftlich, 5 Seiten, paginiert.

„Bei dem uns bekannten Gesamtcharakter des Buches vermögen wir nicht, unser Imprimatur damit zu verbinden, sondern verweisen Sie zur Erlangung der kirchlichen Druckgenehmigung an den Heiligen Stuhl."

Am *31. 8. 1938* schrieben wir an Lortz von dieser Mitteilung. Wir hätten zwar von ihm gehört, daß der Erzbischof die Bedeutung dieser Ordinariatsmitteilung abgemildert hätte. Es läge uns aber sehr daran, eine schriftliche Bestätigung bzw. Interpretation dieses Schreibens durch den Erzbischof in Händen zu haben. Lortz möge den Erzbischof darum bitten, was Lortz in einem Schreiben vom *2. 9. 1938* an Erzbischof Gröber auch getan hat, darin er ihm als weiteren Zensor Prälat Kirsch in Rom empfahl.

Inzwischen mußte wohl ein Jesuit in Rom sich zu dem Manuskript von Lortz geäußert haben, denn in einem Brief vom *4. 9. 1938* schreibt Prälat Kirsch, es würde sich wohl um Pater Leiber handeln.

Erzbischof Gröber schrieb am *14. 9. 1938* an Lortz:
„Ich suspendiere den Erlass vom 28. 7. 1938 (Ordinariatsschreiben) und bin damit einverstanden, daß Prälat Kirsch das Manuskript liest und in Rom sondiert, ob gegen das Erscheinen des Buches Schwierigkeiten entstehen könnten. Lautet sein Urteil günstig, so ist das Werk an mein Ordinariat zurückzusenden, um das Imprimatur zu erlangen."

Herr Prälat Kirsch schreibt am *1. 11. 1938:* [2]
„Nach meiner Auffassung liegt kein Grund vor zu befürchten, daß in Rom der Inhalt und die Darstellung beanstandet werden könnten. Das habe ich in meinem Brief an den hochwürdigsten Herrn Erzbischof dargelegt. Ich habe den ersten Band genau durchgenommen und auch Korrekturen gemacht …
Der hochwürdigste Herr Erzbischof wird Ihnen wohl jedenfalls Kenntnis geben von meinem Schreiben an Seine Exzellenz."

Am *10. 11. 1938* empfiehlt der Verlag Herrn Professor Lortz, die beiden Bände gleichzeitig herauszugeben und teilt mit, daß Erzbischof Gröber Herrn Geheimrat Finke um seine Äußerung zum ersten Band gebeten hätte und dieser dem hochwürdigsten Herrn Erzbischof ein kleines recht positives Gutachten übermittelt hätte. Einige Wünsche habe er allerdings noch vermerkt.

Am *18. 11. 1938* teilt der Verlag Professor Lortz mit, daß der Herr Erzbischof die Bogen seiner Reformationsgeschichte durchgesehen habe, das Imprimatur aber von der Änderung eines Abschnittes abhängig mache.

Am *24. 11. 1938* teilt der Verlag mit, daß der Erzbischof noch einen Satz geändert haben wolle, von dem er das Imprimatur abhängig mache.

Am *10. 12. 1938* teilen wir Lortz mit, daß das Approbationsformular vom Ordinariat in unseren Händen sei und daß unverzüglich mit dem Druck begonnen werden könne, sobald die Bogen von ihm einträfen.

Inzwischen scheinen *Schwierigkeiten gegen Band II* aufgetaucht zu sein. Ein Beleg hierzu fehlt. Es geht aber aus der weiteren Korrespondenz hervor, da wir am *27. 2. 1939* Lortz mitteilen:

„Ihr zweiter Band wird neuerdings geprüft und wir möchten hoffen, daß wir eines Rückgriffes auf Herrn Prälaten Kirsch enthoben bleiben."

Am *12. 4. 1939* meldet Prälat Kirsch seine Änderungswünsche an, die dieses Mal mehr ins Grundsätzliche gehen.

Am *17. 5. 1939* schreibt Herder an Lortz:

„Der hochwürdigste Herr Erzbischof von Freiburg hat inzwischen das ganze Manuskript selbst gelesen. Er hat auch eine inzwischen eingegangene weitere Stellungnahme von Herrn Prälaten Kirsch vor sich und wollte eine Romreise zu einer nochmaligen Rücksprache mit Herrn Prälaten Kirsch benutzen."

Am *26. 5. 1939* kann der Verlag Lortz das Ergebnis dieses römischen Gesprächs mitteilen. Danach will Prälat Kirsch sich eine zusammenfassende Stellungnahme zum Gesamtwerk noch vorbehalten:

„Herr Prälat Kirsch wollte damit die Wege suchen, die zu einer Bereinigung der Angelegenheit beschritten werden könnten."

Der Herr Erzbischof will ergänzend zum Schreiben von Prälaten Kirsch seine eigenen Wünsche präzisieren, die er mündlich mit Lortz bespre[3]chen möchte. Erzbischof Gröber ist bemüht, dem Werk zu dienen. P. Noppel wird eingeschaltet, um die Wege zu ebnen. Es kommen laufend weitere Änderungswünsche.

Am *12. 6. 1939* schreibt Lortz, er habe die besprochenen Stellen geändert und das Vorwort umgestaltet. Auf Anregung von P. Noppel soll Herr Prälat Kirsch die erste Rezension schreiben.

Am *8. 7. 1939* teilen wir Lortz mit, wir hätten Erzbischof Gröber seine Korrekturen persönlich übergeben. Wir hätten

„allerdings begründete Anhaltspunkte zu vermuten, daß er die Korrekturen Herrn Domkapitular Rauch weitergegeben hat."

Am *7. 8. 1939* können wir Lortz schreiben, daß der Erzbischof bereit sei, das Imprimatur für das ganze Werk neu zu erteilen. Nur ein Satz im Vorwort soll gestrichen werden.

Am *17. 8. 1939* schließlich schreiben wir an Lortz, das Ordinariat habe den Druck freigegeben.

Am *21. 2. 1940* schreiben wir an Lortz, Prälat Kirsch habe die Besprechung von Lortz für den Osservatore Romano fertig, sodaß man mit einem baldigen Erscheinen derselben rechnet.

———————

Am *9. 5. 1940* schreiben wir von der Notwendigkeit einer Neuauflage und bitten Lortz um Vorbereitung der Korrekturen unter Hinweis auf die Kritiken, namentlich auch von Rahner in den „Stimmen der Zeit".

Am *5. 6. 1940* schreiben wir an Lortz von einer negativen Kritik von Bischof Sproll.

Am *4. 10. 1940* sprechen wir von einer Gefährdung des Werkes und von einer Rücksprache mit Herrn Professor Höfer, wie dieser Gefährdung begegnet werden könnte.

Am *24. 1. 1941* teilen wir Lortz einige Beanstandungen des Ordinariats zum ersten Band mit.

Am *1. 4. 1941* gehen die Verbesserungsvorschläge von Dr. Scherer für die zwei Bände an Lortz ab. Diese Vorschläge werden aus der neuen Situation heraus gemacht.

Danach muß wohl die große Besprechung zwischen Lortz und dem damaligen Domkapitular Rauch stattgefunden haben. Ein Beleg hierzu ist nicht mehr vorhanden. [4]

Am *5. 7. 1941* schreiben wir von der negativen Kritik Hugo Rahners in der „Schweizerischen Rundschau". Eine Stellungnahme von Dr. Scherer vom *10. 7. 1941* geht an Lortz ab.

Am *22. 7. 1941* melden wir neue Schwierigkeiten aus Rom. Der Erzbischof hat zwei Schreiben über die Nuntiatur im Auftrag des Kardinalstaatssekretärs erhalten. Diese zwei Schreiben enthalten Verbesserungswünsche
   1) im Sinne der Kritik Hugo Rahners in der „Schweizerischen Rundschau",
   2) im Sinne der Wünsche eines Ungenannten.

Ein Gutachten von Dr. Scherer vom *29. 6. 1941* hierzu wird an Lortz geschickt. Der Erzbischof sieht hiermit eine neue Sachlage gegeben und verlangt ein neues Imprimatur. Er nimmt aber die von Dr. Scherer ausgearbeiteten Vorschläge an, wünscht noch zwei Korrekturen dazu. Wir sollten dann das Imprimatur beantragen unter Hinweis auf die bereits gemachten Verbesserungen im Sinne der aus Rom mitgeteilten Wünsche.

Am *6. 8. 1941* erhalten wir schließlich das Imprimatur.

———————

Am *30. 3. 1948* schreiben wir an Lortz, Baden-Baden habe die 3. Auflage genehmigt und nur zwei Beanstandungen mitgeteilt.

Am *28. 10. 1948* schreiben wir Lortz, Weihbischof Burger habe das Imprimatur für die 3. Auflage am 20. 4. 1948 ohne weiteres gegeben. Wir haben ein neues Vorwort zur 3. Auflage vorgeschlagen.

Am *16. 3. 1950* hören wir von der negativen Besprechung des Osservatore Romano. Man wundert sich, daß der Verlag das Werk neu herausgebracht hat.

Am *31. 3. 1950* erfährt Dr. Scherer von Prof. Dr. Bernhard Welte vertraulich von einer Nuntiaturmitteilung betr. Lortz. In Zusammenhang damit sei dieser von Erzbischof Rauch vernommen worden. Nach dieser Mitteilung sei man in Rom sehr darüber verwundert gewesen, daß der Verlag eine Neuauflage von Lortz gemacht habe, da Rom früher ausdrücklich mitgeteilt hätte, daß eine Neuauflage unerwünscht sei.

Erzbischof Rauch habe auf diese Mitteilung der Nuntiatur
1) den wirklichen Sachverhalt der Imprimaturverhandlungen wiedergegeben, so wie wir ihn kennen,
2) erklärt, daß ein Schreiben Roms, das eine Neuauflage von Lortz als unerwünscht bezeichnete, nirgendwo im Ordinariatsarchiv sei und daß auch niemand davon wisse. [5]
3) daß hingegen ein Schreiben von Bischof Rusch vom September 1941 vorliege, gerichtet an Erzbischof Gröber, darin ausgedrückt sei, daß er bei einer Audienz vom Heiligen Vater selbst erfahren habe, daß dieser nicht wolle, daß Lortz auf den Index komme und daß entgegen dem Wunsche gewisser Kreise das Werk weiter erscheinen könne.

Dies stimmt überein mit einer Aktennotiz von Herrn Direktor Welte vom *15. 9. 1941:*
„Seine Heiligkeit Papst Pius XII. hat (durch Exzellenz Bischof Paul Rusch, Innsbruck) den hochwürdigsten Herrn Erzbischof Dr. Gröber wissen lassen, daß das Buch von Lortz über die Reformation *nicht* auf den Index kommen werde. Daran sei nicht gedacht gewesen. Es hätten nur einige kirchliche Historiker den Eindruck gehabt, daß Lortz die irenische Haltung gelegentlich zum Schaden der geschichtlichen Tatsachen betrieben habe. Man begrüße es aber, wenn eine Neuauflage mit einigen Änderungen erscheine."

Am *21. 6. 1951* teilt Herr Pfarrer Maier Herrn Dr. Scherer vertraulich mit, eine Persönlichkeit aus Rom habe die Nachricht mitgebracht, daß man dort über die Haltung des hiesigen Ordinariates sehr indigniert gewesen sei und daß man auf ein Dekret hingewiesen habe, das Erzbischof Gröber geschickt worden sei. Dieses Dekret sei aber, wie Prälat Reinhard sagte, nirgendwo aufzufinden.

16. November 1951   Dr. Scherer.

Anhang C:
Abbildungen zur Entstehungsgeschichte

VERLAGS - VERTRAG

Herr Universitätsprofessor Dr.Josef L o r t z in Münster i.W.
verfasst für den Verlag Herder in Freiburg i.Br. ein Werk mit
dem Titel

"Die Reformation in Deutschland"

und überlässt es dem Verlag Herder für alle Auflagen und Ausgaben.

Artikel 1

Ziel des Werkes ist, eine zusammenfassende wissenschaftlich
unterbaute, leicht lesbare Darstellung der Voraussetzungen und
der Entwicklung der Reformation in Deutschland zu geben, das
religiöse Anliegen und die Kraft des Durchbruchs bei Luther
verständlich zu machen, wie seine dogmatische Schwäche und die
Gefahren bei der Weiterentwicklung des Protestantismus klar aufzuzeigen. Es soll also dem Katholiken Verständnis für die Reformation und ihre besondere Bedeutung für das deutsche Schicksal, dem Protestanten Erkenntnis in die falsche dogmatische Situation Luthers und deren Folgen geboten werden.

Artikel 2

Das Werk soll im Umfang von 800 Seiten in der Art von Günter
"Das deutsche Mittelalter" (714 Silben je Seite) einschließlich
Titel und Register und in zwei Bänden erscheinen. Herr Professor
Lortz übergibt dem Verlag Herder das vollständige und druck-
fertige Manuskript bis . . . . . .

Artikel 3

Der Verlag behält sich vor, das Manuskript zu überprüfen und
sich spätestens zwei Monate nach Empfang des ganzen Manuskripts
endgültig über die Annahme bzw. notwendig erscheinenden Änderungen zu entscheiden.

Artikel 4

Als Auflage werden 3000 Stück in Aussicht genommen, aber endgültig erst bei Beginn der Druckarbeiten vereinbart. Als Honorar
erhält der Herr Verfasser 10 % vom Ladenpreis des ungebundenen
Stückes. Das Honorar für das erste Tausend erhält der Herr Verfasser bei Erscheinen des Werkes, das weitere Honorar nach Maßgabe des Absatzes, in den beiden ersten Jahren unter zweimali-
ger Abrechnung im Februar und im August, dann jährlich einmal
im Februar. Wenn zehn Jahre nach Erscheinen noch unverkaufte
Exemplare vorhanden sind, hat der Verlag keine Abrechnungs-
pflicht mehr für den dann noch vorrätigen Rest.

Artikel 5

Der Verlag darf 250 Stück über die Auflage hinaus als Werbe-
stücke drucken. Davon erhält der Herr Verfasser 25 gebundene
Stücke als (unverkäufliche) Verfasserfreistücke.

512

Artikel 6

Der Verlag besorgt die erste Korrektur (sogenannte Hauskorrektur), der Herr Verfasser die zweite und jede etwa weiter notwendig werdende Durchsicht. Korrekturen dürfen 10°/o der Satzkosten nicht überschreiten.

Artikel 7

Nach dem Urkundensteuergesetz vom 5.5.1936 sind Verlagsverträge steuerpflichtig. Die Urkundensteuer wird vom Verlag ausgelegt und von den Vertragschließenden zu gleichen Teilen getragen.

Dieser Vertrag wurde doppelt ausgefertigt und beiderseits unterzeichnet.

Münster i.W., den

Freiburg i.Br., den

Abb. 24a/b: Vertragsentwurf Herder – Lortz, Die Reformation in Deutschland, September 1937.

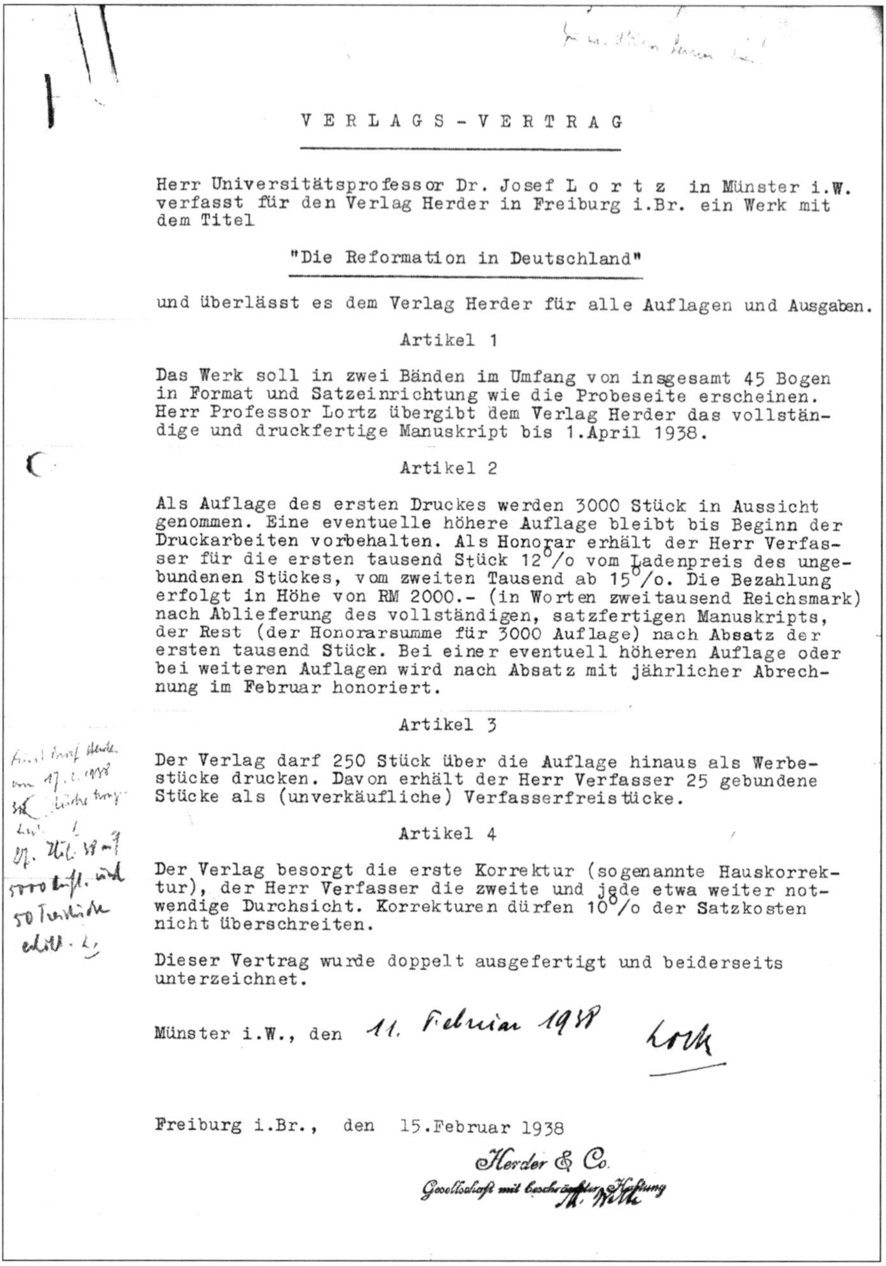

VERLAGS-VERTRAG

Herr Universitätsprofessor Dr. Josef L o r t z in Münster i.W.
verfasst für den Verlag Herder in Freiburg i.Br. ein Werk mit
dem Titel

"Die Reformation in Deutschland"

und überlässt es dem Verlag Herder für alle Auflagen und Ausgaben.

Artikel 1

Das Werk soll in zwei Bänden im Umfang von insgesamt 45 Bogen
in Format und Satzeinrichtung wie die Probeseite erscheinen.
Herr Professor Lortz übergibt dem Verlag Herder das vollständige und druckfertige Manuskript bis 1.April 1938.

Artikel 2

Als Auflage des ersten Druckes werden 3000 Stück in Aussicht
genommen. Eine eventuelle höhere Auflage bleibt bis Beginn der
Druckarbeiten vorbehalten. Als Honorar erhält der Herr Verfasser für die ersten tausend Stück 12%/o vom Ladenpreis des ungebundenen Stückes, vom zweiten Tausend ab 15%/o. Die Bezahlung
erfolgt in Höhe von RM 2000.- (in Worten zweitausend Reichsmark)
nach Ablieferung des vollständigen, satzfertigen Manuskripts,
der Rest (der Honorarsumme für 3000 Auflage) nach Absatz der
ersten tausend Stück. Bei einer eventuell höheren Auflage oder
bei weiteren Auflagen wird nach Absatz mit jährlicher Abrechnung im Februar honoriert.

Artikel 3

Der Verlag darf 250 Stück über die Auflage hinaus als Werbe-
stücke drucken. Davon erhält der Herr Verfasser 25 gebundene
Stücke als (unverkäufliche) Verfasserfreistücke.

Artikel 4

Der Verlag besorgt die erste Korrektur (sogenannte Hauskorrektur), der Herr Verfasser die zweite und jede etwa weiter notwendige Durchsicht. Korrekturen dürfen 10%/o der Satzkosten
nicht überschreiten.

Dieser Vertrag wurde doppelt ausgefertigt und beiderseits
unterzeichnet.

Münster i.W., den *11. Februar 1938*

Freiburg i.Br., den 15.Februar 1938

Herder & Co.
Gesellschaft mit beschränkter Haftung

Abb. 25: Vertrag Herder – Lortz, Die Reformation in Deutschland, Februar 1938.

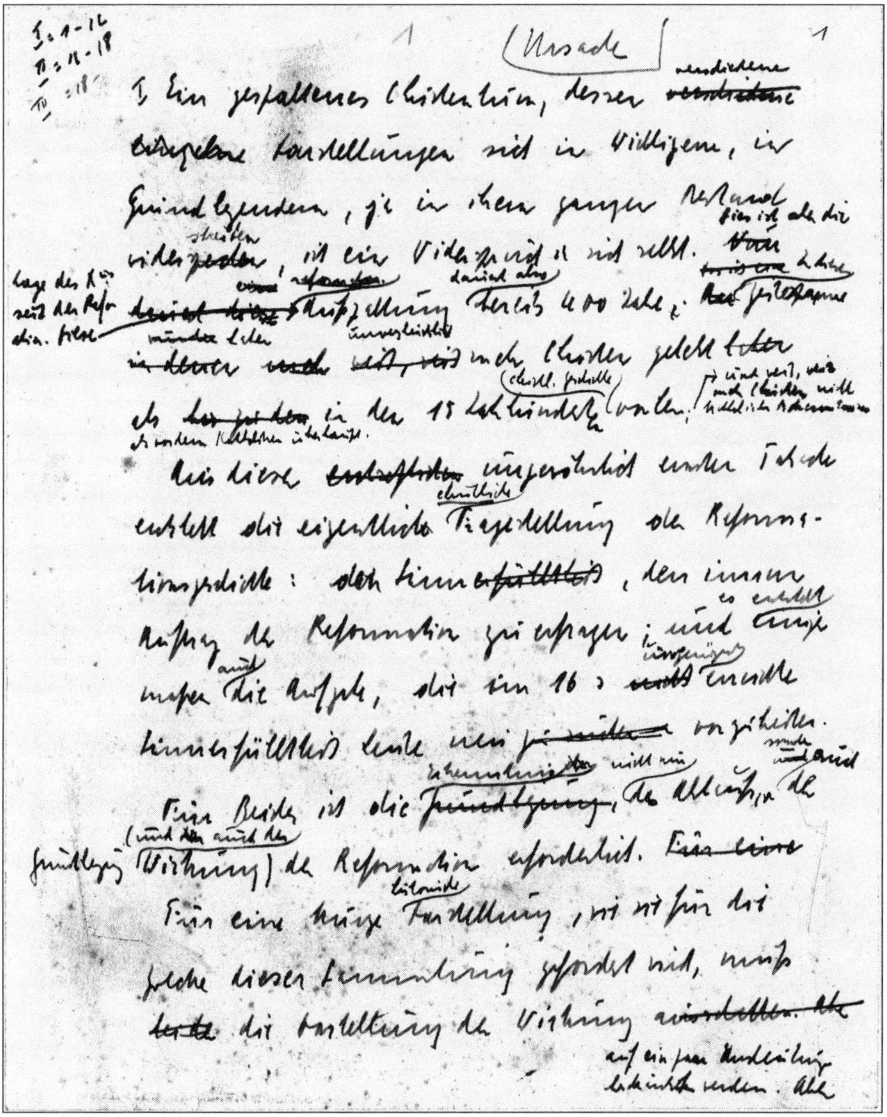

Abb. 26: Die Reformation in Deutschland, Anfang des ersten Kapitels (Manuskript).

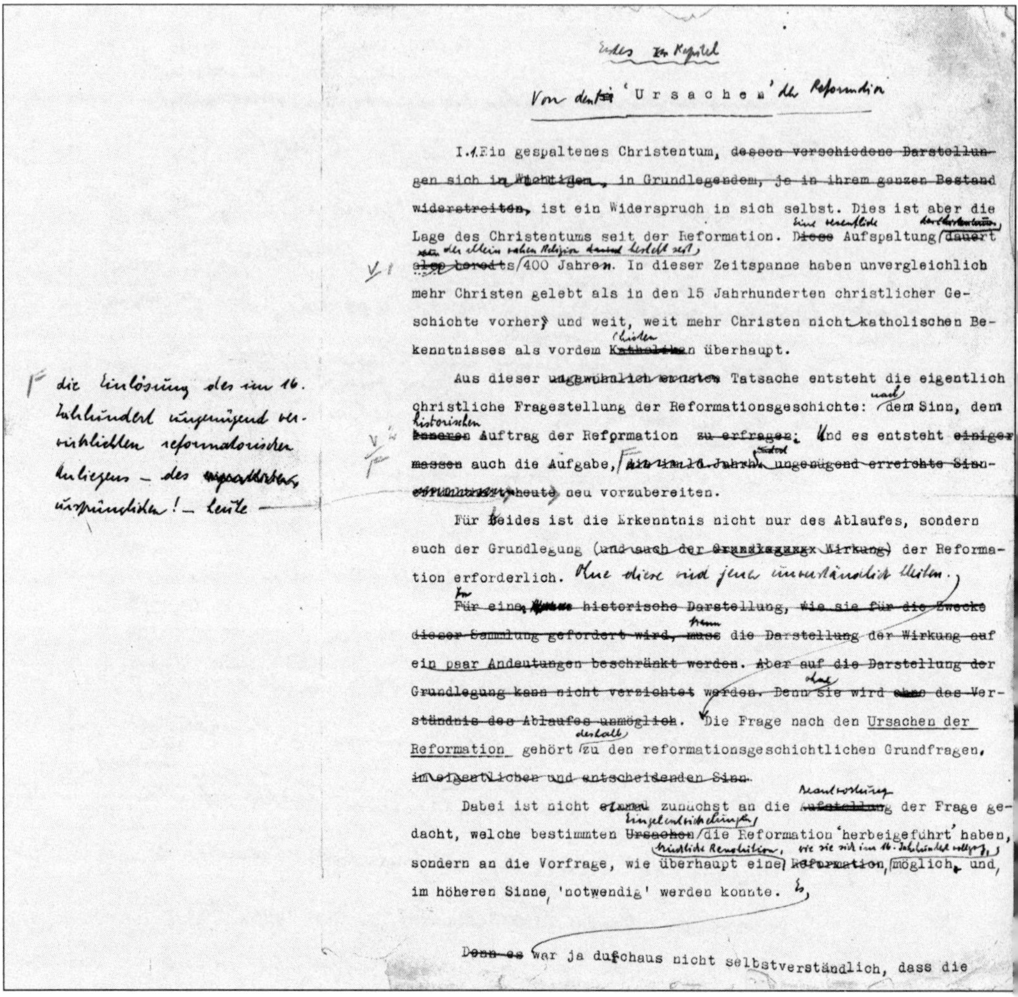

Abb. 27: Die Reformation in Deutschland, Anfang des ersten Kapitels (Typoskript).

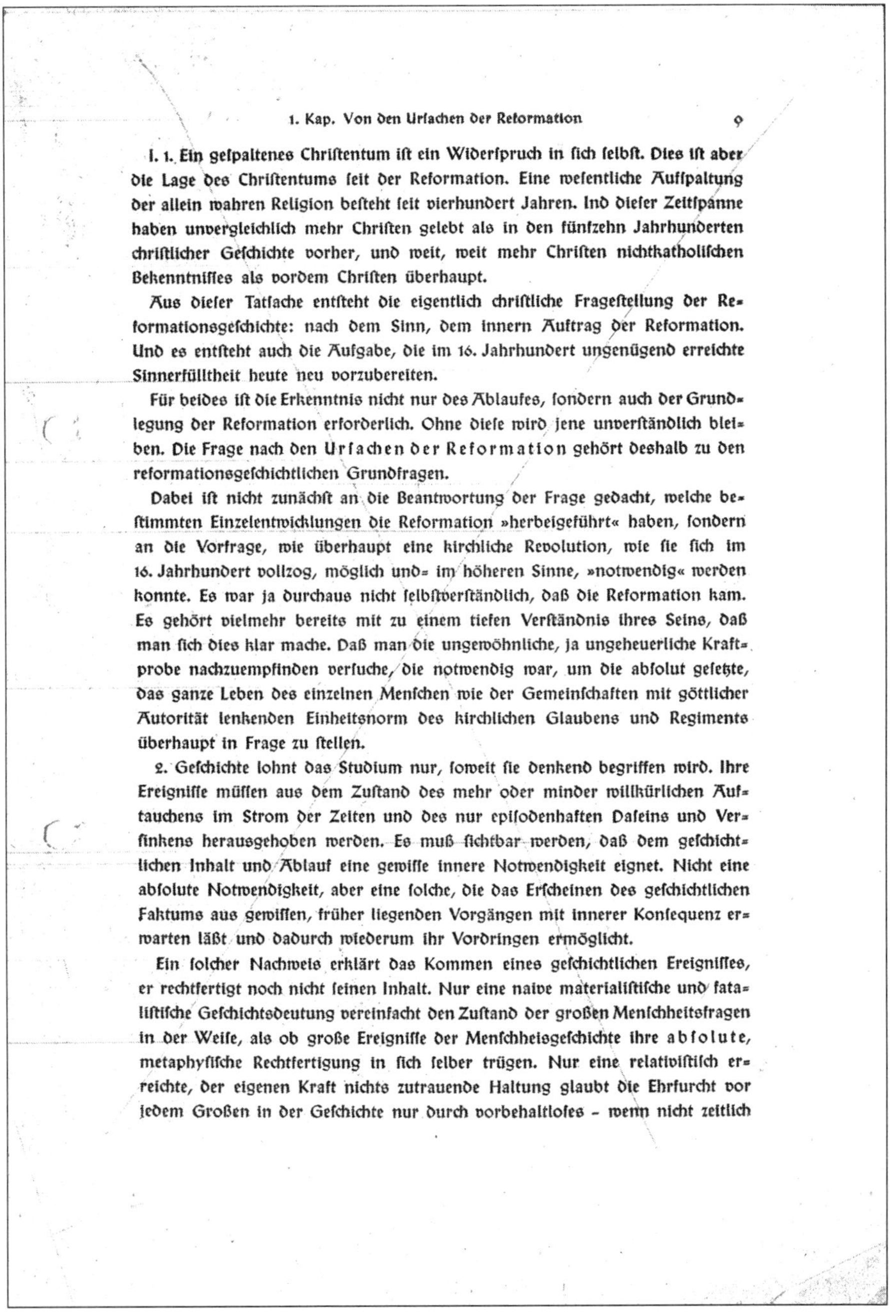

1. Kap. Von den Urfachen der Reformation   9

I. 1. Ein gefpaltenes Chriftentum ift ein Widerfpruch in fich felbft. Dies ift aber die Lage des Chriftentums feit der Reformation. Eine wefentliche Aufspaltung der allein wahren Religion befteht feit vierhundert Jahren. Ind diefer Zeitfpanne haben unvergleichlich mehr Chriften gelebt als in den fünfzehn Jahrhunderten chriftlicher Gefchichte vorher, und weit, weit mehr Chriften nichtkatholifchen Bekenntniffes als vordem Chriften überhaupt.

Aus diefer Tatfache entfteht die eigentlich chriftliche Frageftellung der Reformationsgefchichte: nach dem Sinn, dem innern Auftrag der Reformation. Und es entfteht auch die Aufgabe, die im 16. Jahrhundert ungenügend erreichte Sinnerfülltheit heute neu vorzubereiten.

Für beides ift die Erkenntnis nicht nur des Ablaufes, fondern auch der Grundlegung der Reformation erforderlich. Ohne diefe wird jene unverftändlich bleiben. Die Frage nach den Urfachen der Reformation gehört deshalb zu den reformationsgefchichtlichen Grundfragen.

Dabei ift nicht zunächft an die Beantwortung der Frage gedacht, welche beftimmten Einzelentwicklungen die Reformation »herbeigeführt« haben, fondern an die Vorfrage, wie überhaupt eine kirchliche Revolution, wie fie fich im 16. Jahrhundert vollzog, möglich und= im höheren Sinne, »notwendig« werden konnte. Es war ja durchaus nicht felbftverftändlich, daß die Reformation kam. Es gehört vielmehr bereits mit zu einem tiefen Verftändnis ihres Seins, daß man fich dies klar mache. Daß man die ungewöhnliche, ja ungeheuerliche Kraftprobe nachzuempfinden verfuche, die notwendig war, um die abfolut gefetzte, das ganze Leben des einzelnen Menfchen wie der Gemeinfchaften mit göttlicher Autorität lenkenden Einheitsnorm des kirchlichen Glaubens und Regiments überhaupt in Frage zu ftellen.

2. Gefchichte lohnt das Studium nur, foweit fie denkend begriffen wird. Ihre Ereigniffe müffen aus dem Zuftand des mehr oder minder willkürlichen Auftauchens im Strom der Zeiten und des nur epifodenhaften Dafeins und Verfinkens herausgehoben werden. Es muß fichtbar werden, daß dem gefchichtlichen Inhalt und Ablauf eine gewiffe innere Notwendigkeit eignet. Nicht eine abfolute Notwendigkeit, aber eine folche, die das Erfcheinen des gefchichtlichen Faktums aus gewiffen, früher liegenden Vorgängen mit innerer Konfequenz erwarten läßt und dadurch wiederum ihr Vordringen ermöglicht.

Ein folcher Nachweis erklärt das Kommen eines gefchichtlichen Ereigniffes, er rechtfertigt noch nicht feinen Inhalt. Nur eine naive materialiftifche und fataliftifche Gefchichtsdeutung vereinfacht den Zuftand der großen Menfchheitsfragen in der Weife, als ob große Ereigniffe der Menfchheitsgefchichte ihre abfolute, metaphyfifche Rechtfertigung in fich felber trügen. Nur eine relativiftifch erreichte, der eigenen Kraft nichts zutrauende Haltung glaubt die Ehrfurcht vor jedem Großen in der Gefchichte nur durch vorbehaltlofes – wenn nicht zeitlich

Abb. 28: Die Reformation in Deutschland, Anfang des ersten Kapitels (Probeseite 1938).

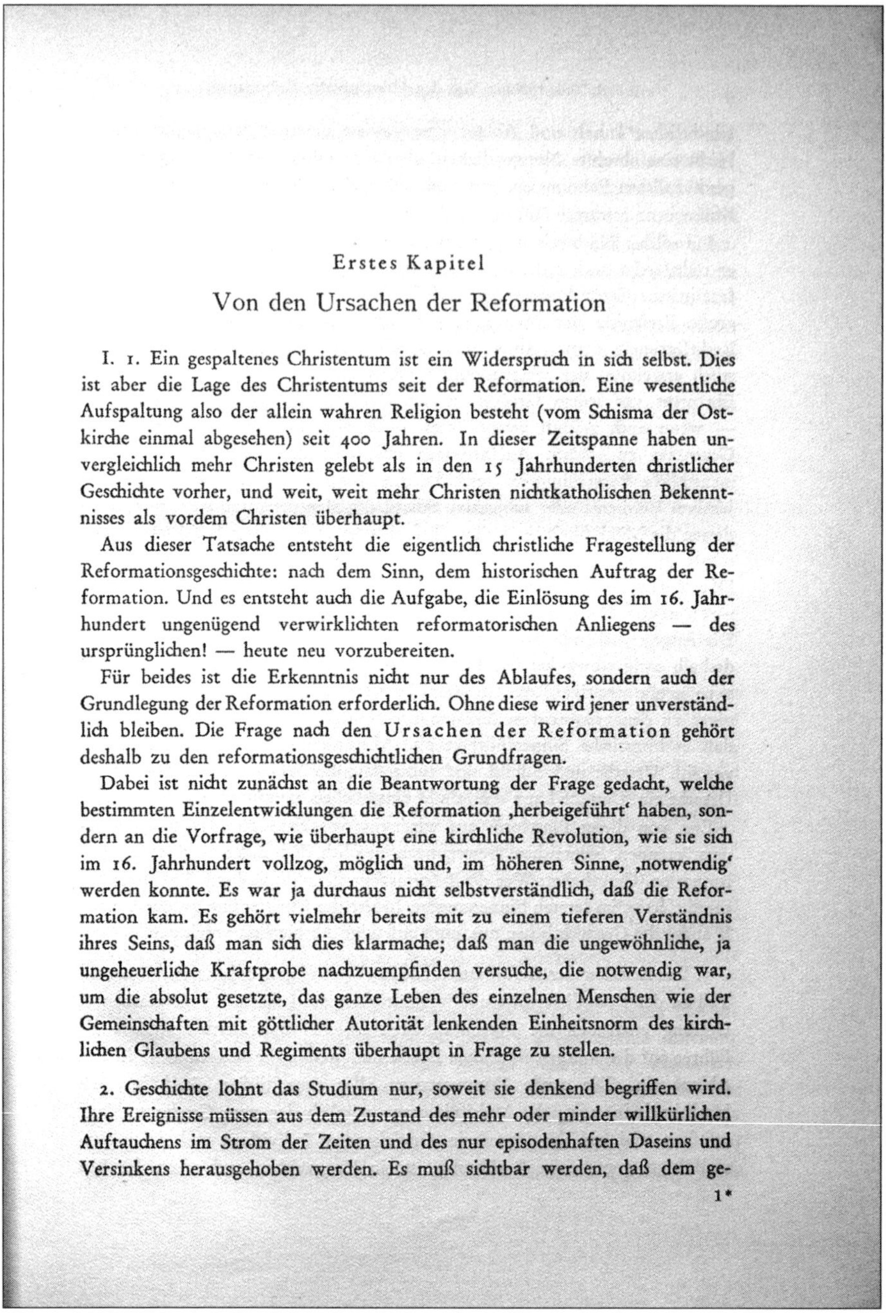

Erstes Kapitel

Von den Ursachen der Reformation

I. 1. Ein gespaltenes Christentum ist ein Widerspruch in sich selbst. Dies ist aber die Lage des Christentums seit der Reformation. Eine wesentliche Aufspaltung also der allein wahren Religion besteht (vom Schisma der Ostkirche einmal abgesehen) seit 400 Jahren. In dieser Zeitspanne haben unvergleichlich mehr Christen gelebt als in den 15 Jahrhunderten christlicher Geschichte vorher, und weit, weit mehr Christen nichtkatholischen Bekenntnisses als vordem Christen überhaupt.

Aus dieser Tatsache entsteht die eigentlich christliche Fragestellung der Reformationsgeschichte: nach dem Sinn, dem historischen Auftrag der Reformation. Und es entsteht auch die Aufgabe, die Einlösung des im 16. Jahrhundert ungenügend verwirklichten reformatorischen Anliegens — des ursprünglichen! — heute neu vorzubereiten.

Für beides ist die Erkenntnis nicht nur des Ablaufes, sondern auch der Grundlegung der Reformation erforderlich. Ohne diese wird jener unverständlich bleiben. Die Frage nach den Ursachen der Reformation gehört deshalb zu den reformationsgeschichtlichen Grundfragen.

Dabei ist nicht zunächst an die Beantwortung der Frage gedacht, welche bestimmten Einzelentwicklungen die Reformation ,herbeigeführt' haben, sondern an die Vorfrage, wie überhaupt eine kirchliche Revolution, wie sie sich im 16. Jahrhundert vollzog, möglich und, im höheren Sinne, ,notwendig' werden konnte. Es war ja durchaus nicht selbstverständlich, daß die Reformation kam. Es gehört vielmehr bereits mit zu einem tieferen Verständnis ihres Seins, daß man sich dies klarmache; daß man die ungewöhnliche, ja ungeheuerliche Kraftprobe nachzuempfinden versuche, die notwendig war, um die absolut gesetzte, das ganze Leben des einzelnen Menschen wie der Gemeinschaften mit göttlicher Autorität lenkenden Einheitsnorm des kirchlichen Glaubens und Regiments überhaupt in Frage zu stellen.

2. Geschichte lohnt das Studium nur, soweit sie denkend begriffen wird. Ihre Ereignisse müssen aus dem Zustand des mehr oder minder willkürlichen Auftauchens im Strom der Zeiten und des nur episodenhaften Daseins und Versinkens herausgehoben werden. Es muß sichtbar werden, daß dem ge-

1*

Abb. 29: Die Reformation in Deutschland, Anfang des ersten Kapitels (1. Auflage 1939/40).

Biogramme

Rudolf **Amelunxen** (1888–1969), gebürtig aus Köln, 1909 Studium der Rechtswissenschaften in Freiburg i. Br., Berlin und Bonn, 1914 Promotion zum Dr. iur. utr. in Erlangen, 1919 Mitarbeiter im Reichsinnen-, dann im Reichswohlfahrtsministerium, 1922–26 persönlicher Referent von Ministerpräsident Otto Braun im Preußischen Staatsministerium, 1926–32 Regierungspräsident von Münster, 1945/46 Oberpräsident von Westfalen, 1946/47 Ministerpräsident von Nordrhein-Westfalen, 1947–50 Sozialminister von Nordrhein-Westfalen, 1950–58 Justizminister von Nordrhein-Westfalen. – Zu ihm: Karl TEPPE, Rudolf Amelunxen, in: Walter FÖRST (Hg.), Aus dreißig Jahren. Rheinisch-Westfälische Politiker-Porträts, Köln 1979, 48–65; Clemens AMELUNXEN, Vierzig Jahre Dienst am sozialen Rechtsstaat. Rudolf Amelunxen zum 100. Geburtstag. Porträt eines Demokraten, Berlin/New York 1988.

Hans **Asmussen** (1898–1968), gebürtig aus Flensburg, 1919 Studium der Ev. Theologie in Kiel und Tübingen, 1921 Vikar und Hilfsgeistlicher an der Diakonissenanstalt in Flensburg, 1925 Pastor in Albersdorf, 1932 in Altona, 1933 Mitautor des *Altonaer Bekenntnisses*, 1933 aus politischen Gründen vom Dienst suspendiert, 1934 in der Ruhestand versetzt, seit 1934 Mitglied des Reichsbruderrats und Leiter der Theologischen Abteilung der Bekenntnissynode in Bad Oeynhausen, 1934 Mitautor der *Barmer Theologischen Erklärung*, 1935 Gründungsleiter der Kirchlichen Hochschule Berlin-Dahlem, sofortiges Verbot der Hochschule durch die Nationalsozialisten, 1939 Rede- und Predigtverbot, 1941 mehrmonatige Inhaftierung, 1942 Pfarrverwalter in Berlin-Lichterfelde, 1943 Pfarrer in Württemberg, 1945–48 Mitglied im Rat der Evangelischen Kirche in Deutschland (EKD) und Präsident der Kirchenkanzlei der EKD, 1945 Mitautor des *Stuttgarter Schuldbekenntnisses*, 1949–55 Propst in Kiel. – Zu ihm: Enno KONUKIEWITZ, Hans Asmussen, ein lutherischer Theologe im Kirchenkampf, Gütersloh 1984; Wolfgang LEHMANN, Hans Asmussen. Ein Leben für die Kirche, Göttingen 1988; Friedrich Wilhelm BAUTZ, Art. Asmussen, in: BBKL 1 (1990), 253; Josef AUSSERMAIR (Hg.), Hans Asmussen im Kontext heutiger ökumenischer Theologie, Münster 2001.

Corrado **Bafile** (1903–2005), gebürtig aus L'Aquila (Italien), Studium der Chemie in München und der Rechtswissenschaften in Rom, 1926 Promotion zum Dr. iur. in Rom, Tätigkeit als Anwalt, 1932 Eintritt in das Päpstliche Römische Priesterseminar und Studium der Philosophie und Kath. Theologie an der Päpstlichen Universität Gregoriana, 1936 Priesterweihe, Studium an der Päpstlichen

Diplomatenakademie, 1939–58 Mitarbeiter im Staatssekretariat, 1944 Promotion zum Dr. iur. can., 1960 Titularerzbischof von Antiochia in Pisidien, 1960–75 Apostolischer Nuntius in der Bundesrepublik Deutschland mit Sitz in Bonn, 1975 Pro-Präfekt, 1976–80 Präfekt der Kongregation für die Selig- und Heiligsprechungsprozesse, 1976 Ernennung zum Kardinal. – Zu ihm: Salvador MIRANDA, Art. Bafile, in: The Cardinals of the Holy Roman Church. http://webdept. fiu.edu/~mirandas/bios1976.htm#Bafile (10.02.2019).

Hans **Barion** (1899–1973), gebürtig aus Düsseldorf, 1919 Studium der Geschichte, Philosophie und Kath. Theologie in Bonn, 1924 Priesterweihe in Köln, 1928–30 Studium der Kanonistik in Rom, 1929 Promotion zum Dr. theol. in Bonn, 1930 Promotion zum Dr. iur. can. in Rom, 1930 Habilitation in Bonn, Privatdozent, 1931 Lehrauftrag in Braunsberg, 1933 Eintritt in die NSDAP, 1933 Professor für Kirchenrecht in Braunsberg, 1934 Suspension durch die römische Konzilskongregation, 1935 Rekonziliation, 1938 verhinderter Ruf nach München ("Fall Barion"), 1939 Professor für Kirchenrecht in Bonn, seit 1945 Privatgelehrter. – Zu ihm: Thomas MARSCHLER, Art. Barion, in: BBKL 22 (2003), 53–56; DERS., Kirchenrecht im Bannkreis Carl Schmitts. Hans Barion vor und nach 1945, Bonn 2004; Dominik BURKARD, Der andere Katholizismus. Kommentare zum kirchlichen Zeitgeschehen der 1950er und 1960er Jahre im Briefwechsel zwischen Hans Barion und Karl August Fink, in: DERS./Nicole PRIESCHING (Hg.), Katholiken im langen 19. Jahrhundert. Akteure – Kulturen – Mentalitäten. Otto Weiß zum 80. Geburtstag, Regensburg 2014, 349–449.

Augustin **Bea** SJ (1881–1968), gebürtig aus Riedböhringen, 1900 Abitur im Erzbischöflichen Gymnasial-Konvikt in Rastatt, 1900–02 Studium der Kath. Theologie in Freiburg i.Br., 1902 Eintritt in den Jesuitenorden, 1906/07 Studium der Philosophie am Ignatiuskolleg in Valkenburg (Niederlande), Promotion zum Dr. phil., 1907 Präfekt am Kolleg der Jesuiten in Sittard (Niederlande), 1910–12 Studium der Philosophie in Innsbruck und Studium der Theologie in Valkenburg, 1912 Priesterweihe in Valkenburg, 1913 Promotion zum Dr. theol., 1917–21 Professor für Alttestamentliche Exegese in Valkenburg, 1921–24 Provinzial der Oberdeutschen Provinz der Jesuiten in München, 1924 Professor am Päpstlichen Bibelinstitut in Rom, 1930–49 Rektor des Päpstlichen Bibelinstituts, 1945–58 Beichtvater Pius' XII., 1959 Ernennung zum Kardinal, 1962–65 während des II. Vatikanischen Konzils beteiligt an der Erklärung *Nostra Aetate*, am Dekret *Unitatis redintegratio* und an der Erklärung *Dignitatis humanae*, 1960–68 erster Präsident des Sekretariats zur Förderung der Einheit der Christen. – Zu ihm: Maria BUCHMÜLLER (Hg.), Augustin Kardinal Bea. Wegbereiter der Einheit. Gestalt, Weg und Wirken in Wort, Bild und Dokument aus Zeugnissen von Mitarbeitern und Weggenossen, Augsburg 1972; Dietmar BADER (Hg.), Kardinal Augustin Bea. Die Hinwendung der Kirche zu Bibelwissenschaft und Ökumene, München u.a. 1981; Stjepan SCHMIDT, Augustin Bea. Der Kardinal der Einheit, Graz u.a. 1989; Friedrich Wilhelm BAUTZ, Art. Bea, in: BBKL 1 (1990), 434–437; Dominik BURKARD, Augustin Bea und Alfredo Ottaviani. Thesen zu einer entscheidenden personellen Konstellation im Vorfeld des Zweiten

Vatikanischen Konzils, in: Franz Xaver BISCHOF (Hg.), Das Zweite Vatikanische Konzil (1962–1965). Stand und Perspektiven der kirchenhistorischen Forschung im deutschsprachigen Raum, Stuttgart 2012, 45–66; Saretta MAROTTA, Augustin Bea auf dem Weg zum Ökumeniker 1949–1960, in: ZKG 127 (2016), 373–393.

Wilhelm **Bergér** (1891–1975), gebürtig aus Hanau, Studium der Ev. Theologie, Promotion zum Dr. theol., 1918 Ordination, Vikar, ab 1920 Pfarrer in Bad König, 1927–49 Pfarrer in Darmstadt, 1933 Abgeordneter der Landessynode der Evangelischen Landeskirche Nassau-Hessen, 1934–47 Leiter des Evangelischen Bundes Nassau-Hessen, 1945–47 Mitglied der Kirchenregierung der Evangelischen Landeskirche in Hessen, 1945–48 Superintendent der Kirchenprovinz Starkenburg, 1949–55 Oberkirchenrat für Öffentlichkeitsarbeit in der Evangelischen Kirche in Hessen und Nassau. – Zu ihm: Karl DIENST, Art. Bergér, in: Stadtlexikon Darmstadt. https://www.darmstadt-stadtlexikon.de/b/berger-wilhelm.html (10.02.2019).

Adolf von **Berlichingen** (1840–1915), gebürtig aus Stuttgart, 1858 Konversion zur Katholischen Kirche, 1858–61 Besuch des Jesuitenkonvikts in Feldkirch (Österreich), 1862 Eintritt in den Jesuitenorden, 1870/71 Krankenpfleger, 1873 Priesterweihe, Tätigkeit als Prediger und Schriftsteller in England, Holland und Österreich, 1885 Austritt aus dem Jesuitenorden, anschließend Tätigkeit in Österreich und Bayern als Seelsorgepriester, Schriftsteller und Armenarzt. – Zu ihm: Friedrich Wilhelm BAUTZ, Art. Berlichingen, in: BBKL 1 (1990), 522.

Adolf **Bertram** (1859–1945), gebürtig aus Hildesheim, 1877 Studium der Kath. Theologie in Würzburg und München, 1881 Priesterweihe in Würzburg (für Hildesheim), Fortsetzung des Studiums in Innsbruck und Rom, 1883 Promotion zum Dr. theol. in Würzburg, 1884 Promotion zum Dr. iur. can. in Rom, Eintritt in die Diözesanverwaltung in Hildesheim, 1894 Domkapitular, 1905 Generalvikar, 1906–14 Bischof von Hildesheim, 1914–45 Fürst- bzw. Erzbischof von Breslau, 1916 Ernennung zum Kardinal (erst 1919 publiziert), seit 1920 Vorsitzender der Fuldaer Bischofskonferenz. – Zu ihm: Hubert JEDIN, Art. Bertram, A., in: NDB 2 (1955), 170; Bernhard STASIEWSKI, Art. Bertram, in: Erwin GATZ (Hg.), Die Bischöfe der deutschsprachigen Länder. 1785/1803 bis 1945, Berlin 1983, 43–47; Friedrich Wilhelm BAUTZ, Art. Bertram, A., in: BBKL 1 (1990), 557–558.

Anton **Betz** (1893–1984), gebürtig aus St. Ingbert (Saarland), 1914 Studium der Rechts- und Staatswissenschaften in Würzburg, 1914–18 Kriegsteilnahme, 1920 Fortsetzung des Studiums in Freiburg i. Br. und Bonn, Redakteur der *Saarbrücker Landeszeitung*, 1923 Chefredakteur der *Saar-Zeitung*, 1924 Promotion zum Dr. rer. pol. in Bonn, 1925 Verlagsdirektor in Dillingen und München, 1933 Inhaftierung und Berufsverbot, zeitweise Mitarbeit bei der *Frankfurter Zeitung*, 1945 Mitbegründer der CDU Rheinland, Verlagsleiter der *Neuen Rheinischen Zeitung*, ab 1946 der *Rheinischen Post*, 1947 Vorsitzender des Deutschen Pressedienstes (dpd), 1949 Mitbegründer der Deutschen Presse-Agentur (dpa), 1952 Mitbegründer der Katholischen Nachrichten-Agentur (KNA), 1963–67 Präsident des Bundesverbandes Deutscher Zeitungsverleger (BDZV). – Zu ihm: Peter HENKEL, Dr. Anton Betz (1893–1984). Ein Verleger in vier Epochen, in: Geschichte im Westen 20 (2005), 49–63; DERS., Anton Betz. Ein Verleger zwischen Weimar und Bonn, Düsseldorf 2011; Christoph KALTSCHEUER, Anton Betz (1893–1984). Verleger, Publizist und Politiker, in: Rheinische Lebensbilder 19 (2013), 253–282.

Jakob **Beyhl** (1862–1927), gebürtig aus Kleinheubach bei Miltenberg, Sohn eines Lehrers, Ausbildung in der Präparandenschule in Marktsteft, dann im Lehrerseminar Altdorf, 1881 Lehrer in Kleinheubach, 1883 in Aschaffenburg, ab 1891 an der evangelischen Volksschule in Würzburg, 1909 nach einem Konflikt mit der Regierung Abschied vom Schuldienst, führende Persönlichkeit des Bayerischen Lehrervereins, Schriftleiter der *Freien Bayerischen Schulzeitung* (damals *Freie Deutsche Schule*), Kampf gegen die geistliche Schulaufsicht, zeitweise Abgeordneter des Bayerischen Landtags, seit 1894 auch führendes Mitglied des Vereins für bayerische Volkskunde (und Mundartforschung). – Zu ihm: Sebastian MERKLE, Jakob Beyhl, in: Blätter zur Bayerischen Volkskunde 11 (1927), 71 f.

Karl **Bihlmeyer** (1874–1942), gebürtig aus Aulendorf (Württemberg), Studium der Kath. Theologie in Tübingen, 1897 Priesterweihe, Tätigkeit in der Seelsorge, 1900 Repetent am Wilhelmsstift in Tübingen, 1907 ao., 1916 o. Professor für Kirchengeschichte in Tübingen, 1939 emeritiert. – Zu ihm: Franz Xaver SEPPELT, Karl Bihlmeyer †, in: HJ 62–69 (1949), 906–908; Hermann TÜCHLE, Art. Bihlmeyer, in: NDB 2 (1955), 234–235; Friedrich Wilhelm BAUTZ, Art. Bihlmeyer, in: BBKL 1 (1990), 588–589.

Jakob **Bilz** (1872–1951), gebürtig aus Unterliederbach bei Hoechst am Main, 1893 Studium der Kath. Theologie in Freiburg i. Br., 1897 Priesterweihe, Tätigkeit in der Seelsorge, 1899–1901 Studium der Theologie in Rom, 1906 Promotion zum Dr. theol. in Freiburg i. Br., 1906–20 Direktor des Theologischen Konvikts in Freiburg, 1914 Habilitation in Freiburg, Privatdozent, 1917 apl. Professor, 1919–37 Professor für Dogmatik und Theologische Propädeutik in Freiburg, 1920 Persönlicher Ordinarius, 1932 Wirklicher Geistlicher Rat, 1933 Ehrendomkapitular, 1936–38 Leiter des Instituts für Caritaswissenschaft an der Universität Freiburg, 1937 emeritiert, 1942 Päpstlicher Hausprälat. – Zu ihm: Conrad GRÖBER, Dem hochwürdigsten Herrn Prälaten und Ehrendomherrn Dr. Jakob Bilz zu seinem 75. Geburtstag, in: ORPB 48 (1947), 17–18; Eugen SEITERICH, Prälat Prof. Dr. Bilz zum Gedächtnis, in: ORPB 52 (1951), 169–172; Friedrich STEGMÜLLER, Dr. Bilz, Jakob, in: FDA 77 (1957), 177–181; Peter H. GÖRG, Art. Bilz, in: BBKL 27 (2007), 114–118.

Ernst **Böminghaus** SJ (1882–1942), gebürtig aus Essen, 1901 Eintritt in den Jesuitenorden, 1913 Priesterweihe, Studien in Wien und Münster, Professor für Kirchengeschichte an der Philosophisch-Theologischen Hochschule Sankt Georgen in Frankfurt a. M. und am Ignatiuskolleg in Valkenburg (Niederlande), später Spiritual am Priesterseminar in Aachen. – Zu ihm: Leo UEDING, Vorwort zu: Ernst BÖMINGHAUS, Meditationen zum Weg der deutschen Kirche vom Ausgang des Mittelalters bis in die neuere Zeit, Hamburg ²1949, 7 f.

Heinrich **Bornkamm** (1901–1977), gebürtig aus Wuitz (Kreis Zeitz), 1919 Studium der Ev. Theologie in Jena, Tübingen und Berlin, 1924 Promotion zum Lic. theol. in Berlin, 1925 Habilitation in Tübingen, Privatdozent, 1927–35 Professor für Kirchengeschichte in Gießen, zeitweise Mitglied der Deutschen Christen (1933) und der SA (1934), 1935–45 Professor in Leipzig, 1935–63 Präsident des Evangelischen Bundes, 1948–69 Professor in Heidelberg, 1948–76 Vorsitzender des Vereins für Reformationsgeschichte, Mitherausgeber des *Archiv für Reformationsgeschichte*. – Zu ihm: Kurt-Victor SELGE, Heinrich Bornkamm (1901–1977) als Kirchenhistoriker und Zeitgenosse, in: Heidelberger Jahrbücher 23 (1979), 101–122; Kurt NOWAK, Zeiterfahrung und Kirchengeschichtsschreibung. Heinrich Bornkamm im Dritten Reich, in: ZKG 103 (1992), 46–80; Wilfrid WERBECK, Art. Bornkamm, H., in: RGG⁴ 1 (1998), 1698; Michael GRÜTTNER, Art. Bornkamm, in: DERS., Biographisches Lexikon zur nationalsozialistischen Wissenschaftspolitik, Heidelberg 2004, 26–27.

Albert **Brandenburg** (1908–1978), gebürtig aus Bochum, 1929 Studium der Kath. Theologie in Paderborn und München, 1935 Priesterweihe in Paderborn, Vikar in Dortmund-Brackel, 1937–49 Pfarrvikar in Bahrendorf (Krs. Egeln), 1948 Promotion zum Dr. theol. in München, Vikar in Dessau, 1952 Dozent am Priesterseminar auf der Huysburg bei Halberstadt, 1956 Präfekt am Collegium Leoninum in Paderborn, 1960 Lehrbeauftragter, 1965 Honorarprofessor an der Philosophisch-Theologischen Akademie in Paderborn, seit 1964 Sektionsleiter am Johann-Adam-Möhler-Institut für Ökumenik in Paderborn. – Zu ihm: Klaus ZACHARIAS, Art. Brandenburg, in: Westfälische Biographien. http://www.westfälische-biographien.de/biographien/person/309 (10.02.2019).

Karl **Brandi** (1868–1946), gebürtig aus Meppen, 1886 Studium der Geschichte und Geographie in München und Straßburg, 1890 Promotion zum Dr. phil. in Straßburg, 1895 Habilitation in Göttingen, 1897 ao. Professor für Geschichte in Marburg, 1902–36 o. Professor in Göttingen, seit 1906 Mitherausgeber des *Archiv für Urkundenforschung*, 1910 Vorsitzender der Historischen Kommission für Niedersachsen, 1920/21 Rektor der Universität Göttingen, 1932 Vorsitzender des Deutschen Historikerverbandes, 1936 emeritiert, 1937 Biographie über *Kaiser Karl V.* – Zu ihm: Sabine KRÜGER, Art. Brandi, K., in: NDB 2 (1955), 523; Arnd REITEMEIER, Karl Brandi (1868–1946). Universitätsprofessor und erster Vorsitzender der Historischen Kommission, in: Niedersächsisches Jahrbuch für Landesgeschichte 83 (2011), 33–49.

Heinrich von **Brentano di Tremezzo** (1904–1964), gebürtig aus Offenbach am Main, 1922 Studium der Rechtswissenschaften in München, 1925 Erstes Juristisches Staatsexamen, 1929 Zweites Juristisches Staatsexamen, 1930 Promotion zum Dr. iur. in Gießen, seit 1932 Rechtsanwalt und Notar in Darmstadt, 1945 Mitbegründer der CDU Darmstadt, 1946–49 Mitglied des Hessischen Landtags, seit 1947 Vorsitzender der CDU-Landtagsfraktion, seit 1947 Vorsitzender des Verfassungsausschusses von CDU/CSU, Mitglied im Ellwanger Kreis, 1948/49 Mitglied des Parlamentarischen Rates, 1949–64 Mitglied des Deutschen Bundestages, 1949–55 Vorsitzender der CDU/CSU-Fraktion im Deutschen Bundestag, 1950–55 zunächst Abgeordneter, dann Vizepräsident der Parlamentarischen Versammlung des Europarates, 1952–55 Mitglied des Europaparlaments, 1955–61 Bundesminister des Auswärtigen, 1961–64 Vorsitzender der CDU/CSU-Fraktion im Deutschen Bundestag. – Zu ihm: Maria STIRTZ, Heinrich von Brentano di Tremezzo. Seine Herkunft, sein Leben und Wirken für Europa, Darmstadt 1970; Roland KOCH (Hg.), Heinrich von Brentano. Ein Wegbereiter der europäischen Integration, München 2004.

Hermann **Breucha** (1902–1972), gebürtig aus Stuttgart, 1920 Studium der Kath. Theologie in Tübingen und München, 1926 Priesterweihe in Rottenburg, Vikar in Bad Cannstatt, Kochertürn und Tübingen, Kaplan an St. Eberhard in Stuttgart, 1934 Mitbegründer der *Religiösen Bildungsarbeit der Katholischen Gemeinde Stuttgart*, 1938–70 Pfarrer an Mariä Himmelfahrt in Stuttgart-Degerloch, 1941 Mitbegründer der Stuttgarter Una-Sancta-Bewegung, 1949 Mitbegründer der Stuttgarter Gemeinschaft *Arzt und Seelsorger*, seit 1945 Mitwirkung in der Katholischen Rundfunkarbeit am Süddeutschen Rundfunk, 1970–72 Pfarrer an Mariä Verkündigung auf dem Frauenkopf in Stuttgart. – Zu ihm: Franziska WERFER, Hermann Breucha 1902–1972. Aufbruch der Kirche im Bild eines Priesters, Weißenhorn 1982.

Karl **Buchheim** (1889–1982), gebürtig aus Dresden, 1908 Studium der Geschichte, Germanistik und Klassischen Philologie in Jena, Bonn und Leipzig, 1913 Promotion zum Dr. phil., 1914 Staatsexamen für das Höhere Lehramt, 1915/16 Kriegsteilnahme, 1919–34 Studienrat in Freiberg (Sachsen), zeitweise Engagement in der Hochkirchlichen Vereinigung, 1934 auf eigenen Antrag pensioniert, freier Schriftsteller und Verlagsmitarbeiter in Leipzig, 1942 Konversion zur Katholischen Kirche, 1945 Mitbegründer der CDU Leipzig, 1946–50 Mitglied des Sächsischen Landtags, 1946 Habilitation in Leipzig, Privatdozent, 1948–50 Direktor der Universitätsbibliothek Leipzig, 1950–58 ao. Professor für Neuere Geschichte an der TH München. – Zu ihm: Karl BUCHHEIM, Eine sächsische Lebensgeschichte. Erinnerungen 1889–1972 (Biographische Quellen zur Zeitgeschichte 16), bearb. v. Udo WENGST/Isabel F. PANTENBURG, München 1996; Helmut ZENZ, Art. Buchheim, in: BBKL 24 (2005), 373–376; Hassan Soilihi Mzé, Art. Buchheim, in: Sächsische Biografie. http://saebi.isgv.de/biografie/Karl_Buchheim_(1889-1982) (10.02.2019).

Wilhelm **Burger** (1880–1952), gebürtig aus Stühlingen, 1899 Studium der Kath. Theologie in Freiburg i. Br., 1903 Priesterweihe in St. Peter (Schwarzwald), Vikar in Schwetzingen und Karlsruhe, 1906 Studium in Rom, Studienkaplan am Campo Santo Teutonico, 1908 Pfarrverweser in Bombach, 1909 in Elgersweier, seit 1910 Klosterpfarrer in Offenbach, 1917 Promotion zum Dr. theol. in Freiburg, 1918 Pfarrer an St. Urban in Freiburg, 1924–52 Weihbischof von Freiburg, 1926

Domdekan, 1933 Dompropst, 1948 Kapitularvikar. – Zu ihm: Erwin GATZ, Art. Burger, in: DERS. (Hg.), Die Bischöfe der deutschsprachigen Länder. 1785/1803 bis 1945, Berlin 1983, 87; Christoph SCHMIDER, Die Freiburger Bischöfe. 175 Jahre Erzbistum Freiburg. Eine Geschichte in Lebensbildern, Freiburg/Basel/ Wien 2002, 135–142.

Otto **Clemen** (1871–1946), gebürtig aus Grimma (Sachsen), 1890 Studium der Ev. Theologie und Geschichte in Tübingen, Berlin und Leipzig, 1896 Promotion zum Dr. phil. in Leipzig, 1896–1928 Oberlehrer am Gymnasium in Zwickau, 1923–39 Direktor der Ratsschulbibliothek in Zwickau, 1928–37 Honorarprofessor für Kirchengeschichte in Leipzig, seit 1941 Mitglied der Sächsischen Akademie der Wissenschaften, zahlreiche Veröffentlichungen zur Reformationsgeschichte, u. a. Herausgeber der *Bonner Ausgabe* ausgewählter Werke Luthers, Mitarbeiter an der *Weimarer Ausgabe*. – Zu ihm: Reinhold JAUERNIG, Otto Clemen in memoriam, in: ThLZ 78 (1953), 541–544; DERS., Art. Clemen, O., in: NDB 3 (1957), 280–281; Friedrich Wilhelm BAUTZ, Art. Clemen, O., in: BBKL 1 (1990), 1047–1048.

Yves Marie-Joseph **Congar** OP (1904–1995), gebürtig aus Sedan (Frankreich), 1921 Studium der Kath. Theologie in Paris, 1925 Eintritt in den Dominikanerorden, Studium an der Ordenshochschule Le Saulchoir (Belgien), 1930 Priesterweihe, 1931 Professor für Apologetik, dann für Ekklesiologie an der Ordenshochschule Le Saulchoir, ab 1939 in Etiolles bei Paris, 1940–45 in deutscher Kriegsgefangenschaft, ab 1952 Zensur und teils Verbot seiner ökumenischen Schriften durch Orden und Hl. Offizium, 1954–56 Lehrverbot und Exil in Jerusalem, Rom und Cambridge, 1960 Konsultor der Theologischen Vorbereitungskommission des II. Vatikanischen Konzils, 1962–65 theologischer Berater (Peritus) des Konzils, 1994 Ernennung zum Kardinal. – Zu ihm: Ekkart SAUSER, Art. Congar, in: BBKL 21 (2003), 282–285; Joseph FAMERÉE/Gilles ROUTHIER, Yves Congar. Leben – Denken – Werk, Freiburg/Basel/Wien 2016.

Heinrich Suso **Denifle** OP (1844–1905), gebürtig aus Imst (Tirol), 1861 Eintritt in den Dominikanerorden in Graz, 1866 Priesterweihe, Tätigkeit in der Seelsorge, 1869 Studium in Rom, 1870–80 Lektor an der Ordenshochschule in Graz, Forschungen zur Mystik, 1880 Generalassistent des Ordens in Rom, zahlreiche Bibliotheksreisen durch Europa, 1883 Unterarchivar am Vatikanischen Archiv, 1885 Mitbegründer des *Archiv für Literatur- und Kirchengeschichte des Mittelalters*, 1904 kontroverses Werk über *Luther und Luthertum*. – Zu ihm: Hermann von GRAUERT, P. Heinrich Denifle O.Pr. Ein Wort zum Gedächtnis und zum Frieden. Ein Beitrag auch zum Luther-Streit, Freiburg i. Br. 1906; Michael SCHMAUS, Art. Denifle, in: NDB 3 (1957), 595–597; Joachim KÖHLER, Art. Denifle, in: TRE 8 (1981), 490–493; Friedrich Wilhelm BAUTZ, Art. Denifle, in: BBKL 1 (1990), 1258–1259; Andreas SOHN/Jacques VERGER/Michel ZINK (Hg.), Heinrich Denifle (1844–1905). Un savant dominicain entre Graz, Rome et Paris. Ein dominikanischer Gelehrter zwischen Graz, Rom und Paris, Paris 2015.

Johann Joseph Ignaz von **Döllinger** (1799–1890), gebürtig aus Bamberg, 1816 Studium der Geschichte, der Philologie und der Naturwissenschaften, ab 1817 der Kath. Theologie in Würzburg, 1820 Fortsetzung des Studiums am Lyzeum in Bamberg, 1822 Priesterweihe in Würzburg, 1823 Professor für Kirchengeschichte und Kirchenrecht am Lyzeum in Aschaffenburg, 1826 ao., 1827 o. Professor für Kirchengeschichte in München, seit 1839 Kanonikus von St. Cajetan, 1845/46 Rektor der Universität, 1846–48 dreibändiges Werk über *Die Reformation*, 1847 Stiftspropst von St. Cajetan, 1847 von König Ludwig I. nach Dillingen versetzt, 1850 als Professor in München reintegriert, 1857 Päpstlicher Ehrenkaplan, 1866/67 Rektor der Universität, 1870 Verweigerung der Anerkennung des Unfehlbarkeitsdogmas, 1871 Exkommunikation, 1871/72 Rektor der Universität, 1873 Präsident der Bayerischen Akademie der Wissenschaften. – Zu ihm: Werner Küppers, Art. Döllinger, J., in: NDB 4 (1959), 21–25; Victor Conzemius, Art. Döllinger, in: TRE 9 (1982), 20–26; Friedrich Wilhelm Bautz, Art. Döllinger, in: BBKL 1 (1990), 1344–1347.

Julius **Döpfner** (1913–1976), gebürtig aus Hausen bei Bad Kissingen, 1933 Eintritt ins Priesterseminar und Studium der Kath. Theologie in Würzburg, nach einem Semester Fortsetzung des Studiums als Alumne des Collegium Germanicum an der Gregoriana in Rom, 1939 Priesterweihe, 1941 Promotion zum Dr. theol. in Rom, Kaplan im Bistum Würzburg, 1944 Präfekt am Kilianeum in Würzburg, 1945 Assistent, 1946 Subregens am Würzburger Priesterseminar, 1948–57 Bischof von Würzburg, 1957–61 Bischof von Berlin und Vorsitzender der Berliner Ordinarienkonferenz (BOK), 1958 Ernennung zum Kardinal, 1961–76 Erzbischof von München und Freising, 1961 Mitglied der Zentralen Vorbereitungskommission des II. Vatikanischen Konzils, 1962 Berufung in die Koordinierungskommission, ab 1963 einer der vier Moderatoren des Konzils, 1965–76 Vorsitzender der Fuldaer bzw. Deutschen Bischofskonferenz, 1971–75 Präsident der Würzburger Synode. – Zu ihm: Ekkart Sauser, Art. Döpfner, in: BBKL 17 (2000), 277–279; Anton Landersdorfer, Art. Döpfner, in: Erwin Gatz (Hg.), Die Bischöfe der deutschsprachigen Länder. 1945–2001, Berlin 2002, 386–394.

Julius **Dorneich** (1897–1979), gebürtig aus Freiburg i. Br., Sohn des Verlegers Philipp Dorneich, Studium der Geschichte, 1921 Promotion zum Dr. phil. in Freiburg bei Heinrich Finke, 1921 Eintritt in die Lexikon-Redaktion des Verlages Herder in Freiburg, 1930 Hauptschriftleiter der geisteswissenschaftlichen Gebiete, Lektor für Geschichte und Kunst, 1938 Leiter der Auslandsabteilung, seit 1940 Mitglied der Geschäftsleitung des Verlages Herder. – Zu ihm: *Julius Dorneich zum 65. Geburtstag*, in: Börsenblatt für den Deutschen Buchhandel 18 (1962), 2246; Josef Knecht, Dr. Julius Dorneich zum 70. Geburtstag, in: Börsenblatt für den Deutschen Buchhandel 23 (1967), 2947 f.

Gerhard **Ebeling** (1912–2001), gebürtig aus Berlin-Steglitz, 1930 Studium der Ev. Theologie in Marburg und Zürich, 1934 Vikar in Crossen an der Oder und Fehrbellin, 1936 Vikar im von Dietrich Bonhoeffer geleiteten Predigerseminar der Bekennenden Kirche in Finkenwalde, 1938 Promotion zum Dr. theol. in Zürich, 1939 Pfarrer im Dienst der Bekennenden Kirche in Berlin, 1947 Habilitation in Tübingen, 1947 Professor für Kirchengeschichte, ab 1954 Professor für Systematische Theologie in Tübingen, 1956 Professor für Dogmatik und Dogmengeschichte in Zürich, ab 1965 in Tübingen, 1968–79 Professor für Fundamentaltheologie und Hermeneutik in Zürich, seit 1969 Vorsitzender der Kommission zur Herausgabe der Werke Martin Luthers und Mitherausgeber der *Weimarer Ausgabe*, 1997 Ehrenpräsident des 9. Internationalen Kongresses für Lutherforschung in Heidelberg. – Zu ihm: Albrecht BEUTEL, Gerhard Ebeling. Eine Biographie, Tübingen 2012.

Joseph **Eberle** (1884–1947), gebürtig aus Ailingen (Friedrichshafen), 1904 Studium der Kath. Theologie, Philosophie, Geschichte, Kunstgeschichte, Soziologie und Volkswirtschaftslehre in Tübingen, Straßburg, Freiburg i. Br. und Berlin, 1911 Promotion zum Dr. phil. in Straßburg, 1912 erste Buchveröffentlichung *Großmacht Presse*, 1913 Redakteur der Tageszeitung *Reichspost* in Wien, 1918 Leiter der Wochenschrift *Das Neue Reich*, 1925 Eigentümer und Herausgeber der Wochenschrift *Schönere Zukunft*, 1941 Verhaftung durch die Gestapo und mehrmonatige Schutzhaft, Verbot der Zeitschrift, Schließung des Verlages, 1942 Streichung aus der Schriftstellerliste. – Zu ihm: Peter EPPEL, Zwischen Kreuz und Hakenkreuz. Die Haltung der Zeitschrift „Schönere Zukunft" zum Nationalsozialismus in Deutschland 1934–1938 (Veröffentlichungen der Kommission für Neuere Geschichte Österreichs 69), Wien/Köln/Graz 1980, 33–44; Anita PRETTENTHALER-ZIEGERHOFER, Art. Eberle, in: BBKL 30 (2009), 301–310.

Ferdinand **Ehrenborg** SJ (1862–1941), gebürtig aus Ehrendorf (Kirchspiel Lohne), 1883 Studium der Kath. Theologie in Münster und Innsbruck, 1886 Eintritt in den Jesuitenorden, Noviziat in Blyenbeek bei Gennep (Niederlande), 1888 Studium der Philosophie in Exaeten bei Baaksem (Niederlande), 1890 Erzieher am Kolleg in Feldkirch (Österreich), 1893 Studium der Kath. Theologie am Kolleg von Ditton-Hall (England), 1895 Priesterweihe, 1895/96 Studium der Theologie am Ignatiuskolleg in Valkenburg (Niederlande), 1896–1904 Prediger und Volksmissionar, dann Spiritual am Priesterseminar in Mainz, 1904–14 Spiritual am Collegium Germanicum in Rom, 1905–14 Dozent für Rhetorik, ab 1909 auch für Pastoraltheologie, 1914–19 Rektor des Collegium Germanicum, 1915 (wegen Kriegseintritts Italiens) Verlegung des Germanicums in Räume des Collegium Canisianum in Innsbruck, 1919 Spiritual am Priesterseminar in Köln, 1925 Superior der Residentia S. Petri Canisii in Köln, 1929 Spiritual am Priesterseminar in Fulda, 1931 Spiritual am Priesterseminar Sankt Georgen in Frankfurt a. M., seit 1935 Spiritual im Christkönigshaus in Dortmund. – Zu ihm: Clemens BRODKORB, Pater Ferdinand Ehrenborg SJ (1862–1941). Rektor des Collegium Germanicum et Hungaricum in Rom, in: Willi BAUMANN/Peter SIEVE (Hg.), Der katholische Klerus im Oldenburger Land. Ein Handbuch. Festgabe aus Anlass des 175-jährigen Jubiläums des Bischöflich Münsterschen Offizialates in Vechta, Münster 2006, 261–264.

Albert **Ehrhard** (1862–1940), gebürtig aus Herbitzheim (Unterelsaß), Studium der Philosophie und Kath. Theologie in Straßburg, Münster, Würzburg, München, Bonn, Tübingen und Rom, 1885 Priesterweihe, 1888 Promotion zum Dr. theol. in Würzburg, 1889 Professor für Christliche Kunst und Philosophie am Priesterseminar in Straßburg, 1892 o. Professor für Kirchengeschichte in Würzburg, dort Kontakt zum reformkatholischen Kreis um Herman Schell, 1898 Professor für Kirchengeschichte in Wien, 1902 in Freiburg i. Br., 1903–18 in Straßburg, 1908 im Rahmen des Modernismusstreites Aberkennung seines Prälatentitels (1922 wieder zuerkannt), 1920–27 Professor für Kirchengeschichte in Bonn, seit 1922 Vorsitzender der Gesellschaft für die Herausgabe des *Corpus Catholicorum*, u. a. Herausgeber der *Reformationsgeschichtlichen Studien und Texte*. – Zu ihm: Wilhelm HENGSTENBERG, Art. Ehrhard, in: NDB 4 (1959), 357; Norbert TRIPPEN, Albert Ehrhard – ein „Reformkatholik", in: RQ 71 (1976), 199–230; Friedrich Wilhelm BAUTZ, Art. Ehrhard, in: BBKL 1 (1990), 1471–1472; Michaela SOHN-KRONTHALER, Österreich im Modernismusstreit. Die Causa Albert Ehrhard und die Österreichische Bischofskonferenz, in: Rainer BUCHER u. a. (Hg.), Blick zurück im Zorn? Kreative Potentiale des Modernismusstreits (Theologie im kulturellen Dialog 17), Innsbruck 2009, 131–153; Gregor KLAPCZYNSKI, Katholischer Historismus? Zum historischen Denken in der deutschsprachigen Kirchengeschichte um 1900. Heinrich Schrörs – Albert Ehrhard – Joseph Schnitzer (Münchener kirchenhistorische Studien NF 2), Stuttgart 2013.

Franz **Ehrle** SJ (1845–1934), gebürtig aus Isny (Württemberg), 1861 Eintritt in den Jesuitenorden in Gorheim, 1868 Präfekt in Feldkirch (Österreich), 1873–77 in Ditton-Hall (England), 1876 Priesterweihe, 1877 Redakteur der *Stimmen aus Maria Laach*, 1880 Forschungsarbeit in Rom, 1885–90 zusammen mit Heinrich Denifle Herausgeber des *Archiv für Literatur- und Kirchengeschichte des Mittelalters*, 1895–1914 Präfekt der Vatikanischen Bibliothek, 1922 Ernennung zum Kardinal, 1929 Kardinalarchivar und -bibliothekar der Römischen Kirche. – Zu ihm: Walther HOLTZMANN, Art. Ehrle, in: NDB 4 (1959), 360–361; Friedrich Wilhelm BAUTZ, Art. Ehrle, in: BBKL 1 (1990), 1472–1473.

Karl **Eschweiler** (1886–1936), gebürtig aus Euskirchen (Rheinland), 1906 Studium der Philosophie und Kath. Theologie in Bonn und München, 1909 Promotion zum Dr. phil. in München, 1911 Priesterweihe in Köln, Tätigkeit in der Seelsorge, 1914–18 Divisionspfarrer, 1921 Promotion zum Dr. theol. in Bonn, 1922 Habilitation in Bonn, Privatdozent, 1928 Professor für Dogmatik in Braunsberg, 1933 Eintritt in die NSDAP und die SA, 1934 Suspension durch die römische Konzilskongregation, 1935 Rekonziliation, Beurlaubung von der Lehrtätigkeit aus gesundheitlichen Gründen. – Zu ihm: David BERGER, Art. Eschweiler, in: BBKL 17 (2000), 354–355; Thomas MARSCHLER, Karl Eschweiler (1886–1936). Theologische Erkenntnislehre und nationalsozialistische Ideologie (Quellen und Studien zur neueren Theologiegeschichte 9), Regensburg 2011.

Heinrich **Finke** (1855–1938), gebürtig aus Krechting (Westfalen), 1876 Studium der Philologie und Geschichte in Münster und Tübingen, 1880 Promotion zum Dr. phil. in Tübingen, 1880 Hilfsarchivar und Stenograph im Berliner Reichstag, 1882 Forschungstätigkeit im Staatsarchiv Schleswig, 1883 Redakteur bei der *Schlesischen Volkszeitung* in Breslau, 1887 Habilitation in Münster, Privatdozent, 1891 ao., 1897 o. Professor für Geschichte in Münster, 1899–1928 Professor in Freiburg i. Br., seit 1924 Präsident der Görres-Gesellschaft, seit 1931 Mitherausgeber von Herders *Geschichte der führenden Völker*. – Zu ihm: Hermann HEIMPEL, Heinrich Finke. Ein Nachruf, in: HZ 160 (1939), 534–545; Johannes SPÖRL, Art. Finke, in: NDB 5 (1961), 162; Odilo ENGELS, Art. Finke, in: Badische Biographien NF 2 (1987), 87–89; Friedrich Wilhelm BAUTZ, Art. Finke, in: BBKL 2 (1990), 33.

Ernst **Föhr** (1892–1976), gebürtig aus Josefslust (heute Sigmaringendorf), 1910 Studium der Kath. Theologie in Freiburg i. Br., 1913 Fortsetzung des Studiums als Alumne des Collegium Germanicum an der Gregoriana in Rom, 1914 Rückkehr nach Deutschland wegen Kriegsausbruch, Eintritt ins Priesterseminar St. Peter (Schwarzwald), 1915 Priesterweihe, 1915–18 Lazarett- und Feldgeistlicher, 1918 Studium der Nationalökonomie in Freiburg, 1920 Promotion zum Dr. rer. pol. in Freiburg, 1921 Abgeordneter des Zentrums im Badischen Landtag in Karlsruhe, 1928 im Reichstag in Berlin, 1929 Päpstlicher Hausprälat, 1933 Pfarrer in Sölden bei Freiburg, 1939 in Offenburg, 1943 an St. Johann in Freiburg, 1958–68 Generalvikar des Erzbistums Freiburg, 1963 Apostolischer Protonotar. – Zu ihm: Franz KERN, Art. Föhr, in: Baden-Württembergische Biographien 1 (1994), 89–92; Karl-Heinz BRAUN, Art. Föhr, in: Erwin GATZ (Hg.), Die Bischöfe der deutschsprachigen Länder. 1945–2001, Berlin 2002, 225.

Josef **Frings** (1887–1978), gebürtig aus Neuss, 1905 Studium der Kath. Theologie in München, Innsbruck, Freiburg i. Br. und Bonn, 1910 Priesterweihe in Köln, Kaplan in Köln-Zollstock, 1913 Studienaufenthalt in Rom und Freiburg, 1915 Pfarrer in Köln-Fühlingen, 1916 Promotion zum Dr. theol. in Freiburg, 1922 Leiter des Waisenhauses in Neuss, 1924 Pfarrer in Köln-Braunsfeld, 1937 Regens des Kölner Priesterseminars, 1942–69 Erzbischof von Köln, 1945–65 Vorsitzender der Fuldaer Bischofskonferenz, 1946 Ernennung zum Kardinal, 1958 Initiator und Mitbegründer des Bischöflichen Hilfswerks *Misereor*, 1959–73 Vorsitzender der Bischöflichen Kommission für *Misereor*, 1961 Initiator der Bischöflichen Aktion *Adveniat*, 1962–65 Mitglied des Präsidiums des II. Vatikanischen Konzils. – Zu ihm: Dieter FROITZHEIM (Hg.), Kardinal Frings. Leben und Werk, Köln 1979; Eduard HEGEL, Art. Frings, in: Erwin GATZ (Hg.), Die Bischöfe der deutschsprachigen Länder. 1785/1803 bis 1945, Berlin 1983, 210–213; Norbert TRIPPEN, Josef Kardinal Frings (1887–1978), 2 Bde., Paderborn u. a. 2003/2005; Friedhelm RUF, Der rheinische Kardinal. Josef Frings. Seelsorger, Diplomat und Brückenbauer, Köln 2015.

Franz Xaver **Funk** (1840–1907), gebürtig aus Abtsgmünd, 1859 Studium der Philosophie, Kath. Theologie und Nationalökonomie in Tübingen, 1863 Pro-

motion zum Dr. phil., 1864 Priesterweihe in Rottenburg, Tätigkeit in der Seelsorge, 1865 nationalökonomische Studien in Paris, 1866 Repetent am Wilhelmsstift in Tübingen, 1868/69 Berater Karl Joseph Hefeles beim vorbereitenden
Ausschuss des I. Vatikanischen Konzils, 1870 ao., 1875 o. Professor für Kirchengeschichte, Patrologie und Christliche Archäologie in Tübingen, 1875 Promotion zum Dr. theol, 1892/93 Rektor der Universität. – Zu ihm: Anton Koch, Zur
Erinnerung an Franz Xaver von Funk, in: ThQ 90 (1908), 95–137; August Hagen, Franz Xaver Funk, in: Lebensbilder aus Schwaben und Franken 8 (1962),
335–351; Karl August Fink, Franz Xaver Funk, in: ThQ 150 (1970), 73–74; Hermann Tüchle, Franz Xaver von Funk (1840–1907), in: Heinrich Fries/Georg
Schwaiger (Hg.), Katholische Theologen Deutschlands im 19. Jahrhundert,
Bd. 3, München 1975, 276–299.

Clemens August Graf von **Galen** (1878–1946), gebürtig aus Dinklage (Oldenburg), Besuch des Jesuitengymnasiums in Feldkirch (Österreich), 1896 Abitur
in Vechta, 1897 Studium der Philosophie und Geschichte in Freiburg (Schweiz),
1898 Studium der Philosophie und Kath. Theologie in Innsbruck, 1903 Besuch
des Priesterseminars in Münster, 1904 Priesterweihe, Domvikar in Münster, 1906
Kaplan an St. Matthias in Berlin, 1911 Kuratus an St. Klemens, 1919 Pfarrer an St.
Matthias, 1929 Pfarrer an St. Lamberti in Münster, 1933–46 Bischof von Münster, 1937 Beteiligung an der Vorbereitung und Verbreitung der Enzyklika *Mit
brennender Sorge* von Pius XI., 1941 drei Predigten gegen den Terror des NS-
Regimes („Löwe von Münster"), 1946 Ernennung zum Kardinal, 2005 Seligspre-
chung. – Zu ihm: Max Bierbaum, Art. Galen, in: NDB 6 (1964), 41–42; Eduard
Hegel, Art. Galen, in: Erwin Gatz (Hg.), Die Bischöfe der deutschsprachigen
Länder. 1785/1803 bis 1945, Berlin 1983, 225–227; Friedrich Wilhelm Bautz,
Art. Galen, C. A., in: BBKL 2 (1990), 166–168; Hubert Wolf (Hg.), Clemens
August von Galen. Ein Kirchenfürst im Nationalsozialismus, Darmstadt 2007;
Joachim Kuropka (Hg.), Streitfall Galen. Clemens August Graf von Galen und
der Nationalsozialismus. Studien und Dokumente, Münster 2007; Ders., Galen.
Wege und Irrwege der Forschung, Münster 2015.

Josef **Grendel** SVD (1878–1951), gebürtig aus Mellen (Westfalen), Besuch des
Gymnasiums der Gesellschaft des Göttlichen Wortes (Steyler Missionare) im
Missionshaus St. Michael in Steyl (Venlo, Niederlande), philosophisch-theologi-
sche Studien im Missionshaus St. Gabriel in Mödling bei Wien, ab 1899 Studium
am Angelicum in Rom, Promotion zum Dr. theol., 1901–23 Professor für Dogmatik in St. Gabriel, ab 1917 auch Rektor, 1923 Provinzoberer der Westprovinz,
Aufbau eines zweiten deutschen Scholastikats im Missionshaus St. Augustin,
1927 Wahl in den Generalrat, seit 1928 Rektor und Präfekt am Collegio del Ver-
bo Divino in Rom, 1932–47 Generalsuperior, seit 1944 Konsultor des Hl. Offiziums. – Zu ihm: Fritz Bornemann, Arnold Janssen und seine Amtsnachfolger,
in: Steyler Missionschronik 1959, 157–168, hier 165 f.; Ders. (Hg.), Geschichte
unserer Gesellschaft (Analecta SVD 54), Rom 1981; Josef Alt, Die römische
Niederlassung der Steyler Missionare 1888–2003 (Analecta SVD 86), Rom 2004.

Joseph **Greving** (1868–1919), gebürtig aus Aachen, 1887 Studium der Philosophie und Kath. Theologie in Bonn und München, 1893 Promotion zum Dr. theol. in München, 1894 Priesterweihe in Köln, Tätigkeit in der Seelsorge, 1899 Habilitation in Bonn, Privatdozent, 1909 Professor für Kirchengeschichte in Münster, 1917 Professor in Bonn, Begründer des *Corpus Catholicorum*. – Zu ihm: Hubert JEDIN, Art. Greving, in: NDB 7 (1966), 53–54; Friedrich Wilhelm BAUTZ, Art. Greving, in: BBKL 2 (1990), 349–350.

Conrad **Gröber** (1872–1948), gebürtig aus Meßkirch (Baden), 1891 Studium der Philosophie und Kath. Theologie in Freiburg i. Br., ab 1893 als Alumne des Collegium Germanicum an der Gregoriana in Rom, 1897 Priesterweihe in Rom, 1898 Promotion zum Dr. theol. in Rom, 1898 Kaplan in Ettenheim und Karlsruhe, 1899 Rektor des Konradihauses in Konstanz, 1902 Pfarrer an St. Dreifaltigkeit in Konstanz, 1922 Münsterpfarrer in Konstanz, 1925 Domkapitular in Freiburg, 1931 Bischof von Meißen, 1932–48 Erzbischof von Freiburg. – Zu ihm: Wolfgang MÜLLER, Art. Gröber, K., in: NDB 7 (1966), 109; Erwin GATZ, Art. Gröber, in: DERS. (Hg.), Die Bischöfe der deutschsprachigen Länder. 1785/1803 bis 1945, Berlin 1983, 258–260; Friedrich Wilhelm BAUTZ, Art. Gröber, in: BBKL 2 (1990), 353–354; Christoph SCHMIDER, Die Freiburger Bischöfe. 175 Jahre Erzbistum Freiburg. Eine Geschichte in Lebensbildern, Freiburg/Basel/Wien 2002, 143–150.

Robert **Grosche** (1888–1967), gebürtig aus Düren, 1908 Studium der Kath. Theologie und Geschichte in Bonn und Münster, 1912 Priesterweihe in Köln, Tätigkeit in der Seelsorge, 1920–30 Studentenseelsorger in Köln, 1924 Promotion zum Dr. phil. in Köln, 1930 Pfarrer in Brühl-Vochem, 1932 Begründer der Zeitschrift *Catholica*, Dozent für Christliche Kunst an der Kunstakademie in Düsseldorf, 1933 Entzug der Dozentur, 1941 Pfarrer in Köln, 1943 Stadtdechant, 1944 Domkapitular, seit 1945 Pfarrer an St. Gereon, 1954 Honorarprofessor für Katholische Theologie in Köln. – Zu ihm: Heinrich FRIES, Robert Grosche zum hundertsten Geburtstag, in: Catholica 42 (1988), 157–169; Friedrich Wilhelm BAUTZ, Art. Grosche, in: BBKL 2 (1990), 357–358.

August **Hagen** (1889–1963), gebürtig aus Spaichingen, 1909 Studium der Philosophie und Kath. Theologie in Tübingen, 1914 Priesterweihe, Vikar in Esslingen, 1922–28 Repetent am Wilhelmsstift in Tübingen, 1925 Promotion zum Dr. sc. pol., 1928 zum Dr. theol. in Tübingen, 1928–35 Pfarrer in Poltringen, 1930 Habilitation, Privatdozent für Kirchenrecht in Tübingen, 1935–47 Professor für Kirchenrecht in Würzburg, 1947 Domkapitular in Rottenburg, 1948–59 Generalvikar des Bistums Rottenburg, 1949 Kapitularvikar, 1952 Apostolischer Protonotar, 1956–60 dreibändige *Geschichte der Diözese Rottenburg*, 1960 Ruhestand in Spaichingen. – Zu ihm: Max MILLER, Nachruf August Hagen 10.2.1889–27.1.1963, in: ZWLG 22 (1963), 186f.; Hubert WOLF, Art. Hagen, in: Erwin GATZ (Hg.), Die Bischöfe der deutschsprachigen Länder. 1945–2001, Berlin 2002, 481f.; Stephan HAERING, August Hagen (1889–1963) als Professor des Kirchenrechts in Würzburg (1935–1947). Ein Schwabe an der Alma Julia, in: WDGBl 69 (2007), 175–204.

Roland **Hampe** (1908–1981), gebürtig aus Heidelberg, 1927 Studium der Klassischen Archäologie und Philologie in Kiel, Heidelberg und München, 1934 Promotion zum Dr. phil. in München, 1935–37 Assistent am Deutschen Archäologischen Institut in Athen, 1939 Habilitation in Würzburg, 1941 Privatdozent für Klassische Archäologie in Würzburg, 1942–45 Kriegsdienst, 1946 Professor für Klassische Archäologie in Kiel, ab 1948 Professor in Mainz, 1957–75 Professor und Direktor des Archäologischen Instituts in Heidelberg, seit 1959 Mitglied der Heidelberger Akademie der Wissenschaften. – Zu ihm: Tonio HÖLSCHER, Roland Hampe †, in: Gnomon 53 (1981), 620–624; Dagmar DRÜLL, Art. Hampe, R., in: DIES., Heidelberger Gelehrtenlexikon 1933–1986, Berlin/Heidelberg 2009, 253 f.

Hans-Heinrich **Harms** (1914–2006), gebürtig aus Scharmbeck, Studium der Ev. Theologie in Göttingen, Bonn und Princeton (USA), 1937 Vikariat in Gadenstedt, 1939 Pastor in Duderstadt, 1939–45 Kriegsdienst und Kriegsgefangenschaft, 1941 Promotion zum Dr. theol. in Göttingen, 1943 Pastor in Roringen, 1946 Lehrauftrag für ökumenische Fragen in Göttingen, 1949 Studieninspektor im Bremer Studienhaus in Göttingen, 1950 Referent für ökumenische Fragen im Kirchlichen Außenamt der Evangelischen Kirche in Deutschland (EKD) in Frankfurt a. M., 1952 Referent des Ökumenischen Rates der Kirchen (ÖRK) in Genf, 1959 Sekretär und 1961–69 Beratender Sekretär der Konferenz Europäischer Kirchen, 1960–67 Hauptpastor an St. Michaelis in Hamburg, 1961–68 Mitglied des Zentralausschusses des ÖRK, 1962–75 Vorsitzender des Deutschen Evangelischen Missionsrates, 1964 stellvertretender Bischof der Evangelisch-Lutherischen Kirche von Hamburg, 1967–85 Bischof der Evangelisch-Lutherischen Kirche von Oldenburg, 1972–76 Vorsitzender der Arnoldshainer Konferenz, 1973–85 Mitglied des Rates der EKD, 1975–80 Vorsitzender des Evangelischen Missionswerkes in Deutschland, 1975–83 Mitglied des Zentralausschusses und des Exekutivausschusses des ÖRK. – Zu ihm: Günter BRANDORFF, Art. Harms, in: BBKL 35 (2014), 618–623.

Justus **Hashagen** (1877–1961), gebürtig aus Bremerhaven, Studium der Geschichte in Tübingen, Kiel, Rostock, Leipzig und Cambridge, 1899 Promotion zum Dr. phil. in Leipzig, 1900 Staatsexamen in Leipzig, 1901–03 Tätigkeit als Bibliothekar und Hauslehrer, 1903–06 Volontär am Historischen Archiv der Stadt Köln, 1908 Habilitation in Bonn, 1913–20 Privatdozent, 1920 Professor für Geschichte in Köln, 1925 Professor für Mittlere und Neuere Geschichte in Hamburg, 1935 Beurlaubung aufgrund einer politischen Denunziation, 1936 Dienstenthebung, 1939 Zwangspensionierung, 1951 Umwandlung in eine Emeritierung, Forschungen zur Kulturgeschichte des Rheinlandes und zur Reformation. – Zu ihm: Peter BOROWSKY, Justus Hashagen, ein vergessener Hamburger Historiker, in: Zeitschrift des Vereins für Hamburgische Geschichte 84 (1998), 163–183.

Friedrich **Heiler** (1892–1967), gebürtig aus München, 1911 Studium der Kath. Theologie, Philosophie, Psychologie, Religionsgeschichte und Orientalischen Sprachen, 1917 Promotion zum Dr. phil., 1918 Habilitation für Allgemeine Religionsgeschichte, Privatdozent für Religionswissenschaft in München, 1920 ao., 1922 o. Professor für Religionsgeschichte und Religionsphilosophie an der Theologischen Fakultät in Marburg, zeitweise Leitung der Hochkirchlichen Vereinigung, 1934 strafversetzt an die Philosophische Fakultät in Greifswald, ab 1935 in Marburg, 1947 zurückversetzt an die Theologische Fakultät in Marburg, 1962 emeritiert, Förderer des interkonfessionellen und interreligiösen Dialogs, Wegbereiter der Una-Sancta-Bewegung. – Zu ihm: Ernst DAMMANN, Art. Heiler, in: NDB 8 (1969), 259–260; Friedrich Wilhelm BAUTZ, Art. Heiler, in: BBKL 2 (1990), 660–661; Hans HARTOG, Evangelische Katholizität. Weg und Vision Friedrich Heilers, Mainz 1995.

Theophil **Herder-Dorneich** (1898–1987), gebürtig aus Freiburg i. Br., Sohn des Verlegers Philipp Dorneich, 1918 Studium der Rechtswissenschaften in Freiburg, 1921 Promotion zum Dr. iur., Eintritt in den Verlag Herder in Freiburg, 1921–27 Studien- und Ausbildungsjahre in den Niederlassungen des Verlages in Wien, Köln, München, Rom, London, Paris und St. Louis, 1925 Heirat mit Elisabeth Herder, der einzigen Tochter des Verlegers Hermann Herder, 1928 Mitglied der Geschäftsführung des Verlages, 1937–62 Leiter des Verlages, 1939 Übernahme des Verlages Karl Alber und des Christophorus-Verlages, 1943 Gründung der Editorial Herder in Barcelona, 1944 Zerstörung des Verlagshauses in Freiburg durch einen Bombenangriff, baldiger Wiederaufbau, 1948 Präsident des ersten Deutschen Katholikentages nach dem Krieg in Mainz, 1949 Mitbegründer des Bundes Katholischer Unternehmer (BKU), 1952 Ernennung zum Ritter des Ritterordens vom Heiligen Grab zu Jerusalem, 1958 Komturkreuz mit Stern des Päpstlichen Gregoriusordens, 1963 Übergabe der Leitung des Verlages an seinen Sohn Dr. Hermann Herder. – Zu ihm: O. K. [= Oskar Köhler?], Theophil Herder-Dorneich zum 60. Geburtstag, in: Börsenblatt für den Deutschen Buchhandel 14 (1958), 1792; Heinrich SCHARP, Dr. Theophil Herder-Dorneich zu seinem 70. Geburtstag, in: Börsenblatt für den Deutschen Buchhandel 24 (1968), 3334 f.; Horst FERDINAND, Art. Herder-Dorneich, in: Baden-Württembergische Biographien 1 (1994), 135–136.

Joseph **Hergenröther** (1824–1890), gebürtig aus Würzburg, 1842 Studium der Philosophie und Kath. Theologie in Würzburg, ab 1844 als Alumne des Collegium Germanicum in Rom, 1848 Priesterweihe in Rom für das Bistum Würzburg, 1849 Kaplan in Zellingen, 1850 Promotion zum Dr. theol. in München, 1851 Habilitation in München, Privatdozent, 1852 ao., 1855–79 o. Professor für Kirchengeschichte und Kirchenrecht in Würzburg, 1868 als Konsultor zur Vorbereitung des I. Vatikanischen Konzils in Rom, 1877 Päpstlicher Hausprälat, 1879 Ernennung zum Kardinal und Kardinalpräfekt des Vatikanischen Archivs. – Zu ihm: Alfred WENDEHORST, Art. Hergenröther, in: NDB 8 (1969), 609–610; Friedrich Wilhelm BAUTZ, Art. Hergenröther, in: BBKL 2 (1990), 746–747.

Adolf **Herte** (1887–1970), gebürtig aus Brilon, Studium der Philosophie und Kath. Theologie in München, Paderborn und Münster, 1914 Priesterweihe in Paderborn, Domvikar und Lehrer in Erfurt, 1915 Promotion zum Dr. theol. in Münster, 1916 Bischöflicher Kaplan und Geheimsekretär in Paderborn, 1920 Erzbischöflicher Geheimsekretär in Köln, Staatsexamen in Philosophie, 1921 Examen zum Assessor, 1922–45 Professor für Kirchengeschichte und Patrologie in Paderborn, 1923 Direktor der Akademischen Bibliothek, 1943 dreibändiges Werk *Das katholische Lutherbild im Bann der Lutherkommentare des Cochläus*, 1945 wegen Sympathie für den Nationalsozialismus auf eigenen Wunsch aus dem Hochschuldienst entlassen, danach Seelsorger für Kriegslazarette in Bad Salzschlirf, 1949 Rektor im St.-Petri-Hospital in Warburg, 1950 Hausgeistlicher im St.-Nikolai-Krankenhaus in Höxter. – Zu ihm: Hubertus R. DROBNER, Art. Herte, in: BBKL 24 (2005), 833–835.

Theodor **Heuss** (1884–1963), gebürtig aus Brackenheim, 1902 Abitur in Heilbronn, 1902–05 Studium der Nationalökonomie in München und Berlin, 1905 Promotion zum Dr. rer. pol. in München, 1905 Redakteur der Zeitschrift *Die Hilfe* in Berlin, 1907 Übernahme des politischen Ressorts, 1912 Chefredakteur der *Neckar-Zeitung* in Heilbronn, 1913 Redakteur der Zeitschrift *März*, 1918 Mitglied der Geschäftsführung des Deutschen Werkbundes in Berlin, 1918–22 Redaktion der Zeitschrift *Deutsche Politik*, 1920–33 Dozent an der Deutschen Hochschule für Politik in Berlin, 1923–26 Redaktion der Zeitschrift *Die Deutsche Nation*, 1924–28 Abgeordneter der Deutschen Demokratischen Partei (DDP), 1930 Abgeordneter der Deutschen Staatspartei (DSTP), 1933 Entzug der Dozentur an der Deutschen Hochschule für Politik und Verlust des Reichstagsmandats, 1936 Publikationsverbot, seitdem Veröffentlichungen unter dem Pseudonym Thomas Brackheim, 1945 Lizenzträger der *Rhein-Neckar-Zeitung*, Kultminister des Landes Württemberg-Baden, 1947 zusammen mit Wilhelm Külz Vorsitzender der Demokratischen Partei Deutschlands (DPD), 1948 Honorarprofessor für Politische Wissenschaft an der Technischen Hochschule in Stuttgart, Vorsitzender der Freien Demokratischen Partei (FDP), 1949–59 Bundespräsident. – Zu ihm: Eberhard PIKART, Art. Heuss, in: NDB 9 (1972), 52–56; Ernst Wolfgang BECKER, Theodor Heuss. Bürger im Zeitalter der Extreme, Stuttgart 2011; Peter MERSEBURGER, Theodor Heuss. Der Bürger als Präsident, München 2012; Joachim RADKAU, Theodor Heuss, Darmstadt 2013; Michael PETERS, Art. Heuss, in: BBKL 38 (2017), 681–718.

Karl **Hoeber** (1867–1942), gebürtig aus Diez, 1887 Studium der Germanistik, Geschichte und Philosophie in Heidelberg, Freiburg i. Br. und Straßburg, 1891 Staatsexamen für das Höhere Lehramt, 1891–1905 Gymnasiallehrer in Straßburg und Metz, 1891–1923 Redaktion der *Akademischen Monatsblätter*, 1903 Mitbegründer der Zeitschrift *Hochland*, 1905 Direktor des Kaiserlichen Lehrerseminars in Metz, Promotion zum Dr. phil. in Straßburg, 1907–33 zunächst Redakteur, dann Chefredakteur der *Kölnischen Volkszeitung*. – Zu ihm: Josef HOFMANN, Dr. Karl Hoeber, in: Akademische Monatsblätter 66 (1953/54), 55–

58; Lothar BRAUN, Art. Hoeber, in: Siegfried KOSS/Wolfgang LÖHR (Hg.), Biographisches Lexikon des KV, Bd. 2, Schernfeld 1993, 55–57.

Josef **Höfer** (1896–1976), gebürtig aus Weidenau, 1919 Studium der Kath. Theologie in Paderborn und München, 1924 Priesterweihe in Paderborn, Tätigkeit in der Seelsorge, 1930–34 Kaplan und Vizerektor am deutschen Priesterkolleg S. Maria dell'Anima in Rom, 1932 Promotion zum Dr. theol. in Rom, 1934 Studienpräfekt am Collegium Leoninum in Paderborn, 1935 Promotion zum Dr. theol. in Münster, 1936 Berufung auf den Lehrstuhl für Liturgiewissenschaft und Pastoraltheologie in Münster, 1938 Habilitation, Ernennung zum o. Professor vom Kultusministerium verweigert, 1940 Vorlesungsverbot, 1941–45 Dompfarrer in Paderborn, 1945 Direktor des Collegium Leoninum, 1946–54 o. Professor für Geschichte der Philosophie und Theologie in Paderborn, 1947–57 katholischer Wissenschaftlicher Leiter des Ökumenischen Arbeitskreises ev. und kath. Theologen (ÖAK, sog. Jaeger-Stählin-Kreis), 1954–67 Botschaftsrat der Deutschen Botschaft am Heiligen Stuhl, 1957–65 Mitherausgeber der 2. Auflage des *Lexikon für Theologie und Kirche* (LThK), seit 1960 Mitarbeit im Sekretariat zur Förderung der Einheit der Christen, Mitglied der Päpstlichen Theologenkommission, 1968–74 Offizial in Paderborn. – Zu ihm: Daten zum Lebenslauf von Josef Rudolf Höfer. Nach seinen eigenen Angaben, in: Remigius BÄUMER/ Heimo DOLCH (Hg.), Volk Gottes. Zum Kirchenverständnis der katholischen, evangelischen und anglikanischen Theologie. Festgabe für Josef Höfer, Freiburg/ Basel/Wien 1967, 743–760; Remigius BÄUMER, Art. Höfer, in: LThK³ 5 (1996), 197; Jörg ERNESTI, Art. Höfer, in: BBKL 25 (2005), 634–636.

Alois **Hudal** (1885–1963), gebürtig aus Graz, 1904 Studium der Philosophie und Kath. Theologie in Graz, 1908 Priesterweihe, Kaplan in Kindberg, 1911 Promotion zum Dr. theol. in Graz, Fortsetzung des Studiums am Päpstlichen Bibelinstitut in Rom, 1913 Promotion zum Dr. theol. in Rom, 1913–16 Subdirektor am Grazer Priesterseminar, 1914 Habilitation in Graz, Privatdozent, 1919 ao., 1923 o. Professor für Altes Testament in Graz, zudem Rektor des Priesterkollegs S. Maria dell'Anima in Rom, 1933 Titularbischof von Ela, 1937 Veröffentlichung *Die Grundlagen des Nationalsozialismus*, 1945 Verlust der Grazer Professur, 1952 erzwungener Rücktritt vom Amt des Rektors am Priesterkolleg. – Zu ihm: Martin LÄTZEL, Art. Hudal, in: BBKL 21 (2003), 687–692; Dominik BURKARD, Alois Hudal – ein Anti-Pacelli? Zur Diskussion um die Haltung des Vatikans gegenüber dem Nationalsozialismus, in: ZRGG 59 (2007), 61–89; DERS., Art. Hudal, in: Dizionario storico dell'Inquisizione, diretto da Adriano PROSPERI con la collaborazione di Vincenzo LAVENIA e John TEDESCI, Vol. 2, Pisa 2010, 754 f.; DERS., Alois Hudal als Konsultor der Congregatio Sancti Officii (1930–1953). Versuch einer vorläufigen Bestandsaufnahme, in: Römische Historische Mitteilungen 57 (2015), 235–272.

Hans Ulrich **Instinsky** (1907–1973), gebürtig aus Freiberg (Sachsen), 1926 Studium der Geschichte, Klassischen Philologie und Germanistik in München, 1928 Studium der Klassischen Philologie und Klassischen Archäologie in Leipzig und

Freiburg i. Br., 1931 Promotion zum Dr. phil. in Freiburg, 1936–40 Mitarbeiter am *Corpus Inscriptionum Latinarum* an der Preußischen Akademie der Wissenschaften, 1942 Habilitation in Frankfurt a. M., 1943/44 Lehrstuhlvertretung in Hamburg, 1945–48 Privatdozent, 1946 Konversion zur Katholischen Kirche, 1948–73 o. Professor für Alte Geschichte in Mainz. – Zu ihm: Konrad FUCHS, Art. Instinsky, in: BBKL 16 (1999), 776–780.

Otto **Iserland** (* 1898), gebürtig aus Berlin, Studium der Nationalökonomie und Sozialwissenschaften in Berlin und Erlangen, Promotion zum Dr. phil., 1927–30 Lehrtätigkeit an der staatlichen Handelshochschule in Nagasaki (Japan), 1930–35 Vizedirektor der Abteilung für soziale und wirtschaftliche Forschung und Information des protestantischen Internationalen Missionsrates in Genf, 1935 Konversion zur Katholischen Kirche, seit 1947 Generalsekretär der Union Catholique d'Etudes Internationales in Freiburg (Schweiz), Professor am Collège St. Michel in Freiburg, Veröffentlichungen als Autor (u. a. Artikel in der *Schweizerischen Rundschau*), Herausgeber (*Die Kirche Christi. Grundfragen der Menschenbildung und Weltgestaltung*, Einsiedeln 1940) und Übersetzer (u. a. Therese von Lisieux, *Selbstbiographische Schriften*, Einsiedeln 1958, zusammen mit Cornelia Capol). – Zu ihm: Otto ISERLAND, Vom religiösen Sozialismus zum katholischen Glauben, in: Bruno SCHAFER (Hg.), Sie hörten Seine Stimme. Zeugnisse von Gottsuchern unserer Zeit, Bd. 1, Luzern ²1951, 28–47; Fortbildungs-Akademie des Deutschen Caritasverbandes, Geschichte des Hauses. https://www.caritas-akademie.de/tagungszentrum/ueberuns/geschichte/geschichte (10.02.2019).

Erwin **Iserloh** (1915–1996), gebürtig aus Duisburg-Beek, 1935 Studium der Kath. Theologie in Münster (u. a. bei Joseph Lortz), 1940 Priesterweihe in Münster, Tätigkeit in der Seelsorge, 1942 Promotion zum Dr. theol., seit 1942 Kriegsdienst, 1947 Fortsetzung des Studiums am Campo Santo Teutonico in Rom (u. a. bei Hubert Jedin), 1951 Habilitation in Bonn, 1953 Direktor der Sozialen Bildungsstätte Franz-Hitze-Haus in Münster, 1954 ao., 1955 o. Professor für Kirchengeschichte des Mittelalters und der Neuzeit in Trier, 1964–67 Direktor des Katholisch-Ökumenischen Instituts und Professor für Ökumenische Theologie in Münster, 1967–83 Professor für Kirchengeschichte des Mittelalters und der Neuzeit in Münster, 1971 Mitglied der Akademie der Wissenschaften und der Literatur in Mainz, 1972 Leitung der Gesellschaft zur Herausgabe des *Corpus Catholicorum*, 1976–90 Domkapitular in Münster, 1983 emeritiert. – Zu ihm: Wilhelm DAMBERG, Art. Iserloh, in: BBKL 31 (2010), 687–694; Uwe WOLFF, Iserloh. Der Thesenanschlag fand nicht statt (Studia Oecumenica Friburgensia 61), Basel 2013; Barbara HALLENSLEBEN, Erwin Iserloh (1915–1996), in: Jörg ERNESTI/Gregor WURST (Hg.), Kirchengeschichte im Porträt. Katholische Kirchenhistoriker des 20. Jahrhunderts, Freiburg/Basel/Wien 2016, 177–191.

Lorenz **Jaeger** (1892–1975), gebürtig aus Halle (Saale), 1913 Studium der Kath. Theologie in Paderborn, 1914 Kriegsdienst und Kriegsgefangenschaft, 1920 Fortsetzung des Studiums in Paderborn, 1922 Priesterweihe, Pfarrvikar in

Oebisfelde (Magdeburg), 1926 Religionslehrer in Herne, 1929 Staatsexamen für das Höhere Lehramt, 1933 Studienrat in Dortmund, 1940 Divisionspfarrer, 1941–73 Erzbischof von Paderborn, 1943 zusammen mit Kardinal Innitzer Leitung des Ökumene-Referats der Bischofskonferenz, 1946 gemeinsam mit Bischof Wilhelm Stählin Gründer und Vorsitzender des Ökumenischen Arbeitskreises ev. und kath. Theologen (ÖAK, sog. Jaeger-Stählin-Kreis), 1952 Errichtung eines Priesterseminars auf der Huysburg bei Magdeburg, 1957 Gründung des Instituts für Konfessions- und Diasporakunde in Paderborn (1966 umbenannt in Johann-Adam-Möhler-Institut für Ökumenik), 1960 Mitglied des neu gegründeten Sekretariats zur Förderung der Einheit der Christen, 1965 Ernennung zum Kardinal. – Zu ihm: Erwin Gatz, Art. Jaeger, in: Ders. (Hg.), Die Bischöfe der deutschsprachigen Länder. 1785/1803 bis 1945, Berlin 1983, 344–346; Harald Wagner, Art. Jaeger, in: BBKL 2 (1990), 1435–1436; Heribert Gruss, Erzbischof Lorenz Jaeger als Kirchenführer im Dritten Reich. Tatsachen, Dokumente, Entwicklungen, Kontext, Probleme (Zeitgeschichte im Erzbistum Paderborn 3), Paderborn 1995; Wolfgang Stüken, Hirten unter Hitler. Die Rolle der Paderborner Erzbischöfe Caspar Klein und Lorenz Jaeger in der NS-Zeit, Essen 1999.

Johannes **Janssen** (1829–1891), gebürtig aus Xanthen, 1849 Studium der Kath. Theologie in Münster und Löwen, 1851 Studium der Geschichte in Bonn, 1853 Promotion zum Dr. phil. in Bonn, 1854 Habilitation in Münster, 1855 Professor für Geschichte am Gymnasium in Frankfurt a. M., 1860 Priesterweihe in Limburg, 1863 Studienaufenthalt in Rom, Forschungen im Vatikanischen Archiv, 1864 Rückkehr ans Gymnasium in Frankfurt, seit 1876 *Geschichte des deutschen Volkes seit dem Ausgang des Mittelalters*, 1880 Päpstlicher Hausprälat. – Zu ihm: Hubert Jedin, Art. Janssen, J., in: NDB 10 (1974), 343–344; Heribert Smolinsky, Art. Janssen, in: TRE 16 (1987), 509–510; Bernhard Wildermuth, Art. Janssen, J., in: BBKL 2 (1990), 1552–1554.

Hubert **Jedin** (1900–1980), gebürtig aus Großbriesen (Oberschlesien), 1918–23 Studium der Kath. Theologie und Geschichte in Breslau, München und Freiburg i. Br., 1924 Priesterweihe, 1925 Promotion zum Dr. theol. in Breslau, 1926–30 Studien im Vatikanischen Archiv, 1930 Habilitation in Breslau, Privatdozent, 1933 Entzug der Venia legendi (als Sohn einer konvertierten Jüdin), 1933–36 Studienaufenthalt in Rom, Mitarbeit am *Concilium Tridentinum* der Görres-Gesellschaft, 1936–39 Erzbischöflicher Archivar in Breslau, 1939–45 Aufenthalt in Rom, Arbeit an der Geschichte des Konzils von Trient, 1946 Honorarprofessor in Bonn, 1948 ao., 1951–65 o. Professor für Mittlere und Neuere Kirchengeschichte in Bonn, 1949–75 vierbändige *Geschichte des Konzils von Trient*, 1951 Mitglied des Beirates der Görres-Gesellschaft, Mitglied der Akademie der Wissenschaften und der Literatur in Mainz, 1954 Vorsitzender der Gesellschaft zur Herausgabe des *Corpus Catholicorum*, 1957–80 Mitglied des Wissenschaftlichen Beirats des Johann-Adam-Möhler-Instituts für Ökumenik in Paderborn, 1962–65 theologischer Berater (Peritus) des II. Vatikanischen Konzils, 1962–79 Herausgeber des *Handbuchs der Kirchengeschichte*, 1965 emeritiert. – Zu ihm:

Hubert JEDIN, Lebensbericht. Mit einem Dokumentenanhang, hg. v. Konrad REPGEN (VKZG.Q 35), Mainz 1984; Roland BÖHM, Art. Jedin, in: BBKL 3 (1992), 1–5; Heribert SMOLINSKY (Hg.), Die Erforschung der Kirchengeschichte. Leben, Werk und Bedeutung von Hubert Jedin (1900–1980) (KLK 61), Münster 2001; John O'MALLEY, Hubert Jedin (1900–1980), in: Jörg ERNESTI/Gregor WURST (Hg.), Kirchengeschichte im Porträt. Katholische Kirchenhistoriker des 20. Jahrhunderts, Freiburg/Basel/Wien 2016, 193–201.

Robert **Jelke** (1882–1952), gebürtig aus Frose (Anhalt), 1901 Studium der Ev. Theologie und Geschichte in Halle und Tübingen, 1908–10 Hilfsprediger in Dessau, 1910–18 Pfarrer in Saxdorf, 1913 Promotion zum Lic. theol. in Leipzig, 1917 Promotion zum Dr. phil. in Gießen, 1918 Habilitation in Halle, 1919 zunächst Professor in Rostock, dann Professor für Systematische Theologie in Heidelberg, 1946 emeritiert. – Zu ihm: Hans OTTE, Art. Jelke, in: BBKL 3 (1992), 20–22.

Johannes XXIII., eigentlich Angelo Giuseppe **Roncalli** (1881–1963), gebürtig aus Sotto il Monte bei Bergamo (Italien), 1902 Studium der Kath. Theologie in Rom, 1904 Promotion zum Dr. theol., Priesterweihe, 1905–14 Sekretär des Bischofs von Bergamo, 1906 Professor für Kirchengeschichte, ab 1907 auch Professor für Christliche Apologetik und Patrologie am Priesterseminar in Bergamo, seit 1915 Sanitätssoldat und Militärseelsorger, 1921 Präsident des Zentralrates des Päpstlichen Missionswerkes in Rom, Päpstlicher Hausprälat, 1925 Bischofsweihe, Apostolischer Visitator für Bulgarien, 1931 Apostolischer Delegat für Bulgarien, 1934 für die Türkei und Griechenland, 1945 Apostolischer Nuntius in Paris, 1953 Ernennung zum Patriarchen von Venedig und zum Kardinal, 1958 Wahl zum Papst, 1960 Gründung des Sekretariats zur Förderung der Einheit der Christen, 1961 Enzyklika *Mater et Magistra*, 1962 Eröffnung des II. Vatikanischen Konzils, 1963 Enzyklika *Pacem in Terris*, 2000 Seligsprechung, 2014 Heiligsprechung. – Zu ihm: Peter HEBBLETHWAITE, Johannes XXIII. Das Leben des Angelo Roncalli, Zürich/Einsiedeln/Köln 1986; Michael HANST, Art. Johannes XXIII., in: BBKL 3 (1992), 237–248; Giuseppe ALBERIGO/Klaus WITTSTADT (Hg.), Ein Blick zurück – nach vorn: Johannes XXIII. Spiritualität – Theologie – Wirken (SKNZ 2), Würzburg 1992; Giuseppe ALBERIGO, Johannes XXIII. Leben und Wirken des Konzilspapstes, Mainz 2000; Marco RONCALLI, Heiterkeit, die von Gott kommt. Johannes XXIII. – der heilige Papst, Würzburg 2014.

Hermann **Junker** (1877–1962), gebürtig aus Bendorf, 1886 Eintritt ins Priesterseminar, Studium der Kath. Theologie in Trier, 1900 Priesterweihe, Kaplan in Ahrweiler, 1901 Studium der Ägyptologie in Berlin, 1903 Promotion zum Dr. phil., 1907 Habilitation in Wien, Privatdozent, 1909 ao., 1912 o. Professor für Ägyptologie in Wien, 1912–29 Leiter der Ausgrabungen bei den Pyramiden von Giza, 1923 Direktor des Instituts für Ägyptologie und Afrikanistik an der Wiener Universität, 1929–45 Direktor des Deutschen Archäologischen Instituts in Kairo und Professor für Ägyptologie an der dortigen Universität, seit 1931

Mitherausgeber von Herders *Geschichte der führenden Völker*. – Zu ihm: Gertrud Thausing, Art. Junker, H., in: NDB 10 (1974), 692–693; Clemens Gütl, Art, Junker, in: BBKL 29 (2008), 732–743.

Maximilian **Kaller** (1880–1947), gebürtig aus Beuthen (Oberschlesien), 1899 Studium der Kath. Theologie in Breslau, 1903 Priesterweihe in Breslau, Kaplan in Groß-Strehlitz, 1905 Administrator, ab 1908 Pfarrer der Missionsstation Bergen (Rügen), 1917 Pfarrer an St. Michael in Berlin, 1926 Leiter der Apostolischen Administratur Tütz-Schneidemühl, 1929 Prälat der Freien Prälatur Schneidemühl, 1930–47 Bischof von Ermland, 1939–45 Apostolischer Administrator der Freien Prälatur Memel, 1945 Verzicht auf Jurisdiktion im polnisch besetzten Ermland auf Drängen des polnischen Kardinals, neue Wirkungsstätte wird Frankfurt a. M., 1946 Päpstlicher Sonderbeauftragter der heimatvertriebenen Deutschen. – Zu ihm: Gerhard Fittkau, Art. Kaller, in: Erwin Gatz (Hg.), Die Bischöfe der deutschsprachigen Länder. 1785/1803 bis 1945, Berlin 1983, 357–361; Barbara Wolf-Dahm, Art. Kaller, in: BBKL 3 (1992), 974–978; Rainer Bendel/Hans-Jürgen Karp, Bischof Maximilian Kaller 1880–1947. Seelsorger in den Herausforderungen des 20. Jahrhunderts, Münster 2017.

Michael **Keller** (1896–1961), gebürtig aus Siegen, 1914 Eintritt in das Collegium Leoninum in Paderborn, Beginn des Studiums der Kath. Theologie, 1914–18 Kriegsdienst, 1919 Wiederaufnahme des Studiums am Collegium Canisianum in Innsbruck, 1920 Inkardination in das Bistum Osnabrück, 1921 Priesterweihe in der Klosterkirche Fiecht bei Innsbruck, Fortsetzung des Studiums in Rom, Promotion zum Dr. theol., 1924 Kaplan an St. Elisabeth in Hamburg, 1931 Pfarrer an St. Marien in Hamburg-Blankenese, 1933 Domvikar in Osnabrück und Subregens am dortigen Priesterseminar, 1934 Diözesanvorsitzender des Deutschen Katechetenvereins, 1935 Prosynodalrichter, 1935 Spiritual am Priesterseminar in Osnabrück, ab 1939 Regens, 1943 Domkapitular in Osnabrück, 1947–61 Bischof von Münster. – Zu ihm: Karl Josef Rivinius, in: BBKL 3 (1992), 1314–1318; Wilhelm Damberg, Art. Keller, in: Erwin Gatz (Hg.), Die Bischöfe der deutschsprachigen Länder. 1945–2001, Berlin 2002, 408–410.

Franz Xaver **Kiefl** (1869–1928), gebürtig aus Höhenrain bei Plattling, 1889 Studium der Philosophie und Kath. Theologie am Lyzeum in Regensburg und an der Universität München, 1892 Promotion zum Dr. phil., 1894 Priesterweihe in Regensburg, Tätigkeit in der Seelsorge, 1896 Promotion zum Dr. theol., 1900 Professor für Neutestamentliche Exegese am Lyzeum in Dillingen, ab 1903 in Passau, 1905–11 Professor für Dogmatik und Christliche Symbolik in Würzburg, 1908/09 Rektor der Universität, geriet im Zuge der Auseinandersetzungen um Herman Schell ebenfalls unter Modernismus-Verdacht, 1911 Domkapitular in Regensburg, 1914 Domdekan. – Zu ihm: Karl Josef Lesch, Art. Kiefl, in: BBKL 3 (1992), 1461–1462; Karl Hausberger, Franz Xaver Kiefl (1869–1928). Schell-Verteidiger, Antimodernist und Rechtskatholik (Quellen und Studien zur neueren Theologiegeschichte 6), Regensburg 2003; Ludwig K. Walter, Dozenten und Graduierte der Theologischen Fakultät Würzburg 1402 bis 2002 (QFW 63), Würzburg 2010, 17.

Johann Peter (Jean Pierre) **Kirsch** (1861–1941), gebürtig aus Dippach (Luxemburg), 1880–84 Studium der Philosophie und Kath. Theologie in Luxemburg, 1884 Priesterweihe, 1884–90 Studium der Christlichen Archäologie, Paläographie und Diplomatik am Campo Santo Teutonico in Rom, 1888 Leiter des Historischen Instituts der Görres-Gesellschaft in Rom, 1890 Verleihung des Dr. theol. durch die päpstliche Studienkongregation, 1890–1932 Professor für Patrologie und Christliche Archäologie in Freiburg (Schweiz), 1904 Päpstlicher Hausprälat, seit 1907 u. a. Herausgeber der *Römischen Quartalschrift*, der *Zeitschrift für Schweizerische Kirchengeschichte* sowie der *Studien zur Geschichte und Kultur des Altertums*, seit 1925 Direktor des neugegründeten Päpstlichen Instituts für Christliche Archäologie in Rom, 1932 Apostolischer Protonotar, 1938 Leitung des Internationalen Kongresses für Christliche Archäologie im Vatikan. – Zu ihm: Karl BAUS, Johann Peter Kirsch †, in: RQ 47 (1939–42), 9–14; Joseph SAUER, Johann Peter Kirsch †, in: HJ 61 (1941), 467–474; Edouard MOLITOR, Monseigneur J. P. Kirsch. Das Lebensbild eines Gelehrten (Luxemburger Priestergestalten 2), Luxemburg 1956; Wilhelm BAUM, Art. Kirsch, in: NDB 11 (1977), 672; Johannes MADEY, Art. Kirsch, in: BBKL 3 (1992), 1533–1534.

Wilhelm **Klein** SJ (1889–1996), gebürtig aus Traben, 1907 Studium der Philosophie und Kath. Theologie in Trier und als Alumne des Collegium Germanicum an der Gregoriana in Rom, 1912 Priesterweihe in Rom, 1913 Eintritt in den Jesuitenorden, 1919 Studium der Philosophie in Rom und Freiburg i. Br., Promotion zum Dr. phil. in Freiburg, 1922–29 Professor für Philosophie in Valkenburg (Niederlande), ab 1925 auch Spiritual, 1929–32 Rektor, Regens und Professor an Sankt Georgen in Frankfurt a. M., 1932–38 Provinzial in Köln, 1934/35 auch Provinzial in Japan, 1938–42 Rektor in Valkenburg (bis zur Aufhebung des Kollegs durch die Gestapo), 1942–45 Exerzitienmeister für Ordensleute in der Diözese Paderborn, 1945–48 Professor und Spiritual am Priesterseminar Hildesheim, 1948–61 Spiritual am Collegium Germanicum in Rom, 1961 Superior im Paulushaus in Bonn, ab 1966 Exerzitienbegleiter, Prediger und Seelsorger, 1988 Ruhestand in Münster. – Zu ihm: Helmut FELD, Der bedeutendste katholische Theologe des 20. Jahrhunderts?, in: Rottenburger Jahrbuch für Kirchengeschichte 19 (2000) 263–273; Christoph SCHMITT, Art. Klein, in: BBKL 33 (2012), 746–749.

Oskar **Köhler** (1909–1996), gebürtig aus Karlsruhe, Studium der Philosophie und Kath. Theologie in Freiburg i. Br., 1935 Promotion zum Dr. theol., wegen Mitgliedschaft im „Freiburger Kreis" um Karl Färber und im Bund Neudeutschland akademische Laufbahn verwehrt, nach 1945 Leiter des Katholischen Bildungswerkes in Ulm, 1948 Lektor für Geschichte beim Verlag Herder in Freiburg, ab 1951 Chefredakteur für Geisteswissenschaften, 1952–82 Herausgeber und Schriftleiter der Zeitschrift *Saeculum*, 1957 Direktor des Lexikographischen Instituts des Verlages Herder, 1960 Mitbegründer der Forschungsstelle für Weltzivilisationen, 1963 Honorarprofessor für Universalgeschichte in Freiburg, 1975 Mitbegründer des Instituts für Historische Anthropologie. – Zu ihm: Jochen MARTIN, Oskar Köhler †, in: Saeculum 47 (1996), 177; Gunnar ANGER, Art. Köhler, in: BBKL 25 (2005), 698–707.

Walther **Köhler** (1870–1946), gebürtig aus Elberfeld, 1889 Studium der Ev. Theologie und Geschichte in Halle, Heidelberg und Tübingen, Schüler von Adolf von Harnack und Ernst Troeltsch, 1895 Promotion zum Dr. phil. in Heidelberg, 1898 Promotion zum Lic. theol. in Tübingen, 1900 Habilitation in Gießen, Privatdozent, 1904 ao. Professor in Gießen, 1909–29 o. Professor für Kirchen- und Dogmengeschichte in Zürich, 1918–29 Redakteur der *Zwingliana*, 1929–35 Professor in Heidelberg, Forschungen zur Reformationsgeschichte, Mitherausgeber der Werke Zwinglis. – Zu ihm: Erich ROTH, In memoriam Walther Köhler, in: ZKG 63 (1950/51), 222–238; Fritz BÜSSER, Art. Köhler, W., in: NDB 12 (1979), 312; J. F. Gerhard GOETERS, Art. Köhler, in: TRE 19 (1990), 287–289; Dietfried GEWALT, Art. Köhler, W., in: BBKL 4 (1992), 255–258.

Ernst **Kohlmeyer** (1882–1959), gebürtig aus Hänigsen (Hannover), 1901 Studium der Ev. Theologie in Erlangen, Greifswald und Göttingen, 1909/10 Pastor in Hannover, 1911 Habilitation in Göttingen, Privatdozent, 1916 ao. Professor für Kirchengeschichte in Kiel, 1920 Ehrenpromotion zum Dr. theol. in Göttingen, 1920 o. Professor für Kirchen- und Dogmengeschichte in Kiel, 1926 Professor in Breslau, 1930 Professor in Halle, 1933 Engagement für die Deutschen Christen, 1934 Eintritt in die NSDAP, 1935 Professor in Bonn, 1944 wegen Krankheit emeritiert, Forschungen zur Reformationsgeschichte, Mitherausgeber des *Archiv für Reformationsgeschichte*. – Zu ihm: Sebastian KRANICH, Art. Kohlmeyer, in: BBKL 31 (2010), 741–745.

Engelbert **Krebs** (1881–1950), gebürtig aus Freiburg i. Br., 1900 Studium der Kath. Theologie, Philosophie und Geschichte in Freiburg und München, 1903 Promotion zum Dr. phil. in Freiburg, 1906 Priesterweihe, Vikar in Oberkirch, 1908–10 Studium am Campo Santo Teutonico in Rom, 1910 Promotion zum Dr. theol. in Freiburg, 1911 Habilitation, 1915 ao., 1919 o. Professor für Dogmatik in Freiburg, 1936 aus politischen Gründen vom Lehramt entfernt, 1937 in den Ruhestand versetzt, 1945 rehabilitiert, 1946 wegen schwerer Krankheit emeritiert. – Zu ihm: Friedrich STEGMÜLLER, Engelbert Krebs (1881–1950), in: ORPB 52 (1951), 10–19; Wolfgang MÜLLER, Art. Krebs, E., in: NDB 12 (1979), 726–727; Erich NAAB, Art. Krebs, E., in: BBKL 4 (1992), 632–633.

Matthias **Laros** (1882–1965), gebürtig aus Trier, Eintritt ins Bischöfliche Priesterseminar Trier, 1907 Priesterweihe, Tätigkeit in der Seelsorge, Studium der Kath. Theologie in Bonn, Straßburg und Würzburg, 1913 Promotion zum Dr. theol. in Würzburg, 1913 Pfarrer in Rodershausen, 1919 in Geichlingen, 1939–48 Pfarrer in Kapellen-Stolzenfels, 1922–40 Herausgeber der *Ausgewählten Werke* von John Henry Newman, 1946 Übernahme der Leitung der von Max Joseph Metzger (hingerichtet 1944) gegründeten Una-Sancta-Bewegung. – Zu ihm:

Joseph LORTZ, Matthias Laros. 1.3.1882–24.6.1965, in: Una Sancta 20 (1965), 245–250; Victor CONZEMIUS, Art. Laros, in: NDB 13 (1982), 641–642; Martin PERSCH, Art. Laros, in: BBKL 4 (1992), 1175–1177; Jörg SEILER (Hg.), Matthias Laros (1882–1965). Kirchenreform im Geiste Newmans (Quellen und Studien zur neueren Theologiegeschichte 8), Regensburg 2009.

Robert **Leiber** SJ (1887–1967), gebürtig aus Oberhomberg (Deggenhausertal), 1905 Studium der Kath. Theologie in Freiburg i.Br., 1906 Eintritt in den Jesuitenorden in Tisis bei Feldkirch (Österreich), 1908 Studium der Philosophie in Valkenburg (Niederlande), 1911 Präfekt und Magister am Andreaskolleg in Ordrupshoj (Dänemark), Studium der Geschichte in Kopenhagen, 1914–19 Studium der Theologie in Valkenburg, 1917 Priesterweihe, 1920 Studium der Geschichte in Berlin, 1922 vertretungsweise Dozentur für Kirchengeschichte in Valkenburg, Tertiat in Florenz, 1923 Mitarbeiter Ludwig von Pastors für die *Geschichte der Päpste* in Rom, 1925–29 Mitarbeiter von Nuntius Eugenio Pacelli in München und Berlin, 1930–58 Privatsekretär von Kardinal Pacelli (seit 1939 Pius XII.) und Professor für Kirchengeschichte an der Päpstlichen Universität Gregoriana in Rom. – Zu ihm: Karl H. NEUFELD, Art. Leiber, in: NDB 14 (1985), 116–117; Horst MÜHLEISEN, Art. Leiber, in: Badische Biographien NF 2 (1987), 183–184.

Leo XIII., eigentlich Vincenzo Gioacchino **Pecci** (1810–1903), gebürtig aus Carpineto bei Rom, 1818–24 Studium am Jesuitenkolleg in Viterbo, 1824–32 Studium der Philosophie und Kath. Theologie am Collegium Romanum, 1832–37 Studium der Rechtswissenschaften an der Accademia dei nobili in Rom, 1835 Promotion zum Dr. iur. utr., 1837 Priesterweihe, 1838–41 päpstlicher Delegat für Benevent, 1841 für Perugia, 1842 Nuntius in Belgien, 1843 Titularerzbischof, 1846–78 Bischof von Perugia, 1853 Ernennung zum Kardinal, 1877 Kardinalkämmerer (Camerlengo), 1878 Wahl zum Papst, 1881 Öffnung des Vatikanischen Archivs für Gelehrte aller Konfessionen, 1891 Enzyklika *Rerum Novarum*. – Zu ihm: Roger AUBERT, Art. Leo XIII., in: TRE 20 (1990), 748–753; Ekkart SAUSER, Art. Leo XIII., in: BBKL 4 (1992), 1451–1463.

Hanns (Johannes) **Lilje** (1899–1977), gebürtig aus Hannover, 1919 Studium der Ev. Theologie und Kunstgeschichte in Göttingen und Leipzig, 1924 Ordination, 1925–27 Studentenpfarrer an der Technischen Hochschule Hannover, 1927–35 Generalsekretär der Deutschen Christlichen Studentenvereinigung, 1932 Promotion zum Dr. theol. in Zürich, 1932–35 Vizepräsident der World Student Christian Federation, 1933 Mitbegründer der Jungreformatorischen Bewegung, 1935–45 Generalsekretär des Lutherischen Weltkonvents, 1936 Mitglied im Rat der Evangelisch-Lutherischen Kirche Deutschlands (Lutherrat), 1944 Inhaftierung durch die Gestapo, 1945–47 Oberlandeskirchenrat der Landeskirche Hannover, 1945–57 Präsident des Zentralausschusses der Inneren Mission, 1945–72 Mitglied im Rat der Evangelischen Kirche in Deutschland (EKD), 1949–67 Stellvertretender Ratsvorsitzender, 1945 Mitunterzeichner des *Stuttgarter Schuldbekenntnisses*, 1947–70 Mitglied des Exekutivkomitees des Lutherischen Weltbundes, 1952–57 dessen Präsident, 1947–71 Landesbischof in Hannover, 1948 Mitglied im Zentralkomitee des Weltrats der Kirchen, 1950–71 Abt des Klosters Loccum, 1955 Mitunterzeichner des Loccumer Vertrages, 1955–69 Leitender Bischof der Vereinigten Evangelisch-Lutherischen Kirche Deutschlands (VELKD), 1968–75 Präsident des Ökumenischen Rates der Kirchen (ÖRK). – Zu ihm: Gertraud Grünzinger, Art. Lilje, in: BBKL 5 (1993), 63–69.

Hermann **Löffler** (1908–1978), gebürtig aus Ottweiler, 1927–32 Studium der Germanistik, Geschichte und vergleichenden Religionswissenschaft, 1928 Eintritt in die NSDAP, 1932 in die SA, 1932 Staatsexamen für das Höhere Lehramt in Frankfurt a. M., 1934–36 Referendariat im Saarland und in Berlin, 1935 Eintritt in die SS, 1935 zunächst Referent, ab 1937 Leiter der Abteilung für Geschichte im Rasse- und Siedlungshauptamt der SS (RuSHA), 1938 Abteilungsleiter für mittlere und neuere Geschichte bei der Forschungsgemeinschaft Deutsches Ahnenerbe, 1940 Mitarbeiter im Reichssicherheitshauptamt (RSHA), 1941/42 Promotion zum Dr. phil. in Jena, 1942 Habilitation in Straßburg, 1943 Einberufung zum sicherheitspolizeilichen Einsatz in Kroatien und Serbien, 1944 Beförderung zum SS-Sturmbannführer, 1945 apl. Professor für Geschichte in Straßburg, nach Kriegsende Entlassung, 1952 Gymnasiallehrer für Deutsch und Geschichte, 1962 Professor für Geschichte an der Pädagogischen Hochschule Heidelberg, 1973 emeritiert. – Zu ihm: Joachim Lerchenmueller, Die Geschichtswissenschaft in den Planungen des Sicherheitsdienstes der SS. Der SD-Historiker Hermann Löffler und seine Denkschrift „Entwicklung und Aufgaben der Geschichtswissenschaft in Deutschland" (Archiv für Sozialgeschichte, Beiheft 21), Berlin 2001.

Gabriel Maria **Löhr** OP (1877–1961), gebürtig aus Eitorf (Sieg), 1885 Eintritt in den Dominikanerorden in Venlo, Studium der Kath. Theologie in Düsseldorf, 1901 Priesterweihe, 1902–26 Lektor für Kirchen- und Ordensgeschichte in Venlo und Düsseldorf, 1906 Studium der Geschichte in Berlin, ab 1908 in Freiburg (Schweiz), 1911–14 Prior in Düsseldorf, 1918–21 Prior in Venlo, 1925 Magister in Sacra Theologia, 1926 Studienleiter in Walberberg bei Bonn, 1929 Subprior des Walberberger Konvents, Bibliothekar und Chronicarius, 1934 Professor für Kirchengeschichte in Freiburg (Schweiz), 1951 Rückkehr nach Walberberg, zahlreiche Veröffentlichungen, u. a. in den *Quellen und Forschungen zur Geschichte des Dominikanerordens in Deutschland*. – Zu ihm: Klaus-Bernward Springer, Art. Löhr, in: BBKL 30 (2009), 910–914.

Walther von **Loewenich** (1903–1992), gebürtig aus Nürnberg, 1922 Studium der Germanistik, Geschichte und Anglistik in Erlangen, 1923–27 Studium der Ev. Theologie in Tübingen, Göttingen, Münster und Erlangen, 1928 Promotion zum Dr. theol. in Erlangen, 1929–35 Repetent für Neues Testament in Erlangen, 1931 Habilitation in Erlangen, 1935–45 Studienrat an der Lehrerinnenbildungsanstalt in Erlangen, 1945 ao., 1946–71 o. Professor für Kirchengeschichte, Dogmengeschichte, Konfessionskunde und Geschichte der Christlichen Kunst in Erlangen, 1953–74 Mitglied des Zentralvorstands des Evangelischen Bundes,

1963–69 dessen Vizepräsident, 1955/56 Rektor der Universität, seit 1959 Mitglied der Bayerischen Akademie der Wissenschaften, 1964–75 Präsident der Luther-Gesellschaft. – Zu ihm: Walther von LOEWENICH, Erlebte Theologie. Begegnungen, Erfahrungen, Erwägungen, München 1979; Gerhard MÜLLER, Walther von Loewenich zum Gedächtnis, in: Luther 63 (1992), 3 f.; Eberhard WÖLFEL, In memoriam Walther von Loewenich, in: Lutherjahrbuch 60 (1993), 7–12; Thomas K. KUHN, Art. Loewenich, in: BBKL 16 (1999), 960–963.

Joseph **Lortz** (1887–1975), gebürtig aus Grevenmacher (Luxemburg), 1907–11 Studium der Philosophie und Kath. Theologie als Alumne des Collegium Germanicum in Rom, 1910 Promotion zum Dr. phil. in Rom, 1911–13 Studium der Theologie und Geschichte in Freiburg (Schweiz), 1913 Priesterweihe in Luxemburg, 1917–23 wissenschaftlicher Sekretär des *Corpus Catholicorum* in Bonn, 1920 Promotion zum Dr. theol. in Bonn, 1923 Habilitation in Würzburg bei Sebastian Merkle, Privatdozent in Würzburg, 1929 Professor für Kirchengeschichte in Braunsberg, 1933 Eintritt in die NSDAP, 1935 Professor in Münster, 1950–56 Professor für Abendländische Religionsgeschichte in Mainz, 1950–75 Direktor des Instituts für Europäische Geschichte in Mainz (Abt. Abendländische Religionsgeschichte). – Zu ihm: Gabriele LAUTENSCHLÄGER, Joseph Lortz (1887–1975). Weg, Umwelt und Werk eines katholischen Kirchenhistorikers (SKNZ 1), Würzburg 1987; DIES., Art. Lortz, in: BBKL 5 (1993), 241–244; Wilhelm BAUM, Art. Lortz, in: NDB 15 (1987), 188–189; Erwin ISERLOH, Art. Lortz, in: TRE 21 (1991), 466–468; Jörg ERNESTI, Joseph Lortz (1887–1975), in: DERS./ Gregor WURST (Hg.), Kirchengeschichte im Porträt. Katholische Kirchenhistoriker des 20. Jahrhunderts, Freiburg/Basel/Wien 2016, 227–240.

Peter **Manns** (1923–1991), gebürtig aus Oberhausen, 1941 Beginn des Studiums der Kath. Theologie in Würzburg, im selben Jahr Einzug zum Kriegsdienst, 1945 Fortsetzung des Studiums in Bonn, ab 1947 in Mainz, 1951 Priesterweihe in Mainz, Stipendiat des Instituts für Europäische Geschichte in Mainz (IEG), 1952–59 Subrektor des Bischöflichen Konvikts in Mainz, seit 1953 Mitarbeiter von Joseph Lortz am IEG, 1959 Stellvertretender Direktor des IEG (Abt. Abendländische Religionsgeschichte), 1968 Promotion zum Dr. theol. in Mainz, seit 1975 Pfarrvikar an St. Petrus in Ketten in Gau-Bischofsheim, 1976 Honorarprofessor für Geschichte der christlichen Spiritualität an der Universität Mainz, 1981–90 Direktor des IEG (Abt. Abendländische Religionsgeschichte), 1982 Neuherausgabe von Joseph Lortz' *Die Reformation in Deutschland* mit einem umfangreichen Nachwort. – Zu ihm: Karl Otmar von ARETIN u.a., Zum Gedenken an Peter Manns (1923–1991), Mainz 1991; Rainer VINKE, In memoriam Peter Manns, in: Lutherjahrbuch 59 (1992), 7–10; DERS., Peter Manns (1923–1991) als katholischer Lutherforscher, in: Gennaro LUONGO (Hg.), Munera parva. Studi in onore di Boris Ulianich, Bd. 2: Età moderna e contemporanea, Neapel 1999, 587–603.

Alfred von **Martin** (1882–1979), gebürtig aus Berlin, Studium der Rechtswissenschaften in Breslau, Lausanne, Tübingen und München, 1906 Promotion zum

Dr. iur. in Breslau, Studium der Geschichte in Freiburg i. Br., Heidelberg, Leipzig, Berlin, Florenz und Rom, 1913 Promotion zum Dr. phil. in Freiburg, 1915 Habilitation für Mittlere und Neuere Geschichte in Frankfurt a. M., 1919–23 ao. Professor für Geschichte in Frankfurt, 1924–31 in München, zeitweise Engagement in der Hochkirchlichen Vereinigung, 1925–27 Herausgeber der Zeitschrift *Una Sancta*, 1931–33 Honorarprofessor und Direktor des Instituts für Soziologie in Göttingen, 1933 auf eigenen Antrag beurlaubt, Privatgelehrter in München, 1940 Konversion zur Katholischen Kirche, 1946 Lehrauftrag für Soziologie an der TH München, 1948–58 apl. Professor für Soziologie an der Universität München. – Zu ihm: Dirk Käsler, Art. Martin, A. v., in: NDB 16 (1990), 282–283; Volke Kruse, Historisch-soziologische Zeitdiagnosen in Westdeutschland nach 1945. Eduard Heimann, Alfred von Martin, Hans Freyer, Frankfurt a. M. 1994; Richard Faber/Perdita Ladwig (Hg.), Gesellschaft und Humanität. Der Kultursoziologe Alfred von Martin (1882–1979), Würzburg 2013.

Wilhelm **Maurer** (1900–1982), gebürtig aus Kassel, Studium der Ev. Theologie in Marburg, 1926 Promotion zum Lic. theol., 1928 Habilitation, 1924 Repetent an der Hessischen Stipendiatenanstalt in Marburg, 1926 Pfarrer in Michelbach, 1937 Pfarrer in Caldern, 1946 ao., 1951–67 o. Professor für Religionsgeschichte in Erlangen, 1949 Propst im Sprengel Oberhessen und Schmalkalden, 1953–58 Vorsitzender des Evangelisch-Theologischen Fakultätentages, 1957–61 Fachberater für Reformationsgeschichte bei der 3. Auflage des Lexikons *Die Religion in Geschichte und Gegenwart*. – Zu ihm: Rudolf Keller, Art. Maurer, W., in: NDB 16 (1990), 442–444.

Peter **Meinhold** (1907–1981), gebürtig aus Berlin, 1925–28 Studium der Ev. Theologie in Bethel und Tübingen, 1928–33 Erzieher in Berlin, 1934 Promotion zum Lic. theol. in Berlin, 1935 Habilitation in Berlin, Privatdozent, 1935/36 Lehrstuhlvertretung in Heidelberg, 1936 ao. Professor für Kirchen- und Dogmengeschichte in Kiel, 1938–55 Mitherausgeber der *Zeitschrift für Kirchengeschichte*, 1939 Eintritt in die NSDAP, Kriegsdienst, 1946–76 o. Professor für Kirchen- und Dogmengeschichte in Kiel, 1976–81 Direktor des Instituts für Europäische Geschichte in Mainz (Abt. Abendländische Religionsgeschichte). – Zu ihm: Lorenz Hein, Peter Meinhold, in: Una Sancta 39 (1984), 39–41; Kieler Gelehrtenverzeichnis, Art. Meinhold. https://cau.gelehrtenverzeichnis.de/1506 f9f9-f280-bd5b-25c2-4d4c60784575 (10.02.2019).

Sebastian **Merkle** (1862–1945), gebürtig aus Ellwangen (Jagst), 1882 Studium der Philosophie und Kath. Theologie in Tübingen, 1886 Eintritt ins Priesterseminar in Rottenburg, 1887 Priesterweihe, Tätigkeit in der Seelsorge, 1888 Repetent am Wilhelmsstift in Tübingen, 1892 Promotion zum Dr. phil. in Tübingen, 1894 Stipendium der Görres-Gesellschaft, Studien zur Geschichte des Konzils von Trient in Rom und Neapel, Forschungsreisen nach Spanien, Budapest, Wien und München, 1898 Promotion zum Dr. theol. in Tübingen, 1898–1933 Professor für Kirchengeschichte in Würzburg, neben seinen Editionen der Konzilstagebücher von Trient bemühte sich Merkle besonders um eine gerechtere Bewertung der Reformations- und Aufklärungszeit. – Zu ihm: Theobald FREUDEN-BERGER, Sebastian Merkle – ein Gelehrtenleben, in: DERS. (Hg.), Sebastian Merkle. Ausgewählte Reden und Aufsätze. Anläßlich seines 100. Geburtstags in Verbindung mit dem Sebastian-Merkle-Institut der Universität Würzburg (QFW 17), Würzburg 1965, 1–56; Christian UHLIG, Art. Merkle, in: TRE 22 (1992), 603–605; Klaus WITTSTADT, Art. Merkle, in: BBKL 5 (1993), 1302–1317; Manfred WEITLAUFF, Art. Merkle, in: NDB 17 (1994), 159–161; Dominik BUR-KARD, Sebastian Merkle (1862–1945). Leben und Werk des Würzburger Kirchenhistorikers im Urteil seiner Zeitgenossen (QFW 67), Würzburg 2014.

Georg **Merz** (1892–1959), gebürtig aus Walkersbrunn (Oberfranken), 1910 Studium der Ev. Theologie, Philosophie, Geschichte und Pädagogik in Leipzig und Erlangen, 1916–30 Pfarrer, Religionslehrer und seit 1926 Studentenpfarrer in München, 1922–33 Schriftleiter der Zeitschrift *Zwischen den Zeiten*, 1930 Dozent für Praktische Theologie, Kirchen- und Konfessionskunde an der Theologischen Schule Bethel, 1933 Promotion zum Dr. theol. in Erlangen, 1934 Mitwirkung an der *Barmer Theologischen Erklärung* und Teilnahme an der Dahlemer Synode, 1936–39 Leiter der Theologischen Schule Bethel (bis zur Schließung durch die Gestapo), 1939 Pfarrer in Bethel und Leiter des Katechetischen Amtes der Bekennenden Kirche Westfalens, 1942 Dekan in Würzburg, 1946 Rektor des Pastoralkollegs in Neuendettelsau, 1947–57 Rektor der Kirchlichen Hochschule Neuendettelsau. – Zu ihm: Gertraud GRÜNZINGER, Art. Merz, G., in: BBKL 5 (1993), 1344–1353; Hans SCHNEIDER, Art. Merz, G., in: NDB 17 (1994), 200–201.

Horst **Michael** (1901–1983), 1920 Studium der Religionswissenschaft und ev. Theologie in Jena und Marburg, ab 1922/23 Studium der Geschichte in Berlin, 1929 Promotion zum Dr. phil., bis 1933 leitender Assistent des Historischen Seminars der Universität Berlin und Lektor für Anglistik, nach 1934 Mitglied des Bruderrats der Bekennenden Kirche Berlin-Brandenburg, Kirchenberichterstatter der *Täglichen Rundschau* und englischer Zeitungen, 1950 Konversion zur Katholischen Kirche, 1950–52 Mitarbeiter von Joseph Lortz am Institut für Europäische Geschichte in Mainz, als Autor u. a. Artikel für *Herder-Korrespondenz* sowie *Wort und Wahrheit* (bis 1953 als „Adam Fechter", dann als Johannes Petrus Michael), diverse Schriften zum Thema Ökumene sowie zur Bibelauslegung. – Zu ihm: Rudolf BULTMANN/Friedrich GOGARTEN, Briefwechsel 1921–1967, hg. v. Hermann Götz GÖCKERITZ, Tübingen 2002, 187 f.; Saretta MA-ROTTA, Ökumene von unten. Augustin Bea di fronte alle attività del movimento tedesco Una Sancta, in: Cristianesimo nella Storia 37 (2016), 541–611, hier 563 f.

Erwin **Mülhaupt** (1905–1996), gebürtig aus Todtnau (Schwarzwald), 1923 Studium der Ev. Theologie in Tübingen, Berlin, Rostock und Göttingen, 1926/27 Erstes und Zweites Theologisches Examen in Karlsruhe, 1929 Promotion zum Lic. theol. in Göttingen, Vikar in Heidelberg, Mannheim und Karlsruhe, 1933 Pfarrer in Haag bei Eberbach, 1943–46 Kriegsdienst und Kriegsgefangenschaft,

1947 Pfarrer in Schwetzingen, 1949 Dozent, 1951–70 Professor für Kirchengeschichte an der Kirchlichen Hochschule Wuppertal, 1961–75 Vizepräsident der Luther-Gesellschaft. – Zu ihm: Gerhard MÜLLER, Erwin Mülhaupt, in: Luther 68 (1997), 107 f.; Hans-Ludwig SLUPINA, In memoriam Erwin Mülhaupt, in: LuJ 65 (1998), 15–18; Gerhard SCHWINGE, Art. Mülhaupt, in: BBKL 39 (2018), 1031–1036.

Aloisius Joseph **Muench** (1889–1962), gebürtig aus Milwaukee (Wisconsin), 1904 Studium der Philosophie und Kath. Theologie am Priesterseminar St. Francis de Sales in Milwaukee, 1913 Priesterweihe, Tätigkeit in der Seelsorge, Studium der Wirtschaftswissenschaften in Madison (Wisconsin), 1919 Fortsetzung des Studiums in Freiburg (Schweiz), 1921 Promotion in Sozialwissenschaften, weitere Studien in Löwen, Paris, Oxford und Cambridge, 1922 Professor für Dogmatik und Sozialwissenschaften am Priesterseminar St. Francis de Sales in Milwaukee, 1929 Regens des Priesterseminars, 1935 Bischof von Fargo (USA), 1946 Apostolischer Visitator und Leiter der Päpstlichen Mission für die Flüchtlinge in Deutschland mit Sitz in Kronberg im Taunus, 1950 Verleihung des Titels Erzbischof und Ernennung zum Apostolischen Nuntius in der Bundesrepublik Deutschland, 1951 Amtsantritt als Nuntius in Bonn, 1959 Titularerzbischof von Selymbria und Ernennung zum Kardinal. – Zu ihm: Herbert ALSHEIMER, Der Vatikan in Kronberg. Ein Unikat in der deutschen Nachkriegsgeschichte, Frankfurt a. M. 2003, 44–58; Ekkart SAUSER, Art. Muench, in: BBKL 21 (2003), 1044.

Martin **Niemöller** (1892–1984), gebürtig aus Lippstadt, 1910–19 Dienst in der kaiserlichen Marine, seit 1918 U-Boot-Kommandant, 1919–23 Studium der Ev. Theologie in Münster, 1920 Vereinsgeistlicher im Dienst der westfälischen Inneren Mission, Freikorps-Kommandant im Kampf gegen aufständische Arbeiter im Ruhrgebiet (Ruhraufstand im März 1920), 1924 Ordination, 1931 Pfarrer in Berlin-Dahlem, anfangs positive Haltung gegenüber dem Nationalsozialismus (seit 1924 Wähler der NSDAP), 1933 Mitbegründer des Pfarrernotbundes (Vorläufer der Bekennenden Kirche) aus Protest gegen die Entfernung von „Nicht-Ariern" aus Kirchenämtern, seit 1935 Widerstand gegen Maßnahmen staatlicher Kirchenpolitik, 1937 KZ Sachsenhausen, 1941–45 KZ Dachau, 1945–55 Mitglied im Rat der Evangelischen Kirche in Deutschland (EKD) und Leiter des Kirchlichen Außenamtes, 1945 Mitautor des *Stuttgarter Schuldbekenntnisses*, 1947–64 Kirchenpräsident der Evangelischen Kirche in Hessen und Nassau, 1948–75 Teilnahme an den Weltkirchenkonferenzen, 1961 Wahl zu einem der sechs Präsidenten des Ökumenischen Rates der Kirchen (ÖRK), 1967 Ehrenpräsident des ÖRK. – Zu ihm: James BENTLEY, Martin Niemöller. Eine Biographie, München 1985; Carsten NICOLAISEN, Art. Niemöller, M., in: BBKL 6 (1993), 735–748; DERS., Art. Niemöller, in: NDB 19 (1999), 239–241.

Constantin **Noppel** SJ (1883–1945), gebürtig aus Radolfzell (Baden), 1902–09 Studium der Philosophie und Kath. Theologie als Alumne des Collegium Germanicum in Rom, Promotion zum Dr. phil. und Dr. theol., 1908 Priesterweihe in Rom, 1909 Eintritt in den Jesuitenorden in Tisis bei Feldkirch (Österreich), 1911

Studium der Soziologie in Valkenburg (Niederlande) und Berlin, 1913 Leitung der Katholischen Jugendfürsorge für gefährdete und straffällig gewordene Jugendliche, 1919 Arbeit in der Katholischen Jugendfürsorge in München, 1922 Landescaritasdirektor in München, 1932 Rektor des Collegium Germanicum in Rom, 1936 Hausgeistlicher im Kneipp-Sanatorium St. Urban in Freiburg i. Br., 1938–44 zeitweise Mitglied des Freiburger Kreises („Freiburger Konzil"), 1944 Superior des Bischöflichen Studienheims Stella Maris in Stuttgart. – Zu ihm: Hans-Josef WOLLASCH, Art. Noppel, in: Badische Biographien NF 2 (1987), 211–213; Julius OSWALD SJ, Art. Noppel, in: NDB 19 (1999), 336.

Cesare **Orsenigo** (1873–1946), gebürtig aus Villa San Carlo am Comersee, Studium der Philosophie und Kath. Theologie am Priesterseminar in Mailand, 1896 Priesterweihe, 1897 zunächst Kaplan, dann Pfarrer in Mailand, 1912 Domherr an der erzbischöflichen Kathedrale in Mailand, 1922 Ernennung zum Titularerzbischof von Ptolemais in Libyen und zum Apostolischen Internuntius in den Niederlanden (Den Haag), 1925 Nuntius in Ungarn (Budapest), 1930–45 Nuntius beim Deutschen Reich und in Preußen (Berlin). – Zu ihm: Dieter ALBRECHT (Bearb.), Der Notenwechsel zwischen dem Heiligen Stuhl und der deutschen Reichsregierung, Bd. 3: Der Notenwechsel und die Demarchen des Nuntius Orsenigo 1933–1945 (VKZG.A 29), Mainz 1980, XXIII-XLVIII; Ekkart SAUSER, Art. Orsenigo, in: BBKL 20 (2002), 1136–1140.

Alfredo **Ottaviani** (1890–1979), gebürtig aus Rom, Studium der Philosophie, Kath. Theologie und des Kanonischen Rechts am Seminar S. Apollinare in Rom, Promotion zum Dr. phil., Dr. theol. und Dr. iur. utr., 1916 Priesterweihe, Dozent für Kirchen- und Staatsrecht am S. Apollinare, 1922 Offizial, seit 1928 Untersekretär der Kongregation für die außerordentlichen kirchlichen Angelegenheiten, 1929 Substitut im Staatssekretariat, 1935 Assessor am Hl. Offizium, 1953 Ernennung zum Kardinal und Prosekretär des Hl. Offiziums, ab 1959 Sekretär, 1959 Leiter der Theologischen Vorbereitungskommission des II. Vatikanischen Konzils, 1962 Titularbischof von Berea (Syrien), Leiter der Theologischen Kommission des II. Vatikanischen Konzils, 1965–68 Präfekt der Glaubenskongregation. – Zu ihm: Emilio CAVATERRA, Il prefetto del Sant'Offizio. Le opere e i giorni del cardinale Ottaviani (Storia e documenti 100), Milano 1990; Alexandra von TEUFFENBACH, Art. Ottaviani, in: BBKL 25 (2005), 1014–1018; Dominik BURKARD, Augustin Bea und Alfredo Ottaviani. Thesen zu einer entscheidenden personellen Konstellation im Vorfeld des Zweiten Vatikanischen Konzils, in: Franz Xaver BISCHOF (Hg.), Das Zweite Vatikanische Konzil (1962–1965). Stand und Perspektiven der kirchenhistorischen Forschung im deutschsprachigen Raum, Stuttgart 2012, 45–66.

Pietro **Parente** (1891–1986), gebürtig aus Casalnuovo Monterotaro (Italien), Studium der Philosophie und Kath. Theologie in Benevento, Rom und Neapel, Promotion zum Dr. phil. und Dr. theol. in Rom, 1916 Priesterweihe, 1916–26 Regens des Priesterseminars in Neapel, 1926–34 Dozent an der Päpstlichen Lateranuniversität in Rom und Mitarbeiter des Hl. Offiziums, 1934–38 Rektor der

Päpstlichen Universität Urbaniana in Rom, 1938–40 Gründer der Theologischen und Kirchenrechtlichen Fakultät in Neapel, 1950–55 Dozent an der Päpstlichen Lateranuniversität, 1952 Apostolischer Protonotar, 1955–59 Erzbischof von Perugia, 1959 Assessor des Hl. Offiziums, 1962–65 Teilnahme am II. Vatikanischen Konzil, 1965–67 Sekretär der Glaubenskongregation, 1967 Ernennung zum Kardinal. – Zu ihm: Salvador MIRANDA, Art. Parente, in: The Cardinals of the Holy Roman Church. http://webdept.fiu.edu/~mirandas/bios1967.htm#Parente (10.02.2019).

Ludwig von **Pastor** (1854–1928), gebürtig aus Aachen, Studium der Geschichte in Löwen, Bonn, Berlin und Wien, 1878 Promotion zum Dr. phil in Graz, 1880 Habilitation in Innsbruck, 1881 Privatdozent, 1886 ao., 1887–1924 o. Professor für Allgemeine Geschichte in Innsbruck, seit 1886 *Geschichte der Päpste seit dem Ausgang des Mittelalters*, seit 1901 Leiter des Österreichischen Historischen Instituts in Rom, seit 1921 Österreichischer Gesandter beim Heiligen Stuhl. – Zu ihm: Thomas BRECHENMACHER, Art. Pastor, in: BBKL 6 (1993), 1588–1594; Alfred A. STRNAD, Art. Pastor, in: TRE 26 (1996), 46–50; DERS., Art. Pastor, L., in: NDB 20 (2001), 94–96; Erwin GATZ, Art. Pastor, in: LThK³ 7 (1998), 1432–1433; Christoph WEBER, Auf dem Weg zum Papsthistoriker. Ludwig Pastors Auseinandersetzung mit Wilhelm Wattenbachs „Geschichte des römischen Papstthums" aus dem Jahre 1876, in: ZAGV 102 (1999/2000), 367–412.

Nikolaus **Paulus** (1853–1930), gebürtig aus Krautergersheim (Elsaß), 1874 Eintritt ins Priesterseminar in Straßburg, 1878 Priesterweihe, Kaplan in Molsheim (Elsaß), 1883 wegen eines Kehlkopfleidens Hausgeistlicher im Münchener Herz-Jesu-Kloster, längere Kuraufenthalte, ab 1885 private theologische Studien in Münchener Bibliotheken v. a. zu reformationsgeschichtlichen und kontroverstheologischen Themen, 1896 Promotion zum Dr. theol., umfangreiche Forschungen und Publikationen zur Reformationszeit, insbesondere zur Geschichte des Ablasses, Mitherausgeber und später Vizepräsident des *Corpus Catholicorum*, Ehrendomherr des Straßburger Münsters, 1902 Ernennung zum Monsignore. – Zu ihm: Lucian PFLEGER, Nikolaus Paulus. Ein Priester- und Gelehrtenleben 1853–1930 (Lebensbilder elsässischer Katholiken 4), Kevelaer 1931; Klaus-Gunther WESSELING, Art. Paulus, N., in: BBKL 15 (1999), 1122–1131.

Johannes **Pinsk** (1891–1957), gebürtig aus Stettin, 1911 Studium der Kath. Theologie in Breslau, 1915 Priesterweihe, Kaplan in Breslau, 1916 Geheimsekretär von Bischof Bertram, 1919 Religionslehrer in Breslau, 1923 Promotion zum Dr. theol., 1928 Studenten- und Akademikerseelsorger in Berlin, 1929 auch Geschäftsführer der Vereinigung katholischer Akademiker zu Berlin, 1930 Schriftleitung der *Liturgischen Zeitschrift*, 1934–39 als *Liturgisches Leben* im Selbstverlag fortgeführt (bis zum Verbot durch die Nationalsozialisten), 1935 Prosynodalrichter, 1936 Verbot seiner Schrift *Die Kirche Christi als Kirche der Völker* durch die Reichsschrifttumskammer, seit 1939 Pfarrer in Berlin-Lankwitz, seit 1951 Berater von Bischof Weskamm, 1954 Honorarprofessor für Katholische Theologie an der Freien Universität Berlin, seine Schrift *Grundsätz-*

liche und praktische Erwägungen zur christlichen Verkündigung im Marianischen Jahr (Berlin 1954) hatte ein Monitum des Hl. Offiziums zur Folge. – Zu ihm: Johannes GÜNTHER, Johannes Pinsk (1891–1957), in: Wolfgang KNAUFT (Hg.), Miterbauer des Bistums Berlin. 50 Jahre Geschichte in Charakterbildern, Berlin 1979, 209–222; Eberhard AMON, Lebensaustausch zwischen Gott und Mensch. Zum Liturgieverständnis Johannes Pinsks (Studien zur Pastoralliturgie 6), Regensburg 1988; Jerzy STEFAŃSKI, Consecratio mundi. Theologie der Liturgie bei Johannes Pinsk (Pietas liturgica 7), St. Ottilien 1990; Klaus UNTERBURGER, Art. Pinsk, in: NDB 20 (2001), 458; Thomas THORAK, Wilhelm Weskamm und Johannes Pinsk. Theologische Innovationen im Spannungsfeld des „Antimodernismus", in: Jahrbuch für mitteldeutsche Kirchen- und Ordensgeschichte 2 (2006), 177–199.

Pius XII., eigentlich Eugenio **Pacelli** (1876–1958), gebürtig aus Rom, 1894 Studium der Kath. Theologie und des Kanonischen Rechts am Collegium Capranica, am Seminar S. Apollinare und an der Päpstlichen Universität Gregoriana in Rom, 1899 Priesterweihe, 1901 Promotion zum Dr. theol., Apprendista der Kongregation für die außerordentlichen kirchlichen Angelegenheiten, 1902 Promotion zum Dr. iur. utr., 1905 Päpstlicher Hausprälat, Dozent für Kirchenrecht am S. Apollinare, 1909–14 Professor für Kirchliche Diplomatik an der Päpstlichen Diplomatenakademie, 1911 Untersekretär, 1912 Prosekretär, 1914 Sekretär der Kongregation für die außerordentlichen kirchlichen Angelegenheiten, 1917 Titularerzbischof von Sardes, 1917–25 Nuntius in Bayern (München), 1920–29 auch Nuntius beim Deutschen Reich und in Preußen (ab 1925 Amtssitz in Berlin), 1924 Konkordat mit Bayern, 1929 Konkordat mit Preußen, 1929 Ernennung zum Kardinal, 1930 Kardinalstaatssekretär, 1933 Reichskonkordat, 1935 Kardinalkämmerer (Camerlengo), 1939 Wahl zum Papst, 1950 Verkündigung des Dogmas über die leibliche Aufnahme Mariens in den Himmel. – Zu ihm: Hugo ALTMANN, Art. Pius XII., in: BBKL 7 (1994), 682–699; Dominik BURKARD, Pius XII. – der „schweigende Papst"? Plädoyer für eine differenzierte Betrachtung, in: DERS./Erich GARHAMMER (Hg.), Christlich-jüdisches Gespräch – erneut in der Krise? (Würzburger Theologie 5), Würzburg 2011, 11–75.

Joseph **Plassmann** (1859–1940), gebürtig aus Arnsberg (Westfalen), 1875–78 Studium der Mathematik und Naturwissenschaften in Münster und der Rechtswissenschaften in Würzburg, ab 1878 Studium der Astronomie in Bonn, 1881 Staatsprüfung für das Höhere Lehramt in Münster, Gymnasiallehrer in Recklinghausen, Warendorf und am Paulinum in Münster, 1899 Lektor für Astronomie in Münster, 1904 Promotion zum Dr. phil. in Bonn, seit 1905 Herausgeber der Zeitschrift *Die Himmelswelt*, seit 1913 Honorarprofessor für Astronomie in Münster, 1921–30 auch Leiter der Universitätssternwarte. – Zu ihm: Martin LINDOW, Josef Plassmann †, in: Astronomische Nachrichten 270 (1940), 301–302; Clemens PLASSMANN, Ahnen und Enkel des Astronomen Joseph Plassmann. Ein Gedenkblatt zum hundertsten Jahrestage seiner Geburt. Mit einem Geleitwort von Friedrich Becker, o. O. 1959.

Hermann **Platz** (1880–1945), gebürtig aus Offenbach (Pfalz), 1900–02 Studium der Kath. Theologie in Würzburg (u.a. bei Herman Schell), dann Studium der Germanistik, Anglistik und Romanistik in München und Münster, 1905 Promotion zum Dr. phil. in Münster, 1907 Staatsexamen für das Höhere Lehramt, Studienrat in Düsseldorf, seit 1910 Mitarbeiter der Zeitschrift *Hochland*, 1913 Mitbegründer des Katholischen Akademikerverbandes, 1915–18 Kriegsteilnahme, dann Studienrat in Bonn, 1920 Lehrbeauftragter, ab 1924 Honorarprofessor für Französische Geistes- und Kulturgeschichte in Bonn, 1925 Mitbegründer der Zeitschrift *Abendland*, 1926/27 Mitherausgeber der Zeitschrift *Una Sancta*, 1935 Entzug der Lehrerlaubnis durch die nationalsozialistischen Machthaber, 1945 Leiter der Kulturabteilung im Oberpräsidium der Nord-Rheinprovinz. – Zu ihm: Vincent BERNING (Hg.), Hermann Platz (1880–1945). Eine Gedenkschrift, Düsseldorf 1980; Vincent BERNING, Art. Platz, in: NDB 20 (2001), 519–521.

Götz Freiherr von **Pölnitz** (1906–1967), gebürtig aus München, 1924 Studium der Geschichte in Würzburg und München, 1928 Promotion zum Dr. phil. in München, 1935 Habilitation in München, Privatdozent, 1937 Leiter des Fugger-Archivs in Augsburg, 1942 Privatdozent in Erlangen, seit 1947 Administrator der Fugger-Stiftungen in Augsburg, 1949 ao. Professor für Geschichte in Erlangen, 1954 o. Professor für Geschichte an der Philosophisch-Theologischen Hochschule in Dillingen, 1960 Professor für Wirtschafts- und Sozialgeschichte in Erlangen, 1963/64 Rektor der Universität. – Zu ihm: Hermann KELLENBENZ, Götz Freiherr von Pölnitz [Nachruf], in: Vierteljahrschrift für Sozial- und Wirtschaftsgeschichte 56 (1969), 282–288; Max PIENDL, Götz Freiherr von Pölnitz †, in: Der Archivar 24 (1971), 230–232.

Jacques Vincent **Pollet** OP (1905–1990), gebürtig aus Roubaix (Frankreich), Eintritt in den Dominikanerorden, Studium der Kath. Theologie an der Ordenshochschule Le Saulchoir (Belgien), 1930 Priesterweihe, Lektor für Theologie in Dublin und am Angelicum in Rom, 1939–45 Kriegsdienst, 1948 Promotion zum Dr. theol. in Straßburg, Ernennung zum Maître de Recherches am Centre national de la recherche scientifique (CNRS) in Paris, 1946–60 Teilnahme am Ökumenischen Arbeitskreis ev. und kath. Theologen (ÖAK, sog. Jaeger-Stählin-Kreis), Forschungen zur Reformation, v.a. über Zwingli und Julius Pflug. – Zu ihm: Fritz BÜSSER, Jacques Vincent Pollet zum Gedenken (1905–1990), in: Zwingliana 18/4–5 (1990/91), 407–410; Andreas SOHN, Der Dominikaner Jacques Vincent Pollet (1905–90). Ein Leben für die Erforschung der Reformationsgeschichte und den ökumenischen Dialog, in: Markus COTTIN/Holger KUNDE (Hg.), Dialog der Konfessionen. Bischof Julius Pflug und die Reformation, Petersberg 2017, 183–186.

Hugo **Rahner** SJ (1900–1968), gebürtig aus Pfullendorf (Baden), Bruder von Karl Rahner, 1919 Eintritt in den Jesuitenorden, 1920–23 Studium der Philosophie am Ignatiuskolleg in Valkenburg (Niederlande), 1923–26 Präfekt und Erzieher am Jesuitengymnasium in Feldkirch (Österreich), 1926–31 Studium der Philosophie und Kath. Theologie in Innsbruck, 1929 Priesterweihe in Pullach, 1931

Promotion zum Dr. theol. in Innsbruck, 1931–34 Studium der Geschichte in Bonn, 1934 Promotion zum Dr. phil. in Bonn, 1935 Habilitation in Innsbruck, 1937 Professor für Alte Kirchengeschichte und Patrologie in Innsbruck, 1938 Aufhebung der Fakultät durch das NS-Regime, Verlegung in die Schweiz, 1938–45 Professor an der Päpstlichen Theologischen Fakultät in Sitten (Schweiz), 1945–63 Professor an der wiedereröffneten Theologischen Fakultät in Innsbruck, 1949/50 Rektor der Universität, 1950–56 Rektor des Collegium Canisianum, 1963 wegen schwerer Krankheit emeritiert. – Zu ihm: Ekkart Sausser, Art. Rahner, H., in: BBKL 7 (1994), 1271–1275; Karl H. Neufeld, Art. Rahner, H., in: NDB 21 (2003), 113–114; Ders., Die Brüder Rahner. Eine Biographie, Freiburg/Basel/Wien ²2004; Ders., Hugo Rahner SJ (1900–1968), in: Jörg Ernesti/Gregor Wurst (Hg.), Kirchengeschichte im Porträt. Katholische Kirchenhistoriker des 20. Jahrhunderts, Freiburg/Basel/Wien 2016, 291–305.

Wendelin **Rauch** (1885–1954), gebürtig aus Zell am Andelsbach, 1904 Studium der Kath. Theologie in Freiburg i. Br., 1907 Fortsetzung des Studiums als Alumne des Collegium Germanicum in Rom, 1910 Priesterweihe in Rom, 1911 Repetitor am Collegium Borromaeum in Freiburg, 1916 Promotion zum Dr. theol. in Freiburg, 1915–18 Feldseelsorger und Divisionspfarrer, 1922 Habilitation in Freiburg, Privatdozent, 1925 Professor für Moraltheologie am Priesterseminar in Mainz, 1938 Direktor des Collegium Borromaeum in Freiburg, Domkapitular, Prosynodal-Examinator, 1938–44 zeitweise Mitglied des Freiburger Kreises („Freiburger Konzil"), 1946 theologischer Berater und Referent für die Priesterbildung im Erzbischöflichen Ordinariat Freiburg, 1948–54 Erzbischof von Freiburg. – Zu ihm: Peter Häger, Art. Rauch, W., in: BBKL 7 (1994), 1401–1403; Christoph Schmider, Die Freiburger Bischöfe. 175 Jahre Erzbistum Freiburg. Eine Geschichte in Lebensbildern, Freiburg/Basel/Wien 2002, 151–158; Karl-Heinz Braun, Art. Rauch, W., in: Erwin Gatz (Hg.), Die Bischöfe der deutschsprachigen Länder. 1945–2001, Berlin 2002, 212–215; Ders., Art. Rauch, W., in: NDB 21 (2003), 198–199.

Wilhelm **Reinhard** (1880–1975), gebürtig aus Karlsruhe, 1899 Studium der Kath. Theologie in Freiburg i. Br., 1902 Eintritt ins Priesterseminar St. Peter (Schwarzwald), 1903 Priesterweihe, Kaplan in Mannheim, 1910 Pfarrverweser in Ladenburg, 1912–19 Repetitor und Studentenseelsorger am Collegium Borromaeum in Freiburg, 1916 Promotion zum Dr. theol. in Freiburg, 1919–29 Rektor des Collegium Borromaeum, 1929 Domkapitular und Päpstlicher Geheimkämmerer, 1937 Päpstlicher Hausprälat, 1951 Apostolischer Protonotar, 1955–59 Domdekan, 1960–67 Lehrbeauftragter am Priesterseminar St. Peter. – Zu ihm: Robert Schlund, Reinhard, Wilhelm, in: FDA 97 (1977), 549–553; Horst Ferdinand, Art. Reinhard, in: Baden-Württembergische Biographien 1 (1994), 298–299.

Gerhard **Ritter** (1888–1967), gebürtig aus Bad Sooden (Werra), 1906 Studium der Geschichte, Germanistik, Philosophie und Ev. Theologie in Leipzig, München, Berlin und Heidelberg, 1911 Promotion zum Dr. phil. in Heidelberg, 1912 Staatsexamen für das Höhere Lehramt, Schuldienst in Magdeburg, 1915–18

Kriegsdienst, 1919–24 wissenschaftlicher Mitarbeiter der Heidelberger Akademie der Wissenschaften, 1921 Habilitation in Heidelberg, Privatdozent, 1924 Professor für Neuere Geschichte in Hamburg, 1925–56 Professor in Freiburg i. Br., 1925 Biographie über *Luther*, nach 1933 Mitglied der Bekennenden Kirche, 1934/35 Lehrstuhlvertretung in Basel, 1938–48 Herausgeber des *Archiv für Reformationsgeschichte*, 1938–44 Mitglied des Freiburger Kreises („Freiburger Konzil"), 1944/45 Gestapohaft, u. a. im KZ Ravensbrück, 1949–53 Vorsitzender des Verbandes der Historiker Deutschlands, 1956 emeritiert. – Zu ihm: Gerhard Ritter, Ein politischer Historiker in seinen Briefen (Schriften des Bundesarchivs 33), hg. v. Klaus Schwabe u. Rolf Reichardt, Boppard 1984; Klaus Schwabe, Art. Ritter, G., in: Baden-Württembergische Biographien 1 (1994), 299–303; Konrad Fuchs, Art. Ritter, G., in: BBKL 8 (1994), 412–414; Christoph Cornelissen, Gerhard Ritter. Geschichtswissenschaft und Politik im 20. Jahrhundert (Schriften des Bundesarchivs 58), Düsseldorf 2001; Ders., Art. Ritter, G., in: NDB 21 (2003), 658–660.

Karl Bernhard **Ritter** (1890–1968), gebürtig aus Hessisch Lichtenau, Bruder von Gerhard Ritter, 1909 Studium der Ev. Theologie und Philosophie in Heidelberg, Halle und Erlangen, 1912 Promotion zum Dr. phil., Lehrer an einer Kadettenanstalt, 1914–18 Kriegsteilnahme, 1919–25 Pfarrer in Berlin, 1921–24 Mitglied des Preußischen Landtags, 1922 gemeinsam mit Wilhelm Stählin u. a. Gründung der Berneuchener Bewegung, 1925 Pfarrer an der Universitätskirche in Marburg, 1931 Mitbegründer und erster Leiter der Michaelsbruderschaft, seit 1934 Mitglied der Bekennenden Kirche, 1943 Audienz bei Pius XII., 1946 Kirchenrat der Evangelischen Kirche von Kurhessen-Waldeck, 1952 Dekan des Kirchenkreises Marburg-Stadt. – Zu ihm: Michael Matthiesen, Art. Ritter, K. B., in: RGG⁴ 7 (2004), 540; Michael Hederich, Karl Bernhard Ritter. Reformer – Kämpfer – Seelsorger. Ein Lebensbild. Kassel 2010.

Adolf **Rösch** (1869–1962), gebürtig aus Veringenstadt (Hohenzollern), 1890 Studium der Philosophie und Kath. Theologie in Eichstätt, 1893 Eintritt ins Priesterseminar St. Peter (Schwarzwald), 1894 Priesterweihe, Vikar in Sigmaringen, Kooperator am Münster in Konstanz, 1896 Studium der Rechtswissenschaften in Freiburg i. Br., 1898 Promotion zum Dr. iur. utr., Kaplaneiverweser in Waldkirch, 1900 Pfarrer in Bad Imnau, 1906–08 Abgeordneter des Zentrums für Hohenzollern im preußischen Landtag, 1906 Kaplaneiverweser in Haigerloch, 1907 Pfarrer in Dettingen, 1909 Assessor und Referent im Erzbischöflichen Ordinariat Freiburg, 1915 Wirklicher Geistlicher Rat, 1921 Kanzleidirektor, Domkapitular und Offizial, 1925 Päpstlicher Hausprälat, 1932–52 Generalvikar des Erzbistums Freiburg (seit 1946 nur noch für den hohenzollernschen Teil), 1934 Domdekan, 1937 Apostolischer Protonotar. – Zu ihm: Franz Vetter, Rösch, Adolf, in: FDA 89 (1969), 488–495; Erwin Gatz, Art. Rösch, in: Ders. (Hg.), Die Bischöfe der deutschsprachigen Länder. 1785/1803 bis 1945, Berlin 1983, 624; Kristiane Schmalfeldt, Art. Rösch, in: Baden-Württembergische Biographien 2 (1999), 366–368.

Alfred **Rosenberg** (1893–1946), gebürtig aus Reval (Estland), Studium der Ingenieurwissenschaften und der Architektur in Reval und Moskau, 1917 Diplom, 1918 Mitglied der antisemitischen Thule-Gesellschaft in München, 1920 Eintritt in die NSDAP, 1923 Hauptschriftleiter des *Völkischen Beobachters*, Teilnahme am Hitler-Putsch, 1924 Gründung der Großdeutschen Arbeitsgemeinschaft (Ersatzorganisation der verbotenen NSDAP), 1929 Gründung des Kampfbundes für deutsche Kultur, 1930 NSDAP-Abgeordneter im Reichstag, Veröffentlichung seiner rassenideologischen Schrift *Der Mythus des 20. Jahrhunderts*, 1933–45 Leiter des Außenpolitischen Amtes der NSDAP, 1934–45 Beauftragter des Führers für die Überwachung der gesamten geistigen und weltanschaulichen Schulung und Erziehung der NSDAP, seit 1940 als Chef des Einsatzstabes Reichsleiter Rosenberg verantwortlich für Raub und Transport von Bibliotheksbeständen, Archivalien, Gemälden und anderen Kunstschätzen aus den besetzten Gebieten ins Reich, 1941–45 als Reichsminister für die besetzten Ostgebiete mitverantwortlich für die Ausbeutungspolitik und die Politik der Ghettoisierung und Ermordung der Juden, 1946 im Nürnberger Prozess gegen die Hauptkriegsverbrecher zum Tode verurteilt und hingerichtet. – Zu ihm: Reinhard BOLLMUS, Art. Rosenberg, Alfred, in: NDB 22 (2005), 59–61; Konrad FUCHS, Art. Rosenberg, in: BBKL 24 (2005), 1230–1232; Dominik BURKARD, Häresie und Mythus des 20. Jahrhunderts. Rosenbergs nationalsozialistische Weltanschauung vor dem Tribunal der Römischen Inquisition (Römische Inquisition und Indexkongregation 5), Paderborn u. a. 2005.

Paul **Rusch** (1903–1986), gebürtig aus München, 1927 Studium der Philosophie und Kath. Theologie am Collegium Canisianum in Innsbruck, 1930 Promotion zum Dr. phil., 1933 Priesterweihe, 1934 Promotion zum Dr. theol. in Innsbruck, Kaplan in Lech am Arlberg, Krankenhaus- und Arbeiterseelsorger in Hohenems, 1936 Regens des Priesterseminars in Innsbruck, 1938–64 Apostolischer Administrator von Innsbruck-Feldkirch, seit 1945 starkes soziales Engagement, u. a. Unterstützung des sozialen Wohnungsbaus und Einsatz für die Anliegen der Arbeiterschaft („roter Bischof"), 1952–71 Präsident der Pax-Christi-Bewegung, 1964–68 Bischof von Innsbruck-Feldkirch, 1968–80 Bischof von Innsbruck. – Zu ihm: Paul RUSCH, Waage der Zeit, Wege der Zeit. Erfahrungen, Erkenntnisse, Wege, Innsbruck/Wien 1983; Josef GELMI, Art. Rusch, in: Erwin GATZ (Hg.), Die Bischöfe der deutschsprachigen Länder. 1945–2001, Berlin 2002, 273–276; Ekkart SAUSER, Art. Rusch, in: BBKL 8 (1994), 1041–1044; Helmut ALEXANDER/Bernhard KRIEGBAUM (Hg.), Bischof Paulus Rusch. Wächter und Lotse in stürmischer Zeit, Innsbruck 2004; Helmut ALEXANDER, Art. Rusch, P., in: NDB 22 (2005), 295; DERS., Der „rote Bischof". Paul Rusch und Tirol – Aspekte seines sozialen Engagements und gesellschaftspolitischen Selbstverständnisses, Innsbruck/Wien/Bozen 2005.

Hermann **Sauer** (1902–1959), gebürtig aus Frankfurt a. M., 1921 Eintritt ins Lehrerseminar in Schlüchtern, 1923 Volks- und Mittelschullehrerexamen, ab 1923 Studium der Ev. Theologie, Philosophie, Geschichte und Kunstgeschichte, danach Pfarrer und Publizist, veröffentlichte u. a. *Abendländische Entscheidung*.

Arischer Mythus und christliche Wirklichkeit (Leipzig 1938), eine Auseinandersetzung mit Alfred Rosenbergs *Mythus des 20. Jahrhunderts*. – Zu ihm: Friedrich Wilhelm KANTZENBACH, Der theologische Publizist Hermann Sauer, in: Deutsches Pfarrerblatt 85 (1985), 460–464.

Hermann **Schäufele** (1906–1977), gebürtig aus Streichenberg bei Stebbach, 1925 Beginn des Studiums der Philosophie und Kath. Theologie in Freiburg i. Br., 1925/26 Fortsetzung des Studiums als Alumne des Collegium Germanicum an der Gregoriana in Rom, 1928 Promotion zum Dr. phil., 1931 Priesterweihe, 1932 Promotion zum Dr. theol., 1934 Magister aggregatus, 1934 Rückkehr ins Heimatbistum, Vikar in Elzach, 1935 Religionslehrer in Mannheim, 1937 Studentenseelsorger an der Universität Freiburg und Repetitor am Collegium Borromaeum, 1941 auch Dompräbendat, 1942 von der Gestapo verhängte vierwöchige Schutzhaft im Freiburger Untersuchungsgefängnis, 1946 Direktor des Collegium Borromaeum, 1950 Vizeoffizial, 1954 Offizial des Erzbistums Freiburg, 1955 Weihbischof von Freiburg und Domkapitular, 1958–77 Erzbischof von Freiburg. – Zu ihm: Wolfgang ZWINGMANN, Erzbischof Dr. Hermann Schäufele 1906–1977, in: FDA 99 (1979), 5–19; Christoph SCHMIDER, Die Freiburger Bischöfe. 175 Jahre Erzbistum Freiburg. Eine Geschichte in Lebensbildern, Freiburg/Basel/Wien 2002, 167–174; Karl-Heinz BRAUN, Art. Schäufele, in: Erwin GATZ (Hg.), Die Bischöfe der deutschsprachigen Länder. 1945–2001, Berlin 2002, 217–221.

Robert **Scherer** (1904–1997), gebürtig aus Paris, Abitur in Karlsruhe, 1923 Eintritt ins Noviziat der Jesuiten in Feldkirch (Österreich), bis 1927 mit Karl Rahner in der gleichen Gemeinschaft (lebenslange Freundschaft), 1925–30 Studium der Philosophie und Kath. Theologie in Pullach, an Sankt Georgen in Frankfurt a. M., in Fulda und Bautzen, 1930 theologisches Staatsexamen in Fulda, Austritt aus dem Orden, freies Studium in Freiburg i. Br., Mitarbeit im Verlag Herder, 1934 Promotion zum Dr. phil., 1934–37 theologischer Lektor des Verlages Herder, 1937–69 Leiter des theologisch-philosophischen Lektorats, 1938–44 zeitweise Mitglied des Freiburger Kreises („Freiburger Konzil"). – Zu ihm: Bruno STEIMER, Bibliotheca Theologica Internationalis. Internationale Aktivitäten des Verlages Herder im Spannungsfeld von Wissenschaft und Ökonomie, in: Claus ARNOLD/Johannes WISCHMEYER (Hg.), Transnationale Dimensionen wissenschaftlicher Theologie (VIEG.B 101), Göttingen 2013, 153–165, hier 156f.

Theodor **Schieffer** (1910–1992), gebürtig aus Bad Godesberg, 1929 Studium der Geschichte, Romanistik und Klassischen Philologie in Bonn, Paris und Berlin, 1934 Promotion zum Dr. phil. in Bonn, 1935 Erstes Staatsexamen in Bonn, 1936 Mitarbeiter an den *Monumenta Germaniae Historica*, 1937 Besuch der Archivschule des Geheimen Staatsarchivs in Berlin, 1939 Eintritt in die NSDAP, 1939–45 Archivar am Geheimen Staatsarchiv, 1940–42 Mitglied in der Archivschutzkommission in Paris, 1942 Habilitation in Berlin, 1946 ao., 1951–54 o. Professor für Mittelalterliche Geschichte in Mainz, 1950–54 Leiter des Universitätsarchivs, 1952–55 Präsident der Gesellschaft für Mittelrheinische Kirchengeschichte,

1954–75 Professor für Mittelalterliche und Neuere Geschichte in Köln, 1958–68 Präsident der Gesellschaft für Rheinische Geschichtskunde, 1968–74 Mitherausgeber der *Historischen Zeitschrift*. – Zu ihm: Hermann Jakobs, Theodor Schieffer (1910–1992). Ein Gelehrtenleben im 20. Jahrhundert, in: HJ 113 (1993), 1–20; Konrad Fuchs, Art. Schieffer, in: BBKL 16 (1999), 1420–1426; Heribert Müller, Art. Schieffer, in: NDB 22 (2005), 735–736.

Heinrich **Schlier** (1900–1978), gebürtig aus Neuburg an der Donau, 1919 Studium der Ev. Theologie in Leipzig und Marburg, 1924 Erstes Theologisches Examen, 1926 Promotion zum Dr. theol. in Marburg, Zweites Theologisches Examen, Ordination, 1927–30 Pfarrer in Casekirchen, 1928 Habilitation in Jena, Privatdozent, 1930 Dozent für Neues Testament in Marburg, 1934 Lehrstuhlvertretung in Halle (Saale), 1935 Berufung in die Leitung der Bekennenden Kirche, Dozent für Neutestamentliche Exegese an der Theologischen Schule in Wuppertal-Elberfeld, 1936 Pfarrer der dortigen Bekenntnisgemeinde, 1945 Professor für Neues Testament und Alte Kirchengeschichte in Bonn, 1952 auf eigenen Antrag emeritiert, 1953 Konversion zur Katholischen Kirche, Honorarprofessor für Geschichte der altchristlichen Literatur an der Philosophischen Fakultät in Bonn, seit 1958 zusammen mit Karl Rahner Herausgeber der Reihe *Quaestiones disputatae*. – Zu ihm: Klaus-Gunther Wesseling, Art. Schlier, in: BBKL 9 (1995), 282–289; Werner Löser/Claudia Sticher (Hg.), Gottes Wort ist Licht und Wahrheit. Zur Erinnerung an Heinrich Schlier, Würzburg 2003; Reinhard von Bendemann, Art. Schlier, in: NDB 23 (2007), 88–89.

Edmund **Schlink** (1903–1984), gebürtig aus Darmstadt, 1922 Studium der Naturwissenschaften, Mathematik, Psychologie und Philosophie in Tübingen, München, Kiel, Wien und Marburg, 1927 Promotion zum Dr. phil. in Marburg, anschließend Studium der Ev. Theologie in Münster, 1930 Promotion zum Dr. theol., Ausbildung im Predigerseminar Friedberg, 1931 Ordination, Vikariat, 1932 Studentenpfarrer in Darmstadt, 1933 Assistent in Gießen, 1934 Habilitation, 1935 Venia legendi wegen Zugehörigkeit zur Bekennenden Kirche verweigert, 1935–39 Lehrtätigkeit an der Theologischen Schule Bethel (bis zur Schließung durch die Gestapo), 1939–45 Visitator der Bekennenden Kirche in Hessen-Nassau, Pfarrverweser in Dortmund und Bielefeld, Studiendirektor des Thomasstifts in Straßburg, 1945 Leiter des Predigerseminars der Westfälischen Kirche bei Bielefeld, 1946–71 Professor für Systematische Theologie in Heidelberg, 1946 Mitgründer und ev. Leiter des Ökumenischen Arbeitskreises ev. und kath. Theologen (ÖAK, sog. Jaeger-Stählin-Kreis), 1948–68 Teilnahme an den Vollversammlungen des Ökumenischen Rates der Kirchen (ÖRK) in Amsterdam, Evanston, Neu Delhi und Uppsala, 1962–65 Teilnahme am II. Vatikanischen Konzil als offizieller Beobachter der Evangelischen Kirche in Deutschland (EKD). – Zu ihm: Jochen Eber, Art. Schlink, in: BBKL 9 (1995), 289–298; Katrin Bosse, Art. Schlink, E., in: NDB 23 (2007), 90–91; Margarethe Hopf, Ein Osservatore Romano für die EKD. Der Konzilsbeobachter Edmund Schlink im Spannungsfeld der Interessen (im Erscheinen).

Robert **Schlund** (1912–1990), gebürtig aus Götzingen (Nordbaden), 1931 Studium der Philosophie und Kath. Theologie in Freiburg i.Br., Innsbruck und am Priesterseminar St. Peter (Schwarzwald), 1936 Priesterweihe, Vikar in Todtmoos und Gengenbach, 1938–50 Repetitor am Collegium Borromaeum in Freiburg, 1941–45 Kriegsdienst, 1947 Promotion zum Dr. theol. in Freiburg, 1950–59 Direktor des Collegium Borromaeum, 1959 Domkapitular, Wirklicher Geistlicher Rat, 1966 Päpstlicher Hausprälat, 1968–88 Generalvikar des Erzbistums Freiburg, 1974 Domdekan, 1977 Apostolischer Protonotar. – Zu ihm: Herbert GABEL, Art. Schlund, in: Baden-Württembergische Biographien 2 (1999), 403–407; Karl-Heinz BRAUN, Art. Schlund, in: Erwin GATZ (Hg.), Die Bischöfe der deutschsprachigen Länder. 1945–2001, Berlin 2002, 225–226.

Josef **Schmidlin** (1876–1944), gebürtig aus Kleinlandau (Elsaß), 1894 Eintritt ins Priesterseminar in Straßburg, 1899 Priesterweihe, Studium der Klassischen Philologie und Geschichte in Freiburg i.Br., 1901 Promotion zum Dr. phil., 1901–05 Studienaufenthalt in Rom, 1904 Promotion zum Dr. theol. in Freiburg, 1906 Habilitation in Straßburg, 1907 Umhabilitierung in Münster, Privatdozent, 1910 ao. Professor für Kirchengeschichte mit missionswissenschaftlichen Vorlesungen in Münster, 1911 Gründung des Internationalen Instituts für missionswissenschaftliche Forschungen und der *Zeitschrift für Missionswissenschaft*, 1914 o. Prof. für Missionswissenschaft mit Lehrauftrag für Kirchengeschichte, Dogmengeschichte und Patrologie in Münster, 1933–39 vierbändige *Papstgeschichte der neuesten Zeit*, 1934 Zwangspensionierung, 1943 Festnahme durch die Gestapo, 1944 Tod im SS-Sicherungslager Schirmeck-Vorbrück. – Zu ihm: Josef SCHMIDLIN, [Autobiographie], in: Erich STANGE (Hg.), Die Religionswissenschaft der Gegenwart in Selbstdarstellungen, Bd. 3, Leipzig 1927, 167–191; Karl MÜLLER, Josef Schmidlin (1876–1944). Papsthistoriker und Begründer der katholischen Missionswissenschaft (SIM 47), Nettetal 1989; Johannes DÖRMANN, Art. Schmidlin, in: BBKL 9 (1995), 436–443; Giancarlo COLLET, Art. Schmidlin, in: NDB 23 (2007), 162–162.

Martin **Schmidt** (1909–1982), gebürtig aus Pockau, 1927 Studium der Romanischen, Englischen und Slawischen Philologie in Genf und München, 1928 Studium der Ev. Theologie in Leipzig und Zürich, 1933 Promotion zum Lic. theol. in Leipzig, Hilfsassistent, 1936 Promotion zum Dr. theol. in Zürich, 1937–46 Pfarrer in Kleinröhrsdorf bei Dresden, 1942 Habilitation in Leipzig, Venia legendi wegen Zugehörigkeit zur Bekennenden Kirche verweigert, 1943–46 Kriegsdienst, 1946–59 Dozent für Kirchengeschichte an der Kirchlichen Hochschule Berlin-Zehlendorf, 1948/49 Lehrstuhlvertretung in Rostock, 1956 Gastprofessur an der University of Philadelphia (USA), 1959 Professor für Kirchen- und Dogmengeschichte in Mainz, 1961–67 Professor für Territorialkirchengeschichte, 1962/63 Rektor der Universität, 1964 Gründungsmitglied der Historischen Kommission zur Erforschung des Pietismus, 1967–77 Professor für Kirchengeschichte in Heidelberg, 1969–79 Vorsitzender des Evangelischen Bundes, seit 1971 Mitglied der Heidelberger Akademie der Wissenschaften. – Zu ihm: Dagmar Drüll, Art. Schmidt, M., in: Dies., Heidelberger Gelehrtenlexikon 1933–1986, Berlin/Heidelberg 2009, 548 f.

Karlheinz **Schmidthüs** (1905–1972), gebürtig aus Dortmund, 1924 Studium der Rechtswissenschaften, Germanistik und Kath. Theologie in Tübingen, München und Bonn, 1927–40 Schriftleiter der Zeitschrift *Die Schildgenossen*, unter Pseudonym Veröffentlichungen in *Germania, Deutsche Rundschau* und *Deutsche Zukunft*, 1936 Herausgeber der Schriftenreihe *Zeugen des Wortes* im Verlag Herder, 1946 Gründer sowie Chefredakteur (bis 1960) und Herausgeber (bis 1972) der *Herder-Korrespondenz*, seit 1952 Mitherausgeber der Zeitschrift *Wort und Wahrheit*, Mitbegründer der Gesellschaft für christlich-jüdische Zusammenarbeit, Mitherausgeber des *Freiburger Rundbriefs*, Vizepräsident des Komitees für die deutsch-französische Freundschaft. – Zu ihm: In memoriam Karlheinz Schmidthüs, in: Wort und Wahrheit 27 (1972), 97 f.

Reinhold **Schneider** (1903–1958), gebürtig aus Baden-Baden, 1921 kaufmännische Lehre in Dresden, 1923–28 kaufmännischer Angestellter bei der Kunstanstalt Stengel in Dresden, seit 1928 freier Schriftsteller in Loschwitz bei Dresden und in Potsdam, ab 1938 in Freiburg i. Br., 1941 nach Entzug der Druckerlaubnis illegale Verbreitung seiner Werke, nach 1945 zahlreiche Veröffentlichungen schriftstellerischer Arbeiten, Vortrags- und Lesereisen, 1956 Friedenspreis des Deutschen Buchhandels. – Zu ihm: Stephan Lüttich, Art. Schneider, in: BBKL 25 (2005), 1292–1298; Cordula Koepcke, Art. Schneider, R., in: NDB 23 (2007), 305–306.

Gustav **Schnürer** (1860–1941), gebürtig aus Jätzdorf (Schlesien), 1878 Studium der Geschichte, Geographie und Philologie in Berlin, Breslau und Münster, 1883 Promotion zum Dr. phil. in Münster, Redaktionsassistent beim *Historischen Jahrbuch* der Görres-Gesellschaft in München, 1889 Professor für Geschichte des Mittelalters und (ab 1907) der Neuzeit in Freiburg (Schweiz), 1891–1940 Mitherausgeber des *Historischen Jahrbuchs*, 1893 Mitbegründer der Deutschen Gesellschaft für christliche Kunst, 1896/97 und 1900/01 Rektor der Universität, 1907 Mitbegründer der *Zeitschrift für Schweizerische Kirchengeschichte*, seit 1931 Mitherausgeber von Herders *Geschichte der führenden Völker*. – Zu ihm: Albert Portmann-Tinguely, Art. Schnürer, in: BBKL 9 (1995), 593–596.

Jean **Schoos** (1924–2005), gebürtig aus Luxembourg, 1946 Studium der Mittleren und Neueren Geschichte, Kulturgeschichte und Romanistik in Freiburg (Schweiz), 1949 Promotion zum Dr. phil., 1954 Habilitation in Bonn, 1957 Privatdozent, 1963 ao., 1964–89 o. Professor für Geschichte in Bonn, 1972–86 Beauftragter der Großherzoglichen Güterverwaltung in Luxemburg für das *Nassauische Hausarchiv, Depositum S.K.H. des Großherzogs von Luxemburg im Hessischen Hauptstaatsarchiv Wiesbaden*, seit 1982 Mitglied des Vereins für Nassauische Altertumskunde und Geschichtsforschung, 1989 emeritiert, bis 1995 Vorlesungstätigkeit. – Zu ihm: Pierre Even, Nekrolog [Jean Schoos], in:

Nassauische Annalen 117 (2006), 547–549; Manfred GROTEN, Jean Schoos 1924–2005, in: Rheinische Vierteljahrsblätter 69 (2005), VII f.

Georg **Schreiber** (1882–1963), gebürtig aus Rüdershausen (Eichsfeld), 1901 Studium der Philosophie und Kath. Theologie in Münster und Hildesheim, 1905 Priesterweihe in Hildesheim, 1905 Studium der Geschichte und Germanistik in Münster und Berlin, 1909 Promotion zum Dr. phil. in Berlin, anschließend Studium der Rechtswissenschaften, 1913 Promotion zum Dr. theol. in Freiburg i. Br., 1913 Habilitation in Münster, 1915 ao. Professor für Kirchenrecht und bayerisches Staats- und Verwaltungsrecht in Regensburg, 1917 o. Professor für Kirchengeschichte und historische Caritaswissenschaft in Münster, 1935 Zwangsversetzung nach Braunsberg, 1936 vorzeitige Emeritierung, 1945 wieder Professor in Münster, 1945/46 Rektor der Universität, 1951 emeritiert. – Zu ihm: Detlef GROTHMANN, Art. Schreiber, G., in: BBKL 9 (1995), 924–926; Rudolf MORSEY, Art. Schreiber, G., in: NDB 23 (2007), 529–530; DERS., Georg Schreiber, der Wissenschaftler, Kulturpolitiker und Wissenschaftsorganisator. Aus Anlaß der Wiederkehr seines 100. Geburtstags am 5. Januar 1982, in: Westfälische Zeitschrift 131/132 (1981/82), 121–159.

Heinrich **Schrörs** (1852–1928), gebürtig aus Krefeld, 1871 Studium der Kath. Theologie in Bonn, Würzburg und Innsbruck, 1877 Priesterweihe in Innsbruck, 1880 Promotion zum Dr. theol. in Würzburg, anschließend Studium an der Juristischen Fakultät in München, 1885 Privatdozent für Kirchenrecht in Freiburg i. Br., 1886 o. Professor für Kirchengeschichte in Bonn, 1916 emeritiert. – Zu ihm: Heinrich SCHRÖRS, [Autobiographie], in: Erich STANGE (Hg.), Die Religionswissenschaft der Gegenwart in Selbstdarstellungen, Bd. 3, Leipzig 1927, 193–239; Sebastian MERKLE, Heinrich Schrörs †, in: Hochland 26 (1929), 433–437; Hubert JEDIN, Die Vertretung der Kirchengeschichte in der Kath.-Theol. Fakultät Bonn 1823–1929, in: AHVNRh 155/156 (1954), 411–453; Herman H. SCHWEDT, Heinrich Schrörs, 1852–1928, Kirchenhistoriker, in: Karl SCHEIN (Hg.), Christen zwischen Niederrhein und Eifel – Lebensbilder aus zwei Jahrhunderten, Bd. 3, Aachen/Mönchengladbach 1993, 31–52; Norbert M. BORENGÄSSER, Art. Schrörs, in: BBKL 15 (1999), 1259–1264; Stefan JORDAN, Art. Schrörs, NDB 23 (2007), 582–583; Gregor KLAPCZYNSKI, Katholischer Historismus? Zum historischen Denken in der deutschsprachigen Kirchengeschichte um 1900. Heinrich Schrörs – Albert Ehrhard – Joseph Schnitzer (Münchener kirchenhistorische Studien NF 2), Stuttgart 2013, insbes. 51–141.

Reinhold **Seeberg** (1859–1935), gebürtig aus Pörrafer (Livland), 1878 Studium der Ev. Theologie in Dorpat, Berlin, Leipzig und Erlangen, 1884 Promotion zum Lic. theol. und Habilitation in Erlangen, 1885 ao. Professor in Dorpat, 1889 o. Professor für Kirchengeschichte und Neues Testament in Erlangen, 1894 Professor für Systematische Theologie in Erlangen, 1898–1927 Professor in Berlin, 1918/19 Rektor der Universität, 1923–33 Präsident des Zentralausschusses für Innere Mission der Evangelischen Kirche Deutschlands, 1927 Leitung des Instituts für Sozialethik und Wissenschaft der Inneren Mission an der Universität

Berlin. – Zu ihm: Traugott JÄHNICHEN, Art. Seeberg, R., in: BBKL 9 (1995), 1307–1310; Arnulf von SCHELIHA, Art. Seeberg, in: TRE 30 (1999), 729–733; Thomas KAUFMANN, Art. Seeberg, R., in: NDB 24 (2010), 135–136.

Eugen **Seiterich** (1903–1958), gebürtig aus Karlsruhe, 1921 Studium der Philosophie und Kath. Theologie in Freiburg i. Br., ab 1925 im Priesterseminar St. Peter (Schwarzwald), 1926 Priesterweihe, Kaplan in Baden-Baden, Neustadt (Schwarzwald) und Heidelberg, 1930 Promotion zum Dr. phil., Repetitor am Collegium Borromaeum in Freiburg, 1935 Promotion zum Dr. theol., philosophische und religionswissenschaftliche Studien an der Preußischen Staatsbibliothek in Berlin, 1938 Habilitation in Freiburg, Professor am Priesterseminar St. Peter, ab 1945 auch Subregens, 1947 ao., 1949 o. Professor für Apologetik und Religionswissenschaft in Freiburg, 1952 Weihbischof von Freiburg, Mitglied des Metropolitankapitels und Wirklicher Geistlicher Rat, 1954–58 Erzbischof von Freiburg. – Zu ihm: Peter HÄGER, Art. Seiterich, in: BBKL 9 (1995), 1358–1363; Karl-Heinz BRAUN, Art. Seiterich, in: Erwin GATZ (Hg.), Die Bischöfe der deutschsprachigen Länder. 1945–2001, Berlin 2002, 215–217; Christoph SCHMIDER, Die Freiburger Bischöfe. 175 Jahre Erzbistum Freiburg. Eine Geschichte in Lebensbildern, Freiburg/Basel/Wien 2002, 159–165; Manfred WEITLAUFF, Art. Seiterich, in: NDB 24 (2010), 200–201.

Paul **Simon** (1882–1946), gebürtig aus Dortmund, 1901 Studium der Philosophie und Kath. Theologie in Paderborn, Münster, Freiburg i. Br., Innsbruck und Straßburg, 1907 Priesterweihe in Paderborn, Präses am Konvikt in Werl, 1909 Oberlehrer am Gymnasium in Werl, ab 1914 am Paulinum in Münster, 1917 Promotion zum Dr. phil. in Freiburg, 1919 Leiter des Theologenkonvikts und Professor für Patrologie und Klassische Philologie an der Philosophisch-Theologischen Akademie in Paderborn, 1925 Professor für Scholastische Philosophie und Apologetik in Tübingen, 1932/33 Rektor der Universität, 1933 auf eigenen Antrag aus dem Staatsdienst entlassen, seit 1933 Dompropst in Paderborn, 1934 Organisator der ersten ev.-kath. Theologenkonferenz in Deutschland, die geheim in Berlin stattfand, 1946 Mitbegründer des Ökumenischen Arbeitskreises ev. und kath. Theologen (ÖAK, sog. Jaeger-Stählin-Kreis). – Zu ihm: Dieter RIESENBERGER, Der Paderborner Dompropst Paul Simon (1882–1946). Ein Beitrag zur Geschichte des Nationalsozialismus, der Ökumene und der Nachkriegsjahre in Paderborn (Zeitgeschichte im Erzbistum Paderborn 1), Paderborn 1992; Karl MÜHLEK, Art. Simon, in: BBKL 17 (2000), 1296–1300; Jörg ERNESTI, Art. Simon, P., in: NDB 24 (2010), 440–441.

Georg **Smolka** (1901–1982), gebürtig aus Breslau, 1920 zunächst Studium der Kath. Theologie und Philosophie, dann der Geschichte, Geographie und Pädagogik in Breslau, München, Berlin und Dresden, 1925 Promotion zum Dr. phil. in München, 1929 Staatsexamen für das Höhere Lehramt in Berlin, 1929–32 Forschungen in den Preußischen Staatsarchiven für die Historical Mission of the Library of Congress, seitdem freier Schriftsteller Publizist und Übersetzer, 1947–54 Dozent an der Hochschule für Verwaltungswissenschaften in Speyer,

1949–54 deutscher Vorsitzender der Gesellschaft für internationale Zusammenarbeit, 1953 Habilitation in München, 1954 ao., 1960–70 o. Professor für Neuere Politische Geschichte an der Staatlichen Akademie für Verwaltungswissenschaften in Speyer, daneben Lehrauftrag für Moderne Europäische Geschichte in Mainz, seit 1965 Präsident des Heimatwerkes Schlesischer Katholiken. – Zu ihm: Hans FENSKE, Georg Smolka †, in: HJ 105 (1983), 326–328; Georg SMOLKA, Abendländische Einheit – Europäische Wirklichkeit. Ausgewählte Aufsätze und Vorträge, hg. v. Joachim KÖHLER, Sigmaringen 1986; Christian HANDSCHUH, Georg Smolka. Von der „Ostforschung" zum „Abendland" (Arbeiten zur schlesischen Kirchengeschichte 14), Münster 2003; DERS., Prof. Dr. Georg Smolka – Präsident des Heimatwerks schlesischer Katholiken, in: Rainer BENDEL/Stephan M. JANKER, (Hg.), Vertriebene Katholiken – Impulse für Umbrüche in Kirche und Gesellschaft? (Beiträge zu Theologie, Kirche und Gesellschaft im 20. Jahrhundert 5), Münster 2005, 137–141.

Gottlieb **Söhngen** (1892–1971), gebürtig aus Köln, 1911 Studium der Philosophie und Kath. Theologie in Bonn und München, 1914 Promotion zum Dr. phil. in München, 1917 Priesterweihe in Köln, Tätigkeit in der Seelsorge, 1921 Fortsetzung des theologischen Studiums in Köln und Tübingen, 1924 Dozent und Geschäftsführer und Dozent der Albertus-Magnus-Akademie in Köln, 1929 Promotion zum Dr. theol. in Tübingen, 1931 Habilitation in Bonn, Privatdozent, 1937–45 Professor für Theologie in Braunsberg, seit 1946 Mitglied des Ökumenischen Arbeitskreises ev. und kath. Theologen (ÖAK, sog. Jaeger-Stählin-Kreis), 1947–58 Professor für Fundamentaltheologie und Philosophische Propädeutik in München, seit 1958 Mitherausgeber der Zeitschrift *Catholica*. – Zu ihm: Wolfgang KLAUSNITZER, Art. Söhngen, in: BBKL 21 (2003), 1446–1454.

Joannes Baptista **Sproll** (1870–1949), gebürtig aus Schweinhausen bei Biberach, 1890 Studium der Philosophie und Kath. Theologie in Tübingen, 1895 Priesterweihe, Vikar in Hofs bei Leutkirch und in Oberndorf am Neckar, 1897 Repetent für Kirchenrecht am Wilhelmsstift in Tübingen, 1898 Promotion zum Dr. phil., 1900 Subregens am Priesterseminar in Rottenburg, 1909 Pfarrer in Kirchen bei Ehingen a. d. Donau, 1912 Domkapitular in Rottenburg, 1913–26 Generalvikar, 1916–27 Weihbischof, 1926 Kapitularvikar, 1927–49 Bischof von Rottenburg, 1933–37 zahlreiche Protestschreiben an staatliche Instanzen wegen des Verhaltens der NSDAP gegenüber der Kirche, 1938 wegen Nichtteilnahme an der Volksabstimmung über den Anschluss Österreichs und an der Reichstagswahl Verfolgung durch die Nationalsozialisten und Ausweisung aus der Diözese, Exil bei den Benediktinern in St. Ottilien, ab 1941 bei den St. Josefsschwestern in Krumbad, 1945 Rückkehr nach Rottenburg. – Zu ihm: Joachim KÖHLER, Art. Sproll, in: Erwin GATZ (Hg.), Die Bischöfe der deutschsprachigen Länder. 1785/1803 bis 1945, Berlin 1983, 723–726; Detlef GROTHMANN, Art. Sproll, in: BBKL 10 (1995), 1078–1079; Paul KOPF, Art. Sproll, in: Erwin GATZ (Hg.), Die Bischöfe der deutschsprachigen Länder. 1945–2001, Berlin 2002, 467–470; Stephan SPROLL, „Ich bin der Bischof von Rottenburg und bleibe der Bischof von Rottenburg". Das Leben von Joannes Baptista Sproll, Ostfildern 2009; Stefan JOR-

DAN, Art. Sproll, J. B., in: NDB 24 (2010), 767–768; Dominik BURKARD, Joannes Baptista Sproll. Bischof im Widerstand (Mensch – Zeit – Geschichte), Stuttgart 2013.

Otto **Spülbeck** (1904–1970), gebürtig aus Aachen, 1923 Studium der Mathematik und Physik in Bonn, 1924 Studium der Philosophie und Kath. Theologie in Innsbruck, 1927 Promotion zum Dr. phil., Fortsetzung des Studiums in Tübingen, 1929 Eintritt ins Priesterseminar des Bistums Meißen in Schmochtitz, 1930 Priesterweihe in Bautzen, Kaplan in Chemnitz, 1935 Kaplan in Leipzig, 1937 Pfarrer in Leipzig-Reudnitz, 1945–55 Propst in Leipzig, 1951–55 Geschäftsführer des St. Benno-Verlages, 1955 Generalvikar, Weihbischof und Apostolischer Administrator des Bistums Meißen, 1958–70 Bischof von Meißen, 1962–65 Teilnahme am II. Vatikanischen Konzil als Mitglied der Liturgiekommission, seit 1964 Mitglied im römischen Rat für die Ausführung der liturgischen Erneuerung, 1969/70 Präsident der Meißner Diözesansynode zur Umsetzung der Konzilsbeschlüsse im Bistum. – Zu ihm: Josef PILVOUSEK, Art. Spülbeck, in: Erwin GATZ (Hg.), Die Bischöfe der deutschsprachigen Länder. 1945–2001, Berlin 2002, 145–147; Christian MÄRZ, Otto Spülbeck. Ein Leben für die Diaspora, Leipzig 2010; DERS., Art. Spülbeck, in: NDB 24 (2010), 769.

Wilhelm **Stählin** (1883–1975), gebürtig aus Gunzenhausen, 1901 Studium der Ev. Theologie in Erlangen, Rostock und Berlin, 1905 Pfarrer in Nürnberg, 1909 Studium der Psychologie in Würzburg, 1910 Pfarrer in Egloffstein, 1913 Promotion zum Dr. phil. in Würzburg, 1914 Gründung der Gesellschaft für Religionspsychologie, 1914–21 Mitherausgeber des *Archiv für Religionspsychologie*, 1914–18 Feldgeistlicher, 1917–26 Pfarrer in Nürnberg, 1922–32 Leiter des Bundes Deutscher Jugendvereine (BDJ), 1923 Mitbegründer des Berneuchener Kreises, 1926–52 Professor für Praktische Theologie in Münster, 1931 Mitbegründer der Michaelsbruderschaft, 1934–41 Mitglied der Bekennenden Kirche, 1945–52 Bischof der Evangelisch-Lutherischen Kirche in Oldenburg, 1946 gemeinsam mit Erzbischof Lorenz Jaeger Gründer und Vorsitzender des Ökumenischen Arbeitskreises ev. und kath. Theologen (ÖAK, sog. Jaeger-Stählin-Kreis), seit 1946 Mitarbeit bei der Lutherischen Liturgischen Konferenz, 1949 Mitbegründer des Theologischen Konvents Augsburgischen Bekenntnisses, 1952 Teilnahme an der Weltkonferenz für Glauben und Kirchenverfassung in Lund (Schweden). – Zu ihm: Hans Eduard KELLNER, Das theologische Denken Wilhelm Stählins, Frankfurt a. M. u. a. 1991; Michael MEYER-BLANCK, Leben, Leib und Liturgie. Die Praktische Theologie Wilhelm Stählins (Arbeiten zur praktischen Theologie 6), Berlin/New York 1994; Ulrich SCHWAB, Art. Stählin, W., in: BBKL 10 (1995), 1115–1120; Erich NESTLER, Art. Stählin, W., in: NDB 25 (2013), 24–26.

Albert **Stohr** (1890–1961), gebürtig aus Friedberg, 1909 Studium der Kath. Theologie am Priesterseminar in Mainz, 1913 Priesterweihe, Subrektor am Konvikt in Mainz, 1915 Kaplan an St. Emmeran in Mainz, 1916 Subrektor am Konvikt in Bensheim, 1918 Kaplan in Viernheim, 1919 Lehrtätigkeit am Lehrersemi-

nar in Bensheim, 1920 Studienaufenthalt in Freiburg i. Br., 1921 Promotion zum
Dr. theol., 1922/23 Pfarrverwalter in Dietersheim und Ober-Hilbersheim, 1923
Studienaufenthalte in Giessen und Rom, 1923 Habilitation in München, 1924
Dozent, ab 1925 Professor für Kirchengeschichte und Homiletik am Priesterseminar in Mainz, 1925–32 auch Dozent für Theologische Propädeutik am Pädagogischen Institut in Mainz, 1926–35 Professor für Dogmatik am Priesterseminar Mainz, 1931–33 Abgeordneter des Zentrums im Hessischen Landtag, 1935–
61 Bischof von Mainz, 1959 Berufung in die Theologische Kommission zur Vorbereitung des II. Vatikanischen Konzils. – Zu ihm: Anton Brück, Art. Stohr, in:
Erwin Gatz (Hg.), Die Bischöfe der deutschsprachigen Länder. 1785/1803 bis
1945, Berlin 1983, 741–743; Sigrid Duchhardt-Bösken, Art. Stohr, in: BBKL
10 (1995), 1523–1526; Friedhelm Jürgensmeier, Art. Stohr, in: Erwin Gatz
(Hg.), Die Bischöfe der deutschsprachigen Länder. 1945–2001, Berlin 2002,
356–359; Karl Lehmann, „Dominus fortitudo – Der Herr ist meine Stärke."
Bischof Dr. Albert Stohr (1890–1961) – Hirte in schwieriger Zeit, in: Franz J.
Felten (Hg.), Mainzer (Erz-)Bischöfe in ihrer Zeit (Mainzer Vorträge 12), Stuttgart 2008, 143–165; Friedhelm Jürgensmeier, Art. Stohr, in: NDB 25 (2013),
402–403.

Fidelis Freiherr von **Stotzingen** OSB (1871–1947), gebürtig aus Steißlingen,
1892 Profess in der Erzabtei St. Martin zu Beuron, Studium der Philosophie
und Kath. Theologie in Rom, 1897 Priesterweihe, 1898 Promotion zum Dr. phil.
und Dr. theol. in Rom, Dozent für Dogmatik in Beuron, ab 1900 auch Präfekt,
1901–13 Abt von Maria Laach, 1913–47 Abtprimas der Benediktinischen Konföderation in Rom. – Zu ihm: Stephan Haering, Fidelis von Stotzingen. Abt von
Maria Laach (1901–1913) und Abtprimas der Benediktinischen Konföderation
(1913–1947), in: Angelus A. Häussling/Augustinus Sander (Hg.), Laacher Le-
sebuch. Zum Jubiläum der Kirchweihe 1156–2006, St. Ottilien 2006, 240–246.

Wolfgang **Sucker** (1905–1968), gebürtig aus Liegnitz (Schlesien), 1924 Studium
der Ev. Theologie in Berlin, Greifswald und Gießen, 1929 Erstes Theologisches
Examen, Besuch des Predigerseminars in Friedberg, 1931 Ordination, Pfarrassis-
tent in Offenbach a. M., 1933 Studentenpfarrer in Gießen, 1934 Dozent an der
Hochschule für Lehrerbildung in Lauenburg (Pommern), 1940–45 Kriegsdienst,
1945 Pfarrer in Weiterstadt, 1946–49 Leiter des Katechetischen Amtes für Starkenburg, 1947 Vorsitzender des Evangelischen Bundes Hessen und Nassau,
Gründungsleiter des Konfessionskundlichen Instituts in Bensheim, 1950 Berufung in die Kirchenleitung der Evangelischen Kirche in Hessen und Nassau,
1957 Vizepräsident des Evangelischen Bundes, ab 1963 Präsident, 1957 Stellvertretender Präsident der Evangelischen Kirche in Hessen und Nassau, ab 1964
Präsident, 1960–63 Honorarprofessor für Kirchenkunde in Mainz, 1966 Mitglied der Bildungskommission des Deutschen Bildungsrates. – Zu ihm: Holger
Bogs/Walter Fleischmann-Bisten (Hg.), Erziehung zum Dialog. Weg und
Wirkung Wolfgang Suckers (Bensheimer Hefte 105), Göttingen 2006; Christian
Weise, Art. Sucker, in: BBKL 29 (2008), 1411–1416.

Domenico **Tardini** (1888–1961), gebürtig aus Rom, Studium der Philosophie und Kath. Theologie am Päpstlichen Römischen Priesterseminar, 1912 Priesterweihe, 1921 Mitarbeiter in der Kongregation für die außerordentlichen kirchlichen Angelegenheiten, 1923 kirchlicher Assistent der katholischen Jugendorganisationen Italiens, 1929 Untersekretär, 1937 Sekretär der Kongregation für die außerordentlichen kirchlichen Angelegenheiten, Apostolischer Protonotar, 1952 Pro-Staatssekretär für außerordentliche kirchliche Angelegenheiten, 1958 Ernennung zum Kardinal und Kardinalstaatssekretär, Präfekt der Kongregation für die außerordentlichen kirchlichen Angelegenheiten. – Zu ihm: Giulio NICOLINI, Il cardinale Domenico Tardini, Padua 1980; Salvador MIRANDA, Art. Tardini, in: The Cardinals of the Holy Roman Church. http://webdept.fiu.edu/~mirandas/bios1958.htm#Tardini (10.02.2019).

Josef **Thomé** (1891–1980), gebürtig aus Euskirchen, 1912 Studium der Kath. Theologie in Bonn, 1916 Priesterweihe in Köln, 1917 Kaplan in Krefeld, 1919 in Bonn, 1926 in Köln und 1928 in Mönchengladbach, 1936–75 Pfarrer von St. Balbina in Würselen-Morsbach. – Zu ihm: August BRECHER, Mündiges Christsein. Zwischen Gesetz und Freiheit. Pfarrer Dr. theol. h.c. Josef Thomé 1891–1980, Aachen 1991.

Fritz **Tillmann** (1874–1953), gebürtig aus Honnef, 1894 Studium der Philosophie und Kath. Theologie in Bonn, 1898 Priesterweihe in Köln, Studentenseelsorger in Bonn, 1905 Promotion zum Dr. theol. in Bonn, 1908 Habilitation für Neutestamentliche Exegese, 1913–39 o. Professor für Moraltheologie in Bonn, 1919–21 Rektor der Universität, 1924 Gründer des ersten deutschen Studentenhauses in Bonn, seit 1928 im Vorstand des Deutschen Studentenwerks. – Zu ihm: Werner SCHÖLLGEN, Fritz Tillmann, in: Bonner Gelehrte. Beiträge zur Geschichte der Wissenschaften in Bonn – Katholische Theologie (150 Jahre Rheinische Friedrich-Wilhelms-Universität zu Bonn 1818–1968), Bonn 1968, 94–104; Gabriele LAUTENSCHLÄGER, Art. Tillmann, in: BBKL 12 (1997), 123–125.

Leo **Ueding** SJ (1893–1959), gebürtig aus Duisburg, 1913 Eintritt in den Jesuitenorden, Studium der Philosophie und Kath. Theologie in Valkenburg (Niederlande) und Oña (Spanien), 1924 Priesterweihe, 1925 Promotion zum Dr. theol., 1926–30 Studium der Geschichte in Bonn, Köln und München, 1932 Promotion zum Dr. phil., Lehrtätigkeit an der theologischen Fakultät in Valkenburg, 1934 Dozent, ab 1940 Professor für Kirchengeschichte, Patrologie und historische Methodenlehre an der Philosophisch-Theologischen Hochschule Sankt Georgen in Frankfurt a.M., 1947 Gründer und bis 1952 Leiter der Arbeitsgemeinschaft Katholisch-Theologischer Bibliotheken, 1951 Dekan der Hochschule Sankt Georgen, 1953 auch Lehrauftrag für Kirchengeschichte an der Universität Frankfurt, 1956/57 zudem Vertretung an der Hochschule des Albertus-Magnus-Kollegs in Königstein (Taunus). – Zu ihm: Hans BECKER, Hochschulprofessor P. DDr. Leo Ueding S.J. †, in: AmrhKG 11 (1959), 321 f.

Ludwig Andreas **Veit** (1879–1939), gebürtig aus Finthen bei Mainz, 1897 Eintritt ins Bischöfliche Priesterseminar Mainz, 1901 Priesterweihe in Mainz, Tätigkeit in der Seelsorge, Studium der Geschichte und Nationalökonomie in Heidelberg, ab 1907 in Gießen, 1909 Promotion zum Dr. phil. in Gießen, 1912–25 Pfarrer in Neckarsteinach, 1918 Promotion zum Dr. theol. in Würzburg, 1925 Habilitation in Freiburg i. Br., Privatdozent, Diözesanarchivar in Mainz, 1928 ao., 1934 o. Professor für Kirchengeschichte in Freiburg, Forschungen zur mittelrheinischen Kirchengeschichte, insbesondere zur Erzdiözese Mainz. – Zu ihm: Sebastian MERKLE, Ludwig Andreas Veit †, in: HJ 59 (1939), 560–563; Ludwig LENHART, Ludwig Andreas Veit. Ein priesterlicher Künder lebendigen Heimats-, Volks- und Kirchenbewußtseins an der Universität Freiburg i. B., in: AmrhKG 2 (1950), 329–366; Klaus-Bernward SPRINGER, Art. Veit, A. L., in: BBKL 12 (1997), 1190–1191.

Hermann **Wendorf** (1891–1965), gebürtig aus Weissenburg, Studium der Geschichte, 1915 Promotion zum Dr. phil. in Leipzig, 1928 Habilitation, Privatdozent, 1939–45 ao. Professor für Geschichte in Leipzig, 1940 Eintritt in die NSDAP, Veröffentlichungen zu Luther und Calvin. – Zu ihm: Professorenkatalog der Universität Leipzig, Art. Wendorf. http://www.uni-leipzig.de/uni geschichte/professorenkatalog/leipzig/Wendorf_555 (10. 02. 2019).

Wilhelm **Weskamm** (1891–1956), gebürtig aus Helsen bei Arolsen, 1909 Studium der Kath. Theologie in Paderborn, 1914 Priesterweihe, Tätigkeit in der Seelsorge, 1914 Sekretär, ab 1916 stellvertretender Leiter der Kirchlichen Kriegshilfe Paderborn, 1918 Domvikar in Paderborn, 1932 Pfarrer in Merseburg, 1942 Landdechant des Dekanates Halle (Saale), 1943 Pfarrer (mit dem Titel Propst) von St. Sebastian in Magdeburg und Erzbischöflicher Kommissar für den Sächsischen Anteil des Erzbistums Paderborn, 1944 Landdechant des Dekanates Magdeburg und Nichtresidierender Domkapitular von Paderborn, 1945 Delegat für den Sächsischen Anteil der Erzdiözese, 1949 Weihbischof von Paderborn mit Sitz in Magdeburg, 1951–56 Bischof von Berlin, Vorsitzender der Berliner Ordinarienkonferenz (BOK). – Zu ihm: Josef PILVOUSEK, Art. Weskamm, in: Erwin GATZ (Hg.), Die Bischöfe der deutschsprachigen Länder. 1945–2001, Berlin 2002, 92–94; Christoph KÖSTERS, Art. Weskamm, in: BBKL 25 (2005), 1474–1481; Thomas THORAK, Wilhelm Weskamm und Johannes Pinsk. Theologische Innovationen im Spannungsfeld des „Antimodernismus", in: Jahrbuch für mitteldeutsche Kirchen- und Ordensgeschichte 2 (2006), 177–199; DERS., Wilhelm Weskamm. Diasporaseelsorger in der SBZ/DDR (Erfurter Theologische Studien 96), Würzburg 2009.

Johannes **Willebrands** (1909–2006), gebürtig aus Bovenkarspel (Niederlande), 1929 Eintritt in das Priesterseminar des Bistums Haarlem in Warmond, Studium der Kath. Theologie, 1934 Priesterweihe, Studium der Philosophie am Angelicum in Rom, 1937 Promotion zum Dr. phil., Kaplan in Amsterdam, 1940–61 Professor für Geschichte der Philosophie am Philosophicum des Priesterseminars in Warmond, 1945 Regens des Priesterseminars, 1947 Direktor des Philosophicums, 1943 Mitglied des Larener Kreises, 1948 Vorsitzender des Sankt Willibrord Vereins, 1952 Sekretär der Katholischen Konferenz für Ökumenische Fragen, 1958 Bischöflicher Delegierter für ökumenische Angelegenheiten, 1960 Sekretär des Sekretariats zur Förderung der Einheit der Christen, 1962–65 während des II. Vatikanischen Konzils beteiligt an der Erklärung *Nostra Aetate*, am Dekret *Unitatis redintegratio* und an der Erklärung *Dignitatis humanae*, 1964 Titularbischof von Mauriana, 1969 Ernennung zum Kardinal, Nachfolger Kardinal Beas als Präsident des Sekretariats zur Förderung der Einheit der Christen, 1975–83 Erzbischof von Utrecht, 1988–97 Kämmerer des Kardinalskollegiums. – Zu ihm: Karim SCHELKENS, Art. Willebrands, in: BBKL 32 (2011), 1530–1548.

Ernst **Wolf** (1902–1971), gebürtig aus Prag, Studium der Ev. Theologie in Wien, Rostock und Leipzig, 1925 Dozent in Leipzig, 1930 Lehrstuhlvertretung in Tübingen, 1931 Professor für Kirchengeschichte in Bonn, 1935 strafversetzt nach Halle, Mitglied der Bekennenden Kirche, 1945 Professor für Kirchengeschichte in Göttingen, ab 1957 Professor für Systematische Theologie, Forschungen zu Luther, Herausgeber der Zeitschriften *Verkündigung und Forschung* und *Evangelische Theologie*. – Zu ihm: Wolfgang MAASER, Art. Wolf, E., in: BBKL 13 (1998), 1495–1501.

Theophil **Wurm** (1868–1953), gebürtig aus Basel, 1887–91 Studium der Ev. Theologie in Tübingen, 1894–99 Stadtvikar in Stuttgart, 1899 Pfarrer bei der Evangelischen Gesellschaft (Stadtmission) in Stuttgart, 1901 Leiter der Stadtmission, 1913 Pfarrer in Ravensburg, 1920 Dekan in Reutlingen, 1927 Prälat in Heilbronn, 1929 Kirchenpräsident, 1933–49 Landesbischof der Evangelischen Landeskirche in Württemberg, seit 1934 Mitglied der Bekennenden Kirche, 1936 Gründungsmitglied des Rates der Evangelisch-Lutherischen Kirche Deutschlands, 1945–49 Vorsitzender des Rates der Evangelischen Kirche in Deutschland (EKD), 1945 Mitunterzeichner des *Stuttgarter Schuldbekenntnisses*, Gründer der Evangelischen Akademie Bad Boll, 1948 Delegierter der EKD auf der Weltkirchenkonferenz in Amsterdam. – Zu ihm: Theophil WURM, Erinnerungen aus meinem Leben, Stuttgart 1953; J. Jürgen SEIDEL, Art. Wurm, in: BBKL 14 (1998), 189–192; Jörg THIERFELDER, Theophil Wurm, in: Wolf-Dieter HAUSCHILD (Hg.), Profile des Luthertums. Biographien zum 20. Jahrhundert, Gütersloh 1998, 743–758; DERS., Art. Wurm, in: Baden-Württembergische Biographien 4 (2008), 408–411.

Ernst Walter **Zeeden** (1916–2011), gebürtig aus Berlin-Wilmersdorf, 1934–39 Studium der Germanistik, Geschichte und Latein in Leipzig, Heidelberg, München und Freiburg i.Br., 1939 Promotion zum Dr. phil. in Freiburg, Staatsexamen für das Höhere Lehramt, 1940–43 Kriegsdienst, Konversion zur Katholischen Kirche, 1947 Habilitation in Freiburg, Privatdozent, 1954–57 ao. Professor für Geschichte in Freiburg, 1957–84 o. Professor für Mittlere und Neuere Geschichte in Tübingen. – Zu ihm: Markus GERSTMEIER/Anton SCHINDLING (Hg.), Ernst Walter Zeeden (1916–2011) als Historiker der Reformation, Konfessionsbildung und „Deutscher Kultur". Relektüren eines geschichtswissenschaftlichen Vordenkers, Münster 2016.

Alois **Zimmer** (1896–1973), gebürtig aus Weiten (Kreis Saarburg), 1914–18 Kriegsdienst, 1918 Studium der Rechts- und Staatswissenschaften in Bonn, 1921–24 Gerichtsreferendar in Bad Honnef, Regierungsreferendar in Bad Kreuznach, 1924 Promotion zum Dr. iur. in Bonn, 1924–28 Regierungsassessor in Berlin, Siegburg und Marienwerder, 1928 Landrat des Kreises Stuhm, 1933–38 Beschäftigung beim Regierungspräsidenten in Trier, 1938–47 Verwalter des Gutes Grünhaus bei Trier, 1942–45 Kriegsdienst und Kriegsgefangenschaft, 1945 Mitbegründer der CDU Rheinland-Pfalz, 1946 Mitglied der Beratenden Landesversammlung, 1947–51 Vorsitzender der CDU-Landtagsfraktion und Regierungspräsident in Montabaur, 1950–62 Mitglied des CDU-Bundesvorstands, 1951–57 Innen- und Sozialminister von Rheinland-Pfalz, 1957–65 Mitglied des Deutschen Bundestags (MdB) in Bonn. – Zu ihm: Hans-Jürgen Schuch, Art. Zimmer, in: Kulturportal West Ost. https://kulturportal-west-ost.eu/biographien/zimmer-alois-2 (10.02.2019).

Friedrich **Zoepfl** (1885–1973), gebürtig aus Murnau, 1905 Studium der Philosophie und Kath. Theologie in München, 1909 Priesterweihe, Tätigkeit in der Seelsorge, 1911 Promotion zum Dr. theol. in München, 1923 Bibliothekar der Fürsten zu Oettingen-Wallerstein in Maihingen, 1930 Professor für Geschichte und Kunstgeschichte an der Philosophisch-Theologischen Hochschule in Dillingen, 1953 emeritiert. – Zu ihm: Gertraud Kränzle, Art. Zoepfl, in: BBKL 19 (2001), 1597–1598.

Autoren

Dominik Burkard, geb. 1967, Dr. theol., Ordinarius für Kirchengeschichte des Mittelalters und der Neuzeit an der Julius-Maximilians-Universität Würzburg.

Jacob Tonner, geb. 1988, Studium der Katholischen Theologie und Philosophie an der Julius-Maximilians-Universität Würzburg.

Bildnachweis

Cover, 1: IEG, NL Lortz [1502]; **2, 11:** IEG, NL Lortz [1458]; **3:** Konradsblatt; **4, 6, 8, 12–14, 16, 21, 29:** © Bildarchiv Herder; **5:** Privatbesitz, Prof. Dr. Wolfgang Reinhard; **7:** Foto: Jacob Tonner; **9:** Karl MÜLLER, Josef Schmidlin (1876–1944). Papsthistoriker und Begründer der katholischen Missionswissenschaft (SIM 47), Nettetal 1989, 382; **10:** Privatbesitz, Prof. Dr. Werner Heiland-Justi; **15, 17, 22:** EAF; **18:** ADPSJ, Abt. 800, Nr. 374; **19, 26, 27:** Teilnachlass Lortz (im Privatbesitz Lautenschläger); **20:** IEG, NL Lortz [751]; **23:** IEG, NL Lortz [1090]; **24a/b:** IEG, NL Lortz [1477]; **25, 28:** IEG, NL Lortz [1233].

Personenregister

Das Personenregister berücksichtigt auch die Fußnoten. Nicht erfasst sind Joseph Lortz sowie Martin Luther. „Herder" wurde ebenfalls nicht aufgenommen, wo es sich um den Verlag an sich handelt bzw. um namentlich nicht näher gezeichnete Schreiben des Verlags. Seitenzahlen nach einem Asteriskus (*) verweisen auf ausgewertete Rezensionen.